Hartmut Zehrer (Hrsg.) · **Der Golfkonflikt**

HARTMUT ZEHRER (Hrsg.)

Der Golfkonflikt

Dokumentation,
Analyse und Bewertung
aus militärischer Sicht

SEIT 1789

Verlag E. S. Mittler & Sohn · Herford und Bonn

Bildnachweis

Sämtliche Abbildungen — wenn nicht genannt — stammen aus dem Archiv der Führungsakademie der Bundeswehr, Hamburg.
Die Abbildungen des Beitrags »Rolle und Beitrag des britischen Heeres« stammen von Jonathan Palmer.

Die Deutsche Bibliothek – CIP-Einheitsaufnahme

Der Golfkonflikt :
Dokumentation, Analyse und Bewertung aus militärischer Sicht / Hartmut Zehrer (Hrsg.). –
Herford ; Bonn : Mittler, 1992
 ISBN 3-8132-0400-6
NE: Zehrer, Hartmut [Hrsg.]

ISBN 3 8132 0400 6; Warengruppe 21

© 1992 by Verlag E. S. Mittler & Sohn GmbH, Herford und Bonn
Alle Rechte, insbesondere das der Übersetzung, vorbehalten.
Umschlaggestaltung: Wolfgang Ronstadt, Alfter-Impekoven,
unter Verwendung zweier Fotos aus dem Archiv der Führungs-
akademie der Bundeswehr, Hamburg
Produktion: Heinz Kameier
Gesamtherstellung: Hans Kock Buch- und Offsetdruck GmbH,
Bielefeld
Printed in Germany

Inhalt

Vorwort von *Generalmajor Dr. Klaus Reinhardt* 7
   Hartmut Zehrer
1. Einleitung 9

DER GOLFKONFLIKT — VORGESCHICHTE UND RAHMENBEDINGUNGEN
   Norbert Brauckmann
2. Kriegsschauplatz Golf — militärgeographische Beschreibung: sozioökonomische, politische, ethnische und religiöse Rahmenbedingungen 15
   Rainer Brinkmann
3. Das Konfliktszenario — politische und militärstrategische Ziele und Interessen der Konfliktparteien 35
   Rainer Brinkmann
4. Die Golfkrise — Beispiel für Krisenmanagement 59

DER GOLFKONFLIKT — PHASE DER MILITÄRISCHEN AUSEINANDERSETZUNG
   Martin Braun
5. Planung und Verlauf der alliierten streitkräftegemeinsamen Landkriegsoperation 87
   Klaus-Dieter Bliß, Ralf Güttler
   Barbara J. Kuennecke, Roland Merkle
6. Luftmacht im Golfkonflikt 125
   Albert Lord, Klaus Tappeser
7. Rolle und Beitrag der Seestreitkräfte 185
   Roy Byrd
8. Rolle und Beitrag der US Marine Corps 209
   Jonathan Palmer
9. Rolle und Beitrag des britischen Heeres 249

Bernhard Amrhein, Bruno Pinget
10. Rolle und Beitrag Frankreichs 279

Osman Gönültas
11. Rolle und Beitrag der Türkei 295

Peter Beeger, Thomas Humm
12. Rolle und Beitrag Deutschlands 307

Peter Henry
13. Landkriegsführung im Spiegel der Air-Land-Battle-Doctrine 333

Harald Hellwig
14. Rolle und Bedeutung ballistischer Flugkörper 363

Peter Kallert
15. Rolle und Einsatz amerikanischer Reservisten 391

Volker Thomas
16. Die Rolle der Medien 415

Rainer Fiegle, Michael Padberg, Hartmut Zehrer
17. Operative Führung im Golfkrieg 433

Rainer Fiegle, Michael Padberg, Hartmut Zehrer
18. Lehren aus dem Golfkrieg 469

ANHANG

Chronologie der Golfkrise von *Rainer Brinkmann* 481

ANLAGEN

zu Kapitel 2 501
zu Kapitel 5 505
zu Kapitel 6 531
zu Kapitel 7 534
zu Kapitel 8 540
zu Kapitel 12 547
zu Kapitel 16 556
Abkürzungsverzeichnis... 559
Die Autoren 563
Stichwortverzeichnis... 566

Vorwort

Seit den kriegerischen Auseinandersetzungen am Persischen Golf ist über ein Jahr vergangen. Das Interesse der Weltöffentlichkeit hat sich anderen Gebieten und Problemen zugewandt. Der Golfkrieg bleibt für viele Bürger nach einem Jahr und in Anbetracht der politischen Lage in Mittelost als Waffengang in Erinnerung, der die Probleme der Region nicht hat lösen können, als »verschenkter Sieg«.
Offiziere, die sich in der Generalstabs-/Admiralstabsausbildung an der Führungsakademie der Bundeswehr befinden, haben zusammen mit einigen ihrer Dozenten aus eigener Initiative heraus den Golfkrieg untersucht. Ich halte das Ergebnis ihrer Analyse und Bewertung für so fundiert, daß ich es nicht nur für die Lehre an der Akade-

mie nutzen werde, sondern es auch anderen Offizieren und Unteroffizieren der Bundeswehr für die Ausbildung empfehlen sowie den interessierten Bürgern zugänglich machen möchte.

Deutschland hat sich mit den anderen NATO-Partnern verpflichtet, für Einsätze innerhalb des NATO-Bündnisbereichs Streitkräfte für eine Eingreiftruppe zur Verfügung zu stellen. Die derzeitige und auf weitere Sicht absehbare Risikoanalyse läßt erwarten, daß sich Krisenlagen, die den Einsatz einer solchen Eingreiftruppe erfordern könnten, vorrangig in der Südregion des NATO-Bündnisses ergeben könnten, also in einem Umfeld, das uns von den geographischen und klimatischen Bedingungen kaum vertraut ist.

Dies stellt die Bundeswehr vor neue, bislang unbekannte Herausforderungen und Aufgaben, die sich in Rüstungsplanung, Art und Beschaffung von Wehrmaterial, Organisation der Streitkräfte und Ausbildung der Soldaten niederschlagen werden.

Es ist die Absicht dieser Veröffentlichung, die Planung, Führung und den Verlauf der militärischen Operationen während des Golfkonfliktes und das gesamte Problemfeld von Koalitionsstreitkräften in einem bislang unbekannten multinationalen Umfeld zu beschreiben und zu bewerten, aus Sicht des Soldaten und im Vergleich mit den Führungs- und Einsatzgrundsätzen der Bundeswehr und der NATO.

Aus der großen Anzahl spezifischer und nicht ohne weiteres zu übertragender Erfahrungen sollen die herausgearbeitet werden, aus denen Lehren gezogen werden können, die bei der Umstrukturierung von Streitkräften und der Aufstellung von Eingreiftruppen für den Einsatz außerhalb Deutschlands hilfreich sein können.

Dr. Klaus Reinhardt
Generalmajor und
Kommandeur der Führungsakademie der Bundeswehr

1. Einleitung

Der Hintergrund der Entstehung dieses Buches und des dabei vorherrschenden erkenntnisleitenden Interesses ist sehr schnell auf einen einfachen Nenner zu bringen. Führung von Truppen in Krise und Krieg ist eine Erfahrungswissenschaft. An der Führungsakademie der Bundeswehr werden die Stabsoffiziere der Bundeswehr u.a. auf diese Aufgabe vorbereitet. Nichts lag also mit Beginn der heißen Phase des Golfkrieges im Januar 1991 näher, als das Geschehen der aktuellen Lageentwicklung folgend zu dokumentieren, zu analysieren und zu bewerten. Die Dokumentation dieses Konfliktes stand bei der Aufarbeitung des Konfliktes zur Verwendung in der Lehre der Akademie dabei zunächst im Vordergrund. Diesem nachgeordnet schlossen sich Analysen und erste, zu diesem Zeitpunkt mögliche Bewertungen aus militärischer Sicht an. Die Ergebnisse dieser Arbeiten, die im Lichte der nach dem Krieg verfügbaren Informationen fortgeführt wurden, sollen mit diesem Buch einer breiten Öffentlichkeit vorgestellt werden.

Das Interesse war dabei nicht auf die militärischen Operationen beschränkt. Das eigene Selbstverständnis verlangt die Einordnung der Anwendung militärischer Gewalt in den politischen Kontext, weil sie nur als legitimiertes Mittel der Politik verstanden werden kann. Diesem entspricht das dem Buch zugrundeliegende Konzept der Dokumentation, Analyse und Bewertung aus militärischer Sicht.

Mit einer militärgeographischen Beschreibung des Kriegsschauplatzes sollen die Besonderheiten des Kriegsschauplatzes festgestellt und im Anschluß daran die politischen und militärstrategischen Positionen der Konfliktpartner untersucht, sowie der Frage nachgegangen werden, inwieweit der Golfkonflikt im Vorfeld militärischer Gewaltanwendung ein Beispiel für internationales Krisenmanagement gewesen ist. Im Mittelpunkt der Betrachtung steht die Phase der militärischen Auseinandersetzung vom Beginn des Luftkrieges bis zum Waffenstillstand als Koalitionskrieg mit einer teilstreitkräfteübergreifenden militärischen Operation. Sie wird durch die Analyse einiger ausgewählter Aspekte ergänzt und durch die Zusammenfassung der wichtigsten Lehren aus dem Golfkrieg abgeschlossen.

Die vorliegende Arbeit ist ein Abriß aus der täglichen Arbeit der Ausbildung der Generalstabs-/Admiralstabsoffiziere an der Führungsakademie der Bundeswehr. Sie erhebt weder den Anspruch, in einem in sich geschlossenen Konzept alle Facetten dieses Konfliktes erfaßt zu haben, noch zu endgültigen Aussagen zu kommen. Der Arbeit liegen mit Masse offene Quellen zugrunde, die vom Erfolg dieser Operation getragen sind. Erfahrungsgemäß werden erst in der Folgezeit Quellen zur Bewertung des Geschehens zugänglich, die manches in einem anderen Licht erscheinen lassen oder bisher Unerklärliches aufhellen werden. Insofern wird die Auswertung dieses Konfliktes an der Akademie fortgesetzt werden müssen.
Die Führungsakademie bietet gute Voraussetzungen für die vorliegende Arbeit. Sie bildet Angehörige aller Teilstreitkräfte der Bundeswehr und aus befreundeten Staaten aus. Damit war es möglich, die Beiträge der wichtigsten Koalitionäre der Anti-Irak-Koalition durch Angehörige dieser Staaten selbst bearbeiten zu lassen. Einige der Autoren waren Kriegsteilnehmer und konnten damit zur Expertise im besonderen Maße beitragen. Die vorliegenden Arbeiten sind somit als Autorenbeiträge zu bewerten und stellen keine offizielle oder auch nur halboffizielle Position der Führungsakademie dar. Die Akademie kann und will auch mit kontroversen Positionen als Bildungseinrichtung im post-universitären Bereich leben. Damit mögen sich auch unterschiedliche Bewertungen und Stellungnahmen in den Einzelbeiträgen erklären, die zu glätten nicht Absicht des Redaktionsteams war.

Ergebnis der Bewertung des Golfkonfliktes im Kontext der Truppenführung als Erfahrungswissenschaft sollten über diesen Konflikt hinausreichende Lehren für zukünftige Konflikte sein, in deren Verlauf auch militärische Mittel zur Konfliktbewältigung eingesetzt werden. Ohne das grundsätzliche Problem der Lehren aus der Kriegsgeschichte aufgreifen zu können — wohl aber eingedenk dieser spezifischen Problematik — sind Lehren aus dem Golfkrieg sehr kritisch unter den besonderen Rahmenbedingungen dieses letztlich einzigartigen Konfliktfalles zu betrachten. Die Verfasser waren sich der grundsätzlichen Feststellung bewußt, daß kein Krieg dem anderen gleicht, und glauben, bei der Bewertung des Golfkrieges auch berücksichtigt zu haben, daß die letztlich über alle Maßen günstigen Bedingungen dieses Konfliktes sich nicht wiederholen werden.

Auf dieser Grundlage basieren die Fragen nach den Lehren, die aus diesem Konflikt abgeleitet werden können bzw. nicht abgeleitet werden dürfen.

Die Auswertung des Golfkonfliktes zur Anwendung in der Lehre an der Akademie wird fortgesetzt werden. Für Anregungen und kritische Stellungnahme zur vorgelegten Dokumentation sind die Verfasser dankbar.

Unser Dank gilt all denjenigen, die uns in der Beschaffung der notwendigen Informationen unkonventionell unterstützt haben, denn ohne ihre Mithilfe wäre diese Arbeit nicht möglich gewesen. Unser Dank gilt aber auch in besonderem Maß denjenigen Angehörigen der Akademie, die unsere Arbeit erst durch ihre Unterstützung über das übliche Maß hinaus ermöglicht haben. Der Dank des Herausgebers muß aber den Lehrgangsteilnehmern gelten, die diese Arbeit neben der Arbeit geleistet haben, die von ihnen zur Erreichung ihres Lehrgangszieles abgefordert wird und die ihre Freizeit in dieses Projekt eingebracht haben. Ohne ihr Engagement wäre dieses Projekt der Bedarfsforschung der Akademie nicht möglich gewesen.

Hartmut Zehrer
Herausgeber

*Der Golfkonflikt —
Vorgeschichte und
Rahmenbedingungen*

Norbert Brauckmann

2. Kriegsschauplatz Golf — militärgeographische Beschreibung: sozioökonomische, politische, ethnische und religiöse Rahmenbedingungen

Vorbemerkungen

Der Golfkrieg war, abgesehen von den irakischen Raketenangriffen auf Israel, Bahrain und Katar sowie vereinzelten Terroranschlägen regional auf das Gebiet von Irak, Kuwait und Teile Saudi-Arabiens beschränkt. Der Beitrag wird sich deshalb auf die Darstellung der Staaten Irak, Kuwait und Saudi-Arabien konzentrieren. Schlaglichtartig soll dabei — neben der demographischen Darstellung — auf einige der wichtigsten Konfliktfelder nahöstlicher Politik vor allem aus irakischer Sicht verwiesen werden.

Kuwait

Landeskundliche Übersicht[1]
Die Gründung des Staatswesens Kuwait geht auf die Mitte des 18. Jahrhunderts zurück, als Kuwait Teil des Osmanischen Reiches war. Die noch heute das Land beherrschende Sabah-Familie hatte sich 1756 aus der Arabischen Halbinsel kommend am Golf niedergelassen. Unter ihrer Führung wurde der Ort Kuwait ein wichtiger Seehafen und Handelsstützpunkt, eine territoriale Fixierung eines Staats- bzw. Herrschaftsgebietes gab es jedoch nicht. Gegen Ende des 19. Jahrhunderts geriet Kuwait »zunehmend in den Interessenbereich europäischer Großmächte (Großbritannien; der Verf.) und des Osmanischen Reiches.«[2] »Im Jahre 1899 beendete der pro-britische Sabah-Scheich Mubarak... das Hin und Her zwischen der britischen und osmanischen Loyalität durch einen Schutzvertrag mit Großbritannien.«[3]
Zwischen 1914 und 1961 war Kuwait britisches Protektorat. In der Folge des Ersten Weltkrieges wurde 1922 das Abkommen von Uquair zwischen Saudi-Arabien, der britischen Mandatsregierung des Irak und dem britischen ›Political Agent‹ in Kuwait geschlossen, um die bis zu diesem Zeitpunkt nicht festgelegten Grenzen in der Region zu fixieren, die der heutigen Grenzziehung entsprechen.
Dem wirtschaftlichen Niedergang in der Zeit des britischen Protektorats folgte ab 1946 mit beginnendem Erdölexport der Aufstieg des Scheichtums zu einem der reichsten Länder der Welt und zu einem wichtigen Faktor der internationalen Finanzwelt.

Am 19.06.1961 erhielt Kuwait von Großbritannien seine uneingeschränkte Unabhängigkeit. Unmittelbar danach meldete der irakische Staatspräsident Abdul Karem Kassem Gebietsansprüche auf das kuwaitische Territorium an[4]. Nur die Entsendung eines britischen Expeditions-Korps verhinderte, daß die an der Grenze konzentrierten irakischen Truppen die Forderungen mit militärischer Gewalt durchsetzten. 1963 — nach Kassems Tod — verzichtete Irak, gegen die Zahlung von 85 Millionen US-Dollar auf seine Ansprüche; dieser Vertrag wurde aber niemals vom Irak ratifiziert. Darüber hinaus blieb bis heute die Grenze zwischen beiden Staaten strittig[5].

Kuwait[6] ist nach der Verfassung vom 11.11.1962 eine konstitutionelle Erbmonarchie. Die Nationalversammlung, bestehend aus 50 Abgeordneten, wird auf 4 Jahre gewählt. Das aktive und passive Wahlrecht haben Männer beduinischer Familien, die seit mindestens 30 Jahren in Kuwait seßhaft sind. Parteien sind in Kuwait verboten. Dennoch nutzten vor allem Vertreter der kuwaitischen Mittelschicht das Parlament als Forum zur Forderung nach demokratischen Reformen. »Zwecks Prüfung dieses demokratischen Experiments« löste der Emir 1976 das Parlament kurzerhand auf. Vor dem Hintergrund des irakisch-iranischen Krieges wurde 1981 erneut ein Parlament gewählt, das der Emir jedoch im Juli 1986 abermals auflöste, was, wie bereits 1976, einen eindeutigen Verfassungsbruch darstellte. Seit der letzten Auflösung der Nationalversammlung übt der Emir mit dem Ministerrat deren Befugnisse aus. Gesetze werden z.Zt. per Dekret des Emirs verkündet, wenn nötig, durch Verordnung veröffentlicht.

Kuwait liegt im Trockengürtel der Erde am NW-Ende des Persischen (Arabischen) Golfs, zwischen 47°00' und 49°30' ostw. Länge sowie 28°30' und 30°00' nördlicher Breite. Das Land hat, einschließlich der von Irak beanspruchten Inseln Bubiyan (863 km^2) und Wara (37 km^2), eine Gesamtfläche von 17.818 km^2 und ist somit geringfügig größer als Schleswig-Holstein. Die größte Ausdehnung beträgt von W nach O 160 km, von N nach S 192 km.

Kuwait grenzt im	Grenzlänge
— NW und N an den Irak	210 km
— O an den Persischen Golf	200 km (ohne Inseln)
	500 km (mit Inseln)
— S und SW an Saudi-Arabien	200 km

Die Landesgrenzen verlaufen durch Wüsten und Wüstensteppen, im W entlang des Wadi al Batin. Die besiedelte Insel Failaka sowie die unbewohnten Schwemmlandinseln Bubijan und Wara sind dem Land vorgelagert. Sie riegeln den nur 60 km langen Küstenzugang des Irak zum Persischen Golf zum großen Teil ab.

Geostrategisch ist das Land bedeutsam
— als zwölftgrößter Weltrohölproduzent[7],
— als Land mit den drittgrößten Ölreserven der Erde[8] und
— als Land mit den höchsten Devisenbeständen der Erde[9].

Das Land weist nur ein geringes Relief auf. Die Küste wird vor allem durch die 40 km tief ins Land eingreifende Bucht von Kuwait gegliedert.

Kuwait

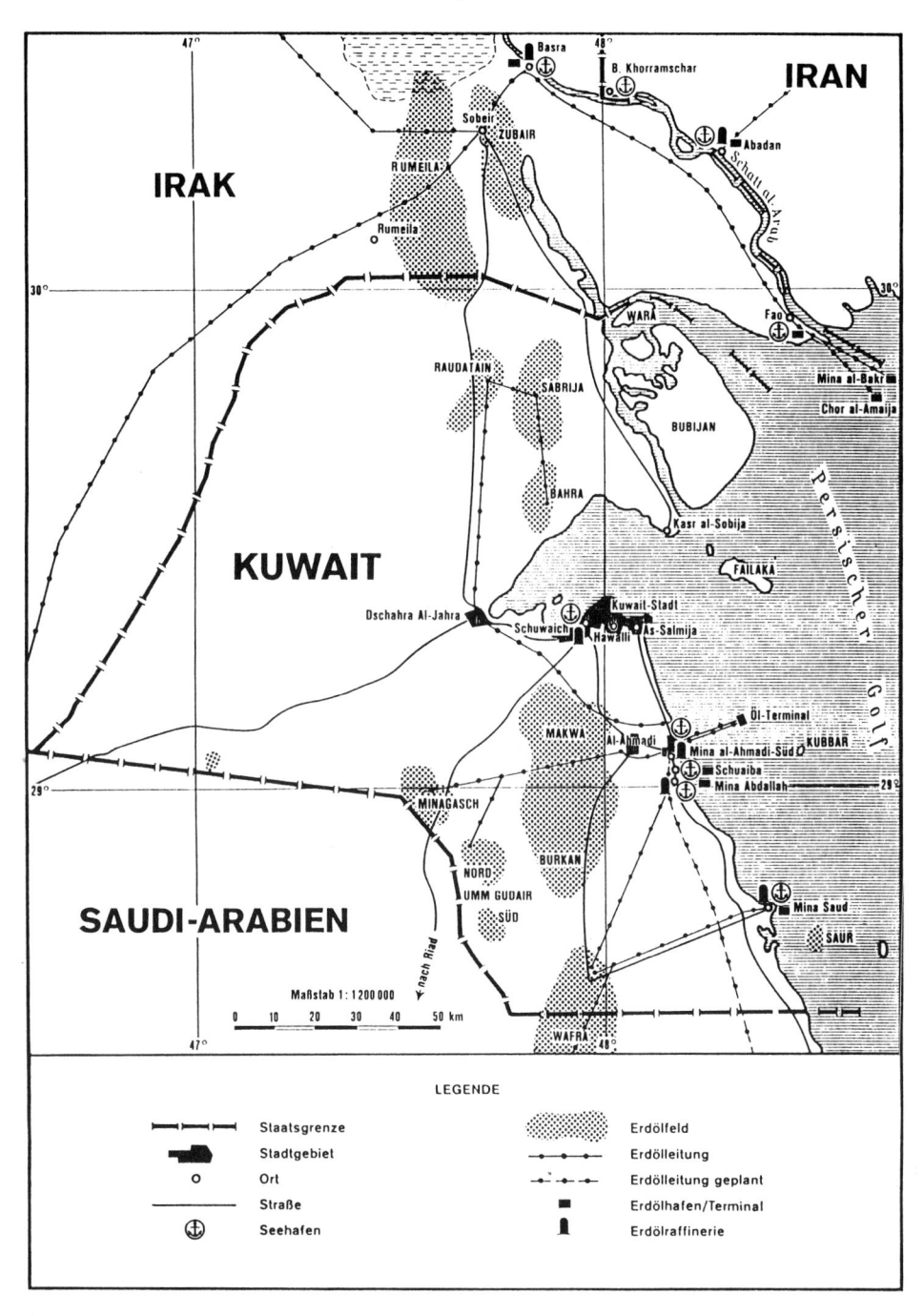

Quelle: Amt für Militärisches Geowesen: Irak – Kuwait. 1DMG – AGi, ohne Ortsangabe 1990, S. 8

Am Südufer der Bucht erstreckt sich Kuwait-Stadt mit seinem Naturhafen. Die Landschaften von Kuwait bestehen überwiegend aus Wüstengebieten, in die einige Oasen eingestreut sind. Die Oberfläche ist nahezu eben, nur einige Hügel und ein küstenparalleler Höhenzug ragen heraus. Im Norden reichen die teilweise sumpfigen Schwemmlandablagerungen des Schatt al Arab bis zur Bucht von Kuwait. Die Küstenebene ist eine flachwellige Wüsten- und Dornsteppenlandschaft. Im Hinterland erstrecken sich weite Wüsten. Von der Küste bis zum südwestlichen Landeszipfel steigt das Land allmählich bis auf 250 m ü.d.M. an. Im Westen hat Kuwait einen kleinen Anteil an einem Sandsteinplateau, das 290 m Höhe erreicht. Das Klima gehört zu den trockensten der Erde (s. Anlage 2/1). Die klimatischen Bedingungen lassen nur eine Wüstensteppenvegetation zu. Große Gebiete sind reine Sand- und Felswüsten. Der dichtbesiedelte Küstensaum hat feuchtheißes Seeklima mit einer mittleren Tagestemperatur bis zu 40 °C und 70–100 Prozent Luftfeuchtigkeit. Flüsse mit dauernder Wasserführung gibt es nicht.

Bevölkerung, Wirtschafts- und Sozialstruktur[10]

Kuwait hatte 1989 etwa 2,05 Mio Einwohner, das sind ca. 115 Einwohner/km². Über 90 Prozent der Bevölkerung (eine der höchsten Urbanisierungsquoten der Erde) leben in den städtischen Ballungsgebieten (s. Anlage 2/2). Der Anteil der Ausländer an der Gesamtbevölkerung ist mit über 60 Prozent (ca. 1,25 Mio) Nicht-Kuwaitis außerordentlich hoch.

Die kuwaitische Sozialstruktur skizziert Schwedler folgendermaßen: »Einer breiten Masse von unterpriviligierten Non-Kuwaitis steht die einheimische Bevökerung gegenüber. Dieser kuwaitische Bevölkerungsteil läßt sich in eine Oberschicht, die im wesentlichen der traditionellen Elite entspricht, eine (neue) Mittelschicht und eine beduinische Unterschicht einteilen. Über allem aber steht die Sabah-Familie, das Herrscherhaus Kuwaits...«.[11] Die vor allem palästinensischen Gastarbeiter bilden das größte Problem der Regierung. Sie steht vor der Alternative, die Einwanderung und damit den wirtschaftlichen Aufschwung zu stoppen oder die für die wirtschaftliche Progression erforderliche Einwanderung und die Zunahme innenpolitischer Spannungen zwischen privilegierten Kuwaitis und unterprivilegierten Nicht-Kuwaitis in Kauf zu nehmen. In diesem Zusammenhang ist die Weigerung der Regierung zu sehen, die Gastarbeiter in die einheimische Bevölkerung zu integrieren. Die Situation birgt ein beträchtliches Konfliktpersonal[12]. Über 90 Prozent der Ausländer in Kuwait sind Muslime. Entgegen den egalitaristischen Prinzipien des Islam erfahren sie Ausbeutung und Diskriminierung durch die geltenden Herrschaftsstrukturen, die sich überdies noch selbst islamisch zu legitimieren versuchen. Hier lag und liegt auch zukünftig sozialer und politisch-religiöser Sprengstoff, der nicht nur für Kuwait selbst gilt, sondern repräsentativ für die Sozialstruktur der Golfstaaten ist.

Mit einem jährlichen Pro-Kopf-Einkommen von ca. 10.000 US-Dollar zählt Kuwait zu den reichsten Staaten der Erde. Seinen Reichtum verdankt es ausschließlich dem

Anzahl der in Kuwait und Irak lebenden Ausländer
(Stand Aug. 90)

Herkunftsland	Geschätzte Zahl der Ausländer	
	Kuwait	Irak
Ägypten	150 000	1 000 000
Jordanien/Westbank	300 000	170 000
Indien	172 000	10 000
Sri Lanka	100 000	k.A.
Pakistan	90 000	10 000
Bangladesh	70 000	15 000
Philippinen	45 000	5 000
Marokko	6 000	30 000
Vietnam	k.A.	17 000
Jugoslawien	300	10 000
UdSSR	800	7 800
Thailand	7 000	k.A.
Türkei	2 500	4 000
China	5 000	k.A.
Großbritannien	4 000	700
Tunesien	1 600	2 000
Polen	400	3 000
USA	2 500	600
Südkorea	648	732
Bundesrepublik Deutschland	200	558
Frankreich	290	270
Japan	278	230
Italien	152	330

Quelle: Middle East Economic Digest 1990, Hefte 32–41, in: Der Überblick, 4/1990, S. 40

Erdöl[13], das zwei Drittel des Bruttoinlandproduktes, über vier Fünftel der Staatseinnahmen und mehr als 90 Prozent der Exporterlöse erbringt. Durch den Erdölboom der 70er Jahre entstanden riesige Auslandsvermögen und weltweite Unternehmensbeteiligungen[14]. Die Einkünfte aus Kapitaleinlagen und Beteiligungen im Ausland überstiegen bereits zeitweise die Einkünfte aus Ölexporten. Genau hier dürfte der rationale Kern für die kuwaitische OPEC-, Ölexport- und Ölpreispolitik liegen. Ebenso wie die Ökonomien der Industriestaaten, in denen ja die Masse des kuwaitischen Kapitals investiert ist, haben die Kuwaitis zwecks Steigerung ihrer Profite ein Interesse an niedrigen Erdölpreisen[15]. »Zu hohe Erdölpreise belasten die ökonomische Entwicklung dieser Länder (Industrienationen; der Verf.) und wirken sich somit auch ungünstig auf die Erträge kuwaitischer Industriebeteiligungen aus. Das Hauptinteresse des Landes gilt daher weniger einer stabilen Preisentwicklung des Erdöls als der Behauptung der eigenen Marktanteile«[16].

IRAK

Landeskundliche Übersicht[17]

Nach dem Zusammenbruch des Osmanischen Reiches im Jahr 1918 erhielt Großbritannien 1921 im Vertrag von Sèvres die Provinz Mesopotamien als Mandat des Völkerbundes zugesprochen. Dieses Mandatsgebiet erhielt 1924 unter dem Namen Irak eine Verfassung nach britischem Vorbild[18] und 1930 — bei Fortbestand der britischen Militärpräsenz — die Unabhängigkeit. In den 30er Jahren verbesserte sich vor allem durch Staudamm- und Eisenbahnbau die technisch-ökonomische Struktur des Landes. Der Irak wurde nach Ende des Zweiten Weltkrieges, in dem er auf britischer Seite gestanden hatte, Mitglied der UNO (1945) und der Arabischen Liga (1945). In den Jahren 1948/49 nahm der Irak am Krieg gegen Israel teil. Gleichzeitig bildeten sich in den 40er Jahren im Kampf gegen die herrschenden monarchistisch-konservativen Kräfte innenpolitisch die republikanisch-nationalistischen Parteien und die sozialistische (Baath-)Partei. Trotz heftiger anti-britischer Demonstrationen gegen Ende der 40er Jahre, die im wesentlichen auf die britische Politik in Bezug auf die Gründung Israels zurückzuführen waren, und der Ablehnung des neuen irakisch-britischen Vertrages behielt der Irak die insgesamt pro-westliche Haltung bei (z.B. Beitritt CENTO 1955). Nach dem blutigen Staatsstreich am 14. Juli 1958 rief eine Gruppe von Offizieren die Republik Irak aus. Unter Ministerpräsident Kassem wandte sich der Irak vom pro-westlichen Kurs ab (Austritt CENTO 1959). Sein auf nationale Eigenständigkeit innerhalb des arabischen Raumes bedachter Kurs führte Kassem in Konflikt mit den panarabischen Kräften in und außerhalb des Irak — allen voran dem ägyptischen Präsidenten Nasser. Nach dem Sturz Kassems durch einen Militärputsch im Jahr 1963 kamen unter den Präsidenten Aref panarabisch-nationalistische Kräfte an die Macht. Mit dem Staatsstreich von 1968 setzte sich dann die panarabisch-sozialistische Baathpartei durch. Präsident Al-Bakr kontrollierte die westlichen Ölgesellschaften und verstaatlichte diese schließlich.

Darüber hinaus versuchte er, das Land besonders mit Hilfe aus kommunistischen Staaten zu entwickeln (1972 Freundschaftsabkommen mit der UdSSR). Bis zum Ende der 70er Jahre festigte die Baath-Partei ihre dominierende Rolle in der irakischen Gesellschaft[19]. Im Zuge eines Putsches im Juli 1979 trat schließlich Al-Bakr zurück, und Saddam Hussein — bis dahin zweiter Mann im Staat — übernahm die Präsidentschaft, den Vorsitz der Partei und des Kommandorates der Revolution.
Die eklatante militärische Fehleinschätzung des historischen Kontrahenten Iran führte am 22. September 1980 zu einer großangelegten irakischen Invasion, die den acht Jahre andauernden irakisch-iranischen Krieg auslöste.

Fazit dieses Krieges ist, daß es dem Irak trotz annähernd bedingungsloser finanzieller, materieller und vor allem waffentechnologischer Unterstützung durch die USA, Westeuropa, die Golfstaaten und teilweise auch durch die UdSSR nicht gelang, einen entscheidenden Sieg über den Iran zu erzielen. 1988 schlossen die erschöpften Kriegsgegner einen Waffenstillstand. Der Krieg, der beide Staaten an den Rand des wirtschaftlichen Ruins geführt und weit über eine Million Menschenleben gekostet hatte, »endete mit der kläglichen Besetzung eines kleinen Teils iranischen Territoriums durch den Irak.«[20] Alles in allem besaß der Irak zu Ende des Krieges ein beeindruckendes Militärpotential[21], dem jedoch eine extreme Auslandsverschuldung gegenüberstand[22]. Hinzu kam eine ungünstige Situation auf dem internationalen Ölmarkt, die dem Irak keine ausreichenden Einnahmen ermöglichte[23]. Saddam Hussein beschuldigte — z.T. durchaus berechtigt — sowohl Kuwait als auch die Vereinigten Arabischen Emirate, daß diese die Ölpreise gedrückt und sich mit den USA und Israel verschworen hätten, um den Irak wirtschaftlich und militärisch zu schwächen[24]. Was in der Folge wie »ein ›Poker‹ um den Ölpreis, um Förderquoten und um den Erlaß irakischer Schulden aussah, entpuppte sich jedoch am 2. August 1990 als Vorwand für eine minutiös geplante und durchgeführte Blitzaktion zur Besetzung Kuwaits.«[25].

Der Irak[26] ist nach der provisorischen Verfassung vom 16.7.1970 eine Volksrepublik mit großen, fast diktatorischen Machtbefugnissen für den Staatspräsidenten. Zielsetzung der Republik ist es, einen einheitlichen arabischen Staat und den Sozialismus zu verwirklichen. Der Islam ist Staatsreligion. Der Revolutionäre Kommandorat (auch: Revolutionsrat), bestehend aus maximal zwölf der Baath-Partei angehörenden Mitgliedern, übt exekutive und legislative Funkionen aus. Aus seiner Mitte wird mit 2/3 Mehrheit der Staatspräsident gewählt. Dieser ist Staatsoberhaupt und Oberbefehlshaber der Streitkräfte. Über diese Institutionen hinaus existieren zusätzlich die Nationalversammlung und ein Legislativrat. Beide Gremien haben keine realen Machtbefugnisse, haben aber, da in ihnen auch Minderheiten vertreten sind — vor allem Kurden- und Sunnitenvertreter — eine Alibifunktion.

Irak[27] liegt zwischen 29° und 38° nördlicher Breite und 39° und 47° ostwärtiger Länge. Die Fläche des Landes beträgt 438 446 km², damit ist der Irak etwa so groß wie Schweden. Die größte Ausdehnung von W nach O beträgt 700 km, die von N nach S 1.100 km.

21

Der Irak grenzt im	Grenzlänge
— N an die Türkei	300 km
— O an den Iran	1.280 km
— S an den Persischen Golf	60 km
— S an Kuwait	210 km
— S an Saudi-Arabien	850 km
— W an Jordanien	150 km
— W an Syrien	600 km

Die Landesgrenzen verlaufen überwiegend durch dünn besiedelte bis menschenleere Halbwüsten und Wüsten. Der nur ca. 60 km langen Küstenlinie sind die kuwaitischen Inseln Bubijan und Wara vorgelagert, so daß der Zugang des Irak zum offenen Meer zum größten Teil abgeriegelt ist.

Geostrategisch bedeutsam ist das Land
— als siebtgrößter Weltrohölproduzent[28]
— als Land mit den zweitgrößten Ölreserven der Erde[29] und den neuntgrößten Erdgasvorkommen[30]
— als zentral gelegener Staat im Nahen Osten.

Iraks Lage im Raum

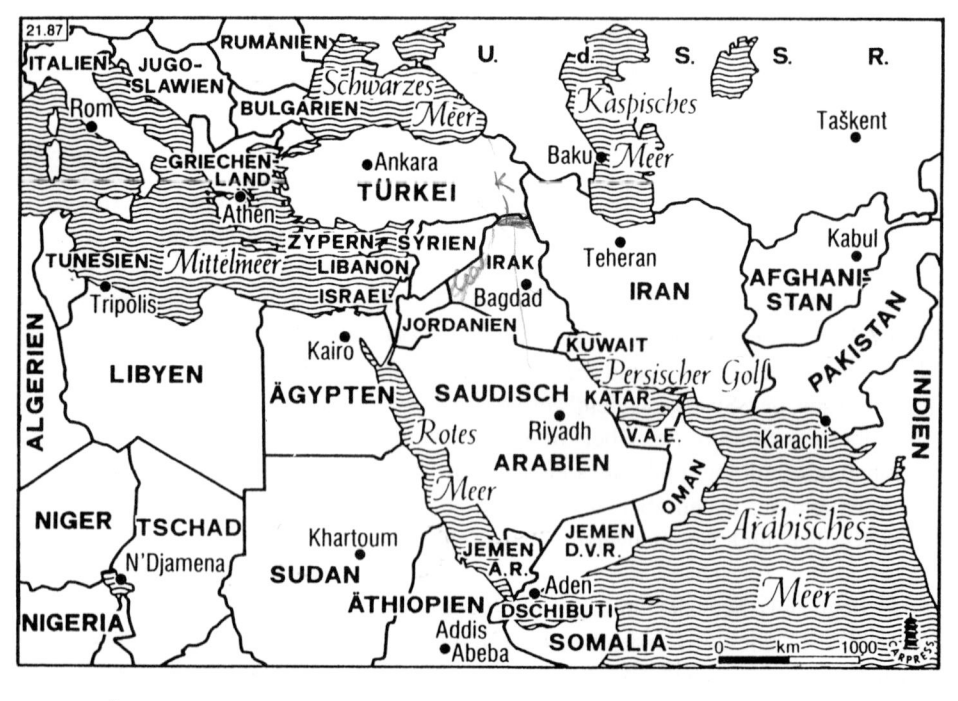

Quelle: Der Überblick, 4/1990, S. 16

Die Hauptachse Iraks fällt mit dem Senkungsgebiet des mesopotamischen Trogs zusammen, also dem Gebiet zwischen den Strömen Euphrat und Tigris. Es erstreckt sich als ein etwa 250 km breiter und 1.000 km langer, NW-SO verlaufender Tieflandstreifen vom ostanatolischen Hochland bis zum Persischen Golf.
Dieses Gebiet nimmt etwa ein Fünftel der Gesamtfläche Iraks ein und ist das wirtschaftlich bedeutendste und am dichtesten besiedelte Gebiet. Diese Ebene ist ein verlandeter Teil des früher viel weiter in das Landesinnere reichenden Persischen Golfs. Die großen Anschwemmungsflächen, die traditionell im Bewässerungsfeldbau genutzt werden, ausgedehnte Schilf- und Seengebiete sowie vegetationslose Salztonwüsten prägen die geographische Struktur.
An den Randgebieten der Euphrat-Tigris-Ebene greift das irakische Staatsgebiet auf die angrenzenden Großlandschaften über.
Im Norden und ostwärts des Tigris hat der Irak Anteil am ostanatolisch-kurdischen Bergland. Das Gelände steigt stufenförmig zur türkischen Grenze bis zu 4.000 m und zu den iranischen Randgebirgen bis zu 3.000 m an. Wegen der reichlichen Winterniederschläge und der Bewässerungsanlagen hat sich in den Becken und Tälern ein ertragreicher Ackerbau entwickelt, der für die Versorgung des Landes von großer Bedeutung ist.
Der Westen und Südwesten des Irak ist durch die nahezu menschenleere Syrische Wüste geprägt. Die Geländestruktur ist hier durch eintönige, oft ebene Kieswüste und Wüstensteppe geprägt.
Das Klima des Landes ist kontinental. Im Sommer werden bei großen Tagesschwankungen Temperaturen von über 50 °C, im Winter von weniger als 0 °C erreicht. Die Niederschläge nehmen von O nach W stark ab. In den östlichen Randgebirgen fallen weit über 1000 mm Niederschlag/Jahr (Regenzeit von Oktober bis April), in Bagdad werden weniger als 100 mm/Jahr gemessen, im W und SW des Landes herrscht arides Wüstenklima vor (s. Anlage 2/3).

Bevölkerung, Wirtschafts- und Sozialstruktur[31]
Der Irak hatte 1990 nach Schätzungen der Vereinten Nationen[32] etwa 18 Mio Einwohner, das sind etwa 39 Einwohner/km². Zu etwa 70 Prozent leben die Einwohner in Städten (s. Anlage 2/4), zu 30 Prozent auf dem Land.
In den Agglomerationen der drei größten Städte des Landes wohnen allein 43 % der Bevölkerung.
Die Bevölkerung ist räumlich sehr ungleichmäßig verteilt, da sie von der Verteilung der Wasservorkommen abhängig ist. Während in den Provinzen Bagdad, Babylon und Kirkuk die Bevölkerungsdichte über 50 Einwohner/km² liegt, weisen der trockene W und S des Landes mit weniger als 10 Einwohner/km² eine weit unter Durchschnitt liegende Bevölkerungsdichte auf. In den übrigen Gebieten liegt die Bevölkerungsdichte bei 11–50 Einwohner/km².

44 Prozent der Iraker sind Sunniten, 52 Prozent sind Schiiten und 4 Prozent sind Christen (s. Anlage 2/5). Die Sunniten, die Führungsschicht des Landes, siedeln überwiegend in Bagdad und im N, die Schiiten im S des Landes.

Siedlungsgebiete

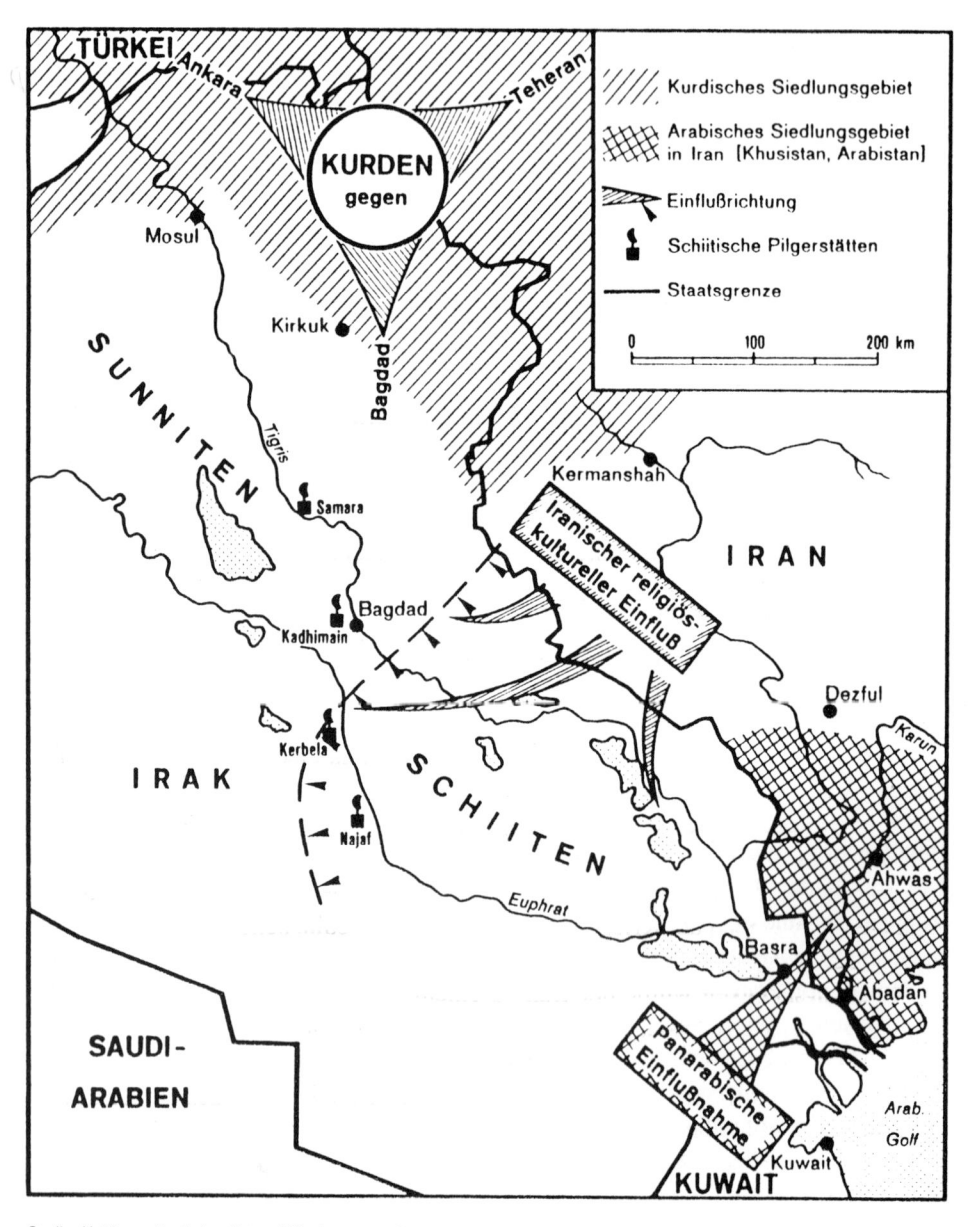

Quelle: Hattinger, A.: Naher Osten, München 1989, S. 257

Der Kampf um den »wahren« Islam hat in den letzten Jahren, besonders nach dem Erfolg der iranischen Revolution, zu einem Erstarken der schiitischen Richtung geführt[33]. Obwohl etwa die Hälfte der Iraker Schiiten sind, sind sie in der staatlichen Verwaltung stark unterrepräsentiert. Diese Tatsache war immer wieder Anlaß zu Protesten und Demonstrationen. Die Schiiten erhielten und erhalten Unterstützung von den schiitischen Revolutionären im Iran, so daß aus irakischer Sicht immer die Gefahr besteht, daß die iranische Revolution auch den Irak erfaßt. Die Stellung der irakischen Schiiten wird auch dadurch gestärkt, daß in ihrem Land der größte Teil ihrer heiligen Stätten liegt.

Etwa 77 Prozent der Bevölkerung sind Araber und 20 Prozent Kurden. Die kurdische Minderheit, etwa 3,5 Mio im Irak, lebt in einem nahezu geschlossenen Siedlungsgebiet im NO des Landes (s. Abb. 2/4).

Trotz der repressiven Haltung Bagdads gelang es nie, das Nationalgefühl der Kurden gänzlich zu unterdrücken. Immer wieder kam es zu bewaffneten Auseinandersetzungen besonderer Brutalität. Den vorläufigen Höhepunkt erreichten die Auseinandersetzungen im März 1988, als Bagdad das kurdische Dorf Halabja und seine Bewohner durch den Einsatz von Giftgas vernichtete. Weitere Chemiewaffeneinsätze Bagdads werden durch die kurdischen Organisationen angegeben.

Das produzierende Gewerbe im Irak konzentriert sich hauptsächlich auf die Förderung von Erdöl mit einem Gesamtanteil von ca. 95 Prozent an den irakischen Exporten. Bedingt durch die Landesnatur — 13 Prozent Ackerland, 9 Prozent extensives Weideland, 3 Prozent Waldflächen, 75 Prozent Halbwüsten und Wüsten[34] — ist die irakische Landwirtschaft von untergeordneter Bedeutung. Insgesamt mußte der Irak 1989 etwa 75 Prozent der benötigten Lebensmittel importieren[35].

Wie bereits erwähnt, stand der Irak nach dem Waffenstillstand im iranisch-irakischen Krieg annähernd vor dem wirtschaftlichen Ruin. Dennoch lief der Wiederaufbau des Landes zunächst zügig an. Trotz aller finanziellen Probleme kündigte Saddam Hussein weitreichende Pläne zum forcierten Ausbau der wirtschaftlichen Infrastruktur an. Dies alles sollte den Irak innerhalb kürzester Zeit zu einem wirtschaftlich autarken Land machen, doch stießen solche Pläne schnell an finanzielle Grenzen. Dabei war auch von Bedeutung, daß der Golfzugang durch die ungelöste Frage der Souveränität über den Schatt al Arab blockiert blieb. Notwendiger Import ziviler Güter und fortgesetzte massive Rüstungskäufe erforderten Milliarden Dollar, allein der Schuldendienst für während der Kriegsjahre akkumulierte Kredite belief sich auf ca. 7 Milliarden US-Dollar jährlich. Als Folge dieser krassen Diskrepanz wischen Anspruch und Leistungsfähigkeit wurde der Irak zu einem schlechten Schuldner. Mangelnder Realitätssinn und rücksichtsloses Finanzgebaren machte es für Bagdad immer schwieriger, neue Kredite zu bekommen[36].

In seinen wirtschaftlichen Schwierigkeiten machte sich der Verfall des Ölpreises (auf etwas über 14 US-Dollar pro Faß im Juni 1990) durch ein Überangebot am Weltmarkt bemerkbar. Zu diesem Überangebot trugen Kuwait und die Vereinigten Arabischen Emirate (VAE) durch eine Produktion über die von der OPEC festgelegten Quoten mit bei (beide wollten höhere Quoten erzwingen). Ihre Überproduktion erregte innerhalb der OPEC vielfach Kritik, doch verfügt die Organisation über keine Instrumente zur Durchsetzung ihrer Resolutionen[37]. Hier hakte Bagdad ein. Es unterbreitete im Frühsommer 1990 einen Vorschlag, in dem strenge Quotenbeachtung und die Anhebung des Ölpreises auf 18 US-Dollar gefordert wurde. Diplomatische Kontakte im OPEC-Rahmen, insbesondere saudiarabische Aktivitäten, führten am 10./11. Juli 1990 in Dschidda zu einer dem erwähnten irakischen Vorschlag entsprechenden Einigung. Der kuwaitische Ölminister sagte bereits in Jedda für sein Land strikte Quoteneinhaltung zu.

Eine Woche später startete der Irak dennoch eine Kampagne. Saddam Hussein erklärte, er betrachte die Quotenüberschreitung als »Kriegshandlung«. In einem Brief des irakischen Außenministers an den Generalsekretär der Liga der Arabischen Staaten wurde Kuwait zudem beschuldigt, seit 1980 für 2,4 Mrd. US-Dollar aus irakischen Vorkommen »gestohlen« zu haben; diese Summe habe es jetzt an den Irak abzuführen. Zugleich wurden Kuwait und die VAE in diesem Brief angeklagt, den Markt mit Rohöl überschwemmt zu haben mit dem ausdrücklichen Ziel, den Irak zu schwächen, seine Wirtschaft und Sicherheit zu untergraben. Dabei wurden militärische Aktionen zur Erzwingung der Quotendisziplin angedroht. Solche Drohungen standen in krassem Gegensatz zu den Gepflogenheiten der OPEC, doch konnte Bagdad mit seinem Protest gegen Quotenüberschreitung (deren es sich selbst während des iranisch-irakischen Krieges schuldig gemacht hatte) der Zustimmung zahlreicher Mitglieder der Organisation sicher sein.

Bei den OPEC-Mitgliedern bestand Konsens, daß durch eine Produktionseinschränkung der Ölpreis auf mindestens 18 US-Dollar angehoben werden mußte. Irakische Vorstellungen von nunmehr 25 US-Dollar pro Faß bei einer schnellen Anhebung des Preises fanden hingegen in Vorverhandlungen keine Zustimmung. Dem stünden Marktgesetze entgegen sowie die Gefahr einer erneuten Umorientierung der Erdölimportländer, wie sie bei früheren Ölkrisen zu beobachten waren. Öl müsse die primäre globale Energiequelle bleiben, so erklärten diejenigen Exportländer, die für eine gemäßigte Preispolitik eintraten. Es bestand bemerkenswerterweise Konsens zwischen Irak und Iran im Hinblick auf einen hohen Preis. Zwischen beiden Ländern fanden auch bilaterale Kontakte zur Vorbereitung der regulären OPEC-Konferenz am 26./27. Juli 1990 in Genf statt.

Auf dieser Konferenz konnte immerhin der notwendige Konsens für einen Richtpreis von 21 US-Dollar pro Faß gefunden werden: das Ergebnis gemeinsamer saudiarabischer und irakischer Orchestrierung.

Um die Zielvorstellung einer autarken regionalen Vormachtposition im Nahen Osten zu realisieren, mußte Saddam Hussein zunächst die wirtschaftlichen Grundlagen schaffen.

Welches waren nun die konkreten irakischen Forderungen an Kuwait?
— Schadensersatz von 2,4 Mrd US-Dollar wegen »gestohlener« Ölreserven
— Streichung irakischer Schulden in Höhe von 10 Mrd US-Dollar
— territoriale Forderungen nach Abtretung der kuwaitischen Inseln Bubijan und Wara.

Die »*gestohlenen*« *Ölreserven* stammen nach irakischer Auffassung aus dem Rumeila-Ölfeld, das sich nach Süden bis in kuwaitisches Hoheitsgebiet erstreckt und geologisch in Verbindung mit den Erdölvorkommen um Raudatain steht.

Die *irakischen Schulden* sind Kredite, die Kuwait Irak im irakisch-iranischen Krieg gewährt hat. Nach irakischer Auffassung handelt es sich um nichtrückzahlbare »Ehrenschulden«. Diese seien gezahlt worden, um auch kuwaitische Sicherheitsinteressen gegenüber dem fundamentalistischen »Iran der Mullahs« zu wahren.

Die *territorialen Forderungen* Iraks werden bereits seit Errichtung des kuwaitischen Staats erhoben. Nach irakischer Auffassung ist Kuwait ein Teil des Irak, da im Osmanischen Reich das Gebiet von Basra aus verwaltet wurde.

Da Kuwait den irakischen Forderungen nicht freiwillig nachkommen wollte, war Saddam Husseins gewaltsamer Zugriff auf den reichen Nachbarn konsequent und naheliegend. Die *kurzfristigen Ziele* der irakischen Aggressionspolitik sind dabei offensichtlich:
— Gewinnung der kuwaitischen Erdölvorkommen und Geldreserven.
— Abbau der hohen irakischen Auslandsschulden von ca. 80 Mrd US-Dollar, u.a. gegenüber Kuwait ca. 15 Mrd US-Dollar, Japan ca. 5 Mrd US-Dollar, Frankreich ca. 6-10 Mrd US-Dollar.
— Ausweitung der irakischen Küstenlinie (bisher 60 km) durch die Annexion Kuwaits mit den vorgelagerten Inseln Bubijan und Wara; Aufbrechen der maritimen Enge und Verbesserung des Zuganges zum Persischen Golf.
— Inbesitznahme der modern ausgebauten kuwaitischen Häfen und Terminals.

SAUDI-ARABIEN

Landeskundliche Übersicht[38]

In enger Verbindung mit der islamischen Reformbewegung der Whahabitten schufen im 18. Jahrhundert Ibn Saud und sein Sohn Abd al Asis im Innern der arabischen Halbinsel ein Staatswesen mit der Hauptstadt Riad. Nach dem Niedergang dieses Staates im 19. Jahrhundert gelang es der Familie Saud, beginnend ab 1901, einen großen Teil der arabischen Halbinsel erneut zu einem Staat (seit 1927 Königreich, seit 1932 Saudi-Arabien genannt, territoriale Entwicklung bis 1934 abgeschlossen) zusammenzufassen. Die wachsende Ölförderung machte Saudi-Arabien zu einem der reichsten Ölländer. Durch Vergabe von Ölkonzessionen an die Arabian-American Oil Company erzielte das Herrscherhaus hohe Gewinne, die auch dem Staatshaushalt zugute kamen. Im Zweiten Weltkrieg blieb Saudi-Arabien neutral, war 1945 Gründungsmitglied der Arabischen Liga und wurde im selben Jahr UNO-Mitglied. Am Palästina-Krieg gegen Israel 1948/49 beteiligte sich Saudi-Arabien nicht. In den 60er Jahren bemühten sich die Sauds um innenpolitische Reformen, die letztendlich an der islamisch-feudalistischen Ausrichtung nichts änderten. Außenpolitisch trat der damalige saudische König Feisal als Gegner des ägyptischen Präsidenten Nasser hervor. Unter dem Eindruck der arabischen Niederlage gegen Israel im Sechs-Tage-Krieg verständigte sich Saudi-Arabien mit Ägypten und reihte sich stärker in die arabische Front gegen Israel ein. Nachdem es sich im Anschluß an den Jom-Kippur-Krieg an der Politik des Ölboykotts gegen die als israel-freundlich geltenden nichtkommunistischen Industriestaaten beteiligte, verfolgte Saudi-Arabien seitdem eine gemäßigte Ölpolitik. Den ägyptisch-israelischen Friedensvertrag im Jahr 1979 lehnte Saudi-Arabien ab, reihte sich aber nicht in die arabische »Ablehnungsfront« ein. In den 80er Jahren entwickelte sich Saudi-Arabien auf Grund einer moderaten prowestlichen Öl- und Ölpreispolitik sowie einer gemäßigten Außenpolitik zu einer festen und stabilen Größe im Nahen Osten.

Saudi-Arabien[39] ist eine absolute Monarchie ohne Parlament und politische Parteien. Staatsoberhaupt ist der König; er regiert auf Grundlage der Scharia und steht dem von ihm ernannten Ministerrat mit 24 Mitgliedern vor, der als königliches Regierungsgremium legislative und exekutive Funktionen ausübt.

Das Land[40] liegt im Trockengürtel der Erde. Es erstreckt sich N-S zwischen 16° und 32° nördlicher Breite und W-O zwischen 35° und 55° östlicher Länge. Geographisch gehört Saudi-Arabien zu Vorderasien (Naher Osten) und ist Kernstück der Arabischen Halbinsel.

Die Grenzen sind meist nicht markiert und besonders gegen den Jemen umstritten. Die Angaben zur Fläche des Landes schwanken daher. Offiziell wird die Gesamtfläche mit 2.149.690 km^2 angegeben. Saudi-Arabien ist fast sechsmal so groß wie Deutschland. Die größte Ausdehnung von W nach O beträgt 1.700 km, von N nach S 1.900 km.

Saudi-Arabien grenzt im	**Grenzlänge**
— N an Jordanien	700 km
— N an Irak	850 km
— O an Kuwait	200 km
— O an Katar	50 km
— O an Vereinigte Arabische Emirate	500 km
— S an Oman	650 km
— S an Jemen	1.350 km
— W an Rotes Meer	1.750 km
— O an Persischer Golf	500 km

Die Landgrenzen verlaufen überwiegend durch dünn besiedelte bis menschenleere Halbwüsten und Wüsten.

Geostrategisch bedeutsam ist das Land als
— Land mit den größten nachgewiesenen Erdölreserven[41]
— drittgrößter Weltrohölproduzent[42]
— größter Erdölexporteur der Erde[43]
— Landbrücke zwischen Afrika und Südasien
— geistiges Zentrum des Islam (Mekka, Medina).

Entlang der Küste des Roten Meeres verläuft die Wüstensteppe Tihama, eine schmale, maximal 70 km breite Küstenebene. Im O erhebt sich das bis 3.000 m hohe, in Stufen steil ansteigende Hochland von Hedschas und Asir, das allmählich in eine nach O geneigte Hochfläche übergeht. Im O von Riad schließt sich ein Schichtstufenland an. Das Klima im Landesinneren ist sehr trocken und heiß. An den Küsten ist die Luftfeuchtigkeit hoch, trotz sehr geringer Niederschläge. Dauerflüsse fehlen. Steilwandige Trockentäler und Wadis zerschneiden das Gebiet. Große Teile des Landes sind von Sandwüsten bedeckt: im N die Wüste Nefud, im O die Dhana und im SO und S die Rub al Khali. Während die Wüste Nefud noch gelegentlich Winterregen erhält und damit von den Beduinen als Weidegebiet genutzt wird, ist die Rub al Khali (Große Arabische Sandwüste) siedlungs- und menschenleer. Sie ist von mächtigen, bis zu 300 m hohen Dünen durchzogen und die größte Sandwüste der Erde. Dies, ihr extrem arides Klima und das völlige Fehlen von Oasen machen sie zu einem besonders schwer zugänglichen Gebiet. Nur im SW des Landes ist infolge von Sommerregen Ackerbau an der Luvseite des Küstengebirges möglich (s. Anlage 2/6).
Das Straßennetz (befestigte Straßen) ist sehr weitmaschig. Nur im zentralen Teil des Landes und am Persischen Golf liegt die Straßendichte über dem Landesdurchschnitt von 16 m/km². Die Sandwüsten im SO und N sind nahezu ohne Straßen. 1987 gab es 33.576 km befestigte und 59.226 km unbefestigte Straßen. Die wichtigsten Fernstraßen verlaufen von Janbo und Dschidda am Roten Meer über Riad nach Dammam am Persischen Golf (1.500 km), von Dschisan im SW über Mekka, Medina und Tabuk zum Golf von Akaba und nach Jordanien (2.200 km) sowie von Katar über Hofuf, parallel zur irakischen Grenze, nach Jordanien (1.800 km).

Bevölkerung, Wirtschafts- und Sozialstruktur[44].
Saudi-Arabien hatte 1987 ca. 12,5 Mio Einwohner, 5,8 Einwohner/km². Die jährliche Bevölkerungszunahme (1980-85) lag bei 4,2 Prozent. Ca. 72 Prozent der Einwohner leben in Städten (s. Anlage 2/7), 28 Prozent in Landgemeinden, besonders im N des Landes. Die räumliche Verteilung der Bevölkerung ist sehr ungleichmäßig und von der Verteilung der Wasservorräte (Niederschlag, Grundwasser) und der Industrialisierung abhängig. Während die Sandwüsten Nefud, Rub al Khali und Dhana nahezu menschenleer sind, erreicht die Bevölkerungsdichte im Zentrum des Landes, zwischen Buraida und Riad, etwa den Landesdurchschnitt. Höhere Bevölkerungsdichten gibt es im W und SW des Landes. Zwischen Dschidda — Mekka — Taif und von Abha bis Nedschran und Dschisan erstreckt sich ein relativ dichtes Siedlungsband mit ca. 3,0 Mio Einwohnern.
Die Mehrzahl der Saudis fühlt sich in erster Linie ihrem Stamm verbunden. Es gibt ca. 400 Stämme. Die größten ethnischen Gruppen sind die Saudiaraber mit 88 Prozent und die Jemeniten mit rd. 7 Prozent der Bevölkerung. Nahezu die gesamte Bevölkerung sind Muslime und überwiegend Sunniten (ca. 90 Prozent); im O des Landes (Provinz El-Hasa) gibt es eine schiitische Minderheit. Die Schiiten fühlen sich in dem von Sunniten regierten Staat benachteiligt.

Im Lande gibt es ca. 4,56 Mio Ausländer (1985). Die größten Kontingente stellen Inder (13,6 Prozent), Ägypter (12,2 Prozent), Philippiner (10,4 Prozent), Pakistaner (9,9 Prozent) und Jemeniten (9,7 Prozent). Der Anteil der Jordanier, einschl. Palästinenser, beträgt 5,1 Prozent. Etwa 80 Prozent der Gastarbeiter sind männlich. Im Jahre 1985 gab es 4,9 Mio Erwerbspersonen, davon 3,5 Mio (71 Prozent) Ausländer. Die große Anzahl der Gastarbeiter ist eine Folge der niedrigen einheimischen Einwohnerzahl und des geringen öffentlichen Ansehens der Handarbeit. Die Saudiaraber selbst bevorzugen Arbeitsplätze in der Verwaltung.

Anmerkungen

1 Vgl. dazu u.a.:.
   — Amt für Militärisches Geowesen: Aktuelle Geo-Information. Persischer Golf — Anrainerstaaten und Seegrenzen. 1-DMG-AGI, ohne Ortsangabe, 1987.
   — Amt für militärisches Geowesen: Aktuelle Geo-Information. Irak-Kuwait. 1-DMG-AGI 1990, ohne Ortsangabe, 1990.
   — Statistisches Bundesamt: Länderbericht Kuwait 1989, Wiesbaden 1990.
2 Statistisches Bundesamt: a.a.O., S. 10.
3 Tibi, B.: Die irakische Kuwait-Invasion und die Golfkrise, in: Beiträge zur Konfliktforschung 20, 1990, S. 10.
4 Die territorialen Forderungen Iraks werden bereits seit Errichtung des kuwaitischen Staates erhoben. Nach irakischer Auffassung ist Kuwait ein Teil des Irak, da im Osmanischen Reich Kuwait ein Teil der Provinz Basra war.
   Diese Argumentation, die sich auch Saddam Hussein zueigen machte, ist völkerrechtlich absurd, da während der osmanischen Herrschaft der Staat Irak ebensowenig existierte wie der Staat Kuwait. Durch den Abschluß bilateraler Verträge sowie durch die gemeinsame Mitgliedschaft in internationalen Organisationen hat Irak die völkerrechtliche Existenz Kuwaits anerkannt.
5 Besonders die konfliktträchtigen Grenzziehungen verdeutlichen den kolonialen Charakter der Staatenbildung in der Region. Vor allem zwei Bereiche hatten in den vergangenen Jahren die irakisch-kuwaitischen Beziehungen belastet:
   — Die Gewässer vor dem kurzen Küstenstreifen Iraks sind außerordentlich seicht, der Zugang zu ihnen wird von den zu Kuwait gehörenden Inseln Bubiyan und Wara versperrt, was die territoriale Forderung nach Abtretung der Inseln zur Folge hatte (s. Anlage 2/1).
   — Das Rumeila-Ölfeld, das sich nach Süden bis in kuwaitisches Hoheitsgebiet erstreckt und geologisch in Verbindung mit den Erdölvorkommen am Raudatain steht (s. Anlage 2/1).
   Zur Bedeutung der kolonialen Grenzziehung und ihrer Auswirkungen auf den arabischen Nationalismus vgl. Steinbach, U.: Machtpoker am Golf. Aspekte einer regionalen und internationalen Krise, in: Der Überblick, 4/1990, S. 5–9.
6 Vgl. u.a.:
   — Crystal, J.: Oil and Politics in the Gulf: Rubers and merchants in Kuwait and Qatar, Cambridge University Press, 1990.
   — Deutsches Orient Institut: Nahost Jahrbuch 1989, Opladen 1990. Stichwort Kuwait, S. 64–66.
7 Statistisches Bundesamt: a.a.O., S. 47.
8 Vgl. Schwedler, U.: Kuwait; in: Steinbach, U.; Robert, R. (Hrsg.): Der Nahe und Mittlere Osten, Bd. 2, Opladen 1988, S. 223–234.
9 Vgl. ebd.
10 Zur detaillierten Bevölkerungsstatistik und -analyse vgl. Statistisches Bundesamt: a.a.O., S. 17–22.
11 Schwedler, U.: a.a.O., S. 232.
12 Auf Grund des nicht unerheblichen Devisentransfers der Arbeitsemigranten ist die Migration in die Golfstaaten für zahlreiche Ökonomien des Nahen Ostens aber auch des asiatischen Subkontinents ein wichtiger Wirtschaftsfaktor geworden. Der Wegfall dieses Transfers dürfte Länder wie Jordanien jenseits von Embargo und

sonstigen Kriegsfolgen erheblich treffen. Ähnliches gilt auch für Syrien, Iran, Pakistan, Indien und Bangladesch. Die religiös-politischen Reaktionen in diesen Ländern haben vor dem Hintergrund der finanziellen Verwobenheit der Golfregion durchaus auch handfeste materielle Ursachen.

13 Zur eingehenden Analyse der kuwaitischen Wirtschaftsdaten: Vgl. Statistisches Bundesamt: a.a.O., S. 43–63.
14 Bereits 1982 wurde das kuwaitische Auslandsvermögen auf 200 Milliarden US-Dollar und der Wert der Beteiligungen auf 100–120 Milliarden US-Dollar geschätzt. Vgl. dazu Schwedler, U.: a.a.O., S. 229f.
15 Vgl. dazu: Massarrat, M.: Die Krise am Persischen Golf — Dimensionen einer Regionalkrise nach dem Ende der Bipolarität, in: Peripherie, Nr. 39/40 (1990), S. 46ff.
16 Gesemann, F.: Schwarzes Gold. Der Konflikt um Erdölreserven, in: Der Überblick, 4/1990, S. 28.
17 Vgl. dazu u.a.:
— Amt für Militärisches Geowesen: Aktuelle Geo-Information. Persischer Golf — Anrainerstaaten und Seegrenzen. 1-DMG-AGI 1987, ohne Ortsangabe, 1987.
— Amt für Militärisches Geowesen: Aktuelle Geo-Information. Irak-Kuwait. 1-DMG-AGI 1990, ohne Ortsangabe, 1990.
— Statistisches Bundesamt: Länderbericht Irak 1988; Wiesbaden 1988.
18 Als Monarchie mit parlamentarischem System.
19 Zur Baathisierung der irakischen Gesellschaft stellt Issam A. Sharif fest: »Die Attraktion der Baathideologie ist selbst für die Baathisten eine nur vorübergehende. Daher kann die Baath auf Dauer nur mit Zwangsmethoden an der Macht bleiben.« In: Issam A. Sharif: Saddam Hussein, Wien, 1991, S. 124.
Von wesentlicher Bedeutung war die Baathisierung der Armee. Ziel war es, die ›baathistische Armee‹ als Monopol der Partei zu etablieren. Vgl. dazu: Ebenda, S. 124.
Auch der Bereich des öffentlichen Lebens, der Bildung und der Wirtschaft wurden gewaltsam der Baath-Ideologie unterworfen.
»Ein weiterer wichtiger Schritt für die Konsolidierung der Macht war die Gründung von Massenorganisationen... Die Hauptaufgabe der Mitglieder dieser Organisationen ist die Lieferung von Berichten. Die Berichte sind die ergiebigste Quelle für alle Arten von Informationen. Mit dieser Taktik imitieren die Baathisten die Politik regierender kommunistischer Parteien. Diese Taktik ist eines der wichtigsten Geheimnisse der Stärke der Baath und Saddam Husseins. Durch die Baathisierung der Massenorganisationen hatte die Baath das Potential des Geheimdienstes wesentlich verstärkt. Der Geheimdienst hatte mittels der gelieferten Reports Einblick in jedes Haus, jede Schule, jeden Betrieb, jeden Sportklub, jedes Krankenhaus und jedes Ministerium.« Ebenda; S. 126.
20 Ruf, W. (Hrsg.): a.a.O., S. 37.
21 Vgl. dazu: International Institute for Strategic Studies: The Military Balance 1990–91, London 1990.
22 Die Auslandsschulden des Irak wurden bei Kriegsende auf ca. 70 Milliarden Dollar geschätzt. Vgl. dazu: Gresh, A.; Vidal, D.: Golfe, clefs pour une guerre annoncee, Editions le Monde, Paris 1991, S. 201f.
23 Tibi wirft die Frage auf, warum Kuwait am 9. August 1988 — also einen Tag nach dem Waffenstillstand zwischen Irak und Iran — beschloß, seine Erdölproduktion entgegen den Kuwait von der OPEC zugewiesenen Quoten erheblich zu erhöhen. Der dadurch bewirkte Preisverfall am Rohölmarkt hatte zur Folge, daß die irakischen Einnahmen aus dem Ölexport auf 7 Milliarden Dollar jährlich sanken. Dies entsprach exakt dem Schuldendienst des Irak. (der sich auf 7 Milliarden Dollar jährlich belief.) Eine Rückzahlung der Schulden war unter diesen Bedingungen unmöglich. Folglich wendete sich der Irak, der den Krieg gegen Iran nicht zuletzt auch im Interesse der Golfstaaten, insbesondere aber Kuwaits geführt hatte, eben an seinen Nachbarn Kuwait mit den Forderungen, sowohl die OPEC-Förderquoten einzuhalten, als auch die 10 Milliarden Dollar Kriegsschulden zu erlassen.
Vgl. dazu u.a.: Tibi, B.: a.a.O., S. 12f. und Ruf, W.(Hrsg.): a.a.O., S. 51f.
24 Die Iraker veröffentlichten im Oktober 1990 ein Dokument, das die amerikanisch-kuwaitische Verschwörung beweisen sollte, und sandten ein entsprechendes Protestschreiben an den UN-Generalsekretär; Vgl. Jordan Times, vom 2.11.1990, S. 2.
Amerikanische Regierungsvertreter bezeichneten dieses Dokument als Fälschung; Vgl. U.S. Policy Information and Texts; 26/1991, S. 17.
25 Hubel, H.: Der zweite Golfkrieg in der internationalen Politik, Bonn 1991, S. 8.
26 Vgl. dazu u.a.:
— Deutsches Orient Institut: a.a.O., S. 54–60.
— Amt für Militärisches Geowesen (1990): a.a.O..
27 Vgl. dazu: Amt für Militärisches Geowesen (1990): a.a.O., S. 2f.
28 World Oil 1990: Erdöl-Produktion und Reserven Ende 1989 — Tabelle —, zitiert bei: Gesemann, F.: a.a.O.; S. 26.

29 Ebd.
30 Statistisches Bundesamt (1988): a.a.O., S. 48ff.
31 Zur detaillierten Bevölkerungsstatistik und -analyse vgl. Statistisches Bundesamt (1988): a.a.O., S. 16–21.
32 Ebd., S. 16.
33 Die Spannungen im islamischen Raum werden seit dem Tode Mohammeds bis in den heutigen Tag von der Auseinandersetzung um die Legitimität islamischer Führerschaft bestimmt. Die gegensätzlichen Positionen können dabei an dem Konflikt Sunniten versus Schiiten festgemacht werden. Die sunnitische Lehre vertritt die Idee des Kalifats. Neben der Ausrichtung an Koran und Sunna steht auch die politische Eignung des Leiters des islamischen Gemeinwesens im Mittelpunkt. Er muß ein Nachkomme des Propheten sein, wird aber durch einen Rat nach politischer Eignung gewählt und bestätigt. Im Gegensatz dazu vertritt der Schiismus die radikale Forderung nach einem geistlich religiösen Führer, der mittels Charisma und in der Nachkommenschaft Alis stehend, das Geschick der islamischen Gemeinde bis zur Wiederkehr des zwölften Imam in Gestalt des Mahdi leitet.

Diese Konfrontation wurde, begleitet durch den arabisch-persischen Urkonflikt um die Vormachtstellung in diesem Raum, im iranisch-irakischen Krieg deutlich. In diesem Zusammenhang spielte auch das Problem ethnischer und religiöser Minderheiten eine wesentliche Rolle. Letztlich ging es Saddam Hussein auch um den Anschluß des arabischen Bevölkerungsanteiles im Iran im Sinne eines weiteren Schrittes zur arabischen Einheit. Die offensive schiitische Bewegung dagegen richtete sich auch auf die Eingliederung der schiitischen Gruppen im Südirak.

Vgl. dazu:
— Scholl-Latour, P.: Das Schwert des Islam, Gütersloh 1990, S. 28ff.
— Steinbach, U.; Ende, W.: Der Islam in der Gegenwart, München 1989, S. 205ff.
— Khoury, A.D.: Religion und Politik im Islam, in: Aus Politik und Zeitgeschichte, Band 22/90, S. 8ff.
34 Amt für Militärisches Geowesen (1990): a.a.O., S. 3.
35 Ebd.
36 Vgl. Braun, U.: Iraks Griff nach Kuwait, Hamburg 1991.
37 Vgl. Gesemann, F.: a.a.O., S. 25–28.
38 Vgl. dazu u.a.:
— Amt für Militärisches Geowesen: Arabische Halbinsel, Bonn 1980.
— Amt für Militärisches Geowesen: Aktuelle Geo-Information. Saudi-Arabien. DMG-AGI 90-11, ohne Ortsangabe, 1990.
— Statistisches Bundesamt: Länderbericht Saudi-Arabien 1988, Wiesbaden 1988.
39 Vgl. dazu: Amt für Militärisches Geowesen: Saudi-Arabien, ohne Ortsangabe 1990, S. 1 f.
40 Ebd.
41 World Oil 1990: a.a.O., S. 26.
42 Ebd.
43 Statistisches Bundesamt: Landesbericht Saudi-Arabien 1988; Wiesbaden 1988, S. 51 ff.
44 Zur detaillierten Bevölkerungsstatistik. Ebd, S. 16–21.

Literaturverzeichnis

Abir, M.:	Saudi Arabia in the oil era, Colorado 1988.
Amt für Militärisches Geowesen:	— Aktuelle Geo Information: Persischer Golf
	— Anrainerstaaten und Seegrenzen. 1 DMG AGI, ohne Ortsangabe, 1987.
	— Aktuelle Geo-Information: Saudi-Arabien. DMG AGi 90-11, ohne Ortsangabe 1990.
	— Aktuelle Geo-Information: Irak-Kuwait. 1 DMG AGI 1990, ohne Ortsangabe, 1990.
	— Arabische Halbinsel, Bonn 1980.
Bastian, T.:	Kriegsgebiet Naher Osten, in: Informationsdienst Wissenschaft und Frieden, Nr. 3–4, Dezember 1990.
Braun, U.:	Iraks Griff nach Kuwait, Hamburg 1991.
Brzoska, M.:	Feuer aufs Öl. Waffenlieferungen in den Nahen Osten. In: Der Überblick, 4/1990.
Cordesman, A.H.:	The Gulf and the West, Strategic Relations and Military Realities, Boulder/London 1988.
Crystal, J.:	Oil and Politics in the Gulf: Rulers and merchants in Kuwait and Qatar, Cambridge University Press, 1990.
Deutsches Orient Institut:	Nahost Jahrbuch 1989, Opladen 1990.
Diner, D.:	Mit den Philistern sterben? Saddam Husseins Raubzug und die neue Weltordnung, in: Der Überblick, 4/1990.
Ehrenberg, E.:	Pulverfaß Nahost. Der hochgerüstete Irak und sein militärisches Umfeld, in: Nivumand, B.: Sturm im Golf, Hamburg 1990.
Gantzel, K.J./	Oil, the Middle East, North Africa and the Mejcher, H. (Hrsg.):Industrial States, Paderborn 1984.
Gesemann, F.:	Schwarzes Gold. Der Konflikt um Erdölreserven. In: Der Überblick, 4/1990.
Gresh, V./Vidal, D.:	Golfe, clefs pour une guerre annonc'ee, Editions le Monde, Paril 1991.
Hamann, R.:	Die Süddimension des Ost-West-Konfliktes, Baden-Baden 1986.
Hippler, J./Lueg, A.:	Gewalt als Politik — Terrorismus und Intervention im Nahen Osten, Köln 1987.
Hubel, H.:	Der zweite Golfkrieg in der internationalen Politik, Bonn 1991.
International Institute for Strategic Studies:	The Military Balance 1990–91, Londen 1990.
Jordan Times	vom 02.11.1990.
Karsh, E./Rautsi, J.:	Why Saddam Hussein invaded Kuwait, in: Survival, Bd. XXXII, No. 1, 1991.
Kennedy, P.:	The Rise and Fall of the Great Powers, London 1988.
Khoury, A.D.:	Religion und Politik im Islam, in: Aus Politik und Zeitgeschehen, Bd. 22/90.
Malanowski, A./ Stern, M. (Hrsg.):	Iran-Irak, Bis die Gottlosen vernichtet sind, Reinbek 1987.
Massarat, M.:	Die Krise am Persischen Golf — Dimensionen einer Regionalkrise nach dem Ende der Bipolarität, in: Peripherie, Nr. 39/40 1990.
Maull, H.:	Die Supermächte in der Golfregion, in: Hamann, R.: Die Süddimension des Ost-West-Konfliktes, Baden-Baden 1986.
May, B.:	Die Kuwait-Krise und die Energiesicherheit des Westens, in: Europa-Archiv, Folge 18/1990.
Nirumand, B. (Hrsg.):	Sturm im Golf, Reinbek 1991.
Norton, A.:	The Power of the Pan-Arabien Dream, in: Defence and Diplomacy, Vol. 9, Nr. 1–2/1991.

Ruf, W. (Hrsg.):	Vom kalten Krieg zur Heissen Ordnung. Der Golfkrieg — Hintergründe und Perspektiven, Bd. 1, Münster 1991.
Scholl-Latour, P.:	Das Schwert des Islam, Gütersloh 1990.
Schmidt, F.:	Krise und Krieg ums Öl, JWS-Report Nr. 4, München 1990.
Schwedler, U.:	Kuwait, in: Steinbach, U./Robert, R. (Hrsg.): Der Nahe und Mittlere Osten, Opladen 1988.
Sharif, J.A.:	Saddam Hussein, Wien 1991.
SIPRI-Jahrbuch 7	Hamburg 1987.
Statistisches Bundesamt:	— Länderbericht Kuwait 1989, Wiesbaden 1990.
	— Länderbericht Irak 1988, Wiesbaden 1988.
	— Länderbericht Saudi-Arabien 1988, Wiesbaden 1988.
Steinbach, U./Ende, W.:	Der Islam in der Gegenwart, München 1989.
Steinbach, U.:	Machtpoker am Golf, in: Der Überblick 4/1990.
Steinbach, U.:	Krisenherd Naher Osten: Machtdiffusion als Folge wachsender Komplexität des internationalen Sicherheitssystems, in: Hamann, R.: Die Süddimension des Ost-West-Konfliktes, Baden-Baden 1986.
Tibi, B.:	— Die Krise des modernen Islams, München 1981.
	— Konfliktregnion Naher Osten. Regionale Eigendynamik und Großmachtinteressen, München 1989.
	— Die irakische Kuwait-Invasion und die Golfkrise, in: Beiträge zur Konfliktforschung 20, 1990.
U.S.Army War College:	Iraks Macht und U.S.-Sicherheit im Mittleren Osten, Mediatus 1–2/1991.

U.S.Policy Information and Texts, 26/1991..

Rainer Brinkmann

3. Das Konfliktszenario: politische und militärstrategische Ziele und Interessen der Konfliktparteien

Einleitung

Während der Golfkrise wurde gemutmaßt, daß es sich bei der in der Geschichte einmaligen Opposition von Weltgemeinschaft und einer weitgehend isolierten Regionalmacht weniger um den künftigen Modus einer neuen Weltordnung handele, als vielmehr um eine einmalige Konstellation von Umständen, Interessen und Berechnungen. In dieser Einschätzung kommt die Skepsis zum Ausdruck, daß weniger Völkerrechtsprinzipien, als vielmehr handfeste Egoismen die das Verhalten einzelner Staaten bestimmenden Motive gewesen sind. Selbst die Autorisierung des Vorgehens der Koalition durch die UNO war vor diesem Hintergrund offenbar bloße Makulatur. Diese Auffassung scheint richtig und falsch zugleich. Zunächst schmälert sie nicht notwendigerweise das Verdienst der Staatengemeinschaft, die staatliche Souveränität und Integrität Kuwaits wiederhergestellt und einen Despoten in die Schranken gewiesen zu haben. Zweifellos kann es nicht im elementaren Interesse auch nur eines der an dem Feldzug gegen den Irak beteiligten Staaten gelegen haben, daß Anarchie die durch das Völkerrecht definierte Ordnung des internationalen Systems ablöst. Zweifellos waren aber auch Partikularinteressen bestimmend für die Haltung einzelner Staaten in der Golfkrise. Teilweise haben diese spezifischen Ziele einzelner Akteure katalysierend, teilweise auch retardierend gewirkt. Sie bei der Beurteilung des Golfkrieges aber außer Acht zu lassen hieße vermutlich, zu hoffnungsvolle Schlußfolgerungen in Bezug auf die Perspektiven künftiger kollektiver Krisenbewältigung zu ziehen. Die Analyse der Krisen- und Kriegsziele der Konfliktparteien ist nicht nur für das Verständnis der Genesis des Krieges, sondern auch für die Beurteilung der Implikationen dieses Konfliktes notwendig.
Eine reine Momentaufnahme der politischen und strategischen Ziele der Konfliktparteien am Vorabend des Krieges würde allerdings ein verzerrtes Bild ergeben, da sich darin lediglich Produkte, nicht aber die Prozesse der Zieldefinitionen wiederfinden würden. Ein Blick in die Vorgeschichte der Krise ist bisweilen daher unerläßlich.

Das Konfliktszenario: politische und militärstrategische Ziele und Interessen der Hauptakteure

Motive US-amerikanischer Intervention

Grundzüge amerikanischer Nahostpolitik

Im Zeitraum vom Ende des Zweiten Weltkrieges bis zur Gegenwart bestimmte im wesentlichen eine äußerst konsistente Interessentriade die Nahostpolitik der Vereinigten Staaten. Ein erstes, substantielles Anliegen der USA galt dabei der Existenzsicherung Israels.

Aus dem Holocaust der Juden und der von den ehemaligen Kolonialmächten gezwungenermaßen übernommenen weltpolitischen Ordnungsfunktion leitete sich für die Siegermacht USA nach dem Zweiten Weltkrieg die Pflicht ab, die sich staatlich in Palästina organisierenden Juden gegen die Anfeindungen des arabisch-palästinensischen Umfeldes in ihre Obhut zu nehmen und den jungen Staat lebensfähig zu halten. Dem Schutz Israels fühlte sich die USA umso mehr verpflichtet, als es sich auch um ein demokratisches Pilotprojekt in der Region handelte. Parallel zu dem im Laufe der Zeit immer schärfere Konturen annehmenden Ost-West-Gegensatz wandelten sich die israelisch-amerikanischen Beziehungen von dem anfänglichen Abhängigkeitsverhältnis zu einem wirklichen Zweckverband: während Israels Überleben einzig von der westlichen Supermacht abhing, galt Israel dieser wiederum als vorgeschobener Posten der Demokratie und verläßliches Bollwerk gegen kommunistisches Expansionsstreben.

Als Garantiemacht Israels sind die USA aber schon sehr frühzeitig in eine anti-arabische Frontstellung geraten: in Kontinuität zur Kolonialzeit schienen die USA eine von den Arabern als diskriminierend empfundene Politik fortzusetzen. Im Sinne des für die Araber eigentümlichen, geschichtlich gewachsenen Verschwörungsdenkens wurde Amerika zu einem imperialistischen Dämon stilisiert und für den Verlust ehemaliger Identität, Entität und Größe verantwortlich gemacht. In der Frontstellung zum Westen verloren die sonstigen arabischen Antagonismen an Relevanz. Zwangsläufig mußte im Zuge der Abkehr von der einen Supermacht die andere an Attraktivität gewinnen. Die Aversionen gegen die USA steigerten sich in dem Maße, wie die USA infolge der Radikalisierung der palästinensischen Befreiungsbewegung zu immer eindeutigeren Parteinahmen für Israel gezwungen waren.

Die Hypothek des Kolonialismus und die letztlich daraus resultierenden Ressentiments der arabischen Welt gegen die westliche Führungsmacht sind bis heute die begrenzenden Faktoren amerikanischer Nahostpolitik. In der Golfkrise war der kulturell, politisch, geschichtlich und religiös bestimmte Antagonismus zwischen Orient und Okzident eine zentrale Größe im Kalkül der Konfliktparteien.

Die beiden anderen Eckpunkte des Interessendreiecks der USA in Nahost waren bis in die jüngste Vergangenheit aufs engste miteinander verquickt. Im Zuge der Entwicklung des Ost-West-Gegensatzes gewann der vordere Orient aufgrund der Ölvorkommen an strategischer Bedeutung. Die hochgradige Abhängigkeit der westlichen Industrienationen vom Öl und das sich daraus ergebende Interesse an einem ungehinderten Zugang zu den Ressourcen machte in Verbindung mit der räumlichen Nähe des ideologischen Gegenspielers zu diesem Gebiet den Nahen Osten zu einer Schlüsselregion westlicher Sicherheit. Die Gefahr einer kommunistischen Machtprojektion in diesen Raum, der aufgrund der westlichen Interessen als Austragungsort der geopolitischen Rivalität der Supermächte prädestiniert war, nahm in der Risikoanalyse der USA einen elementaren Platz ein. Für die nahöstlichen Staaten war die Tatsache, Arena des Wettstreits der Supermächte zu sein, Chance und Risiko zugleich. Ebenso wie der eigene Handlungsspielraum in dem Koordinatensystem des Ost-West-Gegensatzes seine Grenzen fand, konnte man bei geschicktem Taktieren größtmöglichen eigenen Profit aus der Konfrontation der Supermächte ziehen.

War die Nahost-Politik der USA wegen der manifesten Ressentiments schon schwierig genug, so verlangten ständig wechselnde innerarabische Kräftekonstellationen eine permanente Adaption der Politik an geänderte Verhältnisse und Rahmenbedingungen. Einzige verläßliche Aktivposten in dem Raum waren bis in die 70er Jahre hinein die beiden arabischen Erzrivalen Israel und Iran.

Vor dem Hintergrund des schwierigen politischen Terrains galten die Anstrengungen der Amerikaner schwerpunktmäßig der Gewährleistung einer regionalen Machtbalance. Nachdem sich Ägypten spätestens seit dem Oktoberkrieg von der UdSSR abgekehrt, mit dem Camp-David-Abkommen seine arabische Führungsrolle aber auch verloren und sich aus dem Konzert der arabischen Mächte hinauskatapultiert hatte, konnten sich die USA v.a. auf das auf Wirtschaftshilfe angewiesene Land am Nil anlehnen. Darüber hinaus lag eine enge Kooperation mit den ölreichen, aber bevölkerungsarmen konservativen Golfstaaten nahe, die einer Zusammenarbeit mit der kommunistischen Supermacht schon wegen ihres feudalen Habitus sehr reserviert gegenüber standen. Die Sowjetunion strahlte außerdem kaum die wirtschaftliche Attraktivität aus wie ihr westlicher Gegenspieler. Erste Voraussetzung der auf eine Machtbalance zielenden Politik der USA war, diese hochgradig instabilen Regime politisch zu stabilisieren und wirtschaftlich an sich zu binden.

Nicht selten verlangte diese Politik in Anbetracht der sonst nur zu gern propagierten politischen Ideale aber geradezu eine Selbstverleugnung: die Führungen entbehrten der demokratischen Legitimation, Menschenrechtsverletzungen und die Verfolgung politisch Andersdenkender waren an der Tagesordnung und ethnische Minderheiten genossen kaum einen staatlichen Schutz.

Mit dem Debakel der USA im Iran und der sowjetischen Invasion in Afghanistan traten zwei Ereignisse ein, die zu einer Zäsur der amerikanischen Nahostpolitik führten. Zunächst erfuhr der Nahe Osten als strategische Region durch die Carter-Doktrin eine nochmalige Aufwertung. In der Doktrin wurde die Warnung Präsident Fords vom Januar 1975 vor einem Zugriff auf das Öl erneut aufgegriffen und der Willen bekundet, jeden Versuch einer fremden Macht, den Nahen Osten unter seine Kontrolle zu bringen, notfalls auch militärisch zurückzuweisen. Da die Sensitivitäten der Araber den USA nie erlaubt hatten, Militärstützpunkte auf arabischem Boden einzurichten, bestand die programmatische Umsetzung dieser politischen Willensbekundung in der Aufstellung von Rapid Deployment Forces, die ggf. schnell zu Krisenherden verbracht werden konnten. Zwar war der Auftrag dieser Kräfte noch wesentlich an der Abwehr einer sowjetischen Bedrohung orientiert, doch war von vornherein deutlich, daß diese Verbände ein flexibles Instrument amerikanischer Interessenwahrung sein sollten.

Im iranisch-irakischen Krieg bestätigte sich dann erneut, daß die Interessen tatsächlich weniger durch eine unmittelbare sowjetische Herausforderung berührt werden würden, als vielmehr durch Regionalkonflikte geringerer Intensität.

Die Carter-Doktrin initiierte somit den Beginn eines strategischen Umdenkungsprozesses, der in der Reagan-Ära konsequent fortgesetzt wurde und in der Formulierung eines globalstrategischen Ansatzes kulminierte[1]. Sein Impetus war, daß die eigene Sicherheit in Anbetracht zunehmender Interdependenzen im internationalen System als nicht mehr isolierbar von anderen Krisenherden und auch nicht rein militärisch definiert werden konnte. Damit legte man auf amerikanischer Seite endgültig die Fesseln eines Vietnamsyndroms ab, das in der Vergangenheit das strategische Denken entscheidend mitbestimmt hatte.

Konsequenterweise wurde die bis dahin wenig erfolgreiche Entspannungspolitik Carters von Reagan zugunsten einer offensiven Politik der Stärke aufgegeben. Primäres Ziel war, durch die Restauration militärischer Stärke den machtpolitischen Ambitionen der Sowjetunion Einhalt zu gebieten, sie zu konstruktiven Abrüstungsschritten zu zwingen und sichtbar die Initiative als weltpolitische Ordnungsmacht wiederzugewinnen.

Nachdem man sich bislang im Nahen Osten weitgehend militärischer Zurückhaltung befleißigt hatte, zeitigte diese Strategie selbst im sensiblen Orient Konsequenzen. Etwa ab Mitte der 80er Jahre läßt sich eine wachsende amerikanische Bereitschaft konstatieren, die eigenen Interessen auch dort mit militärischen Mitteln zu wahren[2]. Der militärische Schlag gegen Libyen und der Schutz kuwaitischer Öltanker während des ersten Golfkrieges sind zwei signifikante Beispiele. Es war dieser globalstrategische Ansatz, daß nämlich die eigene Sicherheit besonders auch die Einhegung regionaler Konflikte verlangte, der im Golfkonflikt die Haltung der USA wesentlich bestimmte.

Das irakisch-amerikanische Verhältnis

Obwohl der Irak traditionell eher der sowjetischen Klientel zuzurechnen war, war er im Zuge des Golfkrieges mit Iran gemäß dem Motto »der Feind meines Feindes ist mein Freund« zu einem natürlichen Verbündeten der USA geworden. Trotzdem galt das Bemühen der USA auch weiterhin der Aufrechterhaltung einer regionalen Machtbalance, die sowohl eine arabische, als auch eine persische Dominanz am Golf ausschloß und die es nicht ratsam erscheinen ließ, durch einseitige Unterstützung eine der beiden Kriegsparteien zum Sieg zu verhelfen.

Nach dem Debakel im Iran setzte man in Washington nach dem Golfkrieg allerdings insgeheim auf den Irak als der Kraft, die künftig die Stabilität am Golf gewährleisten sollte. Als laizistischer Staat stand er dem amerikanischen Way of Life unvoreingenommener gegenüber als manch anderer fundamental-religiöser Staat und bot sich als

Bastion gegen die ausgreifende islamische Revolution an. Verkannt wurden dabei jedoch die machtpolitischen Ambitionen Saddam Husseins, die weit über das hinausgingen, was die USA ihm in ihren Vorstellungen über ein Kräftegleichgewicht zuzugestehen bereit waren.

Der Wunsch schien denn auch nach dem ersten Golfkrieg eher der Vater amerikanischer Irakpolitik gewesen zu sein. Zwar boten der Giftgaseinsatz gegen die Kurden, die Barzoft-Affäre, die fortgesetzten Menschenrechtsverletzungen und das Bekanntwerden der nuklearen Rüstungsambitionen genug Anlaß, das Bild vom Irak zu korrigieren, dennoch glaubte man in der amerikanischen Administration vor dem Hintergrund einer angenommenen Kriegsmüdigkeit weiterhin, in Mäßigung und Pragmatismus den Grundtenor irakischer Außenpolitik zu erkennen. Faktisch aber war der Hoffnungsträger der USA bereits zum destabilisierenden Faktor der Region geworden.

In einer Mixtur aus negativer Sanktionierung und Versuchen positiver Konditionierung drückte sich Anfang 1990 eine äußerst ambivalente amerikanische Politik gegenüber dem Irak aus.

Die Usurpation Kuwaits — Herausforderung der USA

Mit dem Einmarsch des Irak in Kuwait war aus Sicht der USA exakt ein Szenario eingetreten, wie es im Risikokalkül des Pentagons als die wahrscheinlichste militärische Herausforderung angesehen worden war. Von Vorteil war lediglich, daß die Sowjetunion wegen der ethno-nationalistischen Eruptionen, des wirtschaftlichen Niederganges und der Erosion des kommunistischen Machtblocks völlig auf eine innere Konsolidierung zurückgeworfen war. Obwohl Gorbatschow aus der Golfkrise noch insofern Kapital schlagen konnte, als er sich für die Kooperation in der Golfkrise das Stillhalten der Amerikaner in Bezug auf die sich parallel entwickelnde Krise im Baltikum erkaufte, war die Sowjetunion weltpolitisch in dieser Situation nahezu handlungsunfähig. Trotzdem bot sich in Anbetracht der traditionellen Beziehungen zwischen Sowjetunion und Irak für die USA auch die Gelegenheit zu prüfen, wie ernst es die sowjetische Führung mit der im Rahmen der Reformpolitik bekundeten Kooperationsbereitschaft tatsächlich meinte.

Die gemeinsame Erklärung von USA und Sowjetunion drückte in der Forderung nach Wiederherstellung der staatlichen Integrität Kuwaits aber schon einen Grundkonsens aus, an dem beide Seiten bis zum Ende festhalten sollten. Im Sinne ihrer strategischen Doktrin war eine Intervention für die Amerikaner aus drei Gründen geboten:

Der erste betraf die Kontrolle der strategischen Ressource Öl. Sicherlich ließ die Einverleibung Kuwaits kurzfristig keinen folgenschweren Versorgungsengpaß bezüglich des wichtigen Rohstoffes im Westen befürchten. Die Industriestaaten hatten ihre Lektionen aus den früheren Ölkrisen gelernt und infolgedessen ihre Versorgung diversifiziert und auf eine breite Basis gestellt. Der Zugang zum Öl selbst war insofern wenig gefährdet. Bedrohlich schien aber die mittelbare Gefahr, daß Saddam Hussein nach der Besetzung ein Viertel der globalen Erdölreserven kontrollierte und durch willkürliches Drehen an der Ölpreisschraube Einfluß auf die Stabilität des Weltmarktes nehmen könnte.

Der zweite Grund war wohl von noch entscheidenderer Bedeutung. Durch die Hinnahme des eklatanten Rechtsbruchs hätte man dem Einzug von Anarchie im internationalen System im Sinne einer Dominotheorie Vorschub geleistet. Die Apostrophierung historischer Ansprüche auf Kuwait seitens des Irak war wohl auch für viele Staaten der dritten Welt, vor allem auch für arabische, ein entscheidendes Motiv, der anti-irakischen Koalition beizutreten. Historische Argumente, wie sie der Irak zur Untermauerung seines Anspruches auf Kuwait gebraucht hatte, hätten sich nur allzu leicht gegen sie selbst kehren können, da die staatliche Existenz der meisten dieser Staaten auf keinen anderen Voraussetzungen beruhte als die des kuwaitischen Emirats.

Das dritte Motiv für die unnachgiebige Haltung der Amerikaner resultierte aus der irakischen Aggression selbst. Die Usurpation Kuwaits rief den Amerikanern erneut die bislang verdrängte Notwendigkeit ins Bewußtsein, haltbare Strukturen einer dauerhaften nahöstlichen Friedensordnung zu implementieren und stabilitätsgefährdende Faktoren zu eliminieren. Die einmal mehr offenbarte Bereitschaft Saddam Husseins zur Gewalt und seine anti-israelische Polemik machten den USA deutlich, daß man es mit einer bloßen Rückkehr zum Status quo ante nicht würde bewenden lassen können. In dieser Beziehung gingen die Ziele der USA tatsächlich auch weit über das hinaus, was rechtlich durch die Vereinten Nationen überhaupt abgesegnet war. Das irakische Militärpotential, dem kein vergleichbares Äquivalent auf arabischer Seite gegenüberstand, und das kurz davor stand, um eine nukleare Komponente bereichert zu werden, stellte in der Verfügungsgewalt eines Diktators vom Format eines Saddam Husseins eine latente Gefahr für die gesamte Region dar und mußte entsprechend ausgeschaltet werden.

Für die USA zeichneten sich daher in der Frage, wie eine Krisenlösung mit der notwendigen Implementierung stabiler Sicherheitsstrukturen in Einklang gebracht werden könnte, nur zwei Alternativen ab: entweder mußte sich Irak auch im Falle einer Räumung Kuwaits zu konkreten Abrüstungsschritten bereit erklären, oder der Irak provozierte durch seine Unnachgiebigkeit eine militärische Auseinandersetzung, in der dann aber die Zerschlagung des irakischen Streitkräftepotentials und der militärischen Infrastruktur ein zentrales operativ-strategisches Ziel sein mußte.

Vor dem Hintergrund der Überlegung, daß Glaubwürdigkeit und Akzeptanz ihrer weltpolitischen Führungsrolle ganz wesentlich davon abhing, wie die Krise bewältigt werden würde, stellten die USA ihre Krisendoktrin auf drei Grundpfeiler ab:

1. Den grundsätzlichen Verzicht auf einen nationalen Alleingang bei allerdings grundsätzlicher Bereitschaft dazu.
2. Der Einbeziehung der UNO in das Krisenmanagement, wodurch der Einsatz diplomatischer, wirtschaftlicher und militärischer Maßnahmen auf einer völkerrechtlich abgesicherten Basis möglich wurde.
3. Der Favorisierung einer zunächst nicht-militärischen Lösung.

Mit einer militärischen Lösung, die sich spätestens ab der Reaktion Iraks auf die UNO-Resolution 678 als der wahrscheinlichste Ausgang der Krise abzeichnete, verbanden sich allerdings militärisch interessante Perspektiven und Möglichkeiten. Da es sich hierbei aber quasi um Abfallprodukte handelte, können sie nicht als intendierte Ziele Washingtons bezeichnet werden.

Zunächst konnte man durch die kontinuierliche Erhöhung der eigenen Streitkräftepräsenz die strategische Fähigkeit militärischer Machtprojektion überprüfen. Konkret mußte sich erweisen, inwieweit Mittel, Organisation und Verfahren zur Verlegung von Streitkräften auch in entferntere Gegenden den Erfordernissen genügten.

Die Besonderheit, daß die Militäraktion in einem multilateralen Rahmen unter Führung der USA erfolgen sollte, diente desweiteren dazu, Erfahrungen über die Kommandoführung einer derart heterogen zusammengesetzten Streitmacht zu sammeln und die eigenen Führungsqualitäten diesbezüglich unter Beweis zu stellen.

In dem Krieg sollten aber auch erstmalig westliche und östliche Waffentechnologie in einem größeren Rahmen aufeinandertreffen. Zwar war der Irak auch im Besitz moderner westlicher Rüstungsgüter, in der Masse waren seine Waffen aber Produkte östlicher Rüstungsschmieden. Der Golfkrieg sollte insofern auch einen Vergleich der waffentechnischen Leistungsparameter erlauben und etwaige Rückschlüsse auf eigene Rüstungsdefizite ermöglichen. Dabei galt das besondere Augenmerk den weitreichenden Abstandswaffen und dem operativen Wert moderner Elektronischer Kampfführung.

Und schließlich standen in der militärischen Auseinandersetzung auch die eigenen bzw. die in der NATO entwickelten operativ-taktischen Grundsätze moderner Kriegführung auf dem Prüfstand.

Operativ-strategische Ziele nach dem Scheitern der Diplomatie

Als das Land, das das weitaus größte militärische Kontingent der Koalitionsstreitmacht stellte, haben die USA auch der Art der Operationsführung ihren Stempel maßgeblich aufgedrückt. Die Operationsführung war insofern ein Integral politischer Ziele Washingtons und als notwendig erachteter militärischer Erfordernisse. Wegen der klimatischen Bedingungen und der Brüchigkeit der Koalitionsfront ging es den USA vor allem darum, einen schnellen, massiven und entscheidenden Schlag gegen den Irak zu führen. Der Gefahr, daß zu hohe personelle Verluste die eigene Öffentlichkeit aufbringen und gegen eine militärische Lösung einnehmen könnten, mußte durch eine Operationsführung begegnet werden, durch die das Leben der eigenen Soldaten so weit als möglich geschont wurde. Damit stand von vornherein fest, daß die Anfangsoperationen durch eine umfassende Luftoffensive und den massiven Einsatz von Abstandswaffen wie den Cruise Missiles bestimmt sein würden.

Dieses Vorgehen bot darüber hinaus am ehesten die Gewähr einer weitgehenden Zerschlagung des irakischen Streitkräfte- und Rüstungspotentials und der militärischen Infrastruktur im Hinterland des Irak. Das politische Ziel, dem Irak in der Krise seine militärischen Machtmittel zu entwinden und damit eine erste Voraussetzung einer stabileren Friedensordnung in Nahost zu schaffen, konnte durch diese Art der Operationsführung zumindest in Teilen erreicht werden.

Die von den Amerikanern konzipierte Koalitionsstrategie war von drei wesentlichen Elementen bestimmt:

In einer ersten Phase galt es, durch eine massive, systematische Luftoffensive und den Einsatz weitreichender Präzisionswaffen die irakischen Fähigkeiten zur verbundenen Operationsführung zu reduzieren, die Lufthoheit zu erringen und das Streitkräftepotential zu dezimieren.
Die Umsetzung dieser Absicht selbst erfolgte wiederum in zwei Stufen. Die ersten Angriffe zielten auf die Ausschaltung der ortsfesten Führungseinrichtungen und -systeme und der integrierten Flugabwehr. Hiermit sollte dem Gegner jegliche Möglichkeit genommen werden, auch nur zeitweilig die Initiative zu ergreifen.
Erst als dieses Teiloperationsziel erreicht schien, konzentrierten sich die Angriffe auf die Zerstörung der militärischen Infrastruktur. Hauptziele hierbei waren Flugplätze, Raffinerien, Stromversorgungsanlagen, die nukleartechnischen und chemischen Fabrikationsanlagen, Depots und Instandsetzungszentren.
In der zweiten Phase fiel den Luftstreitkräften die Aufgabe zu, die Landoffensive vorzubereiten. Hierzu sollte die Kampfkraft der gegnerischen Kräfte durch permanente Angriffe abgenutzt und die in Kuwait eingesetzten Verbände von den operativen Reserven in der Provinz Basra durch die Zerstörung der Verbindungsstraßen, Brücken etc. abgeriegelt werden. Parallel sollten durch Täuschoperationen von See und an Land Angriffszeitpunkt und -schwerpunkt der Landoffensive verschleiert werden.
Die endgültige Entscheidung sollte dann durch eine massiv aus der Luft unterstützte Landoffensive gesucht werden. Um diese schnell herbeizuführen und um nicht Gefahr zu laufen, sich selbst durch einen Frontalangriff in den ausgebauten Stellungen aufzureiben, wurde eine weiträumige Umgehung der irakischen Front favorisiert.
Erst mit der Einkesselung der irakischen Streitkräfte in Kuwait wurde die militärische Niederlage des Irak perfekt und die Alliierten hatten ein Faustpfand in der Hand, das es erlaubte, im Rahmen des Waffenstillstandes Saddam Hussein zu weiteren Konzessionen zu zwingen.

Das bloße Zurückdrängen des Irak aus Kuwait wäre fatal gewesen, da eine Entscheidung nicht hätte herbeigeführt werden können und die Offensive in einem Stellungskrieg gemündet wäre.
Die in die Offensive hineinplatzende, aus militärischer Sicht zweifelsohne verfehlte Order aus Washington zum Abbruch des Angriffs war vor dem Hintergrund der damit verbundenen politischen Überlegungen verständlich.
Der Nachteil, daß die Zerschlagung des irakischen Streitkräftepotentials nicht vollends geglückt ist, konnte durch andere Vorteile mehr als aufgewogen werden.
Zunächst hat Präsident Bush damit gegenüber der Weltöffentlichkeit nachdrücklich glaubhaft machen können, daß das Mandat der UNO für ihn bindend war.
Wichtiger aber noch scheinen die damit erzielten Auswirkungen auf das amerikanisch-arabische Verhältnis zu sein. Durch den Verzicht auf einen totalen Sieg blieb das Staatsgebilde Iraks als solches erhalten. So konnte der Gefahr vorgebeugt werden,

daß sich der Irak in seine drei Bestandteile — schiitischer Süden, kurdischer Norden und sunnitisches Zentrum — auflöste. Zwangsläufig hätten kurdische oder schiitische Abspaltungsbewegungen die Intervention Irans und der Türkei nach sich gezogen, was unabsehbare Folgen hätte haben können. Aus diesem Umstand erklärt sich auch, daß zwar der Sturz Saddam Husseins den USA nicht unwillkommen gewesen wäre, aber kein dezidiertes Ziel Washingtons sein konnte.

Auch die Tatsache, daß die Amerikaner ihre Ankündigung hielten, nach einem Sieg ihre Truppen unverzüglich wieder abzuziehen, dürfte ihrer Glaubwürdigkeit und Verläßlichkeit bei den Arabern förderlich gewesen sein. Die USA haben damit die Kritiker Lügen gestraft, die in dem amerikanischen Engagement am Golf v.a. den Versuch sahen, eine hegemoniale Vormachtstellung im Nahen Osten zu etablieren. Allerdings dürften insgeheim gehegte amerikanische Hoffnungen begründet sein, daß nach der Polizeiaktion gegen Bagdad die Araber amerikanischer Einmischung nicht mehr ganz so ablehnend gegenüberstehen wie früher.

Determinanten der irakischen Strategie

Der irakischen Gewaltpolitik gegenüber Kuwait lagen vier Kernmotive zugrunde:

1. Die Einverleibung Kuwaits versprach mit einem Schlag die Lösung der wirtschaftlichen Probleme. Abgesehen von der Annullierung der direkten Schulden wollte man in den Besitz der gewaltigen ausländischen Kapitalanlagen des Emirats gelangen.
2. Die seestrategische Lage ließ sich entscheidend verbessern. Der Irak selbst verfügte über nur einen vergleichsweise schmalen Zugang zum Persischen Golf und besaß keine Tiefseehäfen.
3. Die Abschaffung der feudalen Regime ist ein Grundzug der laizistischen-national-sozialistischen Baath-Ideologie.
4. Mit der Annexion kontrollierte der Irak ein Fünftel der globalen Erdölreserven. Zwangsläufig hätte ihm dies nicht nur eine Vormachtstellung am Golf, sondern auch weltweit größeren Einfluß gesichert.

Die unerwartet massiven internationalen Reaktionen auf die Besetzung Kuwaits machten Saddam Hussein aber sehr schnell deutlich, daß sich weder die Staatengemeinschaft mit einer Annexion abfinden würde, noch daß man überhaupt aus Gründen der regionalen Stabilität zum Status quo ante zurückkehren könnte. Selbst im Falle des eigenen Nachgebens würde sich eine friedliche Regelung der Krise wohl nur um den Preis des Versprechens, militärisch abzurüsten, erreichen lassen.

In Anerkennung der militärischen Realitäten war Saddam Husseins Ziel in der militärischen Auseinandersetzung dann ein zweifaches: Primär sollte die Einverleibung Kuwaits als 19. Provinz des Irak abgesichert und unumkehrbar gemacht werden. Mißlang dies aber wegen der militärischen Überlegenheit der Koalitionspartner, so sollte einem militärischen Mißerfolg zumindest ein psychologischer Sieg komplementär sein.

Die Art der Kriegführung entsprach denn auch ganz diesen Überlegungen. Strategisch in der Defensive sah man in einer statischen Vorneverteidigung Kuwaits über eine Frontlinie von 450 km und einer Tiefe von 150 km unter Inkaufnahme einer tiefen offenen rechten Flanke mangels verfügbarer Kräfte die erfolgversprechendste Option. Neben den im Raum Basra dislozierten Republikanischen Garden standen dem Irak kaum operative oder gar strategische Reserven zur Verfügung. Zugunsten der Konzentration seiner Kräfte in Kuwait wurden die Grenzen zur Türkei, Syrien und zum Iran auch nur mit verhältnismäßig schwachen Kräften geschützt.
Die irakische Entscheidung für eine statische Verteidigung Kuwaits in Form einer Maginot-Linie dürfte von drei wesentlichen Faktoren mitbestimmt worden sein.
1. Das Mandat der UNO berechtigte die Koalition zu nicht mehr als der Zurückeroberung Kuwaits, auf keinen Fall aber zu einer Niederwerfung Iraks. Insofern glaubte man in Bagdad, daß nirgends anders als in Kuwait selbst der Schwerpunkt eines Angriffs der Koalitionsstreitkräfte liegen müsse.
2. In Bezug auf den Stellungskrieg konnte man auf die Erfahrungen bauen, die man im ersten Golfkrieg gegen den Iran gesammelt hatte. Zu einer dynamisch gestalteten, beweglichen Operationsführung war der Irak außerstande.
3. Die statisch-defensive Option bot am ehesten Gewähr, dem angenommenen Frontalangriff der Koalition auf Kuwait über längere Zeit standzuhalten und eine Entscheidung zu vermeiden. Der militärische Rausschmiß aus Kuwait hätte unweigerlich seine Fortsetzung in einem Stellungskrieg an der irakisch-kuwaitischen Grenze gefunden, ohne daß die Koalition mangels eines UNO-Mandats eine Entscheidung durch eine in den Irak vorgetragene Offensive hätten suchen können. Der Sieg in der Niederlage wäre perfekt gewesen.
Die militärische »idee de maneuvre« wurde um die Komponente der psychologischen Kriegführung ergänzt. Ziel hierbei war, die Kohärenz der Koalitionsfront zu schwächen und durch eine horizontale Eskalation und Ausweitung der Auseinandersetzung den Preis für die Rückeroberung Kuwaits derart hoch zu treiben, daß der Krieg doch zu günstigen Konditionen für Irak beendet werden konnte. In diesem Zusammenhang sind die Raketenangriffe auf Israel, die Ausrufung des Heiligen Krieges, die Geiselpolitik und die Inbrandsetzung der Ölquellen zu sehen. Gerade vor dem Hintergrund der arabischen Ressentiments gegenüber der westlichen Moderne versuchte Hussein den Konflikt zu einem Kulturkampf zu stilisieren. Die psychologischen Auswirkungen waren denn auch beachtenswert. Islamische Fundamentalisten in allen arabischen Staaten wandten sich gegen ein Eingreifen »Ungläubiger« in den Konflikt, sympathisierten mit den panarabischen Parolen und akzeptierten Saddam Hussein als neue panarabische Leitfigur. Selbst in den westlichen Ländern wuchs die Kritik an einem militärischen Vorgehen. Trotz eines partiell erzielten psychologischen Achtungserfolgs Saddam Husseins ließen sich die politischen Führungen der Koalitionspartner nicht von dem Druck der Straße beeindrucken. Bedingt durch die schnell herbeigeführte militärische Entscheidung zahlte sich die psychologische Kriegführung für den Irak letztlich nicht mehr aus.
Eine Bilanz der militärstrategischen Doktrin des Irak zeigt, daß der teilweise erzielte Erfolg, den Konflikt in die Länge zu ziehen, durch die notwendige Kapitulation

infolge der totalen militärischen Niederlage nichtig geworden war. Dennoch ließ der Diktator in Bagdad auch ein Jahr nach dem Krieg nichts unversucht, das vermeintliche Stehvermögen in der »Mutter aller Schlachten« mit der Aura des Sieges zu umgeben.

Das Engagement der europäischen Mächte: Großbritannien und Frankreich

Anspruch auf einen Weltmachtstatus

Die schnelle Reaktion der USA auf den irakischen Einmarsch forderte die beiden europäischen Mächte Frankreich und Großbritannien ebenfalls zu einer eindeutigen Stellungnahme heraus[3]. Als ständige Mitglieder des UN-Sicherheitsrates konnten sich beide Staaten nicht damit zufriedengeben, das ordnungspolitische Monopol einzig den USA zu überlassen. Der Golfkonflikt war für beide die Nagelprobe des eigenen Anspruches, weltpolitische Verantwortung zu tragen. Beide Staaten konnten aber auch umso weniger Abseits stehen, als sie historisch gewachsene Beziehungen zu den Staaten des nahöstlichen Krisengürtels haben. Als Signatarmächte des Sykes-Picot-Abkommens von 1916, in dem sie seinerzeit ihre Interessensphären abgesteckt hatten, und das Grundlage späterer Grenzziehungen war, konnten weder Frankreich noch Großbritannien der Argumentation Saddam Husseins in Bezug auf irakische Ansprüche Sympathien abgewinnen, wollten sie sich nicht selbst noch nachträglich kolonialer Sünden bezichtigen.

Die britische Interessenlage

Die Briten haben sich bereits unmittelbar nach der Invasion mit den Amerikanern solidarisiert und auch in der Folgezeit die amerikanische Krisenpolitik nahezu vorbehaltlos übernommen. Sie hatten offenbar aber auch entscheidenden Anteil an der Formulierung der amerikanischen Haltung. Premierministerin Thatcher hielt sich zum Zeitpunkt der irakischen Invasion in den USA auf. In den Konsultationen mit Präsident Bush soll sie als prinzipientreue Hüterin des Völkerrechts zu einer harten und unnachgiebigen Haltung geraten und britischen Beistand zugesichert haben. Die kompromißlose Position der Briten selbst rührte nicht zuletzt daher, daß Kuwait eine Kreatur von Englands Gnaden ist. Erst 1961 entließ Großbritannien das Emirat in die Unabhängigkeit. Noch im selben Jahr war Großbritannien gezwungen, durch die Stationierung britischer Streitkräfte in Kuwait dessen Einverleibung durch den schon damals machthungrigen Irak zu verhindern.

Der enge anglo-amerikanische Schulterschluß hatte aber durchaus auch ganz aktuelle Hintergründe. Deutschland gewann durch die Vereinigung in den Augen Washingtons zunehmend an Bedeutung, was sich zwangsläufig zum Nachteil des wirtschaftlich stagnierenden Inselreiches auswirken mußte. Da die Deutschen aber — verfassungsrechtlich bedingt — unfähig waren, sich militärisch an der Krisenbewältigung zu beteiligen, kam die Gelegenheit zupaß, sich gegenüber den USA als der letztlich verläßlichere europäische Partner zu profilieren.

Durch das bedingungslose Einschwenken in das Kielwasser der USA konnten aber auch Signale in Richtung Kontinent gesandt werden. Dort wurde im Rahmen der Diskussion über die künftige NATO-Strategie auch die Frage nach einer europäischen Verteidigungsidentität aufgeworfen, der die Briten nur wenig abgewinnen konnten. Ihre Präferenz, nämlich ihr vitales Interesse an der transatlantischen Koppelung Europas an die USA, konnte so gegenüber den Kontinentaleuropäern deutlich gemacht werden.

Und schließlich durften sich die regierenden Konservativen durch einen erfolgreichen Feldzug gegen Saddam Hussein im Namen des Völkerrechts ähnlich wie im Falkland-Konflikt einen positiven Effekt bei den nächsten Wahlen erhoffen.

Die französische Krisenpolitik: Solidarität und Eigenständigkeit
Ähnlich wie Großbritannien sah sich auch Frankreich aufgrund seines Selbstverständnisses, zum Konzert der Großen zu gehören, im Zugzwang. Wie auch im Falle der Briten spielte dabei der relative Verlust an Macht und Einfluß infolge der Vereinigung Deutschlands eine mitentscheidende Rolle.

Anders als die Briten waren die Franzosen aber darauf bedacht, nicht zu bloßen Sekundanten der Amerikaner zu werden, sondern eine auch nach außen sichtbare, eigenständige Krisenpolitik und -diplomatie zu betreiben. Frankreichs Interesse galt dabei besonders der Fortsetzung einer in ihrer Substanz grundsätzlich pro-arabischen Außenpolitik, ohne jedoch dadurch die Beziehungen zu Israel über Gebühr strapazieren zu wollen. Dies wurde in den verschiedenen Vermittlungsinitiativen deutlich, die mit den USA wenig abgestimmt waren und in denen teilweise der Forderung Saddam Husseins nach einem Junktim zwischen der Lösung der Golfkrise und des israelisch-arabischen Konflikts Rechnung getragen wurde. In dem Bemühen, den pro-arabischen Grundtenor seiner Politik zu betonen und sich dadurch vielleicht gegenüber den arabischen Massen positiv von der starren britisch-amerikanischen Achse abzugrenzen, ist wohl der eigentliche Grund für das zwar sichtbare, aber begrenzte Engagement Frankreichs im Golfkrieg zu sehen.

Andererseits wollte Paris mit der Teilnahme an der Koalitionsstrategie den Anspruch sichtbar anmelden, bei Verhandlungen über eine etwaige Neuordnung des Raumes und der Implementierung einer nahöstlichen Friedensordnung ein gewichtiges Wort mitzureden. In dieser Hinsicht bewies man im Elysee-Palast nicht wenig Phantasie. Präsident Mitterands noch nach dem militärischen Sieg lancierter Vorschlag, im Kreise der Regierungschefs der ständigen Mitglieder des Sicherheitsrates auf UNO-Ebene über eine Friedensordnung im Nahen Osten zu verhandeln, zielte exakt darauf ab, die Bedingungen der regionalen Ordnung entscheidend mitzudiktieren. Da keine arabischen Länder im Sicherheitsrat vertreten sind, wäre Frankreich zwangsläufig die Funktion des Interessenvertreters der Araber zugefallen. Gleichberechtigt hätte es mit den USA an einem Tisch gesessen. Wie nicht anders zu erwarten, scheiterte der Vorschlag an dem Einspruch Washingtons.

Nahöstliche Akteure: Interessen und Berechnungen

Der Golfkrieg: Ein Abgesang auf die arabische Einheit
Mit der Besetzung Kuwaits hat der Irak vielleicht auch eine neue Zeitrechnung im Verhältnis zwischen Orient und Okzident eingeläutet. Mit der Annexion hat Saddam Hussein zunächst die arabische Einheit zweifelsohne als das entlarvt, was sie schon immer gewesen ist: ein Mythos. Nicht nur die Annexion selbst, sondern auch die anschließende Polarisierung der arabischen Welt in ein pro- und ein anti-irakisches Lager unterstreicht die Tatsache, daß trotz teilweise verbindender Elemente wie Sprache, Geschichte und Religion von einer einheitlichen arabischen Identität nicht die Rede sein kann. Zwar haben sich im Nahen Osten auch keine prägnanten nationalstaatlichen Identitäten ausgebildet, da noch immer die Zugehörigkeit zu Stämmen, Familien und Religionsgemeinschaften ein wesentliches Ordnungsprinzip der arabischen Welt ist, dennoch haben sich im Laufe der Zeit in den künstlichen Staatsgebilden durchaus divergierende Entwicklungen vollzogen, die sich heute auch in ganz spezifischen Interessen widerspiegeln. Die Golfkrise hat deutlich gemacht, daß Appelle an die arabische Einheit eben nur solange als politische Polemik tauglich sind, wie diese eigenstaatlichen Interessen nicht berührt werden[4].

Ägypten: Rehabilitation als arabische Führungsmacht
Das Camp-David-Abkommen von 1978 kostete die Ägypter seinerzeit eine führende Position in der arabischen Welt. Der Preis des Friedens mit Israel bestand für Kairo in einer langen, bis in die jüngste Vergangenheit währenden Isolation.
Nachdem man Anfang der 70er Jahre den Sowjets die Zusammenarbeit aufgekündigt hatte, zwang die aus dem Arrangement mit Israel resultierende Ächtung Kairos seitens des arabischen Umfeldes Ägypten mehr und mehr an die Seite des wirtschaftlich potenten Amerikas.
Wegen seines konsequenten Festhaltens an einer pro-westlichen Linie gelang es Ägypten aber auch nur schrittweise, die innerarabische Isolation zu durchbrechen. Einer der jüngsten Erfolge bei der Rückkehr in den Kreis arabischer Mächte war der Beitritt in den 1989 gegründeten Arabischen Kooperationsrat (AKR), in dem sich Ägypten mit seinen ehemals schärfsten Kritikern, dem Irak und Syrien, wiederfand. Da das wesentliche Anliegen der ägyptischen Politik der letzten Zeit der Lösung des Palästinenserproblems und einem Modus vivendi mit den Israelis galt, konnte es nicht überraschen, daß Kairo wegen seiner gemäßigten Haltung und seiner Kooperationsbereitschaft gegenüber Israel und dem Westen bei der Sitzung des AKR im Februar 1990 auf der Anklagebank saß, als Saddam Hussein in anti-amerikanischen Hetztiraden seiner Frustration über den wachsenden internationalen Druck und die wirtschaftliche Rezession im eigenen Land Luft machte.
Als sich im Verlauf der Kontroverse mit Kuwait die Forderungen Iraks zunehmend konkretisierten, war es Mubarak, der — halb freiwillig, halb gezwungen — in dem Disput vermittelte. Zweifelsohne lag seinem Engagement die Absicht zugrunde, durch einen Vermittlungserfolg das ägyptische Renommee regional wie international weiter aufzupolieren. Ägypten mußte aber allein schon deswegen an einer Beilegung

des Streits und an einer fairen Übereinkunft gelegen sein, weil zu befürchten stand, daß eigene Interessen berührt würden. In beiden Staaten hielten sich zahlenmäßig starke ägyptische Gastarbeiterkolonien auf: im Irak 1,5 Millionen, in Kuwait 150.000. Eine durch einseitige Parteinahme in dem Streit provozierte Ausweisung der Arbeitsimmigranten aus dem einen oder anderen Land hätte für Ägypten unliebsame wirtschaftliche und soziale Konsequenzen gehabt.

Trotz seiner intensiven Vermittlungsbemühungen vermochte aber auch Mubarak keine Übereinkunft zustande zu bringen. Ähnlich wie der Westen wurde auch er von dem irakischen Überfall überrascht und enttäuscht zugleich. Hatte der ägyptische Präsident doch Saddam Husseins Beteuerung, Irak werde Kuwait nicht angreifen, Glauben geschenkt und seine Einschätzung auch ins Weiße Haus übermittelt. Gegenüber Washington hatte man keine gute Figur gemacht. Verlorenes Vertrauen mußte zurückgewonnen werden.

Für Kairo kam es nach dem Einmarsch daher auf zwei Dinge besonders an. Ein erstes Interesse betraf das Verhältnis zum Westen, ein zweites die Restauration einer arabischen Führungsrolle.

Zunächst mußte ein Bruch der bisherigen pro-westlichen Außenpolitik und eine Trübung des Verhältnisses zur westlichen Führungsmacht unbedingt vermieden werden. Hochgradig von amerikanischen Wirtschaftshilfen abhängig, war mit drastischen sozialen und wirtschaftlichen Auswirkungen und Problemen der Krise zu rechnen, die sich nur mit westlicher Unterstützung würden meistern lassen. Einbußen bei den Gebühren für die Suezkanalpassage, im Tourismusgeschäft und, bedingt durch die Wirtschaftsblockade, aus dem Handel mit den beiden Kontrahenten waren schon früh spürbar. Kairo konnte es sich kaum leisten, die Vereinigten Staaten als Financier durch ein Abseitsstehen zu verprellen.

Neben dem wirtschaftlichen wurde durch die Unterstützung der anti-irakischen Allianz aber auch ein politisches Interesse verfolgt. Der Ausfall der Sowjetunion als handlungsfähige Supermacht ließ nämlich im Nahen Osten einen Trend erwarten, demzufolge sich die Staaten zu einer Annäherung an Washington gezwungen sahen. Die Konkurrenz um die Gunst der Amerikaner versprach künftig größer zu werden und man konnte leicht ins Hintertreffen geraten. Vor diesem Hintergrund betraf ein entscheidendes Motiv Kairos das Dreiecksverhältnis von den USA, Israel und Ägypten. Im Zuge der Beteiligung an der Koalitionsstreitmacht und der Übernahme einer Mittlerfunktion im arabischen Raum konnte Ägypten den Nachweis seiner im Vergleich zu Israel strategisch wertvolleren Lage erbringen. Die Aussicht, als verläßlicher Partner langfristig eine Brückenfunktion zwischen Europa und dem arabisch-nordafrikanisch-indischen Raum übernehmen zu können, versprach für die Nachkriegszeit einen Bedeutungszuwachs in den Augen der Industrienationen, der sich vielfältig auszahlen würde.

Diese Perspektive überwog im Kalkül der Ägypter nicht zuletzt auch die kurzfristigen negativen Konsequenzen, die durch den massenhaften Zustrom der Remigranten aus Irak in Kauf genommen werden mußten.

Das zweite wesentliche Interesse Kairos galt dem Versuch, die Krise als Vehikel zu benutzen, um endgültig wieder als arabische Führungsmacht akzeptiert zu werden.

Dieses Ziel konnte erreicht werden, wenn man eine Schrittmacherfunktion im Rahmen einer einheitlichen arabischen Reaktion übernahm. Allerdings barg ein mit dem Umfeld unabgestimmtes Vorpreschen das Risiko, erneut isoliert zu werden, falls andere arabische Staaten dem ägyptischen Beispiel nicht folgten. Einen Alleingang hätte sich Kairo nicht leisten können. Das kurze, aber doch erkennbare Zögern Ägyptens nach dem irakischen Einmarsch resultierte daher aus der Notwendigkeit, die Grundstimmung in den übrigen arabischen Staaten auszuloten. Als sich dann mehrheitlich doch eine Ablehnung des irakischen Vorgehens abzeichnete, ergriff Kairo umso energischer die Chance, die arabische Fraktion anzuführen.

Selbst das traditionell gespannte Verhältnis zu Saudi-Arabien, zu dessen Schutz man ja auch gezwungenermaßen durch eine militärische Beteiligung beitrug, wurde diesen skizzierten Zielen untergeordnet. Die noch immer wachen Erinnerungen an die Niederwerfung des saudisch-wahabitischen Aufstandes durch die ägyptische Armee 1818, die Feindschaft zwischen Nasser und König Saud und die Unterstützung der jeminitischen Putschisten durch ein ägyptisches Expeditionskorps 1962 hatten keinen entscheidenden Einfluß auf das ägyptische Engagement.

Syrien: Der Kurswechsel Assads

Das größte Erstaunen in der Golfkrise hat wohl die Bereitschaft Syriens zur Kooperation mit den Amerikanern hervorgerufen. Bei genauerem Hinsehen war indes der damit markierte Kurswechsel Syriens so unvorhersehbar nicht. Syriens Präsident Assad hat einmal mehr Scharfsinnigkeit und politisches Gespür dafür bewiesen, wann die eigene Politik wegen veränderter Lagen adaptiert werden muß und wie sich daraus Kapital schlagen läßt.

Syrien befand sich im Golfkonflikt in einer besonderen Situation. Für beide Hauptgegner, Irak und die USA, hegte man in Damaskus tiefe Abneigung. Die Aversionen gegenüber Irak gründen wesentlich in der Rivalität der beiden miteinander konkurrierenden Flügel der Baath-Ideologie und der persönlichen Feindschaft zwischen Assad und Saddam Hussein. Die schlechten Beziehungen zum Westen resultierten sowohl aus dem sozialistischen, moskau-freundlichen Flair syrischer Politik, als auch aus der Verstrickung Syriens in den internationalen Terrorismus. Unterstützt durch Moskau konnte sich Assad stets aus einer Position relativer militärischer Stärke im arabischen Lager als der kompromißlose Hardliner gegenüber Israel und der westlichen Führungsmacht profilieren.

Aufgrund seiner geostrategischen Lage und seines militärischen Potentials mußte Syrien im Golfkonflikt für beide Seiten ein umworbenes Objekt werden. Insbesondere aufgrund seiner guten Beziehungen zu den Persern konnte sich Assad als unverzichtbares Bindeglied zwischen dem amerika-feindlichen Iran und der Koalition empfehlen.

Die syrische Beteiligung an der Koalition war daher nichts anderes als das Resultat einer nüchternen politischen Lagebeurteilung. Der wirtschaftliche Niedergang der Sowjetunion wirkte sich für den Kostgänger Syrien in dreifacher Hinsicht aus:

Erstens ging infolge der Perestrojka-Politik Gorbatschows der gemeinsame ideologische Nenner mit der östlichen Führungsmacht zusehends verloren.
Zweitens ließ sich der mit der militärischen Rückendeckung Moskaus erhobene Anspruch auf eine militärische Parität mit Israel nicht mehr aufrechterhalten.
Und drittens schließlich flossen wegen der Flaute in den sowjetischen Kassen die Finanzströme aus Moskau immer spärlicher.
Vor diesem Hintergrund bestand für Assad kein Zweifel an der Notwendigkeit einer politischen Umorientierung und einer neuen syrischen Außenpolitik. Durch die Kooperation in der Golfkrise ließ sich die Gunst der Stunde zu einer Neubestimmung nutzen. Ein erstes dadurch erreichtes Ziel war die Wiedererlangung der Politikfähigkeit Syriens im internationalen Kontext. Gerade die Verbindungen Syriens zum internationalen Terrorismus und die eklatanten Menschenrechtsverletzungen hatten Assad auf internationalem Parkett zu einer Persona non grata werden und Syrien ins politische Abseits geraten lassen.
Begrenzender Faktor dieser angestrebten Öffnung nach Westen wird vermutlich aber die mangelnde Bereitschaft Assads, seine Macht zu teilen, und die daraus resultierende Beibehaltung eines nach innen äußerst repressiven Machtgefüges sein.
Die Teilhabe an dem absehbaren Sieg über den Irak versprach für Assad aber auch eine Schwächung der irakischen Variante der Baath-Ideologie bei gleichzeitiger Stärkung der eigenen Position.
Und schließlich hat sich Damaskus vermutlich seine Kooperationsbereitschaft mit wirtschaftlichen Unterstützungsleistungen und Handelsvergünstigungen teuer bezahlen lassen. Die politischen Konzessionen, zu denen sich die USA bereiterklären mußten, wurden noch vor Ausbruch der Kampfhandlungen deutlich. Der Libanon wurde den Syrern als politische Einflußzone zugesprochen.

Saudi-Arabien: Angst vor irakischer Dominanz
Nachdem der Irak durch den Krieg gegen den arabischen Erzrivalen Iran seinerzeit sein Ziel eines Machtmonopols am Golf nicht hatte erreichen können, befürchteten die konservativen Golfstaaten, daß sich die hegemonialen Ambitionen Saddam Husseins in den innerarabischen Raum kehren würden. Zwar versuchte man, mittels einer Containmentpolitik, den Zustand der relativen Schwäche Iraks nach Kriegsende zu zementieren, doch es hätte nicht einmal des irakischen Einmarsches in Kuwait bedurft, um die Zwecklosigkeit dieses Unterfangens deutlich zu machen.
Wegen historischer Ansprüche und ungelöster territorialer Fragen zwischen Irak und dem kleinen Emirat war Kuwait für die übrigen Golfstaaten stets ein Gradmesser für die Gefährlichkeit irakischer Gewaltpolitik gewesen. Die Usurpation mußte daher gerade das saudische Königshaus in der Auffassung bestärken, daß ihr Land das nächste Opfer »panarabischer Gelüste« Bagdads werden würde. Saudi-Arabien war nicht nur wegen seines feudalistischen Systems gegenüber dem im Irak herrschenden Baath, sondern inzwischen auch durch seine nahe dem besetzten Kuwait gelegenen Ölfelder exponiert.
Selbst militärisch zu schwach, um dem Irak Paroli bieten zu können, blieb den Saudis keine andere Wahl, als dem ultimativen Drängen Washingtons nachzugeben und über

seinen eigenen Schatten zu springen. Der Kurs, »Ungläubige« zum Schutz des eigenen Territoriums um Hilfe zu bitten, war nicht ungefährlich. Mit Argusaugen verfolgte die islamische Welt die Aktionen der »Hüter der Heiligen Stätten«. Die sich in harschen Protesten artikulierende Kritik zwang Riad dazu, am 13. August 1990 sogar den Obersten Rat islamischer Gelehrter in Saudi-Arabien einberufen, um den Hilferuf an raumfremde Mächte auch religiös als rechtens zu legitimieren.

Das formelle Hilfeersuchen richtete sich dabei sowohl an die USA, als auch an Großbritannien, um den multinationalen Charakter des Krisenmanagements zu unterstreichen und nicht eines nur bilateralen Paktes mit den USA verdächtigt zu werden. Den arabisch-saudischen Sensitäten trug man auf Seite der Koalition dadurch Rechnung, daß man dem saudischen General Ibn Khalid Sultan eine herausragende Stellung in der Kommandostruktur zubilligte und sich darum bemühte, die Saudis nicht durch Zurschaustellung christlicher und mondäner Symbole zu provozieren. Im Gegenzug wurden die kampfkräftigen Teile der saudischen Streitkräfte dem gemeinsamen Oberkommando unterstellt.

Politisches und militärstrategisches Ziel der Saudis mußte es in dem Feldzug gegen Saddam Hussein sein, durch Zerschlagung des irakischen Militärpotentials den Irak langfristig derart zu schwächen, daß eine erneute Bedrohung ausgeschaltet war. Davon abgesehen hatte Riad ein besonderes Interesse daran, daß die territoriale Integrität des Emirats wiederhergestellt wurde, da Kuwait auch in gewisser Weise eine Art Puffer zwischen Irak und Saudi-Arabien darstellte.

Für die Saudis war der Zeitdruck dabei eine maßgebliche Rahmenbedingung. Aus ihrer Sicht mußte eine militärische Offensive spätestens dann erfolgreich abgeschlossen sein, wenn die jährlichen Pilgerfahrten nach Mekka und Medina einsetzten. Je mehr Zeit bis zum Angriff verstrich und je länger sich Ungläubige auf dem heiligen Boden des Islam befanden, desto stärker war man den Angriffen der Fundamentalisten ausgesetzt. Einen Eklat wie im Zusammenhang mit der Besetzung der großen Moschee am 20. November 1979 durch islamische Fundamentalisten konnte man sich kein zweites Mal erlauben.

Schließlich darf nicht übersehen werden, daß die Wiederherstellung des Status quo ante für die Saudis allein die Gewähr bot, auch weiterhin die dominierende Rolle in der OPEC (Organisation of Petrolexporting Countries) zu spielen, die man andernfalls an Irak wohl hätte abtreten müssen. Der Irak war gegen Kuwait ja auch mit dem Argument angetreten, die aus dem Ölgeschäft erzielten Renditen gerechter verteilen zu wollen. Als Staat, der sich zwar verbal stets auf Distanz zum Westen hielt, gleichzeitig aber als Rentierstaat seinen Luxus aus seinen Kapitalanlagen im Westen und aus der Zusammenarbeit mit den Industriestaaten bezog, wäre Saudi-Arabien unvermeidlich zu einem Angriffsobjekt Husseins geworden.

Iran: Der lachende Dritte

Die Rolle des Iran in der Golfkrise war die eines lachenden Dritten. Zwangsläufig wurde er wegen seiner machtpolitischen Stellung in Verbindung mit seiner geostrategischen Lage zu einem vielumworbenen Objekt in der Region. Die Frage, wie sich die Mullahs verhalten würden, mußte das Agieren beider Konfliktparteien entscheidend beeinflussen. Die Herausforderung für Teheran bestand daher darin, durch geschicktes Taktieren sich das Werben beider Konfliktparteien zunutze zu machen. Wenn es gelang, sich weitgehend aus den Turbulenzen der Krise herauszuhalten, mußte eine zu erwartende Niederlage Iraks unweigerlich zur Stärkung der eigenen Machtposition am Golf führen.

Obwohl man in Teheran den Vorwürfen Saddam Husseins bezüglich einer den Irak schädigenden Ölpolitik der Golfstaaten im Eigeninteresse beipflichtete, konnte der Iran kaum mit der Besetzung Kuwaits einverstanden sein. Die Einverleibung des Emirats hätte den Irak zur dominierenden Macht am Golf gemacht, was Teheran keinesfalls hinzunehmen bereit war. Vor diesem Hintergrund entsprach die Verurteilung der irakischen Aktion außerdem dem pragmatischen Kurs von Staatspräsident Rafsandjani, der außenpolitisch v.a. darauf zielte, die internationale Isolation endlich zu durchbrechen und sich auch dem Westen wieder anzunähern. Die Abkehr vom Radikalismus zeigte sich im Januar 1990 in dem Arrangement mit der Sowjetunion zur Beilegung der auch religiös bedingten Unruhen im Grenzgebiet von Aserbaidschan und wurde fortgesetzt in der bekundeten Bereitschaft, sich für die Freilassung westlicher Geiseln im Libanon verwenden zu wollen. Der im Frühsommer gestartete Versuch zur Wiederaufnahme der Beziehungen zu Washington scheiterte aber an dem noch immer entschiedenen Widerstand der religiösen Fanatiker, die auch in der Golfkrise ein Zusammengehen mit dem Irak gegen die USA als ein geringeres Übel ansahen als einen politischen Schulterschluß mit den USA. Die Gunst der Stunde der Golfkrise ließ sich für den realpolitischen Ansatz Rafsandjanis allerdings jetzt gut nutzen: nicht der Iran brauchte die Konfliktparteien, sondern diese brauchten ihn. So kam es Teheran zunächst sehr gelegen, daß sich der einst vom Westen hofierte Dämon in Bagdad selbst als der wahre Unruhestifter der Region brandmarkte.

Aus innenpolitischen Gründen kam eine direkte Beteiligung des Iran an der Seite der USA verständlicherweise nicht in Frage. Durch die »Neutralität« aber, von der auch der Erfolg der Koalition entscheidend abhing, hielt man sich alle Optionen offen, nach Kriegsende bei der Neuordnung des Raumes mitzureden. Das Kurdenproblem, das man mit der Türkei und dem Irak teilte, sowie die schiitische Klientel und deren heiligen Stätten im Irak begründeten zweifelsohne Ansprüche Teherans auf eine Beteiligung bei späteren Friedensverhandlungen. Vielleicht hoffte man in Teheran insgeheim sogar auf einen Sturz der sunnitischen Führungsclique im Irak und spekulierte mit dem Gedanken der Inthronisierung einer pro-iranischen, schiitischen Regierung oder der Bildung einer autonomen schiitischen Teilrepublik im Süden des Irak. Aktiv wurde die Erosion des irakischen Staatsgebildes und der Sturz Saddam Husseins, der ja im ersten Golfkrieg noch ein erklärtes Kriegsziel Khomeneis war, allerdings nicht betrieben. Die Risiken eines Auseinanderbrechens des Irak waren unkalkulierbar und zu leicht hätte man sich erneut gegenüber dem Westen diskreditiert.

Die Kooperation mit den Koalitionspartnern durch Nichtstun wirkte sich aber auch wirtschaftlich durchaus positiv aus. In den letzten fünf Monaten des Jahres konnten fünf Milliarden US-Dollar Mehreinnahmen aus dem Ölexport wegen des Embargos gegen Irak erzielt werden.

In Bezug auf den Irak befand man sich in einer wohl noch günstigeren Position. Wie in Bagdad erkannte man im Zuge der weltweiten Entrüstung über das irakische Vorgehen auch in Teheran, daß Saddam Hussein die Krise überhaupt nur würde abwettern können, wenn er sich der Nichteinmischung des östlichen Nachbarn sicher sein konnte. Der Preis dafür wurde in Teheran bestimmt. Saddam Husseins Angebot, die seit dem Krieg ungelösten zwischenstaatlichen Differenzen ganz im Sinne des Iran zu lösen, ließ bekanntlich nicht lange auf sich warten. Am 15. August 1990 wurde bereits eine Übereinkunft zwischen den beiden Ländern erzielt, durch die der Iran u.a. wieder in den Besitz der im Golfkrieg an den Irak verlorenen Gebiete kam. Zusammenfassend ist in Bezug auf den Iran festzustellen, daß es Teheran durch seine geschickte Politik des Stillhaltens, auf das beide Konfliktparteien in gleichem Maße angewiesen waren, gelang, den größtmöglichen wirtschaftlichen und politischen Profit aus der Auseinandersetzung zu ziehen.

Türkei: Macht zwischen Orient und Okzident
Als Macht zwischen Okzident und Orient umfaßte die türkische Politik zugleich eine europäische und eine nahöstliche Dimension. Der Grundzug türkischer Politik, in beiden Regionen den eigenen Einfluß zu wahren und den dualen Status zu erhalten, war auch in der Golfkrise bestimmend für das türkische Verhalten.
Zunächst war das Ziel Ankaras, sich durch die Verurteilung Iraks, die strikte Einhaltung der verhängten Sanktionen und die Bereitstellung von Leistungen im Rahmen der Krisenstrategie der Koalition gegenüber den westlichen Industrienationen als politisch verläßlicher Partner zu profilieren. Durch die umfassende Unterstützung Amerikas konnte man das Interesse an einer weiteren Annäherung an die westliche Führungsmacht unterstreichen und sich eines Anspruchs auf deren Dankbarkeit versichern. Die Golfkrise bot Ankara darüber hinaus die einmalige Chance, gegenüber dem hochindustrialisierten Westen den künftigen strategischen Stellenwert des Landes ins Bewußtsein zu rufen. Das Ende des Ost-West-Konfliktes ließ Ankara befürchten, daß die kapitalkräftigen NATO-Partner in der Hoffnung auf eine Friedensdividende Abstriche bei wirtschaftlichen, finanziellen und militärischen Zuwendungen machen würden. Wie gerufen illustrierte die Golfkrise nun die künftigen Konfliktmuster und Herausforderungen, denen sich die westlichen Industrienationen gegenüber sehen. Die Krise rief ihnen in Erinnerung, wie wichtig gerade die Türkei an der Schnittstelle zu dem nahöstlichen Krisengürtel und zu den Ölquellen ist. Ankara kam es in der Krise darauf an zu verdeutlichen, daß sowohl seine Lage von unschätzbarem geostrategischen Wert ist, wie auch die Türkei wegen kultureller, geschichtlicher und religiöser Gemeinsamkeiten zur Wahrnehmung einer Brückenfunktion zu dem kleinasiatischen Raum prädestiniert ist.
Obwohl aus der anti-irakischen Haltung der Türkei keine wirklich ernstzunehmende Bedrohung der staatlichen Integrität der Türkei resultierte — einen Zweifrontenkrieg konnte sich Saddam Hussein keineswegs leisten — diente dieses Argument Ankara trotzdem dazu, mit dem Ersuchen um militärischen Schutz bei der NATO die Solidarität des westlichen Verteidigungsbündnisses auch zu testen und die NATO die Wichtigkeit der geostrategischen Lage spüren zu lassen.

Durch die Truppenkonzentration von ca. 100.000 Soldaten an der türkisch-irakischen Grenze und den zusätzlich in der Türkei stationierten NATO-Kräften leistete die Türkei allerdings auch einen wichtigen militärischen Beitrag im Rahmen der Krisenstrategie der Koalition. Immerhin wurden dadurch irakische Kräfte im Norden gebunden, die dann später in das Kampfgeschehen nicht mehr eingreifen konnten. Die Truppenkonzentration darf aber nicht ausschließlich nur als Beitrag zur Kriegführung der Koalition gewertet werden. Mit den im Südosten zusammengezogenen Streitkräften wurde seitens Ankara ein Instrument bereitgehalten, mit dem man im Falle des Auseinanderbrechens des irakischen Staatsgebildes bei einer militärischen Niederlage in der Lage gewesen wäre, schnell ein entstehendes Machtvakuum zu füllen. Der Reiz des ölreichen Gebietes um Mossul wäre gewiß zu groß gewesen, als daß sich Ankara mit der bloßen Abwehr von Kurdenaufständen zufriedengegeben und darauf verzichtet hätte, die eigene Einflußsphäre über das gesamte nordirakische Kurdengebiet auszudehnen. Die Auffassung und Erwartung, daß sich eine Erosion des Irak zu eigenen Gunsten würde auswirken müssen, teilte man übrigens mit Teheran, das den schiitischen Süden anvisierte.

Jordanien: Gratwanderung zwischen den Konfliktparteien
Im Rahmen der weitgehenden Unterstützung der anti-irakischen Koalition seitens arabischer Staaten machte Jordanien eine Ausnahme. Die Politik des Haschemitenkönig in der Golfkrise war gewiß ambivalent, dennoch aber nicht unberechenbar. Obwohl die Annexion Kuwaits auch von Jordanien nicht anerkannt wurde, machte König Hussein keinen Hehl aus seinen partiellen Sympathien für die Position Saddam Husseins. In dem strukturschwachen Land mußte Saddam Husseins Versprechen, die Ölrenditen gerechter verteilen zu wollen, Resonanz finden. Und obwohl Jordanien nominal die durch die UNO verhängten Sanktionen mittrug, ließ man nichts unversucht, das Handelsembargo zu umgehen. Teilweise verständlich wird diese politische Gratwanderung aber dann, wenn man sich vergegenwärtigt, daß für König Hussein in der Golfkrise nichts geringeres auf dem Spiel stand als das Überleben der jordanischen Monarchie und die Existenz des Staates selbst.
Ein erster Bestimmungsfaktor der jordanischen Krisenpolitik war die Tatsache, daß knapp 60 Prozent der jordanischen Bevölkerung palästinensischer Abstammung sind. In seiner Forderung, die Kuwait-Krise nur im Kontext der Lösung auch des israelisch-palästinensischen Konflikts regeln zu wollen, hatte Saddam Hussein sich schon sehr frühzeitig zum Advokaten palästinensischer Anliegen gemacht. Zwar vermochte er durch entsprechende Parolen kaum, eine Initialzündung herbeizuführen und die arabischen Massen in ihrer Gesamtheit zu mobilisieren, zumindest aber die Palästinenser einschließlich der PLO (Palestinion Liberation Organisation) schlugen sich in einer für sie allerdings fatal auswirkenden Weise auf seine Seite. Jordaniens Kurs war dadurch aber vorgezeichnet.
Mit der Unwucht in der Bevölkerungsstruktur verbindet sich für die Haschemiten-Dynastie das kaum geringere Problem, daß Jordanien ein im Hinblick auf die Infizierung durch den islamischen Fundamentalismus sehr anfälliges Land ist und sich ein

islamisch-palästinensisches Aktionsbündnis immer stärker artikuliert. Wie die Aufnahme von Ministern aus dem Block der Muslimbrüder Ende 1990 in die Regierung dokumentiert, ist die islamische Bewegung politisch auf dem Vormarsch. Ein offen eingegangenes Bündnis mit den USA als der die Koalition dominierenden Macht wäre für König Hussein gleichbedeutend mit dem eigenen Todesurteil gewesen. Die Bevölkerungsstruktur und der islamisch-fundamentalistische Trend waren eine gefährliche Mixtur und geboten daher dem Haschemitenkönig in der Golfkrise eine angemessene Zurückhaltung.

Ein zweiter Grund für das jordanische Verhalten resultiert aus den Besonderheiten des irakisch-jordanischen Verhältnisses. Als strukturschwaches Land ohne nennenswerte natürliche Bodenschätze war Jordanien nicht nur auf arabische Finanzhilfe, sondern auch in hohem Maße auf Einkünfte angewiesen, die zumindest mittelbar mit dem Irak zu tun hatten.

Jordanien bezog 90 Prozent seines Öls aus dem Irak, der Irak war sein wichtigster Außenhandelspartner und schließlich waren die durch jordanische Gastarbeiter erwirtschafteten Devisen und Einkünfte unverzichtbare Posten im jordanischen Haushalt. Die finanziellen Einbußen, die man infolge des Handelsembargos auf der Hauptverkehrsachse vom Hafen Akaba zum Irak erlitt, waren gravierend.

Neben den wirtschaftlichen Aspekten war aber auch ein militärischer relevant. In Verbindung mit einer unversöhnlichen Haltung gegenüber Israel bei gleichzeitig beanspruchter arabischer Führerschaft galt der hochgradig aufgerüstete Irak den Jordaniern als ein willkommenes Gegenstück zu Israel, dessen militärischer Stärke man sich wehrlos ausgesetzt sah. Sich in die anti-irakische Front einzureihen, hätte für Jordanien langfristig den Verzicht auf diesen irakischen Schutzschirm bedeutet.

Schließlich dürfte aber auch das durch die Geschichte belastete Verhältnis zwischen haschemitischem und saudischem Königshaus dazu beigetragen haben, daß es zu keiner Annäherung Jordaniens an die saudisch-ägyptische Achse kam. Die Tatsache, daß der Großvater des jordanischen Königs als Sherif von Mekka und König des Hedschahs 1924 von den Saudis gestürzt und vertrieben worden ist, stellt noch heute eine das Verhältnis beider Staaten zueinander belastende Hypothek dar. Die Notwendigkeit, gerade auch bei den Saudis als den Thronräubern der Haschemiten ständig um Finanzspritzen und Wirtschaftshilfen für sein Land ersuchen zu müssen, ist von König Hussein nur zu oft als demütigend empfunden worden. Die Brisanz dieser in der Gegenwart wirksamen Vergangenheit wurde sichtbar, als König Hussein in einer Ansprache vor dem jordanischen Parlament im August 1990 seinen Anspruch auf den Titel seines Großvaters erneuerte. In dieser unmißverständlichen Provokation des saudischen Königshauses spiegelten sich allerdings nicht nur ausschließlich persönliche Aversionen, sondern bereits historisch begründbare Ansprüche wider, die es für den Fall einer etwaigen Neuordnung des Raumes nach Kriegsende frühzeitig anzumelden galt.

Israel: Die Golfkrise als Triumpf der Falken
Die Golfkrise war der politischen Führung in Tel Aviv weder unwillkommen, noch traf sie die Israelis unvorbereitet. Bereits im April 1990 hatte Saddam Hussein die anti-israelische Polemik forciert. Er schien damals befürchtet zu haben, Israel könnte sich durch die gerade erst aufgeflogenen nuklearen Rüstungsambitionen wie schon 1981 zu einem Präventivschlag veranlaßt sehen. Für einen solchen Fall hatte Saddam Hussein mit der Zerstörung halb Israels gedroht. Allerdings waren die anti-israelischen Kampagnen auch Mittel, sich im arabischen Lager, in dem Hussein zunehmend an Boden und Einfluß verlor, als Vorkämpfer arabischer Interessen zu profilieren. Wegen der Palästinenserfrage befand sich Israel zum Zeitpunkt der Krise sowohl innen- wie außenpolitisch in einer schwierigen Lage. Innenpolitisch war im März 1990 die Große Koalition von 1988 wegen Meinungsverschiedenheiten über das Palästinenserproblem zerbrochen: während die Labour-Party mit den Palästinensern auf der Grundlage des Baker-Planes verhandeln wollte, lehnte Ministerpräsident Shamir dies schlicht ab. Gleichzeitig sah man sich auch außenpolitisch wachsendem Druck ausgesetzt: über die Ablehnung des Baker-Planes hinausgehend hatte Shamir seinen Willen bekundet, sowjetische Auswanderer weiterhin in den besetzten Gebieten anzusiedeln. Die Erklärung war im Grunde genommen ein Affront für Washington.

Vor diesem Hintergrund mußte die Golfkrise den Falken in Tel Aviv denn auch ganz gelegen kommen, sahen sie doch ihre Positionen alle bestätigt. Der innerarabische Zwist und der Überfall Kuwaits bot der Regierung ein treffliches Argument, um darauf hinzuweisen, welchen Gefahren und Bedrohungen Israel ausgesetzt ist, und daß die Preisgabe der besetzten Gebiete allein aus Sicherheitsgründen nicht in Frage kam. Die Palästinenser spielten durch ihr Verhalten dabei den Radikalen wider Willen in die Hände. Zwar waren die Sympathiebekundungen für Saddam Hussein, der sich zum Anwalt der Palästinenser gemacht hatte, wegen der mangelnden Fortschritte in den israelisch-palästinensischen Friedensbemühungen in gewisser Weise verständlich, durch das mit einem erklärten Feind Israels eingegangene Bündnis büßten sie aber erheblich an Glaubwürdigkeit ein. Für manchen Falken war es daher ein leichtes, die Palästinenser des falschen Spiels zu bezichtigen.

Für Israel mußte es in der Krise primär darum gehen, eine Einbeziehung in den Disput um jeden Preis zu verhindern und damit der Gefahr einer horizontalen Eskalation vorzubeugen, deren Folgen nicht absehbar waren. Es dürfte kaum einer Regierung klarer als der in Tel Aviv gewesen sein, daß sich die Golfkrise erfolgreich nur würde lösen lassen, wenn sich ein Junktim mit dem israelisch-arabischen Konflikt verhindern ließ. Den Beitrag, den Israel dazu überhaupt nur leisten konnte, war, sich auf einen Zustand erhöhter Wachsamkeit zu beschränken, ohne sich selbst aktiv zu engagieren. Ein Knessetabgeordneter drückte dies so aus: »Die beste Hilfe, die wir den Amerikanern anbieten können ist, ihnen gar nicht zu helfen«[5]. Es wurde allerdings auch kein Hehl daraus gemacht, daß im Falle irakischer Angriffe die eigene Toleranz und Selbstbeschränkung ihre Grenzen haben würde und man ggf. auch zu einem massiven Vergeltungsschlag bereit war. Wie hoch diese Schwelle aber war, konnte man daran ablesen, daß auf Wunsch der USA sogar die irakischen Raketenangriffe unbeantwortet blieben und man sich auf die Schutzzusicherungen Washingtons verließ.

Zweifelsohne knüpften sich an dieses Entgegenkommen hohe Erwartungen an Washington. Erstens wies Teil Aviv kontinuierlich auf die Notwendigkeit einer Entwaffnung des Irak als Voraussetzung eines stabileren Friedens in Nahost hin. Aus israelischer Sicht war die Fragmentierung des Irak sicherlich wünschenswert, hätten die daraus resultierenden Probleme doch von dem Brennpunkt des israelisch-palästinensischen Konfliktes auf absehbare Zeit abgelenkt.

Zweitens ließen sich durch die demonstrative Opferbereitschaft Sympathien gerade im westlichen Lager zurückgewinnen, die man wegen der starren Haltung in der Palästinenserfrage in letzter Zeit verloren hatte. Das Verständnis für die als berechtigt empfundenen Sicherheitsinteressen des kleinen Staates als den maßgeblichen Hindernissen eines Arrangements mit den Palästinensern wurde geweckt.

Schlußbetrachtung

Zweifelsohne war der eklatante Völkerrechtsverstoß Saddam Husseins das die antiirakische Koalition einende Band. Die Tour d'horizon durch die Interessenlagen unterschiedlicher Akteure sollte allerdings auch deutlich gemacht haben, daß abgesehen von dem konsensualen Ziel, Kuwaits Souveränität und Integrität wiederherzustellen, eine Reihe spezifischer Motive die Richtschnur des Handelns für einzelne Beteiligte war. Die in der Geschichte einmalige Konfrontation von Weltgemeinschaft und weitgehend isolierter Regionalmacht mochte ihr Zustandekommen denn auch tatsächlich in erster Linie dem Zufall verdanken; allerdings wird die Krise allemal ein Präzedenzfall bleiben, an den sich Hoffnungen knüpfen, daß Anarchie im internationalen System endgültig der Vergangenheit angehört.

Anmerkungen

1 vgl. hierzu Inacker, M.J.: Unter Ausschluß der Öffentlichkeit?, Bowier Verlag, Bonn 1991.
2 vgl. hierzu Gold, D.: The Superpowers in the Middle East, in: Levran, A.(Hrsg.), The Middle East Military Balance 1987–1988, Jerusalem 1988.
3 vgl. zu den Interessenlagen Frankreichs und Großbritanniens die entsprechenden Beiträge von N. Ropers und P. Schlotter, in: Kubbig, B.W.(Hrsg.), Krieg und Frieden am Golf, Fischer Verlag, Frankfurt am Main 1991.
4 Zu den arabischen Interessen in der Krise vgl. Tibi, B.: die irakische Kuwait-Invasion und die Golfkrise, in: Beiträge zur Konfliktforschung 4/1990, Markus-Verlagsgesellschaft, Köln 1990. vgl. aber auch die Beiträge im Nahost-Jahrbuch 1990, Deutsches Orient Institut (Hrsg.), Leske & Budrich Verlag, Opladen 1991.
5 zit. nach A.S.: Eine Art Schadenfreude, in: Nirumand, B. (Hrsg.), Sturm im Golf, Rowohlt Verlag, Reinbek 1990, S. 153.

Rainer Brinkmann

4. Die Golfkrise
Beispiel für Krisenmanagement?

Einleitung

Der Angriff der Koalitionsstreitkräfte gegen den Irak in der Nacht vom 16./17. Januar 1991 markiert nicht nur den Beginn eines militärischen Infernos, vielmehr steht dieses Datum auch als Synonym für das Scheitern von Politik schlechthin. Die Tatsache, daß trotz intensiver Suche nach einem Ausweg und wider den erklärten Willen der beteiligten Akteure ein latenter Konflikt kontinuierlich zu einer Krise kondensierte und schließlich in einer bewaffneten Auseinandersetzung mündete, unterstreicht die Notwendigkeit einer Krisenforschung im allgemeinen und der Analyse der Golfkrise im besonderen. Diese Arbeit widmet sich der Analyse und kritischen Reflexion der Ziele und des Verhaltens der maßgeblichen Akteure in der Golfkrise. Es soll versucht werden, die Gründe und Motive für das Handeln der politischen Entscheidungsträger nachzuvollziehen, um die Ursachen für das Scheitern des Krisenmanagements aufzudecken.

Das Dilemma der Krisentheorie

Unter dem Begriff Krise werden gemeinhin alle Phänomene subsumiert, die sich durch »situative Unsicherheit« und eine »Potentionalität von Bedrohung« charakterisieren[1]. Aus diesem Tatbestand erklärt sich, warum es eine »Algebra des Handelns«[2], die den Erfolg eines Krisenmanagements garantieren könnte, für die Krise nicht gibt und wohl auch nicht geben kann. Voraussetzung einer solchen verbindlichen Verhaltensnorm wären Gesetzmäßigkeiten des Verhaltens und der Krisenabläufe, die aber durch den Krisenbegriff per definitionem ausgeschlossen sind. Krise wäre nicht Krise, wenn sie der Berechenbarkeit und Prognostizierbarkeit obläge. Das ureigenste Element, was Krise erst zur Krise macht, fehlte: die Ungewißheit über den Ausgang.

Krise ist deswegen aber nicht notwendigerweise Schicksal. Die Krisenforschung hat eine Fülle von Erkenntnissen über funktionale Zusammenhänge und Bestimmungsfaktoren gewonnen, die Wahrnehmung, Entscheidungsfindung und Verhalten in Krisensituationen beeinflussen. Die daraus abgeleiteten Postulate können in der komplexen Situation aber nicht mehr als Anhalt und Hilfe für den politischen Verantwortungsträger sein, Entscheidungsfindung und Verhalten zu optimieren; denn »jede Situation, die das Kräftespiel der Mächte schafft, bleibt ein einmaliges, originäres und daher nicht wiederkehrendes Ereignis, das von denen, die betroffen sind, ein ebenso einmaliges, originäres und nicht wiederholbares Agieren und Reagieren verlangt«[3]. Es wird daher auch bei der Analyse der Interaktionsabläufe der Golfkrise besonders darauf ankommen, die wechselseitigen Abhängigkeiten, Zwänge und Zielkonflikte zu verdeutlichen, die die Anwendung idealtypischer Regeln so schwierig machen.

Fragen nach Versäumnissen im Rahmen der Krisenprophylaxe werden nicht Gegenstand der Betrachtungen sein. Gleichwohl ist ein Blick in die Vergangenheit und Vorgeschichte der Krise unerläßlich, weil ohne Kenntnis der gewachsenen Strukturen und Interdependenzen das Handeln der Konfliktparteien kaum verständlich ist. Diese strukturellen und systembedingten Einflußfaktoren sollen im ersten Kapitel skizziert werden.

Die Arbeit wird sich dann auf die Identifizierung der Zeitpunkte konzentrieren, zu denen die Krise den Charakter eines Wettkampfs der Risikobereitschaft angenommen hat, um diese Situationen auf Eskalationsaspekte zu untersuchen. Diese Momente herauszufiltern, erfordert eine chronologische Vorgehensweise, durch die sich die Genese der Eskalation erst erschließt.

Abschließend sollen generalisierbare von spezifischen Elementen dieser Krise unterschieden und Problemfelder des Krisenmanagements unter systematischen Gesichtspunkten untersucht werden.

Golfkrise und Krisenbegriff

Ausgehend von der klassischen Definition der außenpolitischen Krise weist die Golfkrise eine Besonderheit auf. Angesiedelt im Kontinuum zwischen Frieden und Krieg bezeichnet man mit Krise gemeinhin den »…Spannungszustand im Verhältnis von zwei oder mehr Staaten zueinander, der die akute Gefahr der bewaffneten Austragung des der Spannung zugrundeliegenden Interessengegensatzes in sich trägt«[4]. Verknüpft man diese Definition mit dem Vorschlag Schmückles, daß die Krise mit dem Ausbruch von Feindseligkeiten beendet ist, so handelt es sich bei der Golfkrise im eigentlichen Sinn der Definition nicht um eine, sondern um zwei aufeinanderfolgende Krisen. Die Krise hat nicht erst mit der Okkupation Kuwaits am 02. August 1990 begonnen. Der bewaffnete Einmarsch in Kuwait beendete bereits eine vorausgegangene Regionalkrise, die allerdings durch den eklatanten Völkerrechtsverstoß eine definierte Schnittstelle zur Internationalität besaß. Mit der Annexion wurde eine Krise internationalen Zuschnitts initiiert, die dem Charakter nach ein Abfallprodukt der ersten, eine »Spin-Off-Krise« war.

Das Krisenmanagement, verstanden als alle »Maßnahmen, die in einer Krisensituation darauf abzielen, die Eskalation zum Kriege ohne Verzicht auf wesentliche nationale Interessen zu verhindern und den Konflikt einer friedlichen Lösung zuzuführen«[5], fand dementsprechend auch in unterschiedlichen Rahmen statt. Der Besonderheit eines zunächst regionalen, später internationalen Kontextes muß bei der Beurteilung Rechnung getragen werden.

Die Analyse stützt sich auf eine Quellenlage, wie sie im Sommer 1991 verfügbar war, und die eine mikroanalytische Betrachtung der in den politischen Führungszentralen abgelaufenen Entscheidungsprozesse noch nicht erlaubte. Hypothesen müssen daher bisweilen noch mangelnde Gewißheit ersetzen.

Die Arbeit ist eine Fallstudie; der vorgegebene Umfang zwingt zum Verzicht auf eine vergleichende Betrachtung dieser Krise. Darüber hinaus ist es notwendig, die komplexen Zusammenhänge auf die als wesentlich erachteten Faktoren und die maßgeblichen Akteure, namentlich die USA und den Irak, zu reduzieren.

Strukturelle Rahmenbedingungen und Einflußfaktoren

Der Krisenherd Nahost

Das Paradoxon von Fragmentierung und Integration

Eine der Grundvoraussetzungen erfolgreichen Krisenmanagements ist die Kenntnis um den Gegner, seine Motivation und seine Verhaltensmuster. Die elitäre Machtstruktur des irakischen Regimes und die mangelnde Vertrautheit mit arabischer Mentalität verleitet leichthin dazu, in der Person Saddam Husseins den allein Schuldigen für Krisenentwicklung und -verlauf zu sehen. Trotz der ihm zugeschriebenen Attribute wie machtversessen, brutal und paranoid läßt sich sein Verhalten aber nicht als irrational etikettieren. Ein solches Urteil verkennt, daß Wahrnehmung und Verhalten Saddam Husseins in hohem Maße mit manifesten arabischen Denkschemata korrelierten.

Die Golfkrise fand in einer Region statt, in der Politik nur zu häufig an ihre Grenzen stößt. Tradierte Denkmuster verknüpfen sich mit historischen Erfahrungen, ethnischen Problemen und politischen Rivalitäten zu einem nur schwer faßbaren, komplizierten »Kaleidoskop der Staatenbeziehungen«[6]. Das gegenwärtige Erscheinungsbild ist durch das Paradoxon von Fragmentierung und Integration geprägt. Beide Phänomene widersprechen sich aber nur scheinbar, ihre gemeinsame Erklärung finden sie in einem Kontext, der historische, kulturelle, ökonomische, religiöse und soziale Aspekte gleichermaßen umfaßt.

Die Fragmentierung der arabischen Welt ist ein Produkt aus von außen induzierten Konfliktpotentialen und sich daraus dynamisch entwickelnden innerarabischen Widersprüchen. Sichtbarster Ausdruck dieser Antagonismen ist die Deformation arabischer Kultur: technologischer Fortschritt und traditionelle Lebensformen sind kaum eine harmonische Symbiose eingegangen. Künstliche Grenzen bedingen, daß nationalstaatliche Identitäten fehlen und ethnische Minderheiten diskriminiert werden. Kaum legitimiert, wissen sich die Herrschaftssysteme oft nicht anders als mittels innerstaatlicher Repression an der Macht zu halten. Und schließlich sind persönliche

Animositäten zwischen staatlichen Führern und durch große Sozialgefälle geprägte Wirtschaftsentwicklungen weitere, die Instabilität dieser Region kennzeichnende Merkmale.

Im Wissen um diesen Zustand gründet eine tiefe Identitätskrise der arabischen Welt: historische Erfahrungen widersprechen dem aus Religion und Geschichte abgeleiteten Anspruch auf Weltgeltung. Für den Verlust ehemaliger Identität, Entität und Größe werden in erster Linie raumfremde Mächte verantwortlich gemacht, allen voran die USA als »Statthaltern kolonialen Erbes«, aber auch die »korrumpierten«, kapitalkräftigen Regime des Orients. »Eine der dramatischen Folgen dieses Verschwörungsdenkens ist die Unfähigkeit, die Realität unvoreingenommen wahrzunehmen«[7]. Israel, das den »Agenten der imperialistisch-zionistischen Verschwörung« seine fortdauernde Existenz verdankt, ist quasi die Manifestation einer so empfundenen kulturellen Unterlegenheit.

Der Islam ist heute Katalysator und Ausweg aus dem Trauma zugleich. Nachdem der Panarabismus als säkularisierte Form arabischer Identitätssuche gescheitert ist, nimmt die Religion heute diese Funktion wahr. Als Integrationskraft ist die islamische Bewegung im Grunde reaktiv und hat eine deutlich anti-westliche Ausrichtung. Im Nahen Osten kann heute nur erfolgreich Politik machen, wer sie mit dieser psychologischen Dimension und dem Mythos einer arabischen Einheit zu harmonisieren und zu legalisieren weiß. Die Instrumentalisierung von Religion und Tradition zu politischen Zwecken ist die zwangsläufige Folge.

Die Bedeutung des Iranisch-Irakischen Krieges

Die Golfkrise ist nicht durch eine realitätsfremde Ad-hoc-Entscheidung der irakischen Führungsclique ausgelöst worden, sondern hat sich in einer zwei Jahre währenden Entwicklung mosaikartig zu einer solchen zusammengefügt. Dabei läßt die Krise um Kuwait erste Konturen neuer Konfliktmuster erkennen, für die eine »relative Autonomisierung regionaler Konflikte« infolge eines Disengagements der Supermächte symptomatisch ist. Die Golfkrise ist zugleich genuiner Ausdruck der skizzierten Fragmentierung wie auch eine Folge des Golfkrieges zwischen Iran und Irak in dreifacher Hinsicht:.

1. Der Ausgang des Iran-Irak-Krieges hat seinerzeit keine Entscheidung der Machtfrage am Golf erbracht. Das latente Unentschieden ließ Saddam Hussein nach neuen Wegen und Gelegenheiten suchen, eine hegemoniale Vormachtstellung am Golf zu erlangen.

2. Die Unterstützung des Irak im Golfkrieg seitens des Westens hatte zur immensen Proliferation modernster Waffen geführt. Mit seinem Militärpotential, dem kein vergleichbares Äquivalent der Abschreckung auf arabischer Seite gegenüberstand, verfügte der Irak über ein Machtinstrument, das ihm eine Politik der Stärke und des Drucks erst erlaubte.

3. Infolge des damaligen Krieges befand sich der Irak in einer schwierigen wirtschaftlichen Lage: die bedeutenden Devisenreserven hatte der Krieg verschlungen, die Auslandsverschuldung war drastisch gestiegen und die Inflationsrate deutete auf einen

bevorstehenden wirtschaftlichen Kollaps hin. Eine Verbesserung der Lage schien wegen der monolithischen Wirtschaftsstruktur nur über höhere Öleinnahmen und die finanzielle Unterstützung seitens der kapitalkräftigen Nachbarn Aussicht auf Erfolg zu haben. Die Politik des Irak stand denn auch Anfang 1990 ganz unter dem Primat der immer dringlicher werdenden wirtschaftlichen Konsolidierung, die sich jedoch massiven innerarabischen Widerständen gegenüber sah.

Der Irak im arabischen Umfeld
Für die Golfstaaten knüpften sich an das Ende des iranisch-irakischen Krieges nicht nur positive Erwartungen. Zwar war die vom Iran ausgehende Gefahr der revolutionären Infizierung vorerst gebannt, gleichzeitig mußte aber damit gerechnet werden, daß sich die hegemonialen Bestrebungen des Irak in den innerarabischen Raum kehren würden, nachdem das Ziel einer Vormachtstellung durch den Krieg gegen den arabischen Erzrivalen Iran nicht hatte erreicht werden können. Dem Ziel, sich den Machtansprüchen des Irak zu entziehen, trug eine Politik der Golfstaaten Rechnung, die auf dessen Einhegung zielte. Die den Irak ausklammernde Gründung des Golfkooperationsrates, die seinen Interessen zuwiderlaufende Ölpreis- und Förderpolitik und die Weigerung, ihm die als Solidaritätsbeiträge eingeforderten Schulden zu erlassen, waren signifikante Bausteine dieser Politik. Alle Anstrengungen zielten darauf, die relative Schwäche des Irak möglichst zu zementieren. »Der Diktator in Bagdad stand politisch und wirtschaftlich mit dem Rücken zur Wand, er verfügte über eine schlagkräftige und zudem nun auch kriegserprobte Truppe, über sonst aber nichts«[8].
Aufgrund der Asymmetrie der Macht zwischen dem Irak und seinen arabischen Nachbarn blieb diesen nur die Wahl, entweder den Ambitionen des Irak nachzugeben oder ihn durch partielle Zugeständnisse zu beschwichtigen.
Kuwait war in dieser Situation nicht nur durch seine geografische Lage, seine relative militärische Schwäche, ungelöste territoriale Fragen, seine wirtschaftliche Potenz und sein feudalistisches Regime exponiert, sondern hatte sich als Schrittmacher dieser Containmentpolitik in eine unmittelbare Frontstellung zum Irak gebracht.

Der Nahe Osten im Koordinatensystem der Weltpolitik

Der zeitliche Hintergrund: weltpolitische Turbulenzen
Die Golfkrise fiel zeitlich zusammen mit gravierenden Veränderungen der weltpolitischen Großwetterlage und stand somit unter spezifischen Vorzeichen. Mit dem Zusammenbruch des Kommunismus ging die globale Prägekraft des Ost-West-Gegensatzes verloren, in dessen Koordinatensystem sich in der Vergangenheit der Handlungsspielraum von Drittstaaten bestimmte. Trachteten die Supermächte zuvor danach, die geopolitische Rivalität vorzugsweise an der Peripherie auszutragen und regionale Auseinandersetzungen zu instrumentalisieren, trat dieses die Dritte-Welt-Politik bestimmende Motiv zugunsten eines auf Ausgleich und Kooperation zielenden Arrangements in den Hintergrund.

Die Dynamik der Umwälzungen in Europa absorbierte in dieser Phase die Aufmerksamkeit beider Großmächte. Während die Sowjetunion wegen des wirtschaftlichen Niederganges, der damit einhergehenden Autonomiebestrebungen einzelner Republiken und ethno-nationalistischer Eruptionen völlig auf eine innere Konsolidierung zurückgeworfen war, konzentrierten sich die USA auf die Kontrolle der Geschehnisse in Europa. Die Tatsache, daß sich der weltpolitische Handlungsspielraum der USA durch die Selbstbindung der Sowjetuion erweitert hatte, wurde von Saddam Hussein klar erkannt. Seine Befürchtungen galten einer stärkeren Einflußnahme der USA im Nahen Osten, was wiederum den eigenen politischen Spielraum beschnitten hätte. Seine Bemühungen zielten folgerichtig auch darauf, dieser Gefahr vorzubeugen und die Araber vor einer bevorstehenden imperialistisch-zionistischen Offensive zu warnen.

Tatsächlich bestand diese Gefahr allerdings nicht. Die USA waren darum bemüht, die Dividende ihres Sieges im Kalten Krieg nicht durch Unüberlegtheiten aufs Spiel zu setzen.

Der Nahe Osten besaß für die beiden Supermächte einen jeweils unterschiedlichen Stellenwert. »Das sowjetische Interesse am Nahen und Mittleren Osten war stets vor allem durch die räumliche Nähe bedingt«[9]. Sofern aber nicht unmittelbar Sicherheitsinteressen betroffen waren, galt der Nahe Osten primär nur als eine der Arenen der globalen Konfrontation mit den USA. Diesem instrumentellen Interesse der Sowjetunion stand ein substantielles auf amerikanischer Seite gegenüber: Öl und Israel.

Das sowjetische Verhalten in der Golfkrise

Die Introversion der Sowjetunion schlug sich in der Außenpolitik in einer pragmatischen, flexiblen und kompromißbereiten Haltung nieder, die unnötige Risiken zu vermeiden trachtete. Ihr lag die Auffassung zugrunde, daß eine Befriedung nach Innen nur durch Ruhe an der Außenfront zu erreichen war. Durch die Priorisierung dieser Leitlinie konnten die sich mit der Golfkrise bietenden Chancen realpolitisch zu einem Kompensationsgeschäft mit den USA im Hinblick auf die sich parallel entwickelnde Krise im Baltikum genutzt werden. Die dortigen Autonomiebestrebungen waren in ihrer Substanz dazu geeignet, die USA auf den Plan zu rufen. Die Haltung der Sowjetunion in der Golfkrise resultierte infolgedessen letztlich aus drei Überlegungen:

1. Dem Interesse an einem globalen Ausgleich mit den USA als Conditio sine qua non einer inneren Stabilisierung.
2. Der pragmatischen Absicht, durch Kooperation in der Golfkrise einen Blankoscheck für das Vorgehen im Baltikum zu erhalten.
3. Der Kosten-Nutzen-Analyse, daß eine Absegnung des völkerrechtswidrigen Eklats langfristig ein neues Afghanistansyndrom in der arabischen Welt auslösen könnte.

Diesen Überlegungen standen die Verpflichtungen gegenüber dem ehemals verbündeten Irak entgegen. Begleitet von teilweise heftigen inneren Kontroversen resultierte aus dieser Interessenkollision eine über die gesamte Dauer der Krise praktizierte

Doppelstrategie, die einerseits dem Völkerrecht im Schulterschluß mit den USA Geltung verschaffen wollte und andererseits eine Lösung auf dem Verhandlungsweg (Primakow-Missionen) favorisierte, die Saddam Hussein bei einem Zurückweichen erlaubte, sein Gesicht zu wahren.

Determinanten US-amerikanischer Politik
Die USA hatten im Gegensatz zur UdSSR substantielle Interessen im Nahen Osten. Ihre in allen »Stilarten und Nuancen« erprobte Nahostpolitik war von durchaus wechselseitigen Erfahrungen geprägt. Rückschläge, wie sie seinerzeit im Iran und im Libanon hatten hingenommen werden müssen, und die weitgehende Erfolglosigkeit ihrer Friedensbemühungen im israelisch-arabischen Konflikt vermochten allerdings nichts an der Tatsache zu ändern, daß sich die amerikanischen Ziele in Nahost durch hohe Konsistenz auszeichneten. Dabei wurde erstmalig mit dem militärischen Schlag gegen Libyen im Frühjahr 1986 der Beweis erbracht, daß man in Washington auch willens war, entsprechend dem in der Reagan-Ära formulierten globalstrategischen Ansatz seine Interessen notfalls auch militärisch weltweit durchzusetzen.
Die Existenzsicherung Israels und die Gewährleistung des Zugangs zum Öl waren zwei unverrückbare Axiome amerikanischer Politik. Diese Ziele schienen nur durch die Schaffung einer regionalen Machtbalance bei gleichzeitiger Verhinderung einer weiteren Fragmentierung erreichbar. Der begrenzende Faktor amerikanischer Nah-Ost-Politik war jenes oben skizzierte arabische Verschwörungsdenken: Wegen der Ressentiments gegenüber der westlichen Führungsmacht kam deren Politik oft einer riskanten Gratwanderung gleich. Aber auch die arabischen Staaten waren in bezug auf Amerika zum geschickten Taktieren gezwungen. »Nahöstliche Regime, die als Verbündete Amerikas dastünden, wären nach einem Konflikt so sehr von Erosion bedroht wie einst die irakische Monarchie...«[10].
Der Irak nahm in Nahost aus Sicht der USA eine Schlüsselstellung ein. Wegen seiner Konfrontation mit dem fundamentalistischen, amerikafeindlichen Iran war er zu einem natürlichen Verbündeten geworden. Als laizistischer Staat stand er dem amerikanischen Way of Life unvoreingenommener gegenüber als manch anderer fundamentalistisch-religiöser Staat und empfahl sich als Bastion gegen die ausgreifende islamische Revolution. Mit Ende des Golfkrieges trat die komplementäre Seite des despotisch regierten Landes aber deutlicher in den Vordergrund und führte zu einer partiellen Revision der Irak-Politik der USA. Wegen der Menschenrechtsverletzungen, der Barzoft-Affäre, des Giftgaseinsatzes gegen die Kurden und des Bekanntwerdens der nuklearen Rüstungsambitionen (Superkanone) in Verbindung mit einer intensivierten anti-israelischen Propaganda gewann der Irak zunehmend Kontur als Enfant terrible des Orients. Der Verbündete von einst, auf den die USA ihre Hoffnungen als einem Garanten der Stabilität am Golf gesetzt hatten, wurde zum destabilisierenden Faktor der Region. Zuckerbrot und Peitsche waren Anfang 1990 die Kennzeichen einer sehr ambivalenten amerikanischen Politik. Gestützt auf die »Einschätzung jener Experten, die Saddam Husseins Außenpolitik... durch Mäßigung und Pragmatismus geprägt sahen«[11], priorisierte man regierungsseitig eine noch immer gemäßigte Linie.

Zur Anatomie der Krise

Vom bilateralen zum regionalen Konflikt: neue Perspektiven
Auslösendes Moment der Golfkrise war zweifelsohne die rezessive Wirtschaftsentwicklung im Irak. Ab dem Waffenstillstand mit Iran versuchte der Irak bis Anfang 1990 zunächst in bilateralen Verhandlungen, Kuwait auch unter Aktualisierung territorialer Forderungen finanzielle Zugeständnisse abzutrotzen. Erst als offensichtlich wurde, daß diese Bemühungen zu keinem Erfolg führten, der rapide, gerade auch durch die Überproduktion Kuwaits mitverursachte Ölpreisverfall aber weitere finanzielle Einbußen erwarten ließ, wurden ab Ende Februar 1990 (Gipfelkonferenz der AKR-Staaten in Amman am 24. Februar) regionale Foren und Akteure eingeschaltet, um die Forderungen doch noch durchzusetzen. Die Einbeziehung von Dritten in den anfangs bilateralen Disput stellt einen ersten qualitativen Sprung der Kondensation zur Krise dar. Einen vorläufigen Höhepunkt dieser bis Mitte Juli währenden Entwicklung bildete der Ende Mai in Bagdad stattfindende arabische Gipfel, auf dem Saddam Hussein von einem Wirtschaftskrieg und einer Verschwörung gegen sein Land sprach. Die Regionalisierung des Konflikts weist aber darauf hin, daß die Ziele des Irak noch durchaus begrenzt waren: das Mandat zur Konfliktregelung lag noch in arabischer Hand.
Im Zuge der erfolglosen Bemühungen bildete sich in der irakischen Führung in dieser Zeit ein Einkreisungssyndrom aus, das im Grunde genommen ein Integral zweier voneinander unabhängiger Zusammenhänge war. Auf internationaler Ebene sah man sich gerade wegen der zur Selbstprofilierung im arabischen Lager angestrengten antiisraelischen Kampagne wachsendem Druck ausgesetzt, innerarabisch drohte man nicht nur wirtschaftlich, sondern auch politisch durch sich im Umfeld abzeichnende innerarabische Annäherungen ausgegrenzt und isoliert zu werden.
Als offensichtlich wurde, daß auch auf regionaler Ebene kein durchschlagender Erfolg zu erzielen war, wurde seitens des Irak eine grundlegend andere Strategie eingeschlagen.

Die eigenen Interessen schienen nur durchsetzbar, wenn man sich der Lösung des Problems selbst annahm. Nach dem Scheitern der bilateralen und multilateralen diplomatischen Bemühungen blieb als dritte Möglichkeit jetzt nur eine Strategie des Drucks und der Drohung gegenüber Kuwait. Diese mußte um so erfolgversprechender erscheinen, als ein unmittelbares militärisches Risiko nicht bestand und kaum eine geschlossene arabische Front gegen den Irak zu erwarten war. Das Vorgehen entbehrte also keineswegs der Logik oder Zweckrationalität und war auch nicht das Produkt falscher Wahrnehmungen. Es schien für Bagdad der einzige noch gangbare Weg zur Druchsetzung seiner Interessen.
Die Tatsache, daß diese Strategie überhaupt eine realistische Option für den Irak darstellte, offenbart das ganze Dilemma arabischer Krisenprophylaxe. Eigene institutionalisierte Konfliktregelungsmechanismen waren nicht funktionsfähig; gleichzeitig aber fehlte ein wirksames Abschreckungssystem, das allein schon die Androhung von Gewalt seitens des Irak obsolet gemacht hätte. Die Einschaltung internationaler Gre-

mien zur Vermittlung verbot wiederum das Selbstverständnis der Araber. Der Versuch, der Containmentpolitik, die ja auf einer zutreffenden Lagebeurteilung beruhte, durch Beschwichtigung die Schärfe zu nehmen, stellte für die Araber somit die einzige, letztlich aber völlig untaugliche Alternative dar. Wider die Absicht wurde mit der Hinhaltetaktik der Alleingang des Irak geradezu provoziert.

Kondensation zur Krise

Die Anfang Juli 1990 reifende Entscheidung Iraks zur offensiven, militärisch flankierten Pressionspolitik gegen Kuwait bedingte letztlich die Definition neuer Ziele. Strategie und Mittel waren jetzt gegenüber den anfänglich begrenzten Zielen überdimensioniert. Da aber die Strategie der Pression zu einer festen Größe im Spiel der Kräfte geworden war, ließ sich der Zielhorizont in Abhängigkeit der zu erwartenden internationalen Sanktionen und Reaktionen vom Irak wesentlich weiter stecken, letztlich sogar bis zu einem wie auch immer gearteten Anschluß Kuwaits. Diese auch wohl von Saddam Hussein als Ultima ratio angesehene Möglichkeit eröffnete allerdings gänzlich neue Perspektiven:
1. Eine De-Facto-Annexion versprach mit einem Schlag eine umfassende Lösung der wirtschaftlichen Probleme. Abgesehen von der Annullierung der direkten Schulden würde man in den Besitz der gewaltigen Kapitalanlagen Kuwaits von ca. 200 Milliarden US-Dollar im Ausland gelangen.
2. Die Annexion würde auch die hegemonialen Bestrebungen erheblich befördern. Die Kontrolle über dann 20 Prozent der globalen Erdölvorkommen würde nicht nur eine regionale Vormachtstellung sichern, sondern der Stimme des Irak auch international langfristig mehr Gewicht verleihen.
3. Die Beseitigung des bei den Massen verhaßten kuwaitischen Feudalsystems entsprach darüber hinaus einem Grundzug der laizistisch-national-sozialistischen Ideologie der herrschenden Baath-Partei.
4. Mit der Annexion ließ sich die seestrategische Lage erheblich verbessern. Neben einem breiten Zugang zum Golf verfügte man über modern ausgebaute Tiefseehäfen und Terminals.

Bilanziert man die Entwicklung der Krise bis Ende Juni, läßt sich feststellen, daß zunächst die politischen Ziele das Vorgehen Saddam Husseins bestimmten und ihn die Regularien üblicher Konfliktregelung weitgehend einhalten ließen. Erst als die Weichen aus irakischer Sicht in Richtung Pressionspolitik gestellt werden mußten, kehrte sich das Verhältnis von Ziel und Methode um: nicht mehr die Ziele bestimmten die Vorgehensweise, sondern die Strategie präformierte einen neuen Zielhorizont. In eben dieser Verkehrung gründet die Genesis des folgenden Vabanquespiels.

Der Beginn der Krise im engeren Sinn der Definition läßt sich auf den 16./17. Juli 1990 datieren. In einem Memorandum an die arabische Liga wurde Kuwait der Aggression bezichtigt, Saddam Hussein drohte öffentlich mit gewaltsamer Vergeltung und schließlich rückten erste Truppen in Richtung Kuwait vor. Allen drei, zeitlich eng zusammenhängenden Aktionen war ein Hinweis auf Gewalt implizit. Einem latenten Spannungszustand war damit das Element der Gewalt zugefügt und machte ihn letztlich zur Krise.

Kalkül und Perzeption

Mit der Androhung von Gewalt nahm die Auseinandersetzung eine neue Qualität an, deren weitreichende Konsequenzen weder von den Arabern, noch international richtig eingeschätzt wurden. Die Kernfrage war, ob die in Aussicht gestellte Gewaltanwendung im minimalistischen Sinn als taktischer Schachzug im Vorfeld der OPEC-Verhandlungen, oder maximalistisch als mögliche Option zu werten war. Die Beurteilung war um so schwieriger, als das Vorgehen Iraks mit einer Reihe vermeintlich deeskalierender Signale verbrämt war. Die infolge der irakischen Drohgebärden forcierte innerarabische Suche nach einem Kompromiß war letztlich nur Ausdruck einer verzweifelten Hoffnung auf eine friedliche Lösung. Kuwait selbst konnte den Forderungen Iraks wohl kaum nachgeben, wollte es nicht langfristig Gefahr laufen, zum Vasallen bzw. zu einem Appendix Iraks zu werden. Trotzdem glaubte man, sich auf diplomatische Offerten beschränken zu können, und versäumte es, nach Alternativen zur Diplomatie Ausschau zu halten, mit denen ein militärisches Vorgehen Iraks präventiv vielleicht noch hätte verhindert werden können. Dies hätte aber die Involvierung außerarabischer Akteure bedeutet, was einem Eingeständnis eigener politischer Ohnmacht gleichgekommen wäre und daher unterblieb. Die irakische Aufmerksamkeit galt in dieser Phase bereits den Reaktionen auf internationaler Ebene, von wo — wenn überhaupt — Widerstand im Falle eines militärischen Vorgehens erwartet werden mußte.

Die Position der USA als einziger zur Machprojektion fähigen Kraft zu eruieren, diente die kurzfristig anberaumte Unterredung mit der amerikanischen Botschafterin Glaspie am 24. Juli 1990. Es ist zumindest fraglich, ob Glaspie Saddam Hussein einen Freibrief für eine gewaltsame Lösung ausstellte[12]. Viele Passagen des Interviews deuten darauf hin, daß sie eine eher differenzierte Haltung der USA zu skizzieren suchte. Saddam Hussein zog den Schluß, daß die USA auch bei einem militärischen Vorgehen abseits stehen würden. Er scheint damit eben einer der Gefahren erlegen zu sein, die mit dem in der Forschung so bezeichneten Phänomen der kognitiven Konsistenz verbunden sind. Dieses Konstrukt bezeichnet die Neigung, nur positive Signale im Sinne des Erwünschten wahrzunehmen und anderslautende Signale zu ignorieren. Indem Saddam Hussein gerade die aus seiner Sicht negativen Aspekte der ambivalenten amerikanischen Politik gegenüber Irak zur Sprache brachte, veranlaßte er Glaspie zu einer diese Vorwürfe relativierenden Argumentation. Glaspie versuchte nach Kräften, den unverhohlenen Vorwürfen Saddam Husseins das amerikanische Interesse an guten Beziehungen entgegenzuhalten, was er dann aber wieder als eine auf Wohlwollen und Nichteinmischung ausgelegte amerikanische Position schlechthin interpretierte. Das eigene Wunschdenken Saddam Husseins hatte einen die Wahrnehmung beeinflussenden Maskierungseffekt zur Folge, das Ergebnis war ein Circulus vituosus der Perzeption.

Das Zusammentreffen war allerdings nur ein Segment eines gesamten Wahrnehmungsprozesses, in dem sich eine Reihe vermeintlich positiver Signale aus Washington in offiziellen Verlautbarungen und Noten gleichen Tenors potenzierten[13]. In der Vergangenheit hatten sich amerikanische Reaktionen auf nonkonformes irakisches Verhalten im wesentlichen in diplomatischen Protesten erschöpft. Vor dem Hinter-

grund dieser Erfahrungen lag auch jetzt der Schluß nahe, daß mit einem massiven Eingreifen nicht zu rechnen sei.
Eine kritische Analyse der Historiologie amerikanischer Interventionen in Nah-Ost, aus denen Grenzen amerikanischer Toleranz allerdings hätten abgeleitet werden können, unterblieb offenbar ebenso wie die Kenntnisnahme und Würdigung von Warnungen aus Washington[14]. Die Folge war eine Kontraktion der Wahrnehmung auf irakischer Seite, die wiederum eine auf Gewalt hinauslaufende Logik der Ereignisse nach sich zog.
Nachdem auch die letzte, vom Irak angestrengte arabische Vermittlungsaktion von Arafat am 29. Juli in Kuwait gescheitert war, diente der Abbruch der Gespräche in Dschidda am 01. August 1990 nur noch der Rechtfertigung eines zu diesem Zeitpunkt bereits feststehenden militärischen Vorgehens. Die dort in ultimativer Form vorgetragenen Forderungen ließen kaum Raum für einen echten Kompromiß.

Ursachen der politischen Lähmung in Washington

Gemessen an ihrem späteren Engagement ist die anfängliche Zurückhaltung der USA im Vorfeld des Einmarsches zunächst nur wenig verständlich. Die in diesem Zusammenhang vertretene These, daß es die USA bewußt darauf angelegt haben, den Irak in eine Falle laufen zu lassen, um ihn dann durch einen militärischen Schlag zurückzustutzen, ist aus verschiedenen Gründen abwegig. Erstens konnte man sich der Kooperation der arabischen Staaten und der Sowjetunion zu diesem frühen Zeitpunkt keineswegs sicher sein. Und zweitens wäre einer solchen Planung durch einen etwaigen Rückzug Saddam Husseins jegliche Grundlage entzogen worden, wohingegen der Irak zumindest partiell seine Kriegsziele hätte erreichen können.
Die weitgehende Lähmung erklärt sich vielmehr aus einer falschen Lagebeurteilung als Resultat eines kollektiven, psychisch bedingten Vermeidungsverhaltens. Zunächst rächte sich die Tatsache, daß in der Carter-Ära nach dem Debakel im Iran die Geheimdiensttätigkeiten weitgehend eingestellt worden waren, in dem Fehlen von ausreichenden, validierten Informationen, die einen Rückschluß auf die Absicht des Irak erlaubt hätten. Die technischen Aufklärungsergebnisse, im wesentlichen Satellitenaufnahmen vom irakischen Aufmarsch, reichten in dieser Hinsicht kaum aus.
Nicht mögliche Gegneroptionen, sondern das eigene Wunschdenken wurde auch hier zum dominanten Faktor der Urteilsbildung. Die Gründe für dieses Vermeidungsverhalten waren vielschichtig:
Erstens war vor dem Hintergrund der nach außen stets propagierten arabischen Einheit im Sinne kognitiver Konsistenz nur schwer vorstellbar, daß ein arabischer Staat einen anderen in der Manier eines klassischen Raubzuges überfällt und ein Völkerrechtssubjekt eliminieren würde.
Zweitens korreliert die mangelnde Bereitschaft, Signale als solche ernstzunehmen, häufig mit der Einschätzung, daß Versäumnisse der eigenen Politik die Krise mitverschuldet haben. Und in der Tat ist versäumt worden, im Zusammenhang mit dem mehr oder weniger aufoktroyierten Waffenstillstand zwischen Iran und Irak den Versuch zu einer dauerhaften regionalen Friedensordnung in Angriff zu nehmen.

Entscheidender Faktor aber dürfte drittens ein Mangel an stringenten politisch-militärischen Handlungsoptionen gewesen sein. Das Bestreben der Araber, eine Internationalisierung der Familienangelegenheit zu verhindern, und die daraus resultierende Ablehnung der direkten Zusammenarbeit bot den USA kaum eine Marge de Maneuvre. Selbst unilaterale Maßnahmen hätten das Einverständnis der arabischen Anrainer vorausgesetzt. Darüber hinaus bestand das Dilemma, daß ein Abschreckungserfolg eher dem Friedenswillen Saddam Husseins zugebilligt worden wäre, ein Mißerfolg hingegen der vermeintlichen Provokation der USA. Die Misere wurde in der Befragung des für Nah-Ost-Angelegenheiten zuständigen Staatssekretärs Kelly vor einem Unterausschuß des Repräsentantenhauses am 31. Juli 1990 offensichtlich, in der er Handlungsdispositive weder im Sinne der Prävention, noch der Reaktion zu skizzieren wußte. Lebow hat darauf hingewiesen, daß alle drei Aspekte denselben Effekt haben: ein defensives Vermeidungsverhalten[15]. Krisensignale werden dementsprechend verdrängt, ihre Verdrängung rationalisiert.

Gerade die Einschätzung des ägyptischen Prädidenten Mubarak, der nach seinem Gespräch mit Saddam Hussein am 25. Juli Gewalt seitens des Irak kategorisch ausschloß, ließ insofern auch erst gar keinen Selbstzweifel aufkommen. Die Unbekümmertheit des arabischen Umfeldes war geeignet, die Administration, die in einer gemäßigten Haltung den Grundtenor irakischer Außenpolitik zu erkennen glaubte, in ihrer Auffassung zu bestärken. Die Lagebeurteilung Mubaraks mußte umso willkommener sein, als die Geschehnisse in Europa von weit größerer Relevanz zu sein schienen als »notorische« Querelen in Nahost.

Mit dem Einmarsch irakischer Truppen trat die bis dahin regionale Krise in ein neues Stadium und eskalierte endgültig zur internationalen.

Annexion und Reaktion

Der Irak hatte nicht nur binnen Stunden ein Fait accompli geschaffen, sondern auch die Staatengemeinschaft aus ihrer Lethargie gerissen. Die prompte Erklärung von USA und UdSSR, deren Zustandekommen durch das zufällige Treffen der beiden Außenminister am 1./2. August 1990 in Irkutsk begünstigt wurde, spiegelt in den Forderungen nach einem vollständigen Rückzug und praktischen Schritten zu dessen Durchsetzung bereits einen Grundkonsens wider, an dem beide Seiten bis zum Schluß festhalten sollten. Von der Deklaration ging eine Sogwirkung aus, die in der nahezu einhelligen Verurteilung der Aktion durch UN-Sicherheitsrat, Staatengemeinschaft und Weltöffentlichkeit noch am selben Tag ihren Niederschlag fand. Eine Ausnahme bildeten lediglich die arabischen Staaten.

Die Tatsache, daß der Irak gegenüber dem jordanischen König unmittelbar nach den weltweiten Protesten Gesprächsbereitschaft signalisierte, deutet darauf hin, daß die Einmütigkeit der Reaktion auch für die irakische Führung überraschend kam und Saddam Hussein mit einem Schlage die Selektivität seiner bisherigen Wahrnehmung vor Augen führte. In dieser Situation allgemeiner Verunsicherung lagen offenbar noch alle Chancen zu einem »Zurückstellen der Uhr«: Für niemanden bestand eine unmittelbare Gefahr, der Ernst der Lage trat allerorten klar zu Tage und für den Irak mußte deutlich sein, daß die Besetzung Kuwaits nicht ohne ernsthafte Konsequenzen bleiben würde. Während König Hussein von Jordanien dieses Fenster der Möglichkeiten sehr deutlich erkannte und sich in seinen diplomatischen Bemühungen um Verhandlungen im Kräftedreieck Bagdad, Kairo und Riad erste Erfolge abzeichneten, machten zwei Entscheidungen auf amerikanischer Seite die Chancen in dem sich auftuenden Zeitvakuum zunichte.

Erstens wurden durch die Entscheidung zur Truppenentsendung vom 04. August Tatsachen geschaffen, die eine Regelung unter Ausklammerung der USA unmöglich machten und gleichzeitig dem Einkreisungssyndrom des Irak neue Nahrung gaben. In dieser Phase wurde es völlig versäumt, einen diplomatischen Kontext herzustellen. Die Entscheidung selbst dürfte kaum das Resultat einer militärischen Lagebeurteilung gewesen sein: Deklariert als Maßnahme zum Schutz Saudi-Arabiens war sie allerdings geeignet, in Verbindung mit der Verurteilung Bagdads die eigene Glaubwürdigkeit als weltpolitische Ordnungsmacht international zu demonstrieren. Adressat dieses Signals war daher auch wohl weniger der Irak, als vielmehr Weltöffentlichkeit und Drittstaaten.

Zweitens wurde Ägypten per Dekret zu einer eindeutigen Stellungnahme aufgefordert[16]. Die anschließende Verurteilung des Einmarsches durch Ägypten löste eine Welle von weiteren Distanzierungen vom Irak durch arabische Staaten aus, was nicht nur eine innerarabische Polarisierung zur Folge hatte, sondern gegen die Grundbedingung verstieß, unter der der Irak nur zu Verhandlungen bereit war: keine Verurteilung durch arabische Staaten. Daß gerade auf Ägypten amerikanischerseits Druck ausgeübt wurde, könnte wiederum ein Vermeidungsverhalten der Administration gewesen sein. In Mubarak, auf dessen Lagebeurteilung man sich verlassen hatte, fand sich ein vermeintlich Schuldiger, dem eigene Versäumnisse anzulasten waren. Freispruch durch Denunziation.

Rollenspiel: Vom Aggressor zum Opfer

Beide Aktionen wirkten sich für den weiteren Krisenverlauf allerdings verhängnisvoll aus. Sie waren Katalysatoren einer bis zum 08. August dauernden Entwicklung, im Laufe derer Saddam Hussein es vermochte, seine Rolle neu zu definieren: Aus dem Täter, dem Aggressor Saddam Hussein, wurde ein Opfer Saddam Hussein, der sich einem Komplott ausgesetzt sah und fortan zur Verteidigung seiner und der arabischen Würde gezwungen war. Die militärisch flankierte Intervention der USA hatte offenbar einmal mehr seine These von der imperialistisch-zionistischen Verschwörung bestätigt. Die Truppenentsendung löste in der gesamten arabisch-islamischen Welt eine Welle der Sympathie für Saddam Hussein aus.

Vor dem Hintergrund der ungelösten Nahost-Konflikte konnte die Einmischung von außen jetzt in ein moralisches Argument umgemünzt werden. Die Diskrepanz zwischen dem Engagement des Westens in der Golfkrise einerseits und der Sanktionierung der israelischen Besetzung und Besiedlung arabischen Territoriums andererseits gestattete es Saddam Hussein, das Verhalten des Westens als Heuchelei anzuprangern. Seine Intention war, ein Junktim zwischen der Golfkrise und einer umfassenden Lösung aller nahöstlichen Konflikte zu erreichen. In diesem Kontext wurde die Golfkrise zunehmend zu einem bevorstehenden Kulturkampf zwischen

Orient und Okzident stilisiert. In seinem Appell an Stolz und Würde der Araber lag gewaltiger Sprengstoff für den Zusammenhalt der Koalitionsfront. An die Stelle materialistischer Gründe, die zur Usurpation Kuwaits geführt hatten, traten jetzt ideelle Motive: Es ging plötzlich nicht mehr um den Völkerrechtsverstoß, sondern um die Behauptung in dem historischen Aufeinandertreffen zweier Kulturkreise. Die Frage, ob man sich in einer militärischen Auseinandersetzung gegen die Weltmacht USA würde behaupten können, war unter diesem Aspekt für Bagdad zweitrangig. War schon allein das eingegangene, obwohl gar nicht intendierte Wagnis, die Weltmacht USA herausgefordert zu haben, ein partieller Erfolg, so mußte sich durch Standhaftigkeit und Unnachgiebigkeit ein noch weit höherer Prestigegewinn im arabischen Lager erzielen lassen.

Dabei war es für den Irak nicht einmal sicher, ob man sich der geballten Macht der Koalition würde beugen müssen. Noch glaubte man auf irakischer Seite, sich Zeit lassen zu können, um die Entwicklungen erst einmal genau zu studieren. Nichtmilitärische Maßnahmen, insbesondere wirtschaftliche Sanktionen, würden ihre Wirkung erst zu einem Zeitpunkt entfalten, bis zu dem der Zusammenhalt der Koalition wenig wahrscheinlich war. Außerdem mußte sich die abschreckende Wirkung der eigenen, auch mit Chemiewaffen bestückten Waffenarsenale noch erweisen. Die Hoffnungen darauf, den durch die Annexion erzielten Status quo zu halten, entbehrten also keineswegs einer gewissen Berechtigung.

Durch die Moralisierung entzog sich das irakische Kalkül aber zunehmend der Rationalität einer Risikoabwägung im Sinne einer Kosten-Nutzen-Analyse. Genau auf diesem Moment aber beruhte die Krisenstrategie der Koalition. Die Kontrahenten argumentierten somit letztlich aneinander vorbei: Der psychologisch-historischen Argumentation Iraks stand eine juristisch-rationale Krisenstrategie der Koalition gegenüber. Aus dieser Asymmetrie resultierte auf beiden Seiten eine »us-versus-them«-Definition der Krise, wodurch ein gemeinsamer Nenner im Hinblick auf ein Arrangement kaum gefunden werden konnte.

Kollektives Krisenmanagement
Mit der gemeinsamen Erklärung von USA und Sowjetunion am 3. August 1990 hatte sich bereits zu einem frühen Zeitpunkt die Möglichkeit zu einem kollektiven Krisenmanagement abgezeichnet. Die Vereinigten Staaten konzentrierten in der Folgezeit dementsprechend ihre diplomatischen Initiativen auf das Zustandebringen einer breiten Koalition. Der beispiellose Erfolg dieser Bemühungen basierte dabei auf drei Grundpfeilern.
1. Dem prinzipiellen Verzicht auf einen nationalen Alleingang bei allerdings grundsätzlicher Bereitschaft dazu.
2. Der Einbeziehung der UNO in das Krisenmanagement, wodurch der Einsatz diplomatischer, wirtschaftlicher und militärischer Maßnahmen auf einer völkerrechtlich abgesicherten Basis möglich wurde.
3. Der Favorisierung einer zunächst nicht-militärischen Lösung.

Die durch die Truppenentsendung nachdrücklich signalisierte Bereitschaft, die Verletzung internationalen Rechts notfalls auch unter Anwendung militärischer Mittel und im Alleingang rückgängig zu machen, dürfte eine entscheidende Außenwirkung auf Neutrale und Verbündete gehabt haben. Obwohl die Truppenentsendung primär einer defensiven Direktive entsprach, enthielt sie im Keim doch bereits die Möglichkeit eines offensiven Vorgehens.

Die Entscheidung zur Entsendung von Truppen war aber auch gerade innenpolitisch von Bedeutung. Plantey hat darauf hingewiesen, daß »die erste Reaktion auf eine Krisensituation darin besteht, die Übernahme der unmittelbaren Verantwortung auf allen Ebenen zu intensivieren und zu legalisieren«[17]. Der Macht der Regierenden ist, wie K. Deutsch schreibt, ein Machtkredit komplementär. Das allgemeine Bedürfnis nach richtungsweisender Führung in Situationen der Unsicherheit zwingt gerade dazu, diesen Saldo in der Krise auszugleichen: Krisenverhalten ist daher auch in hohem Maße durch innenpolitische Zwänge und Erwartungen beeinflußt[18]. Mit der Truppenentsendung konnte die eigene Entschlossenheit sichtbar unter Beweis gestellt werden. Gleichzeitig ließen sich Tatsachen schaffen, die später nicht mehr gerechtfertigt werden mußten, wenn sich das zunächst noch diffuse Meinungsbild der gleichfalls durch den irakischen Einmarsch überraschten Öffentlichkeit weiter differenziert haben würde.

Parallel zu den militärischen Maßnahmen richteten sich die Bemühungen auf politischer Ebene auf eine Einbeziehung der UNO. Mit den Resolutionen 660 vom 2. August 1990 und 665 vom 25. August 1990, in denen ein bedingungsloser Rückzug gefordert und die Durchsetzung von Handelssaktionen mit militärischen Mitteln autorisiert wurde, konnten entscheidende Parameter gesetzt werden. Der gemeinsame Wille der Vereinten Nationen wurde deutlich, sich nicht allein auf die deklaratorische Verurteilung des irakischen Verhaltens beschränken zu wollen, sondern auch durch praktische Maßnahmen die Durchsetzung der Entschließungen zu erzwingen.

Vordergründig betrachtet war dies ein Erfolg der UNO. Es ist aber unstrittig, daß die USA von vornherein die Schrittmacherfunktion übernommen hatten und der Erfolg ganz wesentlich auf ihr Konto ging. Die UNO hat während des gesamten Verlaufs der Krise eher die Rolle eines politischen Sekundanten gespielt. Es oblag vor allem den USA, durch eine intensive Diplomatie einen tragfähigen Konsens für jede der insgesamt zwölf Resolutionen der UNO zustandezubringen. Als die erhoffte Wirkung des Embargos ausblieb und man sich gleichzeitig einem zunehmenden Zeitdruck in bezug auf eine militärische Option ausgesetzt sah, fiel es den USA zu, das politische Terrain in dieser Hinsicht zu sondieren. Nachdem sich auf dem Helsinki-Gipfel am 9. September 1990 bereits abzeichnete, daß die Sowjetunion eine militärische Aktion nicht grundsätzlich ablehnte, brachten die Gespräche Bakers in Moskau Anfang November in dieser Frage Gewißheit. Die beiden inzwischen ergebnislos durchgeführten Missionen des sowjetischen Emissionärs Primakow dürften der sowjetischen Führung ein gewichtiges Argument geliefert haben, bisherige Vorbehalte aufzugeben und ganz auf den amerikanischen Kurs einzuschwenken. Einer Entsendung von weiteren 200.000 Soldaten an den Golf standen keine Hindernisse mehr im Weg. Am 9. November 1990 gab Präsident Bush die Entscheidung dazu bekannt. Damit waren die Weichen unmißverständlich auf eine militärische Offensivoption gestellt. In der Krisenstrategie der Koalition bedeutete die Truppenverstärkung eine unverkennbare Akzentverschiebung von einer zuvor favorisierten politischen Lösung hin zu der Inkaufnahme einer militärischen. Die Krisenstrategie nahm endgültig den Charakter des »brinkmanship« an. Dieser Ausdruck besagt: »man muß unter den gegenwärtigen strategischen Bedingungen den militärischen Druck soweit erhöhen, daß der Abgrund des Krieges sich öffnet, weil erst dann und nur dann die Kompromißbereitschaft auf beiden Seiten aktiviert werden kann«[19].

In intensiven bilateralen Bemühungen gelang es, alle Eventualitäten auszuschließen, die den Zusammenhalt der Anti-Saddam-Front hätten infragestellen können. Insbesondere galt es, die Gefahr einer horizontalen Eskalation auszuschließen, die mit der Frage verknüpft war, wie sich die Araber im Falle einer vom Irak angedrohten Einbeziehung Israels in den Konflikt verhalten würden. Die Ernsthaftigkeit der amerikanischen Absicht zu einem etwaigen militärischen Vorgehen drückte sich beispielhaft in ihrer Bereitschaft aus, sich sogar mit einem Mann wie dem syrischen Staatspräsidenten Assad ins Benehmen zu setzen.

Mit dem in der Resolution 678 vom 29. November 1990 gesetzten Ultimatum war endgültig ein »point of no return« markiert. Der zeitliche Versatz von Entscheidung zur Truppenverstärkung und der sie offiziell legalisierenden UNO-Resolution unterstreicht aber einmal mehr, daß sich hinter der Fassade eines kollektiven Krisenmanagements unter dem Dach der Vereinten Nationen eine nationale Krisendoktrin der USA verbarg.

Das irakische Kalkül war in dieser Zeit noch immer von den Annahmen geprägt, daß weder die USA wegen ihrer eigentümlichen politischen Struktur dazu imstande sein würden, einen Konflikt auch nur über mittlere Zeit durchzustehen, noch die arabischen Staaten ein militärisches Vorgehen externer Truppen gegen einen Bruderstaat von ihrem Boden aus dulden konnten. In der Hoffnung, die gegen ihn gerichtete Front spalten und die arabischen Massen doch mobilisieren zu können, setzte Saddam Hussein nach wie vor auf Zeitgewinn.

Entwicklung zum Nullsummenspiel

Während die Unnachgiebigkeit der Iraker aber zunächst Ausfluß des eigenen Taktierens und des neuen Rollenverständnisses war, wurde die Kompromißlosigkeit im Laufe der Zeit mehr und mehr auch zu einer Resultanten eines an Bedeutung gewinnenden Emotionalisierungsprozesses auf Seite der Koalition. »Einmalig war die Dämonisierung des Gegners, nicht nur im emotionalen Irak, sondern auch im kühlen Westen«[20]. Von Beginn an wurden historische Analogien zwischen Saddam Hussein und Hitler gezogen, was insoweit verständlich war, als »jede Krisenentscheidung eine spezifisch psychologische Komponente enthält. Sie findet sich in der Situation der Bedrohung und Gegendrohung, Gelegenheiten, die Spannungen unter den Akteuren hervorrufen, sei es in der Form von Entrüstung, Furcht, Ärger, Frustration, Zwietracht oder anderen psychischen Zuständen«[21].

Je mehr sich aber die Anzeichen dafür häuften, daß eine tragfähige Front würde formiert werden können, desto stärker wurde die bedingungslose Durchsetzung internationalen Rechts gegen den Irak im Westen als historisch-moralische Pflicht empfungen. Durch seine perfide Geiselpolitik trug Saddam Hussein in gehörigem Maße zu dieser Entwicklung bei. Der Konsequenzen, dadurch auch die letzten rudimentären Sympathien im westlichen Lager zu verlieren und zur weiteren Solidarisierung beizutragen, wurde man erst zu einem sehr späten Zeitpunkt gewahr. Der Dämonisierung Saddam Husseins war das visionäre Credo einer Neuen Weltordnung komplementär, »in der die Herrschaft des Gesetzes und nicht die Herrschaft des Dschungels das Verhalten von Nationen leitet«[22]. Es setzte also ein ähnlicher Moralisierungsprozeß ein, wie er auf irakischer Seite auch zu beobachten war. *Die Neue Weltordnung war das Pendant zu dem von Saddam Hussein propagierten Heiligen Krieg.* Was anfangs aber eine Art Hyperventilation persönlicher Empörung war und insbesondere dem manichäischen amerikanischen Perzeptionsmuster entsprach, das nur den Bad Guy und den Good Guy, nicht jedoch den Grey Guy kennt, führte in letzter Konsequenz dazu, [...] Gegners zu variablen Größen [...] ed States and the international [...] sure what Washington's goals [...] aatliche Souveränität Kuwaits [...] einer neuen Weltordnung ver- [...] Notwendigkeit einer Entwaffnung am Golf — unabhängig [...] k einer aus eigener Kraft nicht [...] chgeben konnte für den Irak [...] erwies sich die Propagierung [...] nherein knüpfte sich aus Grün- [...] ler Zwang, es nicht bei einem [...], sondern sich nach dem Ende [...] auerhaften Friedensordnung in [...] nit den immer neuen Investitio- [...] r Zwang zum Erfolg eskalierte. [...] erungen nach bedingungslosem [...] tprofilierung Saddam Husseins [...] Trotz einer Reihe von Vermittlungsbemühungen, die auf eine Lösung zum beiderseitigen Nutzen zielten, entwickelte sich ein Nullsummenspiel, in dem der Erfolg der einen Seite nur die Niederlage der anderen bedeuten konnte.

Lektionen aus der Golfkrise und Problemfelder des Krisenmanagements

Bilanziert man die Golfkrise über beide Phasen hinweg, so lassen sich fünf Hauptursachen für das Versagen des Krisenmanagements benennen:

1. Das Fehlen eines glaubwürdigen Abschreckungssystems auf regionaler Ebene.
2. Defizite im Bereich der Informationsgewinnung, -verarbeitung und des gegenseitigen Verstehens der Interessenlagen.
3. Ein grundsätzlicher Mangel an Optionen für raumfremde Akteure zur Intervention in der regionalen Phase der Krise.

4. Die Entpolitisierung der Politik durch die Moralisierung der Krise.
5. Der aus der Investition von Prestige, Mitteln und Zeit resultierende Zwang zum Erfolg.

Abschreckung und Krisenmanagement.
Da es keinen militärischen Bipol zum irakischen Streitkräftepotential gab, lag das Heft des Handelns vor dem Einmarsch ausschließlich in der Hand Saddam Husseins. Die unausgewogene Machtbalance barg die latente Gefahr in sich, daß sich trotz des beschworenen Mythos von der arabischen Einheit innerarabische Gegensätze zu gegebener Zeit in einem Waffengang entladen könnten. Die Anwendung von Gewalt als Mittel der Politik war durch das Fehlen eines glaubwürdigen Abschreckungs- bzw. Sicherheitssystems strukturell vorgezeichnet.
Die Wahrscheinlichkeit zwischenstaatlicher Gewaltanwendung war gerade deswegen so signifikant hoch, da sich militärische Macht in der Hand eines Mannes mit dem Persönlichkeitsprofil Saddam Husseins konzentrierte, »kein Mann von Halbheiten, zum Kompromiß kaum bereit. Politik war für ihn nie die Kunst des Möglichen, vielmehr ein bitter ernstes Spiel um Alles oder Nichts. Für ihn gibt es nur Sieg oder Niederlage, er will Held oder Märtyrer sein, Zwischenlösungen kennt er nicht, und erst recht gibt es für ihn kein Zurück«[24].
Auch wenn sich die Fähigkeit zur adäquaten Abschreckung nicht allein in militärischer Macht erschöpft und diese noch keine Garantie für eine friedliche Beilegung zwischenstaatlicher Differenzen darstellt, bedingt sie aber doch zwangsläufig einen größeren politisch-diplomatischen Handlungsspielraum im Vorfeld der Gewalt. Streitkräfte haben als Versicherungspolice gegen politische Erpressungsversuche insofern im Rahmen des Krisenmanagements eine unverzichtbare Funktion. »Denn wenn der Begriff des crisis management einen Sinn haben soll, dann kann er nicht in einer schlichten politischen Kapitulation bestehen«[25].
Deutlich wurde die Notwendigkeit, Sicherheitssysteme auf regionaler Ebene zu implementieren. Im regionalen Kontext dürften sich die Bedingungen von Sicherheit aufgrund vieler lokaler und kultureller Gemeinsamkeiten und gleichartiger Interessen leichter definieren lassen. Ein erster Schritt wäre die Institutionalisierung von Konsultation und Kooperation als Elemente vertrauensbildender Prozesse.

Zur Adäquanz von Aufklärung und Krisenentscheidungen
Eklatante Defizite im Bereich der Informationsgewinnung, aber auch mangelhafte Analysen vorliegender Informationen haben auf beiden Seiten falsche Lagebeurteilungen bedingt. Weder hielten die USA einen irakischen Einmarsch für denkbar, noch rechnete der Irak mit einer solch konzertierten und massiven internationalen Reaktion. In den USA trug die Konfusion wahrscheinlich sogar dazu bei, von einem frühzeitigen Eingreifen abzusehen. Lange Zeit herrschte völlige Unklarheit darüber, was am Golf tatsächlich vor sich ging. Krisenentscheidungen hängen aber ganz wesentlich von der Qualität und der Quantität relevanter Aufklärungs- und Analyseergebnisse ab.

Die Golfkrise hat gezeigt, wie notwendig eine systematische Überwachung und Aufklärung krisenhafter Entwicklungen ist. Informationsgewinnung darf sich dabei nicht auf selektive Quellen beschränken, sondern muß eine »all-source-analysis« sein. Daten und Informationen, wie sie technische Aufklärungsmittel (z.B. Satelliten) liefern können, reichen allein nicht aus, Diagnosen über Intention und Bereitschaft politischer Entscheidungsträger zur Anwendung von Gewalt zu geben. Krisenmanagement kann weder auf human intelligence noch auf Expertisen verzichten, die Aufschluß über den Gegner, seine Motivation und seine Psyche geben. Erst die Fähigkeit, sich in den Gegner hineinzudenken und ihn zu verstehen, ist das notwendige Korrektiv eigener Krisenentscheidungen.

Die Golfkrise sollte aber auch Anlaß sein, Krisenorganisationen auf ihre Anfälligkeit für individuelles Fehlverhalten zu überprüfen. Charakteristisch für die Krise ist, daß wegen des hohen Zeit- und Entscheidungsdrucks politische Systeme dem Phänomen der Kontraktion unterliegen: Prozesse, Abläufe, Verfahren und Zuständigkeiten reduzieren sich auf elementare Funktionen und nur wenige Personen. Hierdurch aber steigt die Bedeutung von Einzelpersonen im Gesamträderwerk. Individuelle Fehler haben ungleich weitreichendere Konsequenzen als dies normalerweise der Fall ist. In Hinsicht auf die Optimierung eines Systems für das Krisenmanagement müssen daher strukturelle Schwachstellen einer Krisenorganisation und politischer Schaltstellen identifiziert werden, um organisatorisch sicherzustellen, daß aus individuellen Fehlern resultierende Risiken minimiert werden. Konkret könnte dies durch eine weitestgehende institutionelle Entkopplung der Zuständigkeit von Routinepolitik einerseits und Krisenpolitik andererseits erreicht werden. Wo dies nicht möglich ist, weil — wie oben ausgeführt — Fach- und Sachkompetenz nicht verzichtbar sind, müßten zumindest strukturelle Redundanzen vorhanden sein, mit Hilfe derer sich ein synergetischer Effekt erzielen und die Fehlerwahrscheinlichkeit verringern ließe.

Die Multidimensionalität von Krisenentscheidungen
Krisenmanagement darf nicht ausschließlich in der Polarität einer außenpolitischen Duellsituation begriffen werden. Wie die Golfkrise gezeigt hat, bestimmen auch Ziele, die nicht notwendigerweise direkt mit dem Gegner zu tun haben, das Handeln der Akteure. Gewiß waren die USA des Öls, Israels und der Verletzung des Völkerrechts wegen am Golf. Allerdings sind neben diese Primärziele weitere getreten, die sich zwar als Destillate des Krisenprozesses erst im Laufe der Zeit ergaben, sich dann aber teilweise katalysierend bei der Entscheidung für eine militärische Lösung auswirkten. So bot die Golfkrise den USA u.a. auch Gelegenheit, den weltpolitischen Führungsanspruch zu demonstrieren, die Kooperationsbereitschaft der UdSSR zu testen und militärische Verstärkungsplanungen zu überprüfen. Die Golfkrise war also auch Medium für Dinge, die gar keinen unmittelbaren Bezug zur eigentlichen Krise hatten.

Es ist wichtig zu erkennen, daß Krisenentscheidungen einem kybernetischen Ablaufmuster unterliegen: Soll-Ist-Vergleiche zwischen Beabsichtigtem und Erreichtem und sich laufend ändernde Rahmenbedingungen zwingen permanent zur Korrektur, Neuformulierung oder Aufgabe von Zielen und Methoden. Jede Krisenentscheidung wird zu einem neuen Stimulus für einen weiteren Entscheidungsprozeß. Eine besondere Gefahr geht von unerwünschten Nebeneffekten von Krisenentscheidungen aus. Krisenentscheidungen wirken sich nämlich nicht zwangsläufig nur bei der jeweils anvisierten Zielgruppe aus, sondern können auch Dritte zu unerwünschten Reaktionen veranlassen. Mit der frühzeitigen Truppenentsendung wollte Washington dem politischen Führungskredit gerecht werden und der Welt ein Signal der Entschlossenheit senden. Dies ist den USA auch gelungen. Gemessen an der Wirkung, die sie beim Gegner auslöste, war die Maßnahme aber fatal: sie ermöglichte es Saddam Hussein, in eine neue Rolle zu schlüpfen.

Die Rolle der Medien
Die Bedeutung der öffentlichen Meinung in bezug auf Krisenmanagement wirft zwangsläufig die Frage auch nach der Rolle der Medien als dem Bindeglied zwischen Politik und Öffentlichkeit auf. Die technisch perfektionierte Fähigkeit zur Echtzeitberichterstattung hat die Politik des Vorteils vergangener Tage beraubt, Krisenentscheidungen erst im nachhinein der öffentlichen Kritik aussetzen zu können.
Pluralistische Gesellschaften stehen hier vor einem besonderen Problem. Dort sind Berufsethos und Verantwortung des Journalisten in der Regel das Korrelat einer rechtlich grundsätzlich garantierten, ungehinderten Informationsgewinnung und unzensierter Berichterstattung. Diese findet ihre Grenzen allerdings dort, wo ein überwiegendes öffentliches oder schutzbedürftiges privates Interesse verletzt würde. Für die Krise läßt sich nur sehr schwer definieren, wann ein staatliches Interesse das öffentliche Bedürfnis an umfassender Information dermaßen überwiegt, daß ein Eingriff in das Grundrecht auf freie Meinungsbildung und Informationsbeschaffung gerechtfertigt wäre. In der Golfkrise wurde eine restriktive, teilweise manipulierende Informationspolitik betrieben, die heftig umstritten war. Sie hat sich letzlich aber unter dem Gesichtspunkt bewährt, daß der eigene politische Handlungsspielraum nicht durch einen »hausgemachten« Druck der Öffentlichkeit eingeengt wurde. Diese Medienpolitik diente dazu, einen von einem drohenden Militäreinsatz ausgehenden Selbst-Abschreckungseffekt zu verhindern. Dieses Ziel wurde im großen und ganzen erreicht. Dabei waren die Umstände vergleichsweise günstig: Die räumliche Entfernung vom Krisenherd und das sterile Umfeld einer menschenleeren Wüste ließen in Europa und den USA die drohende Konfrontation eher als Sandkastenspiel erscheinen, von dem keine unmittelbare Bedrohung ausging. Die Berichterstattung konnte denn auch, spätestens als die Militärs die Regie vor Ort übernahmen, ganz in den Dienst politischer und militärischer Notwendigkeiten gestellt werden. Derart günstige Voraussetzungen sind nicht immer zu erwarten. Es empfiehlt sich daher, Überlegungen anzustellen, wie Informationsbedürfnis und politisches Interesse in der Krise in Einklang zu bringen sind. Ein Appell an das Verantwortungsbewußtsein des Journalisten allein dürfte in Anbetracht der beruflich-kommerziellen Zwänge, denen dieser unterliegt, keine geeignete Lösung des Problems bedeuten.

Das System der kollektiven Sicherheit und Krisenmanagement
Das Krisenmanagement hat in der Golfkrise aber auch gerade deswegen versagt, weil das arabische Umfeld strukturell unfähig war, ein gewaltsames Vorgehen des Irak aus eigener Kraft zu verhindern und manifeste Ressentiments ein präventives Eingreifen von außen nicht erlaubten. Dies wirft die Frage nach den Möglichkeiten der UNO im Rahmen des Krisenmanagements auf.

Ihre Rolle in der Golfkrise wird gegenwärtig noch immer kontrovers diskutiert. Mit den zwölf bis zum Angriff der Koalition verabschiedeten Resolutionen hatte die UNO unbestreitbar Anteil an der Wiederherstellung der Souveränität Kuwaits. Allein das Produkt aber zu sehen hieße, die ebenfalls sichtbar gewordenen Schwächen des Systems der kollektiven Sicherheit zu ignorieren.

Auch die Vereinten Nationen haben den irakischen Einmarsch in Kuwait nicht verhindern können. Darüber hinaus haben sie das Geschehen am Golf zwar legalisiert, nicht aber diktiert. Je mehr sich die Akzente in Richtung auf eine militärische Lösung verschoben, desto mehr begab sich die UNO der Kontrolle und Steuerung der von ihr autorisierten Maßnahmen. In der Diktion der Resolution 678 wird dies besonders deutlich. Darin wurden die Mitgliedsstaaten angewiesen, mit Ablauf des Ultimatums alle erforderlichen Mittel einzusetzen, um die Besetzung Kuwaits rückgängig zu machen. Damit hat aber die UNO die Entscheidung über die Einstellung oder Fortsetzung der Ermattungsstrategie mittels Sanktionen bereits sehr früh aus der Hand gegeben. Die Tatsache, daß der Abschluß der Angriffsvorbereitungen zeitlich mit dem Ultimatum korrespondierte, läßt keinen Zweifel daran, daß die Entscheidung über das »Ob« und »Wann« einer militärischen Offensive in Washington und nicht in New York getroffen wurde. Mehr als eine assistierende Rolle wurde der UNO nicht zugestanden; sie wurde und hat sich selbst auf eine elegante Art ausmanövriert.

Dabei hat die Golfkrise sehr deutlich gemacht, daß die Aufgabe, den Weltfrieden zu wahren, mehr denn je nur gemeinsam zu leisten sein wird. Zweifelsohne verlangt dies mehr als nur die Fähigkeit zum kollektiven Krisenmanagement. Waffenproliferation, ökologische Risiken, Überbevölkerung und der Nord-Süd-Gegensatz sind Synonyme für globale Probleme und Risiken, deren gemeinsame Lösung im Rahmen der UNO erst die Bedingungen eines dauerhaften Friedens schafft. Während sich Fortschritte in diesen Bereichen aber nur langfristig erzielen lassen, wird die nächste Krise nicht lange auf sich warten lassen. Die latenten Gefährdungspotentiale internationaler Sicherheit dulden in Verbindung mit den Erfahrungen der Golfkrise keinen Aufschub, die UNO besser zur Friedenssicherung und ggf. auch zur Friedensdurchsetzung zu befähigen.

Rechtliche, organisatorische und politische Gegebenheiten, die heute noch die Funktionsfähigkeit beeinträchtigen, müssen überdacht und adaptiert werden. Hierin liegt aber nicht der einzige Schlüssel zum Erfolg.

Ausgangspunkt jeglicher Reformen muß die Erkenntnis sein, daß die UNO grundsätzlich nur so effektiv sein kann, wie ihre Mitglieder eine Monopolisierung bislang staatlicher Macht auf der supranationalen Ebene akzeptieren und bereit sind, die UNO mit entsprechenden Kompetenzen und Mitteln auszustatten.

Es wäre auch falsch, Friedenssicherung als auschließliche Domäne der UNO zu begreifen. Wie es die Charta der UNO vorsieht, sind Bedrohungen des Friedens entsprechend dem Subsidiaritätsprinzip zunächst in regionalem Kontext abzuwenden. Regionale Sicherheitssysteme gilt es gerade deswegen zu stärken, weil sie aufgrund gemeinsamer lokaler, politischer und kultureller Interessen gemeinhin größere Einflußmöglichkeiten haben. Die UNO kann und sollte nicht mehr als nur die letzte Instanz zur Friedenswahrung sein.

Trotzdem beeinträchtigen gegenwärtig auch noch eine Reihe konkreter Schwachstellen die Fähigkeit der UNO zur Krisenbewältigung:

1. Obwohl das Völkerrecht im Dienst der Krisenbewältigung steht, fehlt noch ein eigenständiges Krisenrecht. »Die Verwendung des Wortes Krise als subsumierbares Tatbestandsmerkmal eines völkerrechtlichen Satzes sucht man im Völkerrecht vergebens«[26].
Orientiert an einer Recht-Unrecht-Dichotomie kann die UNO meist erst nach einem erfolgten Rechtsbruch aktiv werden. In der Krise ist sie in der Regel zur Untätigkeit verdammt.

2. Es muß der Antagonismus überwunden werden, der zwischen dem Gebot der Nichteinmischung in innere Angelegenheiten eines Staates und der Pflicht zur Wahrung der Menschenrechte besteht. In Anbetracht der Tatsache, daß in bezug auf internationale Sicherheit andere Dimensionen als die militärische an Bedeutung gewinnen und sich auch die Akteure ändern, ist es fraglich, ob eine neue Weltordnung noch auf dem Verständnis der Welt als Staatenwelt beruhen kann, oder ob nicht die Orientierung an Individualrechten diese Ordnung definieren muß.

3. Ordnungsprinzipien und Konsultationsmechanismen müssen überdacht und relativiert werden. Konsens als das dominierende Prinzip von Willensbildung und Entschlußfassung in der UNO wird sich in künftigen Krisen kaum so leicht erzielen lassen, wie dies in der Golfkrise wegen der Deutlichkeit des Rechtsbruchs durch den Irak möglich war. Hieraus resultiert die Forderung nach mehr Kompetenz, Autonomie und Autarkie für die UNO.

4. Schließlich müssen aber auch die instrumentellen Möglichkeiten zur praktischen Umsetzung von UNO-Beschlüssen wesentlich verbessert werden. Dies umfaßt eine ganze Palette von Erfordernissen:

* Die UNO muß die Fähigkeit der systematischen Überwachung destabilisierender Entwicklungen erhalten, um selbständig und präventiv reagieren zu können.
* Eine Verfeinerung der diplomatischen und justiziären Verfahren zur Streitschlichtung tut Not. Hierzu zählen »gute Dienste«, Vermittlungsdiplomatie, Untersuchungskommissionen, Schlichtungs- und Rechtssprechungsverfahren.
* Die Methoden zur Durchsetzung, Überwachung und Evaluierung von Sanktionen gilt es zu verbessern.
* Der UNO müssen seitens der Mitgliedsstaaten Streitkräfte assigniert werden, auf die sie verzugslos Zugriff hat. Pläne für die Bereitstellung von Mitteln und Leistungen im Rahmen von Zwangsmaßnahmen müssen erarbeitet werden.

* Das Military Staff Commitee, das derzeit hauptsächlich beratende Funktion hat, muß in die Lage versetzt werden, militärische Einsätze zu kontrollieren und zu führen.
* Fragen der Finanzierung, der logistischen Unterstützung und der Befehlsgewalt bedürfen der verbindlichen Regelung.

Zweifelsohne ließe sich die Mängelliste fortsetzen und diesbezügliche Reformen wären auch dringend geboten. Es muß aber noch einmal betont werden, daß der Schlüssel für eine funktionsfähige UNO in dem politischen Willen und der Bereitschaft der Staaten liegt, die UNO die ihr eigentlich zugedachte Rolle auch tatsächlich spielen zu lassen.

Schlußbetrachtung

In der Retrospektive muß die Frage, ob die Golfkrise ein Beispiel für Krisenmanagement ist, differenziert beantwortet werden. Bemißt man den Erfolg des Krisenmanagements in der Golfkrise lediglich am gewaltsamen Ausgang, hat das Krisenmanagement zweifelsohne versagt. Die Gründe dafür waren vielschichtig. Aufgrund spezifischer, u.a. das Verhältnis der Hauptakteure zueinander betreffender Faktoren, standen die Bemühungen um eine friedliche Regelung der Krise von vornherein unter keinem guten Stern. In Kombination mit Verstößen beider Parteien gegen oft beschworene Grundregeln für ein erfolgreiches Krisenmanagement, für die es aber auch verständliche Gründe gab, war eine auf die militärische Konfrontation hinauslaufende Logik der Ereignisse konstatierbar. Insofern stehen im Hinblick auf künftiges Krisenmanagement am Ende dieser Arbeit denn auch wohl mehr Fragezeichen als Antworten.

Der Golfkrise lassen sich aber auch positive Seiten abgewinnen. Erstmals ist es in der Nachkriegsära der Weltgemeinschaft gelungen, international verbrieftes Recht gegen einen Aggressor durchzusetzen. Sicherlich ist Skepsis angebracht, ob diese Opposition bereits einen Wendepunkt im internationalen System markiert, oder ob sie nicht einer zufälligen, »einmaligen Konstellation von Umständen, Interessen und Berechnungen«[27] entsprach und damit nur ein interessantes Intermezzo in der Geschichte der Kriegführung darstellt. Trotzdem wird die Golfkrise als Präzedenzfall einer gelungenen Durchsetzung der universellen Prinzipien des Völkerrechts im normativen Sinne dazu führen, bei künftigen Krisen denselben Maßstab anzulegen und dieselbe Solidarität einzufordern.

Im Sinne einer politischen Bilanz hat die Golfkrise exemplarisch sowohl die akuten Herausforderungen und Risiken, denen sich die Staatengemeinschaft zu stellen hat, als auch die zeitliche Dringlichkeit der Lösung dieser Probleme verdeutlicht. Die Golfkrise mahnt dazu, sich der drängenden Fragen anzunehmen, die den Termini Nord-Süd-Gegensatz, Waffenproliferation, Umgang mit den Ressourcen und Rolle der UNO implizit sind, und nicht vor ihrer Komplexität zu resignieren. Mit der durch den Ausgang der Golfkrise gezwungenermaßen jetzt anvisierten Nahostfriedenskonferenz ist ein erster kleiner Schritt getan, den Verheißungen einer neuen Weltordnung auch Taten folgen zu lassen. Will man in absehbarer Zeit also nicht wieder Gefahr laufen, nur Symptome viel tiefer liegender Konfliktursachen zu bekämpfen, so muß man der Versuchung widerstehen, sich auf den Lorbeeren des Sieges im Golfkrieg auszuruhen. Eine bloße Rückkehr zum tagespolitischen Alltag und Ignoranz gegenüber den durch die Golfkrise illustrierten Gefährdungspotentialen internationaler Sicherheit hieße, den politischen Impetus dieser Krise zu verkennen.

Anmerkungen

1 Vgl. Eberwein, W.D.: Krise und Konflikt — Zum Stand der Theorie, Research Papers der Universität des Saarlandes (Fachgebiet Sozialwissenschaften), Saarbrücken 1973, S. 3..
2 Raven, W.v.: Die Kunst, Konflikte zu meistern, in: Die politische Meinung, Heft 3/1968, S. 36..
3 Raven, a.a.O., S. 34..
4 Grewe, W.G.: Spiel der Kräfte in der Weltpolitik, Econ Verlag, Düsseldorf 1970, S. 616..
5 Ebd.
6 Steinbach, U.: Kein Weg aus der Krise — Der Nahe Osten in den achtziger Jahren, in: Außenpolitik, Jg 38, Heft 3, S. 270.
7 Tibi, B.: Das arabische Kollektiv und seine Feinde, in: Frankfurter Allgemeine Zeitung, Beilage »Bilder und Zeiten« v. 09.02.1991..
8 Encke, U.: Saddam Hussein, Wilhelm Heine Verlag, München 1990.
9 Hubel, H.: Die Rolle der Supermächte: Der Nahe und Mittlere Osten im Ost-West-Konflikt, in: Krell, G., u. Kubbig, W. (Hrsg.), Krieg und Frieden am Golf, Fischer Taschenbuchverlag, Frankfurt a.M., S. 52..
10 Chimelli, R.: Schadensbegrenzung ist die Parole, in: Süddeutscher Zeitung v. 20.08.90.
11 Hellmann, G.: Der Krieg um Kuwait, Katalysator einer neuen Weltordnung oder Vorbote neuer Konflikte, in: Aus Politik und Zeitgeschichte 2/1991, S. 15.
12 Sallinger vertritt in Bezug auf das Interview eine solche Position. Für ihn hat Glaspie versäumt, die Wahrscheinlichkeit einer amerikanischen Intervention darzustellen, und damit Saddam Hussein in dem Glauben gelassen, die USA hätten keine Meinung zu innerarabischen Auseinandersetzungen.
13 In diesem Zusammenhang sind zu nennen:
   * Am 12.02. bringt der neue Staatssekretär für Nah-Ost-Angelegenheiten, J. Kelly, in einer Unterredung mit Saddam Hussein das amerikanische Interesse an guten Beziehungen zum Ausdruck.
   * Am 12.04. versichern US-Senatoren in Bagdad, daß es keine Wirtschaftssanktionen gegen den Irak wegen der Menschenrechtsverletzungen geben wird.
   * Am 24.07. erklärt die Sprecherin des US-State-Departements, Tutwiler, vor der Presse, daß keine Verteidigungsabkommen oder Sicherheitsverpflichtungen gegenüber Kuwait bestehen.
   * Am 31.07. äußert sich Kelly vor einem Unterausschuß des Repräsentantenhauses in der gleichen Weise.
14 Zu nennen sind hier:
   * Die permanenten, öffentlich diskutierten Sanktionserwägungen in unterschiedlichen Gremien der USA.
   * Die Äußerung Verteidigungsminister Cheneys am 24.07., daß man Kuwait im Falle eines Angriffs zu Hilfe kommen würde.
   * Die diplomatischen Offerten und Noten ab dem 18.07., in denen die Bereitschaft zur Verteidigung der vitalen Interessen zum Ausdruck gebracht wurde.
15 Vgl. Lebow, R.: Between Peace and War, Johns Hopkins University Press, Baltimore 1981, S. 114 f.
16 Vgl. Cooley, J.K., Pre-War Gulf diplomacy, in: Survival, March/April 1991, S. 130 f.
   Siehe aber auch Sallinger, P./Laurent, E.: Krieg am Golf, Hanser Verlag, München 1991, S. 113. Dort wird der Wortlaut des Dekrets zitiert:
   »Der Westen hat seine Pflicht erfüllt, aber die arabischen Staaten unternehmen nichts: Die Vereinigten Staaten haben viele Waffen an diese arabischen Staaten verkauft, besonders an Ägypten. Wenn sie nicht reagieren und in der Kuwaitaffaire klare Position beziehen, dann müssen sie wissen, daß sie in Zukunft nicht mehr auf Amerika rechnen können.«

17 Plantey, A.: Quelques Reflexions sur le Traitement des Crisis, in: Strategique, Heft 22/1984, Übersetzung durch Bundessprachenamt, Auftragsnummer 73 251, S. 13.
18 Vgl. Deutsch, K.W.: Krisenkonzepte und Krisenmanagement in der Politikwissenschaft, in: Neuhold, H.P. (Hrsg.), Krise und Krisenmanagement in den internationalen Beziehungen, Stuttgart 1989, S. 68ff.
19 Siehe Stellungnahme O. Czempiels im Forum der Hessischen Stiftung für Friedens- und Konfliktforschung zur Golfkrise, in: Brock, L. u.a.: Krieg statt Fortsetzung der Politik?, Blätter für Deutsche und Internationale Politik 2/1991, S. 174.
20 Bertram, C.: Ein Krieg ohne Beisipiel, in: Die Zeit v. 01.03.91.
21 Dougherty, J.E. u. Pfaltzgraff, R.L.: Contending Theories of International Relations, Philadelphia 1971, S. 341 zit. nach Schellhorn, K.M., Krisen-Entscheidung, Verlag Beck, München 1974, S. 16.
22 Siehe Rede des amerikanischen Präsidenten G. Bush v. 16.01.91, veröffentlicht in Süddeutscher Zeitung v. 18.01.91.
23 Pfaff, W.: Mistakes in War-Making, in: Int. Herald Tribune v. 29.10.90.
24 Encke, U., a.a.O., S. 10.
25 Grewe, W.G., a.a.O., S. 617..
26 Wolfrum, R., Verbeugung und Bewältigung von Krisen im Völkerrecht, in: Neuhold, H.P. (Hrsg.), Krise und Krisenmanagement in den internationalen Beziehungen, S. 14.
27 Die ZEIT v. 25.01.91, S. 1..

Literaturverzeichnis

Brock, L. u.a.:	Krieg statt Fortsetzung der Politik? in: Hessische Stiftung für Friedens- und Konfliktforschung Frankfurt 1990.
Chimelli, R.:	Schadensbegrenzung ist die Parole, in: Süddeutscher Zeitung v. 20.08.1990.
Eberwein, W.D.:	Krise und Konflikt — Zum Stand der Theorie Research Papers der Universität des Saarlandes (Fachgebiet Sozialwissenschaften) Saarbrücken 1973.
Encke, U.:	Saddam Hussein, Heine Verlag, München 1990.
Greve, W.G.:	Spiel der Kräfte in der Weltpolitik, Econ Verlag, Düsseldorf 1970.
Hellmann, G.:	Der Krieg um Kuwait: Katalysator einer neuen Weltordnung oder Vorbote neuer Konflikte, in: Aus Politik und Zeitgeschichte 2/1991.
Krell, G. u. Kubbig, W. (Hrsg.)	Krieg und Frieden am Golf, Fischer Taschenbuch Verlag, Frankfurt a.M. 1991.
Lebow, R.:	Between Peace and War, Johns Hopkins University Press, Baltimore 1981.
Neuhold, H.P. (Hrsg.):	Krise und Krisenmanagement in den internationalen Beziehungen Stuttgart 1989.
Pfaff, W.:	Mistakes in War-Making, in: International Herald Tribune v. 29.10.90.
Plantey, A.:	Quelques Reflexion sur le Traitement des Crisis in: Strategique, Heft 22/1984, Übersetzung durch Bundessprachenamt (Auftragsnr. 73 251).
Sallinger, P., Laurent, E.:	Krieg am Golf, Hanser Verlag, München 1991.
Schellhorn, K.M.:	Krisenentscheidung, München 1974.
Tibi, B.:	Das arabische Kollektiv und seine Feinde, in: Frankfurter Allgemeine Zeitung, Beilage »Bilder und Zeiten« v. 9.2.91.

Der Golfkonflikt — Phase der militärischen Auseinandersetzung

Martin Braun

5. Planung und Verlauf der alliierten streitkräftegemeinsamen Landkriegsoperation

Bei der Betrachtung der streitkräftegemeinsamen Operation sollen die Landstreitkräfte im Mittelpunkt der Betrachtung stehen. Die Rolle von Luftstreitkräften, Seestreitkräften und Marine Corps sind in anderen Beiträgen intensiv behandelt.

Am 2. August 1990 wurde Kuwait vom Irak mit sieben Divisionen angegriffen. Nach nur neun Stunden brach der Widerstand Kuwaits zusammen. Der Irak besetzte und sicherte Kuwait City und die kuwaitischen Ölfelder. In den folgenden Tagen bis zum 6. August wurden die irakischen Streitkräfte verstärkt. Sie besetzten das gesamte Gebiet Kuwaits und marschierten an der Grenze zu Saudi-Arabien auf. Schließlich wurde die irakisch/saudische »neutrale Zone« besetzt.

Am 7. August lag eine Fortsetzung des Angriffs und die Wegnahme auch der saudiarabischen Ölfelder sowie der strategisch wichtigen Luftstreitkräftebasen durch den Irak im Bereich des Möglichen. Die irakische Präsenz in Kuwait betrug nun über 150.000 Soldaten in sechs Divisionen. 1.500 Panzer, 2.250 Schützenpanzer und 750 Artilleriegeschütze.

Am 7. August erhielt deshalb das CENTCOM (Central Command) des General Schwarzkopf den Auftrag, die unterstellten Streitkräfte in das Einsatzgebiet zu verlegen, zusammen mit den Streitkräften des Gastlandes sowie befreundeten, regionalen saudi-arabischen Streitkräften das saudi-arabische Gebiet gegen einen irakischen Angriff zu verteidigen und vorbereitet zu sein, weitere Operationen je nach den Erfordernissen durchzuführen.

Mit diesem Auftrag begannen konkrete Planung, Vorbereitung und Aufmarsch für eine alliierte streitkräfteübergreifende Operation, deren Verlauf in die drei Phasen Desert Shield, Desert Storm und Desert Proud aufgeteilt werden kann (vgl. Anl. 5/1). Der militärische Verlauf entwickelte sich von der Verlegung und Dislozierung über die Vorbereitung des Gefechtsfeldes zum 1.000-Stunden-Luftkrieg und schließlich zum 100-Stunden-Landkrieg, der in der Feuereinstellung und dem folgenden Waffenstillstand am 28. Februar 1991 seinen Abschluß fand.

Irak

Nach der Invasion Kuwaits stellte sich die Lage der irakischen Streitkräfte folgendermaßen dar: Präsident Saddam Hussein war der Oberbefehlshaber der gesamten Streitkräfte im Range eines Feldmarschalls. Die Land-, Luft- und Seestreitkräfte waren im »Revolutionären Kommandorat« vertreten, die Landstreitkräfte stellten jedoch die machtvollste Teilstreitkraft dar. Die Seestreitkräfte operierten als eine spezielle Komponente der Landstreitkräfte, die Luftstreitkräfte kontrollierten die Luftverteidigung. Die Streitkräfte bestanden insgesamt aus etwa einer Million aktiver Soldaten. Da während des Krieges gegen den Iran die allgemeine Wehrpflicht inkraftgesetzt worden war, konnten die Iraker auf eine beachtenswerte Anzahl an kampferfahrenen Reservisten zurückgreifen. Die Einsatzgrundsätze waren sowohl von britischen als auch von sowjetischen Vorbildern abgeleitet. Die Qualität der Führer der Streitkräfte litt unter dem obersten Auswahlkriterium der unbedingten Loyalität gegenüber Saddam Hussein; ein unverhältnismäßig großer Anteil der Spitzen des Führerkorps stammte aus Tikrit, seiner Heimatstadt westlich von Bagdad. Zahlreiche fähige Offiziere waren von höheren Kommandos ausgeschlossen, weil sie Schiiten waren.[1]

Der Irak verfügte über ca. 1.000.000 aktive Soldaten und 850.000 Reservisten. Die Landstreitkräfte waren gegliedert in sieben Korps, die sechs gepanzerte, vier mechanisierte, eine Gebirgs- und 49 Infanteriedivisionen führten. Weiter standen ein Korps der Republikanischen Garde mit sechs Divisionen und einer Kommandobrigade, zwei Special Forces Divisionen mit sechs Brigaden und zwei Raketenbrigaden zur Verfügung.[2] Das irakische Heer wurde von einem Führungsstab geführt. Die unterste Ebene für das selbständige Gefecht war die Brigade mit Panzerkräften, Panzergrenadieren und Infanterie.

Es bestanden reguläre Brigaden und Brigaden der Republikanischen Garde, letztere waren größer und mit besseren und schlagkräftigeren Waffen ausgerüstet. Reguläre Brigaden hatten im Gegensatz zu den Brigaden der Republikanischen Garde mit Ausnahme einer Mörserbatterie keinen integralen Artillerieanteil (vgl. Gliederungsbilder Anl. 5/2, 5/3, 5/4 und 5/5). Diese Landstreitkräftekomponenten hatten ca. 6.000 Kampfpanzer, 6.500 Schützenpanzer, 2.500 Aufklärungsfahrzeuge, 7.000 Artilleriegeschütze, zahlreiche Panzerabwehrwaffen, 300 Hubschrauber sowie Raketen des Typs Scud und Frog.

Die irakischen *Luftstreitkräfte* verfügten über ca. 750 Kampf- und 2.000 sonstige Flugzeuge, die von 24 Hauptflugplätzen und 30 aufgelockerten Feldflugplätzen aus operieren konnten. Das irakische Gebiet war durch ein zentralisiertes Flugabwehrsystem gesichert. Neben zahlreichen Radaranlagen und Flugabwehrkanonen waren ca. 300 SA-2- und -3-Flugabwehrraketensysteme im stationären Einsatz sowie ca. 144 SA-6-, 80 SA-8- und 60 Roland-Flugabwehrraketensysteme mobil einsatzbereit. Die *Seestreitkräfte* hatten mit Zerstörern, Fregatten, Korvetten, Raketen-, Patrouillen- und Torpedobooten insgesamt 43 Kampfschiffe.

Der Irak verfügte über umfangreiche Vorräte an chemischen Kampfstoffen, die sowohl mit konventionellen Artilleriegeschützen als auch mit Raketen verschossen werden konnten. Im Iran-Krieg waren Erfahrungen mit dem Einsatz chemischer Kampfmittel gewonnen worden, die damals nicht nur gegen Soldaten sondern auch gegen kurdische Zivilbevölkerung eingesetzt worden waren.

Am 15. Januar, dem Vorabend der alliierten Luftoffensive, waren 43 irakische Divisionen mit 142 Brigaden auf dem kuwaitischen Kriegsschauplatz präsent. Damit standen den Alliierten etwa 540.000 Soldaten mit 4.200 Kampfpanzern, 2.800 Schützenpanzern und 3.000 Artilleriegeschützen gegenüber. Ein Großteil der regulären Armee lag in sorgfältig ausgebauten Stellungen hinter einem breiten, von der Infanterie eingerichteten Sperrgürtel. Dahinter wurden relativ schwache Kräfte der regulären Truppen als taktische Reserven bereitgehalten. Im Raum Shaibah stand die hochmobile, bevorzugt ausgerüstete und hoch motivierte Republikanische Garde als operative Reserve (vgl. Gefechtsgliederung Anl. 5/6).

Der Irak versuchte den Krieg aus der strategischen Defensive mit dem Schwerpunkt Kuwait zu führen und zu entscheiden.

Hauptmerkmale dieser Option waren
— die statische Verteidigung entlang der Grenze Kuwaits und Iraks zu Saudi-Arabien einschließlich der Seelandungsabwehr mit den 43 Divisionen auf einer Breite der Frontlinie von rund 450 km und einer Tiefe von 150 km unter Inkaufnahme einer tiefen offenen rechten Flanke im Westen aus Mangel an verfügbaren Kräften;
— Bereithalten von drei Divisionen als taktischer und von sieben Divisionen der Republikanischen Garde unter Führung des vermutlich neu aufgestellten Hammurabi-Korps als operativer Reserve auf irakischem Territorium mit der Absicht, feindliche Einbrüche bei den Frontdivisionen zunächst mit den taktischen Reserven aufzufangen, die Kräfte mittels flankierendem Feuer abzunutzen und anschließend mit der operativen Reserve im Gegenangriff zu zerschlagen;
— Überwachen der nördlichen Staatsgrenzen zur Türkei und zu Syrien mit nur sehr schwachen Kräften;
— schwache Grenzsicherung unter Beachtung der topographischen Gegebenheiten mit vermutlich nur einer Brigade gegenüber Iran;
— Schutz der Hauptstadt Bagdad mit mobilgemachten Territorialverbänden;
— Konzentration der Luftverteidigung zum Schutz der strategisch wichtigen Verkehrs- und Industriezentren Basra, Bagdad, Mosul und Samara sowie der in Kuwait eingesetzten Landstreitkräfte;
— Erhalten der Einsatzfähigkeit vor allem der Republikanischen Garde, der Luft- und der Raketenstreitkräfte durch Auflockerungsmaßnahmen und passives Verhalten;
— Zurückhalten der ohnehin nur schwachen Seestreitkräfte in ihren Stützpunkten und in den Küstengewässern.

Die taktischen Einsatzgrundsätze forderten von den entlang der Frontlinie in Stellungen eingesetzten Kräften für die Verteidigung unter anderem:
— Einrichten einer Sicherheitszone vorwärts der FLOT (Forward Line of Own Troops, Linie vorderster eigener Kräfte);
— größtmögliche Nutzung natürlicher und künstlicher Hindernisse;
— größtmögliche Nutzung von Panzergräben und Wällen;

— Anlegen von Minensperren vor den Stellungen in einer Tiefe von bis zu 350 m, gemischt aus Panzerabwehr- und Schützenabwehrminen und verstärkt mit Stacheldraht;
— Einrichten starker vorgeschobener Verteidigungsstellungen;
— Verteidigung in der Tiefe und Sperren in der Tiefe;
— Bereithalten einer panzerstarken Reserve für Gegenangriffe;
— Einsatz von Panzern vorne, wenn sie zur Panzerabwehr benötigt würden;
— Einsatz von Panzerabwehrwaffen in der Tiefe und Lenkung von Feindpanzern in Räume, in denen sie durch flankierendes Feuer aus mehreren Richtungen zerstört werden sollten;
— Einsatz von Panzervernichtungstrupps im rückwärtigen Raum.

Die Verteidigung wurde in Brigadegefechtsstreifen, acht km breit und zehn km tief mit einer vorgelagerten Sicherheitszone, die mit Sicherungs- und Aufklärungskräften besetzt war, geführt. Eine Division setzte dabei zwei Brigaden vorne ein und hielt die dritte als »mobile« Brigade in Reserve. Die Bataillone bauten dreieckige Stellungen mit einer Seitenlänge von etwa 2.000 m aus, die mit Sandwällen befestigt waren. Die Eckpunkte waren durch je eine Kompanie besetzt, die restlichen Teile des Bataillons standen zusammen mit den unterstellten Kräften wie z.B. Panzern und Flugabwehrgeschützen in der Mitte (vgl. Skizze Anl. 5/7)[3]. Die Bataillonsstellungen waren in linearer Aufreihung Bestandteil des irakischen Sperrgürtels, der sich über 180 km von der Küste nach Westen zog. Aus Sicht der Angreifer bestand er zunächst aus verstärkten Stacheldrahtsperren, denen ausgedehnte Sperren mit Minen in großer Stückzahl und mit unterschiedlichen Auslösemechanismen folgten. Danach sollten Betonblöcke und verschweißte Metallstangen sowie mehrere bis zu drei Meter tiefe und zweieinhalb Meter breite Panzergräben, teils angefüllt mit ausgebrannten Fahrzeugen, Metallstangen und fernzündbaren Napalmbehältern oder mit Öl überschwemmt, den Vorstoß von Kampfpanzern aufhalten. Es folgten bis zu fünf Meter hohe aufgeschüttete Sandwälle (vgl. Skizze Anl. 5/8).

Entlang der kuwaitischen Küste waren die Sperrvorbereitungen weniger intensiv, weil der sumpfige Küstenstreifen als ungünstig für den Einsatz gepanzerter Fahrzeuge eingeschätzt wurde und weil die irakische operative Reserve für die Abwehr einer amphibischen Landung verfügbar war.

Die Koalition

Herausgefordert durch die Invasion Kuwaits durch den Irak und durch die UNO-Resolution vom 29.11.1990 legitimiert, schlossen sich nach dem Auftrag an CINCCENT im Laufe der Zeit insgesamt 39 Staaten zusammen, die bereit waren, mit Personal und/oder Material zu den multinationalen Streitkräften beizutragen (Aufstellung s. Anl. 5/9). Das mit Abstand stärkste Kontingent stellten die USA, sehr starke Anteile kamen aus Großbritannien, aus Frankreich, aus Saudi-Arabien sowie aus den anderen Staaten des Golfrates. Die meisten der im Kriegsgebiet präsenten Landstreitkräfte nahmen an den Gefechten gegen irakische Truppen auch aktiv teil, die übrigen verblieben in Saudi-Arabien, z.B. zum Schutz der islamischen Heiligtümer.

Der Auftrag an die US-Streitkräfte, dem sich die anderen Koalitionspartner anschlossen, lautete:

Für die Phase »Desert Shield«
Abgrenzung des Kriegsschauplatzes durch:
— Aufbau einer Verteidigungsfähigkeit in der Region, die Saddam Hussein von weiterem Vorgehen gegen Saudi-Arabien abhalten sollte;
— Aufbau und Integration der Koalitionsstreitkräfte;
— Verhinderung weiterer Vorstöße und Raumgewinne durch irakische Streitkräfte;
— Verteidigung des Territoriums von Saudi-Arabien;
— Durchsetzung der UNO-Saktionen;

Für die Phase »Desert Storm«
— Neutralisierung der irakischen Führungsfähigkeit bis in die nationalen Kommandoebenen hinein;
— Erringung der Luftherrschaft;
— Zerstören des nuklearen, biologischen und chemischen Arsenals, des Trägerpotentials und der Produktionsfähigkeit sowie der ballistischen Raketenkräfte (vgl. Anl. 5/10);
— Zurückschlagen der irakischen Streitkräfte aus Kuwait und Zerschlagen des irakischen Offensivpotentials einschließlich der Republikanischen Garden auf dem Kriegsschauplatz Kuwait;

Desert Storm war eine »joint and combined operation«, also eine alliierte streitkräftegemeinsame Operation.[4] Der Aufbau einer Führungsorganisation stellte deshalb eine der ersten und wichtigsten operativen Aufgaben dar. Nach amerikanischer Einschätzung zeigten Desert Shield und Desert Storm einen Forschritt hinsichtlich der teilstreitkräfteübergreifenden Zusammenarbeit zwischen Army, Air Force, Navy und Marine Corps. Diese war das ausdrückliche Ziel der Weiterentwicklungen der Airland-Battle-Doctrine in den letzten Jahren. Die zentrale Führung der Luftoffensive mittels des neu geschaffenen Joint Forces Air Component Commander (JFACC) wird als Erfolg bewertet. Die gemeinsamen Operationen waren unter anderem auch deshalb ein Erfolg, weil durch Improvisation nicht kompatible Planungs- und Führungsverfahren und -mittel überwunden und die Führung zentralisiert wurden.

Die Zusammenarbeit zwischen den Koalitionspartnern während des Golfkrieges war bemerkenswert, da viele der beteiligten Streitkräfte vorher niemals Gelegenheit hatten, gemeinsam zu üben. Wichtige Faktoren haben wohl den Weg zu derart schneller Kooperation und Interoperabilität geebnet: Kräfte aus NATO-Staaten konnten auf NATO-Einsatzverfahren zurückgreifen. Eine Tatsache, die besonders die Franzosen nachdenklich beurteilten. Bei anderen Koalitionspartnern wurden die Verbindungen und die Zusammenarbeit zwischen den US- und den arabischen Landstreitkräften z.B. durch den Einsatz von US-Verbindungsteams geregelt, deren sprachliche und regionale Kenntnisse es ihnen erlaubten, als Mittler zwischen sehr unterschiedlichen nationalen Streitkräften zu fungieren. Hinzu trat das Erfordernis, einige Koalitionspartner, z.B. die Syrer, in die Führungsstruktur einzubinden und gleichzeitig sicherzustellen, daß sie vom Informationsfluß in bestimmten Phasen abgekoppelt blieben. Der Aufbau und der Betrieb der Führungsorganisation zwischen den Koalitionspartnern war dennoch mit Problemen behaftet. Man mußte erkennen, daß nationaler Stolz, politische und öffentliche Empfindlichkeiten oft eine größere Rolle spielten als militärische Erfordernisse. Diese Tatsache führte zu Führungs- und Verbindungsstrukturen, die die Fähigkeit, den Auftrag erfolgreich auszuüben, eher erschwerten als ihn zu vereinfachen. Um die zahlreichen unterschiedlichen Truppenkontingente in einem Führungssystem vereinigen und effektiv führen zu können, griff die Koalition weitgehend auf Unterstellungsverhältnisse zurück, wie sie in der NATO auf der Grundlage des Dokuments MC 57 praktiziert werden. Dieses Dokument unterscheidet zwischen vier verschiedenen Unterstellungen: Full Command, Operational Command, Operational Control und Tactical Control (vgl. Anl. 5/11).

Anfangs gab es Diskussionen über die Frage, ob eine alliierte Streitmacht unter einem UNO-Oberkommando aufzustellen sei, die ihrerseits dem Sicherheitsrat unterstellt gewesen wäre. Dieses Modell scheiterte schließlich am amerikanischen Widerstand, US-Truppen der UNO zu unterstellen. Deshalb wurde in Übereinstimmung mit der UNO-Charta General Schwarzkopf, Commander in Chief CENTCOM mit Sitz in Florida und zuständig für den regionalen Bereich Südwestasien–Golf–Rotes Meer und damit für diesen Kriegsschauplatz, zunächst Oberbefehlshaber der Truppen im Rahmen von CENTCOM/Forward in Riad, Saudi-Arabien. König Fhad von Saudi-Arabien wollte den Oberbefehl über alle alliierten Truppen im Land haben. Erst nach einer Verpflichtung der USA zum Schutz Saudi-Arabiens im August stimmte er der Einrichtung eines Koordinationsausschusses zu, dem Schwarzkopf vorstand und in dem der Oberbefehlshaber der saudischen Streitkräfte, Generalleutnant Khalid Sultan als Co-Vorsitzender fungierte. Es wurde eine Führungsorganisation geschaffen, in der die amerikanischen militärischen Führungsinstanzen eine dominierende Rolle spielten und die gleichzeitig besonders saudi-arabische Empfindlichkeiten auffing. Die nationale Einflußnahme auf die jeweiligen Truppenkontingente war durch die Kommandostruktur bzw. Unterstellungsverhältnisse sichergestellt (vgl. Anl. 5/12), die Landstreitkräfte/Kontingente der Koalitionspartner wurden für Desert Storm den Bereichen ARCENT (Army Central Command), MARCENT (Marine Central Command), JFC-N (Joint Forces Command-North) und JFC-E (Joint Forces Command-East) zugeordnet (vgl. Anl. 5/13, 5/14; Gliederungsbilder US s. Anl. 5/15–20).

Planung und Vorbereitung

Die Invasion Kuwaits traf die amerikanischen Militärplaner nicht unvorbereitet. Eine Beurteilung der Lage im Herbst 1989 hatte eine Erhöhung der militärischen Fähigkeiten zur Verteidigung der Arabischen Halbinsel gegen nichtsowjetische Angriffe zur Folge. Das Golf-Szenario, allerdings unter der Annahme eines irakischen Angriffs bis nach Saudi-Arabien und in die Golf-Anrainerstaaten zur Wegnahme der strategischen Luftbasen, z.B. Bahrain, war seit 1986 Teil der Ausbildung amerikanischer Stabsoffiziere.

Weitere Planungen waren:
— Herausgabe einer »Defense Planning Guidance« (Planungsrichtlinie für Verteidigung) durch das US-Verteidigungsministerium im Januar 1990;
— Entwicklung einer Bedrohungsanalyse für diesen Raum durch CENTCOM im Frühjahr 1990;
— gleichzeitige Überprüfung und Überarbeitung der bestehenden Verteidigungspläne durch CINCCENT (Commander-in-Chief Central Command);
— Beurteilung der strategischen Fähigkeiten in einem »Joint Strategic Capabilities Plan«;
— Vorlage eines Concept Outline Plan (Planungskonzept) zur Genehmigung durch den Chairman of the Joint Chiefs of Staff;
— Erarbeitung des Operationsplanes 1002–90 und Überprüfung dieses Plans anläßlich der Übung »Internal Look« im Juli 1990. Dieser Plan enthielt noch keine spezifischen Weisungen für einen Aufmarsch.

Nachdem die politische Entscheidung zum Eingreifen gegen den Irak getroffen war, wurde der Operationsplan 1002–90 als Option ausgewählt. Er sah eine Absicherung des Raumes im Falle eines Ost-West-Konfliktes mit einem Monat Vorwarnzeit für das Pentagon vor und war für lediglich zweieinhalb Divisionen konzipiert, bildete aber dennoch für CINCCENT ein gedankliches Gerüst, auf dessen Grundlage er jetzt spezielle Varianten und vor allem Verlegepläne ausarbeiten lassen konnte.[5]
Als einer der wichtigsten Faktoren für den Erfolg der Koalition muß die Möglichkeit einer einsatzorientierten, teilweise monatelangen Ausbildung und deren hohe Qualität eingestuft werden. So bewährten sich z.B. die US-teilstreitkräfteinternen und die »joint« training centers ebenso wie Übungen vor der Verlegung mit realistischen Einsatzbedingungen für den Kriegsschauplatz in der Golf-Region.[6] Auch NATO-Übungen wie z.B. REFORGER halfen, die Standardverfahren und die internationale Zusammenarbeit zu entwickeln, die als Grundlage für die Operation am Golf eingestuft werden müssen. Darüber hinaus stellten die Übungen im Einsatzraum — mit mehrmonatiger Dauer für Truppen, die früh verlegt wurden, und nur über wenige Tage für einige Einheiten, die erst kurz vor Beginn der Kampfhandlungen eintrafen — eine wertvolle Vorbereitung dar. Die Truppen führten multinationale Übungen mit defensiven und offensiven Kampfhandlungen durch. Dazu zählten auch die amphibischen Landeoperationen des Marine Corps, die in der Presse große Beachtung fanden.

Weniger öffentlich, aber genauso wichtig waren die zahlreichen Übungen zum Öffnen von Sperren bei den Landstreitkräften. Hubschrauber übten Luftnahunterstützungseinsätze mit Heeresverbänden; US-Navy, Marine Corps und US-Air Force probten die Einsätze, die sie voraussichtlich während der ersten zwei Tage der Luftoffensive fliegen würden. Schießbahnen für Scharfschießen und den Einsatz scharfer Bomben wurden in der saudischen Wüste eingerichtet. Und schließlich wurden die Kampfeinheiten in der ABC-Abwehr gedrillt. Ziele dieser Ausbildungsanstrengungen waren die Optimierung des Selbstvertrauens der einzelnen Soldaten, das Vertrauen zu ihren Führern und zu den eigenen Waffensystemen. Die frühzeitige Zuordnung der Kampfunterstützungstruppen zu den Kampftruppen trug einen großen Teil zur Erreichung dieser Ziele bei.[7]

Trotz fehlender detaillierter Aufmarschplanung begann der über fünf Monate dauernde Aufmarsch der Landstreitkräfte bereits 10 Tage nach der politischen Entscheidung mit der Verlegung wesentlicher Truppenteile. Dieses war nur möglich durch den Rückgriff auf ein EDV-gestütztes, für den weltweiten Einsatz angelegtes Aufmarschverfahren, das zum Zwecke der Verlegung in die Golf-Region allerdings modifiziert werden mußte. Die Bewegungen wurden begünstigt durch eine ausgezeichnete Küsteninfrastruktur in Saudi-Arabien und anderen Golf-Anrainer-Staaten sowie durch leistungsfähige Flugplätze im Landesinneren. Eine frühzeitige Wegnahme dieser Basen durch den Irak hätte Desert Victory unmöglich gemacht.

Am 4. August wurden die ersten Marineeinheiten, die Flugzeugträger USS Eisenhower und USS Independence mit ihren Eskorten, in die benachbarten Gewässer befohlen. Drei Tage später wurde der erste Einsatzbefehl für Kampfeinheiten gegeben; die Maritime Prepositionning Squadrons 2 und 3 wurden von Diego Garcia und Guam in Marsch gesetzt. Am 8. August verlegte die 1. Tactical Air Wing ihre ersten F-15C-Flugzeuge in das Krisengebiet. Etwa gleichzeitig traf die Alarmbrigade der 82. (US) Airborne Division (AB Div) ein. Es folgte die 24. (US) Infantry Division (ID) (vgl. Zeitplan Anl. 5/21 und 22; Verteilung US-Truppen vor Aufmarsch Anl. 5/23). Der Schwerpunkt wurde zunächst auf die schnelle Verlegung von kampfkräftigen Truppenteilen aller drei Teilstreitkräfte und des Marine Corps gelegt, weil zu diesem Zeitpunkt die weitere Absicht Saddam Husseins noch nicht klar, eine Fortsetzung des Angriffs nach Saudi-Arabien jedoch möglich war und der Kampf um die strategisch wichtige Grenze gewonnen werden mußte. Dies führte zu einer zunächst eingeschränkten Logistik.[8]

Schrittweise begann das größte Verlegungsvorhaben der US-Streitkräfte (vgl. Anl. 5/24). Die Länge der logistischen Wege betrug von den USA über Europa in die Golf-Region ca. 14.000 km. Ohne die Flughäfen in Deutschland, Portugal und Spanien und ohne logistische Unterstützung in Europa wäre dieses nicht möglich gewesen. Erhebliche Mobilisierungsmaßnahmen waren erforderlich.[9] Trotz der beeindruckenden Einsatzzahlen waren die zivilen Transportflugzeuge nur eingeschränkt verwendbar. So war im Zuge des frühen Aufmarsches ein großer Anteil der Fracht so groß, daß sie nur mit militärischen Transportflugzeugen transportiert werden konnte. Hinzu kamen Be- und Entladeschwierigkeiten und mangelnde Ausbildung ziviler Crews im Umgang mit militärischem Material.

Die Verlegung von Bodentruppen anderer Staaten der Koalition begann im September (französische Kräfte ab 15.9., britische Kräfte ab 10.10.). Die Staaten des Golfrates hatten ihre Streitkräfte unmittelbar nach der Invasion in Alarmbereitschaft versetzt. Die Verlegung in den Norden Saudi-Arabiens erfolgte nur in langsamen Schritten. Der erste Teilaufmarsch mit ca. 230.000 Soldaten war am 7. Oktober abgeschlossen. Im November ordnete Präsident Bush die Verlegung der Verstärkungskräfte (Follow-on Forces) nach Kuwait an. Diese umfaßten eine weitere Division aus den USA und das in Europa stationierte VII. (US) Corps mit allen unterstellten Kampf- und Kampfunterstützungstruppen, drei zusätzliche Flugzeugträgerkampfgruppen, ein Schlachtschiff, die 3. Amphibious Group mit der 5. Marine Expeditionary Brigade, die II. Marine Expeditionary Force und 410 weitere Flugzeuge der US Air Force. Die schnelle Verfügbarkeit des VII. (US) Corps in Stärke von rund 71.000 Soldaten und 38.900 Frachtgütern (Ketten-, Radfahrzeuge, Container) erschien von großer Wichtigkeit für den Erfolg der Bodenoffensive. Weil dieses Personal und Material in Europa »vorwärts« stationiert war, konnte es sehr viel schneller auf den Kriegsschauplatz verlegt werden, als die Streitkräfte aus den USA.[10] Die Verlegung nahm dennoch etwa 45 Tage in Anspruch.

Der Wert von im Ausland in geostrategisch günstigen Positionen stationierten Truppen wurde unter Beweis gestellt. Insgesamt benötigte der Aufmarsch der Kräfte rund 5 1/2 Monate. Die Heranführung des mehr als 540.000 Soldaten umfassenden US-Kontingents war mit Kriegsbeginn im wesentlichen abgeschlossen.

Die multinationalen Streitkräfte waren mit ihren Hauptkräften in Saudi-Arabien entlang der Grenze zu Kuwait disloziert und hatten damit eine offen sichtbare, auf einen Frontalangriff gegen die irakischen Verteidigungsstellungen ausgerichtete Gefechtsgliederung eingenommen. Diese umfaßte zwei Heereskorps und ein Marineinfantriekorps mit insgesamt 15 Divisionen sowie 10 selbständige Brigaden und Regimenter (vgl. Anl. 5/25). Entlang der türkischen Grenze im Norden des Irak war die 5. (TUR) Armee zusammengezogen (vgl. Anl. 5/26).

In der Nacht vom 16. auf 17. Januar trat an die Stelle von Desert Shield die Operation Desert Storm. Um 0050 Uhr Ortszeit[11] begannen von Flugplätzen in Saudi-Arabien aus die ersten Einsätze von Koalitionsluftstreitkräften. Gleichzeitig erfolgte der Start von 220 Marschflugkörpern und eine breitangelegte Operation zur Lähmung der irakischen Führung und zur Ausschaltung der irakischen Luftabwehr. Apache-Hubschrauber unterstützten durch Ausschaltung von Frühwarnstationen entlang der Grenze. Bereits am Ende der ersten Kriegswoche zeichnete sich ein einseitiger Abnutzungskrieg aus der Luft ab. Die irakischen Luftstreitkräfte verhielten sich passiv. Der Aufmarsch der Koalitionslandstreitkräfte konnte nahezu ungestört abgeschlossen werden.

Am 25. Januar leitete der Irak Erdöl aus dem Ölterminal Mina al Ahmadi und aus Öltankern in den Golf und begann damit nach der Entzündung von Ölförderanlagen eine neue Art von »ökologischer« Kriegsführung. Die alliierten Lufteinsätze verlagerten sich allmählich auf die irakischen Truppen in Kuwait, mit Schwerpunkt gegen die Republikanische Garde im Norden. Am 30. begann der mehrtägige Kampf um die verlassene Stadt Khafji.[12] Am Ende der vierten Kriegswoche wurde die Zielsetzung

95

der Koalition deutlich, in den Bodenkampf erst mit der Aussicht auf so wenig Verluste wie möglich einzutreten und bis zu diesem Zeitpunkt die weitere Abnutzung des irakischen Militärpotentials und die damit verbundenen psychologischen Auswirkungen auf die irakischen Soldaten zu forcieren. Ab 17. Februar erfolgten im Rahmen der »battlefield preparations« (Vorbereitung des Gefechtsfeldes) durch die Landstreitkräfte Räumeinsätze gegen Minensperren sowie Einsatz der Rohr- und Raketenartillerie. Bei verschiedenen Vorstößen wurden erste Gefangene eingebracht.

Die Vorbereitung des Gefechtsfeldes für die Bodenoffensive dauerte 38 1/2 Tage und war so umfangreich wie niemals zuvor in einem anderen Krieg. Sie konzentrierte sich vor allem auf die Abriegelung des Operationsgebietes (Isolating the Battlefield), die Zerstörung der feindlichen Führungsfähigkeit, das Abschneiden der logistischen Verbindungen und der Rückzugswege, die Abnutzung der im Operationsgebiet eingesetzten, meist in Feldbefestigungen und Sperrsystemen ausharrenden irakischen Streitkräfte sowie die Zerstörung dieser Anlagen und bereitgehaltener Vorräte.

Hierzu wurden im wesentlichen die Luftstreitkräfte eingesetzt. Die Kampfkraft der irakischen Landstreitkräfte wurde um vermutlich 40–50 Prozent geschwächt. Nach US-Angaben wurden 3.000–4.000 gepanzerte Fahrzeuge und mehr als 1.000 Artilleriegeschütze zerstört und zahlreiche Verbände kampfunfähig geschossen (vgl. Anl. 5/27). Die irakische Kommandostruktur wurde in ihrer Führungsfähigkeit schwer getroffen und die Infrastruktur in starkem Umfang gelähmt.[13] Mit fortschreitender Zeit griffen die Landstreitkräfte immer stärker in die Vorbereitungen ein. So wurden neben Hubschraubereinsätzen zur Unterdrückung der feindlichen Flugabwehr Versorgungsbasen zur Unterstützung der folgenden Landoffensive errichtet, Sonderverbände zur Aufklärung und Nachrichtengewinnung sowie zum Befragen von Gefangenen eingesetzt, die Streitkräfte näher an die Grenze herangeführt. Nach dem Beginn der Kampfhandlungen führten auch Seestreitkräfte sowohl offensive als auch defensive Operationen durch. Flugzeuge der US Navy und des Marine Corps flogen Kampfeinsätze nach Irak und Kuwait, während Geschützfeuer Angriffe gegen Ziele an der Küste unterstützte. Amphibische Kräfte, die für einen Angriff bereitgehalten wurden, zwangen den Irak dazu, zusätzliche Divisionen für die Verteidigung der Küste zu binden und ließen den Irak über die tatsächlichen Absichten der Landoffensive im unklaren.

Alle diese Auswirkungen trugen entscheidend dazu bei, die von CENTCOM gestellten Bedingungen vor Eintritt in eine Landoffensive zu erfüllen und den Feind so zu schwächen, daß die Erfolgswahrscheinlichkeit bei geringen zu erwartenden Verlusten sehr hoch sein würde.

Nachdem Mitte Januar der Aufmarsch der Landstreitkräfte im wesentlichen abgeschlossen war, stand die Masse der Koalitionsstreitkräfte in Räumen südlich der Grenze Saudi-Arabiens zu Kuwait und führte Ausbildung und technische Anpassungen der Ausrüstung an die besonderen klimatischen Bedingungen durch. Diese Dislozierung[14] führte zwar zu der irakischen Erwartung eines frontalen Angriffs gegen den Schwerpunkt seiner Befestigungsanlagen im Süden Kuwaits, entsprach jedoch noch nicht der Absicht und Operationsplanung des CENTCOM für die Landoffensive.

Um dieser Absicht gerecht zu werden, mußten starke Truppenteile nach Westen verlegt werden, ohne daß der Feind diese Bewegungen aufklären konnte. Als die ohnehin geringen Aufklärungskapazitäten des Irak durch den Luftkrieg ausgeschaltet waren und die irakische Gefechtsgliederung sich auf die Verteidigung gegen den erwarteten Frontalangriff aus dem Süden festgelegt hatte, so daß eine rasche bewegliche Reaktion durch Verlegung von starken Kräften nach Westen ausgeschlossen war, marschierten das VII. und das XVIII. (US) Korps sowie eine Anzahl weiterer Koalitionskräfte mit insgesamt über 65.000 Fahrzeugen in ihre Ausgangsstellungen an der rechten Flanke der irakischen Streitkräfte. Dabei legte das XVIII. (US) Korps 250 Meilen, das VII. (US) Korps 150 Meilen zurück, wobei die gepanzerten Kettenfahrzeuge größtenteils auf Schwerlasttransportern verlegt wurden.

Diese Truppenbewegung, mit der bis Mitte Februar die Gefechtsgliederung eingenommen und die »Manöverelemente« aufgestellt wurden, veränderte die örtlichen Kräfteverhältnisse bedeutend und ließ den Operationsplan des Irak ins Leere zielen. Sie war eine der größten Verlegungen von Kampftruppen in der Geschichte und wurde rund um die Uhr über drei Wochen bis zum Beginn der Landoffensive durchgeführt. Der Marsch führte über meist unbefestigte Routen in der Wüste. Dies erschwerte sowohl den Marsch selbst als auch seine Planung und Führung. Die 24. (US) ID befand sich 14 Tage auf dem Marsch. Riesige Mengen an Versorgungsgütern wurden ebenfalls nach Westen verschoben. Die Versorgungseinrichtungen bevorrateten Material für 60 Tage. Einige von ihnen wurden sogar mehrmals verlagert, erst in den Westen und später, als die Offensive vorankam, weiter nach Nordwesten. Nach Abschluß der Verlegung am 23. Februar hatten die Koalitionsstreitkräfte, vom Irak nicht aufgeklärt, ihre Ausgangslage für die Landoffensive eingenommen.[15]

Der Landkrieg

CINCCENT wollte mehrere Bedingungen erfüllt wissen, bevor er dem US-Präsidenten den Einsatz der Landstreitkräfte empfahl:
— Reduzierung der irakischen zahlenmäßigen Überlegenheit um mindestens 50 Prozent;
— Herabsetzung der irakischen Kampfmoral und Einsatzbereitschaft;
— geeignete kulturelle Zeitpunkte;
— geeignete Wetterverhältnisse;
— erfolgreiche Täuschung des Gegners durch eigene Truppenverschiebungen zur Erlangung der günstigsten Ausgangslage.

Absicht von CINCCENT war es,
— durch Vortäuschung eines frontalen Angriffs zwischen Minagish und der Küste durch Kräfte von MARCENT und panarabische Streitkräfte und gleichzeitigem Angriff zur Vortäuschung einer kurzgesteckten Umfassung durch die 1. (US) Cavalry Division im Westen entlang Wadi al Batin die irakischen Kräfte in Kuwait frontal zu binden;

— zunächst durch eine massive weitausholende westliche Umfassung aus der Luft und auf dem Landweg mit dem XVIII. (US) Korps und dem VII. (US) Korps im Schwerpunkt aus der Linie Rafha — Hafar al Batin nach Nordosten den Euphrat zu nehmen und die Übergänge zwischen As Samawah und An Nasiryah zu halten;
— und danach unter starkem Flankenschutz nach Westen und Norden zum Angriff in Richtung Osten einzuschwenken, die irakischen operativen Reserven zwischen Basra und Kuwait City zu zerschlagen und die restlichen Kräfte in Kuwait einzuschließen.

Die Gesamtoperation der Landstreitkräfte zur Erreichung dieser Absicht kann in folgende fünf Phasen gegliedert werden:
I. Marsch in die einsatznahen Verfügungsräume.
II. Vorbereitung des Gefechts, Breschenschlag und Angriff gegen die vordersten Stellungen.
III. Angriff und Zerschlagung der taktischen Reserven.
IV. Zerschlagen der operativen Reserve Republikanische Garde.
V. Einschließung der Kräfte in Kuwait.

(Zum graphischen Operationsplan siehe Anlage 5/28.) Die Abbildung auf der rechten Seite zeigt, in welcher Truppeneinteilung und Gefechtsgliederung sich die irakischen Divisionen und nach abgeschlossener Truppenverschiebung die Streitkräfte der Koalition am 23. Februar entlang der Grenze gegenüberstanden.

Am 23. Februar standen sich entlang der Grenze die irakischen Divisionen und nach abgeschlossener Truppenverschiebung die Streitkräfte der Koalition in folgender Truppeneinteilung und Gefechtsgliederung gegenüber:
Ein Kampfkraftvergleich (s. Anl. 5/29) zeigt, daß zwischen dem Beginn des Luftkrieges und dem Beginn der Bodenoffensive durch die von den Luftstreitkräften erzielten Erfolge eine deutliche Verschiebung der Zahlenverhältnisse zugunsten der Koalition erfolgte. Bei Kampfpanzern betrug das Verhältnis jetzt 1:0,6 zugunsten der Koalition (statt 1:1,4), bei Artilleriekräften 1:0,5 (1:1,8), bei Panzerabwehrhubschraubern blieb es nahezu gleichmäßig bei 1:0,2. Eine genaue Aussage zum Verhältnis der Mannschaftsstärken ist aufgrund der ungesicherten Angaben über irakische Verluste während des Luftkrieges nicht möglich. Die Feindlagebeurteilungen legten bei den irakischen Divisionen die Personalstärke von US-Divisionen (15.000) zugrunde, obwohl diese tatsächlich oft nur 8.000 Mann betrug und durch Überläufer und Geflohene noch weiter reduziert war. Dies führte zu einer Überschätzung der feindlichen Kampfkraft.[16]
Die Zahlenangaben werden relativiert durch Gefechtswertfaktoren, die sich zuungunsten der irakischen Streitkräfte auswirkten. Sie verfügten über meist älteres, schlechter ausgestattetes Gerät, das dem der Koalition unterlegen war. Die Erfolge des Luftkrieges legten das Führungssystem des Irak nahezu lahm. Damit war ein der Lage angemessener Einsatz beweglicher taktischer oder operativer Reserven nicht mehr möglich. Die statischen defensiven Einsatzgrundsätze mit als »Festungen« eingegrabenen Panzern, Stellungssystemen und nur eingeschränkt beweglichen Reserven müssen in Ergänzung mit den stark eingeschränkten Aufklärungsmöglichkeiten mit einem geringen Gefechtswert beurteilt werden. Ein hoher Stellenwert muß den Auswirkun-

Abb. 1: Dislozierung vor Beginn Landoffensive

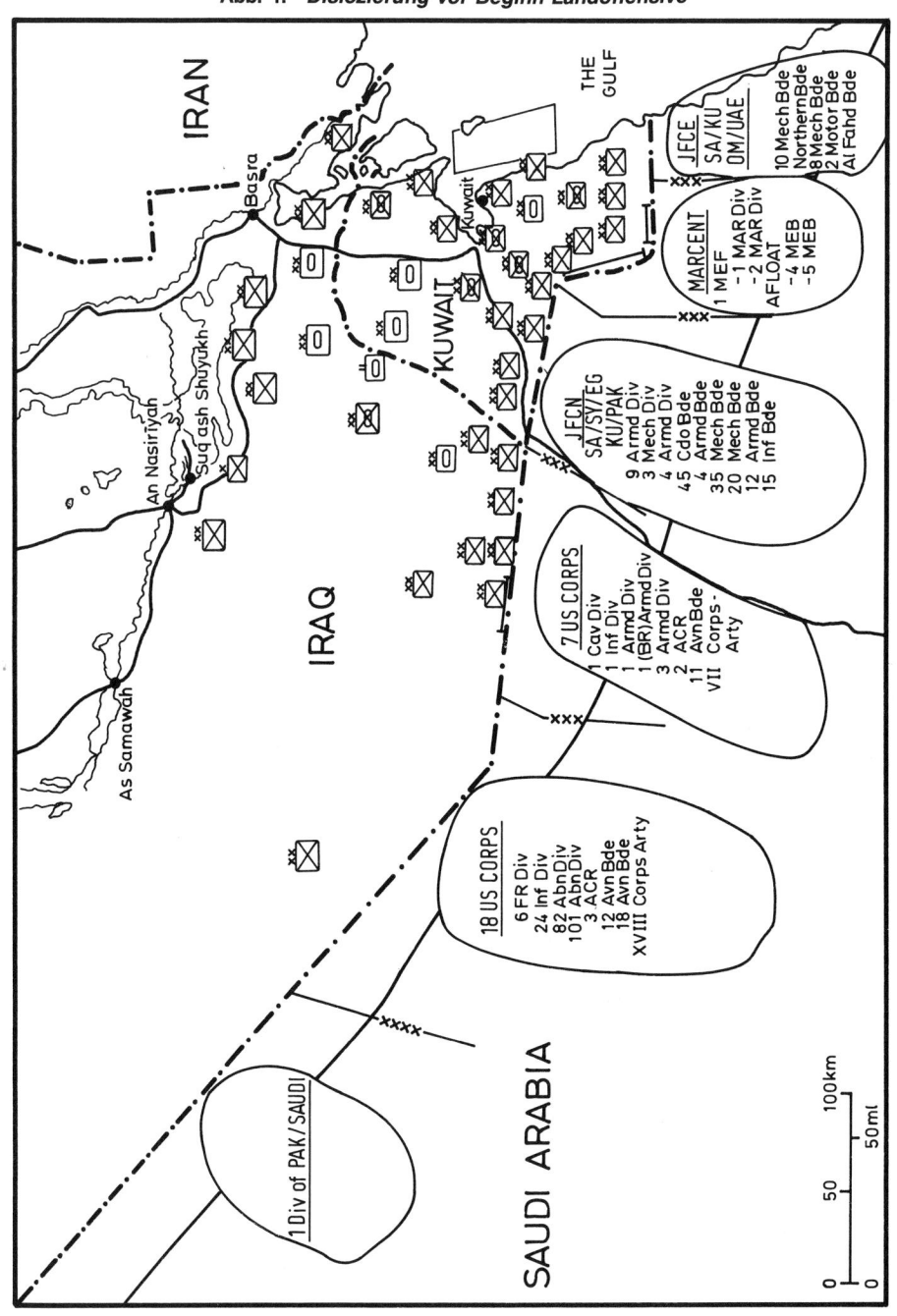

gen der ununterbrochenen Luftangriffe auf die Einsatzbereitschaft und Kampfmoral der Soldaten zugemessen werden, die zudem nicht kampferfahren, sondern kampfmüde waren.

Samstag, 23. Februar 1991 — Der Tag vor Beginn der Bodenoffensive
Der eigentlichen Bodenoffensive gingen vorbereitende Maßnahmen durch die Landstreitkräfte voraus. So erfolgten starke Artilleriefeuerschläge, Vorstöße über die Grenze mit Panzern und Hubschrauberverbänden und Täuschangriffe, besonders durch die 1. (US) CavDiv im Raum Wadi al Batin. Der Hauptangriff wurde durch das Schlagen von Breschen in den vom Irak als Panzerhindernis aufgebauten Sperrgürtel, vor allem im Raum des 3. (US) Armored Cavalery Regiment (ACR) und dem Beziehen einer Sicherungslinie zehn km nördlich der Ablauflinie vorbereitet. Zusätzlich wurden durch B-52 Luftangriffe weitere Breschen in den Sperrgürtel geschlagen. Am Samstag, 23.02.1991 vormittags erfolgte ein Vorausangriff der JFC-E mit einem Gefechtsverband. Durch Teile der 101. (US) Air Assault Division wurde überraschend eine erfolgreiche Luftlandeoperation in die Forward Operating Base (FOB) COBRA durchgeführt.

1. Tag — Sonntag, 24. Februar 1991 —
Die Bodenoffensive begann mit Überschreiten der Ablauflinie durch vorgestaffelte Kräfte um 0400 Uhr (H-Hour) im Bereich XVIII. (US) Korps, MARCENT und JFC-E.
Beim *XVIII. (US) Korps* nahm die verstärkte Division Daguet das Zwischenziel der Division, Objective ROCHAMBEAU. Gegen nur leichten Widerstand der Iraker erreichten Aufklärungskräfte bis zum Nachmittag das Objective WHITE. Die wegen starken Nebels erst verspätet angetretene 101. (US) Air Assault Div nahm FOB COBRA und verlegte bis zum späten Abend zwei Brigaden und 500 cbm Betriebsstoff in diesen Raum, um die Verteidigung der logistischen Basis und die Versorgung der Kampfhubschrauber sicherzustellen. Kampfhubschrauber begannen mit der Abriegelungsoperation gegen die feindlichen Verbindungswege im Euphrat-Tal. Die 24. (US) ID und die 3. ACR griffen nebeneinander entlang der rechten Grenze mit Angriffsrichtung Obj BROWN an und erzielten bis zum späten Abend einen 50 km tiefen Einbruch in den Irak. Die verminderte 82. (US) Airborne Div bildete die Korpsreserve.
Das VII. (US) Korps sollte nach ursprünglicher Planung erst am folgenden Tag antreten. Wegen des unerwartet geringen Feindwiderstandes und wegen der Erfolge des XVIII. (US) Korps und MARCENT wurde der Angriff jedoch vorgezogen. Hierzu stieß das 2. ACR am westlichen Rand des Sperrgürtels, der sich von der Küste 180 km weit nach Westen erstreckte, vorbei, umging damit die 48. (IR) Infantry Division (InfDiv) und erzielte bis zum Abend einen 70 km tiefen Einbruch. Am Nachmittag schlug die 1. (US) ID Breschen in die an dieser Stelle nur aus Stacheldraht bestehenden westlichen Ausläufer des Sperrgürtels vor der 48. (IR) InfDiv. Zwei Brigaden griffen durch die geschaffenen Lückenwege an und bildeten einen 15 km tiefen »Brückenkopf« nördlich des Sperrgürtels. 60 Rohrartilleriebatterien und zehn Raketenartilleriebatterien stellten die Feuerunterstützung sicher.

Abb. 2: Sonntag, 24. Febr., 0400 Uhr: Lage Angriffsbeginn

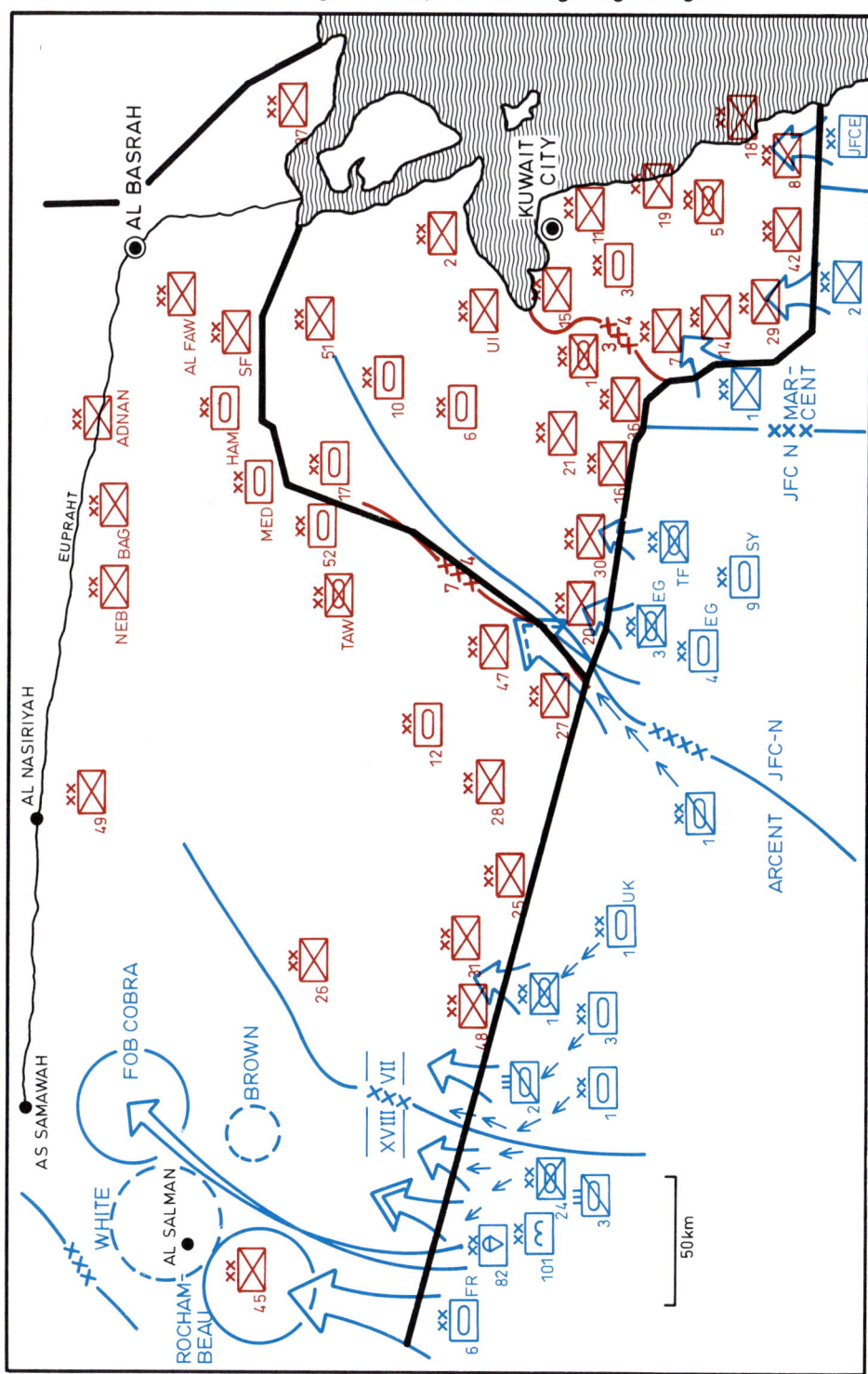

Die 1. und 3. (US) Armored Division (AD) folgten hinter der 2. ACR auf dem linken Flügel des VII. (US) Korps, die 1. (UK) armoured Division (Armd Div) marschierte aus dem Verfügungsraum RAY in den einsatznahen Verfügungsraum für ihren Angriff. Die dem VII. (US) Corps rückunterstellte und jetzt als Kriegsschauplatzreserve unter CENTCOM-Führungsvorbehalt stehende 1. (US) CavDiv erzielte unter Einsatz elektronischer Kampfmittel und mit umfangreicher Artillerieunterstützung einen 20 km tiefen Einbruch in den Wadi al Batin.

Beim *JFC-N* stießen die 3. ägyptische (EG) PzGrenDiv und die Task Force (TF) Khalid nach vorausgehendem Breschenschlag in den hier besonders tief und umfangreich angelegten Sperrgürtel nach Norden vor, mußten jedoch aus Mangel an Nachtsichtgeräten den Angriff bei Einbruch der Dunkelheit abbrechen.

Bei *MARCENT* stießen die verstärkten 1. und 2. Marine Division (MarDiv) mit Spitzen auf Al Jabba in 30 km Tiefe vor. Ein in diesem Gelände ohne große Entschlossenheit geführter Gegenangriff der 3. irakischen (IR) PzDiv konnte durch Luftnahunterstützung, Artillerie und Panzerabwehrlenkraketen abgewiesen werden. Um den Angriff von MARCENT durch eine Täuschoperation zu unterstützen, führte die 5. Marine Expeditionary Brigade (MEB) eine Landeoperation an der Küste südlich Khafji durch.

Das *JFC-E* durchstieß nach vorhergehendem Breschenschlag mit drei Task-Forces in Brigadestärke bis zum Einbruch der Nacht den Sperrgürtel.

Am ersten Tag der Landoffensive verliefen die Anfangsoperationen erfolgreicher als ursprünglich erwartet. Vier irakische Divisionen wurden überrannt, mehr als 14.500 Kriegsgefangene eingebracht.

2. Tag — Montag, 25. Februar 1991

Beim *XVIII. (US) Korps* griff in den frühen Morgenstunden die Division Daguet gegen leichten Feindwiderstand auf Obj WHITE (Stadt As Salman) an und nahm dieses bis zum Abend, während die 101. (US) Air Assault Div die FOB COBRA weiter ausbaute und hierzu ihre dritte Brigade bis Mitternacht heranführte. Eine der bereits am 24. Februar verlegten Brigaden nahm mit einer Luftlandung das Objekt SAND, um im Zusammenwirken mit Kampfhubschraubern und Starrflüglern, unterstützt durch Abriegelungseinsätze der Luftstreitkräfte die irakischen Versorgungswege zu unterbrechen und das Euphrat-Tal abzuriegeln.

Die 3. ID setzte nach Nehmen der Obj BROWN, GREY und RED gegen nur leichten Feindwiderstand den Angriff mit einer Brigade gegen Mitternacht unverzüglich auf Obj KELLY weiter fort, um die Voraussetzung für den Vorstoß auf Obj GOLD am nächsten Morgen zu schaffen. Die 3. ACR griff entlang der rechten Grenze weiter an und stellte somit den Flankenschutz für die 24. ID sicher, während die 82. (US) AB Div vorverlegt wurde und sich darauf einstellte, nach Rückunterstellung ihrer zweiten Brigade die Division Daguet im Obj WHITE abzulösen.

Beim *VII. (US) Korps* griff die links eingesetzte 1. (US) AD auf Obj PURPLE an, nahm dieses und säubert es vom Feind, während die 3. (US) AD rechts davon hinter dem 2. ACR vorbeivorstieß und bis zum Abend Obj COLINS nahm. Bei diesem

Abb. 3: Montag, 25. Febr.: 2. Kriegstag

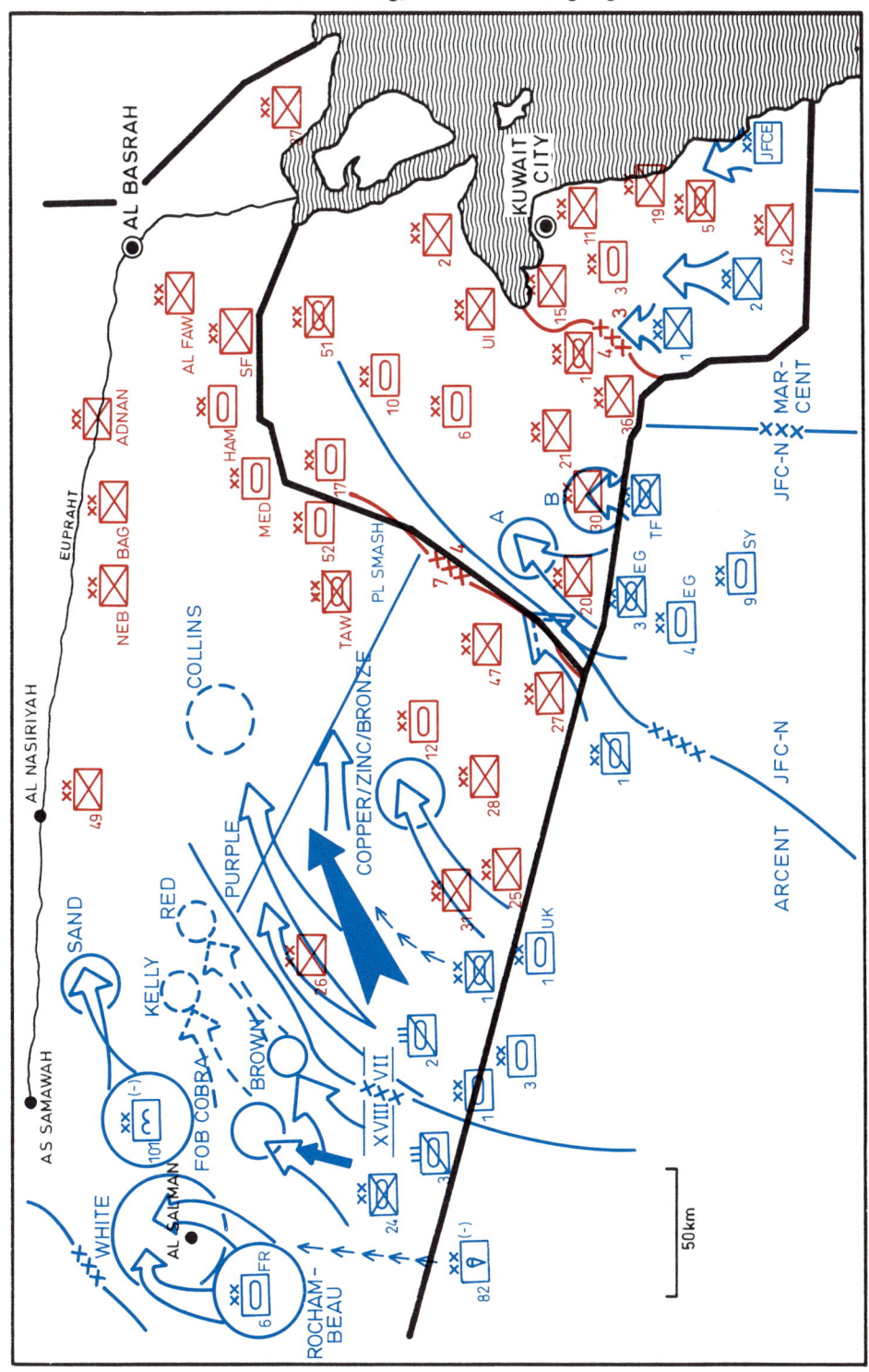

Angriff durchstießen die 1. und die 3. (US) AD die 26. (IR) InfDiv und zerschlugen sie völlig. Gleichzeitig stieß das 2. ACR gegen die 12. (IR) Panzerdivision (PzDiv) auf die Phase Line (zeitliche Koordinierungslinie) SMASH vor.
Die 1. (UK) Armd Div durchstieß mit dem Auftrag, die als taktische irakische Reserve eingesetzte 12. (IR) PzDiv zu zerschlagen und damit den Flankenschutz des VII. (US) Korps sicherzustellen, die von der 24. (US) ID geschaffenen Lückenwege zunächst mit der 7. und danach mit der 4. (UK) Armd Bde und griff daraufhin mit Aufklärung voraus und unter Flankenschutz aus dem Brückenkopf in nordostwärtige Richtung auf einer Breite von zehn Kilometern an. Die 7. (UK) Armd Bde durchstieß eingegrabene feindliche Infanterie im Raum ZINC und nahm Obj COPPER NORTH, während die 4. (UK) Armd Bde auf Obj BRONZE angriff.
Die 1. (US) ID folgte nach dem Angriff der 1. (UK) Armd Div mit zwei ihrer Brigaden hinter dem 2. ACR unter Zurücklassung einer Brigade zur Sicherung der Lückenwege durch die Sperranlagen. Sie hatte das Ziel, westlich gegen die Tawalkana Division eine Auffangstellung zu gewinnen. Die 1. (US) Cav Div brach nach 30 km Einbruchtiefe ihren Täuschangriff im Wadi al Batin ab und wurde danach als Kriegsschauplatzreserve bereitgehalten.
Beim *JFC-N* schufen die 3. und 4. (EG) PzDiv bis Mitternacht durch Öffnen von Lückenwegen durch die Sperranlagen die Voraussetzung für den Angriff auf Ob-ALPHA, während die TF Khalid auf Obj BRAVO angriff und dieses nahm. Obwohl bei MARCENT im Verlauf der Nacht die Angriffsgeschwindigkeit verringert wurde, um den Zusammenhang der Operationsführung mit dem linken (JFC-N) und dem rechten Nachbarn (JFC-E) aufrechtzuerhalten, erreichten Aufklärungskräfte bei Tagesanbruch des 26.02. bereits Vororte von Kuwait City. Die drei Task Forces des JFC-E setzten den Angriff planmäßig nach Norden fort.
Am zweiten Tag der Landoffensive erzielten die Streitkräfte der Koalition weiterhin solche Erfolge, daß die Ziele im wesentlichen erreicht wurden. Neun weitere irakische Divisionen wurden außer Gefecht gesetzt, die Summe betrug jetzt 13 Divisionen.

3. Tag — Dienstag, 26. Februar 1991

Die Witterungsverhältnisse dieses Tages waren besonders am Nachmittag und Abend, vor allem im Bereich des VII. (US) Korps, gekennzeichnet durch heftige Regenfälle und Sandstürme mit Windstärken bis zu 80 km/h. Das *XVIII. (US) Korps* schützte im Westen die linke Flanke von ARCENT mit der Division Daguet nach deren Ablösung durch die 82. (US) AB Div im Obj WHITE und unterband damit gleichzeitig eine Verstärkung der irakischen Kräfte auf dem KTO (Kuwait Theater of Operationskriegsschauplatz Kuwait) aus dem Raum Bagdad heraus, während die 101. Air Asslt Div FOB COBRA weiter ausbaute und mit einer Brigade weiterhin die feindlichen Verbindungs- und Versorgungswege unterbrochen hielt. An der rechten Grenze begann die 82. (US) AB Div die Sicherung des Obj GREY und schützte dadurch die rechte Flanke des Korps entlang einer Sicherungslinie. Am Nachmittag ergriff die 24. (US) ID mit der unterstellten 3. ACR nach logistisch bedingten Verzögerungen auf die Obj ORANGE und GOLD an und nahm diese bis zum Abend.

Abb. 4: Dienstag, 26. Febr.: 3. Kriegstag

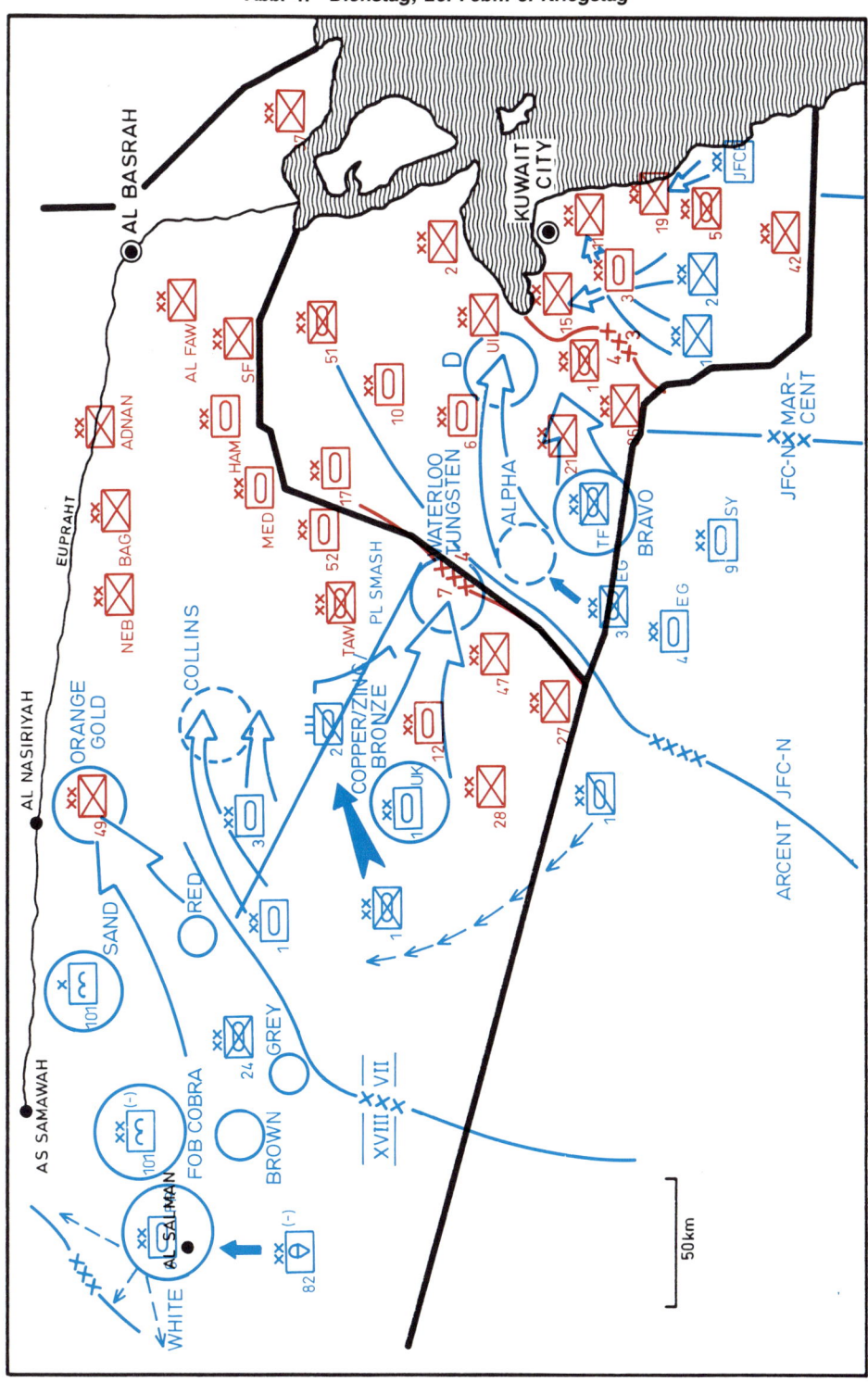

Das *VII. (US) Korps* stieß mit der 1. (US) AD von Obj PURPLE westlich an der 3. (US) AD vorbei auf Obj COLLINS vor und schloß mit den beiden Divisionen die Vorbereitungen für den Angriff auf die operative irakische Reserve, die Republikanische Garde, ab. Am Nachmittag und Abend griffen Kräfte der Tawalkana Division und der 12. (IR) PzDiv aus ostwärtiger Richtung das 2. ACR an und verwickelten dieses bei sehr schlechten Sichtverhältnissen vermutlich in die schwierigsten Panzergefechte des gesamten Krieges. Einige Kompanien mußten wegen Munitionsmangel aus dem Feuerkampf herausgelöst werden. Da eine Unterstützung durch Luftstreitkräfte und Kampfhubschrauber nicht möglich war, konnte erst ein über das 2. ACR hinweg geführter Nachtangriff durch die 1. (US) ID den Feindwiderstand brechen. Die 1. (US) ID hatte im Verlauf des Nachmittags die 2. ACR in Auffangstellungen entlang des ostwärtigen Teils der Phase Linie SMASH abgelöst und griff mit Einbruch der Dämmerung die Tawalkana Division im Obj NORFOLK an, wobei die unübersichtlichen Panzergefechte, die schon die 2. ACR führen mußte, ebenfalls ohne Luftunterstützung fortgeführt werden mußten. Das Angriffsziel wurde im Laufe der Nacht genommen. Gleichzeitig nahm die 1. (UK) Armd Div im Laufe des Tages mit der 7. Armd Bde Obj WATERLOO am ostwärtigen Ende der Phase Linie SMASH und mit der 4. Armd Bde Obj TUNGSTEN südlich davon. Hierbei wurde die 12. (IR) PzDiv aufgerieben.

Während eines Angriffs bei starkem Regen und schlechten Sichtverhältnissen wurden am Nachmittag irrtümlich zwei Schützenpanzer Warrior von einem Kampfflugzeug des Typ A-10 der US Air Force abgeschossen. Dabei fielen neun Soldaten. Am Nachmittag wurde der Auftrag der Division geändert und die Verfolgung befohlen. Die dem Korps wieder rückunterstellte 1. (US) CavDiv wurde als Korpsreserve in einen Verfügungsraum hinter die 1. (US) AD verlegt.

Bei *JFC-N* griffen die 3. (EG) PzGrenDiv und die 4. (EG) PzDiv im Laufe des Tages auf Obj DELTA an mit der Absicht, den irakischen Streitkräften ein Ausweichen nordwestlich von Kuwait City zu verwehren, und nahmen dieses bis Mitternacht. Ebenfalls um ein Ausweichen der Iraker nach Westen zu verhindern, stieß die TF Khalid bis zum Flugplatz Ali al Salem vor, während die durch die Lückenwege im Sperrgürtel nach Norden gestoßene 9. syrische (SY) PzDiv weiterhin Reserve des JFC-N blieb, da sie angriffsweise nicht eingesetzt werden durfte.

MARCENT nahm mit der 1. MarDiv den internationalen Flughafen von Kuwait City und säuberte ihn vom Feind — dabei kam die Division durch die große Belastung mit Kriegsgefangenen nur langsam voran — und griff mit der 2. MarDiv in den Raum Al Jahra an mit der Absicht, den Irakern Fluchtwege aus Kuwait City in Richtung Südwesten abzuschneiden.

JFC-E setzte den Angriff entlang der Küstenstraße fort und erreichte gegen Mitternacht den Raum Mena al Ahmadi. Damit wurde die südliche Seite von Kuwait City blockiert.

Am dritten Tag der Landoffensive wurden zusätzlich zehn irakische Divisionen neutralisiert, insgesamt waren es nun 23. Die eigenen Verluste waren überraschend gering: sieben Gefallene und 29 Verwundete bei der Division Daguet, 12 Gefallene und 16 Verwundete bei 1. (UK) Armd Div.

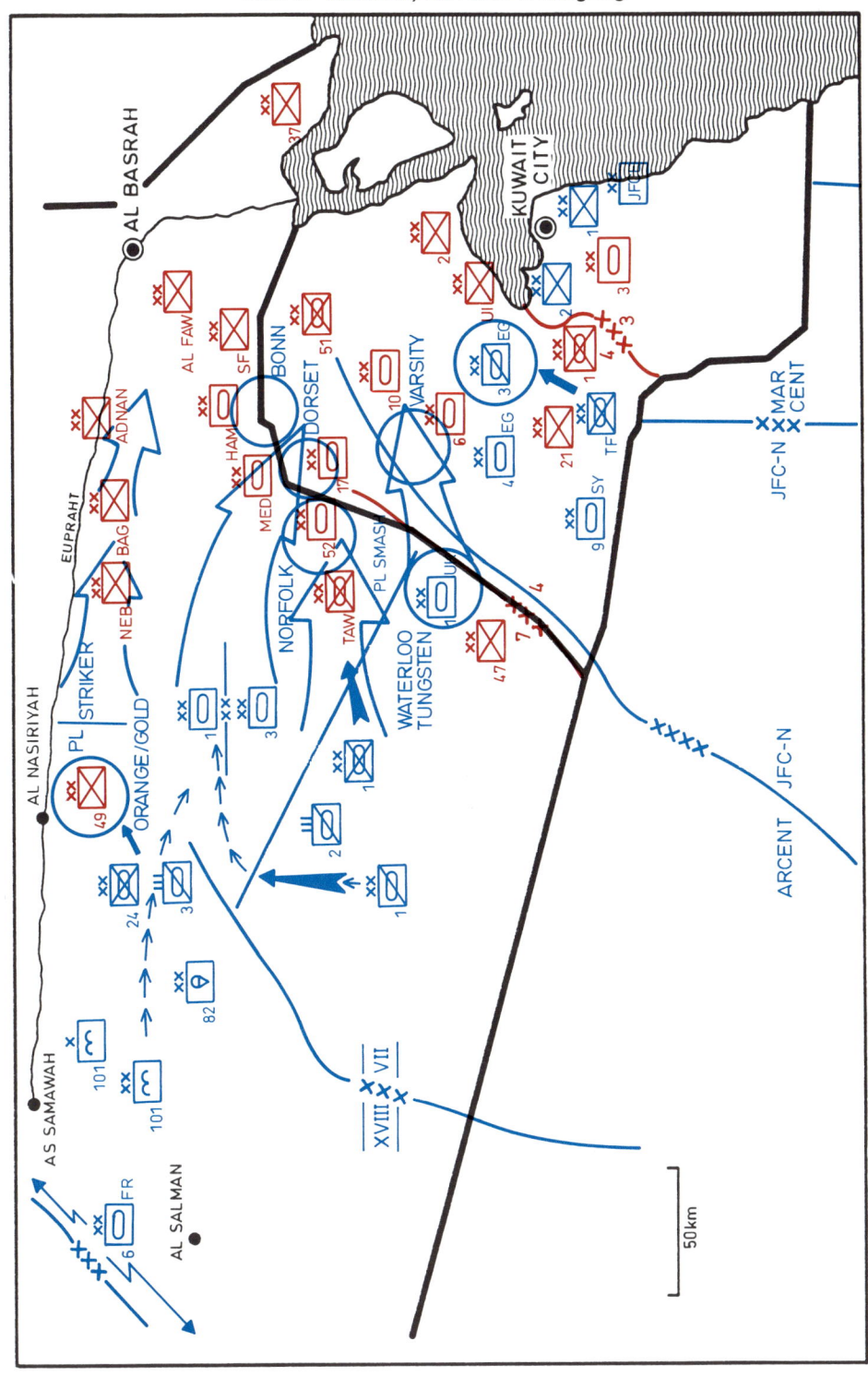

Abb. 5: *Mittwoch, 27. Febr.: 4. Kriegstag*

4. Tag — Mittwoch, 27. Februar 1991
Die in der Nacht zum 27. Februar von COMARCENT geplante und befohlene Einschließung der verbliebenen irakischen Streitkräfte sah zwei Phasen vor:
— *Phase 1*
    VII. (US) Korps greift die zwei PzDiv der Republikanischen Garde und die 17. und 52. PzDiv an und zerschlägt diese. 24. (US) ID, weiterhin durch die 3. ACR verstärkt, nimmt Angriffsziel südwestlich von Basra, um ein Ausweichen irakischer Kräfte nach Basra zu verhindern und zerschlägt dabei die InfDiv der Republikanischen Garde.
— *Phase 2*
    1. (US) CavDiv greift auf Befehl über 1. (US) AD in die Tiefe an.
Bei unveränderter Lage der Division Daguet und der 82. (US) AB Div, bei fortdauernder Abriegelung feindlicher Verbindungswege und unter gleichzeitiger Sicherung logistischer Einrichtungen und Bewachung von Kriegsgefangenen griff das *XVIII. (US) Korps* mit der verstärkten 24. (US) ID nach der Vernichtung einer feindlichen Marschkolonne mit auf Schwerlasttransportern verladenen Kampfpanzern über die Phase Line STRIKER an und stieß im Feuergefecht mit Teilen von vier fliehenden Feinddivisionen bis zur Phase Line CRUSH vor.
Das *VII. (US) Korps* nahm im Angriff aus Obj COLLINS mit der 1. (US) AD Obj BONN, mit der 3. (US) AD Obj DORSET und aus der Verfolgung heraus mit der 1. (US) ID über Obj NORFOLK hinweg bis Mitternacht die Südhälfte von Obj HAWK. Der Angriff der 1. (UK) Armd Div auf Obj VARSITY wurde durch Tausende von Kriegsgefangenen aufgehalten.
Das *JFC-N* marschierte am frühen Morgen mit einer aus zwei saudi-arabischen (SA), zwei kuwaitischen (KU) und einer (EG) Brigade bestehenden Task Force in Kuwait City ein und hißte dort die Flaggen aller am Kampf beteiligten Staaten der Koalition. Die beiden Divisionen von *MARCENT* waren in ihren Stellungen am Stadtrand durch fortdauernde Kämpfe mit der abgeschnittenen 3. (IR) PzDiv im Raum des internationalen Flughafens bis zu deren Kapitulation in der Abenddämmerung gebunden.
Die *JFC-E* verblieb zunächst im Raum Mena al Ahmadi.
Im Verlaufe dieses vierten Tages wurden 10 weitere irakische Divisionen überrannt, insgesamt waren es nun 33.

5. Tag — Donnerstag, 28. Februar 1991
Beim *XVIII. (US) Korps* ging die 24. (US) ID nach der Verfolgung von Restteilen fliehender irakischer Divisionen nach Nehmen des Raumes um Phase Line CRUSH um 0800 Uhr zur Verteidigung über, während die 82. (US) AB Div die Angriffsziele Obj RED, ORANGE und GOLD von überrollten Feindteilen säuberte und die Lage der übrigen Truppenteile unverändert blieb.
Das *VII. (US) Korps* nahm mit der 1. (US) CavDiv das Obj RALEIGH, mit der verstärkten 1. (US) ID in der Nacht das Obj DENVER und mit der während der Verfolgung geteilten 1. (UK) Armd Div die Obj COBALT und SODIUM einschließlich der

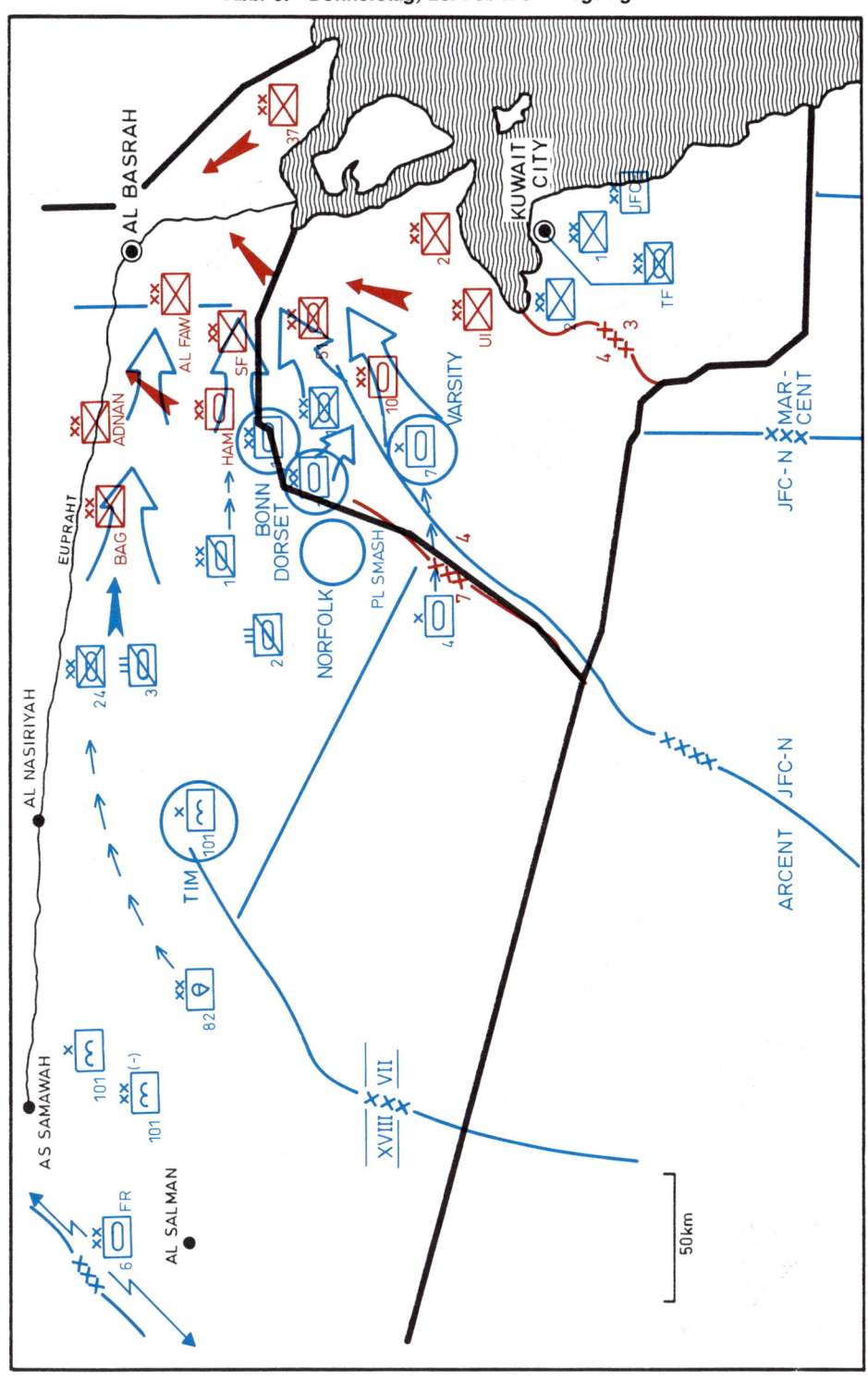

Abb. 6: *Donnerstag, 28. Febr.: 5. Kriegstag*

Abb. 7: *Donnerstag, 28. Febr., 0800 Uhr: Feuereinstellung*

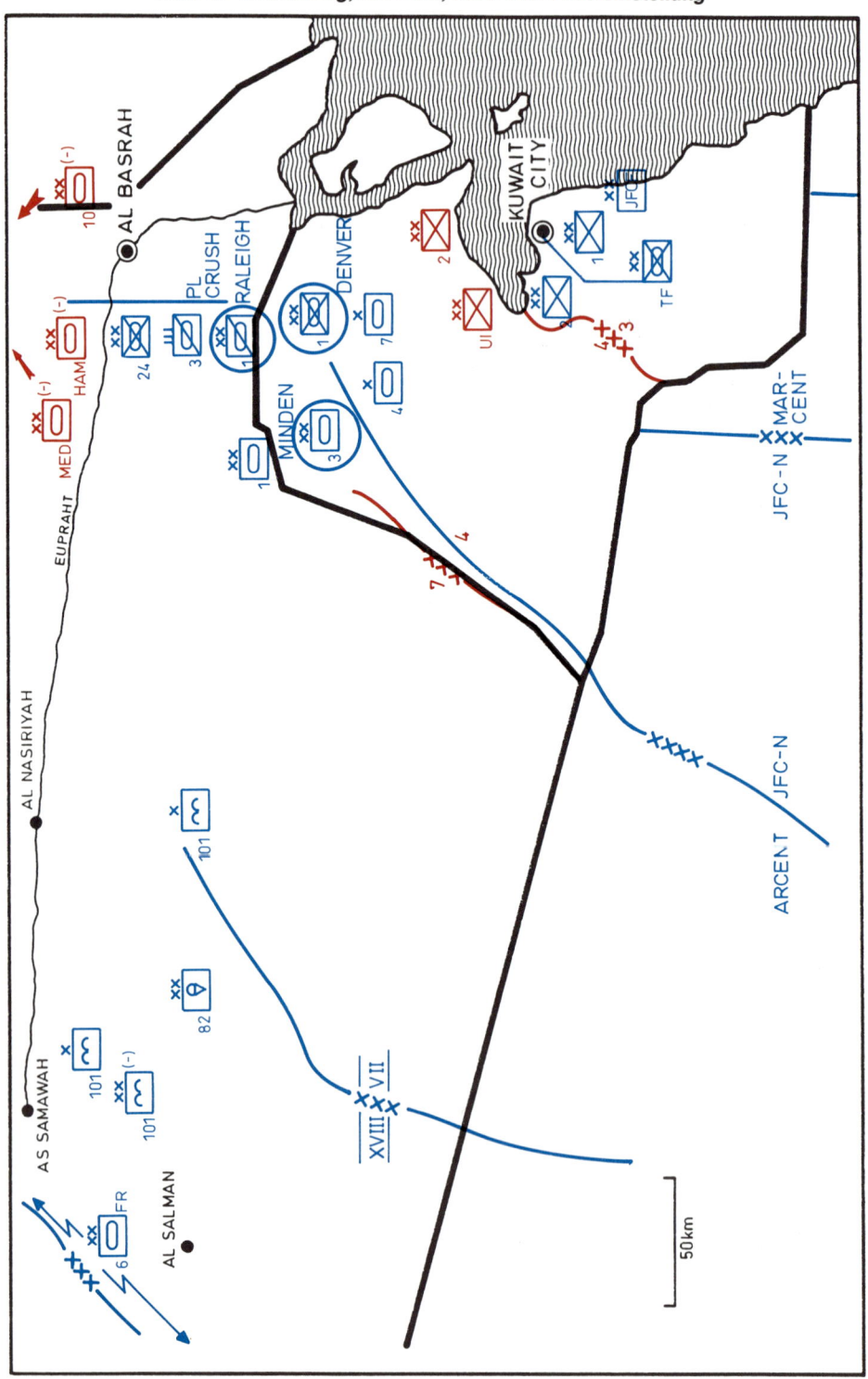

Autobahn Kuwait City — Basra. Die 4. (UK) Armd Bde kam im Raum westlich davon zum Stehen, die 1. (US) AD verblieb im Raum Obj BONN und die 3. (US) AD nahm Objekt MINDEN.
Bei *JFC-N, MARCENT* und *JFC-E* blieb die Lage unverändert.

Die Feuereinstellung trat am 28. Februar 1991 um 0800 Uhr in Kraft.[17]
Nach dem fünften Tag konnten von den zu Beginn der Bodenoffensive in Kuwait eingesetzten irakischen Divisionen lediglich Restteile von drei Infantrie- und einer Panzerdivision (10.) entkommen. Zusätzlich konnten sich alle Teile der Hamurabi und der Medinah PzDiv sowie Teile von vier der fünf Infantriedivisionen der Republikanischen Garde in Stärke von insgesamt etwa eineinhalb Divisionen mit über 800 Kampfpanzern und rund 1.000 gepanzerten Fahrzeugen retten, weil die 101. (US) AB Div einen wichtigen Übergang über den Hawr al Hammar nordostwärts von Basra nicht schloß und die 24. (US) ID 18 Meilen südlich von Basra stehenblieb, wodurch zwei wichtige Fluchtwege nicht geschlossen wurden.[18] Damit wurde die Absicht, die Republikanische Garde zu zerschlagen, nicht erreicht.
Die Entscheidung zur Einstellung der Offensive wurde getroffen, nachdem die Erreichung der militärischen Ziele erklärt worden war. Die irakische Führung hatte die Kontrolle über den Kriegsschauplatz verloren. Die Divisionen der Republikanischen Garde waren kampfunfähig und konnten keinen koordinierten Widerstand mehr leisten. Die irakischen Truppen waren aus Kuwait City geflohen. Überlebende Kräfte wichen unter starkem Druck der Koalition Richtung Basra zurück. Die Streitkräfte der Koalition hatten eine riesige Anzahl an Kriegsgefangenen (ca. 69.000) gemacht und fügten den irakischen Kräften, die sich immer noch wehrten, große Verluste zu, ließen jedoch diejenigen unbehelligt abmarschieren, die ihre Waffen und ihr Gerät zurückließen.

Bewertung ausgewählter Aspekte

Logistik
Die logistischen Anforderungen während Desert Shield und Desert Storm waren enorm. Bereits die Verlegung und der Aufmarsch der Koalitionsstreitkräfte erforderte enormen Luft- und Seetransportraum, der mit Airlift und Sealift[19] bewältigt wurde. Für die logistische Unterstützung des Luft- und Landkrieges bestand die Infrastruktur in Saudi-Arabien und später nach Kuwait und Irak hinein aus insgesamt 30 Hauptversorgungsstraßen mit einer Länge von über 4.500 km, die täglich den Transport von 62.500 Verpflegungsrationen, 34 Millionen Liter Wasser, 4.500 Tanklastwagen und 450 Lastzügen mit anderen Versorgungsgütern verkraften mußten. Am Ende von Desert Storm zählten die US-Streitkräfte alleine ungefähr 540.000 Soldaten, die etwa 95.000 Tonnen Munition und 6,4 Milliarden Liter Betriebsstoff verbraucht hatten. TRANSCOM wurde entsprechend dieser Aufgaben strukturiert (vgl. Anl. 5/30). Die

zur Führung der logistischen Systeme eingesetzten Computersysteme waren nicht immer den riesigen Mengen gewachsen und stießen dann an ihre Grenzen, wenn die Güter die Depots verließen und auf dem Gefechtsfeld eintrafen.

Die Weite des Geländes war für alle überraschend. Die britischen vorgeschobenen Versorgungseinrichtungen waren über 400 km vom Hafen Al Jubayal entfernt und lagen 200 km hinter den vordersten eigenen Kräften. Einige US-Nachschubeinheiten hatten zur Versorgung des VII. (US) Korps Umlaufstrecken von 640 km auf holperigen Straßen zu fahren. Manche Fahrzeuge waren zeitweise tagelang »lost in the pipeline«[20]. Als die Umlaufzeiten sich vergrößerten, wurde der zunehmende Mangel an tauglichen Versorgungsfahrzeugen deutlich.[21]

Schon im August 1990 erkannte CENTCOM die Versorgung mit Betriebsstoff — neben Wasser und Nachschub über die Küste — als eine der drei logistischen Schlüsselaufgaben. Die Kampfpanzer (M1-Tagesverbrauch 2.000 l) wurden aus taktischen Gründen alle 30 bis 50 Meilen aufgetankt, um die Reichweite nicht zu sehr absinken zu lassen. Insofern hat sich der M1 nicht bewährt. Der Verbrauch von Munition, Betriebsstoff und Ersatzteilen konnte ziemlich genau geplant werden.[22] Zu Beginn von Desert Shield standardisierten die amerikanischen und britischen Logistiker ihre Planungsdaten. Bis zum 17. Januar wurde ein 60-Tage-Vorrat angelegt und so weit vorne disloziert wie möglich.

Eine besondere Aufgabe für die Logistik war es, am ersten Kriegstag die vertikale Umfassung des Feindes durch die Luftlandung der 101. (US) Air Assault Division in FOB COBRA zu unterstützen. Dazu wurden am 24. Februar 500 cbm Betriebsstoff sowie Munition mit Hubschraubern eingeflogen.

Einige amerikanische Zahlenangaben verdeutlichen den Umfang an Versorgungsgütern:

— Bis zum 14. März 1991 wurden mit Airlift nahezu 550.000 t Material verlegt, mit Sealift ca. sechs Mio t Fracht und sechs Mio t Betriebsstoff.
— Die alliierten Luftstreitkräfte verschossen insgesamt nahezu 90.000 t an Munition.
— Für das VII. (US) Corps wurden nach eigenen Angaben insgesamt 1.200.000 Schuß großkalibriger Munition/Raketen bevorratet, jedoch nur 150.000 davon verschossen[23].
— Das VII. (US) Korps verbrauchte insgesamt 28,5 Mio Verpflegungsrationen (davon 1,5 Mio während der Bodenkämpfe), 98 Mio l Betriebsstoff (5,6 Mio), 514 Mio l Wasser (3,3 Mio) und 56.000 t Munition (6.000 t).
— Die 1. (UK) Armd Div verbrauchte täglich 2 Mio l Wasser, wovon 40 l pro Mann ausgegeben, der Rest für medizinische Einrichtungen bereitgehalten wurde.

Desert Storm verdeutlichte die Notwendigkeit, logistische Truppen ebenso gut mit Navigations- und Kommunikationsausrüstung zu versehen wie die Kampftruppen. Die Wasserversorgung während der Märsche und Angriffsbewegungen war ein ungelöstes Problem, da nicht genügend Wassertransportbehälter zur Verfügung standen. Eine US-Division minimierte das Problem dadurch, daß sie gezielt irakische Wassertransporter erbeutete.

Zusammenfassend kann festgehalten werden, daß die weitreichenden und vorausschauenden logistischen Maßnahmen der Koalitionsstreitkräfte eine Voraussetzung für das Gelingen der Landoffensive darstellten. Es ist allerdings schwierig zu bewerten, wie effektiv die logistischen Einrichtungen und Verfahren waren, weil sie eigentlich niemals richtig auf die Probe gestellt wurde. Es ist nicht sicher zu beurteilen, ob die Logistik eine Fortsetzung des Vormarsches über die erreichte Linie und die 100 Stunden hinaus noch weiter hätte sicherstellen können.[24]

Technologie

Der Golfkrieg kann nicht als ein Krieg nur der Technologie alleine bezeichnet werden. Möglichkeiten und Grenzen moderner hochentwickelter Ausrüstung waren jedoch deutlich zu erkennen. Die Verfügbarkeit solcher Waffen war einseitig, ihr Einsatz fand aufgrund der geringen Gegenwehr unter nahezu schulmäßigen Bedingungen statt. Widrige Wetterverhältnisse waren der einzige Störfaktor. Auch die Landstreitkräfte setzten eine erhebliche Anzahl von neuen und weiterentwickelten Waffensystemen und Geräten ein. Hierzu zählten moderne Kampf- und Schützenpanzer, Mehrfachraketenwerfer, Spürpanzer, Hubschrauber, Minenräumgeräte und Pioniermunition, Kommunikations-, Führungs- und Fernmeldemittel.

Vier Aspekte sind hervorzuheben:
— die Nachtkampffähigkeit der Koalitionslandstreitkräfte erlaubten einen Kampf bei Tag und Nacht und bei beinahe jeder Witterung, so daß die Bodenoperationen pausenlos geführt werden konnten. Die Kampfpanzer, vor allem der M1A1, waren den irakischen T 72 eindeutig überlegen. Selbst Schützenpanzern gelang es, den T 72 zu zerstören;
— eingegrabene irakische Kampfpanzer und Bunkeranlagen wurden vor allem aus der Luft von AH-64 Apache-Hubschraubern mit Panzerabwehrlenkraketen Hellfire im »over top attack« vernichtet;
— die Mehrfachraketenwerfer haben sich als Unterstützungswaffe am Boden bewährt. Der Einsatz von Bomblets ist sehr wirkungsvoll für das Zerschlagen feindlicher Artillerie. Nicht detonierte Bombletmunition führte allerdings im Laufe der Bodenoffensive zu gefährlichen Hindernissen, da sie am Boden liegend wie Minensperren wirkte;
— das Markieren von wichtigen Zielen durch Laser-Target-Marker vor allem aus Hubschraubern war hochwirksam;

Generell stellten die Koalitionsstreitkräfte fest, daß viele ihrer Waffensysteme, einschließlich neuer, noch nicht eingeführter Erprobungsmuster, die an sie gestellten Erwartungen übertrafen. Die Kosten waren allerdings enorm hoch — eine Luft-Boden-Rakete vom Typ AGM-65 Maverick hat einen Stückpreis von ca. 390.000 DM! Es fehlen für die Zukunft auch noch wichtige Systeme, wie z.B. ein Freund-Feind-Erkennungssystem zur Identifizierung eigener Flugzeuge durch die eigene Flugabwehr und eigener Gefechtsfahrzeuge am Boden durch die Luft- und die Landstreitkräfte.

Orientierung
Die Orientierung im Wüstengelände, das keine markanten Geländeformen aufwies, war außerordentlich schwierig; Orientierungsfehler bewirkten teilweise empfindliche Verluste an Personal und Material.[25] Die Teilnehmer am »100-Stunden-Krieg« loben daher das GPS (Global Positioning System) mit dem kleinen und leicht handhabbaren SLGR-Empfänger (Small Leightweight Global Receiver), das die exakten Angriffsbewegungen und das Manövrieren im Gelände überhaupt erst möglich machte. Die insgesamt eingesetzten 7.500 Empfänger waren zwar zu wenig, konnten den dringendsten Bedarf jedoch gerade noch decken.

Öl als Waffe
Erstmals erfolgte der Einsatz der Umwelt als Waffe in bisher unbekannter Dimension. Der Irak entzündete vom Beginn der Luftoffensive bis zum 26. Februar über 600 Ölquellen und leitete Millionen Liter Erdöl in den Golf. Der Zweck dieser Maßnahmen ist dem politischen und psychologischen Bereich zuzuordnen. Die erhofften militärischen Auswirkungen — Beeinträchtigung der Luftstreitkräfte durch Sichtbehinderung, Beschädigung von Schiffen bzw. Verhinderung einer amphibischen Landung sowie Beeinträchtigung der Wassergewinnung in Entsalzungsanlagen — waren jedoch nur gering.

Einsatzbereitschaft und Moral
Bestätigt haben sich die großen Auswirkungen von psychischer Verfassung und Moral auf die Einsatzbereitschaft der Soldaten und den Operationserfolg. Die Streitkräfte der Koalition besaßen eine gute Moral. Die Zustimmung zum Krieg durch den überwiegenden Teil der Bevölkerung hatte spürbar dazu beigetragen, daß die Männer und Frauen gut motiviert ihren Auftrag anpackten. Sie waren davon überzeugt, daß sie durch ihren Einsatz einen wichtigen Beitrag zum Frieden in der Welt und für die Freiheit leisteten. Hinzu kamen besondere Maßnahmen der Regierungen, die finanziell und versorgungsrechtlich die eingesetzten Soldaten unterstützten und absicherten, wie z.B. Trennungsgeld für Verheiratete und Gefahrenzulage.[26] Und nicht zuletzt förderte das Vertrauen in ein funktionierendes und gut ausgebautes Sanitäts- und Rettungswesen die Einsatzbereitschaft.

Ganz anders war die Lage bei den irakischen Streitkräften, vor allem bei den nicht privilegierten Stellungsdivisionen, die schlecht ausgerüstet und oftmals unter Zwang schon monatelang in ihren unzureichenden Feldbefestigungen ohne ausreichende Versorgung ausharren mußten, bevor überhaupt Kampfhandlungen begannen. Berichte der vorstoßenden Koalitionsstreitkräfte sagen aus, daß die eingegrabenen irakischen Kampf- und Schützenpanzer oftmals nicht mehr eingesetzt werden konnten, weil die Soldaten die elektrischen Anlagen, Kabel und Lampen ausgebaut hatten, um sich das Leben in den Unterständen etwas erträglicher zu gestalten. Wasser war absolute Mangelware, die Verpflegung unzureichend. Aus dieser Situation läßt sich die große Bereitschaft der Iraker ableiten, sich bereits vor Beginn der Kampfhandlungen zu ergeben oder spätestens beim ersten Schuß überzulaufen. Wer dies nicht tat, leistete

oftmals nur schwachen Widerstand gegen die Angreifer. Gefördert wurde dieses Verhalten durch den umfangreichen Einsatz von Flugblättern seitens der Koalitionsstreitkräfte, die eine anständige Behandlung versprachen.[27]
Höhere Einsatzbereitschaft zeigten nur einzelne Verbände, wie z.B. die auf Khafji angreifenden Brigaden, und vor allem die privilegiert ausgerüsteten und versorgten sowie straff und streng geführten Divisionen der Republikanischen Garde, die den Koalitionsstreitkräften auch den größen Widerstand entgegensetzten und die einzigen wirklichen Panzergefechte lieferten.

Verluste
Genaue Zahlenangaben über die Verluste sind noch immer nicht zu erhalten.[28] Auf Seiten der Koalition waren die Verluste äußerst gering.
Die Alliierten hatten als Verluste im Gefecht ca. 200 Gefallene (davon 148 US, 24 UK) und ca. 458 Verwundete.
Bei Unfällen aller Art ohne Feindeinwirkung wurden bei den US-Streitkräften ca. 138 Soldaten und Zivilisten getötet und ca. 3000 verletzt.
Die Verluste der irakischen Streitkräfte waren ungleich höher. Nach ersten amerikanischen Schätzungen fielen während des Landkrieges 15.000 bis 25.000 irakische Soldaten, zusätzlich zu den nach Untersuchung irakischer Massengräber geschätzten 65.000 vor Beginn der Bodenoffensive zumeist in unterirdischen Bunkern ums Leben gekommenen. Neuere Erkenntnisse zweifeln die hohen Zahlen der Landkriegsverluste an und untermauern ihre wesentlich niedrigeren Schätzungen damit, daß keiner der Augenzeugenberichte beteiligter Soldaten von großen Gefallenenaufkommen berichtet und daß nirgendwo psychisch bedingte Ausfälle durch die Konfrontation mit so vielen Gefallenen bekanntgeworden sind.
An Kampffahrzeugen der irakischen Landstreitkräfte wurden insgesamt etwa 3.847 Kampfpanzer, 1.450 Schützenpanzer und 2.917 Artilleriegeschütze zerstört.

Verluste durch eigenes Feuer
Ein gravierendes Problem für die Landstreitkräfte waren die relativ häufigen Fälle von »Fracticide« (Bekämpfung von Kampffahrzeugen durch eigene Flugzeuge und Gefechtsfahrzeuge), die eine Reihe von Gefallenen und Verwundeten sowie materielle Verluste verursachten. Die Gründe liegen in Orientierungsfehlern im Gelände, ungenauen Informationen über die aktuelle Lage und über den Standort der eigenen Truppen sowie im Fehlen von wirksamen Freund-Feind-Kennungen an den Fahrzeugen selbst. Die fluoreszierenden Tafeln mit dem an allen Fahrzeugen angebrachten, nach unten geöffnete »V« waren unzulängliche Behelfsmittel. Mit großem Nachdruck wird von den Kommandeuren der Kampftruppe ein IFF (Identification Friend-Foe)-System für Boden-Boden und Boden-Luft gefordert, das auch bei passiver und aktiver Nachtbeobachtung wirksam sein muß, weil sich das sichere Identifizieren von Feindfahrzeugen mit den Nachtsichtgeräten beispielsweise des M1 bereits auf kurze Entfernungen als schwierig erwies.
Durch eigenes Feuer gab es etwa 35 Gefallene und 72 Verwundete bei den Koalitionsstreitkräften. Genaue Untersuchungen liegen nur über die Bekämpfung zweier briti-

scher Schützenpanzer durch amerikanische Kampfflugzeuge vom Typ A-10 mit Maverick-Raketen am 26. Februar vor, bei dem neun Soldaten getötet und elf verwundetet wurden, sowie über weitere Beschießungen britischer Kampffahrzeuge durch Kampfpanzer am 26. und 27. Februar.[29]

Elemente des Gefechts der Verbundenen Waffen

Der Landkrieg hat gezeigt, wie groß die Abhängigkeit der Wirkung im Ziel von der Aufklärung und dem Einsatz der richtigen Waffensysteme ist. Das Gefecht der Verbundenen Waffen sucht den Einsatz der zweckmäßigsten Waffe gegen das richtige Ziel.

Deutlich wurde die Rolle der *Aufklärung*. Das Gewinnen politischer und strategisch wichtiger Erkenntnisse sowie deren zeitgerechte Umsetzung in militärische Maßnahmen war Voraussetzung für den Beginn des Landkrieges. Mit Hilfe von Satellitenaufklärung und JSTARS (Joint Surveillance Target Attack Radar System, flugzeuggestütztes Radaraufklärungssystem) bestand die Fähigkeit, strategische bis taktische Aufklärungsergebnisse arbeitsgerecht für verschiedene Führungsebenen zur Verfügung zu stellen. Die Fülle von Daten mußte verbunden, bewertet und übermittelt werden. Die feindliche Aufklärung konnte nahezu ausgeschaltet werden. Täuschoperationen und verschleierte Bewegungen waren dadurch möglich. Der Aufklärungsverbund zwischen den Führungsebenen und Teilstreitkräften ist zwingende Voraussetzung für künftige Koalitionskriegsführung, für den Einsatz von hochmobilen Verbänden über große Entfernungen sowie den Einsatz präziser und weitreichender Munition.

Gepanzerte Kampffahrzeuge bleiben auch weiterhin das einige Mittel, um Feind von besetztem Territorium vertreiben und dieses wieder in Besitz nehmen zu können. Dabei spielen moderne *Kampfpanzer* mit ihren weitreichenden Waffen und ihrer hohen Beweglichkeit sowie ihren Nachtsichtgeräten die Hauptrolle. Gleichwohl wurde den Kampfpanzern ihre traditionelle Aufgabe, die Bekämpfung feindlicher Gefechtsfahrzeuge, in diesem Krieg zum großen Teil von den Hubschraubern abgenommen, die mir ihren weitreichenden und zielgenauen Panzerabwehrlenkraketen aufgrund der noch höheren Mobilität und der größeren Sichtentfernung die Ziele »wegschossen«. Beim VII. (US) Corps schossen die eingesetzten US-Panzerabwehrhubschrauber bei gleicher Treffwahrscheinlichkeit mit durchschnittlich je sechs TOW-Raketen während der gesamten Landoffensive doppelt so häufig wie jeder US-Kampfpanzer mit seiner Bordkanone[30]. Unter ungünstigen Wetter- und Sichtverhältnissen sowie bei unmittelbarer Gefährdung durch feindliche Waffenwirkung ist der Hubschrauber jedoch nicht geeignet; so fanden trotz aller Kampfunterstützung Panzergefechte gegen die Divisionen der Republikanischen Garde statt.

Es war ein eindeutiges Fehl an *mechanisierter Infanterie* festzustellen, das nur deshalb keine nachteiligen Folgen für die Koalitionsstreitkräfte hatte, weil die befürchteten Kämpfe abgesessener Soldaten gegen ausgebaute Stellungssysteme aufgrund des geringen Widerstandes der Iraker ausblieben. *Abgesessene Infanterie* kam nur ganz selten zum Einsatz, meist erhielt sie Aufträge zur Säuberung bereits genommener Räume und Ortschaften.

Die *Artillerie* hatte sowohl in der Feuervorbereitung als auch während der Offensive eine große Bedeutung. Rohr- und Raketenartillerie bekämpften vorrangig die feindlichen Artilleriefeuerstellungen, schalteten jedoch auch Befestigungsanlagen aus und zerschlugen Ansammlungen feindlicher Gefechtsfahrzeuge. Teilweise wurden die Artillerieverbände als hochbewegliche Manöverelemente verschoben, die selbständig operierten und den Feuerkampf führten. In einem Falle wurde die zusammengefaßte Artillerie bei der 1. (UK) Div als Divisionsreserve eingesetzt, wozu ihr weitere Kräfte, z.B. Aufklärer unterstellt wurden.

Der Erfolg der schnellen ersten Einbrüche in die irakischen Sperranlagen ist der engen Zusammenarbeit der Kampftruppen mit den *Pionieren* zuzuschreiben, die im Gefechtsdrill immer wieder geübt worden war. Der Einsatz gepanzerter Erdbaumaschinen sowie der Anbau von Minenräumvorrichtungen an Pionier- und Kampfpanzer trug erheblich zur Vermeidung von Verlusten bei den sogenannten »breeching operations« bei. Nach dem Einebnen der mit Pflügen geöffneten acht Gassen durch eine über 1.000 m tiefe Minensperre konnte eine Division mit 6.200 Fahrzeugen in acht Stunden das Hindernis passieren. Die Wirksamkeit der Sperranlagen insgesamt, der Grad ihrer Überwachung und damit die Notwendigkeit, diese unter Wirkung von Feindfeuer nehmen und öffnen zu müssen, waren geringer als erwartet.

Der Luftraum wurde nicht nur von den Luftstreitkräften optimal genutzt, sondern auch als dritte Dimension für die *Luftbeweglichkeit* der Landstreitkräfte verwendet. Die Bedeutung der Kampfhubschrauber wurde bereits dargestellt. Die Erwartungen an den Einsatz luftbeweglicher Verbände erfüllten sich. Ihre Möglichkeiten wurden durch die vertikale Umfassung und das Nehmen von Räumen im Rücken des Feindes (durch die 101. (US) Air Assault Div) sowie deren Ausbau zu Stützpunkten und Versorgungsbasen aufgezeigt.

Trotz der hervorragenden Wirkungsergebnisse des Luftkrieges darf nicht übersehen werden, daß die *Zusammenarbeit mit den Luftstreitkräften* im laufenden Gefecht nicht ohne Probleme erfolgte. Aus Sicht des Heeres wurde bemängelt, daß ein Datenaustausch zwischen Luft- und Landstreitkräften nur bedingt stattfand und daß die Battle Command and Control Elements (Schnittstelle am Boden zwischen Korps und den eingesetzten Luftstreitkräften) wegen Personalmangels nicht besetzt werden konnten. Der Begriff BAI (Battlefield Air Interdiction, Gefechtsfeldabriegelung) wurde aus Sicht des Heeres nicht in dem Sinne mit Leben erfüllt, daß die Landstreitkräfte einen permanenten Einfluß auf die Zielplanung der Luftstreitkräfte gehabt hätten. Es wurde nur eine begrenzte Anzahl vorausgeplanter CAS (Close Air Support, Luftnahunterstützung) -Einsätze geflogen. Meist wurde Führung von Luftunterstützung nicht bis zur Brigadeebene delegiert und FAC (Forward Air Controller) erhielten nur selten Aufträge. Das VII. (US) Corps verfügte am ersten Kampftag nur über 65 Luftnahunterstützungs- und Aufklärungseinsätze.

Die *Verbindung* zwischen den Teilstreitkräften und vor allem zwischen den Verbänden unterschiedlicher Nationen war nur durch den Austausch einer ungewöhnlich großen Anzahl von Verbindungsoffizieren, oftmals mit besonderen Sprachkenntnissen, sicherzustellen. Die Kommunikation litt vor allem in der US Army darunter, daß mehrere Generationen von Geräten im Einsatz waren, die nur mangelhaft miteinander arbeiten konnten. Vor allem das Fernmeldegerät der Kampftruppe war veraltet und ineffektiv. Bei den weiträumigen und schnellen Bewegungen diktierten die Kommunikationsmittel die Geschwindigkeit des Angriffs. Manchmal konnten sogar Änderungen des Operationsplanes nur langsam oder gar nicht an die unterstellten Verbände umgesetzt werden. Die Verbindung zu Nachbarbrigaden fehlte manchmal völlig. Die Kommandeure forderten sogar, daß bei jeder Kampftruppenbrigade drei Satelliten-Funkgeräte vorhanden sein müssen.

Zusammenfassend kann festgehalten werden, daß der Landkrieg die Notwendigkeit des engen Zusammenwirkens der bekannten Elemente des Gefechts der Verbundenen Waffen bestätigt hat. Die Zusammenarbeit zwischen den Kampf- und Kampfunterstützungstruppen ist unabdingbar, die Bedeutung der Luftbeweglichkeit, der Kampfunterstützung durch Artillerie und Pioniere sowie der Aufklärung sind gestiegen. Die Verbindung zwischen den einzelnen nationalen Kontingenten wurde durch den Austausch einer großen Anzahl von Verbindungsoffizieren sichergestellt. Die Zusammenarbeit mit den Luftstreitkräften wurde auf höheren Führungsebenen durchgeführt, die Planung von teilstreitkräfteübergreifenden (joint) Operationen fand nur auf der Ebene CENTCOM statt.

Zusammenfassung

Die Bewertungen des Golfkrieges sind mit fortschreitender Zeit unterschiedlich. Manche Beobachter sehen in Desert Storm einen Feldzug, bei dem eine der größten Armeen der Welt durch großartiges Können so geschlagen wurde, daß eine kurze Schlacht als Lehrstück in die Geschichte eingehen wird. Eine weniger euphorische Betrachtung zeigt, daß die Landoffensive keine Entscheidungsschlacht war und daß keine überragende Führungsleistung, Kühnheit der Kommandeure und kein besonderes, entschlossenes Handeln einer tapferen Truppe erforderlich waren.

Der Operationsplanung lagen klassische Elemente der operativen Führung zugrunde, bei der hochbewegliche Landstreitkräfte einen bewegungsunfähigen Gegner in konzentrischem Ansatz umfaßten und zerschlugen und damit den Endpunkt einer Vorbereitung durch Luftstreitkräfte setzten, der in dieser Schnelligkeit und mit diesen Verlusten nicht erwartet worden war. Obwohl man den Krieg nicht als »technologischen Krieg« oder »elektronischen Krieg« qualifizieren kann, wirkten sich die neuen Waffentechnologien, besonders die Elektronik, wesentlich auf die Kriegsführung der Koalitionsstreitkräfte aus. Bei Einsätzen gegen Streitkräfte und Infrastruktur wurden Wirkungen erzielt, die für konventionelle Waffen bisher unvorstellbar waren.

Die Art der Operationsführung war jedoch nicht neu: sie entsprach den Grundsätzen der bereits Anfang der achtziger Jahre in enger Zusammenarbeit mit den NATO-Partnern entwickelten US-Einsatzgrundsätzen. Wichtige Elemente dieser Grundsätze sind starke Schläge gegen die gesamte operative Tiefe des Gegners, die Abriegelung der verschiedenen Gruppierungen des Kriegsschauplatzes durch Unterbrechung der

Führungs-, Bewegungs- und Nachschublinien, die Zerschlagung des Luftverteidigungs- und des Luftangriffspotentials sowie die Zerstörung der Operationsbasen der Streitkräfte.

Die immer wieder zu betonende Besonderheit dieses Krieges bestand darin, daß der Irak in kürzester Zeit die Fähigkeit zur gezielten Gegenwehr einbüßte und mit Ausnahme von weitreichenden Raketen seine Streitkräfte nicht mehr zur Wirkung bringen konnte. Damit wurden die Kriegshandlungen eine einseitige Angelegenheit, viele Einsätze erfolgten ohne oder nur mit geringer Feindbedrohung nahezu unter Manöverbedingungen. Diese Faktoren müssen bei jeder Auswertung berücksichtigt werden, Schlußfolgerungen sind entsprechend zu relativieren. Trotzdem ergaben sich aus Desert Shield und Desert Storm eine unüberschaubare Fülle von Einzelerkenntnissen für jeden Teilbereich. Einige übergreifende Erkenntnisse und Erfahrungen sind:

— Politische Vorgaben spielten eine große Rolle bei militärischen Überlegungen. Die Rolle der Luftstreitkräfte während der Vorbereitung der Landkriegsoperation war unter anderem die Folge der Vorgabe, die eigenen personellen Verluste so niedrig wie möglich zu halten. Auch die Vollendung der Einschließung wurde aus politischen Gründen abgebrochen, was zur Folge hatte, daß sich Teile der Republikanischen Garde der Einschließung entziehen konnten. Die militärische Durchführung von Desert Shield und Desert Storm wurde dennoch ohne ständiges Eingreifen der politischen Führung den Militärs überlassen.

— Nach sehr langer Planung der Operation, optimaler Ausbildung und Vorbereitung des Gefechtsfeldes führte ein »traditioneller Operationsplan« zum Erfolg.

— »Joint and Combined Warfare Operations« sind für eine erfolgreiche operative Führung unverzichtbar. Sie haben im wesentlichen jedoch nur auf der Ebene CENTCOM stattgefunden.

— Nur Landstreitkräfte sind in der Lage, Gelände zu nehmen und einen Gegner zu werfen und damit einen solchen Konflikt zu beenden.

— Erfolge werden durch die Intiative, bewegliche Operationsführung, nicht durch statischen Einsatz der Landstreitkräfte erzwungen. Dies gilt für Offensiv- wie für Defensivoperationen.

— Nach einer zu lange andauernden Zeit des Hinnehmens von Verlusten kann die Initiative nicht mehr zurückgewonnen werden. Der Irak konnte sein operatives Konzept, mit der Republikanischen Garde und den ca. 400 zurückgehaltenen Hubschraubern aus der Rückhand zu schlagen, nicht mehr verwirklichen.

— Ein Schlüssel zum Erfolg waren Dezentralisierung und Anwendung der Auftragstaktik.

— Die Führungsorganisation litt unter mangelnder Kompatibilität zwischen den verschiedenen nationalen Führungsverfahren.

— Die operative Ebene war mit Beginn der Landoffensive nicht mehr gefordert, die taktischen Ebenen führten nahezu selbständig.

— Die Luftbeweglichkeit gewann neue Bedeutung für Bewegungen, Panzerabwehr und Logistik.

— Der Verbund von Aufklärung, Führung und Waffeneinsatz ist entscheidend für den Erfolg.

- Vorbereitende und während der Kampfhandlungen dicht an die Kampftruppen herangeführte, bewegliche und leistungsfähige Logistik ist notwendige Voraussetzung für bewegliche Operationsführung.
- Die »Head-to-Tail-Ratio«, das Zahlenverhältnis zwischen Kampf- und Logistiktruppen, wurde weiter zugunsten letzterer verschoben.
- Die begrenzte Verfügbarkeit von einsatzbereiten Truppenteilen vor der Verlegung führte vielfach zu dem Prinzip »to rob Paul in order to feed Peter«, d.h. zur Ausdünnung des Personals und Materials von nicht eingesetzten Verbänden, um andere damit aufzufüllen.
- Für den Aufmarsch müssen zur reinen Transportzeit etwa zwei Wochen für die Vorbereitung der Verlegung und drei Wochen für die Akklimatisierung und das Herstellen der Feldverwendungsfähigkeit am Einsatzort addiert werden. Die Zeit für die einsatzorientierte Ausbildung kommt hinzu.
- Nur die Luftüberlegenheit ermöglichte den ungestörten Aufmarsch, die vertikale und horizontale Umfassung sowie den optimalen Einsatz der Logistik.
- Die Vorbereitung des Schlachtfeldes durch Aufklärung, Feuer und Unterstützung der Bewegungen dauerte 38 1/2 Tage und war sehr umfangreich.
- Die Koalition hatte eine überwältigende technische Überlegenheit an Waffensystemen, Präzisionsmunition, Flugkörpern sowie an Aufklärungs- und Informationssystemen. Dies führte zu einem nahezu totalen Ausfall der irakischen Führung, Aufklärung und Flugabwehr.
- GPS ermöglichte es sogar schon auf der Zugebene, getrennt zu marschieren und vereint zu schlagen.
- Die Wirksamkeit von Kampfhubschraubern war groß, sie können den Kampfpanzer jedoch nicht in jeder Lage ersetzen.
- Die durch Aufklärung und Verbindung anfallende Datenflut konnte nicht ausreichend und schnell genug verarbeitet und umgesetzt werden. Zielmeldungen kamen manchmal erst nach zwei bis drei Tagen zum Empfänger.
- Gefechtsfeldtaugliche Computer sind zur Bewältigung der riesigen Datenflut unerläßlich.
- Zuverlässige Freund-Feind-Kennungssysteme müssen eingeführt werden, um Verluste durch eigenes Feuer zu vermeiden.
- Logistische Fahrzeuge sollten über Panzerschutz und gleiche Beweglichkeit verfügen wie die zu versorgenden Kampftruppen. Darüber hinaus sind mehr geländegängige Schwertransporter erforderlich.
- Psychologische Kriegsführung spielte eine wesentliche Rolle.
- Langer Aufenthalt der irakischen Truppen in ihren Stellungen bei ungünstiger Witterung, passive Kampfführung, unaufhörliche Luftangriffe, Schutzlosigkeit gegen die eingesetzten Waffen und eine sich ständig verschlechternde Versorgungslage reduzierten den Gefechtswert der irakischen Streitkräfte enorm; bereits der Luftkrieg brach somit die einzige angenommene besondere Stärke der Iraker — den Kampfeswillen.
- Für die Motivation und damit für den Erfolg sind die angemessene Absicherung der Soldaten und die Unterstützung der Familien wichtig.

Anmerkungen

1 Das Problem der Loyalität wird eindrucksvoll verdeutlicht durch Berichte, daß 100 Offiziere wegen ihrer Weigerung, an der Invasion Kuwaits teilzunehmen, exekutiert wurden.
2 Die Zahlenangaben in diesem Kapitel entstammen verschiedenen Briefings und Unterlagen der beteiligten Streitkräfte, die teilweise differieren. Vgl. auch Department of Defense, USA, Conduct to the Persian Gulf Conflikt, An Interim Report to Congress, 1991.
3 Vgl. Hammick, Murray, Iraqi obstacles and defensive positions, in: International Defense Review 9/1991, S. 989.
4 »Joint« bedeutet nach der NATO-Definition: Aktivitäten, Operationen, Organisationen etc., an denen Elemente von mehr als einer Teilstreitkraft der gleichen Nation teilhaben; dies bedeutet ergänzend nach der ATP-35 (A) (Allied Forces Tactical Doctrine), daß auf der operativen Ebene Land- und Luftaktivitäten als eine Gesamtheit entwickelt, geplant und ausgeführt werden müssen. Der operative Führer sollte Land- und Luftstreitkräfte gemeinsam führen. Er wird dadurch in der Lage sein, Resourcen zu verlagern und die Anstrengungen auf den Schwerpunkt zu konzentrieren.
»Combined« beinhaltet Aktivitäten etc., mit zwei oder mehr Verbänden mehrerer alliierter Nationen; dies bedeutet, jede Komponente eines internationalen Kontingentes mit größtmöglichem Nutzen einzusetzen.
5 Die beschriebene Handlungsabfolge konnte nur stattfinden, weil das Pentagon und CENTCOM seit 1976 Planungen für die Krisenbewältigung im Persischen Golf fortgeschrieben hatten; Liste vgl. Department of Defense, a.a.O., S. 21–4 ff.
6 Der hohe Wert moderner »tactical maneuver training centers«, wie z.B. dem Army National Training Center, dem Marine Corps Air-Ground Combat Center oder dem Navy Strike Warfare Center hat sich bestätigt.
7 Als Beispiel für die Auswirkungen des beschriebenen Systems aus vorbereitender Ausbildung und situativer Anpassung kann die 24. (US) ID (mech) betrachtet werden, die als Teil der US Rapid Deployment Forces am 20. September, also 45 Tage nach der Invasion, verlegt wurde. Der Kommandeur war erst sechs Wochen im Amt, aber die Division hatte »Jahre damit verbracht, sich auf nahezu genau diese Situation vorzubereiten«. Sie war regelmäßiger Teilnehmer an »Bright Star« und hatte kurz vorher mit einer Brigade einen Kurs am National Training Center unter Mittel-Ost-Bedingungen beendet. Die Division hatte an Internal Look teilgenommen. Die Erfahrungen und Erkenntnisse konnten unmittelbar auf den realen Einsatz übertragen, die Übungsunterlagen sogar teilweise unverändert übernommen werden. Vgl. hierzu International Defense Review 9/1991, S. 979 ff.
8 Vgl. Department of Defense, a.a.O., S. 3–1 ff.
9 So wurden nach US-Angaben bei der erstmaligen Inanspruchnahme des CRAF-Programms (Civil Reserve Air Fleet), in dem durch den Einsatz kommerzieller Flugzeuge Militärmaschinen für andere Aufgaben freigesetzt werden, innerhalb der ersten 10 Tage 18 Langstreckenpassagier- und 21 -frachtflugzeuge einschließlich deren Besatzungen verfügbar gemacht. Am 16. Februar wurden aufgrund des gesteigerten Bedarfes weitere 21 zivile Passagier- und 17 Frachtflugzeuge eingesetzt, so daß insgesamt ca. 20 % aller Luftfracht und ca. 70 % aller Luftpassagiere von diesen zivilen Flugzeugen befördert wurden) Vgl. Department of Defense, a.a.O., S. 3–2.
10 Die Entfernungen zu den Häfen waren meist sehr viel kürzer und konnten per Bahntransport oder mit Tiefladern rasch überwunden werden. Die NATO-Partner räumten oft Vorrang im Verkehr und in Häfen ein. Auch die Transportzeit von den europäischen Häfen aus war viel kürzer.
11 Alle hier verwendeten Zeitangaben sind Ortszeit, d.h. MEZ plus 2 Stunden.
12 Vgl. Friedmann, Norman, Desert Victory, Annapolis, 1991 S. 197 ff; vgl. auch Österr. Milit. Zeitschrift 2/1991, S. 154 ff.
13 Mit rund 90.000 t Bomben wurden zahlreiche Brücken und Straßen sowie Telekommunikationseinrichtungen zerstört, in Bagdad und Basra entstanden umfangreiche Beschädigungen.
14 Vgl. nochmals Anl. 5/25.
15 Siehe Kapitel »Landkrieg«.
16 Im Einzelfall konnte dies trotzdem bedeuten, daß, wie am Beispiel der 24. (US) ID, mit 25.000 Soldaten in 34 Bataillonen, mit 6.566 Rad- und 1.793 Kettenfahrzeugen sowie 94 Hubschraubern gegen drei reguläre und vier Divisionen der Republikanischen Garde mit ca. 138.000 Mann angegriffen werden mußte. Vgl. hierzu International Defense Review 9/1991, S. 980.
17 Die wesentlichen Aussagen dieser Chronologie sind aus einem Vortrag der Britischen Streitkräfte abgeleitet. Vgl. auch: VII. (US) Corps, The Desert Jayhawk, Stuttgart 1991; vgl. auch: 100-hour war to free Kuwait, in: Jane's Defense Weekey, 15 (1991) Heft 10, S. 326 f.
Zu den Abbildungen 5/2 bis 5/7 vgl. Department of Defense, a.a.O., S. 4–3, 4–2 bis 4–28; vgl. auch: The Desert Jayhawk, S. 6 ff.

18 Vgl. The Day Bush Stopped the War, in: Newsweek/January 20, 1992 S. 13.
19 Vgl. Kapitel »Aufmarsch«.
20 Hammick, Murray, »Lost in the Pipeline«, in: International Defense Review, 9/1991, S. 1000.
21 So hatten die US-Kräfte nur 500 statt der 1.200 benötigten HET (Heavy Equipment Transporters). 182 wurden von zivilen Firmen geleast bzw. gekauft, 715 von Alliierten zur Verfügung gestellt.
22 Der tägliche Bedarf einer US-PzKp betrug eine 40-t-Ladung.
23 Interessant ist dabei der relativ geringe Verbrauch von 120 mm Panzergeschossen (3.700 von 125.000), 155 mm Artilleriegranaten (13.000 von 60.000) und TOW (1.100 von 27.000).
24 Vgl. zum Thema Logistik vor allem: Hayr, Kenneth, Logistics in the Gulf war, in: Rusi Journal, Autummn 1991; vgl. auch: Hammick, Murray, »Lost in the Pipeline«, a.a.O., S. 998 ff; vgl. auch Department of Defense, a.a.O., S. 3–1 ff.
25 Vgl. Kapitel »Logistik«.
26 Vgl. Department of Defense, a.a.O., S. 9–1 ff.
27 Dies führte bisweilen zu skurilen Situationen; in Kuwait ergab sich Stellungstruppe einem vierköpfigen italienischen Fernsehteam. LKw voller singender, applaudierender und gut gelaunter Kriegsgefangener wurden gemeldet.
28 Vgl. zu den folgenden Angaben Department of Defense, a.a.O.; vgl. auch Friedmann, Norman, a.a.O.
29 Vgl. genaue Beschreibung bei: Ministry of Defence (UK), Army News Release, The Gulf-Conflict — Friendly Fire Incidents, 24/91.
30 Es waren beim VII. (US) Corps 174 Hubschrauber (Verschuß ca. 1100 TOW) und ca. 1240 Kampfpanzer (ca. 4000 Patronen 20 mm) im Einsatz; vgl. Verschußzahlen in Anm. 23.

Literaturverzeichnis

BMVg — Land Force Tactical Doctrine ATP — 35 (A) Army, NATO-Unclassified, Bonn, 1984.

Clauß, Dieter — Konsequenzen aus der neuen NATO-Strategie, Vortrag durch den Stellvertretenden Obersten Alliierten Befehlshaber Europa anläßlich des Jahrestages der Deutschen Gesellschaft für Wehrtechnik e.V. am 23.4.1991 in Bonn — Bad Godesberg.

Department of Defense, USA — Conduct of the Persian Gulf Conflict — An Interim Report to Congress, Juli 1991.

Department of the Army, USA — Army Focus 6/91, Operation Desert Storm, Washington, DC, S. 14–38.

Department of the Army, US Army Intelligence Agency — Indentifying the IRAQI Threat and how they fight, Handbuch für die eingesetzten US-Soldaten, Washington, DC, 1991.

Friedman, Norman — Desert Victory, Annapolis, Maryland, 1991.

Ministry of Defence (UK), Public Relations (Army) — Army News Release, The Gulf Conflict — Friendly Fire Incidents, 24/91.

US-Information Service — U.S. Policy Information and Texts, Nr. 34, 28.2.1991, Iraqi Forces »Offensive Regional Threat« Eliminated (Transcript: Schwarzkopf Briefing), Bonn.

Zeitschriften

Danis, Aaron — Iraqi Army, Operation and Doctrine, in: Military Intelligence (USA) 13/1991, April-Juni, S. 6–12, 48.

Hammick, Murray — A divisional commander's view, in: International Defense Review 9/1991, S. 979–985.

ders. — Iraqi obstades and defense positions, in: ebd., S. 989–991.

ders. — »Lost in the pipeline«, in: ebd., S. 998–1001.

ders. — To the victor the spoiled land, in: ebd., S. 992–994.

Hayr, Kenneth	Logistic in the Gulf War, in: RUSI Journal, Autumn 1991, S. 14–19
Ludvigsen, Eric	The Arsenal in the Ground War, in: Army (USA) März 1991, S. 44–47.
Redaktion 1-SMZ (Hrsg.)	Anmerkung zur alliierten Landkriegsführung, in: Allgemeine Schweizerische Militärzeitschrift, 157 (1991, Beiheft zu Heft 5, Mai, S. 20–21.
Redaktion ÖMZ (Hrsg.)	Der Golfkrieg, in: Österreichische Militärzeitschrift, 2/1991, S. 148–157.
VII. (US) Corps (Hrsg.)	The Desert Jayhawk, Stuttgart, 1991.

100-Hour-War to Free Kuwait, in: Jane's Defence Weekly, 15 (1991) Heft 10, 9.3.1991, S. 326–327.

The Day Bush stopped the War, in: Newsweek/January 20, 1992, S. 10–19.

Klaus-Dieter Bliß, Ralf Güttler, Barbara J. Kuennecke, Roland Merkle

6. Luftmacht im Golfkonflikt

Einleitung

Geschichtliche Entwicklung der Luftkriegstheorie

Als der italienische General Giulio Douhet[1] in den zwanziger Jahren unseres Jahrhunderts als erster den Einsatz von Luftstreitkräften untersuchte und Einsatzgrundsätze formulierte, stand er noch unter dem Eindruck des ersten Einsatzes von Luftkriegsmitteln im Ersten Weltkrieg. Seine Leistung ist um so größer einzuschätzen, als der Erste Weltkrieg »wegen technischer Unvollkommenheit des Materials«[2] die Bedeutung der Luftkriegsmittel für die zukünftige Kriegführung nicht praktisch belegen konnte, sondern er seine Untersuchungen ausschließlich auf der Grundlage theoretischer Überlegungen aufbauen mußte.

Die von Douhet entwickelte Theorie ist eine reine Offensivtheorie. Defensive Ansätze lehnt er strikt ab, da nach seiner Ansicht ein angreifender Luftfeind schlecht zu finden und mit fliegenden Luftabwehrmitteln — Jagdflugzeugen — schlecht zu bekämpfen sei. Auch konnte die bodengestützte Luftabwehr — zur damaligen Zeit Flugabwehrgeschütze — einen Luftangriff nicht effektiv abwehren. Er plädiert in seinem Buch[3] vehement für die Schaffung einer aus Bombern bestehenden Luftflotte, die in der Lage ist, einen eigenständigen, initiativen und rücksichtslosen Luftkrieg gegen einen Gegner vor allem in dessen Hinterland zu führen. Dabei sind Giftgasangriffe gegen die Bevölkerung nach Douhet integraler Bestandteil der Luftkriegführung. Primäre Aufgabe der Douhetschen Luftflotte ist der Kampf gegen die gegnerische Luftflotte, um so die Lufthoheit zu erreichen. Diese ist Voraussetzung für den weiteren erfolgreichen Kampf der Luftflotte sowohl gegen die gegnerischen Kraftquellen im Hinterland als auch für die Unterstützung der Landstreitkräfte auf dem Gefechtsfeld.

Douhet postuliert, daß der »Luftkrieg mit dem Überfall des Gegners einzuleiten«[4] sei und rücksichtslos auch die Waffen einzusetzen seien, »die zwar international verboten (sind), aber in Anbetracht der Tragödie, die in Szene geht, alle Verträge zu wertlosen Papierfetzen macht«[5].

Douhet rechtfertigt all dies mit dem Satz: »Wenn auch die vernichtenden Schläge (der Luftstreitkräfte) unmittelbar und mit voller Wucht die weniger widerstandsfähigen

Glieder der ringenden Völker treffen werden, wird der Raumkrieg (=Luftkrieg) trotz seiner offensichtlichen Unmenschlichkeit im Grunde genommen weniger Blut kosten als beispielsweise der (Erste) Weltkrieg...«[6].

Die Douhetsche Luftkriegstheorie gipfelt in dem Kernsatz: »Der Zukunftskrieg wird die Entscheidung in der Luft sehen«[7], d.h. Douhet sieht in den Luftkriegsmitteln die kriegsentscheidenden Mittel.

Bei einer Bewertung der Luftkriegstheorie Douhets für heutige Belange ist festzustellen, daß er bei aller Vision seiner Gedanken auf offensivem Gebiet eine technische Entwicklung bei den Defensivwaffen vollkommen außer acht ließ. Die Erfassung angreifender Luftstreitkräfte wurde bereits im Laufe des Zweiten Weltkrieges durch den Einsatz von Radar ermöglicht. Nach Ende des Zweiten Weltkrieges wurde auch die Luftabwehr durch die Einführung von Flugabwehrraketen erheblich verbessert. Darüber hinaus hat sich das unzweifelhaft inhumane Kriegsbild Douhets spätestens nach dem IV. Genfer Abkommen zum Schutz von Zivilpersonen von 1949 entscheidend gewandelt. Diese Aussage behält auch dann ihre Gültigkeit, wenn dieses Abkommen in Kriegen nach 1949 zum Teil grausam mißachtet wurde.

Douhets Theorien waren nicht nur in seinem eigenen Land umstritten. Luftkriegsmittel waren dementsprechend bis in die 40er Jahre nur als verlängerter Arm der Land- bzw. Seestreitkräfte eingesetzt, also im Douhetschen Sinne als sogenannte Hilfsluftflotten. Erste Führungs- und Einsatzgrundsätze wie z.B. die LDv (Luftwaffendienstvorschrift) 16 der Luftwaffe des 3. Reiches sahen zwar den eigenständigen Einsatz von Luftstreitkräften mit eigenen, aus den Gesamtkriegszielen abgeleiteten Zielen vor. Die Luftwaffe allerdings war bis zum Ende des Zweiten Weltkrieges nicht als operative Teilstreitkraft aufgebaut worden, weil vornehmlich ein erfolgreicher viermotoriger Bomber fehlte. Sie versagte daher, trotz vieler Angriffe auf englische Städte im Sinne Douhets. Die Folge war, daß sie außer zur Luftverteidigung mittels Jagdflugzeugen zum taktischen Hilfsmittel des Heeres degenerierte und daher aufgerieben wurde.

Die West-Alliierten des Zweiten Weltkrieges hingegen schienen die von Douhet aufgezeigten Möglichkeiten der Luftstreitkräfte umgesetzt zu haben. Briten und US-Amerikaner bauten frühzeitig eine hauptsächlich aus Bombern bestehende Luftflotte auf. Auf britischer Seite wurde dieser Aufbau durch, von Douhet noch gänzlich verworfene, Luftverteidigungskräften ergänzt. Während die britische Luftverteidigung in der Luftschlacht um England die Angriffe der Luftwaffe erfolgreich abwehren konnte, waren die britischen und amerikanischen Bomberverbände ihrerseits nicht in der Lage, die deutsche Bevölkerung so zu demoralisieren und die deutschen Kraftquellen so zu zerstören, daß allein aufgrund des Einsatzes von Luftkriegsmitteln der Krieg gewonnen werden konnte. Die Douhetschen Lehren schienen also widerlegt zu sein.

Nach dem Zweiten Weltkrieg spielten Luftstreitkräfte in mehreren Kriegen bzw. kriegerischen Auseinandersetzungen eine wichtige, teilweise dominierende Rolle. Im 6-Tage-Krieg 1967 war der vernichtende Präventivschlag — im Douhetschen Sinne — der israelischen Luftstreitkräfte gegen die ägyptischen Luftstreitkräfte wesentliche Voraussetzung für den erfolgreichen Kampf der Landstreitkräfte. Ähnliches gilt für die Aktion »Frieden für Galiläa« 1983, die erst nach Ausschaltung der syrischen Luftverteidigung in und über dem Bekaa-Tal durch die israelischen Luftstreitkräfte am Boden unter eigener Lufterrschaft erfolgreich zu Ende geführt werden konnte. Dennoch war der Einsatz der Luftstreitkräfte bis zu diesem Zeitpunkt niemals allein kriegsentscheidend wie von Douhet vorhergesagt.

Die im Golfkrieg 1991 eingesetzten Luftstreitkräfte scheinen erstmalig in der Lage gewesen zu sein, einen Krieg im Douhetschen Sinne zu entscheiden, zumal die abschließenden Operationen der Landstreitkräfte nur noch als »Aufwisch-Operationen« (Mop-up operations)[8] bezeichnet wurden. Diese Feststellung wird u.a. durch eine Aussage eines hochrangigen U.S. Air Force Offiziers unterstützt: Der Golfkrieg hat bewiesen, daß Luftmacht das erfüllen kann, was die Visionäre ursprünglich vorhergesagt hatten.[9]

Aktuelle Luftkriegstheorie

An dieser Stelle erscheint es vor allem im Hinblick auf den nicht ständig mit der Materie befaßten Leser sinnvoll, die wichtigsten der im folgenden verwendeten Begriffe vorzustellen. Grundlagen sind deutsche, d.h. in der Regel Luftwaffendefinitionen. Da deutsche Streitkräfte nicht direkt am Golfkrieg teilnahmen, ist davon auszugehen, daß die dort angewendeten begrifflichen bzw. theoretischen Grundlagen von den vorgestellten differieren.

Der Begriff Luftmacht — im angelsächsischen Sprachraum unter »Air Power« laufend und seit langem Bestandteil des militärisch-politischen Sprachschatzes ist als übergeordneter Begriff relativ neu in der Diskussion innerhalb der Bundeswehr bzw. der Luftwaffe.
Unter Luftmacht wird die Fähigkeit verstanden, die eigene Nutzung des Luftraums zu sichern und einem Gegner die alleinige Nutzung des Luftraums zu verwehren.[10] Luftmacht kann auch verstanden werden als die Nutzung und Kontrolle der dritten Dimension zur Verwirklichung politischer Ziele.

Luftmacht im Sinne dieser Definition wird durch Luftkriegsmittel — Waffensysteme, Kampfmittel oder sonstige Mittel, die in den, im oder aus dem Luft-/Weltraum hinein- oder herauswirken[11] — sowie durch zivile fliegende Mittel ausgeübt, wobei im folgenden der Schwerpunkt der Betrachtungen die militärischen d.h. die Luftkriegsmittel sind.
Vor allem die fliegenden Luftkriegsmittel zeichnen sich durch vier wesentliche Eigenschaften aus, die in dieser Ausprägung und Kombination nur bei diesen Kriegsmitteln vorzufinden sind:
Ihre hohe Geschwindigkeit erlaubt die schnelle Projektion von Kampfkraft und begünstigt ihren offensiven Gebrauch und die Nutzung des Überraschungsmomentes. Dies zwingt den Verteidiger zu kurzfristiger Reaktion und somit zu hoher Einsatzbereitschaft[12].

Ihre Reichweite eröffnet die Möglichkeit, in jede Richtung über große Entfernungen zu operieren und damit in hohem Maße unabhängig von geographischen Bedingungen an Orten eigener Wahl Kräfte einzusetzen und zu konzentrieren. Der Einsatz von Luftkriegsmitteln bis in die Tiefe des Raumes wirkt gegen das gesamte Wehrpotential des Angreifers und bindet erhebliche Kräfte zu dessen Schutz. In der Verteidigung ermöglicht die Reichweite das frühzeitige Bekämpfen des Gegners weit vor den zu schützenden Räumen und Objekten[13].

Luftkriegsmittel besitzen einen hohen Grad an Wirksamkeit. Hierbei sind Waffen- und Sensorwirksamkeit sowie Zuladekapazität besonders ausgeprägte Kennzeichen dafür, daß sie in einem breiten Aufgaben- und Zielspektrum anwendbar sind.[14] Ihre besondere Flexibilität beruht auf ihrer dreidimensionalen Beweglichkeit, ihrer Verwendbarkeit innerhalb eines großen Aufgaben- und Zielspektrums und ihrer Kompatibilität mit anderen Einsatzmitteln[15]. Vor allem bemannte Luftkriegsmittel können vielfältigen Lageerfordernissen schnell angepaßt werden.

Luftstreitkräfte sind die von Land- und Seestreitkräften unabhängige organisatorische Zusammenfassung von Luftkriegsmitteln und dem diese Mittel bedienenden sowie den Einsatz der Mittel unterstützenden Personal[16]. Dabei darf jedoch nicht außer acht bleiben, daß auch andere Teilstreitkräfte Luftkriegsmittel in ihrem Inventar haben. Deren Luftkriegsmittel können sowohl für die speziellen Belange der jeweiligen Teilstreitkraft — also in Form von Hilfsluftflotten im Douhetschen Sinne — als auch im Rahmen eines eigenständigen Luftkrieges unter Führung der Luftstreitkräfte eingesetzt werden.

Luftstreitkräfte bilden zusammen mit den Land- und Seestreitkräften eines Staates dessen militärisches Potential. Die Luftstreitkräfte als militärische Kräfte, aber nicht nur sie allein, sondern in Verbindung mit fliegenden Kräften der anderen Teilstreitkräfte und mit zivilen Kräften, sind in der Lage, Luftmacht auszuüben.

Die oben erwähnten Eigenschaften von Luftkriegsmitteln begründen bestimmte Fähigkeiten von Luftstreitkräften, die diese von Land- oder Seestreitkräften wesentlich unterscheiden:

Luftstreitkräfte besitzen aufgrund von Reichweite und Geschwindigkeit der Luftkriegsmittel die Fähigkeit zur raschen Projektion militärischer Macht über große Entfernungen, zur schnellen Reaktion und Überraschung und tragen maßgeblich zur Erhaltung oder zur Rückgewinnung der Initiative bei. Sie verwehren einem Gegner die Bildung von Sanktuarien in der Tiefe des Raumes und lösen die Begrenzung des Gefechtsfeldes auf.

Luftstreitkräfte besitzen die Fähigkeit zur effizienten Bekämpfung von militärischen Punkt- und Flächenzielen sowie zur Aufklärung von Räumen und Objekten und sind darüber hinaus zur Unterstützung anderer Kräfte und zum schnellen Transport wichtiger Kräfte und Mittel befähigt.

Luftstreitkräfte besitzen darüber hinaus die Fähigkeit zur lageangepaßten Verlegung und zur Schwerpunktbildung. Sie sind zum Zusammenwirken im Verbund mit anderen Kräften sowie zum Eindringen in den gegnerischen Luftraum befähigt[17].

Luftkrieg nach bisherigem NATO-Verständnis
Zum besseren Verständnis des Luftkrieges am Golf sollen im folgenden skizzenhaft die NATO-Kommandostruktur und die bisherigen Vorstellungen der NATO zu einem Luftkrieg in Zentraleuropa dargestellt werden.
Primäre Aufgabe der NATO ist und wird weiter sein, eine stabile Sicherheitslage und die territoriale Unversehrtheit seiner Mitgliedsstaaten mit politischen Mitteln zu wahren[18]. Für den Fall, daß die politischen Maßnahmen versagen, ist es Aufgabe der NATO, einen Angreifer mit militärischen Mitteln abzuwehren und so die staatliche Integrität der betroffenen Mitglieder wieder herzustellen, d.h. die NATO ist in militärischer Hinsicht ein defensives, reagierendes Bündnis.
Zum letztgenannten Zweck besitzt die NATO bereits im Frieden eine aktive militärische Führungsorganisation. Die Führungsstruktur für die NATO-Luftstreitkräfte besitzt derzeit, einschließlich des Alliierten Oberkommandos für Europa, sechs — für Luftverteidigungskräfte bzw. fünf für Gegenangriffskräfte — Hierarchie-Ebenen. Jeder dieser Ebenen sind bestimmte, genau definierte Aufgaben und Befugnisse zugewiesen, wobei im Kriegsfall nachgeordnete Ebenen in hohem Maße von den Vorgaben höherer Stellen abhängig sind. Dies führt, im Vergleich zu dem noch vorzustellenden Planungszyklus während des Golfkrieges, zu einem relativ unflexiblen und zeitlich aufwendigen Planungszyklus für die NATO-Luftstreitkräfte.
Von wenigen Ausnahmen — wie z.B. die NATO Airborne Early Warning (NAEW) Force oder die ACE Mobile Force (AMF) Land — abgesehen, besitzt die NATO keine eigenen Truppen. Vielmehr entscheiden die Mitgliedstaaten über die Unterstellung von Streitkräftekontingenten unter die NATO-Einsatzführung. Die Streitkräfte der NATO-Mitgliedstaaten sind dafür in unterschiedliche Kategorien eingeteilt. »NATO-Command Forces« unterstehen bereits im Frieden der Einsatzführung der NATO-Kommandobehörden. In diese Kategorie fallen vor allem bodengebundene und fliegende Luftverteidigungskräfte, die die Friedensaufgabe Luftraumüberwachung und Wahrung bzw. Wiederherstellung der Lufthoheit im NATO-Luftraum erfüllen. »NATO-Assigned Forces« werden ab Auslösung einer bestimmten Alarmstufe ohne zusätzliche politische Entscheidung der Einsatzführung durch NATO-Kommandobehörden unterstellt. In diese Kategorie fallen vor allem die Gegenangriffskräfte. In die weiteren Kategorien »Earmarked Forces« und »Other Forces for NATO« fallen die aktiven und mobilmachungsabhängigen Verbände der Streitkräfte, die im Einzelfall der NATO-Einsatzführung unterstellt werden können, ansonsten aber unter nationaler Führung verbleiben.
Die NATO-Planungen gingen in der Vergangenheit davon aus, daß bei einem Konflikt zwischen NATO und Warschauer Pakt in Zentraleuropa dieser mit einem massiven Angriff der Warschauer Pakt-Streitkräfte zu Lande und in der Luft beginnen würde. Mehrere tausend Flugzeuge würden in mehreren Wellen Luftangriffe gegen wichtige militärische und zivile Einrichtungen fliegen. Die NATO-Luftverteidigungskräfte hätten die Aufgabe gehabt, die angreifenden Formationen durch Einsatz von Flugabwehrraketen und Jagdflugzeugen weitestmöglich abzunutzen. Anschließend hätten die Gegenangriffsverbände mit Unterstützung von Jagdflugzeugen, Flugzeugen zur Unterdrückung und Bekämpfung der gegnerischen Luftverteidigung und Flugzeugen

Abb. 1: *Kommandostruktur der NATO-Luftstreitkräfte (Prinzipskizze)*

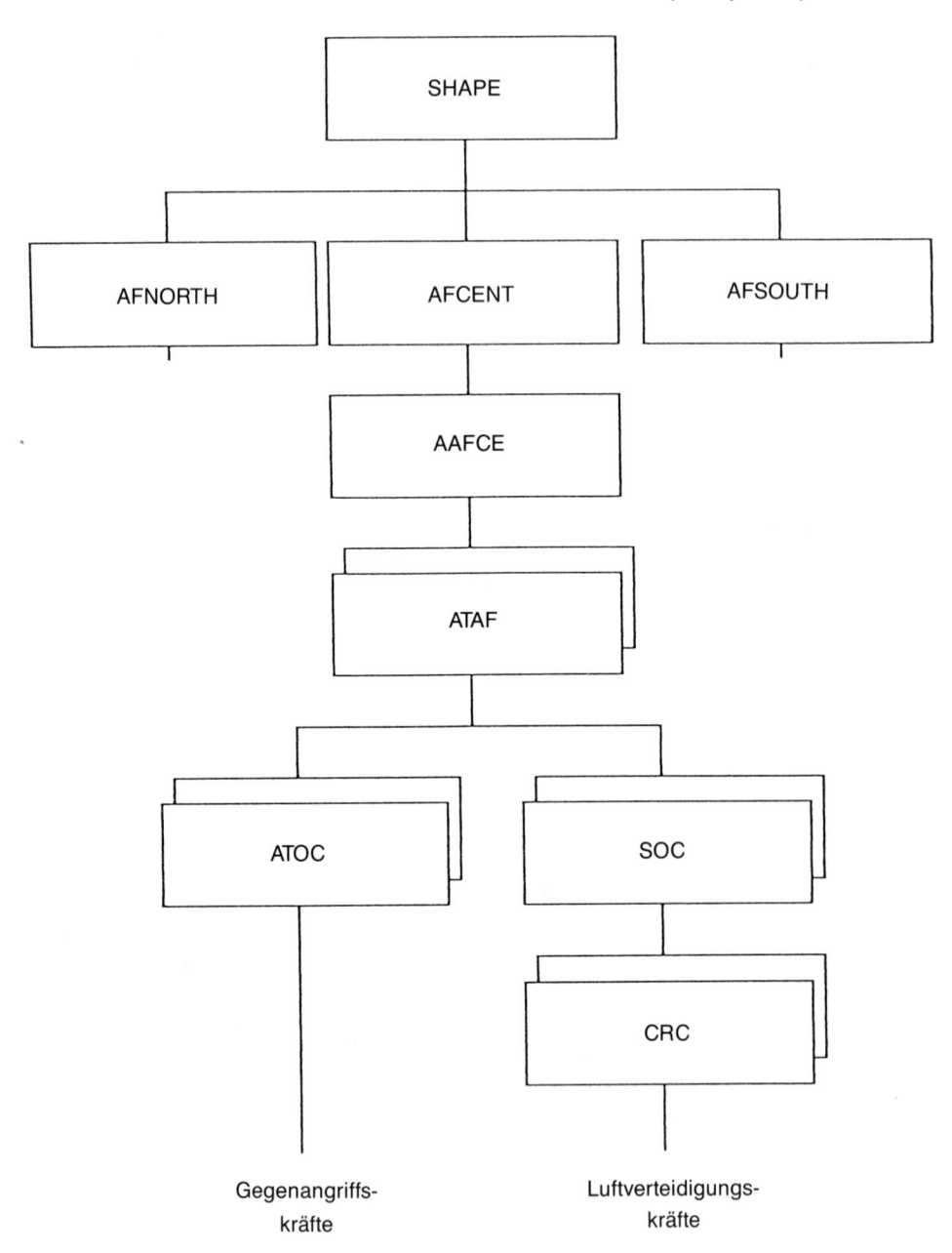

```
                           ┌─────────────┐
                           │    SHAPE    │
                           └──────┬──────┘
              ┌───────────────────┼───────────────────┐
         ┌────┴────┐         ┌────┴────┐         ┌────┴─────┐
         │ AFNORTH │         │ AFCENT  │         │ AFSOUTH  │
         └─────────┘         └────┬────┘         └──────────┘
                                  │
                             ┌────┴────┐
                             │  AAFCE  │
                             └────┬────┘
                                  │
                             ┌────┴────┐
                             │  ATAF   │
                             └────┬────┘
                      ┌───────────┴───────────┐
                 ┌────┴────┐             ┌────┴────┐
                 │  ATOC   │             │   SOC   │
                 └────┬────┘             └────┬────┘
                      │                       │
                      │                  ┌────┴────┐
                      │                  │   CRC   │
                      │                  └────┬────┘
                      │                       │
              Gegenangriffs-          Luftverteidigungs-
                  kräfte                    kräfte
```

zum elektronischen Begleitschutz damit begonnen, mit Priorität die gegnerischen Luftstreitkräfte auf ihren Flugplätzen, die Führungs- und Kommunikationszentralen, sowie Kräfte und Einrichtungen der gegnerischen Landstreitkräfte zu bekämpfen. Hierzu hätten den NATO-Luftstreitkräften in Zentraleuropa in der Vergangenheit ca. 4.000 Kampfflugzeuge zur Verfügung gestanden. Damit wären sie in der Lage gewesen, am Beginn der Auseinandersetzung ca. 10.000 Kampfeinsätze am Tag zu fliegen.

Analyse — Auswertung — Folgerungen
Luftmacht als Instrument der Krisenpolitik

Nach der irakischen Besetzung Kuwaits war es auf ausdrücklichen Wunsch Saudi-Arabiens zunächst vordringlichste Aufgabe, Saudi-Arabien vor einer möglichen Aggression zu schützen, d.h. ein Abschreckungspotential gegen weitere irakische Angriffsoperationen aufzubauen. Außer den im Vergleich zum Irak schwachen Streitkräften Saudi-Arabiens befanden sich seitens der USA die nächsten Einheiten auf Diego Garcia im Indischen Ozean — sechs Frachtschiffe mit Ausrüstung und Munition für 16.500 Marineinfanteristen für 30 Tage, wovon sich zwei Schiffe gerade zur Überholung in den USA befanden[19] — und mit der 6. US-Flotte im Mittelmeer; zu weit entfernt, um diese Aufgabe erfüllen zu können.
Schon 24 Stunden nach dem irakischen Einmarsch in Kuwait ließ US-Präsident Bush zwei Staffeln Jagdflugzeuge des Typs F-15C in Bereitschaft versetzen. Diese erreichten nach einem 15stündigen Non-Stop-Flug mit mehreren Luftbetankungen am 08.08. Saudi-Arabien und wurden im folgenden durch weitere Kräfte der US Air Force und der Royal Air Force verstärkt. Schon am 23.08. waren fast 500 Kampfflugzeuge an den Golf verlegt worden[20]. Diese Kräfte, zusammen mit der 82nd (US) Airborne Division, der 101st (US) Air Assault Division und verschiedenen Verbänden der Seestreitkräfte wären sicherlich nicht in der Lage gewesen, einen weiteren irakischen Vorstoß aufzuhalten, aber diese schnelle Projektion von Luftmacht hatte große politische Wirkung.
Eine möglicherweise geplante weitere Expansion Saddam Husseins nach Süden wurden durch die Anwesenheit dieser nicht unerheblichen Streitkräfte erschwert. Diese Streitkräfte stellten zugleich auch eine neue politische Dimension dar, indem die Entschlossenheit zum Widerstand gegen eine weitere Aggression verdeutlicht und die Glaubwürdigkeit der westlichen Schutz- und Beistandszusagen an die arabischen Nachbarstaaten Iraks eindrucksvoll unter Beweis gestellt wurde. Die Projektion von Luftmacht war in dieser Situation die wohl glaubwürdigste und auch schnellste Maßnahme zur Krisenbeherrschung. Der weitere Einsatz der Luftstreitkräfte während der Operation Desert Shield ist gekennzeichnet durch die Umsetzung der UNO-Resolutionen, so z.B. die Durchführung der Luftblockade sowie der Unterstützung und der Sicherung der Koalitionsstreitkräfte während des Aufmarsches.
Schon 1980, nach dem Sturz des Schahs und der islamischen Revolution im Iran sowie der sowjetischen Invasion in Afghanistan, hatte der damalige US-Präsident

Carter die Golfregion zur lebenswichtigen Interessensphäre der USA erklärt. Eine Rapid Deployment Joint Task Force (RDJTF) wurde gebildet und 1983 dem Central Command (CENTCOM) unterstellt, das für die Region Südwestasien, Golf und Rotes Meer zuständig wurde. Operative und logistische Planungen der RDJTF wurden auf Konfliktszenarien in dieser Region ausgerichtet. Seit 1985 lagen Operationspläne vor, die eine unmittelbare Intervention von ca. sechs Kampfdivisionen, drei bis fünf Flugzeugträgergruppen, sieben taktischen Geschwadern und B-52-Verbänden der US Air Force sowie Spezial- und Kommando-Einheiten vorsahen. Dafür standen CENTCOM ein Gesamtumfang von ca. 400.000 Soldaten zur Verfügung. Computergestützt wurden Marsch- und Verlegebefehle, Versorgungs- und Einsatzpläne für die verschiedensten Optionen erstellt. Lange vor Ausbruch der Golfkrise waren also die USA planerisch darauf vorbereitet, sehr schnell mit ersten Kontingenten zu reagieren[21].

Zur Sicherung dieser Operationen, insbesondere der Anlandung im Krisengebiet, wurden mit erster Priorität Luftkriegsmittel (Kampfflugzeuge incl. Logistik, Flugabwehrmittel) sowie Kräfte zur Erweiterung bzw. Neuanlage von Flugplätzen an den Golf verlegt. Die Bedeutung von Luftmacht als schnelles und flexibles Instrument der Krisenbeherrschung wurde in dieser Phase besonders deutlich, da in der Kürze der Zeit andere Teilstreitkräfte nicht in erforderlichem Umfang verfügbar gemacht werden konnten.

Bis Ende Oktober hatten die Koalitionsstreitkräfte am Golf eine ausschließlich defensive Mission: den Irak von weiteren Aggressionen in der Region abzuschrecken. Falls die Abschreckung versagte, sollte Saudi-Arabien bei einem Angriff geschützt werden. Zusätzlich sollten die Wirtschaftssanktionen der UNO durchgesetzt werden[22]. Die schnelle Präsenz von Luftstreitkräften sowie die durch Lufttransport zügig wachsende Verfügbarkeit eines glaubwürdigen Landstreitkräftekontingentes ermöglichten die Erfüllung dieser politischen Ziele. Die UNO-Resolution 660 vom 02.08.1990, die den bedingungslosen Abzug Iraks aus Kuwait forderte, war damit aber nicht durchgesetzt worden. Auch wurde deutlich, daß durch das Embargo eine Lösung des Konfliktes, d.h. die Räumung Kuwaits, in einem für die Stationierung eines so großen Truppenkontingentes vertretbaren Zeitraum nicht erreicht werden könnte. Zusätzlich spielten auch klimatische, kulturelle und religiöse Rahmenbedingungen eine Rolle. Über all diesen Überlegungen stand zudem noch die Ungewißheit, wie lange diese heterogene Anti-Irak-Koalition zusammenhalten würde.

Ende Oktober vollzog daher die amerikanische Politik eine Kehrtwende. Aus der Defensivstrategie wurde eine Offensivstrategie. Nach wie vor war die Durchsetzung der UNO-Resolution 660 Grundlage dieser Politik; hinzu trat jetzt der Wille, die Region politisch langfristig zu stabilisieren. Die Frage war, was passieren würde, wenn Saddam Hussein seine Truppen zwar aus Kuwait zurückzöge, dabei aber sein gesamtes Militärpotential inklusive der Massenvernichtungswaffen unangetastet bliebe. Dies hätte für die gesamte Region, inbesondere aber für Israel, nicht hinnehmbare, destabilisierende Konsequenzen gehabt. Diese Überlegungen waren Grundlage der politischen Zielsetzung des späteren Angriffs der Koalitionsluftstreitkräfte. Es sollte ein Vernichtungsmaximum für den Fall erreicht werden, daß der Irak nach den ersten Luftangriffen um einen Waffenstillstand bitten und sich weitgehend unbehelligt und ungeschwächt aus Kuwait zurückziehen würde[23]. Die recht allgemein gehaltene Formulierung der UNO-Resolution 678 vom 29.11.1990: »...bevollmächtigt seine Mitgliedsstaaten, die mit der Regierung von Kuwait zusammenarbeiten, alle notwendigen Maßnahmen einzusetzen, ...«, ermöglichte diese Zielsetzung. Für die Luftstreitkräfte bedeuteten diese neuen politischen Rahmenbedingungen weiterführende Maßnahmen. Zunächst war das Truppenkontingent allein der USA von 200.000 Mann Ende Oktober auf ca. 500.000 Mann aufzustocken. Bereits dislozierte Truppenteile wurden nicht mehr ausgewechselt. Nur so konnte eine offensive Kapazität gegen den Irak aufgebaut werden. Lufttransportoperationen noch größeren Ausmaßes wurden notwendig, um sowohl den Landstreitkräften mit der Verlegung des VII.(US) Korps aus Deutschland als auch den Luftstreitkräften eine offensive Option gemäß der UNO-Resolution 678 zu ermöglichen. Bei einer irakischen Truppenstärke auf dem Kriegsschauplatz Kuwait (Kuwait Theater of Operations — KTO) von 550.000 Mann konnten die Koalitionsstreitkräfte mit 755.000 Mann entgegenstellen. Bei der beginnenden Planung militärischer Operationen gegen den Irak standen die Luftstreitkräfte von Anfang an im Mittelpunkt. Warum war dies so? Zunächst mußte das militärische Potential des Irak genau analysiert werden, um anhand dieser Daten zu ermitteln, mit welchen militärischen Mitteln die politischen Ziele, wie oben beschrieben, erreicht werden konnten. Das strategische Potential des Irak, einschließlich seiner Kapazitäten an Massenvernichtungswaffen, sowie sein Führungssystem lagen weit im Hinterland. Unter Nutzung ihrer besonderen Eigenschaften waren diese Ziele durch Luftkriegsmittel erreichbar. Zum anderen verfügte der Irak über Luftstreitkräfte, die numerisch etwa an sechster Stelle in der Welt standen. Die Erkenntnisse über den Einsatz der irakischen Luftstreitkräfte im Krieg gegen den Iran ließen zwar auf wenig Professionalität[24] schließen. Ausgerüstet mit modernen Kampfflugzeugen sowjetischer und westlicher Produktion wären sie jedoch in der Lage gewesen, die Operationen der Koalition nachhaltig zu stören bzw. zu verhindern.

Für die zur Befreiung Kuwaits erforderliche günstige Luftlage war der offensive Einsatz gegen das irakische Luftkriegspotential notwendig. Der von Beginn an offensive Einsatz der Luftstreitkräfte bedeutete eine Umkehr der für ein Ost-West-Szenario geltenden Defensiv-Doktrin, stand aber im Einklang mit der politischen Gesamtkriegszielsetzung.

Ein weiterer Grund für die Priorisierung der Luftstreitkräfte war die Überzeugung der an der Koalition beteiligten Staaten, daß Verlustminimierung sowohl bei den eigenen Streitkräften als auch bei der Zivilbevölkerung nur mit massivem Einsatz modernster Technik, die primär bei Luftstreitkräften anzutreffen ist, zu erreichen sein würde. Dieses entsprach im besonderen der politischen Zielsetzung auch im Hinblick auf die öffentliche Meinung zu einem Waffengang.

Desweiteren wurde der Grundsatz der Einheitlichkeit der Führung während des gesamten Luftkrieges durchgehalten. Dadurch wurde es ermöglicht, daß sich der Einsatz der Luftstreitkräfte am Gesamtkriegsziel orientierte und von politischer Seite stets beeinflußbar war. Hinzu kam, daß auf diese Weise die speziellen Eigenschaften der Luftkriegsmittel wie Flexibilität und Wirksamkeit auch politisch nutzbar waren.

Dies kann anhand zweier Beispiele verdeutlicht werden:
Durch die irakischen Scud-Angriffe auf Israel bestand die Gefahr, daß der Konflikt sich ausweiten und der Zusammenhalt der Koalition bei einem Kriegseintritt Israels abbröckeln würde. Durch schnelle Dislozierung von Patriot-Flugabwehrraketensystemen und eine Schwerpunktbildung bei den Luftangriffsoperationen hin zur Bekämpfung der Scud-Abschußrampen konnte ein wesentlicher Beitrag zur Konfliktbegrenzung geleistet werden, obwohl dadurch alle anderen Planungen für den weiteren Luftkrieg gegen den Irak überarbeitet werden mußten. Dies war mit ein Grund für die Verzögerung des Beginns des Landkrieges um neun Tage.

Ein weiteres Beispiel für die Fähigkeiten der Luftstreitkräfte, sich veränderten politischen Vorgaben anzupassen, war die sofortige Verlegung des Schwerpunktes der Luftangriffsoperationen nach der Zerstörung eines Bunkers in der irakischen Hauptstadt Bagdad[25], bei der am 13.02.1991 ca. 300 Zivilisten den Tod fanden. Die Reaktion der Weltöffentlichkeit auf diesen Angriff war so heftig, daß ein weiterer Vorfall dieser Art eine Fortführung der Operationen in Frage gestellt hätte. So wurden im folgenden die Truppenkonzentrationen im KTO sowie die Versorgungslinien und -einrichtungen für diese Verbände schwerpunktmäßig angegriffen. Bagdad war dennoch nicht zu einem Sanktuarium geworden, weitere Angriffe beschränkten sich aber auf einwandfrei identifizierte Ziele mit militärischer Bedeutung.

Welche Rückschlüsse können aus diesen Ausführungen bezüglich der Bedeutung von Luftmacht als Instrument der Krisenpolitik gezogen werden?

Die Luftstreitkräfte waren im Golfkonflikt in der Lage, dank kurzer Reaktionszeit, großer Reichweite und vorhandener Unterstützungsleistungen schnell vor Ort zu sein. Nur durch präsente Luftstreitkräfte mit ihren besonderen Fähigkeiten war die Koalition in der Lage, Entschlossenheit zu demonstrieren und nach der Besetzung Kuwaits weitere Aggressionen des Irak zu verhindern[26]. Desweiteren wurde deutlich, daß die Luftstreitkräfte ganz im politischen Sinne von Schadensbegrenzung und schneller Konfliktbeendigung die Befreiung Kuwaits optimal vorbereiten konnten und dabei stets in der Lage waren, sich Änderungen der politischen Rahmenbedingungen anzupassen oder politisch wirksame Signale zu setzen.

Dies setzt allerdings voraus, daß die Luftstreitkräfte sowohl von ihrer Präsenz als auch von ihrem technischen Standard her in der Lage sind, ein glaubwürdiges Abschreckungspotential, aber auch ein wirksames Einsatzpotential bei Versagen der Abschreckung darzustellen. Ist dies gegeben, können sie auch einen wirksamen Beitrag zur Krisenverhinderung liefern. Group Captain Andrew Vallance formuliert denn auch in seinem Beitrag »Strategy and Tactics« im Royal Air Force Yearbook: »Future historians may well see the events in the Gulf as the start of an era in which air power was used not only to terminate conflicts rapidly and with the least possible loss of life, but also in many cases to avert them.«[27]

Exkurs: Die Rolle der NATO im Golfkonflikt
Es ist sicherlich kein Zufall, daß die NATO nach dem Ende des Kalten Krieges in ihrer neu formulierten Risikoanalyse neben der schwer abzuschätzenden Entwicklung in der ehemaligen Sowjetunion und den latenten Nationalitätenproblemen besonders

auf dem Balkan gerade dem Mittelmeerraum mit Nordafrika und dem Nahen Osten verstärkte Aufmerksamkeit schenkte. Nicht nur der seit Jahren schwelende Konflikt um Israel, auch die Unberechenbarkeit von Persönlichkeiten wie Gaddafi und die Proliferation von ballistischen Raketensystemen in die Länder des Maghreb waren Grundlage dieser Lagebeurteilung. Saddam Hussein hat mit seinem Schlag gegen Kuwait den Beweis dafür geliefert, daß Lageänderungen in dieser Region schwer vorhersehbar sind und bei Eintreten nachhaltige Auswirkungen haben können. Die neue Risikoanalyse der NATO wurde dadurch bestätigt. Was waren diese Auswirkungen?
Eine direkte Bedrohung der NATO war insofern vorhanden, als ein kriegführender Staat mit einem starken Militärpotential direkt an der Bündnisgrenze den NATO-Mitgliedsstaat Türkei bedrohte. Darüber hinaus war der Irak im Besitz von ballistischen Raketensystemen und hatte im Iran-Irak-Krieg sowohl die Fähigkeit als auch den Willen zum Einsatz von Massenvernichtungsmitteln bewiesen.
Indirekt waren die NATO-Staaten durch die mögliche Kontrolle der Ölpreispolitik durch den Irak bedroht. Die Abhängkeit von Nah-Ost-Öl ist zwar nicht mehr so groß wie noch in den 70er Jahren, und die Möglichkeiten zu reagieren sind größer geworden. Trotzdem wäre eine wirtschaftliche Stagnation wahrscheinlich gewesen. Eine Wirtschaftskrise in den Industriestaaten gerade in einer Phase, in der wirtschaftliche Stärke für die Unterstützung des Demokratisierungsprozesses in Ost-Mitteleuropa notwendig gewesen wäre, hätte nachhaltige Auswirkungen auf die Sicherheit Europas gehabt. Insofern waren vitale Sicherheitsinteressen der NATO berührt[28].
Vor diesem sicherheitspolitischen Hintergrund, der Tatsache, daß die Sowjetunion die Anti-Irak-Koalition unterstützte, und dem Vorliegen eines UNO-Mandats für den Einsatz von Streitkräften gegen den Irak ist das Engagement der NATO zu betrachten. Dabei ist zwischen den Aktivitäten einzelner NATO-Staaten im Sinne der UNO und denen der NATO als Bündnis zu unterscheiden.
Während zwölf NATO-Staaten direkt an der Koalition beteiligt waren und mit nationalen Streitkräftekontingenten außerhalb des NATO-Territoriums operierten, führten Koalitionsluftstreitkräfte auch von NATO-Territorium aus offensive und unterstützende Luftkriegsoperationen durch. Weitere vier NATO-Staaten unterstützten die Koalition durch Materiallieferungen sowie durch Bereitstellung von Basen und Transportkapazitäten.
Die Rolle der NATO als Bündnis war derweil gem. Artikel 6 des NATO-Vertrages auf die Verteidigung bzw. Sicherung der Südflanke und des Mittelmeerraumes gegen militärische Bedrohung und gegen terroristische Aktionen beschränkt. Dieses Engagement wurde unter dem Operationsnamen Southern Guard durchgeführt.
Obwohl die Rolle der NATO während des Golfkonfliktes weiterhin rein defensiv war, traten doch Besonderheiten und Schnittstellen auf, die sich zwangsläufig aus dem Engagement der NATO-Staaten in der Koalition und aus der geographischen Nähe zum Krisen- bzw. Kriegsgebiet ergaben.
So mußte das Bündnis auf unterschiedliche Spannungszustände in den verschiedenen Regionen reagieren. Während in der Nord- und Zentralregion Frieden, wenn auch mit der Gefahr terroristischer Aktionen, herrschte, war in der Südregion die Entwicklung krisenhaft, im Ostteil der Südregion herrschte faktisch Krieg. Die Operation

Southern Guard hatte all dies zu berücksichtigen. Desweiteren mußte das Bündnis dort koordinieren, wo der Einsatz von Streitkräften von Fall zu Fall aufgrund der Einbindung in die Koalition oder als Teil der Operation Southern Guard innerhalb des NATO-Territoriums oder aus ihm heraus durchgeführt wurde.

Besonders deutlich werden diese Maßnahmen am Beispiel der Einsätze vom türkischen Flugplatz Incirlik. Von hier aus operierten sowohl national geführte US-Luftstreitkräfte gegen den Irak, als auch national geführte türkische Luftstreitkräfte zur Verteidigung des türkischen Luftraumes. Diese wurden wiederum unterstützt durch sechs US-Jagdflugzeuge des Typs F-15C unter NATO-Kommando. Die Koordination der Luftverteidigung der NATO und der Türkei mit den amerikanischen Luftangriffsverbänden und den Verbänden der AMF (Air), bestehend aus deutschen, belgischen und italienischen Kräften wurde durch eine Vernetzung von Flugzeugen der NAEW-Force, bodengebundenen Radarsystemen und Gefechtsständen sichergestellt[29].

Neben diesen indirekten Unterstützungmaßnahmen war die NATO als Bündnis auch direkt im Sinne von Krisenmanagement tätig. Schon eine Woche nach dem irakischen Einmarsch in Kuwait wurden Flugzeuge der NAEW-Force in die Türkei verlegt, um den Luftraum zu überwachen. Ergänzt wurde diese Überwachung Anfang September durch weitere Flugzeuge der NAEW-Force, die das östliche Mittelmeer überwachten. Zur seegestützten Überwachung des Mittelmeeres wurde am 14.09.1990 zusätzlich die Naval On-Call Force Mediterranean (NAVOCFORMED) angefordert, die später noch durch Seeaufklärungsflugzeuge ergänzt wurde. Anfang Januar 1991 wurde dann im Rahmen der Operation ACE Guard auf Anforderung der Türkei die AMF (Air) zum ersten Mal in einem echten Kriseneinsatz in Teilen aktiviert und in die Osttürkei verlegt. Ergänzt wurden diese Kräfte später durch niederländische, deutsche und amerikanische Flugabwehrraketensysteme. Die Aktivierung von Luft- und Seestreitkräften, die in keiner Weise zur Besetzung von Territorium geeignet sind, trug in besonderem Maße der defensiven NATO-Strategie Rechnung. Sie ist aber auch im Sinne des Krisenmanagements als deutliches Zeichen zu verstehen, daß ein Angriff auf NATO-Territorium nicht hingenommen werden würde. Auch hier stellt sich die Frage, ob die rasche Verfügbarkeit auch relativ schwacher Kräfte den Irak tatsächlich von einem Angriff auf die Türkei abgeschreckt hätte. Aber gerade als Zeichen der Entschlossenheit durch im Krisengebiet präsente Kräfte spielten die Luftstreitkräfte eine entscheidende Rolle. Die Anforderung der AMF (Air) durch die Türkei ist daher in diesem Sinne als besonders wirksam zu bewerten.

Aspekte der Führung

Der Golfkrieg ist auf der Grundlage eines UNO-Mandats mit politischer Unterstützung von 82 Staaten und mit Streitkräftekontingenten aus 29 Staaten geführt worden. Ziel war die Wiederherstellung der staatlichen Integrität Kuwaits.

Die Streitkräftekontingente, die der zu bildenden Koalitionsstreitmacht zur Verfügung gestellt wurden, waren unterschiedlich organisiert, ausgerüstet, ausgebildet und geführt. Darüber hinaus bestanden große Unterschiede bezüglich der Einsatz- und

Führungsgrundsätze sowie der Sprache. Eine Ausnahme bilden nur die Kontingente der NATO-Staaten, die bereits im Frieden nach einheitlichen Grundsätzen geführt werden und Englisch als gemeinsame Sprache nutzen. Die zu bildende Führungsstruktur hatte also sowohl den Nachteil einer politisch eher losen Koalition zu berücksichtigen als auch eine nicht gewachsene militärische Integration zu kompensieren. Es galt also, eine multinationale Führungsorganisation zu bilden, die in der Lage war, die nationalen Kontingente einvernehmlich und wirksam einzusetzen. Da diese Organisation noch nicht bestand, mußte eine Nation die Führung übernehmen.

Für den Krieg gegen den Irak wurde General Norman H. Schwarzkopf zunächst als Oberbefehlshaber für die US-Truppen in Saudi-Arabien benannt. Anfangs bestanden die Saudis auf den nominellen Oberbefehl über alle Koalitionstruppen in ihrem Land. In einem Memorandum wurde aber vereinbart, daß General Schwarzkopf mit Ausbruch der Kriegshandlungen den Oberbefehl übernehmen sollte.

Schon während der Aufmarschphase konnte General Schwarzkopf, der als CINC-CENTCOM (Commander in Chief Central Command) ohnehin für den Bereich Südwestasien-Golf-Rotes Meer regional zuständig ist, auf die anderen bereits im Frieden bestehenden Führungsstrukturen der US-Streitkräfte voll zurückgreifen. CINCPAC (US-Oberbefehlshaber Pazifik) in Hawaii war für alle Operationen der US-Navy von der Westküste der USA bis zum Suez-Kanal zuständig, CINCLANT (US-Oberbefehlshaber Atlantik) für alle von der Ostküste der USA bis zum Suez-Kanal. In Europa koordinierte CINCEUCOM (US-Oberbefehlshaber Europa), der gleichzeitig NATO-Oberbefehlshaber Europa (SACEUR) ist, alle Verlegemaßnahmen der US-Streitkräfte, aber auch die vielfältigen Unterstützungsleistungen der europäischen Staaten. Gerade Westeuropa stellte aus militärischer Sicht sowohl für die Machtprojektion wie für die Reaktionsfähigkeit der US-Streitkräfte eine unverzichtbare Drehscheibe dar. Mit TRANSCOM (Transportation Command) für Luft- und Seetransport, TAC (Tactical Air Command) für die Verlegung der Kampfflugzeuge und SAC (Strategic Air Command) für den Einsatz der Tankflugzeuge standen weitere US-Kommandobehörden zur Verfügung, die den Aufmarsch wirkungsvoll unterstützten.

Um den Nachteil der nicht gewachsenen militärischen Integration zu kompensieren, wurde mit CENTCOM in Saudi-Arabien ein einziges, teilstreitkräfteübergreifendes Oberkommando gebildet. Ihm stand ein Koordinationskomitee zur Verfügung, in dem die nationalen Interessen der Koalitionspartner abgestimmt wurden. Unter der Ebene von CENTCOM befanden sich die Oberkommandierenden der Teilstreitkräfte und der Sonderkommandos. Diese waren multinational, aber nicht mehr teilstreitkräfteübergreifend organisiert. In relativ eigenständiger Operationsplanung wurde hier im Sinne der Gesamtzielsetzung das vom einzigen teilstreitkräfteübergreifenden Befehlshaber (Joint-Commander), General Schwarzkopf, festgelegte Vorgehen der Streitkräfte umgesetzt. Damit wurde ein hoher Grad an Zentralisierung der Führung und an Delegation der Durchführung erreicht, was der heterogenen Zusammensetzung der Koalition am besten entsprach.

Im Bereich des Luftkrieges wurde im Gegensatz zur NATO die Einsatzplanung durch eine einzige zentrale Stelle durchgeführt. Dazu wurden dem Befehlshaber der Koalitionsluftstreitkräfte (COMCENTAF), Lieutenant General Horner, alle Luftkriegsmittel der Koalition zugeordnet, auch die der Land- und Seestreitkräfte, des US Marine Corps und der Special Operations Forces (SOF). So mußten z.B. alle Einsätze von Kampfhubschraubern der Landstreitkräfte über irakischem Territorium mit den Einsätzen der anderen Luftkriegsmittel koordiniert werden[30]. CENTAF war dabei die einzige Instanz, die zentral damit beauftragt war, eine einheitliche Luftraumordnung (Airspace Coordination Order — ACO) zu erstellen. LtGen Horner war durch die zentrale Führung aller Luftkriegsmittel außerdem in der Lage, das für die Erreichung eines vorgegebenen Kriegszieles am besten geeignete Mittel zum Einsatz zu bringen. Dabei war es unerheblich, welcher Nation oder Teilstreitkraft das eingesetzte Luftkriegsmittel organisatorisch zugeordnet war. Voraussetzung hierfür waren allerdings Gemeinsamkeiten in Verfahren, Plänen, Übungen, Sprache und vor allem Interoperabilität der Führungssysteme. Dies kann als ein neuer Ansatz für teilstreitkräfteübergreifende Operationen (Joint Operations) gesehen werden. Der bei uns gängige Begriff der »Verbundenen Luftkriegsführung«, bei der Waffensysteme unterschiedlicher Luftstreitkräfte zur Erreichung eines vorgegebenen Zieles zusammenwirken, wäre hier also noch weiter zu fassen, nämlich nicht nur nationen- sondern auch teilstreitkräfteübergreifend. Eine so straffe Führungsorganisation wie im Golfkrieg, die die Nachteile mangelnder Interoperabilität der unterschiedlichen nationalen Führungssysteme kompensieren kann, ist jedoch idealtypisch und wird daher nicht immer erreicht werden können.

Die gültige NATO-Doktrin für die Führung von Luftkriegsoperationen nennt die »Einheitlichkeit der Führung« als einen wichtigen Grundsatz, um Luftstreitkräfte wirksam und dabei doch wirtschaftlich einzusetzen. Dazu bedarf es eines Führungssystems (Command, Control, Communication and Information-System — C^3I-System), das den militärischen Führer jederzeit in die Lage versetzt, auf der Grundlage aktueller Informationen über alle Einflußfaktoren die Verbände einzusetzen. Gerade bei Luftstreitkräften ist dieser Entscheidungsprozeß aufgrund der besonderen Eigenschaften der Luftkriegsmittel, insbesondere der Geschwindigkeit, zeitkritisch.
An ein Führungssystem, das diesen Ansprüchen gerecht werden soll, müssen daher besondere Anforderungen gestellt werden. Umschrieben werden können diese Anforderungen mit einem Begriff, der die Grundlage für den erfolgreichen Luftkrieg am Golf am zutreffendsten beschreibt: Der militärische Führer hatte jederzeitige »situation awareness«. Ein Führungssystem, das dieses leisten kann, wirkt dann als »force multiplier«. Grundlage für diese Fähigkeit ist dabei, daß die eingesetzten Führungsmittel technisch in der Lage sind, diese Anforderungen zu erfüllen, und daß sie, besonders bei multinationalen Einsätzen, interoperabel sind. Ausgangspunkt dafür, daß Führungsmittel mit dem erforderlichen technischen Standard auf amerikanischer Seite verfügbar waren, war schon in den 70er Jahren die Erkenntnis, daß dem quantitativen Übergewicht des Warschauer Pakts in Zentraleuropa nur mit hochentwickelter Technologie begegnet werden kann. Das daraus entstandene Technologieprogramm, entwickelt als ein Teil der sogenannten »Offset Strategy« des ehemaligen amerikanischen Verteidigungsministers Brown[31], wurde in den 80er Jahren verwirklicht. Kom-

Abb. 2: Kommandostruktur der Koalitionsstreitkräfte

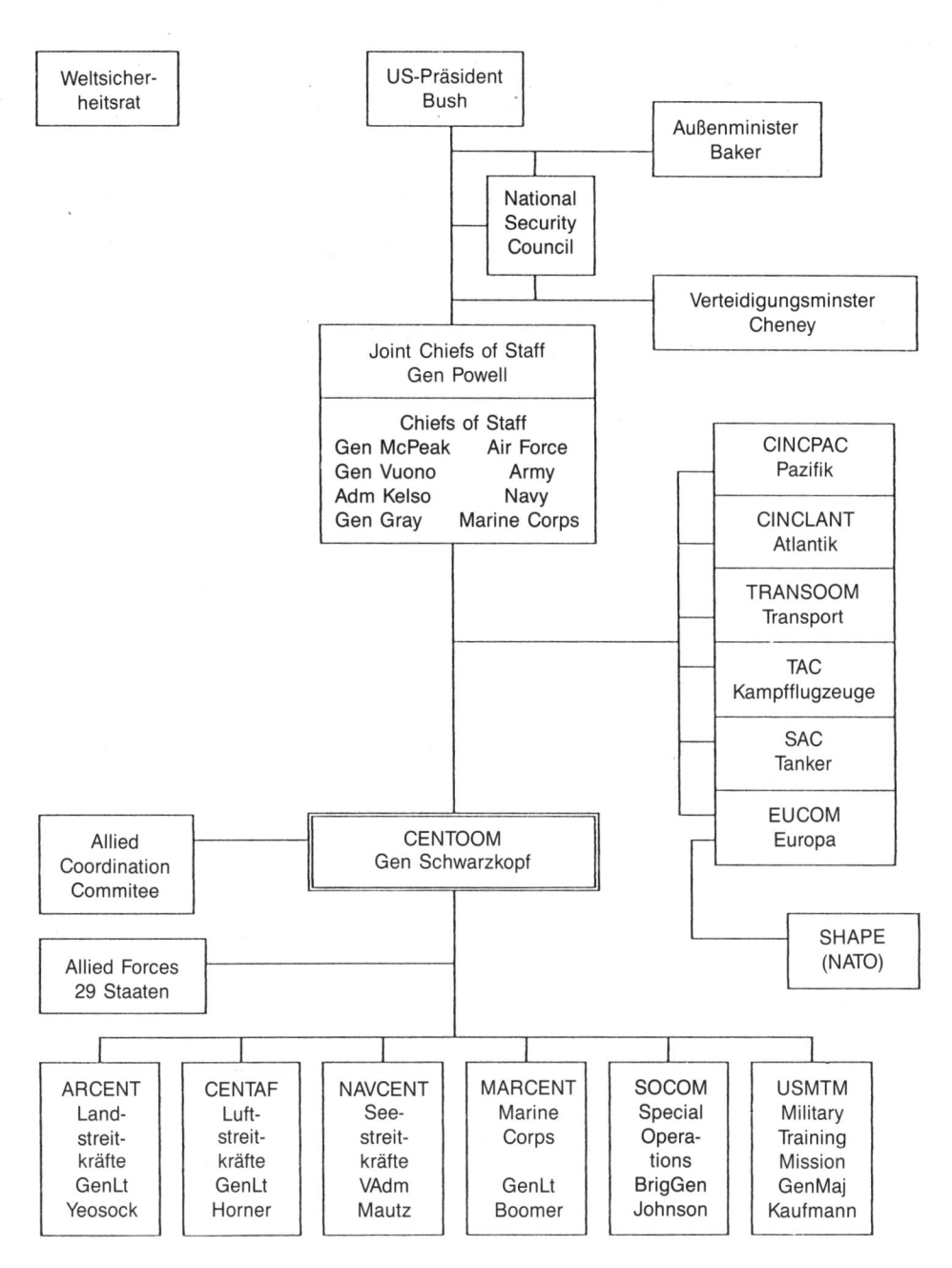

```
┌─────────────┐         ┌─────────────┐
│ Weltsicher- │         │ US-Präsident│
│ heitsrat    │         │ Bush        │
└─────────────┘         └──────┬──────┘         ┌──────────────┐
                               ├────────────────│ Außenminister│
                               │                │ Baker        │
                        ┌──────┴──────┐         └──────────────┘
                        │ National    │
                        │ Security    │
                        │ Council     │
                        └──────┬──────┘         ┌──────────────────┐
                               ├────────────────│ Verteidigungs-   │
                               │                │ minister Cheney  │
                ┌──────────────┴──────────────┐ └──────────────────┘
                │ Joint Chiefs of Staff       │
                │ Gen Powell                  │
                ├─────────────────────────────┤
                │   Chiefs of Staff           │            ┌──────────────┐
                │ Gen McPeak    Air Force     │────────────│ CINCPAC      │
                │ Gen Vuono     Army          │            │ Pazifik      │
                │ Adm Kelso     Navy          │            ├──────────────┤
                │ Gen Gray      Marine Corps  │            │ CINCLANT     │
                └──────────────┬──────────────┘            │ Atlantik     │
                               │                           ├──────────────┤
                               │                           │ TRANSOOM     │
                               │                           │ Transport    │
                               │                           ├──────────────┤
                               │                           │ TAC          │
                               │                           │ Kampfflugzeuge│
                               │                           ├──────────────┤
                               │                           │ SAC          │
                               │                           │ Tanker       │
                               │                           ├──────────────┤
┌─────────────┐  ┌─────────────┴─────────────┐             │ EUCOM        │
│ Allied      │  │ CENTOOM                   │             │ Europa       │
│ Coordination│──│ Gen Schwarzkopf           │             └──────────────┘
│ Commitee    │  └──────────────┬────────────┘             ┌──────────────┐
└─────────────┘                 │                          │ SHAPE        │
┌─────────────┐                 │                          │ (NATO)       │
│ Allied Forces│────────────────┤                          └──────────────┘
│ 29 Staaten  │                 │
└─────────────┘                 │
```

ARCENT	CENTAF	NAVCENT	MARCENT	SOCOM	USMTM
Land-streitkräfte	Luft-streitkräfte	See-streitkräfte	Marine Corps	Special Operations	Military Training Mission
GenLt Yeosock	GenLt Horner	VAdm Mautz	GenLt Boomer	BrigGen Johnson	GenMaj Kaufmann

Quelle: Österreichische Militärzeitschrift 2/91, S. 149

ponenten davon kamen im Golfkrieg zum Teil erstmalig zum Einsatz. Die computergestützten Führungs- und Fernmeldesysteme trugen in besonderer Weise zum Erfolg der Luftkriegsoperationen bei.

Zum ersten Mal kamen in einem Krieg raumgestützte Aufklärungssysteme, die ursprünglich für regional begrenzte militärische Operationen gar nicht vorgesehen waren, umfassend zum Einsatz. Sie lieferten Daten über die genauen Positionen militärischer Einrichtungen des Irak, z.B. die des Luftverteidigungs- und des Führungssystems, so daß eine Zielplanung schon vor Kriegsbeginn ermöglicht wurde. Dies war mit ein Grund für die spektakulären Anfangserfolge und den Grad der Überraschung, mit dem die Koalitionsluftstreitkräfte den Luftkrieg eröffneten. Auch während des Krieges unterstützten diese Systeme sowie Wetter- und Kommunikationssatelliten die Einsatzführung sehr wirkungsvoll.

In Ergänzung zu den Satelliten war das Airborne Warning and Control System (AWACS) rund um die Uhr und bei jedem Wetter in der Lage, den Luftraum zu überwachen und eigene Flugzeuge zielgerichtet zu führen. Desweiteren spielte AWACS eine entscheidende Rolle bei der Koordination aller Bewegungen im Luftraum. Bei 2.000 bis 3.000 Einsätzen am Tag konnte die Führungsaufgabe Luftraumordnung nur mit Hilfe von AWACS gelöst werden.

Zusätzlich wurde das neue Aufklärungssystem Joint Surveillance and Target Attack Radar System (JSTARS) erstmalig eingesetzt. Einzelheiten zu diesem System sind im Kapitel Technik/Technologie beschrieben.

Um diese Fülle an Informationen der verschiedensten Aufklärungsquellen zusammenzuführen und dem Entscheidungsträger verfügbar zu machen, bedarf es eines hochmodernen Kommunikationssystems und der Rechnerunterstützung zum Informationsmanagement, d.h. dem jeweiligen Entscheidungsträger müssen zum richtigen Zeitpunkt am richtigen Ort die notwendigen Informationen zugänglich gemacht werden. Die US-Streitkräfte wurden neben dem streitkräfteeigenen Defense Satellite Communication System (DSCS) auch durch kommerzielle Satelliten unterstützt. Aber auch einfache Kuriere wurden dort eingesetzt, wo Einheiten, vor allem die schwimmenden Einheiten der US Navy, nicht in das Kommunikationssystem eingebunden waren. Darüber hinaus wurden zum ersten Mal, zusätzlich zur bestehenden Ausrüstung, digitale Funkgeräte eingesetzt, die es aufgrund hoher Übertragungsgeschwindigkeit und Störsicherheit noch besser ermöglichten, den einzelnen taktischen Führern wichtige Informationen zu übermitteln.

Die Zusammenfassung dieser Aufklärungs- und Übertragungssysteme versorgte die Kommandeure der Koalitionsstreitkräfte in einem derartigen Umfang mit Informationen, so daß diese stets in weitgehender Kenntnis der Situation ihre Lagebeurteilung vornehmen konnten. Diese Systeme standen allerdings nur den US-Streitkräften zur Verfügung und waren mit den Führungssystemen der anderen Koalitionspartner, auch denen der NATO, zumeist nicht kompatibel. Dies wurde dadurch ausgeglichen, daß Endgeräte teilstreitkräfteübergreifend an die in die Operationen eingebundenen Koalitionsstreitkräfte gegeben wurden. So wurden z.B. die britischen Kampfflugzeuge nachträglich mit Identifizierungs- und Kommunikationsgeräten ausgerüstet, die bei den anderen Luftstreitkräften schon vorhanden waren.

Der Nachteil der fehlenden Interoperabilität wurde durch den hohen Grad an Zentralisierung der Operationsplanung bei CENTAF teilweise ausgeglichen. Diese Zentralisierung bedeutete aber auch einen hohen Planungsaufwand, der, wenn er realistische Planungszeiträume erreichen wollte, nur noch mit Rechnerunterstützung zu erfüllen war. Einsatzaufträge an die Luftstreitkräfte hatten daher nicht selten einen Umfang von mehreren hundert Seiten für 48 Stunden Geltungsdauer.

Ein weiteres Beispiel dafür war auch das Luftraumordnungsverfahren. Jede einzelne Flugbewegung, auch die der fliegenden Mittel der anderen Teilstreitkräfte, mußte in die Planung mit einbezogen und entflochten werden. Bei bis zu 3.000 Einsätzen am Tag eine gewaltige Aufgabe, die nur mit Rechnerunterstützung zu leisten war. Zu berücksichtigen waren dabei An- und Abflugrouten der Angriffsformationen, »freie« Räume für Luftkämpfe, für Aufklärungsmissionen und für Einsätze von Langstreckenbombern, wobei sich die Planung je nach Lageentwicklung, Wetterlage oder neuen Zielprioritäten anzupassen hatte. Nachdem man dabei zu Beginn des Luftkrieges nach festen Plänen, wie sie in ähnlicher Art auch in der NATO genutzt werden, vorgegangen war, konnte später, nach Erreichen der Lufthoheit, auf dieses recht komplizierte System verzichtet und, wie aus mehreren Vorträgen von Kriegsteilnehmern deutlich wurde, auf eine »deconfliction by altitude«, d.h. eine Entflechtung der Flugbewegungen durch Höhenstaffelung, übergegangen werden.

Bei einer derartigen Anhäufung von Luftkriegsmitteln in einem Luftraum kommt neben der Entflechtung auch der Identifizierung eine Schlüsselrolle zu. Ein gemeinsames Identifizierungssystem ist hier unabdingbare Voraussetzung für den multinationalen Einsatz. Da der Irak auch Waffensysteme westlicher Produktion in seinem Inventar hatte, wäre die Sichtidentifizierung nicht ausreichend gewesen, um die irakischen Kampfflugzeuge eindeutig als feindlich zu identifizieren und eine Bekämpfung eigener Kampfflugzeuge zu verhindern.

Nicht unerwähnt bleiben darf bei dieser Beschreibung, daß ein derartiger Grad an Zentralisierung auch eine sehr hohe Anfälligkeit gegen Feindeinwirkung in sich birgt. Der Irak war jedoch aufgrund der Zerstörung seines Führungssystems schon in den ersten Tagen des Luftkrieges nicht mehr in der Lage, wirksame Luftkriegsoperationen in größeren Rahmen durchzuführen. Das zentrale Führungssystem der Koalitionsstreitkräfte blieb daher unverletzt.

Das Führungssystem der Koalitionsstreitkräfte im Golfkrieg war in der Lage, durch technisch hochentwickelte Führungsmittel den operativen und taktischen Führern alle wichtigen Daten für die Einsatzplanung zur Verfügung zu stellen und teilstreitkräfteübergreifend auf die Durchführungsebene zu verteilen. Besonders der gemeinsame Luft- und Landkrieg hat gezeigt, daß die Einsätze sowohl auf operativer als auch auf taktischer Ebene aufeinander abgestimmt werden müssen, um im Sinne der Gesamtkriegführung wirken zu können. Die Bedeutung dieses Zusammenwirkens wächst dabei bei zukünftig abnehmenden Kräften in Abhängigkeit von Raum und Zeit. Dies erfordert Flexibilität und Waffenwirkung über große Entfernungen[32]. Luftstreitkräfte erfüllen diese Anforderungen in besonderem Maße; aber nur dann, wenn eine Führungsorganisation vorhanden ist, die die Koordination des Zusammenwirkens bewältigen kann. Teilstreitkräftegemeinsame (Joint) Operationen und deren Zusammenführung zum richtigen Zeitpunkt werden auch zukünftig unverzichtbar für eine erfolgreiche Gesamtkriegführung sein. Die Führungsorganisation im Golfkrieg wirkte in dieser Hinsicht als starker »force multiplier«. Einheitliche Führung und ein hochentwickeltes Führungssystem bildeten hierfür die Grundlage.

Nachrichtengewinnung und Aufklärung

Anfang August 1990 waren die Erkenntnisse über den Irak, seine Ziele und seine Kräfte noch unzureichend. Obwohl die US Air Force von 1981 bis 1989 Flugzeuge des Typs AWACS über Saudi-Arabien eingesetzt hatten, und obwohl mehrere Übungen der US-Streitkräfte z.B. in Ägypten durchgeführt worden waren, bestanden große Lücken bei den für militärische Operationen notwendigen Informationen. Es fehlten Basisinformationen. Die Koalition wußte z.B. nicht, wieviel Scud-Raketen der Irak vor dem Krieg besaß, wieviele davon mobil und wo sie stationiert waren. Auch lagen keine genauen Erkenntnisse über den Stand der irakischen Nuklearforschung und über die Möglichkeiten des Irak, Massenvernichtungswaffen über große Entfernungen einzusetzen, vor. Sogar bei ziemlich einfachen Dingen bestand Nachholbedarf. So waren die zu Beginn des Aufmarsches genutzten Karten nicht auf dem neuesten Stand, denn auch in Wüstengebieten kann sich innerhalb weniger Jahre einiges verändern. Zur Beseitigung dieser Mängel setzte man sofort Aufklärungskräfte ein.

Bis jetzt sind nur wenige Informationen über die Organisation der Kräfte zur Nachrichtengewinnung und Aufklärung verfügbar. Da der Oberbefehlshaber der Koalitionsstreitkräfte während des Krieges aus den USA kam, ist anzunehmen, daß die im amerikanischen Sprachgebrauch als »intelligence« bezeichneten Kräfte nach amerikanischem Muster organisiert und eingesetzt waren. Diese hatten damit auch Zugriff auf alle möglichen Quellen der Aufklärung, vom Soldaten, der mit einem Aufklärungsauftrag in den Irak eingedrungen war, bis zu den Aufklärungssatelliten.

Insgesamt spielten mehr als 50 Satelliten im Golfkonflikt eine Rolle. Dabei handelte es sich nicht nur um Aufklärungs-, sondern auch um Wetter-, Navigations- und Kommunikationssatelliten, die im Kapitel Technik/Technologie näher beschrieben werden. Nicht alle für Aufklärungszwecke genutzten Satelliten waren unter militärischer Kontrolle. Gerade in der Anfangsphase des Golfkonfliktes, als neue Landkarten erstellt werden mußten, waren die Earth Observation Satellites (EOSAT) der USA und die französischen SPOT-Satelliten (Satellite Photo pour l'Observation Terrestre) die besten Quellen. Anhand dieser Satellitenaufnahmen konnten auch die Stellungen des irakischen Luftverteidigungs- und des Führungssystems aufgeklärt werden. Diese Erkenntnisse waren vor allem für die Planung der Anfangsoperationen des Luftkrieges von immenser Bedeutung[33].

Obwohl Satelliten oft als strategische Mittel angesehen werden, dienten sie im Golfkrieg zum Teil auch taktischen Zwecken. Die fünf Satelliten der Baureihe KH-11 sowie der Lacrosse-Satellit überflogen zweimal täglich die Golfregion. Alle genannten Satelliten besitzen eine ausgezeichnete Fähigkeit, Daten auch seitlich ihrer Flugbahn aufzufassen, so daß jeder der genannten Satelliten viermal pro Tag Aufklärungsergebnisse hätte liefern können. Die Satelliten der Baureihe KH-11 sind mit abbildenden optischen und Infrarot-Sensoren ausgerüstet; sie können dadurch bei schlechtem Wetter keine Ergebnisse liefern. Dies wirkte sich vor allem in den ersten zehn Tagen des Luftkrieges, als in der Golfregion schlechtes Wetter herrschte, nachteilig aus. Der mit einem Radarsensor ausgestattete Lacrosse-Satellit wird zwar nicht durch schlechte Wetter- und Sichtbedingungen behindert, seine Bilder besitzen aber keine hohe Auflösung[34]. Der Lacrosse-Satellit wurde u.a. für die Aufklärung der mobilen Scud-Abschußrampen eingesetzt. Aufnahmen der Satelliten wurden auch für die direkte Einsatzvorbereitung genutzt. So wurden z.B. Piloten anhand der Satellitenaufnahmen in zu meidende Zivilbereiche bzw. zu treffende militärische Anlagen eingewiesen[35]. Die genannten Satelliten sind »Echtzeit«-Systeme, d.h. die durch sie gemachten Aufnahmen werden direkt und ohne Zeitverzögerung an Bodenstationen übertragen.

Während des Golfkrieges wurde die Masse der Satellitendaten an Bodenstationen in den USA übertragen; nur ausgewählte Bilder, hauptsächlich für die Zielbewertung und Lagefeststellung, wurden direkt an Bodenstationen der Koalitionsstreitkräfte in der Golfregion gesendet. Die Ergebnisse aller in den USA ausgewerteter Bilder mußten anschließend verschlüsselt an den Golf übermittelt werden. Hierfür wurde hauptsächlich das Defense Satellite Communication System (DSCS) verwendet[36]. Die Aufklärungssatelliten lieferten frühzeitig Erkenntnisse über die Positionen und Bewegungen der irakischen Streitkräfte, zeigten aber Defizite im Hinblick auf die Gewinnung von Informationen für Ziel- und Schadensaufklärung. Deswegen war die Koalition zum Einsatz zusätzlicher Aufklärungssysteme gezwungen.

Speziell für Ziel- und Schadensaufklärung setzten die Koalitionsluftstreitkräfte bemannte und unbemannte eindringende Aufklärungssysteme ein. Die Phantom RF-4C, die schon im Vietnamkrieg im Einsatz war, die erst seit kurzem einsatzbereite Aufklärungsversion der britischen Tornado GR-1A sowie einige Flugzeuge des Typs Jaguar waren die einzigen bemannten penetrierenden Aufklärungsmittel der Koalition[37]. Die RF-4C und die Jaguar flogen mit optischen, die Tornado GR-1A mit Infrarot-Sensoren. Die geringe Anzahl der verfügbaren Aufklärungsflugzeuge reichte allerdings nicht aus, um alle Ziele aufzuklären, vor allem, weil man bemüht war, Ziele vor und nach einem Angriff aufzuklären. Darüber hinaus herrschte, wie schon erwähnt, während der ersten Woche des Luftkrieges sehr schlechtes Wetter, so daß vor allem eine Schadensaufklärung nicht zeitgerecht durchgeführt werden konnte. Weiter war von Nachteil, daß die Informationen aufgrund des Zeitbedarfs für Filmentwicklung und -auswertung sowie für die Übermittlung der Ergebnisse nur mit Verzögerungen zur Verfügung standen[38].

Auch wenn die Aufklärung vor bzw. nach einem Luftangriff nicht immer funktionierte, kam es im Golfkrieg zu vielen Verbundeinsätzen zwischen Aufklärungs- und Angriffsflugzeugen (»Recce-Attack Interface«). In der ersten Kriegswoche, als die irakischen Luftstreitkräfte noch vereinzelt aktiv waren, diente AWACS als Aufklärungssensor und wies den Jagdflugzeugen direkt Ziele zu. Gleichzeitig gab es Verbundeinsätze von Tornado GR-1A und F-15E und anderen Angriffsflugzeugen. Die in die Angriffsflugzeuge

Abb. 3: *Nachrichtengewinnung, Aufklärung und Einsatzführung*

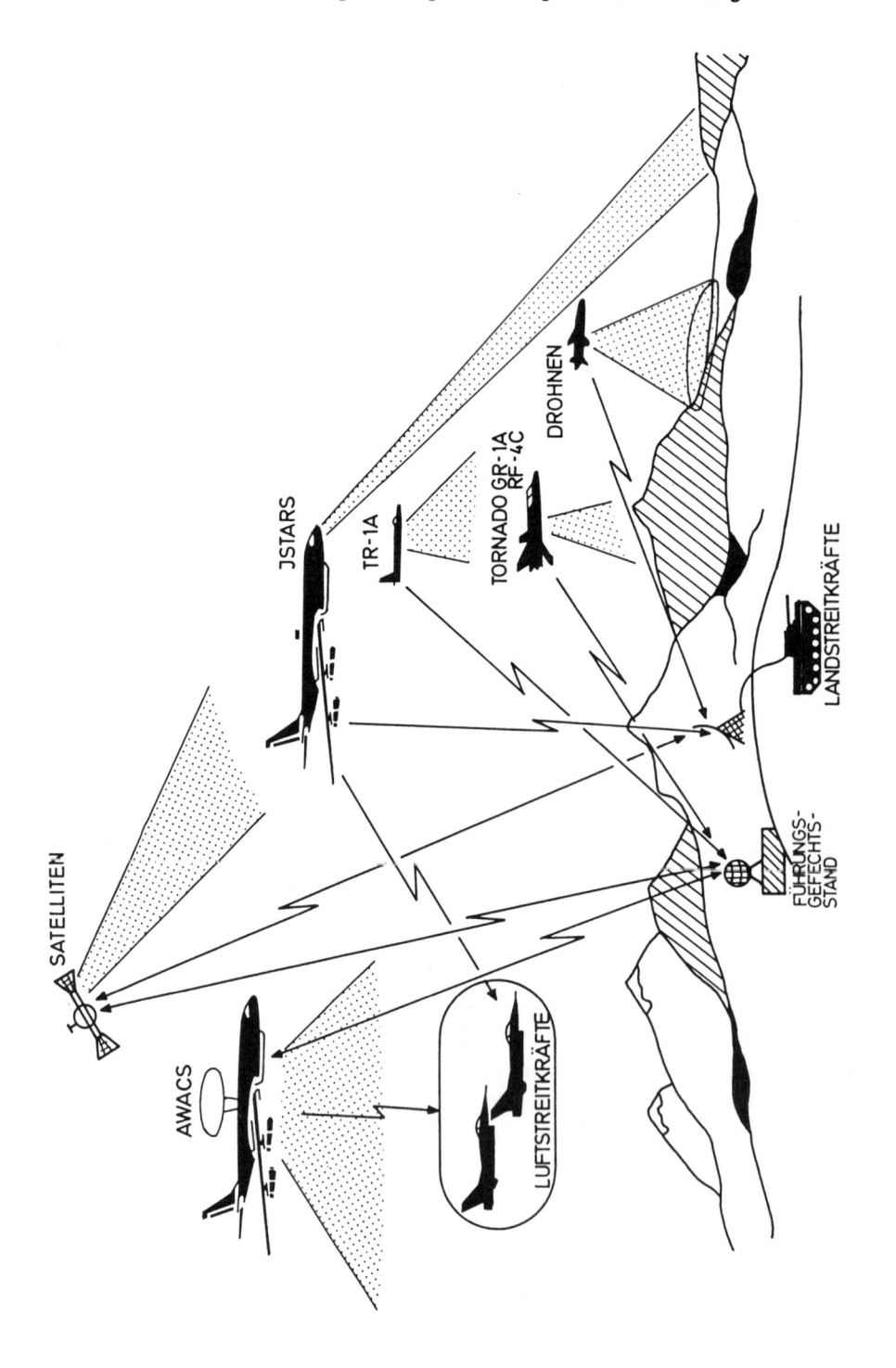

der Typen F-15E, F-16 und F-111 eingebauten Übertragungsgeräte ermöglichten den direkten Datenaustausch untereinander und mit den Aufklärungsflugzeugen.
Der Einsatz unbemannter Aufklärungsmittel, sogenannter Drohnen, im Golfkonflikt war trotz ihrer geringen Reichweite äußerst wirksam. Im Gegensatz zu bemannten Systemen sind Drohnen relativ günstig in Anschaffung und Betrieb. Darüber hinaus ist eine Gefährdung von Menschen fast ausgeschlossen, da diese Systeme unbemannt und ferngesteuert eingesetzt werden.^{39} Bei den US-Streitkräften kamen zwei Modelle zum Einsatz: Pointer und Pioneer. Pointer ist ein System mit kurzer Reichweite, das optische und Infrarot-Aufnahmen direkt übertragen kann. Pioneer besitzt eine Flugzeit von bis zu fünf Stunden und kann auch über größere Entfernungen (bis 160 km) Daten übertragen^{40}. Auch die anderen Koalitionspartner setzten Drohnen ein, so z.B. die britischen Kräfte Drohnen des Typs CL-89.
Vor Beginn des Golfkrieges war penetrierende Aufklärung mit tieffliegenden Flugzeugen nicht möglich, da dies als kriegerischer Akt aufgefaßt worden wäre. Aber auch nach dem 17.01.1991 war es nicht immer notwendig, in den gegnerischen Luftraum einzudringen. Die Mittel zur Abstandsaufklärung wie AWACS, JSTARS und TR-1 haben maßgeblich zur Lagefeststellung vor und während des Krieges beigetragen. Wie schon erwähnt, war AWACS in der ersten Kriegswoche zur Aufklärung der irakischen Luftstreitkräfte und zur Führung der eigenen Kräfte eingesetzt. Das sich noch in der Entwicklung befindliche Aufklärungssystem JSTARS wurde zur Lokalisierung der irakischen Bodentruppen und der Scud-Abschußrampen eingesetzt. Da aber nur zwei Flugzeuge dieses Typs vorhanden waren, wechselte ihre Aufgabenstellung ständig zwischen Gefechtsfeldaufklärung und Scud-Suche. Dennoch war der Einsatz dieses Systems ein hochgepriesener Erfolg^{41}.
Betrachtet man die irakischen Möglichkeiten der Nachrichtengewinnung und Aufklärung, wird schnell klar, wie begrenzt diese waren. Die irakischen Aufklärungsmittel hatten nur eine begrenzte Reichweite, die sich immer weiter verringerte. So war der Irak weder in der Lage, die Massierung der Luftstreitkräfte am 17.01. zu erkennen, noch konnte er die Verlegungen der Landstreitkräfte vor Beginn des Landkrieges aufklären. Die bodengebundenen Radargeräte waren entweder zerstört oder zur Vermeidung der Zerstörung nicht eingeschaltet. Es kam zu fast keinem Einsatz der irakischen Frühwarnflugzeuge des Typs Adnan, die die Luftlage hätten feststellen können. Darüber hinaus verfügte Saddam Hussein über keine Satellitendaten, weder von eigenen Systemen noch von Verbündeten. In diesem Krieg hatte er auch diesbezüglich keine Unterstützung seitens der Sowjetunion.
Gleich nach Ende des Golfkrieges gab es nur wenige, die die Schwierigkeiten der Koalition im Bereich Nachrichtengewinnung und Aufklärung beschreiben wollten. Allein der deutliche Mangel an penetrierender Aufklärung wurde sofort angesprochen. Aber im Laufe der Zeit sind doch einige weitere Probleme bekannt geworden. In den USA gibt es immer noch kein einheitliches System der Nachrichtengewinnung und Aufklärung. Jede Teilstreitkraft besitzt eine eigene Organisation für diese Zwecke; darüber hinaus existieren weitere Behörden, wie z.B. NSA, DIA, CIA, State Department. Die genannten Organisationen lieferten unterschiedliche Aufklärungsergebnisse, so daß zwischen den unterschiedlichen Feindlagebeurteilungen in Washing-

ton und der Feindlagebeurteilung vor Ort zum Teil Welten lagen. Im Juni 1991 sagte General Schwarzkopf, daß die Koalition den Bodenkrieg noch nicht begonnen hätte, wenn sie auf das »Go« der Behörden gewartet hätte[42]. Nicht nur bei der Lagebeurteilung gab es Probleme, auch mit den Zugriffsermächtigungen traten Schwierigkeiten auf, die anscheinend häufig zu Zeitverzögerungen bei der Verteilung von Informationen führten. Obwohl man aus Vietnam und Grenada einiges gelernt hatte, zeigten sich immer wieder Mängel. Auch wenn alle zu den gleichen Ergebnissen gekommen wären, hätten sie diese Ergebnisse nicht ohne weiteres austauschen können, denn die Funkverbindungen z.B. zwischen US Air Force und US Navy konnten nur kleine Datenmengen und diese nur relativ langsam bewältigen[43].

Neben den bereits erwähnten Problemen ist anzumerken, daß moderne Systeme wie JSTARS ausgezeichnete Mittel zur Abstandsaufklärung sind. Sie können aber konstruktionsbedingt die Aufgaben der penetrierenden Aufklärung, um Art und Anzahl von Kräften oder Schadensauswirkungen festzustellen, nicht leisten. Satelliten haben sich bewährt, sind aber nicht immer optimal positioniert bzw. unterliegen nicht dem direkten Zugriff der militärischen Führung. Auch wenn man Feindinformationen hatte, war es nicht immer möglich, diese Daten mit den Verbündeten auszutauschen.

Was ist notwendig, um am Ende des 20. Jahrhunderts in Krise und Krieg Nachrichten zu gewinnen? Aufklärungssysteme müssen in der Lage sein, zu jeder Zeit und bei jedem Wetter Echtzeitdaten zu liefern. Alle Verbündeten müssen jederzeit Zugriff zu diesen Rohdaten und den daraus gewonnenen Erkenntnissen haben. Die Aufklärungssensoren müssen auch fähig sein, hochwertige kleine, ortsfeste und bewegte Ziele aufzuspüren. Die Analyse der Waffenwirkung und deren Weiterleitung an die Gefechtsstände und Verbände müssen schneller werden, was unter anderem bedeutet, daß genügend ausgebildetes und erfahrenes Personal bereits im Frieden vorhanden sein muß. Alle vorhandenen Informationen aus allen Quellen müssen zusammengeführt werden können, um ein komplettes Lagebild herzustellen. Und letztlich benötigt der Oberbefehlshaber einer Operation wie Desert Storm zumindest einige Aufklärungskräfte, die er selbst, wann und wo er sie braucht, direkt einsetzen kann.

Technik/Technologie

Während der Operation Desert Storm wurde erstmals eine neue Generation von Führungs-, Aufklärungs- und Waffensystemen eingesetzt. Dabei kamen jüngst entwickelte Systeme teilweise erstmalig zum Einsatz. Die Wirksamkeit der auf Seiten der Koalitionsstreitkräfte eingesetzten Systeme konnte durch den Einsatz von Hochtechnologie wesentlich gesteigert werden. Andererseits wurden aber auch Grenzen und Schwächen bestimmter Komponenten deutlich.

Nachfolgend werden ausgewählte Führungs-, Aufklärungs- und Waffensysteme der Luftstreitkräfte beschrieben, hinsichtlich ihrer Wirkung bewertet sowie mögliche Folgerungen und Forderungen im Hinblick auf zukünftige Konflikte abgeleitet. Die Besonderheiten des Kriegsschauplatzes werden dabei berücksichtigt.

Wichtige Grundlage für den erfolgreichen Einsatz von Luftstreitkräften sind aktuelle und genaue Lage- und Zielinformationen; zeitverzugsarme Datenübertragung bildet eine Voraussetzung für den Erfolg.

Wie schon erwähnt, war der Golfkrieg der erste Krieg, bei dem raumgestützte Systeme umfassend eingesetzt wurden. Die in den vergangenen Jahren von den USA im Weltraum stationierten Satelliten zur Erfassung von Wetterdaten, für präzise Navigation sowie für sichere und zeitverzugsarme Nachrichtenübertragung wurden im Golfkonflikt genutzt, um irakische Reaktionen frühzeitig zu erkennen und eigene Luftstreitkräfte effektiv zu führen.

Die Satelliten des Defense Meteorological Support Programme (DMSP) versorgten die Koalitionsstreitkräfte mit einer Echtzeit-Wetterlage. Besonders wichtig waren diese Informationen angesichts der für diese Region ungewöhnlich schlechten Wetterbedingungen während der ersten zehn Tage des Golfkrieges für die Planung und Durchführung von Einsätzen der Koalitionsluftstreitkräfte.

Mit dem Global Positioning System (GPS) verfügte die Koalition über ein leistungsfähiges Navigationssystem. Obwohl die Stationierung des Gesamtsystems erst 1993 abgeschlossen sein wird, konnte über GPS täglich 18 Stunden eine dreidimensionale sowie 24 Stunden eine zweidimensionale Navigationshilfe bereitgestellt werden[44]. Es ermöglichte eine exakte Führung der Streitkräfte zum Ziel durch beliebige Aktualisierung der momentanen Position mit einer Genauigkeit von zehn Metern; eine wichtige Voraussetzung für den präzisen Waffeneinsatz vor allem bei Nacht und/oder schlechter Sicht. Besondere Bedeutung erlangte GPS mit Beginn der Landoffensive bei der Führung von Einsätzen zur Luftnahunterstützung und der Koordination dieser Einsätze mit dem Artilleriefeuer der Landstreitkräfte. Die Luft- und Landstreitkräfte der Koalition waren mittels GPS in der Lage, genau zu navigieren und ihren Waffeneinsatz abzustimmen. Unfälle durch irrtümliche Bekämpfung eigener Kräfte im gemeinsamen Einsatzraum konnten so auf ein Minimum reduziert werden. Zwei Luftangriffe auf Fahrzeuge des US Marine Corps und des britischen Heeres blieben die einzigen Ausnahmen bei den Luftstreitkräften[45]. Darüber hinaus war GPS eine wertvolle Navigationshilfe bei Luftbetankungseinsätzen und zur Schiffsführung.

Die Satelliten des Defense Satellite Communication System (DSCS) stellten den Koalitionsstreitkräften sichere Kommunikationsverbindungen bereit. Über 100 Bodenstationen gewährleisteten, daß der taktische Führer an der Front jederzeit über offene oder gesicherte Fernmeldeverbindungen verfügte. Das DSCS arbeitete sehr zuverlässig, obwohl die Übertragungsdichte im Golfkrieg um den Faktor 30 gegenüber Friedenszeiten anstieg[46].

Satelliten haben im Golfkrieg wesentlich dazu beigetragen, sowohl die operative als auch die taktische Führung mit Echtzeit-Lageinformationen zu versorgen. Sie waren nicht nur strategisch eingesetzt, sondern versorgten auch einzelne Flugzeuge mit genauen Navigations- und Zieldaten, was im Einsatzgebiet Wüste ohne markante Orientierungshilfen von großer Bedeutung ist.

Bei allen Vorzügen der Satelliten darf jedoch nicht vergessen werden, daß raumgestützte Systeme bestimmten physikalischen Gesetzen unterliegen. Eine kontinuierliche Aufklärung über dem Kriegsschauplatz wäre nur durch geostationäre Satelliten durchzuführen. Dies ist aber heute aufgrund ungenügender Sensorauflösung noch nicht möglich. Die verfügbaren umlaufenden Satelliten können lediglich Momentaufnahmen mehrmals täglich abhängig von ihrer Umlaufbahn liefern. Bei der Verwendung optischer Sensoren kann die Aufklärungstätigkeit zusätzlich durch Wettereinflüsse beeinträchtigt werden. Auch aufgrund dieser physikalischen Einschränkungen traten im Golfkrieg Aufklärungsdefizite auf[47].

Zwei weitere moderne taktische Aufklärungs- und Führungssysteme der US Air Force wurden zusätzlich zur Erstellung eines umfassenden Lagebildes genutzt. Dies waren AWACS und JSTARS. Für beide Systeme dient eine Boeing 707 als Trägerflugzeug.

Das luftgestützte Frühwarn- und Führungssystem E-3A AWACS ist mit einem Rundsuchradargerät zur Erfassung fliegender Luftfahrzeuge ausgerüstet. Insbesondere können tieffliegende Ziele geortet werden. Ein Flugzeug des Typs AWACS ist in der Lage, ein Gebiet der Ausdehnung Kuwaits zu überwachen. Die Bordausstattung besteht aus leistungsfähigen Computern und modernen Kommunikationsverbindungen, mit deren Hilfe die erfaßten Daten ausgewertet und zeitverzugslos zu Bodenstationen und/oder Luftfahrzeugen übertragen werden können. AWACS ist bei Tag und Nacht sowie unter fast allen Wetterbedingungen einsetzbar. Im Golfkrieg überwachte AWACS den gesamten Luftraum über dem Operationsgebiet kontinuierlich 24 Stunden am Tag und führte die angreifenden, die vom Angriff zurückkehrenden, die unterstützenden und die Tank- und Transportflugzeuge. Hierzu waren ständig vier Flugzeuge dieses Typs in unterschiedlichen Lufträumen im Einsatz. AWACS führte bis zu 3.000 Kampf- und Unterstützungseinsätze am Tag. Die Piloten der Koalitionsluftstreitkräfte wurden durch AWACS genauestens über ihre Ziele und die Luftlage im Einsatzgebiet informiert[48]. Irrtümliche Kampfhandlungen unter den Koalitionsluftstreitkräften konnten im gesamten Golfkrieg vermieden werden. AWACS hat bewiesen, daß es ein unentbehrliches System zur Kontrolle des Luftraumes und zur Führung eigener Luftstreitkräfte ist[49].

Die Bordausstattung des Aufklärungs- und Führungssystems E-8A JSTARS umfaßt ein Radargerät sowie eine moderne Computer- und Kommunikationsausrüstung. Mit Hilfe dieser Technik kann JSTARS bewegte und stationäre Fahrzeuge auf der Erdoberfläche erfassen und lokalisieren sowie die Koordinaten zeitverzugslos an eigene Kampfflugzeuge oder Waffensysteme der Landstreitkräfte übertragen. Bei Ausbruch des Golfkrieges war JSTARS noch in der Erprobung. Dennoch wurden die zwei Prototypen nach Saudi-Arabien verlegt[50]. Das bei allen Wetter- und Sichtbedingungen einsetzbare Führungssystem nahm dem Irak das Nacht-Sanktuarium und ermöglichte eine Bekämpfung der irakischen Bodentruppen rund um die Uhr. Der Einsatz von JSTARS war ein spektakulärer Erfolg[51]. Bei Verfügbarkeit weiterer Systeme wäre es zweifelsohne möglich gewesen, durch lückenlose Überwachung Scud-Raketen bereits auf dem Weg zu ihren Abschußbasen zu orten und zu bekämpfen[52]. So aber konnte nur im Ausnahmefall eine Verlegung von Scud-Raketen erkannt werden.

Die relativ hohe Wirksamkeit des Systemverbundes verschiedenartiger Aufklärungs- und Führungsmittel im Golfkrieg beruhte allerdings primär auf der von Anfang an vorhandenen Luftüberlegenheit sowie der Unfähigkeit des Irak zu effektiven Störmaßnahmen.

Für zukünftige Konflikte ist die Vielfalt von Aufklärungs- und Führungsmitteln zu erhalten, deren Kompatibilität zu verbessern sowie eine schnelle, automatisierte Auswertung und redundante Verteilung der Aufklärungsergebnisse sicherzustellen. Der Schutz dieser grundsätzlich störempfindlichen HighTech-Systeme gegen gegnerische Störmaßnahmen ist weiterzuentwickeln.

Das seit Beginn der 80er Jahre im Inventar der US Air Force befindliche Waffensystem F-117A wurde im Golfkonflikt erstmalig in größerem Umfang eingesetzt. Dieses Flugzeug ist durch Anwendung der Tarn- oder Stealth-Technologie, d.h. durch geringe Radar-, Lärm- und Infrarotsignatur, durch heutige Radargeräte nur schwer ortbar.

In den ersten Stunden des Golfkrieges wurden Bombermissionen bevorzugt von Stealth-Bombern F-117A durchgeführt, deren Aufgabe es zunächst war, die Frühwarn- und Führungseinrichtungen der irakischen Luftverteidigung auszuschalten. Obwohl die Flugzeuge des Typs F-117A innerhalb der ersten 24 Stunden des Luftkrieges nur 2,5 Prozent aller Einsätze flogen, konnten sie mehr als 30 Prozent der Einsatzerfolge erzielen[53].

Obwohl die F-117A darauf ausgelegt sind, unerkannt und damit auch unabhängig von äußeren Unterstützungsmaßnahmen eingesetzt zu werden, wurden sie im Verlaufe der Operation Desert Storm bei einigen Missionen von Flugzeugen für elektronische Kampfführung unterstützt. EF-111 Raven störten und täuschten dabei die irakischen Luftverteidigungsradargeräte und lenkten so vom Einsatz der F-117A ab. Diese Tatsache führte zu Diskussionen im politischen Raum, der weitere Gelder für Entwicklung und Bau von Stealth-Flugzeugen nur unter der Voraussetzung bewilligen wollte, daß diese Flugzeuge selbständig und damit auch kostensparend operieren können. US Air Force Secretary Donald B. Rice führt dazu aus: »F-117A Stealth-Bomber erhielten während des Golfkrieges einige, jedoch nicht viel Unterstützung durch elektronische Störflugzeuge. In wenigen Fällen wurden EF-111 in der Nähe der angreifenden F-117A stationiert, die Auswirkungen auf die Einsätze der F-117A waren und sind umstritten. Für die meisten Einsätze stand eine derartige Unterstützung nicht zur Verfügung. Während des Luftkrieges haben F-117A die am stärksten verteidigten Ziele überwiegend ohne Unterstützung durch Störflugzeuge bekämpft«[54].

Der Erfolg von Kampfflugzeugen mit Stealth-Technologie ist unumstritten. Besonders bei starker Luftabwehr ist der Einsatz von schwer ortbaren Flugzeugen von großer Bedeutung, da sie mit vergleichsweise geringem Aufwand einen hohen Erfolg erzielen können.

Eine wichtige Rolle bei den Luftangriffen spielten die Mittel der elektronischen Kampfführung, deren Einsatz zum Ziel hatte, dem Irak die Nutzung des elektromagnetischen Spektrums zu verwehren und so sein Luftverteidigungs- und Führungssystem zu neutralisieren oder zu zerstören[55].

Zum Einsatz kamen unter anderem die Waffensysteme EF-111A Raven, F-4G Wild Weasel, EC-130 Compass Call und die EA-6B Prowler. Sie störten Radargeräte, Kommunikationsverbindungen zwischen Bodenstationen und Jagdflugzeugen, die Leitsysteme der Boden-Luft-Raketensysteme und die Bordradargeräte der Jagdflugzeuge des Irak.

Irakische Radarstationen mußten die Sendeleistung erhöhen, um die Störungen zu überlagern. Dies hatte zur Folge, daß sie leichter zu bekämpfen waren[56]. Da die Iraker nach ersten Erfahrungen die F-4G Wild Weasel mit Anti-Radar-Raketen des Typs HARM fürchteten, nutzten sie ihre Luftverteidigungsradargeräte immer seltener. Folglich verlor die irakische Luftverteidigung nach wenigen Tagen rasch an Wirksamkeit.

Die Angriffsformationen wurden regelmäßig durch Begleit- und Abstandsstörer der Typen EF-111A, EC-130 und EA-6B bei ihren Missionen gegen irakische Ziele unterstützt[57].

Der Golfkrieg hat auf beeindruckende Weise den Wert der Mittel der elektronischen Kampfführung und deren Anteil am Einsatzerfolg aufgezeigt. Ohne bzw. mit nur eingeschränkten Fähigkeiten zur elektronischen Kampfführung ausgestattete Angriffsformationen sind der gegnerischen Luftverteidigung relativ schutzlos ausgesetzt. Die Unterstützung durch Mittel der elektronischen Kampfführung muß integraler Bestandteil von Luftkriegsoperationen sein.

Die Koalitionsluftstreitkräfte setzten das gesamte vorhandene Spektrum an konventionellen Waffen ein, von der freifallenden Bombe bis zur modernsten Lenkwaffe. Die US Air Force setzte dabei 90 Prozent aller zum Einsatz gelangten Präzisionswaffen ein[58]. Dank der genauen Radar-, Laser- und infrarotgesteuerten Waffen war es möglich, ausgewählte Ziele mit hoher Genauigkeit zu zerstören und dabei eigene Verluste und Verluste unter der irakischen Zivilbevölkerung im Vergleich zu früheren Kriegen gering zu halten[59].

Als besonders wirkungsvoll bei der Bekämpfung gehärteter Ziele wie Flugzeugschutzbauten oder unterirdische Führungseinrichtungen erwiesen sich die Lasergesteuerten Bomben GBU-24, GBU-27 und BLU-109. Diese Gleit- oder Lenkbomben unterscheiden sich von freifallenden Bomben dadurch, daß sie mit einem Suchkopf, der die Laser-Reflexionen des Ziels aufnimmt, und mit Steuerflächen zur Korrektur des Fallkurses versehen sind. In Verbindung mit einer Laser-Zielbeleuchtung konnten Treffergenauigkeiten von unter einem Meter erreicht werden. Die GBU 27 z.B. ist eine 2.000 lb-Bombe, die in der Variante GBU-27/109 einen Verzögerungszünder besitzt[60]. Die BLU-109 vermag bis zu vier Meter Beton zu durchdringen. Fernseh- und wärmegelenkte Gleitbomben wurden ebenfalls mit großem Erfolg gegen Punktziele wie z.B. Brücken eingesetzt.

Nachdem der Angriff von F-111F mit BLU-109 auf einen wichtigen Führungsgefechtsstand nördlich von Bagdad fehlgeschlagen war, stellte die US Air Force fest, daß keine geeignete, konventionelle Bombe zur Zerstörung dieses über 30 Meter unter der Erde liegenden Stahlbetonbunkers zur Verfügung stand. Daraufhin wurde in kürzester Zeit die »Superbombe« GBU-28 entwickelt und an den Golf verlegt. Das Gewicht dieser Bombe betrug mehr als zwei Tonnen bei einer nahezu zweieinhalbfachen Sprengkraft der BLU-109. Der irakische Führungsbunker wurde mit dieser Waffe, von der nur vier Exemplare produziert wurden — zwei Prototypen für Testzwecke und zwei Einsatzmuster — mit Erfolg bekämpft[61].

Im Golfkrieg wurden erstmals Marschflugkörper eingesetzt. Die mit konventionellem Gefechtskopf ausgestatteten BGM-109C/D Tomahawk wurden dabei von US-

Kriegsschiffen im Roten Meer und im Persischen Golf verschossen. Es kamen insgesamt über 300 Tomahawk gegen ausgewählte, stark befestigte und verteidigte Ziele wie Anlagen für chemische und nukleare Produktion oder Kommando und Führungsgefechtsstände zum Einsatz[62]. Bei einer Einsatz-Reichweite bis zu 1.500 Kilometer wurden 95 Prozent der bekämpften Ziele mit einer Trefferablage von weniger als sechs Metern getroffen.

Gelenkte Luft-Boden-Flugkörper zeichnen sich im Gegensatz zu den Gleit- oder Lenkbomben durch ihre größere Reichweite und höhere Geschwindigkeit aus. Ihr besonderer Vorteil liegt darin, daß sie außerhalb der Reichweite der Flugabwehr im Objektschutz abgefeuert werden können. Am häufigsten kam die AGM-65 Maverick zum Einsatz. Dieser abstandsfähige Luft-Boden-Flugkörper ist entweder mit einer Fernseh- oder Infrarotbildsteuerung versehen. Im Golfkrieg wurden überwiegend infrarotgesteuerte Maverick verwendet, da TV-gesteuerte nur bei Tageslicht und guter Sicht einsetzbar sind[63]. Die Maverick wurde von nacht- und allwetterkampffähigen F-16 sowie tagsüber von A-10 gegen gepanzerte Fahrzeuge verschossen und leistete damit einen großen Beitrag zur Abnutzung der irakischen Panzerverbände.

Zur Unterdrückung der irakischen Luftverteidigung wurde die Anti-Radar-Rakete HARM eingesetzt. Sie wurde vorwiegend von F-4G Wild Weasel verschossen. Statistisch relevante Auswertungen über den Einsatzerfolg liegen nicht vor, weil die irakische Luftverteidigung ihre Radargeräte aus Angst vor HARM ausschalteten und HARM deswegen nur wenig eingesetzt werden konnten[64]. Nach vier Tagen Luftkrieg waren lediglich noch zehn Prozent der vor Kriegsbeginn betriebenen Radargeräte eingeschaltet, ein zwar indirekter, aber dennoch beachtlicher Erfolg dieser Waffen[65].

Die britischen Tornado GR-1 wurden anfangs mit JP-233 gegen irakische Flugplätze eingesetzt. Der JP-233 enthält neben 30 Kleinbomben zur Zerstörung der Start- und Landebahnen 215 Minen mit Verzögerungszündern zur Behinderung der Instandsetzungsarbeiten[66]. Die vergleichsweise hohen Verluste von Tornado GR-1 wurden zuerst darauf zurückgeführt, daß JP-233 im Tiefflug eingesetzt werden mußte und die angreifenden Maschinen dadurch der im Objektschutz eingesetzten Flugabwehrkanonen ausgesetzt waren. Die Royal Air Force änderte daraufhin die Taktik und nutzte Waffen, die aus größeren Höhen außerhalb der Reichweite irakischer Flugabwehrgeschütze ausgelöst werden; dabei kamen außer ALARM Anti-Radar-Raketen insbesondere Lasergelenkte Bomben zum Einsatz. Das Fehl an Spezialwaffen zur Zerstörung von Start- und Landebahnen aus größeren Höhen machte sich negativ bemerkbar.

Flugzeuge, die mit ungelenkten Bomben ausgestattet waren, verfügten über Waffenrechner, die laufend den Auftreffpunkt der Bomben errechneten und dem Piloten darstellten. Die Zielabweichung lag dank dieser Rechner im Bereich von zehn bis zwölf Metern.

Die Verfügbarkeit von Nachtsichtgeräten sowie von nachts einsetzbaren Navigations- und Zielerfassungssystemen wie z.B. LANTIRN (Low Altitude Navigation and Target Infrared for Night) oder FLIR (Forward Looking Infrared) ermöglichte erfolgreiche Einsätze auch bei Nacht und schlechter Witterung. Flugzeuge, die über eine derartige Ausrüstung nicht verfügten, waren allerdings in ihrem Einsatzspektrum eingeschränkt.

Das ursprünglich zur Abwehr von Flugzeugen konzipierte Flugabwehrraketensystem Patriot wurde mit Erfolg gegen irakische Scud-Boden-Boden-Raketen eingesetzt. Durch kontinuierliche Weiterentwicklung war Patriot in seiner neuesten Konfiguration in der Lage, ballistische Raketen zu bekämpfen[67]. Es darf jedoch nicht verschwiegen werden, daß Patriot diese Aufgabe nur in einem begrenzten räumlichen Bereich um die Position des Waffensystems, quasi in Selbstverteidigung, durchführen kann. Weiterreichende Hoffnungen bezüglich der Abwehr ballistischer Raketen können durch Patriot nicht erfüllt werden. Darüber hinaus war eine erfolgreiche Bekämpfung einfliegender Scud-Raketen nur mit Unterstützung durch raumgestützte Aufklärungs- und Datenübertragungssysteme möglich, die erfolgte Scud-Abschüsse unverzüglich an Patriot meldeten.

Alle eingesetzten Waffen und Waffensysteme funktionierten sehr zuverlässig, ihre Präzision übertrag alle Erwartungen. Intelligente Waffen vermögen die beabsichtigte Wirkung mit geringem Aufwand und geringen eigenen Verlusten unter Vermeidung von Schäden für die Zivilbevölkerung zu erreichen. Sie sind älteren konventionellen Waffen, von denen zur Erzielung der gleichen Wirkung ein Vielfaches eingesetzt werden muß und deren Einsatz meist große Kollateralschäden bei damit einhergehender Gefährdung eigener Waffenträger verursacht, weit überlegen.

Die Leistungsfähigkeit der im Golfkrieg eingesetzten Waffen, Geräte und Systeme war sicher eine Voraussetzung für den Erfolg des Luftkrieges, flexible und effiziente Führung war jedoch mindestens genauso wichtig. Im Golfkonflikt hat das Zusammenwirken dieser Systeme den Kriegsverlauf entscheidend verkürzt, eigene Verluste minimiert und die Zahl irakischer Zivilverluste reduziert.[68]

Die Verbesserung des Zusammenwirkens der Teilsysteme durch größere Kompatibilität, Redundanz und Schnelligkeit sowie die Entwicklung leistungsfähiger Schutzmaßnahmen gegen gegnerische Maßnahmen der elektronischen Kampfführung sind die Herausforderungen der Zukunft. Die Fähigkeit zur Abwehr ballistischer Boden-Boden-Flugkörper muß weiter verbessert werden.

Ablauf der Luftkriegsoperationen[69]

Am 02.08.1990 überfiel der Irak Kuwait. Die vom Irak eingesetzten Kräfte waren den kuwaitischen eindeutig überlegen. Bei den Luftstreitkräften verfügte der Irak über ungefähr 700 Kampfflugzeuge und etwa 250 Kampfhubschrauber. Kuwait dagegen verfügte nur über 40 Kampfflugzeuge, weniger als 40 Hubschrauber sowie einige Transportflugzeuge. Einzelheiten über den kurzen Luftkrieg im Rahmen der Besetzung Kuwaits sind in hier zugänglichen Quellen nur fragmentarisch vorhanden. Irakische Hubschrauber spielten wohl eine große Rolle beim Transport von Truppen nach Kuwait. Jagdbomber griffen mehrere Schlüsselstellen in Kuwait-City erfolgreich an, und irakische Mirage F-1 unterstützten die eigenen Bodentruppen. Nachdem sich die führenden Familien Kuwaits ins Ausland gerettet hatten, wurden auch alle noch flugfähigen Flugzeuge der kuwaitischen Luftstreitkräfte an befreundete Länder überführt. Die Verluste der irakischen Luftstreitkräfte wurden mit 27 angegeben, das entspricht

etwa vier Prozent, während Kuwait mehr als ein Drittel seiner Kampfflugzeuge verlor.[70]
Nachdem Kuwait besetzt war, wurden die irakischen Kräfte neu disloziert. Nur relativ schwache Schutzkräfte blieben in Kuwait-City. Aber schon am 04.08.1990 gab es Berichte über einen massiven irakischen Aufmarsch an der Grenze zu Saudi-Arabien. Am 06.08.1990 wurde mit der UN-Resolution 660 ein Handelsembargo gegen den Irak verhängt[71]. Sofort danach erteilte US-Präsident Bush den Befehl für den Aufmarsch der ersten Einheiten der US-Luftstreitkräfte. In weniger als zwei Tagen waren die ersten Staffeln mit F-15C Jagdflugzeugen in Saudi-Arabien einsatzbereit. Fast gleichzeitig verlegte ein Geschwader mit 44 Flugzeugen des Typs F-16 in die Vereinigten Arabischen Emirate. Nach nur fünf Tagen waren fünf Staffeln Jagdflugzeuge, die ersten US-Führungs- und Frühwarnsysteme AWACS sowie eine Brigade der 82nd (US) Airborne Division vor Ort[72]. Mit diesen Kräften sollte Saudi-Arabien gegen einen möglichen Angriff des Irak geschützt und auch die Einhaltung des Handelsembargos überwacht werden.
Zahlenangaben zu den am Golfkonflikt beteiligten Luftstreitkräften sind in Anlage 6/1 enthalten.
Die Einheiten der US-Luftstreitkräfte waren nicht die einzigen, die schnell nach Saudi-Arabien verlegt worden waren. Am 09.08. erklärte der britische Verteidigungsminister King, daß zwölf Jaguar und zwölf Tornado in der Jägerversion F-3 sowie Rapier-Flugabwehrraketensysteme an den Golf verlegt werden.
Mitte August kam es in den USA zur ersten Aktivierung der Civil Reserve Air Fleet (CRAF) in ihrer 38-jährigen Geschichte. In der CRAF sind Flugzeuge kommerzieller Fluggesellschaften organisiert, die bei Verlegungen von US-Streitkräften in Krisengebiete Transportaufträge durchführen. Auf dem Höhepunkt der Aktivitäten der CRAF bei Kriegsausbruch im Januar 1991 waren mehr als 110 zivile Transportflugzeuge der CRAF im Einsatz.
In der dritten Augustwoche mobilisierte US-Präsident Bush einige Einheiten der Reserve und der National Guard, darunter auch fliegende Einheiten, vor allem mit Transport- und Aufklärungsflugzeugen. Viele Reservisten hatten sich in den ersten Tagen nach der Invasion Kuwaits freiwillig gemeldet. Und schon vor dem Befehl des Präsidenten war eine Aufklärungseinheit der Air National Guard am Golf eingesetzt[73].
Zur gleichen Zeit, also noch vor Ende August 1990, versprach der britische Verteidigungsminister King zuzätzliche Luftstreitkräfte für die Koalition, diesmal auch in Form der Jagdbomberversion des britischen Tornado, GR-1, die am 26.08. nach Bahrain verlegten. In dieser Zeit wurden zusätzlich einige britische Flugzeuge und britisches Personal ausgetauscht.
Bis zum 11.09. hatten die Koalitionäre so viele Kampfflugzeuge an den Golf verlegt, daß sie zahlenmäßig dem Irak Paroli bieten konnten[74]. Damit war der erste Teil des Aufmarsches der Koalitionsstreitkräfte abgeschlossen.
Am 14.09. nahmen irakische Soldaten Angehörige der französischen Botschaft in Kuwait gefangen. Am nächsten Tag versprach der französische Präsident Mitterand, Jagdflugzeuge, Hubschrauber, Panzer und 4.000 Soldaten an den Golf zu verlegen.

Abb. 4: *Aufwuchs der Koalitionsluftstreitkräfte*

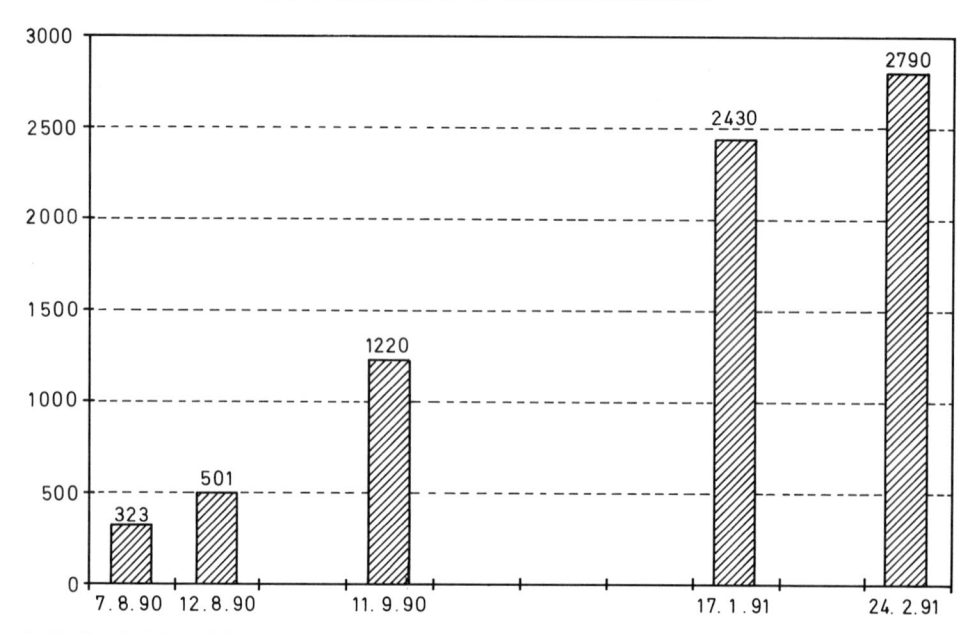

Datum	Anzahl
7.8.90	323
12.8.90	501
11.9.90	1220
17.1.91	2430
24.2.91	2790

Quelle: Gen M. McPeak, DoD Briefing vom 15.03.1991)

Als die kanadische Botschaft in Kuwait überfallen wurde, verlegte Kanada als Reaktion Kampfflugzeuge des Typs CF-18.
Mitte September wurden 24 US-Jagdflugzeuge des Typs F-15C/D aus Soesterberg und Bitburg an Saudi-Arabien verkauft und dorthin überführt[75].
Am 17.09. wurde der Stabschef der US-Luftstreitkräfte, General Dugan, abgelöst, angeblich weil er zu viele Details über die US-Pläne für einen möglichen Golfkrieg an die Presse weitergegeben hatte. General Dugan hatte unter anderem über die Möglichkeit massiver Luftangriffe gegen den Irak gesprochen, falls die Krise nicht friedlich gelöst werden könne.
Das erste UNO-Handelsembargo gegen den Irak hatte noch nicht die Verbindungen auf dem Luftweg unterbunden. Als aber dieses Embargo immer noch keinen Abzug des Irak aus Kuwait bewirkte, beschloß der Weltsicherheitsrat am 25.09. die Ausweitung des Embargos auch auf die Luftwege. Der irakische UNO-Botschafter bezeichnete die Verhängung dieser Luftblockade als »kriegerischen Akt gegen sein Land«[76].
Im Oktober wurde eine halbtägige Flugpause für die US Air Force angeordnet, weil es davor zu mehreren Flugunfällen gekommen war. Die Anzahl dieser Unfälle war zwar nicht viel höher als im Friedensflugbetrieb, dennoch sollte mit dieser Maßnahme die Notwendigkeit unterstrichen werden, daß in der Wüste besonders vorsichtig geflogen werden muß. In den ersten zweieinhalb Monaten von Desert Shield gab es insgesamt 20 Flugunfälle im direkten Zusammenhang mit dieser Aktion. Dabei verloren die USA fünf Flugzeuge und 15 Hubschrauber.
Obwohl seit Mitte August über eine Führungsorganisation für die Koalition gesprochen wurde, kam es erst am 06.11. zu einer Einigung zwischen US-Außenminister

Baker und dem saudischen König Fahd über die Befehlsstrukturen für den Kriegsfall[77]. Kurz danach erklärte US-Präsident Bush, daß das US-Kontingent am Golf auf 400.000 Mann verstärkt werden sollte. Damit begann der zweite Teil des Aufmarsches der US-Streitkräfte.

Um diesen Aufmarsch zu erleichtern, befahl US-Verteidigungsminister Cheney unter anderem, daß Soldaten nur noch in Einzelfällen aus den Streitkräften ausscheiden dürfen, d.h., daß alle aktiven Soldaten bis auf weiteres im Dienst verbleiben mußten. Nach der Zusage der USA, weitere Truppen an den Golf zu verlegen, setzte der Weltsicherheitsrat mit der bisher entschiedensten Resolution 678 am 29.11. dem Irak eine Frist für die Räumung Kuwaits bis zum 15.01.1991.

Mitte Dezember gaben die NATO-Außenminister anläßlich einer Tagung in Brüssel bekannt, daß sie die Golf-Politik der USA unterstützen. Eine Teillösung der Krise wurde strikt abgelehnt. Zudem wurde der Irak vor einem Angriff auf das NATO-Mitgliedsland Türkei gewarnt. Zur gleichen Zeit bat die Türkei um direkte NATO-Unterstützung.

Das neue Jahr 1991 begann mit Beratungen der zuständigen NATO-Gremien über das Gesuch der Türkei, noch vor Ablauf des UNO-Ultimatums, fliegende Kräfte der NATO-Eingreiftruppen in die Osttürkei zu verlegen. Der ständige NATO-Rat beschloß, innerhalb einer Woche den Luftstreitkrätfteanteil der AMF unter dem Operationsnamen »ACE Guard« in die Türkei zu verlegen. Im Rahmen dieser Verlegung wurden mehr als 40 Flugzeuge aus Belgien, Italien und Deutschland in die Türkei entsandt. Dabei wurden ab 06.01.1991 erstmalig Soldaten der Bundeswehr in einem ausländischen Krisengebiet eingesetzt.

In den USA gingen die Diskussionen über einen möglichen Krieg am Golf weiter. Im Mittelpunkt dieser Diskussionen stand die Anzahl der zu erwartenden Verluste. Am 09.01. z.B. gab der Vorsitzende des Kommittees für die Streitkräfte, Aspin, eine Analyse ab. Danach sei ein »scheller Sieg« mit leichten bis mäßigen amerikanischen Verlusten zu erwarten. Vermutlich würden 500 bis 1.000 US-Soldaten ums Leben kommen, 3.000 bis 5.000 weitere würden verletzt«[78]. Ob per Zufall oder nicht wurde zur gleichen Zeit bekannt, daß das Pentagon zusätzliche Leichensäcke bestellt hatte[79].

Obwohl US-Luftstreitkräfte ständig in der Türkei stationiert sind, bekamen sie erst am 13.01. nach einem Besuch des US-Außenministers Baker in Ankara vom türkischen Präsidenten Özal die Erlaubnis, den Stützpunkt Incirlik für Luftkriegsoperationen gegen den Irak zu nutzen, auch für den Fall, daß der Irak die Türkei nicht angreift.

Am 15.01.1991 lief die von der UNO gesetzte Frist zur Räumung Kuwaits ab. Als allen klar war, daß Saddam Hussein seine Truppen nicht aus Kuwait abziehen würde, begann die dritte Periode, die Periode des Gegenangriffs der Koalition zur Befreiung Kuwaits. Diese Periode wird allgemein als der eigentliche Golfkrieg verstanden, obwohl er bereits im August 1990 mit der irakischen Invasion Kuwaits begonnen hatte.

Der in den Monaten vor Beginn des Gegenangriffs entwickelte Plan für die Luftoffensive richtete sich besonders gegen das Streitkräftepotential des Irak. Die operative Zielsetzung wurde wie folgt festgelegt:

1. Lähmung oder Zerstörung der irakischen Kommandostruktur; 2. Erlangen der Luftherrschaft; 3. Zerstörung des irakischen Potentials an Massenvernichtungswaffen; 4. Vernichtung des irakischen Militärpotentials und 5. Unterstützung der Landstreitkräfte bei der Befreiung Kuwaits. Die Zielsetzung war nur in der Offensive zu erreichen. Die Durchführung sollte in vier Phasen erfolgen.

Abb. 5: *Phasen des Luftkrieges*

Phase 1	Phase 2	Phase 3	Phase 4
Erringen der Luftüberlegenheit	Unterdrückung LV im KTO	Ziele Phase 1 + 2	Luftunterstützung für Landstreitkräfte
Zerstörung des strategischen Potentials		wenn, notwendig, Bekämpfung der irakishen Landstreitkräfte im KTO	
Unterbrechung der Führungsfähigkeit			

```
                                                      »100-Stunden Krieg«
┌──«──»──┬──«──»──────┬──────«──»──────┬«─»┬──«──»──┐
0        7            8                30  39       43
                   (bis 10)
»D-Day«                                »G-Day«
```

Quelle: Gen M. McPeak, DoD Briefing vom 15.03.1991

Nach einem vorgegebenen Schlüssel wurden den Zielen die entsprechenden Kräfte prozentual zugewiesen:

Abb. 6: *Kräfteaufteilung*

Zeit \ Ziele	strateg. Zielkategorien	Luftkriegsmittel	Logistik	Landstreitkräfte	Luftverteidigung
1. Woche	60 %	30 %	vereinzelt	vereinzelt	10 % + FIA
2. Woche	50 %	30 %	10 %	10 %	FIA
3. Woche	10 %	20 %	30 %	40 %	FIA
4. Woche	5 %	10 %	20 %	65 %	FIA

Daß an diesem Plan im Verlauf der Operationen Änderungen vorgenommen werden mußten und auch konnten, spricht nicht nur für die Flexibilität der Führung, wie bereits dargestellt, sondern auch für die Flexibilität der Luftkriegsmittel. Diese Tatsache bestätigt nicht nur den Satz Helmut von Moltkes, daß kein Plan den ersten Kontakt mit einem kampfbereiten Feind überdauert, sondern auch den besonderen Wert von Luftstreitkräften.
Entsprechend der Zielsetzung galten die ersten Angriffsoperationen am 17.01.1991 zunächst dem Potential, das die eigenen Luftstreitkräfte am meisten bedrohte. Auszuschalten waren die Einrichtungen des Luftverteidigungs- und des Führungssystems. Der Irak besaß bei Ausbruch des Golfkrieges ein voll integriertes Luftverteidigungssystem bestehend aus modernen Radarsystemen sowie etwa 17.000 Flugabwehrraketen und 10.000 Flugabwehrkanonen. Die Führungszentralen des Irak waren gehärtet. Zusätzlich besaß der Irak ca. 1.000 Flugzeuge, von denen einige auch für Angriffsoperationen geeignet waren. Für den Einsatz der Flugzeuge waren mehr als 50 über das Land verteilte Flugplätze vorhanden[80]. Damit wäre der Irak in der Lage gewesen, die Integrität seines Luftraumes zu bewahren und Angriffe gegen die Koalitionsstreitkräfte durchzuführen.
Bei den ersten Angriffen kamen für diese Aufgabenstellung optimierte Zusammenstellungen von Waffensystemen (»Force Packages«) zum Einsatz, deren spezifische Eigenschaften sich so ergänzten, daß sowohl Wirkung im Ziel als auch Überlebenswahrscheinlichkeit optimiert wurden. Unterstützt wurden diese Einsätze durch massive elektronische Störmaßnahmen gegen die gegnerischen Überwachungs-, Zielerfassungs- und Feuerleitradargeräte mit EF-111A Raven und gegen die Kommunikationsverbindungen mit EC-130 Compass Call.
Da viele Flugzeuge aufgrund der Dislozierung der Einsatzflugplätze weite Strecken zum Einsatzgebiet zurückzulegen hatten, wurden sie kurz vor Erreichen des irakischen Luftraumes in der Luft aufgetankt. Dazu waren für die erste Angriffswelle ca. 160 Tankflugzeuge in der Luft[81].
Obwohl das UNO-Ultimatum für die Räumung Kuwaits am 15.01.1991 abgelaufen und militärische Aktionen der Koalition zu erwarten waren, wurden die Iraker durch den Luftangriff offensichtlich überrascht. Der erste Angriff richtete sich gegen zwei Radarstellungen im Südwesten des Irak. Er wurde durch Kampfhubschrauber des Typs AH-64A Apache durchgeführt. Mit Laser-gelenkten Raketen vom Typ Hellfire wurden die Radargeräte zerstört. Unterstützt wurden diese Hubschrauber dabei durch Special Operations Forces, die die Ziele mit Laser beleuchteten. Diese Ziele waren für die weiteren Operationen so wichtig, daß man sie mit großer Sicherheit ausschalten mußte. Es war wichtig, daß Bagdad durch diese Stellungen nicht alarmiert werden konnte, um Abfangjäger des Typs MiG-29 oder das bodengebundene Überwachungs- und Jägerleitsystem zu aktivieren und damit die angreifenden Verbände der Koalitionsluftstreitkräfte zu gefährden. Die Planer dieser Anfangsoperation wußten, daß auch Strahlflugzeuge oder Cruise Missiles diese Ziele treffen würden, entschieden sich aber für den Einsatz von Kampfhubschraubern, da es so möglich war, mit dem menschlichen Auge sofort zu beurteilen, ob der Angriff erfolgreich war, um ihn ggf. zu wiederholen. Hinzu kam, daß die Aufklärungsergebnisse über diese Stellungen

vier Tage alt waren. Zwischenzeitliche Veränderungen mußten also vor Ort erkannt und darauf reagiert werden. Dies wäre für Strahlflugzeuge bei Nacht kaum möglich gewesen. Dieser Schlüsseleinsatz bot sich daher für den Einsatz von Apache-Kampfhubschraubern mit ihrer Nachtkampffähigkeit, ihrer geringen Infrarot- und Radarsignatur sowie der Präzision ihrer Abstandswaffen an[82].

Durch die so geschlagene Bresche konnten die Force Packages ihre Ziele anfliegen, zumal auf irakischer Seite die Weitergabe der Information über den Angriff aufgrund elektronischer Störmaßnahmen nicht möglich war. Auf wichtige, stark verteidigte Ziele, vor allem in Bagdad, wurden gleichzeitig von Schiffen gestartete Cruise Missiles vom Typ Tomahawk sowie Stealth-Jagdbomber vom Typ F-117A eingesetzt. Der Erfolg dieser Angriffsoperationen war vollständig.

Aber auch die anderen beim ersten Angriff eingesetzten Luftkriegsmittel waren erfolgreich, so daß z.B. die irakischen Radaremissionen in den ersten vier Stunden auf 15 Prozent sanken[83]. Die Gültigkeit des Grundsatzes für den Einsatz von Luftkriegsmitteln, das Überraschungsmoment auszunutzen, ist in diesen Anfangsstunden des Luftkrieges gegen den Irak unter Einsatz aller technischen Möglichkeiten eindrucksvoll unter Beweis gestellt worden.

Die nächsten Tage der Luftoffensive waren gekennzeichnet durch das Bestreben der Koalition, aus der bereits erlangten Luftüberlegenheit heraus die Luftherrschaft zu gewinnen. Die Zielsetzung der ersten Woche war daher neben der Zerstörung der strategischen Ziele die Zerstörung des gegnerischen Luftkriegspotentials und dessen Führungskomponenten.

Die Grundlagen dafür waren von Beginn an vorhanden: Zum einen hatte die Koalition mit dem Angriff die Initiative ergriffen und gab diese durch den massiven und kombinierten Einsatz aller Luftkriegsmittel nicht wieder aus der Hand. Durch die so erreichte Luftüberlegenheit konnten die Luftkriegsmittel flexibel und weitgehend risikoarm eingesetzt werden. Zum anderen hat das rein reaktive Verhalten des Irak, nämlich die Beschränkung auf Luftverteidigung vor allem durch Flugabwehrsysteme und in geringem Umfang durch Jagdflugzeuge die frühe Erlangung der Luftherrschaft begünstigt.

Neben den Flugabwehrraketensystemen und Führungseinrichtungen waren die irakischen Flugplätze vorrangige Ziele der Angriffsoperationen der ersten Woche. Flogen die Iraker in dieser Woche noch durchschnittlich 30 bis 40 Einsätze am Tag — die Koalition flog in den ersten 48 Stunden 1.500 Einsätze — ging diese Zahl ab dem 15. Tag gegen Null. Da die Iraker so wenig flogen, daß während des gesamten Krieges nur 35 irakische Flugzeuge im Luftkampf abgeschossen wurden, mußte das Luftkriegspotential zwangsläufig am Boden getroffen werden.

Zuerst wurde daher versucht, die Start- und Landebahnen der irakischen Flugplätze mit speziell dafür entwickelten Waffen zu lähmen bzw. zu zerstören, wie es auch in einem Ost-West-Konflikt vorgesehen war. Durchgeführt wurden diese Angriffe von britischen Tornado mit der Startbahnwaffe JP-233 im Tiefstflug, begleitet von Jagdflugzeugen und Spezialflugzeugen zur Unterdrückung und Bekämpfung von Flugabwehrraketensystemen (Suppression of Enemy Air Defenses — SEAD). Es stellte sich heraus, daß aufgrund der Anzahl er irakischen Flugplätze (mehr als 30) und deren

Abb. 7: *Luftangriffe am 17.01.1991*

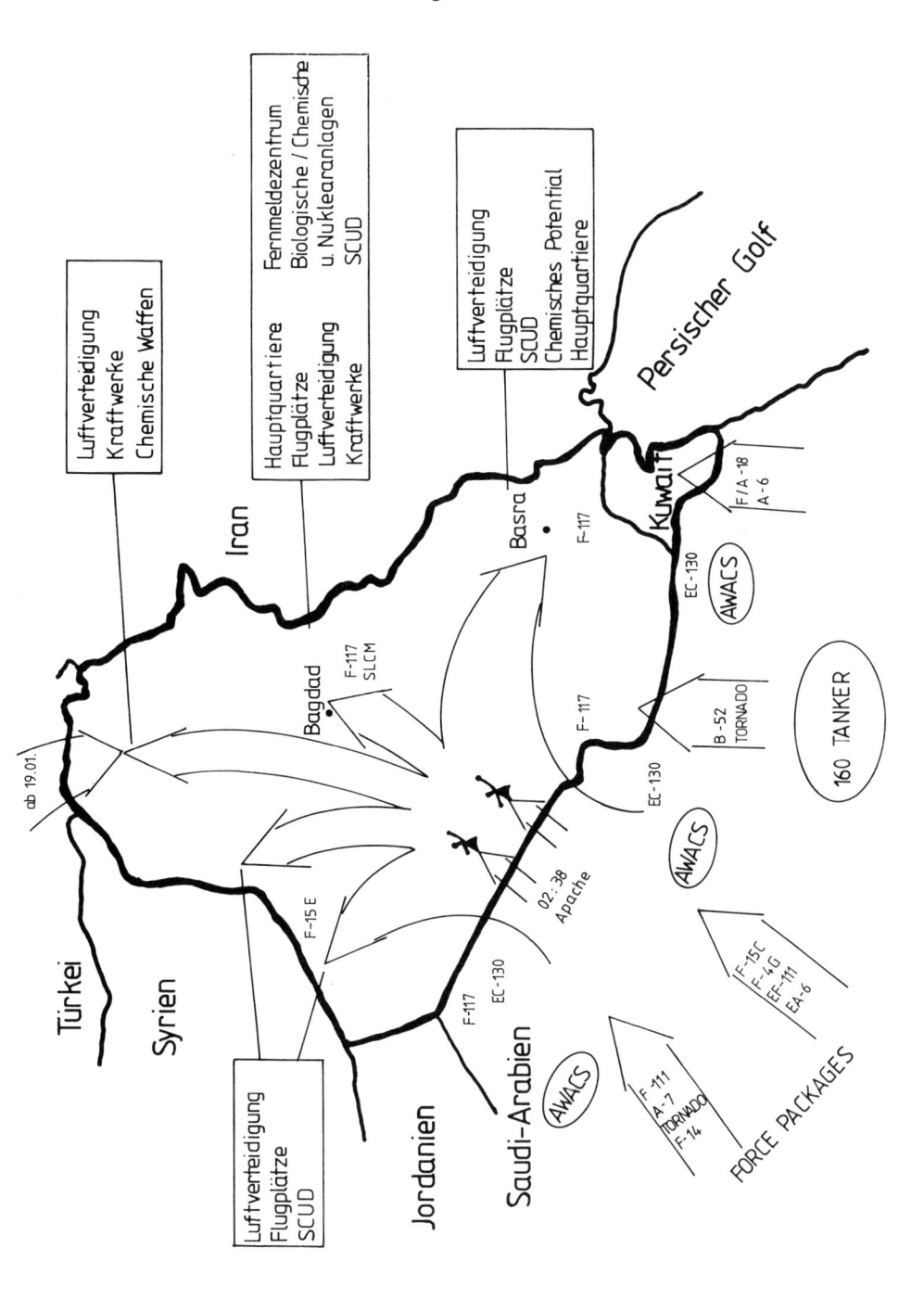

Ausdehnung (z.T. doppelt so groß wie der Flughafen London-Heathrow) eine wirksame und kontinuierliche Lähmung mit den verfügbaren Kräften nicht zu erreichen war. Hinzu kam die Befürchtung, daß durch das konzentrierte Feuer aus den Rohrwaffen des Objektschutzes weitere Flugzeuge des Typs Tornado bei den Angriffen im Tiefflug verloren gehen würden. Es wurde daher Ende Januar dazu übergegangen, Flugzeugschutzbauten und andere Flugplatzinfrastruktur aus mittleren und großen Höhen mit Laser-gelenkten Bomben zu bekämpfen. Einsätze aus diesen Höhen waren allerdings nur deswegen möglich, weil die gegnerischen Flugabwehrraketenkräfte aufgrund der elektronischen Überlegenheit und der erfolgreichen Bekämpfung mit Anti-Radar-Raketen nicht mehr zum Einsatz kamen. Von den etwa 600 Flugzeugschutzbauten waren bis zum 14.02.92 55 Prozent zerstört. Dieser Erfolg wird mit als ein Grund dafür angesehen, daß genau in diesem Zeitraum die Iraker versuchten, möglichst viele Flugzeuge in den Iran zu »verlegen«, um sie nicht auch der Vernichtung preiszugeben. Über 100 Flugzeuge gelangten so in den Iran und wurden dort interniert, bis auch diese Flugbewegungen durch Patrouillenflüge der Koalition entlang der iranisch-irakischen Grenze unterbunden wurden.

Aufgrund dieser Erfahrung erhebt sich die Frage nach der Effektivität der Bekämpfung gegnerischer Flugplätze, die stark gehärtet und massiv mit Flugabwehrwaffen aller Art geschützt sind. Die begrenzte Flexibilität speziell dafür entwickelter Waffen und Waffensysteme konnte in diesem Fall nur dadurch ausgeglichen werden, daß praktisch die Luftherrschaft vorhanden war und man daher in größere Höhen ausweichen konnte. Für die Zukunft muß wohl mehr in Richtung einer Stand-Off Fähigkeit gedacht werden, bei der das Ziel nicht mehr überflogen werden muß, aber dennoch präzise getroffen werden kann[84]. Eine weitere Möglichkeit besteht darin, nicht die Flugplätze, sondern die gegnerischen Flugzeuge in der Luft zu bekämpfen. Voraussetzung hierfür ist allerdings wiederum das Vorhandensein der Luftherrschaft sowie die Überlegenheit der Jagdflugzeuge und entsprechende Führungsmöglichkeiten.

Eine weitere Erkenntnis liegt darin, daß es offensichtlich kaum wirtschaftlich herzustellende Schutzbauten gibt, die modernen Waffen widerstehen könnten. Es bleibt daher zu untersuchen, ob höhere Mobilität und großflächigere Dislozierung einer gehärteten Infrastruktur vorzuziehen sind. Die Notwendigkeit der Härtung auch durch Nutzung natürlicher Schutzmöglichkeiten für besonders empfindliche und einsatzwichtige Führungs- und Unterstützungseinrichtungen steht dabei außer Frage.

Die Bekämpfung von mobilen Boden-Boden-Raketensystemen am Beispiel der irakischen Scud wird aufgrund der Erfahrung in Zukunft stärkere Beachtung finden müssen. Am 18.01. wurden zum ersten Mal Scud-Raketen auf Saudi-Arabien und Israel abgeschossen. Allerdings waren diese Raketen nicht, wie befürchtet, mit chemischen, sondern mit konventionellen Gefechtsköpfen ausgerüstet. Obwohl fünf Scud ihr Ziel erreichten, richteten sie nur leichte Schäden an. Eine Scud-Rakete mit Ziel Dahran wurde durch die US Army mit einer Patriot-Flugabwehrrakete erfolgreich abgefangen und zerstört. Diese Einsätze von Scud, die militärisch völlig wertlos waren, hatten aber große politische Auswirkungen. Israel drohte mit Kriegseintritt, damit war der Bestand der Koalition gefährdet. Am nächsten Tag versprachen die USA Israel, die

Scud-Abschußbasen im Irak mit höchster Priorität zu bekämpfen. Gleichzeitig schickte die USA Flugabwehrraketen des Typs Patriot zur Abwehr weiterer Scud-Angriffe nach Israel. Um diese Systeme sofort einsatzbereit zu machen, wurden amerikanische Bedienungsmannschaften nach Israel entsandt. Damit war erstmals eine komplette amerikanische Militäreinheit in Israel stationiert.

Obwohl die Einsatzparameter der irakischen Scud schon vor dem Krieg bekannt waren, täuschte man sich doch in drei Punkten: über die Anzahl, die der Irak zur Verfügung hatte; über die Probleme, die Startrampen zu lokalisieren und zu vernichten und über die großen politischen und psychischen Auswirkungen der Raketenangriffe[85]. Große Anstrengungen wurden daher unternommen, diese Gefahr auszuschalten. Dabei war es weniger ein Problem, die ortsfesten Scud-Abschußrampen zu bekämpfen. Weit schwieriger war es, die mobilen Abschußgestelle, die nachts in diese Stellungen hineinfuhren und ihre Raketen abschossen, so schnell zu orten, daß eine Bekämpfung noch durchgeführt werden konnte. Zum Einsatz kamen für diese Aufgabe mehrere Waffensysteme. A-10 flogen nachts die Straßen entlang, auf denen man Scud-Transporte vermutete, um diese direkt zu bekämpfen. Am effektivsten war der Einsatz von F-15E, die über den Gebieten, von denen aus Scud gestartet waren, patrouillierten. Diese wurden von JSTARS teilweise direkt, teilweise über AWACS zu einer erfaßten Scud-Abschußrampe geleitet und konnten sie bekämpfen. Dieser Aufwand war allerdings erheblich. Allein im ersten Monat wurden 1.500 Einsätze nur gegen Scud-Abschußrampen geflogen. Trotzdem konnten die Scud-Abschüsse während des gesamten Krieges nicht unterbunden werden, unter anderem deshalb, weil nur zwei JSTARS-Flugzeuge für die Gesamtkriegführung zur Verfügung standen. Insgesamt wurden 81 Scud zum Einsatz gebracht.

Einen weiteren wichtigen Beitrag zur Minderung der Scud-Gefahr leistete das Flugabwehrraketensystem Patriot. Obwohl ursprünglich zur Bekämpfung von Flugzeugen konzipiert, konnte es durch eine Modifizierung der Software und durch Satellitenunterstützung für Raketenabschußwarnung und Kommunikation eine begrenzte Raketenabwehrfähigkeit erreichen. Trotz erfolgreichen Einsatzes gegen die Scud muß einschränkend erwähnt werden, daß die Scud-Raketen schon recht alte Muster waren mit relativ geringen Fluggeschwindigkeiten und daß sie nur einzeln auf ein Ziel verschossen wurden. So hatte Patriot gute Bekämpfungschancen. Gegen modernere und in größeren Zahlen auf ein Ziel abgeschossene Raketen sind aufwendigere Maßnahmen notwendig.

Schon am dritten Tag des Golfkrieges wurden die massiven irakischen Truppenkonzentrationen in Kuwait und im Hinterland des Irak angegriffen. Obwohl diese Angriffe erst in der Phase drei geplant waren, wurden bereits jetzt vor allem Bomber des Typs B-52 in massiven Luftangriffen gegen die Republikaischen Garden eingesetzt mit dem Ziel, deren Moral zu erschüttern.

Gegen Ende der ersten Kriegswoche, am 22.01., meldete der Irak, daß seine Streitkräfte 160 Flugzeuge der Koalitionsluftstreitkräfte abgeschossen hätten; die tatsächlichen Verluste beliefen sich aber auf 17. In der ersten Kriegswoche kam es nur sehr selten zu Luftkämpfen. Wann immer die Irakis flogen, versuchten sie, Luftkämpfe zu vermeiden.

Während der ersten Woche war das Wetter im Einsatzgebiet sehr schlecht, was vor allem die Aufklärung einschränkte. Trotz dieses schlechten Wetters flogen die Koalitionsstreitkräfte 12.000 Einsätze, davon 84 Prozent durch Flugzeuge der US-Streitkräfte[86]. In dieser kurzen Zeit verloren die britischen Luftstreitkräfte fünf Kampfflugzeuge, die saudischen und italienischen je ein Kampfflugzeug des Typs Tornado.

In der ersten Kriegswoche waren auf Befehl des französischen Verteidigungsministers Chevenement die französischen Luftstreitkräfte nur gegen Ziele in Kuwait eingesetzt. Der französische Präsident Mitterand revidierte diese Entscheidung, so daß am 24.01. erstmals französische Kampfflugzeuge Ziele im Irak angriffen. Chevenement trat daraufhin von seinem Amt zurück.

In den nächsten Kriegswochen stieg die Anzahl der Koalitionspartner, die aktiv am Luftkrieg teilnahmen. Am 23.01. flogen Mirage F-1 aus Katar erste Kampfeinsätze. Da der Irak aber Flugzeuge des selben Typs in seinem Inventar hatte und damit die Gefahr von Verwechslungen bestand, wurden diese Flugzeuge nur unter engster Führung durch AWACS eingesetzt. Am 25.01.1991 nahmen erstmals Flugzeuge aus Bahrain an defensiven Luftkriegsoperationen teil, am nächsten Tag auch an offensiven.

In der zweiten Kriegswoche kam es zu interessanten irakischen Flugbewegungen. Mehrere irakische Piloten flohen mit ihren Maschinen nach Iran. Am 28.01. kam es dadurch sogar zu einem iranischen Protest. Bis zu diesem Zeitpunkt waren ca. 100 irakische Flugzeuge in den Iran »verlegt« worden.

Zum Schutz der 18 deutschen Alpha-Jets, die im Rahmen des deutschen Anteils an der AMF (Air) nach Erhac verlegt worden waren, wurden nach einem Regierungsbeschluß am 29.01. Hawk- und Roland-Flugabwehrraketensysteme sowie 600 Soldaten der Bundeswehr in die Osttürkei verlegt.

Am Ende der zweiten Kriegswoche (30.01.) meldete General Schwarzkopf die uneingeschränkte Luftherrschaft über die Golfregion. Dies war durch ca. 30.000 Kampfeinsätze, im Schnitt mehr als 2.100 pro Tag, erreicht worden.

Anfangs der dritten Kriegswoche (31.01.) kam es zu einem Zwischenfall. Flugzeuge der Koalition bombardierten die Hauptverbindungsstraße von Irak nach Jordanien. Dabei wurden nicht nur zivile Fahrzeuge beschädigt, sondern irakische und ausländische Flüchtlinge verletzt[87]. Daraufhin versuchte Saddam Hussein seine Untertanen zusätzich gegen die Koalition aufzuputschen, indem er behauptete, daß die gefangenen Piloten Kriegsverbrecher seien. Er erklärte, daß sie nicht nur zivile Ziele bekämpft, sondern mit ihren Bordmaschinenkanonen auch auf wehrlose Zivilisten geschossen hätten.

Nach der Zerstörung der Führungsstrukturen des Irak und nach Erringung der Luftherrschaft wurden die Angriffe gegen Flugplätze eingestellt, um diese Kräfte aufwandswirksamer gegen andere Ziele einzusetzen. Schwerpunkte der Angriffe waren im folgenden militärisch wichtige Infrastruktur im gesamten Irak und die Truppenkonzentrationen im KTO sowie deren Versorgungsverbindungen. Durch den massiven Einsatz von Präzisionswaffen in Verbindung mit einem wirksamen Aufklärungs- und Führungsverbund sowie weitgehender Nachtkampffähigkeit konnten alle Ziele rund um die Uhr mit großem Erfolg angegriffen werden. So waren bereits am 07.02.92

31 von 38 Brücken über Euphrat und Tigris, über die die Versorgungsstraßen für die irakischen Truppen führten, zerstört[88]. Die Versorgung sank auf zehn Prozent des erforderlichen Umfangs. Deserteure berichteten, daß die Rationen der seit Monaten in der Wüste ausharrenden irakischen Soldaten drastisch gekürzt werden mußten[89]. Die Luftstreitkräfte flogen in dieser Phase durchschnittlich 2.000 Einsätze am Tag. Dabei ist es besonders erwähnenswert, daß Luftkriegsmittel aufgrund der vorhandenen Luftherrschaft in Einsatzrollen eingesetzt wurden, für die sie bisher nicht vorgesehen waren. Schwere Jagdbomber vom Typ F-111, ursprünglich für die Bekämpfung von Zielen im Hinterland des Gegners konstruiert, wurden zur Bekämpfung von Panzern eingesetzt. Aufgrund der Luftangriffe hatten die Iraker ihre Panzer in der Wüste eingegraben. Die F-111 konnten sie aber besonders in der Dämmerung, als der Stahl der Panzer noch von der Sonne des Tages warm war, mit ihrem Infrarot-Sensor (Forward Looking Infrared — FLIR) orten und sie mit einer Laser-gelenkten 250 kg Bombe zerstören.

Dieses Beispiel zeigt, daß es die Flexibilität der Luftstreitkräfte in Abhängigkeit von der Lage und der Führung erlaubt, die Luftkriegsmittel den speziellen Erfordernissen entsprechend einzusetzen, um den höchstmöglichen Grad an Wirksamkeit zu erreichen.

Anfang Februar verbesserte sich das Wetter, so daß z.B. am 04.02. mehr als 2.700 Einsätze gegen den Irak geflogen werden konnten. Trotz der steigenden Zahl der Luftangriffe gegen den Irak gab es wieder mehrere Scud-Angriffe auf Israel und Saudi-Arabien.

Auch in der vierten Kriegswoche kam es zu Scud-Angriffen, aber jetzt handelte es sich fast immer nur um einzelne Raketen, die von Patriot abgefangen werden konnten. Um die deutschen Flugabwehrraketensysteme Hawk und Roland in die Türkei zu bringen, war ein sowjetisches Transportflugzeug des Typs An-124 gechartert worden. Am 09.02. weigerte sich der Kapitän, in das Krisengebiet zu fliegen. Erst nach mehreren Tagen transportierte schließlich eine C-5 Galaxy der US Air Force die Waffensysteme in die Türkei.

Am Ende der vierten Kriegswoche (13.02.) kam es wieder zu einem spektakulären Zwischenfall, über den in den Medien ausführlich berichtet wurde. Bei einem Luftangriff auf Bagdad wurde ein Hochbunker getroffen. Im Bunker waren etwa 1.000 Menschen, von denen mehr als 300 ums Leben kamen. Westliche Journalisten hatten in der Umgebung keine militärischen Ziele erkannt. Amerikanische Militärs und ein Sprecher des Weißen Hauses erklärten darauf, daß dieser Bunker mit Sicherheit als militärisches Kommandozentrale gedient habe[90].

Der Erfolg der gesamten Luftkriegsoperationen im Golfkrieg wäre ohne den Beitrag unterstützender Maßnahmen in diesem Ausmaß nicht zustande gekommen. Das Prinzip der Force Packages hat sich dabei besonders bewährt. Insbesondere der Einsatz von Flugzeugen zur Niederhaltung und Bekämpfung der gegnerischen Flugabwehrraketeneinheiten war nach der Ausschaltung des irakischen Führungssystems ein besonders wichtiger Beitrag zur Erhöhung der Überlebensfähigkeit der angreifenden Verbände. Nachdem der Einsatz von Flugabwehrraketen im Verbund nicht mehr möglich war, wurden diese SEAD-Operationen mit großem Erfolg durchgeführt. Das oft

beobachtete blinde Abfeuern von Flugabwehrraketen ließ auf erheblichen Respekt vor den Anti-Radar-Raketen vom Typ HARM und ALARM schließen.
Aber auch die bereits erwähnten fliegenden Einheiten der elektronischen Kampfführung (EF-111/EC-130) waren fester Bestandteil eines jeden Einsatzes. Während die EC-130 aus einem 100 km zurückliegenden Luftraum heraus die Kommunikationsverbindungen störte, flog die EF-111 in den Force Packages mit und störte die Erfassungs- und Zielverfolgungsradargeräte der irakischen Luftverteidigung. Voraussetzung für diese Operation war allerdings, daß die Aufklärung zuvor die Frequenzparameter dieser Geräte festgestellt hatte, so daß die Störsender entsprechend programmiert werden konnten.
Eine weitere wichtige Unterstützungskomponente stellte der Einsatz von Tankflugzeugen zur Luftbetankung dar. Aufgrund der großräumigen Dislozierung der Einsatzflugplätze der Koalition konnten die Ziele im irakischen Hinterland nur durch Luftbetankung erreicht werden. Einsatzzeiten der Kampfflugzeuge von vier bis fünf Stunden waren daher keine Seltenheit. Abgerundet wurden diese unterstützenden Luftkriegsoperationen durch den Einsatz von AWACS zur Luftraumüberwachung und Frühwarnung und durch Jäger, die sowohl als Begleitschutz als auch im Raumschutz eingesetzt wurden.
Während für die Angriffe aus dem Süden diese Force Packages erst in der Luft zusammengestellt wurden, waren alle Kräfte für ein Force Package auf dem türkischen Flugplatz Incirlik schon zusammengefaßt. Dieses Prinzip der sogenannten »Composite Air Wing« hat sich bewährt, so daß für die Zukunft über eine Zusammenfassung auch in Friedenszeiten nachgedacht wird. Die Vorteile liegen vor allem darin, daß alle für einen erfolgreichen Einsatz erforderlichen Komponenten in einem Verband zusammengefaßt sind. Nachteile, insbesondere im Bereich der Logistik z.B. durch Bevorratung unterschiedlichster Waffen und Ersatzteile, sind zu berücksichtigen.
Zur Vorbereitung der Landoffensive wurden am 15.02. durch Flugzeuge des Typs MC-130 Combat Talon der Special Operations Forces Spezialbomben eingesetzt. Diese mit einer brennbaren Flüssigkeit, Fuel Air Explosives (FAE), gefüllten Bomben, räumten durch ihren enormen Explosionsdruck Teile der Minenfelder entlang der Grenze für einen ungehinderten Vormarsch der Bodentruppen.
Obwohl viele UNO-Mitgliedsstaaten auf vielfältige Weise die Koalition unterstützten, gab es auch Staaten, die ihre Hilfe wieder rückgängig machten. So entzog Indien am 17.02. den USA die Erlaubnis, Militärflugzeuge, die am Golf eingesetzt werden sollten, auf indischen Flugplätzen zu betanken. Andererseits beteiligten sich ab dem nächsten Tag Kampfflugzeuge der Vereinigten Arabischen Emirate erstmals an den Luftangriffen gegen den Irak.
39 Tage lang wurde die Landoffensive durch einen intensiven Luftkrieg nicht nur gegen das irakische Luftkriegspotential sondern auch gegen die irakischen Landstreitkräfte in der Tiefe des Raumes, wie z.B. gegen die Republikanischen Garden, sowie in ihren Bereitstellungsräumen in Kuwait vorbereitet. Sie waren dadurch zu Beginn der Landoffensive der Koalitionsstreitkräfte von ihrer Versorgung abgeschnitten, ohne Kommunikationsverbindungen, ohne Führung und aufgrund der Luftherr-

schaft der Koalition bei weitgehender eigener Bewegungsunfähigkeit der Vernichtung aus der Luft preisgegeben. General Savarda zog daraus den Schluß, daß die Luftstreitkräfte im Golfkonflikt das Gefechtsfeld so vorbereitet hatten (shaping the battlefield), daß die irakischen Landstreitkräfte funktionsuntüchtig waren[91].

Die irakischen Truppen waren wie gelähmt und konnten so von den Panzern der Koalition schon auf große Entfernung bekämpft werden. Dadurch konnten Gefechte auf kurze Entfernung mit Verzahnungen der Kontrahenten, die für einen Einsatz von Luftkriegsmitteln und deren Koordination mit dem Vorgehen der eigenen Landstreitkräfte besonders kompliziert und gefährlich sind, vermieden werden. Die kurze Dauer des Landkriegs tat ein übriges, so daß es kaum zu einer direkten Unterstützung der Landstreitkräfte der Koalition durch Jagdbomber gekommen ist. Diese Aufgabe übernahmen die Kampfhubschrauber. Besonders bei schlechtem Wetter und bei Nacht war der Kampfhubschrauber AH-64A Apache, ausgerüstet mit Laser-gelenkten Anti-Panzer-Raketen, Laser-Beleuchter, Laser-Entfernungsmesser sowie einem nach vorn gerichteten Infrarot-Sensor (FLIR), ein besonders geeignetes Waffensystem zur Luftnahunterstützung der Landstreitkräfte.

Größtes Problem, insbesondere bei der Geschwindigkeit des Vorgehens der Koalitionsstreitkräfte, war dabei die Identifizierung eigener bzw. feindlicher Fahrzeuge aus der Luft. Bei der großen Anzahl der Fahrzeuge sowie bei Nacht und schlechtem Wetter, aber auch wegen der Staub- und Rauchentwicklung durch die Kämpfe und die brennenden Ölquellen war die Gefahr, von eigenen Luftkriegsmitteln angegriffen zu werden, nicht unerheblich. So wurde am 21.02. ein Schützenpanzer der US Marines durch einen Kampfhubschrauber und am 26.02. ein Schützenpanzer der britischen Streitkräfte durch eine A-10 angegriffen. Das Identifizierungsproblem über dem Gefechtsfeld wurde dadurch wieder deutlich; bisher konnte es noch nicht vollständig gelöst werden.

Auch in der sechsten Kriegswoche (21.–27.02.) kam es, wie schon in der Vorwoche, fast täglich zu Scud-Angriffen primär auf Saudi-Arabien, aber auch auf Israel. Zusätzlich wurde Bahrain zweimal mit Scud-Raketen angegriffen. Am Abend des 25.02. wurde ein Scud-Angriff auf Bahrain abgefangen, aber eine Rakete mit Ziel Dahran schlug in ein Lagerhaus ein, in dem amerikanische Soldaten untergebracht waren. So kam es fast am Ende des Krieges zu den größten Verlusten für die Koalitionsstreitkräfte in einem Einzelfall. 28 amerikanische Soldaten verloren ihr Leben, 98 wurden verletzt.

Der Krieg endete am 28.02.1991 mit dem Rückzug des Irak aus Kuwait. Die Koalitionsluftstreitkräfte flogen in der ganzen Zeit des Krieges ca. 120.000 Einsätze, wobei die US Air Force mit rund 65.000 einen Anteil von über 50% geflogen hatte. Die Koalition verlor dabei 41 Flugzeuge im Einsatz. Dies bedeutet eine Einsatzverlustrate von 0,03 Prozent. Selbst die optimistischsten Prognosen waren von weit höheren Verlusten ausgegangen.

Die Zahlenangaben über die irakischen Flugzeugverluste sind äußerst ungenau. Ein Bericht der US Air Force spricht von mehr als 400, aber weniger als 300 konnten bisher bestätigt werden[92] (siehe Anlage 6/2).

Ab Anfang März begannen die Koalitionspartner ihre Streitkräfte abzuziehen. Am 13.03. wurde die NATO-Operation »ACE Guard« beendet.

Einsatzunterstützung

Umfangreiche Maßnahmen der Einsatzunterstützung vor und während des Golfkrieges waren erforderlich, um Personal und Material, in der Größe vergleichbar mit der gesamten Bundeswehr, an den Golf zu verlegen und dort einsatzbereit zu halten. Die Bedeutung einer leistungsfähigen Einsatzunterstützung für Einsatzbereitschaft und Durchhaltevermögen moderner Luftstreitkräfte wurde im Golfkonflikt deutlich.
Im Golfkonflikt wurden die umfangreichsten strategischen und taktischen Lufttransportoperationen der Geschichte durchgeführt. Strategische Lufttransporte umfassen alle Verlegeoperationen in den Einsatzraum sowie taktische Lufttransporte innerhalb des Einsatzraumes. Vom Beginn der Operation Desert Shield bis zum Waffenstillstand wurden 482.000 Passagiere und 513.000 t Ausrüstung der US-Streitkräfte per Lufttransport von ihren Heimatstandorten in den USA und in Europa in die Golfregion verlegt[93]. Verantwortlich für Planung und Durchführung der Lufttransporte war das Military Airlift Command (MAC) der US Air Force.
Zur Unterstützung der Operationen Desert Shield und Desert Storm haben fliegende Besatzungen und Bodenpersonal des MAC mehr geleistet als jemals in ihrer 51-jährigen Geschichte zuvor. MAC setzte dazu Transportflugzeuge der Typen C-5 Galaxy, C-141 Starlifter und C-130 Hercules ein. Über 93 Prozent aller C-5 Galaxy und 90 Prozent der C-141 Starlifter waren im strategischen Lufttransport eingesetzt. Sie flogen mit annähernd 10.000 Einsätzen mehr als drei Viertel des strategischen Lufttransportes.
Über 145 C-130 Hercules führten taktische Lufttransporteinsätze wie Luftverlegungen, logistische Transporte sowie Evakuierungsflüge für Verletzte im Einsatzgebiet durch. Dabei wurden im Zeitraum 10.08.1990 bis 02.04.1991 46.500 Einsätze mit rund 75.000 Flugstunden absolviert und 209.000 Personen sowie über 300.000 t Material transportiert. Während der Bodenoffensive wurden mit C-130 Hercules über 500 Flüge pro Tag[94] durchgeführt.
Trotz gesteigerten Wartungs- und Instandsetzungsaufkommens als Folge der drei- bis vierfachen Flugstundenbelastung gegenüber dem Friedensflugbetrieb konnte die technische Einsatzbereitschaft der Flugzeuge typenabhängig um bis zu zehn Prozent gegenüber Friedenszeiten gesteigert werden. Qualifiziertes technisches Personal und leistungsfähige Ersatzteilversorgung ließen die Ausfallrate auf unter zwei Prozent fallen[95].
Um den Non-Stop-Einsatz der zahlreichen Transportflugzeuge zu gewährleisten, waren auch Reservisten eingesetzt. Zu Beginn der Operation Desert Shield wurden fünf C-5- und sieben C-141-Reserveeinheiten mobilisiert[96].
Aufgrund des guten Ausbildungsstandes der Reservisten konnten sie ihren Einsatzauftrag voll erfüllen. Allerdings gab es auch Verluste: Als eine C-5 Galaxy während des Starts vom Flugplatz Ramstein abstürzte, kamen 13 Reservisten der US Air Force ums Leben[97].
Neben den Flugzeugen des MAC stützten sich die US-Luftstreitkräfte im strategischen Lufttransport zusätzlich auf zivile Transportkapazitäten der CRAF ab. Nur so konnte der immense Bedarf an Transportraum gedeckt werden. Der Abruf erfolgt

nach einem Drei-Stufen-Plan. Die erste Stufe wurde am 18.08.1990 in Kraft gesetzt; 18 Passagier- sowie 23 Großraumtransportflugzeuge ziviler Fluglinien wurden daraufhin für den Verlegelufttransport verpflichtet. Bei Beginn des Golfkrieges wurde die Stufe zwei aktiviert; daraufhin wurden 77 Passagier- sowie 40 Transportflugzeuge über die CRAF bereitgestellt. CRAF-Flugzeuge führten während des Golfkonfliktes gut zwei Drittel des kompletten Personen- und ein Viertel des Materialtransportes durch.

Neben den Vereinigten Staaten setzten Großbritannien und Frankreich umfangreiche Lufttransportkräfte ein. Die britischen Hercules beteiligten sich mit 20.000 Flugstunden innerhalb von vier Monaten an der Verlegung eigener Streitkräfte an den Golf und deren Unterstützung vor Ort. Darüber hinaus waren VC-10 Tristar-Transportflugzeuge sowie zivile Chartermaschinen für Lufttransportaufgaben eingesetzt. Insgesamt wurden 53.000 t Material und viele Tausend Passagiere befördert. Für Großraumlufttransport wurden C-5 Galaxy der US Air Force und eine AN-124 der Aeroflot angemietet. Französische C-130 Hercules und C-160 Transall sowie eine Boeing 747 der Air France wurden im Rahmen der Verlegung französischer Luftstreitkräfte eingesetzt, für taktische Lufttransporte standen vier C-160 Transall in Riad bereit[98].

Für leichte Transporte in Frontnähe wurde eine Vielzahl verschiedener Hubschrauber eingesetzt.

Argentinien, Belgien und Kanada entsandten kleinere Lufttransportkontingente an den Golf.

Deutschland unterstützte Großbritannien und die USA durch Übernahme innereuropäischer Transportflüge mit C-160 Transall. Die dadurch freigesetzten britischen und amerikanischen Transportflugzeuge wurden für Transporte in der Golfregion eingesetzt.

Das Lufttransportsystem der Koalitionsluftstreitkräfte konnte die gestellten Anforderungen weitgehend erfüllen. Geeignete Flugzeuge einschließlich ziviler Kapazitäten, qualifiziertes Personal und professionelle Führung versetzten die Luftstreitkräfte in die Lage, Personal und Material schnell ins Einsatzgebiet sowie innerhalb des Einsatzgebietes zu verlegen. Erfahrungen aus REFORGER- und Bright Star-Übungen haben sich positiv auf den Einsatz im Golfkonflikt ausgewirkt[99]. Allerdings zeigten sich Mängel durch das Fehl an Großraumtransportkapazität.

Der Golfkonflikt hat gezeigt, daß moderne Luftstreitkräfte nur dann flexibel, wirksam und zeitgerecht reagieren können, wenn sie über eine leistungsfähige Lufttransportkomponente verfügen. Große Personal- und Materialkontingente müssen schnell in den und innerhalb des Einsatzraumes verlegt werden können. Für Geräte mit übergroßen Abmessungen werden Großraumtransportflugzeuge mit ausreichender Tonnage und Abmessungen benötigt.

Das Strategic Air Command (SAC) der US Air Force verlegte 256 KC-135 und 46 KC-10 Tankflugzeuge in die Golfregion. Während Desert Storm wurden 20 Prozent der Gesamtmenge an Flugtreibstoff durch Tankflugzeuge abgegeben[100].

Die amerikanischen Tankflugzeuge versorgten alle im Golf eingesetzten luftbetankungsfähigen Flugzeuge. Ein F-15-Pilot kommentierte die verfügbare Luftbetankungskapazität mit den Worten: »Da war mehr Treibstoff in der Luft über Saudi-Arabien als im Boden darunter[101].«

Das Personal der von SAC verlegten Tankerverbände rekrutierte sich zu großen Teilen aus Reservisten, die ihre Aufgabe zuverlässig und ohne Einschränkungen erfüllten. Die Royal Air Force setzte Tankflugzeuge der Typen Tristar, VC-10 und Victor im Golfkonflikt ein. Sie stellten die Treibstoffversorgung der britischen Luftstreitkräfte während ihrer Verlegung von Europa in den Mittleren Osten sicher und unterstützten nachfolgend deren Einsatz über Saudi-Arabien[102].

Während Desert Shield entstand der große Bedarf an Luftbetankung im wesentlichen durch die direkte Verlegung der Koalitionsluftstreitkräfte an den Golf. Teilweise mußten dazu Entfernungen zurückgelegt werden, die eine mehrmalige Luftbetankung erforderte. Bei der 15-stündigen Verlegung von Kampfflugzeugen im Non-Stop-Flug vom Osten der USA in die Golfregion waren sieben Luftbetankungen nötig.

Die räumliche Ausdehnung des Einsatzgebietes und die Dislozierung der Einsatzflugplätze erforderten Flüge über große Entfernungen. Die Einsatzdauer von luftbetankungsfähigen Kampfflugzeugen, wie z.B. F-117A, F-15 oder Tornado, betrug häufig mehr als fünf Stunden. Ebenso wie Verlegungen erfordern derartige Einsätze leistungsfähige Luftbetankungskapazitäten.

Die im Golfkonflikt verfügbaren Luftbetankungskräfte stellten eine leistungsfähige, rund um die Uhr verfügbare Unterstützung aller Nutzer sicher. Durch die Luftbetankung konnte die Reichweite der Luftkriegsmittel und ihre Verweildauer im Einsatzgebiet erhöht werden. Darüber hinaus waren sie in der Lage, eine größere Waffenzuladung mit sich zu führen, da auf zusätzliche Außentanks verzichtet werden konnte. Die Kampfkraft und Flexibilität der Koalitionsluftstreitkräfte im Golfkonflikt konnte durch Luftbetankung erheblich gesteigert werden.

Abb. 8: *Luftbetankungsbilanz*

	DESERT SHIELD	DESERT STORM	GESAMT
Einsätze	4.967	14.249	19.216
Flugstunden	19.089	54.883	73.972
Luftbetankungen	14.558	41.803	56.361
Mio ltr Treibstoff	258,2	417,2	675,4

Die Erfahrungen des Golfkrieges haben gezeigt, daß Luftstreitkräfte, die schnell über große Entfernungen verlegbar sein und weiträumige Operationsgebiete abdecken müssen, eine leistungsfähige Luftbetankungskomponente benötigen.

Mitte der 80er Jahre hatten die sechs Staaten des Gulf Cooperation Council (GCC), Saudi-Arabien, Kuwait, Bahrain, Katar, Oman, Vereinigte Arabische Emirate, mit finanzieller Unterstützung Saudi-Arabiens begonnen, ihre Streitkräfte auszubauen und zu modernisieren. Dabei hatte Saudi-Arabien als größter Mitgliedstaat am meisten investiert. Die Unterstützung der Koalitionsluftstreitkräfte insbesondere durch Saudi-Arabien war vorbildlich. In den vergangenen zehn Jahren hatte Saudi-Arabien mehrere Einsatzflugplätze vollständig ausgebaut. Dadurch wurde es den verlegten Luftstreitkräften nach deren Ankunft wesentlich erleichtert, ihre volle Einsatzbereitschaft schnell herzustellen. In anderen Fällen operierten die Koalitionsluftstreitkräfte von Startbahnen ohne jede zusätzliche Infrastruktur. Die US-Luftstreitkräfte waren für derartige Verhältnisse vorbereitet. Die US Air Force hatte in den letzten Jahren Zelte, Krankenhäuser, Versorgungseinrichtungen, Rampen und andere, für einen Einsatzflugplatz notwendige Einrichtungen in Modulbauweise für alle denkbaren Einsatzgebiete entwickelt und beschafft. Die USA hatten Teile dieser Ausrüstung inklusive Fahrzeuge, Treibstoffvorräte, Munition und Ersatzteile lange vor dem Golfkonflikt in Saudi-Arabien eingelagert. Die Vorräte waren so bemessen, daß mit dieser Ausrüstung 21 Flugplätze aufgebaut werden konnten. Die Einlagerung vor Ort sparte schätzungsweise 1.800 Lufttransporteinsätze[103].

Für Treibstoff- und Materialversorgung war das Gulf Cooperation Council zuständig. Als besonders vorteilhaft stellte sich heraus, daß die saudischen Luftstreitkräfte mit modernen amerikanischen Systemen wie F-15 und AWACS ausgestattet sind und so eine gegenseitige Ersatzteilversorgung möglich war; gleiche logistische Verfahren erleichterten die Zusammenarbeit[104].

Die Führungsfähigkeit wurde 1985 durch den Bau eines Führungszentrums in Riad sowie der Einrichtung von fünf untergeordneten Zentren verbessert. Für Frühwarnung und Luftlageerstellung besaß Saudi-Arabien 17 bodengebundene Radargeräte sowie fünf von den USA gekaufte Flugzeuge des Typs E-3A AWACS.

Die drei kleinsten Staaten, Bahrain, Katar und die Vereinigten Arabischen Emirate lagen unter dem Verteidigungsschirm von Saudi-Arabien. Obwohl alle ihre Luftverteidigungskräfte vergrößert und modernisiert hatten, war keiner von ihnen zur alleinigen Abwehr eines Angriffs fähig.

Oman hätte wohl am ehesten eine Chance, einen Angriff alleine abzuwehren, denn es besitzt ein integriertes Luftverteidigungssystem mit Flugabwehrraketen des Typs Rapier. Seine fliegenden Kräfte sind aber nur von geringem Umfang und entsprechen nicht dem modernsten Stand der Technik.

Auch wenn diese vier Verbündeten im Golfkonflikt selbst nur eine geringe Anzahl von Flugzeugen zur Verfügung hatten, so besaßen sie doch moderne Flugplätze, die sie auch der Koalition zur Verfügung stellten.

Das Personal des Civil Engineering and Community Service (CECS) der US Air Force war auf den Einsatzbasen für den Bau, den Betrieb und die Instandsetzung der

Infrastruktur zuständig. Darüber hinaus wurden Unterkünfte und Verpflegung durch diese Organisation bereitgestellt. Ihr gehörten neun Prozent des in die Golfregion verlegten Personals der US Air Force an. CECS-Personal stellte im Verlauf des Golfkonflikts 5.000 Zelte auf, errichtete 300.000 m^2 gemauerte Unterkünfte und fertigte 500.000 m^2 Stahlbeton- bzw. Asphaltflächen. Darüber hinaus wurden 20 Millionen Mahlzeiten zubereitet. Die Leistungsfähigkeit der CECS wird durch folgendes Beispiel verdeutlicht: Innerhalb von 40 Tagen wurde ein vollständiger Einsatzflugplatz von Grund auf erbaut. Dabei wurden 380 Zelte, vier Feldküchen, ein 50-Betten-Feldlazarett und zehn sanitäre Anlagen geschaffen, die elektrische Versorgung eingerichtet sowie Versorgungs- und Instandsetzungseinrichtungen erstellt. Büroräume und Betreuungseinrichtungen gehörten ebenfalls zum Leistungsumfang. CECS wurde bei ihrer Arbeit durch saudische Unternehmen unterstützt[105]. Für den Straßentransport stellte die saudische Wirtschaft Dutzende von Lastkraftwagen bereit[106]. Ohne die Unterstützung durch CECS und die saudische Wirtschaft wäre es den Luftstreitkräften nicht möglich gewesen, derart erfolgreich zu operieren.

Der Golfkonflikt hat gezeigt, daß die Unterstützung durch das aufnehmende Gastland große Bedeutung für die schnelle Herstellung der Einsatzbereitschaft der Luftstreitkräfte sowie deren Leistungsfähigkeit und Durchhaltevermögen hat. Die US Air Force war dort, wo keine Infrastruktur verfügbar war, in der Lage, durch eigene Mittel und Kräfte adäquate Verhältnisse für den Betrieb eines Einsatzflugplatzes zu schaffen. Da nicht jedes potentielle Gastland in möglichen Krisenregionen vergleichbar gute Unterstützungsleistungen wie Saudi-Arabien erbringen kann, müssen Luftstreitkräfte, die für Einsätze außerhalb ihrer Heimatstützpunkte vorgesehen sind, über eine geeignete personelle und materielle Komponente verfügen. Diese muß schnell an den Einsatzort verlegbar sein und dort den Betrieb der Infrastruktur, Verpflegung, medizinische Versorgung und Betreuung der eigenen Kräfte gewährleisten. Nicht zuletzt die großen Flugstundenbelastungen führten dazu, daß das Wartungs- und Instandsetzungsaufkommen der im Golfkonflikt eingesetzten Waffensysteme anstieg. Die Luftstreitkräfte hatten insbesondere mit Problemen zu kämpfen, die durch den feinen Wüstensand verursacht wurden. So wurden beispielsweise feinere Filter genutzt und die Wechselintervalle für diese Filter verkleinert, um die gestiegene Zahl technischer Ausfälle zu senken. Darüber hinaus wurden besonders anfällige Teile wie z.B. Flugzeugdächer, Triebwerksein- und -auslässe sowie Bremsen sofort nach der Landung des Flugzeuges abgedeckt. Das Bodenpersonal bekam die Schwierigkeiten rasch in den Griff, da es durch langjährige Übungserfahrung in Ägypten, Jordanien und Saudi-Arabien auf den Einsatz in der Wüste vorbereitet war.

Dank dieser Expertise war die Bodenorganisation in der Lage, einen Flugzeugklarstand von durchschnittlich 90 Prozent zu gewährleisten, fünf Prozent höher als im Friedensflugbetrieb.

Die gut organisierte Ersatzteilversorgung war neben guter Ausbildung des Instandsetzungspersonals Grundlage für den hohen Klarstand. Fünf Depots in den USA versorgten die Basen in Saudi-Arabien mit täglichen Materiallieferungen. So konnten an einem typischen Einsatztag von 297 angeforderten Ersatzteilen 240 sofort an die Empfänger geliefert werden[107]. Bei akuten Versorgungsengpässen hat sich die saudi-

sche Depotorganisation als besonders leistungsfähig erwiesen. Die kleinen, aber hochentwickelten Luftstreitkräfte des Königreiches unterstützten die Versorgung der Koalitionsluftstreitkräfte wirkungsvoll. Dies gründet auf der Tatsache, daß Saudi-Arabien moderne amerikanische Waffensysteme und Unterstützungsverfahren nutzt. »Der Vorteil der Saudis ist: wenn wir »F-15« denken, denken sie »F-15« ... wir sprechen dieselbe Sprache«, erklärte ein Techniker[108].
Die spezifischen Bedingungen im Einsatzgebiet machten zahlreiche technische Änderungen an den Einsatzsystemen erforderlich. So wurden zahlreiche Änderungen der Waffenleit- und Navigationssoftware der Kampfflugzeuge vorgenommen[109]. Für dringende technische Modifikationen und Neuentwicklungen konnte die Entwicklungs- und Beschaffungszeit von üblicherweise bis zu zwölf Jahren auf durchschnittlich sechs Monate gesenkt werden. Um Wartezeiten auf Ersatzteile zu senken, wurde die Ersatzteilversorgung Desert Express genutzt, die per Hubschrauber einsatzwichtige Materialien in kürzester Zeit an die Einsatzverbände auslieferte. Zur Koordination der zahlreichen Vorgänge nutzte die technisch-logistische Organisation modernste Computer.
Die überlegene westliche Logistik leistete einen entscheidenden Beitrag zum Operationserfolg[110].
Die Erfahrungen aus dem Golfkonflikt zeigen, daß die technisch-logistische Betreuung am Einsatzort flexibel sein muß, um den besonderen Anforderungen des jeweiligen Einsatzraumes zu entsprechen. Schnelle Reaktion auf neue operationelle Forderungen muß eine gleichbleibende hohe Einsatzbereitschaft gewährleisten.
Die Suche und Rettung notgelandeter oder abgeschossener Luftfahrzeugbesatzungen über gegnerischem Gebiet war im Golfkrieg eine besondere Herausforderung. Große Sorge bereitete den Koalitionsluftstreitkräften, daß der Irak gefangene Piloten als Vergeltung für die Luftangriffe mißhandeln könnte. Um die betroffenen Piloten zu schützen, wurde eine Nachrichtensperre für SAR-Operationen verhängt. Bodengebundene und luftgestützte Einheiten der Special Operation Forces (SOF) führten die SAR-Aufgaben durch. Dafür wurden u.a. Kampfhubschrauber des Typs Sikorsky MH-53J Pave Low III eingesetzt.
Zu Beginn der Auseinandersetzungen blieben die meisten SAR-Einsätze erfolglos. Dies war auf die besonderen geographischen Bedingungen im Einsatzgebiet zurückzuführen. Die Iraker konnten aufgrund des offenen, übersichtlichen Geländes eine Absturzstelle schnell auffinden. Die meisten der im Irak abgeschossenen oder notgelandeten Piloten waren so in weniger als 500 Metern Entfernung von ihrem abgestürzten Flugzeug durch irakische Patrouillen gefangengenommen worden[111]. Für die Flugzeugbesatzungen war es somit wichtig, vor dem Ausstieg aus dem abstürzenden Flugzeug an Höhe zu gewinnen, um möglichst weit entfernt vom eigenen Flugzeug zu landen. Ein weiteres Problem stellte die Trinkwasserversorgung der Piloten auf irakischem Gebiet dar. Piloten, die gezwungen waren, bei der irakischen Bevölkerung um Wasser zu bitten, wurden mehrfach an die irakischen Streitkräfte ausgeliefert.
Eine auf die Bedingungen im Irak zusammengestellte Notausrüstung schaffte die Grundvoraussetzung zum Überleben nach einem Abschuß oder einer Notlandung auf

gegnerischem Gebiet. Ein Sender für Signale zur Ortung durch die SAR-Kräfte und Trinkwasser waren besonders wichtige Komponenten dieser Ausrüstung.

Die meisten SAR-Einsätze wurden wegen des deckungslosen offenen Geländes im Schutze der Dunkelheit durchgeführt, um so eine Gefährdung der zu rettenden Flugzeugbesatzungen und der SAR-Kräfte weitgehend zu vermeiden. Die Piloten der Pave Low-Hubschrauber waren dazu mit Nachtsichtgeräten ausgestattet. Die ingesetzten Nachtsichtgeräte brachten allerdings einige Probleme mit sich: Durch das eingeschränkte Gesichtsfeld von 40 Grad und Orientierungsschwierigkeiten beim Flug über leichte Sandstürme gingen Hubschrauber im Einsatz verloren[112]. Zur Unterstützung der Orientierung bei Nacht wurde GPS genutzt. Transportable GPS-Empfänger, die noch während des Golfkrieges an die Streitkräfte ausgeliefert wurden, ermöglichten eine Orientierung mit einer Genauigkeit von 15 Metern.

Nach anfänglichen Schwierigkeiten verfügten die Koalitionsluftstreitkräfte in der überwiegenden Zeit des Luftkrieges über einen leistungsfähigen Such- und Rettungsdienst. Dadurch blieb die Kampfmoral der Luftfahrzeugbesatzungen erhalten, auch wenn Einsätze in besonders verteidigte Zielgebiete geflogen werden mußten. Es hat sich gezeigt, daß ein für den Einsatz über Feindgebiet zweckmäßig ausgerüsteter und gut ausgebildeter Such- und Rettungsdienst die Kampfmoral der Luftfahrzeugbesatzungen erheblich beeinflussen kann.

Im Golfkonflikt wurde eine leistungsfähige Sanitätsversorgung aufgebaut. In kürzester Zeit verlegten die Koalitionsstreitkräfte eine personell und materiell hervorragend ausgestattete Sanitätskomponente in die Golfregion.

Die USA stationierten 15 transportable Krankenhäuser im Einsatzgebiet; das erste war innerhalb einer Woche einsatzbereit. Für die US Air Force wurden diese 50-Betten-Krankenhäuser ergänzt durch ein 250-Betten-Feldlazarett für die Erstversorgung. In Europa wurden zusätzlich Krankenhauskapazitäten von 3.250 Betten vorbereitet. In den USA standen weitere 2.178 Betten für die Versorgung Verwundeter bereit[113].

Die Sanitätseinrichtungen im Einsatzgebiet und in Europa wurden von über 6.000 aktiven Soldaten und 5.500 Reservisten betrieben. In USA standen 6.600 Reservisten zum Betrieb der medizinischen Einrichtungen zur Verfügung[114]. Während Desert Storm wurden 133.000 Patienten medizinisch versorgt, davon 3.500 stationär.

Ähnlich wie die US Air Force bereitete die Royal Air Force umfangreiche medizinische Einrichtungen für den Ernstfall vor. Die Bedrohung durch Einsätze chemischer und biologischer Kampfmittel durch den Irak wurde auf britischer Seite besonders ernst genommen. Fast 25 Prozent des im Golf eingesetzten britischen Personals übte hauptamtlich eine medizinische Funktion aus[115]. Auch die britische Sanitätsversorgung stützte sich neben leistungsfähigen Feldlazaretten im Operationsgebiet auf Kapazitäten in der Heimat ab.

Die medizinische Versorgung im Golfkonflikt war mit moderner Ausrüstung und qualifiziertem Personal die wohl leistungsfähigste, die jemals eingerichtet wurde. Glücklicherweise mußte diese Kapazität nicht voll in Anspruch genommen werden. Ihre Bedeutung für die Kampfmoral der Truppe und für die moralische Unterstützung in der Heimat steht außer Frage.

Moral

Die Koalitionsluftstreitkräfte verfügten über hochmoderne Führungs- und Waffensysteme. Ihr Erfolg hing aber darüber hinaus wesentlich von der Moral der Bediener dieser Systeme, z.B. der Besatzung eines Kampfflugzeuges, aber auch von der des Unterstützungspersonals, z.B. der Techniker der Wartungs- und Instandsetzungskomponenten am Boden, ab.

Der Qualität des eingesetzten Personals, seiner Selbstdisziplin und Bereitschaft zum persönlichen Engagement ist es zu verdanken, daß die Operationen Desert Shield und Desert Storm insgesamt so erfolgreich für die Koalition verliefen[116]. Grundlage für diese Motivation und die darauf gründende hohe personelle Einsatzbereitschaft der im Golfkonflikt eingesetzten Soldaten waren im wesentlichen die eindeutige politische Zielsetzung, die professionelle militärische Führung, ein guter Ausbildungsstand sowie die Unterstützung und Betreuung vor, während und nach dem Einsatz. Die Identifizierung mit dem Kriegsziel war ausschlaggebend für die Moral der eingesetzten Soldaten. Durch die eindeutige politische Zielsetzung, die ihren Ausdruck in den UNO-Resolutionen fand und sich in der Unterstützung der an den Auseinandersetzung beteiligten Nationen durch die überwiegende Weltöffentlichkeit niederschlug, wurde bei den Soldaten Überzeugung für und Einsicht in den Auftrag erweckt, gegen Saddam Hussein zu kämpfen, auch wenn dieser ihre Heimat nicht direkt bedrohte. Dieses psychologische Moment wurde durch die Unterstützung, die die im Golf eingesetzten Soldaten durch die Politiker und die Bevölkerung der teilnehmenden Nationen erhielten, verstärkt.

Das über den gesamten Golfkonflikt konsequent verfolgte Kriegsziel der Befreiung Kuwaits konnte auch durch gezielte politische Täuschmanöver des Irak nie entscheidend gestört werden. Die restriktive Informations- und Medienpolitik der Koalitionsstreitkräfte trug dazu bei, daß die günstige politische Konstellation und die Akzeptanz des überwiegenden Teils der Welt für den Waffengang gegen den Irak über den gesamten Zeitraum erhalten blieb.

Die militärische Führung war dank eindeutiger politischer Vorgaben zu einer sorgfältigen Planung und klaren Befehlsgebung in der Lage. Die Führer aller Ebenen wurden zu eigenverantwortlichem Handeln im Sinne des Auftrages angehalten.

Die Soldaten wurden durch ihre Vorgesetzten auch mental auf den Einsatz vorbereitet, gezielte Informationen zum Auftrag und den damit verbundenen Risiken sowie die Nachbereitung des Einsatzes schafften Vertrauen in die Führung.

Die Ausbildung der Soldaten war ein wichtiger Faktor für ihr Abschneiden im Golfkonflikt. Dies traf im positiven Sinne auf die Koalition und im negativen Sinne für einen Großteil der irakischen Streitkräfte zu[117]. Die Koalitionsluftstreitkräfte bewiesen während des Golfkrieges ihren exzellenten Ausbildungsstand: Rund 80 Prozent der Kampfeinsätze, so die Einschätzung des Generalstabschef der US-Streitkräfte, General Colin Powell, waren erfolgreich, d.h., die Kampfflugzeuge haben ihr Ziel gefunden und ihre Waffen eingesetzt[118]. Der Einsatzklarstand der von der Koalition eingesetzten Flugzeuge lag mit durchschnittlich 93 Prozent in allen Bereichen deutlich über dem in Friedenszeiten[119]. Unstritig ist, daß der Friedensausbildung eine entscheidende Bedeutung für die Einsatzbereitschaft zukam. Realistisches Training der Piloten und des Unterstützungspersonals an Schulungseinrichtungen der US Air Force wie z.B. Desert Flag — früher Red Flag, angesichts der hoffnungsvollen Veränderungen in der Sowjetunion umbenannt[120] — war eine wesentliche Komponente der Friedensausbildung. Einsatzübungen wie Bright Star, eine jährlich im CENTCOM-Bereich durchgeführte Übung, haben die Kommandeure und ihre Truppen mit den Besonderheiten des Kriegsschauplatzes Nahost vertraut gemacht.

Durch diese Friedensausbildung in der US Air Force, an der auch Soldaten der NATO- und anderer befreundeter Luftstreitkräfte regelmäßig teilnehmen, wurde sichergestellt, daß das Personal mit den Waffensystemen vertraut war und sie effektiv einsetzen konnte.

Zudem ließ es die rund fünfmonatige Vorbereitungszeit zu, eine gezielte Einsatzausbildung vor Ort durchzuführen und so das Personal mit den spezifischen Verhältnissen des Einsatzraumes vertraut zu machen. Die verfügbare Eingewöhnungszeit in ungewohnter Umgebung und unter ungewöhnlichen klimatischen Verhältnissen hat die Soldaten physisch und psychisch auf ihren Einsatz vorbereitet.

Bemerkenswert war die hohe Einsatzbereitschaft der besonders im Bereich der Einsatzunterstützung eingesetzten Reservisten der US Air Force. Überwiegend mit ihrem Zivilberuf verwandten Tätigkeiten in den Reserveeinheiten und regelmäßige Übungen innerhalb der eigenen Reserveeinheit haben die Einsatzbereitschaft und die Motivation der Reservisten gefördert.

Der Unterstützung und Betreuung der Soldaten vor, während und nach dem Einsatz kam eine hohe Bedeutung zu. Es wurden starke Anstrengungen unternommen, die Stimmung der Soldaten aufrecht zu erhalten. Es galt hier insbesondere einen Ausgleich zu schaffen für Belastungen durch kulturelle Isolation und durch die Unterbringung in meist spartanischen Gemeinschaftsunterkünften. Dazu trug ein ausgewogenes Freizeit- und abwechslungsreiches Verpflegungsangebot bei. Einschränkungen wurden mit Humor getragen, disziplinare Probleme blieben weit unterhalb der Erwartungen[121].

Der Golfkonflikt hat gezeigt, daß die Moral der Soldaten vor allem von der Harmonie zwischen politischen Zielen, professioneller Führung, bedrohungsgerechter Ausbildung und guter Betreuung abhängt. Zusammen mit technisch überlegenen Waffensystemen hat die gute Moral der auf seiten der Koalitionsstreitkräfte eingesetzten Soldaten wesentlich zum militärischen Erfolg beigetragen[122].

Zusammenfassung

Einschränkende Faktoren

Nach Ende des Golfkrieges haben viele Einzelpersonen und Institutionen damit begonnen, die Ereignisse des Krieges aufzuarbeiten, um daraus politisch und militärisch umsetzbare Schlüsse zu ziehen.

Die Suche nach Lehren aus dem Golfkonflikt muß allerdings vorsichtig angegangen werden. Mason[123] führt hierfür vier Hauptgründe an:

— Unabhängig davon, welche Lehren auch immer gezogen werden, ist es ungewiß, wer als nächstes diese Lehren überprüft und unter welchen Umständen dies geschehen wird.
— Es ist sehr schwierig, aus einem relativ kurzen Luftkrieg in einem begrenzten geographischen Raum solche Erkenntnisse zu identifizieren, die nur auf die speziellen politischen, militärischen und geographischen Gegebenheiten dieses Krieges und des Kriegsschauplatzes zurückzuführen sind bzw. solche, die dauernde und allgemein anwendbare Inhalte besitzen.
— Viele Schlüsse werden schnell und auf der Basis einer zwar großen, aber nicht immer vollständigen Menge technischer Daten gezogen. Es ist eher wahrscheinlich, daß Daten von Kriegsteilnehmern aufgrund nationaler Sicherheitsinteressen nicht für eine offene Auswertung zur Verfügung gestellt werden.
— In vielen Fällen werden die Analytiker Schlüsse aufgrund ihrer Uniformfarbe bzw. ihrer Verbindung mit bestimmten Zweigen der Rüstungsindustrie als — in ihrem Sinne — eindeutig bezeichnen, obwohl diese Schlüsse eigentlich vieldeutig sind.

Für die Luftstreitkräfte relevante, untypische Umstände, die eine Übertragbarkeit auf andere Konfliktszenarien erschweren, sind insbesondere[124]:
— Die Koalition hatte fünf Monate Zeit, um ungestört eine numerische und technische Überlegenheit an Luftkriegsmitteln aufzubauen.
— Die irakischen Luftstreitkräfte zeigten während des Golfkrieges Unfähigkeit, mangelnde Führungseigenschaften und eine Passivität in einem Ausmaß, das in einem anderen Konfliktszenario unter Beteiligung anderer, ehrgeiziger und expansionistischer Mächte unwahrscheinlich sein dürfte.
— Die Koalitionsluftstreitkräfte konnten sich aufgrund der einmaligen politischen Konstellation auf moderne Flugplätze in einer Vielzahl von Staaten abstützen, die in der Nähe des Kriegsschauplatzes lagen. Störungen im Verhältnis zu bzw. zwischen diesen Staaten hätten die Projektion militärischer Macht, insbesondere von Luftmacht, deutlich erschwert.
— Die geographischen Verhältnisse, abgesehen von den Wettereinflüssen und irakischer Täuschungstechniken, boten eine günstige Umgebung für die Anwendung von Luftmacht.
All dies gilt es bei der Identifizierung von Lehren aus dem Golfkonflikt zu bedenken.

Lehren aus dem Golfkonflikt
Wie die NATO[125] geht die gesamte Welt davon aus, daß ein »großer Krieg«, wie er in der Vergangenheit z.B. zwischen NATO und Warschauer Pakt durchaus im Bereich des Möglichen lag, in Zukunft unwahrscheinlich ist. Dafür wächst aber weltweit die Gefahr von regional begrenzten Kriegen, die aus religiösen, ethnischen, sozialen und anderen Gründen entstehen können, zwischen mittleren und kleinen Mächten. Die dem Frieden, der internationalen Sicherheit und dem humanitären Menschenbild verpflichteten Staaten der Weltgemeinschaft werden derartige Konflikte nicht hinnehmen können und als Mittel der Krisenbewältigung ggf. auch Streitkräfte einsetzen müssen. Es ist allerdings aus vielerlei, nicht zuletzt finanziellen, Gründen unwahrscheinlich,

daß diese Aufgabe durch einen einzelnen Staat wahrgenommen werden wird. Das heißt, zukünftige Kriege in einem Konfliktszenario, wie oben beschrieben, werden mit hoher Wahrscheinlichkeit als Koalitionskriege geführt werden, wobei die politischen Rahmenbedingungen durchaus nicht immer so sein müssen, wie dies im Golfkonflikt der Fall war.

Im Golfkonflikt haben Luftstreitkräfte bewiesen, daß sie aufgrund ihrer speziellen Eigenschaften ein flexibles, schnelles und universell anwendbares Mittel der Krisenpolitik sind. Ein Staat, der sich im internationalen Krisenmanagement engagiert und dabei auch eine militärische Krisenbewältigung vernünftigerweise nicht ausschließt, tut gut daran, sich präsente, angemessen ausgerüstete Luftstreitkräfte zu halten. Sie sollten zur Defensive und Offensive befähigt und außerhalb ihres Heimatlandes auch ohne umfangreiche fremde Unterstützung einsetzbar sein.

Wegen der in fast allen Staaten zu beobachtenden Probleme mit den Staatsfinanzen ist es aber fraglich, ob ein Einzelstaat derartige Luftstreitkräfte unterhalten und auf dem Stand der Technik halten kann. Eine mögliche Lösung durch internationale Aufgabenteilung steht allerdings im Widerspruch zu politischen Überlegungen, die auf der Basis der nationalen Souveränität »runde Luftstreitkräfte«, d.h. Luftstreitkräfte, die alle offensiven, defensiven und unterstützenden Aufgaben abdecken können, fordern. Für Deutschland könnte die Lösung in der fortschreitenden europäischen Integration liegen, bei der nach der — wann auch immer zu erwartenden — Verwirklichung einer gemeinsamen europäischen Verteidigungspolitik multinationale Streitkräfte das gesamte Aufgabenspektrum in Arbeitsteilung abdecken könnten.

Der Golfkrieg hat den Führungs- und Einstzgrundsatz für Luftstreitkräfte, wonach eine zentrale Führung und eine dezentrale Durchführung von Luftkriegsoperationen gefordert wird, bestätigt. Dadurch, daß zwischen der operativen Führungsebene CENTCOM/CENTAF und den taktischen, d.h. Durchführungsebenen, anders als z.B. bei der NATO, keine Zwischenebenen eingezogen wurden, konnten die Nachteile der unterschiedlichen Führungssysteme und -verfahren kompensiert werden. Für zukünftige Kriege, an denen Luftstreitkräfte, die nicht bereits im Frieden ständig integrierten Kommandostäben unterstehen bzw. miteinander üben, erscheint eine darartig straffe Kommandostruktur als die einzig praktikable Lösung, vor allem auch unter dem Aspekt, daß die — wo auch immer angesiedelte — politische Führung damit jederzeit eine zentrale Zugriffsmöglichkeit auf die Streitkräfte besitzt.

Die durch diese Kommandostruktur entstandene, unverhältnismäßig große Leitungsspanne des operativen Stabes konnte nur durch modernste Führungsmittel bewältigt werden. Die im Golfkonflikt eingesetzten Führungsmittel wirkten in hohem Maße als Kampfkraftverstärker (»Force Multiplier«). Die fatalen Auswirkungen des Fehlens eines effizienten Führungssystems waren auf irakischer Seite zu beobachten. Dies führt konsequenterweise zu der Überlegung, daß nicht nur die Waffensysteme den Erfolg eines Krieges ausmachen, sondern in einem hohen, wenn auch nicht quantifizierbaren Ausmaß, die diese Waffensysteme erst zu einer auf das Kriegsziel hinwirkenden Einheit verbindenden Führungssysteme.

Die im Golfkonflikt erstmals in großem Umfang eingesetzten Satelliten zur raumgestützten Aufklärung und zur Kommunikationsunterstützung haben ihre Bewährungsprobe bestanden und die Notwendigkeit derartiger Mittel deutlich unterstrichen. Dennoch wurde auf dem Gebiet der Nachrichtengewinnung und Aufklärung klar, daß die Ergänzung von raumgestützten durch luftgestützte Mittel zur Gefechtsfeld- und Zielaufklärung sowie zur Schadensbestimmung unerläßlich ist. Zum wirtschaftlichen Einsatz der Luftkriegsmittel sind genaue Zieldaten sowie Informationen über die erzielte Wirkung, wie sie nur durch luftgestützte, penetrierende Aufklärungsmittel gewonnen werden können, unerläßlich. Die allseits beobachtbare Tendenz zur Verringerung dieser sehr teuren Luftkriegsmittel bedarf also dringend der Überpüfung.

Der Luftkrieg am Golf war ein Triumph der modernen Technik. Stealth-Flugzeuge, Präzisionswaffen und elektronische Kampfmittel prägten ihn. Ihre Erfolge sowohl im Hinterland des Irak als auch auf dem Gefechtsfeld der Landstreitkräfte waren beeindruckend. Die weitestgehende Vermeidung von eigenen Verlusten und von Kollateralschäden unterstrich, daß die Koalition den Golfkrieg auf der Basis der humanitären Werte führte und trug so wesentlich zum Zusammenhalt der Koalition bei. Erst die Ausrüstung mit moderner Bewaffnung befähigen Luftstreitkräfte zu dieser Art von Kriegführung. Die hohen Investitionen, die hierfür aufzuwenden sind, zahlen sich bei einem Einsatz aus.

Der Luftkrieg am Golf hat gezeigt, daß unter den infrastrukturellen Voraussetzungen, die der Irak mit seinen weiträumigen Flugplätzen besaß, Techniken und Verfahren zur Bekämpfung des gegnerischen Luftkriegspotentials überdacht werden müssen. Im Golfszenario schien es vordergründig günstiger, die gegnerischen Flugzeuge nicht durch Lähmung ihrer Basen, die zudem noch mit einer enormen Bedrohung für die angreifenden Flugzeuge durch Flugabwehrkräfte verbunden war, am Fliegen zu hindern, sondern sie im Luftkampf zu vernichten. Wegen der ungewöhnlichen Passivität des Gegners war eine Bekämpfung in der Luft nur in Ausnahmefällen, vor allem zu Beginn des Luftkrieges möglich. Da die Entscheidung, ob das gegnerische Luftkriegspotential schwerpunktmäßig auf dessen Einsatzbasen oder in der Luft zu bekämpfen ist, nur lageabhängig getroffen werden kann, müssen Luftstreitkräfte auch zukünftig technisch und verfahrensmäßig zu beiden Optionen befähigt sein.

Auswirkungen des seit Jahren diskutierten Problems der Freund-Feind-Identifizierung von Waffensystemen der Land- und Luftstreitkräfte waren im Golfkrieg vor allem wegen der Passivität der irakischen Luftstreitkräfte nur in wenigen Fällen zu beobachten. Bei zukünftigen Konflikten ist ebenso wie im Golfkonflikt davon auszugehen, daß ein Gegner neben Waffensystemen aus östlicher Produktion auch solche aus westlicher Produktion besitzen wird. Das gleiche gilt auch für die sich lageabhängig bildenden Koalitionen, so daß der Lösung dieses Problems eine große Bedeutung zukommt.

Die Bedeutung der Moral der im Golfkrieg eingesetzten Soldaten war von einem nicht zu unterschätzenden Stellenwert. Die psychologische Vorbereitung dieser Soldaten, die gegen einen Gegner kämpften, der ihre Heimat nicht unmittelbar bedrohte, sowie ihre Ausbildung und professionelle Führung waren eine wesentliche Voraussetzung für den Erfolg. Die Soldaten, primär die der Luftstreitkräfte als flexibelstes Mittel der militärischen Krisenbewältigung, müssen bereits im Frieden psychologisch auf einen Kriegseinsatz vorbereitet sein. Vor allem die Luftfahrzeugbesatzungen müssen einen hohen Ausbildungsstand besitzen. Dies kann nur durch eine kriegsnahe Friedensausbildung erreicht werden, die auch Tiefflugübungen einschließt.

Bedingt durch die Erfolge der Luftstreitkräfte im Golfkrieg erhebt sich die Frage nach der zukünftigen Aufteilung der Ziele und Aufgaben auf dem Gefechtsfeld zwischen Land- und Luftstreitkräften. Wenn Luftstreitkräfte unter Einsatz modernster Technik derartig erfolgreich sein und das Gefechtsfeld für die Landstreitkräfte so vorbereiten können (shaping the battlefield), daß diese die gegnerischen Landstreitkräfte nur noch »aufwischen« müssen, dann erscheint ein Umdenken in der Streitkräfte- und Rüstungsplanung zugunsten der Luftstreitkräfte angezeigt.

Die Douhetschen Lehren im Golfkrieg

Der Einsatz der Luftstreitkräfte im Golfkrieg hat den Erfolg der Gesamtoperation zweifelsohne maßgeblich beeinflußt. Der »100-Stunden-Landkrieg« war letztlich nur der Abschluß der von den Luftstreitkräften gut vorbereiteten Operation. Insofern haben die Luftstreitkräfte im Golfkrieg eine in der bisherigen Kriegsgeschichte einmalige Rolle gespielt. Dennoch gelang es ihnen nicht, den Krieg — wie von Douhet vorhergesagt — zu entscheiden bzw. im Sinne der politischen Kriegsziele zu beenden, d.h. die Luftstreitkräfte waren nicht in der Lage, die irakischen Streitkräfte aus Kuwait herauszudrängen. Spekulationen, daß dies bei einer weiteren Fortsetzung des Luftkrieges vielleicht möglich gewesen wäre, sind müßig, da Luftstreitkräften im Gegensatz zu den Landstreitkräften die Fähigkeit, Territorium zu halten oder zu besetzen, fehlt.

Es bleibt aber festzuhalten, daß die Rolle der Luftstreitkräfte im Golfkrieg näher an ihre von Douhet vorhergesagte Bedeutung herangerückt ist, als dies jemals in Kriegen nach 1918 der Fall war. Dies ist um so bemerkenswerter, da der Kampf gegen die Zivilbevölkerung und zivile Ressourcen, wie Douhet ihn fordert, im Golfkrieg aus rechtlichen und humanitären Gründen ausbleiben mußte bzw. wegen des so erfolgreichen Einsatzes der hochmodernen Technologie gegen das militärische Potential des Irak auch gar nicht notwendig war.

Als Resumee aus dem Golfkrieg bleibt, daß vor allem der Verbund von Land-, Luft- und Seestreitkräften das militärische Machtpotential eines Staates ausmacht, wobei die Anteile der Teilstreitkräfte innerhalb dieses Verbundes im Hinblick auf zukünftige Aufgaben zu überprüfen sein werden.

Anmerkungen

1 Giulio Douhet, geb. 1869 in Caserta (Italien), gest. 1930, gelernter Artillerieoffizier, Kommandeur eines Luftschiffbataillons, 1915 Generalstabschef der Mailänder Division, 1918 Chef der italienischen Luftstreitkräfte, nach Ende des Ersten Weltkrieges Abschied von den Streitkräften.
2 Frhr. von Bülow, Oberstleutnant, Vorwort zu: Douhet, Giulio: Luftherrschaft, Berlin um 1935, Seite 5
3 Douhet, Giulio: Luftherrschaft, Berlin um 1935
4 ebd., Seite 45

5 ebd., Seite 72
6 ebd., Seite 51
7 ebd., Seite 80
8 Brig Gen James E. Savarda, Cdt Air Command and Staff College: Current USAF Issues, Vortrag an der Führungsakademie der Bundeswehr am 13.09.1991 in Hamburg
9 vgl. ebd.
10 BMVg — FüL III 1 -: LDv 100/1 Führung und Einsatz von Luftstreitkräften, Anlage 1/7
11 vgl. ebd.
12 vgl. ebd., Ziff. 302
13 vgl. ebd., Ziff. 303
14 vgl. ebd., Ziff. 304
15 vgl. ebd., Ziff. 305
16 vgl. ebd., Ziff. 306
17 vgl. ebd., Ziff. 307–309
18 NATO Press Service: Rome Declaration on Peace and Coperation, Press Communique S-1(91)86, Rom, 08.11.1991
19 Der Golfkrieg — Operation »Desert Storm«: »Mutter aller Schlachten«, in: Österreichische Militärzeitschrift 2/1991, Seite 148
20 vgl. Mason, R.A.: The air war in the Gulf, in: Survival, Vol XXXIII, No 3, May/June 1991, Seite 211
21 vgl. Inacker, Michael J.: Unter Ausschluß der Öffentlichkeit?, Bonn/Berin 1991, Seite 13–14
22 Krell, Gert/Kubbig, Bernd W.(Hrsg.): Krieg und Frieden am Golf — Ursachen und Perspektiven, Frankfurt am Main 1991, Seite 89
23 Der Golfkrieg — Operation »Desert Storm«: »Mutter aller Schlachten«, Seite 150
24 Mason, Seite 212
25 vgl. ebd., Seite 221
26 Boecker, Dirk, u.a.: Die operative Bedeutung von Luftstreitkräften, in: Soldat und Technik 10/91, Seite 684
27 Vallance, Andrew: Strategy and Tactics, in: RAF Yearbook Special: Air War in the Gulf, 1991, Seite 8
28 Howe, Jonathan T.: NATO and the Gulf Crisis, in: Survival, Vol 33, No 3/91, Seite 248
29 ebd., Seite 252
30 Grist, R.D.: US Army Aviation in Desert Shield/Storm, Bericht Director UK Army Air Corps vom 23.04.1991
31 Perry, William J.: Desert Storm and Deterrence, in: Foreign Affairs, Vol 70, No 4, Seite 68
32 Boecker, Seite 681
33 Perry, William J.: Desert Storm and Deterrence, in: Foreign Affairs, Vol 70, No 4, Seite 69
34 vgl. Covault, Craig: Recon Satellites lead Allied Intelligence Effort, in: Aviation Week and Space Technology vom 04.02.1991, Seite 25 und Mason, Seite 211–229
35 Frederick, Donald J.: Spies in the Sky Starred in Gulf War, in: Stars and Stripes vom 01.05.1991, Seite 16
36 Perry, Seite 72
37 Ob auch Aufklärungsflugzeuge des Typs U-2, die angeblich aus Akrotiri Einsätze flogen, über dem Irak waren, ist anhand der verfügbaren Unterlagen nicht festzustellen.
38 Perry, Seite 78
39 Shaker, Steve: Saving Life, Limb — and Face — with Robotic Fighters, in: Defense and Diplomacy, Seite 56
40 Mason, Seite 222
41 vgl. z.B. Nordwell: Highly Integrated System, Versatile Radar win Kudos for Joint-STARS, in: Aviation Week and Space Technology vom 24.06.1991, Seite 48
42 Fulghum, David A.: Key Military Officials criticize Intelligence Handling in Gulf war, in: Aviation Week and Space Technology vom 24.06.1991, Seite 83
43 Moore, Molly: War exposed Rivalries, Weaknesses in Military, in: Washington Post vom 10.06.1991, Seite 1
44 U.S. Air Force Performance in Desert Storm, Seite 155
45 Hammick, Murray: Aerial Views: USAF Air-to-Air Combat, in: International Defense Review 7/91, Seite 745
46 US Air Force Performance in Desert Storm, a.a.O.
47 Perry, Seite 70 48) Kindle, Markus: Der High-Tech-Luftkrieg, in: Allgemeine Schweizer Militär Zeitschrift vom 05.05.1991, Beiheft Mai 1991, Seite 15/16
49 US Air Force Performance in Desert Storm, a.a.O.
50 Kindle, Seite 17
51 US Air Force Performance in Desert Storm, a.a.O.
52 Perry, Seite 71/72
53 Mason, Seite 215

54 Rice, Donald B.: F-117's got little support from other planes in war, in: Aerospace Daily vom 18.11.1991, Seite 266
55 Kindle, Seite 15
56 Mason, Seite 215
57 US Air Force Performance in Desert Storm, Seite 148
58 ebd., Seite 151
59 Kindle, a.a.O.
60 Mason, a.a.O.
61 Geizler-Jones, Amy: Superbomb got their attention, in: The Stars and Stripes vom 27.10.1991, Seite 9
62 Kindle, a.a.O.
63 ebd., Seite 16
64 ebd.
65 Shearer, Oliver V./Daskal, Steven E.: The Desert »Electronic Warfare« Storm, in: Military Technology 8/91, Seite 21
66 Walsh, James: The Gulf war: A Machine that works — So far, in: Time vom 04.02.1991, Seite 23/24
67 Schwarz, K.: Patriot fing die Scud-Raketen erfolgreich ab, in: Flugrevue 3/91, Seite 23
68 Perry, Seite 77
69 Im folgenden werden hauptsächlich die Ereignisse geschildert, die im Zusammenhang mit der Anwendung von Luftmacht stehen. Weitere Informationen zum zeitlichen Ablauf enthält der Beitrag »5. Planung und Verlauf der alliierten streitkräftegemeinsamen Operation«. Wenn nicht anders notiert dienten als Quellen Tageszeitungen, sowie Berichte im Fernsehen und im Radio. Besonders empfehlenswert zur Chronologie ist das Buch von Hartwig Bögeholz: »Der Krieg um Kuwait«.
70 Gathering of the Desert Eagle, in: World Air Power Journal, Vol 3, Seite 24
71 Die Angaben des Datums dieser UN-Resolution schwanken zwischen dem 06. und 07.08.1990. Grund dafür sind wahrscheinlich die unterschiedlichen Zeitzonen, in denen sich die Chronisten zum Zeitpunkt der Bekanntgabe befanden.
72 vgl. US Air Force Performance in Desert Storm, in: The Desert Storm Almanac, in: Military Technology 6/91, Seite 146/147, sowie: Gathering of the Desert Eagle, Seite 24
73 Gulf Update, in: World Air Power Journal, Vol 4, Seite 14
74 US Air Force Performance in Desert Storm, Seite 147
75 Gulf Update, a.a.O.
76 Bögeholz, Hartwig: Der Krieg um Kuwait — Eine Chronologie mit allen UN-Resolutionen, Bielefeld 1991, Seite 36
77 ebd., Seite 52
78 ebd., Seite 77
79 ebd., Seite 81
80 McPeak, Anthony: DoD News Briefing vom 15.03.1991
81 ebd.
82 vgl. Mackenzie, Richard: Apache Attack, in: Air Force Magazine vom Oktober 1991, Seite 54–60
83 Mason, Seite 215
84 Armitage, Michael: After the Gulf war, in: NATO's Sixteen Nations vom Februar 1991, Seite 14
85 Mason, Seite 216
86 Desert Storm — The First Phase, in: World Air Power Journal, Vol 5, Seite 28
87 Bögeholz, Seite 111
88 US Air Force Performance in Desert Storm, Seite 126
89 Mason, Seite 220
90 vgl. ebd., Seite 134
91 Savarda, a.a.O.
92 US Air Force Performance in Desert Storm, Seite 147
93 US Air Force Performance in Desert Storm, Seite 151/152
94 Hyde, James J.: MAC flying nonstop support for Desert Storm, in: Armed Forces Journal International vom April 1991, Seite 12
95 a.a.O.
96 Archer, Bob: Gulf War Part One: America's Build-Up, in: Air International 2(1991) März, Seite 119–127
97 Powell, Stewart M.: Desert Duty, in: Air Force Magazine 2/1991, Seite 33
98 Jackson, Paul: Gulf war Part Two: The Non-American Forces, in: Air International 4(1991) April, Seite 181
99 Archer, Seite 123
100 US Air Force Performance in Desert Storm, Seite 154

101 ebd.
102 Miller, David: UK Forces in the Gulf War, Analysis of a Commitment, in: Military Technology 7/91, Seite 47
103 US Air Force Performance in Desert Storm, Seite 154
104 Powell, Seite 34
105 US Air Force Performance in Desert Storm, Seite 156
106 Evans, David: Desert Shield — From the Gulf, in: USN Proceedings, Januar 1991, Seite 77–80
107 Powell, Seite 34
108 ebd.
109 US Air Force Performance in Desert Storm, a.a.O.
110 Schaller, H.(Hrsg.): Interdependenzen von Wirtschaft und Politik — Lehren aus der Golfkrise von 1990/1991, Institut für Sicherheitspolitik an der Christian-Albrechts-Universität zu Kiel, 1991, Seite 7
111 Hammick, Seite 745
112 ebd.
113 US Air Force Performance in Desert Storm, Seite 156
114 ebd.
115 Miller, Seite 48
116 Dugan, Michael: First Lessons of Victory, in: US News & World Report vom 08.03.1991, Seite 2
117 Kindle, Seite 17
118 Schwarz, Seite 22
119 US Air Force Performance in Desert Storm, Seite 147
120 Dugan, Seite 3
121 Powell, Seite 35
122 Schaller, Seite 6/7
123 Mason, Seite 225
124 ebd., Seite 227/228
125 vgl. NATO Press Service: Rome Declaration on Peace and Cooperation

Literaturverzeichnis

Archer, Bob: Gulf War Part One: America's Build-Up, in: Air International 2(1991) März, Seite 119–127.
Armitage, Michael: After the Gulf War, in: NATO's SIXTEEN NATIONS, Feb. 1991 (36), Seite 10–21.
BMVg — FüL III 1 -: LDv 100/1 »Führung und Einsatz von Luftstreitkräften«.
Boecker, Dirk, u.a.: Die operative Bedeutung von Luftstreitkräften, in: Soldat und Technik 10/91, Seite 678–686.
Bögeholz, Hartwig: Der Krieg um Kuwait: Eine Chronologie mit allen UN-Resolutionen, Bielefeld 1991.
Covault, Craig: Recon satellites lead allied intelligence effort, in: Aviation Week & Space Technology vom 04.01.1991, Seite 25.
Douhet, Giulio: Luftherrschaft, Berlin um 1935.
Dugan, Michael: First Lessons of Victory, in: US News & World Report vom 08.03.1991, Seite 2–4.
Evans, David: Desert Shield — From the Gulf, in: USN Proceedings, Januar 1991, Seite 77–80.
Frederick, Donald J.: Spies in the Sky Starred in the Gulf war, in: Stars and Stripes vom 01.05.1991, Seite 16.
Fulghum, David A.: Key Military Officials Criticize Intelligence Handling In Gulf War, in: Aviation Week & Space Technology vom 24.06.1991, Seite 83.
Geizler-Jones, Amy: Superbomb got their Attention, in: The Stars and Stripes vom 27.10.1991, Seite 9.
Grist, R.D.: US Army Aviation in Desert Shield/Storm, Bericht Director UK Army Air Corps vom 23.04.1991.
Hammick, Murray: Aerial Views: USAF Air-to Air Combat, in: International Defense Review 7/91, Seite 742–746.
Howe, Jonathan T.: NATO and the Gulf Crisis, in: Survival, Vol 33, No 3/91, Seite 246–259.
Hyde, James J.: MAC flying nonstop support Desert Storm, in: Armed Forces Journal International vom April 91, Seite 12–13.
Inacker, Michael: Unter Ausschluß der Öffentlichkeit?, Bonn/Berlin 1991.
Jackson, Paul· Gulf War Part Two: The Non-American Forces, in: Air International 4 (1991) April, Seite 177–182.
Kindle, Markus: Der High-Tech-Luftkrieg, in: Allgemeine Schweizer Militär Zeitschrift vom 05.05.1991, Beiheft Mai 1991, Seite 15–18.
Krell, G./Kubbig, B.: Krieg und Frieden am Golf — Ursachen und Perspektiven, Frankfurt am Main 1991.
Mackenzie, Richard: Apache attack, in: Air Force Magazine vom October 1991, Seite 54–60..
Mason, R.A.: The air war in the Gulf, in: Survival, Vol XXXIII, No 3, May/June 1991, Seite 211–229.
McPeak, Antony: DoD News Briefing vom 15.03.91.
Miller, David: UK Forces in the Gulf War, Analysis of a Commitment, in: Military Technology 7/91, Seite 39–50.
Moore, Molly: War Exposed Rivalries, Weaknesses in Military, in: Washington Post vom 10.06.1991, Seite 1.
NATO Press Service: Rome Declaration on Peace and Cooperation, Rom 08.11.1991.
Nordwall, Bruce D.: Highly Integrated System, Versatile Radar win Kudos for Joint-STARS, in: Aviation Week and Space Technology vom 24.06.1991, Seite 48–50.
Perry, William J.: Desert Storm and Deterrence, in Foreign Affairs, Vol 70, No 4, Seite 66–82.

Powell, Stewart M.:	Desert Duty, in: Air Force Magazine 2/1991, Seite 30–35.
Preylowski, Peter:	Krieg am Golf — Operation Wüstensturm, in: Soldat und Technik 3/91, Seite 164–167.
Rice, Donald B.:	F-117's got little support from other planes in war, in: Aerospace Daily vom 18.11.1991, Seite 266.
Savarda, James E.:	Current USAF Issues, Vortrag an der Führungsakademie der Bundeswehr am 13.09.1991 in Hamburg.
Schaller, Heribert:	Interdependenzen von Wirtschaft und Politik — Lehren aus der Golfkrise von 1990/1991, Institut für Sicherheitspolitik an der Christian-Albrechts-Universität zu Kiel, 1991.
Schwarz, K.:	Patriot fing Scud-Raketen erfolgreich ab, in: Flugrevue 3/91, Seite 18–24.
Shaker, Steve:	Saving Life, Limb — and Face — with Robotic Fighters, in: Defense and Diplomacy, Seite 55–57.
Shearer, O./Daskal, S.:	The Desert »Electronic Warfare« Storm, in: Military Technology 9/91, Seite 21–27.
Sifry, Micah u.a.:	The Gulf War Reader: History, Documents, Opinions, New York 1991.
Vallance, Andrew:	Strategy and Tactics, in: RAF Yearbook Special: Air war in the Gulf, 1991, Seite 6–8.
Walsh, James:	The Gulf War: A War Machine that Works — So Far, in: Time, 04.02.1991, Seite 23/24.
N.N.	Der Golfkrieg — Operation »Desert Storm«: »Mutter aller Schlachten«, in: Österreichische Militär Zeitschrift 2/1991, Seite 148–157.
N.N.	Desert Storm: Gulf Victory, in: World Air Power Journal, Vol 6, Seite 20–27.
N.N.	Desert Storm: The First Phase, in: World Air Power Journal, Vol 5, Seite 24–25.
N.N.	Die alliierten See- und Luftstreitkräfte am Golf, in: Frankfurter Allgemeine Zeitung, 17.Jan.1991, Seite 4.
N.N.	Gathering of the Desert Eagles, in: World Air Power Journal, Vol 3, Seite 22–37.
N.N.	Gulf Update, in: World Air Power Journal, Vol 4, Seite 14–17.
N.N.	U.S. Air Force Performance in Desert Storm, in: The Desert Storm Almanac, in: Military Technology 6/91, Seite 146–156.

Albert Lord, Klaus Tappeser

7. Rolle und Beitrag der Seestreitkräfte

»Wenn jemand die Geschichte dieses Krieges zu erfahren wünscht, werde ich ihm erzählen, daß es unsere maritime Überlegenheit ist, die mir die Macht gibt, meine Armee zu erhalten, während der Feind dazu nicht fähig war.«

Wellington, 1815 nach seinem Sieg über Napoleon

Einleitung

Die folgenden Seiten beschäftigen sich mit maritimen Ereignissen und Aspekten des Golfkonflikts. Zunächst werden die geographischen Gegebenheiten behandelt, danach die ersten militärischen Reaktionen, die Blockadeoperationen, der Seetransport von Truppen und Gerät, die einzelnen Gefechtsoperationen sowie die Minenräumaktion nach dem Krieg. Schließlich werden die aus diesem Krieg zu ziehenden Lehren und Folgerungen besprochen.

Der Persische Golf ist ein Arm des Arabischen Meeres, der zwischen Iran (Persien) und Arabien liegt. Er ist etwa 1.000 km lang und 110 bis 370 km breit. Durch die Straße von Hormus ist er mit dem Golf von Oman verbunden. Im Norden mündet der vereinigte Unterlauf von Euphrat und Tigris als Schatt al Arab in den Persischen Golf. Dieses warme, flache Meer ist wegen der dort möglichen Perlenfischerei berühmt. Die Golfregion ist eines der wichtigsten Ölversorgungsgebiete der Erde. Folgende Länder grenzen an den Persischen Golf: Irak, Iran, Oman, die Vereinigten Arabischen Emirate, Katar, Bahrain, Saudi-Arabien und Kuwait. Alle diese Länder unterhalten ausgedehnte Pipeline- und Ölraffineriesysteme an der Golf-Küste. Der Irak besitzt allerdings nur eine zugängliche Küstenregion von 20 Kilometern Länge. Einer der Gründe für den ersten Golfkrieg, der von Irak gegen den Iran geführt wurde, war, die ungehinderte Nutzung des Schatt al Arab sicherzustellen und somit den Zugang zum Golf zu erweitern. Die tiefste Stelle des Golfes ist 90 m tief; gut die Hälfte des gesamten Meeres mißt weniger als 30 m Tiefe. Aufgrund dieser Tatsache sind normale Unterwasseroperationen absolut ausgeschlossen. Keiner der Golf-Staaten unterhält U-Boote als Teil seiner Seestreitkräfte. Ein nicht zu unterschätzender Faktor ist jedoch der Einsatz von Minen, um Schiffsbewegungen zu hemmen oder zu schützen. Der Golf dient dem Irak als Angriffsglacis. Bereits im ersten Golfkrieg von 1981 bis 1987 bekämpfte der Irak insgesamt 283 Schiffe im Golf[1].

Ausgangslage und erste militärische Reaktionen

Im August 1990 stellte sich für die Vereinigten Staaten und für die sich bildende Anti-Hussein-Koalition die Frage, wie man der Annexion Kuwaits militärisch schnell und wirksam begegnen konnte. Militärisch, weil politische Maßnahmen — die von der UNO verabschiedeten Wirtschaftssanktionen — glaubwürdig durchgesetzt und gleichzeitig weitere Aggressionen gegen Saudi-Arabien verhindert werden mußten. Schnell, weil eine erst später eingeleitete militärische Reaktion zur Befreiung Kuwaits in weiten Teilen der Welt als eigene Aggression gedeutet werden konnte, wenn sie den unmittelbaren zeitlichen Zusammenhang mit der irakischen Okkupation verlor. Wirksam, weil Saddam Hussein glaubte, die USA hätten nicht den realistischen Willen, ihre Militärmacht einzusetzen und so einen Krieg zu riskieren.

Für eine erste militärische Reaktion im Rahmen des Krisenmanagements kamen Luftwaffe und Heer nicht in Frage.

Die Luftwaffe bzw. die Marineflieger waren zwar in der Lage, von Flugzeugträgern oder mit Fernbombern, u.U. aus den Vereinigten Staaten kommend, Ziele im Irak anzugreifen, aber es wäre ihnen vermutlich nicht gelungen, die irakische Armee aus Kuwait »herauszubomben«. Vielleicht hätten sie damit auch einen »präventiven« Angriff Iraks nach Saudi-Arabien provoziert. Einem solchen Angriff hatte die Koalition nichts entgegenzusetzen. Eine spätere Befreiung Kuwaits wäre so infolge der fehlenden Aufmarschräume für Bodentruppen äußerst erschwert worden. Somit kam auch ein Heereseinsatz zu diesem Zeitpunkt wegen fehlender Kräfte und Logistik nicht in Frage. Eine militärische Reaktion mußte also auch Zeit für den Aufbau von Landstreitkräften in diesem Raum gewinnen.

Gegen den Einsatz von Luft- und Landstreitkräften zu diesem Zeitpunkt sprachen neben militärischen Gründen vor allem politische Überlegungen. Die Vereinten Nationen versuchten zunächst auf diplomatischem Weg, die Freiheit Kuwaits wiederzuerlangen. Aus prinzipiellen, aber auch aus ethnischen und religiösen Gründen wollte man auf den Einsatz von Streitkräften möglichst verzichten.

In dieser Situation empfahl sich der Einsatz von Seestreitkräften. Mit ihrer Hilfe gelingt Machtprojektion schnell und flexibel. Obwohl in Reichweite Iraks disloziert, bewegten sie sich doch in internationalen Gewässern. Aufenthaltsregelungen, die sich in einem islamischen Staat als nicht einfach ausnehmen, mußten nicht getroffen werden. Der Wille, im äußersten Fall militärische Macht einzusetzen, wird deutlich demonstriert. Deeskalierende Maßnahmen können andererseits verzugslos durchgeführt werden.

Nur die Amerikaner und Briten verfügten (auch aus der Erfahrung des ersten Golfkrieges) über nennenswerte kampfkräftige Einheiten im Golf: acht amerikanische Schiffe der Middle East Task Force, ein Kreuzer (USS *England*), ein Zerstörer (USS *David R. Ray*) und fünf Fregatten, geführt von dem Flaggschiff USS *La Salle*; vier britische Einheiten einer »Armilla Patrol«, geführt von dem Zerstörer HMS *York*, den Fregatten HMS *Battleaxe*, HMS *Jupiter* und dem Flottenversorger (Tanker) HMS *Orangeleaf*. Da die Einheiten einer »Armilla Patrol« nicht unbedingt die ganze Zeit gemeinsam operieren müssen, waren ihre beiden Fregatten auf Hafenbesuch in Mombasa und Penang. Sie wurden sofort abgerufen, um sich mit den anderen Schiffen im Nordarabischen Golf zu treffen. Gleichzeitig wurden Minensuchgeschwader in Rosyth alarmiert, zuerst im östlichen Mittelmeer stationiert und erst später in den Golf verlegt.

Frankreich verfügte in der Region über eine Fregatte (*Protet*) und die Sowjetunion über einen Kreuzer (*Admiral Tributs*) sowie über einen unbekannten Zerstörer (vermutlich der modifizierten Kashin-Klasse) und einen Versorger. Die französische Fregatte wurde rasch durch eine weitere (*Commandant Ducuing*) und am 10. August durch die Zerstörer *Dupleix* und *Montcalm* verstärkt.

Zusätzlich beorderten die Amerikaner die Flugzeugträgergruppe Independence, die im Indischen Ozean übte, in den Golf von Oman. Ein Kreuzer dieser Gruppe, die USS *Antietam*, ausgerüstet mit AEGIS-Radarüberwachungssystem und Tomahawk, wurde mit hoher Geschwindigkeit vorausgeschickt. Die Flugzeugträgergruppe Eisenhower, die gerade eine sechsmonatige Fahrt im Atlantik beendet hatte und jetzt im östlichen Mittelmeer stand, bekam den Auftrag, am 8. August den Suezkanal zu durchfahren mit dem Ziel einer Stationierung im Roten Meer. Eine zusätzliche Trägergruppe, die Saratoga-Gruppe, war auf dem Weg ins Mittelmeer und sollte die Eisenhower Gruppe ersetzen. Hinzu kamen das Schlachtschiff *Wisconsin* und eine amphibische »ready group«, die ebenfalls in der Region disloziert waren.

Die amerikanische Marine reagierte nicht nur mit Kriegsschiffen. Seit der Reagan-Ära verfügen die Amerikaner über drei Geschwader Maritime Prepositioning Ships (MPS). Jedes Geschwader hat die Ausrüstung einer Marine Expeditionary Brigade (MEB) an Bord und kann eine solche Brigade 30 Kampftage unterstützen. Die MPS *Squadron 2*, stationiert in Diago Garcia, startete am 8. und landete am 15. August in Al Jubail. Die dazugehörigen Soldaten der 7. MEB verließen am 12. August Kalifornien und waren so am 20. August in der Nähe der saudischen Grenze gefechtsbereit. Zusätzlich konnte die Marine Heer und Luftwaffe sofort mit Afloat Prepositioning Squadrons (APS) Schiffen unterstützen. In Diego Garcia lagen zwei Tanker, für Wasser und Betriebsstoff. Mit Hilfe dieser Kräfte gelang es, den Kriegsschauplatz auf Kuwait zu begrenzen und einen Übergriff auf Saudi-Arabien zu verhindern.

Die Blockade

Noch nie in der Geschichte der Vereinten Nationen war man sich bei der Verurteilung eines Aggressors so einig wie bei Okkupation und Annektion Kuwaits durch den Irak. Die Aufteilung der Welt unter der jeweiligen Vorherrschaft der Vereinigten Staaten und der Sowjetunion war beseitigt, die Sowjetunion darüber hinaus durch die Entwicklungen in den baltischen Staaten gebunden. Auch bemühte sich die Regierung der Vereinigten Staaten wie selten bei ihren politischen Anstrengungen, einem befreundeten Staat zu helfen, um die breite Unterstützung der Staatengemeinschaft. So gelang es den USA nicht nur, eine äußerst heterogene Koalition zu bilden, sondern sie erreichten für diese Koalition ausreichende, weitgefaßte Vollmachten durch UN-Resolutionen.

Durch die UN-Resolution 661 vom 6. August 1990, die wirtschaftliche Sanktionen gegen den Iran betraf, und durch die UN-Resolution 665 vom 25. August 1990, die die Durchsetzung dieser Sanktionen gegen den Irak regelte, konnte eine multinationale Blockade errichtet werden[2]. Die gebildete Multinational Interception Force (MIF) durfte demnach alle Schiffe, die für den Irak oder Kuwait bestimmt waren oder von dort kamen, anrufen, anhalten, betreten und gegebenenfalls durchsuchen. Die Resolution 665 gibt der MIF darüber hinaus das Recht, ... »unter der Weisungsbefugnis des Sicherheitsrates die erforderlichen, den Umständen angemessene Maßnahmen anzuwenden, um alle einlaufenden und auslaufenden Seetransporte zur Kontrolle und Überprüfung ihrer Fracht und des Bestimmungsortes anzuhalten ...« und die UN-Resulution 661 sicherzustellen[3]. Hierbei handelte es sich um eine Maßnahme im Rahmen der kollektiven Selbstverteidigung gemäß der Charta der Vereinten Nationen. Den Grundstock für die MIF bildeten zunächst die im vorigen Abschnitt angesprochenen Einheiten. Die geographischen Gegebenheiten begünstigten die Interception-Aktionen erheblich: Der Meereszugang zum Irak führt entweder durch die Straße von Hormus in den Persischen Golf unmittelbar oder mittelbar durch den Golf von Akaba über den gleichnamigen Hafen Akaba, der zu dem dem Irak freundlich gesinnten Jordanien gehört. Weitere geographische Schlüsselgebiete sind der Bab el Mandeb, das Arabische Meer und selbstverständlich der Persische (Nordarabische) Golf. Wollte man sich zuerst vor allem auf die erstgenannten Engen bei der Überwachung der Sanktionen konzentrieren, wurden die Gebiete schnell ausgedehnt, um den Streitkräften ausreichend Zeit und Gelegenheit zu geben, die Schiffe zu registrieren, zu identifizieren, zu erreichen und gegebenenfalls zu kontrollieren.

Die dabei anfallende Menge von Informationen verdichtete die US-Marine mit Hilfe von Computern zu einem Lagebild, das über schnell beschaffte Terminals an die alliierten Schiffe weitergegeben wurde. Dieses EDV-System, das eigentlich zum Einsatz der Tomahawk-Raketen diente, verfügte über standardisierte und kommerzielle Hard- und Software und konnte schnell und billig vervielfältigt werden. Zusammen mit dem Schiffsidentifizierungs-Programm »Outlaw Hunter« erwies es sich als sehr erfolgreich[4].

Eine militärische Bedrohung für die Blockadekräfte ging vor allem von der irakischen Luftwaffe aus, die zur damaligen Zeit mehr als 700 Flugzeuge, dabei die französische Mirage F-1 und den sowjetischen Badger-Bomber besaß. Sie konnten französische Exocet Luft-Bodenraketen und chinesische Silkworm-Raketen verschießen. Daß die irakischen Piloten diese Technik beherrschten, bewiesen sie beim Angriff am 17. Mai 1987 auf die USS *Stark*. Viele der Blockadeschiffe wurden deshalb mit Flugabwehrwaffen ausgerüstet[5].

Die anfänglich im Golf vorhandenen Blockadekräfte wuchsen auf mehr als 80 Schiffe, einschließlich zweier amerikanischer Trägergruppen auf. Mehr als 30 Einheiten gehörten zu nicht amerikanischen Streitkräften: Britische, französische, dänische, niederländische, norwegische, spanische, italienische, griechische, belgische, kanadische, australische, argentinische, saudische Schiffe waren zusammen mit Einheiten der Vereinigten Arabischen Emirate, Bahrain und Katar eingesetzt, um den Irak zu isolieren[6].

Die meisten Schiffe wurden von den Amerikanern geführt (operational control). Der Commander Middle East Force (CMEF) koordinierte die (amerikanische) Flugabwehr im Golf, die Blockadeoperation selbst und die Zusammenarbeit der amerikanischen mit den alliierten Seestreitkräften. Der CMEF unterstand dem Commander Naval Central Command (COM NAVCENT), dieser wiederum dem Commander in Chief Central Command (CINCENT), General Schwarzkopf. Die Zusammenarbeit mit den Schiffen der Westeuropäischen Union (WEU) konnte nur auf informellen und konsultativen Wegen geschehen. Die WEU besaß keine militärischen Kommandostrukturen, die aufgrund politischer Vorgaben tätig wurden, wie die NATO. Das Konsultationssystem basierte auf den Erfahrungen aus dem Golfkrieg 1987-88 und hatte drei Ebenen[7]: Die politischen Richtlinien, der Embargoauftrag und Fragen grundsätzlicher Natur wurden von einer Gruppe hochrangiger politischer Beamter und

Militärs erarbeitet. Frankreich, das den WEU-Vorsitzenden stellte, saß dem Gremium vor. Eine zweite Gruppe, aus Marinestabsoffizieren bestehend, traf sich einmal im Monat im Marinehauptquartier in Paris, um Koordinationsbedarf festzulegen und Informationsaustausch unter den Kommandanten der Einheiten der WEU zu garantieren. Als Koordinationsstelle im Operationsgebiet diente die Marne at Djibouti. Dort handelte Admiral Bonneau als Koordinator. Seine Aufgabe war es, Entscheidungen und Informationen der WEU an die dort stationierten Kräfte umzusetzen.

Bei Treffen zwischen dem 10. und 14. September wurden der Golf und die Straße von Hormus in Verantwortungszonen aufgeteilt, die fortlaufend von zwei Schiffen zu überwachen waren: Frankreich und Belgien übernahmen den Bab el Mandeb, Frankreich und Spanien den Golf von Akaba. Operationen im Golf von Akaba wurden darüber hinaus mit der amerikanischen und der griechischen Marine koordiniert. Im Krieg waren die Spanier, Italiener und Franzosen für den Golf von Oman verantwortlich[8]. Die Amerikaner führten die im Nordarabischen Golf patrouillierenden Einheiten, genauso wie die Schiffe im Roten Meer[9].

Zusätzliche Informationen über die zu kontrollierenden Schiffe erhielten die Einheiten von Maritime Patrol Aircraft (MPA), wie z.B. den drei Nimrods der Briten oder den P-3 der Amerikaner. Während im Persischen Golf die Überprüfung eines Schiffes relativ einfach war, es wurde der Ursprungs- oder Bestimmungshafen abgefragt — nur die Angaben Kuwait oder Irak waren relevant -, mußte im Roten Meer sorgfältiger vorgegangen werden. Hier waren die Aussagen der Schiffskapitäne nicht so leicht zu überprüfen. Ladungen mit dem jordanischen Bestimmungshafen Akaba konnten auch für den Irak bestimmt sein. Deshalb führte die MIF 93 Prozent aller An-Bord-Überprüfungen im Roten Meer durch.

Ein amerikanisches Inspektionsteam bestand aus einem Offizier, Besatzungsmitgliedern (die Zahl war lageabhängig) und einem Offizier der amerikanischen Küstenwache. Dieser im Umgang mit internationalem Seerecht geschulte und in Schiffsüberprüfungen besonders erfahrene Beamte leitete das Kommando. Er stammte aus einer Gruppe von Offizieren der Küstenwache, die zur Unterstützung der Operation zum Stab der Middle East Force beordert und von dort aus auf amerikanische Schiffe in allen Operationsgebieten verteilt wurden[10]. Ein weiteres amerikanisches Element der MIF waren kleine Spezialteams des Marine Corps, die luftbeweglich bereitgehalten wurden. Sie konnten jederzeit auf nicht kooperativen Schiffen eingesetzt werden, um Kontrollmaßnahmen durchzusetzen.

Trotz fehlender einheitlicher Befehlsgebung, die einzelnen Schiffe blieben ihren Nationen unterstellt, trotz Sprachbarrieren und unzureichender Funkverbindungen waren die Operationen der MIF ein Erfolg: Bis Ende April 1991 wurden mehr als 8.500 Schiffe gestoppt, über 1.100 Schiffe untersucht und etwa 60 Schiffe umgeleitet. Die durch die Blockade implementierten und durchgesetzten UN-Wirtschaftssanktionen verhinderten 90 Prozent des irakischen Imports und 100 Prozent des Exports[11]. Der Irak verlor an staatlichen Öleinnahmen dadurch mindestens 30 Millionen Dollar pro Tag[12].

Das Embargo hatte eine zusätzliche unmittelbare militärische Auswirkung: Die irakische Waffeninstandsetzung orderte Ersatzteile im Bedarfsfall direkt bei ausländischen

Herstellern. Sie wurden per Luftfracht gegen sofortige Bezahlung geliefert. Das Embargo reduzierte die Ersatzteilbelieferung für viele irakische Waffen deutlich. Um ihre Gefechtsbereitschaft zu erhalten, verringerten die Iraker ihre Ausbildung an den Waffen erheblich. Fünf Monate der Untätigkeit trugen auch zum Versagen der irakischen Luftabwehr bei[13].

Die MIF können trotz ihrer eindrucksvollen Leistung nicht als Musterbeispiele für multinationale Zusammenarbeit angesehen werden. Bei einem nur annähernd ebenbürtigen Gegner hätten sich die nur losen Kommunikations- und Koordinationsverbindungen als absolut unzureichend erwiesen. Für den Erfolg gemeinsamer (multinationaler) Operationen ist eine einheitliche Führung notwendig. Die Voraussetzung dafür ist die Bereitschaft der beteiligten Staaten, ihre Kräfte einem solchen Kommando zu unterstellen. Diese Konstellation muß, das ist eine weitere Voraussetzung, vorher geübt werden.

Darüber hinaus mutmaßt Sharpe, daß eine solch umfangreiche Seekriegsaktion, wäre sie einige Jahre später von den Verbündeten gefordert worden, nicht mehr so möglich gewesen sein würde. Die Ergebnisse des fortschreitenden Abrüstungsprozesses im Westen setzten Umfang, Einsatzbereitschaft sowie Motivation der Streitkräfte derart herab, daß ein derartiges konsequentes und erfolgreiches Agieren gegenüber einem Aggressor nicht mehr möglich sein wird[14].

Seetransport

Die Verlegung von Streitkräften nach Saudi-Arabien und deren Unterhaltung dort machten umfangreiche Seetransporte erforderlich. Konzept und Einsatz der Maritime Prepositioned Ships (MPS) der US Navy sind bereits erwähnt worden. Ganze 95 Prozent des für die Operationen Desert Shield und Desert Storm insgesamt benötigten Frachtgutes führten die Amerikaner auf dem Seeweg heran. Innerhalb von vier Monaten nach Ankündigung der Durchführung der Operation Desert Shield durch US-Präsident Bush wurden im Rahmen des ersten Seetransports 1,18 Millionen »short tons« (1 short ton = 907,2 kg) Fracht und mehr als 2 Millionen »short tons« Kraftstoff umgeschlagen[15].

In den Streitkräften der Vereinigten Staaten sind Seetransport-Kontrolle und -Koordination Aufgaben des Transportation Command (TRANSCOM). Im Krieg oder in einer Krise, wenn großangelegte, außergewöhnliche Truppen- oder Frachtgutbewegungen erforderlich sind, übernimmt TRANSCOM die Leitung der drei nachgeordneten Kommandos, nämlich des Military Airlift Command (US-Luftwaffe), des Military Sealift Command (US-Marine) und des Military Traffic Management Command (US-Heer). US TRANSCOM liefert dann das Frachtgut zu dem Zeitpunkt und dort aus, wo es die zu unterstützende Kommandobehörde (in diesem Falle das Central Command) benötigt.

Das Military Sealift Command (MSC) besteht aus drei Teilen: der Special Mission Force, die sich in erster Linie mit hydrographischer Forschung befaßt, der Naval Fleet Auxiliary, die Schiffe mit zivilen Besatzungen zur unmittelbaren Flottenunterstützung unterhält und die Strategic Sealift Force, die die Großgeräte- und Schwerguttransporte für großangelegte Dislozierungen durchführt. Diese Strategic Sealift Force besteht aus einer aktiven und einer Reserve-Komponente. Die aktiven Kräfte verfügen über 13 Maritime Prepositioned Ships (MPS), die Gerät für drei Marine Expeditionary Brigades (Landungsbrigaden des US Marine Corps) mit sich führen können, und den elf Afloat Prepositioned Ships (APS), die zur Einsatzunterstützung für Heer und Luftwaffe vorgesehen sind. Die anderen Teile der aktiven Komponente sind die acht Fast Sealift Ships (FSS), zwei Lazarettschiffe und zwei Luftfahrzeugversorger des US Marine Corps. Die Fast Sealift Ships werden in einem viertägigen und die anderen Schiffe in einem fünftägigen Bereitschaftsgrad gehalten. Die Reservekomponente der Strategic Sealift Force ist die Ready Reserve Force. Sie besteht aus 96 Schiffen, die in einem fünf, zehn- oder 20-tägigen Bereitschaftsgrad gehalten werden[16].

Am 7. August 1990 wurde die Operation Desert Shield befohlen, worauf die MPS und APS unverzüglich saudi-arabische Häfen anliefen; das erste Schiff traf am 15. August ein. Die FSS wurden reaktiviert und erhielten den Befehl, die 24th Mechanized Division des US-Heeres an Bord zu nehmen. Das erste FSS erreichte Savannah, Georgia, am 11. August, lief am 14. August nach Saudi-Arabien aus und landete am 27. August in Ad Dammam bei einer Durchschnittsgeschwindigkeit von 27 Knoten und nach einer zurückgelegten Strecke von 8.700 Seemeilen. Die ersten Ready Reserve Ships wurden reaktiviert; am meisten benötigt wurden die Ro/Ro-Schiffe, bei denen eine rasche Be- und Entladung von Fahrzeugen möglich war. Da aber nur 17 Ready Reserve-Ro/Ro-Schiffe verfügbar waren, führte dies zur ersten Charterung von Schiffen unter fremder Flagge. Bis zum 13. September hatte das Military Sealift Command zehn unter US-Flagge und 35 unter fremder Flagge fahrende Schiffe gechartert sowie 33 Ready Reserve Force Ships im Einsatz[17].

Die Phase I der Operation Desert Shield — der Aufbau von Verteidigungskräften in Saudi-Arabien — war am 05. Dezember abgeschlossen. Von den insgesamt 173 eingesetzten Schiffen fuhren 49 unter fremder Flagge. 15 Prozent der Gesamttonnage wurden von diesen Schiffen umgeschlagen.

Die Phase II — der Aufbau von Angriffskräften — begann am 8. November. Der knappe zeitliche Rahmen zwang zu einer noch stärkeren Abstützung auf unter fremder Flagge fahrende Schiffe. Bis zum Ende der Phase II stieg die Trockenfrachttonnage solcher Schiffe auf 22 Prozent. Das Ausmaß der Dislozierung führte zu einer Seebrücke von Schiffen, die sich von den Vereinigten Staaten bzw. von Europa bis zum Mittleren Osten erstreckte. Auf dem Höhepunkt der Sealift-Aktion fuhr auf der Strecke USA — Saudi-Arabien (8.700 Seemeilen) jeweils alle 50 Seemeilen ein Schiff. Die Vereinigten Staaten hatten schließlich mehr als 216 Schiffe gechartert[18]. Das Vereinigte Königreich transportierte ebenfalls Material in großem Umfang in die saudi-arabische Wüste. Das britische Verteidigungsministerium charterte 110 Schiffe für den Transport und die Unterhaltung von britischen Streitkräften im Mittleren Osten. Von diesen Schiffen waren nur fünf im Vereinigten Königreich registriert[19]. Im Gegensatz zum Falkland-Krieg wurden die Schiffe von der britischen Regierung nicht requiriert, sondern auf dem freien Markt in Konkurrenz mit den Vereinigten Staaten gechartert. Auch geschah das durch das Vereinigte Königreich erst dann, als sich genügend Frachtgut angesammelt hatte, wohingegen die Amerikaner zuerst Schiffe charterten und dann auf Frachtgut warteten.

Frankreich war beim Transport seiner Streitkräfte nicht auf Schiffe unter fremder Flagge angewiesen. Das französische Militär charterte 32 französische Schiffe für den Transport von Truppen und Material[20].

Zusammenfassend ist zu sagen, daß Kriegsmaterial und Truppen in ungeheurem Umfang auf dem Seeweg transportiert wurden. Die Abstützung der Vereinigten Staaten und des Vereinigten Königreiches auf unter fremder Flagge fahrende Schiffe trug dazu bei, daß der Termin für die Dislozierung der Kräfte in Phase II (15. Januar 1991) eingehalten werden konnte. Die relativ späte Entscheidung (8. November), den Kräfteaufbau bis zur Angriffsstärke voranzutreiben, machte die Verlegung von 200.000 zusätzlichen Soldaten und Gerät, das eine zusätzliche Lagerfläche von etwa vier Millionen Quadratmetern einnahm, von Europa und den Vereinigten Staaten erforderlich. Der Einsatz fremder Schiffe war unbedingt notwendig, um diesen Forderungen zu entsprechen. Es wurden jedoch nicht alle Ready Reserve Ships reaktiviert; aus einer Kosten/Nutzen-Analyse ging eindeutig hervor, daß Handelsschiffe billiger waren. Ein erhebliches Problem stellte jedoch der Mangel an Ro/Ro-Handelsschiffen dar. Die meisten moderneren Schiffe weltweit sind Containerschiffe. Der größte Teil des zu transportierenden militärischen Frachtgutes eignet sich jedoch für eine Containerisierung nicht.

Zusammensetzung des US Seetransportes

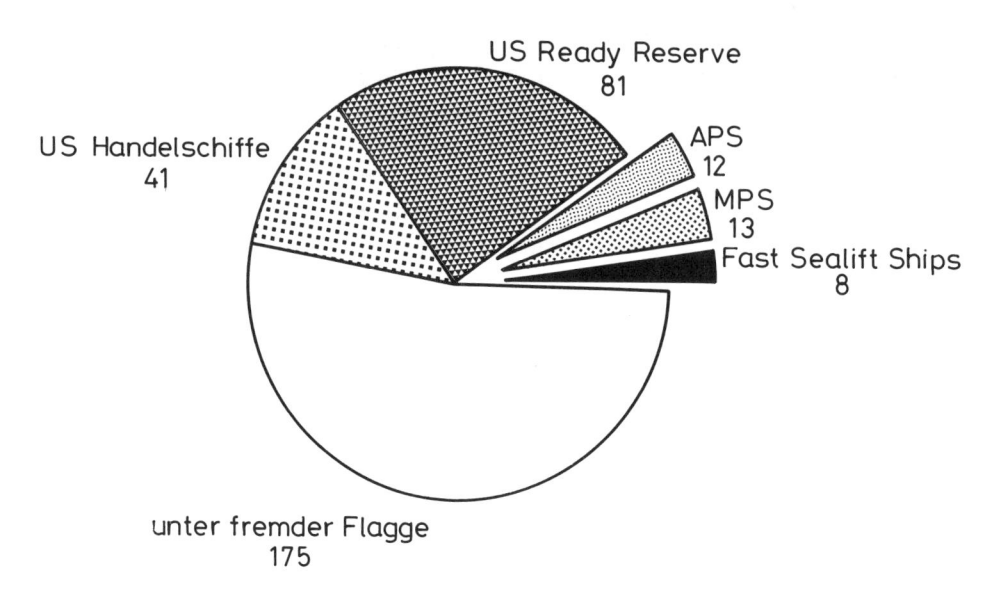

- US Ready Reserve: 81
- US Handelschiffe: 41
- APS: 12
- MPS: 13
- Fast Sealift Ships: 8
- unter fremder Flagge: 175

Quelle: Boston Globe, 15. Apr. 1991, Seite 9

US Ready Reserve Ship COMET (Fahrzeugfrachtschiff)

Positiv ist zu vermerken, daß das Maritime Prepositioned Concept sich bewährt hat. Zweifellos wird dieses Konzept in Zukunft erweitert werden. Nachdem die künftige US-Streitkräftestruktur ausgeplant ist, wird die Menge an einsatznah benötigtem Gerät berechnet und bereitgestellt werden. Der darüber hinaus zu bewältigende Seetransport kann dann von moderneren Ro/Ro-Schiffen in geringerer Anzahl abgewickelt werden. Der Beitrag der Reservisten am Seetransportwesen war beeindruckend und unentbehrlich. Besonders bemerkenswert war die Leistung in Phase II, als das Seetransportsystem auf vollen Touren lief. Dieses Seetransportsystem wurde ausschließlich von Reservisten, die eine entsprechende zivilberufliche Ausbildung haben, betrieben. Das Seetransportsystem unterlag in den Operationen Desert Shield und Desert Storm unglaublichen Belastungen. Es werden in Zukunft moderne Mehrzweckschiffe in größerer Anzahl erforderlich werden, um die älteren und weniger leistungsfähigen Schiffe der Reserve Force zu ersetzen.

Gefechtsoperationen

Die meisten Schlagzeilen und Fernsehberichte bezogen sich auf Land- und Luftstreitkräfte. Aber gerade die Marinesoldaten der Koalition hatten einen hohen Anteil an der Befreiung Kuwaits bzw. der Schwächung irakischer Streitkräfte. Zuallererst sind die Luftoperationen zu nennen, die von den sechs Flugzeugträgern der US-Marine durchgeführt wurden. Sie machten 25 Prozent der Gesamteinsätze von Flugzeugen der Koalitionsstreitkräfte während des Krieges aus[21]. Darüber hinaus stellten Gefechtshandlungen entlang der Küste, so die Landzielbekämpfung, das Niederkämpfen und die Besetzung von irakischen Ölbohranlagen und die Vorbereitung auf amphibische Operationen, sicher, daß die Streitkräfte Saddam Husseins einen Angriff von der Seeflanke her erwarteten. Das Niederkämpfen der irakischen Marine schaltete die Bedrohung von See aus, während die Koalitionsstreitkräfte Bodenoperationen einleiteten.

Die Operation Desert Storm begann in den frühen Morgenstunden des 17. Januar mit Luftoperationen gegen irakische Streitkräfte. Den US-Seeluftstreitkräften, die der Einsatzleitung des Joint Forces Air Component Commander unterstanden, wurden während dieser Luftoperation eine Vielzahl von Zielen zugewiesen. Den Luftangriffen gingen etwa 100 Angriffe mit seegestützten Tomahawk-Flugkörpern gegen Landziele voraus[22]. Mit diesen Flugkörpern, die mit konventionellen Sprenggefechtsköpfen (TLAM-C) und Streusubmunition (TLAM-D) bestückt waren, wurden gut verteidigte Ziele angegriffen, die genaue Waffenplazierung erforderlich machten. Insgesamt wurden 297 Tomahawks während des Krieges eingesetzt[23]. Abgeschossen wurden sie von Überwasserschiffen, angefangen bei Zerstörern bis hin zu Schlachtschiffen und den Ubooten USS *Pittsburgh* (SSN-720) und USS *Louisville* (SN-724). Die Trefferquote dieser Waffen lag bei 80–95 Prozent[24]. Von mehr als 2.000 Einsätzen am ersten Tag wurden 415 Einsätze von Marineflugzeugen geflogen[25]. Von besonderer Bedeutung war die Führung (command and control) des Luftkriegs durch

Schlachtschiff der IOWA-Klasse im Naval Gunfire Support-Einsatz

die Frühwarnflugzeuge E-3B Sentry der US-Luftwaffe und E-2 Hawkeye der US-Marine. Auf die Flugzeuge des Typs EA-6B Prowler der US-Marine und des US Marine Corps entfiel ein unverhältnismäßig großer Anteil der elektronischen Gegenmaßnahmen während des gesamten Luftkriegs: Die US-Marine und das US Marine Corps stellten 41 Störflugzeuge des Typs EA-6B, verglichen mit nur 18 Flugzeugen des Typs EF-111 Raven der US-Luftwaffe, die nach Saudi-Arabien verlegt wurden[26]. Die US-Marine und das US Marine Corps flogen von Anfang an integrierte Angriffe, wobei sie sich auf eine Mischung von Flugzeugtypen stützten, um die Wirkung der Kampfmittel auf das Ziel zu maximieren. Die US-Luftwaffe übernahm diese Taktik, die bei Marine und Marine Corps jahrzehntelange Tradition ist, später als »Composite Wing«. Ein typischer, von einem Träger aus geführter Angriff erfolgte mit etwa 25–30 Flugzeugen; dazu gehörten das Führungsflugzeug E-2 Hawkeye, Jagdflugzeuge des Typs F-14 Tomcat, EloUM- und EloGM-Flugzeuge des Typs EA-6B Prowler, Angriffsflugzeuge der Typen A-6 Intruder und F/A-18 sowie mit Hochgeschwindigkeits-Radarbekämpfungsflugkörpern bestückte Flugzeuge. Tankflugzeuge des Typs KA-6 begleiteten die Angriffe, dabei wurde jedoch der größte Teil der eingesetzten Betankungsmittel von der US-Luftwaffe und anderen Koalitionspartnern gestellt. Kampfflugzeuge, die vom Roten Meer aus eingesetzt wurden, blieben etwa fünf Stunden lang in der Luft. Eine Betankung war unmittelbar vor dem Flug zum Ziel und vor dem Rückflug erforderlich[27]. Fünf der sechs verfügbaren Flugzeugträger führten am ersten Tag Angriffe durch. Die USS *John F. Kennedy* (CV67), die USS *Saratoga* (CV-60) und die USS *America* (CV-66) griffen vom Roten Meer aus an, während die USS *Midway* (CV-41) und die USS *Ranger* (CV-61) vom Persischen Golf operierten. Die USS *Theodore Roosevelt* (CVN-71) war im Golf von Aden unterwegs zum Persischen Golf. Zu einem späteren Zeitpunkt während des Luftkriegs, bevor die Bodenoffensive begann, fuhr die USS *America* in den Persischen Golf, um von dort aus zu operieren. Flugzeugträger, die im Golf eingesetzt waren, konzentrierten sich auf Ziele im kuwaitischen Operationsgebiet, u.a. auch auf die von Irak über Basra nach Kuwait hinein verlaufenden Nachschubwege sowie auf den Marinestützpunkt Umm Qasr. Zu einem späteren Zeitpunkt während des Luftkriegs verlagerten sich die Angriffe in die Dislozierungsräume der Republikanischen Garde. Die vom Roten Meer aus operierenden Flugzeugträger konzentrierten sich in dieser Phase auf Ziele im westlichen Irak und rund um Bagdad. Diese im Roten Meer stationierten Einheiten verfügten über den zusätzlichen Vorteil, das irakische Luftverteidigungssystem des kuwaitischen Operationsgebietes umgehen zu können. Alle von den Flugzeugträgern aus eingesetzten Kampfflugzeuge verfügten so über die zusätzliche Flexibilität, ihre Abflug- und Einflugrouten zu variieren, um die irakischen Luftverteidigungssysteme kontinuierlich auszuschalten.
Mit Ausnahme der USS *Midway* (CV-41), des ältesten und kleinsten Flugzeugträgers, konnte ein Flugzeugträger generell 86 Flugzeuge aufnehmen, beispielsweise 20 bis 24 F-14 Tomcats, 20 bis 24 F/A-18 Hornets, 12 bis 20 A-6 Intruders, vier oder fünf E-2C Hawkeyes, vier oder fünf EA-6B Prowlers, acht bis zehn Hubschrauber S-3 Vikings und fünf oder sechs HubschrauberH-3 Sea Kings. Von den sechs Flugzeugträgern aus erfolgten jeden Tag während des Krieges durchschnittlich insgesamt

410 Einsätze. Davon waren etwa 160 für die Verteidigung der Flotte vorgesehen; 130 waren Angriffseinsätze, und bei den restlichen 130 handelte es sich um Angriffsunterstützungseinsätze[28]. Die Seestreitkräfte wurden auch von mehreren an Land stationierten Staffeln der Marineflieger unterstützt, besonders durch Patrouillenluftfahrzeuge des Typs P3C, die zur Aufrechterhaltung eines genauen Seeraumüberwachungsbildes von unschätzbarem Wert waren. Dadurch konnte die strenge Blockade gegen den Irak aufrechterhalten und der nördliche Persische Golf von irakischen Überwassereinheiten freigehalten werden. EloKa-Flugzeuge des Typs EP-3 und EA-3 waren ständig verfügbar, um während des gesamten Krieges eine Fernmelde- und elektronische Aufklärungskapazität sicherstellen zu können.

Die Flottenluftverteidigung erfolgte durch Jäger des Typs F-14 Tomcat für die Trägerkampfgruppen und wurde von Flugabwehrkreuzern geleitet und überwacht. Jagdbomber des Typs F/A-18 des US Marine Corps sorgten für bewaffnete Luftraumüberwachung für die nördliche Golf-Region, bevor Flugzeugträger in den Golf fuhren.

Die Seeoperationen bezogen sich besonders auf Feindkräfte in der nördlichen Golf-Region. Dazu gehörten ausgebaute Silkworm-Stellungen, irakische Marineeinheiten, Ölplattformen und Unterstützungseinrichtungen in Kuwait City, Basra und Umm Qasr. Teil der ersten Operationen nach Aufnahme des Luftkriegs war die Erbeutung von elf irakischen Ölplattformen, von denen Frühwarnung und SAM-Verteidigung gegen die Koalitionsluftstreitkräfte erfolgten. Die USS *Nicholas* (FFG-47) und ein kuwaitisches Patrouillenboot, unterstützt von US-Heeres-Hubschraubern und Special Forces, nahmen diese Stellungen am 18. Januar[29].

Irakische Seeoperationen begannen am 22. Januar. Sie wurden mit einer raschen Reaktion der Koalitionsstreitkräfte gekontert. Patrouillenluftfahrzeuge erfaßten irakische Einsätze und veranlaßten »surface combat air patrol strikes« auf mehrere irakische Marineeinheiten. Vom 22. bis 24. Januar wurden zwei Minenleger, ein Tankschiff, das als Aufklärungseinheit fungierte, zwei Patrouillenboote des Typs Zhuk und ein Hovercraft zerstört[30]. Am 24. Januar wurde Jazirat Qurah Island (das erste Stück Land in diesem Krieg) von USS *Curts* (FFG-38) zurückerobert. Vom 25. bis 28. Januar wurden ein Minenleger, zwei Patrouillenboote und ein Materialtransporter zerstört sowie mehrere Schiffe im Bubiyan Channel, auf dem Stützpunkt Umm Qasr und im Hafen von Kuwait angegriffen.

Am 29. Januar begann die Schlacht um Bubiyan Island nach der Entdeckung von etwa 17 Kleinbooten mit Kurs auf den nördlichen Persischen Golf. Auf diesen Kleinbooten befanden sich wahrscheinlich Kommandoeinheiten zur Unterstützung der irakischen Offensive bei Khafji, die am selben Tag eingeleitet wurde[31]. Diese Fahrzeuge wurden zuerst von einem Hubschrauber des Typs SH-60B der US-Marine geortet, worauf mit Sea-Skua-Marschflugkörpern bestückte Hubschrauber des Typs Lynx von HMS *Brazen* und HMS *Gloucester* auf Abfangkurs geführt wurden. Diesen Hubschraubern schlossen sich später andere Lynxes, Sea Kings und SH-60B sowie Bomber vom Typ A-6 und britische Jaguars an. Vier von diesen Booten wurden zerstört, die übrigen an die Küste getrieben. Ein Lynx von der HMS *Cardiff* versenkte ebenfalls ein großes Patrouillenboot. Am nächsten Tag wurde ein irakischer amphibischer Truppenteil geortet und auf ähnliche Weise bekämpft. Dieser Konvoi bestand aus einem Minensuchboot der T-43-Klasse, drei ehemaligen kuwaitischen Schnellbooten des Typs TNC-45 und drei Landungsschiffen der Polnogny-Klasse. Die Sea Skuas landeten erste Treffer bei allen Einheiten; weitere Schäden wurden von den Jaguars und den A-6-Bombern verursacht. In einem separaten Gefecht wurden acht Schnellboote, u.a. auch Osas, von Flugzeugen des Typs A-6 und F/A-18 im nördlichen Golf bekämpft. Vier wurden versenkt, drei beschädigt, und ein Osa erreichte im Iran den sicheren Hafen.

Am 2. Februar führte die Koalition einen großangelegten Luftangriff auf die Marineeinrichtung Al Kalia durch. Zwei FK-Boote wurden außer Gefecht gesetzt und vier andere Patrouillenboote durch Hubschrauber von der USS *Nicholas* (FFG-47) in der Nähe von Maradin Island bekämpft. Von diesen sank eines und zwei wurden beschädigt. Mit diesen Aktionen endete die Bedrohung durch irakische Marineoperationen.

Am 3. Februar wurde die USS *Missouri* (BB-63) von der USS *Nicholas* durch verminte Gewässer geführt, um entlang der Küste Landzielbekämpfungsoperationen einzuleiten. USS *Wisconsin* (BB-64) löste die US *Missouri* am 6. Februar ab und operierte dort bis zum 9. Februar. Die USS *Wisconsin* unterstützte das US Marine Corps während eines Vorausangriffs auf die irakischen Verteidigungssysteme am 8. Februar. Während dieser Operation nutzte man ferngelenkte Drohnen für Aufklärung und Feuerleitung in beträchtlichem Maße. Die Präsenz der Schiffe sowie mehr als zwei Landungsbrigaden des US Marine Corps vor der Küste banden mehrere irakische Divisionen, selbst nachdem die Bodenoffensive eingeleitet worden war. Die bewußt in den Medien angekündigte Operation Exercise Sea Soldier IV am 24. Januar war die größte amphibische Übung seit der Invasion bei Inchon während des Korea-Krieges.

Nach der Invasion von Kuwait legten die Irakis etwa 1.100 Seeminen in den Gewässern rund um Kuwait. Bei diesen Minen handelte es sich um Grundminen (auf dem Meeresboden des Golfs verlegt) und um Ankertauminen (unmittelbar unter der Wasseroberfläche treibend , mit einem Seil am Meeresboden verankert). Die Grundminen waren italienischer Herkunft vom Typ Manta, zu der ein Magnetsensor gehört, der über einem Akustiksensor schwimmt. Die Ankertau- und weitere Grundminen waren sowjetischen Typs, im Irak hergestellt. Die Auslösungen erfolgten über akustische und magnetische Mittel und/oder Kontakte. Viele irakische Ankertauminen waren mit einem nur 6 mm dicken Seil verankert. Es kam häufig vor, daß dieses Seil riß. Die dann an der Wasseroberfläche sichtbaren Minen trieben südwärts und stellten für die Schiffe im gesamten Golf eine Gefahr dar[32].

Im Dezember 1990, vor Ausbruch der Feindseligkeiten, wurden mehrere irakische Minenleger beim Minenlegen vor der Küste von Kuwait beobachtet. Der Befehlshaber der US-Seestreitkräfte im Golf beantragte, diese Einheiten zu bekämpfen. Dieser Antrag wurde deswegen abgelehnt, weil man befürchtete, daß die Irakis dadurch zu einem Angriff nach Saudi-Arabien hinein provoziert werden könnten, zu einem Zeitpunkt, als man den Einsatz von Landstreitkräften ohne den vorherigen Abnutzungs-Luftkrieg noch nicht in Erwägung zog. Somit konnte das Anlegen von Minenfeldern ungehindert fortgesetzt werden. Insgesamt 16 Minensuch- und Minenjagdboote führten während der Feindseligkeiten im nördlichen Teil des Persischen Golfes Minenabwehroperationen durch. Den umfassendsten Beitrag leisteten die Briten mit fünf Minensuchern der Hunt-Klasse und einem Unterstützungsschiff. Die Amerikaner stellten vier Minensucher und einen Hubschrauberträger mit sechs Minenabwehrhubschraubern des Typs MH-53E an Bord bereit. Ein belgischer Verband bestand aus drei Minensuchern der Tripartite-Klasse und einem Unterstützungsschiff. Vier saudische Minensucher waren ebenfalls eingesetzt[33].

Während des Krieges bestand die Hauptaufgabe der Minenabwehrkräfte darin, die beiden an die kuwaitische Küste führenden Fahrrinnen sowie die Zonen nahe der Küste, wo die Schlachtschiffe Landziele bekämpfen konnten, von Minen zu räumen. Ein Verfügungsraum für die amphibischen Kräfte wurde ebenfalls geräumt. Am 18. Februar lief die USS *Tripoli* (LPA-10) bei Minenräumoperationen auf eine Mine mit Berührungszündung. Zwei Stunden später wurde die USS *Princeton* (CG-59) von einer Grundmine mit Annäherungszündung getroffen. Auf der Princeton war der »anti-air warfare commander« der Region eingesetzt und kurz vor der Detonation vor einem möglichen Silkworm-Raketenangriff gewarnt worden. Beide Schiffe blieben kampftüchtig und auch noch einige Zeit, nachdem sie von Minen getroffen worden waren, funktionsfähig. Die Princeton wurde am nächsten Tag abgelöst und aus diesem Seegebiet herausgeschleppt.

Am 24. Februar, 04.00 Ortszeit, traten die Schlachtschiffe erneut in Aktion, um den Vormarsch der Bodentruppen nach Kuwait hinein zu unterstützen. Minenabwehrkräfte erweiterten geräumte Fahrrinnen, und amphibische Kräfte näherten sich der Küste. Zwei landgestützte Seezielflugkörper des Typs Silkworm wurden auf die Missouri abgefeuert. Ein Flugkörper geriet außer Kontrolle und fiel ins Meer; der andere Flugkörper wurde von der HMS *Gloucester*, die von einem EloKa-Flugzeug des Typs EA-6B Prowler gewarnt worden war, mit einem Flugkörper des Typs Sea Dart abgeschossen. Mehr als 1.100 16-inch-(etwa 40-cm-)Geschosse wurden während des Konflikts von der USS *Missouri* und der USS *Wisconsin* abgefeuert[34]. Die Trägerflugzeuge bekamen den Auftrag, Luftnahunterstützung zu leisten; sie waren gegenüber irakischen Streitkräften, die sich aus Kuwait City in Richtung Basra zurückzogen, besonders wirksam.

Saddam Hussein versuchte, die Pläne der Koalition zu durchkreuzen, indem er Öl als Umweltwaffe gegenüber den Streitkräften der Koalition einsetzte. Am 25. Januar ließen irakische Streitkräfte aus drei großen Tankern im nördlichen Golf und aus den Vorratstanks von Ahmadi über den Sea-Island-Terminal Öl auslaufen. Damit wollte man amphibische Landungen verhindern. Die Funktion der mechanischen Kühlsysteme auf amphibischen Schiffen wurde durch das Öl unterbrochen. Auch sollte durch das auslaufende Öl die Stillegung von Entsalzungsanlagen an Bord von Schiffen und an Land verursacht werden. Bomber des Typs F-111 der US-Luftwaffe griffen die Anlagen an und verhinderten so, daß noch mehr Öl in den Golf auslaufen konnte. Das Öl bedrohte potentielle amphibische Operationen oder Operationsfreiheit der Schiffe im nördlichen Golf aber zu keiner Zeit.

Durch WEU zugewiesene Minenräumfelder

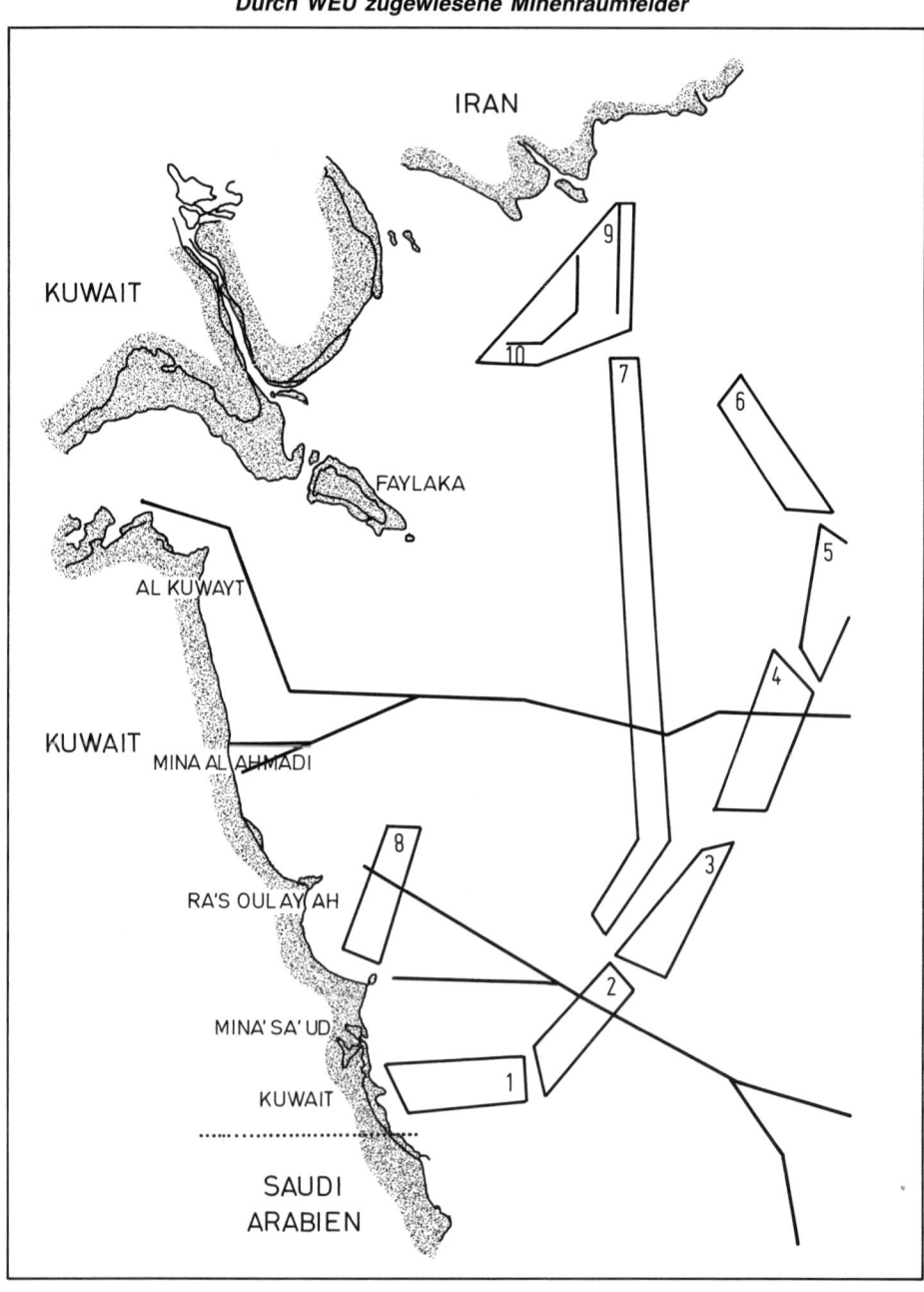

Minenräumoperationen nach dem Krieg

Während die irakischen Soldaten sich ergaben, blieben Saddam Husseins Minen wirksam und gefährlich. Vor bzw. im Krieg verlegte der Iran ca. 1.200 Seeminen südostwärts Kuwait[35]. Andere Quellen sprechen von insgesamt 2.500 Minen, von denen 1.300 in den Schiffahrtswegen installiert waren[36]. Während des Krieges gab es nur begrenzte Räumaktionen, einmal, um die Schlachtschiffe USS *Missouri* und USS *Wisconsin* in die Lage zu versetzen, mit ihren Kanonen die irakischen Verteidigungsanlagen um Kuwait City zu treffen, zum anderen, um amphibische Operationen vorzubereiten.

Nach dem Waffenstillstand begann das systematische Minenräumen Anfang März. Auf der Grundlage von verläßlichen Minenlegeplänen, die die Iraker bei den Waffenstillstandsverhandlungen übergeben hatten, und von Plänen, die bei der Einnahme der Insel Faylaka erbeutet wurden, fingen die Briten und Amerikaner mit Räumarbeiten entlang der kuwaitischen Küste an. Franzosen und Belgier unterstützten sie. Anfang April stießen deutsche, italienische und niederländische Kräfte zum Internationalen Minenabwehrverband. Deutschland, das sich aus verfassungsrechtlich-politischen Gründen während des Krieges mit seinem Minenabwehrverband auf Aufgaben im östlichen Mittelmeer beschränkte, entsandte im Rahmen humanitärer Hilfe für Kuwait diesen Verband in den Nordarabischen Golf.

Aufgrund von Absprachen zwischen allen Beteiligten sollten die Briten und Amerikaner, die zeitweise noch von Japanern und Saudis unterstützt wurden, die Schiffahrtslinien nach Kuwait räumen, die Angehörigen der WEU die inzwischen aufgeteilten anderen zehn Minenfelder. Am 1. April fand für die WEU-Staaten die erste Koordinierungssitzung statt. Hier wurden die Gebietszuteilungen an die Nationen, Direktiven, Waterspacemanagement, Task Cycles und die gegenseitige logistische Unterstützung geregelt. Die Einsatzzyklen sollten einschließlich An- und Abmarsch jeweils zehn bis zwölf, die Hafenphasen fünf bis sieben Tage dauern[37].

Die WEU-Nationen wurden von dem französischen Befehlshaber für den Indik (ALINDIEN) geführt und koordiniert. Frankreich hatte zu dieser Zeit noch immer den WEU-Vorsitz inne. Für die Zeit März bis Mai erfolgte die taktische Koordination der MCM-Operationen durch den britischen Verbandsführer als »on-scene coordinator for WEU-units and in charge of local coordination with US-Navy and RSNF (saudi-arabischen) MCM-forces« im Auftrag des ALINDIEN. Im Juni übernahmen die Franzosen selbst diese Aufgabe. Bedingt durch den WEU-Präsidentschaftswechsel von Frankreich an die Bundesrepublik Deutschland bekam der deutsche Kommandeur vom 1. Juli diese Funktion bis zum Schluß der Räumaktion Ende Juli[38]. Innerhalb der WEU-Nationen bildeten die Niederländer und Belgier eine Task Group, geführt durch die Belgier, CTG (Commander Task Group) 418.2. Der Seniorofficer kam von den Niederländern. Zusammen mit den Franzosen bildeten diese Staaten wiederum eine Gruppe, die bis einschließlich Juni durch den CTG 623.2 (FR) koordiniert wurde. Danach übernahm der belgische taktische Führer diese Aufgabe. Die italienische (TG 620.1), die britische (TG 321.1) und die deutsche (TG 501.7) Gruppe operierten eigenständig.

Organisation der WEU koordinierten Minenabwehrkräfte und ihre Verbindung zu amerikanischen und britischen Verbänden

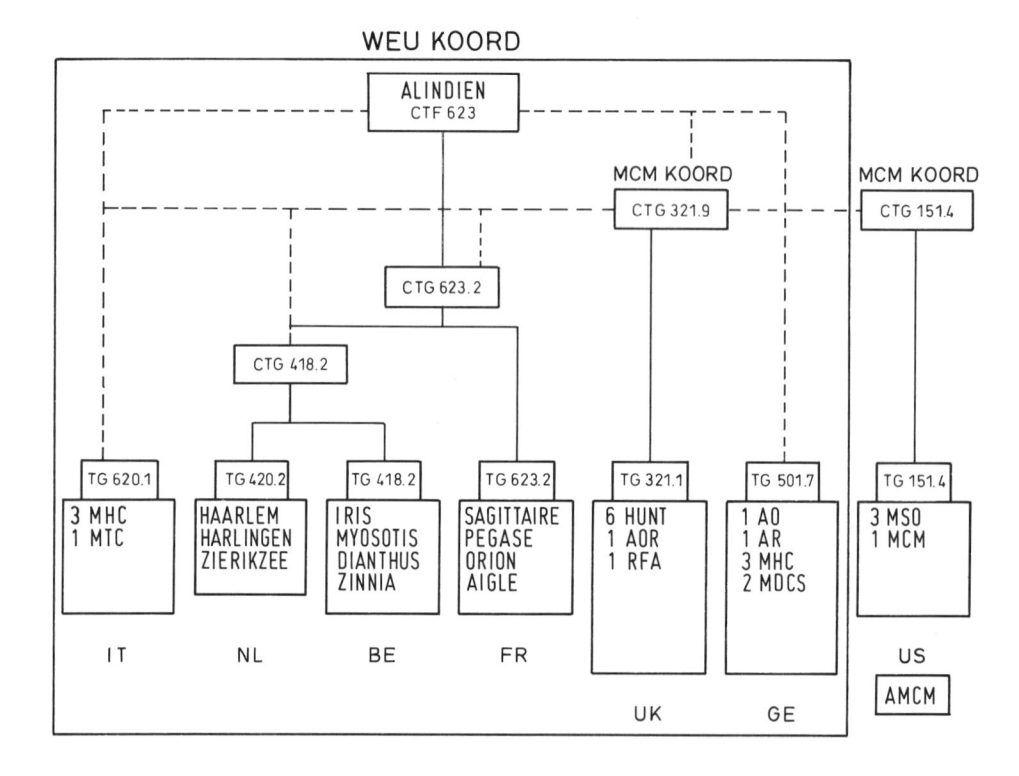

```
                            WEU KOORD
                            ALINDIEN
                            CTF 623
                                              MCM KOORD         MCM KOORD
                                              CTG 321.9         CTG 151.4
                        CTG 623.2
                CTG 418.2

TG 620.1   TG 420.2   TG 418.2   TG 623.2   TG 321.1   TG 501.7   TG 151.4
3 MHC      HAARLEM    IRIS       SAGITTAIRE 6 HUNT     1 AO       3 MSO
1 MTC      HARLINGEN  MYOSOTIS   PEGASE     1 AOR      1 AR       1 MCM
           ZIERIKZEE  DIANTHUS   ORION      1 RFA      3 MHC
                      ZINNIA     AIGLE                 2 MDCS

IT         NL         BE         FR         UK         GE         US
                                                                  AMCM
```

Der alliierte Minenabwehrverband wurde in erster Linie durch den Austausch von Verbindungsoffizieren geführt. So entsandte die deutsche Task Group einen Offizier zum ALINDIEN auf die MS *Marne* und einen zum US-MCM-Coordinator an Bord der USS *Lasalle*, dem Führungsschiff des COMNAVCENT. Darüber hinaus nutzte man das kommerzielle Imsat, ein Telefonsatellitensystem für die Verbindung unter den Schiffen bzw. zur Verbindung mit den jeweiligen Marinehauptquartieren der Entsendernationen, denn die nationale Verantwortung blieb weiter bestehen. Für die Übertragung von verschlüsselten Informationen stand nur eine HF-Verbindung zur Verfügung, die darüber hinaus in der Zusammenarbeit mit den Amerikanern nur eingeschränkt nutzbar war. Lagemeldungen gaben die einzelnen Schiffe als MCM-Situation-Report (MCM-Sitrep) alle 24 Stunden in Anlehnung an das NATO-Meldesystem ab.

Trotz dieser eingeschränkten Führungsfähigkeit können sich die Erfolge des internationalen Minenabwehrverbandes sehen lassen. Der Verband, der aus bis zu 40 Schiffen bestand und in erster Linie Minenjagd betrieb, jagte bzw. räumte 285 Grundminen, 728 Ankertauminen, 137 Treibminen und 89 gestrandete Minen, mit Stand 10.07.91 insgesamt 1.239[39]. Vergleicht man diese Zahl mit den irakischen Angaben und zieht in Betracht, daß noch Minen aus dem irakisch-iranischen Krieg beseitigt wurden, kann man von der wiederhergestellten Sicherheit der internationalen Schiff-

An der MCM-Operation beteiligte Einheiten

Belgien	Niederlande	Italien	Deutschland	Großbritannien
ACM ZINNIA	MHC HARLINGEN	FFG MAESTRALE	ACM DONAU	ACM HERALD
MHC DIANTHUS	MHC HAARLEM	AF TREMITI	AFS FREIBURG	ACM HECLA
MHC IRIS	MHC ZIERIKZEE	MHC SAPRI	MSCD PADERBORN	LST SIR GALAHAD
MHC MYOSOTIS		MHC MILAZZO	MSCD SCHLESWIG	MHSC BRECON
		MHC VIESTE	MHC GÖTTINGEN	MHSC BROCKLESBY
			MHC KOBLENZ	MHSC BICESTER
			MHC MARBURG	MHSC HURWORTH
			MHC CUXHAVEN	MHSC ATHERSTONE
			3 seaking MK 41	MHSC CATTISTOCK
				MHSC LEDBURY
				MHSC DULVERTON
				2 Seaking 5

Frankreich	USA	Japan	Saudi-Arabien
ACM LOIRE	LPH TRIPOLI	MST HAYASE	MSC ADDRIYAH
MHC SAGITTAIRE	MSO ADROIT	MHSC YURISHIMA	MSC AL QUYSUH
MHC ORION	MSO LEADER	MHSC HIKOSHIMA	MSC AL WADEEA
MHC L'AIGLE	MSO IMPERVIOUS	MHSC AWASHIMA	MSC SAFUA
MHC PEGASE	MCM AVENGER	MHSC SAKUSHIMA	
MCP PLUTON	MCM GUARDIAN	AOE TOKIWA	
MHSH CASSIOPEE	Hubschrauber MiJ/MS		

Aus: Hirtz, Klaus-Peter: Bewährung im Nordarabischen Golf, Marine Forum, Herford 9/1991

fahrtsrouten im nordarabischen Golf ausgehen. Das ist auch das Ergebnis eines Common Final Statements, erarbeitet durch die Koordinierungskonferenz, das über die nationalen Verteidigungsministerien in Abstimmung mit den USA den Vereinten Nationen und Kuwait vorgelegt wurde. Damit wurden die Informationen über die befahrbaren Gebiete auch der internationalen Schiffahrt bekannt. Außerhalb der geräumten Routen allerdings besteht die Gefährdung durch Minen weiter.

Die maritimen Lehren aus dem Golfkrieg

Folgende maritime Lehren können aus dem Golfkonflikt gezogen werden:
1. »*Forward Deployment*«. Die Präsenz der USS *Independence* und der USS *Eisenhower* »vor Ort« war ein sichtbares Zeichen der Koalition für ihren Willen zur Verteidigung Saudi-Arabiens. Schlagkräftige Marineeinheiten konnten unverzüglich reagieren, ohne Stützpunktrechte in fremden Ländern erwerben zu müssen.

2. *Blockadeoperationen* gegen den Irak wurden rasch organisiert und waren äußerst wirksam. Seestreitkräfte sind ein probates militärisches Mittel, um politische und wirtschaftliche Sanktionen durchzusetzen. Schiffe aus vielen Ländern waren zu schneller Zusammenarbeit imstande. So konnte die Solidarität und Durchsetzungsfähigkeit der Koalition demonstriert werden.

3. *Seetransportkapazität* ist die Voraussetzung für den Transport von schwerem Gerät im großen Umfang über weite Entfernungen und somit für die Durchführung von länger andauernden boden- und landgestützten Operationen. Die »Maritime Prepositioned Ships« (MPS) und die »Afloat Prepositioned Ships« (APS) erwiesen sich als ausgezeichnete Mittel, um diese Aufgabe zu erfüllen.

4. *High-Tech-Waffen* sind Kräftemultiplikatoren. Der Einsatz von Marschflugkörpern und präzisionsgelenkten Waffen und die Anwendung der Stealth-Technologie spielen in der modernen Kriegführung eine immer größere Rolle. Die selektive Anwendung präziser militärischer Gewalt, ohne zivile Opfer in zu großer Zahl in Kauf nehmen zu müssen, gibt nationalen Entscheidungsträgern mehr Optionen an die Hand.

5. *Die Drohung mit einer amphibischen Landung* war ein wichtiger Punkt für die irakische Führung. Viele Mittel setzte der Irak ein und große Anstrengungen wurden unternommen, um sich vor einer amphibischen Landung zu schützen. Amphibische Fähigkeit ist nach wie vor eine wichtige Komponente von Seestreitkräften.

6. *Minenkriegführung* ist eine billige Methode zur Beeinflussung oder Behinderung des Einsatzes von Seestreitkräften. Der einzige maritime Erfolg, den die Irakis verbuchen konnten, waren die Minentreffer an zwei US-Kriegsschiffen. Hätte die Minenbedrohung durch andere Kräfte, insbesondere Flugzeuge, unterstützt werden können, wäre die Bedrohung durch eine amphibische Invasion erheblich reduziert und die Mobilität anderer Seestreitkräfte der Koalition in hohem Maße eingeschränkt worden.

7. *Das Konzept eines Integrated Air Commander* war bei der Durchführung des strategischen Luftkrieges gegen den Irak nützlich. Dies ermöglichte die reibungslose Integration von land- und seegestützten Seestreitkräften in den Luftangriffsplan. Die schwerfällige Air Tasking Order (ATO) aber war nicht sehr anpassungsfähig an ein sich änderndes taktisches Bild. Seestreitkräfte sind so mobil, daß es sehr schwer vorauszusagen ist, wo sie sich 48 Stunden später befinden werden. Es war also nicht möglich, den Flugzeugträgern eine zutreffende aktuelle ATO, die nicht mit Fernmeldemitteln übermittelt werden kann, auszuhändigen. In diesem Fall gestaltete sich die Zusammenarbeit zwischen den US-See- und Luftstreitkräften schwierig.

Schlußfolgerungen

Die Seestreitkräfte im Golfkonflikt waren in erster Linie Unterstützungskomponenten für die Landstreitkräfte, die Kuwait zurückeroberten, und für die landgestützten Luftstreitkräfte. Betrachtet man jedoch den Golfkonflikt in einem breiteren Kontext, so lassen sich aus dem Einsatz von Seestreitkräften der Koalition mehrere wichtige Schlußfolgerungen ziehen.

Seestreitkräfte der Vereinigten Staaten und Großbritanniens befanden sich in der Region des Persischen Golfs, als Irak in Kuwait einmarschierte. Diese Einheiten waren, zusammen mit den einige Tage später eintreffenden Trägerkampfgruppen, glaubhafte Abschreckungskräfte der ersten Stunde, die Saddam Hussein von weiteren militärischen Schritten nach Saudi-Arabien hinein abhielten. Bodentruppen der Koalition waren zum Zeitpunkt der Invasion nicht präsent. Der erste Verband, der von außen eingeflogen wurde, war die »Ready Brigade« der 82nd (US) Airborne Division. Dieser Verband war insgesamt zu leicht bewaffnet, um irakischen gepanzerten Truppenteilen mehr als nur anfänglichen Widerstand entgegenzusetzen. Die Träger gewannen so die Zeit, die die Armee und die Luftwaffe zur Verstärkung ihrer Kräfte benötigte.

Die Seestreitkräfte leiteten Blockadeoperationen ein, sobald diese durch die Vereinten Nationen genehmigt worden waren. Die Fähigkeit der Seestreitkräfte, kurzfristig oder unangekündigt auf Ad-hoc-Basis zusammenzuarbeiten, demonstrierte schon zu Beginn des Konflikts Koalitionssolidarität.

Die gezeigte Wirksamkeit von konventionellen präzisionsgelenkten Kampfmitteln ermöglicht die selektive Anwendung militärischer Gewalt mit relativ wenig Kräften. Dies hat für Marineeinheiten eine noch größere Bedeutung, weil sie nur eine begrenzte Anzahl von Flugzeugen und Waffen mit sich führen können. Die Präsenz von Atomsprengkörpern vor der Küste und die absichtlich unklare Erklärung von Präsident Bush haben Saddam Hussein vermutlich davon abgehalten, chemische Kampfmittel einzusetzen[40].

In diesem Golfkonflikt wurde das ganze Spektrum der Seemacht zum Einsatz gebracht. Dazu gehörten: Blockadekräfte von der Größe eines Zerstörers und einer Fregatte, Seezielbekämpfungs- und Luftverteidigungskräfte, Seetransporte einschließlich einsatznah bereitgestellte Schiffe (prepositioned shipping), Minenkampfeinheiten, special operations forces, Seefernaufklärer und Aufklärungsflugzeuge sowie seegestützte Luftmacht in erheblichem Umfang. In jedem künftigen Szenarium, in dem nationale und kollektive Interessen gewahrt werden sollen, müssen die verfügbaren Kräfte dieses Spektrum aufweisen. Nur so verfügt die politische Führung über die Mittel, die notwendig sind, um Optionen in maximaler Anzahl für die unverzügliche und ungehinderte Demonstration und mögliche Anwendung von Gewalt in Krisensituationen anzuwenden und einen künftigen Konflikt mit Aussicht auf Erfolg zu lösen.

Im Falle von Friedenssicherungsoperationen außerhalb Europas, wie es der Golfkonflikt war, ist offensichtlich, daß ähnliche Anstrengungen nur mit Unterstützung und Beteiligung der USA erfolgreich sein können. Selbst wenn sich die europäischen NATO-Partner bestimmte Aufgaben untereinander teilten, werden die europäischen Länder in absehbarer Zeit nicht in der Lage sein, über die Fähigkeiten der Vereinten Staaten auf den Gebieten Überwachung, Logistik, Führung und Fernmeldewesen sowie Machtentfaltung zu verfügen.

Anmerkungen

1. »The Washington Post« vom 13. Oktober 1987, »New York Times« vom 10. Januar 1988.
2. Vergl.: Deutsches Rotes Kreuz u.a. (Hrsg): Die Resolutionen des UN-Sicherheitsrats betreffend des Irak und Kuwait im Wortlaut, in: Humanitäres Völkerrecht, Bochum 1990, S. 106 f.
3. Ebenda: S. 109.
4. Vergl.: Friedman, a.a.O., S. 70.
5. Vergl.: Delary: a.a.O., S. 66.
6. Ebd., S. 67.
7. Vergl.: Friedmann, a.a.O., S. 310.
8. Ebd.,.
9. Ebd., S. 206.
10. Vergl.: Delary, a.a.O., S. 68.
11. Spieker, Hartmut: a.a.O., S. 282.
12. Delary: a.a.O., S. 71.
13. Friedmann: a.a.O., S. 68.
14. Vergl.: Sharpe, Richard: a.a.O., S. 43.
15. Vergl.: Norton, Douglas M.: Sealift: Keystone of Support, in: US Naval Institute Proceedings, Mai 1991, S. 42.
16. Ebd., S. 43.
17. Ebd., S. 44.
18. The Boston Globe vom 15. April 1991.
19. O'Connor, Robert: »Sealift Shortfall« in Armed Forces Journal International, Oktober 1991, S. 38.
20. Ebd.,.
21. Palmer, Michael A.: »The Navy Did Its Job«, US Naval Institute Proceedings, Mai 1991, S. 92.
22. Ebd., S. 88; Die Tomahawk ist eine Langstreckenrakete, die von U-Booten wie von Überwassereinheiten gegen See- und Landziele abgefeuert werden kann.
23. Friedmann, Norman: »Desert Victory«, Annapolis, Md: US Naval Institute Press 1991, S. 339.
24. Ebd.,.
25. Palmer, a.a.O., S. 88.
26. Vergl: Friedman, Norman: a.a.O., S. 301-304.
27. Ebd., S. 205.
28. Opall, Barbara: Defense News, 01. April 1991, S. 3:»Official urges Navy, AF to further blend Air Efforts«
29. Vergl.: Palmer, a.a.O., S. 89.
30. Alle Verluste der irakischen Marine sind der Quelle Norman Friedmann, »Desert Victory«, Annapolis, Md: US Naval Institute Press 1991, Anhang G, entnommen.
31. Vergl.: Friedman, a.a.O., S. 201.
32. Bowen, David K. und Foxwell, David: »The Gulf War in Review: MCM and the Theat Beneath the Surface«, International Defense Review, 7/1991, S. 135.
33. Vergl.: Martin, J.M.: »We Still Haven't Learned«, US Naval Institute Proceedings, Juli 1991, S. 66.
34. Vergl.: Palmer, a.a.O., S. 92.
35. Vergl.: Hirtz, a.a.O., S. 284.
36. Vergl.: Preston, a.a.O., S. 54.
37. Vergl.: Hirtz, a.a.O., S 284.
38. Ebd., S. 285.
39. Ebd.,.
40. McGeorge Bundy: »Nuclear Weapons and the Gulf«, Foreign Affairs, Herbst 1991.

Literaturverzeichnis

Arthur, Stan;
Prokant, Marvin: Die Storm at Sea. In: Naval Institute, Proceedings, Annapolis, May 1991.
Braunbeck, M. C.: Front-line Lessons. In: Naval Institute, Proceedings, Annapolis, May 1991.
Brooks, Richard;
Hiser, Skip; Hohl, T.K.: If It Was There, P-3s Found It. In Naval Institute Preceedings, Annapolis, August 1991.
Brown, David;
Foxwell, David: The Gulf War in Review, MCM and the Threat beneath the surface. In: International Defense Review, Coulsdon, 7/1991.
Bundy, McGeorge: Nuclear Weapons and the Gulf. In Foreign Affairs, New York, Herbst 1991.
Cushman, John H.: Command anfd Control in the Coalition. In: Naval Institute, Proceedings, Annapolis, May 1991.
Delery, Tom: Away, the Boarding Party! In: Naval Institute, Proceedings, Annapolis, May 1991.
Deutsches Rotes Kreuz u.a. (Hrsg.): Humanitäres Völkerrecht, Bochum 1990.
Friedmann, Norman: Desert Victory. The War for Kuwait, Annapolis, 1991.
Gilchrist, Peter: Sea Power, The Coalition and Iraqi Navies, London, 1991.
Hirtz, Klaus-Peter: Bewährung im Nordarabischen Golf. In Marine Forum, Herford, 9/1991.
Martin, J.M.: We Still Haven't Learned. In: Naval Institute Proceedings, Annapolis, Juli 1991.
Norton, Douglas M.: Sealift: Keystone of Support. In: Naval Institute Proceedings, Annapolis, Mai 1991.
Palmer, Michael A.: The Navy did its job. In: Naval Institute Proceedings, Annapolis, Mai 1991.
Preston, Antony: Allied MCM in the Gulf. In: Naval Forces, Bonn, IV/1991.
Sharpe, Richard: Jane's Fighting Ships 1991–92, Coulsdon, 1991.
Spieker, Hartmut: Zur Rolle der US-Navy im Golfkrieg 1991. In: Marine Forum, Herford, 9/1991.
Williamson, Leslie: Mine Countermeasures in the Persian Gulf — A German View. In: Naval Forces, Bonn, III/1991.
Woodward, Bob: Die Befehlshaber, Köln 1991.

Roy Byrd

8. Rolle und Beitrag des US Marine Corps

Mehr als 92.000 Marineinfateristen, fast 90 Prozent des US Marine Corps, wurden an den Persischen Golf verlegt. Zur Unterstützung des US Central Command und der 7th Fleet im Golfkrieg war dies der größte Einsatz des Marine Corps seit dem Zweiten Weltkrieg. Dieser Beitrag soll die vom US Marine Corps während der Operation Desert Shield und Desert Storm am Golf gemachten Erfahrungen analysieren sowie der Frage nachgehen, welche Auswirkungen — wenn überhaupt — der Golfkrieg auf die künftige Struktur und den künftigen Eisatz von amphibischen Kräften haben könnte. Er soll auch die Bedeutung amphibischer Kriegführung als Mittel operativer Führung sowie den Wert amphibischer Einsätze als Mittel auch taktischer Konzepte hinterfragen. Um ein besseres Verständnis für Möglichkeiten und Grenzen des Einsatzes amphibischer Kräfte zu ermöglichen, sind detaillierte organisatorische, doktrinäre und — wo relevant — historische Informationen als Fußnoten in den Text einbezogen oder in Anhängen beigefügt worden.

Der Beitrag gibt die persönliche Meinung des Autors wieder, die sich nicht mit den offiziellen oder inoffiziellen Positionen des US Marine Corps, des US-Marineministeriums, des US-Verteidigungsministeriums oder denjenigen irgendeiner anderen Behörde oder eines anderen Ministeriums der US-Regierung decken muß. Alle Informationen, die sich auf Rolle, Aufgaben und Verhalten des US Marine Corps im Golfkrieg beziehen, wurden offenen Quellen entnommen.

Hintergrund

Amphibische Kriegführung und Seestrategie

Die Stärke der Vereinigten Staaten als Weltmacht ist ihre Fähigkeit, die Weltmeere zu beherrschen. Ihre nationale Strategie ist deshalb in wichtigen Teilen eine Seestrategie. Amphibische Kriegführung ist seit mehr als 50 Jahren eine wichtige Komponente dieser US-Seestrategie. Das US Marine Corps ist noch heute die führende amphibische Streitkraft der ganzen Welt. Prinzipielles Ziel einer amphibischen Operation ist die Schaffung des Zugangs zu einer feindlichen Küste durch eine »Kampfanlandung« (amphibious assault); eine großangelegte Operation dieser Art ist seit der Landung bei Inchon während des Koreakrieges nicht mehr durchgeführt worden. Die

Unterhaltung von an diese Aufträge gebundenen amphibischen Verbänden ist sehr kostspielig. Weil in den letzten 40 Jahren kein entscheidendes Landungsunternehmen mehr stattgefunden hat, schlußfolgern zahlreiche Militärexperten, daß die amphibische Anlandung keine zeitgemäße militärische Option mehr ist. Sie führen ins Feld, daß die Vernichtungswirkung moderner Waffen die amphibische Landung in die Annalen der Geschichte verbannt hat. Selbst das US Marine Corps hat versucht, sich von der ausschließlichen Option amphibischer Anlandungen zu distanzieren, indem es sich statt dessen als Amerikas »Force-in-Readiness« »verkauft« hat: als ein selbständiges Expeditionskorps mit vielfältigen Einsatzmöglichkeiten, von denen eine auch seine einzigartige Fähigkeit ist, sich von See her einen Zugang zu einem Kriegsschauplatz zu erzwingen. Im Vergleich zu den übrigen Streitkräften der Erde ist das US Marine Corps mit etwa 200.000 aktiven Soldaten so etwas wie eine Abweichung von der Norm[1]. Im Jahre 1990 verfügten nur 20 weitere Länder über amphibische Verbände von mehr als 1.000 Mann Stärke. Gleich nach den USA kam Taiwan mit 30.000 Mann. Die ehemalige UdSSR an dritter und Brasilien an vierter Stelle waren mit je 15.000 Mann zu nennen. Von den europäischen Staaten nahm Großbritannien mit 7.600 Mann die achte Stelle und Spanien mit 7.500 Mann die neunte Stelle ein, gefolgt von der Türkei mit 4.000 Mann an 13. Stelle. Danach kam Frankreich mit 3.000 Mann, die Niederlande mit einem Verband von 2.800 Mann und Portugal mit 2.700 Mann[2]. Es ist also festzustellen: In allen anderen Ländern außer den Vereinigten Staaten hat die amphibische Kriegführung großenteils als Mittel der operativen Ebene aufgehört zu existieren.

Das US Marine Corps: Rolle und Aufgaben
Im United States Code, der Gesetzessammlung der Bundesgesetze der USA, Title 10, sind die Aufgaben der Streitkräfte der Vereinigten Staaten festgelegt. Der Auftrag des US Marine Corps ist es, Marinestützpunkte zu nehmen und zu verteidigen sowie Operationen zu Lande, die mit Seekriegsoperationen verbunden sind, durchzuführen. Das US Marine Corps ist federführend für die Ausarbeitung von Doktrinen, Taktiken und Verfahren amphibischer Kriegführung sowie für die Entwicklung des von den Landungstruppen benötigten Geräts. Ihm sind folgende zusätzliche Aufgaben zugewiesen: Bereitstellung von Sicherungskräften für Küstenstationen (naval shore stations), Bereitstellung von Marineinfaterieabschnitten an Bord von Schiffen der Navy (ship's detachments) und Durchführung anderer Aufgaben, die ihnen der Präsident der Vereinigten Staaten zuweist[3]. Diese letzte Aufgabe ist insofern äußerst wichtig, als sie das US Marine Corps autorisiert, von rein marinespezifischen Aufgaben oder Operationen abzuweichen. Im Gesetz ist ebenfalls verankert, daß das US Marine Corps eine selbständige Teilstreitkraft neben der US Navy innerhalb des US-Marineministeriums ist und nicht zur US Navy zu rechnen ist. Der Oberkommandierende (Commandant) des US Marine Corps ist nicht dem Chief of Naval Operations (CNO), sondern direkt dem US-Marineminister unterstellt und ist gleichberechtigtes Mitglied der Joint Chiefs of Staff.
Die Einsatzverbände des US Marine Corps lassen sich in vier Kategorien einteilen:
1. Einsatzverbände, die den Einsatzverbänden der US-Marine oder »Unified commands« unterstellt sind;

2. Einsatzverbände, die der US-Marine unterstellt sind;
3. Einsatzverbände, die dem US-Außenministerium unterstellt sind;
4. Einsatzverbände, die nicht anderweitig unterstellt sind.

Der US Navy unterstellte Verbände des US Marine Corps sind »operational control« dem Chief of Naval Operations unterstellt. Die Fleet Marine Forces (FMF) bilden den Hauptteil der den Einsatzverbänden der US Navy unterstellten Marineinfanteristen[5]. Organisationspläne für eine Marineinfanteriedivision, ein Flugzeuggeschwader und einen Versorgungstruppenteil (service support group) sind in den Anhängen enthalten.

Operation Desert Shield: Phase I

Mobilisierung und Aufmarsch

Twentynine Palms, Kalifornien, in der Mojave-Wüste ist der Standort des Air Ground Combat Center des US Marine Corps (MCAGCC). Dort ist das Ground Combat Element (GCE) der 7th Marine Expeditionary Brigade (MEB) stationiert. Der August ist meist der heißeste Monat des Jahres in Twentynine Palms; dann schnellen die Temperaturen auf etwa 72° C nach oben[6]. Im Sommer 1990 bereitete sich die 7th MEB dort auf eine Herbstübung in der Türkei vor. Dabei wurden auch die Time-Phased Force Deployment Data der Maritime Prepositioning Ships (Stationierungsplanung der Schiffe, auf denen schwere Ausrüstung der Marines weltweit bereitgehalten wird) überprüft und auf den neuesten Stand gebracht. Im August sollten sich die Marineinfanteristen der 7th MEB in einer anderen Wüste wiederfinden; nicht in der Türkei, und dieses Mal war es auch keine Übung.

Am 7. August wurden die 1st MEB auf Hawaii, die 7th MEB in Kalifornien und die 4th MEB in North Carolina zwecks möglicher Verlegung in die Golfregion in Alarmbereitschaft versetzt[7]. Die US Marine Corps-Komponente des USCENTCOM war die 7th MEB. Vor dem Hintergrund dieser Sachlage wußten die Marineinfanteristen der 7th MEB am Donnerstag, den 2. August 1990, angesichts der Nachrichten von der irakischen Invasion in Kuwait, daß sie einer der ersten Verbände sein würden, die an den Golf verlegt werden würden, sollte sich der US-Präsident für eine militärische Intervention entscheiden.

Das GCE der 7th MEB bestand aus dem 7th Marine Regiment mit vier Infateriebataillonen, einem leichten gepanzerten Infanteriebataillon, ausgerüstet mit dem leichten gepanzerten Aufklärungsfahrzeug LAV-25, einem verstärkten Artilleriebataillon mit gezogener und selbstfahrender Artillerie, einem verstärkten Panzerbataillon und einem amphibischen Bataillon. Das ACE (Air Combat Element) bestand aus der Marine Air Group 70 (MAG-70), einer gemischten »air group« mit Starrflügel- und Drehflügelflugzeugen. Die Starrflügelflugzeuge umfaßten F/A-18 Hornets, A-6E Intruders, AV-88 Harriers, Beobachtungs- und Aufklärungsflugzeuge des Typs OV-10 Bronco sowie Transport- und Luftbetankungsflugzeuge KC-130. Die Hubschrauberstaffeln der MAG waren mit schweren Transporthubschraubern der Typen CH-53D und CH-53E (der CH-53E verfügt über Luftbetankungskapazität), mittleren Transporthubschraubern des Typs CH-46, UH-1N Hueys und AH-1W Super Cobras ausgerüstet. Die Einsatzorganisation des ACE umfaßte auch die Flugabwehrsysteme der MEB, Hawk und Stinger. Das Combat Service Support Element (CSSE) war die Brigade Service Support Group 7 (BSG-7). Andere Truppenteile, die der Brigade vorübergehend unterstellt oder »operational control« unterstellt wurden, waren u.a. eine RPV-Kompanie (Drohnenaufklärung) sowie Aufklärungs-, Fernmelde-, Elektronikaufklärungs- und Abschirmungs-/Absicherungstruppenteile. Insgesamt kam die 7th MEB auf eine Personalstärke von etwa 17.000 Mann[8].

Die 7th MEB und die 1st MEB verlegten als Teil der Maritime Prepositioning Force (MPF) des US Marine Corps. Im wesentlichen waren deren Gerät und Versorgungsgüter an Bord der »forward deployed« MPS-Schiffe verladen. Das Personal der GCE wurde nach Jubayl in Saudi-Arabien geflogen, wo Personal und Gerät zusammengeführt wurden. Mit Flügen überführte das ACE den größten Teil seiner Starrflügelflugzeuge. Hubschrauber wurden auch an Bord von Transortflugzeugen des Typs C-5 überführt. Die 4th MEB wurde auf 15 amphibische Kriegsschiffe eingeschifft und am 17. August verlegt. Die 1st MEB und die 4th MEB waren erheblich leichter bewaffnet als die 7th MEB. Dies ist für eine Marine Air-Ground Task Force (MAGTF) (Luft/Land-Einsatzverband des US Marine Corps) nicht ungewöhnlich.

Zusammensetzung der MAGTF
MAGTFs sind Einsatzorganisationen, die aus Boden-, Luft-, Versorgungs- und Führungskomponenten bestehen. MAGTFs haben keine Standardgliederung, sondern werden jeweils lagebezogen zusammengestellt. Die MAGTF bietet dem Truppenführer für die jeweilige Aufgabe einen optimal zusammengestellten Verband. MAGTFs werden umgegliedert, wenn die Lage dieses erfordert. Im allgemeinen werden Streitkräfte auf der Grundlage bleibender Strukturen organisiert. Die Vorteile dafür sollen Stabilität, Zusammengehörigkeitsgefühl, Einheitlichkeit der Führung und damit Erleichterung der Führung eines orchestrierten Gefechts sein. Die Marineinfanteristen neigen allerdings eher dazu, am Einsatz orientierte Organisationsformen zu entwickeln (Task Force Prinzip). Umfang und Auftrag des US Marine Corps verlangen jeweils eine Zusammensetzung von Kräften, die einen teilstreitkräfteübergreifenden Einsatz auf unterschiedlichen Führungsebenen ermöglichen. Die Philosophie des US Marine Corps lautet: Zusammenhalt auf dem Gefechtsfeld ist das Produkt der Ausbildung in der Kunst, Operationen der verbundenen Waffen zu führen, und dieses wird nicht durch eine dauerhafte Friedensgliederung erreicht. Es macht im »Konzert des Gefechts« kaum etwas aus, ob die Sinfonie von einem Gastdirigenten dirigiert wird oder von welchem Orchester die Musiker kommen, solange jeder Meister seiner Kunst ist und nach dem gleichen Notenblatt spielt. Haben sie Gelegenheit zu üben, bevor der Vorhang aufgeht, desto besser.

Die einsatzorientierte Zusammensetzung von Kräften läßt sich beim US Marine Corps bis ins 19. Jahrhundert zurückverfolgen. Die Organisationsstruktur von Marineinfanterieverbänden im Golfkonflikt kann ziemlich verwirrend sein. Ein kurzer historischer Rückblick kann dazu beitragen, das Verständnis für die Gliederung von Marineinfanterieverbänden am Golf zu erleichtern. In Vietnam setzte die III Marine

Amphibious Force (eine MAF ist der Vorgänger der heutigen MEF) Bataillone, wo immer diese gebraucht wurden, ein und stellte diese »operational control« dem jeweiligen Führer vor Ort zur Verfügung. Ende 1966 waren so der 7th Marines fünf Bataillone »operational control« unterstellt, von denen drei zu anderen Regimentern gehörten. Regimenter des US Marine Corps werden oft nach ihrer Kennummer bezeichnet, gefolgt von der Bezeichnung ›Marines‹, hier: ›7th Marines‹, was sich auf ›7th Marine Regiment‹ bezieht. Es kam auch vor, daß ein Regiment keine Bataillone führte. Der Stab der 5th Marines fungierte z.B. eine Zeitlang als »Stab« der Task Force X-Ray unter einem Brigadegeneral. In einer solchen Situation wurde der Regimentskommandeur oft der Chef des Stabes eines Einsatzverbandes[9]. Ein aktuelleres Beispiel bezieht sich direkt auf die 7th MEB. Vor ihrer Reaktivierung im Jahre 1987 wurde das GCE der 7th MEB durch die 27th Marines gestellt. Die 27th Marines führten ein Infanteriebataillon »operational control«, nämlich das 2nd Battalion, 4th Marines. Das 4th Marine Regiment war in Okinawa, Japan, als Teil der 3rd Marine Division stationiert. Wäre die 7th MEB mobilisiert worden, so wären die übrigen Infanteriebataillone von den 7th Marines der 1st Marine Division in Camp Pendleton, Kalifornien, unterstellt worden. Die Organisationsstruktur des Marine Corps bei Desert Shield und Desert Storm war weder eine Abweichung von der Norm noch das Produkt unzureichender Planung, sondern für die Marineinfanteristen die Norm.
Zum Zeitpunkt der Verlegung wurde das 7th Marine Headquarters mit der 7th MEB beim MCAGCC, 29 Palms, Kalifornien, zusammengelegt. Eines seiner Bataillone (3rd Battalion 7th Marines) wurde gerade im turnusmäßigen Wechsel mit einem Bataillon der 9th Marines mit Hauptquartier in Okinawa ausgetauscht. Die ursprüngliche Zusammensetzuung sah drei Infanteriebataillone vor; daher wäre es logisch gewesen, 1/7, 2/7 und 3/9 zu verlegen. Ein Bataillon, das 3/9, befand sich zur Übung in Kanada. Bis zu einer Entscheidung über die Rückkehr des 3/9 forderte 7th MEB von der in der Nähe befindlichen 1st Marine Division ein Ersatzbataillon an. Dem wurde zugestimmt, und das Bataillon 1/5 wurde zunächst zur Verlegung vorgesehen. Die Situation am Golf machte jedoch die Bildung einer schwereren MAGTF erforderlich. Deshalb wurde 3/9 aus Kanada zurückgeführt und die 7th Marines mit 1/7, 2/7, 1/5 und 3/9 verlegt[10].
Die Zusammensetzung von Marineinfanteriekräften am Golf war nicht auf den Unterstellungswechsel von Bataillonen von einem Kommando zum nächsten beschränkt. Sie bestand auch in der Zusammenlegung von zwei oder mehreren MAGTFs zu einer einzigen. Ziel und Zweck einer solchen Zusammenlegung besteht darin, zwei oder mehrere MAGTFs miteinander zu verschmelzen, um so eine höhere Kampfkraft unter einer einheitlichen Führung zu erhalten. Dieses ist eine sehr komplexe Form der Zusammensetzung von gemischten Großverbänden. Damit werden Führungskomponenten bzw. Teile davon überflüssig. Überflüssiges Personal muß deshalb in diesem Fall neuen Aufgaben außerhalb des neuen Stabes zugeführt werden. Ein Teil wird als 2. Schicht (breakaway capability) zurückgehalten. Mit anderen Teilen kann man die erweiterte C3-Komponente der neuen MAGTF verbessern[11]. Generalleutnant Walter Boomer, der die Führung der I MEF übernahm, räumte ein, daß das US Marine Corps das Task Force Prinzip und die damit verbundenen Probleme leicht unterschätzt und sich daher eine sehr komplexe Dynamik entwickeln kann[12].

Die MEB muß in der Lage sein, selbständig zu handeln und — wenn nötig — ihren eigenen Krieg zu führen. Die MEB, und insbesondere eine MPF MEB, muß ebenfalls in der Lage sein, die Rolle der vorgeschobenen Führungselemente zu übernehmen, um schließlich von der MEF aufgenommen und aufgelöst zu werden. Wenn dies nicht energisch gehandhabt wird, können leicht negative Auswirkungen auf Moral und Zusammenhalt die Folge sein. Bei der Bewertung von Erfolg oder Mißerfolg des Task Force Prinzips des US Marine Corps im Golfkrieg muß berücksichtigt werden, daß die neu zusammengestellten MAGTFs unmittelbar nach ihrer Aufstellung mit einer umfassenden, monatelangen Ausbildung begannen. Darüber hinaus blieben die MAGTFs bis zur heißen Phase in der ursprünglichen Gliederung zusammen. Es ist schwer zu beurteilen, ob oder wie sich dies geändert hätte, wenn sich der Krieg in die Länge gezogen hätte und erneute Umgliederungen notwendig geworden wären. Die rasche Eskalation der Krise am Golf und die nachfolgende Entscheidung, die Masse der I Marine Expeditionary Force (I MEF) zu verlegen, machen nochmals die Rolle des Task Force Prinzips deutlich. Die ersten Truppenteile der 7th MEB trafen am 14. August in Al Jubayl in Saudi-Arabien ein. Als größte MAGTF an Land übernahm das 7th MEB Headquarters die Rolle des vorgeschobenen Gefechtsstandes der I MEF. Die Führungskomponente der I MEF verließ Camp Pendleton in Kalifornien am 16. August. Die I MEF ACE und die 3rd Marine Aircraft Wing (MAW) verließen ihren Stützpunkt in El Toro in Kalifornien am 15. August; sie sollten die MAGs der 7th MEB und der 1st MEB aufnehmen. Auf dem Höhepunkt des Krieges umfaßte die 3rd MAW mehr als 70 Einheiten von der Größe einer Staffel mit nahezu 500 Kampfflugzeugen und mehr als 16.000 Mann. Bis zum 24. August übernahm die 3rd MAW die Verantwortung für »combat air patrol«-Einsätze über dem Golf rund um die Uhr an sieben Tagen der Woche[13]. Am 25. August, 18 Tage nach Beginn der Operation Desert Shield, meldete Generalmajor John I. Hopkins, Kommandeur der 7th MEB, in seiner Eigenschaft als Kommandierender General (KG) der I MEB (Forward) General H. Norman Schwarzkopf, daß er für die Verteidigung der Zugänge zum strategisch wichtigen Seehafen Al Jubayl einsatzbereit sei[14].

Die 1st MEB verlegte am 25. August von Hawaii ohne ihr Führungselement, da es in Saudi-Arabien bereits genügend Führungselemente des US Marine Corps gab. Am 26. August traf das MPS-Geschwader der 1st MEB aus Guam in Al Jubayl ein. Am 2. September übernahm die I MEF »operational control« über alle Marineinfanterieverbände im Operationsgebiet. Somit war der KG der I MEF, Generalleutnant Walter E. Boomer, auch der zuständige Befehlshaber der US-Marineinfanteriekomponente des Central Command (COMUSMARCENT). Der Stab der 7th MEB wurde von der I MEF aufgenommen, und der KG der 7th MEB wurde stellvertretender Befehlshaber der I MEF. Der Stab der 1st Marine Division (1st MarDiv) unter dem Kommando von Generalmajor James M. Myatt, war am 5. September an Ort und Stelle und übernahm die Führung aller Bodentruppen der US Marine Corps in Saudi-Arabien[15]. Die MEF und die 1st MarDiv übernahmen auch »operational control« über die Marineinfanteriekräfte vor Ort, die nicht unbedingt ihre eigenen waren. Die beiden MEBs wurden vorübergehend aufgelöst. Die 1st MarDiv bestand nun aus den 3rd Marines (1st MEB GCE) und den 7th Marines (7th MEB GCE), zusammen mit deren Einsatzunterstützungsverbänden (combat support elements). Die CSSE-Truppenteile der MEBs wurden von der I MEF CSSE, 1st Force Service Support Group (FSSG), unter dem Kommando von Brigadegeneral James A. Brabham, aufgenommen. Eine zusätzliche Komponente, die etwa Mitte September »operational control« der I MEF unterstellt wurde, war die 7th Armoured Brigade (›Desert Rats‹) der britischen Rheinarmee. Im Oktober wurden sie der 1st MarDiv unterstellt. Die Briten verstärkten die MarDiv mit ihren Panzern vom Typ Challenger sowie ihren Panzerspäh- und Mannschaftstransportwagen. Bis zur ersten Novemberwoche 1990 befand sich ein Viertel der aktiven Marineinfanteristen am Golf: über 30.000 Marineinfanteristen mit der I MEF an Land und weitere mindestens 10.000 Soldaten der 4th MEB als potentielle Landungstruppe in See[16].

Amphibische Verbände
Die 4th MEB unter dem Kommando von Generalmajor Harry W. Jenkins Jr., traf Mitte September im Golf von Oman ein. Die 13th Marine Expeditionary Unit (MEU), die ihrem Auftrag entsprechend vorher im West-Pazifik stationiert war, wurde ebenfalls an den Persischen Golf in Marsch gesetzt. Eine amphibische Bereitschaftsgruppe (Amphibious Ready Group — ARG), die MAGTF 6-90, wurde mit Teilen der 3rd MarDiv von Okinawa, Japan, verlegt. Die 22nd MEU befand sich an Bord eines Schiffes vor der Küste von Liberia und sollte US-Bürger und ausländische Staatsangehörige evakuieren. Die 26th MEU traf am 20. August als Ablösung für diese 22nd MEU vor der Küste von Monrovia, Liberia, ein. Einen Tag später sollte die 22nd MEU neue Befehle erhalten und ins Mittelmeer verlegen; sie ließ eine verstärkte Infanteriekompanie zusammen mit Hubschraubern und Versorgungstruppenteilen an Bord von zwei amphibischen Schiffen zurück[17]. Bis Ende September bestanden die Landungstruppen des US Marine Corps, die bei der Operation Desert Shield eingesetzt werden sollten, aus der 4th MEB, der 13th MEU und der MAGTF 6-90. Im Gegensatz zu den Marineinfanteristen an Land standen diese Marineinfanteristen unter dem Kommando des Befehlshabers US Navy Component Central Command (COMUSNAVCENT) und nicht unter dem des COMUSMARCENT.

Unterstellungsverhältnis zwischen US Navy und US Marine Corps
Das Unterstellungsverhältnis zwischen US Navy und US Marine Corps im Hinblick auf amphibische Operationen war und ist stets eine Quelle von Diskussionen. George C. Marshall sagte: »Eine Anlandung gegen den Widerstand von organisierten und gut ausgebildeten Truppen ist wahrscheinlich das schwierigste Unternehmen, dem sich Streitkräfte gegenübergestellt sehen können.« Amphibische Operationen sind sehr komplex; sie machen eine detaillierte Planung erforderlich, und sie sind — ihrem Wesen nach — teilstreitkraftübergreifende Operationen. Eine Problematik ist, daß keine Einigkeit über das optimale Unterstellungsverhältnis besteht. Die Doktrin der amphibischen Kriegsführung ist in den Naval Warfare Publications festgelegt[18]. In den meisten Phasen einer amphibischen Operation sind der Commander Amphibious Task Force (CATF), ein US-Marineoffizier, und der Commander Landing Force (CLF), ein Marinekorpsoffizier, auf Zusammenarbeit angewiesen. Sie haben

gewöhnlich auch den gleichen Dienstgrad. Die Einheitlichkeit der Führung gebietet, daß im Konfliktfall nur ein Führer entscheiden kann, und diese Aufgabe fällt dem CATF zu. Der CLF übernimmt die Verantwortung über den USMC-Verband erst, wenn die Landungstruppe den Brückenkopf an der Küste eingerichtet hat; sie ist dann selbständig, ohne von dem amphibischen Einsatzverband (Amphibious Task Force, ATF) weiter unterstützt werden zu müssen. Während des Golfkonfliktes waren die eingeschifften Kräfte des US Marine Corps damit dem COMUSNAVCENT unterstellt. Er konnte in Absprache mit seinem Vorgesetzten, dem COMUSCINCENT, ohne Einwirkungsmöglichkeit des ranghöchsten Marine Corps-Befehlshabers COMUSMARCENT oder des Kommandanten des US Marine Corps über ihren Einsatz entscheiden.

Amphibische Kriegführung als Mittel operativer Führung

Es gibt grundsätzlich vier Arten von amphibischen Operationen: die amphibische angriffsweise Anlandung, den amphibischen Überfall, die amphibische Scheinanlandung sowie die amphibische Rückführung. Amphibische Kräfte sind ihrem Wesen nach Kräfte der operativen Führung. Projektion von Seemacht, der operativen Führungsebene zugeordnet, hat zwei Erscheinungsformen: strike warfare (Angriffskriegführung), um die Trägerkampfgruppen der Marine herum aufgebaut, und amphibische Kriegführung, in deren Mittelpunkt amphibische Einsatzverbände (Amphibious Task Forces) mit einer eingeschifften MAGTF des US Marine Corps stehen[20]. Andere Aufgaben der Seekriegführung, wie Luftzielbekämpfung, Bekämpfung von Überwasserstreitkräften und Ubootbekämpfung, sind supplementär, jedoch nicht operativen Charakters. Sie verstärken allerdings in hohem Maße die Fähigkeit der operativen Kräfte. Die US Navy hat mit Schwerpunkt ihre eigene strike warfare-Fähigkeit weiterentwickelt, der Verbesserung bzw. Unterstützung der amphibischen Kriegführung dagegen geringere Aufmerksamkeit gewidmet. Das Composite Warfare Concept (CWC) der US Navy bietet dem Führer eines Einsatzverbandes (task force commander) Flexibilität und ermöglicht dezentralisierte Durchführung bei der Aufgabenbewältigung seines Verbandes[21]. Im Rahmen dieses CWC-Konzepts erhält der Führer eines Einsatzverbandes — je nach Bedarf — Luftzielbekämpfungs-, Ujagd-, Seezielbekämpfungs- und andere Kräfte. Theoretisch spielt der amphibische Einsatzverband (amphibious task force) eine ebenso wichtige Rolle wie die strike task force. Steht die amphibische Kriegsführung im Mittelpunkt der operativen Führung, so kann die strike warfare-Komponente zur Unterstützung der CATF angewiesen werden. In der Praxis jedoch behält die strike task force die dominierende CWC-Rolle bei, selbst wenn die amphibische Kriegsführung im Mittelpunkt steht. Der amphibische Einsatzverband wird als Transportkomponente empfunden[22].
Amphibische Kriegführung ist in der US Navy nicht populär. Ein ehemaliger stellvertretender Chief of Naval Operations (Surface Warfare) bezeichnete die Offiziere, die auf Zerstörern, Kreuzern usw. Dienst taten, als seine »Überwasser-Krieger«. Diejenigen, die auf Schiffen für den amphibischen Einsatz eingesetzt sind, werden ebenfalls als »Überwasser-Krieger« bezeichnet[23]. Diese Äußerung des Vizeadmirals Joseph Metcalf III soll nur die Gleichgültigkeit der Marine gegenüber der amphibischen

Kriegsführung belegen. Bei amphibischer Kriegführung handelt es sich nicht um die schnellen, »ausgetretenen Pfade« der Überwasserkriegführung der Marine, sondern um eine andere, wesentlich komplexere Art der See-Land-Kriegführung.
Durch die Schwerpunktsetzung der Marine für Seekriegoperationen verkümmerte die Fähigkeit der Marineoffiziere, amphibische Kriegführung als Mittel der operativen Führung zu akzeptieren und weiterzuentwickeln.
Ohne qualifizierte und kompetente Führer zur Unterstützung von amphibischen Kampfhandlungen läuft die Marine allerdings Gefahr, auf ihre Fähigkeiten in diesem Bereich gänzlich zu verzichten. Das US Marine Corps stellt dieses Marinedenken in Frage, weil es auf Belange der amphibischen Kriegführung nur unzureichend eingeht. Unbestritten ist die Regelung der Verantwortung für amphibische Operationen, die bei der US Navy liegt. Die MAGTF muß jedoch auf der Führungsebene repräsentiert sein und einwirken können, auf der Entscheidungen getroffen werden. Beim US Marine Corps geht man davon aus, daß der CATF letzten Endes der Entscheidungsträger ist und für die erforderliche Repräsentation des US Marine Corps sorgt.
Das CWC-Konzept der US Navy andererseits fixiert nicht unbedingt Verantwortung für die operative Planung der amphibischen Kriegführung auf den CATF. Wenn der amphibische Einsatzauftrag für die Marine zu einem Transportauftrag degradiert wird, werden die taktisch-strategischen Befugnisse des CATF im wesentlichen »usurpiert« oder auf die eines »functional warfare commander« reduziert. Es besteht keine offizielle Forderung, das US Marine Corps auf der CWC-Führungsebene zu repräsentieren. Theoretisch wird vom CATF erwartet, daß er die Rolle des Protagonisten des US Marine Corps gegenüber dem CWC-Befehlshaber übernimmt, eine Regelung, die das Marinekorps für nicht ausreichend hält. Einige Angehörige des US Marine Corps treten dafür ein, daß der MAGTF ein Status als »functional warfare command« innerhalb des CWC zugewiesen wird. Befürworter dieser Regelung argumentieren, daß dieses die effektive Berücksichtigung der Belange des US Marine Corps im Operationsplan des CWC-Befehlshabers sicherstellen würde.
Im Bericht des US-Verteidigungsministeriums an den Streitkräfteausschuß des Senats vom Februar 1991 wird die Bedeutung der amphibischen Kriegführung als operatives Element bekräftigt. Nach diesem Bericht »bieten seegestützte Kräfte, die der Machtprojektion dienen, Trägerkampfgruppen und amphibische Gruppen mit eingeschifften Marineinfanteristen, der Politik die militärischen Mittel, die vielschichtige Fähigkeiten aufweisen und rund um die Erde dislozierbar sind«. Offiziell unterstützt die US Navy diese nationale Militärstrategie, die der amphibischen Fähigkeit wieder eine größere Bedeutung einräumt; die Wirklichkeit sieht allerdings anders aus. Amphibische Operationen während des Golfkrieges müssen stets vor diesem Hintergrund betrachtet werden.

Zur Fähigkeit des Marine Corps zu teilstreitkraftübergreifenden Operationen
Die Fähigkeit zur Führung gemeinsamer Operationen läßt sich auf der strategisch/operativen Ebene und auf der taktischen Ebene untersuchen. Auf der strategisch/operativen Ebene ist die Fähigkeit zu gemeinsamen Operationen eine Forderung an alle US-Teilstreitkräfte. Der GOLDWATER-NICHOLS DEPARTMENT OF

DEFENSE REORGANIZATION ACT von 1986 schrieb deshalb die Aufstellung von unified commands mit gemeinsamen Stäben und gemeinsamen Kräftestrukturen zwingend vor. USCENTCOM ist ein solches Kommando.

Gemeinsame Operationen sind kein neues Phänomen. Gemeinsame Operationen waren für das US Marine Corps in diesem Jahrhundert die Regel. Im Ersten Weltkrieg wurden Verbände der US-Marineinfanteristen von der US Army geführt. Die Gliederung des US Marine Corps wurde dazu der Gliederung der US Army angepaßt. Marineinfanterieeinheiten/-verbände wurden so in die US Army integriert. US-Marineinfanterieoffiziere in Heeresuniform führten Heerestruppenteile und Heeresoffiziere führten Marineinfanteristen. Erst zu Ende des Ersten Weltkrieges gewannen die Marineinfanteristen ihre Identität zurück und trugen z.B. wieder ihre eigenen Uniformen[24].

Amphibische Operationen im Zweiten Weltkrieg waren gemeinsame Operationen. Heerestruppenteile wurden Marinekorpskommandos unterstellt und umgekehrt[25].

Im Vietnamkrieg wurden Marineinfanteristen bei gemeinsamen Operationen eingesetzt. In den 80er Jahren nahmen die Marineinfanteristen an der Operation Urgent Fury in Grenada und der Operation Just Cause in Panama teil, die weiere Beispiele gemeinsamer Operationen sind. Bei der Operation Desert Shield wurde die 7th Armoured Brigade (Desert Rats) der britischen Rheinarmee »operational control« I MEF unterstellt. Marineinfanteristen wurden darüber hinaus zusammen mit arabischen Koalitionskräften ausgebildet und stellten zu diesen Verbindungs- und Unterstützungskommandos ab. Die Tiger Brigade (1st Brigade, 2nd Armored Division) der US Army unterstützte die 2nd Marine Division während der Operation Desert Storm[26].

Marineinfanteristen tun in gemeinsamen Stäben oder bei Stäben anderer Teilstreitkräfte Dienst. Generalmajor Robert B. Johnston war zum Beispiel Chef des Stabes von USCENTCOM, Brigadegeneral Richard I. Neal stellvertretender J-3 und Brigadegeneral Paul A. Fratarangelo Inspector General bei USCENTCOM. Seltener ist es, daß Marineinfanteristen einen teilstreitkraftübergreifenden Einsatzverband führen oder den Kern des Stabes bilden[27].

USCENTCOM ist wohl mehr eine Ausnahme. General H. Norman Schwarzkopf übernahm von General George B. Christ vom US Marine Corps das Kommando über USCENTCOM am 23. November 1988, und am 9. August 1991 übergab er das Kommando an seinen ehemaligen Chef des Stabes, General Joseph P. Hoar, Angehöriger des US Marine Corps.

Der Natur nach sind Kräfte des Marine Corps für gemeinsame Operationen prädestiniert und auch auf solche angewiesen. Dabei blieben dem Marine Corps Enttäuschungen nicht erspart[28].

Im Ersten Weltkrieg waren die Marineinfanteristen z.B. nicht glücklich über die Entscheidung von General Pershing, die Bildung einer selbständigen Marine-Division nicht zuzulassen. Im Zweiten Weltkrieg erlangten gemeinsame Operationen eine neue Dimension. Bei der Invasion von Siapan ließ der ranghöhere Befehlshaber, Generalleutnant M. »Howling Mad« Smith vom US Marine Corps, den Kdr der 27th Infantry Division, Generalmajor Ralph C. Smith, ablösen, weil dieser mit seinen Truppen nicht so zügig vorrückte wie es die Marineinfanteristen verlangten. Diese Ablösung eines Heeresgenerals führte zum Ende der Karriere des General H.M. Smith. Dadurch kühlte sich das Verhältnis zwischen US Army und US Marine Corps deutlich ab. Der Vietnamkrieg war von Konflikten zwischen dem Marine Corps und der US Air Force gezeichnet. Die US Air Force bestand auf einem »ungeteilten Management« aller Starrflügelflugzeuge des Kriegsschauplatzes. Diese Kontroverse wurde niemals zur vollen Zufriedenheit beigelegt[29].

Das Marine Corps besteht darauf, daß seine fliegerische Komponente Bestandteil der MAGTF ist, die ihrem Charakter nach über eine fliegende Komponente verfügen muß. Mit dieser Forderung traf die Air Force die Konzeption des Marine Corps in ihrem Kern. Die Marine, durch diese Forderung mit dem potentiellen Verlust ihrer surface air cover (Luftverteidigung) konfrontiert, leistete ebenfalls Widerstand gegen diese US Air Force Forderung. Die US Air Force argumentierte mit der Einheitlichkeit der Führung aller Luftkriegsmittel in einer Hand. Ohne völlige Integration aller Starrflügelflugzeuge könne ein Joint Force Air Component Commander (JFACC) einen Luftkrieg nicht wirksam orchestrieren und führen.

Die Air Force argumentiert, daß im Rahmen dieses »ungeteilten Managements« auch Luftkriegsmittel der MAGTF über deren eigenen Bestand hinaus dieser zugeteilt werden könnten. Das Marine Corps argumentiert dagegen, daß dieses Verfahren von den Piloten der Air Force die Beherrschung der Einsatz- und Ausbildungsverfahren des Marine Corps verlange und diese u.a. auch an Übungen des US Marine Corps routinemäßig teilzunehmen hätten[30]. Die US Air Force-Doctrine entfernt sich vom Einsatz von Starrflügelflugzeugen in der taktischen Unterstützungsrolle und vertritt eher die Ansicht, daß Luftmacht am effektivsten ist, wenn sie auf strategischer und operativer Ebene eingesetzt wird. Die US Air Force plante die Außerdienststellung der A-10, ihr einziges für den Erdkampf geeignetes Starrflügelflugzeug. Der Streitkräfteausschuß des Senats gab in dem Bemühen, eine Nahunterstützungsfähigkeit durch Starrflügelflugzeuge zu erhalten, die Anweisung zur Übernahme von A-10-Flugzeugen durch das US Marine Corps. Die Marineinfanteristen, die auf den Mangel der Nachtangriffsfähigkeit der A-10 und auf die notwendigen Modifizierungskosten für die Herstellung der Funktionsfähigkeit der A-10 verwiesen, erreichten, daß diese Flugzeuge statt dessen als Ersatz für das Aufklärungsflugzeug vom Typ OV-1 Mohawk an die US Army übergeben wurden[31].

Der GOLDWATER-NICHOLS ACT versuchte die Rivalitäten zwischen den Teilstreitkräften auf dem Gebiet der Luftunterstützung zu überwinden. Das »Omnibus Agreement for Command and Control of United States Marine Corps Tactical Airpower« des Führungsstabes der Streitkräfte legte fest, daß der Führer der MAGTF »operational control« über alle Mittel des US Marine Corps behält, gleichzeitig aber auch der JFACC befugt ist, wegen der Einheitlichkeit der Führung des Luftkriegs der fliegenden Komponente des US Marine Corps Aufgaben zuzuweisen. Dieses »Agreement« war so vage gehalten, daß den einzelnen Teilstreitkräften genügend Handlungs- und Interpretationsspielraum gelassen wurde. Als CENTCOM sich auf den Golfkrieg vorbereitete, bot dieses Agreement für alle Teilstreitkräfte Interpretationsmöglichkeiten bzw. -bedarf.

Im Zusammenwirken mit der US Army liegt weniger Konfliktstoff. Unterschiede hinsichtlich der Doktrin zur Führung von Landkriegsoperationen, sind minimal. Die beiden Teilstreitkräfte weisen allerdings Unterschiede in Gliederung, Ausrüstung und standardisierten Führungsverfahren auf.

Das US Marine Corps verfügt meist über älteres, deshalb mitunter inkompatibles Gerät. Beispiele sind: der veraltete Kampfpanzer des Typs M60; das Navigations- und Standortmeldesystem (Position Locating and Reporting System — PLARS) ist nicht kompatibel mit dem Positionsbestimmungssystem des Heeres (Army Global Positioning System — GPS); und das Fernmeldegerät des US Marine Corps ist eine Generation älter als das der US Army. Der Stab COMUSMARCENT zum Beispiel benötigte Unterstützung von außen, um sich in das gemeinsame Fernmeldenetz »einzuklinken«. Der Streitkräfteausschuß des Senats schlug nach Hearings über den Golfkrieg ein umfassendes Modernisierungsprogramm für Gerät des Marine Corps vor[32]. Flexibilität und Interoperabilität der fliegenden Komponente des US Marine Corps, insbesondere die Mehrzweck-/Allwetter-/Tag- und Nacht-Einsatzfähigkeit der Mehrheit der Starrflügelflugzeuge des US Marine Corps haben sich dagegen am Golf bewährt.

Operation Desert Shield: Phase II

Eskalation

Am 8. November 1990 gab US-Präsident Bush die Verstärkung der Streitkräfte am Golf um 200.000 Mann bekannt. Mit dieser Verstärkung würde USCENTCOM über eine Angriffsfähigkeit verfügen. Als der Kommandant des Marine Corps, General Alfred M. Gray, zur Stellungnahme zu dieser Entscheidung aufgefordert wurde, erklärte er: »Es gibt vier Arten von Marineinfanteristen: diejenigen, die in Saudi-Arabien sind, diejenigen, die gerade nach Saudi-Arabien gehen, diejenigen, die nach Saudi-Arabien gehen sollen, und diejenigen, die nicht nach Saudi Arabien gehen sollen, aber dennoch dorthin gehen werden.«

Mobilisierung von Reservisten

Der Aufmarsch am Golf erfaßte zunächst die aktive Marineinfanteriekomponente. Die getroffene Entscheidung, die Marineinfanteriekräfte mindestens zu verdoppeln, machte die Einberufung und Aktivierung der Selected Marine Corps Reserve (USMCR) erforderlich. Bis zu diesem Zeitpunkt waren nur einzelne Reservisten, die sich freiwillig für den aktiven Dienst gemeldet hatten, an den Golf geschickt worden[33]. Die Einberufung von Reservisten ermöglichte es dem US Marine Corps, anderen weltweiten Verpflichtungen weiterhin nachzukommen, um die amerikanischen Interessen auf den Philippinen zu wahren und amerikanische Staatsbürger und andere ausländische Staatsangehörige aus Monrovia, Liberia, sowie aus der US-Botschaft in Mogadischu, Somalia, zu evakuieren. 15 Prozent aller Reservisten am Golf waren schließlich Marineinfanteristen. Während der Bodenoffensive bestand z.B. die 2nd Division zu etwa 40 Prozent aus Reservisten. Das 2nd Light Armored Infantry

Battalion bestand zu 70 Prozent aus Reservisten, und das 6th Motor Transport Battalion bestand komplett aus Reservisten[34]. Von den Reservisten des USMCR erhielten 15 Prozent die Auszeichnung Purple Heart; von den 24 Marineinfanteristen, die in diesem Krieg ihr Leben ließen, waren 2 Reservisten[35].

Die Marine Corps Reserve ist als 4th Division/Wing Team (DWT) gegliedert. Sie entspricht in ihrer Gliederung derjenigen der aktiven Kräfte und besteht aus einem GCE, der 4th MARDIV, einem ACE, dem 4th MAW, und einer CSSE-Komponente, der 4th FSSG.

Die USMCR faßt Unteroffiziere und Mannschaften nach 20 Jahren aktivem Dienst in verschiedenen Reservekategorien zusammen. Sie werden nach der Entlassung zunächst der Kategorie I zugeordnet. So können sie ohne weitere Ausbildung einberufen und eingesetzt werden. Sie verbleiben zehn Jahre lang in diesem Status bzw. solange, bis sie das Äquivalent von 30 Jahren aktivem Dienst erreicht haben. Diejenigen Offiziere, Unteroffiziere und Mannschaften, die Truppenteilen der 4th Division/Wing zugeordnet sind und dort ausgebildet werden, sind Angehörige der Selected Marine Corps Reserve. Sie sind »Ready Reserves« oder Reservisten der Kategorie zwei. Eine dritte Kategorie von Reservisten ist unter der Bezeichnung »Individual Ready Reserve« (IRR) bekannt. Im wesentlichen handelt es sich hierbei um Reservisten, die nicht einer Einheit zugeordnet sind, oder um Spezialisten, die entweder eine Ausbildung im Verband nicht brauchen oder eine solche nicht wünschen[36].

Insgesamt wurden 54 Prozent der SMCR oder etwa 24.000 Reservisten nach Camp Lejeune, North Carolina, dem Standort der 2nd MARDIV einberufen, wo sie ein umfassendes Einzelausbildungsprogramm vor Verlegung an den Golf durchliefen[37]. Alle einberufenen Reservisten unterstützten die Operationen am Golf, doch nicht alle taten dieses am Golf. Etwa 60 Prozent der einberufeen Reservisten verlegten tatsächlich an den Golf; andere verstärkten die aktiven Kräfte in Norwegen, Okinawa, Korea, auf den Philippinen und in Bangladesch[38].

Ein Hinweis auf den unterschiedlichen Einsatz der Reservekomponente des US Marine Corps gegenüber dem von der US Army angewandten Auffüllsystem (»roundout«-system) ist angebracht. Die drei aktiven MEFs werden mit aktiven Marineinfanteristen aufgefüllt. Die vierte MEF, die 4th DTW, besteht in erster Linie aus Angehörigen der SMCR, mit einem aktiven Kader. Reservisten der Kategorie I und Angehörige der IRR können einberufen werden, um Lücken entweder in aktiven Truppenteilen oder in Reserveeinheiten zu schließen. Die US Army dagegen hat drei Divisionen, die in den Vereinigten Staaten stationiert sind, als »Auffüll«-Divisionen strukturiert. Diese Divisionen bestehen aus zwei aktiven Brigaden. Im Einsatzfall werden diese Divisionen mit einer dritten Brigade der National Guard vervollständigt. Diese Heeresdivisionen verlegten aber ohne die vorgesehenen National Guard-Brigaden an den Golf, weil diese nicht den nötigen Stand der Einsatzbereitschaft nachweisen konnten[39]. Es bestehen also erhebliche Unterschiede zwischen den Philosophien über die Einsatzmöglichkeiten von Reservisten.

Die Bodentruppen

Die 2nd Marine Division bereitete sich am Golf zunächst auf unterschiedliche Aufträge vor. Es waren dies die Verstärkung und/oder die Ablösung der 1st Division. Die 2nd Marines verlegten dazu ab dem 12. Dezember mit der 4th MEB und ließen zunächst die 2nd MARDIV mit zwei Infanterieregimentern, den 6th Marines und den 8th Marines zurück. Ihr Gerät war im November mit Seetransporten in das Operationsgebiet gebracht worden. Diese Transporte erfolgten teilweise durch MPS-Schiffe, die nach Beendigung der Entladung dazu verfügbar waren. 1st Brigade der 2nd Armored Division (Tiger Brigade), eine Panzerbrigade der US Army, wurde »operational control« 2nd MARDIV unterstellt. Als die 2nd MARDIV bis zum 28. Dezember den größten Teil ihres Geräts und Personals an Land gebracht hatte, bezog sie etwa 70 km nördlich von Al Jubayl eine Verteidigungsstellung[40].

Die 1st MARDIV begann nun mit der Ausarbeitung von Plänen für die Vorbereitung des Gefechtsfeldes, z.B. zum Schlagen einer Bresche durch irakische Stellungen, und führte zusammen mit der britischen 7th Armoured Brigade Übungen im Schießen verbundener Waffen durch. Die Ausbildung im Gefecht verbundener Waffen besteht beim US Marine Corps aus Übungen von Bodentruppenteilen bei gleichzeitiger Artillerie- und Luftnahunterstützung im scharfen Schuß[41].

Die amphibischen Kräfte

Am 18. November 1990 befahl USCENTCOM den Marineinfanteristen eine großangelegte amphibische Übung unter dem Decknamen »Imminent Thunder«. Unsichere Landungsverhältnisse und starke Winde veranlaßten allerdings den Führer des amphibischen Einsatzverbandes, den Einsatz der Amphibien aufgrund des Seegangs abzubrechen; die Anlandung von Kräften mit Hubschraubern, die aus der Tiefe geführt wurde, erfolgte jedoch planmäßig[42]. Dem Irak wurde verdeutlicht, daß es eine reale amphibische Bedrohung gab.

Die 5th MEB lief am 1. Dezember aus San Diego, Kalifornien, aus. Sie sollte am 26. Dezember in Subic Bay auf den Philippinen eintreffen, die 11th MEU (SOC) aufnehmen und dann an den Golf verlegen, um Mitte Januar 1991 mit der 4th MEB und der 13th MEU (SOC) zusammengeführt zu werden. Bis zum 15. Januar erreichten diese Kräfte, die auf 36 amphibischen Schiffen mehr als 18.000 Marineinfanteristen eingeschifft hatten, ihre Ausgangsposition vor der kuwaitischen Küste. Der Irak erkannte, daß ein Angriff von See her nördlich oder südlich von Kuwait City geführt werden konnte. Daraufhin verstärkte der Irak die Küste und setzte insgesamt sechs Divisionen zur Küstenverteidigung ein[43].

Operation Desert Storm

Einsatz der Luftkomponente des Marine Corps im Luftkrieg

D-Tag für die Operation Desert Storm war der 16. Januar 1991. 3rd MAW stellte etwa ein Viertel aller US-Starrflügelflugzeuge im Operationsgebiet und hatte demnach einen entsprechenden Anteil am Luftkrieg[44]. Diese Kräfte wurden in das JFACC-

Konzept der Luftstreitkräfte integriert, das vom Commander US Air Force Central Command (COMUSAFCENT), Generalleutnant Charles A. Horner, befehligt wurde. Es war für das Marine Corps von Vorteil, daß General Schwarzkopf als Heeresgeneral eine Priorität des Luftkrieges in der Vorbereitung des Gefechtsfeldes sah. Er ließ es nicht zu, daß die US Air Force, die US Navy und auch die fliegenden Verbände des US Marine Corps ausschließlich im Kampf gegen irakische Luftstreitkräfte eingesetzt wurden oder Angriffe in der Tiefe führten und daß dieses zu Lasten der Vorbereitung des Gefechtsfeldes vor den Bodentruppen ging[45]. Zwei Wochen vor Beginn der Bodenoffensive ging die Priorität im Luftkrieg auf die Gefechtsfeldvorbereitung über. Dieses entsprach den Forderungen der Marineinfanteristen. Nach dieser Prioritätenänderung war Generalleutnant Royal N. Moore Jr., Commander des 3nd MAW, nicht mehr verpflichtet, Zielzuweisungen des JFACC in der Tiefe zu akzeptieren[46].
3rd MAW umfaßte sechs Staffeln mit 84 Jagdbombern des Typs F/A-18, vier Staffeln mit 80 leichten Bombern des Typs AV-8B/Harrier II, zwei Staffeln mit 20 mittleren Bombern des Typs A-6G/Intruder und eine Staffel mit 15 EloKa-Flugzeugen des Typs EA-6B/Prower[47]. Flugzeuge und Piloten des US Marine Corps waren für Mehrzweckeinsatzfähigkeit ausgebildet. Sie konnten deshalb im großen und ganzen die folgenden Flugaufträge erfüllen: niederhalten der feindlichen Flugabwehr, Laser-Zielmarkierungs-Bombenangriffe mit gelenkten Bomben, Angriffe mit konventionellen Bomben, bewaffnete Luftraumüberwachung, Luftkampf, Luftnahunterstützung, Allwetter- und Nachtangriffseinsätze sowie Aufklärung. Diese Flexibilität der fliegenden Verbände des US Marine Corps kam dem JFACC sehr gelegen, so daß sich die Zusammenarbeit sehr fruchtbar entwickelte. Anfangs forderte das JFACC, 50 Prozent der F/A-18- und alle A-6-Flugzeuge des Marine Corps für die Zielbekämpfungsplanung des JFACC zur Verfügung zu stellen. Als Gegenleistung stellte die US Air Force den Marineinfanteristen Flugzeuge des Typs A-10 und einige F-16 zur Zielbekämpfung im Bereich des Marine Corps zur Verfügung.
Konflikte gab es beim Einsatz der EA-6B der MAW, die die Air Force für den Schutz eigener Einsätze beanspruchte. Die EA-6B verfügt über eine SEAD-Fähigkeit. Sie kann SAM-Batterien orten und zerstören, indem das Zielverfolgungsradar mit Hochgeschwindigkeits-Antiradarflugkörpern ausgeschaltet wird. Die EF-111 der Air Force ist dagegen ein für elektronische Gegenmaßnahmen (EloGM) geeignetes Flugzeug ohne Angriffswaffenkapazität. Es kann nur andere Jäger auf ein SEAD-Ziel lenken. Die EF-111 begleiteten in der Regel andere Angriffsflugzeuge. »SEAD packages« der US Air Force setzten öfter Flugzeuge des Typs EC-130H Compass Call ein, um Luftverteidigungsradar zu orten und zu stören. Zur Vernichtung des Ziels wurden dann F-4G (Wild Weasel) eingesetzt. Insofern war die EA-6B des Marine Corps eine willkommene Bereicherung für das »composite wing«-Konzept der Air Force[48].
Generalleutnant Moore bestand darauf, daß Flugzeuge des US Marine Corps nicht ohne Begleitschutz durch EA-6B eingesetzt würden. Die US Air Force akzeptierte diese Forderung des US Marine Corps. Die Marines kooperierten nach Verlegung der Priorität auf Gefechtsfeldvorbereitung weiter mit dem JFACC. So bekämpfte das Marine Corps Ziele der US Air Force in der Tiefe; während den Marines vermehrt Einsätze von A-10, F-16 und F-15E zugewiesen wurden[49].

Am Golf wurde das JFACC-Konzept erstmalig angewandt. Sein wichtigstes Organisationsmittel, die Air Tasking Order (ATO), erwies sich als sehr unhandliches Dokument mit oftmals mehr als 300 Seiten Umfang. Dieses Mittel der Ziel- und Auftragszuweisung funktionierte gegenüber sich nicht verändernden Zielen sehr gut. Es zeigte aber deutliche Grenzen bei der Unterstützung der Bodentruppen in einem beweglichen Gefecht gegen nicht vorausplanbare Ziele oder z.B. Truppenbewegungen[50]. Die ATO wird den Anforderungen des Einsatzes von Luftstreitkräften in einem NATO-CR-Szenario (Central Region) auf strategischer und operativer Ebene beim Kampf in der Tiefe gerecht. Die Marines sind allerdings auf eine verzugslose, unmittelbare Unterstützung der Bodentruppen durch Luftstreitkräfte auf taktischer Ebene angewiesen. Der JFACC kam den Bedürfnissen der Marines dadurch entgegen, daß er von seiner zentralen Planung für den Verantwortungs- und Interessenbereich der Marines absah und den Marines die Möglichkeit gab, in diesem Raum den Luftkrieg weitestgehend selbständig zu führen. Im wesentlichen wurde dem 3rd MAW eine »high-altitude reservation area« zugewiesen, die den Marines uneingeschränkte Kontrolle des Luftraums über den Bodentruppen der I MEF ermöglichte. Dies war möglich, da die Marines über ein umfassendes Führungssystem für ihre Luftstreitkräfte (Air Command and Control System — ACCS) verfügten und darüber hinaus ein Verbindungskommando sowie eine »target cell« zum JFACC abstellten.

Der Luftkrieg war aus der Sicht des Marine Corps deshalb das Beispiel eines gemeinsamen Luftkrieges, in dem die Komponenten der einzelnen Teilstreitkräfte in einem die Belange des Marine Corps berücksichtigenden Konzept gemeinsam zur Wirkung gebracht wurden. Komponenten der US Air Force und der fliegenden Verbände des US Marine Corps konkurrierten nicht miteinander, sondern ergänzten sich. Verbesserungen sind jedoch nach wie vor erforderlich, bevor Interoperabilität auf der ganzen Linie verwirklicht sein wird. Es hat jedoch den Anschein, daß Rivalitäten zwischen dem US Marine Corps und der US Air Force grundsätzlich ausgeräumt werden konnten.

Flugzeuge des US Marine Corps flogen in den 44 Tagen des Krieges 18.000 Einsätze; 9.000 davon wurden in den letzten fünf Tagen des Krieges geflogen[51]. Besonders für die Marines machte sich der Mangel an taktischen Luftaufklärungskräften/-mitteln bemerkbar. Die 3rd MAW hatte ihre Aufklärungsflugzeuge vom Typ RF-4B erst zwei Tage vor der Verlegung an den Golf außer Dienst gestellt. Eine Wiederindienststellung dieser Flugzeuge wurde zwar in Erwägung gezogen, konnte aber nicht realisiert werden. Das Informationsmanagement der Bildaufklärungssysteme, auch des satellitengestützten Bildmaterials und anderer Nachrichtengewinnungssysteme, erwies sich für die taktische Ebene als nicht ausreichend reaktionsfähig. Das Überwachungs- und Zielverfolgungsradarsystem JSTARS befand sich während des Golfkrieges noch in der Erprobung. Von JSTARS geortete Ziele mußten oft von anderen in der Luft befindlichen Flugzeugen verifiziert werden; häufig stellte sich heraus, daß es sich bei den aufgeklärten Zielen um Koalitionskräfte auf dem Marsch handelte[52]. Das vom US Marine Corps geplante Aufklärungssystem, das Advanced Tactical Air Reconnaissance System (ATARS), das in Flugzeuge vom Typ F/A-18D eingebaut werden soll, wird elektrooptische Sensoren statt Photosensoren und eine Luft-Boden-Daten-

verbindung verwenden, um schneller Aufklärungsergebnisse zu gewinnen und weiterzuleiten. Die Einführung dieses Systems beim US Marine Corps ist allerdings erst für 1995 geplant[53]. Die Entscheidung, die taktischen Aufklärungsflugzeuge außer Dienst zu stellen, ohne über einen geeigneten Ersatz zu verfügen, führte dazu, daß die Marines nicht über Aufklärungsergebnisse verfügten, die sie während der Operation Desert Storm dringend benötigt hätten[54]. 3rd MAW hatte als Interimslösung Drohnen vom Typ RPV-Pioneer eingeführt und erprobt, auf diese aber verzichtet, da man ja noch über RF-4B verfügte und diese den Divisionen der MEF zur direkten Unterstützung überlassen hatte. Als Folge des Golfkrieges wird die 3rd MAW nunmehr erneut die Beschaffung dieser Drohnen prüfen.
Eine verzugslose Weitergabe von Augenaufklärungsergebnissen der fliegenden Besatzungen war schon immer ein schwieriges Problem. Die Marine All-Weather Fighter-Attack Squadron 121 (VMFA(AW)-121) hat dafür im Golfkrieg eine durchaus praktikable Lösung gefunden[55].
Die VMFA(AW)-121 sollte an sich die Möglichkeiten der Fliegerleitoffiziere und des Taktischen Luftwaffeneinsatzkoordinators verbessern[56]. Die Staffel bestand aus 12 Jagdbombern des Typs F/A-18D Hornet. Zwischen den Besatzungsmitgliedern und vorn eingesetzten Bodentruppenteilen bestand eine Nachrichtenschnittstelle. Die Piloten flogen nach Beendigung ihres Einsatzes die Divisionsstellungen ab, meldeten während des Fluges direkt über eine Rundstrahlfrequenz der Division ihre Aufklärungsergebnisse oder gaben diese nach der Landung telefonisch an die Bodentruppe durch[57]. In einzelnen Fällen nahmen die Piloten nach der Landung sogar persönlich mit den Divisionen Kontakt auf. Dies erwies sich als sehr wirksames Mittel zur Gewinnung von wichtigen Aufklärungsergebnissen[58].
Die 3rd MAW startete während der Bodenoffensive alle 7,5 Minuten zwei Flugzeuge für Luftnahunterstützung. Wenn diesen durch den Fast FAC keine Ziele zugewiesen wurden, flogen sie in vorbestimmte Zielgebiete. Boten sich auch dort keine Ziele, wurden sie weiter nach vorn geleitet, um Gelegenheitsziele zu bekämpfen. Durch dieses Leitverfahren wurde die bekannte, ungewollte Mehrfachbekämpfung von Erdkampfzielen durch fest zugewiesene Einsätze vermieden.[59] Damit konnten auch starre Zielzuweisungsregelungen der ATO unterlaufen und eine optimale Unterstützung der GCEs der MAGTF erreicht werden.
Ein Fast FAC, der einen Aufklärungseinsatz Richtung Kuwait City flog, machte einen großen feindlichen Konvoi aus. Es war unklar, ob es flüchtende Irakis waren oder ob diese einen Gegenangriff gegen die Marineinfanteristen führten. Die Division und die MEF wurden gewarnt. Die Kräfte bewegten sich auf den International Airport von Kuwait zu[60]. Schließlich wurde die MAGTF eingesetzt. Dieses ist ein Beispiel für das teilstreitkraftübergreifende Gefecht der verbundenen Waffen, wie es vom Marine Corps geführt wird.
Als die Bodenoffensive begann, unterstützte der 3rd MAW die 1st MARDIV, die 2rd MARDIV und das Joint Forces Command-E. Die Mehrheit der CAS-Einsätze wurde durch das Marine Corps geflogen. Zwei OV-10-Maschinen und vier AV-8B Hariers gingen im Gefecht verloren. Die Harrier wurden von Fliegerfäusten abgeschossen. Die Erwartungen, die an Leistung und Überlebensfähigkeit des Harrier geknüpft

waren, wurden nicht erfüllt. Das US Marine Corps wird mögliche Korrekturen sorgfältig überpüfen müssen.

Das Marine Corps hat mit Erfolg nachgewiesen, daß die fliegenden Kräfte des US Marine Corps in einem gemeinsamen Luftraum mit anderen Luftstreitkräften operieren können und daß ihre auf Mehrzweckeinsatzfähigkeit ausgerichtete gemischte Zusammensetzung es ihnen ermöglicht, als eine der flexibelsten und reaktionsfähigsten Waffen eingesetzt zu werden. Es wurde auch umfassend demonstriert, daß eine berechtigte Forderung nach einer Unterstützung durch Starrflügelflugzeuge auf der taktischen Ebene der Kriegführung besteht. Diese Forderung kann das Marine Corps mit seinen Einsatzkonzepten und der Ausbildung von Piloten und Bodentruppen erfüllen. Taktische Luftunterstützung kann damit als integrale Komponente des Gefechtes der verbundenen Waffen eingesetzt werden. Das MAGTF-Konzept hat sich damit als richtig erwiesen.

Amphibische Operationen
Mit der 4th und der 5th MEB sowie der 13th und der 11th MEU (SOC) verfügte das US Marine Corps über amphibische Kräfte, die in der Lage waren, einen massiven amphibischen Angriff zu führen. Der Irak beurteilte dieses zu Recht als eine wirkliche Bedrohung der irakischen Streitkräfte in Kuwait. Es wäre zweifellos möglich gewesen, die irakischen Stellungen an der Grenze zu Saudi-Arabien von See her zu umgehen. Während des gesamten Krieges blieben beide Optionen — entweder Täuschmanöver oder tatsächliche amphibische Operation — offen[61] (Anlage 8/1). Ob ein amphibischer Angriff durch Schwarzkopf ernsthaft in Betracht gezogen worden ist, wird heftig diskutiert. Es soll zwischen COMUSMARCENT und USCINCCENT zu Konflikten gekommen sein, als dieser die Option eines amphibischen Angriffs auf Kuwait City zugunsten des konzentrischen Einsatzes mit Schwerpunkt links (»left hook«) fallen ließ. Nach nicht bestätigten Presseberichten ist es auch zwischen dem Kommandanten Marine Corps und dem Vorsitzenden Joint Chief of Staff, General Powell, zu Auseinandersetzungen gekommen. Powell hat dabei schließlich Schwarzkopfs Position unterstützt.

Im Gegensatz zu amphibischen Operationen des Zweiten Weltkrieges hat ein amphibischer Angriff heute eine größere Tiefe. Er wird von See her geführt und ist nicht auf Überwasserangriffskräfte beschränkt. Die moderne Doktrin sieht amphibische Kräfte vor, die durch eine mit Hubschraubern und Luftkissenfahrzeugen durchgeführte Sturmlandung unterstützt werden. Die Nutzung der dritten Dimension, verbunden mit Fortschritten bei Taktik und Einsatzverfahren, sowie technische Fortschritte bei den Landungsfahrzeugen, Bewaffnung und Führungsfähigkeit befähigen Landungskräfte, einem Verteidiger erhebliche Kräfte und Mittel abzuverlangen, um z.B. eine lange Küstenlinie in Gänze zu verteidigen. Die irakischen Truppen wären nicht in der Lage gewesen, 300 km Küstenlinie wirksam zu verteidigen. In der Presse wurde ausgiebig über irakische Minenbedrohung für Landungskräfte berichtet. Zwei Minenabwehrschiffe des Marine Corps wurden am 18. Februar durch irakische Seeminen beschädigt. Bei einem der Schiffe handelte es sich um die USS Tripoli, ein Amphibienhubschraubertransport- und Minenabwehrflaggschiff. Sie führte in einem

Gebiet Minenräumoperationen durch, dessen Verminung bekannt war. Dabei hatte sie nur eine geringe Anzahl von Marineinfanteristen an Bord. Die Beschädigung eines Schiffes der amphibischen Kräfte durch Minen kann die Entscheidung, keinen amphibischen Angriff zu führen, unterschwellig beeinflußt haben. Eine massive, öffentliche Reaktion auf Massenverluste galt es für Schwarzkopf und die übrige militärische und politische Führung zu vermeiden. Verluste auf See wecken leicht Emotionen. Fernsehbilder etwa von Menschen, die im Meer ertrinken oder eingeschlossen sind in brennenden, sinkenden Schiffen, sowie leblose Körper an den Stränden eines Brückenkopfes, galt es auf jeden Fall zu vermeiden. Die Regierung konnte davon ausgehen, daß die amerikanische Öffentlichkeit auf hohe Verluste als Folge einer klassischen Panzerschlacht positiver reagieren würde als auf noch so tragbare Verluste einer von See her geführten Schlacht. Ein weiterer Faktor könnte die Hemmschwelle der Marine gewesen sein, den Verlust weiterer Schiffe zu riskieren[62]. Welchen Einfluß, wenn überhaupt, der Befehlshaber der MAGTF auf den Entscheidungsprozeß genommen hat, ist unbekannt. Es ist auch unklar, ob und zu welchem Zeitpunkt COMUSNAV in die Entscheidungsfindung einbezogen worden ist. Es spricht vieles dafür, daß durch den Zwischenfall mit der Tripoli der Plan, einen großangelegten amphibischen Angriff als Teil der Bodenoffensive zu führen, fallengelassen wurde bzw. dafür der letzte Anstoß gegeben wurde. Es ist auch richtig, daß diese Entscheidung nicht auf Zustimmung der Marineinfanteristen gestoßen ist. Mit der übermächtigen Luft- und Seeüberlegenheit der Koalition hätte jede Bedrohung eines amphibischen Angriffs im Keim erstickt werden können. Für einen erfolgreichen Einsatz der Marines spricht im nachhinein auch, daß auch die Küstenverteidigungsanlagen sich als weniger gefährlich herausstellten als ursprünglich angenommen. Die aufgezeigten Konflikte sind nie öffentlich ausgetragen worden. Die Marineinfanteristen haben sich der operativen Idee Schwarzkopfs untergeordnet. Das US Marine Corps hatte ein vitales Interesse, unter Beweis zu stellen, daß seine Einsatzdoktrin für amphibische Angriffe mit den technischen und auch taktischen Entwicklungen moderner Kriegführung Schritt gehalten hat und auch in der Zukunft Bedeutung haben wird. Ohne die Chance zur Befreiung von Kuwait-City gehabt zu haben, wird es das Marine Corps sehr schwer haben, die Unterstützung des Kongresses für ein bereits vorher umstrittenes Streitkräftemodernisierungsprogramm zu erhalten[63]. Deshalb weisen offizielle Vertreter des Marine Corps in Diskussionen nach dem Krieg immer wieder darauf hin, daß Marineinfanteristen im Lauf des Krieges an einer Reihe von amphibischen Angriffen beteiligt waren, in denen sie zahlreiche Handstreiche und Scheinangriffe durchführten[64].
Am 29. Januar führte z.B. 13th MEU einen Handstreich gegen die von Irakern besetzte Insel Maradim vor dem Südost-Zipfel Kuwaits unmittelbar nördlich der saudisch-kuwaitischen Grenze durch[65] (Anlage 8/2). 4th und 5th MEB nahmen während des gleichen Zeitraums an einer großangelegten amphibischen Übung Operation Sea Soldier teil, während die Schlachtschiffe USS Missouri und USS Wisconsin eine Schiffsartillerieschießübung vor der Küste Kuwaits gegen einen angeblichen Bunkerkomplex durchführten[66]. Am 24. Februar um 01.00 Uhr eröffneten die Geschütze der Schlachtschiffe Missouri und Wisconsin erneut das Feuer, als sich 5th MEB

darauf vorbereitete, als I MEF Reserve an Land zu gehen. Damit wurde für das Schlagen einer Bresche in die irakischen Verteidigungsstellungen durch die 1st und die 2nd Marine Division Feuerschutz gewährt, Küstenverteidigungskräfte gebunden und daran gehindert, irakische Kräfte in der Bresche zu verstärken. Am 25. Februar verlagerten sich die amphibischen Aktivitäten nördlich nach Kuwait-Mitte in die Nähe von Ash Shuaybah. Der amphibische Einsatzverband führte um 04.00 Uhr mit der 4th MEB und Feuerunterstützung der USS Missouri einen amphibischen Scheinangriff durch. Die Irakis schätzten dieses als Bedrohung ihrer seewärtigen Flanke ein und setzten eine weitere Division zur Verstärkung der Verteidigung ein. Dadurch konnten Bodentruppenteile des US Marine Corps schneller, leichter und tiefer in von Irakis gehaltenes Territorium vorstoßen, die Stellungstruppen umgehen und sie schließlich abschneiden. Am 26. Februar, dem dritten Tag der Bodenoffensive, führte dann die 4th MEB vor Tagesanbruch erneut einen Scheinangriff vor den Inseln Bubiyan und Faylakah durch[67].

Amphibische Operationen beschränkten sich nicht nur auf Kräfte des US Marine Corps. Am 18. Januar 1991 säuberten Special Forces von Heer und Marine handstreichartig eine Reihe von Ölplattformen, von denen aus der Irak kleine Boden-Luft-Flugkörper abgeschossen hatte[68].

Der Einsatz amphibischer Kräfte zum Durchsetzen des operativen Erfolges hat am Golf nicht stattgefunden. Die Marines konnten ihre Notwendigkeit als eigene Teilstreitkraft nicht unter Beweis stellen. Damit wird es in naher Zukunft schwierig werden, die Existenz einer selbständigen, relativ großen sowie besonders ausgebildeten und ausgerüsteten Teilstreitkraft Marine Corps zu rechtfertigen. Amphibische Handstreiche, Scheinangriffe und amphibische Rückführungen bedürfen wegen der begrenzten Zielsetzung und des begrenzten Einsatzes von Kräften an Land keines Marine Corps' dieser Größe. Es wäre aber falsch, den Golfkrieg als einen Rückschlag für die amphibische Kriegführung insgesamt zu beurteilen. Die zukünftige Rolle amphibischer Kräfte zu erproben, hat er keine Möglichkeit geboten. Argumente, die weiterhin für eine amphibische Kriegführung als Aufgabe operativer Führung sprechen, haben sich aber bestätigt. Die Diskussion über diese Frage wird wie in der Vergangenheit mit aller Heftigkeit erneut entbrennen. Als greifbares Ergebnis für das Marine Corps und die amphibische Kriegführung als Element operativer Führung bleibt festzuhalten, daß die Aktivitäten des amphibischen Einsatzverbandes im Norden des Golfs den Irak zu der Beurteilung kommen ließen, daß ein amphibischer Angriff zu erwarten wäre. Dies hat die irakischen Küstendivisionen davon abgehalten, selbst nach Beginn der Bodenoffensive in das Innere Kuwaits zu verlegen[69].

Der Landkrieg
Wenn auch die Rolle der amphibischen Kräfte im Konzept Schwarzkopfs das US Marine Corps enttäuschen mußte, so hat doch Rolle und Leistung der Bodentruppen der I MEF die Existenzberechtigung des Marine Corps für die Zukunft nachgewiesen. Dieses war auch das Verdienst General Alfred M. Grays, des neunundzwanzigsten Kommandanten des US Marine Corps, der das Image des US Marine Corps als Ame-

rikas Force-In-Readiness stets betont hatte. Seine Doktrin hat er im FLEET MARINE FIELD MANUAL 1 festgelegt, die besser den Titel »THE MARINE CORPS OPERATIONAL AND ORGANIZATIONAL CONCEPT« tragen würde und den eindeutigen Untertitel Warfighting trägt. In einer Zeit, in der das US Marine Corps in die Diskussion geraten war und um seinen Ruf fürchten mußte, erkannte er die Notwendigkeit, das Haus wieder in Ordnung zu bringen[70]. Indem er grundlegende und bewährte Konzepte wieder mit Leben erfüllte, führte er die notwendigen Reformen durch. Das Marine Corps hat mit seinen brillanten Leistungen am Golf nachgewiesen, daß es Amerikas militärische Elite-Force-In-Readiness ist.

Die Bodenoffensive begann am 24. Februar 1991 um 04.00 Uhr. Dabei trat die I MEF im Vorausangriff im Rahmen der Gesamtoperation an. Die 1st und die 2nd MARDIV schlugen zunächst eine Bresche durch die irakischen Verteidigungsstellungen entlang des mittleren und östlichen Teils der Südgrenze zwischen Kuwait und Saudi-Arabien (Anlage 8/3).

Links flankiert von einem ägyptisch/saudischen Verband (JTF-N) und rechts von einem saudisch/kuwaitischen Verband (JTF-E) nahe der Küste, drangen die Marines, unterstützt von der Tiger Brigade des US Army, tief nach Kuwait ein, nahmen das erste MEF-Ziel und vernichteten im Laufe der Aktion mehr als 100 irakische Panzer. Bis zum zweiten Tag der Bodenoffensive setzte die MEF ihren Vormarsch in Richtung des Flugplatzes Al Jabar und bis südlich von Al Abdallya fort (Anlage 8/4). Verbundene Luft- und Artillerieeinsätze auf vermutete feindliche Verfügungsräume zwangen irakische Panzerverbände zum Ausbruch. Die sich dabei entwickelnden Panzergefechte führten zur Vernichtung von mehr als dreihundert irakischen Panzern.

Am 26. Februar, dem dritten Tag der Bodenoffensive, trafen Marineinfanteristen erneut auf irakische Panzer, als die 1st MARDIV auf den Internationalen Flughafen von Kuwait vorstieß. Beim Nehmen des Flughafens wurde die Division in ein Panzergefecht verwickelt, in dessen Verlauf knapp 300 irakische Panzer, dabei wenigstens 70 Panzer vom Typ T-72, vernichtet wurden. Die 2nd MARDIV stieß zur City von Al Jahry vor, vernichtete auf dem Weg dorthin feindliche Panzereinheiten und blockierte den Fluchtweg nach Basra. Die Division vernichtete dabei mehr als 160 Panzer. Am vierten Kriegstag ging die MEF zur Verteidigung über und säuberte den Raum für die JTF-E, das über die Marines zur Befreiung von Kuwait City antreten sollte. Eine Aufklärungseinheit ging weiter nach Kuwait City vor und säuberte vorab dort das Gelände der US-Botschaft[71]. Am Ende der Angriffsoperationen am 28. Februar um 08.00 Uhr hatten die Marineinfanteristen etwa 1.040 irakische Panzer, mehr als 600 Mannschaftstransportwagen, 432 Geschütze und fünf Frog-Flugkörperstellungen vernichtet. Dabei waren wenigstens 1.500 feindliche Soldaten gefallen. Die Zahl der Gefangenen lag bei über 20.000. Das US Marine Corps hatte fünf Soldaten im Kampf verloren und 48 Verwundete zu beklagen[72].

Im Rahmen des operativen Gesamtkonzeptes für die Bodenoffensive kam den Bodentruppen des Marine Corps ebenso wie den amphibischen Kräften eine mehr unterstützende Rolle zu. Dies hat die Motivation der Marineinfanteristen nicht beeinträchtigt. Die Bodenoffensive hatte im wesentlichen drei operative Elemente: den Einbruch, die weitausholende Umfassung und die Einschließung[73]. Der Schwerpunkt in der Umfassung konnte nur durch Vortäuschen eines frontalen Angriffs wirksam werden und war auf diese Täuschung angewiesen. Das forderte, daß die irakischen Streitkräfte davon überzeugt werden mußten, daß die Marineinfanteristen sowohl auf See als auch entlang der Grenze zwischen Kuwait und Saudi-Arabien im Schwerpunkt des Angriffs eingesetzt waren. Es mußte den Irakern suggeriert werden, daß die auf breiter Front frontal angreifenden und durch einen von See geführten amphibischen Angriff unterstützten Streitkräfte des US Marine Corps und der Koalition versuchen wollten, in das irakische Verteidigungssystem eine Bresche zu schlagen, damit die schweren Kräfte des VII. (US) Korps danach in einer oder mehreren Durchbruchstellen zum Ein- und Durchbruch angesetzt wurden. Obwohl die Marineinfanteristen nicht im Schwerpunkt eingesetzt waren, hing der Gesamterfolg doch von ihnen ab. Diese Aufgabe verlangte den Marineinfanteristen ab, durch ihren Erfolg die Voraussetzungen für den Gesamterfolg sicherzustellen, und entsprach genau der Motivation und dem Einsatzwillen des US Marine Corps.

Die 1st MARDIV hatte seit ihrer Ankunft Ende August 1990 vorgeschobene Stellungen nahe der Grenze zwischen Kuwait und Saudi-Arabien bezogen. Die 2nd MARDIV folgte etwa Mitte Januar. Als erste Aufgabe nach Angriffsbeginn sollte die 1st MARDIV gemäß Operationsplan I MEF eine erste Bresche in den irakischen Verteidigungsgürtel schlagen. Die 2nd MARDIV sollte danach über die 1st MARDIV antreten und in die Tiefe stoßen, denn die Marineinfanteristen verfügten nur über Gerät zum Schlagen einer Bresche für eine Division.

Die 2nd MARDIV führte ihre originären Regimenter, während die 1st MARDIV neue MAGTFs aufstellte. Die MAFTFs erhielten Namen, wie Task Force Grizzly, Ripper, Papa Bear and Shepard, weil es für einen Marineinfanteristen einfacher ist, sich mit einem Begriff zu identifizieren als mit mehr oder weniger komplizierten Einheitsbezeichnungen.

Die Verantwortung für Täuschungsoperationen wurde der Task Force Troy übertragen. Der stellvertretende Kommandeur der 1st MARDIV war Kommandeur dieser Task Force Troy, die der I MEF direkt unterstellt war. Die Task Force bestand aus einer kleinen Gruppe von Panzern, Artillerie, einigen Infanteristen und einer leichten Panzergrenadierkompanie. Sie sollte zusammen mit der 3rd MAW Handstreiche nach Kuwait hinein führen. Baubataillone der US Navy bauten Panzer- und Artillerieattrappen unter Tarnnetzen. Das 1st Radio Battalion, ein Eloka-Truppenteil, täuschte den Fernmeldeverkehr einer Division innerhalb des Attrappengebiets vor. Um die Lage noch realistischer zu gestalten, wurden Hubschrauberanlandungen in diesem Gebiet durchgeführt[74].

Die Artillerie des Marine Corps wurde bereits einen Monat vor dem Beginn der Bodenoffensive in Kämpfe verwickelt. Scharmützel entlang der Grenze zwischen Kuwait und Saudi-Arabien Ende Januar und Anfang Februar wurden in erster Linie durch Artillerie geführt[75]. Hierbei handelte es sich um Artillerieüberfälle, die sich gegen bekannte oder vermutete irakische Artilleriefeuerstellungen richteten. Die erste Reaktion der Irakis auf den Beginn der Luftoffensive war Artilleriefeuer gegen Stellungen des Marine Corps nahe der kuwaitisch/saudischen Grenze. Die Marineinfanteristen antworteten mit Jagdkommandos, die sich aus Panzergrenadieren zur Sicherung, Aufklärungskräften, einer Panzerartilleriebatterie mit Artillerieortungsradar vom Typ AN/TPQ-36/37 und im Falle der 10th Marines (ein Artillerieregiment der 2nd MARDIV) aus einem Mehrfachraketenwerferzug zusammensetzten[76]. Zwei dieser Überfälle wurden durchgeführt, um irakische Artillerie auszuschalten, die die Marineinfanteristen in der Nähe der Grenzstadt Khafji beschossen hatte[77]. Typisch für ein Jagdkommando war es, im Schutze der Dunkelheit vorzugehen, den Standort des Feindes mit Artillerieortungsradar zu bestimmen, das Ziel zehn Minuten lang mit Sperrfeuer zu belegen und sich dann abzusetzen[78].

Eine erste Kostprobe des bevorstehenden Krieges erhielt die Infanterie am Morgen des 21. Januar in einem Ort mit Namen Hamaltyat. Es handelte sich um ein kleines Scharmützel, bei dem eine irakische Kommandokompanie versuchte, in diesen Ort einzusickern und die Gefechtssicherung anzugreifen. Ein kleiner Trupp Soldaten, die sich als irakische Deserteure ausgaben, kündigten die Desertion einer größeren Einheit am Abend des Tages an. Die Gefechtssicherung hatte schon seit dem 16. Januar mit Deserteuren zu tun gehabt. Die Marineinfanteristen waren wegen der nicht üblichen Verhaltensweise der Deserteure skeptisch und erhöhten, als der Abend nahte, ihre Einsatzbereitschaft. Die Irakis näherten sich kurz vor Mitternacht. Als sie von einem Sprachkundigen des Marine Corps aufgefordert wurden stehenzubleiben, gab der ranghöchste Iraker zu verstehen, daß sie mit einem Saudi und nicht mit einem Amerikaner sprechen wollten. Die auf den Dächern postierten Sicherungsposten des Marine Corps machten in der Ferne Bewegungen weiterer Kräfte aus und teilten diese Beobachtungen dem örtlichen Führer mit. Den Irakis wurde fünf Minuten Zeit gegeben, sich zu ergeben. Diese eröffneten aber das Feuer. Die Marineinfanteristen, obwohl zahlenmäßig unterlegen, erwiderten das Feuer sofort und der nachfolgende Feuerkampf dauerte ca. 10 bis 15 Minuten. Da zahlenmäßig unterlegen und ohne Möglichkeit der sofortigen Verstärkung, zogen sich die Marineinfanteristen zunächst zurück. Als Verstärkungen eines leichten Panzergrenadierbataillons eintrafen, kehrten die Marineinfanteristen wieder in die Stadt zurück, aus der sich die Irakis inzwischen zurückgezogen hatten[79].

Am Dienstag, den 29. Januar, führten Truppenteile der 5. irakischen mechanisierten Infanteriedivision Angriffe nach Saudi-Arabien hinein, trafen auf die 1st und 2nd MARDIV und eroberten die Grenzstadt Khafji (Anlage 8/5). Damit wäre ihnen beinahe die vorgeschobene logistische Basis der US-Marineinfanteristen in die Hand gefallen. Die 1st MARDIV riegelte diesen Angriff zunächst mit Kräften der Tiger Brigade ab, um einen Zugriff auf die logistische Basis zu verhindern[80]. Die Eroberung von Khafji durch die Iraker war möglich gewesen, weil diese Stadt nur von schwachen, vorgeschobenen Aufklärungstruppen gesichert war. Die irakischen Stellungen nördlich von Khafji hatten seit dem Beginn des Luftkrieges unter Beschuß aus der Luft und Artilleriebeschuß gestanden. Da diese Artilleriefeuerstellungen in Khafji vermutet wurden, erklärt sich der Vorstoß der Iraker[81]. Im sofort angesetzten Gegenangriff trafen Kräfte eines leichten Panzergrenadierbataillons der 1st MARDIV zunächst auf irakische Führungselemente. Mit JSTARS wurden die nachfolgenden Hauptangriffskräfte aufgeklärt. Eine britische Fregatte klärte darüber hinaus amphibische Kräfte auf, die von See aus eingesetzt werden sollten. Boden- und trägergestützte Luftfahrzeuge vernichteten daraufhin den größten Teil der land- und seegestützten Hauptangriffskräfte. Unterdessen erhielten die Marineinfanteristen in Khafji Luftnahunterstützung von Cobras des Marine Corps und Kampfflugzeugen des Typs A-10 der Luftwaffe. Während die Stadt noch in irakischer Hand war, konnten zwei in der Stadt verbliebene Erkundungskommandos des Marine Corps irakische Truppen weiterhin mit Artillerie bekämpfen, ohne entdeckt zu werden[82].

Khafji lag im Verantwortungsbereich des JFC-E. Die 3rd Marines hatten sich zusammen mit Kräften dieses Verbandes einer umfassenden Ausbildung unterzogen. Der der Saudi Arabian King Abdul Aziz Brigade zugewiesene Verbindungsoffizier des Marine Corps meldete dem Brigadekommandeur, daß sich noch zwei Erkundungskommandos des Marine Corps in der Stadt befänden und daß die 1st MARDIV bereit sei, der saudischen Brigade bei der Rückeroberung der Stadt, Luft- und Artillerieunterstützung zu gewähren[83]. Die Rückeroberung wurde dann von dieser Brigade durchgeführt. Bei dieser Operation fielen zwölf Marineinfanteristen tragischerweise durch eigenes Feuer[84].

Die Entscheidung, für zwei Divisionen und nicht nur für eine eine Bresche zu schlagen, erfolgte erst zwei Wochen vor Beginn des Bodenangriffs[85]. Weiteres dazu benötigtes Gerät vom israelischen Heer und von der US Army war um den 8. Februar herum eingetroffen. Angesichts dieses zusätzlichen Geräts und der organischen Mittel der Tiger Brigade erarbeitete die 2nd Division einen neuen Operationsplan und gewann General Boomer für diese Änderung, der seinerseits dann General Schwarzkopf überzeugte[86].

Der Mangel an taktischen Aufklärungsergebnissen wurden von nahezu allen Kommandeuren des US Marine Corps beklagt. Die Satellitenechtzeitaufklärung und die Wirkungsaufklärung im Ziel erwies sich als ungenügend. RPV-Drohnen wurden zur direkten Unterstützung der Divisionen eingesetzt; deren Zahl war aber nicht ausreichend. Aus inflight-reports von Flugzeugführern wurden weitere Erkenntnisse gewonnen. Die MEF setzte Fernaufklärungstrupps ein, um sich ein besseres Bild von den irakischen Verteidigungsstellungen zu machen. Die I MEF entsandte — ein beispielloser Schritt — von jeder Division einen Offizier zur Defense Intelligence Agency in Washington, D.C., um bessere Erkenntnisse über die vordersten Stellungen der Iraker zu erhalten. Sie kehrten zwei Tage vor Beginn der Bodenoffensive mit den ersten Bildern zurück. Die Aufklärungsergebnisse waren bei anderen Teilstreitkräften vorhanden, das Informationsmanagement hatte versagt[87].

Die Schnelligkeit der Bewegungen der Marineinfanteristen im Angriff sowie die Berichte von den Panzergefechten, an denen Kräfte des Marinekorps beteiligt waren, lassen vermuten, daß die beiden Divisionen des Marine Corps voll mechanisiert waren. Tatsächlich aber verfügte nur eine dieser Divisionen über genügend gepanzerte Transportfahrzeuge, um ein verstärktes Infanterieregiment zu transportieren. Die 2nd MARDIV mit zwei Infanterieregimentern war auf LKW angewiesen, um wenigstens mehr als die Hälfte eines Regiments zu transportieren. Die 2nd MARDIV benötigte insgesamte 672 LKW, um die Division nach vorn zu verlegen[88].

Die USMC-Infanterie spielte eine wichtige Rolle. Die zwei Infanterieregimenter der 1st MARDIV waren bereits zwei Tage vor Beginn der Bodenoffensive zu Fuß in Kuwait eingesickert. Nach General Myatt, dem Divisionskommandeur, standen die beiden Regimenter bereits 18 bzw. 20 Kilometer tief in kuwaitischem Territorium als die Bodenoffensive begann. General Schwarzkopf hatte gegen diese Operation Bedenken, da der Präsident die Frist für Saddam Hussein, sich aus Kuwait zurückzuziehen, erneut verlängert hatte. General Boomer versicherte ihm aber, daß diese Kräfte jederzeit zurückgebracht werden konnten. Die USMC-Infanterie wurde auch zur Sicherung des Internationalen Flugplatzes von Kuwait eingesetzt. Task Force Toro, 3rd Marines, säuberte die Gebäude des Flughafens und nahm etwa 150 bewaffnete irakische Soldaten, die sich im Flughafen versteckt hatten, gefangen[89].

Maßgeblich für den Erfolg der Marineinfanteristen war auch ihre Anpassungsfähigkeit. Sie paßten sich Taktiken und Verfahren an, die nicht ihre eigenen waren, um mit den ihnen unterstellten Heeresverbänden besser operieren zu können. Sie änderten ihre eigene Doktrin für Luft-Boden-Operationen und setzten Fast FACs ein, statt traditionelle FACA-Verfahren der OV-10 anzuwenden. Marineinfanteristen haben sich nie gescheut, zu borgen, zu betteln und gelegentlich auch zu stehlen, um ihre Arbeit zu tun. Sie drängten auf Panzer vom Typ M-1 und bekamen sie auch. Sie borgten sich Minenräumgeräte von der US Army und den Israelis, Nachtsichtgerät und GPS von der US Army, ABC-Schutzanzüge von den Briten und Spürgeräte für chemische Kampfstoffe auf gepanzerten Fahrzeugen von den Deutschen. Die Marineinfanteristen handelten nach ihrer FMFM-1.

General Gray stellt seine Philosophie der Kriegführung, die er als »Bewegungskrieg« beschreibt, zusammenfassend wie folgt dar:

»Bewegungskrieg ist eine *Denkweise* im und über den Krieg, die jede Aktion von uns prägen sollte. Er ist ein aus starkem Willen, Intellekt, Initiative und schonungslosem Opportunismus geborener geistiger Zustand. Er ist darauf gerichtet, den Feind moralisch und physisch zu vernichten, indem man ihn lähmt und verwirrt, seiner Stärke ausweicht, seine Verwundbarkeiten schnell und unerbittlich ausnutzt und ihn in der für ihn schmerzlichsten Weise trifft. Kurzum, Bewegungskrieg ist eine Philosophie zur Erzielung der größten, entscheidenden Wirkung zu einem niedrigstmöglichen Preis für uns selbst, eine Philosophie für »Intelligentes Kämpfen«.

Maritime Prepositioning Force (MPF)/Maritime Prepositioning Ships (MPS)
Während der letzten Jahrzehnte hatte sich das Interesse an Fragen der amphibischen Kriegführung und der dafür notwendigen strategischen Transportkapazität verringert. Dieser Trend beschränkte sich nicht auf die Vereinigten Staaten. Ohne das Engagement des Marine Corps an der Verbesserung seiner Fähigkeiten und des für amphibische Kriegführung notwendigen Geräts wären Fähigkeit und Vermögen zur Führung eines amphibischen Krieges schon vor langer Zeit verkümmert[90]. Nach Außerdienststellung traditioneller Verlegemittel hat das US Marine Corps in den 70er Jahren das MPF-Konzept der Stationierung von Gerät und Versorgungsgütern in See entwickelt, um ein schnelles Eingreifen weltweit sicherzustellen. Es wurde von einem rein logistischen Konzept zu einem Konzept strategischer Beweglichkeit im Rahmen

amphibischer Kriegführung weiterentwickelt. So waren die Marineinfanteristen in der Lage, auf die irakische Bedrohung Saudi-Arabiens nach dem Einmarsch in Kuwait schnell zu reagieren und zur Abriegelung des Kriegsschauplatzes wirkungsvoll beizutragen. Die 7th MEB traf am 14. August 1990 in Al Jubayl ein und hatte bis zum 25. August Stellungen im Nordosten von Saudi-Arabien bezogen, um die lebenswichtigen Zugänge zum Seehafen Al Jubayl zu verteidigen. Die MEB setzte sich aus etwa 17.000 Marineinfanteristen mit 123 Panzern, 425 schweren Waffen, einschließlich Artilleriegeschützen, und 124 Starr- und Drehflügelflugzeugen zusammen. Bis zum 5. September befanden sich Führungselemente sowohl der 1st Marine Division als auch der I MEF vor Ort[91]. Mehr als 30.000 Marineinfanteristen mit einer 30-Tage-Durchhaltefähigkeit waren zu diesem Zeitpunkt im KTO. Die Vorausdislozierung von schweren Waffen und Gerät auf See macht sich die Schnelligkeit des Lufttransports des dazugehörigen Personals zunutze. Es ist die wirksamste Methode, leichte, aber gepanzerte Kräfte dort anzulanden und einzusetzen, wo die Zuführung dieser Kräfte nicht auf Widerstand bei der Ausschiffung der Ausrüstung trifft. Für solche Operationen sind eine ausreichende strategische Lufttransportkapazität sowie Tankerflugzeugunterstützung nötig. Die Landegebiete müssen feindfrei sein. Der Landeflugplatz muß Großraumflugzeuge, d.h. Transportflugzeuge vom Typ C-5 und Verkehrsflugzeuge vom Typ 747, aufnehmen können. Hafen-, Strand- oder Küstenanlagen müssen für Schiffe mit einem Tiefgang von 34 Fuß (10,2 Meter) geeignet sein und Umschlagkapazität besitzen. Hafen- und Flugplatzeinrichtungen sollten so dicht beieinanderliegen, daß die Zusammenführung von Truppen, Gerät und Versorgungsgütern erleichtert wird.
Am 1. August 1990 bestand die MPF-Flotte aus 13 Roll-on/Roll-off Schiffen, die durch das Military Sealift Command (MSC) der US Navy geführt wurden. Die MP-Schiffe waren in drei Maritime Prepositioning Squadrons gegliedert, wobei MPS-2 im Indischen Ozean, MPS-3 im Pazifik und MPS-1 im Atlantik operierte. Jedes Geschwader ist zur Unterstützung der Operation einer MPF MEB vorgesehen. Die Ladung umfaßt die Ausrüstung einer MEB mit einem 30-Tage-Versorgungsvorrat. Jede MPF MEB hat zwei Grundausstattungen, von denen eine auf See auf den MPS und die andere im Heimathafen oder Heimatstandort der MEB disloziert ist.
Der Ablauf der Dislozierung einer MPF ist in Einzelheiten festgelegt. Zuerst wird ein Fly-In Echelon (FIE), das sich aus Kräften mit leichtem Gerät und luftverfrachteten taktischen Flugzeugen zusammensetzt, das MPS-Geschwader und ein Follow-On Echelon (FOE) mit weiteren Kräften, Gerät und Versorgungsgütern, die nicht von den MPS-Schiffen und von der FIE transportiert werden, verlegt[92]. Eine Reconnaissance And Liaison Party (RLP) verlegt zur Arrival And Assembly Area (AAA), in diesem Fall Jubayl, Saudi-Arabien. Sie sichert Strand und Flugplatz, koordiniert den Einsatz mit übergeordneten Kommandobehörden und stimmt die Unterstützung der eigenen Kräfte mit dem Gastgeberstaat ab (Anlage 8/6). Die 7th MEB hatte dieses gerade im Sommer davor während einer großen MPF-Übung in Übersee geübt[93]. Ein anderer Baustein der ersten FIE-Verbände ist die Offload Preparation Party (OPP), deren Wartungs- und Verladepersonal an Bord der entsprechenden Schiffe letzte Vorbereitungen für das Ausladen des Geräts und der Versorgungsgüter treffen. Das dritte Ele-

ment einer MPF-Verlegung ist das Vorkommando (advance party). Es verlegt, um erste Führungseinrichtungen einzurichten[94] (Anlage 8/7). Die logistischen Unterstützungskräfte der MEB verlegen ein Versorgungskommando, um eine Einsatzunterstützung vor Ort vor Ankunft der MPS-Schiffe sicherzustellen. Die Hauptkräfte verlegen dann so schnell wie dies Lufttransport- und Umschlagbedingungen zulassen.

Die ersten Phasen der MPF-Verlegung zum Golf waren von Unsicherheit und Problemen gekennzeichnet. Als das Geschwader MPS-2 am 7. August 1990 den Befehl erhielt zu verlegen, befanden sich zwei Schiffe auf Blunt Island, Florida gerade in der planmäßigen Instandsetzung, die aus Entladung, Überprüfung, Instandsetzung und Austausch von Gerät und Versorgungsgütern besteht.

Die Hafenanlage von Al Jubayl liegt 135 km südlich der Grenze zwischen Kuwait und Saudi-Arabien. Angesichts der Gefahr eines irakischen Angriffs führte die 7th MEB zunächst Kampftruppen anstelle von Unterstützungskräften zu. Die hervorragenden Hafenanlagen und die Anstrengungen der Saudis glichen Mängel beim Materialumschlag aus. Dennoch führte das anfängliche Fehlen von FIE-Unterstützungskräften zu Schwierigkeiten bei der Verteilung von Gerät und Versorgungsgütern. Die Tatsache, daß die 400 Mann der Vorbereitungskommandos nicht an Bord der Schiffe des MPS-2-Geschwaders gehen konnten, während diese unterwegs waren, bedeutete, daß die Vorbereitung des Geräts zur Ausladung zivilen Wartungstrupps an Bord der einzelnen Schiffe überlassen werden mußte. Deren Anstrengungen waren bemerkenswert und haben die materielle Bereitschaft wesentlich verbessert. Zur ausschließlichen Erledigung dieser Aufgabe reichte ihre Zahl jedoch nicht aus. Ausschiffungstrupps in Al Jubayl beendeten dann die Arbeit, nachdem die Schiffe festgemacht hatten. Die durch Änderung der Einsatzfolge gesuchten Vorteile gingen durch sich daraus ergebende Verzögerungen bei der Ausschiffung verloren. Man wäre besser nach bestehenden Plänen vorgegangen.

Am 12. September 1990 waren die MPS-2 und MPS-3 entladen und die Schiffe dem Military Sealift Command (MSC) übergeben, das die Mehrzahl der Schiffe mit Common User Status dem US Transport Command (USTRANSCOM) unterstellte. Mehrere Schiffe wurden zur Unterstützung der Assault Follow On Echelon (AFOE) der 4th und der 5th MEB eingesetzt. Andere Schiffe wurden als seegestützte logistische Basen für Munitionsvorräte und wärmeempfindliche Versorgungsgüter eingesetzt. Ein anderes Schiff wurde wieder mit der Aufgabe der einsatznahen Bereitstellung beauftragt und erneut mit Gerät und Versorgungsgütern beladen, die ausreichten, um eine zur Führung von Kommandounternehmen fähige MEU oder ein Air Contingency Battalion (ACB) zu unterstützen[97].

Das Konzept des Maritime Prepositioning hat sich im Golfkrieg als ein leistungsfähiges Mittel zur Entwicklung strategischer Beweglichkeit zur Intervention bei weltweiten Krisen bewährt. Es ist allerdings wichtig, in der Nachkriegseuphorie die Grenzen dieses Konzeptes nicht aus den Augen zu verlieren. Es kann nicht als Patentrezept oder Modell für die völlige Abstützung amphibischer Kräfte der US Navy bzw. des Marine Corps auf MPS betrachtet werden. MPF-Verlegungen sind auf strategischen Lufttransport angewiesen, während amphibische Kräfte unabhängig und von Natur aus beweglich sind[98]. Die Air Force hat einen erheblichen Prozentsatz ihrer Luft-

transportkapazität gekadert. Lagen, die eine große Lufttransportkapazität verlangen, lassen sich damit nicht ausschließlich mit Mitteln der aktiven Streitkräfte meistern[99]. Für die Verlegung der FIE (MPS-2) der 7th MEB waren 259 Einsätze des Military Airlift Command (MAC) notwendig[100].
MPF/MPS-Kräfte und traditionelle amphibische Operationen sollten als ergänzende und nicht als konkurrierende Möglichkeiten betrachtet werden, die Seestrategie wirkungsvoll unterstützen können. Die Benutzung von Handelsmietschiffen mit vertraglich verpflichteten zivilen Besatzungen für MPF/MPS ist billiger als der Bau und die Unterhaltung von amphibischen Flotten. Finanziell gesehen, sind MPS-Kräfte äußerst attraktiv. MPF/MPS-Kräfte sind durch Genehmigung von 500 Millionen Dollar für zusätzliches MPS-Gerät vom Streitkräfteausschuß des Senats bereits positiv bewertet worden[101]. Truppenreduzierungen und schrumpfende Budgets gefährden amphibische Flotten. Die Navy ist bereits dabei, die amphibische Transportkapazität zu reduzieren, die früher für vier MEB bereitstand. Derzeitiges Ziel ist es, Transportkapazität für nur 2,5 MEB bereitzustellen; das ist eine Reduzierung von 38 Prozent[102]. Die US Navy wird MPS-Kräfte wahrscheinlich als kostenwirksame Alternative zur Unterhaltung einer modernen, strategisch beweglichen, amphibischen Flotte betrachten.
Somit werden die Marineinfanteristen gezwungen sein, sich mehr und mehr auf MPS-Kräfte abzustützen, um ihre strategische Beweglichkeit zu erhalten. Es ist nicht auszuschließen, daß die gesamte amphibische Flotte schließlich zugunsten der MPS aufgelöst werden könnte. Der Wegfall der Option der angriffsweisen Anlandung wird die weltweite Machtprojektion erschweren. Für eine erfolgreiche US-Seestrategie in der Zukunft wird es entscheidend sein, ein Gleichgewicht zwischen MPS- und selbständigen amphibischen Kräften zu erhalten.

Logistik
Jede Betrachtung des US Marine Corps im Golfkrieg wäre ohne Erwähnung der Logistik unvollständig. Als die I MEF in der zweiten Augusthälfte 1990 »Operational Control« über die USMC-Kräfte am Boden übernahm, übernahm die 1st Force Service Support Group (FSSG) auch die Verantwortung für die logistische Unterstützung. Wie die 1st MARDIV, war auch die 1st FSSG ein gemischter Verband. Sie führte Elemente einiger Einheiten ihrer Heimatbasis in Camp Pendleton, Kalifornien. Den Hauptteil des Verbandes bildeten jedoch die beiden Brigade Service Support Groups (BSSGs), die nach Auflösung der MPS und der MEBs in diesen Verband integriert worden waren.
Brigadier General James A. Brabham, Kommandeur der 1st FSSG, erkannte schon frühzeitig, daß angesichts der großen Entfernungen innerhalb des Verantwortungsbereiches der I MEF die zentralisierte Führung der FSSG nicht funktionieren würde. General Brabham entschied, die FSSG in eine General Support Unit und eine Tactical Support Unit aufzuteilen[103].
Die Infrastruktur Saudi-Arabiens war für die Logistik von unterschiedlicher Qualität. Im südlichen Abschnitt der I MEF gab es eine gute Infrastruktur mit einer breiten Palette von Unterstützungsleistungen des Aufnahmestaates. Es gab die hochmoderne

Hafenanlage von Al Jubayl, viel Wasser, zubereitete Speisen und Unterbringungsmöglichkeiten. Nach Norden hin war das Bild sehr viel ungünstiger. Es gab praktisch keine Infrastruktur, nur begrenzt Wasser und nur einen nichtbefestigten Landestreifen. In diesem Gebiet mußten Combat Service Support Areas (Kampfversorgungsräume) zur Unterstützung einer Bodenoffensive nach Kuwait hinein eingerichtet werden[104].

Als die 2nd MARDIV zum Golf verlegt wurde, wurde vereinbart, daß die 1st FSSG für die Gesamtversorgung verantwortlich bleiben sollte. Die unter dem Kommando von Brigadier General Charles C. Krulak stehende 2nd FSSG übernahm die Verantwortung für die Vorneversorgung. Die 1st FSSG stellte Hafendienste in Jubayl und Mish'ab sicher und führte Feldinstandsetzung sowohl für Divisionen als auch für die MEBs in See durch. Mußten Panzer oder Artilleriegeschütze repariert oder einer routinemäßigen Instandsetzung unterzogen werden, wurden sie zu einer der Hafenanlagen gebracht, wo diese Arbeiten dann durchgeführt wurden[105]. Da in dem Gebiet, in dem die 1st FSSG operierte, die bessere Infrastruktur vorhanden war, verhandelte General Brabham über zivile Lastkraftwagen und Fahrer und schloß Verträge ab. Mit mehr als 1.000 gemieteten zivilen Sattelzügen und Zugmaschinen, die entweder von Marineinfanteristen oder Fahrern des Gastgeberstaates gefahren wurden, wurde der größte Teil der Versorgungstransporte im Kampfgebiet der 2nd FSSG durchgeführt[106]. Die 2nd FSSG richtete ihren ersten Einsatzraum etwa 50 Kilometer landeinwärts vom Hafen von Al Mish'ab ein. COMUSMARCENT hatte der FSSG den Befehl erteilt, ein Versorgungspaket »zu schnüren«, um das Schlagen einer Bresche in die irakischen Sperranlagen entlang der südlichen Grenze Kuwaits für eine Division zu unterstützen[107]. In Al Kibrit gab es eine kleine schmutzige Start- und Landebahn, die ausgebaut wurde, um Flugzeuge vom Typ C-130 des US Marine Corps und der US Air Force aufzunehmen. Der Ausbau erfolgte ab Ende Dezember, während sich die beiden Marinedivisionen noch 100 Kilometer südlich von Kibrit befanden. Etwa am 2. Februar 1991 war der Stützpunkt einsatzbereit. In dieser Zeit hatte die 2nd FSSG ein Lazarett mit 470 Betten und 9 Operationsräumen eingerichtet, mehr als eine Million Verpflegungssätze auf Lager genommen bzw. ausgegeben, Brunnen für die Gewinnung von mehr als 80.000 Gallonen Wasser pro Tag gebohrt, einen Sammelraum für Kriegsgefangene mit einer Kapazität von 40.000 Mann und ein Betriebsstofflager mit einer Kapazität von 1,8 Millionen Gallonen Betriebsstoff eingerichtet, sowie 26 Fronträumer/Planierraupen und 15 Panzer vom Typ M60 zum Überwinden von Minensperren umgerüstet[108]. Am 4. Februar erfuhr General Grulak, daß es geplant war, für zwei Divisionen eine Bresche zu schlagen. Das bedeutete, daß eine zweite logistische Unterstützungsbasis gebaut werden mußte; ein Mammutunternehmen angesichts der Tatsache, daß zunächst der 20. Februar als Termin für den Beginn der Bodenoffensive festgesetzt war.

Al Khanjar (ein kleiner Dolch, den Männer in Saudi-Arabien an der Schärpe ihrer Gewänder tragen und den junge saudische Männer erhalten, wenn sie ins Mannesalter kommen) war der Name, den der neue Ort erhielt. Mit dem Bau wurde am 6. Februar begonnen, am 20. Februar um 01.00 Uhr war er beendet. Das Gelände umfaßte 11.280 Acres Land, davon entfielen 780 Acres auf den geschützten Munitionsversorgungspunkt. Diesen Versorgungspunkt umgab eine Schutzwallzone von fast 24 Meilen. Auf der Basis waren 5.000.000 Gallonen Betriebsstoff und mehr als 1.000.000 Gallonen Wasser gelagert. Es wurde das drittgrößte Lazarett der Welt, was die Kapazität, Operationen vorzunehmen, anbelangt, neu gebaut. Der gesamte Komplex, wie der in Kibrit, war eingegraben, um ihn so vor irakischer Artillerie zu schützen. Ferner wurden zwei Start- und Landestreifen für C-130-Maschinen und eine Hubschrauberunterstützungseinrichtung für das 3rd MAW gebaut[109].

Am 26. Februar, dem dritten Tag der Bodenoffensive, verlegte die 2nd FSSG ein Combat Service Support Detachment (CSSD), den Gefechtsstand der FSSG und Versorgungsgüter für drei Tage nach vorn in die Nähe des Flugplatzes von Jaber im Inneren Kuwaits. Insgesamt hatte die MEF für die beiden Divisionen Versorgungsvorräte für 30 Tage angelegt, wobei zwei Drittel davon vorn bei der 2nd FSSG in Al Kibrit, Al Khanjar und Al Jaber disloziert waren. Um ein Bild von der Größenordnung dieses Unternehmens zu vermitteln, sei erwähnt, daß Munitionsvorräte für 30 Tage etwa 630.000 Tonnen ausmachen.

Die Versorgung wies allerdings auch Mängel auf. Der Krieg hat innerhalb des US Marine Corps eine Debatte über die Wirksamkeit der derzeitigen Struktur der Force Service Group entfacht. Bei der Auseinandersetzung mit dieser Frage sollten die Marineinfanteristen eine der wichtigsten Lehren des Krieges nicht übersehen, daß nämlich Strukturen allein keinen Erfolg garantieren, sondern Menschen, Ausbildung, taktische Wendigkeit und die Bereitschaft, Neuerungen einzuführen, wichtiger sind.

Zusammenfassung und Schlußfolgerungen

Bei mehr als 92.000 Marineinfanteristen, die an den Operationen Desert Shield und Desert Storm beteiligt waren, erhebt sich nicht die Frage, ob der Golfkrieg als Grundlage für die Entwicklung der künftigen Doktrin dienen kann, sondern vielmehr, in welchem Umfang er dazu heranzuziehen ist. Die Voraussetzungen dafür sind günstig. Nach Ende des Krieges steht LtGen Boomer, COMUSMARCENT, an der Spitze des Marine Corps Combat Development Center; BGen J.A. Brabham, der die 1st FSSG führte, ist ebenfalls am Development Center tätig. LtGen W.M. Keys, 2nd MARDIV, ist jetzt KG FMFLant. LtGen Moore, 3rd MAW, ist KG von FMFPac. LtGen R.B. Johnston, während des Krieges Chef des Stabes von USCINCCENT, ist KG I MEF. MajGen Myatt dient weiter als Kdr 1st MARDIV. MajGen H.W. Jenkins, der die 4th MEB führte, ist Director of Intelligence am Headquarters Marine Corps. MajGen J.I. Hopkins behält das Kommando über die 7th MEB. BGen P.J. Rowe bleibt Kommandeur der 5th MEB. BGen Krulak, der die 2nd FSG führte, und BGen Neal, Deputy J-3 USCENTCOM, sind im Headquarters Marine Corps tätig.

Während der Operationen Desert Shield und Desert Storm zwangen amphibische Verbände des US Marine Corps durch Präsenz und Leistungsfähigkeit die Irakis, gefechtsentscheidende Reserven und Mittel für die Verteidigung Kuwaits und die Küsten des Irak einzusetzen. Darüber hinaus hinderten sie die Irakis daran, diese Kräfte nach Beginn der Bodenoffensive als Reserve in Kuwait einzusetzen. Die erfolgreiche Durchführung von amphibischen Handstreichen und Scheinlandungen sorgte für gefechtsentscheidenden Schutz, als Streitkräfte der Koalition in irakische Stellungen eindrangen, irakische Truppen umfaßten und so die Einschließung herbeiführten. Die Marineinfanteristen des amphibischen Einsatzverbandes stellten während der ersten Phase am Golf eine operative Reserve dar. Später wurden sie Reserve der I MEF.

Bodentruppen des US Marine Corps gelang es mit dem frontalen Vorausangriff, die Irakis davon zu überzeugen, daß die in die ersten Verteidigungsstellungen geschlagene Bresche und der nachfolgende Einbruch den Schwerpunkt des Angriffs der Koalitionsstreitkräfte darstellten. Sie gewannen so Zeit für den Vorstoß des VII. (US) Corps tief in den Irak hinein und verhinderten die Verlegung operativer Reserven in einer kritischen Phase der Operation. Die Marineinfanteristen der I MEF schufen die Voraussetzungen für die Befreiung von Kuwait City.

Fliegende Verbände des US Marine Corps waren mit als erste im Einsatzgebiet und die 3rd MAW führte bis zum 24. August 1991 über dem saudischen Gebiet ununterbrochen bewaffnete Luftraumüberwachung durch. Ihre Mischung aus Starr- und Drehflüglern ermöglichte, der irakischen Luftbedrohung und der Bedrohung durch Bodentruppen zu begegnen, und half, Luftüberlegenheit in der Region zu erringen. Die ACE wurde während des gesamten Krieges für eine Vielfalt von Einsatzaufgaben eingesetzt. Als sich der Schwerpunkt auf die Vorbereitung des Gefechtsfeldes verlagerte, stellte die 3rd MAW dem US Marine Corps und der Koalition rund um die Uhr unmittelbare Luftunterstützung als bewaffnete Luftraumüberwachung, Luftnahunterstützung und Luftaufklärung zur Verfügung. Piloten des US Marine Corps bestätigten die Bedeutung des Konzepts vom Air-Ground Team, das die Zusammenarbeit von fliegenden Verbänden und Bodentruppen ermöglicht. Dieses Konzept ist das Kernstück der Durchsetzungsfähigkeit der MAGTF. Die Piloten des US Marine Corps erfüllten durch ihre Initiative, Flexibilität und Entschlossenheit die in sie gesetzten Erwartungen.

Die wichtigsten Lehren des US Marine Corps aus dem Golfkrieg sind:

— Das Konzept des US Marine Corps vom Bewegungskrieg funktioniert, da es eine Doktrin der Flexibilität ist, in der Bewegung auf intelligentes Kämpfen ausgerichtet ist.

— Maritime Prepositioning ist ein wirksames Mittel strategischer Beweglichkeit zur weltweiten Machtprojektion. Sie ist jedoch kein Allheilmittel, MPF/MPS und traditionelle amphibische Operationen müssen sich als Einsatzmöglichkeiten ergänzen.

— Die MAGTF als Zusammensetzung gemischter Kräfte hat sich bewährt. Methoden der Zusammensetzung gemischter Verbände sowie die Verschmelzung von Führungselementen und damit verbundene Verfahren müssen formalisiert werden.

— Das Problem der Gewinnung und Verteilung taktischer Aufklärungsergebnisse verlangt ein neues Informationsmanagement.

— Das US Marine Corps muß die Interoperabilität von Gerät verbessern.

— Es gibt nach wie vor einen Bedarf für Luftnahunterstützung durch Starrflügler. Das moderne Gefecht verlangt den Einsatz aller Waffen im Gefecht der verbundenen Waffen. Ein Air-Ground Team kann wirksam Luftkriegsmittel und Bodenoperationen koordinieren.

— Das Marine Corps hat nachgewiesen, daß fliegende Verbände des US Marine Corps in einem gemeinsam genutzten Luftraum selbständig operieren können. Ein vielschichtiges Potential an Starrflüglern kann eine Vielfalt von Einsatzaufträgen durchführen. Vielseitigkeit und Reaktionsschnelligkeit der fliegenden Elemente des US Marine Corps und deren Führungsorganisation haben die Möglichkeiten des JFACC verbessert, den Erfordernissen der MAGTF und anderer Bodentruppen der Koalition zu genügen.
— Führungsmittel des JFACC wie die ATO müssen verändert werden, damit den Forderungen des sich ständig ändernden Kampfes zu Lande und in der Luft entsprochen werden kann.
— Dem US Marine Corps sollte die Mehrfacheinsatzfähigkeit seiner Luftunterstützungskomponente erhalten bleiben.
— Es besteht nach wie vor eine begründete Forderung nach taktischer Luftaufklärung.
— Die US Navy und das US Marine Corps müssen bei der Lösung von Problemen in bezug auf die Doktrin der amphibischen Kriegführung zusammenarbeiten. Die US Navy muß dabei ihre Position in bezug auf amphibische Kriegführung überprüfen.

Amphibische Kriegführung in der Zukunft

Die Freiheit der Weltmeere wird wesentliche Forderung der nationalen Strategie der Vereinigten Staaten bleiben. Durch den Golfkrieg wurde deutlich, daß die Fähigkeit, an einer fremden Küste auch gegen Widerstand militärische Kräfte anlanden zu können, nach wie vor vitales nationales Interesse sein muß. Der Präsident und der Verteidigungsminister der Vereinigten Staaten haben die Bedeutung der amphibischen Kriegführung in der nationalen und der Militärstrategie hervorgehoben. Wenn auch während der letzten Jahrzehnte weltweit ein Rückgang dieser Fähigkeit zu verzeichnen ist, ist das Marine Corps der Vereinigten Staaten die einzige amphibische Streitkraft der Welt, die amphibische Operationen auf operativer Ebene durchführen kann. Die US Navy wird deshalb den Umfang und die Kapazität ihrer amphibischen Flotte weiter ausbauen müssen.

Die Frage, ob die Marineinfanteristen während des Golfkrieges von See her einen Angriff hätten erfolgreich führen können, läßt sich nicht beantworten. Amphibische Kampfanlandungen verlangen eine besonders ausgebildete und ausgerüstete Truppe. MPF/MPS-Kräfte sind eine erschwingliche und daher attraktive Alternative, die strategische Seetransportlücke zu schließen. Sie sind auch eine Lösung für die Vornedislozierung von Gerät der US-Streitkräfte, für die Stationierungsmöglichkeiten in anderen Ländern problematischer werden. Die Unterhaltung eines amphibischen Angriffspotentials ist allerdings teuer. Wenn die derzeitigen Trends anhalten, werden die Marineinfanteristen den Weg einschlagen, den Marineinfanteristen auch anderer Länder bereits einschlagen mußten. Wie die British Royal Marines werden auch die Marineinfanteristen der Vereinigten Staaten in den Herzen ihrer Landsleute immer einen besonderen Platz einnehmen. Das US Marine Corps wird nicht aufhören zu existieren; es wird nur kleiner werden. Ein zwei Divisionen starkes US Marine

Corps, die Hälfte des heutigen Korps, ist nicht unrealistisch. Die Fähigkeit zur Führung eines amphibischen Angriffs wird aller Wahrscheinlichkeit nach erhalten bleiben, allerdings nicht auf operativer Ebene. Sie wird höchstwahrscheinlich nur auf einer Ebene erhalten bleiben, die ausreicht, um die Dislozierung von MPF/MPS-Kräften dort zu unterstützen, wo eine Anlandung in Frage gestellt ist.

Anmerkungen

1 Im August 1990 belief sich die Sollstärke des US Marine Corps auf etwa 195.000 Mann. Diese setzten sich aus etwa 21.000 Offizieren und 174.000 Unteroffizieren und Mannschaften zusammen. Von den 195.000 Soldaten waren etwa 10.000 weibliche Soldaten. Weitere 80.000 (plus) Marineinfanteristen gehörten der »Ready Reserve« an.
2 »Military Balance 1990–1991«, INTERNATIONAL INSTITUTE FOR STRATEGIC STUDIES, Herbst 1991.
3 Die aktuellen Rollen und Aufgaben des US Marine Corps werden vom NATIONAL SECURITY ACT von 1948 in der geltenden Fassung der DOUGLAD-MANSFIELD BILL (PUBLIC LAW 416, 82nd Congress, 2nd Session) abgeleitet. Title 10, U.S. Code, umfaßt alle diese Bestimmungen und definiert auch die Gliederung des US Marine Corps mit einer Personalhöchststärke im Frieden von 400.000 Mann aktivem Personal. Seit dem Vietnam-Krieg ist die Sollstärke des US Marine Corps mit etwa 200.000 Mann aufrechterhalten worden. Zusätzlich zu den vom Gesetz vorgeschriebenen Weisungen führten verschiedene Weisungen des US-Verteidigungsministeriums dazu, einige der Rollen im Hinblick auf Beziehungen zwischen den einzelnen Teilstreitkräften zu erweitern und/oder zu klären. Zum Beispiel wurde dem US Marine Corps auch eine funktionale Rolle bezüglich der Ausbildung, Ausrüstung und Ausarbeitung von Doktrin und Verfahren für Luftlandeoperationen zusammen mit der US Army übertragen.
4 Kenneth W. Estes.»Marine Officer's Guide; Fifth Edition«, Annapolis, Maryland, NAVAL INSTITUTE PRESS, 1989, S. 51.
5 Ebenda, S. 65.
6 Dies ist vielleicht der unwirtlichste Monat des Jahres in der kalifornischen Wüste. Gelegentlich treten Gewitterschauer und plötzliche Überschwemmungen auf, die dafür sorgen, daß die sengende, aber trockene Wüstenhitze unerträglich feucht wird. Die Feuchtigkeit dient als Laich-Katalysator für eine unendliche Vielfalt von unersättlichen, fleischfressenden, kleinen Insekten. Vor dem »Tauwetter« in den Beziehungen zwischen Ost und West führten die 7th MEB, Truppenteile der 1st MARDIV und Truppenteile anderer Teilstreitkräfte des USCENTCOM ihre Übung Gallant Eagle beim Marine Combat Center unter genau solchen Bedingungen durch.
7 BG Edwin H. Simmons, USMC (RET). »Getting Marines to the Gulf«. NAVAL INSTITUTE PROCEEDINGS, Mai 1991, S. 51.
8 Ebenda, S. 53–54.
9 Dr. V. Keith Fleming, Jr. »A Brief Historical Look at Composite Units in the Marine Corps«. Eine Sammlung von Unterlagen, die für die »Studies and Analysis Branch« beim MARINE CORPS COMBAT DEVELOPMENT COMMAND in Quantico, Virginia, ausgearbeitet worden sind, wo Dr. Fleming 1988 Leiter des HISTORICAL CENTER war. Diese Sammlung wurde vom HQ des US Marine Corps bereitgestellt.
10 Generalmajor J.I. Hopkins, USMC. »This was no Drill«. NAVAL INSTITUTE PROCEEDINGS, November 1991, S. 60.
11 LtCol. Patrick R. Lederer, USMC. »A Few Thoughts on Compositing«. MARINE CORPS GAZETTE, September 1991, S. 48.
12 Generalleutnant Walter E. Boomer, USMC. »Special Trust and Confidence among the Trail-Breakers«. NAVAL INSTITUTE PROCEEDINGS, November 1991, S. 48.
13 Col. Norman G. Ewers. »A Conversation with LtGen Royal N. Moore, Jr., USMC«. MARINE CORPS GAZETTE, Oktober 1991, S. 44–46.
14 Op.cit., Brigadegeneral Simmons, NAVAL INSTITUTE PROCEEDINGS, Mai 1991, S. 54.
15 Ebenda, S. 55.
16 Ebenda, S. 59.

17 Ebenda, S. 58–59.
18 NWP-22 legt die grundlegende Struktur für amphibische Kriegführung fest.
19 »The Forces«. NAVAL INSTITUTE PROCEEDINGS, Januar 1991, S. 83.
20 LtCol. Paul F. Pugh, USMC. »Operational Art and Amphibious Warfare«. MARINE CORPS GAZETTE, Juli 1991, S. 92.
21 Col. William M. Rakow, USMC. »MAGTF Operations with the Fleet in the Year 2000«. MARINE CORPS GAZETTE, Juli 1990, S. 17.
22 Ebenda, S. 17.
23 LtCol. Ky L. Thompson, USMC (RET). »Is the Marine Corps the Navy's Unloved Stepchield?«. ARMED FORCES JOURNAL INTERNATIONAL, August 1990, S. 57.
24 Dr. V. Keith Fleming, Jr. »A Brief Report on the Unity of Effort in Joint Operations«. Vorgelegt dem Leiter der DOCTRINAL DEVELOPMENT BRANCH, Headquarters Marine Corps, Oktober 1988.
25 General Carl E. Mundy, Jr., USMC. »Continuing the March. Part I: Defining the Course«. MARINE CORPS GAZETTE, Oktober 1991, S. 13.
26 Dazu gehörten ein Artilleriebataillon des Heeres mit M109-155 mm auf Selbstfahrlafette und eine MLRS-Batterie. Die Marines lernten die ungeheure Feuerkraft und Beweglichkeit des Systems schätzen. Viele von ihnen sähen das MLRS-System gern im Bestand des US Marine Corps als Ersatz für die veralteten M110A1-Systeme der schießenden Batterien.
27 Col. John H. Admire, USMC. »Joint Operations: Marine Corps Capabilities and Contributions«. MARINE CORPS GAZETTE, August 1990, S. 83.
28 Op.cit., Fleming. »... Unity of Effort ...«.
29 Ebenda, Fleming.
30 Vor Beginn der Bodenoffensive fielen sieben Marineinfanteristen, als eine A-10 der US Air Force bei Luftnahunterstützung für die Marineinfanteristen irrtümlich ein LAV-Fahrzeug des US Marine Corps angriff. Ironischerweise haben die A-10 der US Air Force in den letzten Jahren zusammen mit den Marines an zahlreichen großangelegten Wüstenübungen teilgenommen. Sie übernahmen dabei die Rolle eines Feindflugzeuges.
31 James C. Hyde. »Senate Insists on A-10 Transfer to Army, Let USMC off the HOOK«. ARMED FORCES JOURNAL INTERNATIONAL, September 1991, S. 12.
32 Glenn W. Goodman, Jr. »Senate Panel Draws its Own Gulf War Lessons, Back USMC Upgrade«. ARMED FORCES JOURNAL INTERNATIONAL, September 1991, S. 10.
33 Op.cit., Brigadegeneral Simmons, NAVAL INSTITUTE PROCEEDINGS, Mai 1991, S. 59.
34 LtCol. Mark F. Cancian, USMCR. »Marine Corps Reserve Forces in Southwest Asia«. MARINE CORPS GAZETTE, September 1991, S. 35.
35 U.S. SENATE ARMED SERVICES COMMITTEE CONFIRMATIONi HEARINGS of the 30th COMMANDANT OF THE MARINE CORPS, General Carl E. Mundy, J.
36 Op.cit., Kenneth W. Estes, S. 185–188.
37 Generalleutnant William W. Keys, USMC. »Rolling with the 2nd Marine Division«. NAVAL INSTITUTE PROCEEDINGS; November 1991, S. 76.
38 Op.cit., SENATE CONFIRMATION HEARINGS.
39 MAJ F. G. Hoffman, USMCR. »Reversing Course on Total Force?«. MARINE CORPS GAZETTE, September 1991, S. 38.
40 Op.cit., Generalleutnant Keys, NAVAL INSTITUTE PROCEEDINGS, November 1991, S. 77–78.
41 Generalmajor J.M. Myatt, USMC. »1st Marine Division in the Attack«. NAVAL INSTITUTE PROCEEDINGS, November 1991, S. 72.
42 Op.cit., Brigadegeneral Simmons, NAVAL INSTITUTE PROCEEDINGS, Mai 1991, S. 60.
43 Norman Friedman. »Desert Victory; The War for Kuwait«. Annapolis, Maryland, NAVAL INSTITUTE PRESS, 1991, S. 114.
44 Brigadegeneral Edwin H. Simmons, USMC (RET). »Getting the Job Done«. NAVAL INSTITUTE PROCEEDINGS, Mai 1991, S. 94.
45 Generalleutnant Royal N. Moore, Jr., USMC. »Marine Air: There When Needed«. NAVAL INSTITUTE PROCEEDINGS, November 1991, S. 63.
46 Ebenda, S. 64.
47 Op.cit., Friedman, S. 304.
48 Ebenda, S. 150, 301.
49 Op.cit., Generalleutnant Moore, NAVAL INSTITUTE PROCEEDINGS, November 1991, S. 64.
50 Op.cit., Friedman, S. 175.
51 Op.cit., Generalleutnant Moore, NAVAL INSTITUTE PROCEEDINGS, November 1991, S. 64.
52 Ebenda, S. 65.

53 MAJ Christopher P. Gutmann, USMC. »Lessons Learned of Tactical Reconnaissance«. MARINE CORPS GAZETTE, September 1991, S. 33–34.
54 Brigadegeneral Paul K. Van Riper, USMC. »Observations During Operation ›DESERT STORM‹ fanlan«. MARINE CORPS GAZETTE, Juni 1991, S. 61.
55 Op.cit., Generalmajor Myatt. NAVAL INSTITUTE PROCEEDINGS, November 1991, S. 72.
56 Die F/A-18D ist ein zweisitziger Mehrzweck-Jagdbomber. Die OV-10D, ein Turboprop-Flugzeug, ist die wichtigste FACA-Flugzeugzelle des MAW. Sie ist mit einem Vorwärtssichtradarsystem (Forward-Looking Radar — FLR) ausgerüstet, was ihr eine Tag/Nacht-Fähigkeit verleiht. Die OV-10 hat sich als zu verwundbar erwiesen, um weit vorn eingesetzt werden zu können. Die F/A-18D bot Tiefe und Geschwindigkeit. Die F/A-18Ds wurden als FAST FACs eingesetzt.
57 Das US Marine Corps zog aus dem saudischen Fernsprechnetz Nutzen und ließ sich in dieses Netz integrieren. Saudi-Arabien verfügt über eines der modernsten Fernmeldesysteme der Erde.
58 Cap. R.A. Padilla, USMC. »F/A-18Ds Go To War«. NAVAL INSTITUTE PROCEEDINGS, August 1991, S. 40.
59 Op.cit., Friedman, S. 402.
60 Op.cit., Generalleutnant Moore, NAVAL INSTITUTE PROCEEDINGS, November 1991, S. 66.
61 Op.cit., Friedman, S. 208.
62 Die USS Tripoli und die USS Princeton (ein AEGIS-Kreuzer) wurden durch Minen beschädigt. Keines der Schiffe sank, und es waren keine Menschenverluste zu beklagen. Dennoch waren beide Schiffe weitgehend nicht mehr einsatzfähig und wurden zu Instandsetzungseinrichtungen geschleppt.
63 Das US Marine Corps steigt in ein Streitkräftemodernisierungsprogramm ein, das die Fähigkeit zu Kampfanlandungen (Forced Entry Capability), weit in das nächste Jahrhundert hinein fördern wird. Gestützt auf eine Studie des US-Marineministeriums, ist hierfür die Fähigkeit zur Führung amphibischer Angriffe von jenseits des Horizontes mit luftbeweglichen Mitteln und Luftkissenfahrzeugen notwendig. Derzeit verfügt die US Navy über ein Landing Craft Air Cushion (LCAC)-System, das ein Bein der Triade darstellt. Nach den Vorstellungen der Marineinfanteristen sollen die Osprey V-22, ein revolutionärer Kippdrehflügler, und ein High Sped Advanced Assault Amphibious (AAA)-System das zweite und das dritte Bein der Triade sein. Beide Programme haben die gegenwärtige Technologie an die Grenze des Machbaren vorangetrieben. Allein die Kosten für Forschung und Entwicklung haben viele innerhalb und außerhalb der Regierung veranlaßt, die weitere Unterstützung der Programme in Frage zu stellen.
64 Ein amphibischer Handstreich (Amphibious Raid) ist ein amphibisches Unternehmen begrenzten Umfangs: eine Landung von See her an einer feindlichen Küste mit schnellem Vorstoß in feindliches Territorium zu einem bestimmten Zweck und anschließendem planmäßigen Rückzug. Eine Scheinlandung (Amphibious Demonstration) wird durchgeführt, um den Feind durch Kräftedemonstration zu täuschen mit dem Ziel, ihn zu einem für ihn ungünstigen Handeln zu veranlassen. Hinsichtlich einer ausführlichen Erörterung siehe FLEET MARINE FORCE MANUAL (FMFM) 8-1 über Special Operations.
65 Col John R. Pope, USMC. »U.S. MARINES IN OPERATION ›DESERT STORM‹«, MARINE CORPS GAZETTE, Juli 1991, S. 65.
66 Op.cit., Friedman, S. 208.
67 Op.cit., Col Pope, Gazette, Juli 1991, S. 67.
68 Op.cit., Friedman, S. 207.
69 William J. Taylor, Jr. und James Blackwell, »The Ground War«, Survival, Mai/Juni 1991, S. 234.
70 Die Bombadierung Beiruts 1983 führte dazu, daß mehrere hundert Marineinfanteristen getötet oder verletzt wurden, weil es höhere Offiziere des US Marine Corps versäumten, im Hauptquartier der Mairneinfanterie ausreichende Sicherheitsmaßnahmen durchzuführen. 1987 bestürzten die Amerikaner Nachrichten, daß in der US-Botschaft in Moskau ein angeblicher Spionagering sein Unwesen trieb, zu dem auch mehrere Marine Secutity Guards gehörten.
71 Die Einheit ist 1. Zug der 2nd Force Reconnaissance Company (2nd Force Recon). Eine Force Reconnaissance Company sind Fernaufklärungskräfte einer Fleet Marine Force (FMF), die zur unmittelbaren Unterstützung einer Marine Expeditionary Force (MEF) eingesetzt werden. Die Force Reconnaissance Company entspricht, was die Einsatzmöglichkeiten anbelangt, den Green Berets der US Army und den Spezialtruppen SEALs der US Navy. Die Force Reconnaissance Company sollte nicht mit dem Aufklärungsbataillon der MARDIV verwechselt werden.
72 Op.cit., Col Pope, Gazette, Juli 1991, S. 65–69.
73 Die US Army-Dienstvorschrift FM 100-5 führt fünf grundlegende Gefechtsarten auf: Umfassung, tiefe Umfassung, Einsickern, Einbruch und Frontalangriff.
74 Op.cit., MajGen Myatt, Proceedings, November 1991, S. 73.
75 LtCol Andrew F. Mazzara, USMC. »Supporting Arms in the Storm«, Naval Institute Proceedings«, November 1991, S. 45.

76 Das 10th Marines Regiment verfügte über ein Heeres-Panzerartilleriebataillon mit einer vorübergehend unterstellten Mehrfachraketenwerferbatterie.
77 Kirk Spitzer, »Marines Pull Surprise Attack on Missile Battery«, Gannett News Service, 25. Januar 1991.
78 LtCol Andrew F. Mazzara, USMC. »Artillery in the Desert, 1991 Report No. 1«, Marine Corps Gazette, April 1991, S. 53.
79 Capt Robert A. Jones, USMC. »Firefight at Hamaltyat«, Marine Corps Gazette, Juni 1991, S. 30–32.
80 BGen Charles C. Krulak, USMC. »A War of Logistics«. Naval Institute Proceedings, November 1991, S. 55.
81 Op.cit., MajGen Myatt, Proceedings, November 1991, S. 75.
82 Op.cit., Friedman, S. 197–201.
83 Op.cit., MajGen Myatt, Proceedings, November 1991, S. 75.
84 Sieben Marineinfanteristen starben, als ihr Schützenpanzer vom Typ LAV-25 von einer von einem Kampfflugzeug A-10 abgefeuerten Rakete vom Typ Maverioz getroffen wurde. Die anderen fünf wurden getötet, als ihr Fahrzeug von einer von einem anderen Schützenpanzer aus abgefeuerten Panzerabwehrlenkrakete getroffen wurde. Beide Vorfälle ereigneten sich in der Nacht des 29. Januar 1991 während des irakischen Angriffs auf Khafji. Das US Marine Corps, ebenso wie alle anderen Teilstreitkräfte, sind dabei, Maßnahmen zur Reduzierung der Bekämpfung eigener Kräfte im Gefecht zu untersuchen.
85 Op.cit., LtGen Boomer, Proceedings, November 1991, S. 49.
86 Op.cit., LtGen Keys, Proceedings, November 1991, S. 79.
87 Op.cit., LtGen Moore, Proceedings, November 1991, S. 64.
88 Op.cit., LtGen Keys, Proceedings, November 1991, S. 79.
89 Op.cit., MajGen Myatt, Proceedings, November 1991, S. 74.
90 Frank Uhlig, Jr., »Amphibious Lessons« in Military Lessons of the Falkland Islands War, Views from the United States, Hg., Bruce W. Watson und Peter M. Dunn, Boulder Colorado, Westview Press, 1984, S. 53.
91 Op.cit. BGen Simmons, Proceedings, Mai 1991, S. 53–55.
92 Zwei Varianten von Maritime Prepositioning Ships, die in der Regel mit der Follow-On Echelon (TAVB) verlegen und ein Lazarettschiff (Hospital Ship TAH). Die Verlegung einer Maritime Prepositioning Force (MPF) kann der Aufstellung eines größeren Einsatzverbandes vorangehen oder folgen. Wenn der größere Verband die Follow-On Echelon darstellt, braucht er sich nicht auf Marine Forces zu beschränken. Die 24th Mechanized Infantry Division, die erste schwere Kampfdivision der US Army, die zum Golf entsandt wurde, wurde am 7. August mobilisiert; sie ging am 11. August an Bord des Fast Sealift Squadron One (FSS-1) und erreichte das Operationsgebiet am 27. August im wesentlichen als eine Komponente der Follow-On Echelon der MEF.
93 Col Charles M. Lohman, USMC. »Exercise Thalay Thai 89. The Future of MPF?« Marine Corps Gazette, Januar 1990, S. 61–66.
94 GCE (GROUND COMBAT ELEMENT) und ACE (AVIATION COMBAT ELEMENT) verlegen ihre vorderen Führungselemente in der Regel zusammen mit dem Vorkommando der MEB.
95 Maj Ernest S. Jones, USMC. »MPS and Desert Storm«, Marine Corps Gazette, August 1991, S. 47–50.
96 LtCol Paul S. Gram, USMC. »Maritime Prepositioning Entersthe 1990s«, Naval Institute Proceedings, Juni 1991, S. 83.
97 Op.cit., Maj Jones, Gazette, August 1991, S. 47–50.
98 Die Verlegung der 7th MEB ACE verzögerte sich um mehrere Wochen wegen konkurrierender Forderungen nach Lufttankerunterstützung. Die Verlegung der meisten Starrflügler der Marine Expeditionary Brigade war auf Flugzeuge, die Überführungsflüge durchführen konnten, beschränkt.
99 Cap J.R. Avella, USN. »Its the »M« Word Mobilization«, Naval Institute Proceeding, Januar 1991, S. 42.
100 Op.cit., BGen Simmons, Proceedings, Mai 1991, S. 54.
101 Op.cit., Goodman, Armed Forces Journal, September 1991, S. 91.
102 Dr. Scott C. Truver, »Tomorrow's Fleet«, Naval Institute Proceedings, Juli 1991, S. 51.
103 BGen James A. Brabham, USMC. »Training, Education Were the Keys«, Naval Institute Proceedings, November 1991, S. 52.
104 LtCol John A. O'Donovan, USMC. »Combat Service Support During ›Desert Shield‹ and ›Desert Storm‹: From Kibrit to Kuwait«, Marine Corps Gazette, Oktober 1991, S. 26.
105 Op.cit., BGen Brabham, Proceedings, November 1991, S. 52–53.
106 BGen Charles C. Krulak, USMC. »CSS in the Desert«, Marine Corps Gazette, Oktober 1991, S. 22.
107 Op.cit., BGen Krulak, Proceedings, November 1991, S. 55.
108 Op.cit., LtCol O'Donovan, Gazette, Oktober 1991, S. 29.
109 Op.cit., BGen Krulak, Proceedings, November 1991, S. 56.

Chronologie des Einsatzes des US Marine Corps bei den Operationen Desert Shield und Desert Storm

02. August 1990	— Irak marschiert in Kuwait ein.
07. August 1990	— 1st MEB, 7th MEB und 4th MEB zwecks möglicher Verlegung an den Golf in Alarmbereitschaft versetzt.
08. August 1990	— MPS-Geschwader 2 läuft von Diego Garcia aus. — MPS-Geschwader 3 läuft von Guam aus.
12. August 1990	— Lufttransport für 7th MEB eingeleitet.
13. August 1990	— MPS 2 läuft in Al Jubayl ein.
14. August 1990	— Kampftruppenteile der 7th MEB treffen in Al Jubayl ein.
16. August 1990	— 3rd MAW in Alarmbereitschaft versetzt.
17. August 1990	— 4th MEB läuft aus.
20. August 1990	— 7th MEB geht nordöstlich von Saudi-Arabien zur Verteidigung über.
25. August 1990	— I MEF vorn meldet Führungsbereitschaft an USCINCCENT. — Lufttransport 1st MEB.
26. August 1990	— MPS 3 trifft in Al Jubayl ein.
02. September 1990	— I MEF HQ übernimmt »operational control« als USMARCENT.
05. September 1990	— 1st MARDIV übernimmt »operational control« über alle Bodentruppen des US Marine Corps.
06. September 1990	— I MEF MSC HQ. (1st MARDIV, 3rd MAW, 1st FSSG).
07. September 1990	— 13th MEU und MAGTF 6-90 treffen am Golf von Oman ein.
11. September 1990	— erste Truppenteile der 4th MEB treffen am Golf von Oman ein.
September 1990	— 7th Armoured Brigade (Desert Rats) der britischen Rheinarmee (BAOR) »operational control« I MEF.
13. September 1990	— ausgewählte Reserveeinheiten des US Marine Corps zum aktiven Dienst einberufen.
14. November 1990	— MPS 1 läuft aus.
18. November 1990	— amphibische Übung Imminent Thunder wird am Persischen Golf durchgeführt. — 5th MEB und 11th MEU laufen aus.
09. Dezember 1990	— Lufttransport von 30.000 Marineinfanteristen der II MEF.
12. Dezember 1990	— MPS 1 trifft ein.
15. Januar 1991	— I MEF übernimmt »operational control« über 2rd MARDIV.
Januar 1991	— Desert Rats »operational control« VII. (US)Korps 1st BDE 2rd AD (Tiger Brigade) »operational control« I MEF.
16. Januar 1991	— Beginn Luftkrieg.
29. Januar 1991	— Schlacht von Al Khafji.
10. Februar 1991	— Ausgabe Operationsbefehle. — Aufklärungseinheiten marschieren in Kuwait ein.
16. Februar 1991	— 1st/2nd DIVs dringen 25 Meilen in Kuwait ein.
24. Februar 1991	— um 04.00 — 1st MARDIV stößt durch Feldbefestigung vor und nimmt den Flugplatz von Al Jaber und das Ölfeld Al Burqan. — 2nd MARDIV führt Panzergefecht in der Nähe von Kuwait City.
25. Februar 1991	— 1st MARDIV setzt Säuberung von Al Jaber fort und bekämpft zwei irakische Panzerbrigaden. — 2nd MARDIV greift nordwärts über As Abdallya an. — 5th MEB RLT landet südlich von Kuwait und übernimmt die Rolle als MEF-Reserve.
26. Februar 1991	— 1st MARDIV nimmt Kuwait und führt Panzergefecht bei Nacht in der Nähe von Kuwait City.

27. Februar 1991
— 2nd MARDIV nimmt Al Jahra-Stadt und marschiert in Richtung Musta Ridge.
— 4the MEB führt amphibische Scheinlandung vor den Babiyan- und Faylaka Islands durch.
— 1st MARDIV konsolidiert.
— 2nd MARDIV schlägt die Masse der irakischen Kräfte, die versuchten, sich zurückzuziehen.
— 2nd Force Recon Company erreicht US-Botschaft.

Literaturverzeichnis

Admire, John A., Col., USMC.: »Joint Operations: Marine Corps Capabilities and Contributions«, Marine Corps Gazette, August 1990, S. 83–89.

Avella, J.R., Capt., USN.: »Its the ›M‹ Word Mobilization«, Naval Institute Proceedings, January 1991, S. 41–45.

Boomer, Walter E., LtGen., USMC.: »Special Trust and Confidence Among the Trail-Breakers«, Naval Institute Proceedings, November 1991, S. 47–50.

Brabham, James A., BGen., USMC.: »Training, Education Were the Keys«, Naval Institute Proceedings, November 1991, S. 51–54.

Brown, D.K.: »Amphibious Ships«, Naval Forces Review, No. IV/1990 Vol. XI, S. 18–22.

Cancian, Mark F., LtCol., USMCR.: »Marine Corps Reserve Forces in Southwest Asia«, Marine Corps Gazette, September 1991, S. 35–37.

Estes, Kenneth W.: Marine Officer's Guide: Fifth Edition, Annapolis Maryland, Naval Institute Press, 1989.

Ewers, Norman G., Col., USMC(RET): »A Conversation With LtGen Royal N. Moore, Jr., USMC., Marine Corps Gazette, October 1991, S. 44–49.

Evans, M.H.H., Col., RM., OBE.: Amphibious Operations: the Projection of Sea Power Ashore, London, King's College, 1990.

Fleming, Keith V., Jr., Dr.: »Brief Historical Look at Composite Units in the Marine Corps«, Studies and Analysis Branch at the Marine Corps Combat Development Command, Quantico Virginia, 1988.

Fleming, Keith V., Jr., Dr.: »A Brief Report on the Unity of Effort in Joint Operations«, Doctrinal Development Branch, Headwuarters Marine Corps, Washington D.C., 1988.

»The Forces«, Naval Institute Proceedings, January 1991, S. 83–84.
FM 100-5, Operations.
FMFM 1-1, Warfighting.
FMFM 8-1, Special Operations.

Friedman Norman: Desert Victory; The War for Kuwait, Annapolis Maryland, Naval Institute Proceedings, 1991.

Goodman, Glenn W. Jr.: »Senate PanCel Draws its Own Gulf War Lessons, Backs USMC Upgrade«, Armed Forces Journal International, September, 1991, S. 10–12.

Gram, Paul S., LtCol., USMC.: »Maritime Prepositioning Enters the 1990s«, Naval Institute Proceedings, June 1991, S. 82–84.

Gutman, Christopher P., Maj. USMC.: »Lessons Learned of Tactical Reconnaissance«, Marine Corps Gazette, September 1991, S. 33–34.

Hoffman, F.G., Maj., USMCR.:	»Reversing Course on Total Force?« Marine Corps Gazette, September 1991, S. 37–40.
Hopkins, J.I., MajGen, USMC.:	»This Was No Drill«, Naval Institute Proceedings, November 1991, S. 58–62.
Hyde, James C.:	»Senate Insists Panel Draws its Own Gulf War Lessons, Backs Upgrade«, Armed Forces Journal International, September 1991, S. 12.
Jones, Ernest S., LtGen USMC.:	»MPS and Desert Storm«, Marine Corps Gazette, August 1991, S. 47–50.
Jones, Robert A., Capt., USMC.:	»Firefight at Hamaltyat«, Marine Corps Gazette, June 1991, S. 30–32.
Keys, William M., LtGen., USMC.:	»Rolling with the 2nd Marine Division«, Naval Institute Proceedings, November 1991, S. 77–81.
Krulak, Charles C., BGen., USMC.:	»A War of Logistics«, Naval Institute Proceedings, November 1991, S. 55–57.
Krulak, Charles C., BGen., USMC.:	»CSS in the Desert«, Marine Corps Gazette, October 1991, S. 22–25.
Lederer, Patrick R. LtCol., USMC.:	»A Few Thoughts on Compositing«, Marine Corps Gazette, September 1991, S. 48–49.
	LFM 01/FM 31-33/NWP 22(B)/AFM 2-53, Doctrine for amphibious Operations.
	LFM 02, Doctrine for Landing Forces.
Lohman, Charles M., Col., USMC.:	»Exercise Thalay Thai-89 The Future of MPF?« Marine Corps Gazette, January 1990, S. 61–66.
Martin J.M., USNR(RET):	»We Still Haven't Learned«, Naval Institute Proceedings, July 1991, S. 64–68.
Mazzara, Andrew F., LtCol., USMC.:	»Artillery in the Desert, 1991 Report No. 1«, Marine Corps Gazette, April 1991, S. 53–55.
Mazzara, Andrew F., LtCol., USMC.:	»Supporting Arms in the Storm«, Naval Institute Proceedings, November 1991, S. 41–46.
	The Military Balance 1990–1991, London, The International Institute for Strategic Studies 1990.
Mundy, Carl E., Jr., USMC.:	»Continuing the March Part I: Defining the Course«, Marine Corps Gazette, October 1991, S. 12–14.
Myatt, J.M., MajGen., USMC.:	»1st Marine Division in the Attack«, Naval Institute Proceedings, November 1991, S. 71–76.
O'Donovan, John A., LtCol., USMC.:	»Combat Service Support During Desert Shield and Desert Storm: From Kibrit to Kuwait«, Marine Corps Gazette, October 1991, S. 26–31.
	OH 5-4A, Close Air Support.
	OH 6, The Marine Ground Combat Element.
	OH 6-1, Marine Ground Combat Operations.
	OH 7-6, Maritime Prepositioning Force (MPF) Operations.
Padilla, R.A., USMC.:	»F/A-18Ds Go to War«, Naval Institute Proceedings, August 1991, S. 40.
Pope, John R., Col., USMC.:	»US Marines in Operation Desert Storm«, Marine Corps Gazette, July 1991, S. 63–69.
Pugh, Paul F., LtCol., USMC.:	»Operational Art and Amphibious Warfare«, Marine Corps Gazette, July 1991, S. 81–85.
Rakow, William M., Col., USMC.:	»MAGTF Operations with the Fleet in the Year 2000«, Marine Corps Gazette, July 1990, S. 38–40.
Simmons, Edwin H., BGen, USMC(RET).:	»Getting Marines To the Gulf«, Naval Institute Proceedings, May 1991, S. 50–64.
Simmons, Edwon H., BGen, USMC(RET).:	»Getting the Job Done«, Naval Institute Proceedings, May 1991, S. 94–96.

Spitzer, Kirk.:	»Marines Pull Surprise Attack on Missile Battery«, Gannet News Service, January 1991.
Taylor, William J., Jr. and Blackwell, James:	»The Ground War in the Gulf«, Survival Vol. XXXIII, No 3, May/June 1991, S. 230–245.
Thompson, Ky L., LtCol., USMC(RET):	»Is the Marine Corps the Navy's Unloved Stepchild?« Armed Forces Journal International, August 1990, S. 57–58.
Truver, Scott C., Dr.:	»Tomorrow's Fleet«, Naval Institute Proceedings, July 1991, S. 47–55.
Van Riper, Paul K., BGen, USMC.:	»Observations During Operation Desert Storm«. Marine Corps Gazette, June 1991, S. 54–61.
Watson, Bruce W. and Dunn, Peter M., ed.:	Military Lessons of the Falkland Islands War, Views from the United States, Boulder Colorado, Westview Press, 1984.
Woodward, Bob.:	The Commanders, New York, Simon & Schuster, 1991.
	Written Questions and Response for the Congressional Record; Confirmation Hearings 30th Commandant of the Marine Corps, United States Senate Armed Services Committee, June 1991.

Jonathan Palmer

9. Rolle und Beitrag des britischen Heeres

Der Aufmarsch

Die ersten britischen Verlegungen

Das britische Engagement in der Golfregion begann am 9. August 1990 unter dem Decknamen »Operation Granby« mit der Bekanntgabe der britischen Regierung, daß Truppen an den Golf verlegt würden. Es sollte die dort bereits operierende Armilla Patrol der Royal Navy verstärkt und eine Präsenz der Royal Air Force (RAF) aufgebaut werden.

In den Wochen, die der irakischen Invasion von Kuwait unmittelbar folgten, kam es zunächst darauf an, rasch solche Kräfte dorthin zu verlegen, die in der Lage waren, den Irak vom Versuch abzuhalten, auch in Saudi-Arabien einzufallen oder die anderen Golfstaaten zu bedrohen. Der Armilla Patrol wurden deshalb zusätzliche Schiffseinheiten zugeteilt, und gleichzeitig verlegte man eine Abfangjägerstaffel der RAF mit Tornados F3 und eine Staffel mit Erdkampfflugzeugen des Typs Jaguar.

Am 23. August 1990 gab der britische Verteidigungsminister Tom King bekannt, daß eine weitere Staffel, Tornados GR1, nach Bahrain verlegt würde, um »...die Verteidigungsfähigkeit in dieser Region zu verstärken...« und »...jedem Angriff durch irakische Panzertruppen begegnen ... und gegen die Konzentration von Kräften wirken zu können...«.

Am 6. September 1990 bemerkte die Premierministerin in einer Sondersitzung im Unterhaus: »Wir sind überzeugt, daß zusätzliche Kräfte notwendig sein werden; und wir denken über deren Zusammensetzung bereits nach.«.

Am 10. September 1990 brachte US-Außenminister James Baker bei einer NATO-Sitzung in Brüssel zum Ausdruck, daß Washington von seinen Verbündeten die Entsendung von Bodentruppen, vorzugsweise gepanzerter Kräfte, erwarte.

Nach Erwägung einer Reihe von Optionen wurde entschieden, die 7th Armoured Brigade in die Golfregion zu entsenden. Am 14. September gab der britische Verteidigungsminister auf einer Pressekonferenz die Einzelheiten bekannt. Die »Desert Rats« befanden sich auf ihrem Weg an den Golf.

Die Verlegung der 7th Armoured Brigade Group

Der Brigadestab in Soltau (Bundesrepublik Deutschland) war nicht überrascht von diesem Auftrag. Man hatte dort schon sehr früh angenommen, daß eine Panzerbrigade für diesen Auftrag in Betracht kam, und war neben anderen Mitstreitern vorbereitet auf die beträchtliche Stabsarbeit und Planung, welche für die Verlegung erforderlich sein würden. Am 17. September 1990 flog der Brigadekommandeur Brigadier Cordingley nach Saudi-Arabien, um dort erste Erkundungen vorzunehmen. Während seiner Abwesenheit wurde die Marschbereitschaft der Brigade reduziert auf fünf Tage.

Die 7th Armoured Brigade war in vielerlei Hinsicht die ideale Wahl. Ihre beiden Panzerregimenter, The Royal Scots Dragoon Guards (Scots DG) und The Queen's Royal Irish Hussars (QRIH), waren ausgerüstet mit Kampfpanzern des Typs Challenger; das Panzergrenadier-Bataillon der Brigade, 1st Battalion, The Staffordshire Regiment (1 STAFFORDS) war ausgerüstet mit Schützenpanzern des Typs Warrior. Die Brigade sollte unterstützt werden vom 40th Field Regiment, Royal Artillery, und vom 21st Engineer Regiment, wobei die A Squadron, 1st The Queen's Dragoon Guards, die Panzeraufklärungs-Komponente bilden sollte. Da die Brigade selbständig arbeiten und weit von den üblichen logistischen Kräften der Division entfernt operieren würde, wurden ihr eine Reihe zusätzlicher Unterstützungseinheiten aus den Divisions- und Korpstruppen zugeteilt.

Es war dringend notwendig, die schwere Ausrüstung der Brigade auf den Weg zum Golf zu bringen, und nach 14 Tagen intensiver Arbeit, unterstützt durch andere Truppenteile des gesamten 1st (UK) Corps, verließen die ersten Schiffe Bremerhaven und Marchwood. Am 2. Oktober passierte die RFA Sir Tristram, bekannt aus dem Falklandkrieg, als erstes Schiff die Straße von Gibraltar mit Kurs auf Al Jubail, einen großen und modernen Hafen in Saudi-Arabien am Persischen Golf. (Überblick über das gesamte Operationsgebiet siehe Abbildung 1)

Bis Ende September und in die ersten Oktobertage hinein wurden in Deutschland die Brigadetruppenteile einer harten Ausbildung unterzogen, und es wurden die für einen Krieg erforderlichen Administrations- und Dokumentations-Vorbereitungen durchgeführt. Am 1. Oktober wurde das Personal der 7th Armoured Brigade in eine 72-Stunden-Marschbereitschaft versetzt. Am selben Tag gab der britische Verteidigungsminister bekannt, daß die Brigade zusammen mit der 1st US Marine Expeditionary Force eingesetzt würde, und daß Vorbereitungen getroffen worden seien, die britischen Bodentruppen für besondere Operationen unter »tactical control« eines US-Befehlshabers zu stellen.

Zu dieser Zeit herrschte Aktivität auf allen Ebenen. In Großbritannien war ein Stab aller Teilstreitkräfte (Joint Headquarters — JHQ) in High Wycombe aufgestellt worden mit einer Kommandostruktur, bei der die Erfahrungen aus dem Falklandfeldzug berücksichtigt waren. Als Befehlshaber des gemeinsamen Kampfverbandes für die Operation Granby sollte Air Chief Marshall Sir Patrick Hine eingesetzt werden. Ebenso wuchs in Riad der Umfang des HQ British Forces Middle East (BFME), und am 1. Oktober übergab Air Vice Marshal Wilson das Kommando an Generalleutnant Sir Peter de la Billiere.

Die Vorkommandos der 7th Armoured Brigade trafen am 10. Oktober am Golf ein, und gegen Ende des Monats befanden sich 80 Prozent der Brigade-Group mit allen drei Battle-Groups und der Mehrheit der War Maintenance Reserve (WMR) im Operationsgebiet. In der ersten Novemberwoche, während sich die Brigade an die vorherrschenden hohen Temperaturen gewöhnte, wurde eine Stabsrahmenübung durchgeführt, die Fahrzeuge für den Feuerkampf vorbereitet, und es fand eine Navigationsübung statt; in der zweiten Woche Scharfschießen mit direkten und indirekten Waffen, und nach einem Instandsetzungstag eine zweitägige Gefechtsübung. Die Übung Jubail Rat galt als Erfolg. Die Brigade übte zahlreiche Operationen, u.a. den Durchbruch durch eine Sperrzone von fünf Kilometern Tiefe und die Reaktion auf einen simulierten Angriff mit chemischen Kampfstoffen. Der Verwundetenabtransport wurde eingehend geübt, ebenso wie die Handhabung von Kriegsgefangenen. Am 16. November besuchte der britische Verteidigungsminister die Brigade am Golf und erklärte sie für einsatzbereit.

Während dieser Zeit waren bei der Force Maintenance Area in Al Jubail eine Reihe von Fahrzeugmodifikationen ausgeführt worden. Bis zum 16. November arbeitete man an erfolgreichen technischen Veränderungen und Verstärkungen an der Challenger-Flotte.

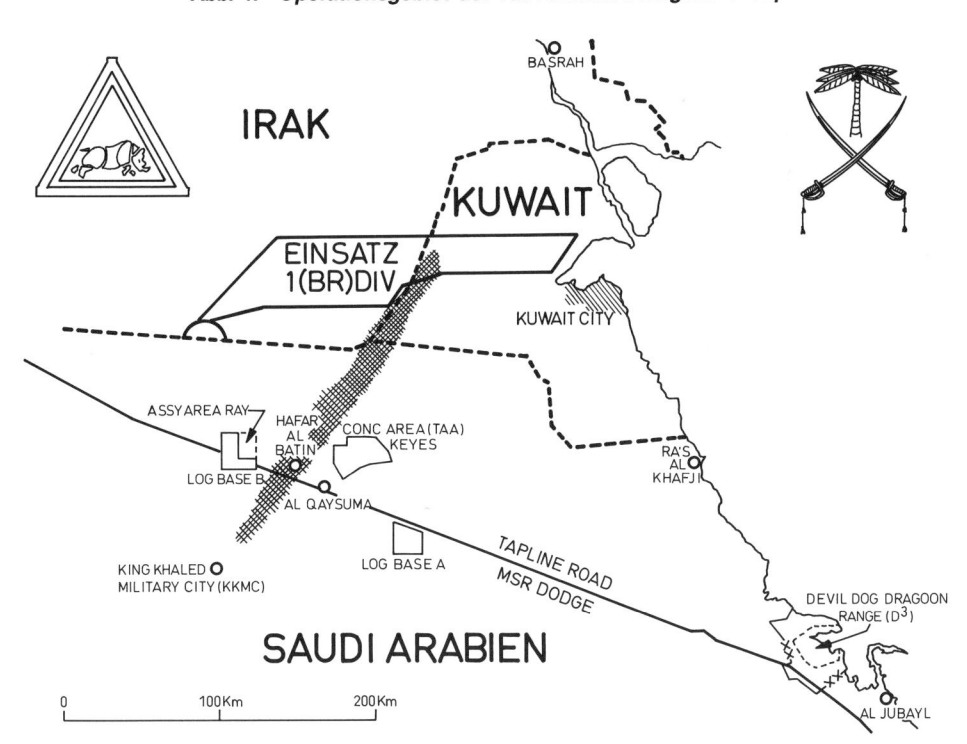

Abb. 1: *Operationsgebiet der 7th Armoured Brigade Group*

Die Verlegung der 1st (UK) Armoured Division

Die ersten Truppenverlegungen waren defensiver Natur gewesen, um Saudi-Arabien und die Golfstaaten gegen weitere irakische Aggressionen zu verteidigen. Es fanden zwar weiterhin diplomatische Bemühungen auf vielen Ebenen statt, doch nach und nach wurde immer klarer, daß Angriffsoperationen erforderlich sein könnten, um Saddam Hussein aus Kuwait zu vertreiben. Als US-Präsident Bush seine Entscheidung rückgängig machte, Truppen turnusmäßig abzulösen, und weitere 200.000 Soldaten einsetzte, bot die Premierministerin die Entsendung weiterer Truppen an. Es bestand die Hoffnung, daß man durch die medienwirksam verbreitete Entscheidung, eine Offensivoption zu entwickeln, der irakischen Seite zeigen könnte, wie ernst die Absichten der Koalition waren. Die rechtmäßige Regierung in Kuwait sollte wiedereingesetzt werden, und Irak sollte einer friedlichen Regelung zustimmen. Am 22. November gab der britische Verteidigungsminister die Entscheidung bekannt, das Hauptquartier der 1st (UK) Division an den Golf zu senden, zusammen mit einer Artilleriegruppe beträchtlicher Größe, einem Aufklärungsbataillon, einem Pionierbataillon, einem Heeresfliegerbataillon und zusätzlichen Versorgungseinheiten. Die Division sollte unter Kommando von Generalmajor Rupert Smith bis Anfang Januar an den Golf verlegt und bis Ende Januar einsatzbereit sein. Die 4th Armoured Brigade war bereits als Ersatz für die 7th Armoured Brigade vorgesehen, und somit war deren Verlegungsplanung bereits fortgeschritten. Aufgrund der Verstärkungen verdoppelte sich die Anzahl der britischen Truppen am Golf auf über 33.000 Mann; das war mehr als die Hälfte der Stärke der Britischen Rheinarmee.

Die Haupttruppenteile der 4th Armoured Brigade waren die 14th/20th King's Hussars (14/20H), ausgerüstet mit Kampfpanzern des Typs Challenger, und zwei Panzergrenadierbataillone, 1st Battalion, The Royal Scots (1 RS), und 3rd Battalion, The Royal Regiment of Fusiliers (3 RRF), beide ausgerüstet mit Schützenpanzern des Typs Warrior. Die Brigade sollte unterstützt werden vom 2nd Field Regiment der Royal Artillery, dem 23rd Engineer Regiment und zahlreichen Versorgungseinheiten.

Die Artilleriegruppe der Division, unter dem Kommando eines Brigadegenerals, bestand aus drei Regimentern (Bataillonen) mit Panzerhaubitzen des Typs M109 — dem 2nd, 26th und 40th Field Regiment — und zwei schweren Regimentern — dem 32nd Heavy Regiment mit Selbstfahrlafetten des Typs M110 und dem 39th Heavy Regiment mit Mehrfach-Raketenwerfersystemen (MLRS). Die Luftverteidigung übernahm das 12th Air Defence Regiment. Das Medium Reconnaissance Regiment der Division, die 16th/5th The Queen's Royal Lancers, stand unter »operational control« der Artilleriegruppe.

Die 4th Armoured Brigade und die Divisionstruppen bereiteten ihre Ausrüstung zügig zur Verladung vor und verschifften sie bemerkenswert schnell, wenn man die hohen Anforderungen bedenkt, die dem Transportsystem bereits durch die Unterstützung der 7th Armoured Brigade gestellt worden waren. Nach ähnlich hektischen Vorbereitungen flogen die Vorkommandos in der ersten Dezemberwoche an den Golf, und bis Ende des Monats befanden sich 50 Prozent der Division im Operationsgebiet.

Erste Bewegungen in der Wüste nördlich Al Jubayl, Dezember 1990

Bei der 4th Armoured Brigade handelte es sich um eine gemischte Brigade, die noch nicht zusammen mit allen Truppenteilen geübt hatte. Ihr blieb nur kurze Zeit, um die Einsatzbereitschaft herzustellen. Obgleich die Zeit gegen sie arbeitete, hatte die Brigade bis zum 25. Januar Übungen auf allen Ebenen mit und ohne scharfen Schuß durchgeführt, u.a. die Gefechtsübung Nessun Dorma, ein Vormarsch der Brigade über 110 Kilometer zur Ablösung anderer Truppen und sechs Battle-Group-Angriffe innerhalb von zwölf Stunden. Währenddessen trafen immer noch weitere Kampffahrzeuge ein, die im Feld modifiziert wurden.

Im Januar führten beide Brigaden eine ganze Reihe von Battle-Group-Übungen mit scharfem Schuß durch. Auf der Devil Dog Dragoon Range, die zusammen mit den US Marines aufgebaut worden war, stürmten bei Tag und Nacht Battle-Groups befestigte Stellungen und machten sie feindfrei. Panzer, Artillerie und Mörser übten im scharfen Schuß, und die Infanterie setzte jede verfügbare Waffe ein, auch 94mm Einweg-Panzerfäuste (LAW) und gewehrmontierte Angriffsgranaten (CLAW). Die Beleuchtung war mitunter eingeschränkt, und die Sicherheitsbestimmungen notwendigerweise auf ein Minimum herabgesetzt. Um einen beteiligten Offizier zu zitieren, war dies »... eine ziemlich ernüchternde Erfahrung..«. Bei dieser umfassenden Ausbildung wurden nur wenige leicht verletzt, ein Beweis für den hohen Ausbildungsstand.

Bis zum 8. Januar befanden sich mehr als 95 Prozent der Division in der Golfregion. Am 15. Januar erhöhte sich die Spannung, als der von der UNO festgelegte Stichtag für den Abzug irakischer Truppen aus Kuwait ergebnislos verstrichen war. In der darauffolgenden Nacht wurden einige britische Flugzeuge, die Ersatz für ausgefallene Soldaten einfliegen sollten, zur Rückkehr veranlaßt, weil sich der Luftraum am Golf belebte. Die Operation der Koalitionsstreitkräfte zur Befreiung Kuwaits hatte am 16. Januar um Mitternacht (MGZ) begonnen.

Aufgrund von Sicherheitsbestimmungen und Geheimhaltung kannten zu diesem Zeitpunkt nur wenige in der Division das »wo, wann und mit wem«, ganz zu schweigen von dem »was« ihres Auftrags. Nach langer Diskussion wurde beschlossen, die 1.(UK)Division unter »tactical control« des VII.(US)Corps zu stellen, etwa 350 Kilometer westlich der derzeitigen Dislozierung mit den Marines. Als die britischen Truppenteile ihre umfassende Übungstätigkeit beendet hatten, wurden sie in den Verfügungsraum der Division verlegt, und zwar als Teil einer umfassenden Verlegung, die später unter der Überschrift »Logistik« beschrieben wird.

Am 1. Februar war die Division voll einsatzfähig und in ganzer Stärke in ihrem vorderen Verfügungsraum KEYES, in unmittelbarer Nähe des Wadi al Batin. Da Munition und Versorgungsgüter weiterhin auf dem mindestens 350 Kilometer langen Hauptversorgungsweg transportiert wurden, führte die Division zwei umfassende Gefechts-

Die Verlegung nach Westen. Panzerbesatzungen fliegen mit Chinook und Hercules während die Kampfpanzer mit Schwerlasttransportern transportiert werden.

übungen durch, »Dibdibah Drive« und »Dibdibah Charge«, wobei sie mit Truppenteilen des VII.(US)Corps operierte und dabei Räume von jeweils 100 Kilometern abdeckte. Die letztgenannte dieser Übungen bestätigte, daß die 1st (UK) Armoured Division in der Lage war, in den Krieg zu ziehen.

Logistik

»Die Wüste ist der Himmel für Taktiker und die Hölle für den Versorger«. So lautet eine handgeschriebene Notiz in einem kleinen Museum in El Alamein zur Erinnerung an die 1942 dort stattgefundene Schlacht. Wüstenkampf bedeutet im allgemeinen verlängerte Versorgungslinien, ein hohes Maß an Beweglichkeit und hohen Munitionsverbrauch. Dies bedeutet zusätzliche Probleme für den Logistiker bei der Verlegung und Unterstützung einer »Armoured Expeditionary Force« in Divisionsgröße, etwa 4.000 Kilometer entfernt vom eigenen Land.

Während des Konflikts waren etwa 45.000 Soldaten in das Operationsgebiet eingeflogen worden; 146 Schiffe hatten mehr als 2.600 gepanzerte Fahrzeuge, mehr als 12.400 Radfahrzeuge, ungefähr 80.000 Tonnen Munition und Tausende von Tonnen an notwendigem Gerät auf den Kriegsschauplatz transportiert.

Die Force Mounting Area (FMA) wurde zunächst bei Al Jubail eingerichtet. Es mußte aber eine Forward FMA (FFMA) südöstlich des Wadi al Batin eingerichtet werden, als eindeutig feststand, daß die Division unter »tactical control« VII.(US)Corps gestellt werden sollte. Aus Gründen der Sicherheit und Geheimhaltung lag diese nicht so weit westlich wie theoretisch möglich, und es mußte später eine zweite logistische Unterstützungsbasis eingerichtet werden, näher am Operationsgebiet. Innerhalb von 21 Tagen wurden 18.000 Tonnen Munition, sieben Millionen Liter Treibstoff und mehr als 6.000 Tonnen Kriegsmaterial von zwei Royal Corps of Transport Regiments (Bataillonen) und angemieteten LKWs transportiert.

Die bevorstehende offensive Operation würde die Nachschubwege immer länger werden lassen, und es würde zum Problem werden, den Nachschub immer weiter nach vorn zu transportieren. Gefechts- und Ersatzausstattungen (first and second line holdings) wurden in großem Umfang verstärkt, um die Eigenversorgung der Kampfverbände zu verbessern. Die Kampfpanzer des Typs Challenger wurden mit zusätzlichen Kraftstoffbehältern ausgerüstet, und jede Teileinheit übernahm ein mit Kanistern beladenes Unterstützungskettenfahrzeug vom Typ M548. An Anschlußpunkten (exchange points) sollten Vorräte von »2nd-Line« auf »1st-Line«-Transporte umgesetzt und bis weit nach Kuwait hinein eingesetzt werden, um den Angriffsschwung aufrechtzuerhalten.

Was die sanitätsdienstliche Versorgung betrifft, so verfügte jede Battle-Group über einen stark vergrößerten Truppenverbandplatz (Regimental Aid Post) mit bis zu sieben Kettenfahrzeugen, zwei Ärzten und in den meisten Fällen über die Regimental Band, ausgebildet als Sanitäter. Jede Brigade hatte ihren eigenen Verbandplatz, verstärkt durch eine Chirurgengruppe (Field Surgical Team). Zwei weitere Verbandplätze unterstützten die Artilleriegruppe bzw. die Durchbruchsoperation. Zwei Divisions-Hauptverbandplätze/Chirurgische Lazarette mit je 200 Betten wurden zusammen mit einem Feldlazarett mit 600 Betten in Al Jubail errichtet, zudem ein

Reserve-Feldlazarett in Riad, ebenfalls mit 600 Betten. Diese wurden ergänzt durch medizinische Hilfeleistungen, welche großzügigerweise von einer Reihe anderer Nationen zur Verfügung gestellt worden waren. Das System basierte auf einem raschen Abtransport nach Großbritannien, wo Militärlazarette und »National-Health«-Krankenhäuser bereitstanden. Glücklicherweise handelte es sich bei den Verwundeten nur um leichte Fälle; das System wurde lediglich durch die Betreuung der vielen schwer verwundeten irakischen Kriegsgefangenen auf die Probe gestellt. Insgesamt war im Operationsgebiet Sanitätspersonal von etwa 5.000 Personen eingesetzt, unterstützt von der RAF »Support Helicopter Force« mit 1.500 Mann und Transportflugzeugen des Typs Hercules.

Operation Desert Sabre

Der Täuschungsplan
Täuschung sollte bei dem Plan zur Befreiung Kuwaits eine entscheidende Rolle spielen. Damit der Plan funktionieren konnte, mußte sichergestellt werden, daß die Irakis nur das sahen, was ihnen die Koalition zu sehen zugestand. Während des Luftkrieges wurde daher die Zerstörung der irakischen Aufklärungsmittel mit hoher Priorität verfolgt. Um General Schwarzkopf zu zitieren: »Wir haben seine Luftstreitkräfte ausgeschaltet (und) mit Absicht und zielbewußt nahmen wir ihm auch seine Fähigkeit festzustellen, was wir eigentlich hier in Saudi-Arabien taten.« Was wir taten, war eine massive Bewegung von Menschen, Gerät und Kriegsmaterial in Richtung Westen, weg von der Grenze zwischen Saudi-Arabien und Kuwait, dies nahezu unter den Augen der Irakis. General Schwarzkopf übertrieb nicht, als er sagte: »Ich muß sagen, ich kann mich einfach nicht daran erinnern, daß jemals in den Annalen der Militärgeschichte eine so große Anzahl von Truppen über eine solche Entfernung bewegt worden ist, um eine Angriffsstellung zu beziehen.« Der Erfolg dieser Bewegung war äußerst wichtig, denn der Plan hing von der Fähigkeit ab, den Feind aus einer unerwarteten Richtung und mit großer Heftigkeit zu schlagen. Dies ist der Schlüssel der Kriegsführung in der Wüste. Diese Fähigkeit würde sich als entscheidend erweisen. Die 1st (UK) Armoured Division, zwar nicht der größte, doch der schwerste Panzerverband innerhalb der Koalition, galt aus politischen und militärischen Gründen als ein für den Schwerpunkt signifikanter Verband und war von großer Bedeutung im Täuschungsplan.
Der Gesamtplan bestand darin, die Irakis so zu täuschen, daß sie glaubten, der Schwerpunkt des Angriffs durch die Verbündeten erfolge von Süden her, direkt von Saudi-Arabien nach Kuwait hinein, mit amphibischer Unterstützung von See her. Zu dieser Täuschung trugen die anfänglichen Veröffentlichungen bei, daß die Briten zusammen mit den US Marines an der Ostküste operieren sollten. Die Verlegung der Division zum VII.(US)Corps am 26. Januar wurde nicht publik gemacht.
Der gesamte Funkverkehr wurde während der Ausbildung von eigenen Kräften aufgezeichnet. Als die Division unter strengster Funkstille nach Westen verlegte, wurden die vorher aufgezeichneten Übertragungen weiterhin in dem Gebiet gesendet, in wel-

Abb. 2: *Die Verlegung nach Westen*

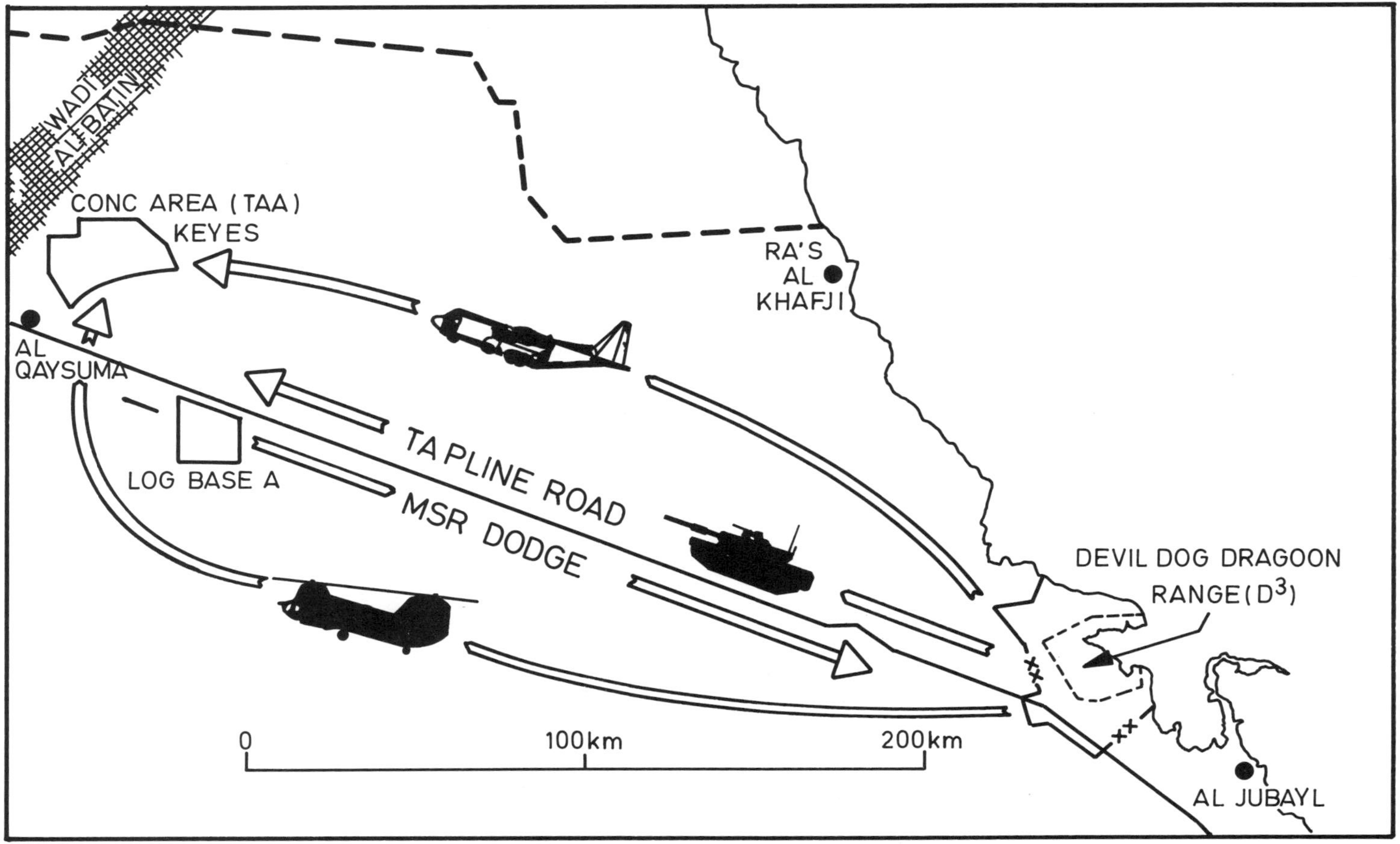

chem die Truppenteile vorher geübt hatten. In einem Bericht im Fernsehen während der britischen Verlegung wurde die Ausbildung des 26th Field Artillery Regiment auf einem Schießplatz am Meer gezeigt. In dem Bericht wurde jedoch nicht erwähnt, daß die Geschütze gerade erst eingetroffen waren und der Division nach Abschluß der Ausbildung folgen sollten.

Die Forderung nach Sicherheit und Geheimhaltung führte dazu, daß bei den Gefechtsvorbereitungen starke Disziplin abverlangt wurde. Die Soldaten wurden oftmals nur einer sehr allgemeinen Ausbildung unterzogen, wobei sie erst spät am Tag ihren tatsächlichen Auftrag erfuhren. Der logistische Umschlag von Kriegsmaterial an die westliche Front wurde verzögert, um den Feind zu täuschen. Kommandeure von Verbänden erfuhren von dem Täuschungsplan nur dann, wenn es für sie unbedingt erforderlich war, und erst Mitte Januar konnten sie ihre Stäbe entsprechend unterrichten, so daß eine detaillierte Planung erfolgen konnte.

Die geplante Operationsführung — Planung und Ausbildung

Planung
Die geplante Operationsführung für die Operation Desert Sword wird an anderer Stelle besprochen. Der Beitrag der britischen Bodentruppen stand unter dem Decknamen Desert Sabre. Die 1st (UK) Armoured Division wurde der »tactical control« VII.(US)Corps unterstellt, dessen Konzept einen anhaltenden und zügigen Angriff zu Lande und in der Luft vorsah, um die irakischen Truppen in Kuwait zu umgehen, einzuschließen und in der Folge die Schlagkraft der Republikanischen Garde bei einem Minimum an eigenen Opfern zu neutralisieren. Die ersten beiden Phasen waren vor G-Tag abgeschlossen. Sie konzentrierten sich auf den Aufbau logistischer Vorräte, während die dritte Phase im Durchbruch der 1st (US) Infantry Division durch die vorderen Verteidigungslinien des Feindes bestehen sollte, um einen nachfolgenden Durchbruch zu ermöglichen. Während dieser Phase sollte die 1st (UK) Armoured Division über die eigenen Linien hinaus vorstoßen, während die 1st und 3rd (US) Armoured Division, angeführt vom 2nd (US) Armoured Cavalry Regiment, nach Norden vorstoßen sollten, in Richtung der Republikanischen Garde.

In Phase IV sollte die 1st (UK) Armoured Division an der östlichen Flanke des Korpsgebietes die taktischen Reserven des Feindes vernichten. Phase V bestand in der Vernichtung der Republikanischen Garde und Phase VI umfaßte die Wiedergewinnung von Kuwait.

Somit lautete der Auftrag der 1st (UK) Armoured Division wie folgt: »...Angriff über die 1st (US) Infantry Division zur Vernichtung der taktischen Reserven des Feindes, um die rechte Flanke des VI.(US)Corps zu schützen...«.

Der General Officer Commanding (GOC), Generalmajor Rupert Smith, analysierte nach der Rückkehr von seiner ersten Erkundung die Lage und zog folgende Schlußfolgerungen:

Die Division müßte so gegliedert sein, daß sie hohes Tempo und große Beweglichkeit erreicht, was Unabhängigkeit verlangt für Artillerie, Pionierkräfte und Logistik auf möglichst vielen Führungsebenen, um damit rasche Umgliederung und selbständiges Handeln zu ermöglichen.

Die Schlagkraft der Division müßte fokussiert und nicht massiert werden, andernfalls würde sie dem Feind das Ziel bieten, das er erwartete. Demzufolge wurden Drillübungen, Bewegung und Umgliederung zu grundlegenden Ausbildungszielen. Die Divisionsflanken würden verwundbar sein, was die Notwendigkeit logistisch unabhängiger Truppengliederungen verstärkte.

Das »Divisionsgefecht« beschrieb Generalmajor Rupert Smith als »...Einsatz von angemessen gegliederten Brigaden — gewöhnlich nacheinander — im direkten Kampf mit dem Feind (Contact Battle) im Einklang mit dem Feuerkampf in der Tiefe, welcher geführt wird durch die Artilleriegruppe unter dem Divisions-Artillerieführer (Commander Royal Artillery, CRA)«. Der »Contact-Battle« sei »... die Konzentration der vollen Kampfkraft der Battle-Group, unter dem unmittelbaren Feuerschutz der zugewiesenen Artillerie, um den Feind zu vernichten.« Schließlich erklärte er, daß »... beim Feuerkampf in der Tiefe der Feind so angegriffen werden soll, daß er durch Verzögerung, Zersplitterung und Vernichtung davon abgehalten wird, die Kräfte in der Front durch Feuer und Bewegung zu verstärken.« Um diese letzte Schlacht zu schlagen, wurden das Aufklärungsbataillon auf Divisionsebene, die Hubschrauberkräfte und die Luftnahunterstützung unter das Kommando des CRA gestellt.

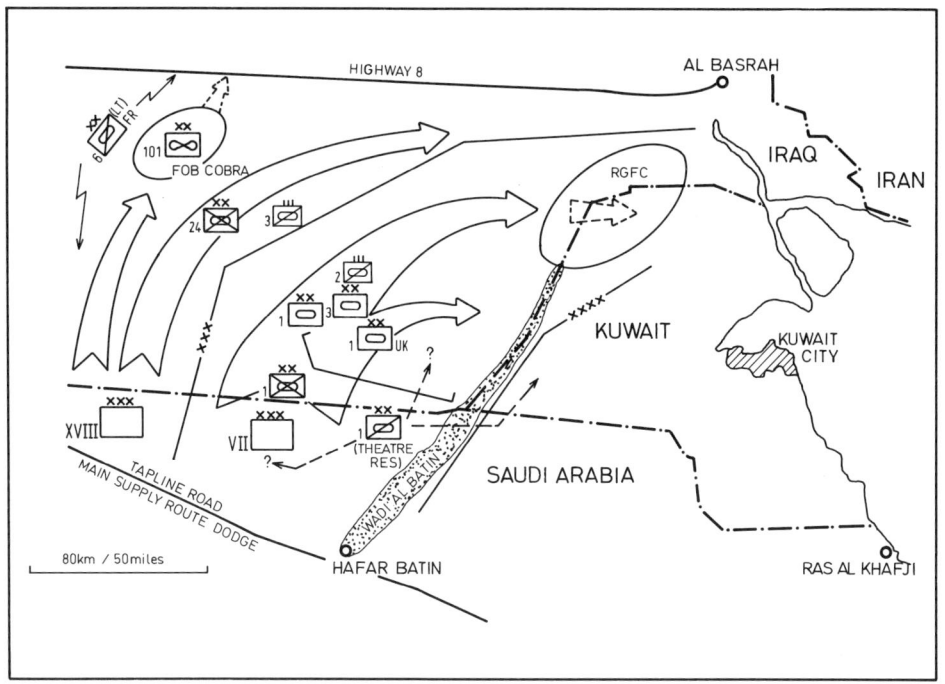

Abb. 3: *Operationsplan des VII.(US)Korps*

Kurz nach Ankunft der Division in Saudi-Arabien führte der GOC eine Reihe von Planübungen zur Erklärung und Entwicklung seines Konzepts für das Gefecht durch. Das Schema, das bei vielen Ausbildungseinrichtungen beim Heer benutzt wurde, bestand darin, daß einer Gruppe von Kommandeuren und deren Stäben ein Szenarium und ein Problem dargelegt wurden, und man einen oder mehrere Offiziere dazu aufforderte, ihre Lösungsvorschläge darzustellen. Auf diese Weise wurden einige unvorhergesehene Probleme angesprochen, und die Kommandeure entwickelten ein gewisses Verständnis für das Konzept des GOC und die Charakteristika von Wüstenoperationen.

Der Divisions-Operationsplan wurde über eine Zeitspanne von zwei Monaten erarbeitet. Den ersten Entwurf gab man am 29. Januar 1991 heraus. Bis zu diesem Zeitpunkt war der Plan lediglich bis zum Überschreiten der Ablauflinie entwickelt worden, weil die darüber hinausgehende Planung abhängig sein würde von den aktuellen Entwicklungen der Feindlage. Zu diesem Zeitpunkt wurde die Möglichkeit eines raschen Zusammenbruchs des feindlichen Widerstandes noch nicht ins Auge gefaßt — verständlich vielleicht auch, weil die Irakis Khafji an dem Tag angriffen, an dem der Plan herausgegeben und die Kommandeure vom GOC instruiert wurden.

Einzelheiten der Operation zum Schlagen der Bresche und die darauffolgende Erweiterung des Durchbruchs würden von der taktischen Lage zu diesem Zeitpunkt abhängig sein; und aus diesem Grund wollte der GOC die Reihenfolge des Angriffs durch die Bresche lageabhängig befehlen. Zur Zeit der Planung wurden drei mögliche Szenarien als wahrscheinlich angenommen:

Erstens: Die Durchbruchsoperation würde wie geplant verlaufen, die 1st (UK) Armoured Division schnell durchbrechen und den Feind in der Tiefe des Raumes angreifen. Bei dieser Option (Free Air) sollte die panzerstarke 7th Armoured Brigade führen.

Zweitens: Die taktische Reserve des Feindes, beurteilt als gepanzerte Division, ausgerüstet mit Kampfpanzern des Typs T55, würde bis zur Durchlauflinie (New Jersey) eingesetzt werden, so daß die 1st (UK) Armoured Division ihren Weg freizukämpfen hätte. Bei diesem Szenario (Begegnungsgefecht) würde die eine Brigade den Vorstoß des Feindes blockieren, während die andere Brigade zu einem Flankenangriff herumschwenkte.

Für den Fall, daß die vorderen Verteidigungslinien des Feindes tiefer gestaffelt wären als erwartet, wäre es notwendig, die 1st (US) Infantry Division zu verstärken, um die Ausbruchoperation abzuschließen. Bei dieser Option (Fortsetzung des Durchbruchs) sollte die panzergrenadierstarke 4th Armoured Brigade als erstes über die Bresche angreifen.

Keines der Erkenntnisse Ende Januar untermauerte das erste Szenario. So mußte der Plan flexibel gehalten werden, damit lageabhängig an der Bresche entschieden werden konnte, ohne den Hauptauftrag der Division aus den Augen zu verlieren, nämlich die Vernichtung der taktischen Reserven des Feindes.

Abb. 4: *Optionen des Divisionsoperationsplanes*

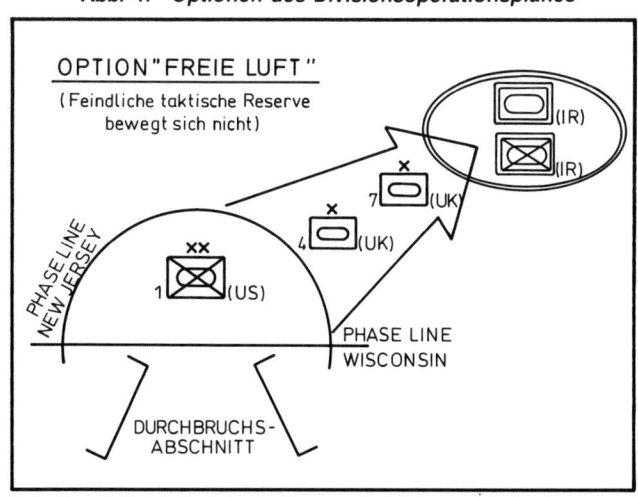

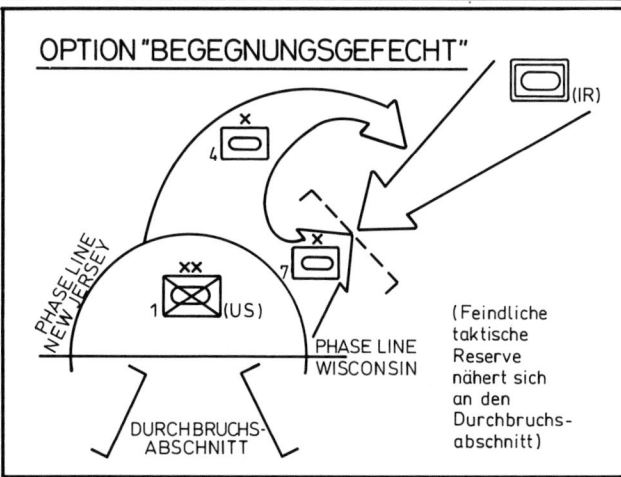

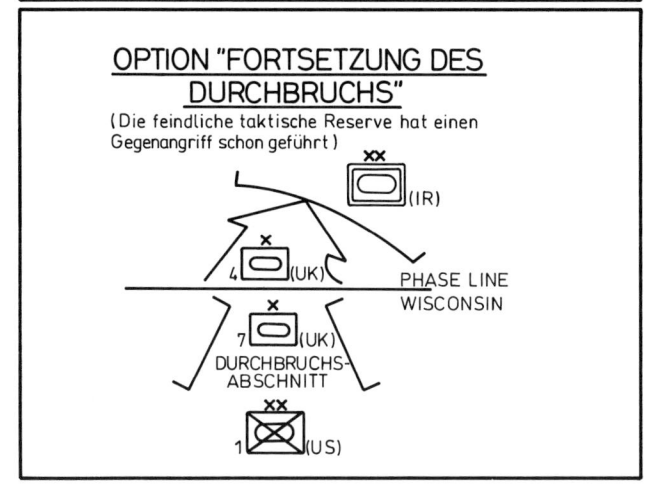

Die Vorbereitung des Gefechtsfeldes/Preparation of the Battlefield

Die Beurteilung des GOC verlangte eine operative Vorbereitung des Gefechts (OPB). Diese begann mit der Auftragsanalyse, gefolgt von der Aufklärung zur Vorbereitung des Gefechts (Intelligence Preparation of the Battlefield, IPB). IPB beinhaltete das Zusammenwirken der G2-Abteilung mit der Artillerie-, Pionier- und Fernmeldetruppe, sowie der Gefangenenbefragung, um Ziele zu identifizieren und den künftigen Aufklärungsbedarf des Truppenführers festzulegen. Darauf folgte eine Analyse der Kräfteverhältnisse, welche erforderlich war, um jedes Ziel festzulegen, das bei weniger als zehn Prozent eigener Ausfälle innerhalb der Division zu vernichten war.

In der nächsten Phase wurde eine Zielmatrix vorbereitet, die als Grundlage zur Entwicklung von Bewegungsachsen, Marschfolgen, Führungslinien und bevorzugten Gefechtsfolgen diente. Berechnungen von Zeit- und Raumfaktoren basierten auf Erfahrungswerten aus Übungen und erlaubten die Beurteilung, zu welchem Zeitpunkt und an welchem Ort die wichtigsten Entscheidungen getroffen werden müßten.

Unter Berücksichtigung der Fähigkeiten der wichtigsten Kampffahrzeuge wurde schließlich eine logistische Lagebeurteilung durchgeführt, um sicherzustellen, daß ausreichend Versorgungsgüter, Sanitätskräfte und -mittel zur Unterstützung des Plans zur Verfügung standen.

Die OPB war eine unabdingbare Voraussetzung für die folgende detaillierte Planung. Aus der Lagebeurteilung konnte man schließen, daß jedes Angriffsziel von einer Brigade erreicht werden konnte, unter der Bedingung, daß es dem Feind nicht möglich wäre, gegen den Schwerpunkt der Division zu verstärken. Die logistische Beurteilung bestätigte die ausreichende Absicherung des Plans, vorausgesetzt, man könnte genügend Vorräte auf dem noch auszubauenden Hauptnachschubweg nach vorn transportieren, während die Division vorrückte.

Eigene Absicht mit geplanter Operationsführung

Die Beurteilung bestätigte, daß die vom GOC entwickelte eigene Absicht mit geplanter Operationsführung funktionieren würde. Die 1st (UK) Armoured Division würde zur Erfüllung ihres Auftrags die beweglichen Kräfte des Feindes schlagen und an Boden gewinnen. Dies bedeutete, sich schnell vom einen Ziel zum nächsten zu bewegen, dabei Fahrzeuge und Artillerie zu vernichten und gegebenenfalls schwächere abgesessene Infanterie zu umgehen, welche die Erreichung der Ziele des GOC nicht gefährdete.

Um den Angriffsschwung zu erhalten, beabsichtigte Generalmajor Rupert Smith, seine Panzerbrigaden nacheinander im Contact-Battle einzusetzen und gleichzeitig den Kampf in der Tiefe mit der Artilleriegruppe zu führen, um die Irakis daran zu hindern, ihrerseits die Contact-Battle durch Feuer oder Bewegung zu verstärken, was beides das geplante Kräfteverhältnis ändern würde. So könnte man der in Feindberührung stehenden Brigade maximale Kampfunterstützung geben und der nicht in Feindberührung stehenden Brigade maximale logistische Unterstützung in Vorbereitung auf das nächste Gefecht zukommen lassen. Die erfolgreiche Durchführung des Kampfes in der Tiefe würde es der in Feindberührung stehenden Brigade ermöglichen, sich mit einem Feind auseinanderzusetzen, der bereits durch Artilleriefeuer

Abb. 5: *Phaselines und Angriffsziele*

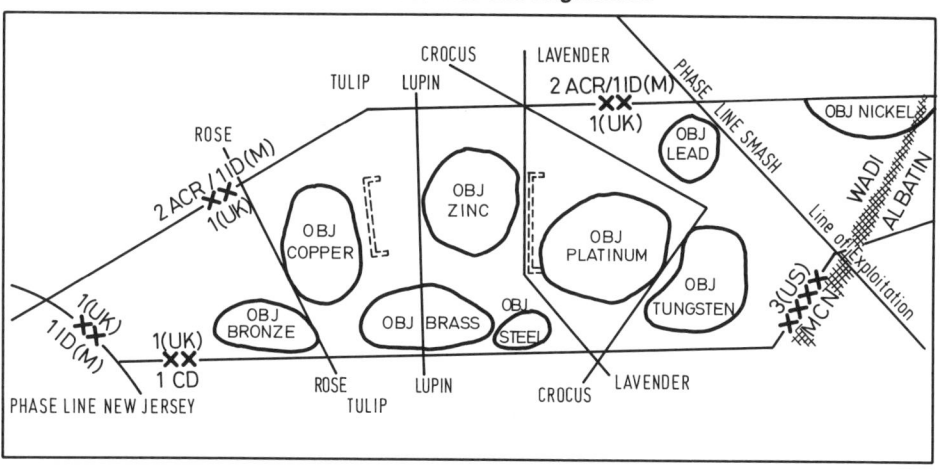

abgenutzt und von Verstärkungen abgeschnitten wurde. Ziel des Contact-Battle mußte es sein, den Feind durch Nutzung der überlegenen Feuerkraft der Division zu vernichten, aus Entfernungen, in denen der Feind keine Möglichkeit hatte, zu reagieren.

Logistische Planung
Während dieser ganzen Zeit wurde die logistische Planung fortgesetzt, parallel zur Entwicklung des Einsatzplans. Der Plan betonte eine Reihe von Grundsätzen, deren wichtigster die Dislozierung einer größeren Menge an Versorgungsgütern auf Brigade- und Battle-Group-Ebene nach vorne war. Der erwartete, schnell und beweglich geführte Kampf mußte unterstützt werden. Großer Nachdruck lag auf der Entwicklung eines Plans zur schnellen Umverteilung von logistischen Kräften und Mitteln bei Änderung des Schwerpunktes der Division.
Um im erwarteten, schnell und beweglich geführten Kampf Ersatz für Ausfälle (Battle Casualty Replacements, BCRs) bereitzustellen, wurde eine mit War-Maintenance-Reserve (WMR)- bzw. Austauschvorrat-Fahrzeugen ausgerüstete Armoured Delivery Group (ADG) aufgestellt, wobei die Fahrzeuge mit BCRs besetzt waren. Die ADG hatte die Aufgabe, hinter den Brigaden nachzustoßen und bei Bedarf Ersatztruppenteile für im Kampf eingetretene Ausfälle bereitzustellen.
Das Konzept, Brigaden nacheinander einzusetzen, machte es möglich, logistische Anstrengungen auf die schnelle Wiederherstellung der Kampfkraft der nicht in Feindberührung stehenden Brigade zu konzentrieren, um den Angriffsschwung zu erhalten. Eine auf dem 7th Armoured Workshop basierende Divisional Reconstitution Group (DRG) wurde gebildet. Diese hatte die Aufgabe, eine Brigade für eine nächste Operation als einsatzbereiten Verband mit Versorgungsgütern, Wehrmaterial und Ersatztruppenteilen schnell neu zu formieren. Im Endeffekt wurde die DRG nicht eingesetzt. Sie wäre jedoch von unschätzbarem Wert gewesen, wenn es größere Ausfälle gegeben hätte.

Eines der größeren Probleme während der Kampfhandlungen war wahrscheinlich die Handhabung von Kriegsgefangenen. Um die in der Angriffsspitze eingesetzten Battle-Groups zu entlasten, wurde eine PW Guard Force gebildet, die aus einem kleinen Gefechtsstand und drei Infanteriebataillonen bestand, The 1st Battalion Coldstream Guards, 1st Battalion The Royal Highland Fusiliers und 1st Battalion The King's Own Scottish Borderers. Dieser Verband erwies sich als unbezahlbar, wenngleich auch die übrigen Kampftruppen mit dem Problem der Handhabung von Kriegsgefangenen aufgrund der Schnelligkeit des Vormarsches und der großen Anzahl von Kriegsgefangenen konfrontiert wurden.

Ausbildung
Während der wenigen Wochen, die der Division zur Ausbildung auf Großverbandsebene zur Verfügung standen, führte sie eine Reihe von Übungen durch, bei denen komplizierte Bewegungen geübt und Drills entwickelt wurden, die eine schnelle Umgliederung von Verbänden, insbesondere bei Nacht, ermöglichten. Der Höhepunkt war die Übung Dibdibah Charge Mitte Februar, wo der Marsch der Division in den Verfügungsraum RAY (westlich des Wadi al Batin) als letzte Möglichkeit genutzt wurde, die Bewegungen zu üben, die für die erfolgreiche Durchführung der Operation erforderlich waren. Während dieser Übung setzte die Artilleriegruppe ihre Angriffe auf irakische Stellungen fort und stieß dann später zur Division.

Panzerkompanie der 14/20 H bei der Versorgung nach einer Übung vor Beginn der Bodenoffensive. Zusatzpanzerung an Wannenbug ist noch nicht angebracht.

Ein überarbeiteter Divisionsplan, der die umfassende Stabsarbeit der vorangegangenen Wochen enthielt, wurde am 18. Februar veröffentlicht. Der Divisionsplan für Phase IV (Schlagen der taktischen Reserven, der anfängliche Auftrag der Division) wurde am 23. Februar (G-1) fertiggestellt und am nächsten Tag (G-Tag) herausgegeben.

Das Gefecht

G-Tag

Am G-Tag, dem 24. Februar 1991, 10.00 Uhr, erfolgte die letzte Befehlsausgabe durch den General Officer Commanding (GOC), bevor die 1st (UK) Armoured Division im Kampf eingesetzt wurde. Bis zum Nachmittag bezogen die Battle-Groups an der Spitze die Bereitstellungsräume. Alle Soldaten trugen ABC-Schutzkleidung. Beim Überwinden der Bresche wurden später Schutzmasken getragen. Die beweglichen Gefechtsstände der Brigaden und Battle-Groups trennten sich von ihren Verbänden und verlegten nach vorn, um zu ihren Pendants der 1st (US) Infantry Division aufzuschließen. Zum einen wollten sie sicherstellen, daß sie während der Operation zum Überwinden der Minensperren über die aktuellsten Informationen über den Feind verfügten, und außerdem wollten sie ihr Durchschreiten durch den amerikanischen Brückenkopf koordinieren.

Insbesondere im nachhinein und für diejenigen, die nicht am Golf waren, die die Kriegsvorbereitungen nicht miterlebt haben, kann es nicht leicht sein, die zu jener Zeit verbreiteten Befürchtungen und Ungewißheiten richtig einzuschätzen. Keiner

Beweglicher Gefechtsstand der 14/20 King's Hussars kurz vor H-Hour.

Abb. 6

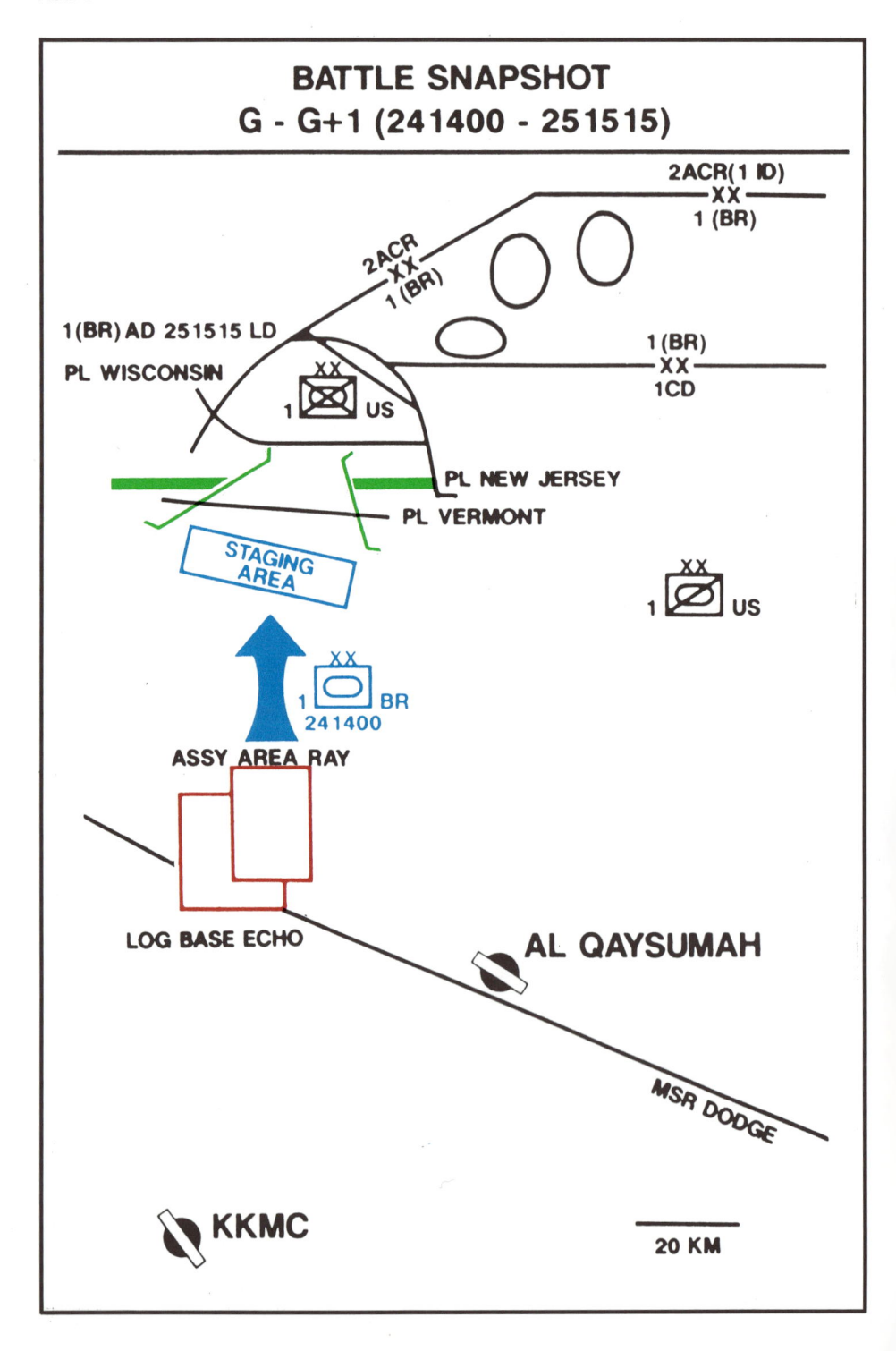

BATTLE SNAPSHOT
G - G+1 (241400 - 251515)

wußte genau, was jenseits der Bresche lag. Vor dem G-Tag betrafen die vorliegenden Erkenntnisse zumeist die operative Ebene, und über die genaue Anordnung der Ziele war wenig bekannt. Die Truppen wurden vorbereitet auf chemische Angriffe, auf Luftangriffe von im Iran versteckten irakischen Flugzeugen, auf »... die Schlacht aller Schlachten...«, auf den größten Panzerkrieg seit dem Zweiten Weltkrieg. Jeder war seelisch auf eine 30- bis 90-Tage-Schlacht vorbereitet. Als ein Offizier versuchte, vor Tagesanbruch am Tag G-1 noch ein letztes kurzes Schläfchen zu machen, fielen ihm die Worte ein, die einem Soldaten des Amerikanischen Bürgerkrieges zugeschrieben werden. Dieser sagte, daß es »... ein großes Dilemma ...« sei, »... wählen zu müssen zwischen der psychischen Angst vor dem Nach-Vorne-Gehen und der moralischen Angst vor dem Zurückgehen.«.

Ein anderer Faktor, der leicht vergessen wird, war das entsetzliche Wetter, das fast während des gesamten Landkrieges herrschte. Die naßkalten Witterungsverhältnisse ähnelten mehr den Bedingungen in Nordwesteuropa als den zu erwartenden. Wärmebilddarstellung war oft die einzige Möglichkeit der Sicht nach vorne. Zuweilen war die Sicht so schlecht, daß Hubschrauber nicht fliegen konnten. Aus diesem Grund verschob sich der Angriffsbeginn der 101st (US) Air Assault Division.

Am Morgen des Tages G+1 begann die Division ihren Vormarsch auf die Bresche durch den Grenzsperrgürtel. Die Durchbruchsoperation der Amerikaner war schneller vorangeschritten als erwartet, und so wurde im Interesse von Schnelligkeit verzichtet auf den Transport von Panzern auf Panzer-Transportfahrzeugen (zur Einsparung von Kraftstoff und Schonung der Panzermotoren). Die Panzer wurden auf Ketten in Marsch gesetzt. Das Durchschreiten der Linien erfolgte etwas hektisch, weil der Angriffsbeginn um 15 Stunden vorverlegt worden war. Insbesondere die Versorgungskolonnen hatten Schwierigkeiten, Schritt zu halten mit den Kampfeinheiten. Diese drängten, um dem neuen Zeitplan folgen zu können.

7th Armoured Brigade

Die 7th Armoured Brigade überschritt die Ablauflinie (Durchlauflinie New Jersey) um 15.15 Uhr am Tag G+1, die Queen's Royal Irish Hussars (QRIH) an der Spitze. Die 4th Armoured Brigade stellte rückwärts Gefechtsbereitschaft her und wartete auf ihren Auftrag für den Ausbruch aus der Bresche. Die Battle-Groups an der Spitze befanden sich bereits im Innern des Irak und marschierten ostwärts, in Richtung der irakischen taktischen Reserven.

Erste Feindberührung hatte die 7th Armoured Brigade auf der nördlichen Angriffsachse der Division. Bis 22.00 Uhr hatten die Royal Scots Dragoon Guards (SCOT DG) das Ziel COPPER NORTH erreicht — nach einem Infanteriegefecht, welches geführt wurde von einer Kompanie des Staffordshire Regiments (1 STAFFORDS). Während dieses Gefechts wurde der Gegenangriff einer feindlichen Panzerkompanie abgewehrt. Es wurden alle Panzer dieser Kompanie vernichtet.

Zum Zeitpunkt dieses Angriffs marschierten die QRIH und 1 STAFFORDS auf das Ziel ZINC zu, wo die Stellung einer Brigade genommen wurde. Gegen Mitternacht G+1 gelang es den beiden Battle-Groups, den Feind zu binden, um nach Entscheidung des Brigadekommandeurs bei Tagesanbruch anzugreifen. Im Anschluß an ein

Haubitzen des Typs M 110 vom 32 Heavy Regiment, Royal Artillery bereiten den Angriff auf Objective »BRONZE« vor.

»... imposantes und spektakuläres ...«, abgesessen geführtes Infanteriegefecht, bei welchem MLRS, M109 und M110 eingesetzt wurden, setzten die beiden Battle-Groups bei Nacht ihren Vormarsch an der Spitze fort. Sie konnten den Widerstand im Ziel ZINC schließlich bis 05.30 Uhr brechen. Dabei wurden 30 Panzer erbeutet, 16 Mannschaftstransportwagen vernichtet, und man nahm 1.850 Kriegsgefangene.

4th Armoured Brigade
Die 4th Armoured Brigade überschritt an der Südachse um 19.30 Uhr ihre Ablauflinie, die 14th/20th King's Hussars (14/20H) und Royal Scots (1RS) an der Spitze. Der Vormarsch ging anfänglich infolge der sehr schlechten Sicht- und Witterungsverhältnisse nur langsam voran. Dies wurde noch erschwert durch eine große Kolonne Artillerie-Nachschub-LKW, welche die Angriffsachse der Brigade genau vor deren Ablauflinie kreuzte. Die erste Aufgabe der Brigade bestand darin, das Ziel BRONZE zu nehmen. Zuvor mußte jedoch eine Reihe unerwarteter feindlicher Stellungen ohne Vorbereitung angegriffen werden, wobei die 14/20H eine Fernmelde- und eine Artillerie-Einheit vernichteten, die 1RS eine Artillerie-Batterie. Bis 02.30 Uhr am Tage G+2 hatten die Truppen das Ziel BRONZE genommen und dabei zwölf feindliche Panzer, elf Geschütze und etwa 20 weitere Fahrzeuge vernichtet. Damit war das Gebiet gesäubert und konnte von Versorgungseinheiten der 1st (UK) Armoured Division besetzt werden.

Abb. 7

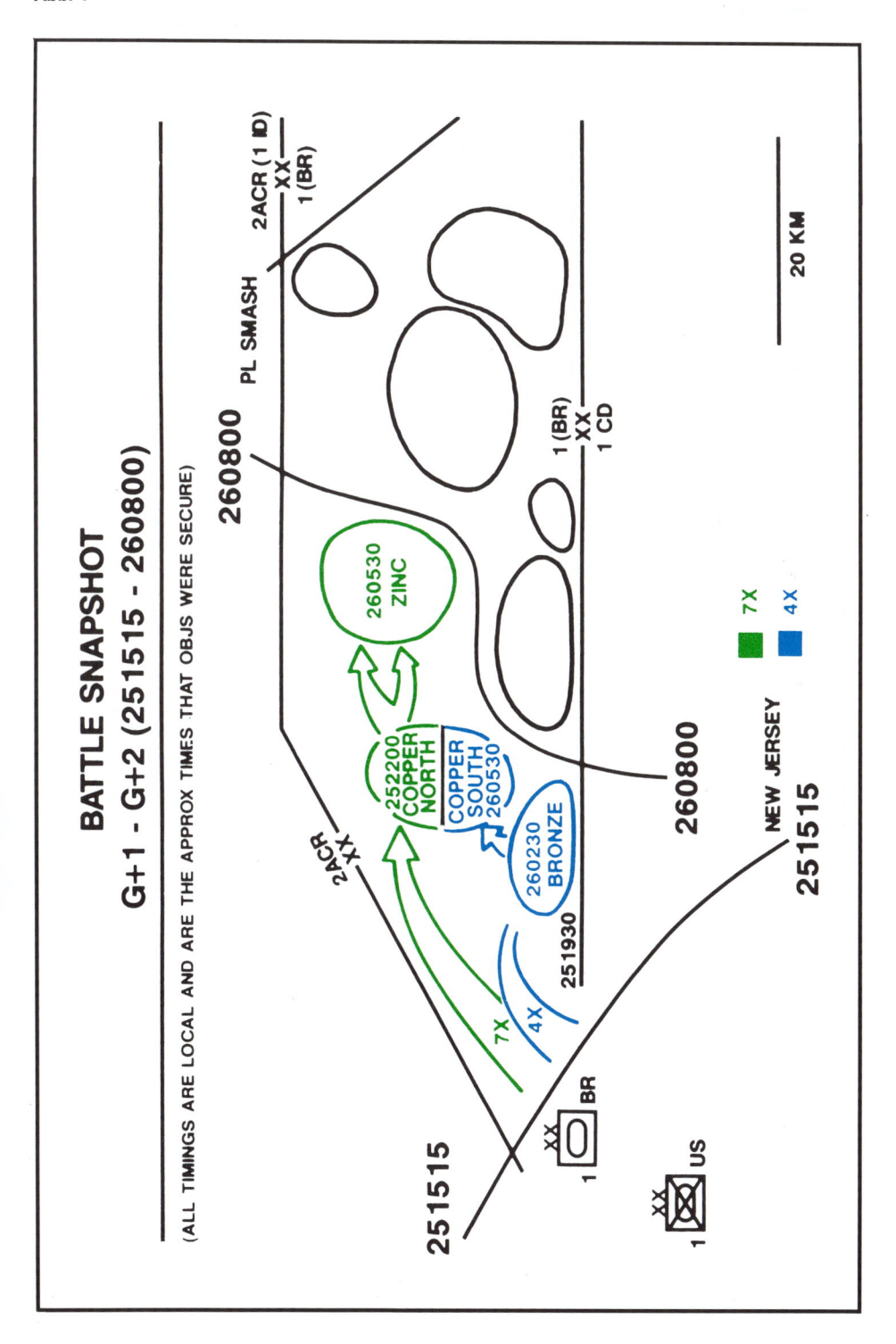

Der Tag G+2
4th Armoured Brigade

Die nächste Aufgabe der 4th Armoured Brigade bestand darin, das Ziel COPPER SOUTH anzugreifen. Dort sollte sich eine Artillerie-Batterie befinden; es handelte sich jedoch um eine panzerstarke Battle-Group mit etwa 25 Panzern plus Mannschafts-Transportwagen, Geschützen und Versorgungsfahrzeugen. Nach Mitternacht am Tage G+2 stellten die 14th/20th King's Hussars (14/20H) Feindberührung her. Sie waren dabei völlig auf ihr Wärmebildgerät TOGS angewiesen. Bis 05.30 Uhr war es den Battle-Groups gelungen, das Ziel zu nehmen und dabei etwa 50 Panzer und Mannschafts-Transportwagen zu vernichten bzw. zu erbeuten. Es wurden viele Kriegsgefangene genommen, unter ihnen zwei irakische Divisionskommandeure.

Nun ging die Brigade zu einem phasenweisen Angriff auf das Ziel BRASS über. Auch hier handelte es sich um die Stellung eines Großverbandes, d.h. die Masse einer irakischen Panzerbrigade. Um 08.00 Uhr am Tage G+2 begannen die Royal Scots (1RS) ihren Angriff auf die Nordwestecke des Zieles. Die Battle-Group mit Challenger-Panzern an der Spitze rückte direkt nach Norden vor und drehte dann nach Südosten, um die Feindstellung von hinten zu umfassen. Die erste Aufgabe bestand darin, die feindlichen Panzer zu vernichten. Trotz der Staubwolken, welche die Sicht enorm beeinträchtigten, gelang es den Challenger-Kampfpanzern, sechs Panzer vom Typ T55 zu identifizieren und zu zerstören. Dann wurden Warrior-Schützenpanzer nach vorne beordert, und abgesessen kämpfende Infanterie säuberte die feindlichen Schützengräben. Dabei wurden vornehmlich im rückwärtigen Gebiet 25 Mannschafts-Transportwagen vernichtet. In einem Anschlußangriff vernichtete man etwa 25 irakische Panzer und 20 Mannschafts-Transportwagen. In der Zwischenzeit waren die 14/20H ostwärts vorgerückt, um die Stellung in der Tiefe anzugreifen. Als sie nach Süden einschwenkten, in Richtung der Angriffsachse, trafen sie zum erstenmal auf Spähpanzer des Typs BRDM 2, zusammen mit mehreren T55-Panzern, die zu vernichten waren, bevor der Angriff fortgesetzt werden konnte. Sie nahmen ihr Ziel bis

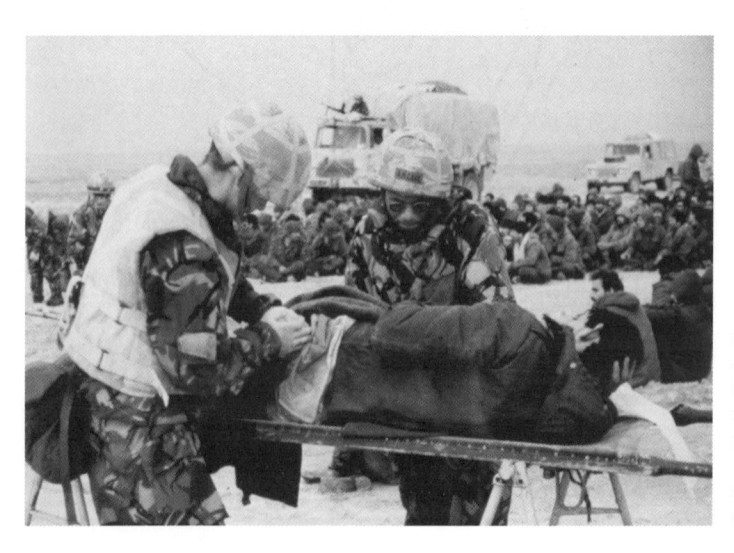

Soldaten eines Sanitätszuges behandeln verwundete Kriegsgefangene nach Nehmen des Objective »BRASS«.

13.30 Uhr und ermöglichten dem Royal Regiment of Fusiliers (3 RRF), danach weiter vorzudringen und das Ziel STEEL bis 17.30 Uhr zu nehmen. Dann füllte die Brigade zunächst wieder ihre Vorräte auf.

7th Armoured Brigade

Bis zum Vormittag am Tage G+2 hatte sich die 7th Armoured Brigade am Ostrand des Zieles ZINC neu gegliedert, während der Stab Befehle für einen Angriff der Brigade auf die Ziele PLATINUM und LEAD ausarbeitete. Grundlage dieses Plans war der vorbereitete Einsatz amerikanischer Luftstreitkräfte, welchem sich eine dreiphasige Operation mit allen drei Battle-Groups anschließen sollte. PLATINUM war ein großes Ziel und wurde daher zweigeteilt. In der ersten Phase griffen die Queen's Royal Irish Hussars (QRIH) die westliche Hälfte an. Das Staffordshire Regiment (1 STAFFORDS) griff in der zweiten Phase jenseits dieses Teiles an. Das Ziel LEAD, im Nordosten gelegen, sollte von den Royal Scots Dragoon Guards (SCOTS DG) in der Endphase genommen werden. Nach Durchführung der Operation sollte sich die Brigade zur Durchlauflinie SMASH in Marsch setzen und für weitere Operationen bereitstehen. Als die Angriffe begonnen hatten, wurde bald deutlich, daß der Feind zum Kampf wenig geneigt war. Die Irakis ergaben sich in Unmengen, und die Brigade war mit der Aufgabe konfrontiert, 1.500 Kriegsgefangene zu betreuen. Gleichzeitig mußte sie aber zum Einbruch der Dunkelheit bis zur Durchlauflinie SMASH vorgedrungen sein. Bis 21.00 Uhr waren dort Verteidigungsstellungen eingerichtet. Während des Marsches befanden sich die Brigade-Versorgungstruppen in einem Gebiet, das übersät war mit aus der Luft gestreuten Kleinbomben, die nicht explodiert waren. Dem Staffordshire Regiment (1 STAFFORDS) wurde das Beziehen seiner Verteidigungsstellung an der Durchlauflinie SMASH erschwert, da es in einen heftigen Feuerkampf mit einer irakischen Kompanie verwickelt worden war.

Obwohl die Zahl der sich ergebenden Irakis ständig stieg, war während der Nachtangriffe der Tage G+1 und G+2 der Widerstand groß. Es gab eine Reihe von versuchten örtlichen Gegenangriffen. Während der Nacht hatten die 16th/5th The Queen's Royal Lancers mit einer unter ihrem Kommando stehenden Kompanie der Queen's Dragoon Guards (QDG) ihren Vormarsch fortgesetzt und bei Tagesanbruch G+2 begonnen, Luftwaffeneinsätze und MLRS-Feuer in die Tiefe auf das Ziel LEAD zu dirigieren. Mittlerweile stellten sich Faktoren heraus, die zum Erfolg der Operation Desert Sabre beitrugen. Durch die vorbereitenden Luftangriffe hatte der Feind an Schlagkraft verloren. Artilleriefeuer, insbesondere durch MLRS, hatte auf den Feind eine verheerende Wirkung und machte ihn unfähig zur Reaktion. Challenger-Kampfpanzer stellten ihre Fähigkeit unter Beweis, auf große Entfernungen den Kampf aufzunehmen und erfolgreich zu führen. Ihr Wärmebildgerät erwies sich auf dem Gefechtsfeld als unbezahlbar, als ein unschätzbarer Vorteil gegenüber dem Feind. Ein weiterer Vorteil auf dem Gefechtsfeld war das Satelliten-Navigationssystem (GPS), mit dem einige Fahrzeuge ausgestattet waren.

Bis zum späten Nachmittag am Tage G+2 deuteten Beurteilungen der Feindlage auf einen schnellen Rückzug des Feindes in Richtung Norden hin. Wenn der Feind an einer Flucht gehindert werden sollte, so müßte die Verfolgung unverzüglich aufge-

Abb. 8

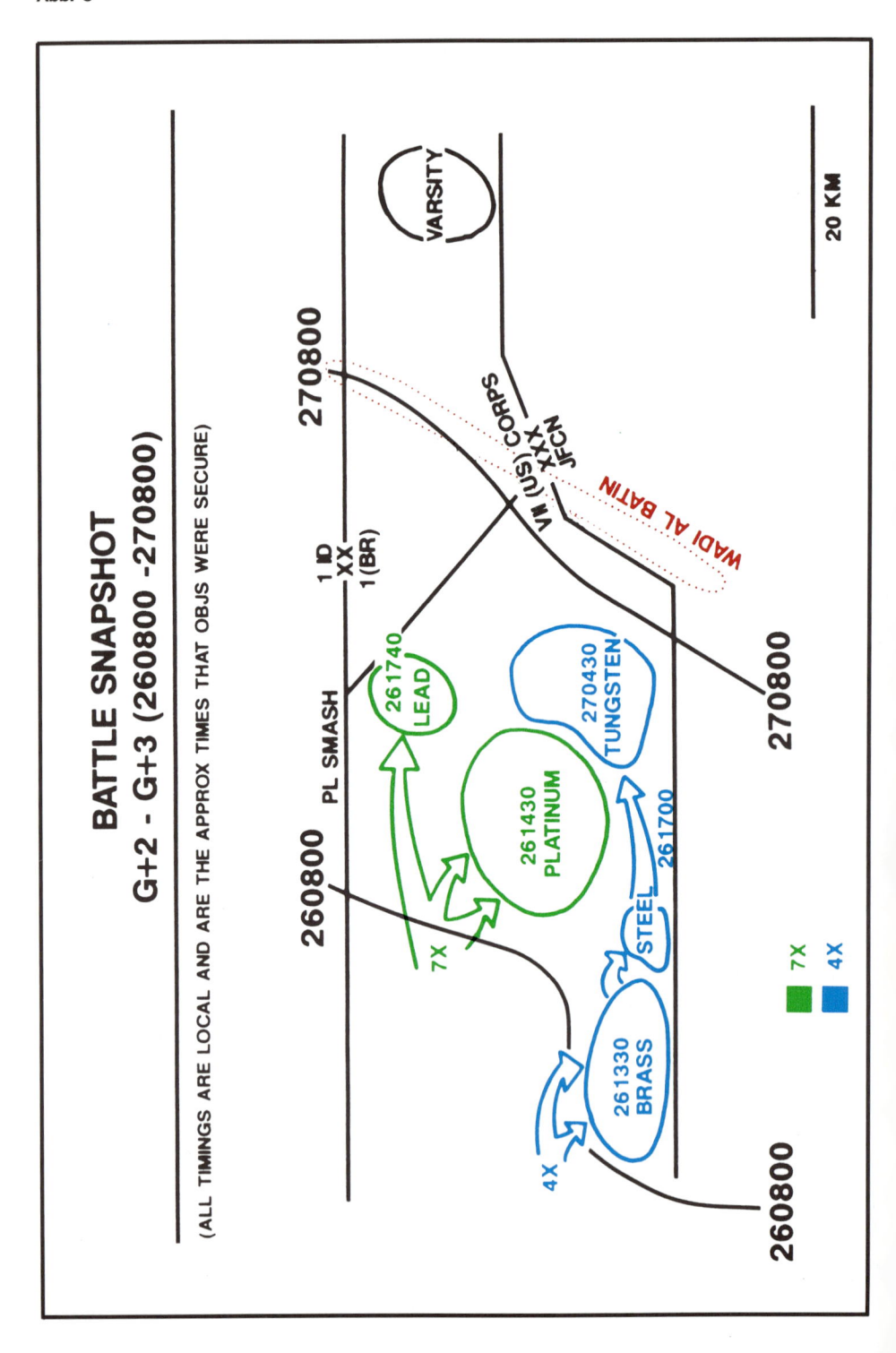

BATTLE SNAPSHOT
G+2 - G+3 (260800 - 270800)

(ALL TIMINGS ARE LOCAL AND ARE THE APPROX TIMES THAT OBJS WERE SECURE)

272

nommen werden. Absoluter Vorrang für die 1st (UK) Armoured Division bestand jedoch darin, ihr nächstes Ziel TUNGSTEN zu nehmen. Während sich der General Officer Commanding (GOC) und sein Stab mit künftigen Optionen, einschließlich der Verfolgung in Richtung Norden, befaßte, gruppierte sich die 4th Armoured Brigade neu und bereitete ihren Angriff auf TUNGSTEN vor.

Der Tag G+3
4th Armoured Brigade
Das Ziel wurde nach Überwinden einer oberirdischen Pipeline erreicht. Hierbei wurde die 4th Armoured Brigade von der schweren Artillerie der Division und weiteren MLRS und M110 von der 142nd Artillery Brigade der US National Guard unterstützt. Die Battle Groups an der Spitze, die Royal Scots (1RS) und das Royal Regiment of Fusiliers (3 RRF) stießen bei Nacht vor und säuberten die feindlichen Stellungen. Bei Tagesanbruch blieb nur noch eine Stellung übrig, welche von den 1 RS gesäubert wurde. Der Feuerkampf wurde unterbrochen von Lautsprecheransagen eines PSV-Trupps. Die feindlichen Soldaten wurden aufgefordert, sich zu ergeben.

7th Armoured Brigade
Während der Angriff fortgesetzt wurde, erteilte der GOC den Befehl, den Feind ostwärts, in Richtung auf das nächste Ziel VARSITY zu verfolgen und sich dann auf ein Einschwenken nach Norden einzurichten. Es zeigte sich jedoch bald, daß diese letzte Option unwahrscheinlich war. Östlich des Wadi al Batin wurde VARSITY als nächstes Ziel genommen. Ein Einschwenken fand nicht mehr statt.
Es war ein ergreifender Augenblick, als Einheiten die Durchlauflinie SMASH und den Wadi al Batin überschritten. Um etwa 09.30 Uhr am Tage G+3 (27. Februar) erreichten erste Teile der 7th Armoured Brigade kuwaitischen Boden, und bis 12.30 Uhr an G+3 war das Ziel VARSITY in britischer Hand. Auf dem Weg zum Ziel waren die Truppen auf wenig feindlichen Widerstand gestoßen. Das Ziel war vom Feind bereits aufgegeben worden.
Nachdem VARSITY genommen war, befahl das VII.(US)Corps der Division zwei mögliche neue Aufgaben: entweder die Säuberung des Wadi al Batin nach Süden, in Richtung Hafar al Batin oder Vorrücken nach Osten, um die Verbindungsstraße Basra-Kuwait zu blockieren. Bis zum späten Nachmittag hatte sich die Säuberungsaktion als die wahrscheinlichere herauskristallisiert, und um 19.30 Uhr erhielt der GOC entsprechende Befehle. Der Wadi al Batin sollte die Hauptversorgungsstraße des Korps werden. Eine Stunde später gab das Korps dann einen neuen Vorbefehl heraus, in dem es hieß, daß nun der Vormarsch nach Osten die bevorzugte Option sei. Weitere Einzelheiten folgten, und um 22.30 Uhr am Tage G+3 gab der GOC seine eigenen Funkbefehle heraus. Der neue Auftrag lautete:
»... im Osten angreifen, um die Straßenverbindung von Kuwait City zu unterbrechen, damit das irakische Heer daran gehindert würde, sich nach Norden abzusetzen...«. Diese Aufgabe wurde der 7th Armoured Brigade übertragen, die für die neue Aufgabe besser disloziert war und, ausgerüstet mit einem MLRS-Regiment und genügend Kräften und Mitteln, selbständig operieren konnte.

Abb. 9

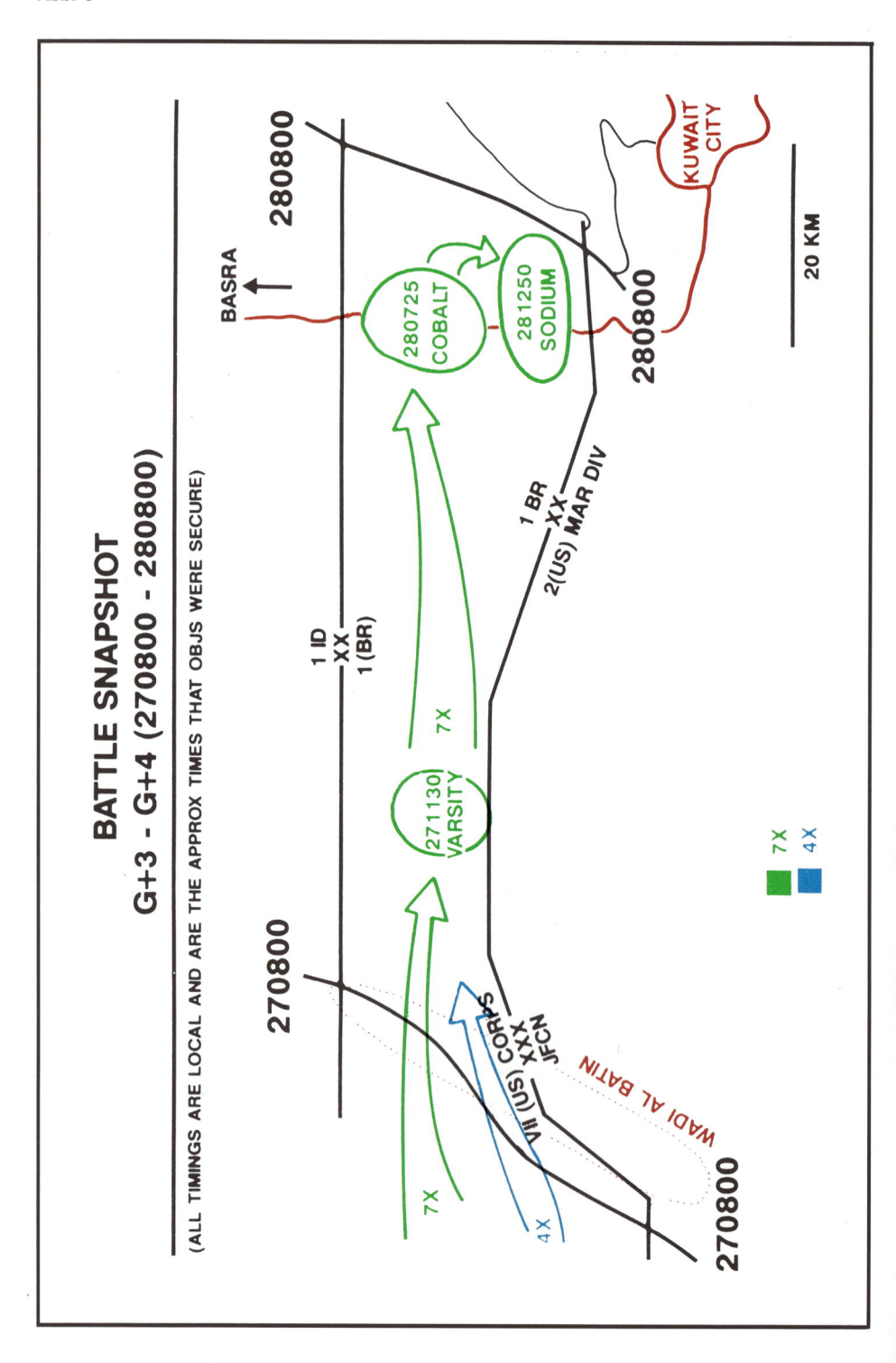

BATTLE SNAPSHOT
G+3 - G+4 (270800 - 280800)

(ALL TIMINGS ARE LOCAL AND ARE THE APPROX TIMES THAT OBJS WERE SECURE)

Der Autor,
Maj JRM Palmer
(rechts), und sein
Kommandeur, Lt Col
MJH Vickery, am
28. Februar 1991.

Der Tag G+4

Kurz nach Mitternacht am Tage G+3 kam die Nachricht von einer möglichen Feuerpause, deren Beginn später für 08.00 Uhr bestätigt wurde. Angesichts dieser Entwicklung erhielt die 1st (UK) Armoured Division den Befehl, sich zur Straße Basra-Kuwait in Marsch zu setzen, um diese zu blockieren bevor die Feuerpause in Kraft trat. Innerhalb außergewöhnlich kurzer Zeit befand sich die 7th Armoured Brigade auf dem Marsch, und bis 07.25 Uhr am Tage G+4 war es ihr gelungen, das Ziel COBALT quer zur Straße nach Basra zu nehmen. 30 Minuten später trat die Feuerpause in Kraft. Die 4th Armoured Brigade, der 7th Armoured Brigade dicht auf den Fersen, befand sich inmitten einer Minensperre, als sie wegen der Feuerpause anhalten mußte; die Truppen zogen sich auf ihren eigenen Fahrspuren vorsichtig zurück.

Zusammenfassung

Während der vorangegangenen 66 Stunden war die 1st (UK) Armoured Division 290 Kilometer vorgerückt, hatte nahezu drei irakische Panzerdivisionen zerschlagen, 7.024 irakische Kriegsgefangene genommen, darunter mehrere höhere Truppenführer. Sie erbeutete mehr als 4.000 Stück Gerät und 2.000 Handfeuerwaffen.
34 britische Soldaten fielen während der Feindseligkeiten, davon 24 im Kampf. Unmittelbar nach dem Krieg kamen vier weitere Soldaten ums Leben. Neun Soldaten wurden vor Ausbruch der Feindseligkeiten getötet. Über die Verluste der Irakis liegen keine genauen Zahlen vor.
Der Kampf um die Befreiung Kuwaits dauerte 42 Tage; der zu Lande geführte Feldzug war nach genau 100 Stunden beendet. Es kann kein Zweifel darüber bestehen, daß sich dieser Feldzug einen besonderen Platz in der Kriegsgeschichte verdient hat. Das Tempo, mit dem der Plan durchgeführt worden war, und die relativ geringen Verluste unter den Streitkräften der Koalition machen die Operation Desert Storm zu einem

außergewöhnlichen Unternehmen. Als General Schwarzkopf die Durchbruchsoperation der US Marines beschrieb, hätte er durchaus auch den gesamten Feldzug meinen können. Er sagte, dies sei eine »... absolut großartige und meisterhafte Operation...« gewesen, die man für lange Zeit in der Zukunft als Vorbild studieren wird.

Lehren

Umstände

Wenn man versucht, aus dem Feldzug Lehren zu ziehen, müssen zwei Dinge berücksichtigt werden. Erstens wird jede Analyse des Krieges zu diesem frühen Zeitpunkt vorläufig gezwungenermaßen durch die Euphorie des Erfolges eingefärbt sein und keinen Zugang zu den vollständigen Aufzeichnungen und Kriegstagebüchern haben. Zweitens kann durch selektive Nutzung von Erkenntnissen eine große Anzahl von Feststellungen gemacht werden, die nicht unbedingt auf Dauer gelten werden. Trotzdem kann jeder Berufssoldat in jeder kriegerischen Auseinandersetzung wertvolle Erfahrungen sammeln. Es ist jedoch wichtig, alles, was man aus solchen Konflikten gelernt hat, in Zusammenhang zu sehen mit den jeweiligen Umständen.
Der Erfolg der Koalition ist zu begründen in der schnellen Erringung der Luftüberlegenheit und in ihrer Fähigkeit zum Kampf rund um die Uhr.
Obgleich während des Landkrieges meist europäische Witterungsverhältnisse vorherrschten, bestand das Gelände aus konturloser Wüste, was die Truppenbewegungen und ihre Führung, Taktik auf Kompanie- und Bataillonsebene usw. beeinträchtigte. Das Wetter mit seinen Auswirkungen war für diese Region ungewöhnlich.
Das einmalige Zusammenspiel von hoher Motivation aus moralischen Gründen mit materiellen Interessen der westlichen Welt, zusammen mit weltweitem Konsens in der UNO, führte zu einer ungewöhnlichen Übereinstimmung des politischen Willens zugunsten der Koalition, unterstützt durch die Bevölkerung in den meisten Ländern der westlichen Welt. Obwohl der Irak von seinen Erfahrungen aus dem Konflikt mit dem Iran hätte profitieren müssen, schien dieser Konflikt ihn eher geschwächt zu haben. Das schnelle Brechen seiner Widerstandskraft führte laut General Rupert Smith bei den Alliierten »... häufig eher zu einer großen Belastung durch ihre eigenen Erfolge als zur Belastung durch Feindeinwirkung...«.

Gerät

Die Mehrfachraketenwerfersysteme (MLRS) stellten bei der Durchführung des Kampfes in der Tiefe zweifellos ihre Bedeutung unter Beweis.
Fahrzeugmontierte Satelliten-Navigationssysteme (GPS) sind eindeutig kriegsentscheidend. In Kombination mit verschlüsselten Funkgeräten und Wärmebildgeräten geben sie dem Truppenführer die Fähigkeit, gepanzerte Verbände mit hoher Geschwindigkeit und Genauigkeit bei jedem Wetter sicher zu führen, um die erforderliche Feuerkraft zum richtigen Zeitpunkt am richtigen Ort zu erzielen. Dies macht das Wesen des Panzerkrieges aus, und diese drei Ausrüstungselemente verbessern ganz wesentlich die Fähigkeit, diesen konsequent zu führen.

In der Logistik ist es von großer Bedeutung, jede verfügbare Technologie zu nutzen, um die Versorgungskette beim Vormarsch abzusichern. Zur Erhaltung der Flexibilität und Selbständigkeit von Großverbänden müssen erhebliche Vorräte an Versorgungsgütern vorne verfügbar gehalten werden und gleichzeitig deren Beweglichkeit aufrechterhalten bleiben. Das »Dismountable Rack Offloading and Pick-up System« (DROPS), ähnlich dem deutschen MULTI, und die geländegängigen Fahrzeuge, die von den Versorgungseinheiten benutzt wurden, erwiesen sich bei Erreichung dieses Zieles in der 1st (UK) Armoured Division als äußerst nützlich.

Doktrin

Das Konzept, aus einer unerwarteten Richtung, schmal und tief gegliedert in die Tiefe anzugreifen, erwies sich als erfolgreich. Das Risiko ungeschützter Flanken muß entweder durch ausreichende Aufklärung oder durch vorbereitete Flankensicherungen abgedeckt sein. Die Bewegung wäre verwundbar gewesen, wenn der Gegner zu Gegenoperationen fähig gewesen wäre. Der Einsatz der Artilleriegruppe, einschließlich der Divisionsaufklärungstruppe als Divisionsreserve und zur Leitung der Luftunterstützung, der Panzerabwehrhubschrauber und von MLRS war ebenfalls erfolgreich für die Durchführung des Kampfes in der Tiefe.

Der Einsatz von Wärmebildgeräten machte es zum erstenmal möglich, über 24 Stunden Panzeroperationen durchzuführen. Es gab einige Truppenführer und Stabsoffiziere, die während der ersten 84 Stunden der Bodenoffensive kaum Schlaf bekamen. Gegen Ende des Krieges wurden Einbrüche bei Entscheidungsfindung und Führungsverhalten bemerkbar. Bei Operationen größerer Tiefe muß großes Augenmerk gelegt werden auf das Konzept, Großverbände nacheinander in Wellen einzusetzen. Man darf nicht vergessen, daß bei der Wiederherstellung der Einsatzbereitschaft solcher Verbände wenig Zeit bleibt für Schlaf und Ruhe.

Der Wert einer drillmäßigen Ausbildung auf allen Ebenen, oft als Zeichen für Inflexibilität innerhalb sowjetischer Verbände gebrandmarkt, wurde mehr als deutlich. Es ist notwendig, sich eine organisatorische Flexibilität zu erhalten, um für jede Aufgabe das richtige Kräfteverhältnis und die dafür erforderliche Truppeneinteilung einnehmen zu können. Das bereits erläuterte Konzept der »operativen Vorbereitung des Gefechts« (Operational Preparation of the Battlefield, OPB) und der »Aufklärung zur Vorbereitung des Gefechts« (Intelligence Preparation of the Battlefield, IPB) hat sich bewährt.

Moral

Die Soldaten der Division zeigten unvergleichbaren Enthusiasmus und Flexibilität. Sie paßten sich immer wieder neuen Rahmenbedingungen an und waren in der Lage, neue Techniken und Drills schnell zu erlernen und zu beherrschen. Ihre geistige Stärke, ihre hohe Moral und ihr Bewußtsein für den Auftrag trugen zum erfolgreichen Ausgang der Schlacht bei und waren ein gebührender Beweis für das gute Auswahl- und Ausbildungssystem.

Bernard Amrhein, Bruno Pinget

10. Rolle und Beitrag Frankreichs

Am 2. August 1990 besetzten die irakischen Streitkräfte Kuwait. Von Beginn an verpflichtete sich Frankreich, sich im Kampf für das Recht unter der Schirmherrschaft der UNO zu engagieren. Frankreich wollte jedoch eine eigenständige Position behaupten und die dafür unabdingbare nationale Handlungsfreiheit, sei es zu Lande, zu Wasser oder in der Luft, solange wie möglich behalten. Nur das Scheitern der diplomatischen Verhandlungen, das am 15. Januar 1991 ablaufende Ultimatum und der damit unmittelbar bevorstehende Einsatz militärischer Mittel zwangen Frankreich, eine gemeinsame Operation mit den Kräften der Anti-Irakkoalition zu planen und letztendlich auch durchzuführen.

Dieser Beitrag wird sich auf die französische Landkriegsoperation »Daguet« und Erfahrungen aus dieser beschränken.

Die Operation »Daguet«

Die politischen Rahmenbedingungen

Dank der im Indischen Ozean präsenten Seestreitkräfte war die französische Marine als erste in der Lage, den Persischen Golf im Rahmen der Operation »Artimon« zu überwachen. Die Fregatte Duplex wurde dazu am 4. August in den Golf verlegt. Die übrigen Einheiten der Seestreitkräfte des Indischen Ozeans trafen in der Nacht zum 17. August in der Meerenge von Ormuz ein. Die Fregatte Montcalm hatte bereits am 14. August das Rote Meer erreicht. Acht Tage nach der Abstimmung über die Resolution 661 des Sicherheitsrates der UNO waren die französischen Seestreitkräfte mit sechs Schiffen und zwei Flugzeugen Breguet Atlantic zur Durchsetzung des Embargos vor Ort einsatzbereit. Am 26. August 1990 verlegte die französische Luftwaffe ein Jagdgeschwader Mirage 2000 in die Vereinigten Emirate.

Frankreich verlegte ab Mitte August als Heeresverband das 5. Kampfhubschrauberregiment nach Saudi-Arabien. Auftrag dieses Verbandes war es, die nördliche Grenze Saudi-Arabiens ab Ende September 1990 zu überwachen. Dieser Heeresfliegerverband wurde durch Verbände der 6. leichten gepanzerten Division (D.L.B.), der 9. Marineinfanteriedivision (D.I.Ma), der 11. Luftlandedivision (D.P.) und zahlreicher Einheiten aus anderen Verbänden verstärkt.

Die endgültige Entscheidung der politischen Führung am 19. September 1990, die verstärkte Division Daguet zu bilden und nach Saudi-Arabien zu verlegen, erfolgte als unmittelbare Reaktion auf den Überfall auf die französische Botschaft in Kuwait am 14. September. Frankreich wollte damit dem Irak seine Entschlossenheit demonstrieren, zur Befreiung der französischen sowie der ausländischen Geiseln und des Staates Kuwait beitragen zu wollen. Vierhundert Kampf- und Transportfahrzeuge erhielten innerhalb eines Wochenendes einen Wüstentarnanstrich und wurden sofort verlegt.

Die Verbände erreichten den 3.500 Seemeilen entfernten Hafen Yambu von Toulon aus mit ersten Teilen am 23. September 1990. Ab 25. September verlegten diese Kräfte in den noch 1.500 weitere Straßenkilometer entfernten Verfügungsraum ARENAS. Der Divisionskommandeur der durch Panzer AMX 30 B2 verstärkten Division war General Mouscardes, während General Roquejoffre Oberbefehlshaber der gesamten französischen Streitkräfte wurde. Bereits zu diesem Zeitpunkt fanden erste Absprachen mit den anderen Koalitionsstreitkräften über mögliche Einsätze statt.

Die Rolle der Division Daguet in der Operation Desert Storm

Die Forderungen des nationalen Oberbefehlshabers und Staatspräsidenten Mitterand, die sich aus der politischen Beurteilung der Lage ergaben, verlangten den Einsatz der Division Daguet außerhalb des Schwerpunktes der alliierten Koalitionsarmee. Staatspräsident Mitterand verlangte für seine Streitkräfte eine selbständige Rolle, die den beschränkten militärischen Fähigkeiten angemessen war. Die Division sollte aber gleichzeitig bei der Bodenoffensive eine mitentscheidende und herausgehobene Rolle spielen.

Bis 23. Januar hatten alle Teile der Division Daguet ihren neuen Verfügungsraum erreicht. Die für den Einsatz unterstellte 2. Brigade der 82. (US) Airborne-Division, die 18. Artilleriebrigade und ein Pionierbataillon verstärkten die französischen Kräfte. Die Division, artilleristisch erheblich verstärkt, erhielt den Auftrag, im Schwerpunkt des XVII.(US)Corps eingesetzt, in einer ersten Phase irakische Kräfte in As Salman anzugreifen und zu vernichten. In einer zweiten Phase sollte die Division den Verkehrsknotenpunkt und Flugplatz As Salman halten, um die Versorgungsstraße des XVII.(US)Corps und dessen linke Flanke gegen den Angriff strategischer Reserven des Irak zu schützen. Die anschließende Einschließung irakischer Kräfte durch das XVIII.(US)Corps und damit der Erfolg dieser Operation hing damit vom Angriffserfolg der vorgestaffelten französischen Kräfte in der vorgegebenen Zeit ab. Der Einsatzraum befand sich auf dem äußerst linken Flügel der alliierten Landkriegsoperation und hatte eine Tiefe von etwa 160 Kilometern und eine Breite von 50 Kilometern. Er bestand aus einem steinigen, hügeligen Wüstengelände, das zwei mögliche Angriffsachsen durch Engen hindurch bot. Das Gelände war insgesamt sehr schwer befahrbar und begünstigte die Verteidigung. Der Feind vor der Division bestand aus zwei Brigaden der 45. irakischen Infanterie-Division, bei denen drei Gruppierungen unterschiedlicher Stärke und Truppeneinteilung, ihrem Auftrag angepaßt, unterschieden werden müssen. Diese Kräfte bestanden, von Süden nach Norden, aus:

Abb. 1

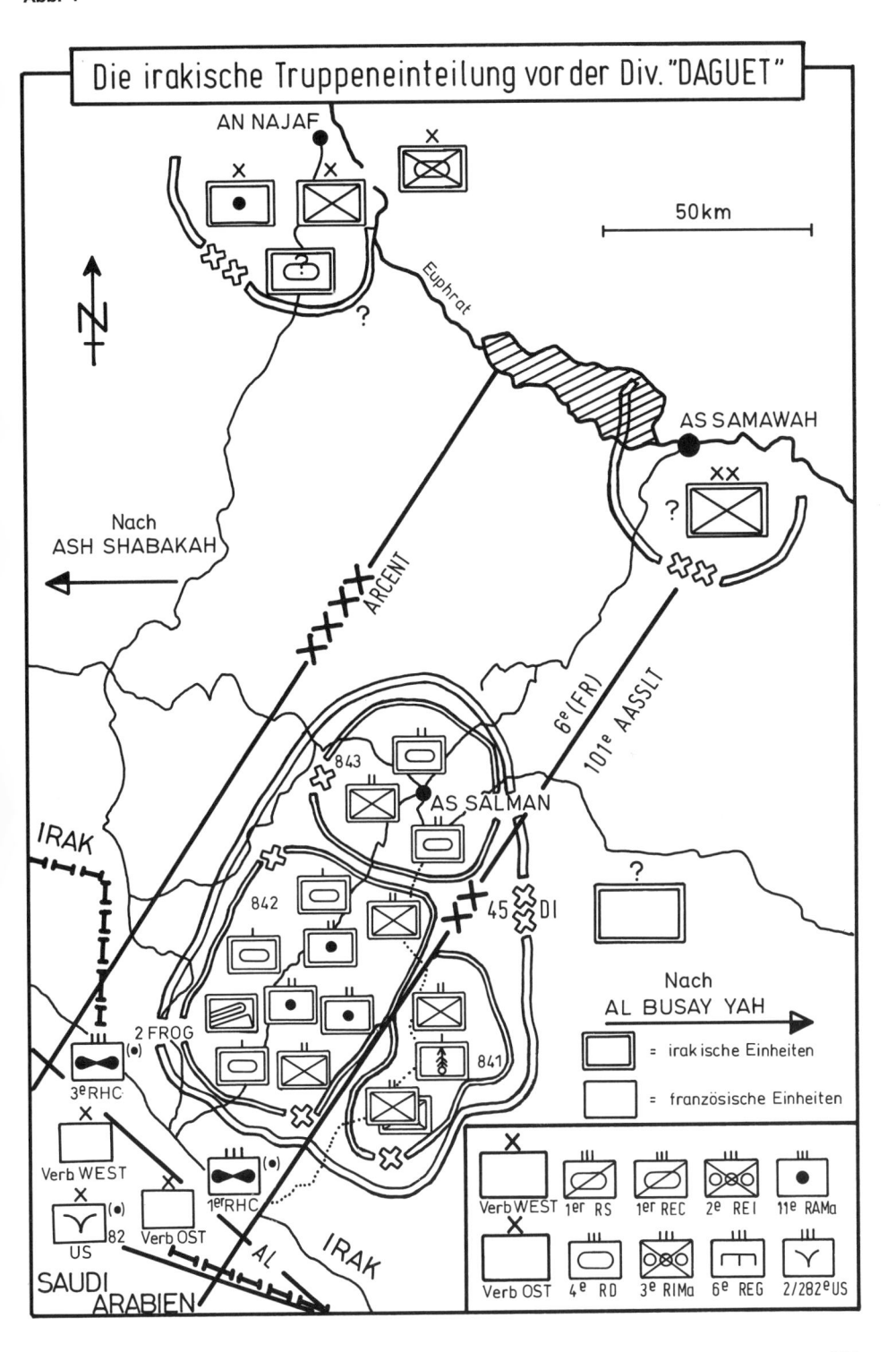

Die irakische Truppeneinteilung vor der Div. "DAGUET"

— Kräften in Stärke eines verstärkten Bataillons zum Überwachen der Grenze in einer Sicherungslinie;
— Kräften einer Infanteriebrigade etwa 60 Kilometer nördlich der Ablauflinie in ausgebauten Stellungen beiderseits der Achse TEXAS (Angriffsziel ROCHAMEAU). Diese Kräfte umfaßten etwa zwei Infanteriebataillone, ein Panzerbataillon und drei Artilleriebataillone;
— Kräften einer weiteren Brigade, bestehend aus einem Infanteriebataillon sowie zwei Panzerbataillonen und Kampfunterstützungstruppen in As Salman.

General Mouscardes mußte aus gesundheitlichen Gründen am 8. Februar 1991 das Kommando über die Division abgeben. General Janvier übernahm das Kommando über die Division. Der Division wurden für die Bodenoffensive zwei amerikanische Verbände »Operational Control« unterstellt: eine Brigade der 82. (US) ABN Division, mit 2.500 Mann, die über 180 Hummer-TOW, 19 Panzer Sheridan und 18 Geschütze 105 mm verfügten, sowie eine Artillerie-Brigade, mit 64 Geschützen 155 mm. Sie erhielt weiterhin Feuerverstärkung durch ein Artilleriebataillon mit neun Mehrfachraketenwerfern MLRS und neun ATACMS. Darüber hinaus wurde sie durch weitere Kampfunterstützungskräfte und -mittel unterstützt.

Die französische Bodenoperation

Bereits in den letzten Tagen vor der Bodenoffensive führten die Verbände der Division Daguet kleinere Gefechte mit irakischen Gefechtsaufklärungen beiderseits der Grenze. Ab 19. Februar wurden kampfkräftige eigene Aufklärungen in die Tiefe des Raumes angesetzt. Dabei kam es zu ersten größeren Kampfhandlungen. Am 24. Februar überschritt die Division Daguet um 05.30 Uhr eine Höhenlinie, die in der vorangegangenen Nacht als Ablauflinie im Vorausangriff genommen worden war. Die zwei Gefechtsverbände West und Ost griffen nach Norden auf As Salman (Angriffsziel WHITE) an. Am Ende des Vormittags griff der Gefechtsverband Ost nach längerer Artillerievorbereitung in das Zwischenziel ROCHAMBEAU an und nahm es am frühen Nachmittag. Der Gefechtsverband West griff über das Zwischenziel hinaus an, verhielt und sicherte dazu in Richtung Nord-West, um den Zusammenhang des Angriffs mit dem rechten Nachbarn zu wahren. In der Nacht setzte der Gefechtsverband West den Angriff fort und nahm vor der Morgendämmerung das Zwischenziel CAJUN westlich As Salman.

Am 25. Februar trat der Gefechtsverband West über CAJUN hinaus erneut zum Angriff an und nahm die Ziele SPEIER und PARIS und griff dann weiter nach NEMOURS und BORDEAUX, nördlich von As Salman, an. Der Gefechtsverband Ost griff gleichzeitig CHAMBORD an. Hier befanden sich noch Reste eines starken Panzerabwehrriegels, der bereits am Tag vorher durch Panzerabwehrhubschrauber der beiden Panzerabwehrhubschrauberregimenter zerschlagen worden war. Dabei war eine irakische Kompanie vernichtet worden. Gegen Abend nahm der Gefechtsverband West den Flugplatz von As Salman nördlich der Ortschaft, während der Gefechtsverband Ost die südlichen Ausläufer der Stadt überwachte. Die Operationen wurden

Abb. 2

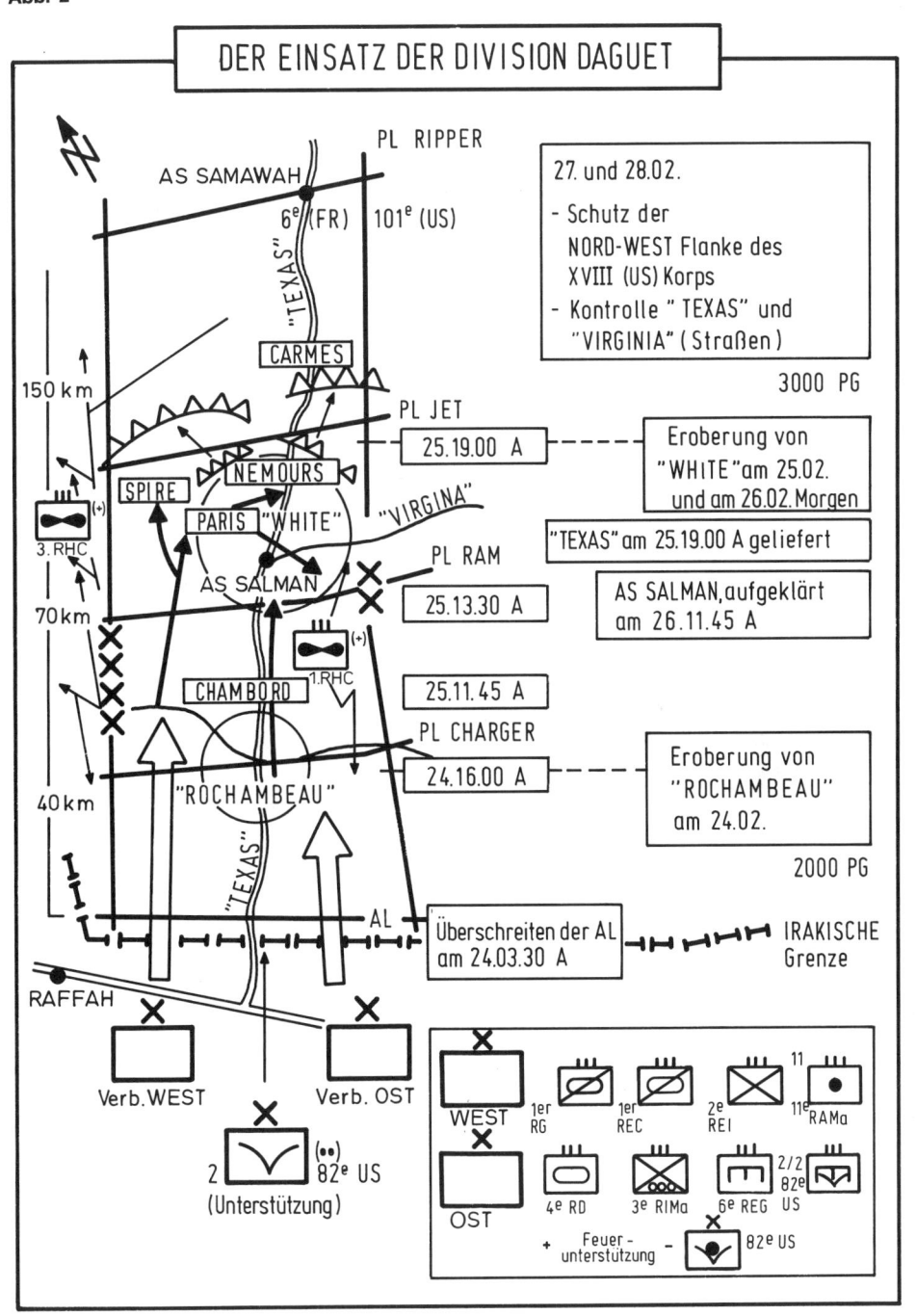

DER EINSATZ DER DIVISION DAGUET

PL RIPPER
AS SAMAWAH
6ᵉ (FR) 101ᵉ (US)
"TEXAS"

27. und 28.02.
- Schutz der NORD-WEST Flanke des XVIII (US) Korps
- Kontrolle "TEXAS" und "VIRGINIA" (Straßen)

3000 PG

150 km

CARMES

PL JET
25.19.00 A — Eroberung von "WHITE" am 25.02. und am 26.02. Morgen

NEMOURS
SPIRE
PARIS "WHITE" "VIRGINA"

"TEXAS" am 25.19.00 A geliefert

3.RHC
PL RAM
AS SALMAN
25.13.30 A — AS SALMAN, aufgeklärt am 26.11.45 A

70 km
CHAMBORD 1.RHC
25.11.45 A

PL CHARGER
24.16.00 A — Eroberung von "ROCHAMBEAU" am 24.02.

"ROCHAMBEAU"

40 km

2000 PG

"TEXAS"
AL
Überschreiten der AL am 24.03.30 A — IRAKISCHE Grenze

RAFFAH
Verb. WEST   Verb. OST

2 82ᵉ US
(Unterstützung)

WEST   1ᵉʳ RG   1ᵉʳ REC   2ᵉ REI   11ᵉ RAMa
OST   4ᵉ RD   3ᵉ RIMa   6ᵉ REG   2/2 82ᵉ
+ Feuerunterstützung −   82ᵉ US

dann mit Beginn der Dunkelheit abgebrochen, um Verluste unter der Zivilbevölkerung und Mißverständnisse zwischen den französischen Kräften zu vermeiden.
Am frühen Vormittag des 26. Februar hatte die Division As Salman unter Kontrolle. Die Achse TEXAS (Raffah-As Salman) konnte für die logistische Unterstützung des XVIII.(US)Corps geöffnet werden. Am späten Nachmittag erlitten die Fernspäher (C.R.A.P) die ersten französischen Verluste des Krieges: zwei Tote und 25 Verletzte durch Minen in As Salman. Die Division begann mit dem Aufbau der Sicherung der linken Flanke des XVIII.(US)Corps, die sie bis zum Ende der Operation nach Westen und Nord-Westen hin erfolgreich schützte.
Der schnelle Ablauf und Erfolg der gesamten Operation Desert Storm und auch die »großartige Leistung der Division Daguet« (General Schwarzkopf) vermitteln einen falschen Eindruck und verleiten zu der Annahme, es habe sich um einen recht einfachen Waffengang gehandelt. Er war aber vielmehr das Ergebnis intensiver Vorbereitungen, gründlicher Koordinierung des Einsatzes der Kampftruppen, der Kampfunterstützungstruppen und der Versorgung, und letztendlich der sehr guten Zusammenarbeit zwischen den Alliierten.

Die Führung der Operation »Daguet«

Die Rolle der Politik
Die Forderung der französischen Politik nach Unabhängigkeit während der gesamten ersten Phase des Einsatzes der Division Daguet, also während der Operation Desert Shield, hatte unmittelbare Auswirkungen auf die Führung. Diese Forderung verlangte unmittelbare und mit eigenen nationalen Mitteln betriebene unabhängige Verbindungen zwischen den französischen Befehlshabern auf dem Kriegsschauplatz und der politischen Leitung in Paris. Dazu verfügte General Roquejoffre über eigene Satellitenverbindungen des Systems INMARSAT und des französischen Satelliten Syracuse, die auch zur Führung der ihm unterstellten Kräfte eingesetzt wurden. Die Division Daguet wurde gleichzeitig mit circa 2.000 GPS (Global Positioning System) ausgerüstet, die es allen Truppenteilen ermöglichten, eine automatische Standortbestimmung durchzuführen. Über diese Verbindungen wurden Vereinbarungen über Wartime Host Nation Support oder Operationsplanungen des amerikanischen Oberbefehlshabers mit dem französischen Oberbefehlshaber dem Staatspräsidenten zur Entscheidung vorgelegt. Dies macht die Bedeutung gesicherter, schneller und national betriebener Fernmeldeverbindungen zwischen der politischen Führung in Paris und der Truppe vor Ort als unabdingbare Voraussetzung nationaler operativer Führungsfähigkeit deutlich. Der Führungsstab der Streitkräfte (E.M.A.: Etat-Major des Armées) in Paris konnte somit die gesamten Operationen überwachen und den unmittelbaren Einfluß der politischen Führung sicherstellen: Durchsetzung des Embargos, der Verteidigung Saudi-Arabiens, der Vereinigten Arabischen Emirate und Katars sowie bei Vorbereitung und Durchsetzung der Operation Desert Storm. Mit Beginn der Krise wurde ein Lage- und Operationszentrum Naher Osten im Generalstab (E.M.A) betrieben. Am 15. Januar wurde ein operativer Führungsstab (E.M.O) eingerichtet und betrieben.

Abb. 3

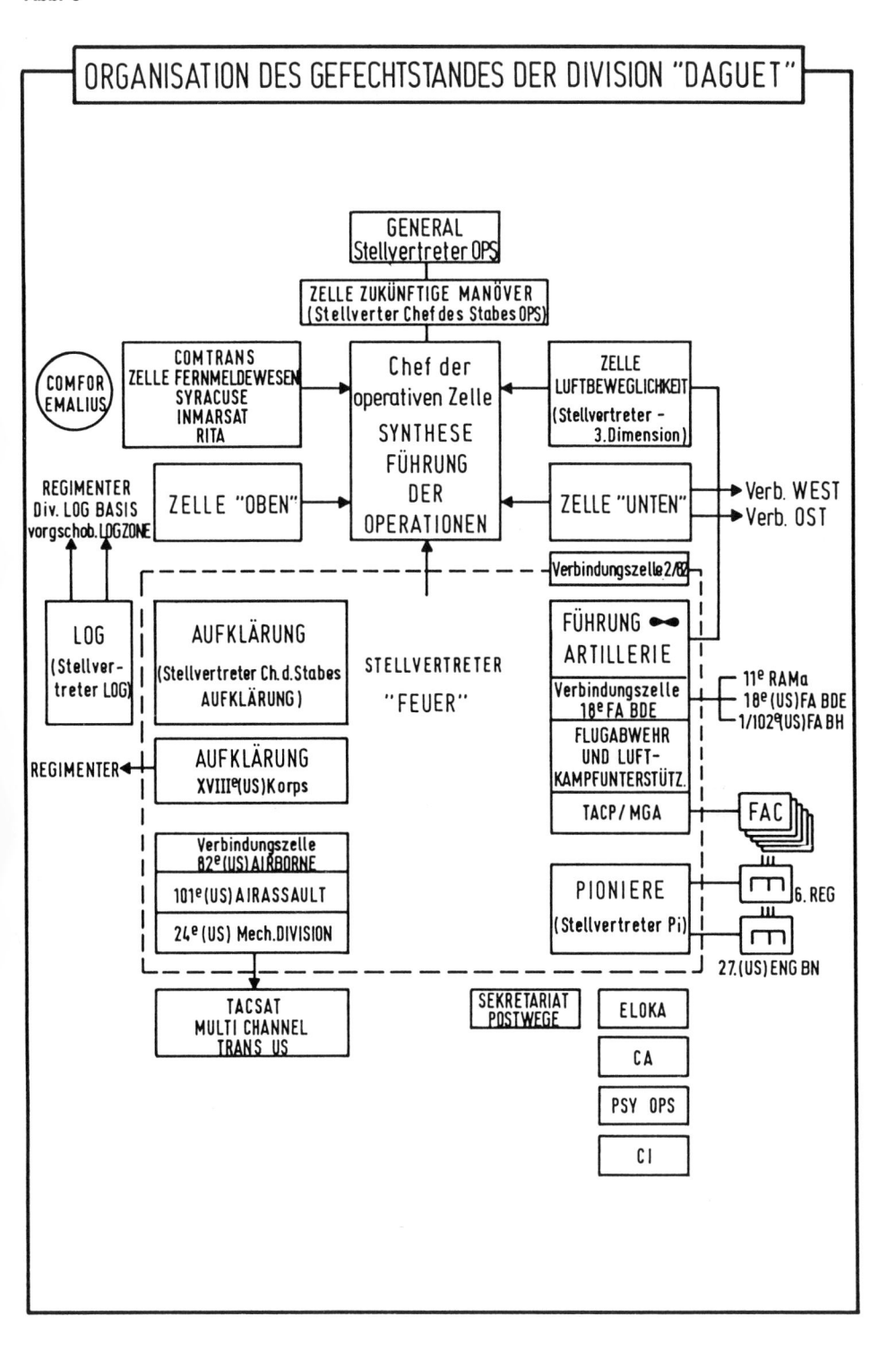

ORGANISATION DES GEFECHTSTANDES DER DIVISION "DAGUET"

- **GENERAL** Stellvertreter OPS
- **ZELLE ZUKÜNFTIGE MANÖVER** (Stellverter Chef des Stabes OPS)
- **Chef der operativen Zelle** — SYNTHESE FÜHRUNG DER OPERATIONEN
- (COMFOR EMALIUS)
- **COMTRANS ZELLE FERNMELDEWESEN**: SYRACUSE, INMARSAT, RITA
- **ZELLE LUFTBEWEGLICHKEIT** (Stellvertreter - 3.Dimension)
- **REGIMENTER** Div. LOG BASIS vorgschob. LOGZONE
- **ZELLE "OBEN"**
- **ZELLE "UNTEN"** → Verb. WEST / Verb. OST
- Verbindungszelle 2/82
- **LOG** (Stellvertreter LOG)
- **AUFKLÄRUNG** (Stellvertreter Ch.d.Stabes AUFKLÄRUNG)
- **STELLVERTRETER "FEUER"**
- **FÜHRUNG ARTILLERIE** — Verbindungszelle 18e FA BDE — 11e RAMa, 18e (US) FA BDE, 1/102e (US) FA BH
- REGIMENTER
- **AUFKLÄRUNG** XVIIIe (US) Korps
- **FLUGABWEHR UND LUFTKAMPFUNTERSTÜTZ.**
- **TACP / MGA** → FAC
- Verbindungszelle 82e (US) AIRBORNE
- 101e (US) AIRASSAULT
- 24e (US) Mech. DIVISION
- **PIONIERE** (Stellvertreter Pi) — 6. REG, 27. (US) ENG BN
- **TACSAT MULTI CHANNEL TRANS US**
- SEKRETARIAT POSTWEGE
- ELOKA
- CA
- PSY OPS
- CI

Organisation der Fernmeldeverbindungen

In Saudi-Arabien wurde ein nationaler Führungsstab unter Befehlshaber General Roquejoffre für alle Kontingente der Teilstreitkräfte (E.M.I.A) gebildet, um teilstreitkraftübergreifende Probleme zu lösen und die anderen, untergeordneten Führungsebenen von diesen Koordinierungsaufgaben zu entlasten. Dabei erwies sich der Koordinierungsbedarf als wesentlich höher als zunächst angenommen. Dies gilt sowohl für die Zusammenarbeit mit den Alliierten als auch für die Zusammenarbeit zwischen den französischen Teilstreitkräften. Der Umfang des im Fernmeldeverbindungsdienst eingesetzten Personals und des für den Austausch von Aufklärungsergebnissen notwendigen Personals mußte erheblich erhöht werden. Ebenso mußten Zahl und Umfang von Verbindungskommandos zu den Alliierten erheblich vergrößert werden. Es hat sich gezeigt, daß diese Verbindungsorgane als erste bei Planung und Durchführung einer Operation von Koalitionsstreitkräften zur Verfügung stehen müssen. Während der gesamten Vorbereitung und Führung der Operation wurden Befehle und geheimhaltungsbedürftige Informationen über gesicherte Verbindungen zwischen Frankreich und Saudi-Arabien übermittelt. Die Ausstattung mit modernster geschlüsselter Fernmeldetechnik verringerte in diesem Bereich den Personalaufwand. Die technische Kapazität dieser Satellitenverbindungen führte zu keinem Zeitpunkt zu Engpässen und war ausreichend. Dieses galt auch für die Verbindungen zu den nationalen Führungsstäben der Alliierten.

Zusammenarbeit mit den Alliierten

Geschlüsselte Fernmeldeverbindungen wurden auch zwischen dem gemeinsamen Führungsstab der Streitkräfte in Paris (C.O.A) und dem Pentagon sowie zum nationalen Führungsstab der Briten in Northwood (UK) eingerichtet. Für die Fernmeldeverbindungen innerhalb der Division stand das Fernmeldesystem RITA zur Verfügung und hat dabei seine Bewährungsprobe bestanden. Es wurde auch durch Heeresflieger und vorn eingesetzte logistische Verbände genutzt. Dieses System erleichterte wegen der Interoperabilität mit den US-Streitkräften die Weitergabe von Befehlen an die unterstellten amerikanischen Verbände sowie die Verbindung zu vorgesetzten Führungsstäben der Amerikaner, da die Verbindungsorgane ebenfalls mit RITA ausgerüstet waren. Die Beschaffung von Aufklärungsergebnissen erfolgte über das Generalsekretariat der nationalen Verteidigung (S.G.D.N), das französische Amt für militärisches Nachrichtenwesen (C.E.R.M) sowie die Führungsstäbe der Teilstreitkräfte. Als Quellen wurden auch die amerikanische Defense Intelligence Agency sowie der amerikanische Militärattaché in Paris genutzt.

Im Bereich der operativen Planung wurden sechs französische Verbindungskommandos den amerikanischen Streitkräften auf Zusammenarbeit angewiesen: je ein Kommando für die Problematik des airspace management mit CENTAF in Riyad, Dahran und in einem luftbeweglichen Gefechtsstand sowie je ein Kommando beim Gefechtsstand USCINCENTCOM, der 3. (US) Army (ARCENT) und dem XVIII.(US)Corps. Gleichzeitig wurden je ein amerikanisches Verbindungskommando zum gemeinsamen Führungsstab der französischen Streitkräfte in Paris (E.M.A) und zum Gefechtsstand der Division Daguet abgestellt.

Abb. 4

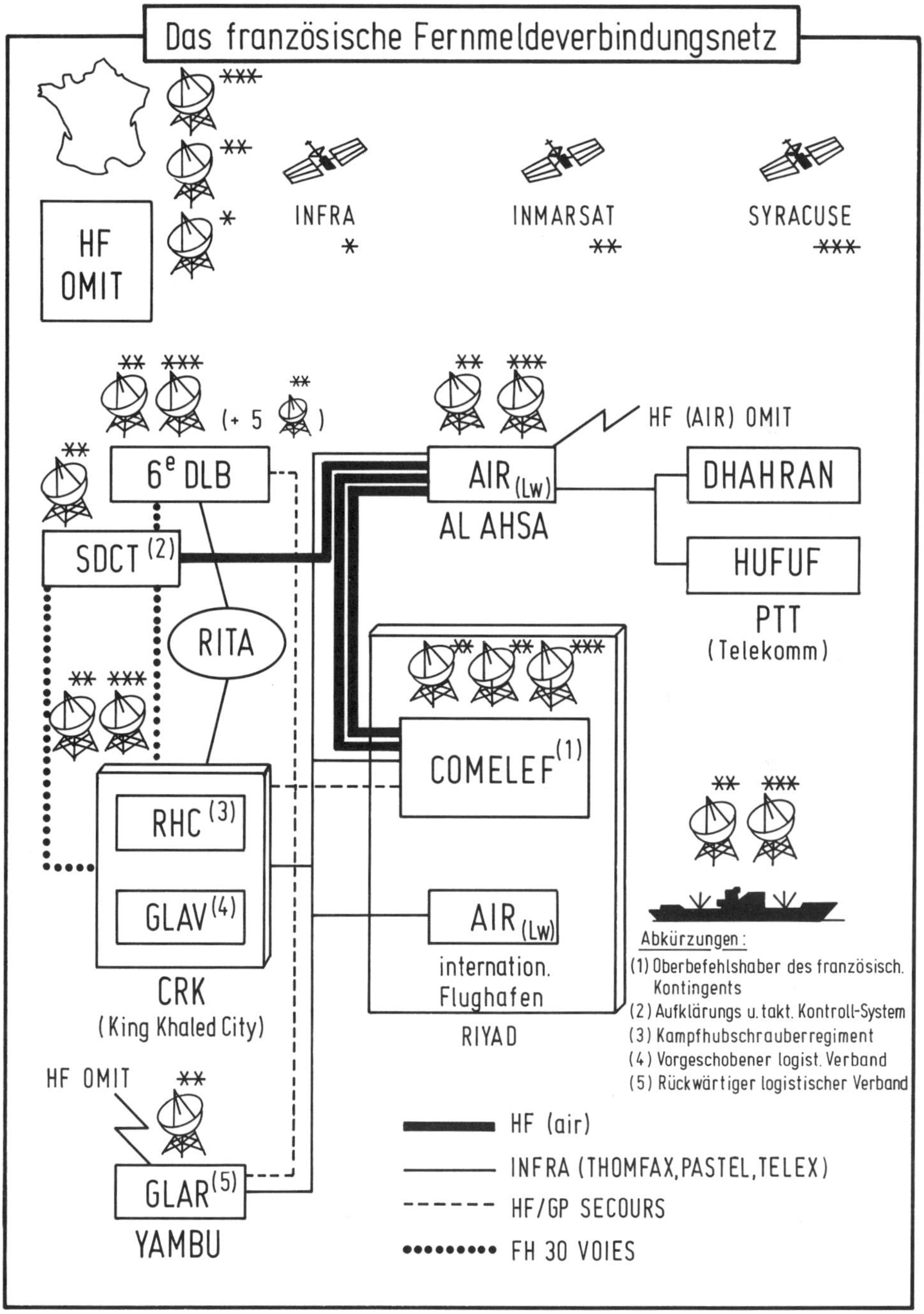

Das französische Fernmeldeverbindungsnetz

HF OMIT

INFRA
*

INMARSAT
**

SYRACUSE
***

6ᵉ DLB (+ 5)

SDCT (2)

RITA

RHC (3)

GLAV (4)

CRK (King Khaled City)

HF OMIT

GLAR (5)

YAMBU

AIR (Lw)
AL AHSA

HF (AIR) OMIT

DHAHRAN

HUFUF

PTT (Telekomm)

COMELEF (1)

AIR (Lw)
internation. Flughafen
RIYAD

Abkürzungen:
(1) Oberbefehlshaber des französisch. Kontingents
(2) Aufklärungs u. takt. Kontroll-System
(3) Kampfhubschrauberregiment
(4) Vorgeschobener logist. Verband
(5) Rückwärtiger logistischer Verband

━━━ HF (air)
─── INFRA (THOMFAX, PASTEL, TELEX)
----- HF/GP SECOURS
••••••• FH 30 VOIES

Die logistische Unterstützung der Operation »Daguet«

Rahmenbedingungen
Die logistische Unterstützung der Operation Daguet erforderte von der französischen Armee, außergewöhnliche räumliche und zeitliche Dimensionen zu bewältigen. Es waren 4.000 Kilometer zwischen Toulon und Yambu in sieben bis zehn Tagen Seetransport zu überwinden, bevor danach noch einmal 1.600 Kilometer zwischen dem Hafen Yambu und dem Verfügungsraum der Division sowie dem Luftwaffenstützpunkt in Alasha überbrückt werden mußten. Der Gesamtumfang der logistischen Unterstützung läßt sich anhand einiger Zahlen verdeutlichen. Es war erforderlich, 14.000 Mann und 4.000 Fahrzeuge zu verlegen, zu warten und instandzuhalten sowie 20.000 Tonnen Munition zu transportieren und zu verteilen, 12.000 m^3 Betriebsstoff auszulagern, 250 m^3 Wasser pro Tag bereitzustellen und 20 Tonnen Post im Durchschnitt pro Tag umzuschlagen.

Aufgrund der mangelhaften Infrastruktur vor Ort und der schwierigen Lebens- und Gefechtsbedingungen in der Wüste hatte die französische Führung einen personell und materiell sehr umfangreichen Einsatz der Sanitätstruppe vorgesehen. Dies hatte die Erhöhung der Anzahl der Soldaten in den Sanitätseinheiten, die Verstärkung der Operationskapazitäten durch 23 Chirurgenteams in Saudi-Arabien, sowie eine erweiterte Lufttransportunterstützung durch zivile Mittel für den Verwundetentransport in die Heimat zur Folge. Die gute Zusammenarbeit mit dem Gastgeberstaat Saudi-Arabien — besonders bei der Bereitstellung von Trinkwasser und Betriebsstoff — sowie mit den USA, den Alliierten, der WEU und auch dem Internationalen Roten Kreuz hat eine wichtige Rolle in der logistischen Unterstützung der französischen Streitkräfte gespielt. Die logistische Dimension der Operation Daguet hat die Fähigkeiten, aber auch die Grenzen der in der Logistik eingesetzten Kräfte deutlich aufgezeigt.

Die sanitätsdienstliche Unterstützung
Für die Operation Daguet verfügbare sanitätsdienstliche Kräfte und Mittel sollten ohne zusätzliche Unterstützung durch Alliierte oder den Gastgeberstaat die sanitätsdienstliche Versorgung in nationaler Verantwortung sicherstellen. Frankreich wollte somit alle notwendigen Maßnahmen der Verwundetenversorgung über große Entfernungen bis zur abschließenden Behandlung im Heimatland in Eigenregie sicherstellen. Neben dem Faktor »Raum« behinderte der Faktor »Kräfte« bzw. »Personal« diese Absicht. Die 14.000 Soldaten der französischen Streitkräfte mußten durch Berufs- und Zeitsoldaten des Sanitätsdienstes versorgt werden. Das Personal der militärischen Krankenhäuser in Paris, Lyon und Toulon wurde deshalb als schnell verfügbare Reserve eingeplant. Bei der Planung der Kapazitäten ging man von drei Prozent zu erwartenden Ausfällen aus (300 Verwundete pro Tag). Diese, so wurde angenommen, würden wiederum aus 30 Prozent absoluten Notfällen (90 Verwundete pro Tag) bestehen, die eine Operation innerhalb von sechs Stunden nötig machten. Bei 70 Prozent der Ausfälle (210 Verwundete pro Tag) wurde geschätzt, daß eine Operation nicht vor 18 Stunden erforderlich sein würde. Deshalb stellte die Entfernung zu den Lazaretten in Djibouti bzw. in Frankreich die eigentliche Herausforderung der Planer für die

abschließende Behandlung der Verwundeten dar. Es waren fünf Stunden und 30 Minuten Flugzeit von der irakischen Südgrenze bis nach Djibouti mit einer Transall und elf Stunden Flugzeit von Riyad nach Paris zugrundezulegen. Für diese Transportleistungen waren zehn zivile Flugzeuge pro Tag vorgesehen worden.
Die sanitätsdienstliche Unterstützung der Streitkräfte war für die Medien von besonderem Interesse. Der Druck der Medien verstärkte die Forderungen des Militärs nach Unterstützung, verlangte aber auch, professionelle Leistungen in Transport und Behandlung der erwarteten Anzahl von Verwundeten durch das eigene Sanitätspersonal sicherzustellen. Der Anteil des Sanitätsdienstes von ca. zehn Prozent am Gesamtpersonalbestand der Division zeigt das Gewicht des Sanitätsdienstes bei dieser Operation. Alle Maßnahmen auf diesem Gebiet haben nach Auffassung der Beteiligten aber erheblich zur Verbesserung der Moral der Truppe beigetragen.
Die tatsächlich geringe Anzahl der Verwundeten (39 während des eigentlichen Krieges und insgesamt 577 Ausfälle während der gesamten Operation) erlaubt keine abschließenden Folgerungen für die Planung der sanitätsdienstlichen Unterstützung zukünftiger Einsätze. Der Bedarf an qualifiziertem, professionell ausgebildetem Personal in den Sanitätstruppenteilen ist deutlich geworden, ebenso die daraus abzuleitenden Forderungen an Auswahl und Ausbildung des Sanitätsdienstes bis hin zu Personal in den militärischen Krankenhäusern in Frankreich. Ergebnisse von Forschungsprojekten der französischen Armee vor dem Golfkrieg im Bereich des ABC-Schutzes, zur Problematik psychischer Belastungen im Gefecht oder der Notbehandlung von Verbrennungsopfern haben sich als sehr zweckmäßig erwiesen.

Zum Personalproblem
Der hohe Anteil an Wehrpflichtigen in den logistischen Einrichtungen und Verbänden verursachte in den französischen Streitkräften ein Problem, das in den Berufsarmeen der USA oder Großbritanniens in dem Maße nicht zum Tragen kam und seine Ursache in der französischen Wehrgesetzgebung hat. Gemäß Artikel 170 des Gesetzes 71-424 vom 10. Juni 1971, dem »Code du Service national«, (das französische Wehrdienstgesetz), können Soldaten überall und zu jeder Zeit zum Einsatz verpflichtet werden. Wehrpflichtige können außerhalb Europas oder in Übersee-Departements eingesetzt werden, wenn sie sich für solche Verwendungen freiwillig gemeldet haben. Bisher hatte diese rechtliche Regelung den problemlosen Einsatz von Verbänden in Krisenregionen ermöglicht, da stets ausreichend Wehrpflichtige freiwillige Verträge eingingen bzw. sich für diese Einsätze als Wehrpflichtige freiwillig meldeten. Die politische Entscheidung, im Oktober 1990 nur Berufs- und Zeitsoldaten in den Persischen Golf zu schicken, zeigte jedoch die Grenzen einer solchen Regelung bei größeren Konflikten auf. Zur Einhaltung der Rechtsgrundlagen wurden den Vorgesetzten auferlegt sicherzustellen, daß die Entscheidung eines Wehrpflichtigen in voller Freiheit getroffen wird. Es war jedem Wehrpflichtigen vor seiner Entscheidung die Möglichkeit zu geben, seine Familie zu besuchen und erst danach den Vertrag zu unterschreiben, der ihn für den Einsatz am Golf befristet zum Zeitsoldaten machte. Zusätzlich wurde festgelegt, daß dieser freiwillige Vertrag durch den Dienstherrn nicht über die Dauer des Einsatzes am Golf hinaus verlängert werden durfte. Damit

konnten auch Wehrpflichtige eingesetzt werden. In der Zukunft scheint allerdings der Einsatz von Verbänden, die reinrassig aus Zeit- und Berufssoldaten bestehen, für militärische Einsätze dieser Art als die wahrscheinliche Lösung. Die vor dem Golfeinsatz getroffenen rechtlichen Maßnahmen und ihre Folgen erfordern deshalb eine neue Verteilung der Berufs- und Zeitsoldaten in den Streitkräften mit dem Ziel, vorrangig schnelle Eingreiftruppen damit aufzufüllen.

Die Operation Daguet erforderte die Auffüllung der für den Einsatz vorgesehenen Einheiten mit 1.600 Zeitsoldaten. Diese wurden im wesentlichen aus anderen Einheiten herausgelöst. Das französische Heer mußte darüber hinaus 800 Wehrpflichtige mit zeitlich begrenzten Verträgen rekrutieren. Da viele französische Wehrpflichtige in Frankreich, aber auch in Deutschland sich freiwillig für den Einsatz am Golf meldeten, war dieses Problem sehr schnell gelöst.

Insgesamt wurden etwa 5.000 individuelle Versetzungen durchgeführt und 500 neue Dienstposten geschaffen, um den personellen Bedarf von 9.600 Zeit- und Berufssoldaten (ohne Offiziere und Unteroffiziere) für die Division Daguet und ihre logistische Unterstützungsorganisation zu decken.

Als Lösung der Zukunft könnte eine ausschließlich aus Berufs- und Zeitsoldaten bestehende Division einschließlich logistischer Anteile für solche Aufgaben aufgestellt werden. Der Golfkrieg hat gezeigt, daß die Frage der Größenordnung und der Zusammensetzung von präsenten Eingreiftruppen aus Zeit- und Berufssoldaten geprüft und entschieden werden muß, zu welcher Lösung man auch immer kommt. Neben diesen grundlegenden Fragen der Streitkräfteplanung müssen Motivation, Einsatzwille und die Leistungen der einzelnen beteiligten Soldaten, die zum Erfolg der Operation beigetragen haben, gewürdigt werden. Dabei hat sich gezeigt, daß sich Ausbildungs- und Trainingsverfahren von Schulen und Ausbildungszentren bewährt haben. Die jungen Offiziere und Unteroffiziere haben als Führer überzeugt, auch wenn sie frisch von der Schule kamen. Die an der Stabsakademie und an der Kriegsschule ausgebildeten Offiziere des Heeres haben die Fähigkeit unter Beweis gestellt, mit anderen Teilstreitkräften und alliierten Kräften erfolgreich zusammenarbeiten zu können. Das Schießausbildungsprogramm des französischen Heeres von der Ausbildung des Einzelschützen bis zum Gefechtsschießen der Einheiten hat sich bei der Panzer- und Infanterietruppe und auch bei der Artillerie bewährt und zu guten Ergebnissen im Einsatz geführt.

Die Moral der Soldaten wurde vor dem Einsatz als sehr hoch beurteilt. Dieses war in erster Linie Ergebnis der gemeinsam verbrachten Monate der Ausbildung und Vorbereitung in Saudi-Arabien. Grundlage war vor allem die Überzeugung, einer gerechten Sache zu dienen, das Vertrauen in die eigenen Fähigkeiten sowie die Qualität der eigenen Waffen. Dieser stabile Zustand der Truppe wurde übrigens auch durch eine hohe Führerdichte und den Schutz und Sicherheit vermittelnden Organisationsgrad der Sanitätsunterstützung erreicht. In der Tat waren nur 13 Ausfälle bei der gesamten Division festzustellen, die auf Gefechtsfeldstreß zurückzuführen waren.

Logistik

Der Transport von Personal und Material wurde hauptsächlich mit zivilen Schiffen durchgeführt. Die Zusammenarbeit mit den Reedereien in Übereinstimmung mit französischen Regierungsabkommen hat reibungslos funktioniert. 49 Schiffe wurden eingesetzt, dabei war auch ein Schiff einer spanischen Schiffahrtsgesellschaft. Der zivile Lufttransport mit 33 Flügen B-747 und vier Airbus-Flügen wurde zur Deckung dringendsten Bedarfs eingesetzt, der nicht mit militärischen Mitteln gedeckt werden konnte. Dabei mußten allein für einen B-747-Flug fünf Millionen Francs für zusätzliche Versicherungen gezahlt werden. Der militärische Lufttransport für die Division Daguet wurde durch die USA mit zwei C-5A Galaxy und durch Belgien mit zwölf C-130 unterstützt. Die Versorgung mit Betriebsstoff war ein Problem der ersten Stunden des Einsatzes nach der Verlegung. Die Versorgung durch den Gastgeberstaat Saudi-Arabien hat die Lösung danach erheblich vereinfacht. Da nur eine einzige Betriebstoffart (TRO) für alle Fahrzeuge benötigt wurde, hat dieses die Zusammenarbeit und gegenseitige Unterstützung zwischen den Alliierten im Rahmen multinationaler Verbände sehr erleichtert. Es ist ungewiß, ob die Versorgung auch in den ersten Stunden der Verlegung von Kräften unter deutlich ungünstigeren Verhältnissen hätte sichergestellt werden können. Auch hier hat der Mangel an Berufs- und Zeitsoldaten zu Schwierigkeiten geführt. Neben dem Transportbedarf für die Betriebsstoffversorgung war ein erheblicher Transportraumbedarf für die Trinkwasserversorgung notwendig. Dieser wurde durch Kfz gedeckt, die zunächst für Betriebsstofftransporte vorgesehen waren. Die besonderen und die klimatischen Bedingungen der Kriegsschauplätze verlangten zusätzliche Ausrüstungsgegenstände. Die Bekleidung für Temperaturen zwischen -5° C und +50° C und die Ausrüstung mit ABC-Schutzanzügen haben zu einem 50 kg schweren Gepäck für den einzelnen Soldaten geführt. Damit entstanden erhebliche Transportprobleme. Darüber hinaus waren die ABC-Schutzanzüge nicht für das gesamte Temperaturspektrum geeignet. Die Kosten für zusätzliche Kleidung, Verpflegung und Unterkunft betrugen insgesamt ca. 67 Millionen DM. Die Einsatzbereitschaft des eingesetzten Materials blieb überdurchschnittlich hoch und lag über dem Stand der Einsatzbereitschaft im Friedensausbildungsdienst. Bemerkenswert hoch war der Verbrauch an Kfz-Reifen, der durch das allgemein schlecht befahrbare Gelände und den damit verbundenen hohen Verschleiß bedingt war.

Feldpost und private Telefonverbindungen

Die Feldpostorganisation hatte im Februar 1991 täglich zwei bis drei kg für jeden Soldaten umzuschlagen und zu transportieren. Dieses Feldpostaufkommen wurde als ein Zeichen der nationalen Solidarität der Heimat mit den eingesetzten Soldaten gewertet. Der Transport von Briefen zwischen Frankreich und dem Einsatzgebiet dauerte vier bis acht Tage. Die Briefe der Soldaten erreichten ihre Adressaten nach sieben bis elf Tagen. Der Versuch, Telefonverbindungen für die Soldaten in die Heimat zur Verfügung zu stellen, war nicht in allen Fällen erfolgreich. Diese Verbindungen waren an stationäre Telefonzellen gebunden und waren somit für die Mehrheit der Soldaten nicht verfügbar. Dieses wurde als ein Problem empfunden, weil Soldaten anderer alliierter Nationen über solche Verbindungen verfügten. Deshalb wurden durch die Führung zusätzliche Maßnahmen getroffen, um die Information der Soldatenfamilien zu verbessern. Am 17. Januar 1991 nahm ein besonderes Informationszentrum für die Information von Angehörigen der Streitkräfte in Paris seine Arbeit auf. Auftrag dieses Zentrums war es, 24 Stunden rund um die Uhr Fragen der Familien der eingesetzten Soldaten zu beantworten. Zwischen dem 17. und 24. Januar wurden hier mehr als 15.000 solcher Anrufe bearbeitet und beantwortet.

Ausrüstung
Die Teilnahme der französischen Streitkräfte am Golfkrieg hat die Erprobung vorhandener Ausrüstung und Waffen sowie zukünftiger Konzepte für Waffensysteme unter Kriegsbedingungen ermöglicht. Insgesamt hat sich die steigende Bedeutung der Elektronik gezeigt. Für mehrere Systeme wurden elektronische bzw. optronische Bauteile verbessert. Die Panzer AMX 30 wurden mit neuartigen Nebelwurfanlagen nachgerüstet, um gegen optronische Beobachtungssysteme geschützt zu sein. Gepanzerte Radfahrzeuge und Hubschrauber haben neue pyrotechnische oder elektronische Infrarotsensoren erhalten. Um die Leistung des Lenkflugkörpers HOT zu verbessern, sind die Radfahrzeuge VAB und die Panzerabwehrhubschrauber Gazelle mit Detektoren zur Erkennung von Infrarotködern und Störsensoren ausgerüstet worden. Die Fernmeldesicherheit wurde durch Einkauf modernster Verschlüsselungsanlagen erheblich verbessert. Zur schnelleren Aufklärung von Minenfeldern hat die Optronik des Hubschraubers Puma mit hierfür geeigneten Wärmebildgeräten beigetragen. Der Zwang zur Anpassung an die Bedingungen des Kriegsschauplatzes war nicht nur auf den Bereich der Elektronik begrenzt. Die gepanzerten Radfahrzeuge AMX 10RC erhielten eine zusätzliche Panzerung, einige Panzer AMX 30 wurden als ferngesteuerte Minenräumer eingesetzt, und die neueste Fliegerfaust von Matra, die Mistral, wurde unter dem Namen Celtic auf Hubschraubern als Waffenträger eingesetzt. Die Besonderheiten des Geländes und des Wetters sowie die Erfordernisse des Gefechts unter chemischer Bedrohung haben verschiedene Anpassungen der Ausrüstungen erfordert, wie z.B. die Klimatisierung von Gefechtsfahrzeugen oder spezielle Tarnmaßnahmen. Diese Maßnahmen, die unter Zeitdruck teilweise bis kurz vor dem Einsatz durchgeführt wurden, zeigten deutlich die Grenzen der Flexibilität der Rüstungsindustrie auf, moderne Waffensysteme und Munitionssorten an nicht vorgesehene Einsatzspektren schnell anzupassen. Darüber hinaus hat der Einsatz von Waffensystemen, deren Entwicklung vor dem Einsatz noch nicht abgeschlossen war, Erfahrungen erbracht, die bisher nicht vorgesehene Möglichkeiten dieser Systeme erkennen ließen. Beispiele dafür sind das von Hubschraubern getragene Radarrundsuchgerät »HORUS« und das unbemannte Aufklärungsflugzeug »MART«.
Dieser Krieg hat insgesamt nicht nur die Überprüfung der in den französischen Verbänden vorhandenen Waffensysteme unter Einsatzbedingungen ermöglicht, sondern auch gezeigt, inwieweit Modifizierungen von Waffensystemen an nicht vorgesehene Einsatzbedingungen unmittelbar vor dem Einsatz noch durchführbar sind.

Zusammenfassung

Der entschlossene Beitrag der französischen Streitkräfte in der Koalition war ein großer militärischer Erfolg, der mit den geringstmöglichen Verlusten erreicht wurde. Es hat sich gezeigt, daß eine geschlossene Haltung der französischen Nation auch in einer parlamentarischen Demokratie erreicht werden kann und die überwältigende Unterstützung der Bevölkerung Voraussetzung für den militärischen Erfolg war. Lehren aus dem Golfkonflikt können nicht ignoriert werden. Die dabei identifizierten Probleme haben zu einer deutlichen Sensibilisierung der Bevölkerung in bezug auf die Legitimation des Einsatzes militärischer Mittel zur Konfliktregelung geführt. Für das Militär ist die Bedeutung von Hochtechnologie, wie z.B. Satellitenaufklärung, Informationstechnologie oder elektronische Gegenmaßnahmen, noch deutlicher geworden. Trotz wichtiger Erkenntnisse wird der Golfkonflikt in Frankreich nicht als Modell zukünftiger Konflikte ähnlicher Art angesehen. Lehren können nur sehr bedingt übertragen werden. Die Erfahrungen haben gezeigt, wie ein militärischer Beitrag innerhalb einer Koalitionsarmee ausgestaltet werden muß, wenn die Gefährdung der französischen nationalen Sicherheit jemals wieder einen solchen Einsatz erfordern wird.

Osman Gönültas

11. Rolle und Beitrag der Türkei

Einleitung

Die Türkei war nicht unmittelbar an der Operation Desert Storm beteiligt. Dennoch hat sie wesentliche Beiträge zur Konfliktbeendigung geleistet. Dieses waren politische und diplomatische Aktivitäten, wirtschaftliche Maßnahmen im Rahmen der Blockade, aber auch militärische Beiträge im Rahmen des Konfliktmanagements in der heißen Phase des Krieges, aber auch noch danach. Um die Rolle und den Beitrag der Türkei richtig einschätzen zu können, ist es nicht ausreichend, sich auf eine Betrachtung der Krise und des Krieges zu beschränken. Vielmehr müssen die Positionen der Türkei in dieser Region im Vorfeld der Krise ganz allgemein sowie die Auswirkungen der Krise und des Krieges auf die Türkei betrachtet werden.

Sicherheitspolitische Rahmenbedingungen und türkische Positionen im Vorfeld der Krise

Bis in den Beginn der 70er Jahre war das Verhältnis zwischen der Türkei und ihren Nachbarn im Nahen Osten aus historischen Gründen von gegenseitiger Nichteinmischung und Zurückhaltung geprägt. In den 70er Jahren änderten sich wesentliche Rahmenbedingungen türkischer Politik, die zum Ausbau der Beziehungen zu diesen Nachbarn führten. Es waren dies u.a. die ausbleibende wirtschaftliche Integration in den Westen bzw. Europa, trotz politischer und militärischer Integration. Auch das Embargo gegen die Türkei nach der Friedensoperation in Zypern und der damit verbundene Zwang nach ökonomischen Alternativen bei gleichzeitig enorm steigenden Ölpreisen war ein Beweggrund. Auch spielte die Beteiligung islamisch-fundamentalistischer und konservativer Kräfte an der türkischen Regierung und die damit verbundene Mitgliedschaft der Türkei in der Organisation der islamischen Konferenz (OIC) eine Rolle.

Die wirtschaftlichen Beziehungen zum Nahen Osten entwickelten sich so stark, daß der Anteil des Nahen Ostens am Gesamtexport der Türkei in den 80er Jahren bereits 40 Prozent betrug. Während des acht Jahre dauernden ersten Golfkrieges zwischen Iran und Irak hat die Türkei durch eine aktive, aber Neutralität wahrende Politik des

Gleichgewichts der Kräfte im Nahen Osten ihre Bedeutung in dieser Region ausgebaut. Die wirtschaftlichen Beziehungen zu den beiden kriegführenden Staaten wurden in dieser Zeit ausgeweitet. Dies war nach Kriegsende ein erheblicher Vorteil für die Türkei und zahlte sich wirtschaftlich aus. Trotz dieser verbesserten Beziehungen zu den Ländern des Nahen Ostens kam es dennoch immer wieder zu Friktionen mit den Nachbarländern Iran, Irak und Syrien.

Das Verhältnis zwischen der Türkei und dem Iran kühlte sich z.B. ab, weil die Türkei den Export islamisch fundamentalistischer Ideen durch den Iran befürchten mußte. Im Vorfeld der Krise des Jahres 1990 waren die Beziehungen zwischen der Türkei und dem Iran allerdings problemlos. Die neutrale Position der Türkei während des ersten Golfkrieges und die Entwicklung der wirtschaftlichen Zusammenarbeit mit dem Iran danach hatten die Beziehungen entspannt.

Die Beziehungen zu Syrien dagegen waren wegen der Insidern bekannten Absicht Syriens, die türkische Provinz Hatay in ein Großsyrien zu integrieren, belastet. Hinzu kam die Aufrüstung der syrischen Armee, die gegen das NATO-Mitglied Türkei gerichtet war und die mit Unterstützung der UdSSR geschah. Der Schutz und die Unterstützung der gegen die Türkei gerichteten Terrororganisation PKK durch Syrien taten ein übriges. Ein weiteres Konfliktpotential war die Problematik der Wasserverteilung des Euphrat. Durch die Verringerung des Einflusses der UdSSR und durch das »Gutnachbarschaftliche Abkommen« aus dem Jahre 1987 wurden diese Probleme jedoch zumindest teilweise beigelegt.

Ganz anders entwickelten sich die bis 1989 problemlosen Beziehungen der Türkei zum Irak. Stand der Irak noch 1990 auf Platz eins des türkischen Exportvolumens, so kühlten die Beziehungen im Vorfeld der Golfkrise sehr schnell ab. Die irakische Armee stellte mehr und mehr eine Bedrohung dar, und der Irak begann, die Beziehungen mit der Türkei zu stören je mehr er sich wirtschaftlich vom ersten Golfkrieg erholte. Nachdem es der Irak, auf der Grundlage gutnachbarschaftlicher Beziehungen bis dahin im Rahmen einer Absprache, der Türkei gestattet hatte, Angehörige der PKK auch auf das Staatsgebiet des Irak zu verfolgen, unterstützte er nunmehr Operationen der PKK auf türkischem Gebiet. Darüber hinaus beschuldigte der Irak die Türkei, daß diese die GAP-Vereinbarung — ein Bewässerungs- und Staudammprojekt in Südostanatolien — dazu benutze, dem Irak notwendiges Trinkwasser aus dem Euphrat vorzuenthalten. In diesem Zusammenhang drohte der Irak auch damit, seine Schulden an die Türkei nicht zu bezahlen.

Rolle und Beitrag der Türkei in Krise und Krieg

Das türkische Konfliktmanagement während der Krise war von heftigen diplomatischen Aktivitäten der türkischen Regierung geprägt. Staats-, Ministerpräsident und Minister führten allein 35 Auslandsreisen durch und empfingen 20 ausländische Vertreter zu Gesprächen in der Türkei. Das Ziel dieser aktiven türkischen Beteiligung am Krisenmanagement war es u.a., negative wirtschaftliche Konsequenzen für die Türkei zu vermeiden, die sich aus der Krise ergeben könnten sowie die Wahrung einer selbständigen Position zwischen den Konfliktparteien, um die Weiterentwicklung guter Beziehungen zu den nahöstlichen Nachbarn nicht zu gefährden und gleichzeitig die Chance einer beschleunigten vollen Integration in Europa zu nutzen. Letzteres schien besonders im Angesicht einer stärkeren Bedeutung der Türkei für Europa nach Wegfall der Ost-West-Konfrontation eine günstige Möglichkeit. Es machte aber auch die Absicht der Türkei deutlich, bei der Gestaltung der Nachkriegsordnung in der Konfliktregion eine aktive Rolle zu spielen, mindestens aber für die Türkei ungünstige Entwicklungen dabei zu verhindern. Grundsätzliche Positionen der türkischen Politik für die Lösung der Krise waren: eine Konfliktbeendigung möglichst mit friedlichen Mitteln bei bedingungslosem Rückzug Iraks aus Kuwait und die Erhaltung der territorialen Integrität des Irak. Dabei wünschte die Türkei keine unmittelbare militärische Beteiligung, solange sie nicht angegriffen würde. Dazu leistete die Türkei die folgenden politischen und wirtschaftlichen Beiträge.

Um die Krise friedlich zu lösen, demonstrierte die Türkei von Anfang an eine eindeutige Haltung gegenüber dem Irak auf der Grundlage der UNO-Resolutionen, indem sie der UNO-Resolution 660 vom 05.08.1990 sofort und ohne Einschränkungen zustimmte. In diesem Kontext lehnte die Türkei auch den irakischen Vorschlag während des Besuchs des irakischen Außenministers T. Aziz in Ankara am 05.08.1990 ab, eine neutrale Position einzunehmen. Zu den politischen Maßnahmen ist auch die sofortige Schließung der beiden Ölleitungen zwischen Kirkuk und Yumurtalik zu zählen. Die Türkei hat damit als erstes Land die UNO-Resolution 664 vom 06.09.1990 zur wirtschaftlichen Blockade des Iraks umgesetzt und auch die wirtschaftlichen Beziehungen zum Irak sofort abgebrochen. Dazu gehörte auch die strikte Einhaltung des Luftembargos auf der Grundlage der UNO-Resolution 670 vom 25.09.1990 sowie die wiederholte Ablehnung des irakischen Vorschlags, kostenlos Öl an die Türkei zu liefern. Obwohl der Irak während der gesamten Krisenzeit eine Provokation der Türkei vermied und den Dialog suchte, hat die Türkei an ihrer einmal eingenommenen Haltung gegenüber dem Irak festgehalten. Dieses ist umso bemerkenswerter, als die türkische Opposition massiv zu Kompromissen aufforderte, die Regierung aber jeden Kontakt zu offiziellen Gesprächen abgelehnt hat. Welchen innenpolitischen Schwierigkeiten sich hierbei die türkische Regierung ausgesetzt hat, mag man daran ermessen, daß der Irak auf dem ersten Platz des türkischen Exporthandels lag und somit in den ersten vier Monaten Exportverluste in Höhe von fünf Millionen Dollar entstanden. Obwohl sich auch alle anderen Staaten an das wirtschaftliche Embargo der UNO gehalten haben, kam der Türkei dennoch eine besondere Position zu. Der Irak wickelt 60 Prozent seiner Öltransporte über die Türkei ab, ist ein direkter Nachbar und wickelt den Großteil auch seines übrigen Handels auf dem Luft- und Landweg über die Türkei ab. Ein Erfolg des Embargos war damit sehr wesentlich von der Einhaltung durch die Türkei bei allem Risiko der Folgen nach dem Konfliktende abhängig.

Die Politik der Türkei suchte von Anfang an eine vollständige Übereinstimmung mit der USA, da diese eine Vorreiterrolle in der Krisenbewältigung übernommen hatte und die Unterstützung sowohl der UdSSR als auch der Länder des Nahen Ostens erfuhr und die USA und die Türkei ein gemeinsames Interesse an der Beilegung der

Krise hatten. Ergebnisse dieser Übereinstimmung mit den USA waren die Erlaubnis zur Nutzung der Militärbasen in der Türkei durch die USA und der Ausbau der wirtschaftlichen Beziehungen zwischen beiden Ländern. Darüber hinaus erhielt die Türkei eine beträchtliche Rüstungshilfe.

Die Türkei war darüber hinaus durch intensive diplomatische Aktivitäten in den Ländern des Nahen Ostens um eine friedliche Lösung bemüht. So besuchte der türkische Außenminister im August den Iran, Syrien, Jordanien und Ägypten und der Staatspräsident Özal im September fast alle Nahostländer. Darüber hinaus wurden auf allen Ebenen Besprechungen mit dem Iran besonders im Oktober und November durchgeführt. Bei diesen Gesprächen konnte mit dem Iran und Syrien Einigkeit über die Erhaltung der territorialen Integrität des Iraks nach Beendigung der Krise erzielt werden. Zur Begrenzung der Krise konnte die Türkei dadurch beitragen, daß sie erfolgreich eine Vermittlerrolle zwischen den USA und dem Iran spielte.

Dabei trug die Politik der Türkei deutlich die Handschrift des Staatspräsidenten Özal, der über seine Verantwortung und Befugnisse hinaus die Außenpolitik bestimmte. Dazu beeinflußte er Angehörige des Parlamentes, welches daraufhin die Regierung zu einer Politik im Sinne des Staatspräsidenten ermächtigte, was zu heftigen Reaktionen der Opposition und zu den Rücktritten des Außen- und Verteidigungsministers sowie des Generalstabschefs führte. Obwohl diese Art der Führungsrolle des Staatspräsidenten nicht ganz den demokratischen Spielregeln entsprach, hatte sie doch den Vorteil der Politik aus einem Guß, die, beständig einer Linie folgend, kalkulierbar blieb und sich der verändernden Lage schnell anpassen konnte. Dabei wurden die Risiken nicht unterschätzt, die einer Politik immanent sind, die von einer Persönlichkeit allein entwickelt und verfolgt wird. In diese Zeit fiel auch die Hilfsaktion der Türkei für diejenigen Ausländer, die aus dem Irak in die Türkei geflohen waren und von dort mit einer Luftbrücke in ihre Heimatländer ausgeflogen wurden.

Mit der Politik in den ersten vier Monaten der Krise, die vom Bemühen um eine friedliche Lösung getragen war, ist es der Türkei gelungen, ihr internationales Ansehen aufzubessern und insbesondere aus den USA und Deutschland erhebliche Rüstungshilfen zu erhalten. Gleichzeitig wurde erreicht, daß sich viele andere Staaten und Organisationen bereitfanden, die wirtschaftlichen Verluste der Türkei auszugleichen.

Mit der UNO-Resolution 678 vom 29. November 1990 zeichnete sich eine militärische Lösung der Krise ab. Die Frage nach einem militärischen Beitrag der Türkei wurde aktuell. Dieser militärische Beitrag wurde innerhalb der Regierung mit dem Ziel diskutiert, damit zu einer schnellen Beilegung des Konfliktes beizutragen. Zunächst hatte man erwogen, den Koalitionsstreitkräften in Saudi-Arabien ein eigenes Kontingent zur Verfügung zu stellen, wozu das Parlament mit der Anordnung 103 vom 05.09.1990 die Regierung auch grundsätzlich ermächtigt hatte. Außen- und Verteidigungsministerium kamen aber übereinstimmend zu der Beurteilung, daß die eigenen Verteidigungsanstrengungen an der irakisch-türkischen Grenze als militärischer Beitrag angemessen und ausreichend wären. Dabei spielte auch die Überlegung eine Rolle, daß die Entsendung türkischer Truppen nach Saudi-Arabien den Irak dazu provozieren könne, gegen die Türkei tatsächlich eine zweite Front zu eröffnen.

Durch die Verstärkung des 7. Korps und der 2. taktischen Luftflotte, die in dieser Region stationiert sind, wurden sieben irakische Divisionen im Nordirak gebunden. Damit hat die Türkei einen wesentlichen Beitrag zur Begrenzung des Kriegsschauplatzes geleistet, da hierdurch ein möglicher irakischer Angriff während des alliierten Aufmarsches im Süden verhindert wurde. Unmittelbar nach der UNO-Resolution 678 hatte das 7. Korps mit der Teilmobilmachung von 100.000 Soldaten und 700 Panzern begonnen. Die Verteidigungsvorbereitungen konnten bis Ende Dezember abgeschlossen werden. Der Irak erhöhte die Zahl der irakischen Divisionen im Norden auf acht. Durch das Binden dieser Kräfte hat die Türkei zum schnellen Ende der Bodenoffensive in Kuwait beigetragen. Gleichzeitig waren militärische Maßnahmen an den Grenzen zum Iran und zu Syrien dazu geeignet, die territoriale Integrität des Iraks nach Kriegsende sicherzustellen. Durch die Deckung der Grenze zur UdSSR ebenfalls mit militärischen Kräften wurde der Mobilmachung im Grenzgebiet durch die UdSSR vorgebeugt. Die Türkei hat damit einen umfangreichen militärischen Beitrag geleistet — die Kosten allein für die Operationen an der Grenze zum Irak betrugen 350 Millionen Deutsche Mark —, ohne an der eigentlichen Operation Desert Shield/Storm beteiligt gewesen zu sein.

Als die Türkei am 17.12.1990 die Verlegung der AMF(A) in das Krisengebiet bei der NATO beantragte, hat dieses zur Prüfung der Solidarität des Bündnisses geführt. Zwar hatten die NATO-Außenminister auf ihren Tagungen vom August und Dezember 1990 die Gültigkeit des Artikel 5 des NATO-Vertrages ausdrücklich noch einmal bestätigt, was aber heftige Reaktionen der jeweiligen Oppositionsparteien in einigen NATO-Ländern auf diesen Antrag nicht verhindern konnte. Auch in der Türkei war die Anforderung und der Einsatz der AMF(A) besonders bei der Opposition umstritten, da Saddam Hussein mehrfach erklärt hatte, die Türkei nicht angreifen zu wollen. Die in einigen Massenmedien Westeuropas deutlich werdenden Positionen haben allerdings Verwunderung bei der türkischen Regierung und Bevölkerung hervorgerufen. Mit dem Antrag auf Verlegung der AMF(A) wollte die Türkei im Falle eines irakischen Angriffs auf die für die USA unabdingbar notwendigen Flugbasen die NATO hinter sich wissen. Nachdem am 02.01.1991 dem Antrag durch die NATO entsprochen wurde, verlegten bereits am 06./07. Januar 1991 18 Alpha-Jet aus Deutschland, 18 Mirage aus Belgien und sechs F-104 aus Italien nach Diyarbakir und Erhac. Mit Beginn der Nutzung der Basis Incirlik für Einsätze gegen den Irak begann eine heftige Diskussion über die Interpretation des Artikel 5 des NATO-Vertrages. Im Mittelpunkt standen Fragen, ob es sich um die Provokation des Bündnisfalles durch die Türkei zum Zwecke eigener Interessenverfolgung handele oder ob ein Gegenangriff des Irak gegen die Luftwaffeneinsätze überhaupt den Bündnisfall auslöse. Auch wurde diskutiert, ob ein vereinzelter Scud-Beschuß der Türkei als eine Aggression im Sinne des Art. 5 betrachtet werden könne. Die Türkei vertrat die Auffassung, daß die Erlaubnis zur Nutzung der Militärbasen im Rahmen der UNO-Resolution 678 erfolgte und daß dieser UNO-Beschluß auch für die NATO galt.

Da ein Angriff des Iraks auf die Türkei nicht stattgefunden hat, ist der Bündnisfalldiskussion die Nagelprobe erspart worden. Die Einbeziehung der NATO in das Konfliktmanagement hat aber erstmals die Solidarität der NATO erfolgreich auf die Probe gestellt und den Irak von einem Angriff auf die Türkei abgeschreckt und dadurch die Ausweitung des Krieges verhindert. Es muß aber auch festgestellt werden, daß die Integration der Türkei in die NATO letztlich dafür ausschlaggebend war, keine Truppen nach Saudi-Arabien zu entsenden. Dieses kann als ein Beleg dafür gelten, daß die Türkei die NATO nicht zur Durchsetzung eigener Interessen einspannen wollte, sondern vielmehr Rücksichten genommen hat.

Grundlage für die Nutzung der Militärbasen durch die USA war das Abkommen für die Verteidigung und wirtschaftliche Zusammenarbeit zwischen der Türkei und den USA aus dem Jahre 1980. Im Zusammenhang mit der Regierungsanordnung 103 vom 05.09.1990 war die Nutzung dieser Basen lediglich für Ausbildung und Logistik vorgesehen. Damit schon konnten der Aufmarsch und die Vorbereitungen der USA wirkungsvoll unterstützt werden. Eine Nutzung für Einsätze gegen den Irak kam erst nach der UNO-Resolution 678 in Betracht, da diese die Anwendung militärischer Mittel akzeptierte und in das Ermessen der einzelnen Länder stellte. Die Entscheidung zur Nutzung der Basen für Kampfeinsätze war in der Türkei umstritten, da die Befürchtung bestand, dadurch in den Krieg hineingezogen zu werden. Bis zum Beginn des Luftkrieges wurde jedoch keine Entscheidung getroffen. Mit dem Beginn des Luftkrieges ermächtigte das Parlament mit einer knappen Zweidrittelmehrheit die Regierung, eine Entscheidung in dieser Frage nach eigenem Ermessen treffen zu können. Die Genehmigung der Nutzung zu Kampfeinsätzen durch die Regierung erfolgte noch am selben Tage. So konnten bereits am 2. Tage des Luftkrieges 48 Kampfflugzeuge der amerikanischen Luftwaffe Luftangriffe auf Ziele im Nordirak von der Militärbasis Incirlik bei Adana fliegen. Auch diese Entscheidung der türkischen Regierung war nicht unumstritten, was durch die Gegenstimmen bei Verabschiedung der Anordnung 103, durch die öffentlichen Demonstrationen der Opposition, aber besonders dadurch erklärlich ist, daß es die Regierung unterlassen hat, ihre Entscheidung öffentlich rechtzeitig zu erläutern. Die Türkei war an der Luftkriegsoperation nicht direkt beteiligt. Durch das Bereitstellen der Militärbasen, aber auch durch die Unterstützung auf dem Gebiet der Logistik, der Ausbildung und der Lage- und Zielaufklärung sowie durch SAR-Maßnahmen hat die Türkei die Wirksamkeit des Luftkrieges jedoch wesentlich erhöht.

Dieses hat zu der Annahme geführt, die Türkei hätte sich unmittelbar an militärischen Operationen beteiligt und damit eine zweite Front aufgebaut. Diese Gerüchte hatten ihren Ursprung in der Nutzung der Militärbasen durch die USA und wurden dadurch verstärkt, daß die Anordnung 103 des Parlamentes der Regierung auch die Möglichkeit offenließ, zur Wahrung der Integrität des Iraks militärische Interventionen zu unternehmen. Nahrung erhielten diese Gerüchte auch, als sich der Luftkrieg in die Länge zog und sich Befürchtungen einer verlustreichen Landkriegsoperation immer weiter verbreiteten. Wenn es der Bevölkerung auch unmöglich erschien, daß der Irak wegen der bestehenden militärischen Kräfteverhältnisse und besonders wegen des unwegsamen Geländes im Nordirak die Türkei angreifen würde, konnten Scud-Angriffe jedoch nicht ausgeschlossen werden. Für einen solchen Fall nahm man den Kriegsfall an. Die Gerüchte wurden durch die Erklärung des Präsidenten Özal, wiedergegeben in der FAZ vom 21.01.1991, die Türkei würde aus dem Krieg mächtiger hervorgehen, noch zusätzlich angefacht. Die internationalen Medien interpretierten diese Äußerung als einen territorialen Anspruch z.B. auf Mosul und Kirkuk. Obwohl die türkische Regierung mehrfach erklärt hatte, sich am Golfkrieg nicht beteiligen zu wollen, sofern sie nicht angegriffen würde, führten diese Einschätzungen zu Reaktionen, die eine zweite Front befürchten ließen. Der Irak hatte gleich zu Kriegsbeginn mit einer scharfen Note gegen das Verhalten der Türkei protestiert, im Iran und in Syrien wuchs der Argwohn gegenüber der Türkei und von Libyen, Jordanien und Griechenland wurde die Türkei als möglicher Verursacher für eine Ausweitung des Krieges angeklagt, so daß der griechische Außenminister sofort seinen Amtskollegen in Syrien besuchte. Irritationen in einigen NATO-Ländern bezüglich des NATO-Beistands hatten auch hier ihre Ursache. In einigen Städten der Türkei wurden Anschläge gegen Einrichtungen der USA, der NATO und Israels sowie Demonstrationen gegen den Krieg durchgeführt. Die UdSSR gar hat eine Teilmobilmachung nahe der türkischen Grenze durchgeführt. Aufgrund dieser Reaktionen hatte die Türkei ihre Position zu erklären. Dieses geschah auf einer Reihe von Reisen auf Ministerebene in einige Nahostländer, nach Westeuropa und die USA.

Rolle und Beitrag der Türkei nach dem Waffenstillstand

Die Lage im Nordirak war nach Kriegsende für die Türkei von vitalem Interesse. Direkt nach dem Waffenstillstand, also Mitte März, begann der kurdische Aufstand im Nordirak. Die Kurden wollten die Niederlage Saddam Husseins für ihre eigenen Zwecke nutzen. Ihr Ziel war eine Autonomie oder ein unabhängiger Staat. Trotz erster Erfolge flüchtete die Masse der kurdischen Bevölkerung nach der blutigen Niederwerfung des Aufstandes durch irakische Streitkräfte in das türkisch-iranische Grenzgebiet. Dieses Problem hatte aus Sicht der Türkei eine humanitäre und eine politische Dimension.

Als Anfang April die Welle der Flüchtlinge die Grenze zur Türkei erreichte, mußten diese notleidenden Menschen zuerst einmal untergebracht werden. Andererseits wollte Saddam Hussein das Gebiet, aus dem sie kamen, von Kurden räumen und dort Araber ansiedeln. Dieser Politik mußte entschieden entgegengetreten werden. Die Flüchtlinge waren daher in einem zweiten Schritt wieder in ihre Heimat zurückzuführen. Die Türkei hat sofort mit der provisorischen Unterbringung dieser Menschen begonnen und durch scharfen Protest beim Irak weitere Angriffe gegen die Kurden verhindert. Dennoch übten einige europäische Länder Kritik an der Türkei, indem sie die Türkei aufforderten, den Flüchtlingen die Grenze zu öffnen. Diese Forderung war wenig hilfreich, weil viele Flüchtlinge schon diesseits der Grenze waren. Darüber hinaus befanden sich noch 30.000 der insgesamt 60.000 Flüchtlinge, die im Jahre 1988 in ähnlicher Weise in die Türkei gekommen waren, bereits in diesem Raum. Trotz der wiederholten Forderung der Türkei sind diese Menschen bisher durch kein anderes Land — außer 600 durch Frankreich — aufgenommen worden. Für die Türkei, deren Bevölkerung in dieser Region nur 400.000 Menschen beträgt, war es unmöglich, diese Flüchtlingswelle aufzunehmen, deren Zahl innerhalb einer Woche auf 500.000 anstieg. So wurde durch den Antrag der Türkei und durch die UNO-Resolution 688 mit einer intensiven internationalen Hilfsaktion — vor allem durch die USA und Deutschland — begonnen. Dadurch wurde die vorübergehende Unterbringung der Flüchtlinge an der Grenze sichergestellt. In den internationalen Massenmedien wurde es jedoch nicht ausreichend gewürdigt, daß die Türkei in der ersten Woche ohne internationale Beiträge alleine geholfen hatte. Ohne die Kosten für Infrastrukturmaßnahmen und die stationäre medizinische Unterstützung zu berücksichtigen, betrug der Anteil der Türkei am Gesamtumfang der Hilfeleistung 80 Prozent. Dennoch hatte die Türkei eine schlechte Kritik in der internationalen Meinung. Dem Vorschlag der Türkei zur Rückführung der Flüchtlinge in den Irak wurde schließlich zugestimmt. Danach sollten sie zunächst in grenznahen, vorläufigen Sicherheitszonen im Nordirak untergebracht und von dort in ihre Heimat geführt werden. 90 Prozent der Flüchtlinge wurden in der Zeit von Mitte April bis Ende Mai unter Begleitung durch alliierte Streitkräfte der USA, Englands und Frankreichs zurückgeführt. Während dieser Operation hat die Türkei die Stationierung und die logistische Unterstützung von insgesamt 21.000 Soldaten aus elf Ländern gewährleistet.

Die politische Dimension des Kurdenproblems ist noch nicht gelöst. Die bisher nicht abgeschlossenen Verhandlungen zwischen Saddam Hussein und den kurdischen Führern, die unter Schutz und Vermittlung der UNO-Beobachter durchgeführt wurden, haben im Nordirak zu einem Machtvakuum geführt. Diese Situation nutzt die kurdische Terrororganisation PKK für Aktionen gegen die Türkei aus. Um weitere Gewaltanwendung gegen die Kurden durch Saddam Hussein zu verhindern, gestattete die Türkei die Stationierung einer alliierten Truppe in Südostanatolien. Diese Truppe in Brigadestärke besteht aus Kontingenten der USA, Englands, Frankreichs, Italiens, der Niederlande und der Türkei.

Ein weiteres Nachkriegsproblem ist ebenfalls ungelöst. Die Entschädigung für durch das Embargo verursachten wirtschaftlichen Verluste der Türkei ist immer mehr in den Hintergrund getreten. Mit Stand vom 15.05.1991 belief sich der Verlust auf 7,1 Milliarden Dollar, für die eine Entschädigung in Höhe von 4,6 Milliarden Dollar zugesagt war. Bis zum Frühjahr 1992 waren aber nur 2,3 Milliarden Dollar gezahlt worden. Der größte Anteil davon wurde durch kostenloses Öl aus Saudi-Arabien gedeckt. Der Rest wurde von Kuwait, Japan, USA und der EG übernommen. Der Forderung der Türkei, auf Ausweitung des Handels anstelle finanzieller Hilfeleistungen, wurde von den USA teilweise, von der EG fast nicht entsprochen. Der Beitrag der EG wurde der Türkei als Kredit gewährt, während anderen Ländern diese Gelder ohne Rückzahlungsverpflichtung gegeben wurden. Wegen des Fortbestehens des Embargos gegen den Irak hat die Türkei weitere finanzielle Einbußen zu gegenwärtigen.

Das wichtigste Problem, was durch den Krieg nicht gelöst wurde, ist das einer neuen, stabilen Sicherheitsordnung in der Gesamtregion. Während einer Vielzahl diplomatischer Aktivitäten hat die Türkei den USA und den Ländern im Nahen Osten ihre wesentlichen Überlegungen für eine solche Nachkriegsordnung nahegebracht. Im Mittelpunkt hat eine Lösung des Palästinenserproblems zu stehen. Unter der Schirmherrschaft der USA und der UdSSR ist diese Problematik schon angegangen worden.

Obwohl dieser Schritt von historischer Bedeutung sein wird, kann nicht erwartet werden, daß die angelaufene Friedenskonferenz dieses Problem in nächster Zeit lösen wird. Die Machtkämpfe zwischen den arabischen Ländern werden als Hindernis für eine Friedensordnung fortbestehen, selbst wenn das arabisch-israelische Problem aus dem Weg geräumt würde. Der wichtigste Schritt ist daher, die totalitären Regime durch demokratische Systeme zu ersetzen. Dieser Schritt wird lange dauern. Während dieser Zeit wird der Gegensatz von Arm und Reich zwischen den Ländern dieser Region als wichtigstes Konfliktpotential einer stabilen Friedensordnung entgegenstehen. Deshalb ist es notwendig, mit liberaleren Systemen beginnend, eine wirtschaftliche Zusammenarbeit aufzubauen. Vielseitige ökonomische Verflechtungen und ein wirtschaftliches Gleichgewicht werden auch die politische Zusammenarbeit fördern. Es steht nicht zu erwarten, daß die Türkei dabei in allen Bereichen initiativ werden kann. Die bilateralen, wirtschaftlichen Beziehungen der Türkei zu den Nahostländern haben sich nach dem Krieg ausgeweitet. Die während der Krise gegründete Organisation für wirtschaftliche Zusammenarbeit (ECO) zwischen der Türkei, dem Iran und Pakistan hat sich gut entwickelt. Die Türkei aktiviert seit geraumer Zeit ihre Rolle in der Organisation der Islamischen Konferenz (OIC), die trotz ihres Namens im wesentlichen eine wirtschaftliche und politische Organisation ist. Immer deutlicher wird, daß das wichtigste Problem und Konfliktpotential im Nahen Osten bereits in naher Zukunft das Wasserproblem sein wird. Die Türkei verfügt über reiche, natürliche Wasserquellen in der Region. Mit dem Vorschlag für das »Friedenwasserprojekt« hat die Türkei gezeigt, daß sie den Wunsch hat, zur friedlichen Lösung des Problems beizutragen. Bei diesem Projekt soll das Wasser von zwei Flüssen aus der Türkei, die in das Mittelmeer fließen, durch Kanäle in den Nahen Osten umgeleitet werden. Hier könnte die Türkei beim Aufbau einer wirtschaftlichen Zusammenarbeit eine aktive Rolle übernehmen. Zusätzlich könnte das demokratische System der Türkei eine Vorbildfunktion für die Demokratisierung in der Region ausüben. Ein weiterer Vorteil der Türkei ist es, insgesamt die geringsten Probleme mit den übrigen Nahostländern zu haben. Auch für den Irak wird die Türkei das erste Land der Region sein, mit dem er nach dem Ende des Embargos seine Beziehungen normalisieren wird. Der Besuch des Außenministers T. Azis in der Türkei im Juni 1991 und wiederholte Versuche der Verbindungsaufnahme des Irak mit der Türkei deuten darauf hin.

Das Nahost-Problem ist allerdings nicht nur ein Problem der Nahostländer. Insbesondere die hochentwickelten Industrieländer haben ein großes Interesse an der Region. Obwohl die oben erwähnte Friedensordnung auch von Vorteil für den Westen wäre, ist es fraglich, ob die Entwicklung einer Staatengemeinschaft im Nahen Osten im Interesse des Westens wäre. Nach der Golfkrise ist der Einfluß der USA im Nahen Osten gestiegen. Obwohl Europa den USA während der Krise die Führung überlassen hat, hat es ebenfalls starke Interessen im Nahen Osten. Die Türkei muß ihre Rolle in der Region daran orientieren. Die Annäherung zwischen der Türkei und den USA während der Krise hat mit den beiderseitigen Besuchen der Präsidenten Bush und Özal nach dem Krieg zugenommen. Konkrete Ergebnisse waren z.B. das Programm zum Bau von 160 weiteren F-16-Jägern, das Freihandelsabkommen und die Erhöhung der Rüstungshilfe. Der Umfang der daraus resultierenden strategischen Zusammenarbeit wurde bis jetzt nicht genau definiert. Die Beziehungen zwischen der Türkei und Europa sind während der Krise dagegen in den Hintergrund geraten. Die Türkei gehört sowohl der NATO als auch Europa an. Sie ist außer in der WEU und EG Mitglied in allen westlichen Organisationen. Aufgrund ihres demokratischen, laizistischen und liberal-ökonomischen Systems sowie der geographischen Position ist sie in der Lage, eine Brückenfunktion zwischen Europa, dem Westen insgesamt, und dem Nahen Osten zu übernehmen. Diese Rolle kann nicht auf den militärischen Teil begrenzt bleiben. Die Brückenfunktion kann nur Sicherheit bieten, wenn die Brücke in jeder Beziehung stark und belastbar ist und zugleich auf beiden Seiten auf festen Widerlagern steht.

Zusammenfassung und Schlußfolgerungen

Durch ihre initiative und kalkulierbare Politik, die sie mit dem Ziel der frühesten Beendigung der Krise und des Kriegs verfolgt hat, hat die Türkei international an Ansehen gewonnen. Vom ersten Tag der Krise an hat die Türkei bei der Durchsetzung aller UNO-Sanktionen gegen den Irak eine Vorbildfunktion ausgeübt. Dadurch hat sie einen wesentlichen Beitrag geleistet.
Wenn man die wirtschaftlichen Verluste der Türkei, die aufgrund des Embargos entstanden sind, betrachtet, wird verständlich, wie schwer und folgenreich der Golfkonflikt für die Türkei war. Da die Verluste nur zur Hälfte ausgeglichen wurden, werden als Folge langfristige ökonomische Schwierigkeiten auftreten. Die Türkei hat ein Interesse daran, daß das Embargo gegen den Irak so schnell wie möglich aufgehoben wird. Auf der anderen Seite ist hervorzuheben, daß die Türkei im Rahmen der Modernisierung ihrer Streitkräfte eine erhebliche Rüstungshilfe vor allem von den USA und Deutschland während des Konfliktes erhalten hat.
Durch den Aufmarsch an der irakischen Grenze wurden irakische Truppen gebunden, so daß die Abgrenzung des Kriegsschauplatzes erleichtert werden konnte. Die Bindung der acht irakischen Divisionen im Norden war auch ein wichtiger Beitrag zur Entlastung der Landkriegsoperation im Süden.
Mit der Stationierung der NATO AMF(A) wurde die Solidarität der NATO erstmals im »scharfen« Einsatz auf die Probe gestellt. Die Abschreckung durch die AMF(A) verhinderte einen vermuteten Angriff Iraks auf die Türkei und die Ausbreitung des Krieges.
Die Nutzung der Militärbasis Incirlik für Einsätze gegen den Irak war ein wesentlicher Beitrag zur Luftkriegsoperation. Damit nahm die Türkei aber auch das Risiko in Kauf, in den Krieg hineingezogen zu werden. Dadurch wurden Gerüchte um eine zweite Front genährt sowie unkalkulierte Reaktionen von vielen Nachbar- und europäischen Ländern erzeugt. Diese Reaktionen haben gezeigt, welche Bedeutung die Türkei als ausgleichender Faktor in der Region hat und wie umsichtig und zurückhaltend sie ihre sicherheitspolitischen Entscheidungen treffen muß. Die Nichtbeteiligung am Krieg hat der Türkei langfristig jedoch eine gute Ausgangsposition für ihre Position in den Verhandlungen für eine Nachkriegsordnung gebracht.

Die ca. 500.000 kurdischen Flüchtlinge im türkischen Grenzgebiet wurden durch humanitäre Hilfe der Türkei und eine internationale Hilfsaktion untergebracht und nach kurzer Zeit — von nur 1 1/2 Monaten — wieder in ihre Heimat zurückgeführt. Dabei bleibt die Lage im Nordirak immer noch ungeklärt. Die Verhandlungen zwischen Saddam Hussein und den kurdischen Führern sind nicht abgeschlossen und haben zu einem Machtvakuum im Nordirak geführt. Dieses wird durch die kurdische Terrororganisation PKK für Aktionen gegen die Türkei ausgenutzt. Für die Türkei ist eine politische Lösung wichtig, die dieses Machtvakuum im Nordirak auflöst. Dabei ist das alte Prinzip unter den Nachbarländern »kein Mißbrauch und kein Ausnutzen des Kurdenproblems für eigene Interessen« zu berücksichtigen. Dieses Prinzip muß auch den Ländern klar sein, die nicht zur Region gehören.
Der Golfkrieg hat gezeigt, wie wichtig der Nahe Osten für die Welt, aber auch für den Westen sowie für die NATO sein kann. Obwohl die NATO nicht an Kampfhandlungen teilgenommen hat, wurde durch den Einsatz der AMF(A) in der Türkei der Nahe Osten erstmals im Bedrohungsspektrum wahrgenommen. Damit kam die Out-of-region-Diskussion erstmalig auf die Tagesordnung. So rückte die Türkei in eine zentrale Position in der NATO.
Der Prozeß, der zu einer friedlichen Ordnung für den Nahen Osten führen soll, hat unter der Schirmherrschaft der USA begonnen. Es ist jedoch klar, daß der Aufbau einer Friedensordnung für den Nahen Osten, der die Probleme von Jahrhunderten in sich trägt, sehr lange dauern wird. Aus vielen Gründen ist die Türkei in der Lage, eine Rolle bei der wirtschaftlichen Zusammenarbeit sowie bei einer Friedensordnung in der Region zu übernehmen.
Der Westen ist nach dem Zerfall der UdSSR gezwungen und in der Lage, eine aktive Rolle in der Friedensordnung im Nahen Osten spielen zu wollen und zu können. Die Annäherung zwischen den USA und der Türkei sowie der gestiegene Einfluß der USA in dieser Region lassen erwarten, daß die Türkei künftig im Nahen Osten eine gemeinsame Politik mit den USA betreiben wird. Innerhalb des Westens ist Europa auf dem Weg zur politischen Union. Europa entwickelt sich zu einem selbständigen Machtfaktor. Es hat ein ebenso großes Interesse an einer stabilen Friedensordnung im Nahen Osten.
Im Rahmen der Nahost-Politik muß es künftig Ziel der Türkei sein, ihre Politik im Kräftedreieck USA, Europa, Naher Osten zu sehen und sowohl die eigenen Interessen als auch die Interessen dieser Kräfte zu beachten. Der Erfolg wird dabei davon abhängig sein, ob es der Türkei gelingt, diese Rolle allen Beteiligten verständlich zu machen und damit zur Kompromißbildung beizutragen.

Peter Beeger, Thomas Humm

12. Rolle und Beitrag Deutschlands

Einleitung

Die Deutschen mußten sich während der Golfkrise schwere Vorwürfe, Verdächtigungen und Beschimpfungen gefallen lassen. Vom Drückeberger, Vogel-Strauß-Politik oder Scheckbuchdiplomatie war die Rede[1].
Im In- und Ausland sah es so aus, als ob sich der deutsche Michel in eine Nische der Weltpolitik zurückgezogen hatte, seine Schlafmütze tief über beide Augen gezogen. Er wollte nicht sehen, daß er eine neue Rolle wahrzunehmen hat[2].

Politische und rechtliche Rahmenbedingungen für Deutschland während des Golfkonflikts

Bestimmungsfaktoren deutscher Politik
Tatsache ist, daß die Bundesrepublik in einer politisch schwierigen Lage von der Golfkrise völlig überrascht wurde. Ihr Interesse, ihre gesamte Kraft war in dieser Phase gebunden durch
— die Krise im Baltikum,
— die Wirtschaftskrise in der UdSSR und vor allem
— die außenpolitische Absicherung der deutschen Wiedervereinigung.
Erinnern wir uns! Die Währungsunion war gerade vier Wochen alt. Der denkwürdige Besuch des Bundeskanzlers Helmut Kohl in Moskau und im Kaukasus lag gerade zwei Wochen zurück. Der »2+4-Vertrag« und der Einigungsvertrag waren noch nicht unter Dach und Fach (Anlage 12/1). Der Bundestagswahlkampf warf seine Schatten voraus.[3] Gewiß eine schwierige und fordernde Zeit für die deutsche Außenpolitik. Gerade die große, neuartige und von vielen im In- und Ausland völlig unterschätzte Aufgabe der Wiedervereinigung verlangte von der deutschen Außenpoltik ein äußerst vorsichtiges Vorgehen. Es galt, der Welt das Unbehagen vor einem vor allem wirtschaftlich, aber auch politisch starken, großen Deutschland zu nehmen.[4] Die Fragen des Friedens, der Friedenspolitik und der deutschen Friedensbereitschaft spielten eine überragende Rolle in der internationalen Politik. »Die Regierung der Bundesre-

publik Deutschland bekräftigt, daß von deutschem Boden nur Frieden ausgehen wird.«[5] Diese Beteuerung findet sich daher zwangsläufig in nahezu allen Reden, Ansprachen und Vertragstexten jener Tage[6].

Daß einem wiedervereinten Deutschland mehr Verantwortung zuwachsen würde, war allen Beteiligten klar. Die Deutschen bekannten sich auch zu dieser gestiegenen Verantwortung und erklärten sich bereit, diese zu übernehmen.

»Das vereinte Deutschland wird größeres Gewicht haben. Mit diesem größeren Gewicht streben wir nicht mehr Macht an, wohl aber sind wir uns der größeren Verantwortung bewußt, die daraus erwächst.«[7] Bereits hier war für die aufmerksamen Nachbarn deutlich zu erkennen, daß weltpolitisches Muskelspiel für die deutsche Politik nicht in Frage kam.

Der Außenminister wurde noch deutlicher. Er stellte an verschiedenen Stellen fest, daß Verantwortung und Macht einander ausschließen.[8] Die deutsche Außenpolitik wurde entmilitarisiert, die Friedfertigkeit der Deutschen bei jeder Gelegenheit betont.

In dieser Zeit der Friedenseuphorie spitzte sich die Golfkrise immer mehr zu. Sie paßte nicht in die friedliche Landschaft. Doch Deutschland weigerte sich zu erkennen, was unvermeidlich war.

Macht, jahrelang in die Ecke des Bösen verdammt[9], ist eine Konstante des menschlichen Seins, die Geschichte der Menschheit eine Geschichte der Machtkämpfe. Legitimierte, rechtlich kontrollierte Machtausübung ist ein entscheidender Vorgang nationaler und internationaler Politik. Macht ist wertneutral, sie kann ein Krisenfaktor sein, zugleich ist sie aber auch der einzige Ordnungsfaktor, auf den Verlaß ist. »Macht und Verantwortung bedingen einander«[10].

Der Einsatz militärischer Macht ist sicher der letzte Schritt eines Staates. Doch trotz einer weltweit erkennbaren Relativierung der Rolle von Streitkräften, kann militärische Macht, maßvoll dosiert, eine vernünftige Rolle in der Politik spielen. Militärische Optionsvielfalt gewährleistet einen großen politischen Handlungsspielraum im Rahmen des Krisenmanagements und der Konfliktbeendigung (Anlage 12/2)[11].

Folgerichtig fanden die Politikverantwortlichen nach dem Waffenstillstand zu dieser verschütteten Erkenntnis zurück. Verteidigungsminister Gerhard Stoltenberg stellte auf der 32. Kommandeurtagung der Bundeswehr fest: »Aggressive Macht kann nur durch Gegenmacht eingegrenzt und, wenn notwendig, zurückgedrängt werden«[12].

Um nicht mißverstanden zu werden: Es geht an dieser Stelle nicht darum festzustellen, ob der Einsatz der Bundeswehr am Golf rechtlich möglich, politisch klug und sinnvoll gewesen wäre. Es geht darum festzustellen, daß Macht, auch militärische, eo ipso nichts Schlechtes ist.

Für andere hat die Bundesregierung diesen Sachverhalt so ja auch festgestellt. Am 14. Januar 1991, einen Tag vor Ablauf des Ultimatums der UNO, stellte der Bundeskanzler in der Erklärung der Bundesregierung zur Lage in der Golfregion fest:.

»... Daher galt und gilt es, den Anfängen zu wehren und dem irakischen Vorgehen entschiedenen Widerstand entgegenzusetzen. ... Die multinationalen Streitkräfte am Golf stehen dort mit ausdrücklicher Zustimmung der Vereinten Nationen. Sollten sie zum Einsatz kommen, so würde dies in Übereinstimmung mit deren Beschlüssen geschehen.

Die Bundesregierung hat die Entschließungen des Sicherheitsrats in jeder Phase der Golfkrise mitgetragen. Wir haben dies in der Überzeugung getan,
— daß das Recht dem Unrecht niemals weichen darf,
— daß, wie auch unsere eigene Geschichte lehrt, Aggressoren beizeiten entgegengetreten werden muß und
— daß die Wahrung von Recht und Frieden in jeder einzelnen Region der Welt die gesamte Völkergemeinschaft angeht.
Wir haben in dieser kritischen Lage engen Schulterschluß mit unseren Partnern in der Europäischen Gemeinschaft und im Bündnis gehalten, insbesondere mit den Vereinigten Staaten. ...«[13].
In diesen Fällen, in denen die Bundesrepublik Deutschland den Einsatz militärischer Mittel generell für gerechtfertigt hält, wird sie der Völkergemeinschaft für die Zukunft einen eigenen Beitrag, der nach Größe, Wohlstand, wirtschaftlicher Leistungsfähigkeit und Verantwortung angemessen ist, nicht verweigern können.
Tatsächlich hat die Bundesrepublik Deutschland die Koalition am Golf in erheblichem Umfang unterstützt. Der Aufmarsch, die Grundvoraussetzung für die Befreiung Kuwaits, hätte ohne den deutschen Beitrag so nicht stattfinden können. Doch dies geschah weitgehend unter Ausschluß der Öffentlichkeit. Statt ruhig und gelassen, aber auch selbstbewußt den eigenen Standpunkt darzustellen, wie es Bundespräsident Richard von Weizsäcker später in zwei Interviews beispielhaft tat[14], ließ die Bundesrepublik zu, daß Zweifel an ihrer Bündnissolidarität und Krisenverläßlichkeit aufkamen. Die politisch Verantwortlichen, sonst jede Woche in den Medien, waren abgetaucht. Die einzige Stimme, die zu hören war, war die Stimme der Straße. Orientierungslosigkeit im Inneren und eine völlig unverständliche, zum Teil haarspalterische Diskussion zum Bündnisfall (Löst ihn ein Raketenangriff aus, oder muß es sich um eine Landoffensive handeln?) war die Folge.
Insgesamt sah es so aus, als ob sich die Bundesregierung defensiv darauf beschränkte, das In- und Ausland zu beruhigen. »Der deutsche militärische Beitrag zur Lastenteilung — so beeindruckend dieser war — kam meist zu spät, wirkte nie freiwillig und war das Ergebnis nicht eigener deutscher sicherheitspolitischer Interessenbestimmung, sondern die Folge äußeren Druckes«[15].
Die Bundesregierung konnte weder nach innen noch nach außen ihre Position oder die Qualität ihres Beitrages deutlich machen. Als Präsident George Bush die Namen der Spitzenpolitiker aufzählte, die gemeinsam mit den Amerikanern versucht hatten, den Golfkrieg zu verhindern, nannte er nicht einen deutschen Namen[16].

Rechtsfragen zur militärischen Beteiligung in der Golfregion
Die Grundlage für die Anwendung militärischer Gewalt gegen den Irak kann in dem Recht auf individuelle und kollektive Selbstverteidigung (Art. 51 UNO-Charta) sowie in der Ausübung militärischer Sanktionen (Art. 42 in Verbindung mit Art. 48 UNO-Charta) gesehen werden. Die Ermächtigung bildet die Resolution 678 vom 28. November 1990 des UNO-Sicherheitsrats.
Die Bundesregierung wie auch die Opposition waren der Auffassung, daß eine Beteiligung deutscher Streitkräfte an diesen UNO-Sanktionen ausgeschlossen sei, da der

Auslandseinsatz nur erlaubt sei, wenn dadurch auch mittelbar die Bundesrepublik Deutschland verteidigt werde[17]. Diese restriktive Auslegung des Verteidigungsbegriffes werde durch den Wortlaut des Art. 79 I 2 des Grundgesetzes (GG) gestützt, in dem von der Verteidigung der Bundesrepublik Deutschland die Rede sei. Außerdem sei gemäß Entstehungsgeschichte des den Streitkräfteeinsatz regelnden Art. 87a II GG »Verteidigung« im Sinne von Landesverteidigung zu verstehen[18].

Dieser Auffassung widersprechen eine Reihe anerkannter Staats- und Völkerrechtler.[19] Danach bestimme nicht das Grundgesetz alleine den Begriff Verteidigung, sondern vor allem das allgemeine Völkerrecht, das gemäß Art. 25 GG unmittelbarer Bestandteil des innerstaatlichen Rechts sei. Das Recht auf individuelle und kollektive Selbstverteidigung nach Art. 51 UNO-Charta schließe somit auch die Verteidigung eines anderen Staates mit ein. Selbst bei enger Auslegung des Art. 87 a II GG eröffne Art. 24 I GG dem Bund den Weg — wie geschehen —, der NATO, der WEU und den Vereinten Nationen beizutreten. Im Rahmen dieser Bündnissysteme sei es statthaft, den Bündnisverpflichtungen auch mit dem operativen Einsatz von Streitkräften Folge zu leisten, da bei Beitritt keinerlei Vorbehalte geltend gemacht wurden.

Im Rahmen dieser Verfassungsdiskussion während des Golfkonflikts wurde deutlich, daß eine eventuelle Beteiligung an UN-Aktionen, falls politisch gewollt, aus Gründen der Klarheit Niederschlag im Grundgesetz finden müsse.

Rechtsfragen zur Entsendung der Bundeswehr in die Türkei

Die Bundesregierung vertrat die Auffassung, daß ein Angriff von außen gegen ein NATO-Mitglied den Einsatz der Bundeswehr rechtfertige, da dadurch Deutschland mittelbar verteidigt würde, eine Auffassung, die grundsätzlich auch von der Opposition geteilt wurde.[20] So wäre im Falle des NATO-Mitglieds Türkei der Einsatz von Streitkräften nach Art. 87 a I GG in Verbindung mit Art. 24 I, II G möglich gewesen, vorausgesetzt die Türkei wäre rechtswidrig mit Waffen angegriffen worden. Strittig waren die Frage nach der Beteiligung des Parlaments sowie nach dem Vorliegen eines Bündnisfalls im Falle eines irakischen Angriffs auf die Türkei.

Nach Auffassung der Opposition hätte über den Einsatz der Streitkräfte und die Feststellung des Bündnisfalls das Parlament entscheiden müssen, gemäß Art. 115 a GG (Feststellung des Verteidigungsfalls) sogar mit Zweidrittelmehrheit.[21] Dagegen rechtlich betrachtet sind Streitkräfte Teil der vollziehenden Gewalt, an deren Spitze die Bundesregierung steht, und somit auch von dieser einzusetzen. Der Grund für die Einschaltung des Parlaments zur Feststellung des Verteidigungsfalls (Art. 115 a GG) ist nicht der Einsatz von Streitkräften, sondern die einer (drohenden) äußeren Gefahr angepaßte Umstellung der innerstaatlichen Rechtsordnung einschließlich der Verfassung[22].

Die Frage nach dem Bündnisfall wird durch Art. 5 in Verbindung mit Art. 6 des Nordatlantikvertrags beantwortet, wonach die NATO-Mitgliedsstaaten jeden rechtswidrigen bewaffneten Angriff auf einen von ihnen als Angriff auf alle betrachten.[23] Teilweise wurde argumentiert, die Türkei habe die Beistandspflicht im Falle einer irakischen Reaktion auf türkische und amerikanische Durchsetzung der UNO-Sanktionen von türkischem Boden aus verwirkt, da der Irak nur von seinem Selbstverteidigungsrecht gemäß Art. 51 der UNO-Charta Gebrauch mache, und es sich somit nicht um einen rechtswidrigen Angriff des Iraks handele. Diese Argumentation verkennt die Legitimation der Türkei- und US-Aktionen durch die Vereinten Nationen, die somit nicht zu einem Ausschluß der Bündnissolidarität führen können.

Die Unsicherheiten und Diskussionen über verfassungsrechtliche Vorgaben machten die Notwendigkeit einer Überprüfung und ggf. einer Änderung des Grundgesetzes in bezug auf »out of area«-Einsätze sowie einer stärkeren Mitwirkung des Parlaments beim Einsatz von Streitkräften deutlich.

Zusammenfassung

Bei allen Überlegungen zur Golfkrise mußte die Interpretation des Grundgesetzes eine zentrale Rolle spielen. Die Bundesregierung wurde 1982 in ihrem Handeln durch den Bundessicherheitsrat auf die heutige Auslegung des Grundgesetzes festgelegt.[24] Daher muß sie jetzt einen sehr schwierigen Weg der Neubestimmung des politischen Wollens einschlagen.[25] Dabei ist zu berücksichtigen, daß nicht die Verfassungsklausel der einschränkende Faktor ist. Diese läßt sich ändern. Vielmehr ist die Verfassung als Antwort auf unsere Geschichte, die Klausel als »Ergebnis völliger Übereinstimmung zwischen den Siegermächten, Nachbarn und deutschem Empfinden in der gesamten Nachkriegszeit«[26] zu verstehen. Eine Änderung ist daher mit Bedacht und nicht übereilt aus einer Not heraus vorzunehmen.

Dennoch sollten wir nunmehr unverzüglich entscheiden, wie unser Beitrag zur internationalen Krisenbewältigung in der Zukunft aussehen wird. Wir fanden zwar bisher viel Verständnis bei unseren Verbündeten für die Beschränkungen, die sich aus dem Grundgesetz ergeben. Beobachten sie inzwischen doch sehr genau, daß wir stets in einer Krise auf unsere Verfassung verweisen, aber anschließend keine Anstalten machen, das Problem aus der Welt zu schaffen. Ein klares Ja oder Nein, wie die Entscheidung auch immer ausfällt, wird uns dann die unsägliche, lähmende Diskussion mit den Zweifeln an unserer Solidarität ersparen und bei unseren Partnern für Sicherheit sorgen.

Folgende Gesichtspunkte sollten im Rahmen der Entscheidungsfindung berücksichtigt werden:

1. Die deutschen Sicherheitsinteressen enden nicht an unseren Grenzen. Ein Land, das so stark in die internationale Arbeitsteilung eingebunden ist, dessen Wohlstand von funktionierenden Im- und Exportwegen sowie Frieden an deren Endpunkten abhängig ist, dessen Sicherheitsinteressen können nicht an seinen Grenzen enden[27].
2. Die großen Kriege sind in der absehbaren Zukunft unwahrscheinlich. Wir werden eher kleine, regional begrenzte Auseinandersetzungen zu erwarten haben. Es ist anzunehmen, daß die Konflikte der Zukunft ähnlich im Ablauf sein werden wie im Golfkonflikt. Die UNO erteilt ein Mandat zum Handeln. Eine entschlossene Staatengruppe setzt dieses Mandat in konkrete, auch militärische Schritte zur Krisenbewältigung um.
3. Die Zeit, in der nationalstaatliche Politik darauf gerichtet war, Macht, Prestige und Sicherheit allein in einem völlig abgeschlossenen Staat zu erreichen, ist endgültig vorbei[28].

Weltweite internationale Verflechtungen und Abhängigkeiten, die Erkenntnis der sich daraus ergebenden außenwirtschaftlichen Abhängigkeiten und die Einsicht, daß die globalen Risiken wie Verschmutzung der Luft und des Wassers, Bodenerosion und Ozonloch vor nationalstaatlichen Grenzen keinen Halt machen, führte zu der Einsicht, daß ein erhöhter Abstimmungsbedarf zu decken ist. Dieser findet seinen Ausdruck in der vermehrten Zusammenarbeit staatlicher Organe in internationalen Kommissionen, Gremien, Gipfelkonferenzen und Institutionen[29].

Einbindung in die internationale Politik kommt im Beitrag zu internationalen Organisationen und Institutionen zum Ausdruck. Mitgliedschaft in Bündnissen setzt die Bereitschaft voraus, Verantwortung zu übernehmen und Beiträge zu leisten. Art und Umfang des nationalen Beitrages bestimmen die Bündnisfähigkeit. Bündnisfähig für die Anderen ist nur, wer zur Sicherheit der Verbündeten das beiträgt, was er von ihnen für seine eigene Sicherheit erwartet.[30] Art, Umfang und Qualität der Beiträge bestimmen auf der anderen Seite Einfluß, Gewicht nationaler Positionen und die Durchsetzbarkeit in einem Bündnis.

4. Der deutsche Standort ist daher jetzt zu bestimmen. Wir müssen klare politische Aussagen zu unserer Bereitschaft, uns an internationalen Friedensmissionen zu beteiligen, treffen.[31] Diese politischen Vorgaben bestimmen den Auftrag der Streitkräfte. Dieser ist Grundlage für Ausbildung, Ausrüstung und Motivation der Bundeswehr. Da sich diese Dinge nicht von heute auf morgen ändern oder per Befehl einführen lassen, sind auch Verbände für den Einsatz außerhalb des eigenen Territoriums nur langfristig aufstellbar,[32] wenn man einmal von den geringen Kräften absieht, die bereits jetzt für solche Einsätze vorgesehen sind.

Insgesamt muß festgestellt werden, daß sich das Verhalten der Bundesrepublik während der Golfkrise erklären läßt. Vorzuwerfen bleibt jedoch die Führungs- und Orientierungslosigkeit. »Wie sollte sich ein Wehrpflichtiger oder ein ins Mittelmeer oder nach Erhac entsandter Zeitsoldat in einer Sache entschieden verhalten, in der der politische Kontext alles andere als Entschiedenheit signalisiert?«[33] Zwar wurde auch in anderen Demokratien, zum Beispiel in den USA, heftig über den richtigen Weg gestritten. Im Gegensatz zu uns haben sich dann aber alle nach der getroffenen Entscheidung gerichtet. Hier wurde die Führungsrolle der Politik, die eine große Überzeugungsarbeit leisten mußte, deutlich. Das Primat der Politik heißt nicht nur, daß man führen darf. Es heißt vielmehr auch, daß man führen muß.

Der deutsche Führungsvorgang

Lagefeststellung und -beurteilung: Problem der Informationsgewinnung
Der Lagefeststellung des Bundesverteidigungsministeriums (BMVg) standen im wesentlichen folgende Quellen zur Verfügung:
— die Berichterstattung der Botschaften/Militärattachéstäbe,
— die Berichterstattung in der NATO, ganz wesentlich auf amerikanischen Quellen basierend,
— direkte Informationen von Bündnispartnern, damit der US-Kontrolle unterliegend,

— offene Quellen, hier vor allem CNN und BBC und
— die Lagefeststellung vom Bundesnachrichtendienst (BND) und vom Amt für Nachrichten der Bundeswehr (ANBw), die teilweise wiederum auf o.a. Quellen beruhte.

Im Gegensatz zur militärischen Lage war die sicherheitspolitische Lagefeststellung und -beurteilung ohne wesentliche Probleme möglich, da über den Irak genügend Informationen vorlagen. Allerdings stammten sie hauptsächlich aus amerikanischen Quellen, basierten auf deren Sichtweise, waren nicht überprüfbar und beinhalteten eine Zeitverzögerung von 24–36 Stunden.

Das Nachrichtenaufkommen war dagegen nicht geeignet, die Lage der Koalitionsstreitkräfte besonders in der Phase der aktiven Kriegführung hinreichend genau festzustellen und zu beurteilen. Es stand zwar ein Lagebild zur Verfügung, aus dem Stärke, Kräfteordnung und Dislozierung, aber keine militärischen Aktivitäten hervorgingen. Weitergehende Informationen waren aufgrund der militärischen Geheimhaltung und der Nichtbeteiligung der Bundeswehr an der aktiven Kriegsführung sehr gering (»No troops, no information«). Entscheidungen mußten daher oft ohne detaillierte Informationen getroffen werden.

Politische Führung

Von für Krisensituationen bestehenden Verfahren, wie dem Ministergremium für besondere Lagen oder dem Krisenstab beim Bundeskanzleramt, machte die Bundesregierung keinen Gebrauch. Es wurde kein ressortübergreifendes Krisengremium gebildet. Es war daher häufig nicht feststellbar, welche Leistungen bei anderen Ressorts bzw. anderen Ländern bereits beantragt und auch erbracht wurden, so daß Doppellieferungen nicht ausgeschlossen werden konnten. Grundsätzlich wurde deutlich, daß die Entscheidungen — begründet durch die Erstmaligkeit der Situation — relativ lange dauerten, und dadurch die durchführende Ebene permanent mit einem Minimum an Zeit auskommen mußte. So vergingen vom Antrag der Türkei auf Einsatz der Luftstreitkräftekomponente der NATO-Eingreiftruppe ACE Mobile Force (AMF [Air]) bis zur politischen Entscheidung (einchließlich der NATO-Gremien) 16 Tage. Die Verlegung des deutschen Anteils nach Erhac/Türkei wurde dann bereits vier Tage später durchgeführt, eine enorme Leistung der Truppe, da offiziell ein »Vormucken« verboten war (s. Anlage 12/3). Probleme bereitete auch die lange Entscheidungsfindung für eine Verlegung der eigenen Luftverteidigungskräfte nach Erhac und Diyarbakir/Türkei: Obwohl der Transportmarkt durch die amerikanischen und britischen Truppentransporte sehr angespannt war und bereits keine RoRo-Schiffe[54] mehr verfügbar waren, traf die Bundesregierung die Entscheidung, die Niederlande beim Transport ihrer Luftverteidigungskräfte zu unterstützen. Kapazitäten für einen eventuellen Eigenbedarf wurden auf dem zivilen Markt nicht gesichert, so daß nun die Niederländer, unterstützt durch die Deutschen, zivile Großraumflugzeuge sowjetischer Bauart nutzten. Die Folge war für den eigenen Transport die Abhängigkeit von einer einzigen Antonov-124 bzw. von einem durch die konservativen Militärs in Moskau ferngesteuerten Piloten. Dies ließ Deutschland und speziell die Bundeswehr in der in- und ausländischen Öffentlichkeit in einem ungünstigen Bild erscheinen.

Militärische Führung

In Krisensituationen gibt es zunächst einmal im BMVg keine generelle Zuständigkeit eines Referates, eines Lagezentrums oder eines permanent existierenden Sonderstabes. Im Rahmen des Golfkonflikts wurde erst Anfang 1991 eine Führungsbereitschaft einberufen, obwohl bereits Anfang Dezember 1990 die sich häufenden Unterstützungsforderungen eine zentrale Koordinierung notwendig gemacht hätten. Diese Führungsbereitschaft umfaßte alle für die Lagebeurteilung, die AMF und die Hilfeleistungen zuständigen Referate. Bei den täglichen Lagevorträgen waren die Führungsstäbe der Teilstreitkräfte, die Abteilungen Verwaltung und Recht, Rüstungstechnik sowie der Informations- und Pressestab vertreten. Als zentrales Führungs- und Koordinierungselement soll sich dieses Gremium bewährt haben. Darüber hinaus wurde der weitergehende Schritt, die kurzfristige Einberufung der Führungsbereitschaft BMVg, organisatorisch vorbereitet.

Deutlich wurde jedoch, daß nationale operative Führung improvisiert wird und daß keine die Teilstreitkräfte übergreifenden Strukturen und Verfahren existieren. Die bestehenden Führungsorganisationen sind für umfangreiche und längere, mit großem Koordinierungsaufwand versehene Einsätze nicht ausgelegt.

Kommunikation — Führungsmittel

Zusätzlich zu den angesprochenen Führungsebenen soll hier ein wichtiger Aspekt der Führungsunterstützung, die Führungsmittel, betrachtet werden.

Der erste »scharfe« »out-of-region«-Einsatz der Bundeswehr machte deutlich, daß der Bedarf an Fernmeldemitteln größer ist, als aufgrund bisheriger Übungen vermutet. Außerdem stellten sich in diesem Fall die nach bisheriger Konzeption notwendigen, aber kostenträchtigen Maßnahmen wie Schutz gegen nuklearen, elektromagnetischen Puls (NEMP), Schutz gegen elektronische Störmaßnahmen (EMC) und Abhörsicherheit als nachgeordnet heraus.

Trotz Nutzung des Militärnetzes der Türkei, des NATO-Fernmeldenetzes sowie des Einsatzes von mobilen SATCOM-Terminals der AMF (Land) durch das NATO-Oberkommando (SHAPE) mußten zusätzliche Verbindungen über postalische Netze nach Deutschland angemietet werden. Für den Fernschreibverkehr hat sich der in nationaler Zuständigkeit eingesetzte HF-Funk, trotz seiner Nachteile, als unverzichtbar herausgestellt. Die Bedeutung kostengünstiger Privatgespräche zwischen Soldaten im Einsatz und deren Familien als nicht zu verachtender Teil der Fürsorge und Motivation wurde ebenso deutlich wie die unzureichende Friedensausstattung der Sanitätseinrichtungen mit Kommunikationsmitteln.

Generell läßt sich folgern, daß für zukünftige Einsätze Mittel zur Verfügung stehen müssen, die unabhängig von den Gegebenheiten des Einsatzlandes verfügbar und reaktionsschnell einsetzbar sind. Der Aufbau eines begrenzten zentralen Verfügungsbestandes an mobilen handelsüblichen SATCOM-Terminals erscheint sinnvoll.

Einsatz der deutschen Streitkräfte

Operation ACE GUARD

Am 17. Dezember 1990 beantragte der türkische Generalstab aufgrund einer erkannten akuten Bedrohung die Aktivierung der AMF (Air) für das Einsatzgebiet an der türkisch-irakischen Grenze (Anlage 12/4). Trotz des Kräfteverhältnisses von sieben irakischen Divisionen zu drei türkischen Brigaden konnte ein Angriff auf türkisches NATO-Territorium zu Lande aufgrund der politischen und militärischen Rahmenbedingungen sowie wegen des angriffsungünstigen Geländes nahezu ausgeschlossen werden. Nicht auszuschließen waren jedoch Luftangriffe. Insbesondere deswegen nicht, weil die in der Türkei dislozierten amerikanischen Luftstreitkräfte von hier in die Kampfhandlungen eingriffen.

Dem türkischen Antrag schloß sich der NATO-Oberbefehlshaber Europas (Supprime Allied Commander Europe — SACEUR) am 18. Dezember 1990 an und bat um die Abstellung der für diese Option vorgesehenen Flugzeugstaffeln (Belgien: 18 Mirage VB, Deutschland: 18 Alpha-Jet, Italien: 6 F-104). Auftrag dieser Verbände ist die bündnissolidarische Abschreckung eines möglichen Angriffs auf NATO-Territorium[34].

Am 2. Januar 1991 beschloß der Verteidigungsplanungsausschuß (Defense Planning Commite — DPC) der NATO den Einsatz dieser Kräfte. Dieser Beschluß muß einstimmig, also auch mit Zustimmung der abstellenden Nationen erfolgen. Die nationalen Entscheidungen gehen diesem Abstimmungsprozeß im Bündnis also voraus (Anlage 12/3). Für den Einsatz dieser Flugzeuge im irakischen Luftraum (border crossing authority) wäre ein erneuter einstimmiger Beschluß im DPC notwendige Voraussetzung gewesen.

Die in der Presse vertretene Auffassung, daß die Abstellung der Alpha-Jet ein politisches Signal sei, das die Bundesregierung bezogen auf die konkrete Situation setzte, war genauso falsch wie die Vermutung, die Auswahl des Flugplatzes Erhac sei unter solchen Gesichtspunkten geschehen, weil er mit 400 km außerhalb der Reichweite der Jets zur irakischen Grenze lag.[35] Vielmehr sind sowohl die Flugzeuge als auch der Einsatzort für diese Option in der Türkei vorgeplant und zwischen NATO und den beteiligten Ländern einvernehmlich beschlossen worden, damit die Verbände lange Jahre in den Einsatzräumen Übungserfahrung sammeln konnten[36].

SACEUR setzte den Beschluß in eine Aktivierungsanweisung um. Noch am gleichen Tag verlegten die Vorkommandos in die Türkei. Bei der Verlegung der 2. Staffel des Jagdbombergeschwaders 43 (JaboG 43) aus Oldenburg konnte auf langjährige Übungserfahrung und vorhandene Planungsdokumente zurückgegriffen werden.[37] Die Verlegung verlief planmäßig in der Zeit vom 4. bis 9. Januar 1991. Die verlegten Kräfte wurden anschließend SACEUR unterstellt. Dieser unterstellte den Verband der 6. Alliierten Taktischen Luftflotte (Allied Tactical Air Force — ATAF). Damit wurde die schnelle Eingreiftruppe der NATO 30 Jahre nach ihrer Gründung erstmalig im »scharfen« Einsatz gefordert. Rasch zeigte sich, daß dieser Einsatz nicht mit dem Übungsbetrieb zu vergleichen war:
1. Es fehlten die im Friedensbetrieb vorhandenen langen Vorbereitungszeiten.

2. Es wirkte sich negativ aus, daß die Übungen nie im Winter stattgefunden hatten. Die erste Winterübung seit Bestehen der AMF (Air) in der Türkei hätte im März 1991 unter dem Namen Alert Express stattfinden sollen. Eine den Witterungsumständen angemessene Ausrüstung fehlte.
3. Auf die besondere ABC-Bedrohung durch den Irak mußte noch reagiert werden, da die Flugzeugführer nur über einen unzureichenden Schutz verfügten.
4. Die Konzentration von amerikanischen und türkischen Flugzeugen zusätzlich zu den Verbänden der AMF (Air) führte dazu, daß die im Rahmen des Host Nation Support (HNS) geplanten Leistungen, die wesentlich zur schnellen Herstellung der vollen Einsatzbereitschaft beitragen, durch die Türkei nicht in vollem Umfang erbracht werden konnten.
5. Aus Platzmangel konnte eine 30-Tage-Bevorratung nicht mitgeführt werden.

Diese Probleme wurden jedoch nicht nur schnell erkannt, sondern auch durch ein besonders hohes Maß an Einsatzbereitschaft, Engagement, Kreativität sowie umsichtiges und flexibles Handeln abgestellt.

Die Luftfahrzeuge wurden kurzfristig nachgerüstet, ABC-Schutzausrüstung für die Flugzeugbesatzungen aus Truppenversuchsprogrammen zusammengezogen. Die unzureichende Ausrüstung für den Winter konnte durch Zuführung von NVA-Gerät gemildert, aber nicht ganz zufriedenstellend behoben werden.

Die in den folgenden einsatzwichtigen Bereichen nicht erbrachten Leistungen im Rahmen des HNS wurden durch deutsche Beiträge ersetzt:

— Bereitstellung von Flugzeugschutzbauten: Abhilfe durch zusätzliche Splitterschutzmaßnahmen im Eigenbau durch die Truppe.
— POL Versorgung: Abhilfe durch Zuführung von Falttanks.
— Munitionslagerung und Montage: Abhilfe durch Auflockerung und Splitterschutzmaßnahmen.
— Fernmeldeverbindungen: Abhilfe durch Zuführung von HF-Funktrupps.
— Luftfahrzeug-Enteisung: Abhilfe durch Zuführung von Heizgeräten.

Für die Soldaten wurden Privatunterkünfte angemietet.

Operation SOUTHERN GUARD

Bedrohungsgerecht entschied das Bundeskabinett am 29. Januar 1991, die AMF-Kräfte durch zusätzliche Luftverteidigungs(LV)-Komponenten zu verstärken[38].

Kurzfristig wurde die Verlegung von acht Waffenanlagen Roland mit zwei Flugabwehrgefechtsständen sowie zwei Halbstaffeln Hawk in die Türkei angeordnet (Anlage 12/3). Inacker ist nicht zu folgen, wenn er feststellt, daß diese Kräfte zunächst vergessen wurden.[39] Vielmehr kann die Bundesrepublik nicht einfach Kräfte in ein anderes Land entsenden. Der türkische Antrag — Voraussetzung für eine Verlegung — wurde erst am 11. Januar 1991 gestellt. Am 18. Januar 1991 beantragte SACEUR die Verstärkung der LV-Kräfte für die Türkei bei den Bündnispartnern.

Mit der Entsendung der LV-Kräfte betrat die Bundesrepublik absolutes Neuland. Diese Kräfte waren auf einen Auftrag außerhalb der eigenen Landesgrenzen nicht vorbereitet. Die Planungen und Befehle mußten unter erheblichem Zeitdruck erfolgen, da in diesem Fall nicht auf vorhandene Unterlagen zurückgegriffen werden konnte. Das für den Einsatzraum Mitteleuropa optimierte Großgerät konnte, wie in allen Medien zu verfolgen war, nur unter erheblichen Schwierigkeiten transportiert werden. Engpässe ergaben sich in der Bereitstellung von Großraumtransportkapazität. Erfahrungen für den Lufttransport von Flugabwehrraketenkräften lagen nicht vor. Häufige Umplanungen und Änderungen führten zu zusätzlichen Landmärschen unter ungünstigen Witterungsbedingungen in der Türkei.

Die Hawk-Kräfte wurden, wie die AMF (Air), der Nato unterstellt. Die Einsatzführung lag bei COMSOC, 6. ATAF. Eine Verlegung zu einem anderen Einsatzort wäre nur mit nationaler Zustimmung möglich gewesen. Die Roland-Kräfte blieben dem Luftflottenkommando unterstellt.

Das Vorkommando flog ab 4. Februar 1991 in die Türkei. Die Verlegung der LV-Kräfte begann am 15. Februar 1991 im Luft- und Seetransport. Die volle Einsatzbereitschaft war am 22. Februar 1991 hergestellt. Eine Darstellung der gesamten deutschen Streitkräfte in der Türkei zeigt Anlage 12/5.

Im DPC wurde am 6. März 1991 der Beschluß zur Beendigung des Einsatzes und zur Rückverlegung der Kräfte gefaßt. Auch dieser letzte Teil des Einsatzes verlangte noch einmal Ideenreichtum, Flexibilität und Engagement von allen Beteiligten. Die Masse der Kräfte wurde per Straße, Schiene und Schiff nach Hause transportiert. Doch es gab auch bündnisgemeinsame Anstrengungen, um deutsches Gerät in die Heimat zu verlegen. So wurden die deutschen Hawk-Kräfte mit von Belgien geleasten türkischen Zügen transportiert. Sanitätscontainer der ehemaligen NVA mußten auf gemieteten türkischen LKw befördert werden, da sie weder auf die vorhandenen Fahrzeuge paßten, noch mit der C-160 Transall ausgeflogen werden konnten[40].

Die Rückverlegung der Kräfte des JaboG 43 war am 11. März 1991 abgeschlossen, die der LV-Kräfte am 6. April 1991.

An dieser Stelle ist festzuhalten, daß sich die deutschen Luftstreitkräfte in der Türkei, trotz der aufgezeigten Schwierigkeiten, insgesamt gut bewährt haben.

Für zukünftige Einsätze der Bundeswehr außerhalb des eigenen Landes läßt sich folgern:
1. Diese Verbände müssen präsent, vollständig ausgerüstet, gut ausgebildet und mental auf ihren Auftrag vorbereitet sein. Ein hoher Anteil an Zeit- und Berufssoldaten ist in den Einheiten »der ersten Stunde« erforderlich.
2. Die Logistik muß flexibel und mobil den Eingreifverbänden folgen können.
3. Transportraum, vor allem Großraumtransportkapazität, ist der eigentliche Engpaß. Viele Dinge lassen sich auch auf Straße, Schiene, Schiff befördern. Ein schneller Einsatz verlangt aber auch Lufttransportraum. Hier muß im Bündnis Abhilfe geschaffen werden. Geringe Kapazitäten sollten aber auch national verfügbar sein, um nicht von Minderheiten oder Randgruppen in der nationalen Entscheidungsfreiheit begrenzt zu sein.
4. Die Bedeutung von Luftverteidigungskräften ist offensichtlich. Sie sind in Einsatzpläne mit einzubeziehen. Gleiches gilt für Kräfte für Such- und Rettungsdienst (SAR) und ABC-Abwehrkräfte. Darüber hinaus müssen für alle zusätzlichen Kräfte Absprachen im Rahmen der HNS-Vereinbarungen getroffen werden.
5. Für das Nebeneinander von NATO-Kräften mit anderen Streitkräften in den Gastländern müssen Regelungen geschaffen werden.

Maritime NATO-Operationen im Mittelmeer

Schwerpunkt der maritimen NATO-Operationen im Mittelmeer war der Schutz der zivilen Handelsschiffahrt. Dies wurde durch lückenlose Überwachung und verzugsarme Reaktionszeiten sichergestellt. Im folgenden wird der deutsche Beitrag hierzu dargestellt (Anlage 12/3):

Bereits am 10. August 1990, also acht Tage nach dem irakischen Einmarsch nach Kuwait, wurde der Minenabwehrverband Südflanke, bestehend aus fünf Minensuch-/Minenjagdbooten und zwei Unterstützungseinheiten, aufgestellt. Dieser erreichte die Soudabucht auf Kreta als Basis für die weiteren Operationen am 3. September. Der Auftrag lautete: Herstellen und Aufrechterhalten der Einsatzbereitschaft und Durchführen von Minenabwehroperationen auf Befehl.

Am 7. Januar 1991 verlegten die Fregatte Bremen und der Tender Rhön im Rahmen des NATO-Verbandes Naval On Call Force Mediterranean (NAVOCFORMED) ins östliche Mittelmeer mit dem Auftrag, den Seeraum nördlich von Port Said zu überwachen. Da am 20. Januar 1991 das Mittelmeer durch die NATO zum Krisengebiet erklärt wurde, trat Deutschland für seine nationalen Kräfte Operational Control (OPCON) an die NATO ab, behielt jedoch Operational Command (OPCOM) beim deutschen Befehlshaber der Flotte.

Am 30. Januar 1990 verlegten drei Seeraumüberwachungsflugzeuge (Maritime Patrol Aircraft — MPA) nach Elmas auf Sardinien und flogen insgesamt 52 Seeraumüberwachungseinsätze im westlichen Mittelmeer. Am 6. Februar wurde ein deutscher Zerstörer/Fregattenverband (German Task Group) mit Einfahrt ins Mittelmeer der OPCON des COMNAVSOUTH unterstellt, ein Tag später die Standing Naval Force Channel (STANAVFORCHAN), der aus Minenabwehreinheiten gebildete ständige NATO-Verband mit dem deutschen Versorgungsschiff Coburg als Führungsplattform und dem deutschen Minenjäger Fulda. Wenig später wurde auf Elmas/Sardinien eine DO-28 stationiert, die insgesamt 21 Versorgungseinsätze von Elmas aus auf der Achse Sardinien, Neapel, Souda flog, jedoch nicht der NATO unterstellt wurde.

Somit waren zu diesem Zeitpunkt im Mittelmeer 2.274 Soldaten, davon 587 Grundwehrdienstleistende und 81 Zivilbedienstete, 17 schwimmende Einheiten, drei Seeraumüberwachungsflugzeuge und ein Transportflugzeug der deutschen Marine im Einsatz.

Der Einsatz machte wie erwartet deutlich, daß Seestreitkräfte zur Krisenbewältigung, zu multinationaler Operationsführung und zu Interoperabilität im Einsatz besonders geeignet sind. Die Ausrüstung der Überwassereinheiten zeigte jedoch sehr schnell Schwachstellen. So mußten Verbesserungen der Führungs-, Flugabwehr- und ABC-Abwehrfähigkeit sowie der Klimatisierung, der Navigationsfähigkeit und der Sanitätsausrüstung vorgenommen werden. Probleme mußten teilweise unkonventionell gelöst werden, so die Einrüstung des niederländischen Flugabwehrsystems Goalkeeper auf drei Fregatten der Klasse F 122 auf Leasing-Basis.

Der Mittelmeereinsatz dauerte bis Mitte März 1991 und wurde ohne Zwischenfall beendet. Der Minenabwehrverband verlegte nach Entscheidung des Bundeskabinetts vom 6. März in den Persischen Golf, um dort an den Minenabwehroperationen von insgesamt neun Nationen teilzunehmen. Dieser erfolgreiche und erste wirklich »scharfe« Einsatz der Bundesmarine[41] ist nicht mehr Teil dieses Berichts, da hier nur die Phase während des Golfkrieges abgebildet werden soll.

Weitere Unterstützungsleistungen

Materielle militärische Unterstützungsleistungen

Den Koalitionsstreitkräften wurden materielle Unterstützungen in Höhe von über 2,6 Mrd. DM gewährt (Anlage 12/6). Politisch kontrolliert wurden diese durch die Regelungen der Bundeshaushaltsordnung (BHO), wonach die Bundeswehr mit Zustimmung des Bundesministeriums der Finanzen (BMF) Überschußmaterial unentgeltlich abgeben kann. Soweit die Bundeswehr das angeforderte Material nur vorübergehend entbehren konnte, wurden Nutzungsüberlassungen in Form von Darlehen oder Mieten vereinbart. Ggf. wurde das Auswärtige Amt bzw. der Bundessicherheitsrat eingeschaltet[42].

Möglich wurden die Materialabgaben durch die anstehende Reorganisation und Reduzierung der Bundeswehr, dem Vorhandensein von ehemaligem NVA-Material in großem Umfang sowie der geringen Wahrscheinlichkeit einer mitlitärischen Krise in Mitteleuropa. Dabei wurden auch die von der NATO geforderten Mindestbestände unterschritten.[43] Die Materiallieferungen lassen aber auch auf Ausrüstungs- und Bevorratungsmängel bei den Koalitionsstreitkräften schließen, die offenbar bewußt in Kauf genommen wurden, so bei Austausch- und Ersatzteilen des Kampfflugzeuges Tornado, Artilleriemunition aller Kaliber, VHF-Peilern, HF-Störern, ABC-Spürfahrzeugen, Minenräum- und Minenverlegesystemen.

Für den Gesamterfolg der militärischen Operation waren die Materiallieferungen nicht unerheblich. Durch die Bereitstellung von Transport- und Verladefahrzeugen sowie -maschinen wurde ein wichtiger Beitrag zum amerikanischen Aufmarsch und den massiven Truppenverlegungen in der saudischen Wüste geleistet. Besonders die knapp 130 Schwerlasttransporter Tatra machten nach amerikanischen Aussagen erst die rasche Verlegung der Panzereinheiten möglich, die eine Voraussetzung für den Erfolg der Umfassungsoperation gegen den Irak war. Ebenfalls sehr wichtig für die Kriegsführung war, daß den USA nach der Vereinigung Deutschlands auch modernstes NVA-Material zur Auswertung zur Verfügung gestellt wurde, da der Irak mit ähnlichem und gleichem Material ausgerüstet war. Die Bedeutung der Munitionslieferungen wird alleine durch das Studium der Zahlen deutlich (Anlage 12/6).

Militärisches Verkehrs- und Transportwesen

Die deutsche Beteiligung im Bereich Verkehr und Transport umfaßte im wesentlichen:

— Ab September 1990 Einsatz der deutschen Militärischen Verkehrs- und Transportorganisation bei der Verlegung der amerikanischen und britischen Streitkräfte einschließlich des Nachschubs;

— Transport der Materiallieferungen in die Häfen oder Standorte der Verbündeten;

- Straßentransport und Umschlag von US-Munition;
- Verlegung des deutschen AMF (Air)-Anteils, Unterstützung bei der Verlegung deutscher und niederländischer Luftverteidigungskräfte in die Türkei,
- Seetransport im Rahmen der Rüstungssonderhilfe für die Türkei, Materialtransport nach Israel;
- Lufttransportunterstützung für die USA und Großbritannien;
- 400 Mio DM pauschale Transportkostenhilfe an die USA.

Dabei leistete alleine die Bundesluftwaffe mit Transportflugzeugen 8.962 Flugstunden, was einem Kostensatz von 64,7 Mio DM entspricht. Die Bundeswehr bewegte im Straßentransport vor allem zur Unterstützung der US-Streitkräfte 35.000 Tonnen Versorgungsgüter, fuhr 3,6 Mio LKw-Kilometer. Der Personaleinsatz dafür bezifferte sich auf 30.000 Mann-Tage.

Die Verkehrsleistungen in Deutschland betrugen mehr als 1.500 Kolonnenmärsche auf der Straße, 892 Eisenbahnzüge, 450 Binnenschiffe auf dem Rhein, weit über 1.000 Transportflugzeugstarts von deutschen Flughäfen und weit über 100 Abfahrten von Seeschiffen aus den deutschen Häfen Bremerhaven, Nordenham, Emden und Wismar.

Die Erfahrungen für das Militärische Verkehrs- und Transportwesen lassen sich für die fünf Verkehrsarten folgendermaßen zusammenfassen:

Lufttransport: Die Mittel- und Langstreckenkapazitäten der Bundesluftwaffe waren bereits durch den routinemäßigen Flugbetrieb voll ausgelastet. Gravierendster Mangel war das völlige Fehlen von militärischen Grußraumflugzeugen. Die Nutzung ziviler Leistungen stellte sich als problematisch heraus, zudem sich Fluggesellschaften weigerten, in das Krisengebiet zu fliegen. Dieser Begriff wurde so extensiv ausgelegt, daß z.B. die Lufthansa maximal bis nach Istanbul fliegen wollte.

Seetransport erwies sich wie erwartet als militärisch nutzbar, zuverlässig und auch in Krisengebieten einsetzbar, so daß der Nachteil der geringen Geschwindigkeit zum großen Teil wieder ausgeglichen wurde.

Der Binnenschiffstransport, intensiv durch die US-Streitkräfte genutzt, bietet sich auch für die Bundeswehr als Alternative an.

Der Eisenbahntransport stieß besonders beim Munitionstransport wegen der zu geringen Verfügbarkeit von geeigneten Wagentypen an seine Grenzen. Weitere Wagen wären nur bei Einschränkungen des Wirtschaftsverkehrs verfügbar gewesen.

Militärischer Straßentransport: Wegen der parallel laufenden Lebensmittelhilfe für die Sowjetunion wären weitere größere Aufträge ohne Mobilmachungsmaßnahmen durch die Bundeswehr nicht leistbar gewesen.

Insgesamt ist festzustellen, daß Deutschland zwar ein Land mit leistungsfähigen Transport- und Verkehrssystemen ist, daß dennoch bei militärischem Bedarf schnell bestimmte Engpässe entstehen können.

Sanitätswesen

Die sanitätsdienstliche Unterstützung im Golfkonflikt umfaßte in erster Linie Materiallieferungen im Wert von über 5 Mio DM (vor allem Sanitätsmaterial, C-Antidote, Antibiotika und Infusionslösungen) (Anlage 12/7). Zusätzlich wurden die US-Streitkräfte durch folgende Leistungen unterstützt, die jedoch nicht alle in Anspruch genommen wurden:
— Behandlungs- und Pflegekapazität von bis zu 1.000 Betten in Bundeswehrkrankenhäusern,
— Transportkapazität für bis zu 1.000 Verwundete pro Tag,
— Abstellung von Verbindungsoffizieren zu den Stäben und Hospitälern der US-Sanitätsdienste in Deutschland,
— Lieferung von einsatzwichtigem Sanitätsmaterial aus dem Verteidigungsvorrat und
— Versorgung mit Nicht-Sanitätsmaterial und Dienstleistungen durch Dienststellen der Bundeswehrverwaltung.

Aus deutscher Sicht wurden folgende Erfahrungen gemacht:
— Es fehlte eine zentrale Koordinierungsstelle auf Bundesebene, so daß Doppellieferungen nicht ausgeschlossen werden konnten.
— Der Entscheidungsprozeß der Bundesregierung hinsichtlich Unterstützungsleistungen war zu langsam, was Folgen für die durchführende Ebene hatte und zu politischen Irritationen führte (so vergingen von der ersten Vorlage bis zur Entscheidung über den Umfang der US-Unterstützung nahezu 50 Tage).
— Die sanitätsdienstliche Unterstützung der in der Türkei und im Mittelmeer eingesetzten deutschen Streitkräfte wäre für das Verwundetenaufkommen bei einer bewaffneten Auseinandersetzung nicht ausreichend gewesen.

Nicht-militärische Unterstützungsleistungen

Die aus militärischer Sicht »übrigen« deutschen Leistungen waren vor allem die erheblichen finanziellen Hilfen (Anlage 12/8), die mit 14 Mrd. DM (ohne die militärischen Leistungen) bereits mehr als 25 Prozent des Verteidigungshaushaltes entsprachen. Die finanzielle Lawine wurde am 15. September 1990 endgültig losgetreten, als Bundeskanzler Helmut Kohl dem amerikanischen Außenminister Baker ein überzeugendes Unterstützungspaket im Wert von 3,3 Mrd. DM zusammenstellte und so die deutsche Solidarität bekunden konnte, ohne selbst Truppen in das Golf-Gebiet zu entsenden.[44] Im folgenden wuchs der Beitrag zu den US-amerikanischen Haushaltskosten auf über 9 Mrd. DM, einschließlich eines Transportkostenbeitrages von 400 Mio. DM.

Ein zweiter Schwerpunkt der deutschen Finanzhilfen waren die Zuwendungen an die vom Golfkrieg unmittelbar betroffenen Staaten im Nahen Osten, um einem Aufweichen der Anti-Irak-Koalition zu begegnen und dadurch den kriegführenden Verbündeten den Rücken frei zu halten. An Israel wurden 1,3 Mrd. DM als humanitäre Hilfe, zur Beseitigung von Kriegsschäden und für die Beschaffung von US-Patriot-Systemen und Dolphin-U-Booten gezahlt. Ägypten erhielt einen ähnlichen Betrag, vor allem zur ökonomischen Stabilisierung. Neben weiteren finanziellen Leistungen an NATO-Partner und Staaten im Nahen Osten (Anlage 12/8) sind vor allem

die vielfältigen offiziellen und privaten Hilfen für die in Deutschland verbliebenen amerikanischen und britischen Familien anzufügen, die in keiner Statistik auftauchen. Generalmajor Jerry R. Rutherford, Kommandeur der 3. amerikanischen Panzerdivision, nannte die Unterstützung der erstmals in einem dritten Land zurückgelassenen Familien durch die deutsche Bevölkerung »großartig«[45].
Es wird deutlich, daß die »übrigen« Leistungen die eigentlichen Leistungen waren. Nicht ganz zu Unrecht entstand der Vorwurf der Scheckbuchdiplomatie. Rein aus finanzieller Sicht wäre ein aktiver deutscher Beitrag in der Golf-Region die günstigere Alternative gewesen.

Erfahrungen und Folgerungen aus deutscher Sicht mit Blick auf Einsätze außerhalb des eigenen Territoriums

Führungsfähigkeit
Führung soll in einer militärischen Auseinandersetzung sicherstellen, daß alle Kräfte und Mittel in Übereinstimmung mit ihren Einsatzgrundsätzen bestmöglich zur Wirkung gebracht werden, um ein bestimmtes Ziel zu erreichen.[46] Es geht also darum, die Zeit von der Aufklärung des Feindes über die Entscheidung zum Einsatz eigener Kräfte und Mittel bis zur Wirkung des Feuers im Ziel (Anlage 12/9) möglichst kurz zu halten. Diese Wirkungskette ist davon abhängig, schnell eine Vielzahl von Informationen aufzunehmen, zu verarbeiten und zu übertragen, um so die richtigen Informationen, in der richtigen Form, am richtigen Ort, zum richtigen Zeitpunkt bereit zu stellen[47].
Der Kampf um die Führungsüberlegenheit, wie er im Golfkonflikt in eindrucksvoller Weise demonstriert wurde, ist ein Kampf um Informationen. Er soll die eigene Führungsfähigkeit verbessern, die des Feindes beeinträchtigen. In Zukunft wird es daher verstärkt einen Kampf im elektromagnetischen Spektrum geben. Auf diesem Feld wird der High-Tech-Krieg der Zukunft[48] ganz wesentlich mitentschieden. Moderne Technik soll die eigene Wirkungskette optimieren, die des Feindes stören oder unterbrechen[49].
Die Wirksamkeit der Führung hängt von der Überlebensfähigkeit der eigenen Informationsübertragungswege ab. Verbindungen müssen daher sicher gegen Mithören, unempfindlich gegen Störmaßnahmen sein und über eine hohe Übertragungsgeschwindigkeit verfügen. Dabei müssen diese Systeme einem schnellen Gefechtsverlauf folgend dort, wo sie gebraucht werden, zum Einsatz kommen können, also mobil sein. Der Zwang zur Führung von Koalitionsarmeen und die Bindung multinationaler Streitkräfte verlangt Interoperabilität der Führungsmittel[50].
Die Nutzung modernster Technik wie Daten- und Satellitenfunk sowie von Kurzzeitübertragungsgeräten zur Informationsübertragung ist genauso unerläßlich wie der Einsatz von EDV zur Auswertung, Priorisierung und Koordinierung der eingegangenen Informationen[51].
Die Unterstützung der Führung durch elektronische Datenverarbeitung kann noch weiter gehen. So haben die Koalitionsstreitkräfte im Golfkonflikt ihre Operations-

pläne mit Erfolg durch Operations Research (OR)-Methoden am Rechner überprüfen lassen.
In der Zukunft wird die Technik in einem noch schneller ablaufenden Gefecht immer mehr Koordinationsaufgaben übernehmen. Vorstellbar ist zum Beispiel, daß der Rechner dafür sorgt, daß die Flugabwehr schweigt, wenn die Luftstreitkräfte fliegen. Neben der Technik muß die Bundesrepublik eine Führungsorganisation schaffen, die in der Lage ist, Stäbe als Beitrag zur zukünftigen Krisenbewältigung hervorzubringen.[52] Da auch in zukünftigen Krisen multinationale Anstrengungen nötig sein werden, um einen Agressor in die Schranken zu verweisen, sollte daneben die Bildung multinationaler Verbände unterstützt werden. Die Stäbe sind bereits im Frieden zusammenzustellen. Neben der Einsatzplanung muß in diesen Stäben vor allem die Übung von Führungsverfahren und das Umgehen mit den unterschiedlichen Führungsphilosophien (Auftragstaktik) gedrillt werden. Führerauswahl und -ausbildung muß auf dieses Aufgabenspektrum zugeschnitten sein[53].

Aufklärung
Der Golfkonflikt machte deutlich, daß das eigene Nachrichtenaufkommen unzureichend war und eine Abhängigkeit vom Informationsverhalten anderer Regierungen besteht. Dies dürfte bei eventuell zukünftigen »out of region«-Einsätzen nicht ausreichend sein. Für das militärische Nachrichtenwesen wird erforderlich sein, den Interessenbereich und die geographischen Schwerpunkte insgesamt neu zu definieren, die Nachrichtengewinnung über außereuropäische Staaten und Krisengebiete zu intensivieren und hierzu technische und strukturelle Voraussetzungen zu schaffen.
Die erhöhte Bedeutung von weitreichender taktisch-operativer Aufklärungskapazität wurde deutlich. Auch bei Inkaufnahme von gewissen Abhängigkeiten von anderen Nationen reichen zumindest beim Heer die derzeit verfügbaren Aufklärungsmittel nicht aus.

Reaktionszeiten
Das Herstellen der Verlegebereitschaft erfolgte für das AMF (Air)-Kontingent wie gefordert zeitgerecht. Probleme gab es bei den LV-Verbänden, die vom Verlegebefehl völlig überrascht wurden. Es spricht für die Truppe, daß bereits nach einem Tag das Erkundungskommando in Marsch gesetzt wurde und die Verlegebereitschaft für die Hauptkräfte nach fünf Tagen hergestellt war. Die anschließenden Verzögerungen entstanden durch das Fehl an eigener geeigneter Lufttransportkapazität.
Ähnliches gilt für die Marine. Der Minenabwehrverband Südflanke benötigte sechs Tage bis zum Auslaufen. Seestreitkräftetypisch ist hier immer die lange Marschzeit in den Einsatzraum.
Eine erste Analyse hinsichtlich einer möglichen Beteiligung des Heeres an künftigen Eingreifverbänden der Bundeswehr ergab, daß es in der noch gültigen Heeresstruktur 4 für einen Auftrag außerhalb des eigenen Landes innerhalb kurzer Zeit nur unzureichend vorbereitet ist. Die Kräfte sind weder organisatorisch-strukturell, noch ausbildungs-, noch ausrüstungs-, noch führungs- und personalmäßig nach kurzer Zeit einsatzbereit. Der Zeitbedarf zur Bereitstellung von einsatzfähigen Verbänden/Großver-

bänden, die befähigt sind, das Gefecht selbständig zu führen, wird trotz Rückgriff auf große Teile des gesamten Heeres nicht unter vier bis sechs Wochen liegen. Lediglich die Anteile AMF (Land) können nach wenigen Tagen die Einsatzbereitschaft herstellen.

Die derzeit geplante Heeresstruktur 5 mit den u.a. zwei Divisionsstäben für taktisch-operative Sonderaufgaben und den sieben präsenten Kampftruppenbrigaden wird die Reaktionszeit nicht wesentlich verkürzen, da auch hier aufgrund des Konzeptes der Truppenausbildung ein Austausch von Einheiten notwendig wird, und da die Logistik- und Sanitätstruppen nicht für die Unterstützung von Eingreifkräften konzipiert sind. Besonders die Lösung des letztgenannten Problems hängt in großem Maße von der Zuweisung zusätzlicher Haushaltsmittel ab.

Transport

Die Entsendung der LV-Kräfte in die Türkei machte deutlich, daß der Transport einen absoluten Engpaß darstellt, und daß die Reaktionsfähigkeit mit den verfügbaren Transportkapazitäten korreliert. Gravierendster Mangel ist das völlige Fehlen von militärischen Großraumflugzeugen. Bereits die Verlegung des einzigen luftverlastbaren Feldlazaretts der Bundeswehr — einer Sanitätskompanie ohne Fahrzeuge — bindet mindestens 20 Flüge mit C-160 Transall. Die Transportleistungen im Inland zur Unterstützung einer außerhalb des Bundesgebietes eingesetzten Division sind ausreichend, eindeutige Schwerpunktbildung vorausgesetzt. Schiffs- und Hafenumschlagskapazitäten reichen ebenfalls aus, Engpässe können bei Spezialschiffen (RoRo)[54] auftreten. Wegen der langen Transportzeiten muß jedoch ein Teil der Kräfte reaktionsschnell luftverlastbar einsetzbar sein. Der Aufbau einer Großraumlufttransportkapazität wird daher unausweichlich sein. Aufgrund der hohen Kosten wird dies nur im Verbund mit Alliierten möglich sein.

Ausrüstung/Ausstattung

Der deutsche Türkei- und Mittelmeereinsatz zeigte deutlich Probleme beim Einsatz von Einheiten außerhalb des gemäßigten mitteleuropäischen Klimas auf, so bei den Fregatten der Klasse F 122 oder dem AMF(Air)-Kontingent. Neben der Optimierung der meisten Waffensysteme auf den ehemaligen Ost-West-Konflikt, die bei denkbaren »out of region«-Einsätzen nicht immer sinnvoll erscheint, sind es oft ganz banale Dinge, an denen es fehlt:

— Die Versorgung mit Trinkwasser ist unzureichend. Es stehen nur geringe Aufbereitungs- und Transportkapazitäten zur Verfügung. In diesem Zusammenhang bietet die ABC-Schutzmaske keine Möglichkeit, Flüssigkeit aufzunehmen, wie dies beispielsweise in der amerikanischen Armee selbstverständlich ist. Eine entsprechende Umrüstung ist vorgesehen.

— Die vorgesehene Ausstattung mit Zelten ist unzureichend. Evtl. könnten Wohn- und Arbeitscontainer der ehemaligen NVA genutzt werden.

— Ausreichende und zweckmäßige Kampfbekleidung für heiße bzw. kalte Klimazonen ist nicht vorhanden. Hier empfiehlt sich das Anlegen eines Zentralbestandes für entsprechende Einsätze.

— Die tägliche Versorgung der Soldaten mit Frischverpflegung aus Deutschland wird bei einer größeren Anzahl nicht möglich sein. Hier müssen andere Lösungen gefunden werden, vor allem vertragliche Regelungen mit der Host Nation, um eine Verpflegung aus dem Land zu gewährleisten.

Im übrigen muß angezweifelt werden, ob für Soldaten bei solchen Einsätzen unbedingt die nahezu gleichen Maßstäbe wie im Routinedienst zuhause gelten müssen. So tauschte die Marine nach einem festen Rhythmus das Personal aus. Pro Einheit (Boot/Schiff) benötigte sie so ca. 2,5 Besatzungen.

Logistik/Sanitätsdienst

Nicht nur in bezug auf die Reaktionszeiten sind die Logistik- und Sanitätstruppen für »out of region«-Einsätze eine Achillesferse. Nur eine Sanitätskompanie[55] verfügt über eine luftverlastbare, mobile Ausrüstung. Eine mobile Komponente für dringende chirurgische Behandlung und Hospitalisierung (sogenannte Ebene 3 der sanitätsdienstlichen Versorgung) fehlt völlig.

Besonders der Golfkrieg hat die vorrangige Bedeutung der Logistik aufgezeigt. Gleiches hätte bei entsprechendem Verwundetenaufkommen für den Sanitätsdienst gegolten. Die Bundeswehr ist hier jedoch fast ausschließlich nur auf einen Einsatz im eigenen Land vorbereitet. Die Verbündeten bieten bis hin zum Lazarettschiff fertige Konzepte. Die Einführung erfordert jedoch nicht unerhebliche finanzielle Mittel. Selbst in (auch geplanten) multinationalen Verbänden wird die Logistik und der Sanitätsdienst national betrieben. Hier ist Handlungsbedarf.

Ausbildungsstand und Einsatzbereitschaft

Die während des Golfkonflikts eingesetzten deutschen Soldaten haben ihr Handwerk verstanden, über einen hohen Ausbildungsstand verfügt und sich voll eingesetzt. Dennoch wird das Ausbildungssystem der Bundeswehr überarbeitet werden müssen. Aufgrund der geänderten politischen Rahmenbedingungen hat sich die Bundeswehr von einer Präsenzarmee (Masse nach kurzer Zeit einsatzbereit) zu einer Ausbildungsarmee (Masse mobilmachungsabhängig) entwickeln können.

Modelle wie KURA (Kaderung und rascher Aufwuchs) wurden entwickelt, die Wehrdienstzeit von 15 auf 12 Monate gekürzt, die Dienstzeit neu geregelt. Alles wesentliche Änderungen der Rahmenbedingungen für die Ausbildung, die letztlich dazu geführt haben, daß die Soldaten im Heer »nur aufgabenbezogen und gerade bis zum Zusammenwirken in Besatzung oder Gruppe ausgebildet werden, dazu noch etwas Einsatzausbildung in Zug und Kompanie.«[56] Großverbände stehen wegen der unterschiedlichen Einstellungsquartale geschlossen nicht mehr für einen schnellen Einsatz zur Verfügung.

Für die Zukunft ergeben sich neue Risiken. Es muß der Möglichkeit Rechnung getragen werden, rasch Truppenkörper an die Ränder des Bündnisses verlegen zu können. Die Bundeswehr braucht also in geringem Umfang Kräfte, die nach sehr kurzer Zeit für solche Aufträge zur Verfügung stehen. Die Masse wird weiterhin Zeit für den Aufwuchs haben.

Die Ausbildung der Bundeswehrsoldaten ist in Zukunft am Auftrag ihrer Verbände auszurichten. Die Truppenteile, die präsent, hoch mobil und flexibel für die Anfangsoperationen vorgesehen sind, werden anders ausgerüstet und ausgebildet sein. Sie müssen darüber hinaus über einen höheren Anteil an Zeit- und Berufssoldaten verfügen. Damit wird auch deutlich, daß ein Einsatz von Reservisten in Krisensituationen zunächst unwahrscheinlich ist.[57] Die Ausbildung ist so realitätsnah wie möglich, multinational und in Gebieten, die den möglichen Einsatzräumen ähneln, auch unter extremen Witterungsbedingungen durchzuführen. Dies schließt ausdrücklich die Möglichkeit, Tiefflug zu üben, ein. Dazu müssen spätestens zur Vorbereitung eines bevorstehenden Einsatzes die erforderlichen Ausnahmegenehmigungen erteilt werden. Spezialausbildungsteams sollten die Ausbildung der Soldaten, deren Einsatz in Krisenregionen bevorsteht, ergänzen. Sie sind gezielt auf die Bedingungen des Einsatzraumes vorzubereiten. Simulatoren und computergestützte Übungen werden genutzt werden, um Lärmbelästigung und Umweltschäden zu begrenzen. Wichtige Ausbildungsabschnitte sind auf diese Weise auch kostengünstiger durchzuführen. Dennoch wird auf Übungen in freiem Gelände nicht verzichtet werden können. Computer verfügen heute immer noch über einen hohen Abstraktionsgrad. Sie können die Wirklichkeit nicht abbilden.

Die Ausbildung der Führer muß über Truppengattungs- und Teilstreitkraftgrenzen hinweg multinational durchgeführt werden. Austauschprogramme von Hörsälen der Offizierschulen, gemeinsame Lehrgänge und der Austausch von Offizieren, die bei Verbündeten Funktionen in Stäben im Frieden wahrnehmen, können das bündnisgemeinsame Verständnis stärken[58].

Die Erfahrungen aus dem Golfkonflikt haben gezeigt, daß sich die Einsatzbereitschaft der Soldaten durch folgende Faktoren besonders positiv beeinflussen läßt:
1. Dem Gefühl, daß der Einsatz durch die eigene Bevölkerung mitgetragen wird.
2. Dem Gefühl, gut auf den Einsatz vorbereitet worden zu sein.
3. Dem Gefühl, daß, wenn nötig, ausreichend sanitätsdienstliche Hilfe zur Verfügung steht.
4. Die Möglichkeit, Nachrichten aus der Heimat empfangen zu können.
5. Die Möglichkeit, mit Familienangehörigen oder Freundin sprechen zu können.

Auch in Zukunft sollten daher deutschen Truppenkörpern
— SAR-Hubschrauber als schnelles Rettungsmittel mitgegeben werden,
— verbilligte Telefongespräche in ausreichendem Umfang in die Heimat ermöglicht werden,
— ein Nachrichtensatellit, wie geschehen,[59] wenn nötig, um ein paar Grad gedreht werden, um so die Möglichkeit zu schaffen, deutsche Fernsehprogramme zu empfangen,
— eine aktive Pressearbeit betrieben werden.

Gesamtbewertung

Die Bundesrepublik Deutschland hat ihre Möglichkeiten zur Konfliktbewältigung voll ausgeschöpft. Allen Vorwürfen und Ehrabschneidungen ist entschieden entgegenzutreten. Alleine der haushaltspolitisch meßbare Gesamtbeitrag von 17 Mrd. DM macht mehr als ein Drittel des jährlichen Verteidigungsetats aus. Hiermit könnte die komplette Bundeswehr mehr als ein halbes Jahr oder eine komplette Panzerdivision mit 18.000 Mann 20 Jahre lang unterhalten werden.[60] Trotzdem reicht dies für die Zukunft nicht aus. Ein volles Wahrnehmen von Rechten innerhalb der Völkergemeinschaft muß auf Dauer eine volle Erfüllung der Pflichten mit sich bringen. Daher ist in bezug auf einen Einsatz von Streitkräften das Grundgesetz zu ändern oder im mehrheitlichen politischen Konsens neu zu interpretieren.

Die Bedeutung moderner Technik auf dem Gefechtsfeld ist der Welt eindrucksvoll vorgeführt worden. Streitkräfte werden in der Zukunft nur dann einen Sinn haben, wenn sie über eine moderne Ausrüstung verfügen.
Das bedeutet für die Zukunft:
1. Eine Reduzierung der Armee geht nicht automatisch mit einer linearen Reduzierung der Kosten einher.
2. Es sind eindeutige Schwerpunkte für Beschaffungen zu setzen.
3. Es sind multinationale Anstrengungen nötig, um die Kosten in Grenzen zu halten.

Anmerkungen

1 vgl. Theo Sommer/Robert Leicht/Gunter Hofmann: Der Golfkrieg weist nicht in die Zukunft, Ein ZEIT-Gespräch mit Bundespräsident Richard von Weizsäcker, in: DIE ZEIT, Nr. 7/8. Februar 1991.
2 vgl. Bundespräsident Richard von Weizsäcker, Zur Rolle der Bundesrepublik Deutschland in der Weltpolitik, in: BONN DIREKT, ZDF am 17.02.91.
3 vgl. Werner Sonne in: Saddams schreckliches Erbe, ZDF am 01.08.91.
4 vgl. zu den Ängsten und Befürchtungen unter anderem:
Sebastian Haffner in: Stern vom 05.04.1990, zur europäischen Sichtweise;
A. A. Danilevitsch: Militärstrategische Aspekte der Vereinigung Deutschlands, in: Voennaja Mysl: 10.10.1990, S. 10–12, zur sowjetischen Sichtweise,
Michael H. Haltzel: Amerikanische Einstellungen zur deutschen Wiedervereinigung, in: Europa-Archiv, Nr. 4/1990, S. 127–132, zur amerikanischen Sichtweise,
Richard Davy: Großbritannien und die Deutsche Frage, in: Europa Archiv, Nr. 4/1990, S. 139–144, zur britischen Sichtweise,
Denis Nardin: Frankreich und die deutsche Einheit, in Rissener Rundbrief, Nr. 5/1990, S. 135–142, zur französischen Sichtweise.
5 Verpflichtende Erklärung der Bundesregierung vor der VKSE in Wien am 30.08.1990, in: Presse- und Informationsamt der Bundesregierung, Vertrag über die abschließende Regelung in bezug auf Deutschland, Bonn, September 1990, S. 35.

6 vgl. etwa: Vertrag über die abschließende Regelung in bezug auf Deutschland (2+4-Vertrag), Artikel 2, in: Presse- und Informationsamt der Bundesregierung, Vertrag über die abschließende Regelung in bezug auf Deutschland, Bonn, September 1990, S. 2. Entschließung des Deutschen Bundestages zur deutsch-polnischen Grenze vom 21.09.90, in: Presse- und Informationsamt der Bundesregierung, Vertrag über die abschließende Regelung in bezug auf Deutschland, Bonn, September 1990, S. 23. Bundeskanzler Helmut Kohl: Ein geeintes Deutschland als Gewinn für Stabilität und Sicherheit in Europa, Rede zum Abschluß der interparlamentarischen Abrüstungskonferenz in Bonn, in: Presse- und Informationsamt der Bundesregierung, Bulletin Nr. 68 vom 29.05.90, S. 585 f.
7 Bundesminister des Auswärtigen, Hans-Dietrich Genscher: Rede vor den Vereinten Nationen am 26.09.90, in: Presse- und Informationsamt der Bundesregierung, Bulletin Nr. 115 vom 27.09.90, S. 1201.
vgl. auch die Regierungserklärung des Bundeskanzlers Helmut Kohl am 04.10.90.
8 vgl. Bundesminister des Auswärtigen, Hans-Dietrich Genscher: Rede vor den Vereinten Nationen am 26.09.90, in: Presse- und Informationsamt der Bundesregierung, Bulletin Nr. 115 vom 27.09.90, S. 1201ff
vgl. auch Bundesminister des Auswärtigen, Hans-Dietrich Genscher, Ich habe Kurs gehalten, DER SPIEGEL, 6/91, S. 22–25.
9 vgl. Jakob Burkhardt: Weltgeschichtliche Betrachtungen, Stuttgart 1959, S. 97.
10 Hans-Viktor Schierwater: Deutschland, Der Golf und die Allianz, Fragen an die deutsche Außenpolitik, in: Rissener Rundbrief, 4/91, S. 87.
vgl. auch Wolfgang Ehlert: Friedenspolitik ist Machtpolitik, Zentrum Innere Führung, Koblenz, August 1990.
11 Die Feststellung ist heute kaum umstritten. Vgl. mit vielen grundsätzlichen Quellen Erich Vad/Jörg Ringe: Kanonenbootpolitik / Eine Untersuchung zur Wechselwirkung von Sicherheitspolitik und der Projektion militärischer Macht, Führungsakademie der Bundeswehr, Hamburg 1990.
12 Bundesminister der Verteidigung, Informations- und Pressestab im Bundesministerium der Verteidigung, 32. Kommandeurtagung/Reden, Bonn 1991, S. 4; vgl. auch in gleichem Sinne Admiral Dieter Wellershoff, Informations- und Pressestab im Bundesministerium der Verteidigung, 32. Kommandeurtagung/Reden, Bonn 1991, S. 17–31.
13 Bundeskanzler Helmut Kohl: Erklärung der Bundesregierung zur Lage in der Golfregion und in Litauen, Presse- und Informationsamt der Bundesregierung, Bulletin Nr. 4 vom 15.01.91, S. 21.
14 vgl. Richard von Weizsäcker: Der Golfkrieg weist nicht in die Zukunft, DIE ZEIT, 08.02.91;
vgl. auch Richard von Weizsäcker: Zur Rolle der Bundesrepublik Deutschland in der Weltpolitik, ZDF-Interview vom 17.02.91 in der Sendung »BONN DIREKT«.
15 Michael J. Inacker: Unter Ausschluß der Öffentlichkeit?, Bouvier-Verlag, Bonn/Berlin 1991, S. 86.
16 vgl. US Policy Information and Texts, No. 17, 30.01.91, S. 17ff.
17 Vgl. L. Meyfarth: Der Einsatz deutscher Soldaten im Falle eines bewaffneten Angriffs auf die Türkei, Diskurs 14, Führungsakademie der Bundeswehr, Fachzentrum Dokumentation, 1991, S. 8.
18 Vgl. ebd., S. 7f.
19 Vgl. R. Scholz, Europäische Wehrkunde 10/90; Stein, F.A.Z. vom 10.1.1991; Kriele, DIE WELT vom 14.2.1991.
20 Vgl. L. Meyfarth, a.a.O., S. 8.
21 Vgl. ebd., S. 5.
22 Vgl. Klein, F.A.Z. vom 22.1.1991; Kinkel, F.A.Z. vom 4.2.1991.
23 Vgl. R. Dolzer, F.A.Z. vom 21.1.1991; T. Humm, F.A.Z. vom 28.1.1991.
24 Im bindenden Beschluß des Sicherheitsrats vom 3.11.1982 heißt es, daß »militärische Einsätze der Bundeswehr außerhalb des NATO-Bereiches grundsätzlich nicht in Frage kommen, es sei denn, es läge ein Konflikt zugrunde, der sich gleichzeitig als völkerrechtswidriger Angriff auf die Bundesrepublik Deutschland darstellt«.
25 vgl. Thomas Kielinger: Der Golfkrieg und die Folgen aus deutscher Sicht, in: Außenpolitik 3/91, S. 241–250.
26 Richard von Weizsäcker, a.a.O., S. 3.
27 Bundeskanzler Helmut Kohl stellte am 04.05.1983 in seiner Regierungserklärung fest: »Jeder weiß, daß unsere vitalen Interessen über den NATO-Vertragsbereich hinausreichen. Krisenhafte Entwicklungen in anderen Teilen der Welt wirken sich auf uns aus.«.
28 vgl. z.B. Fichte: Der geschlossene Handelsstaat, 1800.
vgl. auch Delbrück: Regionale Zusammenschlüsse und ihre Auswirkungen auf die Souveränität der Staaten, S. 462, in: Georg Picht/Constanze Eisenbart (Hrsg): Frieden und Völkerrecht, Stuttgart 1973, S. 457 ff.
29 vgl. Delbrück: Souveränität und Nationalstaat im Wandel, S. 672, in: Hans-Peter Schwarz (Hrsg): Handbuch der deutschen Außenpolitik, München 1975, S. 669 ff.
30 vgl. Michael J. Inacker, a.a.O., S. 139.

31 Werner Kaltefleiter: Politische Lehren aus dem Golfkrieg, in: Europäische Sicherheit, 5/91, S. 254–260.
32 Kein Wunder also, daß der Generalinspekteur der Bundeswehr eine klare politische Zielbestimmung fordert. Vgl. Admiral Wellershoff, a.a.O., S. 28.
33 So sehr man über die Thesen von Wilhelm Nolte diskutieren kann, in diesem Punkt muß man ihm folgen. Wilhelm Nolte: Ernstfall, Rückfall, Deutsche Soldaten und deutsche Militärstrategie am Golf, in: Diskurs 21, Materialien und Manuskripte aus der Führungsakademie der Bundeswehr, November 1991, S. 16.
34 vgl. Götz Steinle: Allied Mobile Force — Ein Mittel zur Krisenbewältigung, in: Truppenpraxis 2/91, S. 122.
35 vgl. z.B.: Ekkehard Kohrs: Verlegung der Alpha Jets hat eher einen symbolischen Wert, in: General-Anzeiger vom 04.01.91, S. 3.
36 vgl. Götz Steinle, a.a.O., S. 124.
37 Allied Command Europe Force, in: Soldat und Technik 3/91, S. 170.
38 vgl. Bundesverteidigungsminister Gerhard Stoltenberg, in: Frankfurter Rundschau vom 31.01.1991.
vgl. auch Georg-Maria Meyer/Ruth Seiffert: Tapfer Verteidigen — Die Bundeswehr und die Möglichkeit des Krieges, in: Information für die Truppe 5/91, S. 62.
39 vgl. Michael J. Inacker, a.a.O., S. 110.
40 vgl. Peter Heckner: »Auf Wiedersehen« und »Gülle, Gülle«, in: Luftwaffe 5/91, S. 20–21.
41 Komplette und kompetente Darstellung des Minenabwehrverbandseinsatzes im Persischen Golf: vgl. Klaus-Peter Hirtz, Operation Südflanke, in: Truppenpraxis 6/91, S. 622–627.
Im übrigen wurde diese »out of area« Operation von Streitkräften sowohl von der Regierung als auch von der Opposition als grundgesetzkonform bewertet, allerdings mit teilweise unterschiedlichen Begründungen. Die Regierung legte die bisher immer angewandte Beschlußlage des Bundessicherheitsrates zugrunde, wonach ein »Einsatz« von Streitkräften außerhalb des NATO-Territoriums im Sinne des Grundgesetzes nur die Beteiligung an kriegerischen Auseinandersetzungen ausschließt. Die Opposition begründete die Entsendung der Bundesmarine mit einem humanitären Einsatz wie bei Katastrophenhilfen. (Vgl. u.a. Süddeutsche Zeitung (1991) 56, 7. März, S. 1)
42 Die Abgabe von Material an Israel zur technischen Auswertung ohne Einschaltung des Bundessicherheitsrates soll hier nicht bewertet werden.
43 Vgl. M. Inacker: Der deutsche Golfkrieg, Rheinischer Merkur vom 20.9.1991, S. 4.
44 Vgl. M. Inacker, a.a.O..
45 Vgl. Walter Wille: Die Spearhead Division verläßt Deutschland, in: F.A.Z. v. 17.1.1992, S. 6.
46 vgl. Horst Jungkurth, Die deutsche Luftwaffe und ihr Weg in die Zukunft, in: Der Mittler-Brief, Nr. 1/1991, S. 4.
47 vgl. Dirk Sommer: Vom Strippenzieher zum Informationsmanager, in: Truppenpraxis 2/91, S. 170.
48 zur Bedeutung der High-Tech-Mittel vgl. etwa: Roland Kästner/Götz Nenneck: HighTech und der Krieg am Golf — die Kosten moderner Kriegführung, in: Sicherheit und Frieden, 3/91, S. 127–133 und Peter Preylowski: Krieg am Golf — »Operation Wüstensturm«, Erster High-Tech-Krieg, in: Soldat und Technik 3/1991, S. 164–167.
49 vgl. Peter Preylowsky: Auswertung Golf-Krieg, in: Soldat und Technik 11/1991, S. 766.
50 vgl. Jose Sanchez Mendez: Die Luftmacht von Morgen, in: Rev Aeron y Astron, 1988, S. 560–575.
51 vgl. ausführlicher zu diesem Thema: Georg Bernhardt: Aufgaben im Wandel, in: Soldat und Technik 9/1991, S. 602–618.
52 NATO und Bundeswehr berücksichtigen diese Ansätze in ihren Überlegungen zu neuen Strukturen. Die Bildung multinationaler Korps und die Schaffung von zwei Divisionsstäben für Sonderaufgaben ist geplant.
vgl. Rolf Hallerbach, Zauberformel der Zukunft: Multinationale NATO-Truppen, in: Europäische Sicherheit, 1/91, S. 21–23.
vgl. auch Henning von Ondarza: Das Heer auf dem Wege zu seiner fünften Struktur, in: Europäische Sicherheit, 2/91, S. 76–84.
53 vgl. Georg Bernhardt, a.a.O., S. 603.
54 Roll on, Roll off.
55 2. Kompanie des SanitätsLehrBataillons 851 aus München, die in der Vergangenheit sehr häufig zu humanitären Einsätzen in Katastrophen- und Krisengebiete entsandt wurde, zuletzt anläßlich der Kurdenhilfe im Iran und zur Unterstützung der UNO-Truppen in Kabodscha.
56 Brigadegeneral Gero Koch: Notwendiger denn je, die Infanterie in der Heeresstruktur 5 — Gefragt ist wieder mehr der Kämpfer zu Fuß, in: Truppenpraxis 5/91, S. 515.
57 Erste militärische Lehren aus dem Kuwait-Konflikt, in: Defense Nationale (FR), 46/1990, S. 43–51.
58 vgl. Ramon Martin Casana: Die Führung in den Streitkräften des Jahres 2000, in: Ejercito, April 1989, S. 94–98.
59 vgl. Wulf Bickenbach, ACE GUARD 91, in: Luftwaffe 5/91, S. 3/4.
60 vgl. Michael J. Inacker, a.a.O.

Literaturverzeichnis

Anonym:	Allied Command Europe Force, in: Soldat und Technik 3/91, S. 170/171.
Anonym:	Erste militärische Lehren aus dem Kuwait Konflikt, in: Defense Nationale (FR), 46/1990, S. 43–51.
Bernhardt, Generalmajor, Georg:	Aufgaben im Wandel, in: Soldat und Technik 9/1991, S. 602–618.
Bickenbach, Wulf:	ACE GUARD 91, in: Luftwaffe 5/91, S. 2–4, 13.
Burkhardt, Jakob:	Weltgeschichtliche Betrachtungen, Stuttgart 1959.
Casana, Ramon Martin:	Die Führung in den Streitkräften des Jahres 2000, in: Ejericito, April 1989, S. 94–98.
Danilecitsch, A. A.:	Militärstrategische Aspekte der Vereinigung Deutschlands, in: Voennaja Mysl, 10.10.1990, S. 10–12.
Davy, Richard:	Großbritannien und die Deutsche Frage, in: Europa Archiv, Nr. 4/1990, S. 139–144.
Delbrüpck:	Regionale Zusammenschlüsse und ihre Auswirkungen auf die Souveränität der Staaten in: Georg Picht, Constanze Eisenbart (Hrsg), Frieden und Völkerrecht, Stuttgart 1973.
derselbe:	Souveränität und Nationalstaat im Wandel, in: Hans-Peter Schwarz (Hrsg), Handbuch der deutschen Außenpolitik, München 1975.
Ehlert, Wolfgang:	Friedenspolitik ist Machtpolitik, Zentrum Innere Führung, Koblenz, August 1990.
Genscher, Bundesminister des Auswärtigen, Hans-Dietrich:	Rede vor den Vereinten Nationen am 26.09.90, in: Presse- und Informationsamt der Bundesregierung, Bulletin Nr. 115 vom 27.09.90, s. 1201–1206.
derselbe:	Ich habe Kurs gehalten, DER SPIEGEL, 6/91, S. 22–25.
Hallerbach, Rolf:	Zauberformel der Zukunft: Multinationale NATO-Truppen, in: Europäische Sicherheit, 1/91, S. 21–23.
Hatzel, Michael H.:	Amerikanische Einstellungen zur deutschen Wiedervereinigung, in: Europa-Archiv, Nr. 4/1990, S. 127–132.
Heckner, Peter:	»Auf Wiedersehen« und »Gülle, Gülle«, in: Luftwaffe 5/91, S. 20–21.
Heine, Heinrich:	Deutschland. Ein Wintermärchen, in: Heinrich Heine, Die Höhepunkte seines Schaffens, Wien 1978.
Humm, Thomas:	Der Büdnisfall, FAZ v. 28.1.91.
Inacker, Michael J.:	Unter Ausschluß der Öffentlichkeit?, Bouvier-Verlag, Bonn/Berlin 1991.
Junkurth, Generalleutnant Horst:	Die deutsche Luftwaffe und ihr Weg in die Zukunft, in: Der Mittler-Brief, Nr. 1/1991.
Kästner, Roland; Nenneck, Götz:	HighTech und der Krieg am Golf — Die Kosten moderner Kriegführung, in: Sicherheit und Frieden, 3/91, S. 127–133.
Kaltefleiter, Werner:	Politische Lehren aus dem Golfkrieg, in: Europäische Sicherheit, 5/91, S. 254–260.
Kielinger, Thomas:	Der Golfkrieg und die Folgen aus deutscher Sicht, in: Außenpolitik 3/91, S. 241–250.
Koch, Brigadegeneral Gero:	Notwendiger denn je, Die Infanterie in der Heeresstruktur 5 — Gefragt ist wieder mehr der Kämpfer zu Fuß, in: Trupenpraxis 5/91, S. 515–520.
Kohl, Bundeskanzler Dr. Helmut:	Erklärung der Bundesregierung zur Lage der Golfregion und in Litauen, Presse- und Informationsamt der Bundesregierung, Bulletin Nr. 4 vom 15.01.91.
derselbe:	Ein geeintes Deutschland als Gewinn für Stabilität und Sicherheit in Europa, Rede zum Abschluß der Interparlamentarischen Abrüstungs-

	konferenz in Bonn, in: Presse- und Informationsamt der Bundesregierung, Bulletin Nr. 68 vom 29.05.90.
Kohrs, Ekkehard:	Verlegung der Alpha Jets hat eher einen symbolischen Wert, in: General-Anzeiger vom 04.01.91, S. 3.
Mendez, Jose Sanchez:	Die Luftmacht von Morgen, in: Rev Aeron y Astron, 1988, S. 560–575.
Meyer, Georg-Maria; Seiffert, Ruth:	Tapfer Verteidigen — Die Bundeswehr und die Möglichkeit des Krieges, in: Information für die Truppe 5/91.
Meyfarth, Lothar:	Der Einsatz deutscher Soldaten im Falle eines bewaffneten Angriffs auf die Türkei, Diskurs 14, Führungsakademie der Bundeswehr, Fachzentrum Dokumentation, 1991.
Nardin, Denis:	Frankreich und die deutsche Einheit, in Rissener Rundbrief, Nr. 5/1990, S. 135–142.
Nolte, Wilhelm:	Ernstfall, Rückfall, Deutsche Soldaten und deutsche Militärstrategie am Golf, in: Diskurs 21, Materialien und Manuskripte aus der Führungsakademie der Bundeswehr, November 1991.
Ondarza, Generalleutnant Henning von:	Das Heer auf dem Wege zu seiner fünften Struktur, in: Europäische Sicherheit, 2/91, S. 76–84.
Presse- und Informationsamt der Bundesregierung:	Verpflichtende Erklärung der Bundesregierung vor der VKSE in Wien am 30.08.1990, in: Vertrag über die abschließende Regelung in bezug auf Deutschland, Bonn, September 1990.
derselbe:	Vertrag über die abschließende Regelung in bezug auf Deutschland (2+4-Vertrag), Artikel 2, in: Vertrag über die abschließende Regelung in bezug auf Deutschland, Bonn, September 1990.
derselbe:	Entschließung des Deutschen Bundestages zur deutsch-polnischen Grenze vom 21.09.90, in: Vertrag über die abschließende Regelung in bezug auf Deutschland, Bonn, September 1990.
Preylowski, Oberst i.G. Peter:	Krieg am Golf — »Operation Wüstensturm«, Erster High-Tech-Krieg, in: Soldat und Technik 3/1991, S. 164–167.
derselbe:	Auswertung Golf-Krieg, in: Soldat und Technik 11/1991, S. 765 ff.
Schierwater, Hans-Viktor:	Deutschland, Der Golf und die Allianz, Fragen an die deutsche Außenpolitik, in: Rissener Rundbrief, 4/91, S. 85–92.
Sommer, Dirk:	Vom Strippenzieher zum Informationsmanager, in: Truppenpraxis 2/91, S. 170–176.
Sommer, Theo; Leicht, Robert; Hofmann, Gunter:	Der Golfkrieg weist nicht in die Zukunft, Ein ZEIT-Gespräch mit Bundespräsident Richard von Weizsäcker, in: DIE ZEIT, Nr. 7–8, Februar 1991.
Sonne, Werner:	Sadams schreckliches Erbe, ZDF am 01.08.91.
Steinle, OTL i.G. Götz:	Allied Mobile Force — Ein Mittel zur Krisenbewältigung, in: Truppenpraxis 2/91, S. 121–125.
Stoltenberg, Bundesminister der Verteidigung, Gerhard:	Informations- und Pressestab im Bundesministerium der Verteidigung, 32ste Kommandeurtagung / Reden, Bonn 1991.
Vad, Dr. Erich; Ringe, Jörg:	Kanonenbootpolitik / Eine Untersuchung zur Wechselwirkung von Sicherheitspolitik und der Projektion militärischer Macht, Führungsakademie der Bundeswehr, Hamburg 1990.
Weizsäcker, Richard von:	Der Golfkrieg weist nicht in die Zukunft, DIE ZEIT, 08.02.91.
derselbe:	Zur Rolle der Bundesrepublik Deutschland in der Weltpolitik, ZDF-Interview vom 17.02.91 in der Sendung »BONN DIREKT«.
Wellershoff, Admiral Dieter:	Rede anläßlich der zweiunddreißigsten Kommandeurtagung der Bundeswehr, in: Informations- und Pressestab im Bundesministerium der Verteidigung, 32ste Kommandeurtagung / Reden, Bonn 1991, S. 17–31.

Peter Henry

13. Landkriegführung im Spiegel der Air-Land-Battle-Doctrine

In dieser Arbeit sollen Aspekte der verbundenen Land/Luftkriegführung am Golf auf der Grundlage der amerikanischen Air-Land-Battle-Doctrine untersucht werden. Im Mittelpunkt werden Operationen amerikanischer Streitkräfte stehen. Operationen anderer Streitkräfte oder von Streitkräften mehrerer Nationen werden am Rande erwähnt. Die Erfahrungen, die das US Marine Corps, die See- und Luftstreitkräfte der Koalition und die Landstreitkräfte von anderen Ländern gemacht haben, werden an anderer Stelle ausführlich behandelt. Dieser Beitrag basiert auf offenen Quellen, die durch die eigenen, persönlichen Erfahrungen als Angehöriger eines US-Korpsstabes während der Operation Desert Storm ergänzt werden. Der Beitrag gibt keine offizielle Auffassung der US-Regierung oder des US-Heeres wieder. Es soll der Versuch unternommen werden, mit einem Blick hinter die Kulissen die Durchführung von Land/Luftkriegsoperationen durch die Amerikaner kritisch zu hinterfragen. Dabei mag, einer typisch amerikanischen Eigenart folgend, die Wirklichkeit des Golfkrieges des öfteren an einem allzu idealistischen Maßstab gemessen werden. Dahinter steht die Absicht, zur Weiterentwicklung der Air-Land-Battle-Doctrine besonders im Angesicht eines großen Sieges beitragen zu wollen. Die Geschichte hat gezeigt, daß Selbstkritik nach einem siegreichen Feldzug sehr viel schwieriger ist als nach einer Niederlage. Viele Siege waren in der Kriegsgeschichte die Saat der nächsten Niederlage.

Nach dem Vietnam-Debakel Anfang der 70er Jahre hatte sich das US-Heer wieder auf den europäischen Kontinent als möglichen Kriegsschauplatz konzentriert. Getrieben von dem Sendungsbewußtsein, das Heere in der Geschichte nur aus der Niederlage entwickelt haben, aber auch in Auswertung der im Yom-Kippur-Krieg 1973 gemachten Erfahrungen und in Anbetracht der bedrohlichen Kampfkraftvorteile des Warschauer Paktes auf einem möglichen Kriegsschauplatz Europa, unterzog die Führung des US-Heeres ihre Einsatzdoktrin für konventionelle Konflikte mittlerer und großer Intensität einer grundlegenden Prüfung. Diese Doktrin war durch die Überbetonung der nuklearen Komponente auf dem europäischen Kriegsschauplatz in den 50er und 60er Jahren in den Hintergrund getreten und konnte während des Krieges in Vietnam nicht weiterentwickelt werden[1].

Als Ergebnis dieser Überlegungen wurde ein Konzept der aktiven Verteidigung (Active Defense) entwickelt, das erstmalig 1976 als US-Heeresdienstvorschrift FM 100-5 mit dem Originaltitel »Operations 1976« vorgestellt wurde. Das neue Konzept konzentrierte sich in erster Linie auf die Führung taktischer Gefechte[2], auf die vernichtende Wirkung moderner Waffen auf dem Gefechtsfeld und unterstrich die Bedeutung der richtigen Nutzung des Geländes[3]. Die Doktrin wies auf den Zwang hin, gegen zahlenmäßig überlegene sowjetische Kräfte in klassischen Panzeroperationen eingesetzt gewinnen zu müssen, und postulierte den synergetischen Ansatz der Kräfte und Mittel im Gefecht der verbundenen Waffen sowie die Ausnutzung von Mobilität und Flexibilität im Handeln als Kampfkraftvorteil gegenüber der sowjetischen Holzhammertaktik. Sie verlangte, Truppen und Feuer wendig in wechselnden Schwerpunkten zusammenzufassen, um zumindest dort erträgliche Kampfkraftverhältnisse zu schaffen, wo die Entscheidung gesucht werden sollte[4].

Die ungewöhnliche Diktion, aber auch die Art und Weise der Argumentation der neuen Dienstvorschrift »Operations« hatte im US-Heer eine lebhafte Debatte über die Doktrin ausgelöst. Wie ein scharfsinniger Beobachter bemerkte, war sie eine der kontroversesten Dienstvorschriften, die das US-Heer je veröffentlicht hat[5]. Ein anderer Beobachter stellte ironisch fest, daß das Heer sich mit der Veröffentlichung von 1976 »selbst überrascht« hatte[6]. Im Mittelpunkt der Kritik stand vor allem eine anscheinend zu starke Betonung der Gefechtsart Verteidigung. Die Verfasser waren von dieser Kritik überrascht und wiesen mit Nachdruck auf die zentrale Aussage ihrer Dienstvorschrift hin, daß die Entscheidung in der Verteidigung nur durch offensive Operationen erreicht werden könne. Dennoch war der Titel »Active Defense« zwar populär, die damit verbundene Vorstellung des einzig möglichen Einsatzes in Europa aber ungeschickt — und letztlich belastend. Andere Kritiker wandten sich gegen die Priorität des Elementes Feuer gegenüber dem der Bewegung und den dadurch veränderten Stellenwert beweglicher Reserven[7]. Angesichts der Disparität der Kräfte im Ost-West Scenario und der politischen Forderung nach einer Vorneverteidigung könnte man argumentieren, daß dieses Konzept nur die harten Realitäten des Wettkampfes mit dem Warschauer Pakt widerspiegelte. Unter den damals gegebenen Umständen war das Konzept der »Active Defense« sicherlich die einzige realistische Möglichkeit, der sowjetischen Bedrohung wirkungsvoll zu begegnen.

In den späten siebziger Jahren wurde jedoch offenbar, daß die taktische Doktrin der Sowjets selbst einen radikalen Wandel erlebte, der dem doktrinären Entwicklungszyklus des US-Heeres voraus war[8]. Es wurden Grundsätze, Absichten und Einsatzverfahren bekannt, denen man mit dem Konzept »Active Defense« nicht mit Aussicht auf Erfolg begegnen konnte[9]. Die neue sowjetische Doktrin signalisierte erhöhte Flexibilität, zumindest auf den höheren taktischen und operativen Ebenen. Eine Betonung der Befähigung zum Begegnungsgefecht im Gegensatz zum klassischen Durchbruch begann die sowjetische Ausbildung zu kennzeichnen. Um eine gegnerische Verteidigung zu durchbrechen, wurde die schnelle Verlagerung des Schwerpunkts zwischen mehreren Angriffsachsen geübt. Damit sollte die Fähigkeit des Westens, den sowjetischen Schwerpunkt zu identifizieren und seine Kräfte gegen diesen Schwerpunkt zu konzentrieren, unterlaufen werden. Das Wiederaufleben des Konzepts der beweglichen Gefechtsführung von Gefechtsverbänden aus dem Zweiten Weltkrieg in Form der beweglichen Manövergruppe (operational maneuver group) stellte ein besonders wirksames Mittel dar, die NATO-Vorneverteidigung zu kontern. Von diesen Entwicklungen überholt, erwies sich »Active Defense« lediglich als eine Zwischenstation auf dem Weg zu einer revolutionären Doktrin der Kriegsführung für alle Kriegsschauplätze.

Die Einsatzkonzeption des US-Heeres der 80er Jahre, die Air-Land-Battle-Doctrine, wurde Anfang 1981 veröffentlicht[10]; die endgültige Fassung als neue US-Heeresdienstvorschrift FM 100-5 ein Jahr später veröffentlicht[11]. Im Gegensatz zu ihrem Vorgänger spiegelte die neue Dienstvorschrift einen erfrischenden Offensivgeist wider: »Die Air-Land-Battle-Doctrine basiert darauf, stets die Initiative zu suchen und zu behalten und sie energisch zu ergreifen, um den Feind zu zerschlagen«[12]. Das neue Konzept betonte die Notwendigkeit, den Feind in seiner gesamten Tiefe mit Feuer und Bewegung zu packen und ihn auf einem sich ständig wandelnden Gefechtsfeld anzugreifen, einem Gefechtsfeld, das nicht mehr wie bisher durch die lineare und damit statische Aufstellung der Kräfte gekennzeichnet war.

Treibende Kraft war die Idee, das Staffelprinzip der sowjetischen Doktrin zu unterlaufen und die Kräfte aufzusplittern, bevor diese ihre konzentrierte Stärke in der Front zur Wirkung bringen konnten[13]. Grundgedanke war es, in einem begrenzten Teil des Gefechtsfeldes eine Überlegenheit an Kampfkraft zu erzielen, um damit den Feind schlagen zu können, der insgesamt hoch überlegen war.

Die neue Doktrin betonte den Stellenwert der Führung im Gefecht, unterstrich in besonderem Maße die Fähigkeit zu improvisieren, den Drang zur Initiative und den besonderen Stellenwert eines Offensivgeistes. In dieser Hinsicht stellte die Konzeption eine grundlegende Abkehr vom Systemanalyse-orientierten Gefechtsfeldmanagement der 60er Jahre dar, das in der Konzeption der »Active Defense« noch sehr stark in Erscheinung trat[14]. Die neue Initiative verlangte, wie es die Bezeichnung schon andeutet, eine enge Zusammenarbeit zwischen Land- und Luftstreitkräften, um den Sieg zu erringen[15]. Zum ersten Mal versuchte damit das Heer energisch, die Luftstreitkräfte in die Entwicklung eines alle Kräfte und Mittel integrierenden, dreidimensionalen Konzepts der Kriegführung einzubeziehen[16].

Die neue Doktrin wollte für die operative und taktische Führung gleichermaßen gelten und für alle Konfliktformen und Kriegsschauplätze gültig sein[17]. Es liegt jedoch auf der Hand, daß sie in erster Linie auf die Abwehr einer groß angelegten sowjetischen Aggression in Mitteleuropa ausgerichtet war[18]. Von Anfang an wurden die Spannungen zwischen dem offensiven Grundanliegen, das sich in der Betonung von Initiative, Tiefe, Wendigkeit und der Synchronisierung von Feuer, Bewegung und allen Kräften dokumentierte, auf der einen Seite und den politischen und militärischen Realitäten des potentiellen europäischen Kriegsschauplatzes auf der anderen Seite deutlich[19]. Die praktische Anwendung der Doktrin scheiterte an den politischen Prämissen der Vorneverteidigung und dem Sanktuarium, die Entscheidung nicht auf dem Territorium des Gegners suchen zu können, aber auch an der konventionellen Überlegenheit des Warschauer Paktes. All dieses ließ es nicht zu, den Grad offensiver, operativer Bewegungen zu praktizieren, die den Kern der Air-Land-

Battle-Doctrine ausmachten. In operativen Planungen der NATO war die Air-Land-Battle- Doctrine nur als schwacher Schatten einer Idealvorstellung wiederzufinden, sie konnte nur sehr begrenzt umgesetzt werden[20]. Erst zehn Jahre später, nachdem der Kalte Krieg gewonnen worden war, konnte die Doktrin ihre wahren Intentionen in den Sandwolken eines Wüstensturmes zeigen.

Eine Forderung der ALB-Doktrin zielte auf die Fähigkeiten der Aufklärung in die Tiefe; es wurde ein großes Gewicht auf Echtzeitaufklärungsfähigkeit gelegt. In diesem Sinne war das Konzept 1981 unrealistisch, denn das Heer hatte zu diesem Zeitpunkt keinerlei Zugang zu einem breiten Fächer von Aufklärungssensoren, der es in die Lage versetzt hätte, daraus die Absichten des Feindes abzulesen[21]. Erst zehn Jahre später war die Technologie entwickelt und verfügbar, die diese Aufgabe in den Wüsten des Golfes erfüllen konnte.

Befreit von den Zwängen des »großen Spiels« mit der Sowjetunion im Kalten Krieg, waren die Vereinigten Staaten zum ersten Mal in der Lage, die gesamte Palette von Aufklärungssystemen in einem Konflikt einzusetzen. Strategische Frühwarnsysteme, die in Echtzeit den Abschuß sowjetischer, interkontinentaler ballistischer Flugkörper melden sollten, fanden eine neue Zweckbestimmung in der Suche nach den schwer erfaßbaren, beweglichen Abschußrampen der Scud, deren Einsatz mit konventionellen Gefechtsköpfen, wenn auch militärisch ohne Bedeutung, den politischen Zusammenhalt der Koalition bedrohte. Andere nationale Aufklärungssysteme stellten die Überwachung irakischer Truppenbewegungen und Kräfteverteilungen im Raum, Zieldaten und wichtige Ergebnisse der Wirkungsaufklärung sicher[22]. Das AWACS-System erfaßte den gesamten Luftraum des Operationsgebietes einschließlich des Luftraums über dem Irak, während das noch in der Erprobung befindliche JSTARS-System eine wichtige, wenngleich weniger umfassende Erfassung der Lage am Boden im Operationsgebiet ermöglichte. In der taktischen Luftaufklärung gab es nur einen begrenzten operativ-taktischen Einsatz zur Unterstützung der Bodentruppen, der aber erstmals durch den Einsatz von unbemannten Luftfahrzeugen bzw. Drohnen durch Land- und Seestreitkräfte ergänzt wurde. Am Boden — und in seiner unmittelbaren Nähe — setzte darüber hinaus das Heer die ganze Palette gepanzerter, leichter, auf Radfahrzeugen montierter sowie luftbeweglicher Mittel und auch reiner Luftaufklärungsmittel ein. Special Operations Forces (SOF) wurden in taktischer, operativer und selbst strategischer Tiefe des Raumes eingesetzt. Der tatsächliche Beitrag wird wahrscheinlich nie jemals öffentlich gemacht werden[23]. Darüber hinaus war das gesamte Operationsgebiet von sich überlappenden Systemen der elektronischen Nachrichtengewinnung abgedeckt[24].

Die Leistungen all dieser Aufklärungsmittel lagen dennoch weit unter deren technischen Möglichkeiten. Trotz des Vorteils einer sehr langen Vorbereitungsphase und ohne jede Störung durch den Feind, wurde die Wirksamkeit der Aufklärung der Koalition während des Konflikts durch eine Reihe von Störfaktoren eingeschränkt. Aufklärungsergebnisse von befriedigender Qualität für die operative Führung konnten von Aufklärungssystemen und mit einem Verteilerkonzept nicht gewonnen werden, die auf die Aufklärung und Verteilung strategischer Aufklärungsergebnisse optimiert waren. Aufklärungsmittel zur Frühwarnung und strategischen Überwachung aus dem

Kalten Krieg bekamen aufgrund ihrer technischen Parameter neue Aufträge zugewiesen. Die Ergebnisse trafen auf Auswertepersonal und ein diesem Personal vertrautes Datenverteilungsmanagement, das sich über einen Zeitraum von mehr als 40 Jahren fast ausschließlich auf den Gegner im Kalten Krieg konzentriert hatte. Dieses war eine starke Herausforderung für das Personal. Die Spezialisten des militärischen Nachrichtenwesens, die sich immer damit gebrüstet hatten, sowjetische Doktrinen und Einsatzgrundsätze fest im Griff zu haben, fanden sich mit den Folgen dieser Spezialisierung, bei allen Vorteilen im Kalten Krieg, konfrontiert und waren mehr als irritiert, als die Irakis diesen bei ihnen angenommenen sowjetischen Normen nicht entsprechen wollten oder konnten[25]. Sich wiedersprechende, zuweilen völlig unvereinbare Beurteilungen der Aufklärungsergebnisse durch die beteiligten Stellen unterminierten das Vertrauen in das nationale militärische Nachrichtenwesen insgesamt. Die Tatsache, daß Verfahren und Prioritäten für die Auftragserteilung an die Aufklärungsmittel vor und nach dem Ausbruch von Feindseligkeiten nicht exakt festgelegt worden waren, verbunden mit mangelnder Flexibilität der überlasteten Systeme bei der Weitergabe bzw. Verteilung von Aufklärungsergebnissen an die Bedarfsträger hat zu einer Ernüchterung höchster an der Operation beteiligter Führer auf dem gesamten Kriegsschauplatz beigetragen. Friktionen bei Nachrichtengewinnung und -verteilung wurden ganz besonders bei den Aufklärungssystemen der höchsten Führungsebene deutlich, dort wo die Nahtstelle zwischen strategischer und operativer Aufklärung angesiedelt war. Trotz jahrzehntelang formulierter Forderungen nach teilstreitkraftübergreifendem Einsatz aller Aufklärungsmittel und -kräfte und eines starken Interesses seitens des Kongresses an diesem Aufklärungsverbund, haben die im KTO durchgeführten Nachrichtengewinnungsoperationen bestätigt, daß ein ausreichendes Maß an Gemeinsamkeit der beteiligten Streitkräfte erst noch verwirklicht werden muß. Das Gespür der einen Teilstreitkraft für den Aufklärungsbedarf der anderen Teilstreitkräfte war alles andere als optimal. Die unterschiedliche Auslegung der Systeme und fehlende Interoperabilität zwischen den Systemen haben darüber hinaus dazu geführt, die verfügbaren Ergebnisse überhaupt optimal nutzen zu können[26].

Unterschiedliche Einsatzverfahren und -grundsätze bei den einzelnen Teilstreitkräften, aber auch die außergewöhnlich zentralisierte Führung des Luftkrieges verhinderten, daß das technische Potential einiger Systeme überhaupt voll ausgenutzt werden konnte[27]. Ein Beispiel dafür ist das JSTAR-System[28]. Diese fliegende Aufklärungsplattform versprach die gleiche Qualität einer Lageaufklärung wie dieses das AWACS-System in der dritten Dimension angeboten hatte. Ironischerweise hat der Konflikt beim Einsatz dieses gemeinsam von Heer und Luftwaffe entwickelten Systems seine Wurzeln in der Systembezeichnung, die eine gleichzeitige Lage- und Zielaufklärung suggeriert. Während das Heer die Hauptaufgabe in der Lageaufklärung sah, betrachtete die Luftwaffe dieses System zuallererst als ein Zielaufklärungssystem. Diese voneinander abweichenden Aufgabenstellungen an das System erfordern unterschiedliche, in gewissem Grade technisch inkompatible Einsatzverfahren, die für das Heer den Einsatz eines Lageaufklärungssensors, bei der Luftwaffe aber, um Flugzeuge gegen bewegliche Ziele führen zu können, den Einsatz in der Betriebsart Bewegtzielanzeige (Moving Target Indicator (MTI) Mode) verlangte.

Der Interessenkonflikt zwischen Heer und Luftwaffe, der durch die geringe Anzahl verfügbarer Systeme und die besonderen Umstände eines Systems in der Erprobungsphase noch verschärft wurde, wurde von der obersten militärischen Führung nicht gelöst, was durch eine Prioritätenvergabe möglich gewesen wäre. Dieses Versäumnis begünstigte den Betreiber des Systems, die Luftwaffe, die die Einsatzbefehle gab, und führte zu einer vorrangigen Nutzung in der Zielerfassung und -verfolgung zu Lasten der Lageaufklärung.

Das System JSTARS war damit voll in der unmittelbaren Führung des Luftkrieges gebunden und wurde bei diesem Einsatz durch die Wirkungslosigkeit der irakischen Boden-Luftraketen (SAM) der Luftverteidigung begünstigt. Darüber hinaus eingebunden in die Bekämpfung der militärisch bedeutungslosen, aber politisch hochwichtigen Scud-Abschußrampen, blieb der Nutzen des Systems für die Truppenführer der Landstreitkräfte weit hinter den Erwartungen zurück.

Der Bedarf operativer und taktischer Führer des Heeres an verzugslos verfügbaren, sofort verwertbaren Aufklärungsergebnissen anstelle von großen Mengen nicht ausgewerteter Ergebnisse, konnte vom Aufklärungssystem der obersten Führung nicht gedeckt werden. Die zeitgerechte Verteilung graphischer Ergebnisse erwies sich als besonders problematisch. Ein Bataillonskommandeur zeigte sich hoch beeindruckt von der Menge an nicht ausgewerteten Aufklärungsergebnissen, die ihm die übergeordnete Führung von den irakischen Reserven in der Tiefe des Operationsgebietes 200 km vor seinem Bataillon in allen Details geliefert hatte. Er bemerkte zynisch, daß er nun alle seine eigenen, allerdings geringen Aufklärungsmittel und -kräfte somit dorthin konzentrieren konnte, wo sein eigentlicher Bedarf bestand: auf den vor ihm liegenden Befestigungsgürtel der irakischen Bodentruppen.

Dem allgemeinen Trend folgend könnte man der Bedeutung einer wahren Armada von Hi-Tech Aufklärungssystemen mit ihren enormen Fähigkeiten das Wort reden. Das würde nicht berücksichtigen, daß gerade technologische Grenzen, verbunden mit der politischen Auflage, Verluste zu vermeiden, aber auch das atypische schlechte Wetter während der Bodenoffensive sowie eine von den Normen abweichende, teilweise bizarre Verhaltensweise der irakischen Truppen[29] auf dem Gefechtsfeld insgesamt zu ernsthaften Lücken in der Aufklärung geführt haben. Dieses hätte unter weniger günstigen Umständen zu einem Disaster führen können. So hat es unter den beteiligten Kommandeuren und ihren Führungsgehilfen nur zu ernsthaften Bedenken über den Aufklärungsverbund und seine Effektivität und zu Ungewißheit über die tatsächliche Feindlage geführt[30].

Von besonderer Bedeutung war das Versagen bei der Wirkungsaufklärung. Das Aufklärungssystem war nicht in der Lage, zutreffende Informationen über die Wirkung im Ziel unmittelbar nach der Bekämpfung zu liefern. Dieses Manko wird auch noch lange, nachdem die Waffen schweigen, als bedeutsamer Mangel empfunden werden. Letztlich und endlich läßt sich nämlich dadurch z.B. die Frage nicht beantworten, ob die Luftwaffe wirklich — wie sie es für sich in Anspruch nimmt — die schlachtentscheidende Rolle bei der Zerschlagung der irakischen Bodentruppen gespielt hat.

Auf der untersten operativen Führungsebene — den Korps — und den taktischen Führungsebenen darunter wurde Aufklärung nahezu ausschließlich mit heeresspezifischen Mitteln und Kräften betrieben. Nur gelegentlich lieferte die Luftwaffe mit Flugzeugen in der Close Air Support-Rolle beim Gewinnen zeitkritischer Aufklärung dann allerdings Ergebnisse von außerordentlicher Wichtigkeit. Die Phase der unmittelbaren Angriffsvorbereitung liefert dafür ein Beispiel. Im Bereich der 1st (US) InfDiv wurde der Verbund der Teilstreitkräfte bei der Bekämpfung der feindlichen Artillerie, bei der eine Fähigkeit zum Einsatz chemischer Kampfstoffe vermutet wurde, durch das Heer und die Wirkungsaufklärung durch vom Heer geführte Mittel der Luftwaffe in der CAS-Rolle beispielhaft demonstriert. Hier zeigte sich, daß die Ungewißheit über die Wirkung der Artillerieeinsätze von Rohr- und Raketenartillerie gegen die irakische Artillerie durch nahezu Echtzeitaufklärung vermieden werden konnte. Hier lieferten die Beteiligten ein Beispiel teilstreitkraftübergreifender Zusammenarbeit, bei der die Wirkung des Einsatzes von Mitteln des Heeres durch Luftwaffeneinsätze auf der taktischen Ebene verzugslos verifiziert wurde. Hier wurde das Grundanliegen der Air-Land-Battle-Doctrine — der synergetische Effekt des sich ergänzenden Einsatzes von Heeres- und Luftwaffenkräften beispielhaft mit dem Ergebnis demonstriert, daß die Wirkung der irakischen Artillerie auf die Durchbruchsoperation der amerikanischen Bodentruppen nahezu eliminiert wurde. Die Folge war ein Durchbruch des Korps durch die Sperrgürtel ohne die vorher erwarteten blutigen Verluste in harten Kämpfen, was niemand so erwartet hatte[31]. Ein solches Zusammenwirken war jedoch auf Einzelfälle beschränkt.

Dem Heer wurde nur eine geringe Anzahl von Sorties vor Beginn der Bodenoffensive zugeteilt. Als die Bodenoffensive begonnen hatte, war der Einsatz von Flugzeugen in der CAS-Rolle und damit auch als Träger der Aufklärung durch das schlechte Wetter und das große Tempo der Operationen eingeschränkt. In dieser Phase spielten aber auch die strategischen und operativen High-Tech-Aufklärungssysteme nicht die entscheidende Rolle; die Bodentruppen auf der taktischen Ebene gewannen die Erkenntnisse über den Feind, wie sie es immer getan hatten: mit den ihnen organisch verfügbaren Aufklärungsmitteln.

Das Heer setzte seine taktischen boden- und luftgestützten Aufklärungsmittel während der Operation Desert Storm ganz traditionell ein. Die gepanzerten Aufklärungsregimenter der Korps, für Aufklärung und den Einsatz in den Gefechtsarten konzipiert und ausgerüstet, demonstrierten ihre enorme Vielseitigkeit, Flexibilität und Kampfkraft, indem sie den Vorstoß der nachfolgenden Kampftruppen im Rahmen des »Endspurts« z.B. von ARCENT über die Wüste des Südiraks anführten[32]. Nach ihren Einsatzgrundsätzen hatten sie den Auftrag, den Feind durch Vernichtung seiner Aufklärungs- und Sicherungskräfte »blind zu machen«, wozu sie aufgrund ihrer Befähigung zu kampfkräftiger Aufklärung in die Tiefe in der Lage waren. So brach das 2nd Armored Cavalry Regiment zunächst schwachen irakischen Widerstand in der linken Flanke des VII. (US) Corps und vereitelte danach unter Inkaufnahme des Risikos an beiden Flanken und im Rücken einen Versuch der Irakis, operative Reserven in vorbereitete Stellungen nach vorn, quer zur Angriffsachse des VII. (US) Corps zu verlegen. Danach, als das Regiment Berührung mit stärkeren Kräften der Infanteriedivision Tawakalna und der 12. Panzerdivision der Irakis hergestellt und die Kräfte gebunden hatte, unterstützte es die 1st (US) InfDiv im Nachtangriff über die eigenen

Stellungen nach vorn und stellte darüber hinaus die Fortsetzung des Angriffs der übrigen Kräfte des Korps in Richtung Osten sicher, der von der 1st (US) InfDiv und den beiden übrigen Panzerdivisionen geführt wurde.

Der Erfolg der gepanzerten Aufklärungskräfte des Korps steht im Gegensatz zu der eher mittelmäßigen Leistung der leichten Aufklärungsverbände auf Divisions- und Bataillonsebene. Das Fehl an Panzern in den neuen Panzeraufklärungsbataillonen der Division war spürbar. Einige Divisionen beseitigten diesen Mangel, indem sie diesen Bataillonen in der Truppeneinteilung Panzer zuwiesen[33]. Ebenso wird die im Laufe der Vorbereitung auf den Golf-Einsatz getroffene Entscheidung, die Bradleys in den Aufklärungszügen der Bataillone der Panzerdivisionen durch leichte Radfahrzeuge zu ersetzen, überprüft werden müssen[34]. Das gleiche gilt für die Aufklärungskapazität auf Brigadeebene. Die Fähigkeit kampfkräftiger Aufklärung in die Tiefe muß auf jeder Ebene vorhanden sein. Das Fehlen dieser Fähigkeit in der Grundgliederung führte dazu, daß ad-hoc Verbände aufgestellt bzw. Kampftruppen mit dieser Aufgabe betraut wurden. Eine Aufgabe, für die diese weder hinlänglich ausgebildet noch ausgerüstet waren. In den Wüsten des Irak wurde die Frage, ob Aufklärungskräfte des Heeres Aufklärung ohne Kampf durchführen sollten und dieses auch können, mit einem klaren Nein beantwortet. Aufklärungskräfte, die Aufklärung durch Kampf erzwingen können, haben zumindest am Golf ihre Existenzberechtigung nachgewiesen[35]. Die korpseigenen Fernspähkräfte wurden während des Luftkrieges vereinzelt im Zuge der Grenzen eingesetzt, ein erfolgreicher Einsatz während der Bodenoffensive scheiterte an der fehlenden Verbringungsmöglichkeit in die Tiefe durch nicht korpseigene Luftfahrzeuge, die diese penetrierenden Einsätze hätten durchführen können[36].

Sowohl die Panzeraufklärungsregimenter des Korps als auch die Aufklärungsbataillone der Division verfügten über Hubschrauber, die häufig zur Aufklärung eingesetzt wurden[37]. Diese Hubschrauber älteren Typs besaßen jedoch nur eine begrenzte Nachtkampffähigkeit und verfügten auch nicht über die Reichweite und Geschwindigkeit modernerer Systeme. Hubschrauber vom Typ RAH-66 Comanche werden diese Mängel in Zukunft beseitigen[38]. Angriffshubschrauber vom Typ AH-64 Apache wurden häufig in der bewaffneten Aufklärung eingesetzt, in der sie sich hervorragend bewährt haben, obwohl sie wegen ihrer geringen Zahl von der Doktrin her lediglich in ihrer Panzerabwehrrolle eingesetzt werden sollten. Der Panzerschutz, die größere Geschwindigkeit, der Einsatzradius, die Nachtkampffähigkeit und die Feuerkraft des Apache-Hubschraubers waren auch hier Grundlage für den Erfolg. Der Golfkonflikt hat die Vielseitigkeit der Kampfhubschrauberverbände nachgewiesen und sie von der einseitigen Festlegung auf die Panzerabwehrrolle befreit, für die sie auf einem europäischen Kriegsschauplatz konzipiert waren[39].

Auf Korps- und in einigen Fällen auch auf Divisionsebene wurden Drohnen für die Aufklärung eingesetzt[40]. Die Drohne (UAV) war besonders wirkungsvoll in der Wirkungsaufklärung, wo sie Lücken anderer Aufklärungsmittel schloß. Sie hat auch gerade unmittelbar vor Angriffsbeginn wertvolle Ergebnisse bei der Aufklärung der vordersten irakischen Stellungen geliefert. Damit hat sie entscheidende Voraussetzungen für den Angriff des VII. (US) Corps geschaffen, weil die Vernichtung von wenigstens 90 Prozent der irakischen Artillerie im Bereich der Einbruchsstelle der 1st (US) InfDiv ohne den Einsatz von Drohnen wahrscheinlich nicht erreicht worden wäre. Die für den Einsatz von Drohnen notwendige, wenig bewegliche Basisorganisation und die begrenzte Reichweite der verfügbaren Drohnen schränkte deren Einsatzmöglichkeiten nach Beginn der Bodenoffensive erheblich ein. Der Erfolg der Drohne als Aufklärungsmittel hätte jedoch leicht ein zweischneidiges Schwert werden können. Die extrem kleine Radarrückstrahlfläche, die eine wirksame Bekämpfung solcher Systeme mit Flugabwehrwaffen erschwert, hätte auch den Einsatz des irakischen Arsenals an Drohnen begünstigt, von denen einige den von den Streitkräften der Koalition eingesetzten Systeme technologisch überlegen waren. Damit wäre es den Irakern mühelos gelungen, die Verlegung des VII. (US) und des XVIII. (US) Corps zur Umfassung in Richtung Westen aufzuklären, die ja schon unmittelbar nach Beginn des Luftkrieges begann[41]. Andere luftgestützte Aufklärungsplattformen auf Korpsebene, darunter Seitensichtradargeräte (Side Looking Airborne Radar) und fernmeldeelektronische Aufklärungsmittel wurden dagegen weniger erfolgreich eingesetzt. Ihre Erfolge waren wegen des ungünstigen Wetters, ihrer begrenzten Reichweite und der irakischen Disziplin im Bereich elektromagnetischer Abstrahlungen nur mäßig[42].

Die der Koalition zur Verfügung stehende Technologie für die Nachrichtengewinnung hätte der Koalition eigentlich eine noch nie dagewesene Erfassung der Feindlage ermöglichen müssen. Dennoch muß man heute feststellen, daß der Golfkrieg gerade auch die Grenzen der Technologie auf diesem Gebiet aufgezeigt hat. Trotz ihres High-Tech-Arsenals wurde die Koalition z.B. vom irakischen Überfall auf Kuwait überrascht und hat wohl auch dann die daraus resultierende Gefährdung Saudi-Arabiens falsch beurteilt. Trotz intensiver Überwachung des Irak während des sechsmonatigen Aufmarsches der Alliierten unterschätzte die Koalition die Zahl der verfügbaren, beweglichen Scud-Systeme erheblich und mußte zumindest am Anfang beschämenderweise eingestehen, daß man mit dem Problem nicht fertig wurde. Auch vom irakischen Angriff auf Khafji wurde die Koalition überrascht. Wenn sich die irakische Armee auch nicht als der Tiger erwiesen hat, für den man sie gehalten hatte, sollte dieses nicht über Kampfkraft und Entschlossenheit vieler irakischer Verbände während der Bodenoffensive — und den von ihnen geleisteten Widerstand — hinwegtäuschen.

Zweifellos das größte Aufklärungsdefizit gab es bei der Frage des Einsatzes chemischer Kampfstoffe durch den Irak. Es wurde als sicher beurteilt, daß die Iraker diese Kampfstoffe gleich nach Beginn der Bodenoffensive einsetzen würden. Obgleich diese Beurteilung der Bedrohung durch mehrere Quellen angeblich bestätigt worden war, kam es nicht nur nicht zu solchen Einsätzen, sondern es stellte sich sogar heraus, daß es im Operationsgebiet praktisch nicht einmal chemische Kampfmittel gab[43]. Technische Aufklärungsmittel mögen zwar Einsatzmöglichkeiten identifizieren und Indikatoren für mögliche Absichten des Feindes liefern, doch können sie tatsächliche Absichten letztlich nicht erkennen. Aufklärungsergebnisse technologischer Systeme müssen durch traditionelle Mittel der Nachrichtenverarbeitung ergänzt werden, indem sie durch umfassende Sach- und Fachkenntnis auf den verschiedenen Ebenen gefiltert werden. Schließlich muß das technologische Rohprodukt von dem wirkungsvollsten analytischen Instrument des militärischen Nachrichtenwesens bearbeitet werden: von dem sachkundigen, menschlichen Urteilsvermögen. Darüber hinaus kann eine fundierte Beurteilungsfähigkeit nur das Ergebnis intensiver, vielfältiger und langfristiger Beobachtungen potentieller Krisengebiete sein. Die Voraussetzungen dafür konnte die führende Nation der Koalition nicht einbringen.

General a.D. Donn A. Starry, in seiner letzten Dienststellung Kommandeur des Training and Doctrine Command des US-Heeres und sicherlich der Vater der Air-Land-Battle-Doctrine, schreibt in seinem Vorwort zu Richard Simpkins Buch »Race to the Swift«, daß »Gewinner von Schlachten immer diejenigen waren, die dem Feind auf irgendeine Weise die Initiative entrissen und diese bis zum Ende der Schlacht bewahren konnten. Sehr häufig war es die Bewegung, die die Initiative ausmachte«[44]. General Starrys Bemerkung ist im Zusammenhang mit dem Golfkrieg von besonderer Bedeutung. Bewegung ist die Seele der Air-Land-Battle-Doctrine. Obwohl durch den Luftkrieg bereits stark angeschlagen, kann man dennoch davon ausgehen, daß Saddam immer noch hoffte, während der Bodenoffensive, — »der Mutter aller Schlachten« —, den Koalitionsstreitkräften so hohe Verluste — die Archillesferse der westlichen Demokratien — zufügen zu können, daß damit die geschlossene Heimatfront aufgebrochen und ein Kompromißfrieden erreicht werden konnte. Überrumpelt und zermürbt durch Tempo und Heftigkeit der Bodenoffensive auf der Basis der Air-Land-Battle-Doctrine war Saddam unfähig, seinen letzten Trumpf auszuspielen, nämlich seine chemischen Waffen einzusetzen[45].

Nachdem seit Anfang der 70er Jahre Zentraleuropa als möglicher Kriegsschauplatz wieder in den Mittelpunkt der Überlegungen des US-Heeres gerückt war, versuchten Streitkräfteplaner sowie doktrinäre Gurus des Heeres stets die Existenzberechtigung von ungepanzerten Infanterieverbänden in Szenarien mittlerer bis hoher Intensität nachzuweisen, die im wesentlichen, wie in Zentraleuropa, vom Einsatz mechanisierter und gepanzerter Kräfte dominiert waren. Dieses Thema bekam mit der Aufstellung leichter Infanteriedivisionen in den 80er Jahren zunehmende Bedeutung. Obwohl offensichtlich für weltweite strategische Optionen mit geringer taktischer und operativer Beweglichkeit und Feuerkraft vorgesehen, waren sie ebenfalls für Einsatzoptionen im europäischen Szenario einzuplanen. Die Argumentationsversuche für diese leichten Kräfte produzierten zwar einige neue theoretische Ansätze, mußten jedoch im Zusammenhang mit dem europäischen Kriegsschauplatz als ziemlich künstliche Gedankengebäude erscheinen und haben die Effizienz leichter Infanterieverbände dort letztlich nicht nachweisen können. Bedingt durch die politische Auflage der Vorneverteidigung auf dem eigenen Territorium wurde luftbeweglichen Kräften im europäischen Szenario durch die fehlende operative Tiefe letztendlich der größte Vorzug, die Beweglichkeit, genommen und ihre Bewegungsfreiheit auf einen sehr engen und für Hubschrauber allzu verwundbaren Raum beschränkt. Die leichte Infanterie wurde praktisch zu statischer Verteidigung in bebautem, bewaldeten und anderem schwer zugänglichen Gelände gezwungen.

Aus der operativen Perspektive bot sich für den Golfkrieg das nahtlose Zusammenwirken schwerer gepanzerter Kräfte mit leichten, luftbeweglichen Kräften nahezu an.

Mit effizienten Einsatzmöglichkeiten für leichte luftbewegliche Kräfte in einem vom Prinzip her idealen Panzergelände wurden am Golf die wildesten Träume derjenigen Wirklichkeit, die seit Jahren vergeblich versucht hatten, eine Integration luftbeweglicher Kräfte in die Vorneverteidigung der NATO zu erzwingen. Unter Nutzung der dritten Dimension gelang es dem XVIII. (US) ABN Corps innerhalb von Stunden, Bodentruppen tief im Innern des Irak auf beiden Seiten des Highway 8 in Stellung zu bringen und damit die Hauptversorgungsstraße in und aus dem kuwaitischen Operationsgebiet vollständig abzuriegeln, was den Luftstreitkräften seit Beginn der Luftoffensive nicht gelungen war. Das XVIII. (US) ABN Corps schnitt mit seinen leichten Kräften nicht nur die wichtigste Rückzugstraße südlich des Euphrats ab, sondern nahm mit ihnen auch Versorgungsbasen und Flugplätze, so daß der Irak keine Möglichkeit mehr hatte, auf die alliierte »Blitzkriegsoperation« zusammenhängend zu reagieren, geschweige denn die volle Bedeutung der Gesamtoperation zu erkennen. Hätten die irakischen Truppen dagegen versucht, Kuwait-City in ein modernes Stalingrad zu verwandeln, wäre die Aufgabe, diese Stadt zu befreien, ebenfalls der leichten Infanterie des XVIII. (US) ABN Corps, vor allem aber der 82d (US) ABN Div zugefallen.

Da es dazu nicht kam, war es letztlich die geballte Stoßkraft schwerer gepanzerter Verbände, in Einklang mit den Grundsätzen der Air-Land-Battle-Doctrine eingesetzt, die die Auseinandersetzung im Wüstensand im Südosten des Iraks und Kuwaits entschieden haben. Nach Clausewitz ist der massierte Stoß aller Kräfte auf den Schwerpunkt des Gegners, »das Zentrum der Kraft und Bewegung«, zu richten[46]. Auf dem jeweiligen Kriegsschauplatz ist dieser Schwerpunkt die operative Zielsetzung, deren Verwirklichung zum Erreichen der strategischen Ziele führt. General Schwarzkopf

Kampfpanzer Typ T-55 der 10. irakischen Panzerdivision (Operation Jihad Korps), als Operative Reserve in NW Kuwait disloziert. Durch 3. (US) Panzerdivision am 27. Februar 1991 vernichtet.

hat diesen Schwerpunkt im kuwaitischen Operationsgebiet in den sieben Divisionen des Republican Guard Forces Command (RGFC) und insbesondere in deren beweglicher Komponente, den drei schweren Panzer- bzw. mechanisierten Divisionen Medinah, Tawakalna und Hammurabi gesehen, die in der Tiefe auf beiden Seiten der irakisch-kuwaitischen Grenze disloziert waren. — Gegen diesen Schwerpunkt des Feindes setzte General Schwarzkopf den »Hammer seiner beweglichen Kräfte«, die beiden Korps des Army Central Command (ARCENT) in einem gewagten Endspurt ein, der als Hail Mary Play in die Geschichte eingehen wird. Den gepanzerten Stoßkeil CENTCOMs bildete das erstmalig seit dem Zweiten Weltkrieg im Kampf eingesetzte VII. (US) Corps, unterstützt an seiner linken Flanke von den schweren Kräften des XVIII. (US) ABN Corps und in der Luft von den Luftstreitkräften der Koalition. Das Korps umfaßte im schnellen Stoß den westlichen Flügel des irakischen Verteidigungsgürtels, während andere Kräfte gleichzeitig in diesen eindrangen, und stieß dann rasch in Richtung Nord-Nordosten vor. Mögliche irakischen Reaktionen stets voraus, vereitelten die Verbände des Korps, unterstützt von taktischen Luftstreitkräften, den zu spät angesetzten Versuch der Iraker, vorbereitete Stellungen im Zuge der Durchlauflinie SMASH zu beziehen und überrannten die wichtige Versorgungsbasis in Al Busayah. Nach Überschreiten der Linie SMASH schwenkte das Korps um 90 Grad nach Osten, gliederte die Masse der Angriffskräfte auf die neue Angriffsrichtung um und hatte am Nachmittag bzw. Abend des 26. Februar erstmals Berührung mit den operativen irakischen Reserven, dem Republican Guard Forces Command und dem Operation Jihad Corps. Die Divisionen des Korps führten gleichzeitig sowohl das Gefecht in der Tiefe des Raumes mit Angriffshubschraubern des Heeres, Flugzeugen der Luftstreitkräfte und weitreichender Artillerie als auch im direkten Kontakt mit dem Feind das beweglich geführte Gefecht der verbundenen Waffen. Gleichzeitig wurden sie im rückwärtigen Gebiet mit einer unwirklich anmutenden, nicht auszumachenden und fast unkontrollierbaren Zahl von irakischen Kriegsgefangenen konfrontiert. Damit stießen sie über die Ziele BONN, DORSET und NORFOLK auf beiden Seiten des Wadi Al Batin in Richtung auf den Highway Basra — Kuwait City und darüber hinaus vor. Etwa 36 Stunden später war alles vorbei, gerade als das Korps dabei war, Hannibals Cannae zu wiederholen. Über einen Bogen von 260 Kilometern, der sich von der Grenze Saudi-Arabiens über den Irak bis fast zum persischen Golf erstreckte, war das Gefechtsfeld des VII. (US) Corps übersät mit noch rauchenden Wracks von etwa 2.000 irakischen Panzern und einer gleichen Anzahl von Mannschaftstransportwagen und Schützenpanzern, einer fast unvorstellbaren Menge an Artilleriegerät und anderen Resten und Überbleibseln einer Armee, die nicht nur geschlagen, sondern vollständig vernichtet worden war. Der deutsche »Sichelschnitt« von 1940 war wiederholt worden, dieses Mal gegen einen kompetenteren Gegner, bei weniger Verlusten und mit einer größeren Geschwindigkeit.

Wenn auch die Einführung der Air-Land-Battle-Doctrine im US-Heer im Jahre 1982 zuallererst auf Operationen der taktischen und operativen Führungsebenen zielte, was auf Seiten der NATO-Verbündeten zu Konsternation in nicht unerheblichem Ausmaß führte, so hat diese Doktrin doch ironischerweise schon damals auf die besondere Bedeutung teilstreitkraftübergreifender Operationen von Koalitionsarmeen in aktuellen und zukünftigen Konflikten hingewiesen[47]. Die Bodenoffensive war die vierte und letzte Phase eines brillianten Operationsplanes einer Koalitionsarmee, bei dem die Fäden der höchst unterschiedlichen militärischen Fähigkeiten und Möglichkeiten der Koalitionsstreitkräfte, aber auch die politischen Sensibilitäten bzw. Auflagen zu einem kräftigen, robusten Gewebe fein verwoben worden waren. Die CENTCOM nachgeordneten Kommandos der Landstreitkräfte (Major Subordinate Ground Commands) waren mit Ausnahme von MARCENT alle bis zu einem gewissen Grade in eine gemeinsame operative Idee integriert[48].

Von besonderer Bedeutung war die Integration der Heeresteile der beiden wichtigsten europäischen Koalitionspartner Amerikas — des Vereinigten Königreichs und Frankreichs — in die beiden US-Corps, die den Hauptangriff CENTCOMS führten. Wenn man auch argumentieren kann, daß die diesen Kräften zugewiesenen Aufgaben von der politischen Führung beeinflußt waren, muß doch festgestellt werden, daß diese Kräfte bei den betreffenden Korps, denen sie unterstellt waren, für sie maßgeschneiderte Aufgaben übernahmen und schließlich einen wichtigen Beitrag für den Erfolg von ARCENT geleistet haben.

Bei der langen Tradition und dem speziellen Charakter der anglo-amerikanischen Partnerschaft ist es kaum erstaunlich, daß die 1st (UK) Division zügig in das VII. (US) Corps integriert werden konnte. Sehr vielen britischen Offizieren waren Aufgaben im US-Korps-Stab zugewiesen worden; sie waren in jedem größeren Stabsbereich präsent, auch in den G 3 — Operations- und Planungsabteilungen[49]. Der Division wurde ein Auftrag an der östlichen Flanke des Korps zugewiesen, der ihren Möglichkeiten im besonderen Maße entsprach, ihr ein gewisses Maß an Selbständigkeit einräumte und der Gefahr von Friktionen mit eigenen Einheiten und Verbänden an den Flanken begegnete.

Einer der vorgesehenen Aufträge dieser Division, nach dem Einbruch der 1st (US) InfDiv über diese Einbruchstelle der 1st (US) InfDiv hinweg nach vorne anzugreifen, war eine ungeheure Herausforderung bei Planung und Koordination der Durchführung dieses Auftrages, die ein enges Zusammenwirken dieser zwei Divisionen verlangte.

In ähnlicher Weise wurde der französischen Daguet-Division eine weitgehend selbständige Rolle an der Westflanke des XVIII. (US) ABN Corps zugewiesen, eine Rolle für die sie von ihrer Truppeneinteilung her besonders gut geeignet war. Eine verstärkte Brigade der 82nd (US) ABN Div wurde »operational control« der französischen Division unterstellt. Da sich in der Zusammenarbeit mit der Daguet-Division die Sprachbarriere wesentlich stärker bemerkbar machte, waren hier mehr Verbindungsoffiziere erforderlich als bei der 1st (UK) Div, wobei noch hinzukam, daß in diesem Bereich multinationale Nahtstellen auf zwei Führungsebenen zu überwinden waren[50].

Aus amerikanischer Sicht muß eine Doktrin dynamisch die Zukunft gestalten. Sie sollte Initiativen in die Bereiche Forschung, Entwicklung und Modernisierung von Streitkräften hineintragen und nicht auf Initiativen aus diesen Bereichen reagieren müssen. Wenn sich letztlich auch die Brauchbarkeit einer Doktrin erst auf einem zukünftigen Gefechtsfeld mit den dann gerade verfügbaren Waffensystemen beweisen muß, könnte man der Meinung sein, daß sich deshalb eine Übereinstimmung von Doktrin und der dafür notwendigen Technologie und Streitkräftestruktur ohnehin nie erreichen ließe. Dieses aber wäre der Tod einer Doktrin, die Zukunftsvisionen entwickeln und Initiativen freisetzen soll. Die Air-Land-Battle-Doctrine von 1981/82 enthielt eindeutig diesen visionären Aspekt. Die Betonung offensiver Operationen als Voraussetzung für den Erfolg auf dem Gefechtsfeld und die Schwerpunktsetzung beim Angriff in die Tiefe widersprachen damals den Kräfteverhältnissen in Mitteleuropa. Das Heer war damals unfähig, in die Tiefe aufzuklären, geschweige denn fähig, mit heereseigenen Mitteln in die Tiefe des feindlichen Raumes wirken zu können. Im Golfkrieg zeigte sich dann eine neue Qualität von operativem Feuer, von der die Autoren der Air-Land-Battle-Doctrine Ende der 70er Jahre nur haben träumen können. Diese Fähigkeit steht in unmittelbarem Zusammenhang mit der verstärkten Aufklärungsfähigkeit in die Tiefe des feindlichen Raumes. Die Luftstreitkräfte als traditionelle Träger des Kampfes in der Tiefe des feindlichen Raumes in den Einsatzarten Gefechtsfeldabriegelung (BAI) und Abriegelung in der Tiefe (AI), wurden zum ersten Mal teilstreitkraftübergreifend zusammen mit den Kampfhubschraubern der Heeresflieger zum Kampf in der Tiefe eingesetzt[51].

Verbesserungen am Mehrfachraketenwerfersystem (MLRS), das sogenannte Army Tactical Missile System (ATACMS), gaben den Kommandierenden Generälen der Korps erstmalig die Möglichkeit, sich mit korpseigenen, bodengestützten Systemen am Kampf in der Tiefe unmittelbar zu beteiligen[52].

Unzureichende Beteiligung der Heereskommandeure an der Zielplanung der Luftwaffe sowie unzureichende Ergebnisse bei der Wirkungsaufklärung veranlaßten die Heereskommandeure, die sich ausbreitende Ungewißheit und Unsicherheit einzudämmen, indem sie Apache-Hubschrauber zur Aufklärung in die Tiefe des Raumes über Feindgebiet einsetzten und im verstärkten Maße mit eigenem Geschütz- und Raketenfeuer vorrangige Ziele selbst bekämpften, als der Luftkrieg Mitte Februar in seine letzte Phase trat. Die neue Qualität der beim Heer verfügbaren Angriffsmittel für den Einsatz in der Tiefe des Raumes führte allerdings aufgrund der großen Reichweite und der Nutzung des gefechtsfeldnahen Luftraumes auch zu verstärkten Friktionen an der Nahtstelle zwischen Luft- und Landkrieg und damit wurde die Unzulänglichkeit herkömmlicher Luftraumordnungs- und Feuerleitmaßnahmen zur Vermeidung solcher Friktionen deutlich. Es muß darüber hinaus betont werden, daß diese Probleme bereits auftauchten bevor die Phase der Bodenoffensive begonnen hatte, zu einem Zeitpunkt also, zu dem das Gefecht noch nicht beweglich geführt wurde, sondern mehr statischen Charakter hatte. Wenn auch improvisierte Absprachen die Friktionen bis zu einem gewissen Grade reduzierten, kann das nicht über grundsätzliche Probleme hinwegtäuschen, die zwischen dem Anspruch der Doktrin nach teilstreitkraftübergreifenden Operationen und deren bisheriger Realisierung auf dem Gefechtsfeld bestanden. Diesem Problem muß in der Zukunft erhöhte Aufmerksamkeit geschenkt werden, wenn das Zusammenwirken von Luft- und Landstreitkräften auf einem sich ständig ändernden Gefechtsfeld der Zukunft effektiv funktionieren soll.

Luftkriegsoperationen im Golfkrieg wurden an anderer Stelle behandelt. Der Erfolg von Land- und Seekriegsoperationen dieses Jahrhunderts wurde in zunehmendem Maße von der Nutzung der dritten Dimension beeinflußt. Erfolgreiche Operationen der Landstreitkräfte seit dem Ersten Weltkrieg waren in der Regel von einer örtlich ausgeglichenen Luftlage, wenn nicht von örtlicher Luftüberlegenheit abhängig. Es kann eindeutig von einer Wechselbeziehung zwischen der relativen Überlegenheit eigener Luftstreitkräfte und der damit zu erwartenden Erfolgsaussicht der Operationen der Landstreitkräfte besonders bei konventionellen Gefechten mittlerer bis hoher Intensität ausgegangen werden. Die Air-Land-Battle-Doctrine verlangt ein Maß an Kooperation und Koordination zwischen Luft- und Landstreitkräften, das alles übersteigt, was bisher von welcher Nation auch immer auf diesem Gebiet erreicht wurde. Eine Betrachtung des Charakters und der Effektivität von Luftkriegsoperationen am Golf ist deshalb zumindest insoweit angebracht, als diese im unmittelbaren Zusammenhang mit den Operationen der Landstreitkräfte standen.

Die Luftstreitkräfte der Koalition, besonders aber die US-Luftwaffe, waren sehr schnell mit der Behauptung bei der Hand, der Krieg sei ausschließlich mit der Projektion von Luftmacht gewonnen worden. Der Artikel von General Charles G. Boyd »Air Power Thinking: Request Unrestricted Climb« ist ganz typisch für diese euphorische, allein auf die Luftwaffendoktrin sich beschränkende Denkweise in der Auswertung des Krieges[53]. General Charles A. Horner, Joint Forces Air Component Commander[54] und Architekt der Luftkriegsoperation, hat sich dahingehend geäußert, daß der Kampfwille der Irakis durch den Einsatz von Luftkriegsmitteln so gebrochen worden war, daß beim Beginn der Bodenoffensive ein »starker irakischer Widerstand einfach nicht mehr existierte«[55]. Er führt weiter aus, daß »die Erfahrungen von Desert Storm ebenso große Auswirkungen auf die zukünftige Rolle des Kampfpanzers haben könnten, wie es das Abprallen eines Geschosses beim erstmaligen Auftreffen auf die glänzende Rüstung des Ritters gehabt hat«[56]. Horners Einschätzung ist von einer Unmenge von Luftmacht-Enthusiasten nachgebetet worden; der Geist von Douhet ist also wieder durchaus lebendig[57].

Wenn überhaupt, so geben die Luftkriegsoperationen im Golfkrieg von 1991 nur Aufschluß über die Grenzen von Luftmacht. Diese Beobachtung mag viele, möglicherweise sogar die meisten überraschen. Doch die Fakten sind eindeutig. Obgleich die dritte Phase des CENTCOM-Operationsplanes das Abschneiden jeder Verbindung vom Irak in das kuwaitische Operationsgebiet von der Luftwaffe verlangte, war diese zu keinem Zeitpunkt in der Lage, den irakischen Nachschub vollständig zu unterbinden. Ebenso wie die Nordvietnamesen vor ihnen und trotz geographischer Bedingungen, die für eine Abriegelung aus der Luft sehr viel günstiger waren als jene in Südostasien, entzogen sich die Irakis der Wirkung der Luftwaffe durch Auflockerung und führten während des Luftkrieges weiterhin Versorgungsgüter in erheblichem Ausmaß nach. Sicherlich wurde der Versorgungsverkehr durch Luftangriffe behindert. Besonders hart hat dieses sicherlich die am weitesten vorn eingesetzten Kräfte getroffen, die zudem über die wenigsten eigenen Transportmittel verfügten, nämlich die Wehrpflichtinfanteriedivisionen in der Saddam-Linie an der saudischen Grenze. Doch schon vor Ausbruch der Feindseligkeiten waren in diesem Operationsgebiet ungeheure Vorräte an Verpflegung, Treibstoff und Munition vorsorglich ausgelagert worden. So manchen abgeschnittenen Truppenteilen dürfte es nach vierzig Tagen und Nächten Krieg an Verpflegung und Trinkwasser gefehlt haben, doch die beweglichen Reserven und insbesondere die Republikanische Garde waren davon kaum betroffen. Logistische Schwierigkeiten hätten, was durchaus denkbar ist, zur Niederlage der Irakis führen können; das wäre aber nur gelungen, wenn der Luftkrieg über seine tatsächliche Dauer hinaus erheblich verlängert worden wäre. Und für diesen Fall muß man sich fragen, ob der Luftwaffe dann nicht zuerst die Bomben ausgegangen wären. Doch so, wie die Lage war, waren logistische Defizite nicht der die Niederlage der Irakis bestimmende Faktor. Irakische Verbindungslinien zur logistischen Basis im Nordwesten wurden z.B. erst dann ganz und gar unterbrochen, als luftbewegliche Kräfte der 101st Air Assault Division des US-Heeres zu Beginn der Bodenoffensive sie angriffen und abschnitten. Trotz der begrenzten Anzahl von Übergangsstellen über den Euphrat und der extremen Kanalisierung des Straßennetzes auf der anderen Seite des Flusses nordwestlich von Basra setzten die Irakis die Rückführung von Truppenteilen aus dem Operationsgebiet entlang dieser Achse noch während der Schlußphase fort.

Wie bereits erwähnt, sah General Schwarzkopf in der Republikanischen Garde den Schwerpunkt des Feindes. Da das Kampfkraftverhältnis zwischen den gepanzerten Divisionen von ARCENT und denen der RGFC noch nicht einmal zwei zu eins betrug, geschweige denn an das Verhältnis von drei zu eins herankam, was traditionell

Irakische gepanzerte Fahrzeuge, LKW und Beutefahrzeuge (zivil) vernichtet auf dem Rückzug von Kuwait City durch die Luftwaffe (Highway of Death, Bundesstraße Kuwait City — Basrah). Bild vom 15. März 1991. Fahrbahnen geräumt — ursprünglich total blockiert.

als Voraussetzung für einen erfolgreichen Angriff betrachtet wird[58], erhielten die Luftstreitkräfte der Koalition den Auftrag, bis zum G-Tag, dem Beginn der Bodenoffensive, die Divisionen der Republikanischen Garden auf 50 Prozent ihrer Stärke zu reduzieren.

Die Wirkungsaufklärung zur Bewertung der durch eigenen Waffeneinsatz erzielten Schäden war während des gesamten Luftkrieges unzureichend. Auch in der kurzen Zeit zwischen dem Ende der Feindseligkeiten und dem Zeitpunkt, zu dem die eigenen Truppen den Irak verließen, wurde keine Bestandsaufnahme der tatsächlich erzielten irakischen Verluste auf dem verlassenen Gefechtsfeld durchgeführt. Mit absoluter Sicherheit wird nie genau festgestellt werden können, wie hoch der Prozentsatz irakischer Panzerkräfte war, der vor Beginn der Bodenoffensive durch Luftangriffe zerstört wurde. Wenn wir einmal davon ausgehen, daß der Oberbefehlshaber im Operationsgebiet über die besten Informationen verfügte, dann kann das berühmte Schwarzkopf-Briefing vom 27. Februar 1991 etwas Licht in die Sache bringen[59]. Seine Ausführungen in diesem Interview und die dabei benutzten graphischen Darstellungen der Lage am Tag des Beginns der Bodenoffensive weisen für die Republikanischen Garden sowie andere operative Reserven in die Tiefe des Raumes Stärken von manchmal 75 Prozent aus, was den Grad der Gefährdung der Operation durch diese Kräfte verdeutlicht[60].

Sowohl die extrem zentralisierte Planung als auch die dezentralisierte Durchführung der vorbereitenden Luftkriegsoperationen konsternierten die Heerestruppenführer. Die für den Kampf in Zentraleuropa entwickelten Planungs- und Einsatzverfahren (Standing Operating Procedures) für das Zusammenwirken von Land- und Luftstreitkräften in unterstützenden Operationen, die sicherstellen sollten, daß Heereskommandeure Luftmacht einsetzen können, um das Gefechtsfeld in die Tiefe des feindlichen Raumes hinein zu beherrschen, waren schnell vergessen. Ziele, denen Heerestruppenführer eine hohe Priorität gaben, konnten von diesen zwar vor Erstellung der täglichen, sorgfältig ausgearbeiteten Air Tasking Order (ATO) benannt werden. Bei Herausgabe der ATO war allerdings ein Zusammenhang zwischen diesen Prioritäten der Heerestruppenführer und den tatsächlich für den Angriff ausgewählten Zielen nicht zu erkennen. Darüber hinaus wurde die Luftwaffeneinsatzführung nicht strikt auf die Bekämpfung solcher Ziele festgelegt, die zur Vorbereitung des Gefechtsfeldes für die Bodenoffensive als entscheidend wichtig angesehen wurden, sondern besaß die Möglichkeit, innerhalb eines zugewiesenen Wirkungsraumes (Kill Box) sich die Ziele auszusuchen, die sie tatsächlich bekämpfen wollten. Der Mangel an Meldungen über die erzielte Wirkung und die insgesamt fehlende Wirkungsaufklärung verschärfte nur noch den Mißmut der Heereskommandeure über die Unterstützungsleistung der Luftstreitkräfte bei der Vorbereitung des Gefechtsfeldes.

Auch muß einmal festgestellt werden, daß das populäre Spektakel der chirurgischen Schnitte mit präzisionsgelenkter Munition (PGM) über die Realität des Luftkrieges am Golf hinwegtäuscht. Diese Munition machte weniger als 10 Prozent der eingesetzten Kampfmittel aus, und herkömmliche, ungelenkte Bomben, u.a. auch Streumunition, erwiesen sich dagegen beim Einsatz aus mittleren bis großen Höhen als äußerst ungenau[61]. Es ist höchst zweifelhaft, ob die tatsächliche Zahl der durch Luftangriffe zerstörten irakischen gepanzerten Fahrzeuge auch nur annähernd den von der Luftwaffe geltend gemachten Zahlen entspricht. In diesem Sinne gibt es Parallelen zwischen den Leistungen der Luftwaffe im Golfkrieg und denen taktischer Luftkriegseinsätze im Zweiten Weltkrieg[62]. Die geringe Anzahl von Einsätzen der Luftkriegsmittel in der Luftnahunterstützungsrolle (CAS) in Vorbereitung des Gefechtsfeldes wurde schon im Zusammenhang mit der Rolle taktischer Luftaufklärung angesprochen. Sofort nachdem die Bodenoffensive begonnen hatte, sank wegen des außergewöhnlich schlechten Wetters, aber auch wegen des hohen Tempos der Bodenoffensive die tatsächliche Anzahl von Luftnahunterstützungseinsätzen weit unter die vorher geplante Anzahl. Ein Grund dafür war auch die Tatsache, daß sich in dieser Phase für die Luftstreitkräfte lohnendere Ziele in der Tiefe des Raumes anboten, bei denen es sich um gepanzerte irakische Verbände handelte, die von der Schnelligkeit und Heftigkeit der Landkriegsoffensive überrascht, ihre Überlebensfähigkeit in der Aufgabe ihrer Stellungen, im Stellungswechsel oder allein schon in der Bewegung sahen oder die sich der Vernichtung durch Flucht nach hinten auf den wenigen Straßen und Wegen entziehen wollten. Wenn auch die Luftwaffe zweifellos eine wesentliche Rolle bei der Erringung des Sieges am Golf spielte, müssen dennoch von allen Beteiligten auch die Grenzen von Luftmacht an diesen Beispielen erkannt werden.

Es wurde bereits erwähnt, daß die Revolution der Doktrin des amerikanischen Heeres, die mit dem Konzept der aktiv geführten Verteidigung begann, in erheblichem Maße durch technologische Fortschritte begünstigt und beschleunigt wurde, die einen Quantensprung in der Vernichtungswirkung auf dem modernen Gefechtsfeld bewirkten. Wenngleich die präzisionsgelenkte Munition, die aus der Luft und von Fahrzeugen am Boden verschossen wurde, im Brennpunkt des allgemeinen Interesses stand, haben wesentliche Entwicklungsfortschritte bei herkömmlichen Artilleriewaffen, aus der Luft verbrachter Streumunition sowie die Entwicklung der Fuel-Air-Explosive-Munition (FAE) den Charakter konventioneller Flächenfeuerangriffe qualitativ verändert, was — zumindest im Hinblick auf die Waffenwirksamkeit — den Unterschied zwischen konventionellen Waffen und Atomsprengkörpern mit niedrigem Detonationswert weitgehend verwischt hat.

Die neue Vernichtungswirkung solcher indirekt gerichteter Waffen wurde ohne Zweifel am Golf demonstriert. MLRS wurde zum ersten Mal von amerikanischen und anderen Koalitionsstreitkräften im Kampf eingesetzt; dies hatte verheerende materielle und psychologische Ausfälle zur Folge. Konventionelle Rohrartilleriewaffen verschossen leistungsgesteigerte Munition (Improved Conventional Munition — ICM), Geschosse mit Submunition oder Kleinbomben, in großen Mengen[63]. Diese Kleinbomben zeigten eine gute Wirkung auch gegen starke Feldbefestigungen und hatten gegenüber leicht gepanzerten Fahrzeugen eine höhere Vernichtungswirkung als zunächst erwartet. Die MLRS-Systeme, im Verbund mit Bodenradarsystemen zur Artilleriebekämpfung eingesetzt, brachten irakische Artillerie wiederholt mit einer einzigen Serie von Raketen zum Schweigen, sobald diese das Feuer eröffneten. Ganze Bataillone wurden auf diese Art vernichtet. Die Irakis, die diese Angriffe überlebten, nannten sie »Stahlregen«[64].

Kampfpanzer Typ T-55/59, nordw. Kuwait City vermutlich durch Hohladung abgeschossen von der Tiger Brigade, 2. (US) Panzerdivision (MARCENT unterstellt).

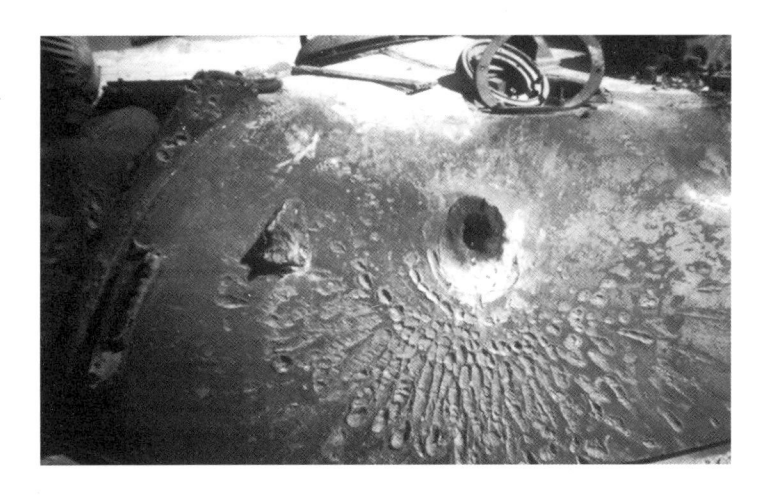

Zusätzlich zu modernen Artilleriesystemen und -munition führte das Heer in den 80er Jahre auch andere Waffensysteme auf dem neuesten Stand der Technik in die Truppe ein, um damit der sowjetischen Bedrohung zu begegnen. Das US-Heer, während seines ein Jahrzehnt währenden Engagements in Vietnam von vielen europäischen Verbündeten technologisch überrundet, hatte bis Ende der 80er Jahre diesen Rückstand eingeholt und war an den Verbündeten vorbeigezogen. Der Panzer vom Typ Abrams, die Schützenpanzer vom Typ Bradley für Infantrie und Aufklärer sowie das MLRS-System sind nur die markantesten Beispiele aus einer Vielzahl von neu eingeführten oder kampfwertgesteigerten Waffensystemen des Heeres. Während bei der bestehenden Hubschrauberflotte Weiterentwicklungen zur Leistungssteigerung erfolgten, war die Einführung des revolutionären, nachteinsatzfähigen Kampfhubschraubers Apache bei der Truppe hier der entscheidende Schritt nach vorn.

Diese für das Flachfeuer konzipierten Hubschrauber und bodengebundenen Waffensysteme demonstrierten überzeugend die Bedeutung des technologischen Fortschritts auf einem modernen Gefechtsfeld. Die Leistungsfähigkeit des Kampfhubschraubers Apache, der bei Angriffen in die Teife fast ausschließlich nachts eingesetzt wurde, ist bereits erwähnt worden. Am Boden veranschaulichte die Familie der gepanzerten Kampffahrzeuge, insbesondere der US-Panzer vom Typ M1A1 Abrams und der US-Schützenpanzer vom Typ M2 Bradley sowie deren britische »Counterparts«, der Challenger bzw. der Warrior, plastisch, daß »Panzer nicht gleich Panzer« ist. Auch veranschaulichten die neuen Waffensysteme die Fähigkeit, bereits in Entfernungen vernichtend wirken zu können, die so groß waren, daß die Ziele noch gar nicht mit optischen Mitteln einwandfrei als feindliche Ziele identifiziert werden konnten. Diese Tatsache wirft ein emotionales Problem für die Besatzungen auf, für das es noch keine Lösung gibt. Ganz sicher aber wurde hierdurch das Tempo und die Flexibilität bei der Umsetzung der Air-Land-Battle-Doctrine am Golf gedrosselt. Der ungeheure Vorteil der Nachtkampffähigkeit aller beteiligten modernen westlichen Armeen wurde wegen der erhöhten Gefahr der irrtümlichen Bekämpfung eigener Kampffahrzeuge nur teilweise genutzt. Sicherlich sind Verbesserungen bei Feuerleitsystemen, die den Bedienungsmannschaften eine bessere Orientierungsmöglichkeit im Raum gewähren, notwendig; die Forderung, mehr Kenntnisse über benachbarte Streitkräfte in gemeinsamen Übungen zu gewinnen, ist ebenfalls nicht von der Hand zu weisen. Das im folgenden beschriebene Szenario hat sich im Verlauf des »Blitzkrieges« am Boden häufig wiederholt, wenn auch meistens in geringeren Ausmaßen: am späten Morgen des 27. Februar griff die 2nd Brigade der in Deutschland stationierten 1st (US) Armored Division in Richtung Osten durch den süd-östlichen Irak hindurch etwas nördlich und parallel zur kuwaitischen Grenze an. Die Sicht war aufgrund von Bodennebel und dem Rauch brennender kuwaitischer Ölfelder im Südosten begrenzt. Kurz nach 12 Uhr mittags klärte Gefechtsaufklärung vor der Brigade Ziele in einer Entfernung von gut über 3.000 Metern mit ihren Wärmebildgeräten auf. Kräfte in Stärke einer Brigade der Medinah-Division der Republikanischen Garde, die in ausgebauten Stellungen auf einer Breite von zehn Kilometern beiderseits der Angriffsachse der Brigade eingesetzt war. Die US-Brigade setzte ihre modernste Munition im sofort aufgenommenen Feuerkampf (Depleted Uranium Long-Rod Penetrators) ein. Innerhalb von Minuten wurde damit das größte Einzelgefecht des Krieges entschieden. Die gesamte Aktion dauerte nur weniger als eine Stunde. 61 irakische Panzer, fast ausschließlich moderne sowjetische T 72, 34 Mannschaftstransportwagen und fünf Luftverteidigungssysteme SA-13 wurden vernichtet. Eigene Verluste gab es nicht und so konnte die Brigade ihren Angriff verzugslos nach Osten fortsetzen[65]. Clausewitz führt aus, daß die Verteidigung die stärkere Gefechtsart sei[66]. Die Erfahrungen im Golfkrieg lassen darauf schließen, daß die kummulierende Wirkung des technologischen Fortschritts in den letzten Jahren den Angriff als die stärkere

Schützenpanzer BMP der Medinah Panzerdivision des Republican Guard Forces Command in Stellung ca. 30 km nördlich der irakisch-kuwaitischen Grenze. Vermutlich durch 2. Brigade, I. (US) Panzerdivision am 27. Februar 1991 gegen Mittag auf einer Entfernung von mehr als 3.000 Meter (mit KPz MIAI Abrams) vernichtet.

Gefechtsart ausweist. Moderne Aufklärungsmittel, die das gesamte Spektrum von Satelliten bis zum Wärmebildgerät abdecken, haben die Vorteile im Hinblick auf die Zielerfassung, denen sich der Verteidiger bisher erfreute, verringert. Gleichzeitig haben moderne Flächenfeuerwaffen den Schutzwert auch starker Feldbefestigungen verringert. Gepanzerte Kampffahrzeuge sind in der statischen Verteidigung besonders verwundbar. Das Vernichtungsfeuer und zunehmende Mechanisierung moderner, zum Führen des Gefechts verbundener Waffen befähigte Verbände können auch stärkste Verteidigungsstellungen neutralisieren oder die Kräfte in diesen niederhalten und den Angriffsschwung durch zügige Durchbrüche durch solche Stellungen oder Umgehung derselben sicherstellen.

Viele Beobachter, die möglicherweise von dem anschaulich aufbereiteten Schreckgespenst der High-Tech-Waffen auf dem Bildschirm über alle Maßen mitgerissen wurden, führen den Sieg am Golf auf den ungeheuren technologischen Vorsprung der Koalition zurück. Dem muß jedoch entgegengehalten werden, daß auch Saddam Husseins Arsenal Waffen enthielt, die in vielen Fällen Waffen auf dem neuesten Stand der Technik waren; das trifft sowohl für einen erheblichen Teil seiner Luftwaffe als auch insbesondere für seine Artillerie zu, um nur zwei Beispiele zu nennen. In anderen Bereichen, wie bei der Luftverteidigung und den gepanzerten Kampffahrzeugen, verfügte er zwar nicht über das Beste, aber dennoch über eine für ein modernes Gefecht als sehr schlagkräftig zu beurteilende Waffentechnik und das in Mengen, die militärisch nicht unerheblich waren.

Ausschließlich durch die Brille der technologischen Fähigkeiten betrachtet, wird die Schere zwischen der erwarteten Leistung der irakischen Streitkräfte und der Leistung, die sie tatsächlich zeigten, besonders deutlich. Obgleich der Sieg nicht immer automatisch auf Seiten der größeren Bataillone ist, — die Geschichte ist überreich an Beispielen, in denen David Goliath besiegte, — ist man mit den größeren Bataillonen dennoch zuerst einmal immer auf der sichereren Seite. Der Golfkrieg war nicht der Kampf zwischen David und Goliath. Vielmehr ließ das im großen und ganzen ausgeglichene Kräftepotential der Gegner im Hinblick auf Menschen und Material — abgesehen von der dritten Dimension — für den Erfolg einer Bodenoffensive zunächst nichts Gutes vermuten. Immerhin geht man nach traditionellen, taktischen Regeln von einer Überlegenheit von drei zu eins zu Gunsten des Angreifers aus, um einen Sieg erringen zu können[67]. Dieses Kampfkraftverhältnis war nicht gegeben. Der Erfolg läßt sich letztlich nur durch das perfekte Zusammenspiel aller Elemente der Doktrin, der Ausbildung und dem, was Clausewitz die »moralischen Kräfte« nannte, erklären.

Doktrin ist im wesentlichen unsere Vision davon, wie wir beabsichtigen zu kämpfen. Sie bildet den Rahmen, in dem die technische Beherrschung einzelner Waffensysteme mit der Schlagkraft militärischer Truppenkörper auf dem Gefechtsfeld zu synchronisieren ist. Sie legt die jeweils spezielle Rolle fest, die jedes System oder jeder Truppenteil im Rahmen der komplexen, synergetischen Interaktion der einzelnen Fähigkeiten spielen muß, um schließlich den Sieg zu erringen. Die Doktrin muß ein labiles und gleichzeitig dynamisches Gleichgewicht zwischen derzeitigen und künftigen Möglichkeiten sicherstellen, weil sie mit den eingeführten Systemen durchführbar sein muß und gleichzeitig — im Hinblick auf technologische Entwicklung und Streitkräftestrukturen — die Richtung in die Zukunft weisen muß.

Ausbildung ist das Bindeglied zwischen der Doktrin und den tatsächlichen Fähigkeiten. Außerdem ist sie in Friedenszeiten die einzige Meßlatte für die Gültigkeit einer Doktrin. Sie ist in diesem Sinne zwar ein unvollkommener, aber dennoch ein sehr nützlicher Ersatz für das eigentliche Gefecht. Ausbildung treibt die Doktrin voran und wird umgekehrt von ihr angetrieben. Wenn eine Doktrin »nicht so falsch sein soll, daß sie zur Niederlage führt, wenn sie im Gefecht erprobt wird«, sollte sie in der Ausbildung unter Bedingungen überprüft werden, die so weit wie möglich denen des echten Gefechts angepaßt sind[68].

Das US-Heer war als diskreditiertes Instrument nationaler Politik aus Vietnam hervorgegangen. Für das US-Heer waren die 15 Jahre vom Fall Saigons bis zum Ende der 80er Jahre geprägt durch die Aufstellung einer Freiwilligenarmee, eine intensive Diskussion einer neuen Doktrin, die ihren Höhepunkt in der Veröffentlichung und der nachfolgenden Verfeinerung der Air-Land-Battle-Doctrine fand, sowie durch die allmähliche Einführung neuer Waffensysteme und durch die Entwicklung eines revolutionären Ausbildungssystems. Das Heer akzeptierte die Einführung der Freiwilligenarmee in Sorge um die Qualität der zu rekrutierenden Freiwilligen nur widerstrebend. Und tatsächlich erwiesen sich die späten 70er Jahre als harte Jahre für das Heer. In den 80er Jahren verbesserte sich jedoch die Qualität des Durchschnittsrekruten deutlich. Und damit wurde das Heer immer professioneller. Wenn sich militärisches Können auch verschleißt, so liegt es doch auf der Hand, daß eine Armee aus länger dienenden Berufssoldaten von guter Qualität ein wesentlich höheres Niveau erreichen und aufrechterhalten kann, als dieses eine Wehrtpflichtarmee jemals wird hoffen können zu erreichen. Hier zählt schlicht und einfach die Erfahrung.

Die 80er Jahre waren auch durch revolutionäre Fortschritte in der Ausbildungstechnologie und Methodik gekennzeichnet. Durch Einführung eines lasergestützten Schießsimulationssystems (Multiple Integrated Laser Engagement System — MILES) verfügte das Heer über ein hervorragendes Mittel zur realistischen Ausbildungsgestaltung. Die Einrichtung des nationalen Ausbildungszentrums (NTC) in der Mojave-Wüste von Kalifornien, komplett ausgerüstet mit einem unversöhnlichen »sowjetischen« Gegner und einem allwissenden, unbestechlichen, computergestützten Gefechtsfeldüberwachungssystem, ermöglichte es, Ausbildungserfahrungen im kriegsnahen Einsatz zu sammeln. Es liegt mehr als nur ein Körnchen Wahrheit in der Feststellung, daß der Golfkrieg in der Wüste von Kalifornien gewonnen wurde. Die mit dem MILES-System erreichten vorzüglichen taktischen Führungsleistungen wurden durch verfeinerte computergestützte Simulatoren für die Einzelausbildung ergänzt, um Kampffahrzeugbesatzungen, Führer aber auch ihre Stäbe auf allen Ebenen öfter einer harten und wirklichkeitsnahen Ausbildung zu unterziehen. Die neue Ausbildungs-Hardware wurde durch Verbesserungen von Ausbildungsmethoden ergänzt; erwähnenswert ist hier besonders eine neue Art der Auswertung von Übungen in schonungslosen, aber dennoch auf Partnerschaft zwischen Auszubildenden und Ausbildern angelegten Übungsbesprechungen (After Action Reviews). Diese Methode hatte wesentlichen Anteil daran, daß die »Army of Excellence« realisiert werden konnte.

Clausewitz hat den »moralischen Kräften«, nämlich den psychologischen Faktoren im Krieg, einen großen Wert beigemessen. Im Golfkrieg wurde der Gegensatz zwischen überzeugten, zuversichtlichen Koalitionskriegern und deren heruntergekommenen, demoralisierten Gegnern von den Fernsehkameras für immer festgehalten und kann als Beweis für die Bedeutung angesehen werden, die der preußische Kriegsphilosoph diesen Faktoren zugeschrieben hat. Auf dramatische Weise wurde deutlich, daß selbst im Zeitalter der Technologie die psychologische Komponente weiterhin eine wesentliche Rolle auf dem Gefechtsfeld spielen wird. Wenn man weiß, daß eine realistische Ausbildung das Vertrauen in die eigenen Fähigkeiten stärkt und die Kontrollfähigkeit über die individuelle Angst des Soldaten im Kriege wachsen läßt, kann man zu der Meinung kommen, daß eine aus längerdienenden Soldaten bestehende Armee ihren besonderen Wert schon aus den besseren Ausbildungsmöglichkeiten schöpft.

Auch der beste Operationsplan führt ohne effiziente Führungsorganisation und -mittel ins Chaos. Die Krise am Persischen Golf überraschte das US-Heer mitten in der Umrüstungsphase auf die neue Fernmeldeausrüstung, das Mobile Subscriber Equipment (MSE), dem neuen Rückgrat des taktischen Fernmeldenetzes des US-Heeres[69]. Obgleich einige Truppenteile noch in Saudi-Arabien auf das neue System umgerüstet wurden — in manchen Fällen erst wenige Tage vor Beginn der Bodenoffensive — überquerten die beiden Korps von ARCENT die Ablauflinie teilweise mit altem und teilweise mit neuem Gerät. Um diese Organisationen »am Sprechen zu halten«, erforderte es übermenschliche Anstrengungen auf Seiten des Fernmeldepersonals. Aber das neue System erwies sich auch nicht als die perfekte Lösung für die Führung schnell ablaufender offensiver Operationen tief in den feindlichen Raum hinein. Es war dafür nicht ausgelegt. Das MSE, ebenso wie die Systeme unserer anderen NATO-Verbündeten, weist eine Fernmeldearchitektur auf, die für die Unterstützung eines mehr statischen Verteidigungsgefechtes in der Schichttorte der Vorneverteidigung in Europa vorgesehen war. In den Wüsten des Golfs wurde die Leistungsfähigkeit dieses Systems auf die Zerreißprobe gestellt und mitunter auch darüber hinaus belastet. Eilig beschaffte, mobilere Satellitenfernmeldegeräte mit größeren Reichweiten schlossen die Lücke zwar bis zu einem gewissen Grade, doch waren von diesen Systemen nur so viele vorhanden, daß damit nur eine Handvoll einsatzwichtigen Personals ausgerüstet werden konnte. Als das VII. (US) Corps im Angriff die Hauptverkehrsstraße Basra — Kuwait-City überquerte, während sich letzte Teile noch im Inneren Saudi-Arabiens befanden, mußten Strecken von 400 Kilometern durch Fernmeldeverbindungen abgedeckt werden. Dies führte dazu, daß die notwendigen vorgesehenen Fernmeldeverbindungen zwischen den Gefechtsständen häufig unterbrochen waren. Es bildete sich eine Zwei-Klassen-Gesellschaft heraus: diejenigen, die einen Zugang zum taktischen Satellitenfernmeldeverkehr hatten, und diejenigen, die davon keinen Gebrauch machen konnten[70]. Darüber hinaus waren alle verfügbaren Fernmeldeverbindungen, wenn sie funktionierten, dem ungeheuren Umfang des von einer modernen Armee verursachten Informationsaufkommens nicht gewachsen. Auch wenn eine Forderung nach größerer Kapazität des Fernmeldesystems aus diesen Gründen gerechtfertigt scheint, wurde das Problem im wesentlichen durch mangelnde Disziplin im Fernmeldeverkehr und übertriebene Forderungen im Meldewesen produziert und noch vergrößert[71].

Das Problem der Fernmeldeverbindungen war nicht so sehr eine Frage der Mobilität beim Verlegen der raumdeckenden Fernmeldeknotenpunkte des Systems. Diese Fähigkeiten waren in den meisten Fällen ausreichend. In einigen Fällen konnte zwar die gesamte Tiefe des Operationsgebietes nicht abgedeckt werden, insbesondere als das Korps in einem überdehnten Raum operierte, das Hauptproblem war aber die Schwerfälligkeit der Gefechtsstandorganisation. Die Hauptgefechtsstände der Divisionen, die stets um Fühlung zu den nach vorne stürmenden Brigaden bemüht waren, waren deshalb selbst nur allzu oft in der Bewegung. Das beeinträchtigte ihre Fähigkeit, Verbindungen nach vorn und hinten zu halten, erheblich. Ausweichgefechtsständen fehlte ausreichende Redundanz im System, um in der Zwischenzeit auch nur vorübergehend alle erforderlichen Aufgaben wahrnehmen zu können. Trotz der Verwundbarkeit der taktischen Satellitenfernmeldesysteme sind diese die einzige Möglichkeit für eine erfolgreiche Führung auf einem modernen Gefechtsfeld.

Satellitengestützte Systeme haben auch noch auf anderen Gebieten den Erfolg der Koalitionsstreitkräfte entscheidend beeinflußt. Das globale Positionsbestimmungssystem (Global Positioning System — GPS) revolutionierte die Führungsmöglichkeiten hochmobiler Land- und Luftstreitkräfte. Zum ersten Mal in der Geschichte der Kriegführung stimmten von der Truppe gemeldete Standortangaben fast ausnahmslos mit den tatsächlichen Standorten überein. Das GPS befreite alle Führer von der Aufgabe der Orientierung auf einem unwirtlichen, konturlosen Gefechtsfeld und gab ihnen die Möglichkeit, alle Energie auf die Bekämpfung des Gegners zu richten. Wenn überhaupt ein einzelnes, technisches System den Grundstein für den Erfolg der Verbündeten gelegt haben sollte, dann ist es fraglos das GPS[72].

»Unterkunft« beim Hauptgefechtsstand (MAIN CP) des VII. (US) Korps kurz vor Beginn des Bodenkrieges, Februar 1991. Saudi Arabien, nahe der Grenze zum Irak.

Die Gemeinschaft der Logistiker ist mit dem Lob der eigenen Leistungen bei der Unterstützung der Operation Desert Shield/Desert Storm schnell bei der Hand[73]. Strategisch gesehen waren die Leistungen ohne Parallele in der Geschichte: Die US-Streitkräfte haben mehr Menschen und mehr Material in diesem Krieg weiter und schneller bewegt als jemals zuvor. Sie stellten Operationen in einem räumlich ungewohnt großen, kargen und unvorbereiteten Operationsgebiet logistisch sicher und legten gleichzeitig eine ungeheure Reserve an Kriegsmaterial und Munition an, die notwendig war, das größte Expeditionskorps der Vereinigten Staaten seit dem Zweiten Weltkrieg zu unterstützen. Und doch wurden größere Probleme in der logistischen Struktur und Aufgabenbewältigung auf operativer und taktischer Ebene offenkundig. Mängel und Defizite in einer Größenordnung und Qualität, die den Erfolg der Operation Desert Storm durchaus hätten gefährden können, wenn der Gegner weniger passiv gewesen wäre oder die Bodenoffensive eine unerwartete Wende genommen hätte. Von wenigen Ausnahmen abgesehen, waren ausreichende Vorräte an Kriegsmaterial im Operationsgebiet verfügbar[75]. Doch das System zur Überwachung und Verteilung der verfügbaren Ressourcen erwies sich der Aufgabe ganz und gar nicht gewachsen. Das Ersatzteilanforderungsverfahren z.B. brach zusammen, weil es überfordert war. Im Ergebnis wurden Truppenführer von ihren eigentlichen Führungsaufgaben abgehalten, weil sie logistische Probleme lösen mußten, was einen Kommandierenden General dazu veranlaßte, von der »seelenlos primitiven Kraft der Logistik« im Krieg zu sprechen.

Die Menge an Material in Tonnen gemessen, die von einer modernen Armee im Gefecht verbraucht wird, geht über jedes Vorstellungsvermögen hinaus. General Schwarzkopf bezeichnete seine raumgreifende Umfassung der Irakis als »Hail-Mary-Play« — ein letzter verzweifelter Versuch im Footballspiel, der normalerweise einer wirklich ausweglosen Situation vorbehalten ist. Auch wenn der Erfolg dieser Operation keineswegs sicher war, lag das eigentliche Risiko bei der logistischen Sicherstellung. Das Konzept erforderte die frühzeitige Einrichtung riesiger, nach Westen vorgeschobener, logistischer Basen vor dem Stellungswechsel der Masse der Bodentruppen in diesen Raum. Diese Basen wären bei irakischen Angriffen durch Land- oder Luftstreitkräfte extrem verwundbar gewesen, und deren bloße Existenz hätte, wären sie denn aufgeklärt worden, die operative Absicht CENTCOMs — lange vor Beginn der Verlegung der Hauptkräfte — verraten[76].

Der logistische Schwanz einer jeden Armee ist weniger flexibel als die beißenden Zähne. Aus vielerlei Gründen mögen sich die logistischen Komponenten um eine Mobilität bemühen, die sich derjenigen der Kampftruppenbataillone versucht anzunähern. Sie werden sie dennoch niemals erreichen. Geringere Führerdichte, Lücken in wichtigen Spezialgebieten der Materialerhaltung und der Materialbewirtschaftung, unzureichende Fernmeldeverbindungen, begrenzte Geländegängigkeit und allein der Transportumfang an Material und Betriebsstoffen sind nur einige hier zu nennende Einschränkungen. Während der Bodenoffensive spielte jeder dieser Faktoren jeweils im unterschiedlichen Ausmaß bei den Friktionen auf dem Gefechtsfeld eine Rolle. Die kritische Betriebsstofflage der 1st (US) Armored Division am 27. Februar ist ein typisches Beispiel dafür[77].

Die Land-/Luftkriegsoperation am Golf 1991 hat die Logistiker, die diese unterstützen sollten, bis an die Grenzen ihrer Leistungsfähigkeit gefordert. Die Sicherstellung der logistischen Unterstützung der Operation war für die Kampftruppenkommandeure eine Schlüsselfrage. Bei zukünftigen Konflikten wird das Heer nicht wieder davon ausgehen können, daß aus dem Luftraum keinerlei Bedrohung ausgeht, und das Heer wird es sich auch nicht wieder leisten können, für die Logistik soviel Energie zu vergeuden, daß von der Logistik als der »seelenlos primitiven Kraft« gesprochen werden wird.

Anmerkungen

1 Siehe Robert A. Doughty, »The Evolution of US Army Tactical Doctrine, 1946–76«, Leavenworth Papers Nr. 1, Fort Leavenworth, Kansas, 1979. John L. Romjues »From Active Defense to Airland Battle: The Development of Army Doctrines 1973–82«, TRADOC Historical Monograph Series, Fort Monroe, Virginia, 1984, enthält auch einen Überblick über die Doktrin des US-Heeres nach dem Krieg. Siehe auch Paul H. Herbert, Paul H., »Deciding What Has to be done: General William E. Dupuy und die US-Heeresdienstvorschrift FM 100-5, Operations, Ausgabe 1976«. Leavenworth Papers Nr. 16, Fort Leavenworth, Kansas, 1988
2 Gemäß amerikanischer Heeresdoktrin führt die taktische Ebene mit Einheiten und Gefechtsverbänden, um befohlene militärische Ziele zu erreichen. Aktivitäten auf dieser Ebene konzentrieren sich auf die Dislozierung und das Manövrieren von Kampfeinheiten auf der Grundlage von Einsatzgrundsätzen gegenüber eigenen und feindlichen Kräften, um Kampfziele zu erreichen. Siehe US-Heeresdienstvorschrift FM 100-5, Operations, Washington D.C., 1986, S. 10.11
3 Romjue, S. 6–9
4 Romjue, S. 9
5 Doughty, S. 43
6 Vortrag von Colonel James R. McDonough vor dem 33. Generalstabslehrgang FüAkBw, am 21. Januar 1992
7 Romjue, S. 13–21
8 Romjue, S. 16
9 Phillip A. Karber, »The Tactical Revolution in Soviet Military Doctrine«, in Military Review, November 1977, S. 83–85 und Dezember 1977, S. 33–34
10 Headquarters, US Army Training and Doctrine Command, TRADOC Pamphlet 525-5, »US Army Operational Concepts: The Air Land Battle and Corps 86«, Fort Monroe, Virginia, 25. März 1981
11 US-Heeresdienstvorschrift FM 100-5, Operations, Washington, D.C., 20. August 1982
12 Ebd., S. 2–1
13 TRADOC Pamphlet 525-5, 1981, S. 5–20
14 Romjue, S. 73
15 Romjue, S. 61–65
16 Ebd.,
17 US-Heeresdienstvorschrift FM 100-5, 1982, S. 1–5 und 4–1, Romjue, S. 66–67
18 TRADOC Pamphlet 525-5, 1981, S. 5–20, Abb. 1–2, 1–3 und 1–4 sind in dieser Hinsicht besonders aufschlußreich
19 Der ursprüngliche Entwurf hebt zunächst die allgemeine Anwendbarkeit des Konzepts hervor, setzt sich danach aber ausschließlich mit der sowjetischen/WP-Bedrohung auseinander. Siehe TRADOC Pamphlet 525-5, 1981, S. 5–6
20 Das FOFA (Follow on Forces Attack)-Konzept der NATO, das oft als Air Land Battle bezeichnet wird, ließ Angriffe in die Tiefe des Feindes lediglich mit Luftkriegsmitteln zu; es entspricht so kaum dem offensiven Grundsatz der Air-Land-Battle-Doktrine
21 TRADOC Pamphlet 525-5, 1981, S. 3–4
22 Peter Anson und Dennis Cummings, »The First Space War: The Contribution of Satellites to the Gulf War, »Royal United Services Journal, Winter 1991, S. 50–53

23 Sir Peter de la Billiere, britischer Oberbefehlshaber am Golf, führte aus, daß ihr Hauptauftrag darin bestand, der irakischen Scud-Bedrohung zu begegnen. »The Gulf Conflict: Planning and Execution«, in Royal United Services Journal, Winter 1991, S. 11. Hinsichtlich einer journalistischen Darstellung des Einsatzes von Special Operating Forces siehe »Secret Warriors«, in Newsweek, 17. Juni 1991, S. 18–26
24 Siehe »Eyes of the Storm«, Jane's Defense Weekly, 4. Mai 1991, S.735
25 Doktrin und Gliederung der irakischen Streitkräfte spiegelten eigentlich eine Mischung aus sowjetischen und westlichen Einflüssen wider, die sich im Krieg zwischen Irak und Iran vermischt hatten. »How-to-fight«-Handbücher, die von Einrichtungen des Training and Doctrine Command des US-Heeres erstellt wurden, stellen den Einfluß sowjetischer Doktrin eindeutig überspitzt dar
26 Die Bodentruppen haben beispielsweise wenig Aufklärungsergebnisse direkt von den Luftfahrzeugbesatzungen erhalten, obwohl der vorbereitende Luftkrieg 42 Tage gedauert hatte
27 Eine aufschlußreiche Erörterung der Faktoren, die die Entwicklung einer gemeinsamen Doktrin behindern, enthält: William F. Furr, »Joint Doctrine: Progress, Prospects and Problems«, in Airpower Journal, Herbst 1991, S. 36–45
28 Eine unkritische Behandlung des JSTARS-Systems siehe »Eyes of the Storm«, S. 735; Jane's Defense Weekly, 30. März 1991, S. 466 und Peter Preylowski, »Krieg am Golf — Operation Wüstensturm«, in Soldat und Technik, 3/1991, S. 164–167
29 Wenn die irakischen Streitkräfte sich mehr bewegt hätten, wie es zum Beispiel für eine Auseinandersetzung zwischen der NATO und dem Warschauer Pakt angenommen wurde, wäre die Lageaufklärung wesentlich leichter gewesen. Eine Wirkungsaufklärung als Bewertung von Schäden durch eigene Waffenwirkung wäre ebenfalls sehr viel leichter gewesen
30 Auf diese Frage wird weiter unten näher eingegangen
31 Erste Studien prognostizierten extrem hohe Verluste bei der 1. (US) Infanteriedivision beim Durchbruch durch die irakische Verteidigungslinie. Hinsichtlich einer kurzen, aber hervorragenden Darstellung der Planung und Durchführung des Durchbruchs aus der Sicht eines Bataillonskommandeurs siehe Gregory Fontenot, »The Dreadnough Rip the Saddam Line«, in Army, Januar 1992, S. 28–36. Siehe auch die Darstellung des von der 1. (US) Infanteriedivision geführten Kampfes in »Coming Through: The Big Red Raid«, in Army Times, 26. August 1991
32 Das 3rd Armored Cavalry Regiment aus Fort Bliss, Texas, war dem XVIII. (US) Airborne Corps unterstellt. Das in Europa stationierte VII. (US) Corps hatte sein 2nd Armored Cavalry Regiment aus dem Raum Nürnberg mitgebracht
33 Siehe »What Kind of Cav?« in Army Times, 20. Mai 1991, S. 8–9
34 Ebd.,
35 Ebd.,
36 Oberhalb der Korpsebene wurden SOF-Einsätze auch durch den Mangel an dafür geeigneten Flugzeugen beeinträchtigt
37 Hinsichtlich der Bedeutung gemischter Luft/Boden-Cavalry Einheiten siehe Theodore T. Sendak und Kevon B. Smith, »History, Synergy and the Cavalry Squadron«, in Military Review, November 1991, S. 57–66
38 Siehe Douglas W. Nelms, »Mission: Seek Out and Destroy«, in Army, Juni 1991, S. 36–44. Das gilt für den Fall, daß der RAH-66 doch angeschafft werden sollte. Das erscheinen aber wegen Kürzungen im derzeitigen Verteidigungshaushalt immer unwahrscheinlicher
39 Hinsichtlich einer Erörterung der Einsatzmöglichkeiten und künftiger Produktverbesserungen von Apache-Angriffshubschraubern siehe Mark Hewish, »Apache: A True Multi-Role Helicopter«, in International Defense Review, 12/91, S. 1356–1357
40 Hinsichtlich einer Erörterung des Einsatzes von Drohnen im Golfkrieg siehe David Foxwell und J.R. Wilson, »UAVs Win Plaudits in the Storm«, in International Defense Review, 10/91, S. 1115–1124
41 Siehe General Schwarzkopfs Aussagen in dieser Hinsicht in »Central Command Briefing, 27. Februar 1991«, in Military Review, September 1991, S. 97. Siehe auch William G. Pagonics and Harold E. Raugh Jr., »Good Logistics is Combat Power«, in Military Review, September 1991, S.35–36
42 Irakische »Funkdisziplin« war zweifellos eher von Furcht denn von Ausbildung und Disziplin bestimmt
43 Geringe Spuren einer möglichen vorherigen Lagerung chemischer Waffen in einigen logistischen Einrichtungen auf dem Kriegsschauplatz dienten nur dazu, das ungeheure Ausmaß dieser nachrichtendienstlichen Fehleinschätzung zu erhärten. Wir nahmen an, die Mittel seien vor Ort. Wir waren davon überzeugt, daß sie eingesetzt werden würden. In beiden Fällen haben wir uns geirrt.
44 Richard E. Simpkin, Race to the Swift, London 1985, x, zitiert in James R. McDonough, »Building the new FM 100-5: Process and Product«, Military Review, Oktober 1991, S. 10
45 Man könnte behaupten, daß Saddam diese Waffen aus Furcht vor einem amerikanischen Vergeltungsschlag nicht eingesetzt hat. Es ist aber auch ebenso möglich, daß er beabsichtigte, diese dann einzusetzen, wenn

sich die Bodenlage verschlechterte. Die Bodenoffensive wurde dann aber mit einem so hohem Tempo geführt, daß die Koalition dem Entscheidungs-/Führungsprozeß Saddams voraus war; er wurde so praktisch von den Ereignissen überrollt

46 Carl von Clausewitz, On War (Vom Kriege), Princeton, S. 595–596
47 In der Ausgabe des FM 100-5 von 1986 wurde der Wortschwall, über den sich unsere NATO-Verbündeten so ereifert hatten, etwas gemildert, und damit wurde die Doktrin gewissermaßen sogar noch fester an die statische Verteidigungsstruktur der Schichttorte der Vorneverteidigung gebunden
48 Dies gilt auch für die beiden arabisch/islamischen Kommandos, die JOINT FORCES COMMANDS NORTH and EAST, die nicht nur panarabisch/panislamisch waren, sondern auch über größere US-Verbindungskommandos verfügten 49)Etwa 100 britische Offiziere aller drei Teilstreitkräfte waren in amerikanischen Stäben auf allen Ebenen integriert. Einige waren sogar im CENTCOM-Hauptquartier, ein ansonsten ausschließlich amerikanischer Stab. Siehe de la Billière, S. 9
50 Zwecks einer Übersicht über französische Bodenoperationen, siehe Olivier Latremolière, »Objective White: The Battle for As Salman«, in Military Technology, 8/91, S. 28–31. Siehe auch die Interviews mit den Generälen Michel Roquejeoffre, Bernard Janvier, Carbonneaux und G. Foray in derselben Ausgabe
51 Lon O. Nordeen und Scott Barnes, »Armed Scout and Attack Helicopters in the Gulf Conflict«, Military Technology, 8/1991, S. 44–56, und Roy Braybook, »Kampfhubschrauber« in Armada International, 6/1991, S. 8–19
52 Einzelheiten zu diesem System, siehe »The Soldier Armed: M 39 Army Tactical Missile System (ATACMS)« in Army, Januar 1991, S. 42–43
53 Charles G. Boyd, »Air Power Thinking: Request Unrestrictes Climb«, in Air Power Journal, Herbst 1991, S. 4–15. Siehe auch Edward C. Mann, »Beyond Air Land Battle: Concepts for the Future«, in Air Force Times, 16. Dezember 1991
54 Das Fehlen eines vergleichbaren »Joint Forces Ground Component Commander« — außer General Schwazkopf selbst — hinderte Heerestruppenführer daran, Einfluß auf die zentralisierte Planung der Luftkriegsoperation zu nehmen
55 Charles A. Horner, »The Air Campaign«, in Military Review, September 1991, S. 25
56 Ebd., S. 26
57 Giulo Douhet, ein italienischer Heeresoffizier und später »Commissioner of Aviation«, veröffentlichte seine Theorie über die Luftmacht, »Command of the Air«, im Jahre 1921. Douhet argumentierte, daß Bodentruppen in Zukunft auf die Rolle der statischen Verteidigung verwiesen werden sollten. Luftmacht oder spezifischer ausgedrückt, schwere Bomber, gegen die es keine glaubwürdige, wirksame Verteidigung gäbe, würden mit konventionellen oder chemischen Kampfmitteln tief im feindlichen Raum die industrielle Infrastruktur und die Bevölkerung des Gegners angreifen. Die Entscheidung würde innerhalb von Tagen oder sogar Stunden fallen. Zwecks einer präzisen Behandlung dieses Themas, in dessen Rahmen Douhets Gedanken zusammengefaßt sind, siehe David Mac Isaak, »Voices from the Central Blue: The Air Power Theorists«, in Makers of Modern Strategy from Macchiavelli to the Nuclear age«, Hrsg. Peter Paret, Princeton, New Jersey, 1986, S. 624–647
58 Es sollte darauf hingewiesen werden, daß manche davon ausgehen, daß ein Kräfteverhältnis von 5 oder 6 zu 1 notwendig sei, um einen Verteidiger erfolgreich anzugreifen, der in ausgebauten Stellungen in einem sehr starken Geländeabschnitt verteidigt. Siehe H. Norman Schwarzkopf, »Central Command Briefing« in Military Review, September 1991, S. 96
59 Ebd.,
60 Ebd., S. 97–98, 101. Die mit Farbe gekennzeichneten irakischen Truppenstärken am G-Tag in Schwarzkopfs graphischen Darstellungen sind in dem von NBC News herausgegebenen Briefing auf Video-Kassette wesentlich besser zu erkennen
61 Siehe »Jane's Defence Weekly«, 13. April 1991, S. 577: »Aerial Views« in International Defense Review, 7/1991, S. 742-743
62 Siehe Ian Goodsons sorgfältig recherchierten Aufsatz: »Allied Fighter-Bombers Versus German Armour in North-West Europe 1944–45. Myths and Realities«, in Journal of Strategic Studies, Bd. 14, Nr. 2 (Juni 1991), S. 210–231
63 Das VII. (US) Corps zum Beispiel feuerte mehr Mehrfachmunition 155 mm (Dual-Purpose Improved Conventional Munition — DPICM) ab als Standard-HE-Geschosse. Mit dem MLRS wurden ausschließlich Bomblet-Raketen verschossen
64 Army Times, 16. September 1991, S. 8
65 Siehe US News and World Report, 20. Januar 1991, S. 55–56, Army Times, 16. September 1991, S. 8 ff
66 Clausewitz, S. 358. Die Aussagen zur Verteidigung sind zu relativieren. Das Verhältnis von Angriff und Verteidigung zeichnet Clausewitz auf, indem er ausführt: Die Verteidigung sei daher »nichts als eine stärkere

Form des Krieges, vermittelst welcher man den Sieg erringen will, um nach dem gewonnenen Übergewicht zum Angriff, d.h. zu dem positiven Zweck des Krieges, überzugehen. »Ein schneller, kräftiger Übergang zum Angriff — das blitzende Vergeltungsschwert — ist der glänzendste Punkt der Verteidigung«, Clausewitz, »Vom Kriege«, Siebzehnte Auflage, S. 531 und 532

67 Schwarzkopf wies auf diese klassischen Kräfteverhältnisse in seinem bekannten »Central Command Briefing« vom 27. Februar 1991 hin. Siehe Military Review, September 1991, S. 96–97. Der Kriegshistoriker Trevor N. Dupuy hat allerdings festgestellt, daß diese quantitativen Kräfteverhältnisse ohne umfassende Beurteilung und Berücksichtigung qualitativer z.b. psychologischer Faktoren kaum von irgendwelchem Nutzen sind. Siehe Trevor N. Dupuy, »Numbers, Predictions and War«, Indianapolis, Indiana, 1970, S. 11–13

68 Michael Howard, »Military Science in a Age of Peace«, in Journal of the Royal United Services Institute, Nr. 119 (März 1974), S. 3–11

69 Zwecks einer ausführlichen, wenn auch ziemlich unkritischen Behandlung des Themas »Einsatz von MSE bei der Operation Desert Storm, in der die Erfahrungen der 3rd (US) Armored Division geschildert werden, siehe Ian Bustin, »Talking Through the Storm«, Military Technology, 11/91, S. 65–70

70 Zwecks präziser Ausführungen zum Satellitenfernmeldeverkehr, siehe Anson, S. 50–53

71 Military Review, November 1991, enthält mehrere Artikel von Interesse, die sich auf dieses Thema beziehen. Siehe insbesondere Randolph W. House und Gregory L. Johnson, »C2 in a Heavy Brigade Movement to Contact«, S. 10–19; Thomas B. Giboney, »Commander's Control from Information Chaos«, S. 34–38; Jack Burkett, »Tactical Information: What You See Is All You Get«, S. 39–44

72 Zwecks einer Beschreibung der GPS-Technologie im Golfkrieg, siehe Anson, S. 48–50; Stefan Geisenheyner, »Navigationsmittel für Kampffahrzeuge«, in Armada International, Februar 1991, S. 20–30, Jane's Defence Weekly, 16. November 1991, S. 949–958

73 Siehe zum Beispiel Jimmy D. Ross, »Victory: The Logistics Story«, in Army, Oktober 1991, S. 128–140; William G. Pagonis und Harold E. Raugh, Jr., »Good Logistics is Combat Power«, in Military Review, September 1991, S. 28–39; Peter C. Langenus, »Moving an Army: Movement Control for Desert Storm«, in Military Review, September 1991, S. 40–51

74 Ein Vergleich von Personal und Kriegsmaterial, das in ein Operationsgebiet in Übersee in den ersten 30, 60 und 90 Tagen im Zweiten Weltkrieg, im Korea-Krieg, in Vietnam und bei den Operationen »Desert Shield«/»Desert Storm« verlegt wurde, siehe Military Review, September 1991, S. 68

75 Pagonis, S. 36–37

76 Pagonis, S. 35–36

77 Army Times, 16. September 1991, S. 14

78 McDonough, S. 3

79 US Army Training and Doctrine Command, Tradoc Pamphlet 525-5, »Airland Operations: A Concept for the Evolution of Airland Battle for the Strategic Army of the 1990s and Beyond«, Fort Monroe, Virginia, 1. August 1991

Harald Hellwig

14. Rolle und Bedeutung ballistischer Flugkörpersysteme

Einleitung

Der erste Nord-Süd-Krieg in der Geschichte der Weltpolitik ist beendet. Neben der Tatsache, daß erstmalig eine Koalition unterschiedlicher Staaten, die mit einem Mandat der Vereinten Nationen versehen war, einen militärischen Auftrag durchführte, ist die Bedeutung taktischer ballistischer Raketen (Tactical Ballistic Missiles — TBM) deutlich geworden. Das politische, militärische und öffentliche Interesse gerade an diesen Waffensystemen war und ist sehr groß. Dabei zeigte dieser Krieg, daß die Weltmächte nicht mehr fähig sind, »durch die Verweigerung bestimmter Systeme bisherige waffentechnologische Grenzen aufrechtzuerhalten«.[1] Der Irak war in der Lage, eine solche Bedrohung aufzubauen und die vorhandenen Raketensysteme weiterzuentwickeln. Dies kann auch für eine Reihe weiterer Länder dieser Region angenommen werden. Für die Zukunft wird deshalb gelten — »mehr Akteure, mehr Konfliktherde, mehr Machtmittel«[2]. Diese Entwicklung kann für die europäischen Staaten weitreichende Konsequenzen haben und unter Berücksichtigung der weiteren Proliferation taktischer ballistischer Raketen bewirken, daß die zukünftige Konfrontationslinie in der Politik durch den Mittelmeerraum und den Nahen Osten verlaufen wird[3]. Es gilt hier eine Reihe von Problemen zu lösen, die durch den Golfkrieg sehr pointiert in das Bewußtsein von Politikern und Militärs gedrungen sind.

Das Raketenduell am Golf — Scud contra Patriot

Der Ausgang dieses Duells war zwar für den militärischen Erfolg der Koalition von nicht entscheidender Bedeutung, hatte aber doch signifikante Auswirkungen auf den Kriegsverlauf. Die Bedrohung durch die Scud war weniger militärisch-operativ, sondern mehr psychologisch-politischer Natur. Es galt durch den Einsatz der Patriot zu verhindern, daß Israel durch eigene militärische Präemptivschläge den Zusammenhalt der höchst labilen Anti-Irak-Koalition im Kern gefährdete. Die Einsätze der Scud sollten jedoch genau diese israelische Reaktion hervorrufen, um die Abgrenzung des Kriegsschauplatzes aufzuheben.

Das irakische Scud-Programm

Im Nahen Osten wurden nach 1973 und 1988[4] zum dritten Mal taktische ballistische Flugkörpersysteme eingesetzt. Der Irak ist dabei nur eines von neun Ländern dieser Region[5], die über diese Waffensysteme verfügen. Die Möglichkeit des Einsatzes chemischer Gefechtsköpfe mit diesen Waffensystemen durch den Irak gab der Bedrohung eine besondere, weil politisch-strategische Qualität.

Der Grundstock für die heutigen Kapazitäten wurde durch den Import aus der ehemaligen Sowjetunion gelegt. Schon im Jahr 1969 wurden von dort Raketen des Types Frog-7 importiert. Diese Raketen verfügten über eine Reichweite von 70 km. In der ersten Hälfte der 70er Jahre folgten dann Raketen des Types Scud-B[6]. Diese Entwicklung wurde im Laufe der folgenden Jahre weiter intensiviert. So hat der Irak seit 1985 insgesamt 350 Raketen des Types Scud-B aus der ehemaligen Sowjetunion importiert[7]. Diese Rakete verfügte über eine Reichweite von 300 km. Das Gewicht der Sprengladung betrug 900 kg und die Treffgenauigkeit lag in einem Radius von 1.000 m (Circular error Probable, CEP) um das Ziel. Der chemische Gefechtskopf dieser Rakete, in der ehemaligen Sowjetunion vorhanden, wog 985 kg und beinhaltete 555 kg des Nervengases VX, das über dem Ziel ausgestoßen werden sollte.[8] Es muß aber davon ausgegangen werden, daß ebenfalls über Ägypten und Nord-Korea weitere dieser Raketen beschafft wurden[9]. In den letzten Jahren verdichteten sich auch Hinweise, daß über Libyen moderne sowjetische Raketen vom Typ SS-21 eingeführt wurden[10].

Neben der ehemaligen Sowjetunion war Brasilien ein weiterer wichtiger Lieferant für taktische ballistische Flugkörpersysteme. So wurden seit 1988 insgesamt 960 Raketen vom Typ Astros II mit einer Reichweite von 60 km importiert[11]. Der Irak verfügte somit über ein umfangreiches Raketenpotential. Die Verluste, die während des Krieges mit dem Iran auftraten[12], konnten ausgeglichen werden.

Die Weiterentwicklung des importierten Potentials begann schon während des iranisch-irakischen Krieges. Ziel dieser Entwicklung war eine Reichweitensteigerung der Scud-B, um Teheran zu erreichen[13]. Im August 1987 testete der Irak eine modifizierte Scud-B, die sog. Al Hussein-Rakete. Diese Modifikation erbrachte eine Reichweitensteigerung auf 600 km. Damit lag Teheran im Wirkungsbereich dieser Rakete. Um dieses Ziel zu erreichen, wurde der Triebwerkteil der Scud-B um mehr als einen Meter verlängert. Dazu schnitt man aus kanibalisierten Raketen des gleichen Types entsprechende Abschnitte aus und schweißte sie als Verlängerung ein[14]. Andere Leistungsdaten mußten aber zurückgenommen werden. Das Gewicht der Sprengladung verringerte sich auf 300 kg und die Treffgenauigkeit lag nun in einem Radius von 1.500–3.000m (CEP).

Die zweite irakische Modifikation der Scud-B war die sog. Al Abbas-Rakete, die über eine Reichweite von 900 km verfügte. Dazu mußte der Triebwerkteil noch weiter verlängert werden. Auch diese Reichweitensteigerung führte zu einer weiteren Verschlechterung der anderen Leistungsdaten. Das Gewicht der Sprengladung betrug nun 150 kg und die Treffgenauigkeit lag in einem Radius von 3.000–5.000 m (CEP)[15]. Diese Rakete wurde erstmals am 25. April 1988 getestet[16].

Im Dezember 1989 schließlich verkündete der Irak, daß zwei ballistische Raketen mit einer Reichweite von 2.000 km getestet worden seien. Diese Rakete trug den Namen Al Aabed. Es handelte sich hierbei um eine dreistufige Rakete, deren erste Stufe aus fünf Triebwerk- und Motorenteilen der Al Abbas-Rakete bestand. Die zweite Stufe bildete ein sechstes Triebwerk- und Motorenteil einer Al Abbas. Die dritte Stufe verfügte über ein mit flüssigem Treibstoff betriebenes Triebwerk und trug eine Sprengladung von 750 kg. Bis heute wurden keine weiteren Tests durchgeführt. Der Irak hat aber seine Fähigkeit dokumentiert, aus alten Bauelementen eine neue Rakete zu entwickeln[17].

Mit den Modifikationen der Scud-B verfügte der Irak nun über ein breitgefächertes Spektrum an taktischen ballistischen Raketen. Damit war er in der Lage, diese Waffensysteme lagegerecht zu benutzen. So wurden bereits in den letzten fünf Monaten des Krieges mit dem Iran 150 Raketen vom Typ Al Hussein auf Teheran abgefeuert[18]. Auch führte diese Reichweitensteigerung erstmalig zu einer direkten Bedrohung Israels[19].

Chronologie der Scud-Einsätze

Bereits im Vorfeld des Krieges wurde die Frage diskutiert, ob und wann der Irak taktische ballistische Raketen einsetzen würde. Saddam Hussein selbst hatte mit einem Einsatz dieser Waffensysteme gegen Israel als unmittelbare Reaktion auf einen Angriff der Koalition gedroht. Der amerikanische Präsident stand in dieser Frage in ständigen Konsultationen mit der israelischen Regierung. Bereits im Dezember 1990 wurden zwei Batterien Patriot der israelischen Armee zur Verfügung gestellt. Weitere Verstärkungen wurden Israel für den Fall eines irakischen Angriffs zugesagt[20].

Exakt 24 Stunden nach dem Beginn der Koalitionsluftangriffe wurde die Frage nach der irakischen Reaktion beantwortet. Der Irak setzte insgesamt acht modifizierte Scud-B Raketen gegen Israel ein. Am 20. Januar 1991 fand der erste Angriff gegen Saudi-Arabien statt. Insgesamt wurden während des Krieges über 80 Raketen dieses Types eingesetzt. (vgl. Tabelle 1)

In Israel wurden immer wieder die bevölkerungsreichen Zentren Tel Aviv und Haifa angegriffen. Nur in Ausnahmefällen wurden die Raketen auf andere Ziele abgefeuert[21].

Die Ziele in Saudi-Arabien lagen hauptsächlich in den Gebieten von Riad und Dahran. Die schlimmsten Folgen hatte ein Angriff am 25. Februar auf einen amerikanischen Lagerschuppen in der Nähe von Dahran. Hierbei wurden 28 amerikanische Soldaten getötet und insgesamt 90 verletzt[22].

Im Laufe des Krieges wurden auch zwei Scud-B auf Bahrain abgefeuert.

Die irakischen Scud-B wurden hauptsächlich aus zwei Einsatzräumen abgefeuert. Während dabei der eine in der Nähe der syrischen Grenze lag, befand sich der andere im Südosten des Landes[23]. (vgl. Schaubild 2)

In der Anfangsphase des Krieges wurden auch taktische ballistische Raketen der Typen Astros II und Frog-7 eingesetzt. Die Angriffe richteten sich gegen Ziele in Saudi-Arabien (z.B. Erdöleinrichtungen). Während in der ersten Nacht noch insgesamt 48 Raketen abgefeuert wurden, ging die Zahl in der zweiten und dritten Nacht

Tabelle 1: Chronologische Übersicht der Scud-Einsätze

Datum	Israel	Gegen Saudi-Arabien	Datum	Israel	Gegen Saudi-Arabien
18.01.	8	0	08.02.	0	1
19.01.	4	0	09.02.	1	0
20.01.	0	2	11.02.	1	1
21.01.	0	7	12.02.	1	0
22.01.	1	7	14.02.	0	4
23.01.	1	4	16.02.	2	1
25.01.	8	2	19.02.	1	0
26.01.	4	1	21.02.	0	3
28.01.	1	1	22.02.	0	4
31.01.	1	0	23.02.	1	2
02.02.	1	0	24.02.	0	3
03.02.	1	1	25.02.	2	1
			26.02.	0	1
			Total	39	46

Quellen: Anonym, Scud toll: Summing up the 39 missile attacks, in: The Jerusalem Post International Edition, 09. März 1991, S. 3.

Bruce W. Watson, Iraqi Scud Launches during the Golf War, in: Military Lessons of the Gulf War, London 1991, S. 224/225.

auf 30 bzw. 13 zurück. Danach wurden keine weiteren Einsätze gemeldet. Über die Wirkung dieser Angriffe lagen keine Angaben vor. Durch den Einsatz von Cobra-Kampfhubschraubern wurde ein Teil der Raketenbatterien vernichtet[24].

Bewertung
Die Bewertung dieser Einsätze erfolgt unter technischen, militärischen, psychologischen und politischen Aspekten.
Die Scud-B ist eine einstufige ballistische Rakete mit Flüssigkeitsantrieb. Die Flugbahn konnte nach dem Start nicht mehr verändert werden. Die Rakete flog auf der ihr vorgegebenen Bahn.
Die durch den Irak vorgenommenen Modifikationen stellten keine grundlegende Verbesserung dar. Die Reichweite wurde zwar deutlich gesteigert, gleichzeitig aber die Stabilität der Rakete durch die Verlängerung des Triebwerkteiles verändert. Durch die neue Flugbahn wurden außerdem die aerodynamischen und thermischen Belastungen beim Wiedereintritt in die Atmosphäre erhöht. Dies führte zu einem Auseinanderbrechen der meisten Raketen noch vor dem Aufschlag in einer Höhe von 15 bis 20 km[25].

Schaubild 1: *Zielgebiete in Israel*

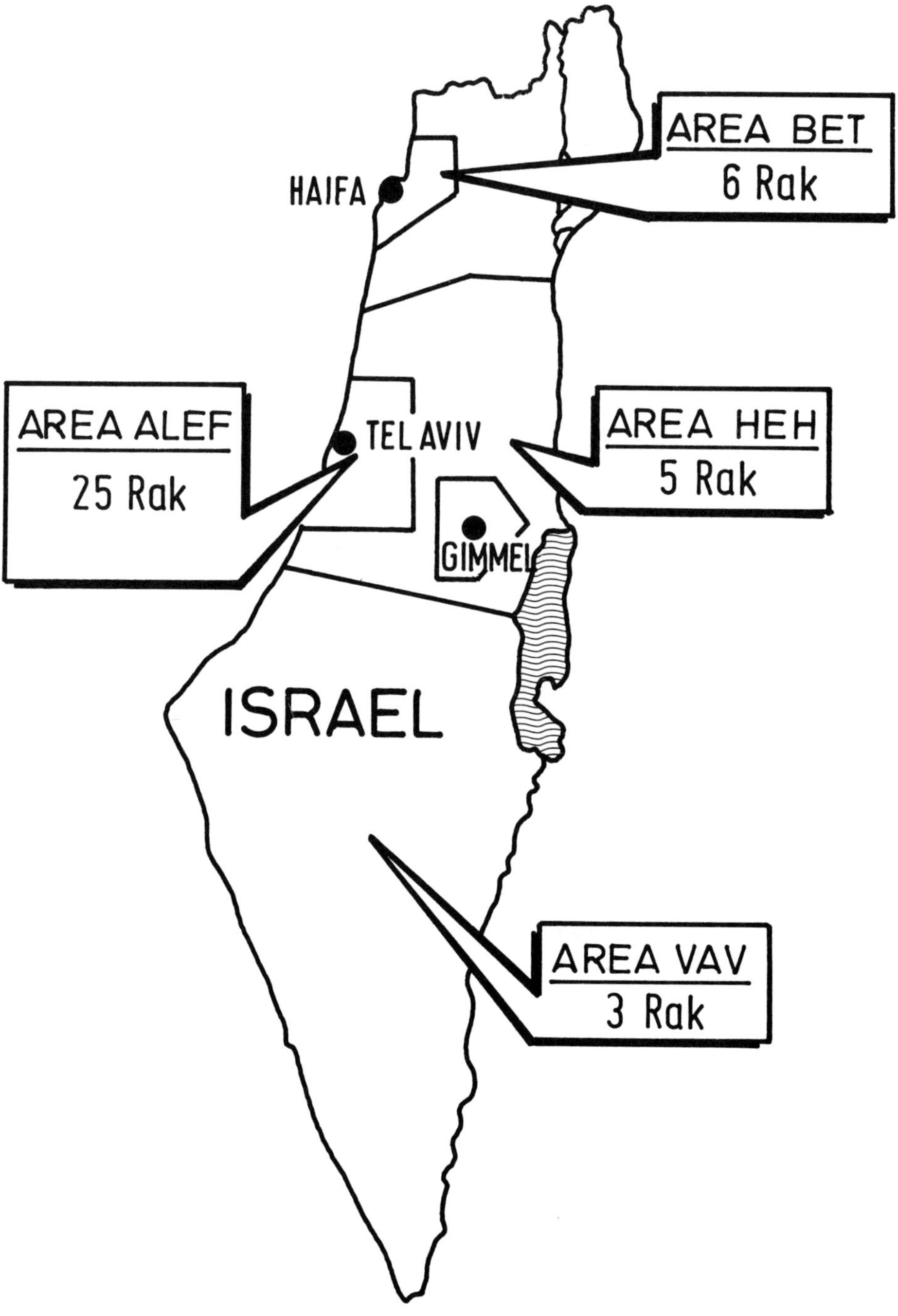

- AREA BET — 6 Rak
- HAIFA
- AREA ALEF — 25 Rak
- TEL AVIV
- AREA HEH — 5 Rak
- GIMMEL
- ISRAEL
- AREA VAV — 3 Rak

Schaubild 2: *Einsatzräume der Scud*

Nach irakischen Einsatzgrundsätzen war die Scud keine taktische, sondern eine strategische Waffe. Aus dieser Zuordnung ergaben sich die folgenden Ziele als realistische Konsequenz:[26]

— Städte, besonders Hauptstädte,
— große Militärbasen (z.B. Flugplätze),
— große Industrieanlagen.

Die Einsätze gegen diese Ziele konnten vorgeplant werden und waren unabhängig von aktuellen Aufklärungsergebnissen. In diesem Zusammenhang wird dann auch verständlich, warum während des Golfkrieges keine Scud gegen Bodentruppen der Koalitionsstreitkräfte eingesetzt worden sind. Die irakischen Streitkräfte waren schon nach kurzer Zeit nicht mehr in der Lage, aktuelle und genaue Aufklärungsergebnisse zu liefern. Damit war ein taktischer Einsatz auf dem Gefechtsfeld nicht möglich.

Die durchgeführten Modifikationen (Al Hussein und Al Abbas) bestätigten dann auch die Aussagen der irakischen Einsatzgrundsätze. Es war nicht das Ziel dieser Entwicklungen, den CEP zu verringern, um damit die Treffgenauigkeit zu erhöhen. Dies wäre eine notwendige Voraussetzung für einen militärisch sinnvollen, taktischen Einsatz. Im Gegenteil, die Treffgenauigkeit hatte sich bei beiden Typen deutlich verschlechtert. Das angestrebte Ziel (Reichweitensteigerung) hingegen wurde erreicht. Die strategischen Möglichkeiten wurden damit entschieden verbessert.

Obwohl der Irak im Besitz einsatzbereiter, mit dem Nervenkampfstoff Sarin gefüllter Raketen war,[27] wurden diese Waffen aus den unterschiedlichsten Gründen nicht eingesetzt. Die klimatischen Bedingungen in der Wüste waren nicht günstig für einen derartigen Einsatz. Besonders Nervenkampfstoffe hätten sich relativ schnell verflüchtigt[28].

Vielleicht verhinderte aber auch die Angst des Irak vor einer möglichen nuklearen Reaktion der Vereinigten Staaten[29] bzw. Israels[30] diesen Einsatz. Demnach hätten auch in diesem Krieg Nuklearwaffen eine abschreckende Wirkung bewiesen.

Aufgrund ihrer politischen Wirkung (Bedrohung Israels) kam der Scud aber trotzdem eine strategische Bedeutung zu. Die Koalitionspartner sahen sich aus politischen Gründen gezwungen, einen Teil ihrer Luftstreitkräfte gegen die Scud-Bedrohung einzusetzen. So wurden allein in der Zeit vom 17.–30. Januar 1991 1.500 Einsätze gegen Scud-Abschußrampen und -Infrastruktur geflogen[31]. Der Luftkrieg wurde aufgrund dieser Entwicklung wesentlich verlängert. Diese Einsätze und die Luftüberlegenheit der Koalition führten jedoch zu einem Einsatzprofil irakischer Raketen, das deutlich von dem während des Iran-Irak-Krieges abwich. Bis auf wenige Ausnahmen wurden während des Golfkrieges die Raketen nur während der Nacht abgefeuert. (vgl. Schaubild 3)[32]

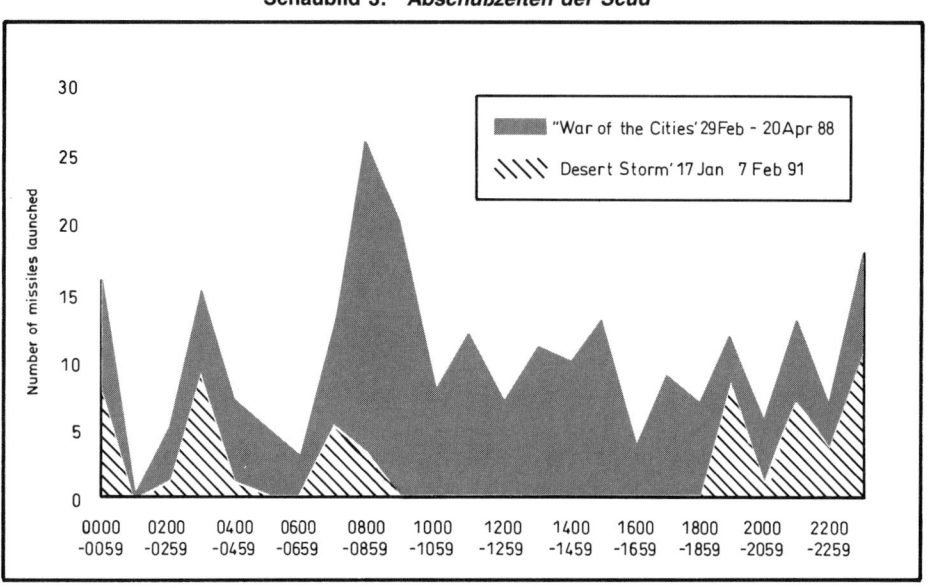

Schaubild 3: *Abschußzeiten der Scud*

Nur auf diese Weise konnte sichergestellt werden, daß die Abschußrampen nicht rechtzeitig aufgeklärt wurden. Die Anzahl der eingesetzten Raketen ging im Verlauf des Krieges kontinuierlich zurück. Während der ersten zehn Tage feuerte der Irak durchschnittlich fünf Raketen pro Tag ab. In den letzten 32 Tagen ging diese Zahl auf durchschnittlich eine Rakete pro Tag zurück. Diese Anzahl war aus irakischer Sicht aber absolut ausreichend, weil ständig ein israelischer Gegenschlag zur Diskussion stand. Koalitionsluftstreitkräfte wurden während des gesamten Krieges zur Bekämpfung der Scud eingesetzt. Dies ging sogar soweit, daß B-52 Bomber stundenlang über dem Irak kreisten, um ihre Bomben auf entdeckte Scud-Rampen abwerfen zu können.[33]

Die Koalitionsstreitkräfte setzten unmittelbar nach den ersten irakischen Raketenangriffen »Special-Forces Teams« im Westirak ein, die Abschußrampen aufklären sollten. Den spektakulärsten Erfolg erzielten diese Teams 24 Stunden vor Kriegsende, als sie im Südwesten des Irak 29 Scud aufklärten, die für einen Einsatz gegen Israel vorgesehen waren[34]. Über Funk herbeigerufene Flugzeuge des Types A-10 zerstörten diese Raketen. Es gehört nicht viel Phantasie dazu, um sich vorzustellen, daß die israelische Regierung nach einem solchen Angriff keine Zurückhaltung mehr geübt hätte. Der Krieg hätte eine andere Qualität bekommen. Insgesamt wurden durch diese Teams während des gesamten Krieges mehr als 40 Scud aufgeklärt und durch die Koalitionsluftstreitkräfte zerstört.

Die Scud-Bedrohung konnte während des gesamten Krieges nicht ausgeschaltet werden. Die Einsätze konnten letztlich nicht unterbunden werden. Dies dokumentierte eindrucksvoll die Überlebensfähigkeit eines mobilen Raketensystems und die Unfähigkeit zur wirksamen Bekämpfung derartiger Raketensysteme am Boden. Die Fehleinschätzung des irakischen Potentials begünstigte noch diese Entwicklung. Man glaubte vor Kriegsbeginn, der Irak verfüge über nicht mehr als 35 mobile Scud-Abschußrampen, tatsächlich waren es wenigstens 200[35].

Die Wirkung der Scud war also hauptsächlich politischer und psychologischer Natur[36]. Dies galt besonders in Israel. Die Einwohner Tel Avivs und Haifas verließen zu Tausenden ihre Wohnungen und flüchteten aufs Land. Die Unberechenbarkeit des Einsatzes erhöhte dabei noch die öffentliche Angst[37]. Mit jedem Einschlag einer Rakete in Israel erhöhte sich der innenpolitische Druck auf die Regierung. Ein Großteil der Bevölkerung forderte einen militärischen Gegenschlag. Dieser hätte aber unmittelbare Konsequenzen für den Bestand der Anti-Irak-Koalition zur Folge gehabt. Die Vereinigten Staaten verhinderten diese gefährliche Reaktion durch diplomatischen Druck und die Entsendung von zusätzlichen Patriot-Batterien nach Israel. Die Scud als »bloßes Werkzeug des Terrors«[38] gab hier einen ersten Hinweis auf mögliche Entwicklungen der Zukunft. Um militärische oder politische Ziele zu erreichen, wurde der Krieg zum Psychoterror gegen die Zivilbevölkerung. Ballistische Raketen waren für diese Art der Kriegsführung besonders geeignet. Dabei zeigten sich auch psychologische Auswirkungen bei befreundeten Staaten, z.B. Jordanien. Dort wurden diese Waffen als Symbol für vermeindlich neue arabische Macht angesehen. Die neue Bedrohung des israelischen Kernlandes wurde begeistert gefeiert.[39]

Das Waffensystem Patriot

Die Entwicklung des Waffensystems Patriot begann in den Vereinigten Staaten etwa 1973. 1984 wurde die volle Einsatzfähigkeit festgestellt[40]. Die Bezeichnung Patriot stand für »Phased Array Tracking for Intercept Of Targets«, also elektronisch gesteuerte Flugwegerfassung zum Abfangen von Zielen[41]. Im Golfkrieg rückte dieses System in den Mittelpunkt des Interesses, da hier zum ersten Mal taktische ballistische Raketen durch ein Flugabwehrraketensystem erfolgreich bekämpft werden konnten.

Das Waffensystem Patriot ist ein Flugabwehrraketensystem, das zur Bekämpfung von Flugzielen in niedrigen bis sehr großen Flughöhen geeignet ist. Dabei stand zunächst die Bekämpfung von Flugzeugen im Vordergrund. Die wichtigsten Untersysteme sind das Multifunktionsradargerät, der Feuerleitgefechtsstand, das Startgerät und der Lenkflugkörper[42]. (vgl. Schaubild 4)

Das Herzstück des Luftverteidigungssystems ist das Multifunktionsradargerät. Dieses Gerät hatte eine Reichweite von 3 bis 160 km, wobei der Suchsektor 90° und der Verfolgungsbereich 120° beträgt[43]. Es erfüllt folgende Funktionen: Hoch- und Tiefflugüberwachung, Zielerfassung, Zielerkennung, Zielverfolgung, Flugkörperverfolgung und Flugkörperlenkung[44].

Die Radaranlage ist im Einsatz unbemannt. Sie wird vollautomatisch durch den Feuerleitgefechtsstand geführt. Zu diesem Gefechtsstand gehören sechs bis acht Abschußanlagen, d.h. bis zu 32 Lenkflugkörper. Jeder Lenkflugkörper besteht aus insgesamt vier Abschnitten[45]. (vgl. Schaubild 5)

Die Höchstgeschwindigkeit beträgt Mach 3,7 und der Gefechtskopf wiegt 91 kg. Er erreicht eine Höhe von maximal 24 km und verfügt über eine Reichweite von 70 km[46]. Durch das Radarsystem können gleichzeitig fünf Lenkflugkörper auf unterschiedliche Ziele gefeuert werden.

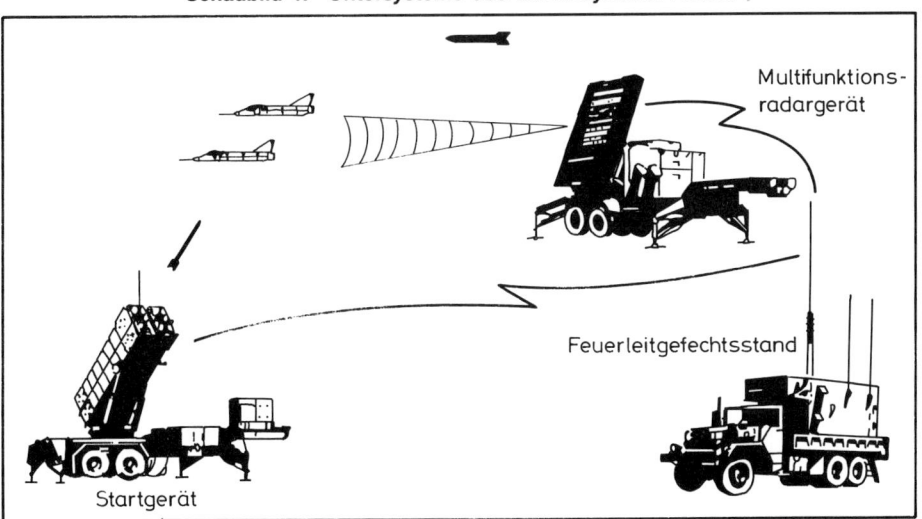

Schaubild 4: *Untersysteme des Waffensystems Patriot*

Schaubild 5: *Der Lenkflugkörper Patriot*

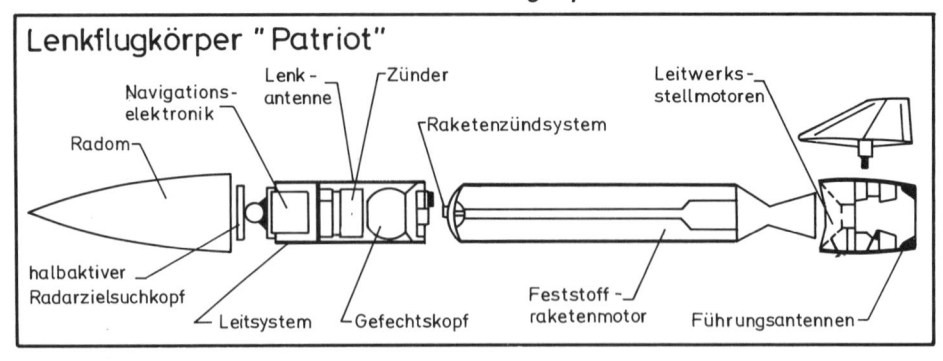

Lenkflugkörper "Patriot"
- Radom
- Navigationselektronik
- Lenkantenne
- Zünder
- Raketenzündsystem
- Leitwerksstellmotoren
- halbaktiver Radarzielsuchkopf
- Leitsystem
- Gefechtskopf
- Feststoffraketenmotor
- Führungsantennen

Bereits kurz nach der Einführung wurde eine Modernisierung angestrebt. Es war das Ziel, die Möglichkeit zur Bekämpfung taktischer ballistischer Raketen zu verbessern. Damit sollte der sowjetischen Bedrohung in Mitteleuropa auf diesem Sektor Rechnung getragen werden. Nach Auffassung der Vereinigten Staaten stand dies nicht im Widerspruch zum ABM-Vertrag vom 26. Mai 1972, da nach Art. II, Abs. (1) ein ABM-System im Sinne dieses Vertrages »ein System zur Bekämpfung anfliegender *strategischer* ballistischer Flugkörper ist.«[47]

In einem ersten Entwicklungsschritt (PAC-1) wurde die Software des Multifunktionsradars geändert. Dabei wurde die Höhensuchkapazität bis auf 70° erhöht[48]. Das System war nun in der Lage, taktische ballistische Raketen im Endanflug zu treffen. Der Gefechtskopf war in seiner Wirkungsfähigkeit aber immer noch für die Flugzeugbekämpfung optimiert. Dies hatte zur Konsequenz, daß durch diesen Gefechtskopf der Gefechtskopf einer anfliegenden Rakete nicht notwendigerweise zerstört werden konnte. Eine erfolgreiche Erprobung fand am 11. September 1986 in den USA statt. Dabei wurde eine fast Mach 2 schnelle taktische Rakete des Types »Lance« in einer Höhe von etwa 8 km und in einer Entfernung von etwa 13 km abgefangen[49].

In einem zweiten Entwicklungsschritt (PAC-2) wurde ein Gefechtskopf entwickelt, der die Zerstörung einer taktischen ballistischen Rakete sicherstellen sollte. Dieser neue Gefechtskopf wird in unmittelbarer Nähe der anfliegenden Rakete zur Detonation gebracht. Dabei werden 700 Splitter frei, die die Rakete zerstören sollen[50]. Bei einem Versuch im November 1987 wurde ein Zielflugkörper Patriot von einer Patriot zerstört[51].

Für die erfolgreiche Bekämpfung der Scud war der Zeitfaktor von entscheidender Bedeutung. Es galt zunächst, den Abschuß einer Scud so früh wie möglich aufzuklären. Dazu wurden geostationäre Aufklärungssatelliten und/oder Flugzeuge des Typs Airborne Warning and Control System (AWACS) genutzt[52]. Die Infrarotsensoren dieser Systeme orteten den Abschuß und übermittelten die Flugbahndaten an das Strategische Oberkommando NORAD in den USA[53]. Dort wurden die Daten ausgewertet und zeitverzugslos an den zuständigen Bataillonsgefechtsstand Patriot übermittelt. Entsprechend der Aufgabenverteilung legte dieser die zuständige Batterie fest. Die Radarerfassung erfolgte normalerweise auf eine Entfernung von 60 km und das

Abfangen in der Regel in einer Entfernung von 8 bis 15 km[54]. (vgl. Schaubild 6)[55]
Die Zeitdauer von der Erfassung des Zieles bis zum Abfangen betrug ungefähr sieben bis acht Minuten.
Aufgrund der allgemeinen Bedrohungsanalyse hatte die frühzeitige Verlegung von Flugabwehrkräften hohe Priorität. Dies galt im besonderen Maße für das Flugabwehrraketensystem Patriot. Die Stationierung der ersten Batterien in Saudi-Arabien begann bereits am 15. August 1990[56].
Am 30. März 1990 klärte der amerikanische Geheimdienst stationäre Scud-Abschußrampen im Westen des Irak auf[57]. Tel Aviv war nun in der Reichweite irakischer ballistischer Raketen. Am 2. und 6. Dezember 1990 feuerte die irakische Armee zwei Scud-Raketen auf Ziele innerhalb des eigenen Landes ab[58]. Diese Tests zeigten deutlich die irakische Absicht, diese Waffen in einem möglichen Krieg auch einsetzen zu wollen. Die Vereinigten Staaten reagierten sofort und stellten der israelischen Armee zwei Patriot-Batterien zur Verfügung. Die Ausbildung des Personals war jedoch noch nicht abgeschlossen, als am 18. Januar 1991 die ersten Scud-Raketen in Israel einschlugen. Nach dem zweiten Angriff am 19. Januar 1991 beantragte die israelische Regierung beim amerikanischen Präsidenten zusätzliche Patriot-Kräfte. Die Vereinigten Staaten, auf diese Entwicklung vorbereitet, verlegten am 20. Januar 1991 zwei zusätzliche Batterien aus der Bundesrepublik Deutschland nach Israel[59]. Diese Batterien wurden von amerikanischen Soldaten bedient und waren innerhalb kürzester Zeit einsatzbereit. Zum ersten Mal in der Geschichte schützten damit amerikanische Soldaten in Israel die dortige Bevölkerung[60]. Dies verdeutlichte den hohen politischen und strategischen Stellenwert Israels während des Krieges.
Der Luftwaffenstützpunkt Incirlik in der Türkei wurde durch zwei Patriot-Batterien der niederländischen Luftstreitkräfte geschützt[61]. Die Patriot-Batterie, die Israel von der Bundesrepublik Deutschland zur Verfügung gestellt wurde, hatte hingegen mehr

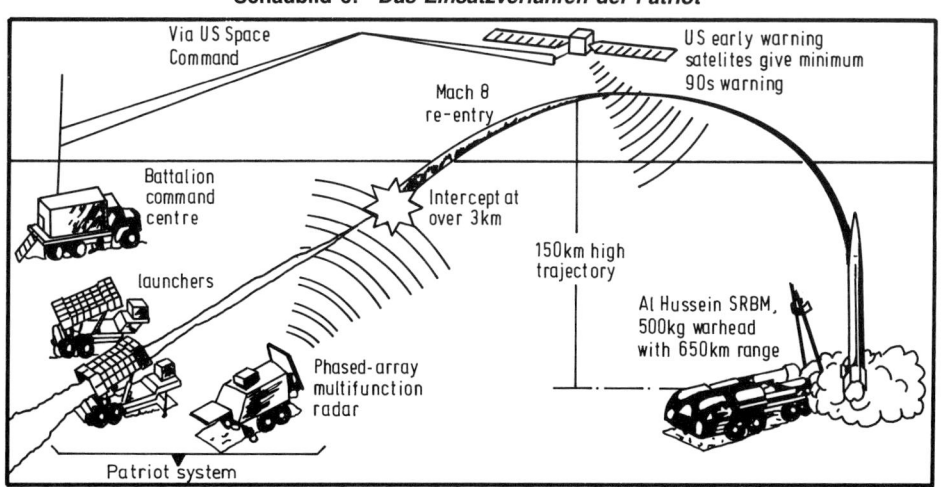

Schaubild 6: *Das Einsatzverfahren der Patriot*

einen symbolischen Wert. Sie war nicht zum Einsatz gegen ballistische Raketen geeignet.

Insgesamt wurden während des Krieges 27 Patriot-Batterien in der Region disloziert. Der Einsatz der Patriot war zunächst gegen die feindlichen Luftfahrzeuge, z.B. MiG-23, vorgesehen[62]. Dies erklärte dann auch die Tatsache, daß während der ersten Phase des Aufmarsches der modifizierte Lenkflugkörper PAC-2 nicht zur Verfügung stand. Erst im Januar 1991 wurde diese Version in die Region gebracht[63].

Der erste Auftrag für die Patriot war der Schutz von strategischen oder taktisch bedeutenden Zielen; diese waren[64]

— Kommandozentralen der alliierten Streitkräfte,
— wichtige Industriegebiete,
— die Häfen,
— die saudi-arabischen Bevölkerungszentren Riad und Dahran und
— andere strategische Ziele (z.B. Flughäfen).

Später kam in Saudi-Arabien auch der Schutz von Truppen in Bereitstellungsräumen hinzu. Mit dem ersten Angriff auf Israel wurde aber der Schwerpunkt dorthin verlagert. Das oberste strategische Ziel war, Israel von Präemptivschlägen abzuhalten und den Zusammenhalt der Anti-Irak-Koalition zu gewährleisten.

Während des Krieges wurden insgesamt ca. 150 Lenkflugkörper PAC-2 eingesetzt[65]. Von den 85 abgefeuerten Scud-Raketen konnten etwa 42 abgefangen werden[66]. Dabei mußte berücksichtigt werden, daß nur jene Raketen bekämpft wurden, die aufgrund der Kursberechnung ein Schutzobjekt bedroht hätten[67]. Die anderen Raketen wurden bei der Bekämpfung nicht berücksichtigt. Zur Sicherheit wurden jeweils zwei Patriot gegen eine taktische ballistische Rakete eingesetzt. Dies erhöhte die Treffwahrscheinlichkeit auf über 80 Prozent[68].

Das Flugabwehrraketensystem Patriot bewies während des Golfkrieges, daß eine bedingte Abwehr taktischer ballistischer Raketen möglich war. Die in den 80er Jahren durchgeführten Modifikationen gaben der Patriot eine begrenzte Selbstschutzfähigkeit gegen taktische ballistische Raketen[69]. Damit war ein eingeschränkter Objektschutz möglich, wenn die Systeme in unmittelbarer Nähe des zu schützenden Objektes stationiert wurden. Um die geringe Reichweite kompensieren zu können, mußten die Patriot-Batterien mit verkleinertem Abstand von 10–30 km aufgestellt werden (vgl. Schaubild 7)[70]. Eine »area defense« (Raumschutz) konnte nicht sichergestellt werden.

Der schwerwiegendste Nachteil der Patriot war die zu geringe Reichweite. Aus diesem Grund entstanden sowohl in Israel als auch in Saudi-Arabien durch herabfallende Raketentrümmer noch schwere Schäden. Die Patriot war auch nicht in der Lage, die angreifende Rakete komplett zu zerstören. In einigen Fällen fiel der Gefechtskopf sogar unbeschädigt auf die Erde. Zukünftige Entwicklungen müssen also nicht nur eine Reichweitensteigerung bringen, sondern gleichzeitig auch sicherstellen, daß die angreifende Rakete vollständig zerstört wird. Dies gilt besonders für chemische, biologische oder nukleare Gefechtsköpfe. In der derzeitigen Situation hätte eine Scud mit einem chemischen Gefechtskopf mit hoher Wahrscheinlichkeit noch die gewünschte Wirkung im Ziel gehabt. Die Leistungsparameter eines Raketenabwehrsystems müs-

Schaubild 7: *Der Stellungsraum der Patriot*

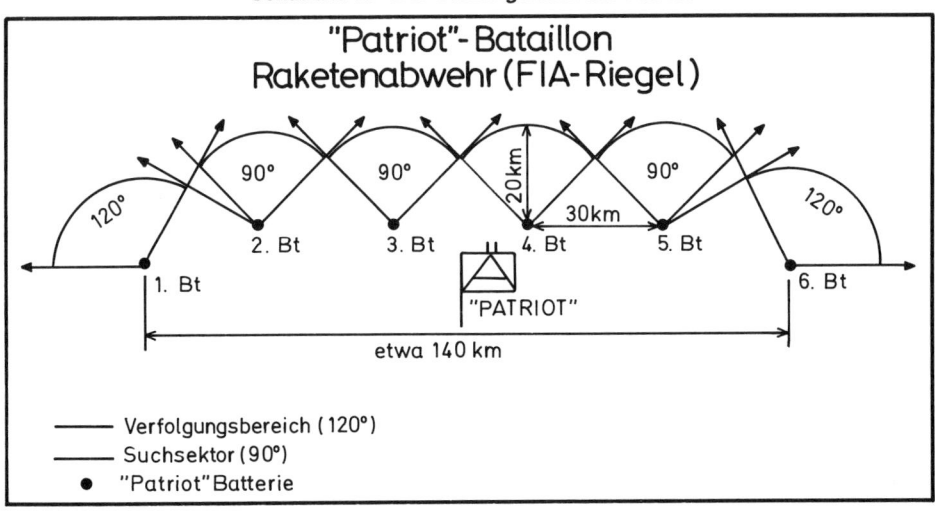

"Patriot"- Bataillon
Raketenabwehr (FIA-Riegel)

- 120°
- 1. Bt — 2. Bt (90°) — 3. Bt (90°) — 4. Bt (20 km, 30 km) — 5. Bt (90°) — 6. Bt (120°)
- "PATRIOT"
- etwa 140 km

— Verfolgungsbereich (120°)
— Suchsektor (90°)
• "Patriot" Batterie

sen demnach noch deutlich verbessert werden, bevor aus militärischer Sicht festgestellt werden kann, daß eine Abwehr von taktischen ballistischen Flugkörpern möglich und damit ein ausreichender Schutz, auch gegen nur psychologische Wirkungen, gegeben ist. Dieser ist zur Zeit nicht gegeben.

Im Gegensatz zur militärischen Bewertung müssen die politischen und psychologischen Wirkungen des Patriot-Einsatzes deutlich anders beurteilt werden. Unter politischen Gesichtspunkten war der Einsatz sehr erfolgreich. Militärische Vergeltungsschläge Israels wurden verhindert und damit die Anti-Irak-Koalition gestärkt. Dies war für die erfolgreiche Durchführung des Krieges von entscheidender Bedeutung. Die psychischen Wirkungen zeigten sich bei der Zivilbevölkerung aber auch bei den eingesetzten Truppenteilen. Man war der Scud-Bedrohung nicht schutzlos ausgeliefert, weil ein Gegenmittel zur Verfügung stand. Dies war für die Erhaltung und Steigerung der Moral sehr wichtig.

Dieser Krieg zeigte also deutlich, daß trotz aller Mängel eine bedingte Abwehr taktischer ballistischer Raketen vorhanden war. Die Diskussion über ein zukünftiges Raketenabwehrsystem wurde seitdem wieder intensiver geführt. Es gilt, ein Raketenabwehrsystem gegen taktische ballistische Raketen zu entwickeln, das einen größeren Wirkungsbereich, eine gesteigerte Reichweite und eine gesicherte Ersttrefferwahrscheinlichkeit bietet. Dieser Entwicklung steht auch der ABM-Vertrag nicht entgegen[71]. Dazu gehört auch ein funktionierendes Frühwarnsystem.

Die Proliferation ballistischer Flugkörpersysteme und ihre Bedeutung in zukünftigen Konfliktszenarien

Im Jahr 1988 schlossen die USA und die UdSSR den INF-Vertrag ab, der zur Vernichtung aller landgestützten Raketen der beiden Supermächte mit einer Reichweite von 500 bis 5.500 km führen sollte. Als Ergebnis dieses Vertrages wurden am 6. Mai 1991 in den Vereinigten Staaten und am 11./12. Mai 1991 in der ehemaligen Sowjetunion die letzten Pershing-2- bzw. SS-20-Raketen vernichtet[72]. Nach dem Golfkrieg ist jedoch offensichtlich, daß diese Waffensysteme in anderen Regionen der Welt nicht nur vorhanden sind, sondern auch eingesetzt werden. Die weitere Proliferation dieser ballistischen Raketen ist nicht aufzuhalten. Dabei ist besonders die Region betroffen, in der etwa zwei Drittel der Welterdölreserven lagern — der Nahe Osten[73]. Diese gefährliche Entwicklung muß besonders beachtet werden, weil gegen dieses Risiko eine effektive Fähigkeit zum Schutz (ATBM-Fähigkeit) noch entwickelt werden muß. Das Flugabwehrraketensystem Patriot kann auf diesem Weg nur der erste Schritt sein.

Entwicklungstendenzen für die Zukunft

In den letzten Jahren haben zahlreiche Länder der Dritten Welt ballistische Raketen käuflich erworben oder im Rahmen eigener Entwicklungsprojekte weiterentwickelt. Gegenwärtig verfügen zehn Länder im Nahen und Mittleren Osten über diese Systeme (vgl. Schaubild 8)[74].

Dabei stellte besonders der Export der chinesischen Raketen des Typs CSS-2 mit einer Reichweite von mehr als 2.000 km nach Saudi-Arabien ein Präzedenzfall dar[75]. Bis dahin hatten die Exportländer strikt darauf geachtet, daß die Reichweiten der verkauften Waffen nicht über eine bestimmte Grenze hinausgingen. Der Export von weiterreichenden Systemen wurde stets verweigert. Die Lieferungen der VR China durchbrachen nun diese Beschränkungen. Sie leiteten eine Entwicklung ein, die in der Zukunft nicht nur eine weitere Zunahme der horizontalen Proliferation bringen wird, sondern auch die vertikale Proliferation (d.h. Reichweitensteigerung) begünstigen wird[76]. Jedes Land der Erde kann heute auf dem Weltmarkt sowohl komplette Raketensysteme als auch einzelne Bauelemente käuflich erwerben. Da die Anzahl möglicher Exporteure immer umfangreicher wird (z.B. Nordkorea, Südafrika, Argentinien oder Brasilien), werden wirtschaftliche Gegenmaßnahmen nur wenig Erfolg haben.

Der Iran-Irak-Krieg hat diese Entwicklung beschleunigt und dokumentiert, daß in der Dritten Welt ballistische Raketen zu einem akzeptierten Instrument der Kriegsführung geworden sind[77]. Neben dem militärischen Aspekt, daß bis heute eine optimale Verteidigung gegen diese Waffen nicht möglich ist, haben besonders psychologische Gründe und der Prestigegedanke der Nationen das Wettrennen um den Besitz von ballistischen Flugkörpersystemen beschleunigt[78]. Durch die Existenz dieser Waffen bekommt der Krieg eine andere Qualität. Es wird primär nicht mehr um die Vernichtung der gegnerischen Streitkräfte gehen, sondern in der Zukunft wird der »Krieg als Terrorwaffe« gegen die Zivilbevölkerung gesehen werden.

Schaubild 8: Ballistische Flugkörper im Nahen und Mittleren Osten

Rakete	Reichweite (in km)	Nutzlast (in kg)	Zielgenauigkeit (OEP in Meter)	Herkunftsland
Ägypten				
FROG-7	70	450	500-700	Sowjetunion
Sagur 80	80	200	NA	Franz. Lizens
Scud-B	300	1000	1000	Sowjetunion
Iran				
Oghab	40	300	NA	Iran/China
Shanin 2	100-130	NA	NA	Iran/China
Iran-130	130	NA	NA	Iran/China
Scud-B	300	1000	1000	Syrien/Libyen Nord-Korea
Irak				
FROG-7	70	450	300-700	Sowjetunion
Fahd	240-480	450	NA	Irak
Scud-B	300	1000	1000	Sowjetunion
Al Hussein	600	135-250	1500-3000	Irak
Condor 2	800-1000	450	600	Irak/Argent.
Al Abbas	900	500	3000-5000	Irak
Tammuz-1	2000	NA	NA	Irak
Israel				
Lance	130	200	400	USA
Jericho I	640	250	NA	Israel
Jericho II	500-1500	450-700	NA	Israel
Jericho IIB	1500-1900	750	NA	Israel
Kuwait				
FROG-7	70	450	500-700	Sowjetunion
Libyen				
FROG-7	70	450	500-700	Sowjetunion
Scid-B	300	1000	NA	Sowjetunion
Otrag	500-720	NA	NA	BRD-Lizens
Al Fath	500-720	NA	NA	BRD-Lizens
Saudi-Arabien				
CSS-2	2500-3000	2000	2500	China
Syrien				
FROG-7	70	450	500-750	Sowjetunion
SS-21	120	250	300	Sowjetunion
Scud-B	300	1000	1000	Sowjetunion
Nordjemen				
SS-21	120	250	300	Sowjetunion
Südjemen				
FROG-7	70	450	500-700	Sowjetunion
SS-21	120	250	300	Sowjetunion
Scud-B	190	1000	1000	Sowjetunion

Besonders gefährlich ist in diesem Zusammenhang die Kombination von ballistischen Raketen mit nuklearen, chemischen oder biologischen Gefechtsköpfen. Die chemischen Waffen sind dabei von besonderer Bedeutung, weil sie am weitesten verbreitet sind und die größte psychologische Wirkung auf niedrigster Eskalationsstufe haben. Die »Atomwaffe des armen Mannes« ist in diesem Zusammenhang gut geeignet, auch die reichen Industrieländer politisch und militärisch zu erpressen. (vgl. Tabelle 2) Diese Mittel werden in der Dritten Welt in dieser Rolle akzeptiert, obwohl sie kriegsvölkerrechtlich geächtet sind.

Tabelle 2: Chemische Waffen im Nahen Osten

Land	Kampfstoffart	Produktionsbeginn	Trägersystem
Irak	Senf- und Nervengas	Anfang der 80er Jahre	Bomben, Artilleriegranaten, Gefechtsköpfe für Kurzstreckenraketen und Al Hussein
Syrien	Senf- und Nervengas	Mitte der 80er Jahre	Bomben, Artilleriegranaten, Gefechtsköpfe für SS-21 und Scud-B
Iran	Senf- und Nervengas	Mitte der 80er Jahre	Bomben, Artilleriegranaten
Israel	Senf- und Nervengas	Anfang der 70er Jahre	Bomben, Artilleriegranaten, Gefechtsköpfe für Jericho II.
Ägypten	Senf- und Nervengas	70er Jahre	Bomben, Artilleriegranaten, Kurzstreckenraketen
Libyen	Senf- und Nervengas	Mitte der 80er Jahre	Bomben, Artilleriegranaten

Quelle: Lee Feinstein, Chemical Weapons in the Middle East, in: Arms Control Today, May 1991, S. 26/27

Obwohl in der Vergangenheit noch niemals chemische Waffen mit ballistischen Raketen eingesetzt wurden[79], ist dieser Entwicklung in der Zukunft besondere Beachtung zu schenken. Diese Kombination ist nicht nur technisch erfolgversprechend, sondern hat auch die größte psychologische Wirkung auf potentielle Gegner.

Eine weitere Verbreitung ballistischer Raketen in Verbindung mit chemischen Gefechtsköpfen bedroht also nicht nur die regionale Stabilität, sondern gefährdet direkt (Drohung eines Einsatzes gegen Europa) oder indirekt (Erpressung eines europäischen Staates durch Bedrohung eines Verbündeten, z.B. Israels) unsere Sicherheit[80].

Neben den chemischen Waffen müssen noch die nuklearen und biologischen Potentiale berücksichtigt werden. Im Bereich der biologischen Waffen wird vermutet, daß der Irak und Syrien über entsprechendes Material verfügen[81]. Im nuklearen Bereich wird angenommen, daß im Nahen Osten Israel im Besitz von mindestens 58 Atomsprengkörpern ist. Im weiteren streben in dieser Region Irak, Iran, Libyen und Algerien nach diesen Waffensystemen[82].

Durch den Einsatz eines chemischen, biologischen oder nuklearen Gefechtskopfes wird die Wirkung einer ballistischen Rakete deutlich verändert. (vgl. Tabelle 3)

Tabelle 3: Die Auswirkungen eines Einsatzes von konventionellen, nuklearen, biologischen und chemischen Gefechtsköpfen.

Gefechtskopftyp	ohne Nutzung von Zivilschutzbauten		mit Nutzung von Zivilschutzbauten	
	Tote	Verwundete	Tote	Verwundete
konventionell (1 Tonne hochexplosiver Sprengstoff)	5	13	2	6
chemisch (300 kg Sarin)	200–3.000	200–3.000	20–300	20–300
biologisch (30 kg Anthrax)	20.000–80.000		2.000–8.000	
nuklear (20 kt)	40.000	40.000	20.000	20.000

Bemerkung: Angriff einer Rakete mit einem Gewicht einer Tonne auf eine Stadt mit einer durchschnittlichen Bevölkerungsdichte von 30 Personen pro Hektar

Quelle: vgl. Steve Fetter, Ballistic Missiles and Weapons of Mass Destruction, in: International Security, Vol. 16, Sommer 1991, S. 27.

Diese Zahlen belegen eindringlich die Gefährdungen, mindestens aber die psychologischen Wirkungen, die sich aus der Kombination von ballistischen Raketen mit biologischen, chemischen oder nuklearen Gefechtsköpfen ergeben. Die terroristischen Möglichkeiten werden gleichfalls verdeutlicht.

Nord-Süd-Konflikt als Dominante der Weltpolitik

Seit den 60er Jahren gehört der Nord-Süd-Gegensatz zu den großen weltpolitischen Konfliktkonstellationen. Sein Organisationsgrad läßt zwar bis jetzt keinen Vergleich mit dem ehemaligen Ost-West-Konflikt zu[83]. Dies kann sich jedoch in Zukunft ändern. Die neue Gefährdung Europas wird besonders bei der Untersuchung der Bevölkerungsentwicklung deutlich. Der Weltbevölkerungsbericht 1991 sagt aus, »daß die Bevölkerung im Jahre 2025 mit einer Gesamtzahl von 8,504 Milliarden Menschen um 38 Millionen größer sein wird als man noch vor zwei Jahren angenommen hatte«[84]. Diese Zunahme zeigt sich auch im arabischen Raum. Dabei stellt die Be-

Schaubild 9: *Welt des Islam*

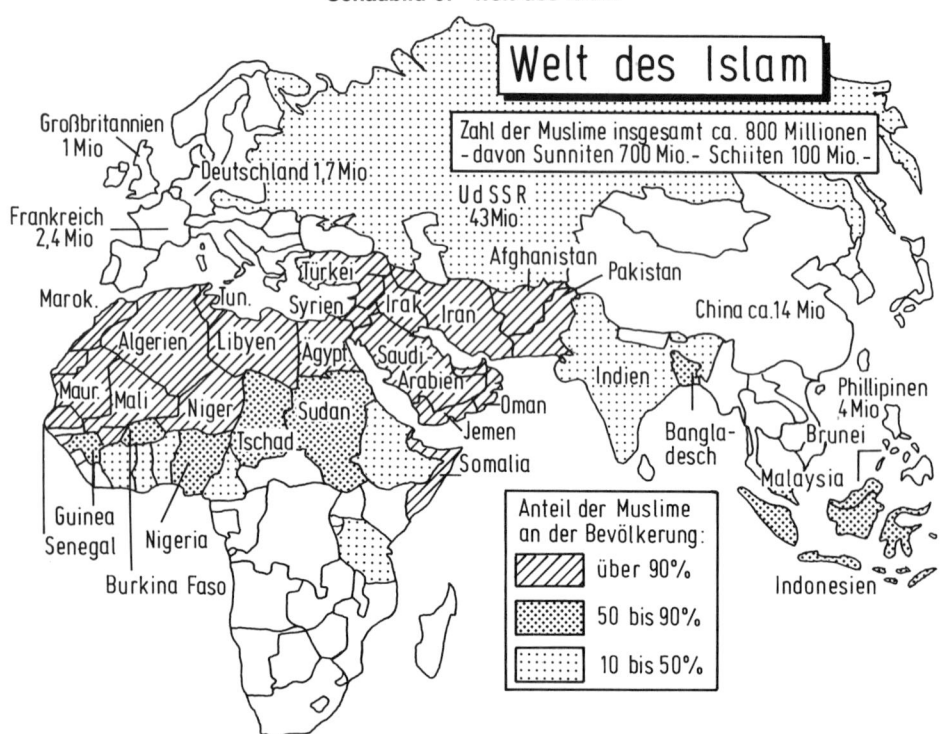

Welt des Islam

Zahl der Muslime insgesamt ca. 800 Millionen
- davon Sunniten 700 Mio. - Schiiten 100 Mio. -

Großbritannien 1 Mio
Deutschland 1,7 Mio
Frankreich 2,4 Mio
UdSSR 43 Mio
Marok.
Tun.
Türkei
Afghanistan
Pakistan
Syrien
Irak
Iran
China ca. 14 Mio
Algerien
Libyen
Ägypt.
Saudi-Arabien
Maur.
Mali
Niger
Sudan
Oman
Indien
Phillipinen 4 Mio
Tschad
Jemen
Bangladesch
Brunei
Somalia
Malaysia
Guinea
Senegal
Nigeria
Burkina Faso
Indonesien

Anteil der Muslime an der Bevölkerung:
- über 90%
- 50 bis 90%
- 10 bis 50%

völkerungsexplosion in den nordafrikanischen Ländern für Europa das größte Problem dar. Alleine im Maghreb (Marokko, Algerien und Tunesien) wird die Bevölkerungszahl von 20 Millionen im Jahre 1950 auf etwa 140 Millionen im Jahre 2025 zunehmen[85]. Dies wird unter Berücksichtigung einer zunehmenden Unterentwicklung in der Südregion bei gleichzeitig steigendem Wohlstand in der Nordregion zu ungeheuren wirtschaftlichen Problemen führen, die durchaus zu einer politischen Destabilisierung dieser Region beitragen können. Damit wäre der ideale Nährboden für einen extremistisch-fundamentalistischen Islam gegeben. Die Voraussetzungen sind in vielen Ländern gegeben und werden seit Januar 1992 in Algerien besonders deutlich. (vgl. Schaubild 9)[86]

Damit ist der Konflikt zwischen dem Islam des verarmten Südens und dem Christentum des reichen Nordens vorprogrammiert. Dies wäre dann nur ein weiteres Kapitel im fast 1.400 Jahre alten Kampf zwischen Christentum und Islam[87]. Die zunehmende Proliferation von ballistischen Raketen und Massenvernichtungswaffen wird die Qualität dieses Konfliktes grundlegend verändern.

Sicherheitspolitische Bewertung

Bereits im Jahr 1986 wurde deutlich, welche Gefahren sich aus der Proliferation ballistischer Flugkörpersysteme für Europa ergeben. In diesem Jahr feuerte Libyen Raketen gegen die italienische Insel Lampedusa ab. Der Angriff galt amerikanischen Einrichtungen auf dieser Insel[88]. Heute liegt bereits ein Teil Süd- und Südosteuropas in der Reichweite ballistischer Raketen aus Saudi-Arabien. (vgl. Schaubild 10)[89] Diese Entwicklung wird sich in den nächsten Jahren noch weiter zuungunsten Europas fortsetzen. Im Zusammenhang mit der zunehmenden Proliferation von Massenvernichtungswaffen wird die Situation im Nahen und Mittleren Osten immer instabiler. Der Bundesrat der Schweiz legte dazu im Oktober 1990 einen Bericht vor, in dem diese neue Situation klar analysiert wurde. Es wurde dort von »Erpressungsmöglichkeiten auf große Distanz«[90] gesprochen und ausgeführt, »daß in diesen Regionen Massenvernichtungswaffen nicht nur als Instrumente der Kriegsverhinderung, sondern auch als Mittel der Erpressung und Kriegsführung betrachtet und eingesetzt werden«[91]. Die direkte Bedrohung wird sich dabei zunächst gegen die NATO-Länder Türkei, Griechenland und Italien richten. Eine psychologische Wirkung wird sich aber auch in allen anderen europäischen Staaten zeigen. Die Konfliktwahrscheinlichkeit an der Südflanke der NATO wird also insgesamt größer. Die zukünftige europäische Sicherheits- und Streitkräftestruktur muß dies berücksichtigen[92].

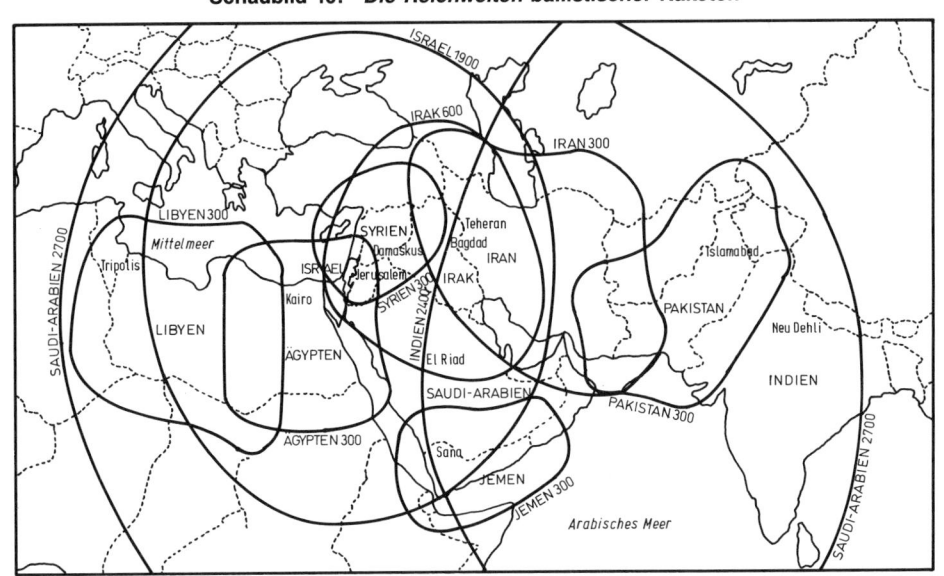

Schaubild 10: *Die Reichweiten ballistischer Raketen*

Lösungsmöglichkeiten für die Zukunft

In der zukünftigen europäischen Sicherheitspolitik gegenüber dieser Region wird der Einsatz militärischer Mittel an Bedeutung gewinnen. Die Bereiche Politik und Wirtschaft gilt es aber ebenfalls zu berücksichtigen[93].
Dabei können zur Umsetzung neuer politischer Lösungsansätze zunächst die bestehenden Organisationen (z.B. Vereinte Nationen oder NATO) genutzt werden. Den Vereinten Nationen muß für die Zukunft eine weitreichende weltpolitische Bedeutung vorhergesagt werden[94].
Die wirtschaftlichen Lösungsansätze können sowohl aktive (Beitrag zur wirtschaftlichen Stabilisierung) als auch passive (Wirtschaftsboykott) Mittel beinhalten. Für beide Möglichkeiten gilt aber, daß der Realisierungsgrad als gering einzuschätzen ist. Der interessanteste Vorschlag wurde 1990 vom spanischen Außenminister Fernandez Ordonez gemacht. Der Minister regte analog zur KSZE eine »Konferenz für Sicherheit und Zusammenarbeit im Mittelmeerraum« an[95]. Vielleicht sind die Nahost-Friedensgespräche zwischen Israel und seinen Nachbarn der erste Schritt in diese Richtung.

Rüstungskontrolle
Der Golfkrieg ließ besonders die Problematik der Rüstungskontrolle wieder bewußt werden. Bereits am 8./9. Juli 1991 trafen sich aus diesem Grund in Paris die fünf ständigen Mitglieder des UN-Sicherheitsrates zu Verhandlungen über eine globale Rüstungskontrolle. Die Ziele dieser Verhandlungen sind u.a.:[96]
1. Strikte Kontrollen auf dem Gebiet der Exporte von Massenvernichtungswaffen,
2. Umwandlung des Mittleren Ostens in eine Zone, die frei von Massenvernichtungswaffen ist[97].

Auf dem Gebiet der ballistischen Flugkörpersysteme gibt es seit 1987 ein informelles Abkommen zur Exportkontrolle. Dem sog. »Missile Technology Control Regime« gehörten Ende 1991 folgende Länder an:[98] die USA, Großbritannien, Kanada, die Bundesrepublik Deutschland, Frankreich, Italien, Japan, Spanien, die Benelux-Staaten, Dänemark, Norwegen, Neuseeland und Österreich. Seit dem amerikanisch-sowjetischen Gipfel in 1990 hat auch die ehemalige Sowjetunion erklärt, daß sie diese Regeln anwenden will. Die wichtigsten Bestimmungen sind:[99]
1. Exportverbot für vollständige Raketensysteme, die fähig sind, wenigstens eine 500-Kilogramm Nutzlast über eine Reichweite von mehr als 300 km zum Einsatz zu bringen, sowie zugehörige Produktionsanlagen und vollständige Untersysteme.
2. Genehmigungspflicht für eine Vielzahl von Raketentechnologien, u.a. Antriebstechnologien und Werkstoffe, Unterstützungs- und Testeinrichtungen sowie verschiedenste elektronische Komponenten.

Dieses Abkommen kann allerdings eine Weiterverbreitung ballistischer Flugkörpersysteme nicht verhindern, sondern nur verlangsamen. Zum einen sind nämlich viele Exporteure bis heute nicht beigetreten und zum anderen haben viele Länder eigene Produktionskapazitäten errichtet. Außerdem sind Sanktionsmöglichkeiten nicht vorhanden.

Der Einsatz militärischer Mittel
Zur Abwehr ballistischer Flugkörpersysteme wird deshalb der Einsatz militärischer Mittel an Bedeutung gewinnen. Im einzelnen gibt es dafür die Möglichkeit[100] der
* Zerstörung der Raketenstellungen *vor* dem Einsatz oder eine
* aktive Verteidigung durch Zerstörung anfliegender Raketen.
Im ersten Fall kann es das Ziel sein, durch einen Präventiveinsatz militärischer Mittel eine entstehende Bedrohung zu verhindern. In diesem Zusammenhang muß der Angriff der israelischen Luftwaffe vom 7. Juni 1981 gesehen werden, bei dem der irakische Reaktor Tamuz 2 und das Forschungszentrum in El Tuweita bei Bagdad zerstört wurden. Es galt damals, die islamische Atombombe zu verhindern[101]. Auch der Golfkrieg hatte in den Augen vieler Amerikaner einen präventiven Charakter, da es eines der Hauptziele dieses Krieges war, die nuklearen, chemischen und biologischen Kapazitäten des Irak zu vernichten[102].
Die aktive Verteidigung gegen taktische ballistische Raketen wurde während des Golfkrieges zum ersten Mal durchgeführt. Der Einsatz der Patriot muß insgesamt als positiv bewertet werden. Die mögliche Bedrohung durch Raketen der Dritten Welt verlangt auch für die Zukunft erhebliche Anstrengungen auf dem Gebiet der Raketenabwehr. Aus diesem Grund hat der amerikanische Kongreß Mittel für »Extended Range Intercept« (ERINT) und das »Theater High Altitude Air Defense« (THAAD) bereitgestellt. Mit diesen beiden Programmen soll hauptsächlich die Reichweite gesteigert und die Treffwahrscheinlichkeit verbessert werden[103].
In diesem Zusammenhang ist auch die gemeinsame amerikanisch-israelische Entwicklung einer großen Abwehrrakete »Arrow« zu sehen. Diese Rakete »erreicht die zehnfache Schallgeschwindigkeit und trifft auf anfliegende Ziele, die eine Höhe von 30 Kilometer haben und noch 70 Kilometer entfernt sind«[104]. Dies hat zur Konsequenz, daß anfliegende Flugkörper nicht erst im Endanflug, sondern bereits im Scheitelpunkt der Flugbahn zerstört werden.
Die westeuropäischen Länder müssen ebenfalls erhebliche Anstrengungen auf diesem Sektor unternehmen. Wirkungsvolle Raketenabwehrsysteme sind in enger Kooperation zu entwickeln. Dazu gehört auch die Nutzung von Satelliten, um rechtzeitig die notwendigen Zielinformationen zu bekommen[105].

Schluß

Der Golfkrieg hat die Wirkung von TBM als Mittel der psychologischen Kriegsführung mit strategischer Bedeutung durch die Gefährdung der Zivilbevölkerung deutlich gemacht. Der »arme Mann im Süden« kann sich mit Hilfe dieser Waffen gegen überlegene fremde Mächte wehren. Die Proliferation von ballistischen Raketen und Massenvernichtungswaffen und damit der Einsatz als politische Waffe wird weiter zunehmen.
Die Bedrohungspotentiale werden immer effektiver. So wurde zum Beispiel unmittelbar nach der Feuereinstellung in der Golf-Region die Lieferung nordkoreanischer Scud-C an Syrien bekannt[106]. In Verbindung mit der syrischen Weiterentwicklung

von chemischen Gefechtsköpfen läßt sich deutlich eine mögliche Bedrohung israelischer Bevölkerungszentren erkennen[107]. Vom Iran erwartet der Präsident des Bundesnachrichtendienstes, Konrad Porzner, daß er im Jahr 2000 über Atomwaffen verfügen wird[108]. Diese Entwicklung kann besonders die europäischen Staaten nicht unbeeindruckt lassen. Die Entfernung Libyen — London beträgt 2.300 km und kann in ca. 12 Minuten von einer ballistischen Rakete zurückgelegt werden[109].
Als sicherheitspolitische Konsequenz für die Nord-Süd-Beziehungen muß zwischen Industrie- und Entwicklungsländern ein Konzept »Gemeinsamer Sicherheit« bzw. eine »Sicherheitspartnerschaft« entwickelt werden.[110]. Bis zum Erreichen dieses Zieles müssen aber die folgenden zwei Wege konsequent verfolgt werden:
1. Strikte internationale Exportkontrolle von Waffentechnologie, um zu verhindern, daß, wie im Golfkrieg geschehen, französische Soldaten auf Seite der Koalition gegen französische Waffen auf irakischer Seite kämpfen müssen[111].
2. Entwicklung eines defensiven Verteidigungssystems gegen ballistische Flugkörpersysteme. In naher Zukunft verspricht nur diese militärische Lösungsmöglichkeit eine hinreichende Aussicht auf Erfolg.

Skeptiker, wie der israelische Publizist Uri Avnery, sind allerdings der Ansicht, daß mit dem Golfkrieg der Vierte Weltkrieg — Nord gegen Süd — bereits begonnen habe[112]. Demnach kann frei nach Goethe geurteilt werden:[113]

> »Ach, da kommt der Meister!
> Herr, die Not ist groß!
> Die ich rief die Geister
> werd ich nun nicht los«.

Anmerkungen

1 Helmut Hubel: Neue Waffen in der Dritten Welt und ihre Folgen, in: Zeitschrift für internationale Politik, 45. Jg., Nr. 15, 10.08.1990, S. 458.
2 vgl. Curt Casteyger: Entwicklungslinien globaler Sicherheit, in: Walter Wittmann (Hrsg.): Bundesverteidigung 2010, Frauenfeld 1986, S. 23.
3 vgl. Thomas Enders: Militärische Herausforderungen Europas in den neunziger Jahren, in: Europa-Archiv / Zeitschrift für internationale Politik, 45. Jg., Nr. 10, Mai 1990, S. 325.
4 1973 setzten Ägypten und Syrien ballistische Raketen gegen Israel ein und in den Jahren 1980–1988 benutzten sowohl der Irak als auch der Iran diese Waffensysteme.
5 Die anderen Länder sind: Ägypten, Iran, Israel, Kuwait, Libyen, Saudi-Arabien, Syrien, Jemen. Vgl. The International Institute for Strategic Studies, The Military Balance 1990–1991, London 1991.
6 vgl. William C. Potter/Adam Stulberg: The Soviet Union and the spread of ballistic missiles, in: Survival, Folge 32, Nr. 6, November/Dezember 1990, S. 544.
7 vgl. SIPRI: Fact Sheet an military expenditure and iraqi arms imports, 08. August 1990, S. 9.
8 vgl. Duncan Lennox: Iraq-Ballistic Missiles, in: Jane's Soviet Intelligence Review, Oktober 1990, S. 440.
9 vgl. Ebd., a.a.O., S. 438.
10 vgl. Ebd.,
11 vgl. SIPRI, a.a.O., S. 9.
12 vgl. Duncan Lennox, a.a.O., S. 438.
13 vgl. Duncan Lennox: Iraq's »SCUD« programme — the tip of the iceberg, in: Jane's Defence Weekly, 15. Jg, H. 9 vom 02.03.91, S. 301.

14 vgl. Ebd.,
15 vgl. Ezio Bonsignore: The SCUD War, in: Military Technology, Nr. 2/91, S. 78.
16 vgl. Aaron Karp: Ballistic missile Proliferation in the Third World, in: SIPRI Yearbook 1989, World Armaments and Disarmaments, Oxford 1989, S. 298.
17 vgl. Duncan Lennox: Iraq's »SCUD« programme …, a.a.O., S. 301.
18 vgl. Ebd.,
19 vgl. Michael A. Ottenberg: Operational Implications of Middle East Ballistic Missile Proliferation, in: Defense Analysis, Volume 7, Number 1, March 1991, S. 15.
20 vgl. Mark Hewish: War-winning technologies: Patriot shows its mettle, in: International Defense Review, Nr. 5/91, S. 457.
21 vgl. Scud toll: Summing up the 39 missile attacks, in: The Jerusalem Post International Edition, 09. März 1991, S. 3.
22 vgl. The International Institute for Strategic Studies: Strategic Survey 1990–1991, London 1991, S. 73.
23 vgl. Josef S. jun. Bermudez: Iraqi Missile operations during »DESERT STORM«, in: Jane's Soviet Intelligence Review, March 1991, S. 135.
24 vgl. Ebd.,
25 vgl. Kurt Gärtner: Das Fliegerabwehrsystem »Patriot«, in: Truppendienst, Nr. 6/91, S. 505.
26 vgl. Andrew Hull: The Role of Ballistic Missiles in Third World Defence Strategies, in: Jane's Intelligence Review, October 1991, S. 469.
27 vgl. Heinz Dieter Jopp: ABC-Waffen im Kräftespiel der orientalischen Konflikte, in: Europäische Sicherheit, Nr. 1/92, S. 38.
28 vgl. Robert F. Dorr: Desert Shield, The Build-up: The Complete Story, USA 1991, S. 117.
29 vgl. Der Golfkrieg, Österreichische Militärische Zeitschrift, Heft 2/1991, S. 155.
30 vgl. Benjamin F. Schemmer: Special Ops Teams Found 29 SCUDs Ready to Barrage Israel 24 Hours Before Cease-Fire, in: Armed Forces Journal International, July 1991, S. 36.
31 vgl. Josef S. jun. Bermudez: a.a.O., S. 134.
32 vgl. Ebd.,
33 vgl. Alexander Niemetz: Brennpunkt Nahost, C. Bertelsmann-Verlag, München 1991, S. 301.
34 vgl. Benjamin F. Schemmer: a.a.O.,
35 vgl. Alexander Niemetz, a.a.O.,
36 vgl. Norbert Schaller, Interdependenzen von Wirtschaft und Politik, Lehren aus der Golfkrise von 1990/1991, Kiel 1991, S. 11.
37 vgl. Billig-Rakete mit hoher Wirkung, in: Frankfurter Allgemeine Zeitung vom 20.02.1991.
38 vgl. Bush schließt eine Waffenruhe am Golf aus, in: Frankfurter Allgemeine Zeitung vom 25.01.1991.
39 vgl. In den SCUD-Raketen glauben viele eine neue arabische Macht zu erkennen, in: Frankfurter Allgemeine Zeitung vom 26.02.1991.
40 vgl. Kurt Gärtner, a.a.O., S. 500.
41 vgl. Erhard Hechmann: Patriot gegen ballistische Raketen, in: Wehrtechnik, Nr. 3/91 S. 57.
42 vgl. Kurt Gärtner, a.a.O.,
43 vgl. Ebd.,
44 vgl. Erhard Heckmann, a.a.O.,
45 vgl. Kurt Gärtner, a.a.O., S. 502.
46 vgl. Simon Elliott: Technology on Trial, in: Flight International vom 19.02.91, S. 32.
47 vgl. Hartmut Bühl: Strategiediskussion, München 1987, S. 407.
48 vgl. Kurt Gärtner, a.a.O., S. 503.
49 vgl. Ebd.,
50 vgl. Mark Hewish, a.a.O.,
51 vgl. Kurt Gärtner a.a.O.,
52 vgl. Tim Furniss: Spying on Saddam, in: Flight International vom 28.08.1990, S. 28.
53 vgl. Walter Unger: High Tech gewann den Krieg, in: Hobby, Nr. 5/91, S. 10/11.
54 vgl. Kurt Gärtner, a.a.O., S. 505.
55 vgl. Simon Elliott: Technology on Trial, a.a.O., S. 37.
56 vgl. Der Golfkrieg, a.a.O., S. 48.
57 vgl. Chronology of Events, in: Military Review, September 1991, S. 65.
58 vgl. Ebd., S. 70/71.
59 vgl. Kurt Gärtner, a.a.O., S. 504.
60 vgl. M.E. Morris: H. Norman Schwarzkopf — Road to Triumph, London 1991, S. 125.
61 vgl. Kurt Gärtner, a.a.O.,

62 vgl. Banking on Patriot, in: Jane's Defence Weekly vom 12.01.1991, S. 52.
63 vgl. Jörg Bahnemann/Thomas Enders: Reconsidering Ballistic Missile Defence, in: Military Technology, Nr. 4/91, S. 48.
64 vgl. Kurt Gärtner, a.a.O.,
65 vgl. Jörg Bahnemann/Thomas Enders, a.a.O.,
66 vgl. Benjamin F. Schemmer, a.a.O., S. 38.
67 vgl. Kurt Gärtner, a.a.O.,
68 vgl. Jörg Bahnemann/Thomas Enders, a.a.O., S. 50.
69 vgl. Mark Hewish, a.a.O., S. 457.
70 vgl. Kurt Gärtner, a.a.O.,
71 vgl. Aaron Karp: Controlling ballistic missile proliferation, in: Survival Nr. 6, November/Dezember 1991, S. 521.
72 vgl. Mario von Baratta, Der Fischer Weltalmanach 1992, S. 187.
73 vgl. Ursula Braun: Iraks Griff nach Kuwait, in: Stiftung Wissenschaft und Politik, Ebenhausen, 1990, S. 25.
74 vgl. Götz Neuneck/Jürgen Scheffran: Raketen im Golf — Ist der Geist schon aus der Flasche?, in: Die Krise am Golf, S. 3.
75 vgl. Helmut Hubel: Neue Waffen in der Dritten Welt und ihre Folgen, a.a.O., S. 454.
76 vgl. Jörg Bahnemann/Thomas Enders: Das Duell der Raketen ein Zeichen für Europa, in: Europäische Sicherheit, Nr. 3/91, S. 155.
77 vgl. William Webster: Die Gefahren der Weiterverbreitung von Kernwaffen, in: Amerika Dienst, Nr. 14 v. 05. April 1989, S. 5.
78 vgl. Steve Fetter: Ballistic Missiles and Weapons of Mass Destruction, in: International Security, Vol. 16, Sommer 1991, S. 12.
79 vgl. Ebd., S. 15.
80 vgl. Andrew Rathmell: Chemical Weapons in the Middle East: Syria, Iraq, Iran and Libya, in: Marine Corps Gazette, Nr. 7 vom Juli 1990, S. 60.
81 vgl. Steve Fetter, a.a.O., S. 23.
82 vgl. Helmut Hubel: Neue Waffen in der Dritten Welt ..., a.a.O., S. 455.
83 vgl. Volker Matthies: Neues Feindbild Dritte Welt: Verschärft sich der Nord-Süd-Konflikt, in: Aus Politik und Zeitgeschichte, B. 26/91, 14.06.91, S. 3.
84 Deutsche Gesellschaft für die Vereinten Nationen e.V.: Weltbevölkerungsbericht 1991, Bonn, Mai 1991, S. 7.
85 vgl. Thomas Enders: Militärische Herausforderungen Europas in den neunziger Jahren, a.a.O., S. 325.
86 vgl. Werner Kaltefleiter: Politische Lehren aus dem Golfkrieg — Eine friedenssichernde Allianz für die konfliktträchtige Region, in: Europäische Sicherheit, Nr. 5/91, S. 257.
87 vgl. Wasserstoffbombe des Islam, in: DER SPIEGEL, Heft 8/91, S. 143.
88 vgl. Helmut Hubel: Neue Waffen in der Dritten Welt und ihre Folgen, a.a.O., S. 459.
89 vgl. Janne E. Nolan/Albert D. Wheelon: Ballistische Raketen: Verbreitung ohne Grenzen?, in: Spektrum der Wissenschaften, Oktober 1990, S. 134/135.
90 Bundesrat der Schweiz: Schweizerische Sicherheitspolitik im Wandel, 01.10.1990, S. 22.
91 Ebd.,
92 vgl. Ulrich Weisser: Neue Sicherheitsvorsorge für Europa, in: Die politische Meinung, Nr. 255, Februar 91, S. 7.
93 vgl. Rolf Bader: Konzeptionelle Überlegungen für eine neue, zukunftsweisende Sicherheitspolitik, Teil II, in: Blickpunkt Sicherheitspolitik, Ausgabe 1-87, S. 2.
94 vgl. Dietmar Schößler: Die Lageentwicklung in den 90er Jahren. Zur politik-wissenschaftlichen Analyse der weltpolitisch-strategischen Situation, in: Europäische Wehrkunde — Wehrwissenschaftliche Rundschau, Nr. 9, September 1990, S. 33.
95 vgl. Francisco Fernandez-Ordonez: Eine Sicherheitsstruktur für den Mittelmeerraum, in: NATO-Brief, Nr. 5, Sept/Okt 1990, S. 12.
96 vgl. Wolf Reinert: Konsequenzen aus dem Golf-Konflikt, Riegel gegen Waffenexporte in instabile Regionen, in: Europäische Sicherheit, Nr. 8/91, S. 459.
97 vgl. James Leonhard: Steps Toward a Middle East Free of Nuclear Weapons, in: Arms Control Today, April 1991, S. 10.
98 vgl. Peter Rudolf: Nonproliferation und internationale Exportkontrollpolitik, in: Außenpolitik Nr. IX/91, S. 396.
99 vgl. Götz Neuneck/Jürgen Scheffran: Raketen im Golf — Ist der Geist schon aus der Flasche?,
100 vgl. Duncan Lennox: Iraq's SCUD-programme — the tip of the iceberg, a.a.O., S. 302.
101 vgl. Der Aufbau nuklearer Kapazitäten im Nahen und Mittleren Osten, in: Österreichische Militärische Zeitschrift, 24. Jg., Heft 6, 1986, S. 569.

102 vgl. Steve Fetter, a.a.O., S. 37.
103 vgl. Herbert Schaller, a.a.O., S. 15.
104 Amerikas Militärfachleute wundern sich über die Publicity der Patriot-Raketen, in: Frankfurter Allgemeine Zeitung vom 15.02.91.
105 vgl. Jan Höhn: Fliegende Wächter, in: Wirtschafts-Woche, Nr. 11 vom 08.03.91, S. 80.
106 vgl. Helmut Hubel: Der zweite Golfkrieg in der internationalen Politik, Forschungsinstitut der Deutschen Gesellschaft für Auswärtige Politik e.V., Bonn, Mai 1991, S. 73.
107 vgl. Jeff Abramowitz: CW changes the rules of Middle East war, in: Jane's Defence Weekly vom 07.11.1987, S. 1063.
108 vgl. Konrad Porzner: Bis zum Jahr 2000 kann der Iran Atomwaffen bauen, in: DIE WELT, 02.12.1991.
109 vgl. Duncan Lennox: Iraq's SCUD-programme — the tip of the iceberg, a.a.O., S. 302.
110 vgl. Joachim Betz/Volker Matthies: Die Dritte Welt: Subjekt oder Objekt von Sicherheitspolitik, in: Rudolf Hamann (Hrsg.), Die Süddimension des Ost-West-Konfliktes, Baden-Baden 1986, S. 248.
111 vgl. Karl Wolfgang Menck: Nach der Golfkrise — Rüstungsexporte in die Entwicklungsländer im Visier, in: Rissener Rundbrief, Nr. 11/91, S. 369.
112 vgl. Uri Avnery: Wir tragen das Nessosgewand, in: DER SPIEGEL, 45. Jg, Heft 9, Februar 91, S. 179.
113 Johann Wolfgang Goethe: Der Zauberlehrling.

Literaturverzeichnis

Abramowitz, Jeff: CW changes the rules of Middle East war, Jane's Defence Weekly vom 07.11.1987, S. 1063–1069.

Anonym: SCUD-toll: Summing up the 39 missile attacks, The Jerusalem Post International Edition, 09.03.1991.

Anonym: Der Aufbau nuklearer Kapazitäten im Nahen und Mittleren Osten, Österreichische Militärische Zeitschrift, 24. Jg, Heft 6/1986, S. 568–569.

Anonym: Billig-Rakete mit hoher Wirkung, Frankfurter Allgemeine Zeitung vom 20.02.1991.

Anonym: Bush schließt eine Waffenruhe am Golf aus, Frankfurter Allgemeine Zeitung vom 25.01.1991.

Anonym: In den SCUD-Raketen glauben viele eine neue arabische Macht zu erkennen, Frankfurter Allgemeine Zeitung vom 26.02.1991.

Anonym: Der Golfkrieg, Österreichische Militärische Zeitschrift, Heft 2/1991, S. 148–157.

Anonym: Amerikas Militärfachleute wundern sich über die Publicity der Patriot Raketen, Frankfurter Allgemeine Zeitung vom 15.02.1991.

Anonym: Chronology of Events, Military Review, September 1991, S. 65–78.

Anonym: Banking on Patriot, Jane's Defence Weekly vom 12.01.1991, S. 52/53.

Anonym: »Wasserstoffbombe des Islam«, DER SPIEGEL, 45. Jg, Nr. 8/1991, S. 142–146, 148–149.

Avnery, Uri: Wir tragen das Nessosgewand, DER SPIEGEL, 45. Jg, Heft 9, Februar 91, S. 175–179.

Bader, Rolf: Konzeptionelle Überlegungen für eine neue zukunftsweisende Sicherheitspolitik, Teil II, Blickpunkt Sicherheitspolitik, Ausgabe 1-87, S. 1–9.

Bahnemann, Jörg und Enders, Thomas: Reconsidering Ballistic Missile Defence, Military Technology, Nr. 4/91, S. 46–52.

Bahnemann, Jörg und Enders, Thomas: Das Duell der Raketen ein Zeichen für Europa, Europäische Sicherheit, Nr. 3/91, S. 154–158.

Bermudez, Josef S. jun:	Iraqi Missile operations during »DESERT STORM«, Jane's Soviet Intelligence Review, March 1991, S. 134–135.
Betz, Joachim und Matthies, Volker:	Die Dritte Welt: Subjekt oder Objekt von Sicherheitspolitik, Rudolf Haman (Hg.), die Süddimension des Ost-West-Konfliktes, Baden-Baden, 1986, S. 247–263.
Bonsignore, Ezio:	The SCUD War, Military Technology Nr. 2/91, S. 77–79.
Braun, Ursula:	Iraks Griff nach Kuwait, Stiftung Wissenschaft und Politik. Ebenhausen, 1990.
Bundesrat der Schweiz:	Schweizerische Sicherheitspolitik im Wandel, 01.10.1990.
Bühl, Hartmut:	Strategiediskussion, München 1987.
Casteyger, Curt,:	Entwicklungslinien globaler Sicherheit. Walter Wittmann (Hg.), Landesverteidigung 2010, Frauenfeld 1986, S. 15–27.
Deutsche Gesellschaft für die Vereinten Nationen e.V.	Weltbevölkerungsbericht 1991, Bonn, Mai 1991.
Dorr, Robert F.	Desert Shield. The Build-up: The Complete Story. USA 1991.
Elliott, Simon:	Technology on Trial, Flight International vom 19.02.1991, S. 30–37.
Enders, Thomas:	Militärische Herausforderungen Europas in den neunziger Jahren, Europa-Archiv, Nr. 10, Mai 1990, S. 321–329.
Feinstein, Lee:	Chemical Weapons in the Middle East, Arms Control Today, May 1991, S. 26–27.
Fernandez-Ordonez, Francisco:	Eine Sicherheitsstruktur für den Mittelmeerraum, NATO-Brief, Nr. 5, Sept/Okt 1990, S. 9–13.
Fetter, Steve:	Ballistic Missiles and Weapons of Mass Destruction, International Security, Vol. 16, Sommer 1991, S. 5–42.
Furniss, Tim:	Spying on Saddam, Flight international vom 28.08.1990, S. 28.
Gärtner, Kurt:	Das Fliegerabwehrsystem »Patriot«, Truppendienst Nr. 6/91, S. 500–505.
Goethe, Johann Wolfgang:	Der Zauberlehrling.
Heckmann, Erhard:	Patriot gegen ballistische Raketen, Wehrtechnik, Nr. 3/91. S. 57–59.
Hewish, Mark:	War-winning technologies: Patriot shows its mettle, International Defense Review Nr. 5/91, S. 457.
Höhn, Jan:	Fliegende Wächter, Wirtschafts-Woche, Nr. 11 vom 08.03.1991, S. 77–80.
Hubel, Helmut:	Neue Waffen in der Dritten Welt und ihre Folgen, Europa-Archiv, Nr. 16 vom 10.08.1990, S. 453–460.
Hubel, Helmut:	Der zweite Golfkrieg in der internationalen Politik, Forschungsinstitut der Deutschen Gesellschaft für Auswärtige Politik e.V., Bonn, Mai 1991.
Hull, Andrew:	The Role of Ballistic Missiles in Third World Defence Strategies, Jane's Intelligence Review, October 1991, S. 464–470.
International Institute for Strategic Studies:	The Military Balance 1990–1991, London, 1991. Strategic Survey, 1990–1991, London, 1991.
Jopp, Heinz Dieter:	ABC-Waffen im Kräftespiel der orientalischen Konflikte, Europäische Sicherheit, Nr. 1/92, S. 26–38.
Kaltefleiter, Werner:	Politische Lehren aus dem Golfkrieg — Eine friedenssichernde Allianz für die konfliktträchtige Region, Europäische Sicherheit, Nr. 5/91, S. 254–260.
Karp, Aaron:	Controlling ballistic missile proliferation, Survival, Nr. 6 November/Dezember 1991, S. 517–530.
	Ballistic missile proliferation in the Third World, SIPRI (Hg.), Yearbook 1989, World Armaments and Disarmaments, Oxford, 1989.
Lennox, Duncan:	Iraq — Ballistic Missiles, Jane's Soviet Intelligence Review, Oktober 1990, S. 438–440.
	Iraq's »SCUD"Programme — the tip of the iceberg, Jane's Defence Weekly, Nr. 9 vom 02.03.91, S. 301–303.

Leonhard, James:	Steps Toward a Middle East Free of Nuclear Weapons, Arms Control Today, April 1991, S. 10–14.
Matthies, Volker:	Neues Feindbild Dritte Welt: Verschärft sich der Nord-Süd-Konflikt, Aus Politik und Zeitgeschichte, B 25-26/91, 14.06.1991, S. 3–11.
Menck, Karl Wolfgang:	Nach der Golfkrise — Rüstungsexporte in die Entwicklungsländer im Visier, Rissener Rundbrief, Nr. 11/91, S. 369–380.
Morris, M.E.:	H. Norman Schwarzkopf — Road to Triumph, London 1991.
Neuneck, Götz und Scheffran, Jürgen:	Raketen im Golf — Ist der Geist schon aus der Flasche? Die Krise am Golf.
Niemetz, Alexander:	Brennpunkt Nahost, C. Bertelsmann Verlag, München 1991.
Nolan, Janne E. und Wheelon, Albert D.:	Ballistische Raketen: Verbreitung ohne Grenzen? Spektrum der Wissenschaft, Oktober 1990, S. 132–135, 138–139, 142–144.
Ottenberg, Michael A.:	Operational Implications of Middle East Ballistic Missile Proliferation, Defense Analysis, Volume 7, Number 1, March 1991.
Porzner, Konrad:	Bis zum Jahr 2000 kann der Iran Atomwaffen bauen, DIE WELT, 02.12.1991.
Potter, William C. und Stulberg, Adam:	The Soviet Union and the spread of ballistic missiles, Survival, Nr. 6, November/Dezember 1990, S. 543–557.
Rathmell, Andreas:	Chemical Weapons in the Middle East: Syria, Iraq, Iran and Libya, Marine Corps Gazette, Nr. 7, Juli 1990, S. 59–67.
Reinert, Wolf:	Konsequenzen aus dem Golf-Konflikt, Riegel gegen Waffenexporte in instabile Regionen, Europäische Sicherheit, Nr. 8/91, S. 459–462.
Rudolf, Peter:	Nonproliferation und internationale Exportkontrolle, Außenpolitik, IV/91, S. 390–401.
Schaller, Herbert:	Interdependenzen von Wirtschaft und Politik, Lehren aus der Golfkrise von 1990/1991, Kiel, 1991.
Schemmer, Benjamin F.:	Special Ops Teams Found 29 SCUDs Ready to Barrage Israel 24 Hours BeforeCease-Fire, Armed Forces Journal International, July 1991, S. 36.
Schößler, Dietmar:	Die Lageentwicklung in den 90er Jahren. Zur politikwissenschaftlichen Analyse der weltpolitisch-strategischen Situation, Europäische Wehrkunde — Wehrwissenschaftliche Rundschau, Nr. 9/1990, S. 29–33.
Stockholm International Peace Research Institute:	Fact Sheet on military expenditure and iraqi arms imports, SOLNA, Schweden, 08.08.1990.
Unger, Walter:	High-Tech gewann den Krieg, Hobby, Nr. 5/91, S. 10–15.
von Baratta, Mario:	Der Fischer Weltalmanach 1992, Frankfurt 1991.
Watson, Bruce W.:	Iraqi SCUD Launches during the Gulf War, Military Lessons of the Gulf War, London, 1991.
Webster, William:	Die Gefahren der Weiterverbreitung von Kernwaffen, AMERIKA DIENST, Nr. 14 vom 05.04.1989.
Weisser, Ulrich:	Neue Sicherheitsvorsorge für Europa, Die politische Meinung, Nr. 255, 1991, S. 4–10.

Peter Kallert

15. Rolle und Einsatz amerikanischer Reservisten

Vorbemerkungen

Die Operation Desert Shield war der schnellste Aufbau von Truppen in der amerikanischen Geschichte. Mehr als 231.000 Soldaten[1], etwa ein Fünftel der gesamten US-Streitkräfte, rekrutierten sich aus dem Reservistenpotential. Die Anzahl der einberufenen Reservisten war damit sechsmal größer als während des Vietnamkrieges. Von den offiziellen amerikanischen Stellen wird der Erfolg der Operationen Desert Shield und Desert Storm u.a. der hervorragenden Aufgabenerfüllung durch Reserve Components zugeschrieben. Ihr Beitrag war unverzichtbar, wenngleich Ausbildungsdefizite sichtbar wurden und Desert Shield als eye-opener der »Total Force«-Politik bezeichnet wurde[2]. Während die US Air Force ihre Reservisten durchweg positiv beurteilt, läßt die US Army Schattenseiten erkennen. Verschiedene Reservebrigaden wurden erst nach langem, zeitkritischem Zusatztraining als einsatzbereit erklärt und konnten nicht in das Kriegsgebiet entsandt werden. Irritationen bei den betroffenen Soldaten, hohen Militärs, aber auch bei Politikern waren die Folge.

Es ist deshalb von vitalem Interesse, diesen Aspekt einer genaueren Betrachtung zu unterziehen. Aber auch für die deutschen Streitkräfte können, vor dem Hintergrund einschneidender Reduzierungen und damit höherer Mobilmachungsabhängigkeit, wichtige Folgerungen gezogen werden.

Forderungen an Psyche, Physis und Ausbildungsstand der Soldaten

Das Szenario des Golfkrieges war in seiner Art einzigartig und konfrontierte sowohl aktive Soldaten, als auch Angehörige der Reserve mit herausfordernden Aufgaben. Verlegung, Stationierung im Einsatzraum und letztlich der Krieg selbst stellten hohe Anforderungen. Für die Führung war ein Zurückgreifen auf Schubladenpläne, wie sie für einen Einsatz in Europa bestehen, ausgeschlossen, da die Ausbildung der Reservisten insbesondere durch ein Szenario im Rahmen des alten Ost-West-Konfliktes geprägt war. Nur Professionalität und Improvisation halfen, die neu gestellten Aufgaben zu erfüllen.

Welches ist jedoch das Leistungsprofil, das von den Reservisten zu erfüllen ist? Eine kurze Analyse der Spezifika dieses Golfkrieges soll helfen, die Anforderungen zu verdeutlichen und zu präzisieren.

Ein Einsatz, 12.000 Kilometer von der Heimat entfernt, ohne Kommunikationsmöglichkeit mit Verwandten, isoliertes Leben in Feldunterkünften, mangelnde Befriedigung der Grundbedürfnisse und Ungewißheit über die Länge des Einsatzes belasten im Rahmen einer Summationswirkung die Psyche in hohem Maße. Reservisten, die im Gegensatz zu aktiven Soldaten kurzfristig und überhastet aus der zivilen Welt herausgerissen werden, sind mental und oft psychisch auf einen Kriegseinsatz nicht vorbereitet. Sie sind deshalb frühzeitig über derartige Einsatzoptionen zu unterrichten. Temperaturschwankungen von -17° C bis +50° C im Schatten erfordern besondere Vorbereitungen. Gewöhnung des Körpers an extrem hohe Temperaturen und die daraus erwachsende Pflicht zum Ausgleich des Flüssigkeitsverlustes müssen als Zentralaufgaben in den ersten Tagen eines Wüstenaufenthaltes angesehen werden. Damit verbunden sind Erlernen der notwendigen Wasseraufbereitung und -bevorratung, Erkennen und Erleben der eigenen Leistungsgrenzen und nicht zuletzt Ergänzung der sanitätsdienstlichen Kenntnisse.

Hohe körperliche Fitness stellt eine wesentliche Voraussetzung für einen Einsatz unter erschwerten klimatischen Bedingungen dar. Die Reservisten sind unter diesen Gesichtspunkten zu prüfen und gegebenenfalls zu selektieren. Unabhängig von der Aufgabe ist eine spezifische, einsatzraumbezogene »Grundausbildung« aller Soldaten vorzusehen.

Zweifelsohne beeinflussen Gelände und Witterung die Gefechtsführung in besonderem Maße. Für alle Truppengattungen stellen Tarnung, Staubentwicklung, Geländebefahrbarkeit wesentliche Einsatzfaktoren dar. Allein der Frage der Orientierung muß unter Wüstenbedingungen hohe Bedeutung beigemessen werden. Vermessungen der Artillerie, die Standortbestimmung der Spähtrupps, Bergung und Abschub sind ohne sichere Geländepunkte und gutes Kartenmaterial eine kaum lösbare Aufgabe. Hilfsverfahren sind rechtzeitig zu erlernen und zu praktizieren.

Die Kampftruppe hat darüber hinaus Faktoren zu berücksichtigen, die den Feuerkampf beeinflussen. Ausnutzung der Höchstkampfentfernung, Aufklärung, Schußbeobachtung und geringe Deckung stellen nur einige Unterschiede zum Kriegsschauplatz Europa dar. Diese Spezifika des Wüsteneinsatzes erfordern ein hohes Maß an Professionalität bereits im Gelände des eigenen Territoriums, da zeitintensive Zusatzausbildung zum Erlernen der Standardsituationen kaum möglich ist und die zur Verfügung stehende Zeit nach Einberufung zur Vorbereitung auf den neuen Einsatzraum genutzt werden muß.

Die Anforderungen an Instandsetzung, Nachschub und Sanitätswesen erlangen in der Golfregion eine neue Dimension. Überlange logistische Wege und fehlende, bereits im Frieden vorbereitete Depots, stellen die Nachschubtruppe vor neue Aufgaben. Kaum vorhandene Infrastruktur läßt die Bereitstellung von Trink- und Brauchwasser sowie Elektrizität zu einer Aufgabe erster Priorität wachsen. Der Aufbau von Instandsetzungspunkten wird erschwert, da die Arbeitsbedingungen meist auf Gebäude abgestimmt sind. Nur durch ein hohes Maß an Improvisation und Erfahrung des eingesetzten Personals können derartige Schwierigkeiten bewältigt werden.

Eine Inanspruchnahme der in der Bundeswehr immer stärker favorisierten Zivilinstandsetzung ist dann nicht möglich. Hohe Entfernungen fordern von der Kampftruppe bei Geräteausfällen eigene Schadensbehebung oder Schadensdiagnose, um den Zeitverzug durch Instandsetzung so gering wie möglich zu halten. In noch stärkerem Maße wirkt sich fehlende zivile Unterstützung im Sanitätssektor aus. Ein Zurückgreifen auf Krankenhäuser ist nur durch Lufttransport der Verwundeten möglich. Behandlung unter unzureichenden Bedingungen belastet eingesetzte Ärzte und Sanitätspersonal erheblich.

Nicht zuletzt sind mangelnde Kommunikationsnetze zu nennen. Die fehlende Abstützung auf ein intaktes Telefonnetz verlängert Übermittlungszeiten um ein Vielfaches bzw. erfordert die Erweiterung vorhandener Kommunikationsmittel. Eine Abkehr von bestehenden Standardverfahren und ein gestiegenes Maß an Flexibilität stellen in solchen Situationen oft die einzigen Lösungswege dar. Eine Vorbereitung hierfür ist unerläßlich.

Diese schlaglichtartig aufgezeigten Anforderungen an Psyche und Ausbildung der Soldaten stellen keinen vollständigen Katalog dar. Sie geben jedoch einen Eindruck, welches Maß an körperlicher Fitness, welcher Ausbildungsstand und nicht zuletzt welches Gerät auch für Reserveeinheiten gefordert werden muß, um Soldaten mit ruhigem Gewissen in einen derartigen Einsatzraum zu entsenden.

Konzeption der amerikanischen Reservestreitkräfte

Organisation und Ausbildung der amerikanischen Reservisten unterscheiden sich zum Teil erheblich vom deutschen System. Eine kurze Beschreibung soll die Hauptmerkmale des amerikanischen Konzeptes aufzeigen.

Das Potential der US-Streitkräfte betrug 1990 insgesamt 3,7 Mio Soldaten. Der Anteil der Reservisten umfaßte 1,6 Mio, damit 43 Prozent. Die Soldaten verteilen sich auf zwei verschiedene Reservistenorganisationen, die National Guard und die Reserves. Hierbei sind ca. 35 Prozent der National Guard und 65 Prozent der Organisation der Reserves zuzurechnen.

Die **National Guard** stellt im Gegensatz zu den Reserves ausschließlich Soldaten für US Air Force und US Army[3]. Fast 80 Prozent der gesamten National Guard sind in der US Army eingeplant, die dort 46 Prozent der Gefechtsstärke stellen. Insbesondere die Kampftruppe rekrutiert sich aus Angehörigen der National Guard. Die Kräfte sind mit Bundesmitteln ausgerüstet, unterstehen jedoch dem jeweiligen Bundesstaat. Entsprechend der noch gültigen Konzeption der US Army werden zehn der insgesamt 29 Divisionen durch die Truppen der National Guard gestellt. Weitere acht aktive Divisionen werden durch Reserve-Brigaden (Round-Out) und Reserve-Bataillone ergänzt[4].

Die **Reserves** unterstehen vollständig dem Bund. Ein Einfluß durch die Bundesstaaten ist nicht gegeben. Sie unterscheiden sich von der National Guard darüber hinaus bezüglich Struktur, Führungsorganisation und dem Umfang der politischen Einflußfähigkeit[5].

Die **Army Reserve**, um ein Beispiel aus den Teilstreitkräften herauszugreifen, umfaßt Versorgungs- und Unterstützungseinheiten. Die Verwaltung erfolgt von einem der fünf aktiven Continental Army Commands. Im wesentlichen unterstützt die Army Reserve die aktive Army. Sie umfaßt Unterstützungseinheiten, die der aktiven Army die Führung des Gefechts über einen längeren Zeitraum ermöglichen.

Erhebliche Unterschiede bestehen zu den Reserves des Marine Corps. Sie sind in dieser Teilstreitkraft die einzige Reservistenorganisation und stellen über 50 Prozent der geplanten Gefechtsstärke.

Auch das Ausbildungskonzept der US-Reservisten ist kaum mit dem der Bundeswehr vergleichbar. Die Grundausbildung absolvieren die Reservisten während eines Sommers und kehren danach an ihren Arbeitsplatz zurück. Für die Vollausbildung stehen jährlich 39 Wehrübungstage zur Verfügung. Die Ausbildung erfolgt in einer 14-tägigen Übung sowie an mindestens zwei Wochenendtagen je Monat. Führungs- und Stabspersonal nimmt am Führungstraining im National Training Center in Fort Irwin teil[6]. Dort erfährt es Ausbildung in Taktik und Technik, um Gefechtsverbände im Training Center in der Praxis zu führen. Die Gleichstellung von Reservistenverbänden mit aktiver Truppe ist ein wichtiger Bestandteil der Total Force — Politik der US-Streitkräfte seit 1973. Als Folge des Vietnamkrieges wurden insbesondere Logistik- und Kampfunterstützungskräfte der Reserve zugeordnet, um so durch den hohen Bedarf an Reservisten einerseits vor unpopulären Kriegen abzuschrecken[7] und andererseits bei einem Einsatz auf die Solidarität der Bevölkerung bauen zu können. Reservekomponenten hatten sich darauf einzustellen, einsatzfähige Verbände innerhalb kurzer Frist bereitzuhalten[8]. Die Modernisierung des Materials während der vergangenen Jahre zielte auf die Gleichstellung mit der aktiven Truppe[9]. Gleichzeitig wurde die Reduzierung der aktiven Truppe zugunsten stärkerer Reserveteile als Folge der Budgetknappheit wiederholt durch Kongressabgeordnete propagiert. So betragen die Kosten für Einheiten der National Guard und der Reserves nur ein Viertel bis zur Hälfte der Kosten für aktiven Truppenteile[10].

Auf den ersten Blick erscheint das Konzept der amerikanischen Streitkräfte hinsichtlich der Integration, der Ausbildung der Reservisten und der materiellen Einsatzbereitschaft überzeugend. Allein der hohe Zeitansatz von 39 Ausbildungstagen je Jahr vermag zu beeindrucken. Doch bereits vor dem Golfkrieg wurden verschiedene Mängel aufgezeigt. Man beklagte zum Teil erhebliche Ausbildungsdefizite[11]. Als Hauptgründe wurden hohe Personalfluktuation und ein Fehl an Ausbildern genannt. Hinzu traten zu knappe Ausbildungszeit, unproduktive Zwei-Tage-Ausbildungsblöcke, administrative Belastung und eine Vielzahl an Vorzeigeveranstaltungen[12]. Die Einsatzbereitschaft einer hohen Anzahl von Reservistenverbänden wurde deshalb bereits vor der Golfkrise in Frage gestellt[13].

Die negative Einschätzung der Leistungsfähigkeit der Reservisten wird durch eine Reihe positiver Fakten und Berichte relativiert. Die Teilstreitkräfte entwickelten aus den Erfahrungen des Vietnamkrieges, aus budgetären Gründen und aus der Notwendigkeit schnell verlegbarer Truppen unterschiedliche Konzepte, um die Effektivität von Reserveeinheiten zu verbessern.

Die **US Army** ordnete im Rahmen der Streitkräftereduzierungen nach dem Vietnamkrieg der Reservistenkomponente wesentliche Anteile der Kampfunterstützung und der Logistiktruppe zu. Als Folge dieser Entscheidung erfordert jede bedeutende militärische Operation die Einberufung von Reservisten. Bereits in der vom Umfang begrenzten Operation Just Cause in Panama wurden Reservisten aktiviert, so daß die Einschätzung eines Konfliktes als »bedeutend« schon auf geringem Level angesiedelt werden kann[14]. Die Werbung und Ausbildung der Reservisten wird mit großer Anstrengung verfolgt. Das »Stop-Loss«-Programm zielte darauf ab, ausscheidende Soldaten für Reserveaufgaben zu werben.[15] Seit 1973 wird darüber hinaus mit dem »Total Force«-Konzept die Gleichstellung von Reservisten und Aktiven angestrebt. Mit Teilen der Army National Guard wird ein attraktives Ausbildungsprogramm im Ausland durchgeführt. Verschiedene Ziele werden damit verfolgt: Anpassung an Gelände und Wetterverhältnisse, Integration der Reserveteile in aktive Verbände (keine Soldaten zweiter Klasse) und Demonstration der Kampfkraft. Von 1986 — 1987 wurden mehr als 36.000 Angehörige der Army National Guard im Ausland, meist in Übersee, ausgebildet. Die Leistungen während dieser Übungen zeigten, daß die National Guard hieraus großen Nutzen gezogen hat[16].

Die Planungen der **US Air Force** beziehen die Reservekomponente in noch größerem Umfange ein. Wie kaum eine andere Teilstreitkraft haben Air Force Reserve und Air National Guard ihre Reservekomponenten in die aktive Streitkräftestruktur eingebunden. Sie sehen im Rahmen der vielen Einsatzoptionen einen hohen Prozentsatz an Reservisten für die Lufttransportaufgaben vor. Hierzu hat die US Air Force ein gut organisiertes Freiwilligenprogramm aufgebaut, das deren Kontrolle und Einberufung auf Einheitsebene delegiert. Zur Inübunghaltung fliegen Reservisten Standardversorgungsflüge. Eine unmittelbare Betreuung der Reservisten und eine flexible, schnelle Steuerung der Einberufung ist als wesentlicher, positiver Aspekt zu werten[17].

Die **US Navy** ist in der Lage, die überwiegende Zahl ihrer Einsatzplanungen ohne Reservisten zu realisieren. Bereits vor längerer Zeit wurden der Naval Reserve weniger bedeutende Aufgaben zugeordnet[18]. Sie stellt 100 Prozent der Luftversorgung, der leichten Angriffshubschrauber und der SAR-Kräfte. Die US Navy wird im Falle kurzfristiger Einsätze jedoch interne Personalausgleiche (Ergänzung durch aktive Truppenteile) eher favorisieren, als von Politikern die Einberufung von Reservisten zu fordern[19].

Das **Marine Corps** stellte seine aktiven und reserveabhängigen Kräfte so zusammen, daß die meisten der Einsatzoptionen allein durch aktive Kräfte ausgeführt werden können. Die Einberufung der Reserves im Rahmen von Einsätzen mit kurzer Vorwarnzeit ist nicht Bestandteil der Planungen. Ausgeweitete Konflikte zwingen jedoch das Marine Corps zum Einsatz von Reservisten. Umfangreiche Anstrengungen wurden unternommen, um den Ausbildungsstand der mobilmachungsabhängigen Kräfte auf hohes Niveau anzuheben.

Der Einsatz der Reservisten während Desert Shield und Desert Storm

Aktivierte Kräfte und Leistungen

Die Vereinigten Staaten setzten zur Befreiung Kuwaits insgesamt 540.000 Soldaten in der Golfregion ein. Im Rahmen der Mobilmachung rief das Verteidigungsministerium über 231.000 Reservisten zu den Waffen. Ca. 116.000 Reservisten, weniger als die Hälfte der Einberufenen, wurden tatsächlich in das Krisengebiet entsandt[20]. Der verbleibende Anteil ersetzte verlegte aktive Kräfte bzw. erfüllte die zusätzlichen vorbereitenden Aufgaben in den USA oder in Übersee. Der Beitrag dieser Soldaten wird von offiziellen Stellen als gleichwertig mit den im Golf eingesetzten Kräften beurteilt[21].

Der Aufwuchs des Reservistenpotentials vollzog sich in mehreren Schritten. Von Bedeutung ist hierbei die hohe Anzahl an Freiwilligenmeldungen während der ersten Tage der Operation Desert Shield. Vor der Einberufung von Reservisten leisteten bereits 10.500 Freiwillige Dienst in den Streitkräften[22].

Die Gesetze zur Mobilmachung sehen auch in den Vereinigten Staaten eine abgestufte Reaktionsmöglichkeit vor und eröffnen dem Präsidenten in Verbindung mit dem Kongreß ein gewisses Maß an Flexibilität, angemessen auf eine Bedrohung zu reagieren. Die Mobilmachung vollzog sich deshalb, analog der abgestuften politischen Entscheidungen durch den Präsidenten, in mehreren Schritten:

Am 22. August 1990 unterzeichnete Präsident Bush die Executive Order Nr. 12727. Damit genehmigte er die Mobilmachung von maximal 48.000 Angehörigen der Selected Reserves, zunächst für die Dauer von 90 Tagen[23]. Das Pentagon setzte diese

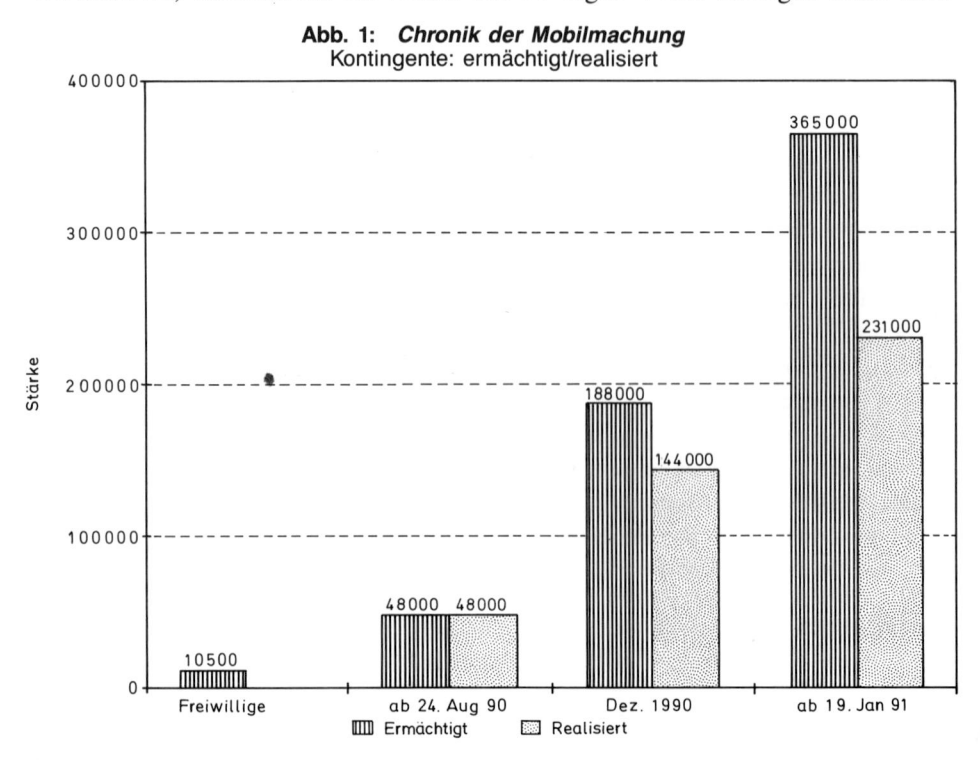

Abb. 1: *Chronik der Mobilmachung*
Kontingente: ermächtigt/realisiert

Freiwillige	ab 24. Aug 90	Dez. 1990	ab 19. Jan 91
10500	48000 / 48000	188000 / 144000	365000 / 231000

Ermächtigt / Realisiert

Weisung am 24. August, 17 Tage nach Beginn der Operation Desert Shield, um und berief das erste Kontingent an Reservisten ein. Alle Teilstreitkräfte, mit Ausnahme des Marine Corps verstärkten ihre Kräfte in dieser ersten Phase durch Reservisten.

Am 5. November (90. Tag) billigte der Kongreß eine maximal einjährige Einsatzdauer von Kampfeinheiten der National Guard und der Reserves.

Da der Konflikt länger als erwartet andauerte, war das amerikanische Staatsoberhaupt gezwungen, auch für Soldaten der Kampfunterstützung und der Logistik am 13. November 1990 (98. Tag) die Einsatzzeit von ursprünglich 90 auf numehr 180 Tage anzuheben[24]. Vier Monate nach Beginn der Invasion, am 1. Dezember (116. Tag) erweiterte Präsident Bush das Reservistenkontingent auf 188.000 Soldaten[25].

Einen Tag vor Beginn der Operation Desert Storm autorisierte der Präsident den Verteidigungsminister, Soldaten mit besonderen Ausbildungen über 180 Tage im Dienst zu belassen. Gleichzeitig wurde damit ein geringes Überschreiten der Obergrenze von 200.000 Reservisten möglich, da nun auch eine begrenzte Anzahl »ready reservists« einberufen werden konnte. Am 17. Januar 1991, dem ersten Tag der Luftoffensive, leisteten 223.000 Reservisten Dienst in den US-Streitkräften.

Die letzte Maßnahme zur Verstärkung wurde am 19. Januar 1991 getroffen. Die US-Regierung erhöhte das Reservistenkontingent nochmals von 188.000 auf 365.000. Damit war im Rahmen des Golfkrieges die höchste Stufe der Mobilmachung erreicht. Am Ende des Krieges dienten schließlich 231.000 Reservisten (vgl. Abb. 1).

Die oben aufgezeigten Phasen wurden von den Teilstreitkräften nicht in gleichem Maße durchlaufen. Unterschiedliche Planungen und Präsenzgrade stellen die wesentlichsten Ursachen dar. Die wichtigsten Stationen werden im folgenden aufgezeigt.

US Army

7.100 Freiwillige der National Guard und der Army Reserve meldeten sich nach dem Einmarsch der Iraker in Kuwait zum Dienst in der US Army. Sie ersetzten fehlendes Personal. Während die Freiwilligen der Reserves im Hafendienst, Wasseraufbereitung und der Logistik eingesetzt wurden, leisteten die Freiwilligen der National Guard Unterstützung im Feldjägerdienst und in der Steuerung der Truppenverlegungen[26].

Die US Army berief insgesamt 143.000 Reservisten ein. Sie stellten 1.045 Reserveeinheiten auf, wovon 708 tatsächlich in die Golfregion verlegt wurden[27]. Die Reservisten stellten damit ca. ein Viertel der gesamten Stärke der US Army im Kriegsgebiet. Den höchsten Anteil nahmen die Logistiktruppen in Anspruch, da sie in der US Army zu 70 Prozent mobilmachungsabhängig sind. Über 800 Logistikeinheiten, mit annähernd 95.000 Soldaten, wurden durch Reservisten gestellt. Davon leisteten 52.000 Dienst in Europa und in der Golfregion. Die verbleibenden 43.000 Soldaten stellten in den USA Hafenoperationen und Depotinstandsetzung sicher[28]. Die Leistungen waren insgesamt überwältigend. Über 1 Mrd. Gallonen Betriebsstoff wurden im Heer umgeschlagen und 27.000 t Post durch elf Reservepostkompanien verteilt[29]. Die Anteile der Reservisten lagen in weiteren Bereichen weit über dem Durchschnitt: Kriegsgefangenenwesen (Military Police) 89 Prozent, Wasseraufbereitung/-transport

59 Prozent[30]. Ohne den Einsatz der Reservisten wären die umfangreichen Verlegungen und Transportaufgaben nicht möglich gewesen. Den Soldaten dieser Verbände wird deshalb Professionalität und Hingabe bestätigt[31]

US Air Force

Wie kaum eine andere Teilstreitkraft ist die US Air Force in der Anfangsphase eines auch nur begrenzten Konflikts von Verstärkungen durch Reservisten abhängig. Bereits im August 1990, dem ersten Monat des Konflikts, wurden 42 Prozent der Einsätze des strategischen Lufttransports durch Reservisten geflogen. Im Rahmen der Luftbetankungen betrug ihr Anteil mehr als ein Drittel. Herauszustellen ist in diesem Zusammenhang, daß diese Leistungen ausschließlich durch freiwillige Reservisten erbracht wurden. Mehrere tausend US Air Force Reservisten und 27 Einheiten der Air National Guard meldeten sich freiwillig zum Dienst, noch bevor der Präsident sich zur Einberufung von Reservisten entschlossen hatte.

Der Masse dieser Soldaten war bekannt, daß sie mehr als die Hälfte der strategischen Lufttransportkräfte stellen und deshalb eine Verlegung ohne sie nicht möglich ist[32]. Nur durch sie konnte die späte politische Entscheidung des Präsidenten zur Einberufung von Reservisten kompensiert werden.

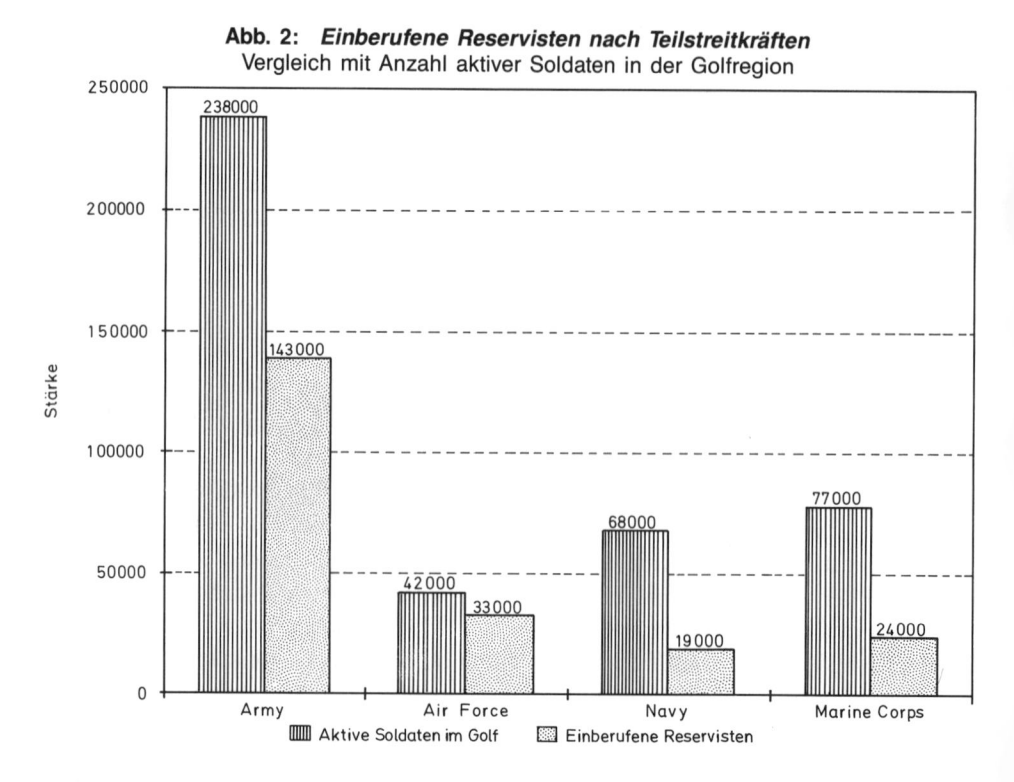

Abb. 2: *Einberufene Reservisten nach Teilstreitkräften*
Vergleich mit Anzahl aktiver Soldaten in der Golfregion

Teilstreitkraft	Aktive Soldaten im Golf	Einberufene Reservisten
Army	238000	143000
Air Force	42000	33000
Navy	68000	19000
Marine Corps	77000	24000

US Navy
Starke Unterstützung erfuhr die US Navy in den ersten Tagen durch ein hohes Freiwilligenaufkommen. Sie übernahmen Aufgaben im Sanitätswesen und in der Logistik. Die US Navy schöpfte ihr erstes, durch das Pentagon zugewiesenes Reservistenkontingent von 30.000 Soldaten nur zu einem geringen Anteil aus. Mit Beginn Januar 1991 leisteten erst 8.568 Reservisten Dienst in der US Navy[33]. Sie verstärkten in der Golfregion die Combat — SAR (Search and Rescue) Kapazitäten und arbeiteten eng mit aktiven Komponenten der US Air Force zusammen. Darüber hinaus wurden zwei Minenräumschiffe aktiviert und mit Reservecrews in den Golf entsandt[34]. Bis zum Ende der Kampfhandlungen stieg die Zahl auf 19.000 Reservisten an.

Marine Corps
Etwa 1.100 Freiwillige der Marine Corps Reserve unterstützten bereits im August die Verlegung der Kräfte. Verbindungsaufgaben, Dolmetscherfunktionen und Verstärkung des Transports standen im Vordergrund ihrer Leistungen[35]. Bis zum 11. Oktober 1990 verzichtete das Marine Corps, im Gegensatz zu den anderen Teilstreitkräften, auf die Einberufung von Reservisten. Der Grund liegt in den Grundsatzplanungen, innerhalb der ersten 60 Tage eines Konflikts auf Verstärkungen zu verzichten[36]. Erst ab Dezember berief das Marine Corps größere Kontingente ein, die bis zu einer Stärke von 24.000 Soldaten aufwuchsen[37].

Lessons Learned

Gemeinsame Elemente der Teilstreitkräfte
Die Motivation und damit auch der Erfolg der Reservisten beruhten nicht allein auf militärischen Faktoren. Zweifelsohne führten der klare und überzeugende politische Wille zu einer besonderen Bereitschaft, der Einberufung nachzukommen und dem Willen des Vaterlandes zu entsprechen. Öffentliche Akzeptanz, oder aktiv formuliert, Unterstützung durch die Bevölkerung und die Medien bildeten die entscheidende Grundlage des Erfolges der Reservisten[38].
Das bemerkenswerte Aufkommen an Freiwilligen bot den Vorteil, in den ersten Tagen des Konfliktes Personaldefizite ausgleichen zu können. Dem steht jedoch als Nachteil gegenüber, daß diese Reservisten in später einberufenen Reserveeinheiten fehlten, da sie anderweitig eingesetzt worden waren. Entsprechende Planungen sind deshalb in der Zukunft vorzusehen. Ein weiteres Problem stellt die Arbeitsplatzsicherung dar. Aufgrund der Freiwilligkeit des Dienstes müssen die rechtlichen Grundlagen für einen Kündigungsschutz überprüft und ggf. ergänzt werden[39].
Das gesamte Feld des »Post-activation Training« stellt ein Zentralthema der »Lessons Learned« dar. Eine neue Dimension erlangten die Anstrengungen zur Erlangung der Gefechtsbereitschaft, als Präsident Bush aufrief, die Anzahl an Verwundeten und Gefallenen auf niedrigstem Niveau zu halten. Verteidigungsminister Cheney unterstrich in diesem Zusammenhang, daß keine Reserveeinheit vor Erlangung der vollen

Gefechtstüchtigkeit in die Golfregion verlegt wird[40]. Die verantwortlichen militärischen Führer aller Ebenen unternahmen erhebliche Anstrengungen, um dem erklärten Willen der Politiker nachzukommen.

Die Ausbildungserfordernisse waren dabei sehr unterschiedlich. Während Ärzte, Piloten, Mechaniker und Lkw-Fahrer ihre zivilen Erfahrungen und Kenntnisse gut einbringen konnten, bedurften Reservisten in speziellen militärischen Funktionen einer erheblich längeren vorbereitenden Ausbildung. Als Beispiele werden hierbei Soldaten der Panzer- und Panzergrenadiertruppe genannt[41].

Jedoch ist nicht nur hinsichtlich der spezifischen Fähigkeiten zu differenzieren. Auch die unterschiedliche Komplexität des Aufgabenspektrums im modernen Gefecht erfordert im Zeitansatz zu variierendes Zusatztraining. So bestehen erhebliche qualitative und quantitative Unterschiede zwischen der Ausbildung kleiner Einheiten und der Schulung von großen Stäben. Die Führung umfassender, taktischer Operationen über einen längeren Zeitraum erfordert eingespielte Stäbe. Ein entsprechender Ausbildungsstand ist kurzfristig nicht erreichbar. Zusatzausbildung war nach der Mobilmachung in jedem Fall notwendig. Sie umfaßte das Training für die speziellen Erfordernisse der Golfregion ebenso, wie die Vorbereitung auf bereits geplante Aufträge. Aber auch soziale Defizite wurden offenkundig. Es erwies sich als besonders nachteilig, Einheiten des Combat Service Support aufzuteilen und nicht geschlossen einzusetzen, da sich hierdurch Desorientierung und Angst verbreiteten[42]. Die Reservisten verloren ihre »Heimat« und die Geborgenheit. Diese Tatsache wurde durch die oft beklagte, mangelnde Akzeptanz der Reservisten durch aktive Truppen verstärkt. Reservisten fühlten sich als Soldaten zweiter Klasse oder wurden nicht als Teil des Ganzen akzeptiert. In diesem Zusammenhang muß auf die teilweise unzureichende Betreuung der Reservistenfamilien hingewiesen werden. Verschiedene Stäbe an den Einberufungsorten vernachlässigten diese Aufgabe in besonderem Maße[43].

Die Einzelfeststellungen und Konsequenzen hinsichtlich der Einsatzbereitschaft der Reservisten differieren über die Teilstreitkräfte zum Teil erheblich und werden deshalb gesondert aufgeführt.

US Army

Sowohl während Desert Shield als auch Desert Storm standen die Reservisten der US Army im Blickpunkt militärischer und öffentlicher Kritik. Drei der aktiven Heeresdivisionen verfügen nur über zwei aktive und damit präsente Brigaden. Die bisherigen Alarmierungspläne sahen vor, diese Divisionen durch jeweils eine Reserve-Brigade der National Guard (sog. Round-Out Brigaden) zu ergänzen. Obwohl eine der Divisionen, die 24th Infantry Division, bereits frühzeitig in den Golf verlegt werden sollte, verzichtete das Pentagon auf die zeitgerechte Aktivierung und befahl die Mobilmachung der Round-Out Brigaden erst am 8. November 1990[44]. Stattdessen wurde die 24th Infantry Division durch die aktive 197th Mechanized Infantry Brigade aus Fort Benning, Georgia aufgefüllt. Die Gründe hierfür sind umstritten und vieldiskutiert. Einerseits wird als Ursache die kurze Verfügbarkeit nach Mobilmachung (max. 180 Tage) verantwortlich gemacht[45], anderweitig standen offenkundige Schwächen in der Einsatzbereitschaft im Vordergrund der Entscheidung[46]. Aufgrund des von Präsident Bush verkündeten Ziels der Minimierung personeller Verluste[47] konnte das Risiko einer verfrühten Verlegung nicht eingegangen werden. Verteidigungsminister Cheney begründete die Entscheidung damit, daß es unrealistisch sei, die Einsatzbereitschaft von »Teilzeitsoldaten« mit der von aktiven zu vergleichen[48]. Der Generalstabschef der US-Streitkräfte, General Powell, stellte zu dieser Problematik fest, daß die bisherige Ausbildungszeit von jährlich 39 Tagen nicht ausreichend sei, um die Round-Out Brigaden auf die Komplexität des modernen Gefechts vorzubereiten[49]. Trotz dieser eindeutigen Stellungnahmen läßt sich auch eine im Untergrund schwelende Rivalität zwischen den aktiven Streitkräften und den Reservisten erkennen, da mit dem verstärkten Einsatz der »Teilzeitsoldaten« eine weitere Reduzierung aktiver Kräfte droht. Dieses »Politikum« ist aus einer Reihe von Stellungnahmen zu erkennen, die die Überprüfung der Einsatzbereitschaft der Reservisten durch aktive »Prüfteams« betrifft. Ihnen werden häufig überzogene Anforderungen angelastet. Army Lt. Gen. Thomas Kelly, Operations Director for the Joint Chiefs of Staff, stellte fest, daß der Aufwand zur Herstellung der vollen Einsatzbereitschaft der Reserveverbände so hoch ist, daß es sinnvoll ist, stattdessen aktive Einheiten einzusetzen[50].

Nach der Einberufung im November konnten die betroffenen Round-Out Brigaden[51] trotz intensiver Zusatzausbildung erst am Ende des Krieges als einsatzbereit und damit verlegbar eingestuft werden[52]. Insgesamt unterzogen sich diese Brigaden vier Monate zusätzlicher Ausbildung. Mehr als drei Monate (!) verbrachte die 48th Infantry Brigade mit ihren 4.200 Soldaten zum Training in Fort Irwin. Die Enttäuschung bei den betroffenen Soldaten war groß, da sie lange Jahre Seite an Seite mit den aktiven Truppenteilen geübt hatten. Die Masse der Reservisten hatte deshalb fest an einen früheren Einsatz geglaubt. Sie fühlten sich übergangen[53].

Die bisherigen Protokolle der Prüfteams, hinsichtlich der Einsatzbereitschaft von Einheiten der National Guard erwiesen sich damit als wertlos. Der ursprünglich veranschlagte Zeitrahmen von 28 Tagen bis zur Herstellung der vollen Einsatzbereitschaft konnte nicht gehalten werden. Ein höherer Zeitansatz für »post-activation training« ist unvermeidbar. Die Erfahrungen aus Desert Storm lassen einen Zeitrahmen von 60 – 90 Tagen als realistisch erscheinen.

Doch wo liegen die Gründe für diesen hohen Zeitbedarf, bzw. welche besonderen Ausbildungsmängel waren im Einzelnen zu erkennen? Bereits unmittelbar nach der Meldung am Gestellungsort wurden erste Defizite deutlich. Das General Accounting Office[54] deckte in seinem Golfbericht eine Reihe gesundheitlicher Ausschließungsgründe auf. Jeder dritte Soldat der Kampfbrigaden konnte aufgrund mangelhaften Zustandes der Zähne nicht in die Golfregion verlegt werden. Überdurchschnittliche Beschränkungen stellten die Ärzte darüber hinaus bei den Soldaten über 40 Jahre fest[55].

Der unzureichende Ausbildungsstand nimmt in bisherigen Wertungen breiten Raum ein. Fehlende Nachweise über zuletzt erbrachte Schießleistungen und Physical Fitness Tests erschwerten zu Beginn die Feststellung des Leistungsstandes. Die unzureichende Schießausbildung der Panzerverbände während früherer Wehrübungen verhinderte bei vielen Einheiten die Einstufung als »combat ready«. Die Ursachen sind

in der weiten räumlichen Verteilung der Reservisten um ihren Stammtruppenteil zu suchen. Über 30 Prozent der Panzerverbände konnten keine regelmäßige Schießausbildung mit Kampfpanzern durchführen[56].
Fehlendes Zusammenspiel der Panzerbesatzungen führte zu schlechten Ergebnissen bei ersten »operational readiness tests«. Kaum eine der Crews hatte vorher in der jeweiligen Zusammensetzung über einen längeren Zeitraum gemeinsam geübt. Die ursprünglich gegenüber der aktiven Truppe als Vorteil beurteilte geringere Personalfluktuation wurde in der Praxis eindeutig widerlegt[57].
Ähnliche Feststellungen wurden hinsichtlich der Führungsfähigkeit der Brigaden getroffen. Nach Ansicht von Experten im US-Verteidigungsministerium ist die Zeit vor und nach der Einberufung der Reservisten zu knapp bemessen, um die komplexen und schnell schwindenden Führungsfähigkeiten auf Ebene der Kommandeure und Stäbe zu erhalten[58]. Eingespielte Stäbe stellen eine unverzichtbare Voraussetzung für das Gefecht der verbundenen Waffen dar.
Mangelnde Übungstätigkeit und organisatorische Notwendigkeiten des Friedensbetriebes führten zu bisher nicht erkannten Problemen der Instandsetzung. Während der kurzen Phasen der Ausbildung im Friedensbetrieb entstand wenig Schadgerät, das darüber hinaus nach der Übung durch Stammpersonal oder in Depots instandgesetzt wurde. Die übenden Panzerbesatzungen wurden mit diesen Aufgaben kaum konfrontiert. Erhebliche Schwächen traten deshalb zu Beginn der Mobilmachung auf. Besatzungen von Gefechtsfahrzeugen, aber auch Kräfte der Instandsetzungstruppe auf Brigadeebene waren aufgrund mangelnder Erfahrung nicht in der Lage, Fehler am Gerät zu diagnostizieren und selbst zu beheben[59]. Dieses Problem wird als die Achillesferse der Reservebrigaden beurteilt[60].
Während Desert Shield besuchte eine Abordnung des amerikanischen Ausbildungszentrums für Wüstenkampf (Fort Irwin) die Truppe in Saudi-Arabien und gewann Erfahrungen, die später in die Lehre umgesetzt werden sollen. Hierbei wurden Einzelfeststellungen getroffen:
Der Ausbildung des Orientierungsvermögens muß in Zukunft höhere Bedeutung beigemessen werden, da diese unter den Bedingungen des weiten Raumes unvergleichbar höhere Anforderungen stellten[61]. Es wurde gleichzeitig deutlich, daß die Führung des Gefechtes der verbundenen Waffen über große Distanzen geübt werden muß. Die Inspektoren beklagten Mängel in der Koordination der Kampftruppe mit den Bewegungen von Artillerie und Pionieren. Andererseits bewiesen die Truppen, die zuvor im National Training Center mehrwöchige Manöver absolviert hatten, stärkeres Selbstvertrauen und zeigten insgesamt bessere Leistungen[62] als jene ohne diese Spezialausbildung.
Diese Aussage betrifft neben einer höheren Belastbarkeit auch das Gefecht unter ABC-Bedingungen. Jeder Verband, der die Ausbildung in Fort Irwin zuvor durchlaufen hatte, kannte die Anstrengungen, über längere Zeit unter vollem ABC-Schutz zu kämpfen.
Der Anteil der Round-Out Brigaden betrug insgesamt nur sieben Prozent am Reservistenaufkommen, so daß die Leistungen der Reservisten im Gesamtkontext zu sehen sind. In einer Vielzahl von Einheiten der Kampfunterstützung und der Logistiktruppe

stellten sie ihre volle Einsatzbereitschaft unter Beweis. So leisteten die 142nd und 196th Field Artillery Brigade für das VII. (US) und VIII. (US)Korps Feuerunterstützung und wurden von den Truppenführern mit großem Lob bedacht[63]. In der Nachschubtruppe wurden ausschließlich materielle Probleme aufgezeigt. Nicht kompatible Rechner verursachen Schnittstellenprobleme zu den Logistiknetzen der aktiven Truppe. Positive Wertungen wurden ebenfalls für den Sanitätsdienst abgegeben, der in gleichem Maße verstärkt worden war. Dies gilt sowohl für die Truppen vor Ort, als auch für die »Wiederauffüllung« der in die Golfregion entsandten Ärzte und Pfleger aus den Militärkrankenhäusern. Der Anteil der Reservisten betrug in der medizinischen Versorgung 70 Prozent[64].

Hohe Bedeutung kommt dem Ersatz von Truppenteilen zu. Weltweit mußten in die Golfregion verlegte Verbände ersetzt werden, um gegebenenfalls in anderen, neu entstehenden Konflikten über ausreichende Kapazitäten verfügen zu können. Die US Army berief zu diesem Zweck u.a. eine Special Forces Group der National Guard ein. Die Reservisten übernahmen in diesen Fällen wichtige Aufgaben des gesamten Sicherheitskonzeptes der Vereinigten Staaten.

US Air Force

Die Erfahrungen der US Air Force sind vielschichtig und betreffen eine Reihe wesentlicher Kräfte. Die Leistungen der Reserve-Piloten im strategischen Lufttransport waren mit denen ihrer aktiven Kameraden identisch. Lange aktive Dienstzeiten, Anschlußverwendungen in der zivilen Luftfahrt und regelmäßige Inübunghaltung auf dem militärischen Flugzeugmuster führen zu dieser Beurteilung. Der durchschnittliche Air Reserve Pilot kann 9.700 Flugstunden nachweisen.

Auf ähnliche Erfahrungen können die Reservisten der Instandsetzung zurückgreifen. Mit einem Durchschnittsalter von 38 Jahren und sechzehnjähriger Dienstzeit als Flugzeugspezialist wird den Reservesoldaten hohe Professionalität bestätigt[65]. Nur aufgrund dieser Tatsache konnten sie einen Anteil von etwa 50 Prozent der Wartung und Instandsetzung der eingesetzten Flugzeuge übernehmen.

Zur frühzeitigen Erlangung hoher Kampfkraft stellten die Verantwortlichen teilweise aus aktiven Einheiten und Reserveeinheiten neue Geschwader auf[66]. Wesentliche Einsatzspektren stellten die Aufgaben der Luftbetankung, der Rettungsflüge und des SAR-Suchdienstes dar. In kaum einer anderen Teilstreitkraft ist die Integration der Reservisten so weit erfolgt wie in der US Air Force.

US Navy

Die Erfahrungen der US Navy mit Reservisten waren mit Ausnahme der angeführten »gemeinsamen« Mängel durchweg positiv. Trotz der geringen Zahl an einberufenen Soldaten (19.000), 3,3 Prozent der gesamten US Navy, leisteten die vorwiegend in Spezialfunktionen eingesetzten Soldaten gute Arbeit. Herausgestellt wurden die Bereiche der Hafensicherung, des Sealift Command und der Naval Air Logistic. Der Erfolg wird dabei insbesondere der abgeschlossenen Integration und der engen Zusammenarbeit von aktiver Truppe und Reservisten zugeschrieben[67].

Marine Corps

Die Ergebnisse sind von besonderem Interesse, da der Kampftruppenanteil der Reservisten höher liegt, als in den anderen Teilstreitkräften. Die Leistungen werden von offiziellen Stellen als beispielhaft für die anderen Teilstreitkräfte beurteilt[68] und sind als Ergebnis langer und effektiver Integrationsbemühungen zu werten. Aktive Kommandeure sind voll des Lobes über die Leistung und Motivation der Reservisten. In der Tat löst es aus militärischer Sicht Bewunderung aus, wenn sich die einberufenen Marines zu mehr als 99 Prozent bei ihren Einheiten melden.
Weniger als zwei Prozent wurden aufgrund gesundheitlicher Kriterien als nicht geeignet eingestuft. Sie waren ausnahmslos gut trainiert und für den Krieg einsatzbereit. Nur fünf bis sieben Tage Zusatzausbildung im »drill center« waren nötig, um sie auf die neue Umgebung, die irakische Bedrohung und einen Kampf unter ABC-Bedingungen vorzubereiten. Alle Einheiten wurden als gefechtstüchtig (combat ready) eingestuft. Auch der Wechsel von Großgerät wurde durch Reserveeinheiten bravourös vollzogen. Mit der Unterstützung der aktiven Truppe gelang es innerhalb von 18 Tagen vom älteren Kampfpanzer M 60 auf den neuen M 1 umzuschulen. Bereits fünf Tage nach der Verlegung an den Golf hatte sich diese Truppe zu bewähren. Ohne eigene Verluste vernichtete eine der Kompanien in vier Gefechten 59 Feindpanzer. Viele aktive Kommandeure sprachen den Reservisten bessere, mindestens aber ebenbürtige Leistungsfähigkeit im Vergleich mit aktiven Soldaten zu. Trotz des überwiegend positiven Urteils gab es einige Kritikpunkte, die nicht verschwiegen werden sollen. Wie auch für die US Army bereits festgestellt, waren bei den Führern der Bataillone und Regimenter Schwächen in der Führung erkennbar. Der Mangel ist auch hier in der weiträumigen Dislozierung des Personals im Frieden zu suchen, wodurch ausgedehnte Übungen nicht realisierbar waren. Auch unmittelbar nach Einberufung mußte die notwendige Ausbildung unterbleiben, da am Gestellungsort die erforderliche Infrastruktur (Übungsplätze, Simulatoren etc.) nicht zur Verfügung stand.
Das Marine Corps benötigt gemäß bestehender Planungen in einem frühen Konfliktstadium nur eine geringe Anzahl an Reservisten. Aufgrund der Dauer und Intensität des Krieges war die Einberufung von Reserve-Einheiten allerdings unverzichtbar. Nur durch sie sah sich das Marine Corps in der Lage, seine weltweiten Aufträge weiterhin zu erfüllen.
Aufgrund des insgesamt großen Erfolges des Marine Corps ist nach den Ursachen zu fragen. Mehrere Gründe werden genannt. Die Ausbildung aktiver Soldaten und der Reservisten wurde im Rahmen des »Total Force«-Konzepts vereinheitlicht. Im Gegensatz zu anderen Teilstreitkräften durchlaufen Aktive und Reservisten aller Ebenen eine identische Ausbildung. Gleiche Anforderungsprofile bei Fitnestests, Schießübungen und Gefechtsbesichtigungen etc. sichern einen einheitlichen Ausbildungsstand. Auch der Vordienstzeit der Reservisten kommt eine bedeutende Rolle zu.
So beträgt die aktive Dienstzeit der Reserveoffiziere 6,2 Jahre, wodurch ein hoher Erfahrungsschatz eingebracht werden kann. Ausbildungs- und Prüfteams, gestellt durch die aktive Truppe, leisten während der Reserveübungen große Unterstützung. Sie bringen aktuelle Truppenerfahrung ein und helfen der übenden Einheit bei der

Durchführung eines anspruchsvollen Trainingsprogramms[69]. Von den Reservisten selbst werden die Testprogramme zur Feststellung der Einsatzbereitschaft (MORDT = Mobilization and Operational Readiness Deployment Test) als besonders wertvoll eingestuft. Diese unangekündigte Inspizierung ist ein wesentlicher Motivator für die Vorbereitung der Reserve-Einheiten, da alle Fähigkeiten bis hin zu einer möglichen Einschiffung geprüft werden. Durch Personalauswahl wird sichergestellt, daß nur eine Einplanung zuverlässiger Reservisten für die Truppenteile erfolgt[70]. Neben dem Aspekt einer optimalen Selektion des Personals ist als zweiter wichtiger Faktor das Material zu nennen. Die Reserve-Einheiten des Marine Corps sind mit neuestem Gerät ausgestattet, so daß jederzeit eine Austauschbarkeit zwischen aktiven und Reserve-Einheiten besteht. Als letzte Ursache ist eine Vielzahl von Übungen mit hohem Reservistenanteil zu nennen, die in starkem Maße dazu beitrugen, daß es nur ein Marine Corps gibt und einer Zweiklassengesellschaft entgegengewirkt wird.

Konsequenzen des Pentagon aus dem Einsatz der Reservisten

Das US-Verteidigungsministerium wertete die Leistungen der Reservisten sehr sorgfältig aus, da bereits frühzeitig vor schnellen Änderungen in der Organisation der Reserves gewarnt wurde[71]. Der außerordentliche Beitrag zum »Sieg am Golf« ist unbestritten. Air National Guard, Marine Corps Reserve sowie Logistik- und Kampfunterstützungstruppe der Army National Guard und Army Reserve beeindruckten durch ihre Leistungsfähigkeit.
Die Erfolge von Air National Guard und Air Force Reserve veranlaßten bereits die Verantwortlichen zur Aussage, diese Kräfte als Schlüsselelemente einer zukünftigen Strategie vorzusehen[72]. Hierbei ist jedoch zu berücksichtigen, daß mit der sinkenden Zahl an aktiven Soldaten sich auch die Möglichkeit verringert, gut ausgebildete Reservisten zu rekrutieren. Insofern muß hier eine entsprechende Balance gefunden werden. Trotzdem wird derzeit an einer Reduzierung der aktiven Kräfte festgehalten. Bis 1993 wird der Anteil der Air National Guard an Kampfflugzeugen von derzeit 26 Prozent auf 32 Prozent ansteigen[73].
Einschneidende Änderungen resultieren für die US Army. Budgetäre Zwänge und das Verschwinden des Ost-Westkonfliktes veranlaßten das Pentagon bereits vor Ausbruch des Golfkrieges, mittelfristig das Kräftepotential um 21,5 Prozent zu vermindern[74]. Hierbei wurden auch Fragen der Balance zwischen aktiven und nichtaktiven Kräften diskutiert. Die Gründe sind offensichtlich. Nach der schwindenden Bedrohung durch den Osten sind regionale Instabilitäten wahrscheinlicher und erfordern in Konsequenz zur Abschreckung hochmobile starke Kräfte für mögliche Krisenregionen[75]. Zur Frage der Krisenbewältigung stellte US-Verteidigungsminister Cheney nach dem Golfkrieg fest, daß regionale Konflikte unvorhersehbar seien und in relativ kurzer Zeit eskalieren könnten. Es ist deshalb die Forderung nach schnell verlegbaren Truppen zu intensivieren[76]. Der Haupteinsatz mobilmachungsabhängiger Kampftruppen soll sich zukünftig auf Langzeitszenarios konzentrieren, in denen Vorbereitungszeiten von bis zu einem Jahr denkbar sind. Eine der bedeutenden Erkenntnisse aus dem

Golfkrieg war deshalb, daß Round-Out Brigaden im Rahmen früher bzw. schneller Truppenverlegungen nicht eingesetzt werden können[77]. Die Einsatzplanung mobilmachungsabhängiger Kampftruppen wird zukünftig stärker auf den Ersatz von verlegten aktiven Truppenteilen oder auf den Einsatz als zweite Staffel abzielen[78]. Aufgrund dieser Zurückstufung, gewissermaßen in das zweite Glied, sind budgetäre Kürzungen für diese Verbände in der Zukunft zu erwarten[79]. Absicht der militärischen Führung ist deshalb die Verringerung des Anteils mobilmachungsabhängiger Kampftruppen im Falle zeitkritischer Einsätze. Die generelle Verbesserung der Einsatzbereitschaft der Reserveverbände erfolgt durch eine Reihe von Einzelmaßnahmen:

Die US Army wird zukünftig den Ausbildungsschwerpunkt der National Guard auf die individuellen Fähigkeiten des Einzelsoldaten legen und seinen Einsatz im Rahmen der Gruppe bzw. des Zuges optimieren. Diese Ausbildung geht zu Lasten der Teilnahme an großen Manövern[80]. Gleichzeitig soll das gegenseitige Vertrauen zwischen aktiven und Reserve-Truppenteilen gestärkt werden. Hierzu erteilte der Generalstabschef der US Army, General Sullivan, den Auftrag, einheitliche Bewertungskriterien für die Einsatzbereitschaft von Verbänden festzulegen. Die Streitigkeiten zwischen National Guard und aktiven Verbänden bezüglich der Verlegbarkeit (Stichwort: Round-Out) sollen damit der Vergangenheit angehören.

Die Führungsfähigkeiten der Reservekommandeure und -stäbe wird zukünftig im Frieden durch Zusatztraining in Stabsrahmenübungen unter Nutzung von Simulatoren gesteigert. Unmittelbar im Anschluß an die Mobilmachung stehen dann Übungen im Kompanie-, Bataillons- und Brigaderahmen im Vordergrund.

Der Einsatz kompletter Reservistenbrigaden im Rahmen einer frühzeitigen Verlegung wird der Vergangenheit angehören. Insbesondere die Komplexität eines modernen Panzergefechts auf Brigadeebene führte zu dieser Entscheidung[82]. Stattdessen werden diese Reservetruppen den jeweiligen Divisionen nunmehr als viertes Manöverelement zugeordnet.

Folgerungen
für den Einsatz deutscher mobilmachungsabhängiger Streitkräfte

Die Bundeswehr wird in naher Zukunft nur über wenige voll präsente Brigaden verfügen. Mit der Dauer und Intensität eines Einsatzes steigt die Notwendigkeit, Reservisten zu den Waffen zu rufen. Verlegung in den Einsatzraum, aber auch Ersatz entsandter Truppen in der Bundesrepublik oder deren Ablösung sind nur einige Aufgabenbeispiele. Es können deshalb aus der gezogenen Bilanz des Reservisteneinsatzes im Golfkrieg wichtige Kriterien einer adäquaten Vorbereitung für die Bundeswehr abgeleitet werden.

Politische Dimension
Klare politische Entscheidungen und Bekenntnisse zur Notwendigkeit des militärischen Einsatzes führten in den USA zur überwältigenden Unterstützung der Streitkräfte durch die Medien und die Bürger. Die Einberufung von Reservisten involvierte

die gesamte Bevölkerung und identifizierte sie mit dem Auftrag der Friedensherstellung[83]. Hierzu trug auch geschickte Informationspolitik der US-Regierung bei. Ein unschätzbar wichtiger Faktor, der auf die Motivation der Reservisten großen Einfluß ausübte und nicht zuletzt zur Meldung von über 10.000 Freiwilligen beitrug.
Das deutsche Parlament sollte diesen Faktoren Rechnung tragen und Entscheidungen zum Einsatz der Streitkräfte auf eine breite Basis, auch über die Parteigrenzen hinweg, stellen. Ein derartiger, breiter Konsens muß sich in den Medien widerspiegeln und fördert damit die Bereitschaft der Reservisten, ihrer Einberufung unverzüglich nachzukommen bzw. sich freiwillig zum Dienst zu melden.
Politiker und Verantwortliche müssen sich der Einsatzoptionen und der Einsatzbereitschaft von Reservistenverbänden bewußt sein. Eine kurzfristige Änderung der zugedachten Rolle verursacht, wie am Beispiel der Round-Out Brigaden vor Augen geführt, Irritationen. Der Gesetzgeber ist aufgerufen, für einen möglichen zukünftigen UNO-Einsatz eindeutige Gesetze und Richtlinien zu schaffen, die auch den Einsatz von Reservisten klar regeln.
Die rechtzeitige politische Entscheidung bildet die Basis möglicher Aufträge für Reservekräfte. Es wurde deutlich, daß der Einsatz von Reservisten zeitkritisch zu werten ist. 15 Tage politische Reaktionszeit bis zur Einberufung erster Kräfte und zwei Wochen Vorbereitungszeit bis zur Verlegung stellten im Golfkrieg Minimalzeiten für wenige Reserveeinheiten dar. Betrachtet man Ausbildungszeiten von 60 Tagen für Kampftruppenverbände als realistisch, so resultieren notwendige Vorwarnzeiten von ca. 75 Tagen.
Eine zukünftig verstärkt mobilmachungsabhängige Bundeswehr benötigt mehr denn je zeitgerechte politische Entscheidungen über die Einberufung von Reservisten. Nur ein Ausbildungsvorlauf von zwei Monaten kann für Reserve-Kampftruppenverbände einen Ausbildungsstand gewährleisten, der Verluste minimiert. Die Vorteile einer rechtzeitigen Mobilmachung sind deshalb sehr sorgfältig den Nachteilen des Eskalationssignals gegenüberzustellen.

Militärische Dimension
Das Reservistenkonzept der US-Streitkräfte ist mit dem der Bundeswehr kaum vergleichbar. Dennoch können und müssen einige Erfahrungen auf das deutsche System übertragen werden:
Der Einsatz von Kräften, z.B. im Rahmen von UNO-Peace Keeping oder -Peace Enforcing Einsätzen außerhalb der Bundesrepublik erfordert Professionalität und zeitintensive Vorbereitungen, die durch mobilmachungsabhängige Kampftruppen während einer kurzen Ausbildungszeit nicht zu gewährleisten sind. Die Unterstützung durch mobilmachungsabhängige Führungs- und Logistiktruppen ist aus den Erfahrungen des Golfkrieges jedoch zu befürworten.
Kampftruppenbataillone des Konzeptes »Kaderung und rascher Aufwuchs (KURA)«[84] können nicht im Rahmen einer »ersten Welle« verlegt werden. Ist ihr Einsatz dennoch im Rahmen längerer, ausgeweiteter Konflikte im Ausland unabdingbar, sind sie zu »earmarken« und regelmäßig während Mobilmachungstruppenübungen auf Einsatzoptionen im Ausland vorzubereiten. Jeder Reservist muß sich der Ein-

satzmöglichkeiten seines Verbandes bewußt sein. Ausnutzung des Freiwilligenaufkommens und Selektion der Reservisten tragen in diesem Zusammenhang zur Motivation und zum Stolz der Verbände bei.

Die Minimierung der Personalfluktuation, insbesondere in den Stäben, stellt für alle Kräfte eine wichtige Voraussetzung dar, um die Kohäsion des Verbandes und die Kontinuität der Einsatzplanung zu gewährleisten.

Angehörige der US-Reserves und der National Guard üben jährlich 39 Tage. Die Ausbildungsdefizite waren bei Kampftruppenverbänden trotzdem zum Teil erheblich. Der Zeitansatz für Mobilmachungstruppenübungen (MobTrÜb) beträgt in der Bundeswehr 12 Tage je Jahr. In KURA-Verbänden konnte die Einsatzfähigkeit bisher selbst auf Zugebene nur bedingt erreicht werden[85]. Vor dem Hintergrund der Erfahrungen aus dem Golfkonflikt müssen in der Bundeswehr Anpassungen erfolgen. Erhöhung des Zeitansatzes und Verbesserung der Qualität der Ausbildung während der Mobilmachungstruppenübungen müssen ein erster Schritt zu einem höheren Ausbildungsstand sein. Wenn aus politischen Erwägungen der Zeitansatz der Übungstage nicht erhöht werden kann, bleibt die Effektivitätssteigerung der Ausbildung. Sie kann durch eine Reihe von Maßnahmen erreicht werden, die aus den Erfahrungen der US-Reservisten abzuleiten sind:

Es müssen überprüfbare, mit den für aktive Verbände identische Anforderungs- und Testkriterien geschaffen werden, die die Einsatzbereitschaft für Einsätze »out of area/out of region« nachweisen. Dies betrifft sowohl den einzelnen Soldaten (z.B. Physical Fitness Test) als auch Schießergebnisse und Bewährung des Verbandes in realistischen Gefechtssituationen. Die derzeit in der Bundesrepublik schwindende und zugleich gefechtsfremde Übungsmöglichkeit in freiem Gelände muß zwingend durch Übungsplätze ersetzt werden, die eine realistische Ausbildung erlauben. Eine Selbstbeschränkung der Übungsmöglichkeit in freiem Gelände zugunsten weniger, großer Übungsplätze könnte ein Schritt in die richtige Richtung sein. Damit besteht auch für Reservistenverbände die Chance, das Gefecht realitätsnah auch über größere Entfernungen zu üben. Durch die höhere Belastung des Geräts und den damit verbundenen Ausfällen könnten auch die während des Trainings in den USA festgestellten Defizite in der Fähigkeit zur Wartung und Truppeninstandsetzung von Gerät zumindest gelindert werden. Ausbildungszentren mit entsprechendem Schulungspersonal wie in Fort Irwin oder bereits in Hohenfels sollten »State of the Art« sein.

Die Vorbereitung auf Auslandseinsätze mit zum Teil erheblichen Klimaunterschieden kann nicht auf dem Kasernenhof erfolgen. Erkundung und Vorbereitung, Verlegung und Herstellen der Einsatzbereitschaft im Einsatzraum müssen geübt werden.

Derartige Auslandsausbildung erfolgte bisher nur für aktive Verbände, im wesentlichen AMF-Kräfte. Im Rahmen der Neukonzeption des Heeres mit höherer Mobilmachungsabhängigkeit muß die Forderung auch für gekaderte Verbände aufgestellt werden, sofern diese nicht grundsätzlich von Einsätzen außerhalb der Bundesrepublik ausgeschlossen werden. Damit könnte auch die Attraktivität der Reserveübungen gesteigert werden. Die Erarbeitung und schließlich Implementierung entsprechender Ausbildungsprogramme für MobTrÜbungen und Krisenzeiten sollte für entsprechende Optionen selbstverständlich sein.

Die Verwendung moderner Ausrüstung muß für mobilmachungsabhängige Verbände in gleichem Maße wie für aktive Truppenteile gelten. Die kurzfristige »Umrüstung« vor einem Einsatz führte zu hohen Ausbildungserfordernissen und konnte bei einzelnen Truppenteilen erst in der Golfregion abgeschlossen werden. Nach der Umrüstung von Reservistenverbänden sind diese frühzeitig und intensiv auf die neue Gerätegeneration umzuschulen. Auslandseinsätze erfordern zusätzliche Sonderausrüstungen, mit denen die Truppe nicht erstmalig bei Verlegung konfrontiert werden darf. Die Ausstattung sollte deshalb rechtzeitig auf die Einsatzoptionen abgestimmt sein. Hierzu zählen Bekleidung und technische Hilfsmittel (z.B. Wasseraufbereitung, elektronische Navigationshilfen). Das Ausstattungssoll muß entsprechende Redundanzen einschließen, um nicht kurzfristige Beschaffungs- oder Ausleihvorgänge einleiten zu müssen.

Zusammenfassung

Der Einsatz der Reservisten während des Golfkrieges muß als »conditio sine qua non« für den Erfolg der US-Streitkräfte gewertet werden. 231.000 einberufene Reservisten hätten nicht durch aktive Soldaten ersetzt werden können. Dabei gilt es, sowohl die Versorgungsleistungen aus USA und Europa als auch die Anstrengungen der im Kriegsgebiet eingesetzten 116.000 Reservisten besonders zu würdigen.
Tendenziell ist festzuhalten, daß die Einsatzmöglichkeit von Reservisten mit wachsenden Forderungen nach militärspezifischen Fähigkeiten abnimmt. So bewährten sich in allen Teilstreitkräften solche Reservisten in besonderem Maße, die ihre Berufs- und Lebenserfahrungen mit in ihr Tätigkeitsfeld einbringen konnten. Das Spektrum des Einsatzes ist hierbei vielfältig. Die hohen Anteile mobilmachungsabhängiger Kräfte in der Logistik, der zivilmilitärischen Zusammenarbeit oder als Piloten sind Beweis der Leistungsfähigkeit der Reservisten.
Ausgewähltes Personal, intensiv trainiert und mit hoher »Corporate Identity«, überzeugte auch in Kampfverbänden der US Air Force und des Marine Corps. Die Erfahrungen der Round-Out Brigaden können den Gesamterfolg der Reservisten nur wenig schmälern. Die gewonnenen Erfahrungen zum Einsatz mobilmachungsabhängiger Kampfbrigaden sind dennoch essentiell. Sie sollten hinsichtlich der Ausbildungsinhalte und Vorbereitungszeiten in der Bundeswehr umgesetzt werden. Dies gilt insbesondere vor dem Hintergrund möglicher Einsatzoptionen deutscher Streitkräfte im Ausland.

Anmerkungen

1. Department of Defense: Conduct of the Persian Gulf Conflict, An Interim Report to Congress, 1991.
2. Vgl. Auster, B. u. Cary, P.: Can Reserves do the job, in: U.S. News & World Report, January 28, 1991, S. 41, aber auch: Brown, J., Lieutenant General, US Army, Reserve Forces Army Challenge of the 1990s, in: Military Review, August 1991, S 2ff.
3. Army National Guard (ARNG) und Air National Guard (ANG).
4. Vgl. Bell, R.E.: Die Ausbildung von amerikanischen Reserven im Ausland, in: Österreichische Militärzeitschrift Heft 5/1990, S. 134 ff.
5. Vgl. ebd.
6. Vgl. Burdick, D., Maj. Gen.: Director, Army National Guard 1988; Army ›On Call‹, in: Army, October 1988, S. 126.
7. Vgl. CSIS Study Group: Assessment of the GULF WAR, 1991, S. 35.
8. Vgl. Weinberger, C.: Statement to the Congress of the Interallied Confederation of Reserve Officers, 9.8.1982.
9. Vgl. ebd.
10. Vgl. Kiefener, C.M.: What does the Future Hold for National Guard, in: USA TODAY, 5/91, S. 14f.
11. Vgl. Hoffmann, J.T.: Reforming the Reserve, in: Marine Corps Gazette, 1989, 4, S. 49f.
12. Vgl. Strafer, K.: A commentary on the Army Reserve Component, in: Military Review, May 1989, S. 65ff.
13. Vgl. Matthews, J.: Assessing Reserve Component Training, in: Military Review, 1989, 11, Nov, S. 27ff.
14. Vgl. Avella, J.: It's the M Word Mobilization, United States Naval Institute, in: Proceedings, Jan 1991, S. 42.
15. Vgl. Reno, W., Deputy Chieff of Staff for Personell, Sumser, R., Director of Civilian Personell: Gulf War Called upon the Total Army, in: Army, October 1991, S. 146.
16. Vgl. Burdick, D., a.a.O. S. 125ff.
17. Vgl. Avella, J., a.a.O., S. 46.
18. Vgl. Bell, R. Die Zukunft der Reservekomponenten, in: Österreichische Militärzeitschrift, S. 398.
19. Vgl. Avella, J., a.a.O., S. 42.
20. Vgl. Hoffmann, F.G., a.a.O., S. 38.
21. Vgl. Department of Defense, a.a.O., S. 137.
22. Vgl. ebd.
23. Die Bestimmungen des »Title 10, Section 673« gestatten dem Präsidenten maximal 200.000 Reservisten für die Dauer von 90 Tagen einzuberufen. Eine Verlängerung um weitere 90 Tage auf maximal 180 Tage ist im Rahmen dieser Bestimmung möglich. Vgl. Department of Defense, a.a.O.
24. Gem. Title 10, Section 673b; der Kongress hatte eine verlängerte Dienstzeit nur für Kampfeinheiten gebilligt. Der Präsident mußte deshalb diese Erweiterung für die Soldaten der Kampfunterstützung und Logistik auf 180 Tage selbst vornehmen.
25. Vgl. Department of Defense, a.a.O., Seite 133.
26. Vgl. ebd.
27. Vgl. Reno, W., a.a.O., S. 146.
28. Vgl. Department of the Army: Army Focus, Operation Desert Storm, Juni 1991, S. 34.
29. Vgl. Reno, W., a.a.O., S. 146.
30. Vgl. Sandler, R., Chief Army Reserve: When the Call Came Reserve was ready, in: ARMY, October 1991, S. 100ff.
31. Vgl. Department of the Army, a.a.O.
32. Vgl. Grier, P.: The On-Call Air Force, in: Air Force Magazine, 2/91, S. 51.
33. Vgl. The Policy of total force in action, in: Jane's Defence Weekly, 19 January 1991.
34. Vgl. Department of Defense, a.a.O., S. 136.
35. Vgl. ebd.
36. Vgl. Cancian, M.: Marine Corps Reserve Forces in Southwest Asia, in: Marine Corps Gazette, September 1991, S. 35.
37. Vgl. Brown, R.: Mobilizing the Individual Ready Reserve, in: Marine Corps Gazette, 9/91, S. 43f.
38. Vgl. Cancian, M., a.a.O., S. 35.
39. Department of Defense, a.a.O., S. 136.
40. Vgl. ebd.
41. Vgl. ebd.
42. Vgl. Cancian, M., a.a.O., S. 35.
43. Vgl. ebd.
44. Vgl. CSIS Study Group: Assessment of the GULF WAR, 1991, S. 33.
45. Vgl. Department of Defense, a.a.O., S. 135.

46 Vgl. Auster, B. u. Cary, P., a.a.O., S. 40.
47 Vgl. Department of Defense, a.a.O., S. 136.
48 Vgl. Stellungnahme Col. Fletcher Coker, Kommandeur, 155th Armored Brigade in: Scicchitano, P., Total Force or Total Failure, in: ARMY TIMES v. 15.04.91, S. 12.
49 Vgl. Scicchitano, P., a.a.O., S. 12.
50 Vgl. Willis, G.: All-Volunteer tour de forces raises new issues, in: Army Times vom 18.03.1991.
51 Aktivierte Round-Out Brigaden: 48 th Mechanized Infantry Brigade (Georgia) für 24th Infantry Division; 155th Armored Brigade (Mississippi) für 1st Cavalry Division; 256th Mechanized Infantry Brigade (Lousiana) für 5th Mechanized Infantry Division.
52 Round-Out Brigaden stellen jeweils die dritte Brigade einer aktiven Division.
53 Vgl. Scicchitano, P., a.a.O., S. 12.
54 Eine Art Untersuchungsinstrument des Kongreß.
55 Vgl. Cox News Service, Scathing GAO gulf report attacks reserves, Stars and Stripes vom 04.10.1991.
56 Vgl. Scicchitano, P., a.a.O. S. 12.
57 Vgl. Naylor, S., Donelly, T.: Guard deployment decision postponed in: Army Times, 4.2.1991, S. 3.
58 Aussage Chief of Staff Gen. Gordon Sullivan am 4. Sep 1991 vor der National Guard Vereinigung in Honululu, in: Wilson, J.R., Training to Fight in the Desert, Gulf Analysis, in: Jane's Defense Weekly, 15, 1991, 8. Febr. S. 257 (33).
59 Vgl. Cox News Service, a.a.O.
60 Vgl. Naylor, S. u. Donelly, T, a.a.O., S. 3f.
61 Vgl. Wilson, J.R.: Training to Fight in the Desert, Gulf Anlysis, in: Jane's Defense Weekly, 15, 1991, 8. Febr. S. 257.
62 vgl. ebd.
63 durch Stabschef der Armee, General Carl Vuono.
64 Vgl. Clark, K.: Reserve doctors tell of practices in shambles, in: Army Times, April 15, 1991.
65 Vgl. Grier, P., a.a.O. S. 60.
66 Vgl. Department of Defense, a.a.O., S. 136.
67 Vgl. ebd. S. 137.
68 Vgl. Cancian, M., a.a.O., S. 35.
69 Vgl. ebd.
70 Vgl. ebd.
71 Vgl. Hoffmann, F.G.: Reversing Course on Total Force? in: Marine Korps Gazette, September 1991, S. 37.
72 Aussage Senate Armed Services Commitee Chairman Sam Nunn, in: Grier, P., a.a.O., S. 58.
73 Vgl. Hyde, J.C.: Army Guard Heavies Up; Air Guard Takes on More Missions, in: Armed Forces Journal International, 9/91.
74 so noch Präsident Bush zu Beginn des Golfkrieges am 2. August 1990 vor Mitgliedern des Aspen Institutes in: Marine Korps Gazette, September 1991, S. 37.
75 Vgl. Auster, B. u. Carry P., a.a.O., S. 40.
76 Vgl. Hoffmann, F.G., a.a.O., S. 37.
77 US-Verteidigungsminister Cheney am 13.3.1991, in: Scicchitano, P., a.a.O.
78 Army Lt. Gen. Thomas Kelly, Operations Director for the Joint Chiefs of Staff in einem Interview gegenüber der Army Times, in: Willis, G., All-Volunteer tour de forces raises new issues, in: Army Times vom 18.3.1991.
79 Vgl. Hoffmann, F.G., a.a.O., S. 37.
80 Vgl. Donelly, T.: Sullivan puting new spin on roundout brigades in: Army Times, 16.9.1991, S. 7.
81 Vgl. Army Chief Says Roundout Brigades Here to Stay, in: Armed Forces JOURNAL International/October 1991, S. 56.
82 Vgl. Donelly, T., a.a.O., S. 7.
83 Vgl. CSIS Study Group, a.a.O.
84 Im Rahmen des Konzeptes »Kaderung und rascher Aufwuchs, KURA« verfolgt das Heer das Ziel, im Frieden für die Bataillone eine hohe Lebensfähigkeit, in der Krise einen raschen Aufwuchs und im Krieg gleichstarke Bataillone sicherzustellen. Hierzu werden voll präsente Stammbataillone und gekaderte Aufwuchsbataillone gebildet. Aus dem aktiven Personal und einer fast gleichstarken Anzahl Reservisten entstehen durch Mobilmachung zwei gleichwertige Bataillone. Vgl. hierzu ausführlich: Mühling, Hubertus, Trotz allem auf dem richtigen Weg, Truppenversuch »Kaderung und rascher Aufwuchs«, in: Truppenpraxis 6/1990, S. 588 ff.
85 Vgl. Mühling, Hubertus, a.a.O., S. 594.

Literaturverzeichnis

Avella, J.	It's the M Word Mobilization, United States Naval Institute, in: Proceedings, Jan 1991, S. 41ff.
Auster, B., Cary P.	Can Reserves do the job, in: U.S. News & World Report, January 28, 1991, S. 40 ff.
Bell, R.	Die Ausbildung von amerikanischen Reserven im Ausland, in: Österreichische Militärzeitschrift, 2/1989, S. 134 ff.
	Die Zukunft der Reservekomponenten der US-Streitkräfte, in: Österreichische Militärzeitschrift, Heft 5/1990, S. 394.
Brown, J.	US Army, Reserve Forces Army Challenge of the 1990s, in: Military Review, August 1991, S. 2 ff.
Brown, R.	Mobilizing the Individual Ready Reserve, in: Marine Corps Gazette, 9/91, S. 43 f.
Burdick, D.	Army National Guard 1988, Army 'On Call', in Army, October 1988, S. 126.
Cancian, M.	Marine Corps Reserve Forces in Southwest Asia, in: Marine Corps Gazette, September 1991.
Clark, K.	Reserve doctors tell of practices in shambles', in: ARMY TIMES vom 15.04.1991.
Cohen, H.C.	To Preserve, Reserve, in: Proceedings, 10/90, S. 90 ff.
CSIS Study Group	Assessment of the GULF WAR, 1991.
Department of Defense	Conduct of the Persian Gulf Conflict, An Interim Report to Congress, 1991.
Department of the Army	Army Focus, Operation Desert Storm, 6/91.
Donelly, T.	Sullivan putting new spin on round out brigades in: Army Times, v., 16.09.1991, S. 7.
Grier, P.	The On-Call Air Force, in: Air Force Magazine, 2/91.
Grover, G.	Me worry about coastal warfare? in: Proceedings, 10/90, S. 66 f.
Heisel, R.D.	The selected Reserve: The Peace Dividend, in: Proceedings, 10/90, S. 74 f.
Hoffmann, J.T.	Reforming the Reserve, in: Marine Corps Gazette, 1989, 4, S. 49 f.
Hyde, J.C.	Army Guard Heavies Up; Air Guard Takes on More Missions, in: Armes Forces JOURNAL International/October 1991, S. 40 f.
Kiefener, C.M.	What does the Future Hold for National Guard in: USA TODAY, 5/91, S. 14 f.
Kirby, J.M.	To the rear … march, in: Proceedings, 10/90, S. 61 f.
Matthews, J.	Assessing Reserve Component Training, in: Military Review, 1989, 11, Nov, S. 27 ff.
Miller, H.B.	Why not one Navy, in: Proceedings,10/90, S. 71ff.
Mühling, H.	Trotz allem auf dem richtigen Weg, Truppenversuch »Kaderung und rascher Aufwuchs«, in: Truppenpraxis 6/1990, S. 588 ff.
Naylor, S., Donelly, T.	Guard deployment decision postponed in: ARMY TIMES vom 15.04.1991.
Reno, W., Sumser, R.	Gulf War Called upon the Total Army, in: Army, October 1991, S. 146.
Sandler, R.	When the Call Came Reserve Was Ready, in: Army, October 1991, S. 100 ff.
Scicchitano, P.	Reserve support hailed as over-whelming success, in: ARMY TIMES vom 15.04.1991, S. 11.
	Total Force or Total Failure, in: Army Times vom 15.04.1991, S. 12.
Strafer, K.	A commentary on the Army Reserve Component, in: Military Review, May 1989, S. 65 ff.

Tice, J.	Bush calls up IRR, limits reservists active tours to one year, in: ARMY TIMES vom 15.04.1991.
Willis, G.	All-Volunteer tour de force raises new issues in: Army Times, vom 18.03.1991.
Weinberger, C.	Statement to the Congress of the Interallied Confederation of Reserve Officers, 09.08.1982.
Wilson, J.R.	Training to Fight in the Desert, Gulf Anlyses, in: Jane's Defense Weekly, 15, 1991, 8. Febr, S. 257.

Volker Thomas

16. Die Rolle der Medien

Vorbemerkungen

Spätestens seit dem Vietnamkrieg sind sich Politiker, Militärs und die Öffentlichkeit über die Bedeutung moderner Medien für die Kriegsführung bewußt. Die Auswirkungen uneingeschränkter Berichterstattung über das tatsächliche Gesicht eines Krieges traten in diesen Jahren erstmals so deutlich hervor, daß sich das Problemfeld Medien — Militär in den Vordergrund der öffentlichen Diskussion schob. Mit den modernen Medien war es möglich geworden, auch den Krieg der Bilder zu einem Bewegungskrieg werden zu lassen, »... dessen rückwärtige Versorgungspunkte über Rüstungsindustrien (die Herstellung von Bildern und Daten), Einsatzmittel (die Satelliten und Kabel), aber auch über strategische Fachleute verfügen müssen.«[1] Der scheinbar unauflösbare Konflikt zwischen Medien und Militär sollte in den folgenden Krisen und Kriegen (Grenada, Falkland) in einer ausgesprochen restriktiven Informationspolitik gipfeln, die jedoch eher dazu geeignet war, das Vertrauen der Bevölkerung in die politische und militärische Führung zu erschüttern. Die Verantwortlichen erkannten schnell die Brisanz dieses Problems und bemühten sich, Regularien zu implementieren, die den Ansprüchen aller Beteiligten weitestgehend gerecht werden sollten.

Gleichzeitig mit der Operation Desert Shield im August 1990 begann ein Medienspektakel, das sowohl bezüglich der eingesetzten, hochmodernen elektronischen Mittel, der Anzahl der in der Konfliktregion akkreditierten Reporter als auch der hierfür notwendigen Organisation in der Geschichte seinesgleichen sucht. »Noch nie haben sich elektronische Medien auf einen militärischen Konflikt so lange vorbereiten können. Noch nie haben wir über einen Krieg so ausführlich berichtet, aber noch nie haben die Zuschauer auch so wenig über Hergang und Hintergründe erfahren wie diesmal...«[2], so die Meinung eines Chefredakteurs des Zweiten Deutschen Fernsehens. Hieraus ergeben sich für den Betrachter folgende Fragen, für deren Beantwortung im Rahmen dieses Beitrages zumindest Anstöße gegeben werden sollen: Wie sah die Presseorganisation in der Konfliktregion aus? Wie restriktiv war die Informationspolitik der Koalition? Existiert eine Glaubwürdigkeitskrise? Welche Rolle haben die Medien in der Operationsführung gespielt? Welche Folgerungen sind für die Rolle der Medien im Spektrum operativer Mittel und Kräfte zu ziehen und welche Konsequenzen ergeben sich für die Bundeswehr?

Medien und Militär — Gegner oder Partner?

Ob Medien und Militär einander als Gegner oder Partner gegenüberstehen, hängt entscheidend von der Auflösung des ihren unterschiedlichen Aufgaben scheinbar immanenten Widerspruchs ab. Wie Marvin Kalb in einem Artikel des Time Magazine schreibt, hat die Presse »..not only a right but a responsibility to press for as much information as possible. And it is the government's responsibility to give only that information it feels will not be injurious to American troops on the line.«[3] Otis Pike schreibt kurz nach Abschluß der Grenada-Operation in einem Artikel: »Our military is trained to win. Winning requires secrecy and an image of skill, courage, stamina, strength and sacrifice. Our media are trained to report. Reporting must avoid secrecy and must also report blunders, cowardice, exhaustion, weakness and agony, all of which demoralize us.«[4] Um einerseits der sogenannten vietnamesischen Dolchstoßlegende[5], den in Grenada gemachten Fehlern und den Vorwürfen der internationalen Presse entgegenzutreten, wurde von den USA Anfang 1984 die Sidle-Kommission ins Leben gerufen, die in ihren Empfehlungen die Grundlagen für die Zusammenarbeit der Medien und des Militärs in Krisen und Krieg erarbeitete.[6] Diese Empfehlungen bildeten auch die Basis für die Zusammenarbeit des Militärs mit der Presse im Golfkonflikt. Wie hat sich dieses System bewährt?

Die Presseorganisation in der Konfliktregion

Während in Vietnam die Zahl der Korrespondenten von ca. 40 im Jahr 1964 über 282 im Januar 1966 auf 636 im Februar 1967 stieg, waren die aus der Golfregion 1990 bzw. 1991 gemeldeten Zahlen erheblich höher. Die Zahl der in diesem Raum akkreditierten Journalisten stieg »... von 17 im August 1990 auf nahezu 800 im Dezember. Eine letzte Zählung im Februar 1991 wies über 1.400 Journalisten aus, die in den Pressezentren Dharan und Riad registriert waren. Der Zwischenbericht des US-Verteidigungsministeriums ... spricht sogar von mehr als 1.600 Medienvertretern in Saudi-Arabien.«[7] Diesem Ansturm der Presse wurde man seitens des Department of Defense der USA zunächst durch die Einrichtung des DoD National News Media Pool (NMP) in Dharan beginnend mit dem 13. August 1990 gerecht. Die rasch wachsende Zahl im Krisengebiet ankommender internationaler Journalisten sprengte jedoch bereits nach wenigen Tagen die Kapazität des auf nationale Medien ausgerichteten Pools, so daß bereits zu diesem Zeitpunkt Joint Information Bureaus (JIB) in Dharan und Riad eingerichtet wurden. Während der NMP am 26. August 1990 endgültig aufgelöst wurde, betreuten die JIB Korrespondenten und VIP aus aller Welt bis zum Ende des Krieges. Das JIB Dharan koordinierte dabei nicht nur den Einsatz der Medien für alle US-Streitkräfte, sondern ebenso für die Streitkräfte Großbritanniens, für das saudi-arabische Informationsministerium, das US-Konsulat in Dharan und die Presseoffiziere Kuwaits.[8] Die französischen Streitkräfte richteten in Riad einen eigenen Presse- und Informationsdienst, SIRPA (Service d'Information et de Relations Publiques des Armèes), ein, der die französischen wie auch die anderen Koalitionsstreitkräfte bei der Berichterstattung unterstützte. Dieser Pressedienst unterstand für den Einsatz dem Stab »DAGUET«, in technischer Hinsicht dem SIRPA in Paris. Der SIRPA wurde in der Zeit vom 15. Oktober 1990 bis 15. Februar 1991 um das Vierfache verstärkt und richtete vorgeschobene Pressestützpunkte in der Stadt König Khaleds, in Rafha und schließlich in Kuwait City ein.

Im Januar 1991 wurden allein vom JIB Dharan ca. 1.000 Korrespondenten unterstützt. Pete Williams, der Assistant Secretary of Defense for Public Affairs, hatte zu diesem Zeitpunkt in enger Zusammenarbeit mit public affairs officers von CENTCOM (Central Command) bereits ein System entwickelt, das den Zugang der Medien zur Truppe auf kleine Gruppen von Reportern beschränkte. Nur diese 20 Pools, bestehend aus sieben bis zu siebzehn Journalisten, hatten — auch während der Bodenoffensive — unmittelbaren Zugang zu den im Kampfgebiet eingesetzten Einheiten aller Teilstreitkräfte, mußten ihre Informationen jedoch an die in den JIB wartenden Korrespondenten weitergeben.[9] Die Besetzung der Pools durch Korrespondenten erfolgte nach einem Rotationsprinzip. Ein System, das den Empfehlungen der Sidle-Kommission weitgehend folgte. Sowohl die Briten wie auch die Amerikaner verwehrten internationalen Journalisten den Zugang zu ihren Pools und hielten Plätze ausschließlich für britische bzw. amerikanische Reporter offen. Die britischen Streitkräfte richteten Media Response Teams (MRT) — eine Mischung aus Vertretern des Fernsehens, des Hörfunks und der Printmedien — bei allen wichtigen Verbänden ein und installierten eine Forward Television Transmission Unit (FTU) beim Hauptquartier der britischen Division.

Ein Vorteil der mehr oder minder kontrollierten Medien-Pools bestand darin, daß Saudi-Arabien, das normalerweise den Zugang von Medien zu seiner Gesellschaft ausgesprochen restriktiv handhabt, Visa für Journalisten in ausreichendem Umfang erteilte. Am 23. Februar 1991, dem ersten Tag des Landkrieges, waren 178 Korrespondenten im Pool-System integriert eingesetzt, weitere 18 in Pools, die auf ihren Einsatz warteten.[10] Damit waren ungefähr 14 Prozent der akkreditierten Medienvertreter bei den Verbänden und Einheiten. Im Vergleich dazu waren es im Zweiten Weltkrieg am Tag der Invasion der Alliierten sechs Prozent und während des Vietnamkrieges durchschnittlich zehn Prozent.[11] Im Gegensatz zur Informationspolitik während des Vietnamkrieges war der Zugang zur kämpfenden Truppe jedoch ausschließlich den in diesen Pools organisierten Journalisten gestattet. Diejenigen, die versuchten, das System dadurch zu unterlaufen, daß sie sich auf eigene Faust auf den Weg an die Front machten, liefen Gefahr, ihre Akkreditierung zu verlieren und setzten damit die Möglichkeit weiterer Berichterstattung aufs Spiel.[12]

Einschränkungen in der Berichterstattung

Elmar Davis, 1941 Director im Office of War Information der Vereinigten Staaten von Amerika, führte zum Problem der Einschränkung der Berichterstattung während eines Krieges aus: »This is a people's war, and to win it the people should know as much about it as they can.«[13] Wie haben die Koalitionspartner in diesem regional begrenzten Konflikt den Anspruch auf ungehinderte Berichterstattung der Medien beschnitten? Zum einen waren für die meisten Journalisten schon aufgrund des implementierten Pool-Systems Informationen nur aus »zweiter Hand« verfügbar. Nur wenige hatten die Gelegenheit, Bilder und Eindrücke von den Kampfhandlungen bzw. von den an der Front eingesetzten Truppenteilen persönlich zu gewinnen. Die meisten Korrespondenten mußten daher auf das von ihren in einem Pool integrierten Kollegen gesammelte Material bzw. auf die Informationen der täglichen briefings für die Presse in den JIBs zurückgreifen. Andererseits waren bereits frühzeitig Richtlinien für die Medien von den Alliierten erlassen worden, die schließlich durch die Operation Desert Shield Ground Rules ergänzt wurden (Anlage 16/1 und 16/2). Im wesentlichen beinhalteten diese Einschränkungen für Angaben über Truppenteile, deren Standorte, Ausrüstung, Kampfkraft und Aktivitäten sowie für Zahlen über Verluste und alle Informationen, die der Aufklärung und Propaganda des Feindes nützen und damit die Koalitionsstreitkräfte gefährden konnten[14].

Wesentlich heißer diskutiert wurden jedoch die von den Koalitionspartnern festgelegten Regularien für die Überprüfung oder Kontrolle der von den Journalisten erstellten Beiträge. Das Stichwort »Zensur« war bereits lange vor Beginn der Kampfhandlungen in aller Munde. In diesem Bereich gab es bei den Amerikanern, Briten und Franzosen durchaus unterschiedliche Ansätze.

Gegenstand der amerikanischen Überprüfungen waren ausschließlich die »pool reports«. Berichte, die sich auf diese reports bezogen, Hörfunk- und Fernsehsendungen waren von Kontrollen ausgenommen. Von 1.351 den militärischen Verantwortlichen vor Ort vorgelegten print pool reports konnten Unstimmigkeiten mit den Journalisten mit fünf Ausnahmen unmittelbar bereinigt werden. Nur diese fünf Berichte wurden zu einer weiteren Durchsicht den verantwortlichen Stellen in Washington zugeleitet. »Four of them were cleared within a few hours. The fifth story dealt in considerable detail with the methods of intelligence operations in the field.«[15] Der zuständige Chefredakteur wurde angerufen und stimmte einer Abänderung des Berichts zur Wahrung der Sicherheit der Truppen zu. Vor diesem Hintergrund ist es nicht verwunderlich, daß das amerikanische Verteidigungsministerium Wert auf die Feststellung legte, daß es sich hier keineswegs um eine Zensur, sondern um ein einvernehmliches Schutzverfahren handelte. Pete Williams bemerkte dazu, daß die letzte Entscheidung über eine Veröffentlichung von der Presse getragen wurde, nicht von den Militärs.

Die Kontrollen der britischen Streitkräfte waren deutlich umfassender und beinhalteten alle Reportagen und Berichte aus der Konfliktregion. Das britische Verteidigungsministerium behielt sich für jeden Einzelfall die Genehmigung einer Veröffentlichung vor, forderte wenigstens jedoch Konsultationen bezüglich der Texte, die sicherheitsrelevante Daten beinhalteten. Von einer Zensur im eigentlichen Sinne war auch hier nicht die Rede[16].

Der französischer SIRPA hatte sich im Gegensatz zu den US-Streitkräften für eine Kontrolle »von vornherein« entschieden. Er gab Orte und Truppenteile vor, bei denen die Journalisten Informationen sammeln konnten, und führte nach französischen Angaben keine weiteren, nachträglichen Kontrollen durch. Jedoch mußte der »La Cinq-Korrespondent Patrice Dutertre ... von seinem Sender abberufen werden, weil

er eine Reportage von der kuwaitischen Grenze veröffentlicht hatte, die nach Ansicht der französischen Militärs den Standort der Truppen lokalisierbar machte.«[17]
Beispiele, wie das Aufheben der zu Beginn der Bodenoffensive verhängten totalen Nachrichtensperre bereits nach wenigen Stunden, lassen den Schluß zu, daß es sich insgesamt gesehen nicht um eine demokratiefeindliche Zensur, sondern um eine legitime, den Umständen einer außergewöhnlichen Situation angepaßte Informationspolitik der Koalitionspartner gehandelt hat. Demgegenüber ließ der Irak, der keine schriftlichen Regeln für die Presse erlassen hatte, Journalisten nur unter ständiger militärischer Aufsicht an zuvor ausgewählten Orten »recherchieren«. Zusätzlich zu dieser Vorauswahl der Berichtsobjekte wurden alle Unterlagen einer strengen, unmittelbaren Zensur unterzogen, die die Wiedergabe eines annähernd realistischen Bildes der Wirklichkeit ausschloß. Berichte, die den Propagandainteressen des Irak zugute kamen, wie der über die Opfer des Raketenangriffs auf einen Bunker in Bagdad, waren von einer detaillierten Zensur ausgenommen.

Die Position der Presse

Die Position der Presse bezüglich des Umganges mit den Medien und der Einschränkung der Berichterstattung war und ist durchaus nicht einheitlich. Die Standpunkte reichen von »Die Kriegführenden ... suchen die öffentliche Meinung auf ihre Weise zu beeinflussen, vor allem durch Zensur und Falschinformation.«[18] bis zu »... we (U.S. News) had three people with the ground forces, including one with the 24th Mechanized Division. They drove right through Kuwait. We had incredible access.«[19] Die wohl überwiegende Mehrheit der Medienvertreter kritisierte insbesondere die verantwortlichen Militärs der Koalitionsstreitkräfte für ihre Informationspolitik. Einige suchten jedoch auch Fehler in den eigenen Reihen. Darüber hinaus waren nur wenige mit dem Informationssystem in der Golfregion und den damit verbundenen Begleitumständen einverstanden, ja teilweise sogar positiv überrascht. Waren die Berichte einiger Pool-Reporter besonders positiv ausgefallen, so wurden sie teilweise von ihren Kollegen aufgrund ihrer angeblichen Kooperation kritisiert.[20] Viele sahen die Gefahr der Instrumentalisierung der Presse für die Kriegsziele und Zwecke des Militärs oder fühlten sich als »Propagandawaffen« gegen Saddam Hussein mißbraucht. Die meisten von den Presseoffizieren in den JIB weitergegebenen Informationen wären einseitig. Durch unterschiedliche Aussagen, Teilwahrheiten und fehlende Informationen hätte man die Zusammenhänge nicht mehr nachvollziehen können und wäre sich durchaus bewußt gewesen, eventuell dazu mißbraucht zu werden, Widersprüchliches zu produzieren.[21] Gleichzeitig war man sich dennoch im Klaren darüber, daß die Bedingungen, unter denen die westlichen Reporter im Irak arbeiten mußten, ungleich schwieriger waren und eine völlig uneingeschränkte Berichterstattung als weltfremd hätte bezeichnet werden müssen, da sie den Erfordernissen eines modernen Krieges nicht entsprochen hätte. Andere Stimmen warnten davor, daß eine allzu restriktive Informationspolitik Ängste in der Bevölkerung verstärken[22] und die im Konkurrenzkampf zur Vorlage hochaktueller Meldungen »gezwungenen« Journalisten dazu drängen könnte, alles das, »was die Militärzensur freigab ... durch die Inszenierungsmaschinerie der Massenmedien als aktuelle Kriegsberichterstattung der sensationsgewohnten westlichen Welt ...«[23] zu präsentieren. Der allzu »saubere« Krieg könnte zum Videospiel verkommen. Die überwiegende Mehrzahl der Korrespondenten bemängelte jedoch den limitierten Zugang zur Truppe durch das Pool-System.

Insbesondere die Beschränkung mancher Pools auf Reporter ausschließlich einer Nation stieß auf Unverständnis und Zorn. Man war der Überzeugung, daß diese Beschränkung einerseits auf lange Sicht nur Nachteile beinhaltete, andererseits hätte sich das Militär damit selbst einer Chance beraubt, seine tatsächlichen Fähigkeiten positiv und rechtzeitig zu publizieren[24].

Von mehreren Seiten wurde auch Selbstkritik laut. Hatte man doch festgestellt, daß durch den Einsatz modernster Elektronik mit der on-line Reportage eine völlig neue Dimension der Bild-Berichterstattung eröffnet wurde, der man nicht immer gerecht geworden war. »Man trat sofort vor die Kameras, wenn wieder eine Scud-Rakete auf Israel oder Saudi-Arabien abgefeuert worden war. Daß dabei oft nicht korrekt berichtet werden konnte, überrascht nicht. ... Chemische Waffen seien eingesetzt worden ... Fehlinformationen, die hunderttausende von TV-Zuschauer(innen) mit Verwandten in Israel persönlich betroffen hatte.«[25] Als ein weiteres Problem stellten sich mangelnde militärische Grundkenntnisse einiger in der Konfliktregion eingesetzter Korrespondenten heraus. »... editors should not send reporters to the war who wouldn't know a battalion from a brigade if their lives depended on it.«[26] Gleichzeitig war festzustellen, daß Berichte nicht immer kompetent bearbeitet und die militärischen Sachverhalte häufig inhaltlich nicht korrekt dargestellt worden waren.

Insgesamt läßt sich wohl feststellen, daß zwar die Informationspolitik der Koalitionspartner und die Art ihrer Umsetzung hart kritisiert wurde, in den meisten Fällen jedoch Einsicht in politische und militärische Notwendigkeiten zu verzeichnen war. Die bestehenden Differenzen zwischen Medien und Militär konnten jedoch nicht ausgeräumt werden.

Die Position des Militärs

Wie bei der Presse wurden auch in den Reihen des Militärs völlig unterschiedliche Meinungen bezüglich des Einsatzes von Medienvertretern in der Konfliktregion deutlich. Allen gemeinsam war die Auffassung, daß die Soldaten in den Kampfeinheiten und -verbänden durch Journalisten nicht zusätzlich belastet, geschweige denn bei der Ausführung ihres Auftrages behindert oder gar gefährdet werden durften. Damit war klar, daß nicht allen Reportern der Zugang zu Truppenteilen gestattet werden konnte und ein Regulativ — das Pool-System — implementiert werden mußte. Pete Williams drückte es folgendermaßen aus: »I know reporters are frustrated that they can't all get out to see the troops, but with 1,400 journalists in the gulf, we can't say 'y'all come to the battlefield. ... It's not practical.«[27] Einige waren sich wohl bewußt, daß man zusätzliche Belastungen, wie die logistische Unterstützung für die Presse und die potentielle Bedrohung der Geheimhaltung von Operationen, auf sich nehmen mußte, um dadurch in den Genuß der so wertvollen Mediendividende zu kommen. Nur so war es möglich, die eigenen Fähigkeiten einer breiten Öffentlichkeit darzustellen und diese von der Notwendigkeit der militärischen Operation zu überzeugen. »In other words, media coverage is a must.«[28] Es stellte sich dabei auch heraus, daß der Einsatz von Journalisten bei Truppenteilen nach einer Phase der Gewöhnung immer reibungsloser verlief, so daß hieraus Rückschlüsse für die Ausbildung der Truppe im Frieden gezogen werden konnten. Auf jeden Fall zeigte sich bereits nach kurzer Zeit, daß die so lautstark erhobenen Vorwürfe der Subjektivität, Unfairness, bewußten Fehlberichterstattung, des Mangels an moralischer Verpflichtung und der reinen Gewinnsucht längst nicht für alle Korrespondenten zutrafen.[29] Reporter suchten scheinbar doch nicht nur nach Widersprüchen, statt sich der tieferen Einheit des Kriegszieles unterzuordnen. Natürlich erwarteten die Koalitionsstreitkräfte eine möglichst wohlwollende Berichterstattung und wollten Einflüsse einer Propaganda, die sich auf die Moral der eigenen Truppe negativ auswirkt, insbesondere, wenn diese vom eigenen Territorium kommt, verhindern.

Die relativ strenge Überprüfung von Berichten und der nur limitierte Zugang zu Informationen für Journalisten wurde in erster Linie mit der Notwendigkeit militärischer Geheimhaltung und damit der Sicherheit der Soldaten begründet. Als Beispiel für diese unvermeidliche Beschränkung führt Williams die Verlegung des XVIII. (US) Airborne Corps an. Die irakischen Kommandeure »... appear to have been caught totally off guard by the quick move of the XVIII. Airborne Corps west of Kuwait, deep into Iraq. For the sake of the operation and the lives of these troops, we could not afford to let the enemy learn that.«[30] Die Kritik der Presse, nicht in ausreichendem Maße beispielsweise über das Ausmaß der Zerstörungen berichten zu dürfen oder über die langen Übermittlungszeiten der von den Reportern im Kampfgebiet erstellten Berichte, wurde vom Militär zurückgewiesen. Einerseits waren zu dem Zeitpunkt, als man über das tatsächliche Ausmaß der Schäden hätte berichten können, nämlich am Ende der Kampfhandlungen, fast alle Journalisten abgereist. Andererseits konnten die Übertragungswege für die Übermittlung der Reportagen aus dem Kampfgebiet nicht so schnell aufgebaut werden, wie der Angriff vorstieß.[31] Ebenso wie im Lager der Presse war sich die Mehrheit der militärisch Verantwortlichen der Bedeutung und Notwendigkeit einer möglichst reibungslosen Zusammenarbeit bewußt. Ein negativer Beigeschmack blieb dennoch zurück.

Viele Fragen zum Verhältnis der Medien und des Militärs sind im Laufe und nach der Beendigung des Golfkonfliktes erneut aufgeworfen und längst nicht alle sind beantwortet worden. Erste Fortschritte scheinen jedoch mit dem im Golf implementierten Pool-System und der hier praktizierten Informationspolitik gemacht worden zu sein. Dies war nicht überall gleich ausgeprägt und auch nicht zur Zufriedenheit aller gelöst worden. Ein Anfang ist dennoch gemacht.

Informationen — Ware und Waffe?

»Galt bisher der Vietnam-Konflikt als Inbegriff des Medienkrieges, ist heute klar, daß die Auseinandersetzung am Golf nun schon infolge des integralen Einbezugs des Bildmediums Fernsehen in die Instant-Information neue Kommunikationsdimensionen erschlossen hat.«[32] Dabei haben insbesondere die Merkmale Globalisierung und Kommerzialisierung der Medien an Bedeutung gewonnen und machen sie nicht nur zur Ware, sondern auch zum Darstellungsmittel für politische und militärische Zwecke. Welche Auswirkungen auf die Glaubwürdigkeit von Presse und Militär haben sich aus dieser neuen Dimension der Kommunikation ergeben? Inwieweit waren die Medien in die Operationsführung eingeschlossen?

Kommerzialisierung, Zensur und Glaubwürdigkeitskrise

Wie stark Medien durch kommerzielle Interessen bestimmt werden, wurde während des Golfkonfliktes besonders am Beispiel des Nachrichtensenders CNN (Cable News Network) deutlich. CNN, aufgrund fehlender Konkurrenz besonders begünstigt, war fast auf der gesamten Welt zu jeder Zeit mit den neuesten Informationen live verfügbar. Seine Einschaltquoten erreichten Rekordhöhen von mehr als vier Millionen Haushalten mit Kabelanschluß.

On-line Reportagen erforderten aber einen jederzeit aktualisierten Informationsstand und zwangen gerade dazu, etwas zu berichten, obwohl es nichts zu berichten gab.[33] Beiträge wurden mit heißer Nadel gestrickt, um dem Informationsbedürfnis der Zuschauer gerecht zu werden. Der Inhalt dieser Beiträge konnte daher nicht immer verifiziert und auf seine Vollständigkeit hin überprüft werden. Fehler in der Berichterstattung waren dementsprechend vorprogrammiert. Um den Vorsprung von CNN wenigstens ein bißchen kleiner werden zu lassen, mußten auch andere Sendeanstalten möglichst aktuelle und sensationelle Neuigkeiten in den Äther schicken. Hinzu kam, daß die Informationen aus Sicht der Medien nur spärlich flossen und scheinbar von den militärischen Dienststellen für ihre eigenen Zwecke gefiltert waren. Aufgrund des für die meisten Sender entstandenen Konkurrenz- und Zeitdrucks war man daher versucht, Informationen, die man aus briefings oder aber von Kollegen bekommen hatte, die das Glück hatten, in einem Pool zur Truppe zu gelangen, unreflektiert an die Öffentlichkeit weiterzugeben. Hintergrundberichte waren im Kampf um die Einschaltquoten schon lange nicht mehr opportun. Die Medien waren latent in der Gefahr, subjektive Wirklichkeitsmodelle zu entwerfen, denen es an geprüften und mit militärischem Sachverstand ausgewerteten Informationen mangelte.[34] Diese Wirklichkeitsmodelle bildeten jedoch die Welt der Wahrnehmung in den meisten Ländern unseres Globus. Daß als Folge die Glaubwürdigkeit der Medien in Frage gestellt wurde, ist nur zu verständlich. Dem gleichen Problem unterlagen aber auch die militärischen Verantwortlichen, wenn sie mit Rücksicht auf politische Gründe Wahrheiten verbogen. So erschien die Schilderung der Rückeroberung der Stadt Khafji, an der amerikanische Soldaten angeblich keinen Anteil gehabt hatten, den in der Pressekonferenz in Riad anwesenden Reportern mehr als zweifelhaft. Denn zu diesem Zeitpunkt wurden im Fernsehen bereits Artillerie und schwere Maschinengewehre des

US Marine Corps gezeigt, die auf die Stadt feuerten. Scheinbar sollten die Gefechte um Khafji wie ein arabischer Sieg aussehen.[35] Der Versuch der Militärs, die öffentliche Meinung mittels der Medien zu beeinflussen und in bestimmte Bahnen zu lenken, barg schon in Vietnam die Gefahr, die Glaubwürdigkeit und damit den Rückhalt in der eigenen Bevölkerung zu verlieren[36].

Kommerzialisierte und globalisierte Medien haben jedoch auch wesentliche Vorteile für demokratische Systeme. Vermindern sie doch die Gefahr einer zur Faktenverdrehung und auf einseitige politische Ziele ausgerichteten Zensur. Information kann vor diesem Hintergrund zu einer wirksamen Waffe gegen den Feind werden, wenn dieser versucht, die Welt bewußt zu täuschen. Einer der Gründe, warum die Propagandamaschinerie des Irak ihre Wirkung verfehlte.

Medien als Teil der Operationsführung

Die Medien wurden bereits in einem sehr frühen Stadium des Konflikts sowohl von den Koalitionspartnern als auch vom Irak eingesetzt. Dabei läßt sich deren Einbindung in die Operationsführung in zwei Kategorien einteilen. Erstens in die Unterstützung der psychologischen Kriegsführung und zweitens in den Beitrag zu Täuschoperationen. Für die Lagefeststellung konnten die Medien demgegenüber nur wenig leisten, da von beiden Seiten mit Hilfe der bereits geschilderten Einschränkungen in der Berichterstattung Informationen, die der gegnerischen Aufklärung hätten nützen können, soweit wie möglich aus den Berichten der Presse gelöscht wurden. Trotz allem hatten die wenigen Bilder aus dem Irak sicher auch ihren Wert für die weitere Operationsplanung der Koalition. Zeigten sie doch beispielsweise, daß die irakische Flugabwehr unwirksam feuerte und damit offenbar richtig eingeschätzt worden war. Zunächst standen aber die Maßnahmen zur psychologischen Kriegsführung im Vordergrund. Ziel des Irak war es dabei, erstens die Koalition der Alliierten zu sprengen und das arabische Lager auf seine Seite zu ziehen. Zweitens beabsichtigte er, die Bevölkerung der westlichen Koalitionspartner zu einer Ablehnung der politischen und militärischen Ziele der Koalition zu bewegen. Demgegenüber versuchten die Koalitionspartner ihren Zusammenhalt zu festigen und die eigene »Heimatfront«, die teilweise tausende von Kilometern entfernt war, zu konsolidieren und damit gleichzeitig die Moral der eigenen Truppe zu stärken. Abraham Lincoln drückte es 1858 wie folgt aus: »Public sentiment is everything. With public sentiment nothing can fail; without it nothing can succeed.«[37]

Saddam Hussein nutzte die Medien als erster und versuchte zunächst an den Grundfesten islamischer Auffassungen zu rütteln. So ließ er Sendungen des CNN ausstrahlen, die amerikanische Soldaten auf heiligem arabischen Sand bei christlicher oder jüdischer Religionsausübung zeigten. Auch einen Filmbericht über ein Fußballspiel, bei dem die gegnerischen Teams ausschließlich aus Frauen in kurzer Sportbekleidung bestanden, nahm er mit Freuden in das heimische Fernsehprogramm auf.[38] Doch bald wurden die Töne aus Bagdad schärfer. Die Ankündigung des irakischen Informationsministers, daß abgeschossene US-Piloten von aufgebrachten Irakern aufgefressen würden, wie auch die Bilder eines herrischen Saddam Hussein, der einen

423

kleinen englischen Jungen zu sich winkt und dem angststarrenden Kind über den Kopf streicht, gingen um die Welt und lösten Entsetzen aus. Die Vorführung deutscher Geiseln als »Nachrichten von Gästen« zeigte einmal mehr die Skrupellosigkeit des irakischen Diktators.[39] Es sollte jedoch noch schlimmer kommen. Mit dem makaberen Spiel, offensichtlich gepeinigte amerikanische und britische Piloten als Geiseln im Fernsehen vorzuführen, versuchte Saddam Hussein scheinbar der direkten Konfrontation auszuweichen und die Koalition an ihrer schwächsten Stelle, ihrer Heimatfront, zu treffen. Demgegenüber nahmen sich plumpere Methoden, wie das Senden verschlüsselter Botschaften an irakische Truppenteile über den Sender Radio Bagdad eher harmlos aus. Der Zweck, Koalitionstruppen einzuschüchtern, wurde nicht erfüllt.[40]

Aber auch die Koalitionspartner nahmen an der »Propagandaschlacht« teil. Die durchaus legitime Darstellung eigener Stärke, Professionalität und Zuversicht, die durch ausgesuchte Bilder von der Truppe während des gesamten Konfliktes der Weltöffentlichkeit von den Fernsehsendern präsentiert wurde, zielte selbstverständlich auf Stolz, Nationalgefühl, Vertrauen und damit auf die Unterstützung der eigenen Bevölkerung. Gleichzeitig wurden Selbstwertgefühl und Zuversicht in den Reihen der Truppe bestärkt. Die häufig einem Videospiel ähnliche Vorführung von modernsten Waffen, deren Präzision und Wirkung im Ziel ließen die Koalitionsstreitkräfte unüberwindlich erscheinen. Doch auch die Koalitionspartner verwendeten die Medien, ob durch Unterlassen von Korrekturen oder durch bewußte Falschinformation bleibe dahingestellt, zur Vorspiegelung einer manipulierten Wirklichkeit. So hatte zu der Zeit, als das Bild eines gegen den Tod kämpfenden, ölverschmierten Kormorans um die Welt ging, um die Grausamkeit in einem Krieg wirksam hervorzuheben, in dem die Verseuchung der Umwelt als Waffe eine neue Dimsension eröffnet hatte, die von irakischen Truppen hervorgerufene Ölpest den Strand von Saudi-Arabien noch gar nicht erreicht. »Der Kormoran im Öl war ein riesiger Propagandabluff«.[41] Auch am Beispiel der Befreiung Khafjis wurde deutlich, daß nicht immer die ganze Wahrheit zur Grundlage von Veröffentlichungen gemacht worden ist. Der Independent beobachtete Kämpfe zwischen irakischen und Koalitionsverbänden in Khafji noch lange nachdem der britische Premierminister in den Medien die Befreiung der Stadt verkündet hatte.[42] Die Strategie der Koalitionspartner war jedoch aufgegangen. Nicht nur der größte Teil der Bevölkerung der USA stand hinter den politischen und militärischen Zielen am Golf.

Wesentlich größere Bedeutung für die Operationsführung und den Verlauf des Konfliktes sollten die Medien jedoch im Bereich der Täuschoperationen haben. Während vom Irak in dieser Beziehung keine wesentlichen Erfolge erzielt werden konnten, wurden die Medien durch die alliierten Kommandostellen tief in Täuschoperationen eingebunden. Bereits zu Beginn der Operation Desert Shield berichtete die Presse von einer hochprofessionellen, voll einsatzbereiten Koalitionsarmee. In Wahrheit wären die Koalitionsstreitkräfte zu diesem Zeitpunkt sehr wohl verwundbar gewesen. Präsident Bush wußte, daß die Truppen am Golf zu Beginn der Operation ziemlich unvorbereitet waren, ließ jedoch sowohl die Medien als auch Saddam Hussein in dem Glauben an eine kampfkräftige Armee.

General Norman Schwarzkopf, Oberkommandierender der US-Streitkräfte am GOLF, erläutert der Presse in RIAD die Angriffe auf Ölverladestationen, von denen aus Rohöl in den Persischen Golf gepumpt wurde.

Entnommen aus: Reeb, Hans-Joachim: »Krieg frei Haus — Medien, Militär und Öffentlichkeit«, in: BMVg FüS I 3 (Hrsg.): Information für die Truppe 9/91, September 1991, S. 41.

So ist es nicht verwunderlich, daß General Norman Schwarzkopf sich später bei der Presse für ihre eindrucksvolle Schilderung bedankte und darauf hinwies, hier hätten die Koalitionsstreitkräfte ein gigantisches Täuschungsmanöver durchgesetzt.[43] Noch viel augenscheinlicher war die Einbeziehung der Medien in die Operation Desert Storm. In einer groß angelegten Täuschungsoperation wurde — nicht zuletzt dank der Medien — eine amphibische Landung an Kuwaits Küste im Zusammenwirken mit Luftlandetruppen und den tatsächlich von Süden nach Norden vorstoßenden arabischen Verbänden und Verbänden des Marine Corps glaubhaft dargestellt. Der Irak konzentrierte seine Kräfte daraufhin im Osten und Süden Kuwaits.[44] Um die Darstellung durch die Medien so realistisch wie möglich erscheinen zu lassen, hatten die Alliierten zu folgenden Maßnahmen gegriffen:
1. Während der briefings in den JIB wurden die Pressevertreter selbst von einer bevorstehenden amphibischen Operation überzeugt, ohne daß diese als zwingend erforderlich geschildert wurde.
2. In den Tagen vor Beginn der Bodenoffensive wurden fünf zusätzliche Pools eingerichtet. Drei davon wurden mit Bodentruppen, zwei mit amphibischen Kräften auf Zusammenarbeit angewiesen.

3. US-Verteidigungsminister Cheney hatte in den vergangenen Tagen in den Medien wiederholt auf den Nutzen einer amphibischen Landung als Element einer Offensive hingewiesen[45].
4. CENTCOM hatte Medienvertretern gestattet, an der ausgesprochen umfangreichen amphibischen Übung »Sea Soldier IV« am 24. Januar 1991 teilzunehmen[46].
5. Eine britische Fernsehreportage berichtete über das Training des 26. Feldartillerieregiments, bei der in der Nähe der Küste dislozierten 1st (US) Marine Division. Daß dieser Verband gerade erst angekommen war und in Kürze den nach Westen verlegenden Verbänden und Einheiten folgen sollte, hatte man den Reportern verschwiegen.

Man hatte das Ziel der Täuschoperation mit Hilfe der Medien erreicht. Die meisten Laien, teilweise sogar Experten, insbesondere aber die militärischen Führer im Irak, waren von der bevorstehenden amphibischen Operation und dem gleichzeitigen Stoß der Koalitionsstreitkräfte von Süden nach Kuwait überzeugt.

Im Golfkonflikt ist die zweifache Rolle der Medien in Krisen und im Krieg besonders deutlich geworden. Sie haben sowohl den Charakter einer Ware als auch den einer Waffe. Die Einbindung der Presse in die Operationsführung ist bei den Koalitionsstreitkräften mit besonderem Nachdruck verfolgt worden, allerdings zum Teil unter erheblicher Kritik durch die Presse selbst.

Folgerungen für die Zukunft

Aus den Erfahrungen, die während des Golfkonfliktes im Umgang mit den Medien gemacht wurden, gilt es nun Folgerungen zu ziehen. Folgerungen, die einerseits auf die zukünftige Rolle der Medien innerhalb des Spektrums der operativen Kräfte und Mittel in Krise und Krieg abzielen, aber auch Konsequenzen für den Umgang mit den Medien im Frieden und die dazu notwendigen Maßnahmen innerhalb der Bundeswehr.

Medien im Spektrum operativer Mittel und Kräfte

Daß die Medien im Spektrum operativer Mittel und Kräfte einen wesentlichen Platz einnehmen, ist spätestens im Golfkonflikt wohl jedem klar geworden. Nur mit ihrer Hilfe ist die so wichtige Unterstützung der eigenen Bevölkerung, insbesondere in Konflikten, die außerhalb des eigenen Staatsgebietes ausgetragen werden, zu gewährleisten. Zuschauer der allgegenwärtigen und im Höchsttempo arbeitenden Fernsehsender werden unmittelbar in das Kriegsgeschehen eingebunden, sind ebenso schnell informiert wie Staatschefs und werden so zum Kriegsteilnehmer und Feldherren. Der Informationsbedarf in der Bevölkerung muß berücksichtigt werden, will man verhindern, daß sich die Wirkung des massenmedial gesteuerten Prozesses öffentlicher Meinungsbildung gegen einen selbst richtet. Schlüsselfelder des zu bewältigenden Problems sind die Internationalisierung der Berichterstattung, die Technologie und die Spannungszeit.[47] Selbst Präsident Bush, der sich gegen einen TV-Krieg gewandt hatte, konnte sich der Fernsehdiplomatie des Irak nicht entziehen und griff selbst zu

diesem Medium. Das Video wurde zur Fortsetzung der Politik mit anderen Mitteln.⁴⁸ Es muß daher die Forderung gestellt werden, daß » ... Public affairs should be incorporated into operational planning.«⁴⁹
Der Truppenführer muß einerseits den von der Regierung erteilten militärischen Auftrag durchführen, andererseits gleichzeitig versuchen, die internationale öffentliche Unterstützung zu erhalten. Auf jeden Fall aber muß er verhindern, daß sich die öffentliche Meinung gegen die ihm gesteckten Ziele wendet. Die Einbindung der Medien in beide Bereiche ist zwingend erforderlich. In den Operationsplan und die Befehlsgebung sind dementsprechend Ziffern zur »Medienführung«, »Einsatz der Medien« und »Logistische Unterstützung für Medien« vorzusehen. Entschlüsse dürfen nur unter Berücksichtigung der Auswirkungen, die aus dem Einsatz der Medien entstehen können, gefällt werden. Daher hat sich die vorangehende Beurteilung der Lage auch mit diesem Bereich zu befassen. Der Truppenführer wird neben seinen vielfältigen Aufgaben dadurch mehr denn je zum Informationsmanager. Er legt, wenn nicht bereits durch die politische Führung geschehen, die Regeln für die Einbindung der Presse in die Operationsführung fest, koordiniert das Zusammenspiel mit der Truppe, sorgt für die notwendige militärische Beratung und technische Unterstützung und stellt die rechtzeitige Information der Medienvertreter sicher. Dabei gewährleistet er durch weitgehende Einbindung der Presse in den Informationsfluß eine weder einseitige noch von subjektiven Wahrnehmungen verfälschte oder aufgrund mangelnden Informationsstandes verallgemeinerte Berichterstattung.⁵⁰ Nur wenn die Medien zum einen als integraler Bestandteil der Führungsmittel und zum anderen als eine, die Sicherheitspolitik unmittelbar beeinflussende Größe begriffen werden, wird auch in zukünftigen Konflikten wirksam geführt werden können. Dabei ist wesentlich, daß den Medien so viel Freiraum eingeräumt wird, wie in Übereinstimmung mit der Operationsplanung gerade noch vertretbar ist. Der einseitigen Beeinflussung auch seitens der militärischen Kommandostellen muß dabei grundsätzlich entgegengetreten werden. Die Einbindung der Medien in die Operationsführung — z.B. Täuschoperationen — bedeutet jedoch auch, daß die militärisch Verantwortlichen zuweilen gezwungen sind, Informationen nur bruchstückhaft oder gar nicht weiterzuleiten und den Schwerpunkt ihrer Informationspolitik auf bestimmte Teile der Operationen, wie z.B. die Ausbildung der amphibischen Truppenteile im Golfkonflikt, zu verlegen. Bewußte Fehlinformation hat jedoch zu unterbleiben, will man nicht Gefahr laufen, die eigene Glaubwürdigkeit zu verlieren.
Die Medien werden also viel mehr als bisher in den militärischen Führungsvorgang eingebunden werden müssen. Sie sind durchaus als ein operatives Mittel zu bezeichnen, dessen sich der jeweilige militärische Führer bewußt sein und mit dem er umgehen können muß.

Konsequenzen für die Bundeswehr
Für die Bundeswehr, eine Armee, die sich zur Zeit in einer Phase der politischen Diskussion um die Möglichkeit ihres Einsatzes zumindest »out of region« befindet, hat die zukünftige Rolle der Medien und die daraus abzuleitenden Konsequenzen besondere Bedeutung. Da die »Erlasse über Presse- und Öffentlichkeitsarbeit und die Aus-

sagen zur Informationsarbeit der Bundeswehr ... alle auf den Friedenszustand ausgerichtet«[51] sind, gilt es zunächst einmal, Richtlinien festzulegen, die das Zusammenwirken von Medien und Bundeswehr in Krise und Krieg definieren. Es kommt darauf an, in enger Zusammenarbeit mit Vertretern der Presse eine »Medienstrategie« zu entwickeln, die auch in Zeiten höchster Belastung Aussicht auf Bestand hat. Über solche Grundregeln hinaus müssen jedoch frühzeitig teilweise neue Verfahren und Details der Zusammenarbeit mit der Presse innerhalb der Bundeswehr implementiert und geübt werden:

1. Die Einrichtung von Pressezentren auch außerhalb des Informations- und Pressestabes, die bereits im Frieden die Verfahren für den Umgang mit den Medien z.B. in Pressekonferenzen einüben, wäre wünschenswert.
2. Wie bereits geschildert, kommt der Verantwortung des Truppenführers für die Einbeziehung der Medien in die Operationsplanung und -führung besondere Bedeutung zu. Dies ist in der Ausbildung des Führernachwuchses zu berücksichtigen.
3. Logistische Unterstützung, insbesondere im Bereich der Nachrichtenübermittlung und des Transports von Journalisten im Konfliktgebiet, die den Erfordernissen moderner Medien gerecht wird, muß vorgesehen werden.
4. Die noch gezieltere Ausbildung von Presseoffizieren, die Reportern mit sachverständiger Beratung zur Seite stehen und damit Fehlurteile von militärischen Laien verhindern, die nur einen kleinen Ausschnitt des Gesamtgeschehens in Bildern einfangen können, für den Einsatz in Krise und Krieg sollte verstärkt werden.
5. Der Umgang mit den Medien sollte bei jeder sich bietenden Gelegenheit von Führern aller Ebenen geübt werden. Erst wenn militärische Führer auch »Medienmanöver« beherrschen, wird das Gefühl des Unbehagens, das die meisten empfinden, wenn »die Presse im Hause ist«, schwinden. Gleichzeitig ließe sich durch das intensivere Kennenlernen eine Vertrauensbasis zwischen Medien und Militär schaffen, die in einer Krise oder einem Krieg von vitaler Bedeutung ist.

Insgesamt läßt sich feststellen, daß die Bedeutung der Medien für Operationsplanung und -führung deutlich zugenommen hat. Hierauf müssen die verantwortlichen politischen und militärischen Führer so schnell wie möglich reagieren und die bisher mehr auf den Frieden eingestellte Presse- und Informationspolitik der Bundeswehr zukünftigen Anforderungen anpassen.

Zusammenfassung

Journalisten und Soldaten sind, ob es ihnen angenehm ist oder auch nicht, zur Zusammenarbeit gezwungen. Dabei sollte man versuchen Kompromißlösungen zu finden, die es den einen erlaubten, mit einem Höchstmaß an Freiheit zu informieren, und den anderen gestatten, einen Grad an Geheimhaltung zu wahren, der die Voraussetzung für das Gelingen geplanter Operationen bietet, von deren Erfolg das Leben tausender Soldaten und unbeteiligter Zivilisten abhängt.[52] Die Alliierten haben im

Golfkonflikt durch die Einrichtung einer umfangreichen Presseorganisation, das Festlegen von Richtlinien für die Medien und bestimmte Einschränkungen in der Berichterstattung, wenn auch zum Teil berechtigterweise kritisierte Maßstäbe gesetzt, die einen Anfang eines neuen, positiveren Verhältnisses zwischen Medien und Militär kennzeichnen können. Wieder einmal ist es deutlich geworden, daß die Unterstützung durch die internationale Öffentlichkeit nicht zuletzt von ausgewogener, objektiver und breitgefächerter Information abhängt. Die neue, gewichtigere Rolle der Medien innerhalb des Spektrums operativer Mittel und Kräfte hat sich in diesem Konflikt mehr als deutlich gezeigt. Es ist nun Aufgabe der Politiker und führender Militärs, dieser neuen Rolle der Medien gerecht zu werden.

Anmerkungen

1 Freches, M. Josè: »La Guerre des Images«, Densel, 1985, S.16-17 zitiert nach Pinatel, Jean-Bernard; Varret, Jean; Bayle, Bernard; Quercize, Hubert de; Isnard, Jaques; Gever, Michel; Duan, Oliver; Vernie, Renaud: »Crise et Communication: Les Defis Actuels« in: Armees d' àujourd'hui, Heft 113, 1986, Übersetzung des Bundessprachenamtes Referat SM II 2, Auftragsnummer 84105, S.1.
2 Bresser, Klaus: »Die Medien zwischen der Revolution im Osten und dem Krieg am Golf«, Vortrag, 1991, S. 18.
3 Shotwell, John M.: »The Fourth Estate as a Force Multiplier«, in: Marine Corps Gazette, Juli 1991, S. 76.
4 Sidle, Winant (1): »The Gulf War Reheats Military — Media Controversy«, in: Military Review, September 1991, S. 52.
5 Vgl. hierzu den Artikel »Eine Zensur findet statt« in der Frankfurter Rundschau vom 17.01.1991.
6 Die sogenannte Sidle-Kommission, geführt von Major General Winant Sidle, setzte sich aus fünf ehemaligen Pressevertretern zusammen, die Erfahrungen in allen Zweigen der Medienwelt gesammelt hatten. Ihre wichtigsten Empfehlungen waren:.
— Integration von Informationen und Öffentlichkeitsarbeit in die Einsatzplanung der Streitkräfte.
— Schaffung von »Presse-Pools« aus etwa je 12 Berufsjournalisten als Vertreter aller Medien.
— Überarbeitung des Akkreditierungssystems.
— Aufstellung von der Presse freiwillig akzeptierter Grundregeln und Festschreibung des Zuganges der Medien zum Kampfgebiet.
— Ausbildung qualifizierten Personals als Begleiter der Korrespondenten.
— Erleichterung der Nachrichtenübermittlung für die Presse und
— Erleichterung der Beförderungs- und Handhabungsmöglichkeiten der Korrespondenten zu und an den Einsatzorten.
(Vgl. hierzu: Pinatel, Jean-Bernard; Varret, Jean; Bayle, Bernard; Quercize, Hubert de; Isnard, Jaques; Gever, Michel; Duan, Oliver; Vernie, Renaud: a.a.O., S. 21 f. und Sidle, Winant (2): »The Military And the Press: Is the Breach Worth Mending?«, in: Army, Februar 1985, S. 23 ff).
7 Prayon, Horst (Hrsg.: Akademie der Bundeswehr für Information und Kommunikation): »Informationsarbeit der Streitkräfte in Krise und Verteidigungsfall«, 1991, S. 9.
8 Vgl. Sherman, Mike: »Informing through the JIB«, in: Proceedings, August 1991, S. 59 ff.
9 Zu den Ausführungen zum Pool-System vgl. Shotwell, John M.: a.a.O., S. 72 und 76 sowie Sidle, Winant (1): a.a.O., S. 58.
10 Siehe Kelly, Keith J.: »Press Clash with DoD-Continues As Ground War Ensues«, in: MAGAZINE WEEK, 7. März 1991, S. 14.
11 Vgl. Sidle, Winant (1): a.a.O., S. 58.
12 Siehe Walker, Tony: »Allied commanders dig in after sniping from the press«, in: LONDON FINANCIAL TIMES, 6. Februar 1991, S. 15.
13 Zitiert nach: Angelle, Alexander: »US ARMED FORCES Public Affairs ROLES IN LOW-INTENSITY CONFLICT«, in: MILITARY REVIEW, Januar 1990, S. 50.

14 Siehe hierzu auch Kaiser, Ulrike: »Die Ohnmacht der Medien«, in: Journalist Nr. 3, 1991, S. 15.
15 Williams, Pete: »THE PERSIAN GULF, THE PENTAGON, THE PRESS«, in: DEFENSE, Mai/Juni 1991, S. 12.
16 Vgl. Prayon, Horst: a.a.O., S. 11ff.
17 Kaiser, Ulrike: a.a.O., S. 15.
18 Hensche, Detlef: »Krieg um Köpfe«, in: Kontrapunkt Nr. 3, 11. Februar 1991, S. 5.
19 Zuckermann, Mort zitiert nach Thau, Richard: »Zuckerman Blasts Press for Pentagon Lawsuit«, in: MAGAZINE WEEK, 22. März 1991, S. 12.
20 Vgl. Shotwell, John M.: a.a.O., S. 78.
21 Siehe hierzu die Ausführungen von Ege, Konrad: »Give war a chance«, in: Medium Nr. 2, Juli-September 1991, S. 27; Bresser, Klaus: a.a.O., S. 19 und Siemens, Jochen zitiert nach Friedenberg, Heiner: Manuskript aus einer Vortragsveranstaltung des NDR 4 am 5. Januar 1991.
22 Siehe Claussen, Detlev: »Im Spiegelkabinett der Feindbilder«, in: Blätter für deutsche und internationale Politik Nr. 3, März 1991, S. 339.
23 Jung, Thomas; Müller-Doohm, Stefan: »Sprengarbeiten — Ist eine wahre Ikonographie des Krieges noch möglich?«, in: Medium Nr. 2, Juli-September 1991, S. 16.
24 Vgl. Brown, Peter J.: »The DoD and the Flyaway Dish«, in: Proceedings, August 1991, S. 62.
25 Ege, Konrad: a.a.O., S. 29.
26 Alter, Jonathan: »Clippings From the Media War — Why the U.S. press was one of the gulf's casualties«, in: NEWSWEEK, 11. März 1991, S. 29.
27 Entnommen aus: Kurtz, Howard: »Pentagon Aims to ›Discourage‹ Restrictions on Media«, in: WASHINGTON POST, 21. Februar 1991, S. 4.
28 Sidle, Winant (2): a.a.O., S. 25.
29 Diese Feststellung hatte Halloran in einer Auswertung des Grenada-Konfliktes bereits 1987 getroffen. Vgl. Halloran, Richard: »Soldiers and Scribblers: A Common Mission«, in: Parameters Nr. 17, 1987, S. 14 ff.
30 Williams, Pete: a.a.O., S. 15.
31 Vgl. Prayon, Horst: a.a.O., S. 19.
32 Bollmann, Ulrich: »Informationen als Ware und Waffe — Marktwirtschaftliches News-Fernsehen und Zensur«, in: Allgemeine Schweizerische Militärzeitschrift ASMZ, Beiheft Mai 1991, S. 18.
33 Siehe Reeb, Hans-Joachim (1): »Krieg frei Haus — Medien, Militär und Öffentlichkeit«, in: Information für die Truppe 9/91 (BMVg Fü S I 3 Hrsg.), September 1991, S. 41.
34 Vgl. hierzu auch Reeb, Hans-Joachim (2): »Der Kampf um Informationen in Krisen und Krieg«, Arbeitspapier des Zentrums Innere Führung der Bundeswehr 3/91, Koblenz, Juni 1991, S. 7.
35 Wright, Jonathan: »Schlacht hinter den Linien — Zensur — Reporter klagen über Behinderung ihrer Arbeit«, in: Hamburger Abendblatt, 4. Februar 1991.
36 Vgl. Carlson, Eric, R.: »The Media as a Force Multiplier?«, in: Marine Corps Gazette, Oktober 1991, S. 50.
37 Abraham Lincoln 1858, zitiert nach Angelle, Alexander: a.a.O., S. 50.
38 Vgl. hierzu Shotwell, John M.: a.a.O., S. 75.
39 Siehe hierzu Eser, Ruprecht: »Ein Krieg der schnellen Bilder — Das Fernsehen im Golf-Konflikt«, DIE ZEIT Nr. 37, 7. September 1990.
40 Vgl. zu diesen Ausführungen Wirth, Fritz: »General Kellys Gabe, mit vielen Worten wenig zu sagen«, in: Die Welt, 24. Januar 1991 und Antonaros Evangelos: »Die falschen Aussagen haben einen tiefen Sinn«, in: Die Welt, 9. Februar 1991.
41 Wolff, Reinhard: »Der Kormoran im Öl war ein riesiger Propagandabluff«, in: die tageszeitung, 5. März 1991.
42 Vgl. Weidinger, Birgit: »Hau ab, du hast hier nichts zu suchen — Der Kollege im »Pool« und der »Einzelgänger«: von der Zensur zu Konkurrenten gestempelt«, in: Süddeutsche Zeitung, 12. Februar 1991.
43 Siehe zu den vorangegangenen Ausführungen Zoller, Hermann: »Die Waffen schweigen, der Konflikt schwelt weiter«, in: IG Medien (Hrsg.): Kontrapunkt Nr. 5, 11. März 1991, S. 33; Wittstock, Melinda: »Mission to disinform?«, in: THE TIMES, 17. Januar 1991 und Schwarzkopf, Norman: Central Command Briefing am 27. Februar 1991 in Riad, in: MILITARY REVIEW, September 1991, S. 102.
44 Vgl. Wehrstedt, Uwe: »Operation Wüstensturm«, in: Blaue Jungs Nr. 4, April 1991, S. 11.
45 Siehe Apple, R.W.jr.: »Pentagon Moves to Widen Reporters' Access to Gulf Ground Units«, in: NEW YORK TIMES, 13. Februar 1991, S. 15.
46 Palmer, Michael, A.: »The Navy did its Job«, in: Proceedings, Mai 1991, S. 92.
47 Vgl. Mercer, Derrik: »Is Press Freedom a Threat During National Crises?«, in: Journal Royal United Service Institute for Defense Studies, Heft 3, 1984, S. 41 und Kleine-Brockhoff, Thomas; Kruse, Kuno; Schwarz, Birgit: »Zensoren, Voyeure, Reporter des Sieges — Im Golfkrieg triumphiert die Propaganda«, in: DIE ZEIT Nr. 6, 1. Februar 1991.

48 Siehe hierzu Kuhl, Harald: »Wellenkrieg am Golf«, in: die tageszeitung, 5. Januar 1991 und Schwelien, Michael: »Nachrichten ohne Grenzen«, in: DIE ZEIT Nr. 39, 21. September 1990, S. 17.
49 Shotwell, John M.: a.a.O., S. 73.
50 So wurde in der Öffentlichkeit aufgrund der Berichterstattung über die in Erhac eingesetzten deutschen Soldaten schnell ein Bild der Bundeswehr gezeichnet, das so verallgemeinert nicht der Realität entspricht. Dieser unzulässigen Verallgemeinerung wurde jedoch leider weder von Politikern noch von führenden Militärs in dem zu erwartenden Maß entgegengetreten.
51 Reeb, Hans-Joachim (2): a.a.O., S. 9.
52 Siehe hierzu auch Pinatel, Jean-Bernard; Varret, Jean; Bayle, Bernard; Quercize, Hubert de; Isnard, Jaques; Gever, Michel; Duan, Oliver; Vernie, Renaud: a.a.O., S. 5.

Literaturverzeichnis

Alter, Jonathan: »Clippings From the Media War — Why the U.S. press was one of the gulf's casualties«, in: NEWSWEEK, 11. März 1991, S. 29.

Angelle, Alexander: »US ARMED FORCES Public Affairs ROLES IN LOWINTENSITY CONFLICT«, in: MILITARY REVIEW, Januar 1990, S. 50–60.

Antonaros Evangelos: »Die falschen Aussagen haben einen tiefen Sinn«, in: Die Welt, 9. Februar 1991.

Apple, R.W. jr.: »Pentagon Moves to Widen Reporters' Access to Golf Ground Units«, in: NEW YORK TIMES, 13. Februar 1991, S. 15.

Bollmann, Ulrich: »Informationen als Ware und Waffe — Marktwirtschaftliches News-Fernsehen und Zensur«, in: Allgemeine Schweizerische Militärzeitschrift ASMZ, Beiheft Mai 1991, S. 18–20.

Bresser, Klaus: »Die Medien zwischen der Revolution im Osten und dem Krieg am Golf«, Vortrag, 1991.

Brown, Peter J.: »The DoD and the Flyaway Dish«, in: Proceedings, August 1991, S. 62–63.

Carlson, Eric R.: »The Media as a Force Multiplier?«, in: Marine Corps Gazette, Oktober 1991, S. 50–51.

Claussen, Detlev: »Im Spiegelkabinett der Feindbilder«, in: Blätter für deutsche und internationale Politik Nr. 3, März 1991, S. 339–345.

Ege, Konrad: »Give war a chance«, in: Medium Nr. 2, Juli-September 1991, S. 27–30.

Eser, Ruprecht: »Ein Krieg der schnellen Bilder — Das Fernsehen im Golf-Konflikt«, DIE ZEIT Nr. 37, 7. September 1990.

Friedenberg, Heiner: Manuskript aus einer Vortragsveranstaltung des NDR 4 am 5. Januar 1991.

Halloran, Richard: »Soldiers and Scribblers: A Common Mission«, in: Parameters Nr. 17, 1987, S. 10–28.

Hensche, Detlef: »Krieg um Köpfe«, in: Kontrapunkt Nr. 3, 11. Februar 1991. S. 5.

Jung, Thomas,
Müller-Doohm, Stefan: »Sprengarbeiten — Ist eine wahre Ikonographie des Krieges noch möglich?«, in: Medium Nr. 2, Juli-September 1991, S. 16–18.

Kaiser, Ulrike: »Die Ohnmacht der Medien«, in: Journalist Nr. 3, 1991, S. 9–17.

Kelly, Keith J.: »Press Clash with DoD Continues As Ground War Ensues«, in: MAGAZINE WEEK, 7. März 1991, S. 14 und 18.

Kleine-Brockhoff, Thomas,
Kruse, Kuno;
Schwarz, Birgit: »Zensoren, Voyeure, Reporter des Sieges — Im Golfkrieg triumphiert die Propaganda«, in: DIE ZEIT Nr. 6, 1. Februar 1991, S. 15–17.

Kuhl, Harald: »Wellenkrieg am Golf«, in: die tageszeitung, 5. Januar 1991.

Kurtz, Howard:	»Pentagon Aims to ›Discourage‹ Restrictions on Media«, in: WASHINGTON POST, 21. Februar 1991, S. 4 und 9.
Mercer, Derrik:	»Is Press Freedom a Threat During National Crises?«, in: Journal Royal United Service Institute for Defense Studies, Heft 3 1984, S. 35–42.
Palmer, Michael A.:	»The Navy did its Job«, in: Proceedings, Mai 1991, S. 38–93.
Pinatel, Jean-Bernard; Varret, Jean; Bayle, Bernard; Quercize, Hubert de; Isnard, Jaques; Gever, Michel; Duan, Oliver; Vernie, Renaud:	»Crise et Communication: Les Defis Actuels« in: Armees d'àujourd'hui, Heft 113, 1986, S.23–41.
Prayon, Horst (Hrsg.: Akademie der Bundeswehr für Information und Kommunikation):	»Informationsarbeit der Streitkräfte in Krise und Verteidigungsfall«, 1991.
Reeb, Hans-Joachim:	»Krieg frei Haus — Medien, Militär und Öffentlichkeit«, in: BMVg Fü S I 3 Hrsg.: Information für die Truppe 9/91, September 1991, S. 38–49.
Reeb, Hans-Joachim:	»Der Kampf um Informationen in Krisen und Krieg«, Arbeitspapier des Zentrums Innere Führung der Bundeswehr 3/91, Koblenz, Juni 1991.
Schwarzkopf, Norman:	Central Command Briefing am 27. Februar 1991 in Riad, in: MILITARY REVIEW, September 1991, S. 96–108.
Schwelien, Michael:	»Nachrichten ohne Grenzen«, in: DIE ZEIT Nr. 39, 21. September 1990, S. 17.
Sherman, Mike:	»Informing through the JIB«, in: Proceedings, August 1991, S. 59–61.
Shotwell, John M.:	»The Fourth Estate as a Force Multiplier«, in: Marine Corps Gazette, Juli 1991, S. 71–79.
Sidle, Winant:	»The Gulf War Reheats Military — Media Controversy«, in: MILITARY REVIEW, September 1991, S. 52–63.
Sidle, Winant:	»The Military And the Press: Is the Breach Worth Mending?«, in: Army, Februar 1985, S. 22–32.
Thau, Richard:	»Zuckermann Blasts press for Pentagon Lawsuit«, in: MAGAZINE WEEK, 22. März 1991, S. 12 und 17.
Walker, Tony:	»Allied commanders dig in after sniping from the press«, in: LONDON FINANCIAL TIMES, 6. Februar 1991, S. 12 und 15.
Wehrstedt, Uwe:	»Operation Wüstensturm«, in: Blaue Jungs Nr. 4, April 1991, S. 10–11.
Weidinger, Birgit:	»Hau ab, du hast hier nichts zu suchen — Der Kollege im »Pool« und der »Einzelgänger«: von der Zensur zu Konkurrenten gestempelt«, in: Süddeutsche Zeitung, 12. Februar 1991.
Williams, Pete:	»THE PERSIAN GULF, THE PENTAGON, THE PRESS«, in: DEFENSE, Mai/Juni 1991, S. 10–15.
Wirth, Fritz:	»General Kellys Gabe, mit vielen Worten wenig zu sagen«, in: Die Welt, 24. Januar 1991.
Wittstock, Melinda:	»Mission to disinform?«, in: THE TIMES, 17. Januar 1991.
Wolff, Reinhard:	»Der Kormoran im Öl war ein riesiger Propagandabluff«, in: die tageszeitung, 5. März 1991.
Wright, Jonathan:	»Schlacht hinter den Linien — Zensur — Reporter klagen über Behinderung ihrer Arbeit«, in: Hamburger Abendblatt, 4. Februar 1991.
Zoller, Hermann:	»Die Waffen schweigen, der Konflikt schwelt weiter«, in: IG Medien (Hrsg.): Kontrapunkt Nr. 5, 11. März 1991, S. 31–33.
ohne Verfasser:	»Eine Zensur findet statt«, Frankfurter Rundschau, 17.01.1991.

Rainer Fiegle, Michael Padberg, Hartmut Zehrer

17. Operative Führung im Golfkrieg

Wesensmerkmale operativer Führung

Wer Charakter und Qualität operativer Führung im Golfkrieg bewerten will, muß — solange es ihm an hinlänglicher Begriffsbestimmung im eigenen militärtheoretischen Gedankengebäude mangelt — zunächst Wesensmerkmale operativer Führung bestimmen. General Schwarzkopfs emphatisch vorgetragene Beurteilung, sein Gegner Saddam Hussein sei weder ein großer Politiker noch ein Stratege oder großer operativer Führer noch ein guter Taktiker deutet darauf hin, daß sein militärtheoretisches Gedankengebäude auf Clausewitz zurückzuführen ist. Auch insofern ist Christian Millotat in seinem Artikel »Clausewitz am Golf« in der Truppenpraxis 3/1991 zuzustimmen, daß Clausewitz das Instrumentarium anbietet, um die Handlungen der amerikanischen politischen und militärischen Führung im Golfkrieg zutreffend zu analysieren.
Der meist unzulässig verkürzt wiedergegebenen Aussage Clausewitz' vom »Krieg als der Fortsetzung der Politik mit anderen Mitteln« folgend, werden im Kriegsfall militärische Mittel zur Erreichung eines politischen Zieles eingesetzt, das ohne militärische Mittel nicht erreicht werden kann. Damit wird nach Kriegsende die erfolgreiche Fortsetzung der eigenen Politik möglich. Krieg kann — in eine umfassende Politiktheorie eingebunden — deshalb kein Selbstzweck sein, sondern muß in seiner politischen Funktion darüber hinaus gedacht werden. Darüber hinaus fordert Clausewitz, daß Krieg nicht ein von der Politik losgelöster, von Militärs selbständig betriebener Akt zeitlich begrenzter eigener Politikausübung bis zum Kriegsende sei, sondern die Fortsetzung des politischen Verkehrs. Im Zusammenwirken von Politik und oberster Kriegsleitung definiert die Politik Kriegszweck und -ziele und mag diese sogar im Laufe des Krieges ändern, während das kriegführende Militär diese in militärische Planungen und Handlungen umsetzt, bei denen die Erreichung des Kriegszwecks oberstes Ziel ist.
Der Ebene der Politik stellt Clausewitz die militärischen Ebenen der Strategie und Taktik gegenüber. Taktik ist die Lehre vom Gebrauch der Streitkräfte im Gefecht, deren Einsatz nach dem Regelwerk einer erlernbaren Grammatik — oder ins Moderne übersetzt, nach den taktischen Einsatzgrundsätzen der Truppen- und Waffengattungen — abläuft.

Strategie ist für Clausewitz die Lehre vom Gebrauch dieser Gefechte zum Zwecke des Krieges. Der Zweck des Krieges — weil politischer Dimension und über das Kriegsende hinausgedacht — ist damit nicht der militärische Sieg durch die Vernichtung des Gegners, das Ausmanövrieren seiner Kräfte oder eine erfolgreiche Intervention. Den Begriff des Sieges weist Clausewitz ganz eindeutig der Taktik zu. In der Strategie gibt es für ihn keinen Sieg. Strategie als stets im Fluß befindlicher Prozess zielt auf den angestrebten Nachkriegszustand als günstige Position zur weiteren erfolgreichen politischen Interessenverfolgung hin.

Als Ergebnis der Erweiterung des Strategiebegriffs im 20. Jahrhundert können wir den ersten Teil seines Strategiebegriffs heute als Militärstrategie bezeichnen. Dieser hat politische Dimensionen, definiert die militärische Aufgabe und setzt Ziele auf den politischen Kriegszweck hin. Den anderen Teil seines Strategiebegriffs, bei dem die oberste militärische Kriegsleitung die Gefechte entsprechend der Aufgabenstellung auf den Kriegszweck hin durch Führen vor und in der Schlacht hin ordnet, weisen wir der operativen Führung zu.

Der Begriff der operativen Führung kommt bei Clausewitz nicht vor. Diese Erweiterung des Clausewitzschen Strategiebegriffs nimmt erst Moltke d.Ä. vor. Sie findet ihren Grund in der immensen Erweiterung der Leitungsspanne der obersten militärischen Kriegführung in den Kriegen der Moderne. Dies sind z.B. das Aufkommen der Massenheere, die Entwicklung der Kriegstechnik und die damit verbundene Ausweitung des Kriegsschauplatzes auch in die dritte Dimension, aber auch Entwicklungen, daß Gefechte auf unterschiedlichen Kriegsschauplätzen, mit mehreren Truppenkörpern womöglich unterschiedlicher taktischer Grammatik und von verschiedenen Teilstreitkräften und mittels hochkomplexer Einsatzmittel extrem unterschiedlicher Planungsdimension und Wirkungsmöglichkeiten auf den zu erreichenden Kriegszweck hin dadurch koordiniert werden müssen, daß durch die Summe der in den taktischen Gefechten errungenen Siege der übergeordnete Kriegszweck erreicht werden muß. Damit wird deutlich, daß operative Führung nicht nur einer — der obersten Ebene der Kriegführung -, sondern mehreren Ebenen zuzuordnen ist, die nicht per se definiert werden können, sondern vom Kriegszweck, dem Kriegsbild und den eingesetzten militärischen Mitteln abhängen. Die oberste Führungsebene, die operativ führt, ist jene militärische Führungsebene, die als letzte Truppe führt.

Operative Führung übt eine Scharnierfunktion zwischen Politik und Militärstrategie einerseits und Taktik andererseits in dem Sinne aus, daß von ihr verlangt wird, politische und militärstrategische Zielsetzungen und Aufgabenstellungen in militärische Planungen und Aktionen umzusetzen und Operationen von Truppenkörpern vor und in der Schlacht zu führen. Dieses ist ein Wesensmerkmal operativer Führung.

Kompetenz operativer Führung ist in ihrer Koordinationsfunktion von Schlachten an militärstrategischen Zielen orientiert. Sofern aber Operationen geplant und geführt werden, reicht ihre Kompetenz in den taktischen Bereich hinein. Die Befähigung zu operativer Führung hängt also davon ab, ob strategische und takti-

sche Kompetenz zusammenfallen, wobei das eine nicht durch das andere ersetzt werden kann. Dieses ist ein weiteres Wesensmerkmal operativer Führung im Sinne Clausewitz.

Den Primat der Politik will Clausewitz durch die geforderte Hierarchie dieser Denk- und Handlungsebenen sicherstellen. Im Zweifelsfall hat immer die höhere Ebene Priorität, auch wenn dadurch erhebliche Nachteile zum Beispiel auf der taktischen Ebene in Kauf genommen werden müssen. Clausewitz wäre allerdings ein schlechter Dialektiker, wenn er nicht an anderer Stelle einräumte, daß eine absolute Hierarchie und Selbständigkeit der Ebenen nur in dem Sinne bestünde, daß Erfordernisse der Taktik z.B. Strategie und Politik beeinflussen können und umgekehrt. Dieses ist ein drittes Wesensmerkmal operativer Führung.

Damit sind die prägenden Wesensmerkmale operativer Führung hinlänglich beschrieben.
Ausprägungs- oder Erscheinungsformen operativer Führung und Führer sind von den Verbindungspunkten dieses Scharniers zwischen den über- bzw. nachgeordneten Denk- und Handlungsebenen geprägt. Sie haben entweder politische oder militärstrategische Dimension oder sind mehr an Planung oder Führung militärischer Operationen orientiert. Über die Einordnung in diese Denk- und Handlungshierarchie hinaus verbietet sich zunächst eine weitere Instrumentalisierung des Begriffs operativer Führung. Sie ist daran zu messen, wie sie im jeweils zu betrachtenden Fall die militärisch-strategische Aufgabenstellung im Wechselgefüge zwischen Politik/Militärstrategie und Taktik erfüllt hat. Ausprägungen, die in historischen Beispielen dazu gefunden werden, können hilfreich sein, sie können Stichworte liefern, ohne daß ihre Summe oder auch nur ein bestimmter Teil davon automatisch das Urteil zuläßt, daß es sich um das Phänomen operativer Führung gehandelt habe. Dieses muß jeweils für den Einzelfall betrachtet werden.
Eine Bewertung operativer Führung im Golfkonflikt ist durch Aussagen vorbelastet, daß es niemals vorher eine solche Kongruenz politischer, militärstrategischer, operativer und taktischer Führung gegeben habe wie in der Vorbereitung und Durchführung der Operation Desert Shield/Storm. Zu einer endgültigen Bewertung fehlen zu diesem Zeitpunkt Informationen, die über die verfügbaren »Siegerinformationen« hinausgehen. Allein der sehr schnell beendete öffentliche Disput über die Entscheidung des amerikanischen Präsidenten zur Kriegsbeendigung zwischen ihm und Schwarzkopf läßt als ein Beispiel darauf schließen, daß eine vollkommene Harmonie in diesem Denk- und Handlungsgefüge nicht bestanden hat. Einige Ausprägungen operativer Führung — entweder in den Bereich des Politisch-Militärstrategischen oder der Truppenführung weisend — sollen deshalb einer wertenden Betrachtung unterzogen werden.

Ausprägungen operativer Führung im Golfkrieg

Zum Zusammenspiel der politschen und militärischen Führung
Die oberste militärische Führung der amerikanischen Streitkräfte hatte in Überwindung des Vietnam-Traumas in den 80er Jahren eine intensive Doktrinendiskussion geführt. Daraus resultierten Reformen der Aufgabenzuteilung der politischen und militärischen Spitzen. Auf ihre Aufgaben war die oberste politische und militärische Führung deshalb hervorragend vorbereitet. Mit den Einsätzen von Grenada und Panama hatte man zudem die Generalprobe erfolgreich absolviert.

Grundlage der Aufgabenverteilung waren die Reorganisation der Joint Chiefs of Staff vom Oktober 1988, durch die der Chairman General Powell zum Vorgesetzten der Chefs der Teilstreitkräfte wurde, und die »Doctrine for Unified and Joint Operations« vom Januar 1990. Dem Präsidenten obliegt dabei die Formulierung der politischen Ziele der nationalen Strategie. Dem höchsten militärischen Berater fällt die Aufgabe zu, die dazu notwendigen militär-strategischen Konzepte zu entwerfen und den Oberbefehlshabern der verschiedenen Kriegsschauplätze die dafür notwendigen Kräfte und Mittel zuzuweisen. Die Oberbefehlshaber als operative Führer sind für Einsatzplanung und Führung von Operationen verantwortlich. Sie sind an der Entwicklung der nationalen und Militärstrategie dadurch beteiligt, daß sie diese für ihren Kriegsschauplatz weiterzuentwickeln haben.

Diese Aufgabenteilung ist Clausewitz in purer Form, was um so berechtigter festzustellen sein dürfte, als General Powell bei der Erklärung bestimmter Entscheidungsvorgänge im Golfkonflikt des öfteren Zuflucht zu Clausewitzzitaten nahm. Für den außenstehenden Betrachter war das Zusammenspiel dieser Hierarchie von dem Bestreben gekennzeichnet, den jeweils eigenen Verantwortungsbereich zu gestalten, ohne in die Kompetenzen des über- oder nachgeordneten Bereichs paralysierend einzuwirken, wie dieses im Vietnamkrieg der Fall war. Die wichtigsten handelnden Personen, Powell, Schwarzkopf und andere Befehlshaber am Golf, bildeten zudem auch deshalb ein so einheitliches Bild, weil sie in diesen Denkkategorien als Angehörige eines Lehrgangs gemeinsam am War College einheitlich ausgebildet und die Doktrinendiskussion der 80er Jahre entscheidend mitgeprägt hatten.

Powell hat, bei allem ihm nachgesagten Zögern bei der Frage des militärischen Eingreifens, das militärstrategische Konzept entworfen, die notwendigen Kräfte und Mittel zugeteilt und die Nutzung anderer als militärischer Ressourcen im Heimatland sichergestellt. Als Vorgesetzter der Chefs der Teilstreitkräfte hat er die Ablösung des Chefs der Luftstreitkräfte vorgeschlagen und durchgesetzt, als die Harmonie der operativen Führung durch das Vorprellen des Generals Dugan gefährdet schien. Den hartnäckigen Bestrebungen des Chefs des Marine Corps, General Gray, die eher passive Rolle seiner Teilstreitkraft im Operationsplan Schwarzkopfs dahingehend zu verändern, daß sein Corps im amphibischen Einsatz mit zur Entscheidung beitragen sollte, hat er resolut ein Ende gesetzt, was in Anbetracht dieser beiden gegensätzlichen Persönlichkeiten Anerkennung verdient. Er hat die Durchführung des Operationsplans Schwarzkopfs, wie es seine Aufgabe als militärstrategischer Führer war, nicht unwesentlich verändert, indem er die Aufgabe der vordringlichen Scud-Bekämpfung stellte und Einschränkungen für die Bekämpfung nicht einwandfrei als militärische Ziele identifizierter Objekte befahl.

In seiner Rolle gegenüber dem ihm nachgeordneten militärisch-operativen Bereich ist er den Anforderungen gerecht geworden. Seine Rolle als militärstrategischer Berater des Präsidenten bei der Bestimmung des Kriegszwecks ist kritischer zu betrachten. Es wäre auch seine Aufgabe gewesen, über das Kriegsende hinausreichende militärstrategische Perspektiven zu entwickeln und durchzusetzen bzw. vorzuschlagen. Vielleicht erklärt sich aber auch sein anfängliches Zögern mit der Weitsicht, daß dieser Konflikt nicht mit militärischen Mitteln zu lösen war.

Den für den Kriegsschauplatz Kuwait zuständigen Oberbefehlshaber General Schwarzkopf traf seine Aufgabe nicht unvorbereitet. Als Stellvertreter der Operation Grenada »Urgent Fury« hatte er, obwohl als damaliger Kommandeur der 24.(US)Infanterie Division hierzu abgestellt und nicht in tragender Rolle, seine Generalprobe z.B. mit der politischen Auflage, Verluste um jeden Preis zu vermeiden, hinter sich. Operationsstudien für den Kriegsschauplatz Golf waren seit mindestens 1986 vorhanden und waren nach Wegfall der sowjetischen Bedrohung durch den Irak als Aggressor aktualisiert worden. Sie gingen vom worst-case, nämlich der Okkupation der Golfanrainerstaaten und der strategisch wichtigen Luftwaffenbasen in Saudi-Arabien aus.

Seine operative Idee baute auf folgendem militärstrategischen Konzept auf:
— ein weiteres Vordringen Husseins zunächst zu verhindern;
— ein ausreichendes Kräftepotential mit Koalitionsstreitkräften aufzubauen;
— die Kampffähigkeit Iraks entscheidend zu schwächen und die militärstrategischen Potentiale des Irak zu zerstören, um danach die Entscheidung mit noch akzeptablen Verlusten zu erzwingen.

Die daraus entwickelte operative Idee war im Grunde genommen konventioneller Natur und war denen siegreicher Kampagnen der US-Streitkräfte in der Vergangenheit vergleichbar:
— Sicherstellen des Aufmarsches sowie Eingrenzung des Kriegsschauplatzes durch hinlängliche, aber hochpräsente und mobile Kräfte aller Teilstreitkräfte mit entscheidender Kampfkraft bei den Luftkriegsmitteln;
— Schwächung der Kampfkraft mit den Elementen, die aufgrund technologischer Überlegenheit und der Aussicht auf die zahlenmäßig geringsten Verluste die Entscheidung vorbereiten oder sogar vorprogrammieren konnten;
— der Einsatz der Landstreitkräfte im konzentrischen, mindestens auf dem entscheidenden Flügel dem direkten Duell nicht unbedingt ausgesetzten Kräften zur Einschließung und Vernichtung der gegnerischen Hauptkräfte.

Es gibt keine Anzeichen, daß politische und militärstrategische Führung Einfluß auf die Operationsplanung bis zum Beginn der heißen Phase der Durchführung genommen hätten. Dazu entsprach die Lage, die Schwarzkopf am Golf vorfand auch zu sehr dem best-case, weil Hussein seinen entscheidenden strategischen Fehler gemacht hatte, als er sich auf die Besetzung Kuwaits beschränkte und Schwarzkopf die strategischen Basen überließ, mit denen er den Nachteil der äußeren Linie ausgleichen konnte. Einflußnahmen auf die Durchführung der Operationen, z.B. die Scud-

Bekämpfung, waren politisch notwendig, haben die Auswirkung solcher Entscheidungen gezeigt, waren in der Weisungsform dem Kompetenzgefüge angemessen, verzögerten den Beginn der Landkriegsoperation erheblich, waren zudem militärisch von untergeordneter Bedeutung, da die chemische Kapazität der Scud nur während der kurzen Konzentrierungsphase der Landstreitkräfte vor Angriffsbeginn eine signifikante Bedrohung war, haben Schwarzkopf aber in Durchführung seines Operationsplanes soviel Freiheit gelassen, daß er in Durchführung seines vor der Schlacht gefaßten Planes am Tage des Waffenstillstandes das Erreichen der Kriegsziele melden konnte.

Schwarzkopf hatte damit ein Meisterwerk operativer Planung geliefert, was bei der Betrachtung einzelner Aspekte noch zu würdigen sein wird. Kriegshistorisch einmalig wird die Tatsache der Erfüllung der politischen Auflage bleiben, einen Konflikt solchen Ausmaßes ohne nennenswerte Verluste zu beenden. Die Verluste der Verbündeten sind einer Zahl vergleichbar, die eine Armee dieser Größenordnung in einer der angenommenen Intensität des Konfliktes angemessenen Ausbildungstätigkeit zu gegenwärtigen gehabt hätte.

Eine makellose Leistung der militärischen Führung stand also am Ende dieses Krieges. Dennoch war dieser Sieg im Sinne Mansteins ein verlorener Sieg. Konnten Mansteins operative Erfolge entscheidende strategische Defizite bei nationalen Ressourcen nicht beseitigen, die den Gewinn des Krieges unmöglich machten, so konnte Schwarzkopfs operativer Sieg die fehlende politische und militärstrategische Position über das Kriegsende hinaus gedacht — den Clausewitzschen Kriegszweck, der allein Kriege als Mittel der Politik legitimiert — nicht ersetzen.

Wenn über ein Jahr nach dem Golfkrieg die amerikanische Führung immer noch darüber nachdenkt, wie die Konfliktregion denn nun dauerhaft stabilisiert werden solle, war Schwarzkopfs Sieg ein Musterbeispiel militärischen Handelns mit schnell vergänglichem Wert.

Und dabei wird Clausewitz in Zukunft auf dem Vormarsch sein. Die Legitimation und gesellschaftspolitische Akzeptanz des Einsatzes militärischer Mittel nur zur Vernichtung eines Störers der Weltordnung wird in der Zukunft fraglich sein. Einsätze militärischer Mittel als Mittel der Politik werden nur noch akzeptabel sein, wenn der angestrebte Kriegszweck dauerhafte Konfliktlösungen und neue Sicherheitsstrukturen definiert und diese durch den Einsatz militärischer Mittel auch durchgesetzt werden. Deshalb wird sich ein Waffengang in den Ausmaßen des Golfkrieges und mit den beschriebenen Zielsetzungen wahrscheinlich auch nicht wiederholen. Soldaten werden sich davor hüten müssen, als untaugliche Mittel der Konfliktregelung eingesetzt zu werden, wenn es der Politik an Weitsicht fehlt. Insofern haben die US-Streitkräfte das Vietnam-Trauma überwunden, die politische Führung hat aber ebenso, nur in anderer Weise, ihren Part nicht erfüllt.

Zur Rolle des »Feldherrn« des Golfkonfliktes

Ein Teil der Ausbildung in operativer Führung bei den Amerikanern ist das Studium der Vita und des Charakters operativer Führer. In der deutschen Militärgeschichte wird dabei immer wieder zwischen operativen Köpfen und taktischen Füchsen unterschieden. Dieses ist nach ihrer Aufgabenerfüllung legitim, da Taktik nach grammatischen Regeln abläuft, operative Führung sich dieser Grammatik aber entzieht. Zur Erklärung des Vorgehens operativer Führer wird oftmals deren Befähigung zu **operativer Führungskunst** herangezogen. Ohne die Mystik dieser Versuche aufklären zu wollen, ist die besondere Leistung operativer Führung wohl auf die Fähigkeit zurückzuführen, Rahmenbedingungen des Schlachtfeldes, die sich gegenüberstehenden gegensätzlichen Absichten, die technologischen Neuheiten des Gefechtsfeldes, die nicht quantifizierbaren Einflußgrößen des Schlachtfeldes in einer ganzheitlichen Betrachtungsweise und über den Einschätzungsstand der Masse der Beteiligten hinaus zukunftsweisend zu analysieren und in der eigenen Planung alle diese Einflußgrößen koordiniert und der Zeit voraus zum Erfolg zu führen. Moltke hat dieses die Fähigkeit des Taktes des Urteils genannt. Der geschlossene Einsatz der Panzerwaffe im Zusammenwirken mit der Luftwaffe in der Ardennenoffensive durch Manstein ist ein Beispiel dafür.

Die operative Führungskunst Schwarzkopfs zeigt sowohl traditionelle und damit konventionelle Aspekte als auch solche, die über seine Zeit hinausreichen. Der konzentrische Ansatz der Landstreitkräfte wurde bereits erwähnt. Niemand außer Saddam Hussein hätte wahrscheinlich ein frontales Vorgehen von ihm erwartet. Ein Hinweis darauf, daß es Hussein an einem Mindestmaß an Weltläufigkeit und militärischer Bildung fehlte, die sein Gegenüber z.B. in der Beachtung der ethisch religiösen Bedingungen bei der Zeitplanung, aber auch bei der Beteiligung bzw. Nichtbeteiligung an der Operationsplanung seiner arabischen Koalitionäre bewies. Es kann zum jetzigen Zeitpunkt emotionslos festgestellt werden, daß es Schwarzkopf erfolgreich gelang, Teilen der arabischen Kontingente seinen Operationsplan gänzlich zu verheimlichen und anderen z.B. Angriffsziele zuzuweisen, die gleichzeitig voraus angreifenden US-Kräften zugewiesen waren. Auch der Versuch der Inszenierung einer rein arabischen Schlacht beim Gegenangriff gegen Khafji für die Presse ist diesem Repertoire zuzuweisen, wenn dieser Versuch auch nicht gänzlich gelang. Ein weiteres konventionelles Element ist die der operativen Führung als charakteristisch zugerechnete Anwendung von **Täuschungsoperationen**. Der zunächst frontale Ansatz in der Gefechtsgliederung der Landstreitkräfte ließ noch eine spätere Verschiebung der Kräfte vermuten, der Einsatz der amphibischen Kräfte des Marine Corps nur zur Vortäuschung eines Einsatzes auf Kuwait City war so nicht zu erwarten, zumal diese Truppe hoch motiviert in den Krieg gezogen war, um ihre Bedeutung auch für zukunftige Konflikte unter Beweis zu stellen, was die Widerstände ihres Kommandanten belegen. Wenn die operative Idee auch als konventionell bewertet werden muß, wurde die Entscheidung auf dem Schlachtfeld letztlich aber durch einen Ansatz von Kräften und Mitteln herbeigeführt, der im weiter oben beschriebenen Sinne operativer Führungskunst zuzuweisen ist. Schwarzkopf hat seiner Zeit voraus und wohl auch unter intensiver Einschätzung seines Gegenübers seinen Erfolg vom konzentrierten Einsatz bislang auf dem Gefechtsfeld wenig oder überhaupt nicht erprobter technologischer Mittel abhängig gemacht. Er hat die amerikanische Vision von der technologischen Überlegenheit Realität werden lassen. Zum entscheidenden Mittel hatte er die dritte Dimension — den Luftraum und den Weltraum gewählt —, dort wo er überlegen war und seinen deshalb unabhängigen Willen dem des erdgebundenen Gegenübers entgegensetzen konnte. Dabei war es letztlich nicht die technologisch überlegene, vernichtende Waffenwirkung seiner Luftstreitkräfte, sondern die Voraussetzung, die diese Kräfte für den Vernichtungsschlag gegen die kampffähigen Systeme und strategischen Ressourcen des Iraks schafften. Schwarzkopf hat zum ersten Mal einen Krieg dadurch gewonnen, daß er einem Gegner seinen Willen aufzwang, indem er ihn nicht sturmreif schoß, sondern führungsunfähig kämpfte.

Operativen Führern wird oftmals **Risikobereitschaft** und der Mut zum Planen ins Ungewisse attestiert. Diese Eigenschaft kann man Schwarzkopf, aber auch anderen Führern im Golfkrieg nicht zusprechen. Erstmalig haben umfangreiche Operations Research Teams bei Amerikanern und Engländern die Operationsplanung von Anfang der Planung bis zum Beginn der Landoffensive begleitet. Das Risiko seiner Operationsplanung konnte sich Schwarzkopf jeden Tag hochrechnen lassen, wenn auch die Höhe der errechneten Verluste erheblich über den tatsächlichen lag. Schwarzkopf hat nicht ins Ungewisse geplant, seine Operationsplanung für die Luftstreitkräfte basierte auf der Erfolgseinschätzung beim Kampf gegen die feindliche Führung, das Luftkriegspotential und die Flugabwehr, seine Erfolgseinschätzung beim Beginn der Landoffensive auf der Einschätzung der erzielten Kampfkraft- und Gefechtswertminderung der Landstreitkräfte.

Seinen schlachtentscheidenden Vorteil hatte er bereits erreicht, als er den Kriegsschauplatz eingegrenzt hatte und den strategischen Vorteil gesicherter Luftbasen und damit gesicherter Aufmarschräume hatte und nach Erringen der Führungshoheit und Operationsfreiheit den Erfolg seines konzentrischen Ansatzes durch die Bewegungsunfähigkeit seines Gegners so beurteilen konnte, weil dieses die Voraussetzung des Ansatzes seiner Kräfte war.

Zu den operativen Aufgaben

Geschichtliche Beispiele operativer Führung klassifizieren Mobilmachung, Aufmarsch und das Führen größerer Truppenkörper vor und in die Schlacht als ureigenste Betätigungsfelder operativer Führung. Im anglo-amerikanischen Raum wird dieses oft auch als »composing of the battle field« charakterisiert, während das taktische Gefecht der verbundenen Waffen als »orchestring of the battle« bezeichnet wird.

Die operativen Aufgabenstellungen im Golfkonflikt sind aus dem militärstrategischen Konzept und der operativen Idee Schwarzkopfs abzuleiten. Seine bisherigen Erfahrungen z.B. in Grenada haben seine Beurteilung bei deren Analyse bestimmt. Als erste Aufgabe hat er die **Abgrenzung des Kriegsschauplatzes** und den damit verbundenen Vorausaufmarsch als solche identifiziert. Danach waren es **Mobilisierung und Aufmarsch**, die **Dislozierung** der aufwachsenden Koalitionsstreitkräfte und die dafür und für spätere Phasen notwendige **Führungsorganisation, Führung** und **Ausbildung** dieser Kräfte vor der Schlacht sowie die **Operationsplanung** bis zur Befreiung Kuwaits. Als weitere Aufgaben sah er die Führung von Teilen der Kräfte zur Vorbereitung der Entscheidung und das Bereitstellen der Kräfte für die Entscheidung und zur Kriegsbeendigung nach der Befreiung Kuwaits. Er wäre ein schlechter operativer Führer gewesen, hätte er nicht darüber hinausgedacht, für den Fall, daß der Kriegszweck mit der Befreiung Kuwaits nicht erreicht werden konnte. Er hat es, aber die Staatsräson hat es ihm verboten, davon zu berichten. Es ist deshalb müßig, diesen Gesichtspunkt weiter zu verfolgen.

1. Die **Abgrenzung des Kriegsschauplatzes** war eine Aufgabe der politischen, militärstrategischen und operativen Führung. Es ist ein Verdienst der politischen und militärstrategischen Führung, militärische Operationen auf arabischem Boden ermöglicht zu haben und die Versuche der irakischen politischen Führung zur Ausweitung des Kriegsschauplatzes verhindert zu haben. Die strategische Instinktlosigkeit seines Gegenübers reduzierten die Erfüllung der operativen Aufgabe im militärischen Bereich zu einer Routineaufgabe auf der Grundlage von »standing operation procedures«. US Navy und Air Force erledigten die äußere, geostrategische Abriegelung. Wäre Hussein aber bei der Dislozierung erster fremdgläubiger Bodentruppen auf arabischem Boden zur inneren Abriegelung sofort zur panzerstarken Offensive gegen die strategischen Basen in Saudi-Arabien und den Golfanrainerstaaten angetreten, hätten die leichten Infanteriekräfte der 82. (US) Airborne Division und die an Zahl weit unterlegenen panzerstarken Kräfte der Marines womöglich ein Waterloo erlebt, zumal auch die Kampfkraft und logistische Durchhaltefähigkeit der Luftstreitkräfte zu diesem Zeitpunkt eine erfolgreiche Verteidigung des zum Aufmarsch notwendigen Territoriums nicht ermöglicht hätten. Das hätte auch den Durchhaltewillen der Koalition im Kern getroffen. Wenn Schwarzkopf Risikobereitschaft im Golfkrieg zeigen mußte, dann war es in dieser Phase und dann hat dieses ihm in den ersten zwei bis drei Monaten die schlachtentscheidende Ausgangsposition geliefert. Seine Handlungsfreiheit in dieser Phase war begrenzt, denn andere Mittel als die für diese Aufgabe verfügbaren, unzureichenden Bodentruppen konnte ihm die militärstrategische Führung nicht zur Verfügung stellen.

2. Die **Mobilisierung**, eine klassische operative Aufgabe, war Aufgabe der politischen und militärstrategischen Führung. Schwarzkopf forderte die Kräfte an, die er für den Einsatz beurteilte, haben zu müssen, und die militärische obere Führung setzte seine Forderungen bei der politischen Führung durch und stellte ihm die Kräfte nach Erreichen der Kampffähigkeit zur Verfügung. Eine Aufteilung von Aufgaben, die im Angesicht eines Kriegsschauplatzes weitab vom Aufkommensort der Mob-Kräfte zwingend für z.B. out-of-area/out-of-regionEinsätze erscheint. Eine ähnliche Feststellung muß für die Aufgabe **Aufmarsch** gelten. Für den Aufmarsch der von Schwarzkopf angeforderten Kräfte waren die Oberbefehlshaber an den Aufkommensorten dieser Kräfte verantwortlich. Schwarzkopfs Verantwortlichkeit war die Anforderung und die Dislozierung dieser Kräfte mit Erreichen des KTO. Wenn auch die Führungsleistung bei der Koordinierung des Aufmarsches nicht unterschätzt werden soll, kann doch festgestellt werden, daß diese Aufgabenverteilung Schwarzkopf freimachte für die Vorbereitung des Schlachtfeldes.

3. Die **Dislozierung** nach Ankunft auf dem Gefechtsfeld mußte der ersten Aufgabe, Verteidigung saudi-arabischen Territoriums, aber auch der operativen Idee für die erste und zweite, heiße Phase des Angriffs entsprechen.

Die Grundzüge seines Operationsplanes müssen schon sehr früh Gestalt angenommen haben, denn die Dislozierung seiner Kräfte für die Verteidigung entsprach mit

Ausnahme der UK-Division seiner Täuschungsabsicht für die erste Phase und dem vorgesehenen Einsatz in der zweiten Phase. Mit ihr konnte er den frontalen Angriff vortäuschen und nach Ausschalten der irakischen Aufklärung seine Kräfte zum konzentrischen Ansatz verschieben.

4. Die **Führung großer Truppenkörper** von Koalitionen wird als charakteristische operative Aufgabenführung empfunden. Dieses verlangt eine besondere Befähigung des verantwortlichen Führers. Aus seiner Tätigkeit aus dem pazifischen Raum brachte Schwarzkopf dazu ausreichend Erfahrungen mit. Beim Taktieren mit den Kontingenten seiner arabischen Koalitionäre hat Schwarzkopf ein Höchstmaß an diplomatischem Geschick und ein Einfühlungsvermögen in arabische Mentalität an den Tag gelegt, das auf Weltläufigkeit schließen läßt und oftmals amerikanischen Militärs nicht nur im Vietnamkrieg abgesprochen wurde. Die arabischen Kontingente waren Teil seines Angriffsplanes. In Realität waren dabei Truppen zusammengefaßt, die entweder, wie die Syrer, gar nicht angreifen durften oder nur zum Schutz der islamischen Heiligtümer abgestellt waren. Ihre Angriffsziele wies er auch den Marines und der UK-Division zu. In dieser Ausprägung und im politischen Verständnis seiner Rolle hat sich Schwarzkopf als neuer Typus amerikanischer Heerführer vorgestellt. Die Einbindung seines saudi-arabischen Stellvertreters in die Pressekonferenzen mag auch ein Beleg hierfür sein.

Bei der Einbindung der Koalitionspartner, die für sich den Versuch unternahmen, eine eigenständige Position zu bewahren, muß es jedoch so reibungslos nicht abgegangen sein. Man muß es schon mit fehlender NATO-Erfahrung erklären, wenn Schwarzkopf glaubte, die 1.(UK)Division als willkommene Verstärkung seiner Marine Corps-Kräfte im Nebenstoß einsetzen zu können. Die Tatsache, daß das VII. (US)Korps erst im Dezember die Planungshoheit für die UK-Division für den Einsatz dieser Kräfte im Schwerpunkt erhielt, und der Kdr 1.(UK)Division Ende November — MARCENT unterstellt — noch beide Optionen in seinen Befehlen offenläßt, läßt auf die Intervention der britischen politischen Führung bis Dezember in diese Richtung schließen. Eine Verhaltensweise, die jedem NATO-erfahrenen Operateur bekannt gewesen wäre. Die Franzosen konnte Schwarzkopf z.B. bei ihrem Versuch eines selbständigen Luftkrieges wegen fehlender Mittel zum Durchhalten dieser eigenständigen politischen Position ausmanövrieren.

5. Die Entwicklung einer **Führungsorganisation** wurde in der NATO immer als eine zwar operative, aber typische Friedensaufgabe in Vorbereitung des Einsatzes verstanden. In der Auswertung seiner Erfahrungen in Grenada bezeichnet Vice Admiral Metcalf dieses als die wichtigste und erste Aufgabe bei Interventionseinsätzen entsprechend deren geringem Vorbereitungsgrad. Dies hatte Schwarzkopf dort gelernt. Die Führungsorganisation im Golfkrieg orientierte Schwarzkopf ganz eindeutig an seiner operativen Idee, darüber hinaus an den Zwängen, die sich aus der Führung von Truppenkörpern nicht kompatibler Führungs- und Einsatzgrundsätze, und den Zwängen, die die Beachtung von nationalen oder teilstreitkraftspezifischen Eigenheiten ergaben, um alle diese Elemente dem einen Willen des Oberkommandierenden und seiner operativen Idee unterzuordnen. Zur Vorbereitung der Entscheidung in der Schlacht hatte er den selbständigen Einsatz der Luftstreitkräfte vorgesehen. Aufgrund der

unterschiedlichen Einsatzverfahren, aber in Anbetracht der Dominanz der US Air Force war eine zentralisierte Führung dieses operativen Elements für die 1. Phase mit Zugeständnissen (z.B. Air Element Marine Corps) in der 2. Phase vorgesehen. Dies machte die Anwendung von NATO-Einsatzverfahren und die flexible Führung bei sich ändernden militärstrategischen Aufgabenstellungen möglich. Dies hatte allerdings eine fehlende Flexibilität bei taktischen Erfordernissen, z.B. bei der Unterstützung von Heeresoperationen in Krisenlagen, zur Folge. Dies hatte aber auch zur Folge, daß Verbündete wie Frankreich, die zu Beginn des Luftkrieges glaubten, einen eigenen Luftkrieg führen zu können, sehr schnell feststellen mußten, daß ihnen dazu die führungsmäßigen Voraussetzungen fehlten.

Die Zuordnung eines gleichberechtigten Land Component Commanders zur CENTAF unterhalb der CENTCOM-Ebene unterblieb. Alle Heereskräfte wurden CENTAF auf gleicher Führungsebene zugeordnet. Hier wurde eine Lösung gefunden, die von NATO-Regelungen deutlich abwich, aber der operativen Idee Schwarzkopfs und den Bedingungen der Koalitionsstreitkräfte im besonderen Maße entsprach. Die Funktion ARCENT muß in diesem Fall vielleicht differenzierter betrachtet werden. Während Desert Shield erfüllte ARCENT die klassische Aufgabe des Land Component Commanders im NATO-Sinne. Bei ARCENT waren alle Unterstützungselemente für alle Heeresteile zugeordnet bzw. unterstellt. Diese Aufgabe hat ARCENT auch während Desert Storm erfüllt, ohne daß dazu die übrigen Heerestruppen noch unterstellt waren. Das erklärt vielleicht auch die Stärke dieses Stabes vom 1.200 Offizieren. Bemerkenswert für die nachfolgende Operation Desert Storm ist dennoch die gleichberechtigte Anordnung dieser 3. Armee als ARCENT, das zwei Korps führte neben den als Korps gekennzeichneten Marine Corps-Kräften, den arabischen Kontingenten und den SOF-Kräften, die von einem Obersten bzw. Brigadegeneral geführt wurden, auf gleicher Führungsebene. Die Dienstgrade der Kommandierenden dieser Führungsebene reichten somit vom Oberst bis zum 3-Sterne-General. Zusätzlich trat das Oberkommando der Marinestreitkräfte hinzu und nominell wurden die beiden korpsähnlichen arabischen Elemente vom saudi-arabischen Prinzen Kahlid geführt. Als Ergebnis aber waren auf dieser Führungsebene die Elemente so angeordnet, wie es ihrer Rollenverteilung im operativen Konzept entsprach. Die Bewertung scheint erlaubt, daß die Rolle des Land Component Commanders nur nominell ARCENT zugedacht war. In Realität war Schwarzkopf der Land Component Commander. In letzter Konsequenz hätte der Oberbefehlshaber auf dieser Führungsebene nur noch seine Kriegsschauplatzreserve in Divisonsstärke ansiedeln müssen, um eine komplette Projektion seiner operativen Idee, aber auch der Reichweite seiner Idee — zunächst nur bis zur Befreiung Kuwaits — zu liefern. Für die reibungslose Durchführung seines vorgefaßten Operationsplanes war die gefundene Führungsstruktur optimal. Aber eben nur für diese Idee und die ihr zugrundeliegende Aufgabenstellung — eine Verallgemeinerung und Anwendung z.B. als neue NATO-Struktur ist unreflektiert nicht möglich. Ihre Flexibilität in nicht vorhersehbaren Situationen z.B. hat Schwarzkopf besonders in der Zuordnung von Luft- und Landmacht nicht beweisen müssen. Das hätte ihm eine Meisterleistung beim Führen in der Schlacht abgefordert. Diesen Beweis ist er uns schuldig geblieben.

6. Ein weiteres Feld operativer Führung von koaliierten Armeen aller Teilstreitkräfte ist das einheitlicher **Führungs- und Einsatzverfahren**. Die Lösung dieses Problems war ebenfalls Bestandteil seiner operativen Idee. Schlachtentscheidende Aufgaben wies er den nach US-Doktrinen oder NATO-Einsatzverfahren zu führenden Elementen zu. Elemente, die diesen Anforderungen nicht gerecht wurden, wurden entweder, wie die arabischen Luftkriegsmittel durch eine auf das einzelne Waffensystem zielende zentralisierte Aufgabenzuweisung integriert oder erhielten zusammengefaßt, wie die JTF-N und JTF-E, nur untergeordnete oder die operative Idee nicht gefährdende Aufgaben. So hatte die JTF-E lediglich den Auftrag, irakische Kräfte in einem schmalen Gefechtsstreifen zwischen dem Meer und den Marines zu binden. Die der JTF-N zugewiesenen Angriffsziele waren im Osten deckungsgleich mit denen der Marines, im westlichen Teil deckungsgleich mit denen der UK-Division. Die Integration der französischen Landstreitkräfteelemente erreichte er durch die Unterstellung auf der taktischen Ebene eines US-Korps in der Nebenaufgabe des wenig riskanten Flankenschutzes und unter Einsatz einer Vielzahl von Verbindungsoffizieren. Der Golfkrieg wurde auf der Grundlage der die Operation dominierenden Einsatzgrundsätze der US-Streitkräfte geführt und gewonnen. NATO-Einsatzverfahren und die Regelung von Unterstellungsverhältnissen nach NATO-Standards waren in der Durchführung hilfreich. Insofern hat eine Führung im Sinne von combined operations, bei der einheitlich und gemeinsam alle Elemente auf ein operatives Ziel ausgerichtet werden, nicht stattgefunden. Es war das Gefecht der US-Streitkräfte unter Beteiligung und Duldung von Elementen anderer Nationen.

7. Die wertende Betrachtung der **Operationsplanung und -idee** operativer Führer ist mit einer Vielzahl historisch entwickelter Merkmale belegt. Unter anderem sind dies: dem Willen des Gegners den eigenen unabhängigen entgegensetzen; Gewinnen von Handlungsfreiheit durch Initiative; Risikobereitschaft, Planung ins Ungewisse; Führen mit Weisungen; Täuschung; Bestimmen des schlachtentscheidenden Mittels und des Zeitpunktes des Einsatzes; der Takt des Urteils bei der Beurteilung der nicht quantifizierbaren Einflüsse des Gefechts im Sinne Moltkes; die innovative, über den Zeitgeist hinausreichende Beurteilung und der Einsatz von Kriegsmitteln; die direkte oder indirekte Vorgehensweise usw., usw.

Das Grundmuster der Operationsplanung war bereits als traditionell gekennzeichnet worden: Eingrenzung des Schlachtfeldes, hinreichender Ausgleich des Nachteiles der äußeren Linie, Vorbereiten der Entscheidung auch zum Zweck der Verlustminimierung, Herbeiführen der Entscheidung zur Kriegsbeendigung. Wenn denn von operativer Führungskunst gesprochen werden soll, war es Schwarzkopfs Einschätzung der militärischen Fähigkeiten seines Gegenübers Hussein, seine Einschätzung des Gefechtswertes der ihm gegenüberliegenden »kriegserprobten« irakischen Landstreitkräfte und der erstmalig erfolgreich unternommene Versuch, mit konsequentem Einsatz von verlustminimierenden Hi-Tech-Kriegsmitteln die Entscheidung so vorzubereiten, daß nur noch ein weitestgehend führungs- und damit bewegungsunfähiger Feind vom Schlachtfeld abgeräumt werden mußte. **Schwarzkopf wird historisch in die Entwicklung vom schlachtentscheidenden Ansatz der Panzerwaffe im Zweiten Weltkrieg hin zum operativen Konzept des Kampfes gegen die feindliche Füh-**

rung als schlachtentscheidendes Mittel eingereiht werden. **Er hat dieses Konzept als Erster erfolgreich praktiziert.** Der Golfkrieg war dennoch kein reiner Technologiekrieg, der Grundstein seines Erfolges aber waren der konsequente Einsatz dieser Mittel in allen Bereichen, auf jeder Führungsebene sowie taktischer und strategischer Mittel im Verbund abweichend von überkommenen, an Führungsebenen und teilstreitkraftorientiertem Denken, einzig und allein gemessen am Erfolg im ausgemachten operativen Ziel. Damit hat Schwarzkopf seinen unabhängigen Willen dem seines Gegenüber entgegengesetzt.

Dem Kern seiner operativen Absicht entspricht die Ausprägung von Jointness in seinem Konzept. Luftstreitkräfte bereiten die Entscheidung vor und erreichen definierte Kriegsziele außerhalb des UN-Mandates, Seestreitkräfte riegeln den Kriegsschauplatz ab und stellen ihre Luftkriegsmittel den Luftstreitkräften zur Entscheidungsvorbereitung zur Verfügung, Landstreitkräfte »pflanzen« schließlich die kuwaitische Flagge wieder in das befreite Territorium. Dieses Verständnis vom Zusammenwirken der Teilstreitkräfte entsprach den Bedingungen des Konfliktszenarios und war erfolgreich. Für zukünftige Diskussionen über die richtige Jointness kann nur angemerkt werden, daß es die richtige nicht gibt, sondern nur eine der operativen Aufgabenstellung angemessene. Es darf dennoch angemerkt werden, daß die US-Streitkräfte im Golfkrieg dem Nachweis ihrer ehrgeizigen Forderung nach verbundenen Land-Luftkriegsoperationen während des Landkrieges schuldig geblieben sind. Ein solcher Verbund wurde weder im Aufklärungsverbund erreicht, noch konnte er bei der Unterstützung schnell ablaufender Heeresoperationen demonstriert werden. Er war auf diesem Gebiet offensichtlich auch gar nicht vorgesehen. Aus nicht nachvollziehbaren Gründen waren die Luftwaffenverbindungselemente auf der Ebene ARCENT, den anderen US-Korps und teilweise darunter nicht einmal besetzt. Als Grund dafür wird Personalmangel genannt, eine Erklärung, die nicht nachvollziehbar ist, wenn man weiß, daß der ARCENT-Stab sich im Laufe des Konfliktes von einer vorgesehenen Stärke von ca. 200 Mann auf insgesamt 1.200 Mann vergrößerte und teilweise gleichzeitig damit vier Gefechtsstände betrieb. Dort nämlich, wo die Fähigkeit zur Führung solcher verbundenen Luft-Landkriegsoperationen bestand — beim US Marine Corps —, war das Personal vorhanden und wurden solche Operationen mit Mitteln auch der US Air Force geführt. Es war wohl demnach auch die fehlende Fähigkeit und der Wille zur Führung solcher Operationen.

Zu Risikobereitschaft, der Planung ins Ungewisse wurde bereits ausgeführt. Die **OR-Unterstützung** war vom personellen und vom hardware-Umfang her beträchtlich. Das Datenaufkommen im Luftkrieg und das nahezu eindimensionale Operationsgebiet der Landstreitkräfte von geringerer Komplexität haben den Einsatz dieser Planungshilfen begünstigt. Schwarzkopf konnte den Kulminationspunkt der Schlacht und damit den Beginn des Landkrieges berechnen. Dem Wägen, das dem Wagen vorausgeht, war damit die mystische Dimension genommen.

8. Das **Führen mit Weisungen** und die Anwendung der **Auftragstaktik** ist im deutschen Verständnis Charakteristikum operativer Führung. Die Auftragstaktik ist als Lehnwort in die Grundlagen der Truppenführungsvorschrift der US Army übernommen worden. Die Aufgabenzuweisung Schwarzkopfs an seine operativen Elemente

entsprach Weisungscharakter. Die Luftstreitkräfte selbst wurden auf der Basis der Befehlstaktik geführt. Die Aufgabenzuweisung an die Heereselemente durch CENTCOM hatte Weisungscharakter. In Anbetracht der ungewöhnlich langen Zeit, die für die Operationsplanung unterhalb der CENTCOM-Ebene zur Verfügung stand, wurden die Stäbe angewiesen, Möglichkeiten der Aufgabendurchführung zu untersuchen. Divisionskommandeure haben sich auf der Grundlage der Absicht der übergeordneten Führung ihre Aufträge teilweise selbst formuliert. Sehr zum Erstaunen nachgeordneter Truppenführer hat Schwarzkopf beim Vortrag der Operationspläne nicht ändernd eingegriffen. Diese Ausformung der Auftragstaktik hat aber auch zu Unsicherheit, mindestens aber zu Erstaunen in solchen Teilbereichen geführt, die vom Übergang von der Befehlstaktik zur Auftragstaktik gekennzeichnet sind. Der Stab der 1.(UK)Division fühlte sich irritiert und überfordert, eine Operationsplanung auf der Grundlage von 79 vom VII. (US)Korps vorgegebenen Einsatzoptionen durchzuführen. So enthält die Planungsweisung der UK-Division von Ende Januar kurz vor Beginn der Verlegung der Division in einsatznahe Verfügungsräume nicht einen Entschluß und entsprechende Auftragsziffern, sondern die Darstellung unterschiedlicher möglicher Aufträge an die Division, die im Kontext der Auftragstaktik nur verständlich erschienen, wäre die 1.(UK)Division Korpsreserve gewesen, die sie aber aus anderen Gründen nicht war. Die Frage der Anwendung der Auftragstaktik ist dann noch einmal zu untersuchen, wenn der 360 Seiten starke Operationsbefehl z.B. des VII. (US)Korps zur Auswertung zur Verfügung stehen wird.

9. Operative Führung im Golf war **Führen zur und in die Schlacht. Führung in der Schlacht** hat Schwarzkopf im Luftkrieg praktiziert, bei der Landkriegsoperation, deren Dauer er auf 6 Tage veranschlagte, hatte er dieses nicht vorgesehen. Er sah seine Aufgabe mit Herausgabe des Operationsplanes für die Landstreitkräfte bis zum Nehmen Kuwaits als erledigt an. Die vorgesehene Dauer entsprach seinem operativen Planungshorizont. Seine Kriegsschauplatz-Reserve war bereits im Zuge der Operationsplanung phasenweise zugeteilt, die Durchführung der Operation war Aufgabe der taktischen Führung. Für einen Einsatz über die Befreiung Kuwaits hinaus soll es keine Anschlußoperationspläne gegeben haben, zumindest die amerikanischen Heeresverbände wären dazu aus logistischen Gründen auch nicht in der Lage gewesen. Zur weiteren Abriegelung von Ausbruchsversuchen der republikanischen Garden kurz vor Waffenstillstand gab es keine Eventualplanung. Hier gab es eine längere Zeit der Unsicherheit der Führung, die diese Versuche der republikanischen Garde teilweise gelingen ließen. Es ist Schwarzkopf nicht gelungen, die republikanischen Garden zu zerschlagen. Ursachen, weshalb die 24.(US)Division nicht rechtzeitig die Ausweichwege bzw. eine wichtige Brücke nahmen, lassen sich nur erahnen. Festzustellen ist in diesem Teilbereich ein Nichterreichen des vorgegebenen Zieles. Diese ausgewichenen Kräfte waren der Grundstock für den Neuaufbau der irakischen Armeen und sie wurden schon 14 Tage später zum Kampf gegen aufständische Kurden eingesetzt.

10. Als Aufgabe operativer Führung hat Schwarzkopf bei der zur Verfügung stehenden Zeit die **Ausbildung** empfunden. Dieses schlägt sich u.a. durch Bildung eines Ausbildungskommandos in seiner Führungsorganisation während Desert Shield

unterhalb CENTCOM nieder. Nie ist eine Truppe und ihre in Plan- und Rahmenübungen ausgebildeten Führer so vorbereitet worden und konnte damit ein solches Selbstbewußtsein entwickeln wie die im Golf eingesetzten Truppen. Ausbildung als operative Führungsaufgabe verdiente ein extra Kapitel. Schwarzkopf hat den Nachweis erbracht, daß eine gutausgebildete Truppe manchen Mangel in der Ausrüstung überwinden kann und Ausbildung auch im Zeitalter von Hi-Tech-Waffen einen hohen Stellenwert hat.

11. **Logistik** ist eine operative, militärstrategische und auch politische Aufgabe, soweit z.B. andere als militärische Bereiche gefordert sind. Einzelheiten der Dimension der logistischen Aufgabe wurden in anderen Beiträgen abgehandelt. Nur durch logistische Sicherstellung einer Operation von 60 Tagen glaubte Schwarzkopf, den Nachteil der äußeren Linie ausgleichen zu können. Die Bewältigung dieser Aufgabe hat bei den amerikanischen Streitkräften eine gute Tradition. Die Aufgabe wurde mit Bravour unter Nutzung aller Ressourcen geleistet. Die Ausstattung der Streitkräfte mit Material und der Einsatz von Personal erreichte ein Vielfaches des im Frieden für solche Einsätze vorgesehenen Umfangs. So wurde z.B. die 1.(UK)Division durch alle für die gesamten britischen Streitkräfte verfügbaren Ärzte und Sanitätskräfte unterstützt. Ähnliches gilt auch für die US-Streitkräfte. Die Operation hätte ohne den unbeschränkten host nation support der Saudis allerdings genausowenig durchgeführt werden können wie ohne die logistische Basis Europa und die Unterstützung der heimatlichen militärstrategischen Führung. Insofern haben sich die Dimensionen der Logistik als operative Aufgabe entscheidend in die übergeordneten Handlungsebenen ausgeweitet.

Zu den übergeordneten Aspekten operativer Führung treten Ausprägungen bei den operativen Elementen der beteiligten Teilstreitkräfte.

Aspekte operativer Führung bei den Landstreitkräften

Ausprägungen operativer Führung auf den Führungsebenen unterhalb CENTCOM nehmen bei den Landstreitkräften sehr schnell ab. In der US-Doktrin ist die Führungsebene Korps, wenn nicht besondere Rahmenbedingungen der militärstrategischen Aufgabenstellung dieses vorgeben, wie z.B. in Grenada oder Panama, eine taktische Ebene. Dies gilt im besonderen Maße für den Golfkonflikt. Es sollen deshalb Aspekte operativer Führung bei den Landstreitkräften nur dort betrachtet werden, wo Erscheinungsformen operativer Führung als Bindeglied zwischen militärstrategischer und taktischer Führung durchblicken. Damit ist die generelle Aussage nicht aufgehoben, daß operative Führung nicht per se an eine Führungsebene gebunden werden kann. Das Beispiel der UK-Division macht allzusehr deutlich, daß deren Einsatz Grundzüge operativer Führung aufwies. Mit seiner Operationsplanung als Element des VII. (US)Korps und in der Durchführung mußte MG Smith sicherstellen, daß der Beitrag seiner Division unverzichtbarer Teil des Erfolgs der Landkriegsoperation wurde, um das von der britischen politischen Führung angestrebte Kriegsziel der Aufwertung als unverzichtbarer Bündnispartner zu erreichen. Er war in diesem Sinne ein operativer Führer und er hat sein Ziel erreicht.

ARCENT, auch als 3rd Army bezeichnet, war mehr wegen der Leitungsspanne, des Planungshorizontes und des Einsatzes im Schwerpunkt eine **Führungsebene operati-**

ver **Dimension,** weniger weil hier etwa strategische und technische Kompetenz zusammenfielen. Er führte zwar Koalitionskräfte, es mangelte ihm aber eindeutig an der Fähigkeit zur Führung z.B. von verbundenen Land-Luftkriegsoperationen, die bei CENTCOM lag. Aufgaben operativer Führung nahm die 3rd Army allerdings während Desert Shield als Theater-Army z.B. beim Host Nation Support für alle Teilstreitkräfte etc. wahr.

Joint operations im Sinne verbundener Operationen haben im Landkrieg nur beschränkt stattgefunden oder waren dort, wo sie unabdingbare Leistungen bringen sollten, ein Fehlschlag. Für das VII. (US)Korps waren von ca. 3.000 Sorties der Luftstreitkräfte am ersten Tage des Landkrieges 65 Sorties TAR und CAS vorgesehen. Dies belegt schon an Zahlen, daß die Unterstüzung des Heeres durch die Luftstreitkräfte in anderer Weise, nämlich durch eigenständige Luftkriegsoperationen vorwärts der FSCL und auch ohne Einwirkungsmöglichkeiten der Heerestruppenführer auf diese Planung vorgesehen waren und durchgeführt wurden. Close air support wurde ohne ALO und FAC jenseits des Beobachtungs- und Wirkungsbereiches der Heereskräfte, meistens jenseits der FSCL geflogen und damit vom Heer als BAI empfunden.

Das Heer wurde in diesem Bereich durch die Luftstreitkräfte im Schwerpunkt beim Zerschlagen von Artilleriekräften unterstützt, die wegen ihrer möglichen C-Kapazität allerdings von operativer Bedeutung waren. Die unmittelbare Unterstützung aus der Luft gegen die feindlichen Angriffsspitzen bzw. Panzer, wurde durch Heeresfliegerkräfte des Heeres selbst und hier aus dem dafür reservierten gefechtsfeldnahen Luftraum geleistet. Damit minimierte sich die Problematik der Luftraumordnung. Dadurch wurde ein erhöhter Koordinationsaufwand auf ein Minimum reduziert, das optimale Mittel für die jeweilige Situation eingesetzt und eigene Kräfte so wenig wie möglich dem Risiko gegenseitiger Bedrohung ausgesetzt. Da im Bereich MARCENT allerdings anders verfahren wurde, hat auch die Beurteilung, daß es an Führungsfähigkeit gemangelt habe, ihren Stellenwert. Dies gilt es für die Übertragung auf andere Konfliktscenarien zu beachten.

Der Aufklärungsverbund zwischen strategischer Aufklärung wie z.B. JSTARS, Satellitenaufklärung sowie luftgestützter Aufklärung der Luftwaffe und des Heeres ist in den Doktrinen der US-Streitkräfte klar vorgezeichnet. Die vorgesehene Lageaufklärung für das Heer wurde allerdings nicht im vorgesehenen und auch nötigen Umfang geleistet. Bei der Aufgabenstellung an JSTARS und AWACS war das Heer im Verteilungskampf um ein Aufklärungsmittel, das organisch zur Luftwaffe gehörte, unterlegen, da diese mit erster operativer Priorität zur Zielaufklärung für die Luftwaffe und zum Führen von Luftkriegsoperationen eingesetzt wurden. Das Informationsmanagement der Datenfriedhöfe der zentralisierten Aufklärung lieferte den Landstreitkräften nicht die Aufklärungsergebnisse, die notwendig gewesen wären, um den Landkrieg gegen einen Gegner zu gewinnen, der ein Mindestmaß an Widerstand gezeigt hätte. Beispiele aus dem Bereich MARCENT, das sich taktische Aufklärungsergebnisse über die vordersten irakischen Stellungen durch Verbindungsoffiziere aus Washington bis kurz vor Angriffsbeginn besorgte, sind genauso kennzeichnend wie die Überraschung der Spitzen der 1.(UK)Division, die im Angriff auf starke feindliche Panzerkräfte stießen, die ihren Angriff zum Erliegen gebracht hätten, hätten sie denn das

Gefecht aufgenommen. Diese Kräfte hatten ihre Stellungen mindestens 48 Stunden vor Angriffsbeginn bezogen. Drohnenaufklärungsergebnisse selbst mit Echtzeitinformationen konnten hier ebenfalls keine Abhilfe verschaffen, weil, auf der Divisionsebene aufgehängt, eine zeitverzugslose Verteilung nicht möglich war, oder — Arabesken sind immer möglich — das Display einer RPV der US Marines direkt in das Führungsfahrzeug des auf Kuwait City vormarschierenden Brigadekommandeurs eingebaut war.

Täuschung als Ausprägung operativer Führung großer Truppenkörper haben in der operativen Führung der US-Doctrin einen hohen Stellenwert. Im Rahmen der Operation »Hail Mary Play« wurde das VII. (US)Korps und das XVIII. (US)Korps zwei Wochen nach dem Beginn des Luftkrieges und mit Abschluß Mitte Februar nach westlich des Wadi al Batin verlegt. Die Gefechtsstände wurden durch Funk weiterhin vorgetäuscht, den Medien als einzig noch intaktem irakischen Aufklärungsmittel wurden Artilleriekräfte z.B. der UK-Division im Feuerkampf im ursprünglichen Einsatzgebiet vorgeführt, bevor auch diese als letzte verlegten. Eine Täuschung über das gesamte elektronische Spektrum war nicht notwendig, da es dem Irak an Aufklärungskapazität fehlte. Unter diesen Umständen war es möglich, den Gegner von Ende Januar bis zum Beginn des Landkrieges zu täuschen. Das Ausmaß dieser Operation und die Dauer ist erstaunlich, die Rahmenbedingungen allerdings sind aber zumindest als sehr günstig zu bewerten. Eine höchst riskante Operation als unabdingbare Voraussetzung für den Landkrieg, die allerdings erst in Szene gesetzt wurde, als der Irak keine Augen mehr hatte und sie sich auch nicht mehr hätte beschaffen können. Ein Glück auch, daß die Sowjets den Irakern erst kurz vor Beginn des Landkrieges Satellitenaufnahmen zur Verfügung stellten, um Hussein zum Einlenken zu bringen, die diesen aber in einem geistigen Zustand antrafen, diese Hardware dem Reich des Bösen zuzuordnen.

Die **Bestimmung des schlachtentscheidenden Mittels** hat operativen Charakter. Schwarzkopf hatte panzerstarke Verbände der Central Region dazu für unerläßlich gehalten. In der Duellsituation ist der Panzer die einzige durchsetzungsfähige Waffe gegen den feindlichen Kampfpanzer. Zur Optimierung besonders des Panzerschutzes wurden erhebliche Anstrengungen unternommen. Die Rolle des schlachtentscheidenden Mittels im Sinne Guderians, die ihm auch zugedacht war, wurde ihm bei Entwicklung der Landkriegsoperation entrissen.

Der Durchschnittsmunitionsverbrauch der Panzer der 1.(UK)Division bei 360 km Angriff lag bei 12–15 Schuß. Insgesamt feuerten alle 2.000 Kampfpanzer des VII. (US)Korps ca. 18.000 Panzergranaten, mithin jeder im Durchschnitt 9 Schuß. Bei der Anzahl der noch auf dem Gefechtsfeld vorhandenen Kampfpanzer müssen demnach auch eine hohe Zahl nichtgepanzerter, halbharter oder weicher Ziele beschossen worden sein. »Panzerschlachten« können nicht stattgefunden haben. Die 174 Kampfhubschrauber dieses Korps verschossen dagegen bei einer Trefferwahrscheinlichkeit von nahezu 90 Prozent ca. 1.800 PzAbwRaketen, mithin im Durchschnitt neun Schuß, mit Masse vom Typ Hellfire, den Panzern voraus. Die Erfolgszahlen der Luftstreitkräfte aus dem Luftkrieg hinzugerechnet, macht dieses nahezu die irakischen Gesamtverluste an Panzern aus. Beim Abräumen des Gefechtsfeldes haben die luftbeweglichen

Kampfhubschrauber somit den Kampf gegen den feindlichen Panzer geführt und gewonnen. Eine dem Kommandeur 24.(US)ID zugeschriebene Aussage beschreibt dieses am besten. Es sei demoralisierend gewesen, wie die Kampfhubschrauber den Panzern die Ziele weggeschossen hätten, und die Bekämpfung der noch übrigen Kampfpanzer sei spätestens am 2. Kriegstag als Truthahnschießen empfunden worden und teilweise abgelehnt worden. Schlachtentscheidendes Mittel des Landkrieges waren die Kampfhubschrauber, nicht auf Panzerabwehr optimiert, sondern für den vernichtenden Kampf gegen den feindlichen Kampfpanzer konzipiert. Wenn es auch die Besonderheiten der Luftlage zu berücksichtigen gilt, hat uns die fortschreitende Technik — um mit Guderian zu formulieren — dennoch einen Fingerzeig gegeben, daß eine Qualitätsveränderung des Landkrieges in der Luftmechanisierung liegen wird. Damit hat der Golfkrieg nicht den endgültigen Beweis geliefert, daß der Kampfpanzer keine Zukunft habe. Keine Zukunft hat eine um den Kampfpanzer als einziges schlachtentscheidendes Mittel gebaute Konzeption eines Heeres.

Aspekte der Luftkriegführung

Im folgenden Abschnitt werden die Erkenntnisse des Golfkrieges aus Sicht der operativen Führung von Luftstreitkräften bewertet. Wegen der gegenüber dem Landkrieg vergleichsweise längeren Periode der Luftkriegsoperationen sind hierbei die Erkenntnisse vielschichtiger. Deshalb werden in der Folge auch Teilaspekte betrachtet, die in ihrer konzeptionellen Umsetzung Auswirkungen auf die operative Planung und Führung von Luftkriegsoperationen haben dürften.

Übereinstimmung von politischer und militärischer Zielsetzung

Für den Einsatz von Luftstreitkräften hat sich der Konsens der militärischen und politischen Führung der wichtigsten zusammenwirkenden Koalitionspartner sehr positiv ausgewirkt. Er ermöglichte die Nutzung der Fähigkeiten von Luftstreitkräften »nach dem Lehrbuch«. Die politischen Zielsetzungen ließen es zu, daß sich Luftmacht klassisch entfalten konnte:

— Die Zielsetzung der Befreiung Kuwaits ermöglichte den Einsatz des offensivfähigen Potentials von Luftstreitkräften.
— Die Zielsetzung der Zerstörung der irakischen Massenvernichtungswaffen und ihrer Produktionsstätten, sowie die Absicht, das gesamte Militärpotential des Irak möglichst schnell und wirksam zu dezimieren, zwang zu einem offensiven Luftkrieg mit starken Kräften.
— Die Befürchtung eines irakischen Angriffs mit Massenvernichtungswaffen ließ keine Alternative zu Luftkriegsoperationen gegen die dafür möglichen Einsatzmittel, also die Boden-Boden-Raketen und die Luftkriegsmittel, und damit zu einer intensiven Counter-Air-Kampagne zu.
— Die Absicht zur Minimierung eigener Verluste führte zwangsläufig zu Planung und Durchführung der für den Gesamterfolg unverzichtbaren massiven Luftkriegsoperationen, vor allem der Kampagne gegen das Führungs-/Luftverteidigungs- und Aufklärungspotential des Gegners, also Counter C3I und SEAD.

Unter diesen, für Luftkriegsoperationen quasi »idealen« Vorgaben der politischen und militärischen Führung konnte der Luftkrieg insbesondere wegen der irakischen Passivität weitgehend ungestört durchgeführt werden.
Die Interessengleichheit zwischen politischer und militärischer Führung in der Luftkriegführung war jedoch nicht immer vollständig gegeben. Die besondere politische Bedeutung der Ausschaltung der Scud-Bedrohung führte, wie schon erwähnt, zu einer Änderung der Prioritätensetzung in der Luftkriegführung.
In einem anderen Beispiel wurde ein Entscheidungsvorbehalt von politischer Seite für Angriffe gegen Ziele in Stadtgebieten eingeführt.
Nur der Umstand, daß zum Zeitpunkt dieser Eingriffe die wesentlichen Zielsetzungen des Luftkriegs bereits erfüllt waren, erklärt, weshalb aus diesen Einschränkungen von politischer Seite keine weiterreichenden negativen Folgen für die Gesamtkriegführung entstanden.

Das erweiterte Verständnis von »Jointness«

Die Kommandostruktur der Koalitionsstreitkräfte hatte sich neben den operativen Notwendigkeiten an den Bedürfnissen einer in dieser Form noch nicht praktizierten multinationalen Streitmacht mit eigenen nationalen Interessen zu orientieren. Die Lösung wurde in einem teilstreitkraftübergreifenden und multinationalen Oberkommando gefunden, das die Operationen »joint and combined« plante.
In den nachgeordneten Führungsebenen gab es keine derartige Planung mehr, die Teilstreitkräfte führten ihre Operationen zur Erfüllung der von CENTCOM vorgegebenen übergeordneten Zielsetzung voneinander weitgehend unabhängig durch. Dies mußte aus politischen Gründen in Kauf genommen werden, denn nur eine starke Zentralisierung der Führung konnte im vorgegebenen Umfeld erfolgversprechend sein.
Im Verständnis der NATO-Landstreitkräfte ist ein wichtiges Merkmal einer operativ führenden Ebene das Zusammenwirken der Teilstreitkräfte bei Planung und Führung von Operationen. Dieses war am Golf nur auf der obersten Ebene, CENTCOM, verwirklicht. Damit wurden Operationen, die nicht nur zwischen den beteiligten Nationen, sondern auch den beteiligten Teilstreitkräften abgestimmt geplant werden mußten, nicht in einem Maße koordiniert, wie dies vergleichsweise die NATO-Kommandostruktur zuläßt.
Die mangelnde Abstimmung in nachgeordneten Planungs- und Führungsebenen hat aufgrund der irakischen Passivität nicht zu extremen negativen Folgen geführt. Die aufgetretenen Probleme bei der Unterstützung der Landstreitkräfte durch die Luftstreitkräfte in der Phase des schnellen Vormarsches dürften jedoch auch auf diesen organisatorischen Mangel zurückzuführen sein.
Das besondere politische Umfeld ließ keine aus militärischer Sicht optimale Organisation zur Abstimmung der Planung von Operationen zwischen den Teilstreitkräften zu. Bei Auswahl und Einsatz der Luftkriegsmittel hingegen wurde eine bislang nicht praktizierte Flexibilität erreicht. Sie orientierten sich weitgehend an der Zielsetzung bzw. dem erwünschten Zielerreichungsgrad und weniger daran, welcher »Organisationsform« das jeweilige Luftkriegsmittel unterstand.

Dieses Vorgehen, das unter dem Verständnis einer erweiterten »Jointness« bekannt wurde, hat sich als sehr effektiv erwiesen. Der Grad der Möglichkeiten zur Planung und Durchführung von »Joint-Operations« war im Golfkrieg dem politischen Umfeld und der Konfliktsituation angemessen und hat sich weitgehend bewährt. Für künftige Konflikte ist die Lehre zu ziehen, daß es keine für jeden Eventualfall ideale multinationale und teilstreitkraftübergreifende Organisation geben kann. Wichtig ist, daß die Führungsstruktur für jeden Konflikt die unterschiedlich ausgeprägte Abstimmung zwischen den Teilstreitkräften ermöglicht und daß die übergreifende wirkungsorientierte Nutzung der Waffen- und Führungssysteme möglich ist.

Vorplanung von Operationen
Die lange Zeit von Desert Shield bis Desert Storm konnte zur intensiven Planung des Luftkrieges genutzt werden. Nur so läßt sich auch die neue Dimension bei der flexiblen, wirkungsoptimierten Nutzung von Luftkriegsmitteln erklären.
Die starke Zentralisierung bei der Planung und das Fehlen weiterer nachgeordneter Planungsebenen führten zu einer zentralen Ablaufplanung der Operationen, zur Herausgabe von mehreren hundert Seiten starken Einsatzbefehlen (Air Task Orders) und Raumordnungsbefehlen (Air Space Coordination Orders). Die Ausplanung derart komplexer Operationen konnte nur mit Hilfe von Computern geschehen, ebenso wie die Entflechtung der Masse der Kriegsmittel der verschiedensten Nationen und Betreiber. Ein derartiges »tasking« wurde bislang in diesem umfassenden Ausmaß noch nie angewandt, es war bisher auf einige besondere Einsatzmittel, etwa strategische Kräfte begrenzt.
Die nicht ausreichende Interoperabilität der Führungssysteme, selbst zwischen den Teilstreitkräften der USA, führte dazu, daß der umfassende, zentrale Einsatzplan nicht immer auf zeitverzugsarmem Weg über Datenleitung, sondern nur in Form einer »Hard Copy« verteilt werden konnte.
Umfassende und weit vorausschauende zentrale Planung und die direkte Umsetzung in Einsatzbefehle auf oberster Führung mögen für die Situation am Golf ein maßgeschneiderter Kompromiß gewesen sein. Der Erfolg der Luftkriegsoperationen allein sagt jedoch nicht unbedingt etwas aus zur generellen Anwendbarkeit dieses Prinzips. Lediglich die schnelle Erringung der Luftherrschaft führte dazu, daß dieses Planungs- und Befehlsgebungssystem nicht wirklich auf seine Flexibilität hin überprüft wurde.
Es ist aber wahrscheinlich, daß bei effektiven gegnerischen Operationen das fein abgestimmte Konzert der Koalitions-Luftkriegsoperationen schnell aus dem Takt geraten wäre. Mangels einer Planungsebene, die näher am Geschehen hätte nachsteuern können, hätten so vielleicht schon kleinere Störungen den Gesamterfolg des Luftkrieges erheblich beeinflussen und zu weit größeren Verlusten führen können.
Vor einer kritiklosen Übernahme der vordergründig erfolgreichen Planungsmechanismen für Luftkriegsoperationen auf andere Konstellationen und für die Zukunft muß daher gewarnt werden. Führungsorganisation und Planungsverfahren sind jeweils der Lage entsprechend und in Übereinstimmung mit der beabsichtigten eigenen Operationsführung maßzuschneidern, um effektiv zu sein.

Nachrichtengewinnung und Aufklärung

Nachrichtengewinnung und Aufklärung besaßen bei den Luftstreitkräften der Koalition in allen Phasen des Golfkrieges einen hohen Stellenwert. Sie waren Grundlage für Planung, Befehlsgebung und Durchführung von Luftkriegsoperationen.
Dazu mußten Informationen für eine allgemeine Lageübersicht gewonnen werden, die in Schwerpunkten periodisch zu aktualisieren war. Für die detaillierte Missionsplanung der Kampf- und Unterstützungsflugzeuge mußten Zielaufklärungsergebnisse verfügbar sein, und bei komplexen oder mobilen Zielen mußte eine Zieleinweisung erfolgen. Die Gefechtsstände der Luftstreitkräfte auf CENTAF- und Verbandsebene benötigten Schadensaufklärungsergebnisse für die Einsatzplanung.
Die für diese Aufgaben verfügbaren Aufklärungsmittel beschränkten sich nicht nur auf die Luftstreitkräfte und folgten auch nicht mehr der üblichen Kategorisierung in strategische und taktische Aufklärungsmittel. Es wurde vielmehr — der Vorstellung von der »neuen Jointness« folgend — das bestgeeignete und verfügbare Aufklärungsmittel ohne Rücksicht auf Zugehörigkeit zu Nationalität, Teilstreitkraft und originärer Zugehörigkeit zu einer Führungsebene eingesetzt.
So war die Satellitenaufklärung beispielsweise eine wichtige Voraussetzung zum Einsatz des Luftverteidigungssystems Patriot. Das Aufklärungs- und Zieleinweisungssystem JSTARS lieferte Daten für die direkte Bekämpfung irakischer Landstreitkräfte durch Kampfflugzeuge der Koalition. Taktische Luftaufklärungsflugzeuge klärten Ziele auf, wiesen nachfolgende Gegenangriffsinformationen in Ziele ein und erflogen Aufklärungsergebnisse vom Schadensausmaß.
Probleme gab es vor allem in der ausreichenden Verfügbarkeit taktischer Luftaufklärungsflugzeuge für die Zielaufklärung (z.B. der Scud-Einsatzstellungen) und die Schadensaufklärung (z.B. der Flugplatzanlagen), aber auch in der Abhängigkeit einiger Aufklärungssensoren von guten Wetterbedingungen und im Informationsmanagement. Dies hatte zur Folge, daß bereits zerstörte Ziele erneut angegriffen wurden und es versäumt wurde, nicht hinreichend zerstörte Ziele wieder anzugreifen. Schließlich gelang es nicht im erforderlichen Umfang, die Scud-Flugkörperstellungen rechtzeitig aufzuklären und Täuschziele von echten Stellungen hinreichend sicher zu unterscheiden.
Es hat sich gezeigt, daß umfassende aktuelle Kenntnis vom Gegner und seinen Fähigkeiten unverzichtbar für die Operationsführung der Luftstreitkräfte war. Für zukünftige Konflikte muß ein angemessenes Potential an leistungsfähigen Mitteln zur Nachrichtengewinnung und Aufklärung verfügbar sein. Dies trifft insbesondere auf taktische Luftaufklärungsflugzeuge zu, deren optische und Infrarotsensoren im Einsatz aus der Nähe und zu jeder Zeit die notwendige Leistungsfähigkeit im Einzelfall bewiesen haben. Mit dem Einsatz alternativer Aufklärungsmittel aus der Entfernung (Satelliten, Abstandsaufklärer) kann diese Aufgabe nicht zufriedenstellend gelöst werden.
In der rechtzeitigen Aufbereitung und Weitergabe der Informationen für die Planung und Durchführung von Luftkriegsoperationen wird ein Schwerpunkt der organisatorischen Nachbereitung in den Hauptquartieren der Allianz liegen.

Die Rolle der Luftstreitkräfte bei der Rückgewinnung der Initiative

Es liegt im Wesen einer defensiven militärischen Allianz, daß von ihr keine kriegerischen Handlungen begonnen werden. Sie wird vielmehr erst auf eine Aggression hin militärische Maßnahmen zu ihrem Schutz ergreifen. Die Maßnahmen werden sich an dem Grundsatz der Verhältnismäßigkeit der Mittel orientieren und in der Regel zunächst aus defensiven Operationen bestehen.

Nach Abwehr des ersten Angriffes sind offensive Operationen zur Herstellung des status quo ante aber unverzichtbar.

Diesem Selbstverständnis folgend, wurden die militärischen Operationen zur Befreiung Kuwaits durchgeführt.

Die Rückgewinnung der Initiative, nach Besetzung Kuwaits im Sommer 1990, war nur mit offensiven Operationen möglich. Eine Rückgewinnung zu Lande stand unter dem hohen Risiko von starken irakischen Luft- und Landstreitkräften. Deshalb mußten die Luftkriegsmittel der Koalitionsstreitkräfte in offensiven Luftkriegsoperationen gegen das irakische Potential und die Kommandostruktur der Streitkräfte das Risiko aus der Luft beseitigen und eine günstige Luftlage für die Operationsfreiheit erkämpfen.

Dieses Ziel war nach wenigen Tagen erreicht. Zur Vermeidung von Verlusten der Luftstreitkräfte in ihrem Kampf gegen das irakische Landkriegspotential durch restliche intakte irakische Luftstreitkräfte waren diese weiter zu bekämpfen, bis schließlich die Luftherrschaft die volle Operationsfreiheit gewährleistete. Die Landstreitkräfte der Koalition sahen sich gleichfalls einem starken Gegner gegenüber und waren zu diesem Zeitpunkt nur unter hohem Risiko in der Lage, die Initiative zu Lande zurückzugewinnen. Daher war es die zweite Aufgabe der eigenen Luftstreitkräfte, das Potential der irakischen Landstreitkräfte, insbesondere das der Republikanischen Garden, auf ca. 50 Prozent zu dezimieren. Dies war Ende Februar 1991 erreicht, so daß die Bodenoffensive unter geringerer Verlusterwartung begonnen werden konnte.

Die Erfüllung der Aufgaben durch die Luftstreitkräfte war für die Gesamtkriegführung unverzichtbar. Es kann davon ausgegangen werden, daß bei ähnlich gelagerten Konflikten in der Zukunft ebenfalls zunächst auf die Fähigkeiten der Luftstreitkräfte zur Erringung einer günstigen Luftlage für die Operationsfreiheit der Streitkräfte und zur Abnutzung des Landkriegspotentials eines Gegners zurückgegriffen werden muß, bevor offensive Operationen der Land- oder Seestreitkräfte den status quo ante unter erträglichem eigenem Risiko wiederherstellen können.

Konzentration und Überraschung

Konzentration von Kräften gehört zu den wichtigsten Einsatzgrundsätzen für Luftstreitkräfte. Durch konzentrierten Einsatz von Kräften sollten schon in früheren Kriegen die Durchsetzungsfähigkeit der Mittel und damit die Erfolgsaussichten der Operationen dadurch erhöht werden, daß die gegnerische Luftabwehr über ihre Sättigungsgrenze hinaus belastet wurde. Allerdings mußten früher auch wesentlich mehr Bombenträger auf ein Ziel angesetzt werden, um die geplante Wirkung zu erreichen.

Bei den Luftkriegsoperationen im Golfkrieg wurde das Prinzip der Konzentration vor allem durch die Zusammenstellung von Waffensystempaketen verwirklicht, den sogenannten »force packages«. In ihnen wurde die notwendige Anzahl der Waffenträger kombiniert mit einer Zahl von Unterstützungselementen. Dies führte zu einer wesentlich gesteigerten Wirkung auf die gegnerische Abwehr. Es war vor allem der konzentrierte und abgestimmte Einsatz der Unterstützungskräfte als Abstandsstörer, Begleitstörer, penetrierende SEAD-Kräfte, Luftbetankung und der Führungssysteme, durch den die irakische Führung und Luftverteidigung weitestgehend unwirksam gemacht wurde und der die Wirkung der Kampfbomber ermöglichte. Dieser Aspekt wird wegen seiner besonderen Bedeutung für die Wirksamkeit von Luftkriegsoperationen noch separat angesprochen.

Das Element der Überraschung wurde für die Luftkriegsoperationen ebenfalls soweit wie möglich genutzt. Eine strategische Überraschung konnte es aufgrund der vielfachen Ultimaten und Absichtserklärungen zwar nicht mehr geben, sehr wohl aber taktisch-operative. Hierzu wurden weitgehend modernste elektronische Kampfmittel eingesetzt, die Ort und Zeit der Angriffe verschleierten und die irakische Luftverteidigung über die Zeit stark abnutzten und die Aufmerksamkeit verringerten. Inwieweit darüber hinaus beim Irak noch die Überzeugung mitwirkte, daß die Koalition gar keinen Angriff wagen würde, ist bislang wohl nicht geklärt. Das beleuchtete Bagdad zu Beginn der Luftoffensive spricht für diese Grundeinstellung.

Als besondere Eigenschaft von Stealth-Flugzeugen wie der F-117A gilt, daß sie nicht mehr so konzentriert unterstützt werden müssen wie herkömmliche Luftfahrzeuge und durch ihre Technik allein schon für größere taktische Überraschung sorgen. Dieses Potential wurde anscheinend während der Operationen nicht immer voll genutzt. So wurden Stealth-Einsätze teilweise in größere Operationen eingebunden und von Unterstützungsflugzeugen begleitet, andere Missionen wurden ohne Unterstützung durchgeführt. Beide Ansätze scheinen erfolgversprechend und logisch, solange sichergestellt ist, daß unnötige oder unzureichende direkte Unterstützungsmaßnahmen die Stealth-Flugzeuge nicht verraten und dadurch kontraproduktiv wirken. Ein »Verstecken« von Stealth-Einsätzen im konzentrierten Kräfteansatz und indirekten Schutz, etwa durch Stören von Führungsfrequenzen, erscheint sinnvoll und auch auf Szenarien übertragbar, in denen der Gegner über modernste und teilweise nicht völlig aufgeklärte Sensoren und Führungssysteme verfügt.

Raumordnung und Identifizierung

Bei allen Planungen und Überlegungen für Luftkriegsoperationen in größerem Umfang und in einem modernen Krieg stellt sich das Problem, wie man die eigenen Luftkriegsmittel voneinander und für die Luftverteidigung entflechten kann, ohne die Operationen in einem nicht vertretbaren Maße zu stören, die Bekämpfung eigener Kriegsmittel zu verhindern und die des Gegners möglichst nicht zu behindern.

Bei den Planungen für Desert Storm dürften sich die Probleme noch verstärkt haben durch die Multinationalität der einzusetzenden Kräfte und die beabsichtigte wirkungsoptimierte Nutzung von Kampfmitteln. Erstmals sollte nicht nur eine große Anzahl Kampfflugzeuge mit Unterstützungskräften verschiedenster Art koordiniert werden, es kamen auch neue Dimensionen dazu, wie der Einsatz von Marschflugkörpern und gleiche Typen von Luftkriegsmitteln auf beiden Seiten. Da die eingesetzten Luftkriegsmittel nicht über das gleiche Identifizierungssystem verfügten und die verfügbaren Systeme bekanntermaßen anfällig sind gegen Störung und Sättigung, stellte sich naturgemäß bei der Planung das Problem der Entflechtung stärker als die Unterscheidung zwischen Freund und Feind. Das Ergebnis zur Lösung beider Problemfelder war ein kompliziertes Verfahrenswerk, das mit der üblichen Luftraumordnung nicht vergleichbar war. Es ist allein auf die irakische Passivität zurückzuführen, daß sich die Probleme bei der Entflechtung der Kräfte als gering erwiesen und die der Identifizierung so gut wie gar nicht zum Tragen kamen. So konnte nach Erringung der Lufthoheit auf Verfahren der Höhenstaffelung zur Entflechtung zurückgegriffen werden, außerhalb der Gefährdung durch irakische Flugabwehrkanonen. Dieses Verfahren hätte sich bei einem Mindestmaß an irakischen offensiven Luftkriegsoperationen und elektronischen Störungen als höchst gefährlich und nicht praktikabel erweisen können.

So aber war es möglich, die enormen Raumordnungsprobleme durch einfache Verfahren und die ungestörte Nutzung von AWACS zur Führung der Einsätze zufriedenstellend zu lösen.

Für künftige Konflikte und Szenarien muß allerdings bewußt sein, daß komplizierte Verfahren sehr anfällig gegen Störungen jeder Art und unflexibel sind und daß die Probleme der Raumordnung und Identifizierung damit nicht allein zu lösen sind. Der erste und wichtigste Schritt zu einer Lösung ist die Verfügbarkeit von identischen und störsicheren Identifizierungsgeräten bei allen Luftkriegsmitteln einer Koalition. Eine darüber hinausgehende Ausstattung auch der Landkriegsmittel mit derartigem Gerät ist im übrigen auch wichtigste Voraussetzung für eine effektive und flexible Unterstützung durch Luftkriegsmittel auf dem Gefechtsfeld.

Die Erfahrung im Golfkrieg sollte auch nicht darüber hinwegtäuschen, daß sich künftig sehr wohl Szenarien vorstellen ließen, bei denen der Gegner über ähnliche Luftfahrzeugtypen verfügt und diese auch einsetzt. In einer solchen Situation ist eine Sichtidentifizierung fast unmöglich und ein effektives Identifizierungsgerät unverzichtbar, wenn man nicht Teile der eigenen Luftstreitkräfte am Boden lassen will.

Bedeutung der Flugkörperabwehr

Die direkte militärische Bedrohung der Koalitionsstreitkräfte durch irakische Boden-Boden-Flugkörper mit konventionellem Sprengkopf war aufgrund deren geringer Treffgenauigkeit als gering zu bewerten.

Die überragende politische Bedeutung dieser Flugkörper hatte erheblichen Einfluß auf die Operationen insgesamt und die Luftkriegführung im besonderen. Hätte nicht in Form der Patriot ein System zur Verfügung gestanden, das zu einer begrenzten Abwehr der Scud fähig war, so wären die Eingriffe von politischer Seite und die Folgen wahrscheinlich noch drastischer gewesen.

Im Golfkrieg bekam damit ein gegnerisches Einsatzmittel von begrenztem militärischem Wert eine überragende operative, weil politische Dimension. Da für künftige

Szenarien wohl stets von einer Bedrohung durch Boden-Boden-Flugkörper und der latenten Gefahr des Einsatzes von B- und/oder C-Waffen ausgegangen werden muß, ist abzusehen, daß zumindest der Schutz in Räumen von besonderer politischer oder militärischer Bedeutung gewährleistet sein muß, und zwar von Beginn einer Konfrontation an. Der Schutz gegen Boden-Boden-Flugkörper kann z.B. zu einer Conditio sine qua non für die Entsendung von Eingreiftruppen werden. Das bedeutet nicht nur die Entwicklung und Beschaffung solcher Systeme in ausreichender Anzahl, sondern auch deren Verknüpfung mit geeigneten Sensoren und Führungssystemen, die einen effektiven Einsatz ermöglichen.

Bodengebundene Luftverteidigungssysteme mit der Fähigkeit zur Flugkörperabwehr können in künftigen Konflikten nicht ohne weiteres aus ihrer »traditionellen« Rolle zur Abwehr von Flugzeugen entlassen werden, wie dies der Verzicht des Irak auf offensive Luftkriegsoperationen zuließ. Vielmehr ist der gleichzeitige und koordinierte Angriff eines Gegners mit Luftstreitkräften und Boden-Boden-Flugkörpern zu erwarten. Das bedeutet, daß solche Abwehrsysteme künftig nicht nur modernere Flugkörper als die Scud bekämpfen können müssen, sondern daß darüber hinaus auch eine höhere Anzahl von Abwehrsystemen verfügbar sein muß, die in einem Verbund zu führen sind.

Unterstützende Luftkriegsoperationen
Als in der Nacht zum 17.01.91 die erste Welle offensiver Luftkriegsoperationen Bagdad erreichte, konnte alle Welt Zeuge einer offensichtlich völlig gelungenen Überraschungsaktion der Koalitionsstreitkräfte werden. Der amerikanische Fernsehsender CNN brachte eindrucksvolle Bilder einer voll erleuchteten Hauptstadt unter nächtlichem Himmel, der von Blitzen explodierender Bomben und vom Leuchtspurfeuer wild um sich schießender Flugabwehrgeschütze erhellt wurde.

Wie konnte ein so hochgerüsteter, mit den modernsten Mitteln zur Aufklärung und Frühwarnung ausgestatteter Gegner, wie der Irak es war, von einer insbesondere nach Ablauf des Ultimatums zum Gegenangriff bereiten und fähigen Koalitionsstreitmacht derart überrascht worden sein? Hatte der Irak am Ende die Ernsthaftigkeit der Kampfbereitschaft allgemein in Zweifel gezogen oder nur den Zeitpunkt des Angriffs verschlafen?

Zum Zweifel an der Kampfbereitschaft der Koalition soll hier nicht spekuliert werden. Wohl aber kann gesagt werden, daß die Stör- und Täuschmaßnahmen der Koalitionsstreitkräfte insbesondere durch unterstützende Luftkriegsoperationen den Erfolg der Überraschung über Bagdad und anderen Zielgebieten im Hinterland für sich verbuchen konnten.

So waren es die schon über einen Tag andauernden elektronischen Störmaßnahmen aus propellergetriebenen EC-130 Spezialflugzeugen, die von außerhalb des irakischen Gebietes den Sprech- und Datenfunkverkehr der irakischen Streitkräfte wirksam beeinträchtigten.

Zur Zeit des Angriffs wurden diese Maschinen dann in Schwerpunkten durch elektronische Störflugzeuge EF-111 ergänzt, die vor allem gegen die Radargeräte der irakischen Luftverteidigungsstellungen angesetzt wurden.

Was an Radargeräten zur wirksamen Luftverteidigung der Zielgebiete noch funktionsfähig war, wurde von F-4G-Kampfflugzeugen, die mit selbstzielsuchenden Lenkflugkörpern ausgestattet waren, entweder zum Abschalten der Geräte gezwungen oder aber zerstört.

Die mit Kampfhubschraubern und Lenkflugkörpern ausgerüsteten amerikanischen Spezialtruppen ergänzten diese Operationen durch Angriffe auf wichtige irakische Radarstellungen zur Frühwarnung.

Auf diese Weise war die waffenstarrende Luftverteidigung des Irak ohne zielfindende Sensoren praktisch blind.

Der unterstützende Einsatz von Stör-, Täusch- und Angriffs-Luftfahrzeugen ermöglichte den Durchstoß der Jagdbomber auf die Kommandostruktur der irakischen Streitkräfte und auf die Anlagen und Einrichtungen des Luftkriegspotentials.

Auch der Erfolg der Jagdbomber und ihre verhältnismäßig geringen Verluste gründeten ganz wesentlich auf zahlreiche unterstützende Luftkriegsoperationen dieser Art.

Die unterstützenden Luftkriegsoperationen wurden daher so lange aufrechterhalten, bis sie durch die Luftherrschaft über Irak nach und nach entbehrlich wurden.

Ein weiteres Element der unterstützenden Luftkriegsoperationen darf in diesem Zusammenhang nicht unerwähnt bleiben. Dieses Element war schon für die reaktionsschnellen Verlegungen von Luftstreitkräften aus den USA und aus Europa verantwortlich gewesen.

Gemeint sind die zahlreichen Luftbetankungsflugzeuge, die während des gesamten Luftkrieges in pausenlosem Einsatz die Aufklärungs-, Kampf- und Unterstützungsflugzeuge, die technisch dazu in der Lage waren, mit Treibstoff aus der Luft versorgten. Eine Reihe von fliegenden Verbänden waren so weit vom Einsatzraum entfernt, daß sie ihn ohne Luftbetankung überhaupt nicht erreichen konnten. Andere, die näher disloziert waren, benötigten Luftbetankung zur Erhöhung ihrer Verweildauer im Einsatzraum oder bei Defekten, z.B. durch Feindeinwirkung.

Die Bedeutung der Unterstützung durch Tankflugzeuge während Verlegung und Einsatz von Luftstreitkräften im Golfkonflikt ist zweifellos groß gewesen.

Beide Elemente der unterstützenden Luftkriegsoperationen — Elektronische Kampfführung und Luftbetankung — werden angesichts der hohen Abhängigkeit von Radargeräten bei Luftverteidigungs- und Frühwarnsystemen einerseits und der Notwendigkeit zur flexiblen Dislozierung von Luftstreitkräften und zum Einsatz in entfernten Regionen andererseits in der Zukunft einen hohen Stellenwert einnehmen.

Force Multiplier in der Luftkriegführung

Als Force Multiplier werden im allgemeinen Eigenschaften von Systemen, die Systeme selbst oder Teile davon bezeichnet, die die Wirkung auf den Gegner gegenüber einem herkömmlichen einfachen System vervielfachen. Das bedeutet planungstechnisch, daß eine vorgegebene Anzahl von Zielen mit dem geringstmöglichen Kräfteansatz zerstört werden kann.

In diesem Sinne war ein in seinen Ausmaßen völlig unerwarteter Aspekt der operativen Führung von Luftstreitkräften die unmittelbare kräftesparende Wirkung von technologisch hochentwickelten Waffensystemen.

Besonders in der Anfangsphase des Luftkrieges wurde deutlich, wie wenig sichtbar der F-117A »Tarnkappen-Jagdbomber« der USAF für die irakischen Frühwarn- und Luftverteidigungsradaranlagen war und wie groß die Treffgenauigkeit und Zerstörwahrscheinlichkeit ihrer Waffen waren. Der Einsatzwert dieses Kampfflugzeugtyps war am ersten Tag um mehr als das Zehnfache höher als der von anderen Waffensystemen. Kein einziges dieser Kampfflugzeuge wurde beschädigt, ihre Treffgenauigkeit war einigen Quellen zufolge äußerst hoch.

Nicht nur im Tarnkappen-Effekt (Stealth) wurde fortgeschrittene Technologie genutzt, sondern auch in den Feuerleitsystemen von Lenkflugkörpern, Bomben und Kleinbombensystemen. Laser-, Infrarot-, Radar- und Fernsehbildlenkung ermöglichten präzise Treffer mit zieloptimierten Waffen, so daß jede Zielkategorie — auch die mit der größten Härtung oder Verbunkerung — zerstört, beschädigt oder gelähmt werden konnte.

Für besonderen Bedarf, z.B. zum Schlagen von Breschen in Minenfelder und zur Zerstörung besonders gehärteter Bunkeranlagen, wurden eigens Techniken entwickelt und erfolgreich eingesetzt.

Weniger als 10 Prozent der Gesamttonnage an Munition amerikanischer Luftkriegsmittel waren präzisionsgelenkte Waffen. Dennoch erzielten sie ein Vielfaches an Wirkung im Ziel als die übliche, freifallende Munition.

Der Einsatz präzisionsgelenkter Waffen von Tarnkappen-Jagdbombern bewirkte über die Dauer des Luftkrieges betrachtet, einen um mehr als das Sechsfache höheren Einsatzwert als bei herkömmlichen Waffensystemen.

Force Multiplier sind aber auch Luftkriegsmittel, die für den Gegenangriff vorgesehene Jagdbomber unterstützen und so ihre Durchsetzungsfähigkeit und damit ihre Erfolgswahrscheinlichkeit erhöhen.

Oftmals ist ein Einsatz ohne diese Unterstützung gar nicht möglich. Dies trifft z.B. bei Tankflugzeugen zu, die entfernte Dislozierungen von Kampf-, Aufklärungs- und Unterstützungsflugzeugen ausgleichen oder ihre Verweildauer im Einsatzraum erhöhen. Besonders bei der Luftbetankung von Jagdflugzeugen wird der »Multiplier«-Effekt deutlich. Eine begrenzte Anzahl von Jagdflugzeugen kann mittels Luftbetankung in einem bestimmten Luftraum über einen längeren Zeitraum bereitgehalten werden. Dem gegenüber wird eine insgesamt höhere Anzahl ohne Luftbetankung benötigt, weil die Jagdflugzeuge auch ohne Feindberührung den Warteraum nach einer bestimmten Zeit zum Betanken verlassen müssen.

Frühwarn- und Leitflugzeuge (AWACS) und Aufklärungs- und Führungsflugzeuge (JSTARS) setzen ihre Sensoren ein, um Lage- und Zielinformationen an die Kampfflugzeuge weiterzugeben. Ihre Sensoren und Informationssysteme sind in der Regel weitreichender und präziser, so daß durch sie eine erhebliche Steigerung der Erfolgswahrscheinlichkeit der Kampfflugzeuge erreicht wird. Gleichzeitig gewähren sie Informationen zum Schutz der Kampfflugzeuge vor Gegnern aus der Luft. Unterstützungsflugzeuge, die im Rahmen der Elektronischen Kampfführung zur Störung, Unterdrückung oder Bekämpfung von Radarsystemen des Gegners eingesetzt werden, sorgen für eine höhere Durchsetzungsfähigkeit der Kampfflugzeuge. Dies gilt auch für Jagdflugzeuge, die Kampfflugzeugen direkten Schutz im Begleiteinsatz oder im Jagdvorstoßverfahren geben.

Taktische Luftaufklärungsflugzeuge weisen nachfolgende Gegenangriffsformationen in ihre Ziele ein und liefern Daten zur Schadensaufklärung. Mit ihrer Hilfe werden so unnötige Einsätze von Jagdbombern vermieden bzw. ihr Einsatz im Ziel erst ermöglicht.

Es steht zu erwarten, daß bei Reduzierung der Kräftepotentiale und Kuwait-ähnlichen Kriegsbildern Force Multiplier ihre Bedeutung noch erhöhen werden.

Kampf gegen das Luftkriegspotential am Boden
Bisheriger Expertenmeinung folgend ist der Kampf gegen das Luftkriegspotential des Gegners am wirkungsvollsten und mit dem geringsten Kräfteansatz zu gewinnen, wenn er offensiv geführt wird. Dazu werden seine Kampfflugzeuge auf den Einsatzbasen angegriffen, bevor sie im Medium der besten Entfaltungsmöglichkeit — der Luft — in der Duellsituation oder gar in Ausweichmanövern bessere Chancen wahrnehmen können.

Die lukrativsten — weil mit geringstem Aufwand zu bekämpfenden — Einzelziele auf Flugplätzen bieten im Freien abgestellte oder sich bewegende Luftfahrzeuge. In der Lukrativität folgen größtenteils nicht gehärtete Versorgungs- und Flugbetriebseinrichtungen. Moderne Kampfflugzeugbewaffnung ist jedoch in der Lage, Flugbetriebsflächen, wie Start- und Landebahnen, Rollwege und Abstellflächen sowie bunkerähnliche Flugzeugschutzbauten und Führungsgefechtsstände zu zerstören. Da Kampfflugzeugen auf modernen Flugplatzanlagen immer mehr Flugzeugschutzbauten zur Verfügung stehen und die Beeinträchtigung der Kampfleistungsfähigkeit des Gegners durch beschädigte Versorgungs- und Flugbetriebseinrichtungen nur mittelbar erfolgt, werden die gehärteten Schutzbauten für Kampfflugzeuge und Führung immer mehr zu den eigentlichen Zielen offensiver Luftkriegsoperationen.

In der Regel reichen zwei bis drei Kampfflugzeuge über dem Ziel aus, um durch Zerstörung von Flugbetriebsflächen den Flugbetrieb an diesem Platz für eine Zeit lang zu verhindern. Die Zerstörung von Flugzeugschutzbauten verlangt normalerweise den Einsatz einer gelenkten Bombe oder eines Lenkflugkörpers aus einem einzelnen Anflug. Sie ist daher nur in besonderen Situationen, in denen der Objektschutz am Flugplatz ausgeschaltet ist, erfolgversprechend.

Die Flugplatzanlagen der irakischen Luftstreitkräfte waren mit denen in Mitteleuropa nur schwer vergleichbar.

Insbesondere unterschieden sie sich in ihrer räumlichen Ausdehnung, die ein Vielfaches der hier üblichen Flugplatzgrößen ausmachte, und in der größeren Anzahl und dem höheren Härtungsgrad der Flugzeugschutzbauten.

Aus diesen Gründen mußten mehr Kampfflugzeuge pro Ziel aufgewendet werden, um die Infrastruktur so zu beschädigen, daß die Flugzeuge nicht mehr starten und landen konnten, bzw. um die Flugzeuge in den Schutzbauten selbst zu zerstören.

Die Luftstreitkräfte der Koalition konnten hier nur einen Teilerfolg erzielen. So konnten sie z.B. das Ausfliegen der meisten irakischen Kampfflugzeuge nach Iran nicht verhindern.

Neben der Frage nach ausreichenden Kräften zur Bekämpfung der riesigen Flugplatzanlagen ist sicherlich auch die Frage nach ausreichender Schadensaufklärung durch taktische Luftaufklärungsflugzeuge zu beantworten, wenn man nach der Ursache der nur teilweise erfolgreichen Kampagne gegen das irakische Luftkriegspotential am Boden sucht.

Es ist auch nicht endgültig zu bewerten, aus welchen Gründen die irakischen Luftstreitkräfte nur wenige Kampfeinsätze aus den teilzerstörten Flugplatzanlagen geflogen sind, wo sie hingegen eine große Anzahl von intakten Kampfflugzeugen in den Iran ausgeflogen haben. Vermutlich wird die Moral bzw. die Einsicht der Flugzeugbesatzungen in die eigenen Fähigkeiten hierbei mitentscheidend gewesen sein, bzw. die Absicht der Führung, Luftkriegsmittel für die Zeit nach einem Krieg zurückzuhalten.

Es bleibt festzuhalten, daß sich die Bedeutung des passiven Schutzes von Flugplatzanlagen durch ausgedehnte, redundante und gehärtete Flugbetriebsflächen sowie eine große Anzahl von Flugzeugschutzbauten im Golfkrieg herausgestellt hat.

Daher muß überlegt werden, ob es nicht im Zusammenwirken von Kampfflugzeugen und Aufklärungssystemen bessere Taktiken oder Verfahren für die offensive Bekämpfung des gegnerischen Luftkriegspotentials am Boden gibt. Ggf. muß der Einsatz gegen riesige Flugbetriebsflächen zugunsten des Einsatzes gegen Flugzeugschutzbauten zurückgestellt werden. Das ginge nur, wenn zuverlässig und detailliert die Schadensergebnisse aufgeklärt und dokumentiert werden könnten und ausreichend wirkungsoptimierte Abwurfwaffen verfügbar wären.

Ergänzend wäre auch mit Hilfe des Jagdvorstoßes das Duell in der Luft zu sehen. Dazu bedürfte es nicht nur einer hinreichenden Überlegenheit der Einzelsysteme, sondern auch eines Gegners, der in eigenen Operationen dazu Gelegenheit bieten würde.

Unterstützung der Landstreitkräfte auf dem Gefechtsfeld
Ein Teil des Kampfes gegen bodengebundene Kräfte, Mittel und Einrichtungen eines Gegners besteht aus der offensiven Luftunterstützung der Landstreitkräfte. Sie soll mittelbar und unmittelbar das gegnerische Landkriegspotential reduzieren.

In Abriegelungsaktionen aus der Luft sollen die Zuführung von Kampftruppen auf das Gefechtsfeld unterbunden und in Luft-Boden-Einsätzen gegen die feindlichen Angriffsspitzen die eigenen Landstreitkräfte aus der Nähe unterstützt werden.

Offensive Luftunterstützung nimmt auch in der Vorstellung bisher angenommener Kriegsbilder in Mitteleuropa einen besonderen Stellenwert ein, der durch den Mangel an präsenter Abwehrfähigkeit der Landstreitkräfte begründet ist. Mit dieser Operationsform soll nämlich ein stark überlegener Gegner zu Lande verzögert, kanalisiert und abgenutzt werden, so daß die eigenen Landstreitkräfte die Verteidigung aufnehmen und aufrechterhalten können.

Das Golf-Kriegsszenario hatte mit diesen Vorstellungen wenig gemeinsam. So handelte es sich bei den irakischen Landstreitkräften, nachdem sie einmal Kuwait in Besitz genommen und sich in Verteidigungsstellungen eingegraben hatten, nicht mehr um einen mit Überzahl angreifenden Gegner. Ebensowenig mußte auf seiten der Koalition eine Verteidigungslinie aufgebaut und mit offensiver Luftunterstützung gehalten werden. So gab es auch — von wenigen Duellsituationen im 100-Stunden Landkrieg abgesehen — so gut wie keine Verzahnung auf dem Gefechtsfeld.

Das Kriegsszenario zu Lande war — wie an anderer Stelle ausführlich dargestellt — vielmehr gekennzeichnet von mit ungeheurer Dynamik vorwärtsstürmenden Landstreitkräften der Koalition, die auf einen durch den Luftkrieg in seiner Kampfkraft stark geschwächten und weitgehend demoralisierten Gegner stießen. Das Gefechtsfeld der Landstreitkräfte stellte sich insofern als ein von den Luftstreitkräften der Koalition optimal vorbereitetes Feld dar, das nur noch »abgeräumt« werden brauchte.
Offensive Luftunterstützung war vor allem im Luftkrieg, der der Land-/Luft-Offensive vorausgegangen war, in Form von Einsätzen zur Abnutzung der irakischen Artillerieverbände und der Panzerverbände der Republikanischen Garden geflogen worden, also als mittelbare Unterstützung. Diese Einsätze wurden auch während des Vorrückens der Landstreitkräfte der Koalition in sicherer Entfernung von den eigenen Linien fortgeführt. Zusätzlich kam es zu einigen wenigen Einsätzen in der Luftnahunterstützung durch die Luftstreitkräfte der Koalition und zu zahlreichen Einsätzen von Kampfhubschraubern der Landstreitkräfte, also in unmittelbarer Unterstützung.
Von klassischen Luftkriegsoperationen zur Abriegelung des Gefechtsfeldes gegen nachrückende Verstärkungen konnte keine und zur Luftnahunterstützung nur in wenigen Fällen die Rede sein. Die dafür üblichen Voraussetzungen waren von der Lage her nicht gegeben.
Es steht allerdings zu vermuten, daß eine wirksame Luftnahunterstützung aufgrund einer unzureichend verfügbaren Luftunterstützungsorganisation für die Zieleinweisung auf dem Gefechtsfeld ohnehin fraglich gewesen wäre. Auch hätte sie nur in den Bereichen erfolgreich sein können, in denen die mit standardisierten Einsatzverfahren vertrauten amerikanischen und europäischen Streitkräfte eingesetzt waren.
Es bleibt festzuhalten, daß es offensive Luftunterstützung für die Korps der Koalition in Form von Operationen zur Abriegelung des Gefechtsfeldes vor allem während des Luftkrieges in großer Zahl gegeben hat und daß die überwiegende Anzahl der Luftnahunterstützung durch Kampfhubschrauber der Landstreitkräfte selbst durchgeführt worden ist.
In anderen Situationen an anderen Orten wird der Luftnahunterstützung sicherlich eine andere Bedeutung beizumessen sein als im Golfkrieg.

Logistische Aspekte

Die Bedeutung der Logistik für den Einsatz von Streitkräften außerhalb des eigenen Landes kann man am deutlichsten an den Schwierigkeiten erkennen, die fehlende logistische Möglichkeiten, etwa zum Lufttransport von Großgerät, nach sich ziehen. Daß eine schnell verfügbare Komponente an militärischen Großraumflugzeugen künftig für all die Situationen notwendig sein wird, in denen nicht auf die Ressourcen der USA zurückgegriffen werden kann, ist inzwischen unbestritten. Allerdings darf man nicht vergessen, daß die Leistungsfähigkeit des US-Lufttransportsystems sich nicht mit der Verfügbarkeit von Großraumflugzeugen allein erklären läßt, sondern auch durch das einmalige System zur Heranziehung von Reservisten. Darüber hinaus werden zivile Lufttransportkapazitäten verpflichtet und nutzbar gemacht. Entsprechende Voraussetzungen existieren in keinem anderen Staat im Westen. Die Kosten, um militärische Transportkapazitäten zu schaffen, gehen über die wirtschaftlichen Möglichkeiten der meisten übrigen Staaten hinaus. Auch ist der politische Willen zu einer derartigen Kraftanstrengung fraglich. Dies soll zeigen, daß ein Ersatz der Fähigkeiten der USA in einer anderen Staatenkoalition im Bereich Lufttransport auf absehbare Zeit illusorisch ist.

Wichtig ist die Erkenntnis, daß durch bestimmte rechtliche, planerische und organisatorische Vorsorge der Bedarf an militärischem Lufttransport in einer Krise reduziert werden kann. Neben möglicher Vorauseinlagerung (Prepositioning) von Material ist es vor allem die Nutzung ziviler Lufttransportkapazitäten, die das militärische Lufttransportsystem entlasten können.

Die Bewertung der Logistik für die Luftkriegsoperationen im Golfkonflikt kann und darf sich aber nicht auf die alleinige Betrachtung der Komponente Verlegelufttransport reduzieren. Die Auswertungen haben gezeigt, daß trotz limitierender Faktoren, wie Klima, Entfernung zur heimatlichen logistischen Basis und Kampfeinsatz mit hohen Einsatzraten, die Klarstände der fliegenden Waffensysteme durchweg höher lagen als im Friedensflugbetrieb. Das dürfte wohl kaum auf eine großzügigere Auslegung von technischen Vorschriften zurückzuführen sein, denn die Ausfallrate an Einsätzen lag ja ebenfalls sehr niedrig. Vielmehr wurde ein effektives logistisches System der Instandhaltung und Instandsetzung lageabhängig speziell aufgebaut, ohne das die Luftkriegsmittel nicht in dem Maße erfolgreich hätten eingesetzt werden können. Zu erwähnen ist hier u.a. das Desert Express-System zur Ersatzteilversorgung, aber auch unbürokratische Möglichkeiten zur Beschaffung von Teilen und Dienstleistungen im Gastland.

Der zu erwartende immense Verbrauch an Abwurfmunition betraf zu einem hohen Anteil intelligente Waffen. Diese sind teuer und mußten zum Teil aus allen Teilen der Welt herantransportiert werden. Allerdings reduzierte sich aufgrund der höheren Treffwahrscheinlichkeit pro Einsatz die Notwendigkeit, wie früher sehr große Mengen herkömmlicher Munition zu transportieren, zu lagern und bereit zu halten.

Im Zusammenhang mit effektiven logistischen Operationen ist schließlich noch die »composite wing« als Prinzip zu erwähnen, also die organisatorische Zusammenfassung mehrerer Kampfflugzeug- und Unterstützungskomponenten in einem Verbund. Dieses Konzept hat für die Planung, Führung, Vor- und Nachbereitung von verbundenen Luftkriegsoperatione eine Reihe von Vorteilen, die allerdings auf Kosten eines aufwendigen logistischen Systems erkauft werden. Die Erfahrungen werden für die weiteren Überlegungen zum Einsatz von Luftstreitkräften als Teil von Eingreiftruppen von Bedeutung sein. Dabei ist es wahrscheinlich, daß die ständige organisatorische Zusammenfassung von verschiedenen Kampf- und Kampfunterstützungselementen in einer »composite wing« aus finanziellen Gründen nicht zu realisieren sein wird. Sie ist für den Friedens- und Ausbildungsflugbetrieb auch nicht unbedingt notwendig, wenn die Zusammenfassung periodisch geübt wird und für den Einsatzfall vorbereitet ist. Falls im Krisengebiet nur wenige Flugplätze zur Verfügung stehen, gibt es zur Zusammenfassung von Verbänden gar keine Alternative. Je öfter dies geübt wird, und je besser dies vorbereitet ist, umso geringer ist der Zeitbedarf bis zur Einsatzbereitschaft einer effektiven »composite wing«.

Bei der Wertung der logistischen Operationen und Erfahrungen während Desert Shield und Desert Storm muß man sich der Tatsache bewußt sein, daß sich ein politisches Umfeld nicht ohne weiteres übertragen läßt, das die Wirtschaftlichkeit der Maßnahmen erst in zweiter Linie in Betracht zog. Die Staatengemeinschaft der Koalition hatte sich neben der Abstellung von Truppen auch auf finanzielle Zuwendungen an die hauptkriegführenden Koalitionsnationen verständigt. Es ist davon auszugehen, daß die finanziellen Möglichkeiten zur Ausgestaltung eines logistischen Systems in künftigen Szenarien wesentlich knapper bemessen sein werden.

Ausbildung und Motivation
Neben den bereits erwähnten allgemein gültigen Aussagen und Wertungen zu diesem Problemfeld kommen zusätzliche, für Luftstreitkräfte besonders wichtige hinzu.
Der Erfolg der Luftkriegsoperationen insgesamt und das Bewußtsein bei den Soldaten der Koalition, durch ihren Einsatz erheblich zum Gewinn des Krieges und zur Minimierung eigener Verluste beizutragen, hat sicher die Motivation erheblich gestärkt. Dazu dürfte in abgestufter Ausprägung auch Stolz auf die eigenen Waffen und die überlegene Technologie gekommen sein.
Es wird jedoch auch sehr deutlich, daß das Vertrauen in die eigenen Fähigkeiten und in die der Vorgesetzten ein ganz entscheidender Faktor war. Man muß sich darüber im klaren sein, daß es sich z.B. bei den Kampfverbänden der Luftstreitkräfte in der Masse um Einheiten handelte, die bereits mit einem hohen Ausbildungsstand in das Krisengebiet verlegt wurden. Dort stand danach noch eine unterschiedlich lange Zeit zur weiteren Einsatzausbildung zur Verfügung, bis es schließlich zum Einsatz kam. Dies gilt ganz besonders für die Fähigkeit der fliegenden Besatzung zur Beherrschung ihres Waffensystems unter Kampfbedingungen, im Tiefflug und in fremdem Gelände und Klima.
Nur auf der Basis dieser Ausbildung ist zu erklären, daß kriegsunerfahrene Soldaten in der Lage waren, ihre Aufträge erfolgreich auszuführen. Die Notwendigkeit eines möglichst hohen ständigen Ausbildungsstandes und der Möglichkeit zur ständigen, an den Bedürfnissen des modernen Gefechts orientierten Übung im wahrscheinlichen Einsatzraum, muß für künftige Konflikte und alle Überlegungen zum Einsatz von Luftstreitkräften als Eingreiftruppe erkannt und berücksichtigt werden. Die gefechtsnahe Ausbildung darf allerdings nicht erst im Bedarfsfall im Einsatzgebiet beginnen, besonders nicht für den Teil der Luftstreitkräfte, die direkt nach Eintreffen eine möglichst effektive »Power Projection« darstellen sollen.

Die Rolle von Luftmacht
Während der Operation Desert Shield, die als Reaktion auf eine Bedrohung Saudi-Arabiens durch Irak zu verstehen war, wurde deutlich, wie schnell Luftstreitkräfte in der Lage sind, über eine beträchtliche Entfernung hinweg eine glaubwürdige Opposition aufzubauen. Dabei spielten das dislozierte Potential an fliegenden Jagdkräften und die für ihre Einsatzfähigkeit erforderlichen Lufttransportleistungen eine herausragende Rolle.

Die Fähigkeit zur raschen Macht-Projektion (power-projection) durch Luftstreitkräfte wurde damit eindrucksvoll bewiesen.

Nach Entscheidung für eine militärische Lösung zur Befreiung des besetzten Kuwait wurden die bis dahin vor allem zur Verteidigung befähigten bodengebundenen und luftgestützten Luftstreitkräfte durch zahlreiche offensivfähige Kampf- und Unterstützungsverbände ergänzt. Gleichzeitig wurde mit zivilen und militärischen Lufttransportmitteln Personal und einsatzwichtiges Gerät aller Teilstreitkräfte in den Einsatzraum geflogen. Damit erhielt die Luftmacht-Projektion der Luftstreitkräfte und der mit ihrer Transporthilfe in den Einsatzraum gelangten anderen Teilstreitkräfte eine Dimension, die eine großangelegte Befreiungsaktion ermöglichte.

Der Krieg zur Befreiung Kuwaits ab dem 17.01.91 und bis zu Beginn der Bodenoffensive war geprägt durch den umfassenden Einsatz von Luftkriegsmitteln aller in der Koalition vertretenen Streitkräfte, vor allem aber der Luftstreitkräfte der USA. Die Koalitionsluftstreitkräfte schalteten die irakische Kommandostruktur weitgehend aus, erlangten in wenigen Tagen die Luftherrschaft, zerstörten den größten Teil des irakischen Potentials an Massenvernichtungswaffen und der Produktionsstätten und vernichteten den größten Teil seines Militärpotentials einschließlich der Unterstützungseinrichtungen und Verbindungslinien und demoralisierten die verbleibenden Landstreitkräfte bis zur Aufgabe jeglichen Widerstandes.

Damit errangen sie in kurzer Zeit die Initiative zurück und brachen den Verteidigungswillen und die Fähigkeit zu geordneten Operationen der irakischen Streitkräfte und bereiteten somit den Boden für die Offensive der Landstreitkräfte zur Befreiung Kuwaits.

Die Bodenoffensive wurde von Operationen der offensiven Luftunterstützung der Luftstreitkräfte begleitet und konnte zu einem schnellen und weitgehend unblutigen Erfolg führen, der auf dem schonungslosen, anhaltenden und wirkungsvollen Einsatz von Luftmacht aufgebaut worden war.

Die Operationen Desert Shield und Desert Storm haben die Wirksamkeit von Luftmacht auch in entlegenen Regionen in eindeutiger Weise unter Beweis gestellt.

Das ändert nichts an dem Grundsatz, daß mit Luftmacht allein besetztes Gebiet nicht zurückgewonnen werden kann. Restverbände der irakischen Streitkräfte konnten nur durch den Einsatz der Landstreitkräfte vollständig kampfunfähig gemacht und zur Kapitulation gezwungen werden.

Es bleibt festzuhalten, daß die Rolle von Luftmacht im Golfkonflikt näher an die Doktrin des italienischen WK I — Generals Guilio Douhet von der kriegsentscheidenden Bedeutung der Luftmacht herangerückt ist, als dies in den Luftkriegen nach 1918 jemals der Fall war. Ob der von Douhet darüber hinaus geforderte Einsatz von Luftstreitkräften gegen die Zivilbevölkerung und zivle Ressourcen zur Aufgabe der irakischen Streitkräfte oder der Regierung und zum Brechen des Kampfwillens der Bevölkerung hätte führen können, wird eine offene Frage bleiben müssen, da er mit den Prinzipien des Genfer Abkommens zum Schutz von Zivilpersonen für die Koalition nicht vereinbar ist und im Golfkrieg unterblieb.

Für zukünftige Konflikte gleicher Konfiguration zeichnet sich insgesamt ein Zuwachs der Bedeutung von Luftmacht ab. Sie wird insbesondere bei allgemeiner weltweiter

Reduzierung der Streitkräfte durch ihre Fähigkeiten zur raschen Reaktion und Schwerpunktbildung auch über weite Entfernungen als Mittel zur Krisenbewältigung und Konfliktbeilegung einen herausragenden Platz in Überlegungen zum Einsatz von staatlichen Machtmitteln einnehmen.

Aspekte operativer Führung bei den Seestreitkräften

Eine Betrachtung der im Golfkrieg durchgeführten Operationen, die der Koalitionsseestreitkräfte und des US Marine Corps, kommt zu dem Ergebnis, daß mit Ausnahme der Blockadeaktionen Seestreitkräfte nicht in den für sie typischen Seekriegsoperationen eingesetzt waren.
Von den Seestreitkräften wurden die Flugzeugträger in der Masse zu Operationen im Sinne der Luftkriegsführung, also gegen das irakische Luftkriegs- oder Landkriegspotential eingesetzt. Da die Seeluftstreitkräfte dieses Aufgabenspektrum seit jeher neben der Bekämpfung von Seezielen abzudecken haben und dafür entsprechend ausgerüstet und ausgebildet sind, gab es bei der Erfüllung der Aufgaben keine Probleme. Das Konzept der »composite wing«, für die Luftstreitkräfte neu, hat für die US Navy mit ihren Flugzeugträgern jahrzehntelange Tradition. Es zeigte sich allerdings, daß die Führungssysteme der Teilstreitkräfte nicht im notwendigen Maß interoperabel sind. Die Seestreitkräfte haben ihren Teil der operativen Aufgabenstellung unter Hinnahme einer Rolle als Unterstützungswaffe erfüllt.

Entwicklungstendenzen operativer Führung

Die Herleitung bzw. Rückführung der operativen Führung aus dem bzw. in das Theoriegebäude Clausewitz' kann das Zusammenwirken der Denk- und Handlungsebenen im Golfkrieg erklären. Auch auf die in Zukunft in verschärftem Maße zu erwartende Frage nach der Legitimation militärischer Gewaltanwendung gibt Clausewitz bereits eine plausible Antwort. Der Einsatz militärischer Mittel als einer Erscheinungsform politischer Interessenverfolgung wird nur noch durch einen Kriegszweck zu rechtfertigen sein, der eine Strategie dazu befähigt, eine dauerhafte, über den militärischen Sieg hinausreichende Konfliktbereinigung in Szene zu setzen. Eine Spätwirkung des Golfkrieges wird es sein, daß Vernichtungsfeldzüge dieser Größenordnung mit sparsamen politischen Erfolgen bei der dauerhaften Stabilisierung der Konfliktregion danach keine weltpolitische und innergesellschaftliche Akzeptanz mehr erzeugen können. Die typische militärische Einsatzform wird deshalb wohl die Intervention zum Zweck der Wiederinkraftsetzung politischer Prozesse sein. Operative Führung wird dabei auf wesentlich niedrigerem Niveau als im Golfkrieg anzusiedeln sein. Ein typisches Ausprägungsmerkmal wird die Führung von koaliierten Kräften unterschiedlichster Zusammensetzung bleiben. Dies verlangt einen besonderen Typus operativer Führer, der neben dem militärischen Handwerk die Gesetze diplomatischen Verkehrs beherrscht und in politischen Dimensionen denken und handeln kann.

Operative Führung wird in der Regel den Einsatz mehrerer Teilstreitkräfte zu planen und zu führen haben. Es sind aber auch Betätigungsfelder auszumachen, bei denen der Einsatz einer einzigen Teilstreitkraft das Bindeglied zwischen politischer Zielsetzung und militärischer Ausführung erfüllen kann. In Interventionsszenarien werden verlustminimierende Hi-Tech-Waffen mit der Möglichkeit chirurgischer Einschnitte wegen der Möglichkeit der Konfliktbegrenzung eine zunehmende Rolle spielen. Hochtechnologie wird die Möglichkeit der Machtprojektion von Supermächten auch im Auftrag der Weltvölkergemeinschaft z.B. in Nord-Süd-Konflikten allein schon deshalb dominieren, weil die hohen Kosten dieser Waffensysteme der wirksamste Schutz gegen eine weltweite Verbreitung auch unter den »havenots« sein wird. Auf gesellschaftliche Akzeptanz werden dabei nur Waffensysteme stoßen, die bei zwar offensiver Anwendung eine defensive Interdiktionsfähigkeit charakterisiert. Nach dem Erlebnis des Golfkrieges wird die Ökonomie des Gefechtsfeldes auch eine Rolle spielen. Der Kampf gegen die feindliche Führung scheint ökonomischer als die Bekämpfung einzelner Panzer im Materialwert von DM 100.000,— mit Maverick-Systemen zum Stückpreis von DM 390.000,— auf einem entsprechend teuren Einsatzmittel.

Für die Wiedereinsetzung eines noch nicht einmal demokratischen Systems wird die bundesrepublikanische Gesellschaft nicht mehr 16 Milliarden DM zahlen wollen.

Die Sicherheit, daß in Zukunft auch eine friedensstiftende Politik nicht ohne den Einsatz militärischer Mittel auskommen wird, wirft das Einsatzspektrum militärischer Kräfte nicht auf den Umwelt- oder Katastrophenschutz zurück, konfrontiert militärische Planer aber mit einer Vielzahl von Einsatzoptionen in Konfliktszenarien unterschiedlichster Natur und Dimension, wenn auch unterhalb bisheriger Vernichtungsszenarien und macht deshalb eine Orientierung auf die Erfordernisse, Wesensmerkmale und Ausprägungsmöglichkeiten operativer Führung aller Führer von Streitkräften notwendig, um in jedem Einzelfall das Funktionieren der Clausewitzschen Denk- und Handlungsebenen und deren Interaktionen im Krieg für den dauerhaften Frieden danach sicherzustellen. Damit sollte man besonders in Bereichen beginnen, die diesem Feld bisher keine oder nur eine sehr begrenzte Beachtung geschenkt haben. Dem Willen, operativ führen zu wollen, muß die Klarheit des theoretischen Gedankengebäudes, aber auch z.B. die strukturelle Fähigkeit folgen, operativ führen zu können. Insofern können für zukünftige deutsche Streitkräfte fundamentale Lehren gezogen werden.

Zusammenfassung

Rainer Fiegle, Michael Padberg, Hartmut Zehrer

18. Lehren aus dem Golfkrieg

Die Frage der Übertragbarkeit von Lehren

Die Kampfhandlungen am Golf waren noch nicht beendet, da wurden bereits in den Medien die ersten Lehren — »lessons learned« — veröffentlicht. Es ist selbstverständlich die Aufgabe der betroffenen Nationen und Armeen, jede Phase und jedes Detail des Aufmarsches und der Kampfhandlungen zu analysieren, zu bewerten und u.a. Folgen für Rüstungsplanung, Organisation und Ausbildung zu ziehen. In diesem Kapitel soll versucht werden, die wichtigsten Lehren aufzuzeigen und daraus generell entsprechende Forderungen für künftige Konflikte und den Einsatz unserer Streitkräfte als Teil einer multinationalen Eingreiftruppe abzuleiten. Es soll dabei unterschieden werden zwischen »lessons to learn« und »lessons not to learn«.

Bei näherer Betrachtung der Rahmenbedingungen und des Verlaufs der Operationen könnte man sehr schnell zum Schluß kommen, daß die Situation und der Gegner so »einmalig« waren, daß keine allgemein gültigen Lehren zu ziehen sind. Die vermutete Einzigartigkeit ergibt sich zusammengefaßt vor allem aus folgenden Tatsachen:
— Es gab einen fast weltweiten Konsens mit der Zielsetzung der UNO und damit mit den Koalitionsnationen und ihrem Handeln.

— Die UNO hat sich zu einem Mandat entschlossen, das Kriegführung als Mittel zur Wiederherstellung des Status Quo mit einschloß, und einer Supermacht die »Umsetzung« dieses Mandats weitgehend überlassen.
— Es fand sich in den USA eine Weltmacht, die willens und fähig war, diese Führungsrolle zu übernehmen und ein derart großes Kontingent an Streitkräften einzusetzen.
— Die Nationen der Koalition einigten sich auf eine Kommandostruktur, die eine effektive Führung aus einer Hand ermöglichte.
— Die Umsetzung des Mandats machte offensive Operationen unverzichtbar, denn nur so konnte Kuwait befreit werden. Es handelte sich dennoch um keinen präemptiven Krieg, da Irak diesen bereits mit der Besetzung Kuwaits begonnen hatte.
— Die politische Zielsetzung zur Befreiung Kuwaits und zur möglichst verlustarmen Reduzierung des irakischen Militärpotentials einschließlich seiner Massenvernichtungswaffen ließ sich gut in militärische Zielsetzungen umsetzen und mit den Vorstellungen der Streitkräfte zum bestmöglichen Einsatz ihrer Kriegsmittel vereinbaren.
— Der Irak verfügte zwar über ein sehr großes und modernes Arsenal an Waffen, zeigte aber während der gesamten Kampfhandlungen ein derart hohes Maß an Passivität und Unfähigkeit zu koordinierter Reaktion, daß sich die Koalitionsstreitkräfte von Anfang an der Luftherrschaft bemächtigen und das Sanktuarium der eigenen Einsatz- und logistischen Basen erhalten konnten.
— Der Einsatz von Massenvernichtungsmitteln fand nicht statt, obwohl der Irak bis zum Waffenstillstand die Fähigkeit dazu in einem gewissen Ausmaß besaß.
— Der gegnerische Feldherr machte fatale strategische Fehler und verfügte auch nicht ansatzweise über die Fähigkeit zum taktischen Führen seiner Truppe in einem modernen, beweglich geführten Gefecht.
— Es standen Vorbereitungszeiten von bis zu fünf Monaten zur Verfügung, die einen nahezu friedensmäßigen Ausbildungsbetrieb ermöglichten. Sehr viel wahrscheinlicher wird in der Zukunft als »worst case« der Interventionseinsatz in laufende Kampfhandlungen hinein sein.
— Die geographischen Verhältnisse begünstigten eine Kriegführung aus der Initiative.

Viele der genannten Rahmenbedingungen sind als derart günstig zu bewerten, daß sie in künftigen Konflikten eher nicht zu erwarten sind.

Zum Krieg als Fortsetzung der Politik mit anderen Mitteln

Auch wenn man sich bei Lehren aus dem Golfkrieg im Kern auf solche Lehren beschränkt, die die eigenen Streitkräfte betreffen, gilt es, diesen Krieg in seiner politischen Funktion zu betrachten.
Der glorreiche militärische Sieg hat eine in die Zukunft weisende Strategie oder Politik nicht unterstützen können. Es hat sie offensichtlich nicht gegeben. So bitter es ist,

muß man feststellen, daß der Golfkrieg seinen Zweck in sich selbst fand, weil es der politischen Führung an Weitsicht fehlte.

Das Zusammenwirken politischer und militärischer Führung sowie die Integration der anderen Elemente der nationalen Strategie waren in einem Theoriegebäude als Ergebnis der Diskussion der 80er Jahre eindeutig definiert.

Dieses war Voraussetzung für das reibungslose Zusammenwirken der wichtigsten handelnden Personen während des Golfkriegs. Für die eigene Position gilt erst einmal, die Rollenverteilung innerhalb der nationalen Führung zu definieren und Organisationsformen des Handelns und Denkens zu entwickeln, bevor man in einer Krise und im Krieg denken und handeln kann, wie es die politische und militärische Kriegführung der Amerikaner vorgeführt haben. Für die eigene nationale und militärische Führung gilt es, erhebliche Defizite in der Strategiediskussion zu beseitigen, um zu einer Aufgabenverteilung und -abgrenzung zu kommen, über die die Amerikaner verfügten. Es kann deshalb nicht darüber die Nase gerümpft werden, daß es der amerikanischen Führung an der von Clausewitz geforderten Weitsicht fehlte, um den Krieg als Fortsetzung der Politik mit anderen Mitteln für die Zukunft zu legitimieren.

Die alles dominierende Lehre ist aber, daß der Golfkrieg letztlich der Legitimation des Einsatzes militärischer Mittel zur Lösung politischer Probleme in der Zukunft einen schlechten Dienst erwiesen hat. Wenn Saddam Hussein zum Jahrestag des Kriegsbeginns 1992 erklären kann, er hätte den Krieg zwar materiell verloren, wäre aber psychologisch Sieger, dann degeneriert der Golfkrieg politisch zu einem mißlungenen Manöver der Abschreckung auf der Stufe angewandter militärischer Übermacht ohne jede politische Zukunftswirkung gleicher Dimension. Es wird deshalb schwieriger werden, die Fortsetzung der Politik mit anderen Mitteln zu legitimieren — ganz im Sinne von Clausewitz.

Diese strategische Kurzsicht gilt es in der Zukunft zu verhindern, um nicht in den Verdacht zu geraten, genauso kurzsichtig zu sein wie diejenigen, die »keinen Krieg für Öl« forderten. Ganz im Sinne Clausewitzschen Denkens vom Primat der Politik und der Interdependenz der Hierarchien hatten amerikanische Militärs für ihren Kriegsschauplatz einen Beitrag zur nationalen Strategie zu leisten. Sie sind diesen Beitrag schuldig geblieben oder mußten dieses in der Öffentlichkeit bleiben. In diesem Lichte sind auch Stellungnahmen Schwarzkopfs zu Fragen der politischen Zielsetzung zu werten, deren Beantwortung er stets mit dem Hinweis auf seine ausschließliche Verantwortung für die Führung militärischer Operationen ablehnte. Er war ein großer militärischer Führer, bei seiner Wirkung in die politisch-strategische Ebene hinein ist er uns den Nachweis eines Feldherrn, der über die Führung von Truppen hinausdenkt, aus welchen Gründen auch immer, schuldig geblieben.

Der Golfkrieg hat viele Grundsätze militärischen Handelns bestätigt bzw. neue Dimensionen eröffnet, so daß sich im Hinblick auf künftige Kriegsbilder eine Reihe wichtiger Lehren ziehen lassen.

Einheitlichkeit der Führung und Festhalten an der Zielsetzung

Die außergewöhnlich günstigen Rahmenbedingungen erlaubten den Einsatz militärischer Macht, vor allem von Luftmacht, quasi nach dem Lehrbuch. Der militärischen Führung vor Ort war ein Höchstmaß an Entscheidungsbefugnis gegeben, der Konsens mit der politischen Führung weitestgehend vorhanden. Der Kontrapunkt zur Vietnam-Erfahrung der USA scheint damit gesetzt. Wichtig ist nun, diesen Konsens und das Festhalten und konsequente Verfolgen der eigenen Zielsetzung nicht als stets gegeben vorauszusetzen. Es muß vor allem den verantwortlichen Politikern klar sein, daß die Streitkräfte den Auftrag nur dann effektiv und mit möglichst wenigen Verlusten erfüllen können, wenn die Zielsetzung klar ist und militärische Macht sich entfalten kann. Ein stetiges Wechseln von Zielsetzung oder Vorgaben ist ebenso zu vermeiden wie ein nicht sachgerechtes Hineinbefehlen von politischer Ebene in die Operationen oder der Einsatz von Streitkräften in Aufgaben oder unter Rahmenbedingungen, die an sich den Erfolg behindern oder gar ausschließen. Das heißt nun keineswegs, daß dem militärischen Oberbefehlshaber ein Freibrief ausgestellt werden muß. Die politisch Verantwortlichen müssen sich vor Eingehen einer Verpflichtung zum Einsatz eigener Streitkräfte darüber bewußt sein, was der Einsatz militärischer Macht bedeutet und welche Voraussetzungen eingehalten werden müssen, um einen Erfolg zu ermöglichen und Verluste zu minimieren. Daß diese Forderung nicht theoretischer Natur ist, zeigen viele historische Beispiele über die Verletzung dieser Grundregeln und die dramatischen Folgen.

Das gilt umsomehr, als der Golfkrieg auch den Nachweis erbracht hat, daß Abschreckung in ähnlichen Szenarien nur eine sehr begrenzte Wirkung haben wird. Der nuklearen Komponente des Patts zweier Militärblöcke beraubt, hat sie im Golfkrieg nahezu keine Rolle gespielt. Dies muß man einkalkulieren, wenn man als Politiker Aufgaben von Streitkräften in Konfliktregionen in der Zukunft definiert, die einem anderen Rational des Krieges unterliegen als dem eigenen.

Zieloptimierter Einsatz von Kriegsmitteln

Es ist inzwischen Allgemeingut im militärischen Bewußtsein, daß das Zusammenwirken aller Teilstreitkräfte bei Planung und Führung von Operationen unverzichtbar ist, wenn auch das Wissen um die Bedeutung von »joint operations« manchmal den Charakter eines Lippenbekenntnisses hat. Der Golfkrieg hat gezeigt, daß die Grenzen der eigenen Teilstreitkraft nicht das beherrschende Moment bei der Planung von Operationen sein können. Auswahl und Einsatz des bestgeeigneten Mittels zur Erreichung einer Zielsetzung darf sich nur am absehbaren Grad der Zielerreichung orientieren und nicht an der Zugehörigkeit zu einer anderen Organisation. Dies erfordert nicht nur eine größere Interoperabilität der Führungssysteme und einen gemeinsamen Planungsprozeß, sondern vor allem ein Umdenken weg von eingefahrenen Vorstellungen. Alle westlichen Streitkräfte sind derzeit in einer Phase der Reduzierung und der knappen Haushaltsmittel. Schon allein dieser Umstand wird dazu führen, daß so manches teuere Waffen-, Aufklärungs- oder -Führungssystem nicht mehr für eine Teilstreitkraft beschafft wird, sondern für alle, und nur von einer betrieben wird. Bei Entsendung einer Einsatztruppe in Randbereiche des NATO-Bündnisses oder unter anderen Rahmenbedingungen wird die Knappheit der Kräfte sich insgesamt noch vergrößern, weil Verlegung und Einsatz außerhalb des eigenen Landes sehr teuer und aufwendig sind und von zusätzlichen politischen Auflagen begleitet sein dürften. Eine gemeinsame Nutzung bestimmter knapper Kampf-, Führungs- oder Aufklärungsmittel ist daher sinnvoll und notwendig. Da nicht davon auszugehen ist, daß die USA stets als Führungsmacht zur Verfügung stehen und damit ihre vielfältigen Kräfte, muß sich die europäische Staatengemeinschaft schon im Frieden über dieses Problem verständigen. Das bedeutet nicht bereits die Aufgabe von Teilstreitkräften in einem »burden sharing« und der damit einhergehenden Aufgabe von Souveränität, sondern abgestimmte Rüstungsplanung zum Erreichen höchstmöglicher Interoperabilität und die gemeinsame Beschaffung von besonders kritischen Systemen. Hier bieten sich vor allem Führungssystemkomponenten, Aufklärungssatelliten, Tankflugzeuge oder Großraumtransportflugzeuge an. Die fortschreitenden internationalen Verflechtungen bisher nationaler Rüstungsunternehmen können diese Entwicklung unterstützen.

Multinationalität von Streitkräften

Die Bedeutung von politischem Konsens und möglichst großer Interoperabilität von Kampf- und Führungsmitteln wurde bereits angesprochen. Der Golfkrieg hat aber darüber hinaus gelehrt, daß allein damit die Dimension der Multinationalität in einer Koalition nicht abgedeckt ist. Vor allem ist zu bedenken, welcher Preis beim Aufbau einer Führungsstruktur dafür zu zahlen ist, daß jeder Nation ein Mitspracherecht zustehen muß.
Dieses Mitspracherecht kann nur unter bestimmten Bedingungen eingelöst werden. Zuerst einmal muß man einen eigenen nationalen Beitrag leisten. Dieser muß von elementarer Bedeutung sein, damit man im Rahmen einer zentralisierten Durchführung nicht eine Randaufgabe zugewiesen bekommt, die zwar dem militärischen Beitrag, nicht aber dem eigenen politischen Interesse entspricht. Und zum dritten muß man national in der Lage sein, eigene militärpolitische Interessenlagen über eine eigene nationale Führungskomponente überhaupt generieren zu können. Über dieses Element als Zwischenträger zwischen Politik und Taktik verfügt die Bundeswehr nicht. Eine solche Komponente muß über alle Teilstreitkräfte und deren Mittel verfügen können und die logistische Basis für die eingesetzten eigenen Kontingente sicherstellen. Für Einsätze außerhalb der NATO-Kommandostruktur — der Einsatz des Minenräumverbandes der deutschen Marine war ein solcher — ist eine der wichtigsten Aufgaben die Bildung einer angemessenen Führungsorganisation. Da eine solche Organisation nicht für jeden denkbaren Einzelfall vorgehalten werden kann, können nur Elemente für eine solche Organisation modulartig bereitgestellt und die Fähigkeit des Führungspersonals zur Bildung solcher Führungsorganisationen entwickelt werden. In einer Krise kann man nur auf das zurückgreifen, was man vorbereitet hat,

ohne Vorbereitung endet der Wettlauf mit der Zeit in der Paralysierung der Führung im Kompetenzgerangel.

Darüber hinaus ist eine weitgehende Standardisierung bei Waffen sinnvoll, um den enormen finanziellen und logistischen Aufwand bei multinationalen Eingreiftruppen zu minimieren. Unverzichtbar ist die Beschaffung eines gemeinsamen Identifizierungssystems für alle in einer möglichen Koalition in Frage kommenden Streitkräfte. Eine gemeinsame Sprache, gleiche Führungs- und Einsatzgrundsätze sowie möglichst identische Verfahren und Taktiken haben sich als sehr wichtig erwiesen bzw. ein Fehl als ein erheblicher Mangel. Besonders bei den Luftstreitkräften hat sich die Tatsache positiv ausgewirkt, daß die Masse der eingesetzten Kräfte NATO-Verfahren beherrschen und z.T. gemeinsam seit Jahren üben.

Soweit die wichtigsten Lehren aus der Multinationalität im Golfkrieg, die sich ja weitgehend auf gemeinsame Führung und nationale Durchführung beschränkte, wenn man von einigen Bereichen des Luftkrieges absieht. Die sich abzeichnende Dimension der Multinationalität bei der NATO-Eingreiftruppe soll weitergehen und nationale Elemente in multinationalen Großverbänden zusammenfassen. Damit wird um so wichtiger, nicht nur möglichst die gleichen Waffen zu benutzen, sondern auch möglichst oft und intensiv gemeinsam zu üben. Die Führungsstäbe sind vorzugsweise ständig einzurichten und mit Planungsaufgaben und gemeinsamer Ausbildung zu beauftragen.

Dieses betrifft auch vorausschauende Operationsplanung zumindestens in Form von Operationsstudien. Dieses kann nur Aufgabe eines teilstreitkräfteübergreifenden Planungsstabes sein. Und auch wenn die Aufgabe der eigenen Streitkräfte zur Verteidigung des nationalen Territoriums traditionell Vorrang haben wird — auch wenn die Risikobewertung für die nächste Zeit gegen diese Tendenz spricht —, darf sie andere Planungsperspektiven nicht dominieren, die sich aus einer multispektralen Risikoanalyse zwangsläufig ableiten lassen. Eine Folge dieses Denkens der Vergangenheit war die überraschende Feststellung der Deutschen, daß NATO nicht nur garantierte, Deutschland zu verteidigen, sondern von den Deutschen auch verlangte, NATO außerhalb des eigenen Landes zu verteidigen, und daß man dieses bei Vertragsabschluß bereits vereinbart hatte. Auf diesem Feld gilt es auch für die Streitkräfte, Informationsarbeit zu leisten und umzudenken.

Bedeutung von »Force Multipliers«

Der Golfkrieg sah auf der Seite der Koalition besonders bei den Luftkriegsoperationen die Anwendung von neuester Waffentechnologie in einem bislang unbekannten Ausmaß. Viele Systeme, wie etwa der Stealth-Jagdbomber F-117A, wurden erstmalig in einem Krieg eingesetzt und haben sich sehr bewährt. Am auffallendsten war die extreme Treffgenauigkeit von Luft-Boden-Waffen und die Fähigkeit zur fast völligen Ausschaltung der Luftabwehr bei sehr geringen eigenen Verlusten. Technologie in diesem Bereich war sicher der sichtbarste Force Multiplier, oder präziser ausgedrückt, das beste Mittel zum Erreichen einer Zielsetzung mit möglichst wenigen

Kräften. Für die Gewinnung der Lufthoheit von mindestens gleicher Wichtigkeit waren die auch im NATO-Verständnis als »Multiplier« zu bezeichnenden fliegenden Führungssysteme, Flugzeuge zum Einsatz von elektronischen Gegenmaßnahmen und Tankflugzeuge. Besonders wichtig ist die Erkenntnis, daß sich die zur Bekämpfung gegnerischer Radargeräte eingesetzten Flugzeuge als mindestens genauso einsatzwichtig erwiesen haben wie die Systeme zu deren Störung. Dies ist deshalb von Bedeutung, weil derzeit in den USA darüber diskutiert wird, ob diese (alten) Systeme ersetzt werden sollen. Ähnliches gilt für den Bereich der penetrierenden Luftaufklärung. Diese Systeme haben sich bewährt, waren aber nicht in ausreichender Anzahl vorhanden, was vor allem die Schadensaufklärung behinderte. Besonders bei der Bewertung der unterstützenden »Force Multipliers« wie Störflugzeugen, fliegende Führungssysteme wie AWACS oder Tankflugzeugen muß darauf hingewiesen werden, daß diese Systeme nicht nur den Aufwand minimierten, sondern den Erfolg der Operationen erst ermöglichen. Diese Unterstützungselemente sind unverzichtbarer Teil verbundener Luftkriegsoperationen und nicht nur »für den wirtschaftlichen Gebrauch« wünschenswert, wie vielleicht der Name suggerieren könnte.

Die weitere Nutzung von High-Tech im Bereich Führung, Aufklärung und Waffen dürfte zwar durch diese Erfahrungen prinzipiell gefördert werden, jedoch bleibt fraglich, inwieweit diese Erkenntnis allein schon zur Beschaffung der notwendigen »Force Multiplier« führen wird.

Ergänzend ist darauf hinzuweisen, daß ein derart spektakulärer Erfolg von Laser gesteuerten Bomben im Golfkrieg nur unter den Bedingungen der Lufthoheit und unter Einsatz starker elektronischer Gegenmaßnahmen möglich war. Nur unter diesen Bedingungen konnten sie aus mittlerer Höhe weitgehend unbehindert eingesetzt werden. In diesem Falle hat es sich bewährt, daß vor allem die Luftstreitkräfte der USA für diese Situation die angemessenen Waffen zur Verfügung hatten und sie nutzen konnten.

Auch der Erfolg im Kampf gegen die feindliche Führung ist auf den Einsatz von »Force Multipliers« zurückzuführen. Es scheint effektiver, mit diesen defensiv und offensiv einsetzbaren Waffen zur Abriegelung die Entscheidung zu suchen, als im traditionell schlachtentscheidenden Duell der Kampfpanzer. Damit ist dem Kampfpanzer nicht die Existenzberechtigung entzogen. Es ist aber eine deutliche Tendenzverschiebung zu erkennen, künftige Landstreitkräfte nicht mehr allein um dieses Waffensystem herum zu konzipieren. High-Tech-Waffen bieten die Möglichkeit »chirurgischer Schnitte« und minimieren Verluste unter der Zivilbevölkerung. Ihre hohen Investitionskosten sind der beste Schutz gegen eine weltweite Verbreitung. Mit ihnen kann der Personalaufwand reduziert werden. Mindestens in vitalen Kernbereichen muß bei eigenen Planungen hier Anschluß gehalten werden, um eigene politische Positionen in einem von solchen Waffen beherrschten Konfliktszenario überhaupt mit Aussicht auf Erfolg einbringen zu können.

Gewinnen und Erhalten der Initiative

Militärischen Führern war es schon immer bewußt, daß es notwendig ist, dem Gegner die Fähigkeit zur Gestaltung des Krieges nach seinem Plan zu nehmen und selbst das Gesetz des Handelns zu bestimmen. Der Golfkrieg hat die Gültigkeit dieses Grundsatzes auch in einem modernen Krieg deutlich bewiesen. Der Irak hatte sich aufgrund einer falschen Lagebeurteilung der eigenen und gegnerischen Fähigkeiten und in irrtümlicher Übertragung der Erfahrungen aus dem Krieg mit dem Iran weitestgehend auf eine Strategie des Festungsdenkens abgestützt. Die Koalition sollte sich die Zähne an den einbetonierten und eingegrabenen irakischen Streitkräften ausbeißen und derart hohe Verluste erleiden, daß früher oder später der Zusammenhalt der Koalition und/oder die Unterstützung aus den Heimatländern zusammenbrechen würden. Ob der fast völlige Verzicht auf den Einsatz fliegender Luftkriegsmittel, sei es in offensiven oder auch defensiven Einsätzen, mit den inneren Spannungen im Regime und der daraus abzuleitenden Unzuverlässigkeit der Luftstreitkräfte begründet war, ist nicht bewiesen, aber wahrscheinlich. Bei einem Mindestmaß an rationaler Handlungsweise ist es unverständlich, daß für die eigene Kriegführung wichtige Waffensysteme im Nachbarland »in Sicherheit gebracht wurden«. Auch nur wenige Einsätze der offensivfähigen, weitreichenden Jagdbomber hätten wahrscheinlich sehr ernste Folgen für den minutiös geplanten und für Störungen anfälligen Ablauf der Luftkriegsoperationen der Koalition gehabt.

Das alleinige Abstützen des Irak auf Luftverteidigung und insbesondere auf die bodengebundenen Systeme, hat sich als operative Todsünde herausgestellt. Der Koalition war es dadurch möglich, nach eigener Planung und Schwerpunktsetzung und aus sicheren Sanktuarien heraus das irakische Luftverteidigungs- und Führungssystem systematisch zu zerschlagen. Nach Ausschalten der Führungsfähigkeit der Luftverteidigung war die Lufherrschaft errungen, sodaß nicht nur den irakischen Streitkräften jede Möglichkeit zur Wiedergewinnung der Initiative genommen war, sondern auch der Koalition eine Luftkriegführung erlaubte, die bislang als völlig unrealistisch gegolten hatte.

Die politische Ausgangssituation erlaubte den Koalitionsstreitkräften die Offensive. Dies ist auf ein defensives Bündnis grundsätzlich nicht und auf andere Koalitionen wahrscheinlich nicht immer übertragbar. Um so wichtiger ist es, daß man sich die Lehren dieses Krieges zu Herzen nimmt. Auch aus einer strategischen Defensivsituation heraus muß ein Bündnis alles unternehmen, um die Initiative zu gewinnen und dann zu erhalten. Sonst kann es zu keiner Beendigung eines Krieges zu den eigenen Bedingungen kommen. Das bedeutet aber auch, daß auch die Streitkräfte eines Verteidigungsbündnisses offensivfähig sein müssen, nicht im Sinne eines »konventionellen Erstschlags«, sondern befähigt zu operativen Gegenangriffen. Kein Gegner darf ohne Risiko aus einem Sanktuarium heraus handeln können. Dies gilt für die ganze Bandbreite militärischer Machtentfaltung vom Angriff mit Landstreitkräften bis zur Bedrohung mit Boden-Boden-Flugkörpern.

Für Rüstungsplanung und Struktur der Streitkräfte insgesamt bedeutet dies, daß eine alleinige Abstützung auf noch so effektive Verteidigungssysteme ungenügend ist und

angemessen starke und flexibel einsetzbare Gegenangriffskomponenten der Teilstreitkräfte weiterhin erforderlich bleiben. Dies gilt in besonderem Maße für multinationale Eingreiftruppen, die z.b. an den Rändern des NATO-Bündnisses die Sicherheit erhalten oder wiederherstellen sollen. Dies kann nur gelingen bei einer ausreichenden Offensivfähigkeit der Streitkräfte.
In diesem Zusammenhang darf noch einmal festgehalten werden, daß in diesem Konflikt Luftstreitkräfte die schnelle Entscheidung vorbereitet haben, die Konfliktbeendigung aber offensivfähigen, durchsetzungsfähigen Bodentruppen vorbehalten blieb. Dieses wird in unterschiedlicher Gewichtung und Intensität auch in der Zukunft zu erwarten sein. Für die Operationsführung ist die Lehre zu ziehen, daß jeglicher Versuch, in einem »Festungsdenken« den Gegner bezwingen zu können, schon im Ansatz ohne Aussicht auf Erfolg, da rein reaktiv, ist. Moderne Streitkräfte müssen so beweglich geführt werden, daß sich ihre Fähigkeiten voll entfalten können. Ansonsten bleibt auch die modernste Ausrüstung eine Fehlinvestition.

Bedeutung von Transportkapazitäten

Der Konflikt am Golf hat gezeigt, daß nur ausreichend dimensionierte und vor allem zeitgerechte Projektion von militärischer Macht geeignet ist, politische Ziele zu erreichen, wie etwa die Abhaltung des Irak von weiterer Aggression gegen Saudi-Arabien. Dazu sind nicht nur Streitkräfte mit der richtigen Ausrüstung und einem guten Ausbildungsstand notwendig, sondern vor allem Transportkapazitäten zur Verlegung. Im Golfkonflikt standen für diese Aufgabe relativ viel Zeit und vor allem die Kräfte und Möglichkeiten der USA in vollem Umfang zur Verfügung. Dessen muß man sich bewußt sein bei allen Überlegungen zu multinationaler Reaktionsfähigkeit in künftigen Konflikten. Gerade Deutschland hat erfahren müssen, daß die Verlegung von Großgerät unter Umständen auch dann nicht zu realisieren ist, wenn man fremde Kapazitäten anmietet.
Wenn auch das Potential der USA auf absehbare Zeit durch noch so große Anstrengungen der Europäer nicht zu ersetzen sein wird, so gibt es doch einige Minimalforderungen zur Lösung des Transportproblems:
— Für die schnelle Verlegung von wichtigem Großgerät für Anfangsoperationen, wie z.B. Führungs- und Luftverteidigungssystemen, werden militärische Großraumflugzeuge benötigt, die bereits im Vorfeld eines Konfliktes eingesetzt werden können, da die Nutzung von Schiffen und zivilen Lufttransportkapazitäten zu lange dauern würde. Der logistische Folgebedarf sollte so weit wie möglich im See- oder Landtransport nachgeführt werden bzw. mit zivilen Lufttransportkapazitäten. Der militärische Lufttransport sollte den Weitertransport ins Krisen- oder Kriegsgebiet und die Verteilung übernehmen. Nur so ließen sich die begrenzten militärischen Lufttransportkapazitäten mit einiger Wahrscheinlichkeit über längere Zeit nutzen.
— In krisengefährdeten Regionen müssen in Absprache mit dem potentiellen Aufnahmeland alle Möglichkeiten genutz werden, um bereits vor einer Krise Teile der

benötigten Ausrüstung und eine bestimmte logistische Grundbevorratung einlagern zu können. Auch muß es bereits im Frieden zu Absprachen kommen, welche Leistungen das Gastland im Falle einer Krise erbringen soll. Nur so läßt sich verhindern, daß mit unwirtschaftlichem Aufwand Massen von Material unnötigerweise bewegt werden müssen. Als Beispiele können hier die Voreinlagerung amerikanischen Großgeräts in der Bundesrepublik (Prepositioning of material from Continental USA-POMCUS) und das NATO-System der Unterstützungsleistungen für Verstärkungskräfte (Wartime Host Nation Support — WHNS) herangezogen werden.

Abhängigkeit von Reservisten

Die Leistungen der Koalition, besonders aber der USA, in der Phase des Aufmarsches wie in der Phase militärischer Operationen wäre ohne Reservisten nicht möglich gewesen. Dies gilt in erster Linie für die Lufttransport- und die Unterstützungskräfte und in zweiter Linie auch für die Kampftruppen. Dabei hat sich das System der ständigen Inübunghaltung fliegender Besatzungen im Reservistenstatus besonders bewährt. Die Einsatzausbildung und der Einsatz von Reservekampftruppen der US Army wiesen jedoch einige Defizite auf und bedürfen in Teilen der Revision.

Als hauptsächliche Lehre muß gezogen werden, daß moderne Streitkräfte heute nicht mehr ohne Reservisten bestimmter Qualifikationen in eine Krise oder einen Krieg geschickt werden können. Dieser Abhängigkeit ist man sich in Deutschland wohl noch nicht im notwendigen Maße bewußt bzw. ist nicht bereit, hierfür finanzielle Konsequenzen zu tragen. Die Notwendigkeit, in kurzer Zeit auf eine große Anzahl gut ausgebildeter Reservisten zurückgreifen zu können, wird sich in allen westlichen Ländern mit der Verkleinerung der aktiven Streitkräfte erhöhen. Neben der psychologischen Vorbereitung der Reservisten auf ein größeres Spektrum an Aufgaben bedarf es ganz besonders eines effektiven Ausbildungssystems. Dieses läßt sich nur dann verwirklichen, wenn ein Konsens in der Gesellschaft die Bereitschaft zur Wehrübung und zur Freistellung seitens des Arbeitgebers ermöglicht. Aber auch die Attraktivität der Reservistenausbildung muß diesem Stellenwert angepaßt werden. Die notwendige Qualität läßt sich nur über den Reservisten als Teilzeit- bzw. Feierabendsoldaten, dem amerikanischen Reservistenmodell angenähert, erreichen. Schließlich sind rechtzeitig Maßnahmen auf politischer Ebene zu treffen, die es erlauben, die Fähigkeiten der Reservisten vor ihrem Einsatz wieder aufzufrischen. Diese Forderung dürfte schwierig umzusetzen sein, bedarf aber dennoch einer praktikablen Lösung.

Rolle der Medien

Wenn auch die Pressearbeit der Koalitionsstreitkräfte nicht einhellig gelobt wird, so dürfte es sich doch insgesamt um eine vernünftige und effektive Zusammenarbeit zu beiderseitigem Nutzen gehandelt haben. Was sich bereits in zunehmend stärkerem

Ausmaß bei allen kriegerischen Auseinandersetzungen der letzten Jahrzehnte abzeichnete, hat sich im Golfkrieg auf seiten der Koalition bestätigt: Die Medien lassen sich nicht mehr von den Kriegsschauplätzen wegdenken, sie haben ein Recht und die Pflicht zur Information, und ihr politischer Stellenwert gibt ihnen künftig in jedem Konflikt eine »operative« Dimension. Die Soldaten müssen lernen, daß die Presse nicht nur ein zu duldendes Übel ist. Sie beeinflußt in erheblichem Maße die Stimmung der eigenen Bevölkerung und damit direkt die Unterstützung der militärischen Zielsetzung. Durch kooperatives Verhalten und Offenheit in dem Ausmaße, wie es die Sicherheit der Truppe erlaubt, müssen sich künftig Konfrontationen verhindern lassen, die im Endeffekt immer zu Lasten der Truppe und ihrer Motivation gehen müssen.
Pressevertreter werden die Freiheit der Berichterstattung in Zukunft sehr skeptisch danach hinterfragen, ob sie als operative Elemente der Täuschung eingesetzt werden sollen.

Bedeutung von Ausbildung und Motivation

Die Erfahrungen der Koalition im Golfkrieg zeigen, daß trotz eines insgesamt recht hohen Friedensausbildungsstandes so gut wie alle Truppen Defizite in der Ausbildung, besonders bei der Einsatzausbildung im klimatischen und geographischen Umfeld, aufwiesen. Der Mangel konnte überwiegend in der langen Phase zwischen Aufmarsch und Kriegsbeginn behoben werden. Die guten Leistungen der Koalitionssoldaten sind nicht nur auf die bessere Technologie ihrer Waffen zurückzuführen, sondern auch auf ihr Vertrauen in ihr eigenes Können und in das ihrer Führer. Weiterhin waren sich die Soldaten der moralischen Unterstützung »zuhause« sicher und selbst davon überzeugt, für eine gerechte Sache zu kämpfen. All diese Faktoren verbanden sich zu einer überaus positiven Grundeinstellung und bewirkten maßgeblich die guten Leistungen.
Es dürfte kaum möglich sein, für künftige Konflikte jederzeit die moralische Unterstützung der »Heimatfront« sicherzustellen, nicht nur in Deutschland. Sehr wohl aber ist es notwendig und möglich, daß Streitkräfte für ihren Einsatz, auch außerhalb des eigenen Landes, ein klares politisches Mandat haben, aus dem jeder Soldat Verhalten und Motivation ableiten kann. Eine Diskussion über die Rechtmäßigkeit der Anwendung militärischer Macht in einer Demokratie oder in einem Bund von Demokratien muß im Frieden geführt und abgeschlossen werden. Beginnt sie erst in der Krise, kann das fatale Folgen haben.
Die Streitkräfte können die politischen Entscheidungsprozesse nur indirekt beeinflussen. Ihre Aufgabe ist es, die Ausbildung der Soldaten so gut wie möglich zu gestalten. Das bedeutet auch gefechtsnahe Ausbildung und Übung. Insbesondere hochspezialisierte Teile der Streitkräfte, die für eine schnelle Verlegung in Krisengebiete in Frage kommen (das sind z.B. die fliegenden Einsatzverbände, aber auch die dafür vorgesehenen Truppenteile der Landstreitkräfte), müssen ausreichend Möglichkeiten zur realitätsnahen Hochwertausbildung erhalten. Hierfür muß der Gesellschaft ein Minimum an Duldung abverlangt werden können.

Die militärischen Führer müssen in besonders hohem Maße geeignet und fähig sein, ihre Soldaten in Streß und Kampf zu führen und ihnen Vorbild zu sein. Nur mit dieser Identifikation läßt sich das bewährte Prinzip der Auftragstaktik in die Wirklichkeit umsetzen. Die Ausbildung von aktiven Soldaten und Reservisten, sei es im Frieden oder im Rahmen von Krisenausbildungsprogrammen, ist von elementarer Bedeutung für die Streitkräfte, ihren Auftrag und ihr Selbstverständnis. Besonders bei einem Einsatz außerhalb des eigenen Landes wäre es unverantwortbar, schlecht oder ungenügend ausgebildete Soldaten in den Kampf zu schicken und ihr Leben zu riskieren. Die US Army hat zur Überwindung des Vietnam-Traumas auf diesem Gebiet nahezu zehn Jahre gebraucht, um die Qualität zu erreichen, die im Golfkrieg vorgeführt wurde. Neben allen Übungsmöglichkeiten, der Anwendung moderner Technologie und der attraktiven Gestaltung des sozialen Umfeldes war dies in erster Linie das Verdienst eines Führerkorps, das leadership als Impulsgeber empfunden hat, dieses auch im äußeren Erscheinungsbild — für deutsche Augen manchmal übersteigert — vorgelebt und der Truppe einen »esprit de corps« vermittelt hat. Dieses wird eine wichtige Aufgabe für Streitkräfte sein, die ein neues Selbstverständnis finden müssen. Sie ist wichtiger als jede neue Struktur und Bewaffnung, aber auch weitaus schwieriger zu bewältigen.

Fazit

Der Golfkonflikt hatte mit Sicherheit so viele Besonderheiten und Rahmenbedingungen, daß man mit großer Wahrscheinlichkeit davon ausgehen kann, daß sich ein Krieg in dieser Art und Weise nicht wiederholen dürfte. Die Konsequenz hieraus ist aber nun leider nicht, daß sich ähnliche Situationen, aus denen Krisen oder Kriege entstehen können, nicht wiederholen könnten. Wie und wo auch immer die nächste Krise entsteht — die Rahmenbedingungen zur Krisenbeherrschung dürften wesentlich schlechter stehen. Der Golfkonflikt spielte sich für die Koalition in einem »best case«-Szenario ab und es wäre unverantwortlich, für künftige Krisen wieder von dem besten aller Fälle auszugehen.
Soldaten und Streitkräfte haben den Auftrag, die Sicherheit ihres Landes möglichst auch in einem »worst case« zu gewährleisten. Daher müssen sie manchmal »schwarz« sehen.
Bei der Planung, Strukturierung und Ausbildung von Streitkräften in einem neuen Umfeld, das den multinationalen Einsatz auch außerhalb des eigenen Landes vorsieht, ist es notwendig, alle Möglichkeiten in Betracht zu ziehen und die wahrscheinlichsten zu verfolgen. Aus dem Konflikt am Golf können für diese neuen Aufgabenfelder und damit für den Einsatz militärischer Macht in künftigen Krisen Lehren gezogen werden. Davon sind viele in Forderungen umzusetzen, die unbequem sind und viel Geld kosten. Wir alle sollten uns aber darüber im klaren sein, daß ein Nichtbefolgen noch wesentlich teurer und folgenschwerer sein kann.

Anhang

Rainer Brinkmann

Chronologie der Golfkrise

08.08.88
Beendigung des Golfkrieges zwischen Iran und Irak. Der Waffenstillstand tritt offiziell am 20.08.1988 in Kraft.

09.08.88
Kuwait beschließt entgegen der auf der OPEC-Konferenz im Dezember 1987 festgelegten Förderquote von 0.999 Mill. Barrel pro Tag seine Erdölproduktion zu erhöhen. Es fördert 1988 im Tagesdurchschnitt 53,7 % mehr Öl als 1987:
1987: 0.972 Mill. Barrel
1988: 1.396 Mill. Barrel
1989: 1.463 Mill. Barrel

06.02.89–11.02.89
Besuch des kuwaitischen Ministerpräsidenten Saad al Sabah in Bagdad. In Verhandlungen mit Saddam Hussein gelingt es nicht, die umstrittenen Grenzfragen zu lösen.

24.03.89
Abkommen zwischen Kuwait und Irak über die Wasserversorgung des Emirats aus dem Schatt el Arab.

23.09.89-25.09.89
Besuch des Emirs von Kuwait in Bagdad. Scheich Jaber al Sabah erwartet als Gegenleistung für die Unterstützung des Irak im Golfkrieg eine schnelle Lösung der umstrittenen Grenzfrage.

12.11.89-18.11.89
Der kuwaitische Generaldirektor der Abteilung für nationale Sicherheit, Ahmed el Fahd, und ein weiterer hoher Sicherheitsexperte führen mit der CIA-Führung (am 14.11. mit CIA-Direktor Webster) geheime Gespräche über eine breite bilaterale Zusammenarbeit auf allen Ebenen, sowie über einen Informationsaustausch über die militärischen, politischen und sozialen Strukturen von Irak und Iran. Außerdem kamen beide Seiten überein, daß es »wichtig wäre, die Verschlechterung der wirtschaftlichen Lage im Irak auszunutzen, um die Regierung dieses Landes zu veranlassen, unsere gemeinsame Grenze festzulegen. Die CIA hat uns die Druckmittel dargelegt, die sie für angemessen hält...«
Das Protokoll dieser Gespräche wurde bei der Besetzung Kuwaits von irakischen Truppen erbeutet und vom irakischen Außenminister Tarik Aziz am 24.10.90 dem UN-Generalsekretär als Beleg für eine anti-irakische Verschwörung übermittelt.

05.12.89
Start einer dreistufigen irakischen Satelliten-Trägerrakete in den Weltraum.

Anfang Februar 90
Der kuwaitische Erdölminister Ali Khalifa al Sabah gibt bekannt, daß Kuwait seine von der OPEC Ende November 1989 festgelegte Förderquote von 1,5 Mill. Barrel pro Tag nicht einhalte und stattdessen 2,5 Mill. Barrel fördere.

12.02.90
Der neue Assistant Secretary of State for Near East and South Asian Affairs, John Kelly, bezeichnet bei einer Zusammenkunft in Bagdad Saddam Hussein als eine »Kraft der Mäßigung in der Region« und betont das Interesse der USA an einem Ausbau der Beziehungen.

15.02.90
Der Sender »Voice of America« strahlt eine Sendung aus, die unter dem Titel »No more secret police« Diktaturen wie die DDR, UdSSR, China, Nordkorea, Libyen, Kuba u.a. anprangert und den Irak dabei an prominenter Stelle nennt. Saddam Hussein reagiert äußerst aufgebracht.

19.02.90
Die Ministerpräsidenten der Mitgliedstaaten des »Arab Cooperation Council« (AKR) treffen sich in Bagdad zum 1. Jahrestag der Gründung ihrer Organisation. Bei dem Treffen fordert Saddam Hussein den Abzug der US-Kriegsschiffe aus dem Arabischen (Persischen) Golf.

21.02.90

Der US-State-Departement beschuldigt in einem Bericht zur Situation der Menschenrechte den Irak der Folter und der Massenexekutionen. Irak weist die Vorwürfe zurück. Der Außenpolitische Ausschuß des Repräsentantenhauses will infolge des Berichts den Irak in einer Resolution wegen »schwerer Verletzungen der Menschenrechte« verurteilen. Der Irak verweigert aber die Annahme der Resolution.

24.02.90

Auf dem 4. Gipfeltreffen des AKR in Amman fordert Saddam Hussein von Saudi-Arabien und Kuwait einen Schuldenerlaß in Höhe von 30 Mrd Dollar sowie neue Kredite für weitere 30 Mrd. Sollte er seine Forderungen nicht erfüllt bekommen, greife er zu Repressalien.

Darüber hinaus greift Hussein in einer vom jordanischen Fernsehen übertragenen Rede die USA scharf an: »Das Land, das den größten Einfluß auf die Region, den Golf und sein Erdöl ausübt, wird seine Vorherrschaft als Supermacht konsolidieren, ohne daß ihm jemand Paroli bieten kann. Wenn die Bevölkerung des Golfs — und darüber hinaus die der gesamten arabischen Welt — nicht aufpaßt, wird diese Region nach dem Willen der Vereinigten Staaten regiert werden. Beispielsweise werden die Ölpreise so festgesetzt, daß sie den amerikanischen Interessen dienen und nicht denen der anderen Völker«. (vgl. Observer v. 21.10.90).

26.02.90

Rundreise König Husseins von Jordanien zur Vermittlung.

Der Emir von Kuwait erklärt seine Bereitschaft, die Inseln Bubiyan und Warba (seit dem britisch-türkischen Vertrag von 1913 unter kuwaitischer Souveränität) dem Irak unbefristet zur Pacht zu überlassen. Als Vorbedingung fordert der Emir die Beglaubigung des Abkommens zwischen Kuwait und dem Irak vom 14.10.1963 durch die UNO, in dem die Souveränität festgestellt und die Grenzziehung spezifiziert ist.

Nach seiner Rückkehr berichtet König Hussein Saddam Hussein persönlich über seine Vermittlungsaktion.

28.02.90

John Kelly sagt bei einer Befragung vor dem Unterausschuß für Europa- und Mittelostfragen des Repräsentantenhauses: »Es ist klar, daß Irak bessere Beziehungen zu den USA sucht. Der Handel wird ein Schlüsselfaktor in diesem Verhältnis sein.« Bei seinem Besuch in Bagdad am 12.02. sei er auf keinerlei Kritik gestoßen. Seine Gespräche seien in sehr konstruktivem Ton geführt worden.

22.03.90

Ermordung des kanadischen Ballistik-Experten Gerald Bull in Brüssel, der mit der Entwicklung einer irakischen »Superkanone« befaßt war.

27.03.90

Unterzeichnung eines Sicherheitsabkommens und Nichtangriffspaktes zwischen Irak und Saudi-Arabien in Bagdad.

28.03.90
Beschlagnahme von 40 elektrischen Kondensatoren (Zünder für Atomwaffen) bei einer Gemeinschaftsaktion amerikanischer und britischer Zollfahnder auf dem britischen Flugplatz Heathrow. Weitere Bauteile dieser Superkanone wurden in Großbritannien, Griechenland und der Türkei abgefangen.

02.04.90
Rede Husseins vor der irakischen Armeeführung:
»Sollte Israel irgend etwas gegen den Irak unternehmen, dann werden wir dafür sorgen, daß ein Feuer die Hälfte dieses Landes vernichtet. Wer uns mit der Atombombe bedroht, den rotten wir mit der chemischen Bombe aus.«
Reaktion USA:
* Die Sprecherin des State-Departements, Tutwiler, bezeichnet die Drohung als »aufrührerisch, verantwortungslos und abscheulich«.
* Botschafterin Glaspie legt offiziellen Protest ein.
* J. Kelly arbeitet mit D. Ross einen Sanktionsplan aus, der von Außenminister Baker gebilligt wird. Der Plan sieht vor, Irak keine Kredite mehr zu gewähren, das »Credit Commodity Program« (Finanzierung irakischer Käufe von amerikanischem Weizen) zu annulieren und die Ausfuhr von Gütern zu stoppen, die militärisch nutzbar sind. Das US-Handelsministerium legt Widerspruch ein, weil es Nachteile für die Industrie und Weizenproduktion befürchtet.

08.04.90
Der ägyptische Präsident Mubarak überbringt Saddam Hussein eine Botschaft von Präsident Bush. Darin versichern die USA, daß der Irak keineswegs Ziel einer westlichen Kampagne sei.

12.04.90
Besuch einer Delegation des US-Senats in Bagdad. Versicherung, daß es keine US-Sanktionen gegen Irak geben wird, und das die US-Regierung nicht für die anti-irakische Pressekampagne verantwortlich ist.

Mitte April 90
Angebot Saddam Husseins an den iranischen Präsidenten Rafsanjani, in dem er Teheran nicht näher spezifiziertes Territorium sowie die Rückkehr einiger iranischer Kriegsgefangener anbietet, um den Konflikt zwischen beiden Ländern dauerhaft zu lösen.

25.04.90
Persönlicher Gruß von Präsident Bush an Saddam Hussein zum Ende des Fastenmonats Ramadan.

26.04.90
J. Kelly betont vor dem Unterausschuß des Repräsentantenhauses, daß die Regierung weiterhin Sanktionen gegen den Irak ablehnt. »Wir glauben, daß durchaus eine Möglichkeit für positive Veränderungen im irakischen Verhalten besteht«.

28.05.–30.05.90
Arabischer Gipfel in Bagdad: Saddam Hussein wirft nicht näher bezeichneten Golfstaaten vor, zu viel Öl zu produzieren und damit einen Wirtschaftskrieg gegen sein Land zu führen. Er fordert einen Schuldenerlaß von Saudi-Arabien, Kuwait und den Vereinigten Arabischen Emiraten (VAE) in Höhe von 30 Mrd Dollar und die Bereitstellung weiterer 10 Mrd.
Der kuwaitische Ölminister wird kurze Zeit später seines Postens enthoben und ersetzt.

27.06.90
Irak fordert Kuwait und die VAE auf, ihre Überproduktion von 300.000 bzw. 400.000 Faß pro Tag einzustellen. Durch den Ölpreisverfall von 21 Dollar im Januar 90 auf inzwischen 14 Dollar verliere der Irak ca. 1 Mrd Dollar pro Monat. Irak fordert einen Ölpreis von 25 Dollar pro Barrel.

Ende Juni 90
Der irakische Vize-Premierminister Saadun Hammadi fordert im Rahmen einer Rundreise durch die Golfstaaten abermals 10 Mrd Dollar von Kuwait. Kuwait schlägt im Gegenzug die Ratifizierung einer Übereinkunft über den Grenzverlauf vor.

10.07.90
Von saudischer Seite vermitteltes Treffen der Ölminister von Saudi-Arabien, Kuwait, Iran, Irak, Qatar und der VAE in Dschidda:
Man verpflichtet sich, die Förderquoten nicht zu überschreiten, bevor nicht ein Preis von 18 Dollar pro Barrel erreicht ist.

16.07.90
Übergabe Memorandum von T. Aziz an Generalsekretär der Arabischen Liga Klibi: Kuwait wird beschuldigt, Öl von den vom Irak beanspruchten Feldern Rumeila zu entnehmen, Militärposten auf irakischem Territorium installiert zu haben und sich an einer imperialistisch-zionistischen Verschwörung gegen die arabische Nation zu beteiligen. Bei einer durchschnittlichen arabischen Ölproduktion von 14 Mrd Barrel pro Tag hätten die arabischen Länder zwischen 1981 und 1990 ca. 500 Mrd Dollar verloren, 89 Mrd allein der Irak. Aufgrund der Überproduktion Kuwaits und der VAE sei der Preis unter die von der OPEC festgesetzten 18 Dollar gefallen, was für den Irak Milliardenverluste bedeute. Die Regierung von Kuwait habe eine doppelte Aggression begangen:
1. Kuwait hat den Ölmarkt mit teilweise vom Irak geraubtem Öl überschwemmt.
2. Kuwait hat versucht, die irakische Wirtschaft in dem Moment zu erdrosseln, als Irak Opfer einer imperialistisch-zionistischen Verschwörung war.

Forderung:
* Anhebung des Ölpreises auf 25 Dollar
* Annulierung der irakischen Schulden
* Kompensation irakischer Verluste während des Golfkrieges

17.07.90

In einer Rede aus Anlaß des 22. Jahrestages der Machtergreifung der Baath-Partei werden einige Golfstaaten eines Wirtschaftskrieges gegen den Irak bezichtigt. Saddam droht, die Überproduktion von Öl mit Gewalt zu stoppen. »Gott der Allmächtige sei Zeuge, daß wir sie gewarnt haben«.
Beginn des irakischen Truppenaufmarsches an der Grenze zu Kuwait.

18.07.90

Note des State Departements an alle Regirungen in der Region, daß die USA ihre vitalen Interessen in der Region verteidigen werden sowie der kollektiven Selbstverteidigung ihrer Freunde am Golf nachdrücklich verpflichtet seien.
Botschafterin Glaspie trägt diese Position dem stellvertretenden irakischen Außenminister Hamdoon vor und betont, daß die USA auf einer friedlichen Streitbeilegung bestünden.

18.07.90

Saddam Hussein erhebt erneut Anspruch auf Öl, das in der grenzmäßig umstrittenen Zone innerhalb Kuwaits gefördert wird. Er beschuldigt Kuwait des Diebstahls und verlangt die Rückzahlung von ca. 2,4 Mrd Dollar.

18.07.90

Die kuwaitische Regierung befaßt sich auf einer Kabinettssitzung mit der Möglichkeit eines irakischen Angriffs. Man glaubt aber an eine begrenzte Aktion. Die irakischen Vorwürfe werden zurückgewiesen. Außerdem wird beschlossen, Abgesandte in arabische Hauptstädte zu entsenden, um die Position Kuwaits darzulegen. König Fahd von Saudi-Arabien telephoniert mit Saddam Hussein und dringt auf Zurückhaltung.

19.07.90

Zurückweisung der Vorwürfe Iraks durch Kuwait gegenüber dem Generalsekretär der arabischen Liga. Bitte um Vermittlung in dem Disput.
Die irakische Nationalversammlung fordert dazu auf, die Haltung einiger Herrscher am Golf zu verurteilen, weil diese dem Irak und der arabischen Nation schweren Schaden zugefügt haben.

20.07.90

Kuwait versetzt seine Streitkräfte in Alarmbereitschaft, am 24. in erhöhte Alarmbereitschaft. Die amerikanische Botschafterin registriert irakische Truppenbewegungen in Richtung Kuwait.

21.07.90

Generalsekretär Klibi trifft zu Konsultationen in Kuwait ein. Saddam Hussein führt Bespräche mit Mubarak und König Hussein.

22.07.90

Zusammenkunft des irakischen Außenministers Aziz mit Mubarak in Alexandria. Mubarak legt Schlichtungsplan vor: Verzicht auf jegliche Gewaltandrohung, Einstellung der Pressekampagne, Zusage eigener Vermittlungsrolle.

22.07.90

NATO-Militärattaches in Kuwait, die Irak besuchen, berichten von umfangreichen Truppenbewegungen mit 30.000 Soldaten in Richtung Kuwait.

23.07.9021

Saudische Streitkräfte werden teilweise in Alarmbereitschaft versetzt.
Mubarak, König Hussein und Aziz konferieren in Alexandria über die Krise.

24.07.90

Mubarak zur Vermittlung in Bagdad.
Saddam Hussein: »Solange es Diskussionen zwischen Irak und Kuwait gibt, werde ich keine Gewalt anwenden«. Diese Nachricht trug Mubarak persönlich in Kuwait vor und übermittelt sie nach Washington.
Ankündigung in Washington, daß gemeinsames Flottenmanöver als Ausbildungsoperation mit VAE durchgeführt wird. Irak protestiert unverzüglich gegen diese militärische Maßnahme. Das Flottenmanöver wird daraufhin abgebrochen.

25.07.90

Gespräch zwischen der amerikanischen Botschafterin Glaspie, Saddam Hussein und Tarik Azziz.
(vgl. hierzu Sallinger, P., Laurent, P., Krieg am Golf, Hanser Verlag München 1991, Harold Tribune v. 17.09.90, The Economist v. 29.09.90 und Observer v. 21.10.90).
Inhalt: Saddam wirft den USA vor, unter Einbeziehung anderer Golfstaaten eine antiirakische Politik zu betreiben. Offenbar rechne man in den USA damit, daß der Irak ähnlich wie die osteuropäischen Staaten von Erosion bedroht ist. Andere Golfstaaten versuchten eine vermeintliche Schwäche des Irak zu nutzen und strengten einen Wirtschaftskrieg gegen sein Land an. Schließlich brachte Saddam seine Enttäuschung über die USA zum Ausdruck, weil sie es an Dankbarkeit gegenüber Irak vermissen ließen, der doch stellvertretend auch für die USA die iranische Gefahr gebannt hatte.
Anschließend drohte Saddam Hussein den USA mit Vergeltungsschlägen, wenn die USA Druck anwenden würden. Er forderte eine Lösung im arabischen Kontext.
Die amerikanische Botschafterin versuchte, eine differenzierte Haltung der USA darzulegen. Sie brachte sowohl das generelle Interesse der USA an guten Beziehungen, wie aber auch die Besorgnis über den Truppenaufmarsch zum Ausdruck. Auf ihre Frage, was die Absichten Iraks seien, antwortete Saddam Hussein, daß man bis zu

einem Zusammentreffen mit den Kuwaitis nichts tun werde, daß man aber auch nicht seine Vernichtung hinzunehmen bereit sei.

Nachdem Glaspie noch am gleichen Tag in einem Telegramm nach Washington berichtet hatte, wird sie am 28.07.90 vom State Departement zur Teilnahme an einer »high-level policy review«-Konferenz rückbeordert. Am 30.07. fliegt Glaspie nach Washington.

26.07.90
Die New York Times berichtet, daß die US-Regierung ihre Irak-Politik überpüft und Wirtschaftssanktionen wegen der Drohungen gegen Kuwait erwägt.
Am 01.08. wird eine Gesetzesvorlage vom Unterausschuß für Mittelostfragen des Repräsentantenhauses verabschiedet, die Sanktionen vorsieht. Das State Departement versucht am gleichen Tag mehrmals, die Vorlage abzuändern.

26.07.90
In Bagdad verlautet, daß die Truppen an Kuwaits Grenze teilweise abgezogen seien, die Pressekampagne eingestellt und man grundsätzlich zu Gesprächen bereit sei.

26.07.–27.07.90
Die OPEC beschließt in Genf, weniger Öl zu fördern und den Rohölpreis zu stützen. Abhebung des Richtpreises auf 21 Dollar pro Barrel. Am 29.08. beschließt man aber auch, die Förderung soweit zu erhöhen, wie es zur Erhaltung eines stabilen Marktes und normaler Lieferngen notwendig sei.

27.07.90
Die irakische Regierung verlangt, daß Kuwait die legitimen Rechte des Irak anerkennt und eine Regierungsdelegation nach Bagdad entsendet. Der kuwaitische Ministerpräsident müsse seine Vorwürfe zurücknehmen, wonach der Irak Kuwait bedrohe und erpresse.

27.07.90
US-Senatsbeschluß: Rücknahme einer Kreditbürgschaft über 1 Mrd Dollar jährlich für den irakischen Kauf landwirtschaftlicher Erzeugnisse in den USA; Ausfuhrverbot für Munition und militärisch nutzbare Technologie.

28.07.90
Persönliche Botschaft von Präsident Bush an Saddam, die Glaspie noch vor ihrer Abreise an Aziz übergibt:
Bush bringt noch einmal das amerikanische Interesse an guten Beziehungen zum Ausdruck, andererseits äußert er sich besorgt über die Gewaltandrohungen Husseins. Die USA, so Bush, würden ihre anderen Freunde in der Region unterstützen.
Aziz versichert noch einmal, den Disput nicht mit Gewalt lösen zu wollen (selbst am 29.07. wird dies noch einmal vom irakischen Rüstungsminister, einem Schwiegersohn Saddam Husseins, bekräftigt).

28.07.90

Arafat zur Vermittlung in Bagdad, Saddam Hussein bittet Arafat, in Kuwait noch einmal 10 Mrd Dollar als Entschädigung für die Produktion aus dem Ölfeld Rumeila zu fordern. Erst dann setze er die irakischen Truppenstärken herab.
Am 29.07. spricht Arafat mit dem kuwaitischen Emir, der die Forderungen aber ablehnt.

31.07.90

Befragung J. Kellys vor dem Unterausschuß des Senats für Europa- und Mittelostangelegenheiten.
Auf die Frage, wie die USA auf eine Militäraktion des Irak reagieren würden, antwortet Kelly, daß dies ein Spiel der Hypothesen sei und die USA keinerlei Verpflichtungen unterlägen, US-Truppen zum Schutz Kuwaits einsetzen zu müssen. Gleichzeitig unterstreicht Kelly aber auch, daß es die Politik sei, »alles zu tun, um unsere Freunde zu unterstützen, wenn sie bedroht werden und um die Stabilität dort zu erhalten«.
Diese Aussagen werden von BBC World Service ausgestrahlt.
Treffen der Delegation Iraks und Kuwaits in Dschidda. Eine Fortsetzung der Gespräche in Bagdad war zunächst vorgesehen. Nach der Absage des kuwaitischen Emirs verzichtet auch Saddam Hussein auf die Teilnahme. Die Verhandlungen enden ergebnislos.

31.07.90

US-Nachrichtendienste melden ca. 100.000 irakische Soldaten an der Grenze zu Kuwait. US-Kriegsschiffe werden in erhöhte Alarmbereitschaft versetzt.

01.08.90

Abreise der Delegation aus Dschidda.
Schließung der Grenzen zwischen Irak und Kuwait.
US-Außenminister Baker teilt seinem sowjetischen Kollegen Schewardnadse in Irkutsk mit, daß Irak im Begriff sei, Kuwait zu überfallen.
Der irakische Botschafter in Washington wird in das State Departement einbestellt, wo Kelly ihn darauf hinweist, daß der Konflikt friedlich gelöst werden müsse.

02.08.90

Einmarsch irakischer Truppen in Kuwait.
Resolution 660 des UN-Sicherheitsrates: Verurteilung des Irak; Forderung nach bedingungslosem und sofortigem Rückzug.
Beratung des Außenministerrates der Arabischen Liga in Kairo über die Krise.

03.08.90

Gemeinsame Erklärung der USA und der UdSSR, in der die vollständige und unverzügliche Realisierung der Resolution 660 gefordert wird. Praktische Schritte zur Durchsetzung werden in Aussicht gestellt.

Telegramm von Kelly an das ägyptische Außenministerium: »Der Westen hat seine Pflicht erfüllt, aber die arabischen Staaten unternehmen nichts... Wenn sie nicht reagieren und in der Kuwait-Affaire eine klare Position beziehen, dann müssen sie wissen, daß sie in Zukunft nicht mehr auf Amerika rechnen können«.
Mehrheitliche Verurteilung des Irak durch arabische Staaten mit Ausnahme Jordanien, Jemen, Sudan und Palästina.
Vormarsch irakischer Streitkräfte in Richtung Saudi-Arabien.
Einheiten der US Navy im Golf. Beschluß Präsident Bushs zur Vorbereitung von Truppenentsendungen nach Saudi-Arabien. Inmarschsetzung am 07.08.

05.08.90
Abschluß der Außenministertagung der Islamischen Konferenz in Kairo. Verurteilung Iraks in der Abschlußerklärung; Forderung nach sofortigem Rückzug der irakischen Truppen.
Irak setzt Übergangsregierung in Kuwait ein.
Arafat in Bagdad bei Saddam Hussein: Saddam Hussein bekundet Bereitschaft, mit Saudi-Arabien zu sprechen. Arafat überbringt diese Botschaft am 08.08. in Dschidda König Fahd.

06.08.90
König Fahd bittet befreundete Streitkräfte um Verstärkung der saudischen Verteidigung.

06.08./07.08.90
US-Verteidigungsminister Cheney, General Schwarzkopf und R. Gates treffen zu Gesprächen in Dschidda ein, um über Stationierung von US-Streitkräften zu reden.
Resolution 661 des Sicherheitsrates: Handels- und Finanzboykott; Ausnahmen sind medizinische Lieferungen und Lebensmittel.
Gespräch Saddam Husseins mit dem amerikanischen Geschäftsträger im Irak, Wilson:
Saddam Hussein verteidigt Einmarsch. Er habe niemals den gänzlichen Verzicht auf Gewalt erklärt, sondern Gewalt abhängig gemacht von den Verhandlungsergebnissen. Er dementiert, daß er etwas gegen Saudi-Arabien unternehmen wolle. Er warnt die USA vor einer Intervention.

08.08.90
In einer Fernsehansprache gibt Bush das Eintreffen amerikanischer Truppen in Saudi-Arabien mit rein defensivem Auftrag bekannt.
Bekanntgabe der »vollen Vereinigung« Kuwaits mit dem Irak unter der Führung Saddam Husseins.

09.08.90
Resolution 662: Annexion Kuwaits wird für »Null und Nichtig« erklärt.

09.08.90
Ultimatum Iraks hinsichtlich der Schließung der Botschaften in Kuwait bis 24.08.
Arafat konferiert erneut mit Saddam Hussein in Bagdad. Saddam Hussein droht mit der Einbeziehung Israels und terroristischen Anschlägen im Falle eines Angriffs auf den Irak.

10.08.90
Arabischer Gipfel in Kairo: 12 der 19 anwesenden Staaten fordern erneuten Rückzug Iraks aus Kuwait und die Entsendung arabischer Streitkräfte nach Saudi-Arabien. Ägyptische und britische Flugzeuge treffen am 11.08. ein.
Hussein ruft zum Heiligen Krieg auf, um »Mekka zu verteidigen, das in den Speeren der Amerikaner und Zionisten gefangen ist«.
Sonderrat der NATO in Brüssel: Die Beteiligung von Mitgliedern an einer internationalen Streitmacht wird für gerechtfertigt erklärt.

12.08.90
Eintreffen syrischer, ägyptischer und marrokanischer Streitkräfte in Saudi-Arabien.
Saddam Hussein verkündet eine Initiative zur Wiederherstellung von Frieden und Sicherheit in der Region. Die Kuwait-Krise soll im Zusammenhang mit allen anderen Konflikten der Region gelöst werden. Dazu zählen: der Rückzug Israels aus den besetzten Gebieten, der Abzug der US-Truppen, Einfrieren der Resolutionen über Boykott und Sanktionen gegen den Irak.
In einer Erklärung der PLO-Führung werden die Vorschläge Saddams begrüßt; Kernpunkt sei die Palästina-Frage.

15.08.90
Offerte Saddam Husseins an den iranischen Präsidenten Rafsanjani zur umfassenden Lösung der irakisch-iranischen Streitigkeiten.

16.08.90
Anordnung Iraks, daß sich britische und amerikanische Staatsbürger erfassen lassen müssen.
Offener Brief Saddam Husseins an Bush: Kuwaiter sind seit Jahrtausenden Iraker. Wenn es zum Krieg mit den USA käme, würden Tausende Amerikaner sterben.

18.08.90
Resolution 664: Forderung nach Freilassung aller festgehaltenen Ausländer sowie nach Rücknahme der Anordnung, die Botschaften in Kuwait zu schließen.
Bekanntgabe seitens Iraks, daß die Ausländer auf strategisch wichtige Einrichtungen verteilt würden, um so einen Krieg zu verhindern.

24.08.90
Ablauf des irakischen Ultimatums zur Schließung der Botschaften. Sperrung der Versorgung der Einrichtungen. 25 Staaten weigern sich, ihre Botschaften zu schließen.

25.08.90

Resolution 665: Beschluß, die Einhaltung der verhängten Wirtschaftssanktionen auch mit militärischen Mitteln durchzusetzen.

Der österreichische Bundespräsident Waldheim eröffnet eine Serie von Bittgängen prominenter Politiker nach Bagdad und erreicht die Freilassung der gefangengehaltenen Österreicher.

27.08.90

Ausweisung von 36 der 55 irakischen Diplomaten aus den USA. Reisebeschränkungen für die restlichen Botschaftsangehörigen.

28.08.90

Irak erklärt Kuwait zur 19. Provinz. Ankündigung der Freilassung aller ausländischen Frauen und Kinder, die am 31.08. beginnt.

04.09.90

Baker vor dem Außenpolitischen Ausschuß des Senats:
* Krise ist politischer Prüfstein für künftige Weltordnung.
* Preis für den Irak so hoch treiben, daß sich Besitzstandswahrung nicht lohnt.

05.–17.09.90

Rundreise Bakers durch 8 Länder des Mittleren Ostens und Europas.

05.09.90

Saddam Hussein ruft erneut zum Heiligen Krieg gegen US-Truppen in Saudi-Arabien, aber auch gegen das Land selbst auf.

09.09.90

Gipfeltreffen Bushs und Gorbatschows in Helsinki. Forderungen an den Irak: Rückzug aus Kuwait, Erfüllung der Resolutionen des UN-Sicherheitsrates, Einhaltung der Sanktionen.

10.09.90

Sondersitzung der arabischen Liga in Kairo, auf der die Rückverlegung des Sitzes der Liga von Tunis nach Kairo beschlossen wird.

11.09.90

Bush erklärt in einer Rede vor den beiden Häusern des Kongresses, daß die Streitkräfte auf unbestimmte Zeit in der Region bleiben könnten.

13.09.90

Resolution 666: Genehmigung zum Transport von Lebensmitteln für humanitäre Zwecke. Verteilung aber durch UNO oder andere humanitäre Organisationen. Medikamente bleiben weiter vom Embargo ausgeschlossen.

14.09.90
Die Bundesrepublik und Japan sagen den USA umfangreiche Unterstützung beim Truppenaufmarsch zu.

16.09.90
Resolution 667: Verurteilung von »aggressiven Handlungen« irakischer Truppen gegenüber diplomatischen Missionen, Forderung nach sofortiger Freilassung der entführten ausländischen Staatsangehörigen.

18.09.90
J. Kelly vor dem Unterausschuß des Repräsentantenhauses: »Irak steht heute da als internationaler Paria, als geächteter und von der arabischen Liga isolierter Staat, verurteilt von der internationalen Gemeinschaft... Irak gehen täglich schätzungsweise 2,7 Mio Barrel an Exporten und mehr als 2,4 Mrd Dollar im Monat an Verkaufserlösen verloren... Wir müssen die Sanktionen gegen den Irak aufrechterhalten und verstärken und gleichzeitig die Zahl der multinationalen Streitkräfte in der Region erhöhen, um weitere irakische Akte der Aggression abzuschrecken«.

19.09.90
Irak beschließt eine Blockierung der Vermögenswerte und Guthaben der Regierungen, die sich an der Seeblockade gegen den Irak beteiligen.

20.09.90
Irak schließt Grenze zur Türkei.

22.–25.09.90
Gipfeltreffen der Präsidenten von Syrien und Iran in Teheran. Beide Seiten verlangen die Beendigung der Aggression gegen Kuwait und der ausländischen Präsenz in der Region.
Assad: Man muß jedoch erkennen, wer das Engagement der ausländischen Truppen verursacht habe.

23.09.90
Saddam Hussein kündigt die Einbeziehung Israels in eine militärische Auseinandersetzung an, wenn der Irak durch die Sanktionen stranguliert würde. Gleichzeitig droht er mit Angriffen auf saudische Ölfelder.

24.09.90
Resolution 669: Auftrag an Sanktionskommitee, Empfehlungen für Hilfeleistungen an Länder vorzulegen, die durch das Wirtschaftsembargo gegen Irak in Schwierigkeiten geraten sind.
Vor der UNO-Vollversammlung erläutert der französische Präsident einen 4-Stufen-Plan zur Beilegung des Konflikts:
— Rückzug der irakischen Truppen aus Kuwait und Freilassung der Geiseln.

— Überwachung des Rückzuges und die Wiederherstellung der Souveränität Kuwaits.
— Beilegung der anderen Streitpunkte in Nahost.
— vereinbarte Abrüstung in der Region einschl. Nordafrika.

24.09.90
Drohung der PLF (Palestine Liberation Front) mit Hauptquartier in Bagdad mit Terroranschlägen gegen US-Einrichtungen im Falle eines Krieges.

25.09.90
Resolution 670: Bestehende Land- und Seeblockade wird auf die Luft ausgeweitet. Rede Schewardnadses vor der UNO-Vollversammlung: »Die Einigkeit der Weltmeinung und die Einigkeit im Sicherheitsrat geben diesem Gremium das Mandat, so weit zu gehen, wie es im Interesse des Weltfriedens erforderlich ist«.

28.09.90
Zusammenkunft des kuwaitischen Emirs mit Präsident Bush.

03.10.90
Die Außenminister der islamischen Konferenz (ICO) verurteilen in New York die irakische Invasion und erklären die Annexion für null und nichtig.

05.10.90
Der sowjetische Sonderbeauftragte Primakow in Bagdad.

08.10.90
Blutbad unter Palästinensern bei Unruhen auf dem Tempelberg in Jerusalem.

09.10.90
Saddam Hussein verurteilt die Vorgänge in Jerusalem und kündigt den Tag der Abrechnung an. Palästina müßte befreit werden.

17.10.90
Baker vor dem außenpolitischen Senatsausschuß: »Jede Hoffnung auf Frieden in dieser von Konflikten beherrschten Region hängt davon ab, Iraks Aggression zu stoppen« und »ultimately reversing its capacity for future aggression«.

18.10.90
Irak bietet Öl zum halbem Weltmarktpreis an.

21.10.90
Der ehemalige britische Premierminister Heath erreicht in Bagdad die Freilassung von alten und kranken Landsleuten.

26.10.90
Die Staats- und Regierungschefs der EG sprechen sich strikt gegen Einzelverhandlungen über die Geiseln aus.

29.10.90
Resolution 674: Aufforderung zur Vorlage von Beweisen für finanzielle Verluste und Menschenrechtsverletzungen im Zusammenhang mit dem Einmarsch Iraks in Kuwait. Ermächtigung des Generalsekretärs für weitere Friedensbemühungen.

30.10.90
Bush billigt Plan für einen für Mitte Januar vorgesehenen Luftkrieg gegen Irak und eine für Ende Februar vorgesehene Bodenoffensive. Voraussetzung ist die Verdoppelung der amerikanischen Truppenstärke und die Einberufung von Reservisten.
Bush entscheidet ferner, sich um ein UNO-Mandat für eine militärische Aktion zu bemühen. Entsendung von Baker auf eine Nahost-Reise (4.–9.11.), um das politische Terrain zu sondieren.

31.10.90
Treffen der Außenminister Ägyptens, Saudi-Arabiens und Syriens in Dschidda. Thema: die Golfkrise.

01.11.90
Angebot Saddam Husseins an die Angehörigen seiner ausländischen Geiseln, diese zu Weihnachten zu besuchen.

05.11.90
Der SPD-Ehrenvorsitzende Brandt beginnt eine private Geiselmission in Bagdad und erreicht am 8.11. die Ausreisemöglichkeit für 194 (davon 138 deutsche) Geiseln. Am 20.11. ordnet Saddam Hussein die Freilassung aller 180 noch festgehaltenen deutschen Geiseln an.

08.11.90
Saddam entläßt seinen Generalstabschef GenLt Nizar Khazraji.
Ankündigung der USA über die Entsendung weiterer 200.000 Soldaten an den Golf, um ggf. eine Offensive gegen den Irak durchzuführen.

09.11.–10.11.90
Zweites Treffen der Außenminister Ägyptens, Saudi-Arabiens und Syriens wegen der Golfkrise.

18.11.90
Ankündigung Saddam Husseins, alle Geiseln Weihnachten freizulassen. Bedingung sei aber, daß kein militärischer Einsatz gegen Irak erfolge. Zeitplan der Freilassung sah vor, daß die letzte Gruppe am 25.03.91 den Irak verlassen sollte.

21.11.90
Bush besucht die Truppen am Golf und trifft Spitzenpolitiker Ägyptens und Kuwaits.

23.11.90
Bush trifft in Genf den syrischen Präsidenten Assad.

28.11.90
UN-Resolution 677: Der Generalsekretär wird aufgefordert, eine echte Kopie des Bevölkerungsregisters von Kuwait aufzubewahren, um Manipulationen seitens des Irak bezüglich der demographischen Zusammensetzung der Bevölkerung Kuwaits zu verhindern.

29.11.90
Resolution 678: Ultimatum an Irak, seine Truppen bis zum 15.01.91 aus Kuwait zurückzuziehen. Sollte Bagdad dem nicht nachkommen, haben alle UN-Mitglieder das Recht zum Einsatz aller erforderlichen Mittel zur Durchsetzung der Forderung. Alle Staaten werden ersucht, die ergriffenen Maßnahmen in geeigneter Form zu unterstützen.

30.11.90
Zurückweisung des Ultimatums durch Irak. Vorwurf, die Mitglieder des Sicherheitsrates seien durch die USA bestochen worden.
Israel erklärt, es werde zurückschlagen, wenn es vom Irak angegriffen würde.
Bush bietet Saddam Hussein direkte Gespräche an. Bagdad nimmt zwar das Gesprächsangebot an, lehnt aber am 8.12. einen amerikanischen Terminvorschlag ab und schlägt den 12.01. für den Besuch des US-Außenministers vor. Saddam Hussein will dabei auch andere Probleme der Region, einschließlich des Palästinenserproblems, zur Sprache bringen.

03.12.90
Der Menschenrechtsausschuß der UNO-Generalversammlung verurteilt mit großer Mehrheit (132:1) die gravierenden Menschenrechtsverletzungen gegen das kuwaitische Volk und Drittstaatenangehörige.

03./04.12.90
Drittes Treffen der Außenminister Ägyptens, Saudi-Arabiens und Syriens in Kairo zur Koordinierung ihrer Haltung in der Golfkrise.

04./05.12.90
Arabische Konsultationen in Bagdad: Irak, Jemen, Jordanien und die PLO beschliessen, daß das Palästinenserproblem Teil von Friedensverhandlungen sein müssen. Die USA lehnen das Junktim ab.

05.12.90
Baker stellt klar, daß die vorgesehenen Gespräche mit Aziz »nicht der Beginn von Verhandlungen über die Bedingungen der UN-Resolutionen sein werde... Unser Ziel ist es, sicherzustellen, daß — wenn Gewalt angewendet werden muß — dies plötzlich, massiv und entscheidend geschehen wird«.

06.12.90
Ankündigung Saddam Husseins zur Freilassung aller noch im Land verbliebenen rund 2.500 Geiseln. Ausreisebeginn am 08.12.90.

08.12.90
Bekanntwerden der mutmaßlichen Hinrichtung irakischer Offiziere, u.a. auch des Generalstabschefs Khazraji. Die Offiziere wurden angeblich angeklagt, einen Putsch gegen Saddam Hussein wegen dessen Politik in der Golfkrise geplant zu haben.

11.12.90
Treffen Bush-Schamir in Washington. Zusage Schamirs, keinen Präventivschlag gegen Irak zu unternehmen und Bush im Falle eines irakischen Angriffs gegen Israel vor einer Reaktion zu konsultieren. Bush versichert Israel des amerikanischen Schutzes.
Einrichtung einer Kommunikationsverbindung zwischen Pentagon und dem israelischen Verteidigungsministerium, um Israel vor von Satelliten entdeckten Scud-Starts unverzüglich warnen zu können.

11.12.90
Sondierung einer arabischen Lösung durch den algerischen Ministerpräsidenten Chadli Ben Jedid.

11.12.90
Ein Kommitee für Frieden und Sicherheit am Golf mit prominenten Mitgliedern (Kampelman, Kirkpatrick, Lugar, Perle, Carlucci, Adelman, Allison..) heißt die Golfpolitik Bushs in einer offenen Erklärung ausdrücklich gut.

12.12.90
Syrien und Ägypten unterzeichnen in Kairo einen umfassenden wirtschaftlichen und kulturellen Vertrag. Regelmäßige Treffen der Regierungschefs werden vereinbart.

12./13.12.90
Beschluß der OPEC, die im Juli vereinbarte unbeschränkte Ölförderung bis zur Beendigung der Krise beizubehalten. Jeder kann selbst bestimmen, wieviel er fördern will.
Saddam Hussein entläßt Verteidigungsminister Shanshal. Zum Nachfolger wird Saadi Toma Abbas ernannt, der Held des iranisch-irakischen Krieges.

15.12.90

Saddam Hussein wiederholt die Forderung, daß Gespräche nur in Betracht kämen, wenn sie mit Verhandlungen über die von Israel besetzten Gebiete begännen.

16.12.90

Bush schließt in einem Fernsehinterview jeden Kompromiß mit Saddam Hussein aus.

17.12.90

Die irakische Regierung sagt den für den 17.12. vorgesehenen Besuch von Außenminister Aziz in Washington ab.

18.12.90

Saddam lehnt jede Gespräche ab, wenn sie nur dazu dienten, die von Bagdad abgelehnten UNO-Resolutionen zu wiederholen.

20.12.90

Resolution 681: Kritik am Umgang Israels mit den Palästinensern in den besetzten Gebieten.
Rücktritt Schewardnadses.
Die Türkei bittet die NATO offiziell um Unterstützung zur Verteidigung ihrer Südgrenze im Falle eines irakischen Angriffs.

21.12.90

In Bagdad wird die Evakuierung von 1 Million Menschen erprobt.

22.12.90

Irak erklärt, das es Kuwait niemals aufgeben und bei einem Angriff gegen das Land chemische Waffen einsetzen werde.
Die UdSSR bekräftigt in einer Botschaft an den Golfkooperationsrat die Unterstützung der UNO-Resolutionen. Man wolle die Wiederherstellung der Souveränität und territorialen Integrität Kuwaits.

25./27.12.90

Saddam Hussein droht in zwei Interviews Israel mit einem Angriff. Tel Aviv werde das erste Ziel Iraks im Falle eines Angriffs auf den Irak sein. Dies gelte auch, wenn sich Israel nicht an einem Angriff beteilige. Chemiewaffen würden eingesetzt.

29.12.90

USA verlegen 2 weitere Flugzeugträger in den Golf.
US-Soldaten werden gegen B-Kampfstoffe geimpft.

01.01.91

Treffen Bushs mit seinen engsten Beratern.

02.01.91
Der Verteidigungsplanungsausschuß der NATO gestattet die Stationierung von Flugzeugen aus Deutschland, Belgien und Italien im Südwesten der Türkei zum Schutz vor einem irakischen Angriff.

03.01.91
König Hussein trifft in London als der ersten Station einer Europa-Reise ein.

02. und 11.01.91
Arafat bezeichnet nach zwei Gesprächen mit Saddam Hussein eine Nahost-Friedenskonferenz als Schlüssel zur Krisenbewältigung. Arafat wiederholt die irakische Warnung, daß ein Angriff gegen Irak Gewalt im gesamten Nahen Osten säen würde.

03.01.91
Vorschlag Bushs zu einem Treffen der beiden Außenminister zwischen dem 07. und 09.01. in Genf. Der Irak sagt zu. Termin 09.01.

04.01.91
Die Außenminister der EG laden Aziz für den 10.01. nach Luxemburg ein. Der Irak nimmt die Einladung nicht an.

05.01.91
Als Teil der Mobilen Eingreiftruppe der NATO starten die ersten von insgesamt 18 Alfa-Jets der deutschen Luftwaffe in die Türkei.

06.01.91
4. Treffen der Außenminister Ägyptens, Syriens und Saudi-Arabiens in Riad. In einer Erklärung wird noch einmal der bedingungslose und vollständige Rückzug der irakischen Truppen aus Kuwait gefordert.
Über Rundfunk fordert Saddam Hussein sein Volk zur Schlacht aller Schlachten und zur Befreiung Palästinas auf.

07.01.91
Schamir bietet arabischen Staaten Verhandlungen über den israelisch-arabischen Konflikt an.

09.01.91
Treffen des amerikanischen und irakischen Außenministers in Genf. Eine Annäherung wird nicht erzielt. Aziz besteht auf einem Junktim zwischen Palästinenserfrage und Kuwait-Konflikt. Aziz lehnt es ab, einen Brief Bushs an Saddam Hussein zu überbringen.

12.01.91

Der US-Kongreß verabschiedet eine gemeinsame Resolution beider Häuser »Authorizing Use of Military Force against Iraq« (Senat: 52:47 und House: 250:183 Stimmen).

13.01.91

Der Generalsekretär der Vereinten Nationen, Perez de Cuellar, trifft in Bagdad mit Saddam Hussein zu letzten Vermittlungsgesprächen zusammen, die aber auch keinen Erfolg bringen.
Ägypten deutet — wie zuvor Saudi-Arabien — gegenüber Baker an, daß sich seine Truppen an Offensivoperationen beteiligen werden.

14.01.91

Saddam Hussein ruft bei einem Truppenbesuch in Kuwait seine Soldaten auf, bis zum Tode für Kuwait zu kämpfen.

15.01.91

UNO-Appell an Irak, seine Truppen in den nächsten 11 Stunden aus Kuwait abzuziehen.

15.01.91

Frankreich legt der UNO einen 6-Punkte-Plan vor, der ein vom Irak gefordertes Junktim vorsieht. Darin wird der Abzug Iraks verlangt. Gleichzeitig werden aber Garantien gegeben, daß Irak nach dem Abzug nicht angegriffen würde. UNO-Streitkräfte sollten zur Aufrechterhaltung des Friedens eingesetzt werden. Der Plan scheitert am Widerstand der USA, GB und der UdSSR.

17.01.91

17 Stunden nach Ablauf des Ultimatums beginnt die Operation Wüstensturm mit massiven Luftangriffen auf strategisch wichtige Ziele im Irak und in Kuwait.

Anlagen

Anlagen zu Kapitel 2

Anlage 2/1

Kuwait-Klima

Gegenstand der Nachweisung \ Station	Raudatain	Versuchsfarm Al-Jahra	Flughafen Kuwait	Schuwaich (Ash-Shuwaykh)	Fahahil (Fahaheel)	Al-Ahmadi	Ras Khafji
Durchschnittlicher jährlicher Niederschlag (mm)	103	88	94	104	71	98	58

Station Schuwaich (Ash-Shuwaykh)

Monatsmittel	Jan.	Febr.	März	April	Mai	Juni	Juli	Aug.	Sept.	Okt.	Nov.	Dez.
Lufttemperatur (°C)	13,4	15,9	20,6	25,0	31,2	35,3	36,8	36,4	33,1	29,2	20,2	15,0
Niederschlag (mm)	18	12	9	11	4	0	0	0	0	2	26	21
Relative Feuchte (%)	63	56	46	43	35	26	28	29	32	41	53	60
Tägliche mittlere Sonnenscheindauer (Stunden)	7,5	7,1	8,6	8,1	9,6	10,5	10,2	10,8	10,1	9,5	9,8	7,2
Tage mit Sicht unter 2 Meilen	2,9	3,2	4,5	4,3	5,6	7,6	5,9	3,2	2,2	1,5	1,9	1,3

Quelle: Statistisches Bundesamt, Landesbericht Kuwait 1989, Wiesbaden 1990, S. 16

Anlage 2/2

Die größten kuwaitischen Städte
(1985)

- Kuwait-Stadt   167 750 E   (Hauptstadt des Landes)
- As Salmija   146 000 E
- Hawalli   152 400 E
- Dschahra Al Jahra 67 300 E

Quelle: Amt für Militärisches Geowesen: Irak – Kuwait 1 DMG – AGi, ohne Ortsangabe, 1990, S. 5

Anlage 2/3

Irak-Klima

Monat \ Station Lage Seehöhe	Mossul 36°N 43°O 223 m	Bagdad 33°N 44°O 34 m	Basra 31°N 48°O 2 m
Lufttemperatur (°C), Monatsmittel			
Januar	6,1	9,1	12,1
Juli	33,4	34,4	33,7
Jahr	19,4	22,6	24,2
Lufttemperatur (°C), mittlere tägliche Maxima			
Januar	11,2	4,0	7,0
Juli	43,1	24,7	27,4
Jahr	28,0	14,8	17,7
Lufttemperatur (°C), absolute Minima			
Januar	-11,0	-8,0	-4,5
Juli	15,0	16,5	22,0
Jahr	.	.	.

Niederschlag (mm) / Anzahl der Tage mit Niederschlag (mind. 1mm)

Januar	78/9	28/4	34/3
Juli	0/0	0/0	0/0
Jahr	382/55	140/24	171/21

Quelle: Statistisches Bundesamt: Länderbericht Irak 1988, Wiesbaden 1988, S. 15

Anlage 2/4

Die größten iraktischen Städte
(1985)

- Bagdad   4 648 000 E,   Hauptstadt des Landes
- Mossul   1 358 000 E,   Hauptstadt der Provinz Ninive
- Basra   1 304 000 E,   bedeutendster Hafen des Landes und Hauptstadt der gleichnamigen Provinz
- Kirkuk   651 000 E,   Hauptstadt der Provinz At-Ta'mim
- An Najaf   472 000 E,   Hauptstadt der gleichnamigen Provinz

Quelle: Amt für Militärisches Geowesen: Irak – Kuwait 1 DMG – AGi, ohne Ortsangabe 1990, S. 3

Anlage 2/5

Bevölkerung des Irak nach Religionszugehörigkeit

Konfessionsgruppe	1965		1980	
	1000	%	1000	%
Moslems	7 711,7	95,8	12 682,0	95,8
Christen	248,9	3,1	463,3	3,5
Juden	2,5	0,0	92,7	0,7
Andere	83,9	1,0		

Quelle: Statistisches Bundesamt: Landesbericht Irak 1988, Wiesbaden 1988, S. 21

Saudi-Arabien – Klima

Monat \ Station, Lage, Seehöhe	Hail 27°N 42°O 961 m	Dharan 26°N 50°O 23 m	Er-Riad 25°N 47°O 581 m	Dschidda 21°N 39°O 6 m	Khamis Muschait 18°N 43°O 2 060 m
Lufttemperatur (°C), Monats- und Jahresmittel					
Kältester Monat (Dez. oder Jan.)	9,4	14,6	12,9	23,3	13,9
Wärmster Monat (Juli oder Aug.)	30,1	34,7	34,7	31,8	23,4
Jahr	20,9	25,5	25,0	27,8	13,9
Lufttemperatur (°C), mittlere tägliche Minima					
Kältester Monat	3,3	9,8	7,2	18,6	7,3
Wärmster Monat	22,2	27,8	26,2	25,8	17,1
Jahr	13,6	19,3	17,6	22,4	12,5
Relative Luftfeuchtigkeit (%), mittleres tägliches Maximum (morgens)					
Feuchtester Monat	77	95	70	81	89
Trockenster Monat	25	63	21	78	68
Jahr	49	84	44	80	75
Niederschlag (mm)					
Jahresmenge	149	94	153	50	237
Anzahl der Tage	26	41	29	7	48

Quelle: Statistisches Bundesamt: Landesbericht Saudi-Arabien 1988, Wiesbaden 1988, S. 15

Anlage 2/7

Die größten saudi-arabisschen Städte
(1980)

- Dschidda   1 500 000 E, wichtigster Hafen
- Riad   1 300 000 E, Hauptstadt des Landes
- Mekka   550 000 E, religiöses Zentrum des Islam
- Taif   300 000 E, Sommersitz der Oberschicht
- Medina   290 000 E, heilige Stadt
- Dammam   200 000 E, größter Ölexporthafen der Welt

Quelle: Amt für Militärisches Geowesen: Saudi-Arabien, DMG – AGi 90–11, ohne Ortsangabe 1990, S. 2

Anlagen zu Kapitel 5

Anlage 5/1

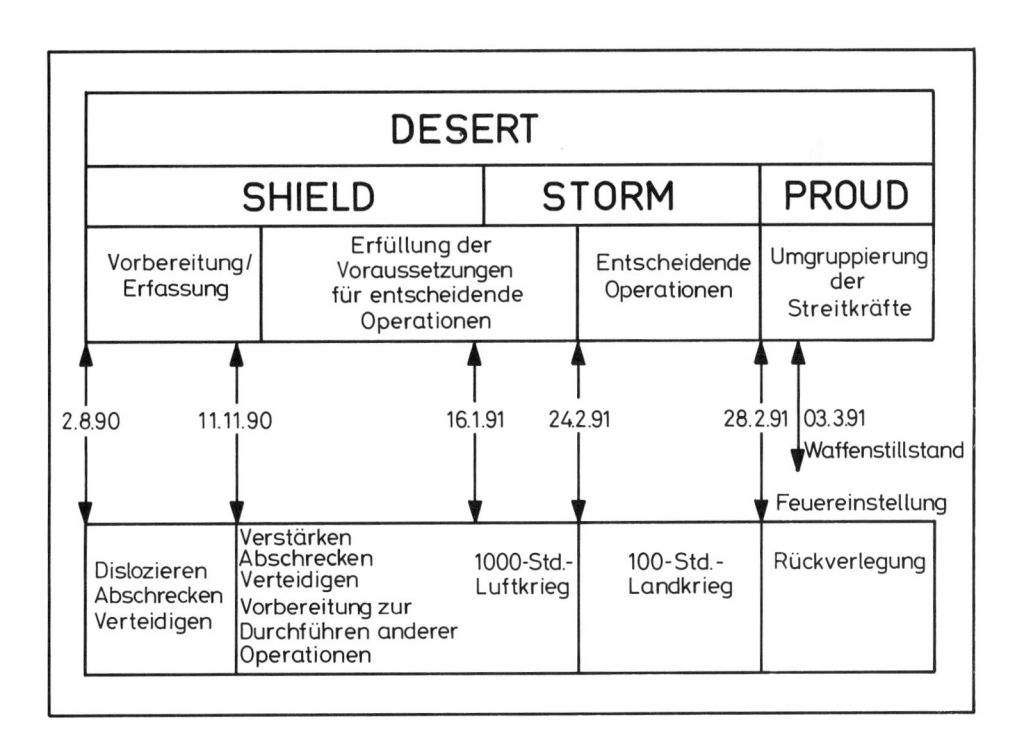

DESERT			
SHIELD		STORM	PROUD
Vorbereitung/ Erfassung	Erfüllung der Voraussetzungen für entscheidende Operationen	Entscheidende Operationen	Umgruppierung der Streitkräfte
2.8.90 — 11.11.90	16.1.91	24.2.91 — 28.2.91	03.3.91 Waffenstillstand / Feuereinstellung
Dislozieren Abschrecken Verteidigen	Verstärken Abschrecken Verteidigen Vorbereitung zur Durchführen anderer Operationen	1000-Std.-Luftkrieg	100-Std.-Landkrieg	Rückverlegung

Anlage 5/2

Gliederung eines irakischen Korps

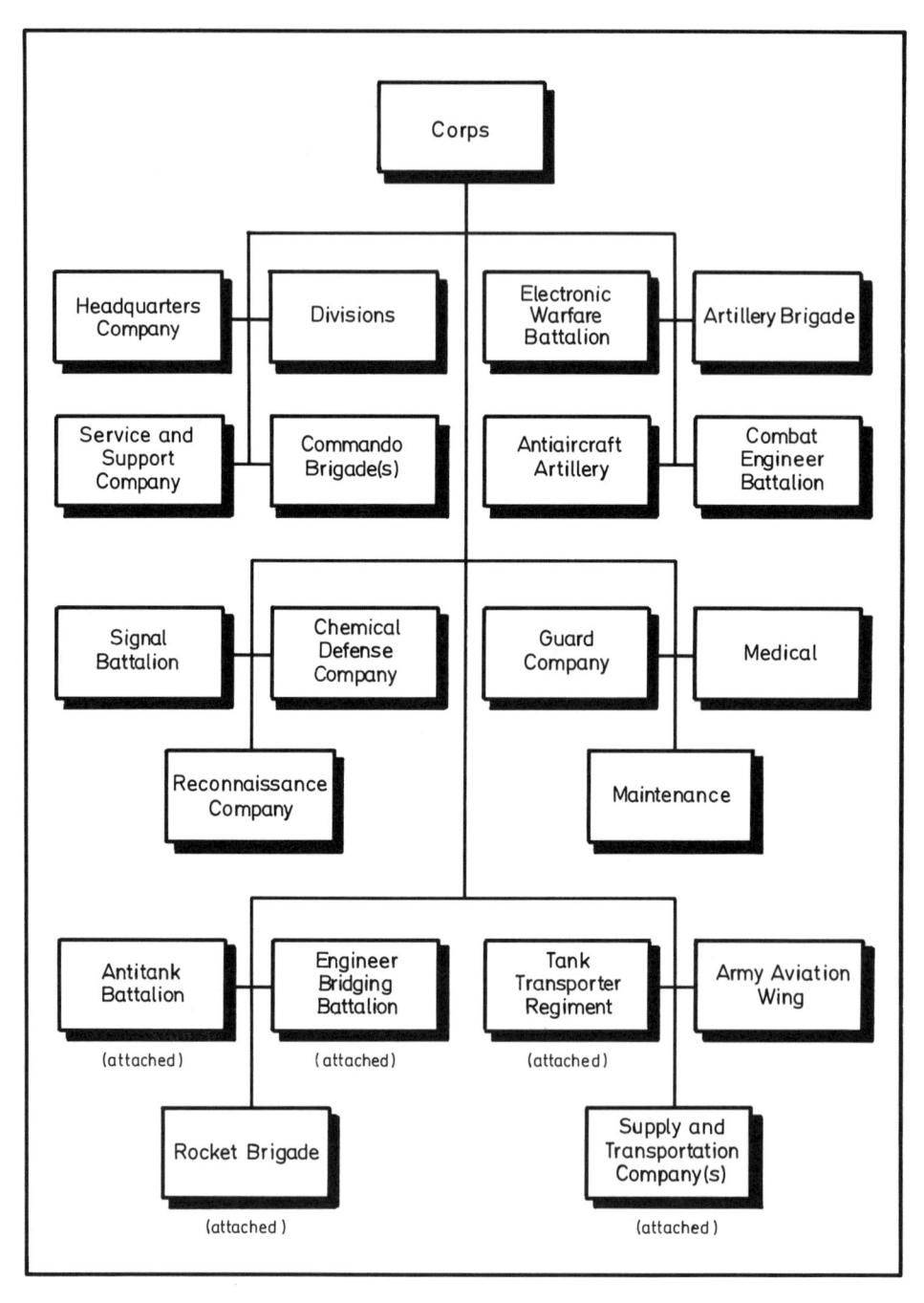

```
                              ┌──────────┐
                              │  Corps   │
                              └────┬─────┘
     ┌──────────┬────────────┬─────┼──────────┬────────────┬──────────┐
┌──────────┐ ┌──────────┐ ┌──────────┐ ┌──────────────┐ ┌──────────┐
│Headquarters│ │ Divisions │ │ Electronic│ │Artillery     │
│  Company   │ │           │ │ Warfare   │ │Brigade       │
│            │ │           │ │ Battalion │ │              │
└──────────┘ └──────────┘ └──────────┘ └──────────────┘

┌──────────┐ ┌──────────┐ ┌──────────┐ ┌──────────┐
│Service and│ │Commando  │ │Antiaircraft│ │Combat    │
│Support    │ │Brigade(s)│ │Artillery   │ │Engineer  │
│Company    │ │          │ │            │ │Battalion │
└──────────┘ └──────────┘ └──────────┘ └──────────┘

┌──────────┐ ┌──────────┐ ┌──────────┐ ┌──────────┐
│Signal    │ │Chemical  │ │Guard     │ │Medical   │
│Battalion │ │Defense   │ │Company   │ │          │
│          │ │Company   │ │          │ │          │
└──────────┘ └──────────┘ └──────────┘ └──────────┘

              ┌──────────────┐           ┌──────────┐
              │Reconnaissance│           │Maintenance│
              │Company       │           │          │
              └──────────────┘           └──────────┘

┌──────────┐ ┌──────────┐ ┌──────────┐ ┌──────────┐
│Antitank  │ │Engineer  │ │Tank      │ │Army      │
│Battalion │ │Bridging  │ │Transporter│ │Aviation  │
│          │ │Battalion │ │Regiment  │ │Wing      │
└──────────┘ └──────────┘ └──────────┘ └──────────┘
 (attached)   (attached)   (attached)

              ┌──────────┐               ┌──────────────┐
              │Rocket    │               │Supply and    │
              │Brigade   │               │Transportation│
              │          │               │Company(s)    │
              └──────────┘               └──────────────┘
               (attached)                   (attached)
```

Quelle: Military Intelligence S. 7

Anlage 5/3

RGFC-Panzerbrigade

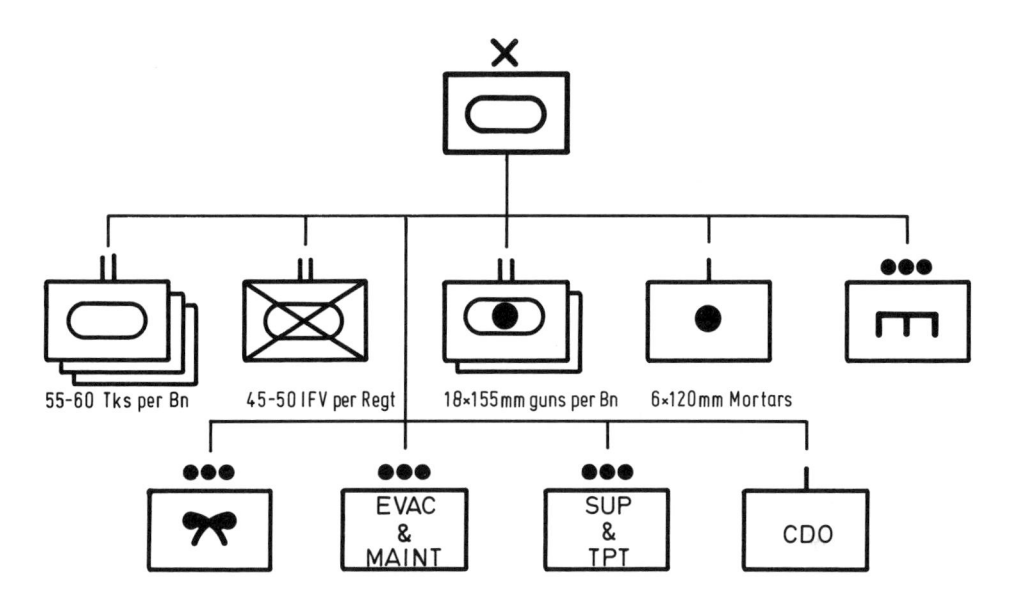

55-60 Tks per Bn | 45-50 IFV per Regt | 18×155mm guns per Bn | 6×120mm Mortars

EVAC & MAINT | SUP & TPT | CDO

Reguläre Panzerbrigade

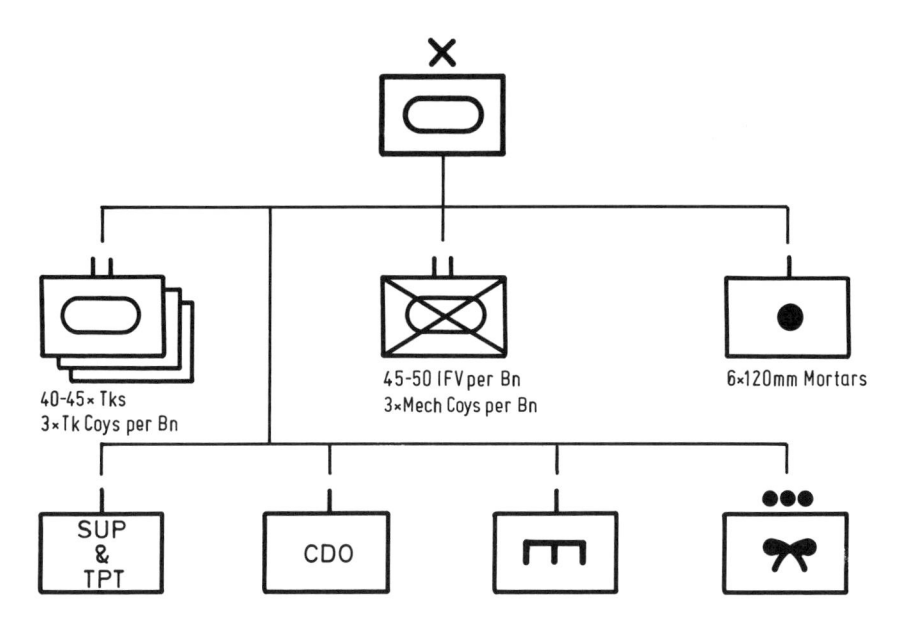

40-45× Tks
3× Tk Coys per Bn

45-50 IFV per Bn
3× Mech Coys per Bn

6×120mm Mortars

SUP & TPT | CDO

Quelle: Department of the Army

Anlage 5/4

RGFC-Mechanisierte Brigade

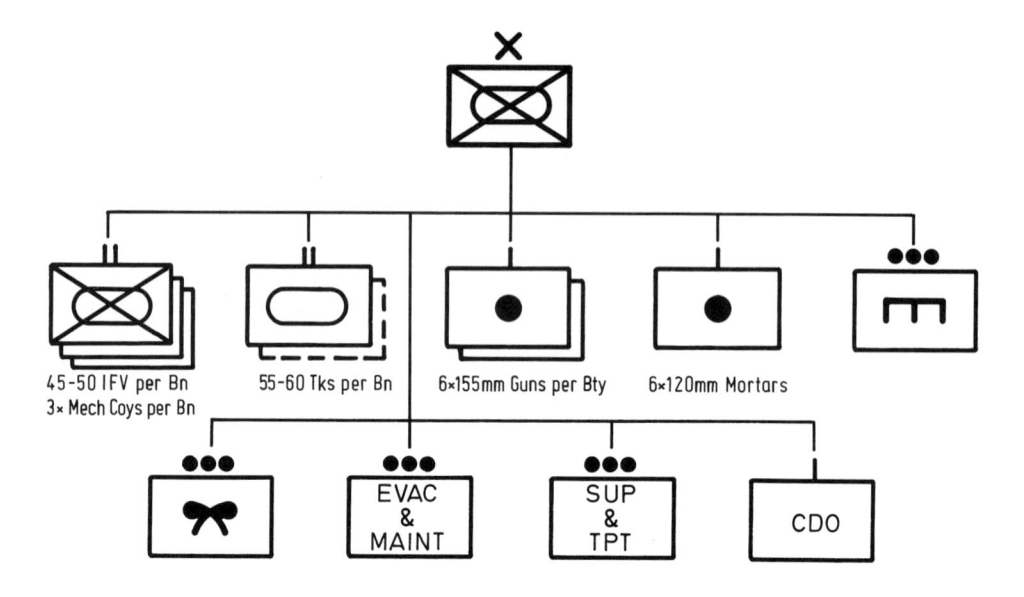

- 45–50 IFV per Bn
  3× Mech Coys per Bn
- 55–60 Tks per Bn
- 6×155mm Guns per Bty
- 6×120mm Mortars

- EVAC & MAINT
- SUP & TPT
- CDO

Reguläre Mechanisierte Brigade

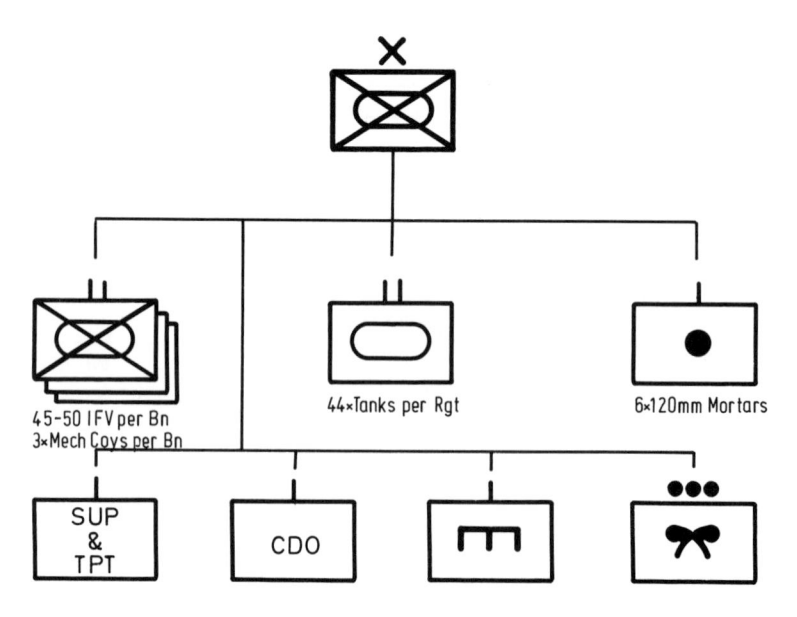

- 45–50 IFV per Bn
  3× Mech Coys per Bn
- 44×Tanks per Rgt
- 6×120mm Mortars

- SUP & TPT
- CDO

Quelle: Department of the Army

Anlage 5/5

RGFC-Infanteriebrigade

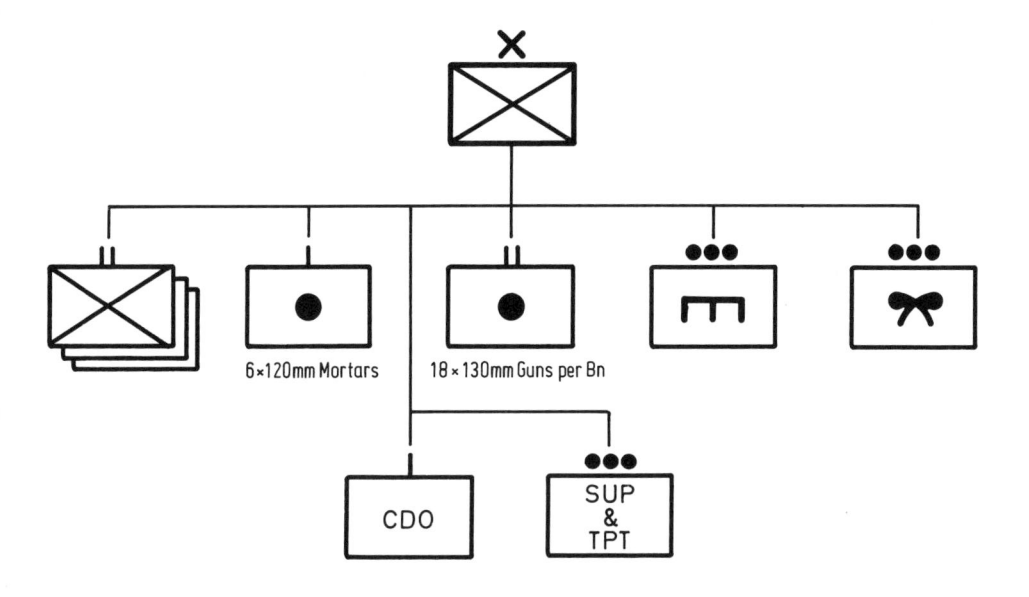

6×120mm Mortars
18×130mm Guns per Bn

CDO
SUP & TPT

Reguläre Infanteriebrigade

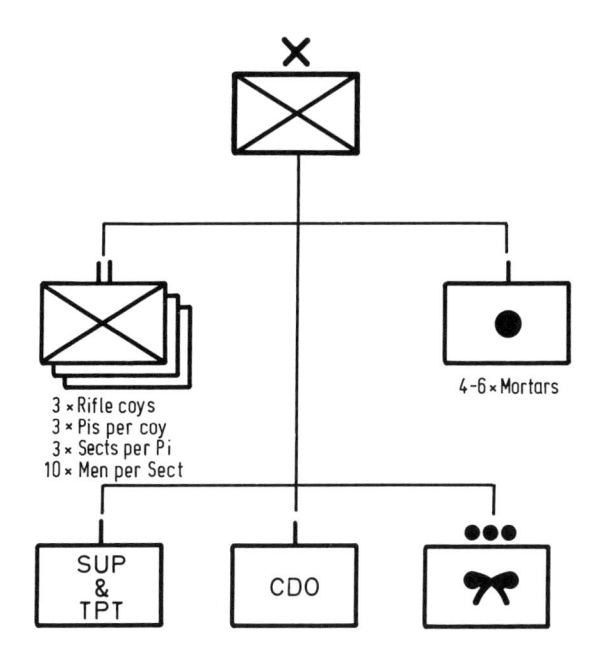

3 × Rifle coys
3 × Pls per coy
3 × Sects per Pl
10 × Men per Sect

4-6 × Mortars

SUP & TPT
CDO

Quelle: Department of the Army

Anlage 5/6

Dislozierung der iraktischen Truppen
(Stand: 15.01.1991)

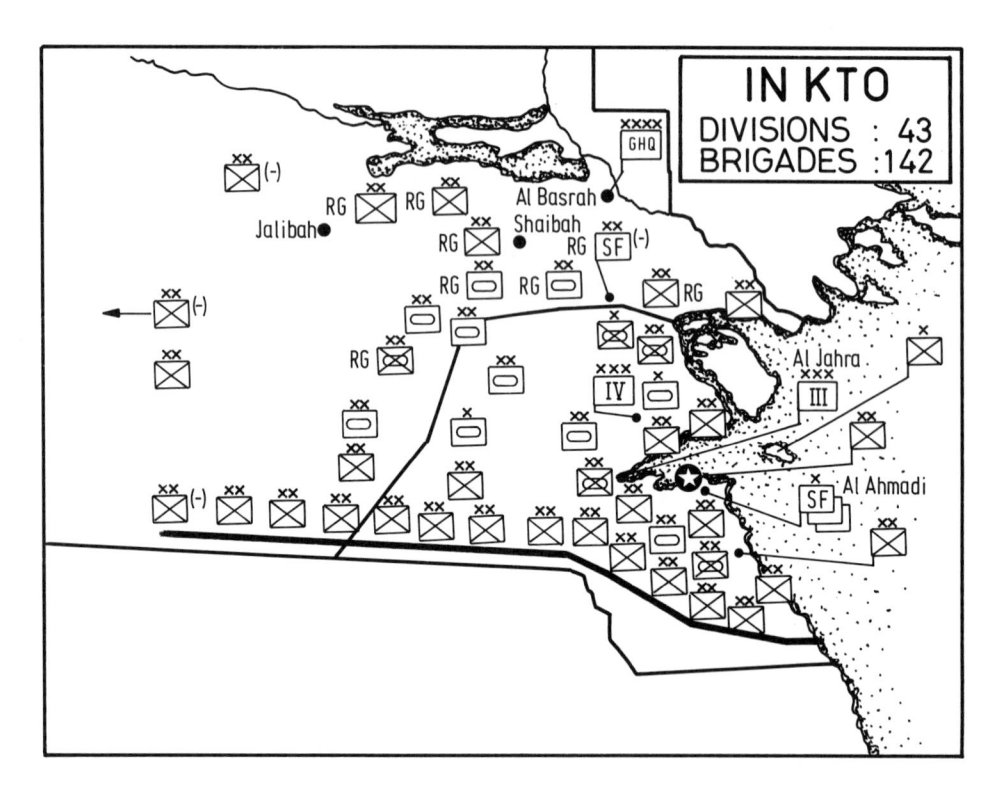

Quelle: Department of Defense, S. 4–13

Anlage 5/7

Die irakischen Stellungen

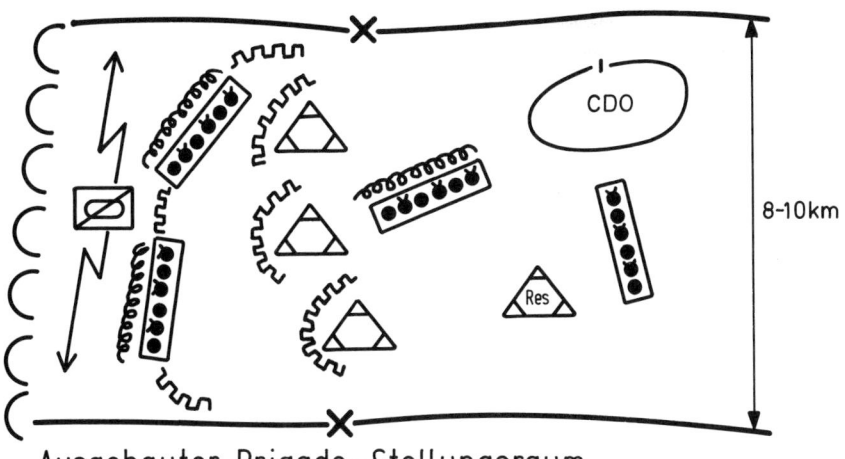

Ausgebauter Brigade-Stellungsraum

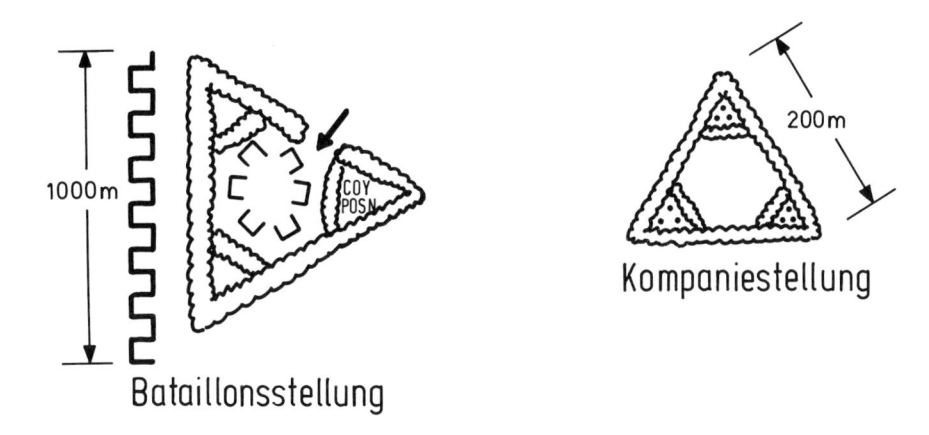

8-10 km

Bataillonsstellung

1000 m

COY POSN

Kompaniestellung

200 m

Legende:

△	Bataillonsstellung
▮▮▮▮▮	Panzerabwehr- und Schützenminensperre
∽∽∽∽	Drahtsperre
⇄	Aufklärung
∼∼∼∼	Erdwall
⊓⊔⊓⊔	Panzergräben

Quelle: Department of the Army

Anlage 5/8

Das irakische Befestigungssystem

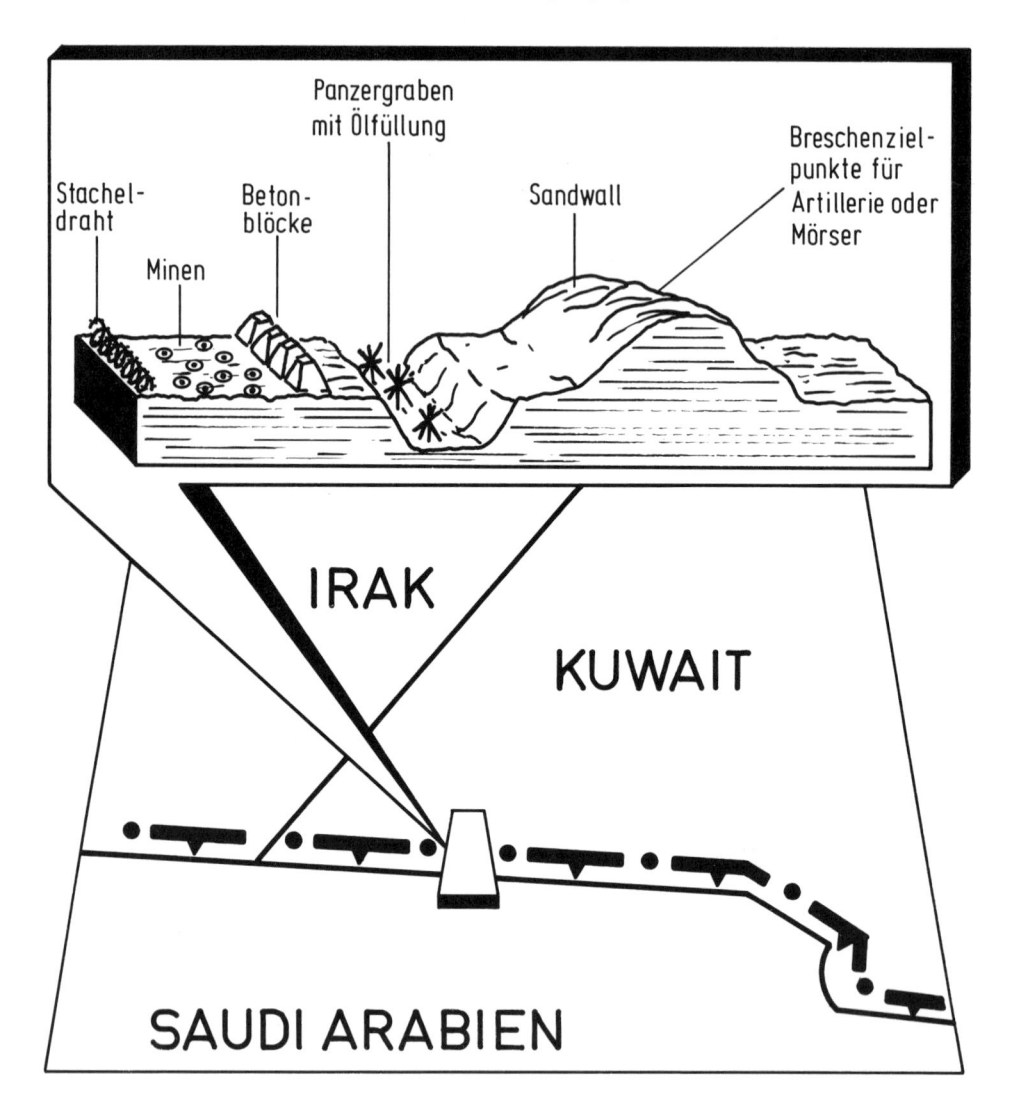

- Stacheldraht
- Minen
- Betonblöcke
- Panzergraben mit Ölfüllung
- Sandwall
- Breschenzielpunkte für Artillerie oder Mörser

IRAK

KUWAIT

SAUDI ARABIEN

Anlage 5/9

Übersicht der im Krisengebiet präsenten Koalitionsstreitkräfte
(ohne USA)

Afghanistan	300 Mujahedin
Ägypten	40.000 Soldaten, 358 KPz
Argentinien	2 Fregatten, 450 Soldaten
Australien	1 Zerstörer, 1 Versorgungsschiff
Bahrein	3.500 Soldaten
Bangladesch	2.000 Soldaten
Belgien	2 Minensucher, 1 Staffel Kampfflugzeuge in der Türkei
Czechoslowakei	ABC-Abwehreinheit mit 200 Soldaten, 150 Soldaten medizinisches Personal
Dänemark	1 Korvette
Deutschland	1 Staffel Kampfflugzeuge in der Türkei
Frankreich	20.000 Soldaten, 18 Schiffe, 1 Flugzeugträger, mehr als 60 Flugzeuge, 350 KPz
Griechenland	1 Fregatte im Roten Meer
Großbritannien	42.000 Soldaten, 22 Schiffe, 85 Flugzeuge
Italien	4 Schiffe, 8 Tornados, 1 Staffel Kampfflugzeuge
Kanada	2 Zerstörer, 30 Flugzeuge
Katar	7.000 Soldaten, 24 KPz, 9 Küstenfahrzeuge, 19 Kampfflugzeuge
Korea	Transportflugzeug, Sanitätstrupps
Kuwait	7.000 Soldaten, 35 Kampfflugzeuge
Marokko	2.000 Soldaten
Niederlande	2 Fregatten, 18 Kampfflugzeuge in der Türkei
Neuseeland	2 Transportflugzeuge
Niger	480 Soldaten zur Bewachung der Heiligtümer in Mekka und Medina
Norwegen	1 Kutter, 1 Versorgungsschiff
Oman	25.000 Soldaten, 12 Patrouillenboote, 15 KPz, 50 Kampfflugzeuge
Pakistan	10.000 Soldaten
Polen	2 Schiffe, Sanitätstrupps
Portugal	1 Versorgungsschiff
Saudi-Arabien	60.600 Soldaten, 267 KPz, 216 Kampfflugzeuge, 15 Kampfschiffe
Schweden	Sanitätseinheit (40 Soldaten)
Senegal	500 Soldaten
Sierra Leone	Sanitätseinheit (27 Soldaten)
Singapore	Sanitätseinheit (30 Soldaten)
Spanien	2 Korvetten, 1 Zerstörer
Syrien	14.300 Soldaten
Türkei	2 Fregatten im Golf, 120.000 Soldaten
Ungarn	40 Soldaten medizinisches Personal
Vereinigte Emirate	43.000 Soldaten, 14 KPz, 78 Kampfflugzeuge

Quelle: Department of Defense, Interim Report, S. A-1

Anlage 5/10

Von den Luftstreitkräften angegriffene Ziele

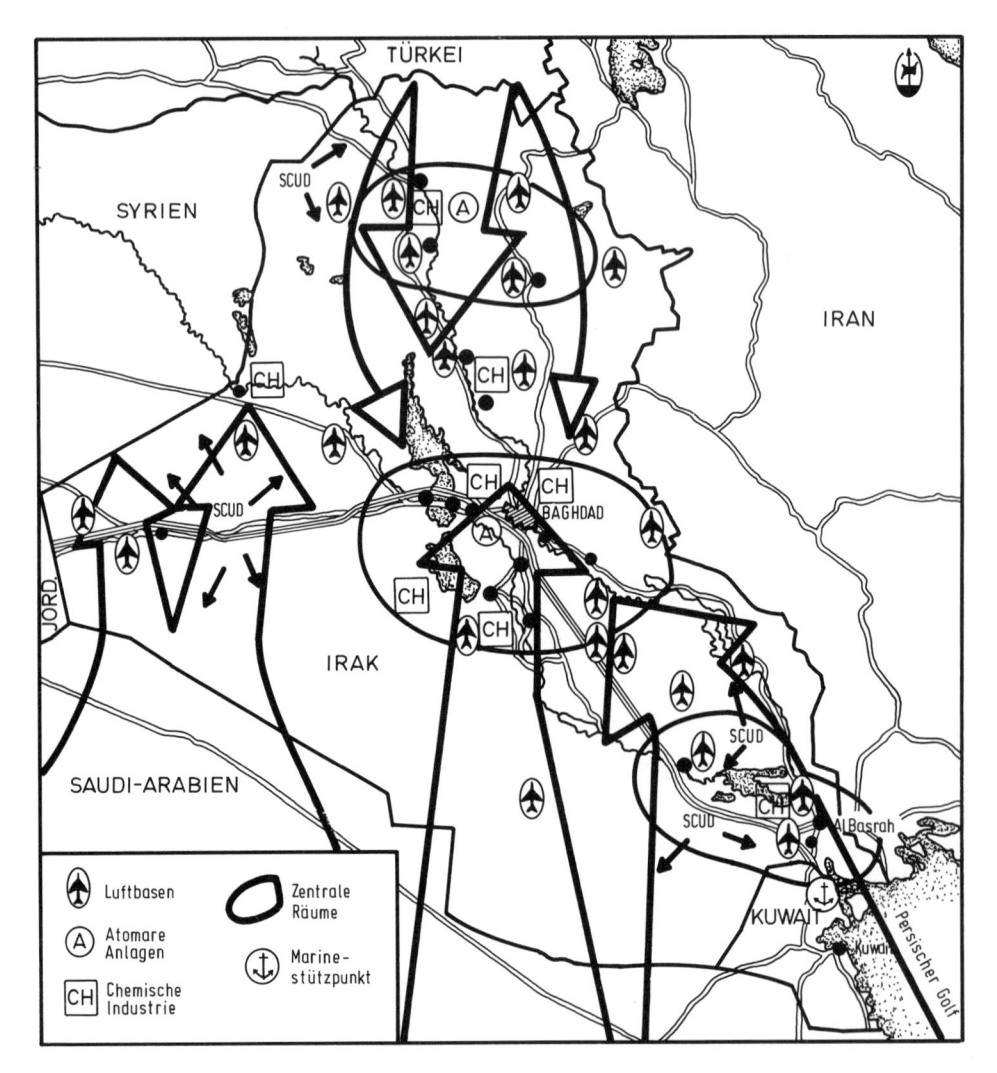

✈	Luftbasen
Ⓐ	Atomare Anlagen
CH	Chemische Industrie
⬭	Zentrale Räume
⚓	Marinestützpunkt

Quelle: Öster.Milit.Zeitschrift, S. 153

Anlage 5/11

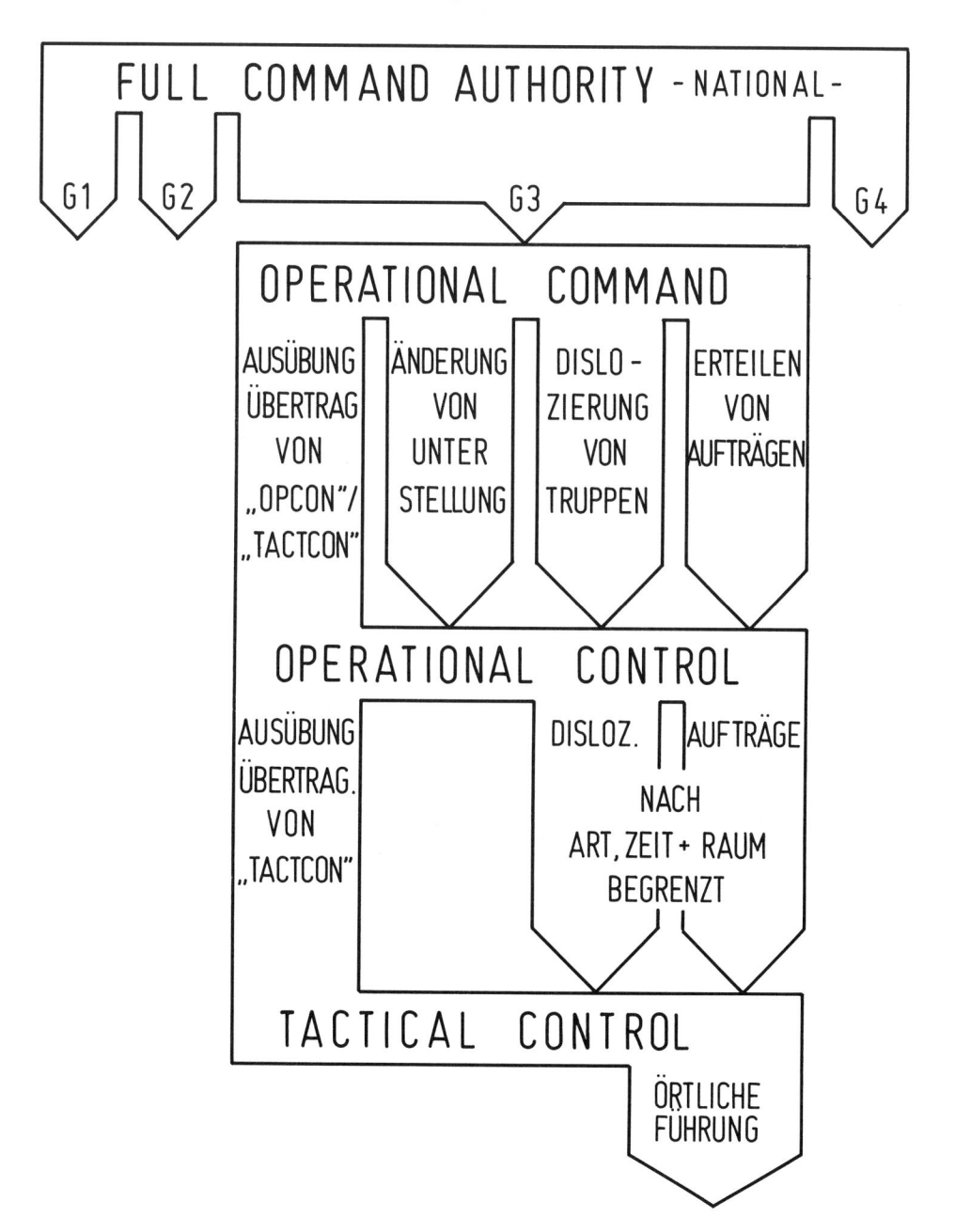

Unterstellungen nach MC 57

FULL COMMAND AUTHORITY – NATIONAL –

- G1
- G2
- G3
- G4

OPERATIONAL COMMAND

- AUSÜBUNG ÜBERTRAG VON „OPCON"/ „TACTCON"
- ÄNDERUNG VON UNTERSTELLUNG
- DISLOZIERUNG VON TRUPPEN
- ERTEILEN VON AUFTRÄGEN

OPERATIONAL CONTROL

- AUSÜBUNG ÜBERTRAG. VON „TACTCON"
- DISLOZ.
- AUFTRÄGE NACH ART, ZEIT + RAUM BEGRENZT

TACTICAL CONTROL

- ÖRTLICHE FÜHRUNG

Anlage 5/12

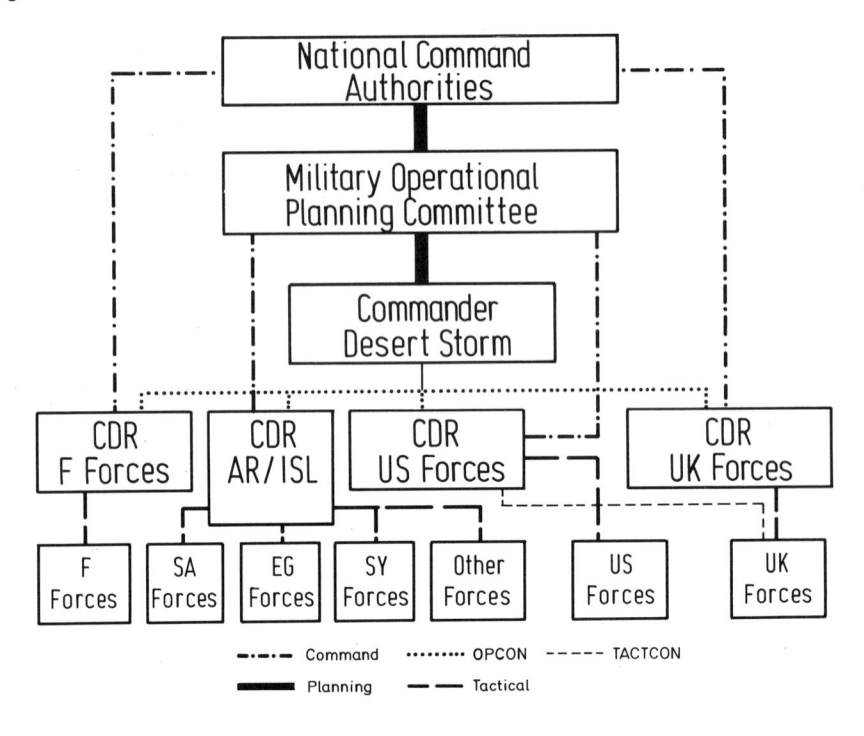

```
                    National Command
                       Authorities
                            │
                    Military Operational
                    Planning Committee
                            │
                       Commander
                      Desert Storm
```

CDR F Forces	CDR AR/ISL	CDR US Forces	CDR UK Forces
F Forces	SA Forces / EG Forces / SY Forces / Other Forces	US Forces	UK Forces

Legend:
─·─·─ Command   ········· OPCON   ─ ─ ─ TACTCON
▬▬▬ Planning   ── ── Tactical

Anlage 5/13

**Desert Storm
Force Structure**

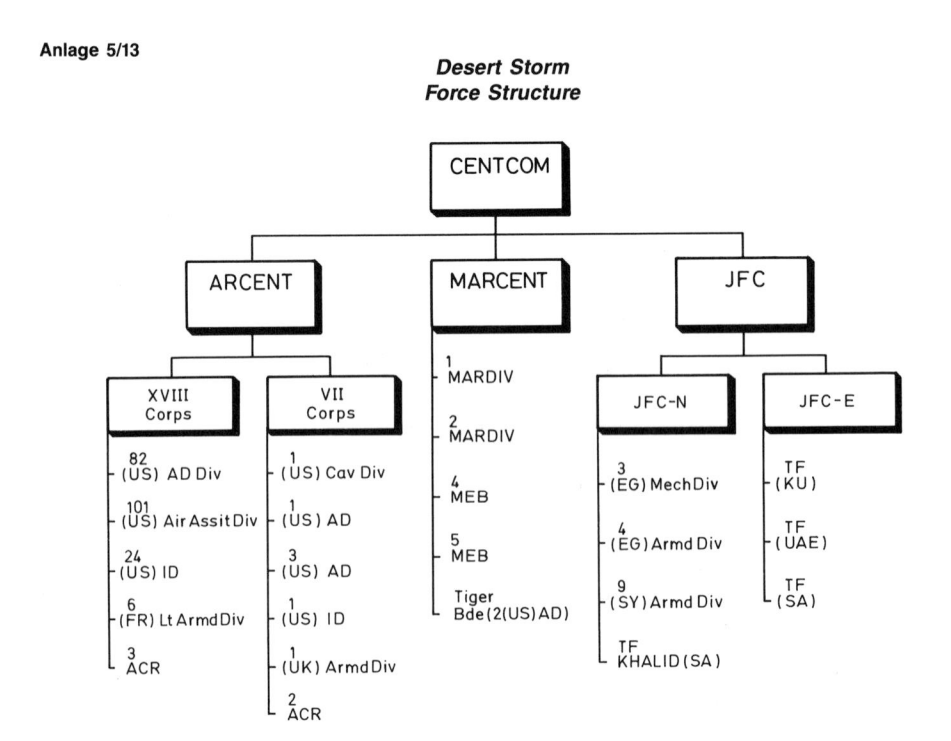

```
                         CENTCOM
                            │
        ┌───────────────────┼───────────────────┐
      ARCENT              MARCENT               JFC
        │                    │                    │
   ┌────┴────┐          1 MARDIV            ┌─────┴─────┐
 XVIII      VII          2 MARDIV         JFC-N       JFC-E
 Corps     Corps          4 MEB
                          5 MEB
```

XVIII Corps:
- 82 (US) AD Div
- 101 (US) Air Assit Div
- 24 (US) ID
- 6 (FR) Lt Armd Div
- 3 ACR

VII Corps:
- 1 (US) Cav Div
- 1 (US) AD
- 3 (US) AD
- 1 (US) ID
- 1 (UK) Armd Div
- 2 ACR

MARCENT:
- 1 MARDIV
- 2 MARDIV
- 4 MEB
- 5 MEB
- Tiger Bde (2(US)AD)

JFC-N:
- 3 (EG) Mech Div
- 4 (EG) Armd Div
- 9 (SY) Armd Div
- TF KHALID (SA)

JFC-E:
- TF (KU)
- TF (UAE)
- TF (SA)

Anlage 5/14

Kommandostruktur

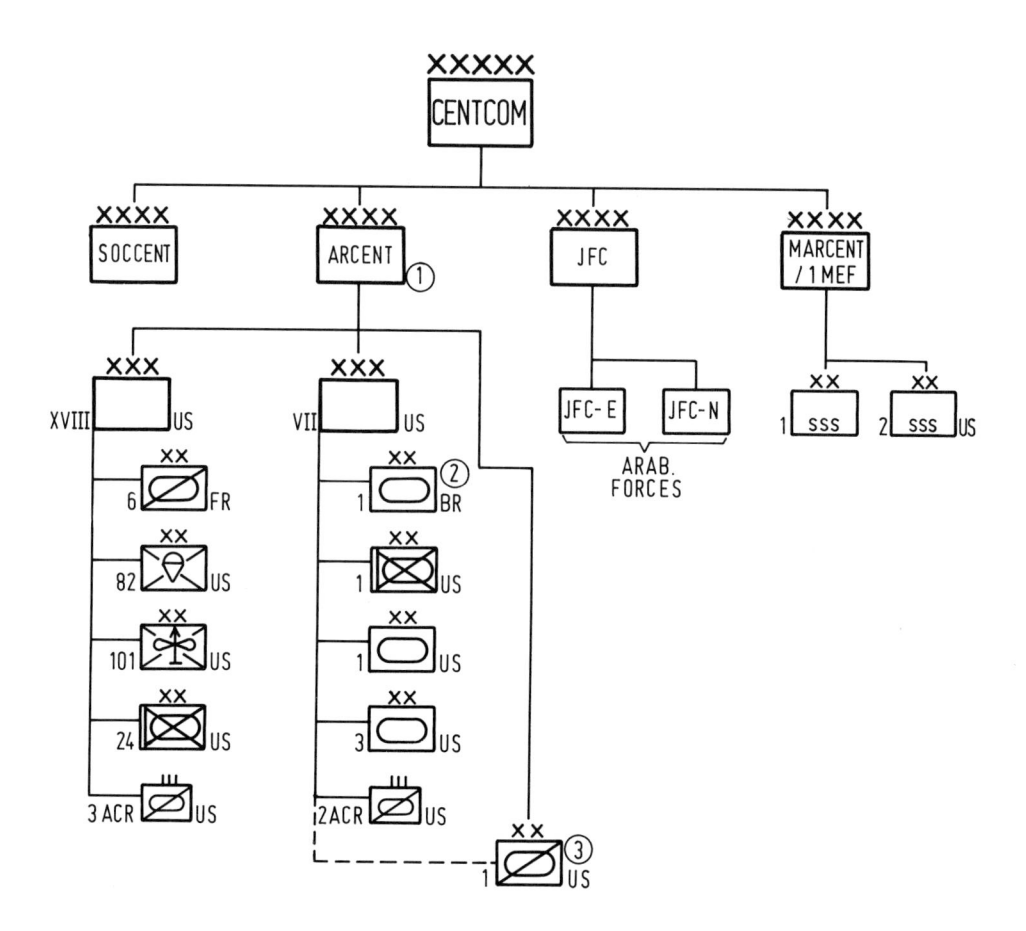

① Nach Beginn der Operation Umbenennung in 3. Army
② Unterstellung (TACON) unter VII. Corps ab 26.01.91
③ ARCENT- Reserve; nur für einzelne Operationen dem VII. Corps unterstellt (TACON)

Anlage 5/15

3d. Army (Gen. Yeosock)

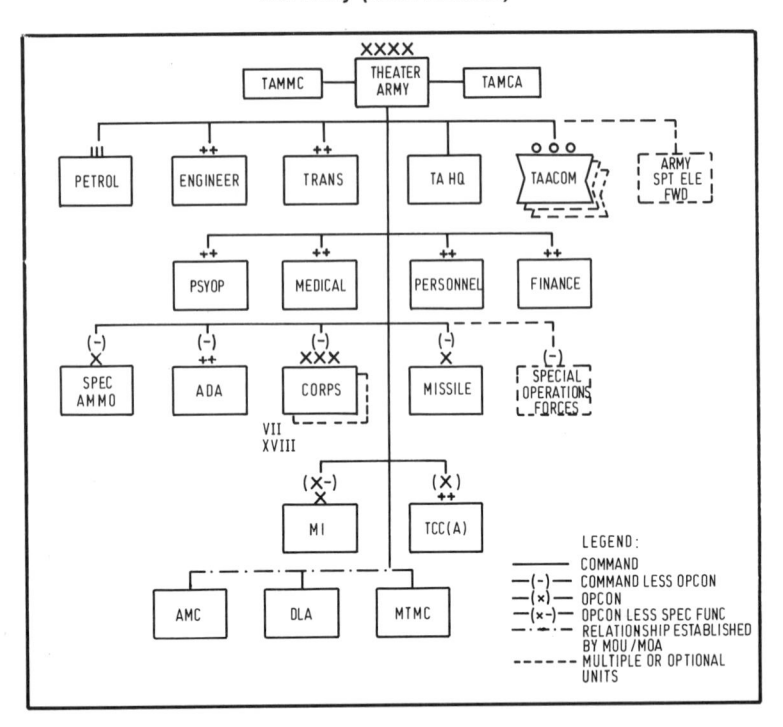

```
                              XXXX
                    ┌──────┬──THEATER──┬──────┐
                    TAMMC    ARMY       TAMCA
     ┌──────┬───────┬───────┼───────┬──────────┐
     III    ++      ++              ooo
   PETROL ENGINEER TRANS   TA HQ  TAACOM    ARMY SPT ELE FWD
                    ┌──────┬───────┼───────┐
                    ++     ++      ++      ++
                  PSYOP  MEDICAL PERSONNEL FINANCE
        ┌──────┬──────┬──────┬──────┐
       (-)   (-)    (-)    (-)    (-)
        X     ++    XXX     X
      SPEC  ADA   CORPS  MISSILE  SPECIAL
      AMMO                        OPERATIONS
                   VII            FORCES
                   XVIII
                    ┌──────┐
                   (X-)   (X)
                    X     ++
                    MI   TCC(A)
              ┌──────┬──────┐
             AMC    DLA    MTMC
```

LEGEND:
— COMMAND
—(-)— COMMAND LESS OPCON
—(x)— OPCON
—(x-)— OPCON LESS SPEC FUNC
—·—·— RELATIONSHIP ESTABLISHED BY MOU/MOA
- - - - MULTIPLE OR OPTIONAL UNITS

Anlage 5/16

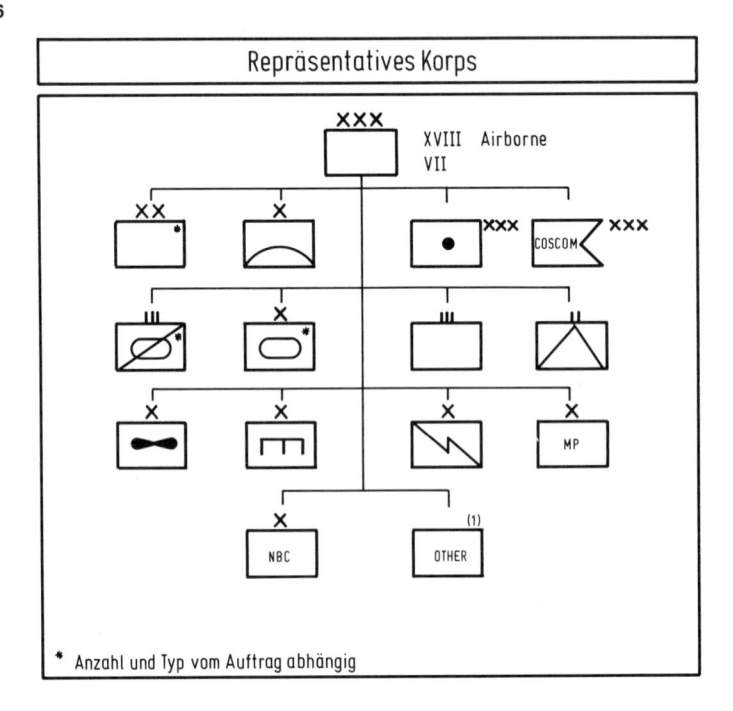

Repräsentatives Korps

* Anzahl und Typ vom Auftrag abhängig

Anlage 5/17

Air assault division

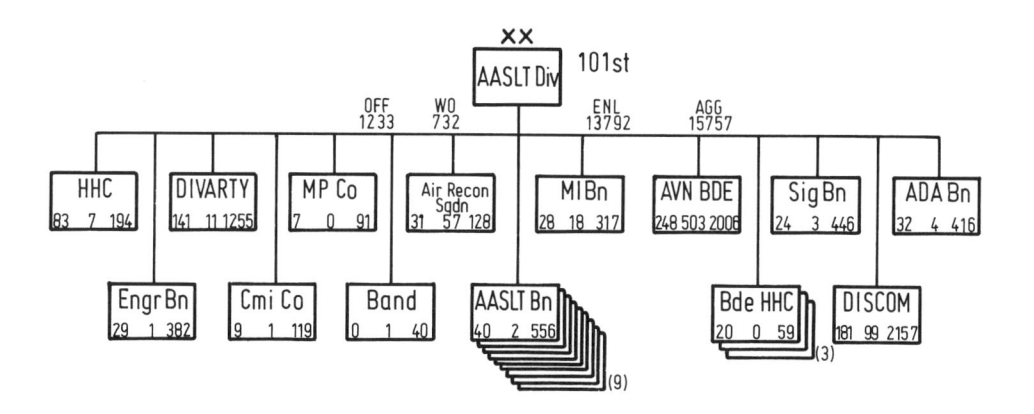

- **AASLT Div** 101st — OFF 1233, WO 732, ENL 13792, AGG 15757
  - HHC (83 7 194)
  - DIVARTY (141 11 1255)
  - MP Co (7 0 91)
  - Air Recon Sqdn (31 57 128)
  - MI Bn (28 18 317)
  - AVN BDE (248 503 2006)
  - Sig Bn (24 3 446)
  - ADA Bn (32 4 416)
  - Engr Bn (29 1 382)
  - Cmi Co (9 1 119)
  - Band (0 1 40)
  - AASLT Bn (40 2 556) (9)
  - Bde HHC (20 0 59) (3)
  - DISCOM (181 99 2157)

Airborne division

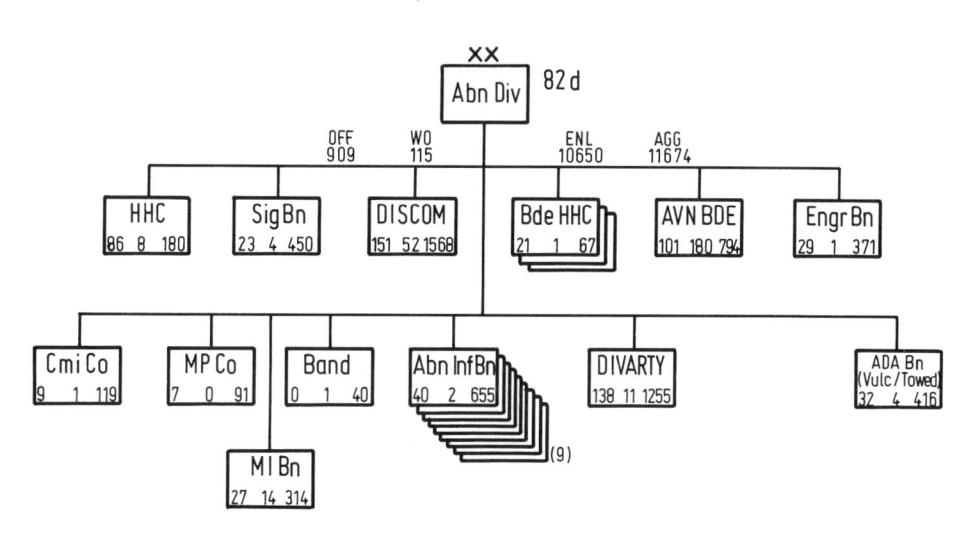

- **Abn Div** 82d — OFF 909, WO 115, ENL 10650, AGG 11674
  - HHC (86 8 180)
  - Sig Bn (23 4 450)
  - DISCOM (151 52 1568)
  - Bde HHC (21 1 67)
  - AVN BDE (101 180 794)
  - Engr Bn (29 1 371)
  - Cmi Co (9 1 119)
  - MP Co (7 0 91)
    - MI Bn (27 14 314)
  - Band (0 1 40)
  - Abn Inf Bn (40 2 655) (9)
  - DIVARTY (138 11 1255)
  - ADA Bn (Vulc/Towed) (32 4 416)

519

Anlage 5/18

Armoured division

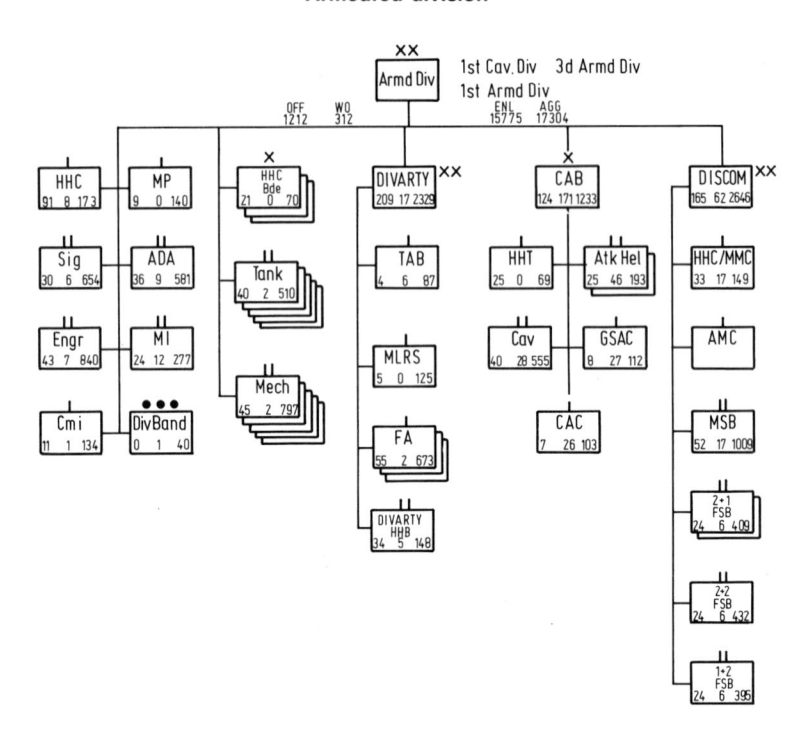

```
                              XX
                           Armd Div        1st Cav. Div    3d Armd Div
                                           1st Armd Div
                    OFF      WO            ENL        AGG
                    1212    312           15775      17304

   HHC      MP         X HHC Bde     DIVARTY  XX      CAB          DISCOM XX
  91 8 173  9 0 140    21  0  70    209 17 2329   124 171 1233    165 62 2646

   Sig     ADA           Tank          TAB       HHT    Atk Hel    HHC/MMC
  30 6 654 36 9 581    40 2 510      4 6 87    25 0 69  25 46 193  33 17 149

   Engr    MI                         MLRS      Cav     GSAC        AMC
  43 7 840 24 12 277                 5 0 125  40 28 555 8 27 112

   Cmi   DivBand       Mech           FA              CAC          MSB
  11 1 134  0 1 40   45 2 797      55 2 673          7 26 103    52 17 1009

                                  DIVARTY HHB                     2+1 FSB
                                  34 5 148                       24 6 409

                                                                  2+2 FSB
                                                                 24 6 432

                                                                  1+2 FSB
                                                                 24 6 395
```

Anlage 5/19

Mechanized division

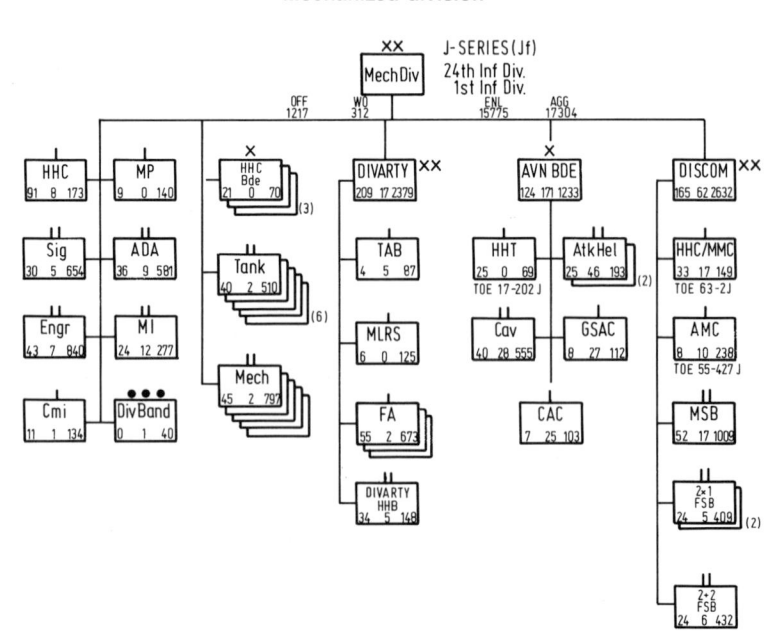

```
                              XX
                           Mech Div        J-SERIES (Jf)
                                           24th Inf Div.
                                           1st Inf Div.
                    OFF      WO            ENL        AGG
                    1217    312           15775      17304

   HHC      MP         X HHC Bde     DIVARTY  XX     X AVN BDE      DISCOM XX
  91 8 173  9 0 140    21  0  70    209 17 2379    124 171 1233    165 62 2632
                              (3)
   Sig     ADA           Tank          TAB       HHT      Atk Hel   HHC/MMC
  30 5 654 36 9 581    40 2 510      4 5 87    25 0 69    25 46 193 33 17 149
                              (6)              TOE 17-202 J     (2)  TOE 63-2J

   Engr    MI                         MLRS      Cav       GSAC       AMC
  43 7 840 24 12 277                 6 0 125  40 28 555   8 27 112  8 10 238
                                                                    TOE 55-427 J

   Cmi   DivBand       Mech           FA                  CAC       MSB
  11 1 134  0 1 40   45 2 797      55 2 673              7 25 103  52 17 1009

                                  DIVARTY HHB                       2+1 FSB
                                  34 5 148                         24 5 409 (2)

                                                                    2+2 FSB
                                                                   24 6 432
```

520

Anlage 5/20

Heavy separate brigade (armoured)

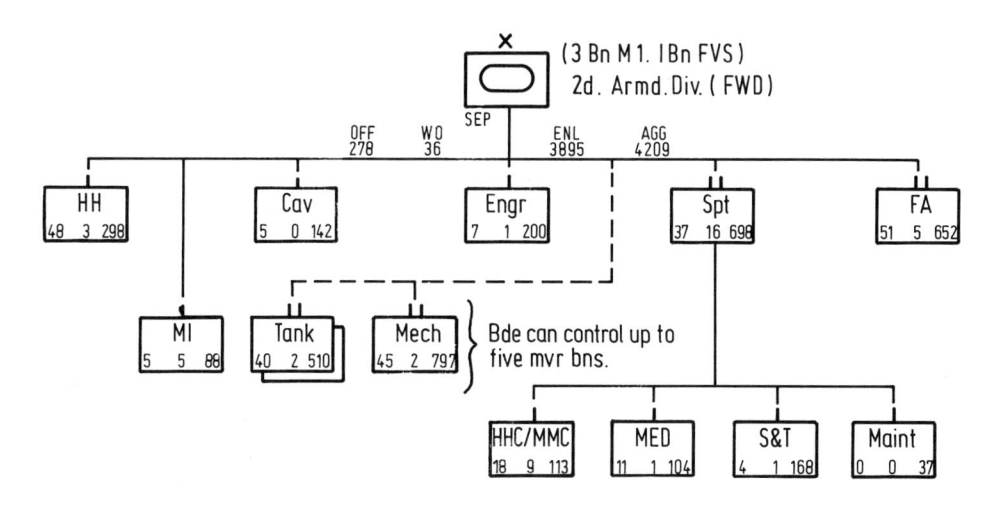

```
                    × (3 Bn M1. 1 Bn FVS)
                   SEP  2d. Armd. Div. (FWD)

         OFF    WO    ENL    AGG
         278    36    3895   4209

  HH       Cav      Engr      Spt       FA
  48 3 298 5 0 142  7 1 200   37 16 696 51 5 652

       MI       Tank     Mech    } Bde can control up to
       5 5 86   40 2 510 45 2 797}  five mvr bns.

              HHC/MMC   MED      S&T      Maint
              18 9 113  11 1 104 4 1 168  0 0 37
```

Heavy separate brigade (mechanized)

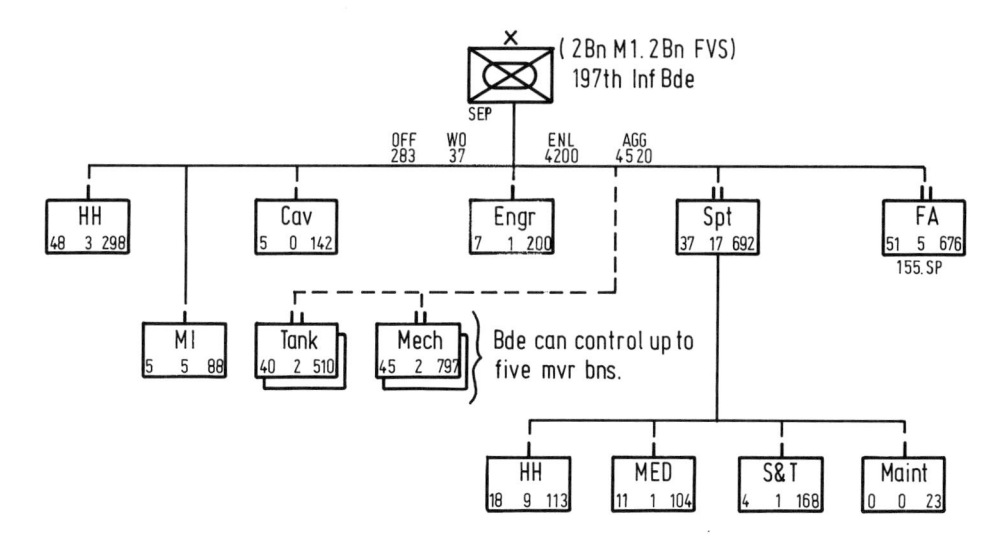

```
                    × (2 Bn M1. 2 Bn FVS)
                   SEP  197th Inf Bde

         OFF    WO    ENL    AGG
         283    37    4200   4520

  HH       Cav      Engr      Spt       FA
  48 3 298 5 0 142  7 1 200   37 17 692 51 5 676
                                        155.SP

       MI       Tank     Mech    } Bde can control up to
       5 5 88   40 2 510 45 2 797}  five mvr bns.

              HH       MED      S&T      Maint
              18 9 113 11 1 104 4 1 168  0 0 23
```

521

Anlage 5/21

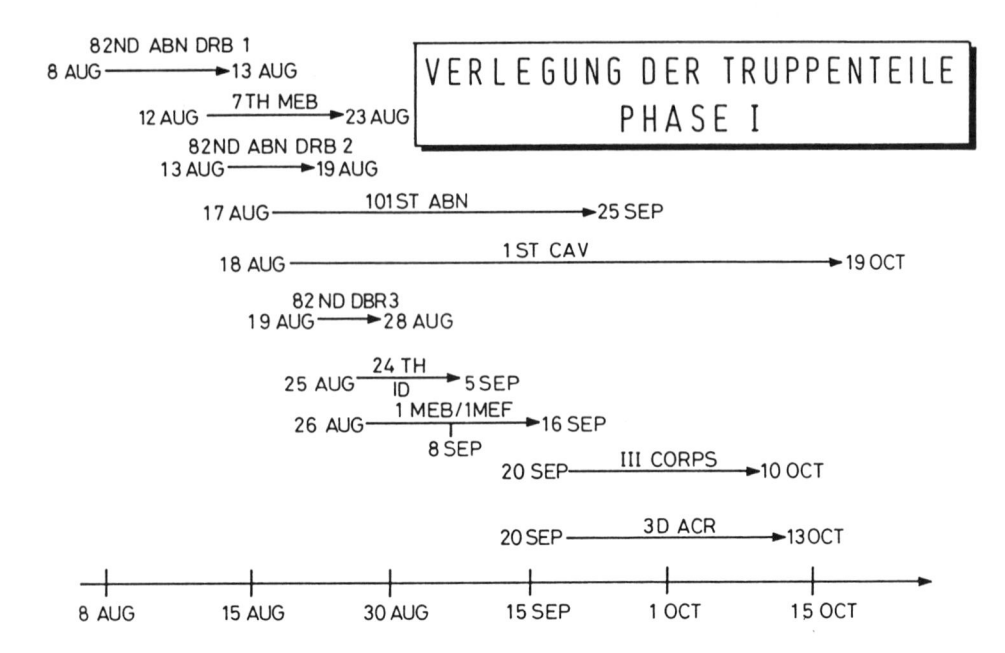

VERLEGUNG DER TRUPPENTEILE PHASE I

```
82ND ABN DRB 1
8 AUG ─────────► 13 AUG
         12 AUG ──7TH MEB──► 23 AUG
              82ND ABN DRB 2
              13 AUG ─────► 19 AUG
                   17 AUG ──────101ST ABN──────► 25 SEP
                        18 AUG ───────1ST CAV───────────────► 19 OCT
                              82ND DBR 3
                              19 AUG ────► 28 AUG
                                   25 AUG ──24TH ID──► 5 SEP
                                        26 AUG ──1 MEB/1MEF──► 16 SEP
                                             8 SEP
                                                  20 SEP ──III CORPS──► 10 OCT
                                                       20 SEP ──3D ACR──► 13 OCT
```

8 AUG	15 AUG	30 AUG	15 SEP	1 OCT	15 OCT	

Anlage 5/22

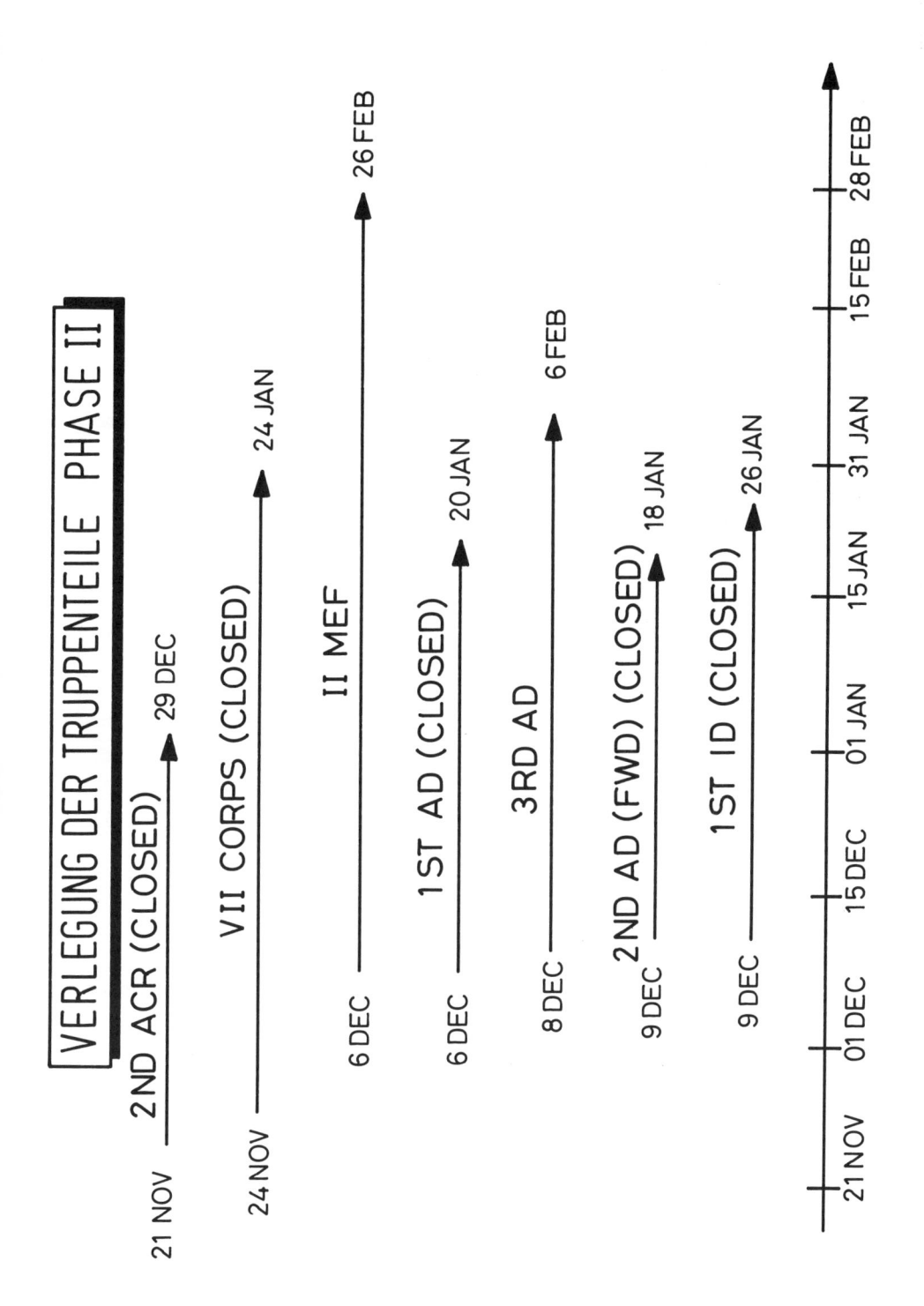

VERLEGUNG DER TRUPPENTEILE PHASE II

- 2ND ACR (CLOSED): 21 NOV – 29 DEC
- VII CORPS (CLOSED): 24 NOV – 24 JAN
- II MEF: 6 DEC – 26 FEB
- 1ST AD (CLOSED): 6 DEC – 20 JAN
- 3RD AD: 8 DEC – 6 FEB
- 2ND AD (FWD) (CLOSED): 9 DEC – 18 JAN
- 1ST ID (CLOSED): 9 DEC – 26 JAN

Timeline: 21 NOV | 01 DEC | 15 DEC | 01 JAN | 15 JAN | 31 JAN | 15 FEB | 28 FEB

Anlage 5/23

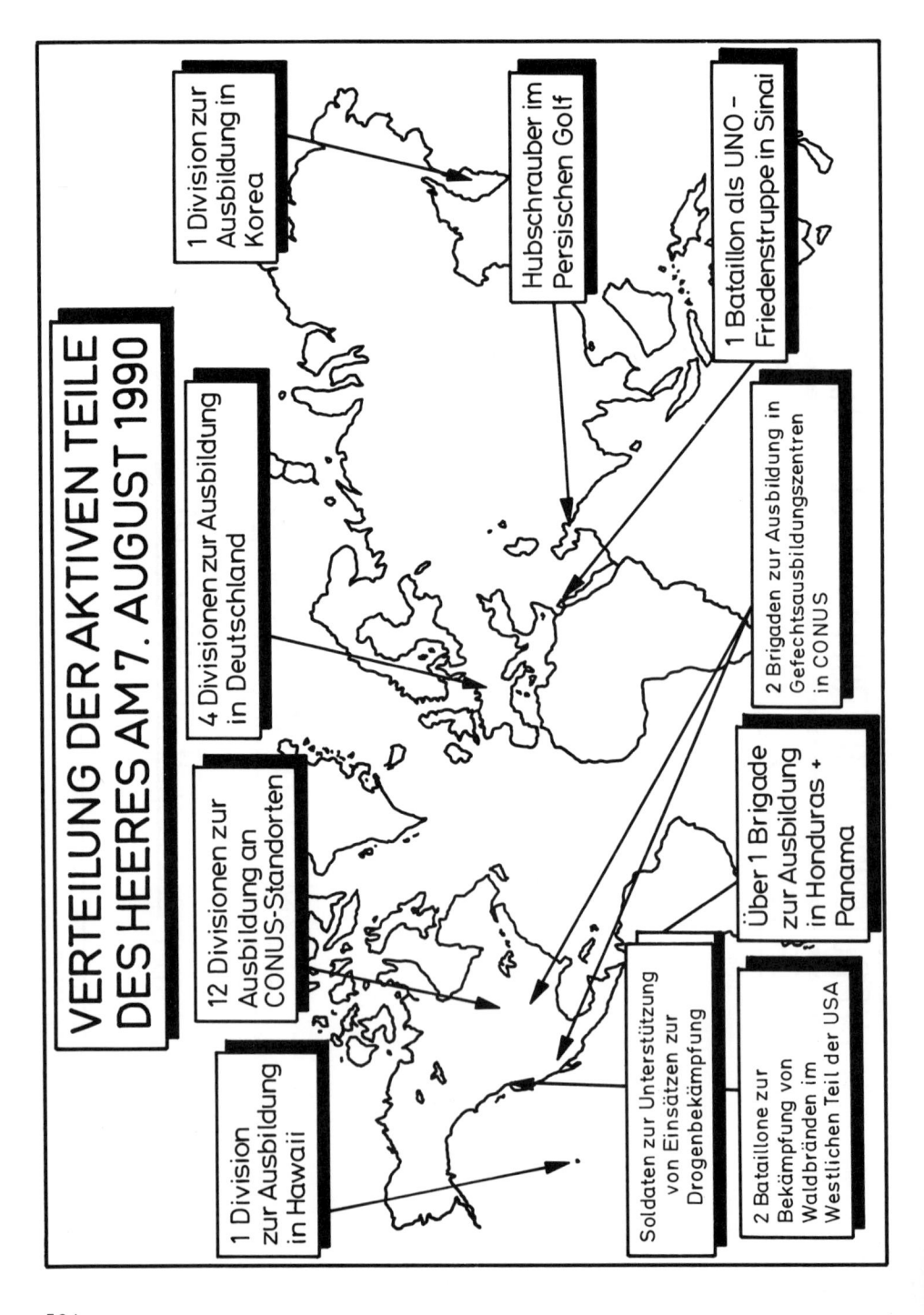

VERTEILUNG DER AKTIVEN TEILE DES HEERES AM 7. AUGUST 1990

- 1 Division zur Ausbildung in Korea
- Hubschrauber im Persischen Golf
- 1 Bataillon als UNO-Friedenstruppe in Sinai
- 4 Divisionen zur Ausbildung in Deutschland
- 2 Brigaden zur Ausbildung in Gefechtsausbildungszentren in CONUS
- 12 Divisionen zur Ausbildung an CONUS-Standorten
- Über 1 Brigade zur Ausbildung in Honduras + Panama
- 1 Division zur Ausbildung in Hawaii
- Soldaten zur Unterstützung von Einsätzen zur Drogenbekämpfung
- 2 Bataillone zur Bekämpfung von Waldbränden im Westlichen Teil der USA

Anlage 5/24

DAS GRÖSSTE VERLEGUNGSVORHABEN DES HEERES, DAS ES JE GEGEBEN HAT. GESCHICHTLICHER ÜBERBLICK

	Passagiere	Nachschub/Ausrüstungen (t)
Dez. 1941 – März 1942 Zweiter Weltkrieg	205.980	1.365.000
Juli-Nov. 1950 Korea-Krieg	34.950 (Luftweg)	1.156.526
1965: Vietnam	85.562 (Luftweg) 82.800 (Seeweg)	38.564 (Luftweg) 1.337.820 (Seeweg)
Aug.- Okt. 1990: Desert Shield	über 209.000 (Luftweg) über 1.600 (Seeweg)	225.000 (Luftweg) 1.380.000 (Seeweg)

- 68% des Heeres außerhalb CONUS
  - 34% Desert Storm
  - 34% andere Standorte in Übersee
- 32% des in den USA stationierten Heeres

Anlage 5/25

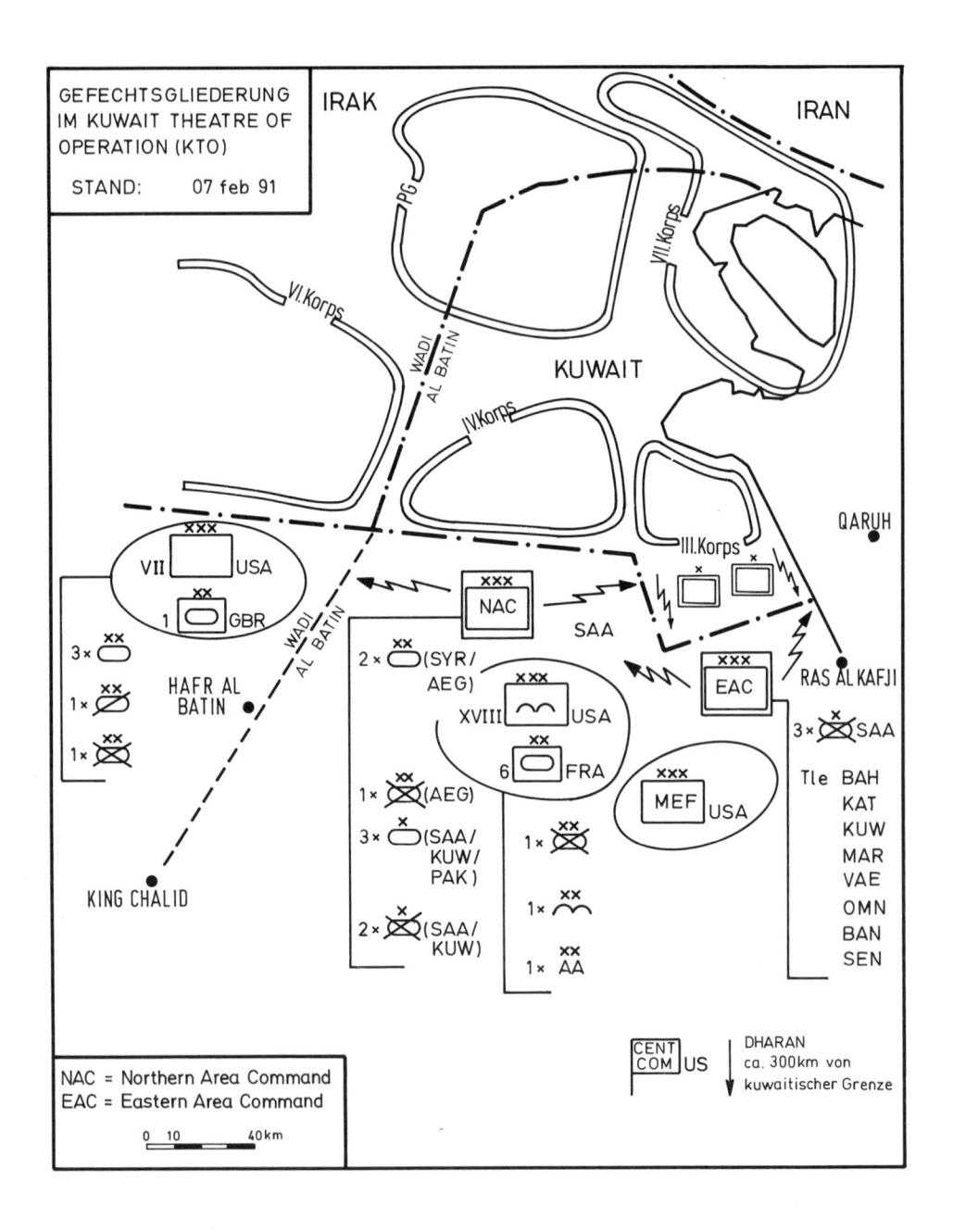

Anlage 5/26

Nordirak / Türkei

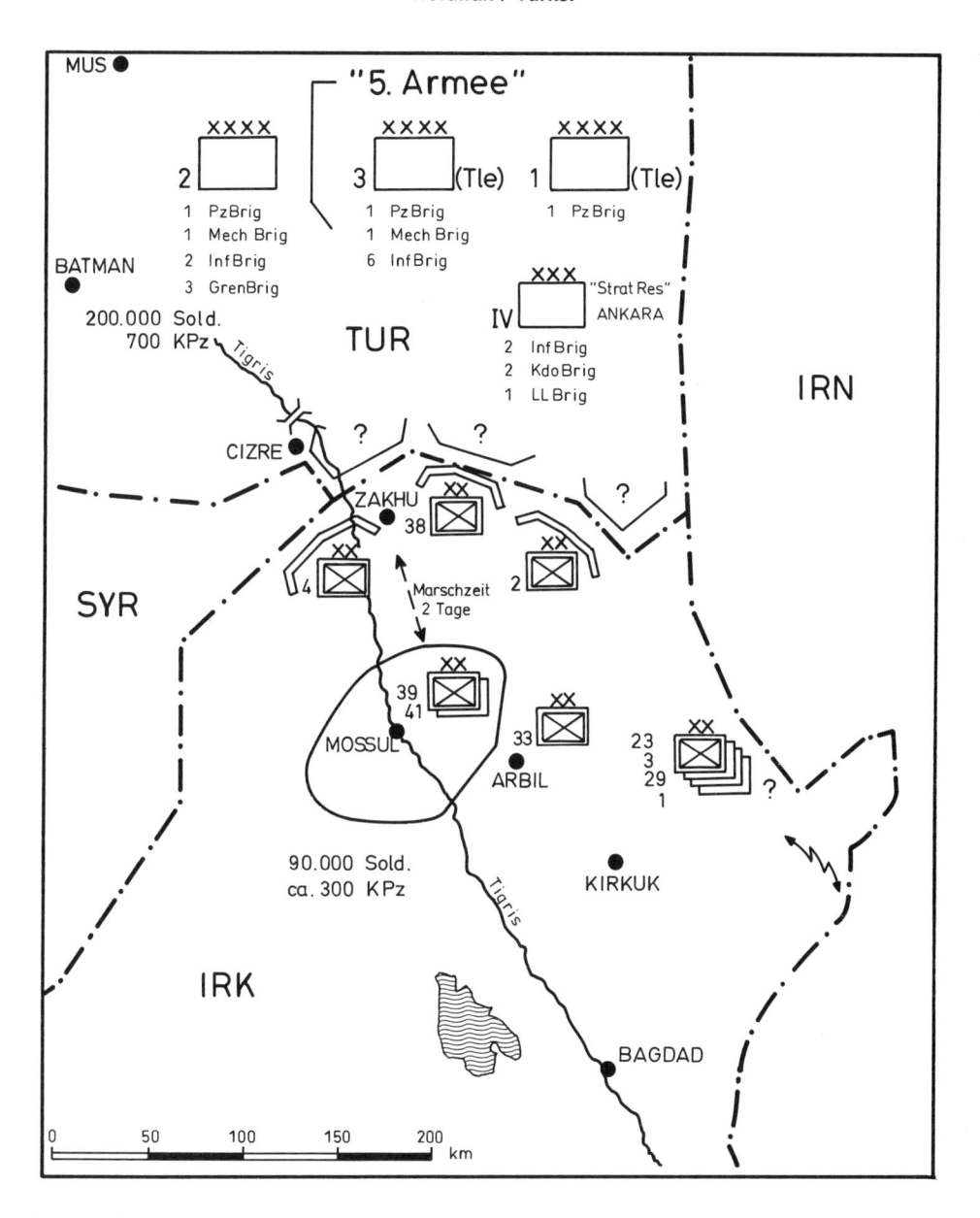

"5. Armee"

XXXX 2	XXXX 3 (Tle)	XXXX 1 (Tle)
1 PzBrig	1 PzBrig	1 PzBrig
1 Mech Brig	1 Mech Brig	
2 Inf Brig	6 Inf Brig	
3 Gren Brig		

XXX IV "Strat Res" ANKARA
2 Inf Brig
2 Kdo Brig
1 LL Brig

MUS
BATMAN
200.000 Sold.
700 KPz
Tigris
TUR
CIZRE
ZAKHU 38
4
2
Marschzeit 2 Tage
MOSSUL 39 41
ARBIL 33
23 3 29 1
KIRKUK
BAGDAD
90.000 Sold.
ca. 300 KPz
SYR
IRK
IRN

0 50 100 150 200 km

Anlage 5/27

VERLUSTE DER IRAKISCHEN STREITKRÄFTE

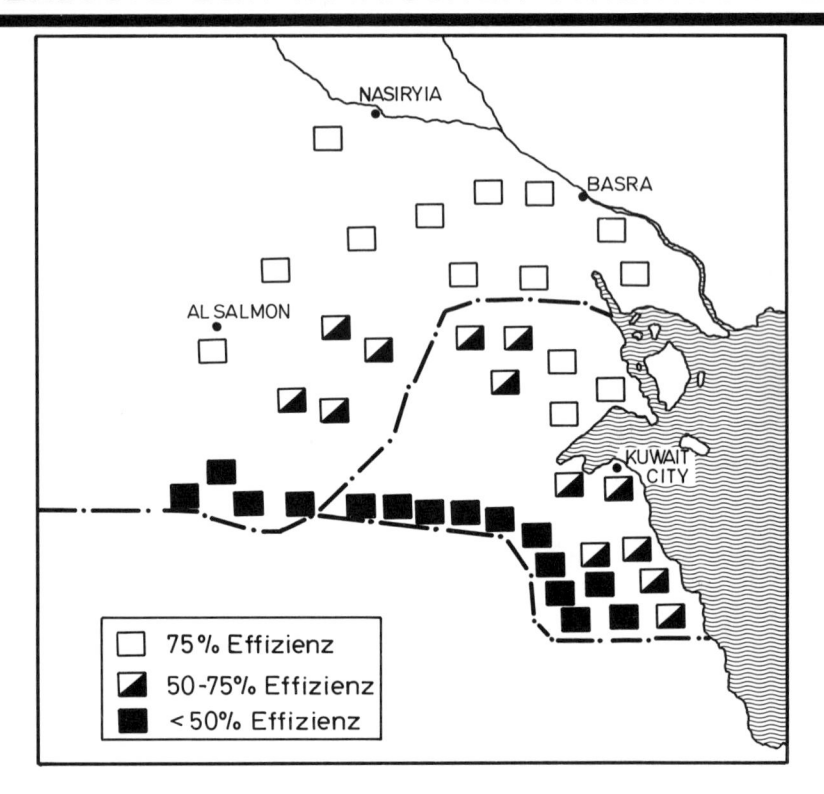

☐ 75% Effizienz
◨ 50-75% Effizienz
■ <50% Effizienz

Anlage 5/28

Gesamtoperationsplan

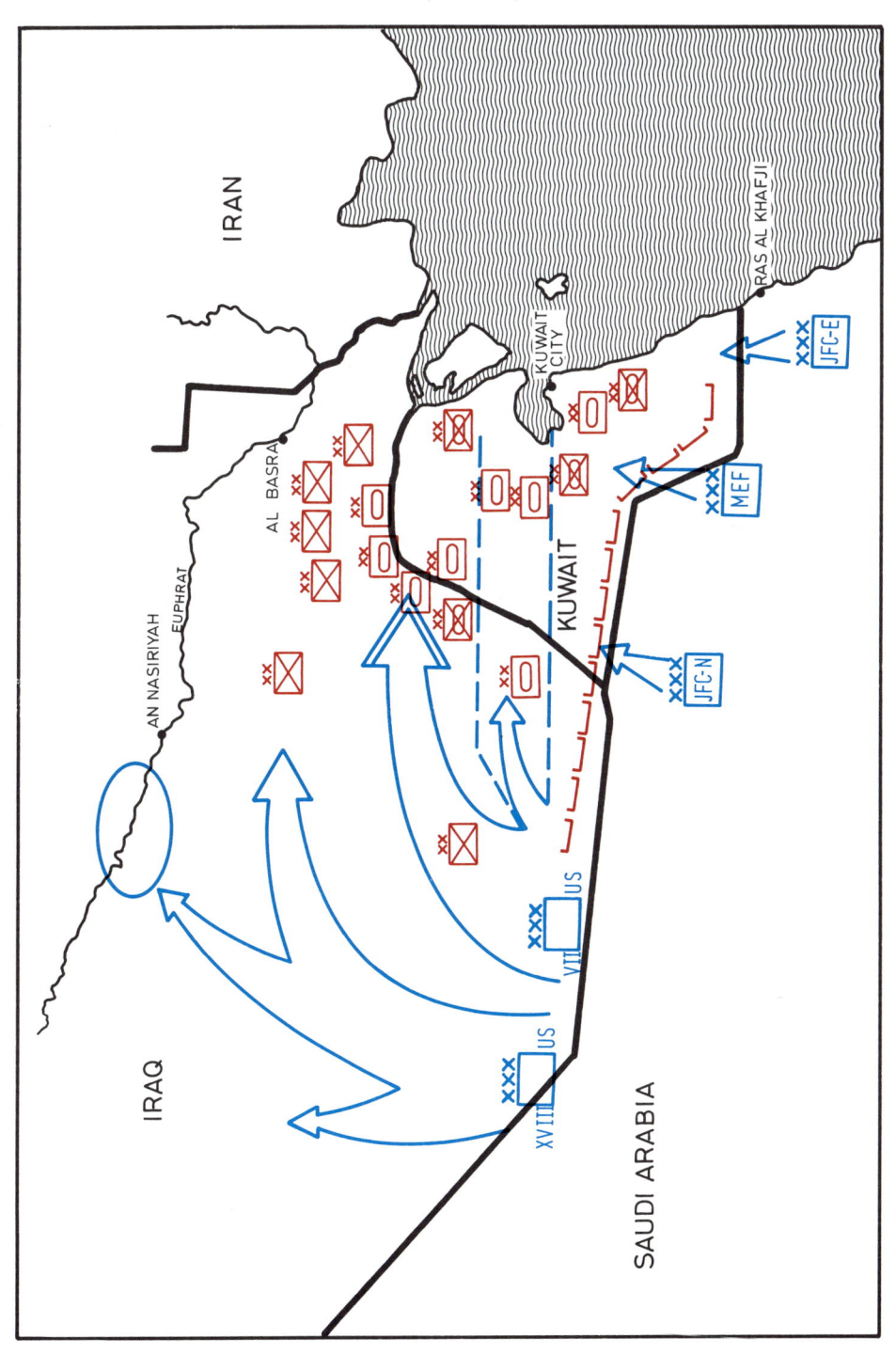

529

Anlage 5/29

Kampfkraftvergleich

	KPz	Art Systeme	PzAbw Systeme	PzAbw Hubschr
VII. (US) Corps	1241	496	1217	174
XVIII. (US) Corps	399	448	1096	254
6. (FR) Le Div	136	18	62	60
1. (UK) Armd Div	176	84	92	18
MARCENT	423	303	739	76
JFC-N	528	323	580	11
JFC-E	152	112	401	—
Koalition gesamt	3055	1784	4187	593
Irak				
zu Beginn der Luftoffensive	4550	3257	?	130
zu Beginn der Landoffensive	2110	940	?	124
bei Feuereinstellung	590	170	?	110

Anmerkung: Die Zahlenangaben entstammen amerikanischen und britischen Berichten; sie sind größtenteils geschätzt.

Anlage 5/30

ORGANIZATIONAL DIAGRAM

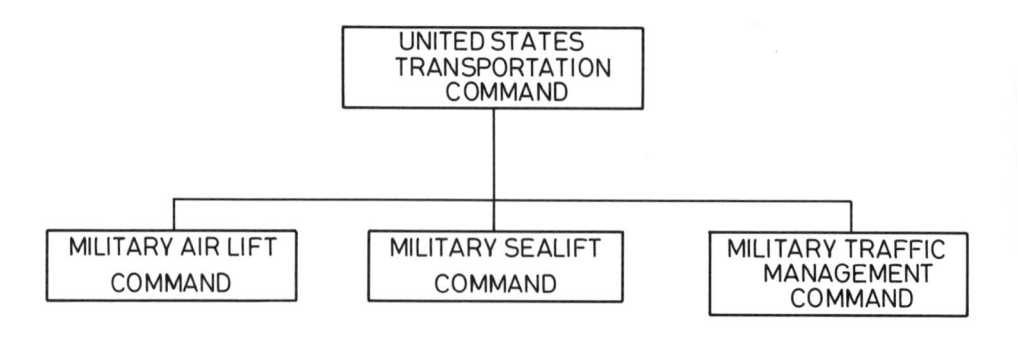

UNITED STATES TRANSPORTATION COMMAND
- MILITARY AIR LIFT COMMAND
- MILITARY SEALIFT COMMAND
- MILITARY TRAFFIC MANAGEMENT COMMAND

Anlagen zu Kapitel 6

Anlage 6/1

Luftkriegsmittel im Golfkrieg

Irak (Stand 01.08.1990)

TU-16/22	(BADGER/BLINDER)	20
MiG-21	(FISHBED)	170
MiG-23	(FLOGGER)	90
MiG-25	(FOXBAT)	25
MiG-29	(FULCRUM)	40
SU-20/22	(FITTER)	130
SU-24	(FENCER)	10 +
SU-25	(FROGFOOT)	40
F-6		40
MIRAGE F-1		116
ADNAN		2 (-3)
Transporter/Trainer		300
Hubschrauber		500

Koalition (Stand 24.02.1991)

1. In der Golfregion bereits vorhandene Luftkriegsmittel

Bahrain			Katar	
F-5E/F	12		Mirage F-1	14
F-16C/D	12		Alpha Jet	6
Hubschrauber	16		Hubschrauber	30

Kuwait			Oman	
Mirage F-1	15		Jaguar	22
A-4KU	19		Hunter	17
Hubschrauber	20		BAC-167	13
			Hubschrauber	38

Saudi-Arabien			VAE	
F-5E	70		Mirage 2000	36
F-15C/D	57		Mirage 5	30
TORNADO F-3	24		BAE HAWK	16
TORNADO GR-1	30		Transporter	18
BAC-167	37		Hubschrauber	65
E-3	5			
Transporter	50			
Hubschrauber	150			

2. Eingeführte Kräfte

Frankreich			Großbritannien	
Mirage 2000	12		Jaguar	12
Mirage F-1C	8		Tornado F-3	18
Mirage F-1CR	8		Tornado GR-1	42 (6 GR-1A)
Jaguar	14		Phantom GR-2	12 (Zypern)
Transporter	7		Buccaneer	12
Hubschrauber	120		Nimrod MR-2	2
			Hubschrauber	115

Anlage 6/1

Italien
Tornado IDS   8

Kanada
CF-18   24

Vereinigte Staaten
US Air Force

		US Navy/Marine Corps	
F-117A	40	F-14A	100
F-15C/D	120	F-18C	172
F-15E	48	A-6E	109
F-16	249	EA-6B	41
A-10	84	AV-8B	90
F-111	84	A-7E	20
F-4G	48	E-2C	30
B-52	70 +		
E-3	8	**NATO**	
RF-4C	20	NAEW-Force	
TR-1	6	E-3A	10
EF-111	18	ACE Mobile Force (Air)	
C-130	145 +	Mirage 5 (BE)	18
Tanker	300 +	Alpha Jet (GE)	18
SOF-Flugzeuge	50 +	F-104 (IT)	6

Quellen: — US Air Force Performance in Desert Storm, in: The Desert Storm Almanac, in: Military Technology 6/91
— Miller, David: UK Forces in the Gulf War — Analysis of a Commitment, in: Military Technology 7/91
— Luftkrieg am Golf, Flugrevue 3/91, S. 22

Anlage 6/2

Flugzeugverluste im Golfkrieg

IRAK (nur diejenigen, die durch Aufklärungsergebnisse belegt sind)

In der Luft zerstört	41
Am Boden zerstört	101
Nach Iran »verlegt«	137
Gesamt	279

Koalition

	Kampfverluste:	Unfälle:
US Air Force	14	4
US Navy	7	5
US Marine Corps	7	5
US Army	6	12
Royal Air Force	6	1
Free Kuwait Air Force	1	
Italian Air Force	1	
Royal Saudi Air Force	1	
Gesamt	41	26

Quelle: Desert Storm: Gulf Victory, in: World Air Power Journal, Vol , Summer 1991, Seite 27

Anlage 6/3

Flugplätze der Operation Desert Storm

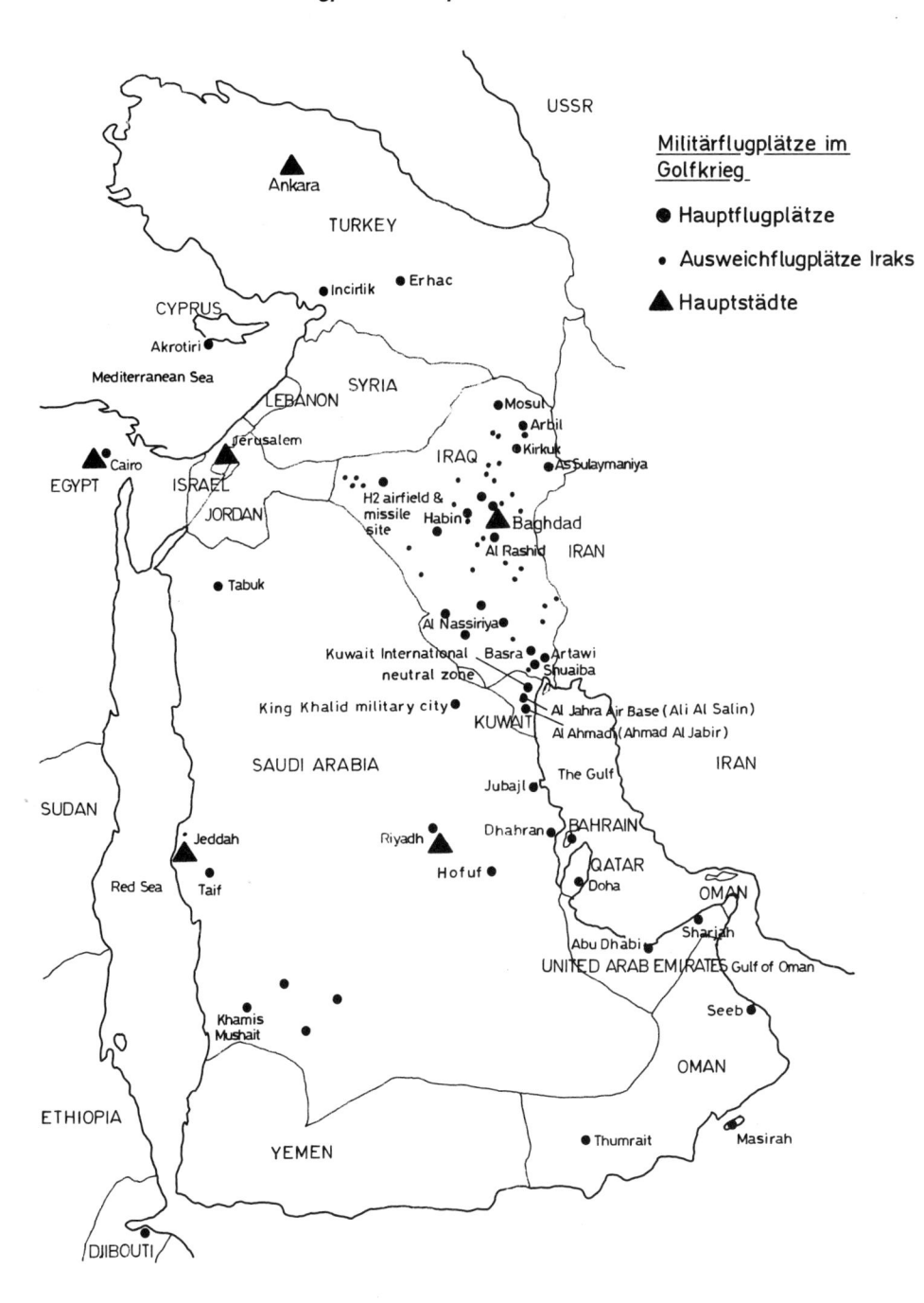

Militärflugplätze im Golfkrieg

● Hauptflugplätze
· Ausweichflugplätze Iraks
▲ Hauptstädte

Quelle: — Gathering of the Desert Eagles, in: World Air Power Journal, Vol 3, Fall 1990, Seite 37
— Die alliierten See- und Luftstreitkräfte am Golf, in Frankfurter Allgemeine Zeitung, 17. Jan. 1991, Seite 4

Anlagen zu Kapitel 7

Anlage 7/1

Schiff	Typ	Anmerkung
Argentinien		
Almirante Brown	Zerstörer	Ausgelaufen 26. September
Spiro	Fregatte	Ausgelaufen 26. September Nur Blockade Einsatz
Australien		
Adelaide	Fregatte	
Darwin	Fregatte	
Success	Versorger	
Brisbane	Zerstörer	Löste Adelaide im November ab
Sydney	Fregatte	Löste Darwin im November ab
Westralia	Versorger	Löste Success im Januar ab
Belgien		
Iris	Minenjäger	Ausgelaufen 17. August
Myosotis	Minenjäger	Ausgelaufen 17. August
Zinnia	Versorger	Ausgelaufen 17. August
Wandelaar	Fregatte	Ausgelaufen 4. Oktober Einsatz im Bab-el-Mendeb
Kanada		
Athabaskan	Zerstörer	Ausgelaufen 24. August
Terra Nova	Fregatte	Ausgelaufen 24. August
Protecteur	Versorger	Ausgelaufen 24. August
Dänemark		
Olfert Fischer	Fregatte	Ausgelaufen im Oktober
France		
Protet	Fregatte	Stationiert im Djibouti zum Zeitpunkt der Invasion im August
Commandant Ducuing	Fregatte	
Dupleix	Zerstörer	Ausgelaufen 10. August
Montclam	Zerstörer	Ausgelaufen 10. August
Doudart de Lagree	Fregatte	Ausgelaufen im September
Commandant Bory	Fregatte	Ausgelaufen im September
Du Chayla	Zerstörer	Ausgelaufen im September
La Motte-Picquet	Zerstörer	Ausgelaufen im September
Var	Versorger	Ausgelaufen 13. August
Durace	Versorger	
Colbert	Kreuzer	
Clemenceau	Flugzeugträger	Ausgelaufen 13. August mit Heeres-Hubschrauber nach Saudi-Arabien. Rückkehr ins Östliche Mittelmeer mit Standardausrüstung Mitte Februar
Jeanne de Vienne	Zerstörer	
Premier Maitre L'Her	Korvette	
Marne	Versorger	
Jules Verne	Tender	
Rhin	Versorger	

Schiff	Typ	Anmerkung
Rance	Lazarett-Schiff	
Foudre	Lazarett-Schiff	
Berry	Intelligence Ship	
Pegase	Minenjäger	Ausgelaufen im Februar ins Rote Meer
l'Aigle	Minenjäger	Ausgelaufen im Februar ins Rote Meer
Sagittare	Minenjäger	Ausgelaufen im Februar ins Rote Meer
Loire	Versorger	Ausgelaufen im Februar ins Rote Meer

Deutschland

Schiff	Typ	Anmerkung
Koblenz	Minenjäger	Ausgelaufen 16. August nach Kreta
Wetzlar	Minenjäger	Ausgelaufen 16. August nach Kreta
Marburg	Minenjäger	Ausgelaufen 16. August nach Kreta
Uberherrn	Minenjäger	Ausgelaufen 16. August nach Kreta
Laboe	Minenjäger	Ausgelaufen 16. August nach Kreta
Werra	Versorger	Ausgelaufen 16. August nach Kreta
Westerwald	Versorger	Ausgelaufen 16. August nach Kreta

Griechenland

Schiff	Typ	Anmerkung
Limnos	Fregatte	Ausgelaufen Anfang September
Elli	Fregatte	Löste Limnos ab

Italien

Schiff	Typ	Anmerkung
Sfinge	Korvette	Ausgelaufen 16. August ins östliche Mittelmeer
Minerva	Korvette	Ausgelaufen 16. August ins östliche Mittelmeer
Libeccio	Fregatte	Ausgelaufen 19. August
Orsa	Fregatte	Ausgelaufen 20. August
Stromboli	Versorger	Löste French Durance im September ab
Leffiro	Fregatte	
Audace	Zerstörer	Löste Orsa ab
Lupo	Fregatte	Ausgelaufen Januar
Sagittario	Fregatte	Ausgelaufen Januar, löste Libeccio ab
Vesuvio	Versorger	Ausgelaufen Januar, löste Stromboli ab
San Marco	Versorger	
Milazzo	Minenjäger	Einsatz im Suez Kanal
Vieste	Minenjäger	
Palatano	Minenjäger	
Tremiti	Versorger	

Niederlande

Schiff	Typ	Anmerkung
Witte de With	Fregatte	Ausgelaufen 20. August
Pieter Florisz	Fregatte	Ausgelaufen 20. August
Poolster	Versorger	Ausgelaufen 20. August
Jacob Van Heemskerck	Fregatte	Ausgelaufen 19. November, löste Witte de With ab
Philips Van Almonde	Fregatte	Ausgelaufen 19. November, löste Pieter Florisz ab
Zuiderkruis	Versorger	Ausgelaufen 19. November, löste Poolster ab

Norwegen

Schiff	Typ	Anmerkung
Andenes	Fregatte	Ausgelaufen Ende Oktober unterstützte Olfert Fischer

Schiff	Typ	Anmerkung
Portugal		
Sao Miguel	Versorger	Unterstützte deutsche und UK-Einheiten
Saudi Arabien		
Addiryah	Minenräumer	
Al Quysumah	Minenräumer	
Al Wadeeah	Minenräumer	
Safwa	Minenräumer	
Spain		
Santa Maria	Fregatte	Ausgelaufen im August
Descubierta	Korvette	Ausgelaufen im August
Cazadora	Korvette	Ausgelaufen im August
Aragon	Versorger	Ausgelaufen im August
Numancia	Fregatte	Ausgelaufen 31. Oktober, löste Santa Maria ab
Diana	Korvette	Ausgelaufen 31. Oktober, löste Descubierta ab
Infanta	Korvette	Ausgelaufen 31. Oktober, löste Cazadora ab
Soviet Union		
Admiral Tributs	Zerstörer	Sowjetische Schiffe waren am 2. August im Golf, haben aber nicht an Blockade oder am Kampf teilgenommen
Kashin Klasse	Zerstörer	
Amur class	Versorger	
Vereinigtes Königreich		
York	Zerstörer	Im Golf 2. August
Battleaxe	Fregatte	Im Indischen Ozean 2. August
Jupiter	Fregatte	Im Indischen Ozean 2. August
Orangeleaf	Versorger	Im Golf 2. August
Cattistock	Minenjäger	Ausgelaufen im August
Atherstone	Minenjäger	Ausgelaufen im August
Hurworth	Minenjäger	Ausgelaufen im August
Herald	Versorger	Ausgelaufen im August
Brazen	Fregatte	Ausgelaufen im September
London	Fregatte	Ausgelaufen im September, Flaggschiff
Gloucester	Zerstörer	Ausgelaufen im September
Olna	Versorger	Ausgelaufen im September
Fort Grange	Versorger	Ausgelaufen im September
Diligence	Tender	Ausgelaufen im September
Sir Galahad	Versorger	Ausgelaufen 7. Oktober
Sir Percival	Versorger	Ausgelaufen 9. Oktober
Cardiff	Zerstörer	Ausgelaufen Mitte November
Argus	Lazarett-Schiff	
Dulverton	Minenjäger	Ausgelaufen Ende November
Ledbury	Minenjäger	Ausgelaufen Ende November
Hecla	Versorger	Ausgelaufen Ende November
Brecon	Minenjäger	Ausgelaufen 6. Februar
Brocklesby	Minenjäger	Ausgelaufen 6. Februar
Bicester	Minenjäger	Ausgelaufen 6. Februar
Brillant	Fregatte	Ausgelaufen 14. Januar
Brave	Fregatte	Ausgelaufen 14. Januar
Opposum	Submarine	Führten Spezialoperationen durch
Otus	Submarine	Führten Spezialoperationen durch
Ark Royal	Flugzeugträger	Einsatz im östlichen Mittelmeer
Manchester	Fregatte	Einsatz im östlichen Mittelmeer
Sheffield	Fregatte	Einsatz im östlichen Mittelmeer

Schiff	Typ	Anmerkung
Vereinigte Staaten		
La Salle	Führungsschiff	Im Golf 2. August
England	Kreuzer	Im Golf 2. August
David R. Ray	Zerstörer	Im Golf 2. August
Barbey	Fregatte	Im Golf 2. August
Reid	Fregatte	Im Golf 2. August
Vandegrift	Fregatte	Im Golf 2. August
Robert G. Bradley	Fregatte	Im Golf 2. August
Taylor	Fregatte	Im Golf 2. August
Independence	Flugzeugträger	Im Indischen Ozean 2. August Carrier Air Wing 14 an Bord
Jouett	Kreuzer	Independence Kampfgruppe
Antietam	Kreuzer	Independence Kampfgruppe
Goldsborough	Zerstörer	Independence Kampfgruppe
Brewton	Fregatte	Independence Kampfgruppe
Reasoner	Fregatte	Independence Kampfgruppe
White Plains	Versorger	Independence Kampfgruppe
Cimarron	Versorger	Independence Kampfgruppe
Flint	Versorger	Independence Kampfgruppe
Eisenhower	Flugzeugträger	Im Mittelmeer bis 2. August. Marsch durch Suez Kanal am 8. August. Carrier Air Wing 7 an Bord. Ausgelaufen 12. September, abgelöst von der Kennedy Kampfgruppe
Ticonderoga	Kreuzer	Eisenhower Kampfgruppe
Scott	Zerstörer	Eisenhower Kampfgruppe
Tattnall	Zerstörer	Eisenhower Kampfgruppe
John Rogers	Zerstörer	Eisenhower Kampfgruppe
John L. Hall	Fregatte	Eisenhower Kampfgruppe
Paul	Fregatte	Eisenhower Kampfgruppe
Suribachi	Versorger	Eisenhower Kampfgruppe
Neosho	Versorger	Eisenhower Kampfgruppe
Sierra	Tender	Im Mittelmeer
Savannah	Versorger	Im Mittelmeer
Okinawa	Landungsschiff	Auf den Philippinen 13 MEU an Bord
Ogden	Landungsschiff	Auf den Philippinen 13 MEU an Bord
Durham	Landungsschiff	Auf den Philippinen 13 MEU an Bord
Fort McHenry	Landungsschiff	Auf den Philippinen 13 MEU an Bord
Cayuga	Landungsschiff	Auf den Philippinen 13 MEU an Bord
Fort Fisher	Landungsschiff	Auf den Philippinen 13 MEU an Bord
Saratoga	Flugzeugträger	Ausgelaufen 6. August Carrier Air Wing 17 an Bord
Philippine Sea	Kreuzer	Saratoga Kampfgruppe
Sampson	Zerstörer	Saratoga Kampfgruppe
Spruance	Zerstörer	Saratoga Kampfgruppe
Elmer Montgomery	Fregatte	Saratoga Kampfgruppe
Wisconsin	Schlachtschiff	Bewegte sich direkt zum Golf
South Carolina	Kreuzer	Saratoga Kampfgruppe
Biddle	Kreuzer	Saratoga Kampfgruppe
Thomas C. Hart	Fregatte	Saratoga Kampfgruppe
Detroit	Versorger	Saratoga Kampfgruppe
Yellowstone	Tender	Saratoga Kampfgruppe
Inchon	Landungsschiff	Ausgelaufen 6.August 26 MEU an Bord
Nashville	Landungsschiff	Ausgelaufen 6.August 26 MEU an Bord
Whidbey Island	Landungsschiff	Ausgelaufen 6.August 26 MEU an Bord
Fairfax County	Landungsschiff	Ausgelaufen 6.August 26 MEU an Bord
Newport	Landungsschiff	Ausgelaufen 6.August 26 MEU an Bord
John F. Kennedy	Flugzeugträger	Ausgelaufen 15. August Carrier Air Wing 3 an Bord

Schiff	Typ	Anmerkung
Thomas S. Gates	Kreuzer	Kennedy Kampfgruppe
San Jacinto	Kreuzer	Kennedy Kampfgruppe
Mississippi	Kreuzer	Kennedy Kampfgruppe
Moosbrugger	Zerstörer	Kennedy Kampfgruppe
Samuel B. Roberts	Fregatte	Kennedy Kampfgruppe
Seattle	Versorger	Kennedy Kampfgruppe
Sylvania	Versorger	Kennedy Kampfgruppe
Nassau	Landungsschiff	Ausgelaufen 17.August 4 MEB an Bord
Guam	Landungsschiff	Ausgelaufen 17.August 4 MEB an Bord
Iwo Jima	Landungsschiff	Ausgelaufen 17.August 4 MEB an Bord
Shreveport	Landungsschiff	Ausgelaufen 17.August 4 MEB an Bord
Raleigh	Landungsschiff	Ausgelaufen 17.August 4 MEB an Bord
Trenton	Landungsschiff	Ausgelaufen 17.August 4 MEB an Bord
Pensacola	Landungsschiff	Ausgelaufen 17.August 4 MEB an Bord
Portland	Landungsschiff	Ausgelaufen 17.August 4 MEB an Bord
Gunston Hall	Landungsschiff	Ausgelaufen 17.August 4 MEB an Bord
Saginaw	Landungsschiff	Ausgelaufen 17.August 4 MEB an Bord
Spartanburg County	Landungsschiff	Ausgelaufen 17.August 4 MEB an Bord
Manitowoc	Landungsschiff	Ausgelaufen 17.August 4 MEB an Bord
La Moure County	Landungsschiff	Ausgelaufen 17.August 4 MEB an Bord
Missouri	Schlachtschiff	Erreicht im September den Golf
Wright	Versorger	
Curtiss	Versorger	
Mercy	Lazarett-Schiff	
Comfort	Lazarett-Schiff	
Avenger	Minenjäger	
Adroit	Minejäger	
Impervious	Minenjäger	
Leader	Minenjäger	
Midway	Flugzeugträger	Ausgelaufen 2. Oktober Carrier Air Wing 5 an Bord
Mobile Bay	Kreuzer	Midway Kampfgruppe
Bunker Hill	Kreuzer	Midway Kampfgruppe
Fife	Zerstörer	Midway Kampfgruppe
Oldendorf	Zerstörer	Midway Kampfgruppe
Hewitt	Zerstörer	Midway Kampfgruppe
Curts	Fregatte	Midway Kampfgruppe
Blue Ridge	Führungsschiff	Ausgelaufen Anfang September
Tarawa	Landungsschiff	Ausgelaufen 13.Dezember 5 MEB an Bord
Tripoli	Landungsschiff	Ausgelaufen 13.Dezember 5 MEB an Bord
New Orleans	Landungsschiff	Ausgelaufen 13.Dezember 5 MEB an Bord
Vancouver	Landungsschiff	Ausgelaufen 13.Dezember 5 MEB an Bord
Denver	Landungsschiff	Ausgelaufen 13.Dezember 5 MEB an Bord
Juneau	Landungsschiff	Ausgelaufen 13.Dezember 5 MEB an Bord
Anchorage	Landungsschiff	Ausgelaufen 13.Dezember 5 MEB an Bord
Germantown	Landungsschiff	Ausgelaufen 13.Dezember 5 MEB an Bord
Mount Vernon	Landungsschiff	Ausgelaufen 13.Dezember 5 MEB an Bord
Mobile	Landungsschiff	Ausgelaufen 13.Dezember 5 MEB an Bord
Barbour County	Landungsschiff	Ausgelaufen 13.Dezember 5 MEB an Bord
Frederick	Landungsschiff	Ausgelaufen 13.Dezember 5 MEB an Bord
Peoria	Landungsschiff	Ausgelaufen 13.Dezember 5 MEB an Bord
Ranger	Flugzeugträger	Ausgelaufen 8. Dezember Carrier Air Wing 2 an Bord
Valley Forge	Kreuzer	Ranger Kampfgruppe
Princeton	Kreuzer	Ranger Kampfgruppe
Horne	Kreuzer	Ranger Kampfgruppe
Harry W. Hill	Zerstörer	Ranger Kampfgruppe
Paul F. Foster	Zerstörer	Ranger Kampfgruppe
Jarrett	Fregatte	Ranger Kampfgruppe
Francis Hammond	Fregatte	Ranger Kampfgruppe

Schiff	Typ	Anmerkung
Kansas City	Versorger	Ranger Kampfgruppe
Shasta	Versorger	Ranger Kampfgruppe
Theodore Roosevelt	Flugzeugträger	Ausgelaufen 28. Dezember Carrier Air Wing 8 an Bord
Leyte Gulf	Kreuzer	Roosevelt Kampfgruppe
Richmond K. Turner	Kreuzer	Roosevelt Kampfgruppe
Caron	Zerstörer	Roosevelt Kampfgruppe
Hawes	Fregatte	Roosevelt Kampfgruppe
Vreeland	Fregatte	Roosevelt Kampfgruppe
Platte	Versorger	Roosevelt Kampfgruppe
Santa Barbara	Versorger	Roosevelt Kampfgruppe
America	Flugzeugträger	Ausgelaufen 28. Dezember Carrier Air Wing 1 an Bord
Normandy	Kreuzer	America Kampfgruppe
Virginia	Kreuzer	America Kampfgruppe
Preble	Zerstörer	America Kampfgruppe
William V. Pratt	Zerstörer	America Kampfgruppe
Halyburton	Zerstörer	America Kampfgruppe
Kalamazoo	Versorger	America Kampfgruppe
Nitro	Versorger	Amerika Kampfgruppe
Mars	Versorger	
Sylvania	Versorger	
Niagra Falls	Versorger	
San Diego	Versorger	
San Jose	Versorger	
Haleakala	Versorger	
Kiska	Versorger	
Mount Hood	Versorger	
Acadia	Tender	
Vulcan	Tender	
Jason	Tender	
Beaufort	Bergungsschiff	

Kuwait

Die ursprüngliche Stärke schloss 6 Al Boom — und 2 Istigal-Klasse FK-Schnellboote sowie 16 Küstenwachboote diverser Typen ein. Von diesen Booten entkamen 3 während der irakischen Invasion und operiarten während des Konfliktes im nördlichen Golf. Die kuwaitischen Besatzungen sabotierten die Flugkörper der von Irakern erbeuteten Boote, so daß der Einsatz nicht mehr möglich war.

Irak

Bei Beginn des Konfliktes bestand die Irakische Marine aus:
1 Fregatte
7 OSA I and II Klasse FK-Schnellboote
3 SO1 Klasse Wachboote
6 P-6 Klasse Torpedoschnellboote
4 Poluchat Klasse große Patrouillenboote
4 Zhuk Klasse Küstenwachboote
2 T-43 Klasse Hochseeminensucher
3 Yevgenya Klasse Minensucher
3 Polnocny Klasse Landungsschiffe

Die Maritime Order of Battle basiert auf folgenden Quellen:

Norman Friedman, Desert Victory (Annapolis Md., Naval Institute Press 1991)
Peter Gilchrist, Sea Power, the Coalition and Iraqi Navies (London, Osprey Publishing Ltd. 1991)
World Defence Almanac, Military Technology No. 1/91 — January 1991

Anlage 8/1

Optionen für Täuschung und amphibische Operation durch 4th and 5th MEB

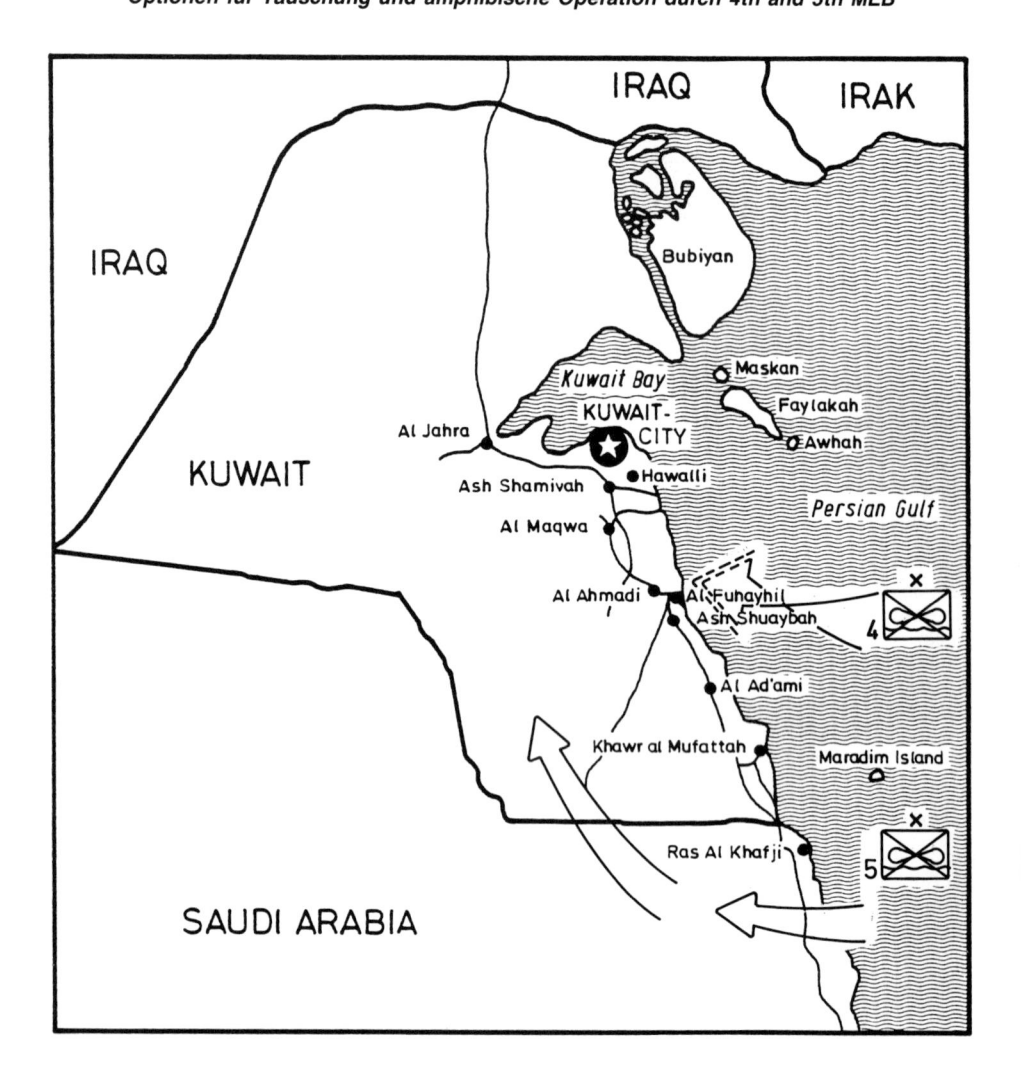

Anlage 8/2

Der Handstreich der 13th MEU auf Maradim Island

Anlage 8/3

Der Einsatz der 1st und 2nd MARDIV zu Beginn der Bodenoffensive am 24.02.1991

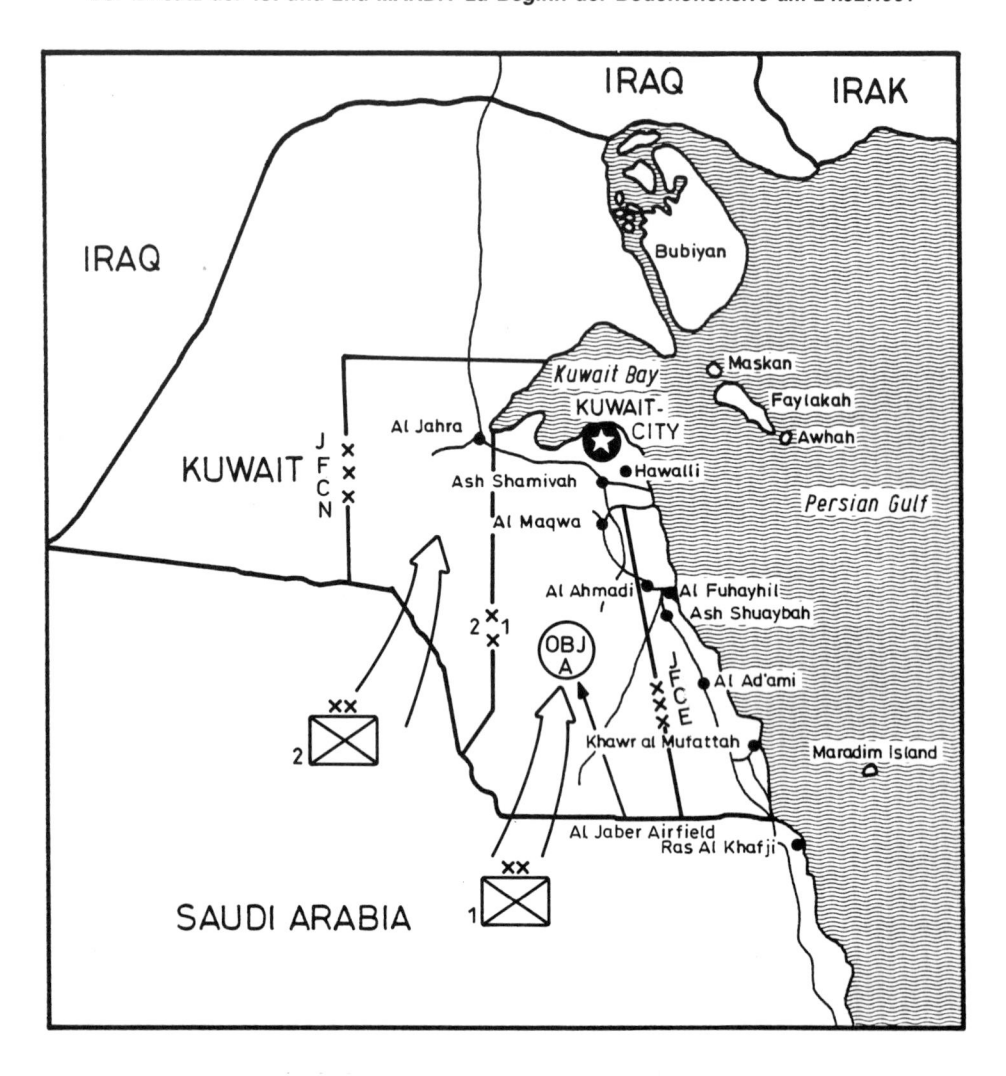

Anlage 8/4

Angriff der 1st and 2nd MARDIV am zweiten Tag der Bodenoffensive (26.02.1991)

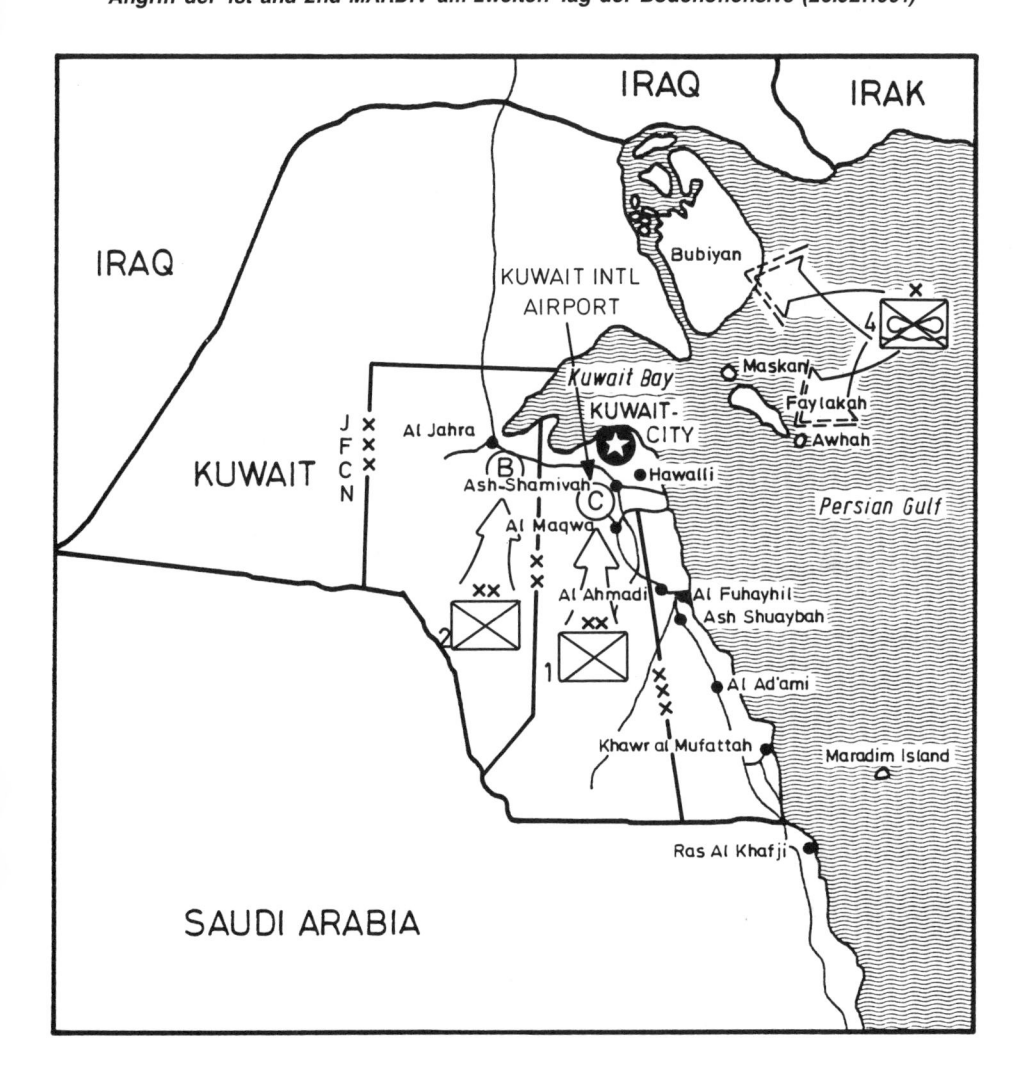

543

Anlage 8/5

Der Kampf um Ras Al Khafji

Anlage 8/6

**Maritime Prepositioned Deployment Depicting
Fly-In Echelon (FIE) and Follow-On Echelon (FOE)**

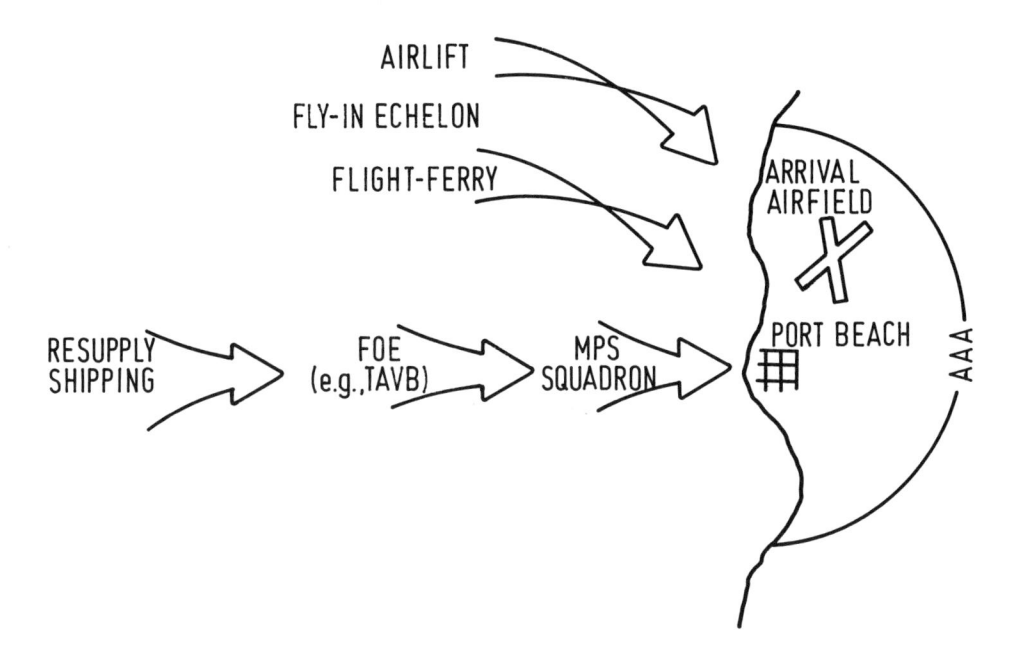

Anlage 8/7

Deployments Prior to Closure of MPS Squadron at AAA.

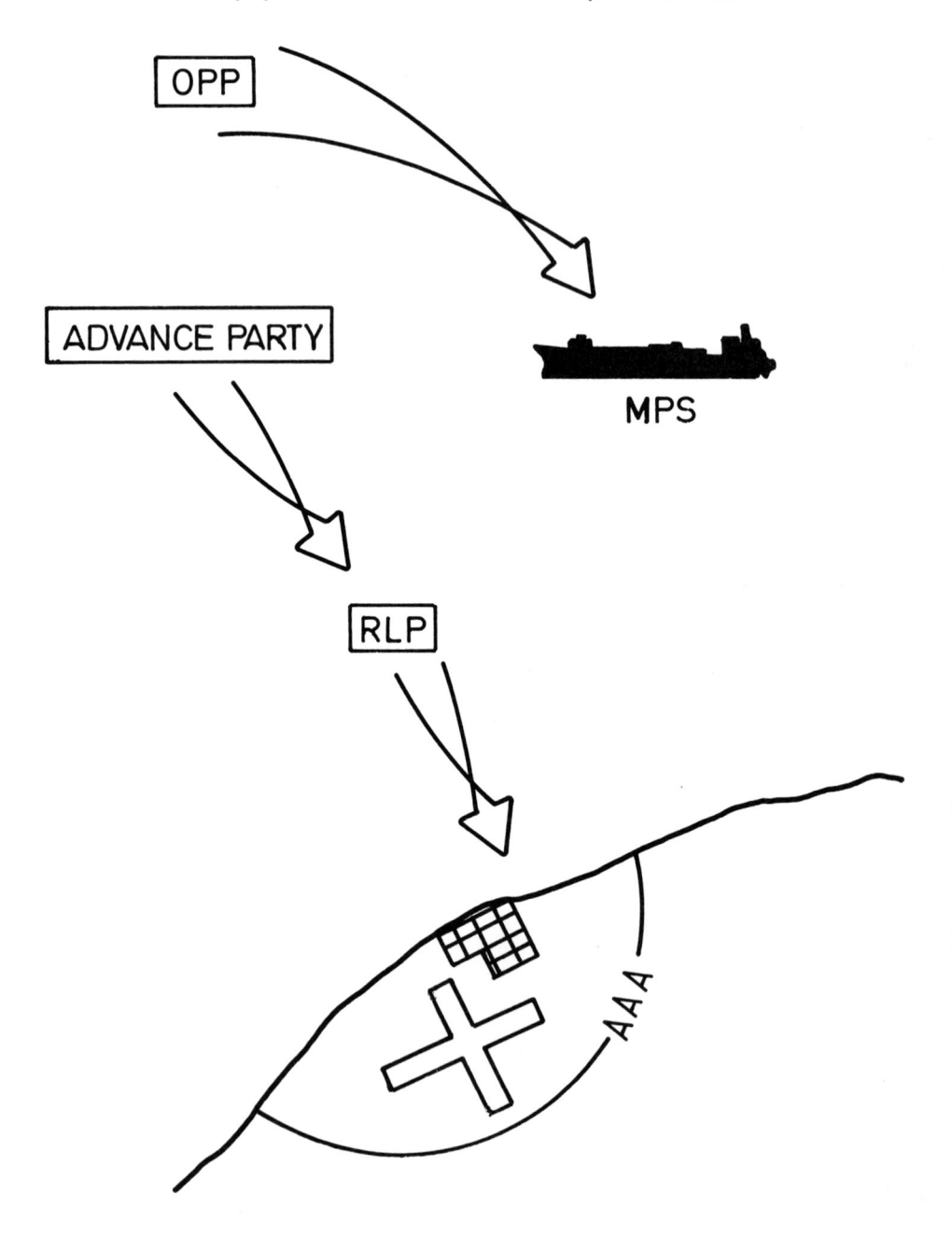

546

Anlagen zu Kapitel 12

Anlage 12/1

CHRONOLOGIE DER BEEINFLUSSENDEN POLITIKFAKTOREN

14.02.90	Die Außenminister der vier Siegermächte und der beiden deutschen Staaten vereinbaren die Aufnahme förmlicher Besprechungen über die deutsche Einheit (2+4-Gespräche).
11.03.90	Das neugewählte Parlament Litauens erklärt die Wiederherstellung der Unabhängigkeit.
15.03.90	Der Volkskongreß der UdSSR erklärt die Erklärung Litauens für nichtig.
18.03.90	Erste freie Wahlen in der DDR.
19.04. - 01.07.90	Sowjetische Wirtschaftsblockade gegen Litauen.
04.05.90	Unabhängigkeitserklärung Lettlands.
08.05.90	Unabhängigkeitserklärung Estlands.
12.05.90	Gründung des Baltischen Rates.
14.05.90	Der Volkskongreß der UdSSR erklärt die Erklärung Lettlands und Estlands für nichtig.
12.06.90	Rußland erklärt seine Souveränität.
21.06.90	Entschließung des Bundestages und der Volkskammer zur deutsch-polnischen Westgrenze.
25./26.06.90	EG-Gipfel in Dublin.
01.07.90	Staatsvertrag über die Sozial-, Wirtschafts- u. Währungsunion tritt in Kraft.
05./06.07.90	NATO-Gipfel in London.
09./11.07.90	Weltwirtschaftsgipfel in Houston.
14.-16.07.90	Kohl und Gorbatschow erzielen in Moskau und im Kaukasus Durchbruch im »2+4 Prozeß«.
02.08.90	Einmarsch irakischer Streitkräfte in Kuwait.
06.08.90	UNO verhängt Handelsembargo gegen den Irak.
23.08.90	Beschluß der Volkskammer der DDR zum Beitritt zur Bundesrepublik.
30.08.90	Verpflichtende Rede zum Frieden und Begrenzung auf 370.000 Mann.
31.08.90	Unterzeichnung des Einigungsvertrages.
12.09.90	Vertrag über die abschließende Regelung in bezug auf Deutschland (2+4 Vertrag).
03.10.90	Deutsche Einheit.
21.11.90	Pariser KSZE-Charta.
02.12.90	Bundestagswahl.
18.12.90	6 Transall C-160 bringen Hilfsgüter in die UdSSR.
19.12.90	Rücktritt des sowjetischen Außenministers Eduard Schewadnardse.
04.01.91	Konstituierende Sitzung des neugegründeten Föderationsrates. (Präsident der UdSSR und der 15 Republiken).
10.01.91	Forderung Gorbatschows an das Parlament Litauens, die Verfassung der Sowjetunion in vollem Umfang wieder herzustellen.
11.01.91	Erklärung des litauischen »Rettungskommittes« der Machtübernahme und gleichzeitiger Hilferuf an die sowjetische Armee.
13.01.91	Einsatz des sowjetischen Militärs in Litauen gegen das Sendezentrum. Beistandserklärung im Falle einer Aggression zwischen Rußland, Estland, Lettland und Litauen.
15.01.91	Erklärung des lettischen »Rettungskommittes« der Machtübernahme.
15.01.91	Ablauf des durch den Sicherheitsrat der UNO gestellten Ultimatums.
20.01.91	Einsatz des sowjetischen Militärs in Lettland gegen das Innenministerium in Riga.
28.02.91	Waffenstillstand im IRAK.
04.03.91	Ratifizierung des 2+4-Vertrages im Obersten Sowjet in Moskau.
01.04.91	Auflösung des Warschauer Paktes.

Anlage 12/2

Abhängigkeit der politischen Handlungsfreiheit von militärischer Optionsvielfalt

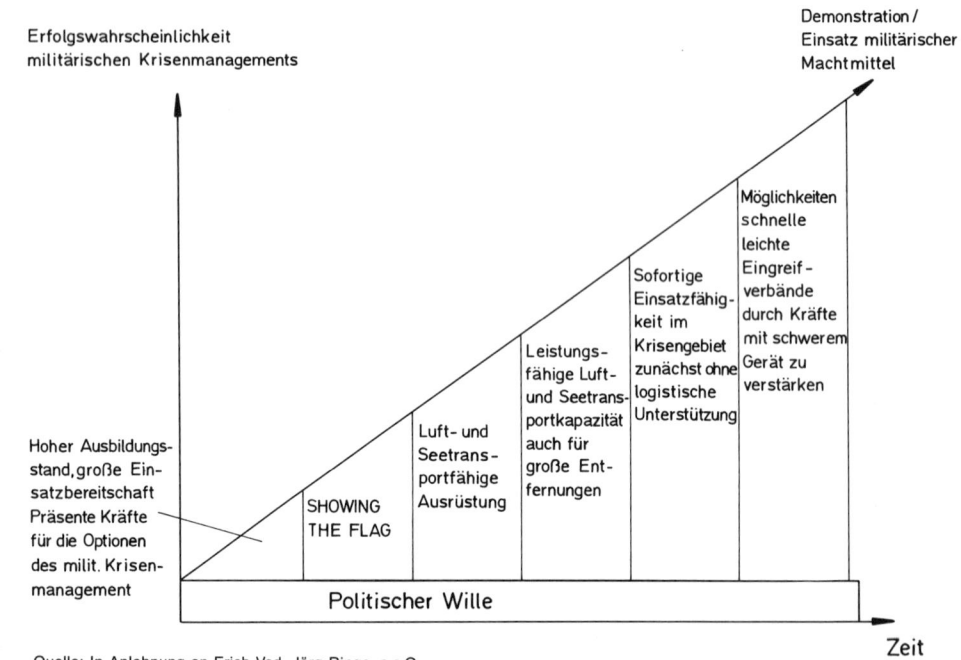

Erfolgswahrscheinlichkeit militärischen Krisenmanagements

Demonstration / Einsatz militärischer Machtmittel

- Möglichkeiten schnelle leichte Eingreifverbände durch Kräfte mit schwerem Gerät zu verstärken
- Sofortige Einsatzfähigkeit im Krisengebiet zunächst ohne logistische Unterstützung
- Leistungsfähige Luft- und Seetransportkapazität auch für große Entfernungen
- Luft- und Seetransportfähige Ausrüstung
- SHOWING THE FLAG
- Hoher Ausbildungsstand, große Einsatzbereitschaft Präsente Kräfte für die Optionen des milit. Krisenmanagement

Politischer Wille

Zeit

Quelle: In Anlehnung an Erich Vad, Jörg Ringe, a.a.O.

Anlage 12/3

Einsatz deutscher Streitkräfte im Krisengebiet
(zeitlicher Ablauf)

1. AMF (Air) TÜRKEI (ACE GUARD)

17.12.90	Antrag der Türkei bei CINCSOUTH auf Aktivierung AMF (Air)
18.12.91	Antrag SACEUR an MC
02.01.91	Kabinettvorlage BMVg zur Aktivierung und Verlegung des deutschen AMF-Anteils, Zustimmung im Umlaufverfahren (15.30 Uhr), Beschluß DPC über AMF (Air) Einsatz in der Türkei (16.00 Uhr)
06.01.91	Verlegung von 18 Alpha Jet des JaboG 43 nach Erhac
08.03.91	Ende der AMF (Air) Operation
11.03.91	Rückverlegung

2. Luftverteidigungskräfte TÜRKEI (SOUTHERN GUARD)

11.01.91	Formaler Antrag der Türkei auf Verstärkung der Luftverteidigung im DPC
18.01.91	Antrag SACEUR auf Verstärkung der Luftverteidigung für die Türkei an die Bündnispartner
20./21.01.91	Informelle Erörterung des türkischen Antrags im MC und DPC
29.01.91	Beschluß der Bundesregierung zur Verlegung von Luftverteidigungskräften nach Erhac (Roland) und Diyarbakir (Hawk)
04.02.91	Abflug Vorkommando
15.02.91	Beginn der Verlegung im Luft-/Seetransport
13.03.91	Ende des Einsatzauftrages, Beginn der Verladung von Ausrüstung im Hafen von Iskenderun/Türkei

3. Minenabwehrverband Südflanke

10.08.90	Entscheidung der Bundesregierung zur Entsendung eines Minenabwehrverbandes ins Mittelmeer
14.08.90	Beginn der Verlegung
03.09.90	Eintreffen des Verbandes in der Soudabucht/Kreta
23.01.91	Übertragung Operational Control an den zuständigen NATO-Befehlshaber (COMNAVSOUTH)
06.03.91	Entscheidung Bundeskabinett zur Unterstützung der Minenabwehroperationen im Persischen Golf
10.03.91	Rückunterstellung unter nationale Führung
11.03.91	Beginn der Verlegung in den Persischen Golf

4. Naval On Call Force Mediterranean (NAVOCFORMED)

12.09.90	Routinemäßige Aktivierung der NAVOCFORMED mit deutscher Beteiligung (1 Fregatte, 1 Tender)
19.09.90	Verlängerung der Aktivierung bis 11.12.90
07.12.90	Verlängerung der Aktivierung bis 25.03.91
25.03.91	Deaktivierung der NAVOCFORMED

5. Standing Naval Force Channel (STANAVFORCHAN)

11.01.91	Antrag SACEUR auf Verlegung STANAVFORCHAN (Deutsche Beteiligung: 1 Versorgungsschiff, 1 Minenjäger) ins Mittelmeer
17.01.91	Beschluß DPC zur Verlegung
07.02.91	Einfahrt STANAVFORCHAN ins Mittelmeer
23.02.91	Beginn der Übungsoperationen zwischen Zizilien und Malta
05.06.91	Verlassen des Mittelmeers der 2 deutschen STANAVORCHAN-Einheiten

6. Deutscher Zerstörer/Fregattenverband (German Task Group)

19.01.91	Antrag SACEUR auf Unterstellung des Verbandes
29.01.91	Billigung der NATO-Unterstellung durch BMVg
06.02.91	Zustimmung durch DPC, Einfahrt des Verbandes ins Mittelmeer, Übertragung Operational Control an den zuständigen Befehlshaber (COMNAVSOUTH)
10.03.91	Rückunterstellung unter nationale Führung, Rückverlegung

7. Seeraumüberwachungsflugzeuge (MPA)

19.01.91	Antrag SACEUR auf Unterstellung von insgesamt 31 MPA (davon 3 deutsche)
21.01.91	Billigung des Einsatzes im Mittelmeerraum durch BMVg
30.01.91	Eintreffen drei deutscher MPA in Elmas/Sardinien
31.01.91	Übertragung Operational Control an den zuständigen NATO-Befehlshaber (COMMARAIRMED)
03.91	Rückverlegung der MPA

Anlage 12/4

Antrags- und Entscheidungsweg in der NATO
Politischer Antrags- und Enscheidungsweg

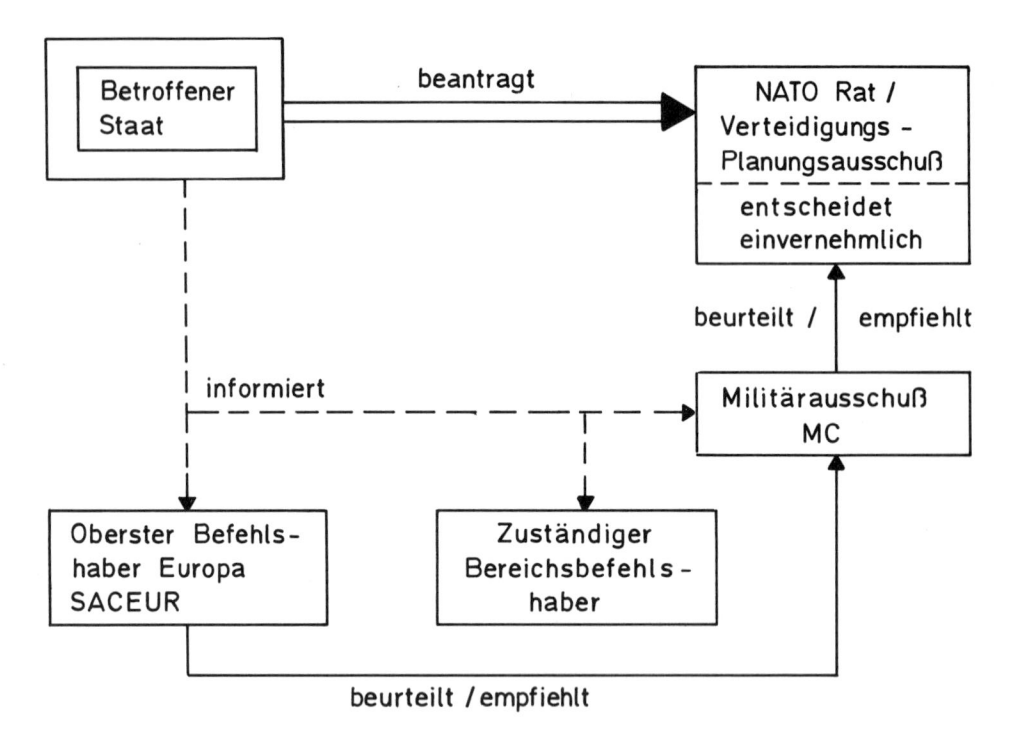

```
┌──────────────┐    beantragt      ┌──────────────────┐
│  Betroffener │──────────────────▶│  NATO Rat /      │
│     Staat    │                   │  Verteidigungs - │
└──────┬───────┘                   │  Planungsausschuß│
       │                           ├──────────────────┤
       │                           │   entscheidet    │
       │                           │   einvernehmlich │
       │                           └──────────────────┘
       │                            beurteilt / ▲ empfiehlt
       │                                        │
       │  informiert              ┌──────────────────┐
       │ ─ ─ ─ ─ ─ ─ ─ ─ ─ ─ ─ ─▶│  Militärausschuß │
       │                          │        MC        │
       │              ┌ ─ ─ ─ ─ ─ └──────────────────┘
       ▼              ▼                     ▲
┌──────────────┐   ┌──────────────┐         │
│ Oberster Be- │   │  Zuständiger │         │
│ fehlshaber   │   │Bereichsbefehls│        │
│   Europa     │   │   haber       │        │
│   SACEUR     │   └──────────────┘         │
└──────┬───────┘                            │
       │       beurteilt / empfiehlt        │
       └────────────────────────────────────┘
```

Militärischer Antrags - und Entscheidungsweg

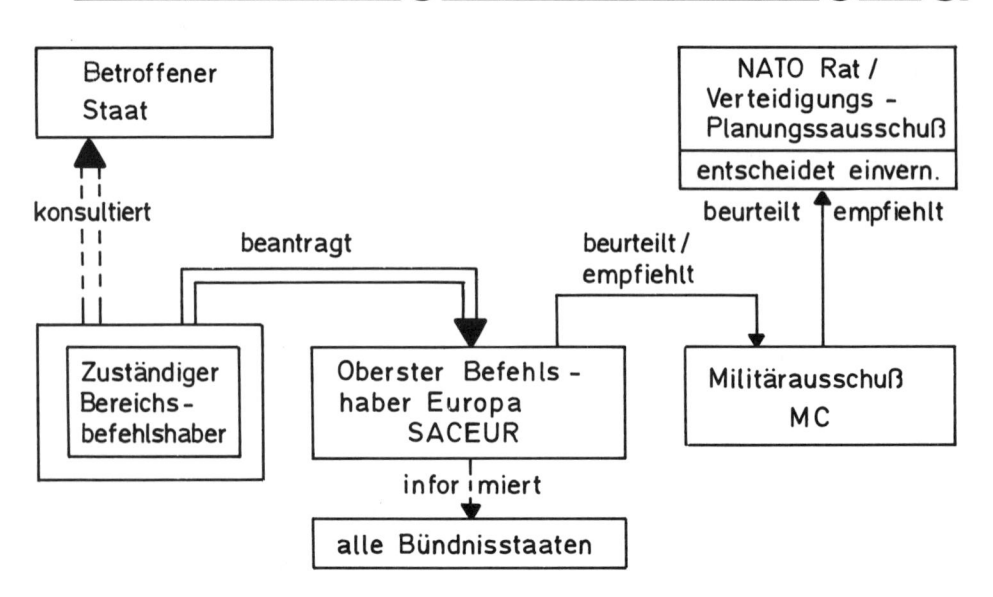

```
┌──────────────┐                              ┌──────────────────┐
│  Betroffener │                              │  NATO Rat /      │
│     Staat    │                              │  Verteidigungs - │
└──────▲───────┘                              │ Planungssausschuß│
       ┆                                      ├──────────────────┤
konsultiert                                   │entscheidet einvern.│
       ┆                                      └──────────────────┘
       ┆                                       beurteilt ▲ empfiehlt
       ┆         beantragt        beurteilt/             │
       ┆       ┌──────────┐       empfiehlt              │
┌──────┴─────┐ │          ▼          ┌──────────┐  ┌─────┴────────┐
│ Zuständiger│ │  Oberster Befehls-  │          │  │Militärausschuß│
│ Bereichs-  │─┘  haber Europa      ─┘          └─▶│      MC       │
│befehlshaber│    SACEUR                           └───────────────┘
└────────────┘         │
                       │ informiert
                       ▼
                ┌──────────────────┐
                │ alle Bündnisstaaten│
                └──────────────────┘
```

550

Anlage 12/5

Übersicht der deutschen Streitkräfte in der Türkei

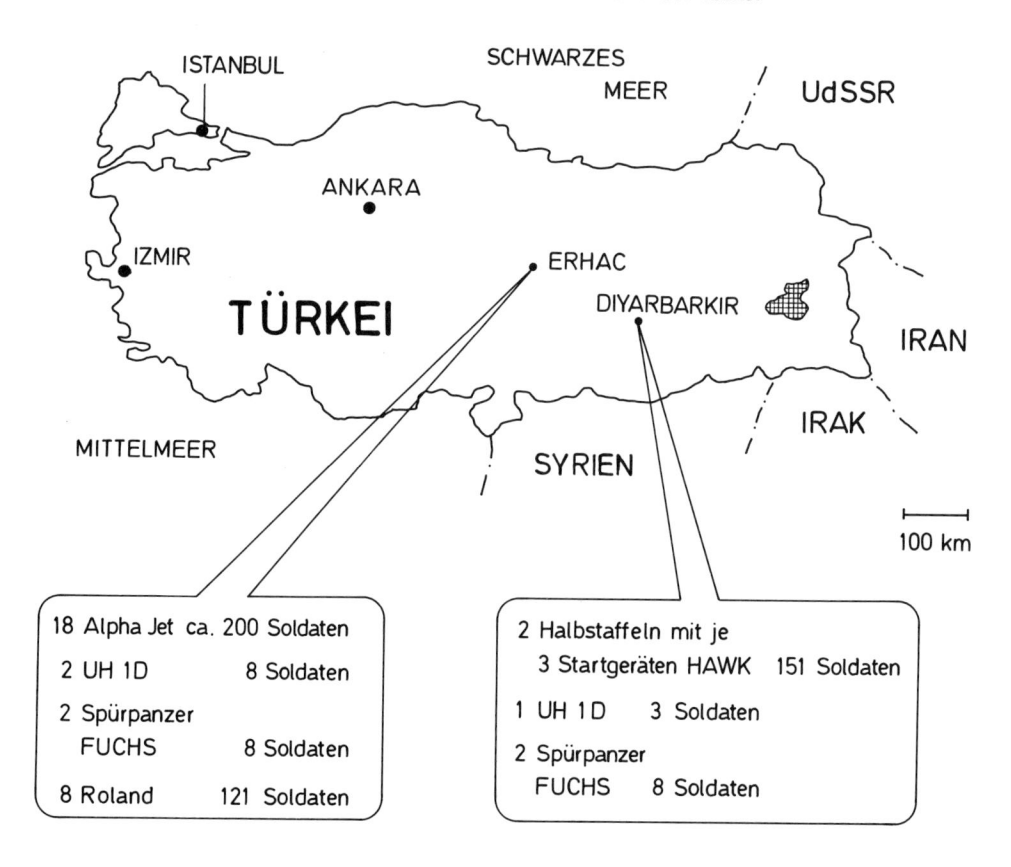

Karte der Türkei mit Nachbarländern (SCHWARZES MEER, UdSSR, IRAN, IRAK, SYRIEN, MITTELMEER) und Städten ISTANBUL, ANKARA, IZMIR, ERHAC, DIYARBARKIR. Maßstab 100 km.

Standort Erhac (bzw. Izmir):
- 18 Alpha Jet   ca. 200 Soldaten
- 2 UH 1D   8 Soldaten
- 2 Spürpanzer FUCHS   8 Soldaten
- 8 Roland   121 Soldaten

Standort Diyarbarkir:
- 2 Halbstaffeln mit je 3 Startgeräten HAWK   151 Soldaten
- 1 UH 1D   3 Soldaten
- 2 Spürpanzer FUCHS   8 Soldaten

Anlage 12/6

Materialabgaben im Zusammenhang mit dem Golfkrieg
(in Mio. DM; nur Auswahl; Stand: 30.Januar 1991)
(* = NVA-Material)

1. USA

a) unentgeltliche Abgabe

60	ABC-Spürpanzer Fuchs	199,8
30	Schwenklader AS 12 B	7,4
100	* Radlader SL-34	32,0
250	LKW 5 t MAN Kat I	52,5
220	* LKW Tatra	49,1
20	Flugfeldtankwagen 8.000 l	4,2
50	Straßentankwagen 18.000 l	20,0
100	* Tankwagen Tatra	45,0
49	* Instandsetzungs-LKW Ural	39,2
40	* Gefechtsstand-Kfz	7,4
600	* Dusch-Kfz (ABC-Abwehr)	75,0
120	VW 8-Sitzer (Transporter)	2,2
200	* Schwerlastanhänger	15,0
120	* Sattelauflieger	4,8

200	* Wasseranhänger 4.800 l	11,0
300	* Isothermanhänger	18,0
100	* Gabelstapler	5,5
2.000	Funkgeräte SEM 52 A	12,0
40.000	Wasserkanister 20 l	1,6
100	* Feldumschlaggeräte	20,0
450.000	Sandsäcke	1,8
200	* Zelte (8 x 15 m)	1,4

b) Materialdarlehen

6	HF-Peilgerätesätze	8,0
24.250	120 mm Panzermunition	60,0
32.000	120 mm Artillerie Munition	80,0

2. Großbritannien

a) unentgeltliche Abgaben

11	Spürpanzer Fuchs und weitere Leistungen	44,4

b) Materialdarlehen

	Ersatzteile Tornado	136,0
6	VHF Störsender	36,0
1	Störsender	3,4
22.000	155 mm Leuchtmunition	76,5
45.000	155 mm Nebelmunition	57,4
7.650	Bomblet für Raketenwerfer Mars	347,6

3. Frankreich

a) unentgeltliche Abgaben

20	* Minenräumgeräte KMT 5 u. 6 ohne Kampfpanzer	2,9

b) Materialdarlehen

1.700	Flugkörper Milan	37,4
2.000	Flugkörper HOT	73,4
700	Sprengbomben MK 82	2,4

4. Italien

b) Materialdarlehen

12	Flugkörper Kormoran	24,0
	Ersatzteile Tornado	2,0

5. Türkei

a) unentgeltliche Abgaben

80	Kampfpanzer Leopard 1 A	48,2
10	Brückenlegepanzer M 48	5,0
20	Bergepanzer M 88	18,0
150	* Panzerzugmaschine T 55	48,0
90	* Panzertransporter Ural	11,7
12.000	* Panzerfäuste RPG 7 mit Munition	44,2
16	Sätze Brückengerät	86,1
100.000	105 mm Panzermunition	175,3
30.000	203 mm Munition	66,0
2 Mio	102 mm Bordkanonenmunition	17,0
175.000	ABC-Schutzmasken	47,0
3	Hauptverbandsplatz (200 Betten)	9,0

b) Materialdarlehen

230	Bomben Maverick B	23,0

Quelle: M. Inacker, Unter Ausschluß der Öffentlichkeit, S. 94-97

Anlage 12/7

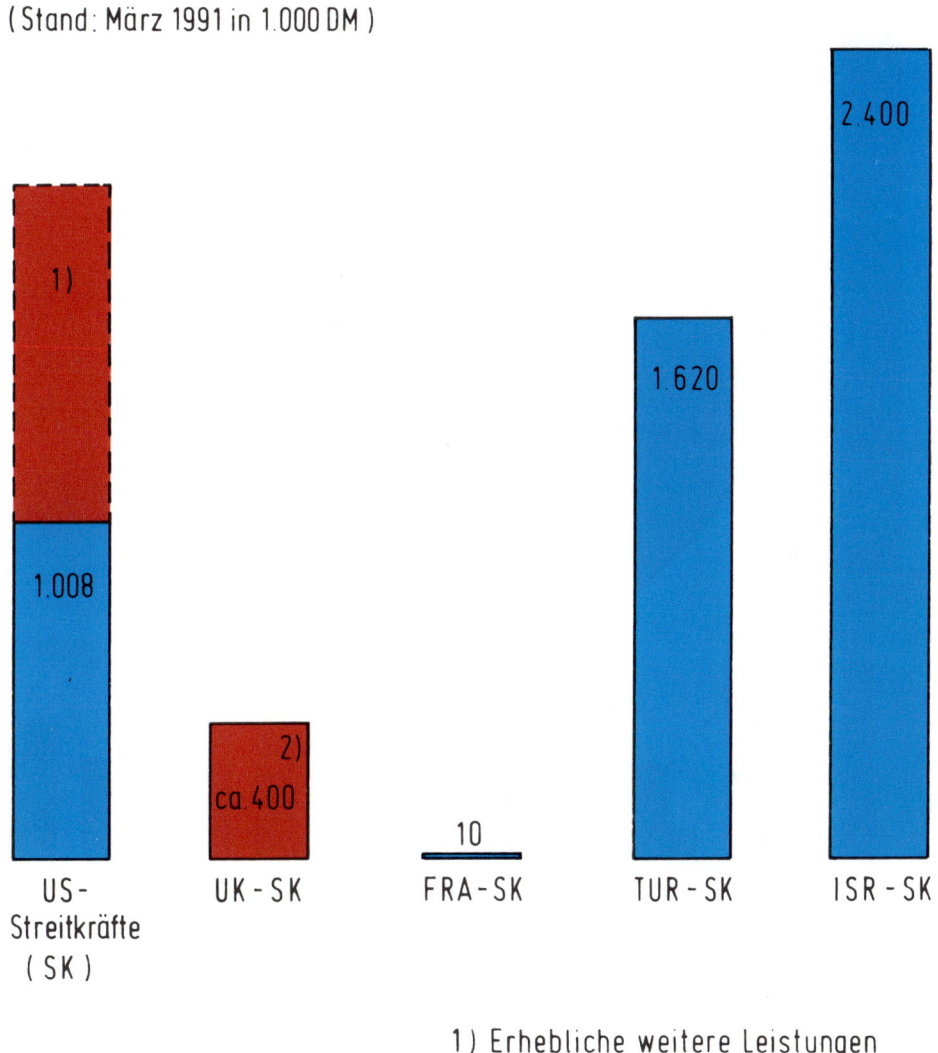

Sanitätsdienstliche Unterstützungsleistungen Deutschlands

(Stand: März 1991 in 1.000 DM)

Streitkräfte	Sanitätsmaterial	Sonstige Leistungen
US-Streitkräfte (SK)	1.008	1)
UK-SK		ca. 400 (2)
FRA-SK	10	
TUR-SK	1.620	
ISR-SK	2.400	

■ Sanitätsmaterial
■ Sonstige Leistungen

1) Erhebliche weitere Leistungen und Zusagen nicht quantifizierbar (wie Bereitstellung von Kapazitäten)

2) Personal Ersatz, Unterstützung bei Hospital-Umzug

Anlage 12/8

Deutsche Unterstützung der Golfallianz
– Gesamtbilanz in Mio. DM –[1]

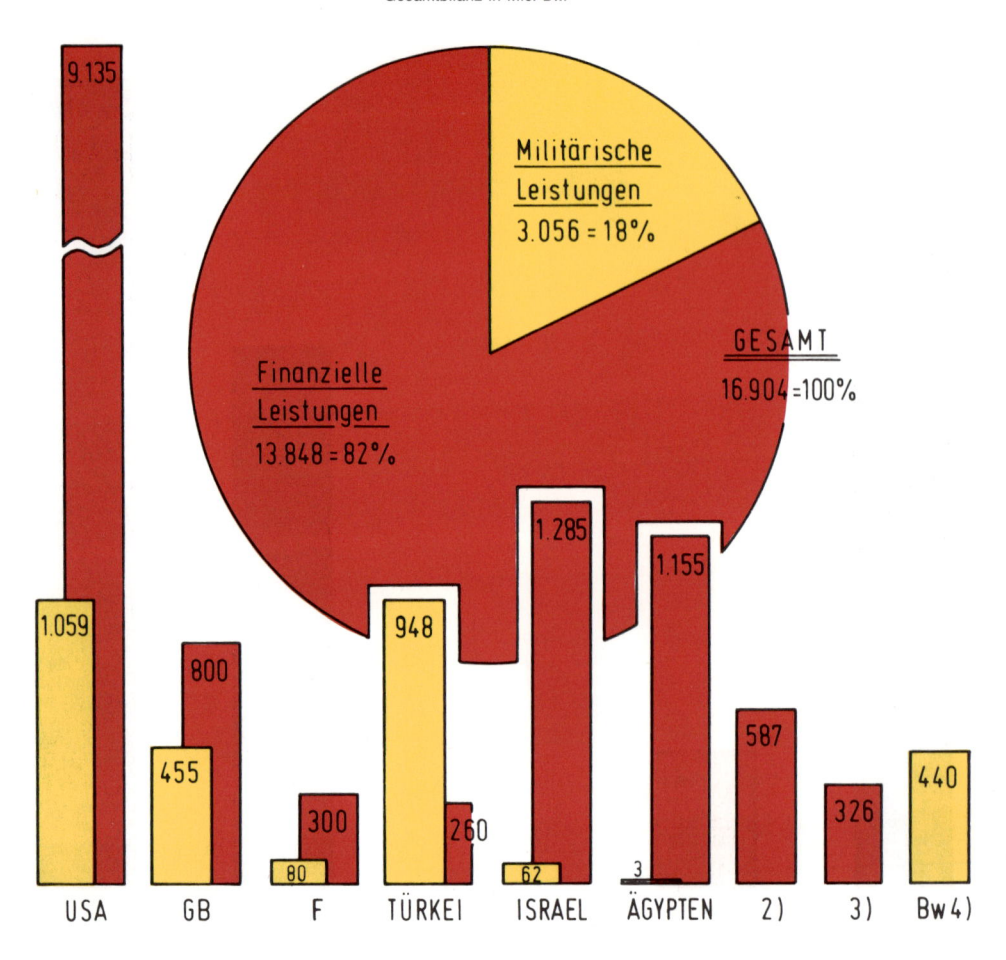

GESAMT
16.904 = 100%

Militärische Leistungen
3.056 = 18%

Finanzielle Leistungen
13.848 = 82%

USA	GB	F	TÜRKEI	ISRAEL	ÄGYPTEN	2)	3)	Bw 4)
9.135 / 1.059	800 / 455	300 / 80	948 / 260	1.285 / 62	1.155 / 3	587	326	440

Stand: April 1991
auf der Basis von M. Inacker:
„Die Deutschen in der Golfallianz".
Materialabgaben sind mit Stand
17. Juni 1991 eingearbeitet.

1) ohne Kurdenhilfe und Minenräumen im Pers. Golf; Italien und Niederlande nicht darstellbar

2) Andere Staaten und Institutionen wie: Jordanien, Syrien, Tunesien, Int. Rotes Kreuz, UN

3) Deutscher Beitrag zu EG-Unterstützungen für Türkei, Ägypten und Jordanien

4) Mehrkosten für die Bundeswehreinsätze in der Türkei und im Mittelmeer (308 Mio) und für die Materialerhaltung der Transportmittel (132 Mio)

Anlage 12/9

Führungssystem

Einsatz von Kräften und Mitteln

Munitionssteuerung

Sekundäraufklärung
Intelligenz zur
Diskriminierung
Nachsteuerung

Gesteigerte Wirkung

Führungssystem

Führungs-
organisation

xxx
xx
x

Führungs-
vorgang
(Entscheidungs-
findung)

Lagefeststellung
Kontrolle
Planung
Befehls-
gebung

Führungs-
mittel
Informations-
verarbeitung

Informations-
übermittlung

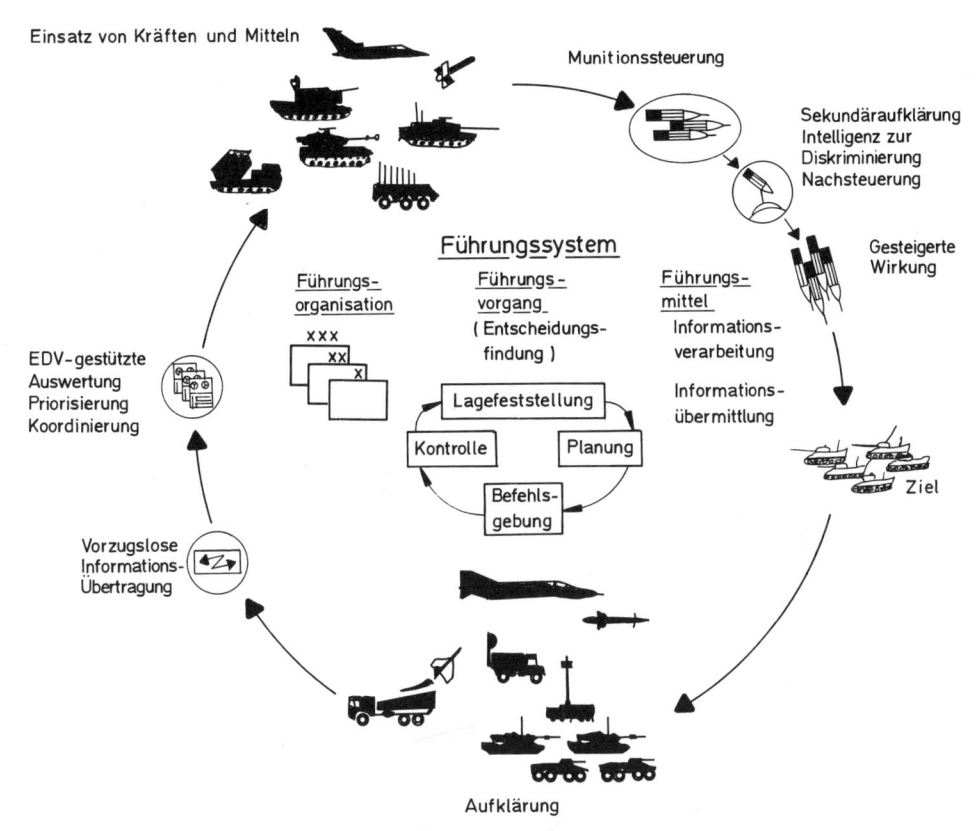

Ziel

EDV-gestützte
Auswertung
Priorisierung
Koordinierung

Vorzugslose
Informations-
Übertragung

Aufklärung

Quelle: In Anlehnung an Generalmajor Georg Bernhardt a.a.O.

Anlage zu Kapitel 16

Anlage 16/1

Guidelines for News Media

News media personnel must carry and support any personal and professional gear they take with them, including protective cases for professional equipment, batteries, cables, converters, etc.

Night Operations — Light discipline restrictions will be followed. The only approved light source is a flashlight with a red lens. No visible light source, including flash or television lights, will be used when operating with forces at night unless specifically approved by the on-scene commander.

Because of host-nation requirement, you must stay with your public affairs escort while on Saudi bases. At other U.S. tactical or field locations and encampments, a public affairs escort may be required because of security, safety, and mission requirements as determined by the host commander.

Casualty information, because of concern of the notification of the next of kin, is extremly sensitive. By executive directive, next of kin of all military fatalities must be notified in person by a uniformed member of the appropriate service. There have been instances in which the next of kin have first learned of the death or wounding of a loved one through the news media. The problem is particulary difficult for visual media. Casualty photographs showing a recognizable face, name tag, or other identifying feature or item should not be used before the next of kin have been notified. The anguish that sudden recognition at home can cause far outweights the news value of the photograph, film or videotape. News coverage of casualties in medical centers will be in strict compliance with the instructions of doctors and medical officials.

To the extent that individuals in the media seek access to the U.S. area of operation, the following rule applies: Prior to or upon commencement of hostilities, media pools will be established to provide initial combat coverage of U.S. forces. U.S. news media personnel present in Saudi Arabia will be given the opportunity to join CENTCOM media pools, providing they agree to pool their products. News media personnel who are not members of the official CENTCOM media pools will not be permitted into forward areas. Reporters are strongly discouraged from attempting to link up on their own with combat units. U.S. commanders will maintain extremely tight security throughout the operational area and will exclude from the area of operation all unauthorized individuals.

For news media personnel participating in designated CENTCOM Media Pools:

(1) Upon registering with the JIB, news media should contact their respective pool coordinator for an explanation of pool operations.

(2) In the event of hostilities, pool products will be the subject to review before release to determine if they contain sensitive information about military plans, capabilities, operations, or vulnerabilities (see attached ground rules) that would jeopardize the outcome of an operation or the safety of U.S. or coalition forces. Material will be examined solely for its conformance to the attached ground rules, not for its potential to express criticism or cause embarrassment. The public affairs escort officer on scene will review pool reports, discuss ground rule problems with the reporter, and in the limited circumstances when no agreement can be reached with a reporter about disputed materials, immediately send the disputed materials to JIB Dhahran for review by the JIB Director and the appropriate news media representative. If no agreement can be reached, the issue will be immediately forwarded to OASD (PA) for review with the appropriate bureau chief. The ultimate decision on publication will be made by the originating reporter's news organization.

(3) Correspondents may not carry a personal weapon.

Anlage 16/2

Operation Desert Shield

Ground Rules

The following information should not be reported because its publication or broadcast could jeopardize operations and endanger lives:

(1) For U.S. or coalition units, specific numerial information on troop strength, aircraft, weapons systems, on-hand equipment, or supplies (e.g., artillery, tanks, radars, missiles, trucks, water), including amounts of ammunition or fuel moved by or on hand in support and combat units. Unit size may be discribed in general terms such as »company-size«, »multibattalion«, »multidivision«, »naval task force«, and »carrier battle group«. Number or amount of equipment and supplies may be described in general terms such as »large«, »small«, or »many«.

(2) Any informations that reveals details of future plans, operations, or strikes, including postponed or cancelled operations.

(3) Informations, photography, and imagery that would reveal the specific location of military forces or show the level of security at military installations or encampments. Locations may be described as follows: all Navy embark stories can identify the ship upon which embarked as a dateline and will state that the report is coming from the »Persian Gulf«, »Red Sea«, or »North Arabian Sea«. Stories written in Saudi Arabia may be datelined »Eastern Saudi Arabia«, »Near the Kuwaiti border«, etc. For specific countries outside Saudi Arabia, stories will state that the report is coming from the Persian Gulf region unless that country has acknowledged its participation.

(4) Rules of engagement details.

(5) Information on intelligence collection activities, including targets, methods, and results.

(6) During an operation, specific information on friendly force troop movements, tactical deployments, and dispositions that would jeopardize operational security or lives. This would include unit designations, names of operations, and size of friendly forces involved, until released by CENTCOM.

(7) Identification of mission aircraft points of origin, other than as land- or carrier-based.

(8) Information on the effectiveness or ineffectiveness of enemy camouflage, cover, deception, targeting, direct and indirect fire, intelligence collection, or security measures.

(9) Specific identifying information on missing or downed aircraft or ships while search and rescue operations are planned or underway.

(10) Special operations forces' methods, unique equipment or tactics.

(11) Specific operating methods and tactics, (e.g., air angles of attack or speeds, or naval tactics and evasive maneuvers). General terms such as »low« or »fast« may be used.

(12) Information on operational or support vulnerabilities that could be used against U.S. forces, such as details of major battle damage or major personnel losses of specific U.S. or coalition units, until that information no longer provides tactical advantage to the enemy and is, therefore, released bei CENTCOM. Damage and casualties may be described as »light«, »moderate«, or »heavy«.

Abkürzungsverzeichnis

A
AAFCE	Allied Air Force Central Europe (NATO-Luftstreitkräfte Mitteleuropa)
AB Div	Airborne Division
ACE	Air Combat Element
ACR	Armored Cavalry Regiment
AD	Armored Division
AFCENT	Allied Forces Central Europe (NATO-Streitkräfte Mitteleuropa)
AFNORTH	Allied Forces Northern Europe (NATO-Streitkräfte Nordeuropa)
AFSOUTH	Allied Forces Southern Europe (NATO-Streitkräfte Südeuropa)
AKR	Arabischer Kooperationsrat
ALARM	Air Launched Anti Radiation Missile
AMF	Allied Command Europe (ACE) Mobile Force (NATO-Eingreiftruppe)
AOR	Area od Responsibility
ARCENT	Army Forces Central Command
ARG	Amphibious Ready Group
ATAF	Allied Tactical Air Force (Alliierte taktische Luftflotte der NATO)
ATARS	Advanced Tactical Ait Reconnaissance System
ATBM	Anti Tactical Ballistic Missile
ATF	Amphibious Task Force
ATO	Air Tasking Order
ATOC	Allied Tactical Operations Center (Gefechtsstand der NATO-Gegenangriffskräfte)
ATP	Allied Forces Tactical Publication (Taktische Vorschrift der NATO)
AWACS	Airborne Warning and Control System

B
BDA	Bomb Damage Assessment
BSG	Brigade Service Support Group

C
C^3 I	Command, Control, Communication and Intelligence
CAB	Combat Aviation Brigade
Cav Div	Cavalery Division
CECS	Civil Engineering and Community Service
CENTAF	Central Air Force
CENTCOM	Central Command
CENTO	Central Treaty Organisation
CEP	Circular Error Probable

CINCCENTCOM	Commander-in-Chief Central Command
CINCLANT	Commander-in-Chief Atlantic (US-Befehlshaber Atlantik)
CINCPAC	Commander-in-Chief Pacific (US-Befehlshaber Pazifik)
CINCTRANSCOM	Commander-in-Chief Transportation Command
CJCS	Chairman of Joint Chiefs of Staff
CNN	Cable News Network
CNO	Chief of Naval Operations
CONUS	Continental United States
CR	Central Region
CRAF	Civil Reserve Air Fleet
CRC	Control and Reporting Center (NATO-Luftverteidigungsgefechtsstand)
CSSE	Combat Service Support Element
CWC	Composite Warfare Concept

D

D-Day	Tag des Beginns des Luftkrieges
DISCOM	Divisional Supply Command
DLIR	Down Looking Infra Red (F-117A)
DoD	Department of Defense (US-Verteidigungsministerium)
DSMAC	Digital Scene Matching Area Correlator (TOMAHAWK)

E

EOSAT	Earth Observation Satellite
ERINT	Extended Range Intercept
EUCOM	European Command (US-Oberkommando Europa)

F

FAC	Forward Air Controller
FAE	Fuel Air Explosives
FLIR	Forward Looking Infrared (F-117A)
FLOT	Forward Line of own Troops
FMF	Fleet Marine Forces
FOB	Forward Operating Base
FR	Frankreich
FTU	Forward Telvision Transmission Unit

G

GCE	Ground Combat Element
G-Day	Tag des Beginns der Bodenoffensive
GHQ	General Headquarters
GPALS	Global Projection Against Accidental Launch System
GPS	Global Positioning System

H

HARM	High Speed Anti-Radiation Missile (F-4G)
HET	Heavy Equipment Transporters
HNS	Host Nation Support

I

IFF	Identification Friend-or-Foe
INF	Intermediate Range Nuclear Forces
Inf Div	Infanteriedivision
IR	Irak

J		
	JFACC	Joint Forces Air Component Commander
	JFC-E	Joint Forces Command — East
	JFC-W	Joint Forces Command — West
	JIB	Joint Information Bureau
	JSTARS	Joint Surveillance and Target Attack Radar System (Boeing E-8A)
	JTIDS	Joint Tactical Information Delivery System
K		
	KG	Kommandierender General
	KPz	Kampfpanzer
	KTO	Kuwait Theater of Operations
	KURA	Kaderung und rascher Aufwuchs
L		
	LANTIRN	Low Altitude Navigation and Targeting Infrared System for Night (F-15E)
	le PzDiv	Leichte Panzerdivision
	LF	Landing Force
	LLpiBtl	Luftlandepionierbataillon
M		
	MAC	Military Airlift Command (US-Lufttransportkommando)
	MAF	Marine Amphibious Force
	MAG	Marine Air Group
	MAGTF	Marine Air-Ground Task Force
	Mar Div	Marine Corps Division
	MARCENT	Marine Corps Central Command
	MAW	Marine Aircraft Wing
	MCAGCC	Marine Corps Air-Ground Combat Center
	MEB	Marine Corps Expeditionary Brigade
	MEF	Marine Corps Expeditionary Force
	MEU	Marine Expeditionary Unit
	MLRS	Multiple Launch Rocket System
	MORDT	Mobilization and Operational Readiness Deployment Test
	MPF	Maritime Prepositioning Force
	MRT	Media Response Team
N		
	NAEW	NATO Airborne Early Warning
	NAVCENT	Navy Central Command
	NMP	National Media Pool
O		
	Obj	Angriffsziel
	OCA	Offensive Counter Air
	OPEC	Organisation of Petrol Exporting Countries
P		
	PACCOM	Pacific Command (US-Oberkommando Pazifik)
	Pi	Pionier
	PLO	Palestinian Liberation Organisation
	POMCUS	Prepositioning of Material from Continental United States

PzGren	Panzergrenadiere	
PzKp	Panzerkompanie	

R
RAF	Royal Air Force
RDJTF	Rapid Deployment Joint Task Force
RSAF	Royal Saudian Air Force

S
SACEUR	Supreme Allied Commander Europe (NATO-Oberbefehlshaber Europa)
SAC	Strategic Air Command (US-Oberkommando der strategischen Luftstreitkräfte)
SAM	Surface-to-Air Missile
SAR	Search and Rescue
SATCOM	Satellite Communications
SEAD	Suppression of Enemy Air Defense
SHAPE	Suppreme Headquarters Allied Power Europa (NATO-Hauptquartier Europa)
SIPRA	Service d'Information et de Publiques des Armees
SLCM	Sea Launched Cruise Missile
SLGR	Small Lightweight Global Receiver
SOCOM	Special Operations Command
SOC	Sector Operations Center (NATO-Luftverteidigungsgefechtsstand)
SOF	Special Operations Forces
SPOT	Satellite Photo pour l'Observation Terrestre
SPz	Schützenpanzer

T
TAC	Tactical Air Command (US-Oberkommando der taktischen Luftstreitkräfte)
TBM	Tactical Ballistic Missile
TERCOM	Terrain Contour Matching (TOMAHAWK)
TF	Task Force
THAAD	Theater High Altitude Area Defense
TRADOC	Training and Doctrine Command (US-Oberkommando für Ausbildung und Vorschriften)
TRANSCOM	Transport Command (US-Oberkommando für Transportaufgaben)
TUR	Türkei

U
USAF	United States Air Force
USMC	United States Marine Corps
USMTM	US Military Training Mission
USN	United States Navy
USSMCR	US Selected Marine Corps Reserve

V
VAE	Vereinigte Arabische Emirate
VIP	Very Important Person

W
WHNS	Wartime Host Nation Support

Die Autoren

Amrhein, Bernard: Major, Magister der Geschichte, Diensteintritt in das französische Heer 1975, Studium an der Universität »La Sorbonne« in Paris, Ausbildung zum Offizier der Artillerietruppe, letzte Verwendung als Dozent für Rohrartillerie an der französischen Artillerieschule Draguignan, Teilnehmer am 33. Generalstabslehrgang des Heeres.

Beeger, Peter: Hauptmann, Diplom-Betriebswirt, Geburtsjahrgang 1955, Diensteintritt in die Bundeswehr 1973, Studium an der Universität der Bundeswehr in München, Ausbildung zum Offizier der Panzeraufklärungstruppe, letzte Verwendung als Kompaniechef, Teilnehmer am 33. Generalstabslehrgang des Heeres.

Bliß, Klaus-Dieter: Major, Diplom-Ingenieur, Geburtsjahrgang 1956, Diensteintritt in die Bundeswehr 1975, Studium der Elektronik an der Universität der Bundeswehr in Hamburg, Ausbildung zum Radarelektronikoffizier, letzte Verwendung als Kompaniechef einer Technischen Kompanie, Teilnehmer am 35. Generalstabslehrgang der Luftwaffe.

Brauckmann, Norbert: Major, Diplom-Pädagoge, Geburtsjahrgang 1958, Diensteintritt in die Bundeswehr 1976, Studium der Pädagogik an der Universität der Bundeswehr in Hamburg, Ausbildung zum Offizier der Panzergrenadiertruppe, letzte Verwendung als Kompaniechef einer Panzergrenadierkompanie, Teilnehmer am 33. Generalstabslehrgang des Heeres.

Braun, Martin: Hauptmann, Diplom-Pädagoge, Geburtsjahrgang 1956, Diensteintritt in die Bundeswehr 1975, Studium der Pädagogik an der Universität der Bundeswehr in München, Ausbildung zum Offizier der Panzertruppe, letzte Verwendung als Kompaniechef einer Panzerkompanie, Teilnehmer am 33. Generalstabslehrgang des Heeres.

Brinkmann, Rainer: Korvettenkapitän, Diplom-Pädagoge, Geburtsjahrgang 1958, Diensteintritt in die Bundeswehr 1976, Studium der Pädagogik an der Universität der Bundeswehr in Hamburg, letzte Verwendung als Kommandant eines Schnellbootes, Teilnehmer am 32. Admiralstabslehrgang.

Byrd, Roy: Major, Bachellor of Arts, Geburtsjahrgang 1954, Diensteintritt in das U.S. Marine Corps 1976, Studium der Politikwissenschaften an der Purdue University, letzte Verwendung als Kompaniechef, Teilnehmer am 33. Generalstabslehrgang des Heeres.

Fiegle, Rainer: Oberstleutnant i.G., Geburtsjahrgang 1949, Diensteintritt in die Bundeswehr 1968, Ausbildung zum Radarleitoffizier, Teilnehmer am 26. Generalstabslehrgang der Luftwaffe, letzte Verwendung als stellvertretender Verteidigungsattaché in der CSSR/CSFR, Dozent für Luftkriegführung und Tutor im 35. Generalstabslehrgang der Luftwaffe.

Gönültas, Osman: Oberstleutnant i.G., Geburtsjahrgang 1954, Diensteintritt in die türkische Armee 1973, Ausbildung zum Offizier der Heeresfliegertruppe, letzte Verwendung als Abteilungsleiter an der türkischen Heeresfliegerschule in Ankara, Teilnehmer am 33. Generalstabslehrgang des Heeres.

Güttler, Ralf: Major, Diplom-Kaufmann, Geburtsjahrgang 1958, Diensteintritt in die Bundeswehr 1978, Studium der Wirtschafts- und Organisationswissenschaften an der Universität der Bundeswehr in Hamburg, Ausbildung zum Fernmeldeoffizier und zum Nachrichtenoffizier, letzte Verwendung als Sachgebietsleiter in einer Flugabwehrraketenbrigade, Teilnehmer am 35. Generalstabslehrgang der Luftwaffe.

Hellwig, Harald: Hauptmann, Diplom-Kaufmann, Geburtsjahrgang 1956, Diensteintritt in die Bundeswehr 1975, Studium der Wirtschafts- und Organisationswissenschaften an der Universität der Bundeswehr in Hamburg, Ausbildung zum Offizier der Artillerietruppe, letzte Verwendung als Einsatzoffizier in einem Divisionsstab, Teilnehmer am 33. Generalstabslehrgang des Heeres.

Henry, Peter: Major, Master of Arts, Bachellor of Science, Geburtsjahrgang 1955, Diensteintritt in die U.S. Army 1974, Ausbildung zum Offizier der Panzeraufklärungstruppe, Studium der Geschichte an der U.S. Military Academy in West Point, Studium der Geschichte und Politik an der Eberhard-Karls-Universität in Tübingen, letzte Verwendung als Dozent für Militärgeschichte und -theorie an der U.S. Military Academy in West Point, Teilnehmer am 33. Generalstabslehrgang des Heeres. Vom 21.01. bis 17.04.91 als Planungsstabsoffizier in der Zelle G3 op des VII. (US) Corps aktiver Teilnehmer am Golfkrieg.

Humm, Thomas: Hauptmann, Diplom-Ingenieur, Diplom-Wirtschaftsingenieur, Geburtsjahrgang 1958, Diensteintritt in die Bundeswehr 1977, Studium des Vermessungswesens an der Universität der Bundeswehr in München, Ausbildung zum Offizier der Artillerietruppe, Studium des Wirtschaftsingenieurwesens an der Fachhochschule für Berufstätige in Rendsburg, letzte Verwendung als Kompaniechef einer Raketenartilleriebatterie, Teilnehmer am 33. Generalstabslehrgang des Heeres.

Kallert, Peter: Major, Diplom-Kaufmann, Geburtsjahr 1957, Diensteintritt in die Bundeswehr 1976, Studium der Wirtschafts- und Organisationswissenschaften an der Universität der Bundeswehr in München, Ausbildung zum Offizier der Panzeraufklärungstruppe, letzte Verwendung als Kompaniechef einer Panzeraufklärungskompanie, Teilnehmer am 33. Generalstabslehrgang des Heeres.

Kuennecke, Barbara J.: Major, Dr. phil., Geburtsjahrgang 1949, Studium der Philosophie an der University of Oregon, Diensteintritt in die U.S. Air Force 1978, letzte Verwendung beim Hauptquartier der 4. Alliierten Taktischen Luftflotte in Heidelberg, Teilnehmerin am 35. Generalstabslehrgang der Luftwaffe.

Lord, Albert (jr).:	Lieutenant Commander, Bachellor of Arts in Management, Geburtsjahrgang 1957, Studium an der Pensylvania State University, Diensteintritt in die U.S. Navy 1980, letzte Verwendung als Schiffssicherungsoffizier der USS Th. Roosevelt, Teilnehmer am 32. Admiralstabslehrgang.
Merkle, Roland:	Major, Diplom-Ingenieur, Geburtsjahrgang 1957, Diensteintritt in die Bundeswehr 1976, Studium der Elektrotechnik an der Universität der Bundeswehr in München, Ausbildung zum Radarelektronikoffizier, letzte Verwendung als Kompaniechef einer Technischen Kompanie, Teilnehmer am 35. Generalstabslehrgang der Luftwaffe.
Padberg, Michael:	Oberstleutnant i.G., Geburtsjahrgang 1946, Diensteintritt in die Bundeswehr 1966, Ausbildung zum Aufklärungsflugzeugführer, Teilnehmer am 23. Generalstabslehrgang der Luftwaffe, letzte Verwendung als Referent im BMVg/Führungsstab der Luftwaffe, Dozent für Luftkriegführung und Tutor im 35. Generalstabslehrgang der Luftwaffe.
Palmer, Jonathan:	Major, Geburtsjahrgang 1960, Diensteintritt in die britische Armee 1979, Ausbildung zum Offizier der Panzertruppe, letzte Verwendung als Adjutant bei den 14./20. Kings Hussars, Teilnehmer am 34. Generalstabslehrgang des Heeres. In seiner letzten Verwendung vom 12.12.1990 bis 15.03.1991 aktiver Teilnehmer in der Golfkrise/am Golfkrieg.
Pinget, Bruno:	Oberstleutnant, Geburtsjahrgang 1955, Diensteintritt in das französische Heer 1976, Ausbildung zum Panzeroffizier, letzte Verwendung als Lehrgangsteilnehmer an der Ecole Militaire in Paris, Teilnehmer am 33. Generalstabslehrgang des Heeres.
Tappeser, Klaus:	Hauptmann, Diplom-Pädagoge, Geburtsjahrgang 1957, Diensteintritt in die Bundeswehr 1976, Studium der Pädagogik an der Universität der Bundeswehr in München, Ausbildung zum Offizier der Artillerietruppe, letzte Verwendung als Feuerunterstützungsoffizier, Teilnehmer am 33. Generalstabslehrgang des Heeres.
Thomas, Volker:	Hauptmann, Diplom-Kaufmann, Geburtsjahrgang 1958, Diensteintritt in die Bundeswehr 1978, Studium der Wirtschafts- und Organisationswissenschaften an der Universität der Bundeswehr in Hamburg, Ausbildung zum Offizier der Logistiktruppe, letzte Verwendung als Kompaniechef einer Nachschubkompanie, Teilnehmer am 33. Generalstabslehrgang des Heeres.
Zehrer, Hartmut:	Oberstleutnant i.G., Geburtsjahrgang 1943, Diensteintritt in die Bundeswehr 1963, Ausbildung zum Offizier der Artillerietruppe, Teilnehmer am 18. Generalstabslehrgang des Heeres, letzte Verwendung als Dozent für Truppenführung, Dozent für Truppenführung und Tutor im 33. Generalstabslehrgang des Heeres.

Stichwortverzeichnis

A
ABC-Abwehr 94
ACO 138
Ägypten 47, 71
Air-Land-Battle-Doctrine 333
Artillerie 96, 117
AMF (A) 136, 323
Amphibische
— Kriegsführung 209, 226
— Verbände 215
Aufklärung 76, 119, 323, 336, **453**
— Land 116, 142, 336, 338, 349
— Luftstreitkräfte 139, 141, 147, 154, 338
— Seestreitkräfte 189
Aufmarsch 94, 120, 155, 211, 249
Ausbildung 94, 325, 354, **391**, 464, 479
AWACS 139, 141, 143, 153, 163, 164, 336, 456

B
Battlefield Air Interdiction (BAI) 346
Bewertung
— Einsatzbereitschaft 114
— Gefecht verbundener Waffen
— Landkriegsoperationen 111
— Logistik 111
— Technologie 113
— Verluste 115
Blockade 188
Bodenoffensive 101
Bundesrepublik, siehe Deutschland
Bundeswehr 315, 326

C
COMNAVCENT 189
CENTCOM 87, 92, 118, 132, 137, 177
Chronologie
— Gesamtüberblick 481
— Landkriegsoperation 105
— Marine Corps 245
— Scudeinsätze 365
CINCCENT 97
Close Air Support (CAS) 94, 339
Combined operations 91
Composite Air Wing 164
Cruise Missiles 41

D
Defense Satellite Communication System (DSCS) 146
Desert Shield
— Auftrag US-Streitkräfte 91
— Mobilisierung Marine Corps 211
— Reservisten 391
Desert Storm 131
— Auftrag US-Streitkräfte 91
— Einsatz Seestreitkräfte 194
— Einsatz Marine Corps 222
Deutschland 307

Dislozierung
— Streitkräfte 95
Douhetsche Lehren 125, **178**,

E
Erdöl 95, 114
Einsatzbereitschaft 114
Einsatzführung 154
Embargo 284, 297

F
Feindlagebeurteilung 98
Fernmeldeverbindungen 286
Feuereinstellung 111
Flugkörpersysteme 363
Frankreich, Landstreitkräfte 279
— Bodenoperation 282
— Division Daguet 280
— Logistik 288
— Rahmenbedingungen, politische 279
Freund-Feind-Erkennung 113, **455**
Führung
— Division (F) 284
— Koalitionsstreitkräfte 519
— Luftstreitkräfte 136, 139, 141, 154
— Landstreitkräfte
    — militärische 314
    — operative 433
Führungsfähigkeit 170
Führungsmittel 314
Führungsorganisation 91, 119
Fürsorge 291

G
Gefecht der verbundener Waffen 116
Gesamtoperation 98
Global Positioning System (GPS) 114, 120, 145, 276, 284, 356
Großbritannien
— Interessen 45
— Landstreitkräfte 249
— Lehren 277
— Logistik 262
— Operationsführung 262
— Operationsgebiet 251
— Optionen 261
— Planung 258
— Rolle 249

H
Host Nation Support 170

I
Infanterie 116
Initiative 119, **454**
Intervention 36
— irakische 39
— US-amerikanische 36

Irak
— Absicht 67
— Bevölkerung 18
— Doktrin 44
— Einsatzgrundsätze 89
— Grenzen 22
— Landstreitkräfte **88**, 283, 506, 512
— Luftstreitkräfte 88
— Militärgeographie 20
— Seestreitkräfte 88
— Siedlungsgebiete 24
— Sozialstruktur 23
— Strategie 43, 63, 89
— Streitkräfte 88, 165
— Taktik 89
— Umfeld 63
— Verluste 166, 528
— Wirtschaftstruktur 23
Iran 51, 62, 69
Israel 56, 367

J
Joint operations 91, 119, 448, **451**
Joint Forces Air Component Commander 91
Jordanien 54
JSTARS 116, 139, 144, 161, 336, 338

K
Kampfhubschrauber 165
Kampfkraftvergleich 530
Kampfstoffe 341, 378
Klima 501
Konfliktszenario 35
Koalition 90
— Strategie 42
Koalitionsstreitkräfte
— Auftrag 133
— Kommandostruktur 151
— Stärke 133
Kommandostruktur
— Landstreitkräfte 99
— Luftstreitkräfte 130
— Koalitionsstreitkräfte 151
Kommunikation 314
Kriegsführung, ökologische 95
Kriegsschauplatz 15
Krisen
— begriff 60
— beherrschung 131, 297
— beschreibung 66
— entscheidungen 76, 187
— herd, Nahost 41, 61, 62
— management 41, **59**, 61, 72, 75, 187
— politik 131
— politik, französische 46
— theorie 59
Kurden 25, 65
Kuwait 15
— Annexion 39, 60, 67, 93
— Bevölkerung 18
— Grenzen 16
— Militärgeographie 15
— Sozialstruktur 18
— Wirtschaftstruktur 18

L
Landkriegsführung 333
Landkriegsoperation
— Ablauf 97
— alliierte 87
— Aufmarsch 94
— Bewertung 111
— Frankreich 279
— Großbritanniens 249
— Logistik 111
— Planung 87
— streitkräftegemeinsame 87
— Türkei 294
Landoffensive, siehe Bodenoffensive
Landstreitkräfte
— Frankreich 279
— Gesamtoperation 98
— Großbritannien 249
— Irak 88, 96, 99
— Kampfkraftvergleich 532
— Koalition
Lehren
— douhetsche 178
— Landstreitkräfte 119
— Luftstreitkräfte 176
— Seestreitkräfte 203
— Reservisten 399
— Überblick 469
Logistik
— Bewertung 111, 120, 288, 325, **358**, **462**
— Division (F) 288
— Landstreitkräfte (GB) 276
— Luftstreitkräfte 170
— Marine Corps 236
— Verbrauch 111
Luftbetankung 168
Luftbeweglichkeit 117
Luftkrieg
— Phasen 147
— Führung 450
Luftkriegsoperationen
— Ablauf 152
— Kräfteaufteilung 157
Luftkriegstheorie 125
Luftmacht **125**
Luftstreitkräfte 88
— Aufklärung 141
— Aufwuchs 137
— Einsatzführung 154
— Führung 136
— Irak-Kommandostruktur 130, 151
— Logistik 171
— Luftkriegsoperationen 152
— Lufttransport, siehe Transport
— Nachrichtengewinnung 141

M
MARCENT 102
Marine Corps, siehe US Marine Corps
Marschflugkörper 95, 149
Medien 78, **415**, 479
Mehrfachraketenwerfer 113, 347
Militärgeoprahpie **15**
Minenräumen 201
Minenkriegsführung 198, 204

567

Mobilisierung 211, 220, 391
Mobilmachung 391, 396
Moral 173
Motivation 120, 464, 279
Multinationalität 473

N
Nachrichtengewinnung 141
Nachtkampffähigkeit 113, 150
Naher Osten 63
Nahostpolitik 36, 71
National Guard 393
NATO 134, 301
— Kommandostruktur 130
— Luftkrieg 129
NAVOCFORMED 136

O
Öl 25, 39, 95, 114, 165, 352
OPEC 25
Operation
— amphibische 226
Operationsführung 118
Operationsplanung 118, 529
Operative Führung
— Amphibische Kräfte 216
— Entwicklungstendenzen 466
— Landstreitkräfte 447
— Luftstreitkräfte 447
— Seestreitkräfte 466
— Überblick 433
Orientierung 114

P
Patriot 150, 163, 363, 371
Pioniere 117
Planung, Gesamtoperation 93
Presseorganisation 416
Proliferation 376

R
Rahmenbedingungen 15
Raumordnung 455
Rechtsfragen 309
Reservisten 391, 479

S
Sanitätswesen 321, 325
SAR-Einsätze 171
Satelliten 142
Saudi-Arabien
— Bevölkerung 29
— Grenzen 28
— Militärgeographie 27
— Politik 50
— Sozialstruktur 29
— Unterstützungsleistungen 170
— Wirtschaftsstruktur 29
Scud 134, 152, 161, 363
SEAD-Operation 164
See
— krieg 186, 188
— strategie 209
— streitkräfte 185, 318
— transport 194
Sicherheit, kollektive 79
Sicherheitspolitik

— Türkei 295
— USA 36
Southern Guard 316
Sowjetunion 37, 48, 64, 72
Special Operations Forces 336
Sperrgürtel 89
Stealth-Bomber 148, 158
Strategie 36
Streitkräfte
— Irak 88
— Koalition 90, 95, 136, 515
Syrien 49

T
Täuschung 256, 449
Technologie
— Landstreitkräfte 113, 292, 353
— Luftstreitkräfte 145
TRANSCOM 138
Transport
— Bedeutung 477
— deutsche Leistung 319, 324
— Lufttransport 166
— See 191
Türkei 53, 295

U
Überraschung 139, 454
UNO 72, 79
— Mandat 44, 136
— Handelsembargo 155
— Resolution 41, 153, 173, 188, 297
— Sicherheitsrat 70
USA 48
— Politik 65, 68, 71
— Krisendoktrin 40
— Nahostpolitik 36, 38
US Marine Corps 209
— amphibische Operationen 226
— Aufgaben 210
— Aufmarsch 211
— Chronologie 245
— Landkrieg 228
— Logistik 236, 357
— Mobilisierung 211
— Prepositioning Force 233
— Unterstützungsleistungen 319
US-Politik 69

V
Verbindung 117
Vereinigte Staaten, siehe USA
Verlegung 94
Verluste 115, 166
Verteidigung 334

W
WEU 189, 200
Witterung 104

Z
Ziele
— operativ-strategische 41
— politische 35
— militärstrategische 35